Strictly according to the New Syllabus & latest guidelines of Maharshi Dayanand University, Rohtak, Ch. Bansi Lal University, Bhiwani, Ch. Ranbir Singh University, Jind; Indira Gandhi University, Meerpur

LAXMI®

समकालीन भारत तथा शिक्षा

[CONTEMPORARY INDIA AND EDUCATION]

[Paper–II]

For :
B.Ed.
(Regular & Correspondence)

लेखक

डॉ. राजेश कुमार वशिष्ठ
एम.ए., एम.एड.,
एम.फिल. (अंग्रेजी) पी.एच.डी.

डॉ. प्रेम लता जोशी
एम.ए. (हिन्दी), एम.फिल., पी.एच.डी.
(एजुकेशन) महिला शिक्षा महाविद्यालय,
झोंझू कलाँ, भिवानी

–: प्रकाशक :–

LAXMI BOOK DEPOT Hansi Gate, Bhiwani ™

लक्ष्मी बुक डिपो

(उच्च कोटि की लक्ष्मी पुस्तकों के प्रकाशक)
हांसी गेट, भिवानी (हरियाणा)

New Edition

Price : Rs. 350/-

Published by :
LAXMI Book Depot
Hansi Gate, Bhiwani
Haryana Ph. : 08295643575
07206043575

Sales Executives :
BRIJ LAL & SONS
Railway Road, Rohtak, Haryana
Phone : 09355911047,
09355911077

Sales Executives :
HARYANA Educational Store
Model Town, Rohtak-124001
Phone : 01262-282142 (Shop)
Mob. : 09812221923

Sales Executives :
KALA MANDIR
1687, Nai Sarak, Delhi-110006
Phone : 011-43068496, 011-99369804
011-23278828, 09999369805

Registered Trade Mark No. 832158, 831949

Design by :
Daksh Graphics
New Delhi

Printed by :
Novelty Printing Press
Delhi-110053

SYLLABUS

CONTEMPORARY INDIA AND EDUCATION
[PAPER–II]

Time: 3 Hours **Max. Marks: 100**
(Theory: 80, Internal:20)

NOTE FOR PAPER SETTER

(i) Paper setters will set 9 questions in all, out of which students will be required to attempt 5 questions.
(ii) Q. No. 1 will be compulsory and carries 16 marks. There will be 4 short-answer type questions of 4 marks each to be selected from the entire syllabus.
(iii) Two long answer type questions wiil be set from each of the four units, out of which the students will be required to attempt one question from each unit. Long-answer type questions will carry 16 marks each.
(iv) All questions will carry equal marks.

OBJECTIVES : After completion of the course, student teachers will be able to:

- understand perspectives in education including social bases of education
- critically understand the constitutional values related to aims of education
- analyze varied aims of education and its process aspects
- develop their own view about education and its development in social and cultural context
- develop a personalized professional view of one's pedagogical role
- think critically about the prevailing conditions of the society and their remedies
- visualize meaningfully the contemporary India
- develop an understanding of trends, issues and challenges facing contemporary Indian Society

COURSE CONTENTS

UNIT-I

1. **Constitution of India and Education**
   - Concurrent status of education
   - Policies, Acts and Provisions related to education
   - Education of marginalized and socially disadvantaged segments
   - Education and Fundamental Rights and Duties: Articles 14, 15, 16, 30 and 51A
   - Directive Principles of State Policies
   - Right to Education (RTE) Act 2009

2. **Review of Education Commissions and Policies in India:**
   - Prominent characteristics of education in India during colonial rule
   - Critical appraisal of recommendations of following commissions
     (i) Secondary Education Commission (1952-53)
     (ii) Indian Education Commission (1964-66)
     (iii) National Policy of Education (1986)
     (iv) Ramamurthy Education Commission (1990)
     (v) Programme of Action (1992)
   - National Curriculum Framework 2005: Needs and Objectives

UNIT-III

3. **Contemporary Issues in Indian Education**
   - Universalization of Elementary Education and related issues such as MDM, SSA and RMSA
   - Issues and Debates on Globalization, Liberalization and Privatization
   - Common School System
   - Vocationalisation of Education
   - Three Language Formulas
   - Open learning and distance education System
   - Modernization: Concept, Advantages & Disadvantages

UNIT–IV

4. **Emerging Concerns of Indian Society and Education**
   - Culture and Education
   - Democracy and Education
   - Inequalities in ancient, medieval and modern education
   - New Economic Reforms and their impact on Education
   - Education for Technological Empowerment
   - Role of teacher in the context of Universal Education
   - Reservation as an egalitarian Policy

Task & Assignments: Any one of the following **(10 marks)**

- Project on conflicts and social movements in India.
- Role of media in democracy.
- Impact of electronic media on children.
- Challenges of pluralistic education in the contexts of conflict.
- Any other task/assignment given by the institution.

विषय-सूची

UNIT-I

UNIT-II

UNIT-III

UNIT-IV

LAXMI®

समकालीन भारत तथा शिक्षा

[CONTEMPORARY INDIA AND EDUCATION]

[Paper–II]

UNIT–I

1. ***Constitution of India and Education***
   - *Concurrent status of education*
   - *Policies, Acts and Provisions related to education*
   - *Education of marginalized and socially disadvantaged segments*
   - *Education and Fundamental Rights and Duties: Articles 14, 15, 16, 30 and 51A*
   - *Directive Principles of State Policies*
   - *Right to Education (RTE) Act 2009*

–: प्रकाशक :–

LAXMI BOOK DEPOT Hansi Gate, Bhiwani ™

लक्ष्मी बुक डिपो

हांसी गेट, भिवानी (हरियाणा)

1

भारतीय संविधान

[Constitution of India and Education]

1. भारत में संविधान सभा के गठन की विवेचना कीजिए एवं इसने भारत के वर्तमान संविधान का निर्माण कैसे किया?
(Discuss the formation of Constituent Assembly and how did it frame the present Constitution of India?)

अथवा

भारत में संविधान निर्माण में संविधान सभा की भूमिका का वर्णन कीजिए।
(Describe the role of Constituent Assembly in the making of Indian Constitution.)

अथवा

भारतीय संविधान निर्माण की प्रक्रिया की विवेचना कीजिए।
(Explain the process of constitution making in India.)

उत्तर–आधुनिक समय में कोई भी देश लिखित कानूनों के अभाव में अपना अस्तित्व कायम नहीं रख सकता। अधिकांश देशों के संविधान हमें लिखित रूप में देखने को मिलते हैं। इनका निर्माण संविधान सभाओं द्वारा किया गया है। इंग्लैण्ड का संविधान, जिसे विश्व के सभी संविधानों की जननी कहा जाता है, का निर्माण नहीं अपितु विकास हुआ है। यह पूर्णतया लिखित भी नहीं है, लेकिन फिर भी इसका अधिकांश भाग लिखित ही है। इंग्लैण्ड में इस संविधान के विकास की प्रक्रिया 1215 के **मैग्ना कार्टा (Magna Carta)** से आरम्भ हुई।

भारत के संविधान का निर्माण एक संविधान सभा के द्वारा किया गया है। सर्वप्रथम संविधान सभा का अस्तित्व हमें अमेरिका के सन्दर्भ में देखने को मिलता है जब 1779 में **'फिलाडेल्फिया सम्मेलन' (Philadelphia Convention)** को संविधान सभा का नाम दिया गया और उसने अमेरिका के लिए विश्व का सबसे छोटा परन्तु सबसे व्यावहारिक एवं क्रियात्मक संविधान तैयार किया। 1789 में फ्रांस में स्वतंत्रता की घोषणा के बाद वहां पर हमें संविधान सभा का अस्तित्व देखने को मिलता है।

भारत का संविधान एक लिखित संविधान है तथा इसका निर्माण एक संविधान सभा के द्वारा किया गया है। यद्यपि भारतीय संविधान सभा की रचना इसकी स्वतंत्रता 15, अगस्त 1947 के पूर्व ही कर दी गई थी, लेकिन मुस्लिम लीग के विरोध के परिणामस्वरूप स्वतंत्रता से पूर्ण यह अपना कार्य आरम्भ नहीं कर सकी। संविधान सभा की पहली बैठक 9 दिसम्बर, 1946 को हुई तथा इसमें सबसे वरिष्ठ सदस्य सच्चिदानन्द सिन्हा को अस्थाई अध्यक्ष बनाया गया। संविधान सभा ने 11 दिसम्बर, 1946 को डॉ. राजेन्द्र प्रसाद को संविधान सभा का स्थाई रूप से अध्यक्ष चुना। जवाहर लाल नेहरू ने संविधान सभा और इसके द्वारा बनाए जाने वाले संविधान के उद्देश्य को स्पष्ट करते हुए कहा– **''इस सभा का प्रथम कार्य भारत को नए संविधान द्वारा स्वतन्त्र करना, भूखे लोगों को भोजन उपलब्ध कराना, नंगे लोगों को कपड़ा उपलब्ध कराना और प्रत्येक भारतीय को विकास के पूर्ण अवसर उपलब्ध कराना है, जिससे कि वह अपना विकास कर सके।''**

भारत की संविधान सभा में प्रसिद्ध वकील, विधि विशेषज्ञ, राजनेता आदि सदस्य के रूप में शामिल थे। इनमें डॉ. राजेन्द्र प्रसाद के अतिरिक्त जवाहर लाल नेहरू, सरदार वल्लभ भाई पटेल, मौलाना अब्दुल कलाम आजाद, जी.बी.पन्त, डॉ. बी.आर. अम्बेडकर, आचार्य जे.बी. कृपलानी, अल्लादी कृष्णा स्वामी अय्यर आदि प्रमुख थे। भारतीय संविधान के निर्माण में प्रारूप समिति (Drafting Committee) के अध्यक्ष डॉ. बी. आर.अम्बेडकर की भूमिका भी बड़ी प्रभावशाली रही। प्रारूप समिति ने संविधान का एक प्रारूप 15 नवम्बर, 1948 को प्रस्तुत किया, जिस पर व्यापक विचार–विमर्श के बाद 26 नवम्बर, 1949 को स्वीकार कर लिया गया। इस प्रकार अपनी प्रथम बैठक 9 दिसम्बर, 1946 से लेकर 26 नवम्बर, 1949 तक संविधान सभा ने संविधान निर्माण में 2 वर्ष, 11 महीने और 18 दिन 2 घंटे का लम्बा समय लिया। भारत के इस नवीन संविधान को 26 जनवरी, 1950 को लागू किया गया। इस दौरान 11 अधिवेशन हुए।

भारत में संविधान सभा के निर्माण की मांग
(Demand for the Constituent Assembly in India)

सर्वप्रथम, 1922 में राष्ट्रपिता महात्मा गांधी ने अपने एक लेख में अप्रत्यक्ष रूप से भारतीयों के लिए संविधान सभा के विचार को सामने रखते हुए कहा कि– **''स्वराज्य ब्रिटिश लोगों का मुफ्त तोहफा नहीं होगा। यह भारतीय भावनाओं की पूर्ण अभिव्यक्ति की घोषणा होगा। यह कहना कि इसकी अभिव्यक्ति संसद के अधिनियम के द्वारा होगी, ठीक एवं सही है। लेकिन यह भारत के लोगों की घोषित इच्छाओं का केवल मात्र शिष्टाचार के नाते अनुमोदन होगा।''**

व्यक्तिगत स्तर पर 1924 में मोतीलाल नेहरू ने भी भारत के लिए एक संविधान सभा के निर्माण पर बल दिया। दलीय स्तर पर 1929 में स्वराज्य की मांग करने के पश्चात् कार्यकारिणी में प्रस्ताव पारित करके संविधान सभा की मांग रखी। प्रस्ताव में कहा गया कि– **''श्वेतपत्र (संवैधानिक प्रपत्र) का एक मात्र सन्तोषजनक विकल्प वयस्क मताधिकार** *अथवा* **इसके अधिक से अधिक समकक्ष आधार पर चुनी गई संविधान सभा द्वारा संविधान का निर्माण करना है।''**

कार्यकारिणी के इस प्रस्ताव को 1935 में भारतीय राष्ट्रीय कांग्रेस ने अपने वार्षिक अधिवेशन में स्वीकार कर लिया। इसके पश्चात् संविधान सभा के निर्माण की मांग भारतीय राष्ट्रीय कांग्रेस के द्वारा लगातार दोहराई जाती रही। इसी सन्दर्भ में 1936 के फैजपुर वार्षिक अधिवेशन में पारित प्रस्ताव में कहा गया कि– **''कांग्रेस भारत में एक विश्वसनीय लोकतान्त्रिक राज्य की मांग करती है, जिसमें राजनीतिक शक्ति सम्पूर्ण जनता को हस्तान्तरित की जाए तथा सरकार उनके प्रभावशाली नियंत्रण में हो। इस प्रकार का राज्य वयस्क मताधिकार द्वारा चुनी गई संविधान सभा के द्वारा ही अस्तित्व में आ सकता है, जिसे देश के संविधान निर्माण करने की अन्तिम शक्ति प्राप्त हो।''**

इसके बाद गांधी जी ने 12 नवम्बर, 1932 में **''हरिजन''** नामक लिखे अपने एक लेख में कहा कि भारत में साम्प्रदायिकता के समाधान के लिए संविधान सभा की स्थापना की जानी चाहिए। कांग्रेस द्वारा पारित संविधान सभा की मांग सम्बन्धी प्रस्ताव को उन प्रान्तीय विधान परिषदों ने भी स्वीकार किया जहां पर कांग्रेस की सरकारें थीं। इसी दौरान मुस्लिम लीग के अध्यक्ष जिन्नाह ने 1939 में कांग्रेस की संविधान सभा की मांग का विरोध इस आधार पर किया कि इस प्रकार की संविधान सभा में हिन्दुओं का बहुमत होगा और यह मुसलमानों के हितों को ध्यान में नहीं रखेगी। 1940 में कांग्रेस की इस मांग के प्रति ब्रिटिश सरकार ने सकारात्मक रवैया दिखाते हुए यह माना कि भारतीय संविधान का निर्माण भारतीयों के द्वारा ही किया जाना चाहिए। 1940 में ही मुस्लिम लीग ने अपने लाहौर अधिवेशन में **''द्वि–राष्ट्र के सिद्धान्त''** को स्वीकार किया तथा संविधान सभा के निर्माण के प्रति सकारात्मक दृष्टिकोण अपनाया।

संविधान सभा की मांग के प्रति ब्रिटिश दृष्टिकोण
(British Attitude towards the demand of Constituent Assembly)

यद्यपि सामान्य रूप से भारतीयों द्वारा और विशेष रूप से भारतीय राष्ट्रीय कांग्रेस द्वारा संविधान सभा की मांग लगातार की जाती रही। 1922 में उठी यह मांग 1934 के बाद जोर पकड़ती गई। लेकिन ब्रिटिश

सरकार ने भारतीयों की इस मांग की उपेक्षा करते हुए 1935 में भारत सरकार अधिनियम पारित कर दिया। 1939 में द्वितीय महायुद्ध के आरम्भ होने और ब्रिटिश साम्राज्य के उसमें शामिल होने के कारण भारतीयों के सहयोग के लिए 1940 में ब्रिटिश सरकार ने भारतीयों की इस मांग के प्रति सकारात्मक दृष्टिकोण अपनाया। इस सम्बन्ध में 1942 में भारत में **क्रिप्स–मिशन (Cripps Mission)** भेजा गया। ब्रिटिश दृष्टिकोण को व्यावहारिकता प्रदान करने का श्रेय सितम्बर 1945 में द्वितीय महायुद्ध के बाद, स्थापित **''मजदूर दल'' (Labour Party)** को दिया जाता है, जिसने लम्बे समय से की जा रही संविधान सभा की मांग पर सहमति जताई।

संविधान सभा एवं क्रिप्स–मिशन के प्रस्ताव
(Constituent Assembly and the proposals of Cripps Mission)

सन् 1942 में भारत में क्रिप्स–मिशन भारतीयों की मांगों को सही रूप प्रदान करने के लिए आया। यद्यपि क्रिप्स–मिशन अपने उद्देश्य में आंशिक रूप से ही सफल हो सका। लेकिन क्रिप्स–मिशन ने संविधान सभा की स्थापना के सम्बन्ध में अनेक सुझाव दिए। इनका वर्णन निम्न प्रकार से किया जा सकता है :

(I) क्रिप्स–मिशन ने सुझाव दिया कि एक नए भारतीय संघ की स्थापना की जाए, जिसमें प्रान्तों और देशी रियासतों को शामिल किया जाए।

(II) भारतीय संघ के लिए एक नए संविधान का निर्माण किया जाए जिसे संविधान सभा के द्वारा बनाया जाए।

(III) संविधान सभा के सदस्यों का चुनाव प्रान्तीय विधान परिषदों के सदस्यों के द्वारा किया जाएगा तथा इसमें देशी रियासतों को अपने सदस्य मनोनीत करने का अधिकार होगा।

(IV) क्रिप्स–मिशन ने सुझाव दिया कि संविधान सभा को संविधान का निर्माण करते समय अल्पसंख्यकों के हितों को अवश्य ध्यान में रखना चाहिए।

(V) देशी रियासतों को संविधान सभा द्वारा निर्मित संविधान को स्वीकार करने अथवा न करने की स्वतन्त्रता होगी।

(VI) देशी रियासतों को संविधान में प्रान्तों के समान माना जाएगा।

क्रिप्स मिशन के सुझावों को अनेक भारतीय नेताओं ने दोषपूर्ण बताया। इसमें देशी रियासतों के राजाओं को तो अधिकार दिया गया था लेकिन इन रियासतों में रहने वाले लोगों के मताधिकार की कोई व्यवस्था नहीं की गई थी। इस प्रकार की जनसंख्या तत्कालीन भारतीय जनसंख्या का लगभग एक तिहाई भाग (9 करोड़) थी। यह सुझाव लोकतंत्र एवं समानता के विरुद्ध था। देशी रियासतों के मनोनीत प्रतिनिधि प्रगतिशील विचारों को संविधान में शामिल करने के सन्दर्भ में रुकावट डाल सकते थे।

संविधान सभा एवं कैबिनेट मिशन
(Constituent Assembly and Cabinet Mission)

जैसा कि पहले भी स्पष्ट किया जा चुका है कि 1945 में मजदूर दल की सरकार के मुखिया प्रधानमंत्री एटली ने संविधान सभा की मांग से सहमति जताई। संविधान सभा की स्थापना के उद्देश्य से एटली ने एक कैबिनेट मिशन भारत भेजा। फरवरी, 1946 में तीन मन्त्रियों को भारत भेजने का निश्चय किया गया। 24 मार्च, 1946 को यह कैबिनेट मिशन भारत आया। इसके सदस्य **सर स्टैफोर्ड क्रिप्स (Sir Stafford Cripps), सर पैथिक लारेंस (Sir Pathic Lawrence) तथा ए.बी. एलैग्जैंडर (A.V. Alexander)** थे। **सर पैथिक लारेंस एटली** मन्त्रिमण्डल में **भारत सचिव (Secretary of state for India)** थे।

कैबिनेट मिशन योजना में भारत के विभाजन को अस्वीकार कर दिया गया। इसमें इस बात पर बल दिया गया कि भारतीय संघ की स्थापना की जाए, जिसमें भारतीय प्रान्त एवं देशी रियासतें अनिवार्य रूप से शामिल हों। संविधान सभा के गठन के सन्दर्भ में कैबिनेट मिशन ने अनेक सुझाव दिए। संविधान सभा की कुल सदस्य संख्या 389 निर्धारित की गई। इसमें से 292 प्रतिनिधि प्रान्तों से, 93 प्रतिनिधि देशी रियासतों से तथा 4 प्रतिनिधि चीफ कमिश्नर के प्रान्तों से लिए जाने निश्चित किए गए।

संविधान सभा का गठन
(Composition of Constituent Assembly)

संविधान सभा के सदस्यों के चुनाव के लिए अप्रत्यक्ष चुनाव पद्धति का प्रयोग किया गया। प्रान्तों के सन्दर्भ में यह अधिकार प्रान्तीय विधान परिषदों के सदस्यों को दिया गया कि वो संविधान सभा के संविधान सभा के सदस्यों का चुनाव करें। जुलाई, 1946 में 1585 प्रान्तीय विधान परिषदों के सदस्यों के लिए चुनाव हुआ। इसमें सीमित व्यस्क मताधिकार प्रदान किया गया। वोट का अधिकार पाने के लिए जो पात्रता की शर्तें निश्चित की गईं, उनके अनुसार लगभग 29% भारतीयों को ही वोट का अधिकार प्राप्त हो सका। 1585 स्थानों में से भारतीय राष्ट्रीय कांग्रेस ने 925 स्थान जीते। यह कुल स्थानों का 58% था। कांग्रेस ने गैर–मुस्लिम क्षेत्रों की 85% सीटों पर अधिकार कर लिया। मुस्लिम लीग को चुनावों में आंशिक सफलता ही प्राप्त हुई। प्रान्तीय विधान परिषदों के सदस्यों ने संविधान सभा के सदस्यों का चुनाव किया। कुल मिलाकर भारतीय राष्ट्रीय कांग्रेस ने 212 स्थान प्राप्त किए। इनमें से 203 स्थान सामान्य क्षेत्रों से चार स्थान मुसलमानों के लिए आरक्षित क्षेत्रों में से और एक स्थान सिक्खों के लिए आरक्षित क्षेत्रों में से, शेष अन्य क्षेत्रों से थे। प्रान्तीय विधान परिषदों के सदस्यों द्वारा कुल मिलाकर 296 संविधान सभा के सदस्यों का चुनाव किया गया। इसमें से 212 कांग्रेस, 73 मुस्लिम लीग, 4 सिक्खों ने तथा 7 निर्दलीयों ने प्राप्त किए। इस प्रकार से कांग्रेस को संविधान सभा में 69% स्थानों के साथ बहुमत प्राप्त हो गया। विभाजन के बाद राष्ट्रीय कांग्रेस का संविधान सभा पर लगभग एकाधिकार हो गया और उसका बहुमत 82% हो गया। यद्यपि संविधान सभा पर कांग्रेस का एकाधिकार था, फिर भी अनेक विधिवेत्ताओं को संविधान सभा में शामिल किया गया जो संविधान सभा के लिए चुने नहीं गए थे। इनमें **डॉ. बी.आर.अम्बेडकर, एन.जी. आयंगर, के.सन्थानम, श्यामा प्रसाद मुखर्जी और ए.के.अय्यर (Dr. B.R.Ambedkar, N.G. Ayyangar, K. Santhanam, Shyama Prasad Mukherjee and A.K. Ayyar)** आदि प्रमुख थे।

संविधान सभा के गठन का मूल्यांकन (Evaluation of the Composition of Constituent Assembly) : भारतीय संविधान सभा के गठन पर अनेक प्रश्न चिह्न लगाए जाते हैं। यह कहा जाता है कि **क्या भारतीय संविधान सभा एक वास्तविक प्रतिनिधि संस्था थी? (Was the Constituent Assembly of India truely a representative body?)** संविधान सभा के गठन के सन्दर्भ में प्रश्न उठाने वाले व्यक्तियों में ऑस्टिन, साइमन एवं चर्चिल का नाम प्रमुखता से लिया जा सकता है। ऑस्टिन का विचार है कि भारतीय संविधान सभा में मौलिक दोष थे। उसके अनुसार– **''चुनाव प्रक्रिया प्रतिनिधि संस्था की स्थापना नहीं कर सकती थी, क्योंकि यह सीमित मताधिकार पर आधारित थी।''**

ऑस्टिन का आगे कहना है कि– **''सीमित मताधिकार ने अधिकांश किसानों, व्यापारियों एवं छोटे दुकानदारों तथा अन्य लोगों को कर, सम्पत्ति एवं शैक्षिक योग्यता के आधार पर मताधिकार से वंचित कर दिया। जनसंख्या का आर्थिक एवं सामाजिक रूप से पिछड़ा वर्ग मताधिकारविहिन हो गया।''**

चर्चिल एवं साइमन (Churchill and Simon) ने समान रूप से संविधान सभा को हिन्दुओं की सभा कहा और यह अदेंशा व्यक्त किया कि इसमें अल्पसंख्यकों के हित सुरक्षित नहीं हैं। संविधान सभा में भारतीय राष्ट्रीय कांग्रेस का प्रभुत्व था तथा अनेक राजनीतिक दलों जिसमें हिन्दू महासभा, साम्यवादी दल, समाजवादी दल (जयप्रकाश नारायण) आदि शामिल थे, का भी प्रतिनिधि संविधान सभा में नहीं था। यह भी आरोप लगाया जाता है कि भारतीय राष्ट्रीय कांग्रेस शहरी मध्यम वर्ग तक ही सीमित थी अतः गांवों तथा ग्रामीण जनता के प्रतिनिधि नहीं थे जिनकी जनसंख्या उस समय भारत में बहुत अधिक थी।

यद्यपि यह सच है कि संविधान सभा सार्वभौमिक वयस्क मताधिकार के आधार पर नहीं चुनी गई थी लेकिन संविधान में सार्वभौमिक मताधिकार प्रदान किया गया तथा 1952 के आम चुनाव में राष्ट्रीय कांग्रेस की विजय ने यह प्रमाणित कर दिया कि भारतीय राष्ट्रीय कांग्रेस ही भारतीयों का प्रतिनिधित्व करती है। जहाँ तक अल्पसंख्यकों, अनुसूचित जाति एवं जनजाति, पिछड़े वर्ग के लोगों के संरक्षण का प्रश्न है तो संविधान में स्थापित प्रावधान, जो इन वर्गों की सुरक्षा के सन्दर्भ में किए गए हैं, यह प्रमाणित करते हैं कि इन कमजोर वर्गों की उपेक्षा नहीं की गई। इनके हितों को संविधान में पर्याप्त सुरक्षा प्रदान की गई।

संविधान निर्माण की प्रक्रिया
(Procedure of the Constitution Making)

संविधान सभा का प्रथम अधिवेशन 9 दिसम्बर, 1946 को हुआ। संविधान सभा के वरिष्ठ सदस्य श्री सच्चिदानन्द सिन्हा को सभा का अस्थाई अध्यक्ष चुना गया। 11 सितम्बर, 1946 को संविधान सभा ने डॉ. राजेन्द्र प्रसाद को स्थाई अध्यक्ष चुन लिया। 13 दिसम्बर, 1946 को जवाहर लाल नेहरू ने संविधान सभा के सम्मुख एक **उद्‌देश्य प्रस्ताव (Objective Resolution)** पेश किया। इस उद्‌देश्य प्रस्ताव का भारतीय संविधान निर्माण में महत्त्वपूर्ण योगदान रहा। इसमें उन उद्‌देश्यों एवं सिद्धान्तों को प्रस्तुत किया गया, जिनकी पूर्ति के लिए संविधान सभा से संविधान निर्माण का आग्रह किया गया। इस उद्‌देश्य प्रस्ताव को संविधान सभा ने 22 जनवरी, 1947 को स्वीकार कर लिया।

उद्‌देश्य प्रस्ताव में निहित सिद्धान्त
(Principles incorporated in Objective Resolution)

उद्‌देश्य प्रस्ताव में हमें निम्न सिद्धान्त, भावनाएँ एवं विचार देखने को मिलते हैं :

(I) संविधान सभा भारत को एक स्वतंत्र प्रभुत्तासम्पन्न, लोकतान्त्रिक गणराज्य घोषित करने तथा भावी सरकार के निर्माण के लिए एक संविधान निर्मित करने के अपने मजबूत एवं पवित्र लक्ष्य की घोषणा करती है।

(II) ब्रिटिश भारत, वर्तमान भारतीय राज्यों के भू–भाग, और ऐसे अन्य भाग जो इस समय ब्रिटिश भारत तथा भारतीय रियासतों के क्षेत्र से बाहर है तथा जो प्रभुसत्तासम्पन्न भारत में आना चाहते हैं, उन सभी का एक संघ बनेगा।

(III) उन सभी भू–भागों को जो अपनी वर्तमान सीमाओं अथवा उन सीमाओं के साथ जिनका निर्धारण संविधान सभा अथवा संविधान के कानून के अनुसार किया जाएगा, स्वायत्त क्षेत्रों के रूप में जाना जाएगा और वे शासन एवं सरकार की उन सभी शक्तियों का प्रयोग करेंगे जो संघीय सरकार के लिए आरक्षित नहीं की गई हैं।

(IV) संविधान सभा को सभी प्रभुसत्ता सम्पन्न अधिकार भारतीय जनता से ही प्राप्त हुए हैं।

(V) भारत के सभी लोगों को न्याय, सामाजिक, आर्थिक एवं राजनीतिक, पद एवं अवसरों की समानता, कानून के समक्ष समानता, विचारों, अभिव्यक्ति, विश्वास, पूजा, व्यवसाय, संघ एवं कार्य की स्वतंत्रता कानून एवं सार्वजनिक नैतिकता के अनुसार प्राप्त हों।

(VI) ऐसा संविधान निर्मित किया जाए जिसमें अल्पसंख्यकों, पिछड़ों एवं जनजातियों और दबे–कुचले और अन्य पिछड़ों के लिए पर्याप्त सुरक्षा की व्यवस्था हो।

(VII) ऐसा संविधान जिसके द्वारा राष्ट्रों के कानून एवं न्याय के अनुसार गणतंत्र में स्थायित्व–जल, थल एवं आकाश में नियंत्रण होगा का निर्माण किया जाए। अतः यह प्राचीन भारतवर्ष विश्व में अपना अधिकारपूर्ण और सम्मानित स्थान प्राप्त कर सके तथा मानव कल्याण और विश्व शान्ति की स्थापना में अपना योगदान दे सके। उद्‌देश्य प्रस्ताव के सन्दर्भ में **के.एम.मुन्शी** का कथन है कि– **''यह प्रस्ताव भारतीय गणतंत्र की जन्म–कुण्डली थी।''**

संविधान में इस उद्‌देश्य प्रस्ताव के महत्त्व का पता इसी से चलता है कि संविधान निर्माण के बाद इस उद्‌देश्य प्रस्ताव में भाषा–सम्बन्धी संशोधन करके इसे संविधान की प्रस्तावना के रूप में स्वीकार किया गया।

संविधान सभा की समितियाँ (Committees of the Constituent Assembly)–संविधान सभा की कार्यवाही का संचालन एवं नियंत्रण करने के उद्‌देश्य से कार्य विभाजन करके छः समितियों का गठन किया गया। इनका वर्णन निम्न प्रकार से है :

(I) संघीय शक्तियाँ समिति (Union Powers Committee)

(II) प्रान्तीय संविधान समिति (Provincial Constitution Committee)

(III) संघीय संविधान समिति (Union Constitution Committee)
(IV) संघ एवं राज्यों के मध्य वित्तीय सम्बन्धों की समिति (Committee on financial relations between union and states)
(V) अल्पसंख्यकों एवं मौलिक अधिकारों सम्बन्धित सलाहकार समिति (Advisory Committee on Minorities and Fundamental Rights)
(VI) चीफ कमिश्नर के प्रान्तों से सम्बन्धित समिति (Committee on Chief-Commissioner's provinces)

प्रारूप समिति की स्थापना
(Establishment of Drafting Committee)

संविधान निर्माण के लिए संविधान सभा द्वारा विभिन्न समितियों का गठन किया गया। इन समितियों की रिपोर्टों को क्रमबद्ध करने के उद्देश्य से 29 अगस्त, 1948 को प्रारूप समिति की स्थापना की। इस समिति के अध्यक्ष डॉ. भीमराव अम्बेडकर थे। इसके अध्यक्ष सहित सात सदस्य थे जो निम्न प्रकार से हैं :

(i) भीमराव अम्बेडकर (ii) गोपाल स्वामी आयंगर
(iii) अल्लादी कृष्णास्वामी अय्यर (vi) के.एम. मुन्शी
(v) बी.एल.मित्तल (vi) सैय्यद मुहम्मद सादुला
(vii) टी.टी.कृष्णमाचारी।

संविधान का प्रारूप तैयार करने में समिति के सलाहकार बी.एन.राव का भी महत्त्वपूर्ण योगदान था। समिति के एक अन्य सलाहकार डी.पी. खेतान थे। प्रारूप समिति की स्थापना से पूर्व संविधान का प्रारूप बी.एन.राव के निर्देशन में संविधान सभा के कार्यालय के द्वारा तैयार किया गया था। इसके लिए बी.एन. राव ने विभिन्न स्वदेशी एवं विदेशी विशेषज्ञों से काफी विचार–विमर्श किया। अनेक देशों के संविधानों का अध्ययन संविधान सभा की विभिन्न समितियों के सदस्यों के द्वारा किया गया। बी.एन.राव ने प्रारूप तैयार करने के लिए अमेरिका, कनाडा, आयरलैण्ड, इंग्लैण्ड आदि देशों की यात्रा की एवं वहां पर शासन व्यवस्था का अध्ययन किया और अनेक विधिवेत्ताओं से सलाह मशविरा किया।

डॉ. बी.आर.अम्बेडकर की अध्यक्षता में स्थापित प्रारूप समिति के एक सदस्य बी.एल.मित्तल के स्थान पर बाद में एन.माधवराव को मनोनीत किया गया। संविधान का दूसरा एवं अन्तिम प्रारूप इसी प्रारूप समिति के द्वारा तैयार किया गया। इस द्वितीय प्रारूप को तैयार करने के लिए समिति के समक्ष प्रथम प्रारूप और विभिन्न समितियों की रिपोर्ट थी।

संविधान का प्रारूप एवं स्वीकृति
(Draft of the Constitution and its Acceptence)

प्रारूप समिति ने संविधान का प्रारूप 21 फरवरी, 1948 को तैयार किया। इस प्रारूप के मूल संविधान में 395 धाराएं, (Articles) तथा आठ अनुसूचियां (Schedules) रखी गईं। इसके बाद इस प्रारूप को संविधान सभा, प्रान्तीय परिषदों, विधिवेत्ताओं, आम नागरिकों आदि के द्वारा विचार–विमर्श के लिए पेश किया गया। संविधान सभा ने अपने छठे अधिवेशन 4 नवम्बर, 1948 से इस प्रारूप पर विचार विमर्श करना आरम्भ कर दिया। इस अधिवेशन में प्रारूप को सदस्यों के सम्मुख अध्ययन एवं विश्लेषण के लिए प्रस्तुत किया गया। यह प्रारूप एक प्रकार का विधेयक था और यह इसका प्रथम चरण था। यह अधिवेशन 9 नवम्बर तक चलता रहा। वाद–विवाद एवं द्वितीय चरण के लिए संविधान सभा का सातवाँ अधिवेशन 15 नवम्बर, 1948 को आरम्भ हुआ। संविधान सभा के इतिहास का यह सबसे लम्बा अधिवेशन था, जो 17 अक्तूबर 1949 तक चला। सदस्यों को प्रत्येक धारा एवं अनुसूची पर वाद–विवाद एवं संशोधन प्रस्तुत करने का अधिकार दिया गया। सदस्यों ने कुल–मिलाकर 7635 संशोधन प्रस्तुत किए जिनमें से केवल 2474 संशोधनों पर ही विचार–विमर्श हो सका। संविधान सभा में प्रारूप का तीसरा वाचन 14 नवम्बर, 1949 से 26 नवम्बर 1949 तक चला। इस दौरान संविधान को स्वीकार कर लिया गया। 26 नवम्बर, 1949 को डॉ. राजेन्द्र प्रसाद ने संविधान सभा के अध्यक्ष के फलस्वरूप इस पर अपने हस्ताक्षर किए।

संविधान सभा का अन्तिम अधिवेशन
(The Last Session of the Constituent Assembly)

संविधान सभा का अन्तिम अधिवेशन 24 जनवरी, 1950 को आरम्भ हुआ। इस अधिवेशन में संविधान सभा के अन्य सदस्यों ने हस्ताक्षर किए। यद्यपि संविधान को 26 जनवरी, 1950 को लागू किया गया। 26 जनवरी का दिन इसलिए चुना गया, क्योंकि 1929 के लाहौर अधिवेशन में भारतीय राष्ट्रीय कांग्रेस ने अपने अधिवेशन में यह प्रस्ताव पारित किया था कि 26 नवम्बर, 1949 को ही संविधान सभा के द्वारा स्वीकार कर लिया गया था, लेकिन जनवरी, 1930 को कांग्रेस पूर्ण स्वराज्य दिवस के रूप में मनाएगी और अब कांग्रेस का लक्ष्य पूर्ण स्वराज्य को प्राप्त करना होगा। यह प्रस्ताव साकार होने पर 26 जनवरी की तिथि को संवैधानिक ऐतिहासिकता प्रदान करने के उद्देश्य से संविधान को 26 जनवरी, 1950 को लागू किया गया।

निष्कर्ष (Conclusion) : भारतीय संविधान के निर्माण में कुल मिलाकर 2 वर्ष, 11 महीने और 18 दिनों का समय लगा। इसके लिए संविधान सभा के 11 अधिवेशन हुए। 15 अगस्त, 1947 से पूर्व जो संविधान सभा एक स्वतंत्र संस्था नहीं थी। वह भारतीय स्वतंत्रता के बाद एक प्रभुत्ता सम्पन्न संस्था हो गई, जिसने भारत को संविधान के द्वारा एक प्रजातान्त्रिक गणराज्य (Democratic Republic) के रूप में स्थापित किया।

भारत के संविधान निर्माण में डॉ. राजेन्द्र प्रसाद, जवाहर लाल नेहरू, सरदार वल्लभ भाई पटेल, डॉ. बी. आर.अम्बेडकर, बी.एन.राव आदि की प्रभावशाली एवं महत्त्वपूर्ण भूमिका रही। संविधान की विभिन्न धाराओं एवं अनुसूचियों में इनका प्रभाव स्पष्ट रूप से देखा जा सकता है।

◆◆◆

---

2. भारतीय संविधान के विभिन्न स्रोतों की विवेचना कीजिए।
(Discuss the various sources of Indian Constitution.)

अथवा

भारत का संविधान कहाँ तक भारत सरकार अधिनियम, 1935 से प्रभावित है? विवेचना कीजिए।
(How for the Indian constitution is influenced by the Government of India Act, 1935? Discuss.)

उत्तर– जो भारतीय संविधान 26 जनवरी, 1950 को लागू हुआ, उसके सन्दर्भ में मौलिकता का दावा स्वयं संविधान सभा और उसके सदस्यों के द्वारा भी नहीं किया गया। संविधान सभा के सम्मुख ब्रिटिश समय में पारित अनेक अधिनियम थे। भारत को संसदीय शासन प्रणाली का अनुभव था। सदस्यों और समितियों के सामने भारतीय अनुभवों के साथ–साथ अनेक देशों के संविधान भी थे। संविधान सभा का उद्देश्य कोई मौलिक अथवा विलक्षण संविधान का निर्माण करना नहीं था, अपितु वे तो एक व्यावहारिक संविधान का निर्माण करना चाहते थे। **प्रो. एम.पी. शर्मा** का कथन है– **"हमारे संविधान निर्माताओं ने कभी भी मौलिक** *अथवा* **विलक्षण संविधान बनाने का दावा नहीं किया बल्कि वे तो एक कामचलाऊ व्यावहारिक संविधान बनाना चाहते थे।"** भारतीय संविधान के निर्माण में अनेक तत्त्वों ने स्रोतों के रूप में कार्य किया है। इन सभी स्रोतों को हम दो भागों में बांट सकते हैं:

1. जन्म् सम्बन्धी स्रोत (Seminal Sources) : जन्म् सम्बन्धी स्रोतों में हम ब्रिटिश काल के दौरान पारित विभिन्न अधिनियमों, संविधान सभा की समितियों की रिपोर्टों, विदेशी संविधानों के प्रभावों, मसौदा संविधान आदि को शामिल करते हैं।

2. विकास सम्बन्धी स्रोत (Developing Sources) : कोई भी संविधान जड़ नहीं होता। यह लगातार परिवर्तित होता रहता है। संविधान को क्रियान्वित स्वरूप प्रदान करने के लिए संसद ने अनेक अधिनियम पारित किए हैं। अतः असवैधानिक संशोधन एवं संसदीय अधिनियमों को हम विकास सम्बन्धी स्रोत कह सकते हैं।

A. जन्म सम्बन्धी स्रोत
(Seminal Sources)

(1) 1928 की नेहरू रिपोर्ट (Nehru Report of 1928) :– भारतीय राजनीतिक दलों का एक संयुक्त सम्मेलन 28 फरवरी, 1928 को दिल्ली में हुआ। इसमें भारतीय संविधान का निर्माण करने एवं उसके उद्देश्य निश्चित करने के लिए मोती लाल नेहरू की अध्यक्षता में एक आठ सदस्यीय समिति का गठन किया गया। इस समिति की रिपोर्ट में निम्न बातों पर बल दिया गया–

(i) भारत में संघात्मक शासन की स्थापना की जाए।
(ii) केन्द्र को अवशिष्ठ शक्तियाँ प्रदान की जाएं।
(iii केन्द्र शक्तिशाली हो।
(iv) संयुक्त मतदान प्रणाली को अपनाया जाए।
(v) भारत को धर्म–निरपेक्ष घोषित किया जाए।
(vi) द्विसदनीय संसद की स्थापना की जाए।
(vii) लोकसभा के सदस्य प्रत्यक्ष रूप से जनता द्वारा तथा राज्य सभा के सदस्य विधानमण्डल के सदस्यों द्वारा चुने जाएं।
(viii) सार्वभौमिक वयस्क मताधिकार को अपनाया जाए। 21 वर्ष की आयु मताधिकार के लिए निर्धारित की जाए।
(ix) भारत में सर्वोच्च न्यायालय की स्थापना की जाए।
(x) सर्वोच्च न्यायालय को सर्वोच्च बनाया जाए, जिसे संविधान की व्याख्या तथा केन्द्र–राज्यों के मध्य विवादों के समाधान का अधिकार दिया जाए।

नेहरू रिपोर्ट का संविधान पर व्यापक प्रभाव देखा जा सकता है। **डॉ. जकारिया** का कथन है कि– **''इसे इससे महान् श्रद्धांजलि और क्या दी जा सकती है कि इसने भारतीय संविधान को आधारभूत संरचना प्रदान की।'' (No greater tribute can be paid to it that supplied the blue print of the present constitution. –Dr. Zakaria)**

(2) 1935 का भारत सरकार का अधिनियम (Government of India Act, 1935) : भारतीय संविधान को 1935 के अधिनियम की कार्बन कॉपी (Carbon Copy) कहा जाता है। इसका कारण यह है कि भारतीय संविधान की 395 धाराओं में से दो तिहाई 1935 के अधिनियम से उसी रूप में अथवा थोड़े बहुत परिवर्तन के साथ शामिल की गई है। डी.डी. बसु का अनुमान है कि 75% भाग भारतीय संविधान में उन विधेयकों से लिया गया है जिनका भारत को पूर्व अनुभव था। **प्रो. आइवर जैनिंग्स** का कथन है– **''भारत के संविधान पर 1935 के अधिनियम का प्रभाव इतना अधिक है कि उसके बहुत से अनुच्छेदों को ज्यों का त्यों संविधान में रख लिया गया है।'' (The constitution derives directly from which, in fact, many of its provisions are copied textually. –Prof. Ivor Jennings)** 1935 के अधिनियम का निम्न प्रमाण हमें देखने को मिलता है :

(i) भारत का संघात्मक स्वरूप 1935 के अधिनियम से निकाला गया है।
(ii) केन्द्र और राज्यों के मध्य शक्तियों का विभाजन 1935 के अधिनियम से लिया गया है।
(iii) संघ सूची, राज्य सूची तथा समवर्ती सूची भी इस अधिनियम से प्रभावित है।
(iv) शक्तिशाली केन्द्र की स्थापना पर इसी अधिनियम का प्रभाव पड़ा है।
(v) केन्द्र में द्वि–सदनीय विधानमण्डल की स्थापना भी इस अधिनियम पर आधारित है।
(vi) राज्यों में राष्ट्रपति शासन का प्रावधान भी 1935 के अधिनियम से प्रभावित है।
(vii) राज्यों को केन्द्र तथा संसदीय कानूनों के विरोध में कानून निर्माण न करने का प्रावधान भी इसी अधिनियम से प्रभावित है।

(viii) राष्ट्रपति की संकटकालीन शक्ति धारा 352 भी अधिनियम की धारा 10 से प्रभावित है।

(ix) राज्यों में द्वि–सदनीय विधानमण्डल की स्थापना का प्रावधान अधिनियम में था।

(x) भारत में दोहरे प्रशासन की व्यवस्था भी 1935 के अधिनियम से प्रभावित है।

यह माना जाता है कि 1935 के अधिनियम तथा वर्तमान संविधान में केवल एक अन्तर है और वह यह कि वर्तमान संविधान में संयुक्त मतदान प्रणाली तथा सार्वभौमिक व्यस्क मताधिकार को अपनाया गया है जो अधिनियम में नहीं था।

भारतीय संविधान और 1935 के अधिनियम में अन्तर
(Difference between Government of India Act, 1935 and Indian Constitution)

भारतीय संविधान को 1935 के अधिनियम की नकल (Carbon Copy) कहा जाता है, लेकिन इनमें व्यापक अन्तर है–

(i) 1935 का अधिनियम ब्रिटिश संसद द्वारा बनाया गया था जबकि भारतीय संविधान का निर्माण भारतीय संविधान सभा द्वारा किया गया।

(ii) 1935 के अधिनियम में सीमित मताधिकार था जबकि वर्तमान संविधान में सार्वभौमिक मता. धिकार है।

(iii) 1935 के अधिनियम में साम्प्रदायिक मतदान प्रणाली थी जबकि वर्तमान संविधान में संयुक्त मतदान प्रणाली की व्यवस्था की गई है।

(iv) 1935 के अधिनियम में मौलिक अधिकारों की व्यवस्था नहीं थी जबकि वर्तमान संविधान में मौलिक अधिकारों का प्रावधान किया गया है।

(v) 1935 के अधिनियम में गवर्नर जनरल का पद था जबकि वर्तमान संविधान में राष्ट्रपति के पद की व्यवस्था है।

(3) विदेशी संविधानों का प्रभाव (Impact of Foreign Constitutions) : भारतीय संविधान को उधार का थैला (Bag of Borrowings) कहा जाता है। इसका कारण यह है कि भारतीय संविधान में अनेक देशों के संविधानों से कई प्रावधानों को शामिल किया गया है। इनका वर्णन निम्न प्रकार से है :

(i) इंग्लैण्ड का प्रभाव : इंग्लैण्ड से हमने निम्न प्रावधान ग्रहण किए हैं :

(a) नाममात्र का संवैधानिक प्रमुख

(b) संसदीय शासन प्रणाली

(c) प्रधानमंत्री की अवस्था एवं पद

(d) निम्न सदन के प्रति मन्त्रिमण्डल का उत्तरदायित्व

(e) कानून का शासन आदि।

(ii) अमेरिका के संविधान का प्रभाव : अमेरिका के संविधान से भारतीय संविधान में प्रस्तावना, मौलिक अधिकार, सर्वोच्च न्यायालय एवं न्यायिक पुनर्निरीक्षण, एवं उप–राष्ट्रपति का पद आदि प्रावधान लिए गए हैं।

(iii) कनाडा का संविधान : कनाडा के संविधान से संघात्मक के स्थान पर राज्यों के संघ की शब्दावली का प्रयोग, शक्तिशाली केन्द्र, केन्द्र को अवशिष्ठ शक्तियाँ जैसे प्रावधान लिए गए हैं।

इसके अतिरिक्त भारतीय संविधान पर ऑस्ट्रेलिया, जापान, आयरलैण्ड, जर्मनी आदि देशों के संविधान का प्रभाव भी पड़ा है।

(4) 1948 का मसौदा संविधान (Draft Constitution of 1948) : डॉ. भीमराव अम्बेडकर की अध्यक्षता में 21 फरवरी, 1948 को मसौदा समिति ने संविधान सभा के अध्यक्ष डॉ. राजेन्द्र प्रसाद के संविधान का प्रारूप प्रस्तुत किया। 26 जनवरी, 1950 को जो संविधान लागू हुआ वह इसी प्रारूप पर संविधान सभा में हुई बहस का परिणाम था। इस प्रारूप में 315 धाराएँ तथा 8 अनुसूचियाँ थीं।

(5) संविधान सभा की विभिन्न समितियों की रिपोर्ट (Report of Various Committees of Constituent Assembly) : संविधान सभा ने कार्य विभाजन के सिद्धान्त के आधार पर अनेक समितियों का गठन किया। इनमें से प्रमुख समितियाँ थीं :

(i) संघीय शक्तियों सम्बन्धी समिति (Union Powers Committee)
(ii) प्रान्तीय संविधान सम्बन्धी समिति (Provincial Constitution Committee)
(iii) संघीय संविधान सम्बन्धी समिति (Union Constitution Committee)
(iv) अल्पसंख्यकों एवं मौलिक अधिकारों सम्बन्धी सलाहकारी समिति (Advisory Committee on Minorities and Fundamental Rights)
(v) संघ एवं राज्यों के मध्य वित्तीय सम्बन्ध निर्धारण समिति (Committee on Financial Relations between Centre and States)

इन सभी समितियों ने अपनी–अपनी रिपोर्ट प्रारूप समिति को दी। प्रारूप समिति ने संविधान का एक प्रारूप संविधान सभा में प्रस्तुत किया।

(6) उद्देश्य प्रस्ताव (Objective Resolution) : भारत के तत्कालीन प्रधानमंत्री पं. जवाहर लाल नेहरू ने 11 दिसम्बर, 1946 को संविधान सभा में एक उद्देश्य पेश किया गया कि वे शीघ्रता न करें तथा इन उद्देश्यों को प्राप्त करने के लिए संविधान का निर्माण करें। इसमें भारत में लोकतंत्र, गणतंत्र, सामाजिक, आर्थिक, राजनीतिक न्याय की स्थापना, अवसरों एवं कानून के समक्ष समानता आदि उद्देश्यों को अपनाने पर बल दिया गया। संविधान की वर्तमान प्रस्तावना इसी उद्देश्य प्रस्ताव का संशोधित रूप है।

(7) संविधान सभा के वाद–विवाद (Debates of Constituent Assembly)–संविधान सभा में मसौदा संविधान पर व्यापक विचार-विमर्श हुआ। सदस्यों ने कुल मिलाकर 7635 प्रस्ताव प्रस्तुत किए, जिनमें से केवल 2474 पर ही विचार हो सका। इस वाद–विवाद के द्वारा भी अनेक प्रावधानों का निर्माण हुआ और उन्हें संविधानों में शामिल किया गया।

इस प्रकार से 2 वर्ष 11 महीने तथा 18 दिन में भारतीय संविधान निर्माण की प्रक्रिया पूर्ण हुई।

B. विकास सम्बन्धी स्रोत
(Developing Sources)

26 जनवरी, 1950 को लागू भारतीय संविधान का वर्तमान में स्वरूप बदल गया है। अनेक नए प्रावधानों को इसमें शामिल किया गया है तथा अनेक पुराने प्रावधानों में संशोधन किया गया है। प्रत्येक संविधान प्रगतिशील होता है तथा भारतीय संविधान में परिवर्तन ही नहीं हुआ है, अपितु इसका विकास एवं विस्तार भी हुआ है। अतः ऐसे तत्त्व जिन्होंने भारतीय संविधान के परिवर्तन, विकास, एवं विस्तार में भूमिका निभाई है, उन्हें हम संविधान के विकास सम्बन्धी स्रोत कहते हैं। इनका वर्णन निम्न प्रकार से है :

(1) संसदीय अधिनियम एवं कानून (Parliamentary Acts and Laws) : संविधान को क्रियान्वित स्वरूप प्रदान करने के लिए तथा व्यवस्था को संविधान के अनुभव बनाने के लिए संसद ने समय–समय पर अनेक कानून एवं अधिनियम पास किए हैं। संसद के ये अधिनियम एवं कानून संविधान के विकास एवं विस्तार में प्रभावशाली भूमिका निभाते हैं। इनमें कुछ मुख्य अधिनियम एवं कानून निम्न प्रकार से हैं :

(i) निवारक नजरबन्दी कानून (Preventive Detention Act-1950)
(ii) जन प्रतिनिधि अधिनियम (Representation of People's Act-1950-1051)
(iii) वित्त आयोग अधिनियम (Finance Commission Act-1951)
(iv) राष्ट्रपति एवं उपराष्ट्रपति चुनाव अधिनियम (Presidential and Vice-Presidential Elections Act-1952)
(v) भारतीय नागरिकता अधिनियम (Indian Citizenship Act-1955)
(vi) राज्य पुनर्गठन क़ानून (States Re-organisation Act-1956)

(vii) सर्वोच्च न्यायालय अधिनियम (Supreme Court's Number of Judges Act-1956,1960 and 1977)

(viii) विचार परिषद् कानून नागालैण्ड राज्य अधिनियम सरकारी भाषा अधिनियम (The Official Language Act-1963&1968)

(xi) पंजाब पुनर्गठन अधिनियम (The Punjab Reorganisation Act-1966)

(xii) गैर–कानूनी गतिविधियाँ निवारक अधिनियम (The unlawful Activities Preventive Act-1967)

(xiii) आन्तरिक सुरक्षा स्थापना कानून (Maintenance of Internal Security Act-1971)

(xiv) विदेशी मुद्रा संरक्षण एवं गैर कानूनी आवागमन निवारक अधिनियम (The Conservation of the Foreign Exchange and Prevention of Smuggling Activities Act-1977)

(xv) राष्ट्रीय सुरक्षा अधिनियम (National Security Act-1981)

(xvi) राष्ट्रीय राजधानी क्षेत्र सरकार अधिनियम (The Government of National Capital Territory Act-1992)

(xvii) आतंकवाद निवारक अधिनियम–पोटा (Prevention of Terrarism Act-POTA-2002)

(2) सवैधानिक संशोधन (Constitutional Amendments) : भारतीय संविधान में परिवर्तन के लिए सवैधानिक संशोधनों को उत्तरदायी माना जाता है। संशोधन संविधान में न केवल परिवर्तन करते हैं, अपितु उसमें प्रावधानों को निकालने तथा नवीन प्रावधानों को शामिल करने का कार्य भी करते हैं। जैसे कि 42वें संशोधन द्वारा संविधान की प्रस्तावना में समाजवादी तथा धर्म-निरपेक्षता जैसे शब्दों को जोड़ा गया। 44वें संशोधन द्वारा व्यक्तिगत सम्पत्ति के अधिकार को मौलिक अधिकारों की सूची से बाहर कर दिया गया और इसे 300 'क' में रखकर सम्पत्ति का अधिकार कानूनी अधिकार बना दिया गया।

(3) न्यायिक निर्णय (Judicial Decisions) : सर्वोच्च न्यायालय के निर्णय देश के अधीनस्थ न्यायालयों के लिए संविधान के प्रावधानों एवं संसदीय कानूनों के समान ही महत्त्वपूर्ण होते हैं। ये संविधान एवं कानून का प्रमाणिक एवं सर्वोच्च स्रोत माने जाते हैं। केशवानन्द भारती बनाम केरल राज्य (Keshvananda Bharti Vs. State of Kerala), गोपालन बनाम मद्रास राज्य (Gopalan vs. State of Madras), गोलकनाथ बनाम पंजाब राज्य (Golaknath vs state of Punjab) आदि ऐसे विवादास्पद मुकद्में हैं जिनमें सर्वोच्च न्यायालय के निर्णयों ने संविधान की व्याख्या करके संविधान के प्रावधानों के रूप में कार्य किया।

(4) प्रथाएँ एवं परम्पराएँ (Customs and Conventions) : यद्यपि भारत का संविधान एक लिखित संविधान है तथा कोई भी बात प्रथाओं तथा परम्पराओं पर नहीं छोड़ी गई है, लेकिन समय के साथ–साथ अनेक ऐसी राजनीतिक परम्पराएँ एवं प्रथाएँ विकसित हुई हैं जिनका पालन राजनीतिक दलों के द्वारा किया जाता है। जैसे राज्य के राज्यपाल की नियुक्ति में सम्बन्धित मुख्यमंत्री की सलाह लेना, राज्यपाल का उस राज्य का निवासी न होना जहां उसे नियुक्त किया गया है, स्पीकर का निष्पक्ष दृष्टिकोण आदि प्रथाएँ भारत में देखने को मिलती हैं। इनके अपवादों की भी कमी नहीं है। जैसे अनेक बार लोकसभा के उपाध्यक्ष के पद को लेकर विवाद रहा कि इसे विपक्षी दल को प्रदान किया जाए।

(5) सवैधानिक एवं कानूनी विशेषज्ञों की टिप्पणियाँ (Comments of Legal and Constitutional experts) : भारतीय संविधान एवं कानून के सन्दर्भ में अनेक विशेषज्ञों ने पुस्तकें एवं लेख लिखे हैं। संविधान की व्याख्या करते समय इन विशेषज्ञों की राय को भी प्रमाण के रूप में रखा जाता है। इसमें हम अनेक ग्रन्थों को शामिल कर सकते हैं, जैसे :

(I) Alexendrewics– Constitutional Development in India.
(II) D.D. Basu– Commentaries on the Constitution of India.
(III) M.V. Pylee– Constitutional Government of India.
(IV) Jennings– Some Characteristics of the Constitution.

निष्कर्ष (Conclusion) : भारतीय संविधान के स्रोतों का अध्ययन करने के पश्चात् हम कह सकते हैं कि यह न तो एक मौलिक संविधान है तथा न ही यह एक जड़ संविधान है। इसके निर्माण, विकास एवं परिवर्तन में अनेक स्रोतों ने प्रभावशाली भूमिका निभाई है।

◆◆◆

3. ''भारतीय संविधान उधार का थैला है।'' टिप्पणी कीजिए।
(Indian Constitution is a bag of borrowings. Comment.)

अथवा

भारतीय संविधानों पर अनेक देशों के संविधानों का प्रभाव पड़ा है। विवेचना कीजिए।
(Indian Constitution is unfluenced by various Constitutions of various Countries. Discuss.)

उत्तर– भारतीय संविधान के आलोचकों ने इसके सन्दर्भ में अनेक टिप्पणियाँ की हैं। जैसे कि भारतीय संविधान उधार का थैला है। (Indian Constitution is a bag of borrowing.) अथवा भारतीय संविधान 1935 के अधिनियम की प्रतिलिपि है। (Indian Constitution is a carbon copy of the Government of India Act-1935)। स्वयं भारतीय संविधान निर्माताओं ने कभी भी मौलिक एवं विलक्षण संविधान बनाने का दावा नहीं किया। वे इस बात के पक्षधर थे कि दूसरे देशों के अनुभवों से लाभ उठाना चाहिए। संविधान निर्माताओं के इसी दृष्टिकोण के कारण भारतीय संविधान में हमें भारतीयता की अपेक्षा पाश्चात्यता अधिक देखने को मिलती है। अन्य देशों के संविधानों के प्रावधानों को भारतीय संविधान में शामिल करने के कारण ही भारतीय संविधान को उधार लिए गए सिद्धान्तों का समूह कहा जाता है। **ग्रेनविल ऑस्टिन** का कथन है– **''सभा के लिए नए सवैधानिक सिद्धान्तों की खोज 1947 में करना कठिन *अथवा* असम्भव था''** निम्न विदेशी संविधानों का प्रभाव हमें भारतीय संविधान पर देखने को मिलता है :

1. इंग्लैण्ड के संविधान का प्रभाव (Impact of the Constitution of England) : इंग्लैण्ड का संविधान एक लिखित एवं निर्मित संविधान न होकर एक विकसित तथा अंशतः लिखित एवं अंशतः अलिखित संविधान है। भारत एवं इंग्लैण्ड के संविधान में पर्याप्त असमानताएँ विद्यमान हैं, लेकिन हमें यह नहीं भूलना चाहिए कि इंग्लैण्ड के संविधान को विश्व के संविधानों की जननी कहा जाता है। (English Constitution is the mother of all Constitutions.)। इसका अभिप्राय यह है कि विश्व का कोई भी देश ऐसा नहीं है जिसकी सवैधानिक व्यवस्था पर कम अथवा अधिक रूप में इंग्लैण्ड की सवैधानिक व्यवस्था का प्रभाव न देखने को मिलता हो। 1215 के मैग्ना कार्टा से लेकर 1929 के सुधार अधिनियम तक पारित विधेयकों ने विश्व के देशों के कानून एवं संविधान को प्रभावित किया है। इंग्लैण्ड के संविधान का निम्न प्रभाव हमें देखने को मिलता है :

(I) भारतीय संसदीय शासन प्रणाली पर इंग्लैण्ड के संविधान का प्रभाव पड़ा।

(II) इंग्लैण्ड के समान ही भारत में भी सवैधानिक प्रमुख को नाममात्र का बनाया गया है। इंग्लैण्ड के राजपद एवं भारत के राष्ट्रपति में अनेक समानताएँ हैं।

(III) इंग्लैण्ड के समान ही भारत में प्रधानमंत्री का पद स्थापित किया गया है तथा वही प्रधानमंत्री होता है जिसे निम्न सदन में बहुमत प्राप्त होता है।

(IV) इंग्लैण्ड के समान ही भारत में प्रधानमंत्री एवं मन्त्रिमण्डल निम्न सदन के प्रति उत्तरदायी होता है। वह तभी तक अपने पद पर बना रहता है जब तक उसे निम्न सदन में बहुमत प्राप्त रहता है।

(V) इंग्लैण्ड के अनुरूप ही भारत में कानून का शासन (Rule of Law) लागू किया गया है।

(VI) इंग्लैण्ड की तरह ही भारत में निम्न सदन के अध्यक्ष को स्पीकर कहा जाता है।

2. अमेरिकन संविधान का प्रभाव (Impact of American Constitution) : यद्यपि अमेरिका का संविधान विश्व का सबसे छोटा तथा भारत का संविधान विश्व का सबसे लम्बा संविधान है, लेकिन अनेक ऐसे प्रावधान भारतीय संविधान में हैं जिन पर अमेरिका के संविधान का प्रभाव देखने को मिलता है। इनका वर्णन निम्न प्रकार से है :

(I) भारतीय संविधान का आरम्भ भी अमेरिका के संविधान की भांति एक प्रस्तावना (Preamble) से होता है। यही नहीं भारतीय संविधान की प्रस्तावना की शब्दावली भी अमेरिकन संविधान की प्रस्तावना जैसी ही है।

(II) भारतीय संविधान के तीसरे अध्याय में वर्णित मौलिक अधिकारों पर अमेरिका के प्रथम दस संशोधनों द्वारा स्थापित अधिकार विधेयकों (Bill of Rights) का प्रभाव स्पष्ट नजर आता है।

(III) अमेरिका के समान ही भारत में संघात्मक शासन प्रणाली की स्थापना की गई है।

(IV) भारत में उप–राष्ट्रपति के पद की व्यवस्था पर भी अमेरिकन संविधान का प्रभाव पड़ा है।

(V) अमेरिका के समान ही भारत में न्यायपालिका की सर्वोच्चता स्थापित की गई है तथा भारतीय सर्वोच्च न्यायालय अमेरिका के समान ही न्यायिक पुनर्निरीक्षण की शक्ति का प्रयोग करता है।

(VI) अमेरिका की तरह ही भारत में राष्ट्रपति एवं सर्वोच्च न्यायालय के न्यायाधीशों को हटाने के लिए महाभियोग का प्रावधान किया गया है।

(VII) भारतीय संविधान की संशोधन प्रक्रिया पर भी अमेरिका के संविधान का आंशिक प्रभाव देखने को मिलता है।

3. कनाडा के संविधान का प्रभाव (Impact of the Constitution of Canada) : कनाडा के संविधान का निम्न प्रभाव हमें देखने को मिलता है :

(I) भारतीय संविधान में संघात्मक (Federalism) के स्थान पर राज्यों का संघ (Union of States) शब्द का प्रयोग कनाडा के संविधान से प्रभावित है।

(II) कनाडा के समान ही भारत में राज्यपालों की नियुक्ति राष्ट्रपति के द्वारा की जाती है।

(III) कनाडा की तरह ही भारत में शक्तिशाली केन्द्र की स्थापना की गई है।

(IV) कनाडा के समान ही अवशेष शक्तियाँ (Residuary Powers) संघ में निहित की गई हैं।

4. आस्ट्रेलिया के संविधान का प्रभाव (Impact of the Constitution of Australia) : आस्ट्रेलिया के संविधान का निम्न प्रभाव भारतीय संविधान पर देखने को मिलता है :

(I) भारतीय संविधान में समवर्ती सूची पर आस्ट्रेलिया के संविधान का प्रभाव है।

(II) भारतीय न्यायाधीशों के हटाने के आधार आस्ट्रेलिया से प्रभावित है। **"प्रमाणिक दुर्व्यवहार एवं अयोग्यता" (Proved misconduct and incapacity)** की शब्दावली आस्ट्रेलिया के संविधान से ली गई है।

5. आयरलैण्ड के संविधान का प्रभाव (Impact of Irish Constitution) : आयरलैण्ड के संविधान का निम्न प्रभाव हमें देखने को मिलता है :

(I) राज्य के नीति–निर्देशक सिद्धान्त आयरलैण्ड के संविधान से प्रभावित है।

(II) राज्य सभा में 12 सदस्यों को मनोनीत करने का प्रावधान आयरलैण्ड से लिया गया है।

(III) राष्ट्रपति के चुनाव की प्रक्रिया पर आयरलैण्ड के संविधान का प्रभाव देखने को मिलता है।

6. जर्मनी के वीमर संविधान का प्रभाव (Impact of Wiemar Constitution of Germany) : भारत के राष्ट्रपति को धारा 352 के अधीन संकटकालीन शक्तियाँ जर्मनी के वीमर संविधान से प्रभावित हो कर ली गई हैं।

7. दक्षिणी अफ्रीका के संविधान का प्रभाव (Impact of South African Constitution); राज्य सभा के सदस्यों के लिए आनुपातिक प्रतिनिधित्व की प्रणाली का प्रयोग दक्षिणी अफ्रीका से प्रभावित होकर शामिल किया गया है। संशोधन प्रक्रिया भी अफ्रीका में ली गई है, जिसका अनुच्छेद 368 में वर्णन है।

इस प्रकार से हम देखते हैं कि भारतीय संविधान पर व्यापक रूप से इंग्लैण्ड, अमेरिका, आस्ट्रेलिया, कनाडा, आयरलैण्ड, जर्मनी तथा दक्षिणी अफ्रीका के देशों के संविधानों का प्रभाव भारतीय संविधान पर पड़ा है।

भारतीय संविधान उधार का थैला नहीं है
(Indian Constitution is not a bag to borrowing)

भारतीय संविधान उधार का थैला नहीं कहने के पक्ष में निम्न तर्क दिए जा सकते हैं—

(i) इंग्लैण्ड के संविधान में एकात्मक व्यवस्था है जबकि भारत के संविधान में संघात्मक व्यवस्था है।

(ii) इंग्लैण्ड का संविधान निर्मित नहीं अपितु विकसित है जबकि भारत का संविधान निर्मित एवं लिखित है।

(iii) इंग्लैण्ड में सीमित राजतन्त्रीय व्यवस्था है जबकि भारत में गणतन्त्रात्मक व्यवस्था है।

(iv) अमेरिका के मूल संविधान में मौलिक अधिकार नहीं थे जबकि भारत के संविधान में आरम्भ से मौलिक अधिकार हैं।

(v) अमेरिका में अध्यक्षीय शासन प्रणाली है जबकि भारत में संसदीय शासन प्रणाली है।

(vi) अमेरिका के संविधान में एक कठोर संविधान प्रक्रिया है जबकि भारत के संविधान में तीन प्रकार की प्रक्रियाएँ हैं और भारत का संविधान कठोर एवं लचीला है।

मूल्यांकन (Evaluation) : अब प्रश्न यह उत्पन्न होता है कि भारतीय संविधान क्या वास्तव में उधार का थैला है। भारतीय संविधान निर्माता क्या पिच्छलग्गू थे। यह कथन आंशिक रूप से तो ठीक हो सकता है, लेकिन पूर्णतयाः ठीक नहीं है। भारतीय संविधान निर्माताओं ने विदेशों के अनुभवों से लाभ तो उठाया है, लेकिन उसकी नकल नहीं की है। बल्कि उन विदेशी प्रावधानों का भारतीयकरण कर दिया। इसके अतिरिक्त अनेक मौलिक सिद्धान्त हमें भारतीय संविधान में देखने को मिलते हैं। ये सिद्धान्त संविधान निर्माताओं की सोच तथा चिन्तन का परिणाम थे। जैसे संविधान के प्रावधानों का विस्तारपूर्वक वर्णन, संशोधन प्रक्रिया के आधार पर संविधान का तीन भागों में विभाजन, उदारवादी एवं समाजवादी तत्त्वों को अनोखा समन्वय, धर्म–निरपेक्षता, स्वतंत्र एवं निष्पक्ष न्यायिक व्यवस्था, अल्पसंख्यकों की सुरक्षा आदि प्रावधान भारतीय संविधान की मौलिकता को दर्शाते हैं।

◆◆◆

4. भारतीय संविधान की प्रस्तावना की आलोचनात्मक समीक्षा कीजिए।
(Critically examine the Preamble of the Indian Constitution.)

अथवा

भारतीय संविधान की प्रस्तावना की मुख्य विशेषताओं की विवेचना कीजिए।
(Discuss the main features of the Preamble of the Indian Constitution.)

अथवा

''प्रस्तावना भारतीय संविधान की अन्तर्आत्मा है।'' वर्णन कीजिए।
(Preamble is the conscience of the Indian Constitution.)

अथवा

भारतीय संविधान की प्रस्तावना के मुख्य लक्षणों का वर्णन कीजिए। प्रस्तावना का क्या महत्त्व है?
(Describe the main elements of the Preamble of Indian Constitution. What is the importance of Preamble?)

अथवा

"प्रस्तावना भारतीय संविधान की कुंजी है।" प्रस्तावना के आधार पर भारतीय संविधान की मुख्य विशेषताओं को लिखिए।

(The preamble is the key of Indian constitution. Write down the salient features of Indian constitution on the basis of preamble.)

उत्तर–भारतीय संविधान का प्रारम्भ एक प्रस्तावना से होता है। वास्तव में प्रस्तावना उस उद्देश्य प्रस्ताव का संशोधित रूप है जो जवाहर लाल नेहरू ने संविधान सभा में 11 दिसम्बर, 1946 को प्रस्तुत किया था। प्रस्तावना में संविधान के उद्देश्यों का वर्णन किया गया है। इसे संविधान की आत्मा का चित्र भी कहा गया है। प्रस्तावना संक्षिप्त शब्दों में हमें संविधान की प्रकृति की जानकारी देती है। प्रस्तावना एक ऐसी चाबी के समान है जो संविधान निर्माताओं की इच्छा को प्रकट करती है। संविधान की विभिन्न धाराओं, अनुसूचियों तथा अध्यायों में प्रस्तावना में वर्णित उद्देश्यों को क्रियान्वित एवं प्राप्त करने के लिए विस्तृत प्रावधान किए गए हैं।

डी.डी. बसु का कथन है– **''प्रस्तावना संविधान निर्माताओं के मन की कुंजी है।''** सर्वोच्च न्यायालय के मुख्य न्यायाधीश **के. सुब्बाराव** ने एक निर्णय में व्यक्त किया– **''संविधान से जिन उद्देश्यों की प्राप्ति की कामना की गई है उसकी घोषणा प्रस्तावना में है। संक्षेप में इसमें संविधान के आदर्श और आकांक्षाएँ हैं। प्रस्तावना कोई प्रलेख नहीं है बल्कि उन आदर्शों का प्रतीक है जिन्हें संविधान में शामिल किया गया है।''** **पं. डी.डी. भार्गव** का कथन है– **''प्रस्तावना संविधान का सबसे बहुमूल्य भाग है। यह संविधान की चाबी है–यह संविधान की आत्मा है–यह संविधान का रत्न है।''**

संविधान की प्रस्तावना संविधान का मौलिक भाग है। नवम्बर, 1976 में संविधान की प्रस्तावना में 42वें संवैधानिक संशोधन के माध्यम से दो नए शब्द समाजवादी (Socialist) एवं धर्म–निरपेक्ष (Secular) शामिल किए गए। प्रस्तावना का नवीनतम एवं संशोधित रूप निम्न प्रकार से है :

''हम भारत के लोग, भारत को एक प्रभुसत्ता सम्पन्न, समाजवादी, धर्म–निरपेक्ष, लोकतान्त्रिक गणराज्य के रूप में स्थापित करते हैं, तथा इसके सभी नागरिकों को सामाजिक, आर्थिक एवं राजनीतिक न्याय देने, विचार, अभिव्यक्ति, विश्वास, धर्म एवं उपासना की स्वतंत्रता प्रदान करने, प्रतिष्ठा तथा अवसर की समानता प्रदान करने के लिए और सभी व्यक्तियों में सम्मान, गरिमा एवं राष्ट्र की एकता एवं अखण्डता निश्चित करने के लिए, भ्रातृत्व बढ़ाने के लिए, दृढ़ संकल्प होकर इस संविधान सभा में आज 26 नवम्बर, 1949 को इस संविधान को अंगीकार, अधिनियमित एवं आत्मसमर्पित करते हैं।''

प्रस्तावना के लक्षण एवं विशेषताएँ
(Elements and Features of Preamble)

अथवा

प्रस्तावना के उद्देश्य एवं आदर्शों को विस्तार से वर्णित कीजिए
(Describe in detail the Objectives and Ideals of Preamble)

70 शब्दों से भी कम में लिखी गई भारतीय संविधान की प्रस्तावना को पांच मिनट से भी कम समय में पढ़ा जा सकता है। संविधान की प्रस्तावना को एक औपचारिक दस्तावेज समझने की भूल कदापि नहीं करनी चाहिए। यह एक विशेष प्रलेख है जिसे संविधान सभा ने सोच–समझ कर शामिल किया है। यद्यपि प्रस्तावना न्याय–संगत नहीं है। इसे लागू करवाने के लिए न्यायालय में याचिका दायर नहीं की जा सकती, लेकिन संविधान की व्याख्या करने में इसका सहारा लिया जाता है। प्रस्तावना हमें वह अन्तर्दृष्टि प्रदान करती है जिसकी सहायता से हम संविधान एवं इसके प्रावधानों का अध्ययन, विश्लेषण, मूल्यांकन आदि करके उन्हें समझ सकते हैं। संविधान की प्रस्तावना में संविधान के उद्देश्य एवं आदर्श ही स्पष्ट होते हैं। इन्हें हम निम्न विशेषताओं के माध्यम से समझ सकते हैं:

(1) भारतीय लोग संवैधानिक सत्ता का स्रोत (Indian People are the source of Constitutional authority) : संविधान सभा के सदस्य सार्वभौमिक वयस्क मताधिकार के आधार पर नहीं चुने गए थे। उस समय सीमित वयस्क मताधिकार था। संविधान निर्माण के बाद उसकी अनुमति के लिए कोई जनमत संग्रह भी नहीं करवाया गया था। अतः यह प्रश्न स्वाभाविक है कि संवैधानिक सत्ता का स्रोत क्या है? उपरोक्त सबके बावजूद भी संविधान सभा ने प्रस्तावना में **''हम भारत के लोग'' (We, the people of India)** शब्दावली का प्रयोग करके यह स्पष्ट कर दिया कि संविधान भारतीयों के द्वारा तथा भारतीयों के लिए बनाया गया है तथा वे ही संवैधानिक सत्ता का स्त्रोत है। 1949 के प्रथम आम चुनाव में संविधान सभा के अधिकांश सदस्यों का विजयी होना तथा भारतीय राष्ट्रीय कांग्रेस का सत्ता में आना यही प्रमाणित करता है कि संविधान निर्माण को भारतीयों ने अपनी स्वीकृति प्रदान कर दी। **डॉ. अम्बेडकर** ने संविधान सभा में कहा था– **''प्रस्तावना में सभा के प्रत्येक सदस्य की इच्छा शामिल है कि संविधान को आधार इसकी सत्ता इसकी प्रभुसत्ता लोगों से प्राप्त करनी चाहिए।''**

(2) भारत एक प्रभुसत्ता–सम्पन्न राज्य (India is a Sovereign State) : यद्यपि जब संविधान सभा का गठन हुआ तो उस समय भारत एक प्रभुसत्ता सम्पन्न राज्य नहीं था, लेकिन इसके बाद 15 अगस्त, 1947 को भारत स्वतंत्र हो गया। भारत पर से विदेशी नियंत्रण समाप्त हो गया। भारत अपने आन्तरिक एवं बाह्य कार्यों में पूरी तरह स्वतंत्र हो गया। संविधान सभा ने संविधान की प्रस्तावना में भारत को एक प्रभुसत्ता सम्पन्न राष्ट्र घोषित किया, जो आन्तरिक एवं बाह्य नियंत्रण से मुक्त था। यद्यपि कुछ आलोचकों का विचार है कि भारत द्वारा राष्ट्रमण्डल की सदस्यता स्वीकार करना अथवा संयुक्त राष्ट्र का सदस्य बनना, उसकी प्रभुसत्ता सम्पन्नता पर प्रश्न चिह्न लगाते हैं, लेकिन यह सत्य नहीं है। भारत ने गुट–निरपेक्षता की स्वतंत्र विदेशी नीति का पालन करके यह प्रमाणित कर दिया कि वह इंग्लैण्ड अथवा पाश्चात्य शक्तियों के दबाव में नहीं है।

(3) भारत एक समाजवादी राज्य (India as a Socialist State) : भारतीय संविधान की प्रस्तावना में समाजवादी शब्द आरम्भ से नहीं है। इसे 1976 में 42वें संवैधानिक संशोधन के द्वारा प्रस्तावना में शामिल किया गया। भारत के प्रथम प्रधानमंत्री नेहरू जी की समाजवाद में अटूट आस्था थी। राज्य के नीति–निर्देशक सिद्धान्तों में समाजवाद की विचारधारा के अनेक तत्त्वों का समावेश किया गया। श्रीमती इन्दिरा गांधी ने बैंकों एवं कोयला खानों का राष्ट्रीयकरण करके समाजवाद के मार्ग को प्रशस्त किया। व्यक्तिगत सम्पत्ति के अधिकार को मौलिक अधिकारों की सूची से बाहर कर दिया गया। लेकिन 1990 के पश्चात् भारत ने सोवियत संघ के पतन के साथ ही समाजवाद के मार्ग से पीछे हटना ही उचित समझा। वैश्वीकरण के नाम पर समाजवादी सिद्धान्तों को तिलांजलि दे दी गई। लेकिन समाजवाद का शब्द एवं सिद्धान्त क्रमशः आज भी भारतीय संविधान की प्रस्तावना की शोभा बढ़ा रहे हैं।

(4) भारत एक धर्म–निरपेक्ष राज्य (India as a secular state) : समाजवादी के समान ही धर्म–निरपेक्ष शब्द भी प्रस्तावना में आरम्भ से नहीं था, अपितु इसे भी समाजवादी शब्द के साथ ही 1976 में 42वें संवैधानिक संशोधन के माध्यम से प्रस्तावना में शामिल किया गया। धर्म–निरपेक्षता को लागू करने के उद्देश्य से तीसरे अध्याय में मौलिक अधिकारों के अन्तर्गत धार्मिक स्वतंत्रता के अधिकार का प्रावधान किया गया है। धार्मिक स्वतंत्रता में सभी को किसी भी धर्म को अपनाने, उसकी पूजा–अर्चना करने, धर्म का प्रचार करने, धर्म परिवर्तन करने आदि का अधिकार प्रदान किया गया है। भारत में किसी भी धर्म को न तो राज्य धर्म घोषित किया गया है न ही धर्म के नाम पर संरक्षण अथवा विरोध दर्शाया गया है। **स्मिथ** का कथन है– **''धर्म निरपेक्ष राज्य भारतीय प्रजातन्त्र के भविष्य के लिए महत्त्वपूर्ण है। यह आधुनिक उदारवादी लोकतन्त्र के आधारभूत और अविच्छेद तत्त्व के रूप में कायम रह सकता है *अथवा* गिर सकता है।''** धर्म के सन्दर्भ में निरपेक्षता को अपनाया गया है। धर्म–निरपेक्षता का अभिप्राय यदि धर्म–राज्य से नहीं तो विरोधी राज्य भी नहीं है।

(5) भारत एक लोकतान्त्रिक राज्य (India as a Democratic State) : भारत में लोकतन्त्र की स्थापना की गई है। जन–प्रतिनिधि कानून (People's Representation Act) के द्वारा लोकतंत्र को क्रियान्वित स्वरूप प्रदान किया गया है। लोकतंत्र भारतीय संविधान के उन मौलिक मूल्यों में से एक है, जिन्हें प्राप्त किया गया है। लोकतंत्र शब्द को न केवल प्रस्तावना में स्थान दिया गया है, अपितु इसे लागू करने के लिए कानून एवं संविधान में अनेक व्यवस्थाएँ की गई हैं। लोकतंत्र का आधार निष्पक्ष एवं स्वतंत्र चुनाव होते हैं। इसके लिए चुनाव आयोग का प्रावधान किया गया है और तीसरे अध्याय में लोगों को धारा 19 के अधीन राजनीतिक स्वतंत्रताएँ प्रदान की गई हैं। सार्वभौमिक व्यस्क मताधिकार की व्यवस्था की गई है। अतः लोकतंत्र एक सैद्धान्तिक शब्दावली ही नहीं है, अपितु भारतीय राजनीति के व्यवहार में भी इसे स्थापित किया गया है। भारत में अभी तक 13 आम चुनाव हो चुके हैं। इससे भारतीय लोकतंत्र का सच्चा चरित्र स्पष्ट होता है।

(6) भारत एक गणराज्य (India as a Republic) : भारतीय संविधान की प्रस्तावना में भारत को एक गणतंत्रात्मक देश घोषित किया गया है। इसका अभिप्राय यह है कि भारत में संवैधानिक प्रमुख लोगों द्वारा प्रत्यक्ष एवं अप्रत्यक्ष रूप से चुना जाता है। **मैडीसन** का कथन है– **''गणतन्त्र एक ऐसी सरकार है जिसकी शक्तियों का स्रोत प्रत्यक्ष** *अथवा* **परोक्ष रूप से जनता का महान् समूह हो और जिसकी शक्तियों का प्रयोग उन लोगों द्वारा किया जाए जो अपने पद पर निश्चित समय के लिए जनता की प्रसन्नता** *अथवा* **अपने सद्व्यवहार तक रहते हों।''** भारत का संवैधानिक प्रमुख राष्ट्रपति होता है तथा राष्ट्रपति चुनाव एक निर्वाचक मण्डल के द्वारा किया जाता है। निर्वाचक मण्डल में संसद के सदस्य तथा विधान मण्डलों के सदस्य होते हैं। इनका चुनाव भारतीय जनता द्वारा प्रत्यक्ष एवं अप्रत्यक्ष रूप से किया जाता है तथा ये राष्ट्रपति का चुनाव करते हैं। इस प्रकार से भारत का राष्ट्रपति अथवा संवैधानिक प्रमुख भारतीय जनता द्वारा अप्रत्यक्ष रूप से चुना जाता है। अतः भारत में गणराज्य की स्थापना की गई है।

(7) न्याय (Justice) : भारतीय संविधान की प्रस्तावना में तीन प्रकार के न्याय को प्राप्त करने का उद्देश्य निश्चित किया गया है–

- (i) **सामाजिक (Social) :** भारत में जातिगत व्यवस्था के परिणामस्वरूप उत्पन्न स्थिति से निपटने के लिए संविधान में अनेक प्रावधान किए गए हैं। छुआछूत की समाप्ति एवं इसे दण्डनीय अपराध घोषित करना, कानून का शासन, भेदभाव की समाप्ति, अवसरों की समानता आदि प्रावधान सामाजिक न्याय की स्थापना करते हैं।
- (ii) **आर्थिक (Economic) :** प्रस्तावना में उद्देश्य के रूप में स्थापित आर्थिक न्याय को स्थापित करने के उद्देश्य से संविधान के चौथे अध्याय की विभिन्न धाराओं में प्रावधान किए गए हैं। इसमें धन के केन्द्रयीकरण को रोकना, आर्थिक सुरक्षा का प्रावधान करना, रोजगार अथवा काम का अधिकार प्रदान करना जैसे कार्य शामिल हैं। आर्थिक न्याय के लक्ष्य को प्राप्त करना अभी बाकी है।
- (iii) **राजनीतिक (Political) :** राजनीतिक न्याय की स्थापना के लिए जहां स्वतंत्रता का अधिकार प्रदान किया गया है वहीं अनुसूचित जाति एवं जनजाति के राजनीतिक अधिकारों को सुनिश्चित बनाने के उद्देश्य से संसद, विधानमण्डलों तथा स्थानीय निकायों में उनके स्थान आरक्षित किए गए हैं।

डॉ. बी.आर. अम्बेडकर का कथन है– **''राजनीतिक प्रजातन्त्र अपने आप में पर्याप्त नहीं है जब तक कि इसका आधार सामाजिक प्रजातन्त्र न हो। सामाजिक प्रजातन्त्र का क्या अभिप्राय है? इसका अभिप्राय जीवन का एक तरीका है जो इस चीज को मान्यता देता है कि स्वतन्त्रता, समानता और भातृत्व को अलग–अलग रूप में नहीं देखना चाहिए। ये तीनों एक ऐसे त्रिकोण का निर्माण करते हैं जिसमें से एक को पृथक् करने का अभिप्राय दूसरों को समाप्त करके प्रजातन्त्र के उद्देश्य को नष्ट करना है। स्वतन्त्रता को समानता से अलग नहीं किया जा सकता और न ही समानता को स्वतन्त्रता से अलग किया जा सकता है।''**

(8) स्वतंत्रता (Liberty) : संविधान की प्रस्तावना में विचारों, अभिव्यक्ति, विश्वास, धर्म एवं उपासना की स्वतंत्रता का उद्देश्य स्थापित किया गया है। संविधान के तीसरे अध्याय में स्वतंत्रता एवं धार्मिक स्वतंत्रता के अधिकार के अधीन ऐसे प्रावधान किए गए हैं, जिससे कि स्वतंत्रता के उद्देश्य को प्राप्त किया जा सके। धारा 19 से 22 तथा 25 से 28 के अन्तर्गत नागरिकों को अनेक प्रकार की व्यक्तिगत, राजनीतिक एवं धार्मिक स्वतंत्रताएँ प्रदान की गई हैं। तीसरे अध्याय में वर्णित इन स्वतंत्रताओं का हनन साधारण परिस्थितियों में नहीं किया जा सकता।

(9) समानता (Equality) : भारतीय संविधान की प्रस्तावना में समानता के आदर्श को स्वीकार किया गया है। समानता की स्थापना इसलिए भी की गई है कि स्वतंत्रता के दुरूपयोग को रोका जा सके। समानता के द्वारा ही सामाजिक न्याय एवं सद्भावना को प्राप्त करने का प्रयास किया गया है। संविधान के तीसरे अध्याय में प्रथम मौलिक अधिकार में समानता के लक्ष्य को प्राप्त करने के व्यापक प्रावधान किए गए हैं। सभी को कानून के समक्ष समानता प्रदान की गई है। भेदभाव को समाप्त किया गया है। अवसरों की समानता स्थापित की गईहै।

(10) भातृत्व (Fraternity) : भारत को एकता के सूत्र में बांधने के उद्देश्य से प्रस्तावना में भातृत्व की शब्दावली भी शामिल की गई है। यह इसलिए आवश्यक है कि सभी अपने आपको धर्म, जाति, सम्प्रदाय, भाषा, क्षेत्र आदि से अलग करके भारतीयता की भावना का विकास करें। यह सभी भारतीयों से राष्ट्रव्यापी दृष्टिकोण अपनाने के लिए उन्हें प्रेरित करती है। भातृत्व की भावना को बल प्रदान करने के लिए संघात्मक शासन व्यवस्था के बावजूद इकहरी नागरिकता का प्रावधान किया गयाहै।

(11) व्यक्ति की गरिमा एवं सम्मान में विश्वास (Belief in human dignity and respect) : भारतीय संविधान की प्रस्तावना प्रत्येक भारतीय को भारतीय होने पर गौरव की भावना रखने के लिए प्रेरित करती है। ब्रिटिश साम्राज्य के दौरान भारतीयों को दूसरे दर्जे का नागरिक समझा जाता था। यह संविधान भारतीयों को अन्तर्राष्ट्रीय स्तर पर समानता की भावना प्रदान करता है। यह प्रत्येक भारतीय को सम्मान प्रदान करता है। यह व्यक्तिगत गरिमा को महत्त्व देता है।

(12) राष्ट्रीय एकता एवं अखण्डता का संकल्प (Determination of national unity and integrity) : अन्त में संविधान की प्रस्तावना के द्वारा यह बचनबद्धता दोहराई गई है कि यह संविधान भारत को ऐसी सांस्कृतिक एकता प्रदान करेगा, जिससे कि कोई भी अपने आपको इससे अलग न समझे। इसे प्राप्त करने के लिए अल्पसंख्यकों को पर्याप्त मात्रा में विशेष अधिकार प्रदान किए गए हैं। 18 भाषाओं को संवैधानिक मान्यता प्रदान करना इसके द्वारा भारतीयों में ऐसी भावना का संचार करना है, जिससे कि वे राष्ट्र की सेवा के लिए अपने आपको समर्पित कर दें।

प्रस्तावना की आलोचना
(Criticism of the Preamble)

भारतीय संविधान का प्रारम्भ प्रस्तावना से होता है, लेकिन यह भी दोष मुक्त नहीं है। इसमें हमें निम्न कमियाँ देखने को मिलती हैं :

(1) मौलिकता का अभाव (Lack of Originality) : भारतीय संविधान की प्रस्तावना में हमें मौलिकता का अभाव देखने को मिलता है। यह अमेरिकन संविधान की प्रस्तावना की नकल है। इसमें न केवल उन्हीं सिद्धान्तों को शामिल किया गया है, अपितु अधिकांश शब्दावली भी समान है।

(2) प्रस्तावना न्यायसंगत नहीं (Preamble is not Justiciable) : प्रस्तावना की आलोचना इसलिए भी की जाती है कि इसमें वर्णित उद्देश्यों को प्राप्त नहीं किया गया है। विशेष रूप से आर्थिक न्याय का लक्ष्य बहुत दूर ही नहीं अपितु मुश्किल भी नजर आता है। प्रस्तावना के उद्देश्यों को लागू करवाने के लिए न्यायालय की शरण नहीं ली जा सकती।

(3) शब्दावली में तार्किकता का अभाव (Lack of rationality in terminology) : प्रस्तावना में ऐसे शब्दों का प्रयोग किया गया है जो तर्क पूर्ण तो हैं ही नहीं, परस्पर विरोधी भी हैं। समाजवाद के साथ लोकतंत्र शब्द का प्रयोग इसी विरोधाभास को प्रकट करता है। किसी भी समाजवादी देश में लोकतंत्र नहीं है। इसी प्रकार से धर्म–निरपेक्षता शब्द पर भी आपत्ति जताई जाती है, क्योंकि भारत में धर्म इतने नहीं हैं जितने कि पंथ हैं। अतः शब्द पंथ–निरपेक्षता अधिक उपयुक्त है।

(4) प्रस्तावना पुरानी जड़ चुकी है (Preamble has become obsolete) : भारतीय संविधान को लागू हुए 60 वर्ष से अधिक हो चुके हैं। प्रस्तावना में जिन उद्देश्यों को प्रकट किया गया है, वे भी पुराने पड़ चुके हैं। भारत समाजवाद के मार्ग को पिछले एक दशक से छोड़ चुका है। महिलाओं के सशक्तिकरण के शब्द को प्रस्तावना में शामिल किया जाना चाहिए। अतः स्पष्ट है कि नवीन परिवर्तनों के सन्दर्भ में प्रस्तावना पुरानी पड़ चुकी है तथा इसकी शब्दावली में पर्याप्त संशोधन की आवश्यकता है।

(5) संविधान एवं उसकी प्रस्तावना लोकतंत्रात्मक नहीं (Constitution and its Preamble is not democratic) : जिस संविधान सभा ने भारतीय संविधान एवं प्रस्तावना का निर्माण किया, उसका चुनाव सार्वभौमिक मताधिकार के आधार पर नहीं हुआ था। अतः भारतीय संविधान की प्रस्तावना में प्रयुक्त शब्द ''हम भारत के लोग'' उचित नहीं है।

प्रस्तावना का महत्त्व
(Importance of Preamble)

यद्यपि भारतीय संविधान की प्रस्तावना की आलोचना की गई है, लेकिन अपने महत्त्व एवं उपयोगिता के कारण ही यह भारतीय संविधान का एक अभिन्न अंग है। **एम.वी. पायली** ने इसके महत्त्व को प्रकट करते हुए कहा है– **''भारतीय संविधान की प्रस्तावना अभी तक निर्मित इस प्रकार के प्रलेखों में सर्वश्रेष्ठ है। यह संविधान की भावना है, यह प्रस्तावना भारतीयों के दृढ़ संकल्प की प्रतीक है कि वे एक भावना से ऐसे नए और स्वतन्त्र राष्ट्र का निर्माण करेंगे, जिसमें न्याय, स्वतन्त्रता, समानता और भातृत्व की जीत होगी।''** इसके महत्त्व का वर्णन निम्न प्रकार से किया जा सकता है :

1. संविधान का सारांश (Summary of the Constitution) : प्रस्तावना में सीमित शब्दों में संविधान का सारांश प्रस्तुत किया गया है। प्रस्तावना के अध्ययन के द्वारा हम यह जान सकते हैं कि विभिन्न धाराओं, अनुसूचियों एवं अध्यायों में कौन–कौन से प्रावधान किए गए हैं।

2. मूल्यों एवं प्रतिबद्धताओं का वर्णन (Description of values and committments): प्रस्तावना में भारतीय संविधान के मूल्यों, आदर्शों एवं प्रतिबद्धताओं का समावेश किया गया है।

3. संविधान निर्माताओं के दृष्टिकोण को समझने में सहायक (Helpful in understanding the orientation of constitution makers) : प्रस्तावना के माध्यम से ही हम यह जान पाते हैं कि संविधान निर्माताओं के मन में संविधान के निर्माण का क्या उद्देश्य था। वे भारतीय व्यवस्था को किस दिशा में ले जाना चाहते थे।

4. सरकार की उपलब्धियों का मापदण्ड (Measurement of the achievements of Government) : यद्यपि प्रस्तावना न्याय संगत नहीं है, लेकिन सरकार की उपलब्धियों एवं कार्यों का मूल्यांकन इस आधार पर किया जाता है कि प्रस्तावना में वर्णित लक्ष्यों की प्राप्ति के लिए उसके द्वारा क्या कार्य किए गए हैं।

5. भावनात्मक पक्ष (Emotional Aspect) : प्रस्तावना के केवल कानूनी एवं राजनीतिक पक्ष से ही नहीं देखना एवं समझना चाहिए प्रस्तावना का सबसे महत्त्वपूर्ण, उसका भावनात्मक पक्ष है। इसका महत्त्व राष्ट्रीय गान एवं राष्ट्रीय ध्वज के समान है। इसका आरम्भ ''हम भारत के लोग'' से होता है। यह शब्दावली लोगों को राष्ट्र एवं उसकी प्रणाली से आत्मिक रूप से जोड़ देती है। इसका अन्त भारत की ''एकता एवं अखण्डता'' की शब्दावली से होता है। यह लोगों में राष्ट्र के प्रति बलिदान एवं त्याग की भावना को विकास

करती है। अतः प्रस्तावना एक राजनीतिक एवं कानूनी दस्तावेज नहीं अपितु भावनाओं का चित्रण है। न्याय, समानता, भातृत्व जैसे शब्द स्वभाविक रूप से मानवीय मनोविज्ञान को आकर्षित करते हैं।

निष्कर्ष (Conclusion) : एम.वी.पायली का कथन है कि– **''न्याय स्वतंत्रता एवं समानता के आधार पर नए राष्ट्र का निर्माण करने का अभिप्राय यह था कि सभी यह महसूस करें कि हम एक धरती एक ही मातृभूमि की सन्तान है तथा एक ही समुदाय के सदस्य हैं।''**

उन्होंने आगे कहा है कि– **''प्रस्तावना में संविधान की भावना निहित है।'' (Preamble embodies the spirit of the constitution.)**

ठाकुर दास भार्गव के विचार में– **''प्रस्तावना संविधान का सबसे मूल्यवान भाग है। यह संविधान की आत्मा है। यह संविधान की कुंजी है। यह संविधान का एक आभूषण है। यह एक गद्य–काव्य है, शायद यह अपने आप में पूर्ण है।''**

इस प्रकार से संविधान की प्रस्तावना छोटी एवं संक्षिप्त अवश्य है, लेकिन इसका महत्त्व संविधान के किसी भी अध्याय, प्रावधान, धारा, अनुसूची की अपेक्षा कम नहीं है। प्रस्तावना के बिना संविधान को अधूरा ही माना जाएगा।

◆◆◆

---

5. भारतीय संविधान की मुख्य विशेषताओं का वर्णन कीजिए।
(Describe the salient features of the Indian Constitution.)

अथवा

भारतीय संविधान के मूल लक्षणों की विवेचना कीजिए।
(Discuss the basic features of Indian Constitution.)

उत्तर– भारत में संवैधानिक व्यवस्था को क्रियाशीलता प्रदान करने के लिए एक संविधान का निर्माण किया गया है। भारत का संविधान अपने अन्दर कुछ ऐसी विलक्षण विशेषताएँ समाए हुए है जो हमें विश्व के अन्य संविधानों में देखने को नहीं मिलतीं। इसका विस्तृत स्वरूप तथा लचीला एवं कठोर होना संघात्मक लक्षणों के साथ–साथ एकात्मक लक्षणों का समावेश होना, ऐसी ही विशेषताएँ हैं। भारत का संविधान 26 नवम्बर, 1949 को बनकर तैयार हुआ तथा इसे 26 जनवरी, 1950 को लागू किया गया। भारतीय संविधान की विशेषताओं का वर्णन निम्न प्रकार से किया जा सकता है :

1. प्रस्तावना से आरम्भ (Beginning with the Preamble) : भारतीय संविधान का प्रारम्भ एक प्रस्तावना से होता है। संविधान की धाराओं के वर्णन से पहले प्रस्तावना में संविधान के उद्देश्यों को प्रकट किया गया है। प्रस्तावना में भारत को एक प्रभुसत्ता सम्पन्न, समाजवादी, धर्म–निरपेक्ष, लोकतंत्रात्मक गणराज्य घोषित किया गया है। भारतीय संविधान की प्रस्तावना में धर्म–निरपेक्ष एवं समाजवादी शब्द 1976 में 42वें संवैधानिक संशोधन के माध्यम से जोड़े गए हैं। प्रस्तावना का संविधान के लिए वैधानिक अथवा कानूनी महत्त्व भले ही न हो, इसका मनोवैज्ञानिक एवं राजनीतिक महत्त्व संविधान के अन्य प्रावधानों से किसी भी प्रकार से कम नहींहै।

2. लिखित एवं विस्तृत संविधान (Written and Detailed Constitution) : भारतीय संविधान इंग्लैण्ड के संविधान की तरह अंशतः लिखित एवं अंशतः अलिखित न होकर पूर्णतया लिखित है। इसमें कोई भी बात अलिखित प्रथाओं, परम्पराओं तथा अनुमानों पर नहीं छोड़ी गई है। जब भारत का संविधान लागू हुआ तो इसमें 395 धाराएँ तथा आठ अनुसूचियाँ थीं। प्रथम संशोधन द्वारा 9वीं अनुसूची 52वें द्वारा 10वीं, 73वें द्वारा 11वीं तथा 74वें द्वारा 12वीं अनुसूची को शामिल किया गया। ये संवैधानिक संशोधन भी संविधान का अभिन्न भाग हैं। इस प्रकार से भारतीय संविधान एक विस्तृत संविधान है तथा विश्व का सबसे लम्बा संविधान है। **प्रो. आइवर जैनिंग्स** का कथन है– **''भारतीय संविधान विश्व का सबसे लम्बा एवं विस्तृत संविधान है।''**

संविधान सभा के सदस्य **एच.बी. कामथ** का कथन है– **"हमारी सभा के लिए जो हमनें चिह्न एवं मकुट चुना है, वह हाथी है। यह उसके अनुसार ही है कि हमारा संविधान विश्व में निर्मित सभी संविधानों में विशालकाय है।"**

3. अनेक स्रोतों से लिया गया संविधान (Constitution Derived From Many Sources): भारतीय संविधान में मौलिकता का व्यापक अभाव पाया जाता है। यह एक ऐसा संविधान है जो अनेक स्रोतों से लिया गया है। इस पर 1935 के भारत सरकार अधिनियम का सबसे अधिक प्रभाव माना जाता है। इसके अतिरिक्त यह संविधान अनेक देशों के संविधानों से भी प्रभावित है। इसमें इंग्लैण्ड, अमेरिका, आयरलैण्ड, दक्षिणी अफ्रीका, जर्मनी आदि शामिल हैं।

4. लचीला एवं कठोर संविधान (Flexible and Rigid Constitution) : अंशतः लचीला और अंशत कठोर है। संविधान की कठोरता एवं लचीलापन को इस बात से जाना जाता है कि उसमें किस प्रकार से संशोधन किया जा सकता है। यदि हम आसानी से संविधान में संशोधन कर सके तो उसे लचीला नहीं तो उसे कठोर कहते हैं। भारतीय संविधान की धारा 368 में संवैधानिक संशोधन की दृष्टि से तीन प्रकार की प्रक्रियाओं का वर्णन किया गया है। जिसमें से एक संसद के साधारण बहुमत से, दूसरी संसद के दो तिहाई बहुमत से तथा तीसरी संसद के दो तिहाई बहुमत के साथ–साथ अधिक से अधिक राज्यों के विधान मण्डलों की स्वीकृति से संविधान में संशोधन किया जा सकता है। अतः भारत का संविधान लचीला भी है तथा कठोर भी है। संविधान सभा में नेहरू ने कहा था–**"यद्यपि हम संविधान को इतना ठोस और स्थायी बनाना चाहते थे जितना कि हम बना सकते हैं, लेकिन संविधान स्थायी नहीं होते। उनमें कुछ सीमा तक लचीलापन होना चाहिए, यदि तुम किसी चीज को पूर्ण रूप से स्थायी और कठोर बनाते हो तो तुम राष्ट्र उसके जीवन, जीवित प्राणियों के विकास को रोक दोगे। किसी भी अवस्था में हम संविधान को इतना कठोर नहीं बना सकते जिससे कि परिवर्तित परिस्थितियों के अनुरूप इसे बदला जा न सके। जबकि विश्व अस्थिरता की अवस्था में है और हम संक्रमण काल से बड़ी तेजी से गुजर रहे हैं तो जो भी हम आज कर रहे हैं, हो सकता है कि वह कल पूर्ण रूप से व्यवहारिक न हो।"**

5. धर्म–निरपेक्ष राज्य की स्थापना (Establishment of secular state) : भारत को धर्म–निरपेक्ष राज्य घोषित किया गया है। यह घोषणा संविधान की प्रस्तावना में की गई है। इस घोषणा को लागू करने का प्रावधान मौलिक अधिकारों में धार्मिक स्वतंत्रता के अधिकार के अन्तर्गत धारा 25 से 28 तक किया गया है। भारत में किसी भी धर्म को मानने, उसकी पूज़ा–आराधना करने, धर्म का प्रचार करने तथा धर्म परिवर्तन का अधिकार प्रदान करके धर्म–निरपेक्षता की स्थापना की गई है।

6. मौलिक अधिकारों का प्रावधान (Provision of Fundamental Rights) : भारतीय संविधान के तीसरे अध्याय में धारा 14 से 32 तक (धारा 31 को छोड़कर) नागरिकों को छः प्रकार के मौलिक अधिकार प्रदान किए गए हैं। धारा 31 को 44वें संशोधन द्वारा 1978 के मौलिक अधिकारों की सूची से बाहर कर दिया गया। इसमें व्यक्तिगत सम्पत्ति के अधिकार की व्यवस्था थी। वर्तमान में व्यक्तिगत सम्पत्ति का अधिकार एक मौलिक अधिकार न होकर केवल साधारण एवं कानूनी अधिकार है। छः मौलिक अधिकारों में समानता का अधिकार, स्वतंत्रता का अधिकार, शोषण के विरुद्ध अधिकार, धार्मिक स्वतंत्रता का अधिकार, सांस्कृतिक एवं शैक्षिक अधिकार तथा संवैधानिक उपचारों का अधिकार शामिल हैं। इन मौलिक अधिकारों को संविधान की अन्तर्आत्मा कहा गया है। **लास्की** का कथन है– **"एक राज्य इस बात से जाना जाता है कि उसके द्वारा अधिकारों की व्यवस्था को बनाए रखा गया है।"** (A state is known by the system of rights it maintains. –**Laski**).

7. मौलिक कर्तव्यों का समावेश (Inclusion of Fundamental Duties) : मौलिक कर्तव्यों को 1976 में 42वें संवैधानिक संशोधन के द्वारा अध्याय चार A में धारा 51-A के माध्यम से दस कर्तव्यों को शामिल किया गया। इसमें संविधान के आदर्शों, संवैधानिक संस्थाओं, राष्ट्रीय गान एवं ध्वज का सम्मान करना, स्वतंत्रता आन्दोलन के प्रेरणादायक आदर्शों का सम्मान करना, भारत की एकता एवं अखण्डता का

सम्मान एवं सुरक्षा करना, आवश्यकता के समय राष्ट्रीय सेवा के लिए तैयार रहना, भाषायी धार्मिक, क्षेत्रिय एवं वर्गीय भावनाओं से उपर उठकर समानता एवं बन्धुत्व की भावना का विकास करना, उन प्रथाओं का त्याग करना, जिससे महिलाओं का अपमान होता है, भारत की संयुक्त संस्कृति का सम्मान करना तथा उसे बनाए रखने का प्रयत्न करना, प्राकृतिक सम्पदा जैसे वन, झील, जीव-जन्तु, पेड़-पौधे, प्राकृतिक जल एवं नदियां आदि का संरक्षण करना, वैज्ञानिक दृष्टिकोण, मानवतावाद, सुधारवाद एवं अन्वेषण की सोच का विकास करना, सार्वजनिक सम्पत्ति की रक्षा करना तथा हिंसा का त्याग करना, व्यक्तिगत तथा सामूहिक कार्यों में श्रेष्ठता को प्राप्त करने के लिए लगातार प्रयत्नशील रहना जैसे मौलिक कर्तव्य शामिल हैं और 89वें संशोधन द्वारा 2002 में 11वां मौलिक कर्तव्य जोड़ा गया है।

8. संवैधानिक प्रतिबद्धताएँ (Constitutional Commitments) : संविधान के चौथे अध्याय में राज्य के नीति–निर्देशक सिद्धान्तों के अन्तर्गत धारा 36 से लेकर 51 तक संवैधानिक प्रतिबद्धताओं का वर्णन किया गया हैं। इसमें संविधान निर्माताओं ने राज्यों को यह निर्देश दिया है कि इन समाजवादी एवं उदारवादी तथा गांधीवादी सिद्धान्तों के पीछे न्यायालय की शक्ति नहीं है, लेकिन जनमत की शक्ति अवश्य है। व्यक्तिगत सम्पत्ति के अधिकार को मौलिक अधिकारों की सूची से बाहर करना इन सिद्धान्तों की प्रमुखता को ही दर्शाता है। संविधान सभा में वाद–विवाद के दौरान यह प्रकट किया गया– **''यदि संविधान के तृतीय भाग में वर्णित मौलिक अधिकार राजनीतिक लोकतन्त्र की नींव रखते हैं तो निर्देशक सिद्धान्तों का उद्देश्य देश में सामाजिक और आर्थिक लोकतन्त्र के सिद्धान्तों को स्थापित करना है। ये न तो किसी अन्तिम प्रारूप का निर्माण करते हैं और न ही यह कोई तैयार और कठोर कार्यक्रम है अपितु ये सिद्धान्त तो संविधान निर्माताओं की उस इच्छा को प्रकट करते हैं कि प्रत्येक सरकार आर्थिक लोकतन्त्र की स्थापना का प्रयास करेगी।''**

9. प्रभुसत्ता–सम्पन्न, समाजवादी, धर्म–निरपेक्ष, लोकतान्त्रिक, गणराज्य (Sovereign, Socialist, Secular, Democratic and Republic) : भारतीय संविधान की प्रस्तावना में भारत को एक प्रभुसत्ता सम्पन्न राज्य घोषित किया गया है। इसके अतिरिक्त प्रस्तावना में ही इसे समाजवादी, धर्म–निरपेक्ष, लोकतान्त्रिक और एकगणराज्य कहा गया है। इसका अर्थ निम्न प्रकार से है :

(i) **सम्प्रभुत्ता (Sovereign) :** इसका अभिप्राय यह है कि भारत अपने आन्तरिक एवं बाह्य मामलों में स्वतंत्र है।

(ii) **समाजवादी (Socialist) :** समाजवादी शब्द का अभिप्राय है कि भारत में धन के केन्द्रीयकरण को रोकने के व्यापक प्रबन्ध किए गए हैं।

(iii) **धर्म–निरपेक्षता (Secularism) :** धर्म–निरपेक्षता से अभिप्राय है कि राज्य सभी को कोई भी धर्म मानने, उसकी पूजा-अर्चना करने, धर्म का प्रचार करने तथा धर्म परिवर्तन का अधिकार देता है। राज्य धर्म के सन्दर्भ में निरपेक्ष है।

(iv) **लोकतान्त्रिक (Democracy) :** भारत में शासन का प्रबन्ध सार्वभौमिक व्यस्क मताधिकार के आधार पर चुने गए प्रतिनिधियों के द्वारा किया जाता है। सभी को राजनीतिक स्वतंत्रता प्रदान की गई हैं।

(v) **गणराज्य (Republic) :** भारत का संवैधानिक अध्यक्ष अप्रत्यक्ष रूप से भारतीय जनता के द्व ारा चुना जाता है।

10. सार्वभौमिक व्यस्क मताधिकार (Universal adult franchise) : भारत में सभी को एक निश्चित आयु प्राप्त होने के बाद मत (Vote) का अधिकार प्रदान किया गया है। स्वतंत्रता से पूर्व भारत में सीमित वयस्क मताधिकार प्रदान किया गया था। 18 वर्ष की आयु के सभी स्त्री–पुरुषों को वर्तमान संविधान वोट का अधिकार प्रदान करता है। **प्रो. श्रीनिवास** का कथन है– **''बिना किसी अन्य योग्यता के वयस्क मताधिकार को लागू करना संविधान सभा के द्वारा लिया गया सबसे दिलेर कदम था और एक विश्वासपूर्ण कार्य था।''**

11. संसदीय शासन प्रणाली (Parliamentary form of Government) : भारतीय संविधान में संसदीय शासन प्रणाली की स्थापना की गई है। इसके लिए कार्यपालिका को संसद के प्रति उत्तरदायी बनाया गया है। प्रधानमंत्री एवं उसका मंत्रीमण्डल तभी तक अपने पद पर बना रह सकता है, जब तक कि उसे लोकसभा में विश्वास अथवा बहुमत प्राप्त होता है। संसदीय शासन प्रणाली के समान ही नाममात्र एवं वास्तविक दो प्रकार की कार्यपालिकाओं की व्यवस्था की गई है।

12. संघात्मक शासन (Federal Government) : भारत के विशाल भौगोलिक आकार एवं सांस्कृतिक भिन्नता को ध्यान में रखते हुए शक्तियों के विभाजन पर आधारित संघात्मक शासन व्यवस्था को अपनाया गया है। भारत में दोहरे शासन की व्यवस्था की गई है। एक केन्द्रीय सरकार तथा वर्तमान में 28 राज्य सरकारें भारत में स्थापित हैं। संविधान में तीन सूचियों की व्यवस्था की गई है : (i) केन्द्रीय सूची (Union List), (ii) राज्य सूची (State List) और (iii) समवर्ती सूची (Concurrent List)

13. संयुक्त मतदान (Joint Electorate) : 1935 के अधिनियम में स्थापित साम्प्रदायिक मतदान प्रणाली को वर्तमान संविधान में समाप्त कर दिया गया है। अब मतदान केन्द्रों का गठन धर्म के आधार पर नहीं किया जाता है। संयुक्त मतदान प्रणाली को अपनाया गया है। किसी भी धर्म का व्यक्ति कहीं से भी चुनाव लड़ सकता है। अलबत्ता अनुसूचित जाति एवं जनजाति के वर्गों के लिए आरक्षण की व्यवस्था अवश्य की गई है।

14. एकात्मक लक्षण (Unitary Tendencies) : यद्यपि भारत के संविधान को संघात्मक स्वरूप प्रदान किया गया है, लेकिन संविधान में हमें अनेक एकात्मक लक्षण देखने को मिलते हैं। धारा 352, 356 एवं 360 में आपातकालीन शक्तियाँ, केन्द्रीयकृत योजना, एकीकृत न्यायिक व्यवस्था, राज्यपाल का पद एवं भूमिका, शक्तियों का विभाजन केन्द्र के पक्ष में, राज्यों की केन्द्र पर वित्तीय निर्भरता आदि एकात्मक लक्षण है।

15. इकहरी नागरिकता (Single Citizenship) : यद्यपि भारत में संघात्मक शासन प्रणाली को अपनाया गया है, लेकिन अमेरिका के समान लोगों को दोहरी नागरिकता की अपेक्षा इकहरी नागरिकता प्रदान की गई है। भारत में सभी की एक ही नागरिकता (भारतीय) मानी गई है।

16. धर्म–निरपेक्षता (Secularism) : भारत में अनेक धर्मो के लोग रहते हैं। इसलिए भारत को एक धर्म–निरपेक्ष राज्य घोषित किया गया है। राज्य का कोई धर्म नहीं है। धर्म–निरपेक्षता का अभिप्राय धर्म–विरोधी नहीं है। सभी को समान रूप से धर्म की स्वतंत्रता प्रदान की गई है। राज्य किसी भी विशेष धर्म को न तो प्रोत्साहन देता है तथा न ही किसी धर्म पर प्रतिबन्ध लगाता है।

17. द्वि–सदनीय विधानमण्डल (Bicameral Legislature) : भारत में विधानमण्डल को संसद कहा जाता है। इस संसद में राष्ट्रपति सहित दो सदन स्थापित किए गए हैं। इन्हें लोकसभा एवं राज्य सभा के नाम से जाना जाता है।

18. सर्वोच्च न्यायालय की सर्वोच्चता (Supremacy of the Supreme Court) : भारत में सर्वोच्च न्यायालय की सर्वोच्वता स्थापित की गई है। भारत में सर्वोच्च न्यायालय के न्यायाधीशों तथा मुख्य न्यायाधीश की नियुक्ति राष्ट्रपति के द्वारा की जाती है। भारत के सर्वोच्च न्यायालय ने अनेक अवसरों पर कार्यपालिका के आदेशों तथा संसद के संवैधानिक संशोधन को स्थगित एवं निरस्त करके यह प्रमाणित किया है कि सरकार के तीन अंगों में वही सर्वोच्च है। इसकी सर्वोच्चता का प्रमुख कारण यह है कि इसे संविधान की व्याख्या करने का अधिकार दिया गया है। यह न्यायिक पुनःनिरीक्षण की शक्ति का प्रयोग करता है। **डी.डी.बसु** का कथन है– **''संविधान अद्भुत रूप से न्यायिक सर्वोच्चता की अमेरिकन व्यवस्था तथा इंग्लैण्ड की संसदीय सर्वोच्चता के मध्य का रास्ता अपनाता है।''**

इसी प्रकार से **अशोक चन्दा** का कथन है– **''भारतीय संविधान संसदीय सर्वोच्चता और न्यायिक सर्वोच्चता के मध्य मार्ग को अपनाता है।''**

19. एकीकृत न्यायपालिका (Integrated Judiciary) : भारत में दोहरा शासन होने के बावजूद भी न्यायपालिका का एकीकृत स्वरूप देखने को मिलता है। केवल एक सर्वोच्च न्यायालय की व्यवस्था की

गई है। देश के सभी उच्च न्यायालय एवं अधीनस्थ स्थानीय न्यायालय सर्वोच्च न्यायालय के निर्णयों की अवहेलना नहीं कर सकते तथा इसी के दिशा–निर्देशों के अनुसार कार्य करते हैं।

20. अल्पसंख्यकों एवं कमजोर वर्गों को संरक्षण (Protection to minorities and weaker sections) : भारतीय संविधान को एक सवैधानिक प्रलेख ही नहीं बनाया गया, अपितु इसे सामाजिक-आर्थिक परिवर्तन का एक यन्त्र भी बनाया गया। इस उद्देश्य की पूर्ति के लिए संविधान में अल्पसंख्यकों, अनुसूचित जातियों एवं जनजातियों और पिछड़े वर्गों के कल्याण के लिए अनेक प्रावधान किए गए हैं। इसके लिए सरकारी नौकरियों में इनके स्थान आरक्षित किए गए हैं तथा संसद एवं विधान सभाओं में आरक्षित चुनाव क्षेत्रों की व्यवस्था की गई है। आरम्भ में यह व्यवस्था केवल दस वर्ष के लिए की गई थी, लेकिन इसे लगातार बढ़ाया जाता रहा। वर्तमान में 79वें सवैधानिक संशोधन द्वारा यह आरक्षण 2010 तक बढ़ाया गया था। अब 108वें संशोधन के तहत 2020 तक बढ़ा दिया है।

21. आपातकालीन प्रावधान (Emergency Provisions) : आपातकालीन परिस्थितियों का सामना करने के लिए तथा देश की एकता एवं अखण्डता को बनाए रखने के लिए संविधान की धारा 352 , 356 एवं 360 में आपातकालीन प्रावधान किए गए हैं। धारा 352 में देश की सुरक्षा को खतरा होने की स्थिति में, 356 में राज्यों में सवैधानिक व्यवस्था असफल होने की स्थिति में तथा 360 में वित्तीय संकट उपस्थित होने की अवस्था में आपातकाल का प्रावधान है।

22. राष्ट्रीय भाषा का प्रावधान (Provision of National Language) : संविधान में यह प्रावधान किया गया है कि संविधान के लागू होने के दस वर्ष पश्चात् हिन्दी भारत की राष्ट्रीय भाषा होगी। वर्तमान में हिन्दी के साथ-साथ 22 मान्यता प्राप्त भाषाएं हैं, अन्य क्षेत्रीय भाषाओं को भी मान्यता प्रदान की गई है।

23. पंचायती राज (Panchayati Raj) : 1992 में 73वें एवं 74वें सवैधानिक संशोधन के द्वारा पंचायती राज की व्यवस्था को अनिवार्य बनाया गया। इससे पूर्व यह व्यवस्था राज्य के नीति–निर्देशक सिद्धान्तों में तो थी, लेकिन व्यवहार में सार्वभौमिकता का अभाव था। अब राज्यों के लिए इसे लागू करना सवैधानिक रूप से आवश्यक बनाया गया।

24. उदारवादी लोकतंत्र (Liberal Democracy) : भारत में प्रजातंत्र के उदारवादी प्रारूप को अपनाया गया है। यद्यपि समाजवाद के प्रति भी प्रतिबद्धता दर्शाई गई है, लेकिन पिछले दस वर्षों में समाजवाद के मार्ग को व्यवहार में त्याग दिया गया है। पश्चिमी परम्पराओं के अनुरूप भारत में सार्वभौमिक व्यस्क मताधिकार, खुली आर्थिक व्यवस्था, स्वतंत्रता, समानता एवं धर्म–निरपेक्षता आदि की स्थापना पश्चिमी एवं उदारवादी लोकतंत्र की स्थापना करते हैं।

(25) दल–बदल पर रोक (Ban on Defection) : 1985 में 52वें सवैधानिक संशोधन द्वारा दल–बदल पर रोक लगाई गई है, लेकिन इसे पूर्णतया समाप्त नहीं किया गया है। ऐसे प्रावधान रखे गए हैं कि एक–तिहाई सदस्यों द्वारा दल–छोड़ने को विभाजन माना जाएगा और उन पर इस अधिनियम के अधीन कार्यवाही नहीं हो सकेगी।

निष्कर्ष (Conclusion) : भारतीय संविधान विश्व का एक ऐसा संविधान है जिसमें अनेक देशों की शासन व्यवस्थाओं के उन लक्षणों का समावेश है जो भारतीय परिस्थितियों के अनुरूप हैं। संविधान केवल एक कानूनी दस्तावेज ही नहीं है अपितु यह तो सामाजिक–आर्थिक परिवर्तन का यंत्र है। **आस्टिन** का कथन है– **''भारतीय संविधान सर्वप्रथम और आवश्यक रूप से एक सामाजिक दस्तावेज है।'' (The Indian Constitution is first and foremost a social document. –Austin)** संविधान एक ऐसा उपकरण है जो भारत को आधुनिकता के मार्ग पर ले जाने को अग्रसर है। इसने समाज के सामन्ती स्वरूप को बहुत हद तक बदल दिया है। एक नवीन मध्यम वर्ग के विकास में इसका महत्त्वपूर्ण योगदान रहा है।

◆◆◆

1.1 शिक्षा का समवर्ती स्तर (Concurrent Status of Education)

1. शिक्षा को समवर्ती सूची में क्यों रखा गया है?
(Why the subject of education is placed in cencurrent list?)

अथवा

भारतीय संविधान में शिक्षा के समवर्ती स्तर की विवेचना कीजिए।
(Discuss the concurrent status of education in Indian constitution.)

उत्तर–सरकार के भिन्न-भिन्न स्तरों पर शैक्षिक कार्य (Educational Functions of Government at Various Levels)–सरकार के विभिन्न स्तरों पर शिक्षा से सम्बन्धित कर्तव्यों तथा दायित्वों का उल्लेख विस्तार से संविधान में किया गया है। इसके अनुसार सरकार का उत्तरदायित्व होगा कि वह केन्द्रीय स्तर, राज्य स्तर तथा स्थानीय स्तर पर शिक्षा सम्बन्धी कार्यों को व्यावहारिक रूप प्रदान करेगी। जैसा कि सर्वविदित है भारत में संघीय संविधान की व्यवस्था की गई है, जिसके अन्तर्गत केन्द्र एवं राज्यों के बीच शक्तियों का बँटवारा किया गया है। इस बँटवारे के कारण शक्ति से सम्बन्धित तीन मुख्य सूचियों का निर्माण हुआ, जो निम्नलिखित हैं :–

(i) केन्द्रीय सूची (Central list) . (ii) राज्य सूची (State list)
(iii) समवर्ती सूची (Concurrent list)

(i) केन्द्रीय सूची (Central list)–केन्द्रीय सूची के अन्तर्गत जिन विषयों को निहित किया गया है, उन विषयों पर तथा उनसे सम्बन्धित कानून बनाने का अधिकार केन्द्र का है।

कुछ संस्थाएँ देश में ऐसी भी थीं जिनका स्वतन्त्रता प्राप्ति से पूर्व अपना अस्तित्व था। वे संस्थाएँ थीं–बनारस हिन्दू विश्वविद्यालय (Banaras Hindu University), दिल्ली विद्यालय (Delhi University), अलीगढ़ मुस्लिम विश्वविद्यालय (Aligarh Muslim University) तथा विश्वविद्यालय जो कि भाग 371 E (Article 371-E) के अन्तर्गत स्थापित किए गए तथा दूसरे संस्थान जो कि विधान सभा द्वारा कानून बनाकर घोषित किए गए, सभी राष्ट्रीय महत्त्व रखते हैं। उन संस्थाओं का उल्लेख Entry 63 (Union List) में मिलता है।

इसके बाद कई और विश्वविद्यालयों जैसे जवाहरलाल नेहरू विश्वविद्यालय (Jawaharlal Nehru University) को विधान सभा द्वारा इसी नियम के तहत स्थापित किया गया। इसके अतिरिक्त वे सभी वैज्ञानिक या तकनीकी संस्थाएँ जो पूर्ण या आंशिक रूप से भारत सरकार के पैसों से चलती हैं, उन्हें विधान सभा के कानून के द्वारा मान्यता प्राप्त संस्थाओं में तबदील कर दिया गया (Entry 64)।

विधान सभा द्वारा इसी प्रविष्टि के अन्तर्गत कई और सूचना तकनीकी संस्थाओं (Information Technology Institutions) की स्थापना की गई।

Entry 65 के अन्तर्गत चालू की गई संयुक्त संस्थाएँ निम्नलिखित हैं–

(i) विशेष अध्ययन के लिए अनुसंधान केन्द्र।
(ii) जुर्म को जाँचने के लिए तकनीकी तथा वैज्ञानिक सहायता के लिए संस्थाएँ।
(iii) पुलिस प्रशिक्षण संस्थाएँ, व्यावसायिक तथा तकनीकी प्रशिक्षण संस्थाएँ।

Entry 66 के अन्तर्गत शुरू की गई संयुक्त संस्थाएँ निम्नलिखित हैं :–

(i) उच्च शिक्षा तथा अनुसंधान, वैज्ञानिक और तकनीकी संस्थाओं में तालमेल ऊपर स्तर निश्चित करना।
(ii) यूनिवर्सिटी ग्रांट कमीशन (U.G.C.) की स्थापना करना आदि।

Entry 67 के अन्तर्गत शुरू की गई संयुक्त संस्थाएँ निम्नलिखित हैं :–

(i) प्राचीन और ऐतिहासिक चिह्न या स्मारक और उनका इतिहास तथा प्राचीन वस्तुओं की विधा और शेष जिसे कि विधान सभा द्वारा पारित किए गए कानून द्वारा राष्ट्रीय मान्यता प्राप्त है।

(ii) राज्य सूची (State List)–राज्य सूची में जो विषय आते हैं, उन विषयों से सम्बन्धित कानून बनाने का अधिकार राज्य को है। इस सूची में जिन विषयों का जिक्र किया गया है वे स्थानीय हितों से सम्बन्धित हैं।

Entry 11 शिक्षा में शामिल है वह विश्वविद्यालय जो कि यूनियन सूची की धारा 63, 64, 65, 66 के अन्तर्गत समवर्ती सूची के तहत बनाए गए हैं।

(iii) समवर्ती सूची (Concurrent List)–Entry 25 शिक्षा, तकनीकी शिक्षा, जैविक शिक्षा तथा विश्वविद्यालय जो कि यूनियन सूची की धारा 63, 64, 65, 66 के तहत स्थापित हुई, व्यावसायिक तथा श्रमिकों के प्रशिक्षण सहित।

Entry 26 के अनुसार कानूनी चिकित्सा सम्बन्धी शिक्षा तथा दूसरे व्यवसाय। राज्य विधान सभा Entry 25 के अधीन विश्वविद्यालय स्थापित करती है। लेकिन यह दर्शायी गई यूनियन सूची की प्रविष्टियों के द्वारा भी नियमित की जाती है। इसलिए राजकीय विश्वविद्यालय स्थापित करने के लिए संयुक्त सरकार को संविधान की धाराओं को स्पष्ट करना जरूरी है।

राज्य सूची के अन्तर्गत जो विषय आते हैं उन विषयों पर आधारित कानून बनाने का अधिकार राज्य को है। केन्द्रीय सूची के अन्तर्गत आने वाले विषयों से सम्बन्धित कानून बनाने का अधिकार केवल केन्द्र को है। इसके अतिरिक्त समवर्ती सूची से सम्बन्धित कानून बनाने का अधिकार केन्द्र तथा राज्य दोनों को समान रूप से है। वैधानिक ताकतों का यह पृथक्करण प्रत्येक सूची में सम्मिलित विषयों की प्रकृति के आधार पर किया गया है। पहली सूची में राष्ट्र हितों से सम्बन्धित विषय आते हैं। दूसरी सूची में वे विषय आते हैं जो स्थानीय हितों से सम्बन्धित हैं तथा तीसरी सूची के अन्तर्गत वे विषय आते हैं जिनके लिए समस्त संघ में एकरूपता होने की आवश्यकता तो है परन्तु अनिवार्यता नहीं। इसलिए उन विषयों पर नियम बनाने का अधिकार केन्द्र तथा राज्य सरकार को समान रूप से दिया गया है।

◆◆◆

1.2 शिक्षा से सम्बन्धित नीतियाँ, अधिनियम तथा प्रावधान (Policies, Acts and Provisions related to Education)

1. शिक्षा से सम्बन्धित नीतियों, अधिनियमों तथा प्रावधानों का वर्णन कीजिए।
(Describe the policies, acts and provisions related to education.)

भारतीय संविधान के अनुसार सभी वर्गों को सामाजिक, सांस्कृतिक एवं आर्थिक रूप से समानता प्राप्त है। संविधान में निम्नलिखित मूल अधिकार दिए गए हैं :–(1) समता का अधिकार। (1) स्वतंत्रता का अधिकार। (3) शोषण के विरुद्ध अधिकार। (4) धर्म की स्वतंत्रता का अधिकार। (5) संस्कृति और शिक्षा सम्बन्धी अधिकार। 6. संवैधानिक उपचारों का अधिकार।

संविधान की धारा (Article) 14 में 'कानून के समक्ष समानता' (Equality before law) का मौलिक अधिकार प्रदान किया है। इसी दृष्टिकोण को समक्ष रखते हुए हमारे संविधान-निर्माताओं ने अनुसूचित जातियों एवं जनजातियों तथा आर्थिक रूप से कमजोर वर्गों के हितों की रक्षा के लिए संविधान में विशेष व्यवस्थाएँ की हैं।

अनुच्छेद-15–धर्म, मूलदेश, जाति, लिंग या जन्म स्थान के आधार पर विभेद का प्रतिषेध (Prohibition of Discrimination on Grounds of Religion, Race, Caste, Sex or Place of Birth)–

1. राज्य किसी नागरिक के विरुद्ध केवल धर्म, मूलवंश, जाति, लिंग, जन्म स्थान या इनमें से किसी के आधार पर कोई विभेद नहीं करेगा।
2. कोई नागरिक केवल धर्म, मूलवंश, जाति, लिंग, जन्म स्थान या इनमें से किसी के आधार पर : (क) दुकानों, सार्वजनिक, भोजनालयों, होटलों और सार्वजनिक मनोरंजन के स्थानों में प्रवेश, या (ख) पूर्णतः या भागतः राज्य निधि से पोषित या साधारण जनता के प्रयोग के लिए समर्पित कुओं, तालाबों, स्नानघरों, सड़कों और सार्वजनिक समागम के स्थानों के उपयोग के सम्बन्ध में किसी भी निर्योग्यता (Disability) दायित्व, निर्बधन (Restriction) या शर्त के अधीन नहीं होगा।
3. इस धारा के आधार पर राज्य को महिलाओं तथा बच्चों के लिए कोई विशेष व्यवस्था करने में कोई रुकावट नहीं होगी। इसमें उनकी शिक्षा भी सम्मिलित है।

अनुच्छेद 16–लोक नियोजन के विषय में अवसर की समानता–

1. राज्य के अधीन किसी पद पर नियोजन या नियुक्ति से सम्बन्धित विषयों में सभी नागरिकों के लिए अवसर की समानता होगी।
2. राज्य के अधीन किसी नियोजन या पद के सम्बन्ध में केवल धर्म, मूलवंश, जाति, लिंग उद्‌भव (Oescent), जन्म स्थान, निवास या इनमें से किसी के आधार पर न तो कोई नागरिक अपात्र होगा और न उससे विभेद किया जाएगा।

अनुच्छेद 17–अस्पृश्यता का अंत–अस्पृश्यता का अंत किया जाता है और इसका किसी भी रूप में आचरण निषिद्ध किया जाता है।

अनुच्छेद 19–स्वतन्त्रता का अधिकार–वाक्-स्वतन्त्रता आदि विषयक कुछ अधिकारों का संरक्षण : सभी नागरिकों को अधिकार होगा–

(क) वाक्-स्वतन्त्रता और अभिव्यक्ति स्वतन्त्रता का, (ख) शान्तिपूर्वक और निरामुध (Without arms) सम्मेलन का, (ग) संगम (Association) या संघ (Union) बनाने का, (घ) भारत के राज्य क्षेत्र में सर्वत्र अबाध संचरण का, (ङ) भारत के राज्य क्षेत्र के किसी भाग में निवास करने और बस जाने का, (च) कोई वृत्ति, उपजीविका, व्यापार या कारोबार करने का।

शोषण के विरुद्ध अधिकार–अनुच्छेद 23 मानव के दुर्व्यापार और बलात् श्रम को प्रतिषेध–मानव दुर्व्यापार और बेगार तथा इसी प्रकार का अन्य बलात् श्रम प्रतिबद्ध किया जाता है और इस उपबंध का कोई भी उल्लंघन अपराध होगा जो विधि के अनुसार दण्डनीय होगा।

अनुच्छेद 24–कारखानों आदि में बालकों के नियोजन का प्रतिषेध–चौदह वर्ष से कम आयु के किसी बालक को किसी कारखाने या खान में काम करने के लिए नियोजित नहीं किया जाएगा या किसी अन्य परिसंकटमय नियोजन (Hazardous employment) में नहीं लगाया जाएगा।

धर्म संबंधी स्वतंत्रता का अधिकार–अनुच्छेद 25–अंतःकरण की और धर्म को अबाध रूप से मानने, आचरण और प्रचार करने की स्वतन्त्रता–लोक व्यवस्था, सदाचार और स्वास्थ्य तथा इस भाग के अन्य उपबन्धों के अधीन रहते हुए सभी व्यक्तियों को अन्तःकरण की स्वतन्त्रता और धर्म को अबाध रूप से मानने, आचरण करने और प्रचार करने का समान हक होगा।

अनुच्छेद 26–धार्मिक कार्यों के प्रबन्ध की स्वतन्त्रता–लोक व्यवस्था, सदाचार और स्वास्थ्य के अधीन रहते हुए, प्रत्येक धार्मिक सम्प्रदाय या उसके किसी अनुभाग को अधिकार होगा–(क) धार्मिक और पूर्व प्रयोजनों के लिए संस्थाओं की स्थापना और पोषण का, (ख) अपने धर्म विषयक कार्यों का प्रबन्ध करने का, (ग) चल संपत्ति और अचल संपत्ति के अर्जन और स्वामित्व का, और (ब) ऐसी संपत्ति का विधि के अनुसार प्रशासन करनेका।

अनुच्छेद 29–अल्पसंख्यकों के हितों का संरक्षण–इसके अनुसार (1) भारत के क्षेत्र में रहने वाले नागरिकों के किसी भी वर्ग या उसके किसी भी भाग को अपनी भाषा, लिपि या संस्कृति को सुरक्षित रखने का अधिकार है।"

(2) किसी भी नागरिक को राज्य द्वारा संचालित या राज्य द्वारा सहायता प्राप्त शिक्षा संस्थाओं में धर्म, मूलवंश, जाति या भाषा के आधार पर दाखिला होने की मनाहीं नहीं होगी।

अनुच्छेद 30–अल्पसंख्यकों को अपनी शिक्षा संस्थायें स्थापित करना व उनका प्रबन्ध करने का अधिकार–संविधान की धारा 30 अल्पसंख्यकों को अपनी शिक्षा संस्था में स्थापित करने और उनका प्रबन्ध करने का अधिकार प्रदान करती है–इसमें सभी अल्पसंख्यकों, चाहे वह किसी धर्म, भाषा पर आधारित हो अपनी पसंद की शिक्षा-संस्थाएँ स्थापित करने और प्रबन्ध करने का अधिकार है। साथ ही शिक्षा संस्थाओं को अनुदान देते समय राज्य किसी शिक्षा-संस्था के विरुद्ध इस आधार पर भेद-भाव नहीं करेगा कि उसका प्रबन्ध धर्म या भाषा पर आधारित किसी विशेष अल्पसंख्यक वर्ग द्वारा किया जाता है।

सेकेण्डरी शिक्षा आयोग एवं भारतीय शिक्षा आयोग ने इस बात की ओर ध्यान आकर्षित किया है कि कई अल्पसंख्यकों द्वारा संचालित शिक्षा-संस्थाओं में विघटनकारी प्रवृत्तियों तथा जातीय कट्टरता को प्रोत्साहन दिया जाता है। संविधान प्राईवेट स्कूलों की स्थापना का अधिकार अवश्य देता है, परन्तु भारतीय शिक्षा आयोग ने शिक्षा की गुणवत्ता तथा राष्ट्रीय एकता के लिए उन पर प्रभावशाली नियन्त्रण रखने का सुझाव दिया है।

धारा 46–संविधान को इस धारा के अनुसार संघीय सरकार अनुसूचित जातियों एवं अनुसूचित जनजातियों के आर्थिक एवं शैक्षिक विकास के लिए उत्तरदायी है। इसमें राज्य के कमजोर वर्गों विशेषकर अनुसूचित जातियों एवं अनुसूचित वर्गों के शैक्षिक एवं आर्थिक हितों के विकास का विशेष ध्यान रखेगा और उन्हें सामाजिक अन्याय तथा सभी प्रकार के शोषण से संरक्षण प्रदान करेगा। यह राज्य की नीति का एक निदेशक सिद्धान्त है।

धारा 338–यह अनुच्छेद अनुसूचित जातियों, अनुसूचित जनजातियों आदि के लिए विशेष अधिकारों की व्यवस्था करना।

1. अनुसूचित जातियों एवं अनुसूचित जन-जातियों के लिए विशेष अधिकारी की व्यवस्था की जाएगी और इसकी नियुक्ति राष्ट्रपति करेगा।
2. यह विशेष अधिकारी का कर्तव्य होगा कि वह संविधान में अनुसूचित जातियों एवं अनुसूचित जनजातियों के संरक्षण के लिए की गई व्यवस्थाओं से सम्बन्धित मामलों की छान-बीन करे और राष्ट्रपति के निर्देश पर समय-समय पर अपनी रिपोर्ट राष्ट्रपति के समक्ष प्रस्तुत करे और राष्ट्रपति उसे संसद के दोनों सदनों में प्रस्तुत करवाए।
3. इस धारा में वर्णित अनुसूचित जातियों एवं अनुसूचित जनजातियों में उन सभी पिछड़े हुए वर्गों को सम्मिलित समझना चाहिए जिनको धारा 340, अनुच्छेद (1) के अधीन नियुक्त आयोग की रिपोर्ट के आधार पर, राष्ट्रपति विशेष आदेश दे। इसमें एंग्लो-इण्डियन समुदाय भी सम्मिलित है।

धारा 399–अनुसूचित क्षेत्रों के प्रशासन तथा अनुसूचित जनजातियों की भलाई पर केन्द्र का नियन्त्रण–

1. इसमें राष्ट्रपति को पूर्ण अधिकार है कि वह किसी समय और संविधान के लागू होने के दस साल बाद राज्यों में इन जातियों व जनजातियों की भलाई पर रिपोर्ट प्राप्त करने के लिए आयोग की नियुक्ति कर सकता है।
2. केन्द्रीय कार्यपालिका किसी भी राज्य को अनुसूचित जन-जातियों की भलाई के लिए आवश्यक विशिष्ट परियोजनाओं के निर्माण तथा कार्यान्वयन के लिए निर्देश दे सकती है।

धारा 340 या अनुच्छेद 340 में पिछड़े वर्गों की स्थितियों की छान-बीन हेतु आयोग की नियुक्ति करने से है–

1. राष्ट्रपति किसी भी व्यक्ति अर्थात् जिन्हें वह छानबीन के लिए योग्य समझता है उनकी नियुक्ति का आदेश दे सकता है; जो भारत में सामाजिक एवं शैक्षिक रूप से पिछड़े वर्गों की स्थितियों

और उनकी कठिनाइयों की छान-बीन करके उन्हें दूर करने और सुधार लाने के लिए केन्द्र तथा राज्यों से सुझाव दे। इसके लिए वह केन्द्र तथा राज्यों द्वारा दी जाने वाली अनुदान-राशि का भी सुझाव दे। नियुक्ति के इस आदेश में आयोग द्वारा अपनाई जाने वाली प्रक्रिया को स्पष्ट रूप से उल्लेख होना चाहिए।

2. यह नियुक्त किया गया आयोग सम्बन्धित सभी मुद्दों की छान-बीन करेगा और प्राप्त सभी तथ्यों की रिपोर्ट राष्ट्रपति के सम्मुख प्रस्तुत करेगा।
3. रिपोर्ट प्रस्तुत होने के बाद राष्ट्रपति उस रिपोर्ट की एक प्रति अगली कार्रवाई के लिए संसद के दोनों संदनों में इस प्रस्तुत करेगा।

समाज के सामाजिक, आर्थिक एवं सांस्कृतिक रूप से वंचित लोगों अथवा वर्गों के लिए शैक्षिक समानता एवं कार्यक्रम (Educational opportunity and programmes for Socially, Economically and Cultural deprived Members or Groups of Society)—हम लोकतन्त्र, समाजवाद, धर्म-निरपेक्षता तथा मानववाद के युग में रह रहे हैं। इसलिए इस तन्त्र में सभी वर्ग के लोगों को समान अधिकार प्राप्त है। शैक्षिक अवसरों की समानता में सभी के लिए एक समान शिक्षा नहीं है, बल्कि प्रत्येक बच्चे को शारीरिक, मानसिक, सावैगिक, नैतिक परिस्थितियों के अनुरूप शिक्षा प्रदान करना है। इसका तात्पर्य राज्य द्वारा व्यक्तियों की शिक्षा के सन्दर्भ में जाति, रूप, रंग, प्रान्तीयता एवं भाषा धर्म आदि के आधार पर भेदभाव न करने से भी है। शिक्षा के क्षेत्र में समानता की अवधारणा को स्थापित करने के लिए निम्नलिखित प्रयास किए गए हैं–

1. एक निश्चित अवधि तक भेदभावरहित निःशुल्क एवं अनिवार्य शिक्षा की व्यवस्था।
2. माध्यमिक स्तर पर विभिन्नीकृत पाठ्यक्रम व्यवस्था।
3. उच्च स्तर पर सभी के लिए अपेक्षित शैक्षिक उन्नति की व्यवस्था ताकि वे उचित योगदान देने मं सक्षम हो सकें।

शैक्षिक कार्यक्रमों का सुझाव
(Suggestion of Education Programme)

1. अनिवार्य प्राथमिक शिक्षा (Compulsory Primary Education)–समाज के कमजोर वर्गों के शैक्षिक विकास के लिए प्राथमिक शिक्षा अनिवार्य रूप से व्यवस्था की जानी चाहिए। संविधान की धारा 45 में चौदह वर्ष की आयु तक सभी बच्चों के लिए निःशुल्क एवं अनिवार्य शिक्षा' की व्यवस्था की गई है।

2. सैकण्डरी शिक्षा (Secondary Education)–सामाजिक एवं आर्थिक रूप से वंचित वर्गों की सेकेण्डरी शिक्षा की ओर अधिक ध्यान देने की आवश्यकता है। इस कार्यक्रम को आगे बढ़ाने के लिए :–

(i) स्कूलों, होस्टल-सुविधाओं तथा छात्रवृत्तियों का विस्तार करना होगा।
(ii) उचित व्यावसायिक-कोर्स आरम्भ करने होंगे।
(iii) विशिष्ट निर्देशन की व्यवस्था करनी होगी।
(iv) अच्छे व्यावसायिक स्कूलों, टैक्नीकल स्कूल, आई.टी.आई., पॉलीटैक्निकों आदि में दाखिला कराने के विशेष प्रयास करने होंगे।

3. प्रौढ़ शिक्षा एवं अनवरत शिक्षा (Adult Education and Continuing Education)–समाज के पिछड़े वर्गों के हेतु बनाये गये शैक्षिक कार्यक्रमों में प्रौढ़ एवं अनवरत शिक्षा को अवश्य सम्मिलित करना चाहिए। ग्रामीण एवं पिछड़े हुए क्षेत्रों में अधिक संख्या में प्रौढ़ शिक्षा केन्द्र खोले जाने चाहिएं। इन कार्यक्रमों द्वारा प्रौढ़ों में जागृति व उनके बच्चों की भलाई के प्रति अभिप्रेरणा पैदा करने में सहायक होगी।

4. उच्चतर शिक्षा (Higher Education)—सैकण्डरी/सीनियर सैकण्डरी स्कूलों में शिक्षा प्राप्त करने के पश्चात् कई पिछड़े वर्गों के व्यक्ति व्यावसायिक एवं तकनीकी कोर्सों में प्रवेश प्राप्त करने के इच्छुक होंगे। ऐसे व्यक्तियों को सहायता प्रदान करने के लिए निम्नलिखित सुविधाएँ प्रदान की जानी चाहिए :–

(i) निःशुल्क उच्चतर शिक्षा।

(ii) व्यावसायिक संस्थाओं, होस्टल-सुविधाओं तथा छात्रवृत्तियों की विस्तृत व्यवस्था।

(iii) प्रतिभाशाली विद्यार्थियों को उचित संस्थाओं में प्रवेश हेतु विशिष्ट शिक्षण-सुविधाएँ प्रदान करना।

(iv) व्यावसायिक एवं तकनीकी कोर्सों जैसे, आई.टी.आई. तथा पोलटैक्निकों के कोर्स भी शामिल किए जाने चाहिएं।

(v) अध्यापक प्रशिक्षण कार्यक्रम (Teacher Training Programmes)–समाज के पिछड़े वर्गों को शिक्षित करने के लिए अध्यापक प्रशिक्षण कार्यक्रमों में भी वांछित बदलाव किये जाने चाहिएं। अध्यापक प्रशिक्षण पिछड़े वर्ग के विद्यार्थियों की योग्यताओं के अनुरूप होने चाहिएं। इस प्रयोजन के लिए वार्षिक सम्मेलन, कार्यशालाओं एवं गोष्ठियों का आयोजन होने चाहिएं।

शिक्षा आयोग (1964-66) की संतुतियां/सुझाव/सिफारिशें
(Recommendations of the Education Commission (1964-66)

शिक्षा आयोग ने पिछड़े वर्गों अथवा वंचित वर्गों तथा व्यक्तियों की शिक्षा के महत्त्व पर बल देते हुए कहा ''शिक्षा महत्त्वपूर्ण सामाजिक उद्देश्यों में से एक है", अवसरों की समानता का प्रावधान करना तथा पिछड़े वर्गों अथवा वंचित वर्गों एवं व्यक्तियों को शिक्षा के माध्यम से अपनी स्थिति में सुधार लाना। इसलिए आयोग ने बल देते हुए कहा है, "सामान्य रूप से पिछड़े वर्गों तथा विशेष रूप से जनजातियों के लोगों की शिक्षा समाज में समानता लाने तथा सामाजिक एवं राष्ट्रीय एकता का एक मुख्य कार्यक्रम है। इस प्रयोजन के लिए कोई भी व्यय अधिक नहीं है।" शिक्षा आयोग ने इस सन्दर्भ में निम्नलिखित सुझाव दिए :–

1. सभी स्तरों पर शिक्षा को निःशुल्क बनाना।
2. प्राथमिक स्तर पर निःशुल्क पुस्तकों का प्रावधान करना।
3. स्कूलों में पुस्तक-बैंक स्थापित करना।
4. विभिन्न स्तर पर छात्रवृत्तियों की उचित मात्रा में व्यवस्था करना।
5. राष्ट्रीय स्तर पर छात्रवृत्तियों का उचित मात्रा में प्रावधान करना।
6. ऋण-छात्रवृत्तियों की व्यवस्था।
7. लड़कियों के लिए विशेष सुविधाएँ जुटाना।
8. ट्रांसपोर्ट सुविधाओं की व्यवस्था करना।

2. राष्ट्रीयं शिक्षा नीति, 1968 (National Policy on Education, 1968)–पैरा चार (ब) में कहा गया है, "पिछड़े वर्गों और विशेष रूप से आदिम जातियों में शिक्षा का विकास करने के लिए अधिक तीव्र प्रयत्नों की आवश्यकता है।"

3. राष्ट्रीय शिक्षा नीति का प्रारूप, 1979 (Draft of National Policy on Education, 1979)–भारत में शिक्षा के सभी पक्षों में पर्याप्त विस्तार हुआ है, परन्तु असंतुलन एवं असमानताएँ अभी भी विद्यमान हैं। आज भी समाज के कमजोर वर्ग जैसे भूमिहीन मजदूर, जनजातियाँ, गन्दी बस्तियों में रहने वाले लोग आदि शिक्षा ग्रहण करने में पिछड़े हुए हैं। अतः इस प्रकार के वर्गों की शिक्षा के क्षेत्र की समस्याओं को समझने के लिए विशेष प्रयत्न करने चाहिएं।

4. राष्ट्रीय शिक्षा नीति, 1986 (National Policy on Education, 1986)–

(1) **राष्ट्रीय शिक्षा पद्धति**–इस पद्धति से अभिप्राय है कि एक निश्चित स्तर की शिक्षा तक बिना जाति, धर्म, स्थान तथा लिंग के भेदभाव के सभी विद्यार्थियों की पहुँच हो। इस उद्देश्य की प्राप्ति के लिए सरकार को आर्थिक सहायता के कार्यक्रम आरम्भ करने चाहिएं। वैसे तो राष्ट्रीय नीति में प्रस्तावित सामान्य स्कूल पद्धति की स्थापना के लिए प्रभावशाली उपाय किए गए हैं। समानता का अर्थ यह नहीं है कि हर व्यक्ति को शिक्षा प्राप्त करने के समान अवसर मिले बल्कि सफलता की समान स्थितियाँ भी प्रदान की जानी चाहिएं।

(2) **सभी वर्गों को समान शिक्षा अवसर (Opportunity of equal education to all Categories)**–राष्ट्रीय शिक्षा नीति शैक्षिक विकास की दृष्टि से पिछड़े वर्गों एवं अन्य वर्गों की समानता स्थापित करने की आवश्यकता पर बल देती है। शिक्षा के क्षेत्र में सभी प्रकार की असमानताओं को दूर किया जाना चाहिए। लेकिन समाज के कुछ ऐसे वर्ग हैं जैसे महिलाएँ, अनुसूचित जाति एवं जनजाति, अल्पसंख्यक, विकलांगों की तरफ विशेष ध्यान दिया जाना चाहिए।

(I) नारी शिक्षा–नवीन शिक्षा नीति में नारी-शिक्षा के विस्तार पर बल दिया गया है। नारियों को साक्षर बनाने के लिए उन्हें भी व्यावसायिक शिक्षा, तकनीकी शिक्षा दी जानी चाहिए।

(II) अनुसूचित जातियों की शिक्षा–अनुसूचित जातियों के शैक्षिक विकास में इस बात पर ध्यान केन्द्रित किया गया है कि शिक्षा के सभी स्तरों पर तथा सभी क्षेत्रों में इन्हें दूसरी जातियों के समान अवसर दिए जाएं। इस उद्देश्य की प्राप्ति के लिए निम्नलिखित उपायों पर विचार किया गया है :–

(i) गरीब व पिछड़े वर्गों के लोगों के बच्चों को प्रोत्साहित करना कि अपने बच्चों को 14 वर्ष की आयु प्राप्त होने तक नियमित रूप से स्कूल भेजते रहें।
(ii) ऐसे बच्चों को कक्षा पहली से कक्षा दस तक छात्रवृत्तियों देने का प्रावधान हो।
(iii) इन बच्चों को विभिन्न कोर्सों में प्रवेश करने की नियमावली का शुल्क में छूट देकर सुविधा प्रदान की जाए।
(iv) अनुसूचित जातियों में से अध्यापक नियुक्त करना।
(v) इन जातियों से सम्बन्ध रखने वाले छात्रों के लिए होस्टल सुविधा प्रदान की जाए।
(vi) सरकार को चाहिए कि वह स्कूल भवनों, आंगनवाड़ियों तथा प्रौढ़ शिक्षा केन्द्रों को ऐसे स्थानों पर स्थापित करना जहाँ अनुसूचित जातियाँ पूर्ण रूप से भाग ले सकें।
(vii) इस वर्ग में अधिक से अधिक प्रतिभागयों की वृद्धि के लिए नई विधियों की खोज होती रहनी चाहिए।

(3) **अनुसूचित जनजातियों (आदिवासियों) की शिक्षा (Education of Scheduled Tribes)**–इन जनजातियों को अन्य वर्गों के समान लाने के लिए निम्नलिखित उपाय किए जाने चाहिए :–

(i) अनुसूचित जनजातियों के क्षेत्रों में प्राईमरी स्कूलों की स्थापना की जानी चाहिए।
(ii) आदिवासियों के शिक्षित एवं प्रतिभावान युवाओं को अच्छे शिक्षण कार्य अपनाने के लिए प्रोत्साहित किया जाना चाहिए।
(iii) इन जातियों के रिहायशी क्षेत्रों में आवासीय एवं आश्रम स्कूलों की बड़े पैमाने पर स्थापना की जानी चाहिए।
(iv) आदिवासी क्षेत्रों में आंगनवाड़ियों, अंशोपचारिक तथा प्रौढ़ शिक्षा केन्द्रों की स्थापना को प्राथमिकता दी जानी चाहिए।
(v) शिक्षा के सभी स्तरों पर पाठ्यक्रम इस प्रकार निर्मित किए जाएं, जिसके द्वारा जनजातियों को स्वयं की संस्कृति एवं रचनात्मक प्रतिभाओं का ज्ञान प्राप्त हो सके।
(vi) आदिवासियों की जीवन-शैली को बदलने के लिए विभिन्न प्रकार की तकनीकी, व्यावसायिक व अन्य कोर्सों की व्यवस्था की जानी चाहिए। इसके साथ-साथ ऐसा होने से उनके कार्य कौशल को सुधारने में बल मिलेगा।

4. शैक्षिक रूप से पिछड़े हुए अन्य वर्ग (Other Educationally Backward Section and Areas)—समाज के शैक्षिक रूप से पिछड़े हुए सभी वर्गों को उचित स्थान प्रदान की जानी चाहिए। पहाड़ी व रेतीले तथा दूरस्थ क्षेत्रों में शिक्षा संस्थाओं की पर्याप्त व्यवस्था की जानी चाहिए।

5. अल्पसंख्यकों की शिक्षा (Education of Minorities)—कई अल्पसंख्यक समुदाय भी शिक्षा से वंचित हैं। समानता तथा सामाजिक न्याय को सम्मुख रखते हुए उनकी शिक्षा की ओर विशेष ध्यान दिया जाना चाहिए। संविधान उन्हें शिक्षा-संस्थाओं को स्थापित करने की और अपनी भाषा एवं संस्कृति को बढ़ाने का अवसर प्रदान करें।

6. विकलांगों की शिक्षा (Education of the Handicapped)—अपाहिज एवं मानसिक रूप से विकलांग बच्चों को शिक्षा प्राप्त करने के लिए प्रोत्साहित किया जाना चाहिए, जिसके द्वारा वे सामुदायिक कार्यों में कुशलतापूर्वक भाग ले सकें। समाज के ऐसे बच्चों के लिए विशिष्ट स्कूलों एवं होस्टलों की व्यवस्था की जाएगी। उन्हें भी व्यावसायिक शिक्षा दी जायेगी, जिससे वे अपना जीवनयापन कर सकें।

7. प्रौढ़ शिक्षा का विकास (Promotion of Adult Education)—राष्ट्र को चाहिए कि वे अपने देश में साक्षरता को बढ़ाने के उपाय करें। यह तभी हो सकता है जब राष्ट्र निम्नलिखित साधनों एवं माध्यमों को अपनाए :—

(i) ग्रामीण क्षेत्रों में प्रौढ़ शिक्षा केन्द्रों की स्थापना।
(ii) मालिकों द्वारा कर्मियों की शिक्षा।
(iii) ट्रेड-यूनियनों एवं अन्य कार्य करने वालों को शिक्षा देना।
(iv) रेडियो, दूरदर्शन, फिल्मों आदि का प्रयोग।
(v) व्यावसायिक प्रशिक्षण कार्यक्रमों का गठन आदि द्वारा प्रौढ़ एवं अनवरत शिक्षा के व्यापक कार्यक्रम का कार्यान्वयन।

राष्ट्रीय शिक्षा नीति 1986 (NPE 1986) भाग 4 शिक्षा में समानताएँ पैरा-4.1 "नई नीति में विषमताएँ दूर करने पर विशेष बल दिया जाएगा। उन व्यक्तियों की विशेष आवश्यकताओं पर ध्यान दिया जाएगा जिन्हें अब तक समानता के स्तर से वंचित रखा गया है। इस काम के लिए शिक्षा के अवसरों को बराबर बनाया जाएगा। यह समिति केन्द्र स्तर पर अनुसूचित जातियों, अनुसूचित जन-जातियों तथा अन्य पिछड़े वर्गों के शैक्षिक विकास कार्यक्रमों के कार्यान्वयन का निदेशन एवं पुनर्वेक्षण करेगी। राज्य स्तर पर भी 'राज्य परामर्श शिक्षा बोर्ड' के अधीन ऐसी समितियाँ बनाई जानी चाहिएं।

राष्ट्रीय शिक्षा नीति, (राममूर्ति कमेटी की रिपोर्ट, 1990)–समीक्षा समिति ने जोर देते हुए यह मांग कि "शैक्षिक विकास के कार्यक्रमों को इस प्रकार से बनाया जाए और लागू किया जाए कि उसमें क्षेत्र, समुदाय तथा लिंग विशेष गतिविधियों के आधार पर अलग-अलग लक्ष्य रखे जाएं। इसका अर्थ यह है कि वंचित वर्गों, जैसे अनुसूचित जाति, जनजाति, स्त्रियों, शैक्षिक दृष्टि से पिछड़े अल्पसंख्यकों तथा विकलांगों को ध्यान में रखकर ठोस कार्यक्रम चालू किए जाएं और उनके लिए समुचित धन की व्यवस्था की जाए।"

शैक्षिक पर्यावरण में सुधार लाने के लिए राममूर्ति समिति (1990) ने निम्नलिखित सुझाव दिए हैं :—

(i) उपचारात्मक शिक्षण (Remedial Coaching)–उपचारात्मक शिक्षण की परियोजना का इस प्रकार पुनर्गठन किया जाए कि क्रमशः ज्यादातार स्कूलों में इसे शुरू किया जा सके। विद्यार्थियों को परीक्षा से दो-तीन महीने पहले व सत्र के अन्त तक इस शिक्षण की व्यवस्था को जारी रखना चाहिए।

(ii) आदिवासी क्षेत्रों में कार्य युक्ति (Strategy in the tribal regions)–आदिवासी क्षेत्रों में अधिगम पर्यावरण को समृद्ध बनाने के लिए विशिष्ट कार्य-युक्ति का निर्माण किया जाना चाहिए।

(iii) स्कूल में पुस्तकालय की व्यवस्था (Facility of Library in School)–पिछड़े क्षेत्रों में स्कूल से सम्बन्धित पुस्तकालय-समूह की स्थापना की जानी चाहिए।

(iv) पाठ्यक्रम (Curriculum)–शैक्षिक रूप से पिछड़े-वर्गों के लिए शिक्षा में सभी स्तरों पर निम्नलिखित पाठ्यक्रम पर बल देना चाहिए–

(a) विज्ञान एवं गणित।
(b) राष्ट्रीय जीवन एवं विकास में इन समुदायों का योगदान।
(c) राष्ट्रीय जीवन एवं विकास में इन समुदायों की महिलाओं का योगदान।
(d) अभिव्यक्ति के लिए (मौखिक एवं लिखित दोनों) तथा रचनात्मक लेखन।

(v) अनुसूचित जातियों एवं जनजातियों के अध्यापकों की नियुक्ति (Appointment of Scheduled Castes and Scheduled Tribes Teachers)–इस समिति के अनुसार सरकारी एवं सरकारी सहायता प्राप्त स्कूलों में 15% एवं 7.5% के अनुपात में अनुसूचित जातियों और जनजातियों के अध्यापकों की भर्ती की जाएगी।

(vi) विशिष्ट अंगभूत योजना एवं आदिवासी उपयोजनाओं का क्रियान्वयन (Creation of Social Components Plan and Tribal Sub-plan)–

(a) **बजट (Budget)**–बजट में आदिवासी उपयोजना को साफतौर से लिखना चाहिए।

(b) **अनुसूचित एवं अनुसूचित जनजातियों के लिए परियोजनाएँ (Scheme for Scheduled Castes and Scheduled Tribes)**–जहाँ तक सम्भव हो सके इन जातियों के लिए विशिष्ट परियोजनायें बनाई जाएं और अंगभूत योजना तथा आदिवासी उपयोजना में शामिल करना चाहिए।

(c) **जातियों के लिए लक्ष्य निर्धारिण करना (Target for Castes)**–इन सभी जातियों व जनजातियों के लिए परियोजनाओं के लिए लक्ष्य निर्धारित किए जाएं।

(d) **मॉनीटरिंग तन्त्र (Monitoring mechanism)**–विशिष्ट अंगभूत योजना तथा आदिवासी उप-योजना के कार्यान्वयन की प्रगति के अवलोकन एवं निदेशन के लिए शिक्षा-विभाग में मॉनीटरिंग तन्त्र की स्थापना की जानी चाहिए।

केन्द्रीय शिक्षा सलाहकार बोर्ड की नीति सम्बन्धी समिति, 1992 (Central Advisory Board of Education Committee—CABE Committee on Policy)–समिति के अध्याय 4 'अनुसूचित जातियों/अनुसूचित जनजातियों और शैक्षिक रूप से पिछड़े अन्य वर्गों की शिक्षा' (Education of the SC's/ST's and other Educationally Backward Sections) में निम्नलिखित विचार प्रकट किए, 'शैक्षिक प्रक्रिया में कमजोर वर्गों की सहभागिता तब तक निरर्थक होगी जब तक कि उनके पास भूमि सुधारों जैसे उपायों के माध्यम से उत्पादन तथा जीविका के साधन न हों उन्हें ईंधन, भोजन तथा जल जैसी जीवन की अनिवार्य वस्तुएँ सार्थक रूप से उपलब्ध न हों, और उनके कार्य के लिए उचित वेतन का आश्वासन प्राप्त न हों।'

समिति ने निम्नलिखित सुझाव दिए हैं :–

1. केन्द्रीय अभिकरण की स्थापना (Establishment of a Focal Agency)–केन्द्रीय सरकार को कार्यक्रम कार्यान्वयन के सम्बन्ध में रिपोर्ट करने के उद्देश्य से प्रत्येक राज्य में एक केन्द्रीय एजेंसी निर्धारित की जाए।

2. स्थायी केन्द्रीय शिक्षा बोर्ड समिति का गठन (Constitution of a standing CABE Committee)–केन्द्रीय शिक्षा बोर्ड समिति एक स्थायी समिति का गठन करे जिसमें वंचित वर्गों (अनुसूचित जाति तथा अनुसूचित जनजाति) के लिए आयोजित किए जा रहे शैक्षिक कार्यक्रम (Educational Programmes for the Deprived Sections) के प्रतिनिधि हों।

3. समान पाठ्यक्रम (Same Curriculum)–पिछड़े वर्गों के बच्चों तथा अन्य वर्गों के बच्चों में पाठ्यक्रम सम्बन्धी कोई भेदभाव न किए जाएं।

4. राज्य सरकारें तथा अल्पसंख्यक शैक्षिक संस्थाएँ (State Governments and Minority Educational Institutions)–केन्द्रीय सरकार ने वर्ष 1989 में अल्पसंख्यक शैक्षिक संस्थाओं को मान्यता प्रदान करने के लिए जो मानदण्ड निर्धारित किए हैं, राज्य सरकारें उनके संदर्भ में कार्य करें।

शैक्षिक कार्यक्रम
(Educational Programmes)

1. सार्वभौमिक निःशुल्क प्राथमिक शिक्षा (Universal Free Primary Education)–केन्द्रीय सरकार, राज्य सरकारें तथा स्थानीय संस्थाओं (पंचायती राज संस्थाओं) ने सभी के लिए निःशुल्क प्राथमिक शिक्षा का प्रावधान किया है। वंचित वर्गों के निवास स्थान के समीप शैक्षिक संस्थाएँ खोली गई हैं।

2. निःशुल्क पुस्तकें आदि (Free books etc.)–प्राथमिक स्तर पर बच्चों को स्कूल में अभिप्रेरित करने के लिए निःशुल्क पुस्तकें, कागज-पेंसिल तथा स्कूल वर्दी की व्यवस्था की गई है।

3. निःशुल्क ट्रांसपोर्ट (Free Transport)–अनेक राज्यों में स्कूल के बच्चों के आने जाने के लिए सुविधाएँ प्रदान की गई हैं।

4. छात्रवृत्तियाँ (Scholarships)–अधिक से अधिक निर्धन बच्चों के लिए छात्रवृत्तियों की व्यवस्था की गई है।

5. छात्रावास (Hostel)–ग्रामीण क्षेत्रों में आवश्यकतानुसार छात्रावासों की व्यवस्था की गई है।

6. दोपहर का भोजन प्राथमिक शिक्षा को बढ़ावा देने के लिए पोषाहार सहायता राष्ट्रीय कार्यक्रम–15 अगस्त, 1995 से शुरू किया गया है। इस प्रोग्राम से लगभग 12 करोड़ बच्चे लाभ उठा रहे हैं। इस कार्यक्रम की मुख्य विशेषताएँ निम्नलिखित हैं :–

(i) इस कार्यक्रम के अन्तर्गत सभी सरकारी तथा सरकार से सहायता प्राप्त स्कूलों में पहली से पाँचवीं कक्षा में पढ़ने वाले बच्चों को हर रोज़ मुफ्त दोपहर का खाना दिया जाता है।

(ii) कार्यक्रम के लिए भारत सरकार स्कूलों को रोज 100 ग्राम हर बच्चे के हिसाब से गेहूँ या चावल देती है।

(iii) दाल, सब्जी, तेल, मसाले और खाना पकाने के लिए हर एक बच्चे के लिए रोज एक रुपए के हिसाब से पैसा दिया जाता है।

(iv) इसके अलावा अनाज को लाने ले जाने का खर्च अलग से दिया जाता है।

(v) कई राज्य अपनी तरफ से और पैसा जोड़कर खाने को बेहतर बना रहे हैं।

(vi) सूखा पड़े इलाकों में गर्मियों की छुट्टियों में भी खाना दिया जाता है।

(vii) हर रोज़ अलग-अलग खाना, जैसे–दाल-भात, रोटी-सब्जी, खिचड़ी, दलिया, चावल, सांभर, खीर वगैरह परोसा जा सकता है, ताकि सब बच्चे मिलजुलकर शौक से खा सकें।

7. उपचारात्मक शिक्षा (Remedial Teaching)–अनेक स्थानों पर पिछड़े वर्गों से सम्बन्धित बच्चों के लिए उपचारात्मक कक्षाएँ चलाई जा रही हैं।

8. व्यावसायिक शिक्षा (Vocational Education)–स्थानीय आवश्यकता के अनुसार माध्यमिक स्कूलों में विभिन्न प्रकार के व्यावसायिक पाठ्यक्रम भी चलाए जा रहे हैं।

9. स्कूल स्थापित करने के मापदण्ड (Norms for opening schools)–पिछड़े क्षेत्रों तथा पिछड़े वर्गों के लिए स्कूल खोलने के मापदण्ड में छूट दी जाती है।

10. प्रौढ़-शिक्षा कार्यक्रम (Adult Education Programmes)–वंचित वर्गों के लिए प्रौढ़-शिक्षा के कई कार्यक्रम चलाए जा रहे हैं। उनमें इस प्रकार के भाव जाग्रत करने के लिए प्रयास किए जा रहे हैं, जिनसे वे अपने बच्चों की शिक्षा में रुचि लें।

11. सर्वशिक्षा अभियान तथा अन्य योजनाएँ (Sarva Shiksha Abhiyan and other Plans) –इस बात पर बल दिया गया है कि वंचित वर्गों को विभिन्न कार्यक्रमों में प्राथमिकता दी जाए।

उपसंहार–केन्द्रीय तथा राज्य सरकारों द्वारा भरसक प्रयत्न किए जा रहे हैं ताकि वंचित लोगों की शिक्षा में सुधार हो तथा उनको जीवन के प्रत्येक क्षेत्र में विकास के अधिक से अधिक अवसर प्राप्त हों।

◆◆◆

1.3 सीमान्त तथा सामाजिक रूप से अलाभकारी वर्गों के लिए शिक्षा (Education for Marginalised and Socially Disadvantaged Segments)

1. वंचित वर्ग से आप क्या समझते हैं? इनके विभिन्न प्रकारों का वर्णन कीजिए। वंचित वर्ग की शिक्षा की संक्षेप में विवेचना कीजिए।
(What do you understand by Deprived? Describe in brief its various types. Discuss in brief the Education of the Deprived.)

उत्तर–सामाजिक, सांस्कृतिक व आर्थिक वंचित वर्ग का अर्थ (Meaning of Socially, Culturally and Economically Deprived Section)–समाज के वे लोग जिन्हें समाज में संतोषजनक सामाजिक, सांस्कृतिक व आर्थिक दर्जे से वंचित रखा जाता है, उन्हें सामाजिक, सांस्कृतिक व आर्थिक दृष्टि से वंचित वर्ग कहा जाता है।

वंचित वर्ग के प्रकार

1. सांस्कृतिक दृष्टि से वंचित (Culturally Deprived),
2. आर्थिक दृष्टि से वंचित (Economically Deprived),
3. सामाजिक दृष्टि से वंचित (Socially Deprived)।

1. सांस्कृतिक रूप से वंचित वर्ग (Culturally Deprived)–सांस्कृतिक रूप से वंचित वर्ग के लोगों को धार्मिक स्थानों पर पूजा के लिए नहीं घुसने देते। वे मंदिर में ईश्वर के सामने पूजा नहीं कर सकते। यह स्थितियाँ उन्हें अन्य लोगों से अलग कर देती हैं और वे भारतीय संस्कृति की जानकारी से वंचित रहते हैं।

2. आर्थिक रूप से वंचित वर्ग (Economically Deprived)–भारत में अत्यधिक गरीबी है। जनसंख्या का एक बड़ा भाग गरीबी रेखा के नीचे है। गरीब व्यक्ति अपने और अपने बच्चों के भरण-पाषण में भी अपने को कभी-कभी असमर्थ पाता है।

गरीब माँ-बाप अपने बच्चों को स्कूल नहीं भेज पाते। वे बच्चों से घर का काम लेते हैं। यदि बच्चे खेती पर उनके रोजगार में सहायता न करें तो उन्हें और उनके पूरे परिवार को दो समय का भोजन भी न मिले। इसलिए वे अपने बच्चों को स्कूल नहीं भेजते। यदि वे बच्चों को स्कूल भेजना भी चाहते भी हैं तो बच्चों की कॉपी-किताब के लिए भी उनके पास पैसे नहीं होते।

भारत में पंचवर्षीय योजनाओं में गरीबी उन्मूलन के प्रयास किये गये हैं। गरीबी उन्मूलन के नारे की बैसाखी से स्वतन्त्र भारत में कई सरकारें सत्तारूढ़ हुई हैं, किन्तु इस दिशा में प्रगति बहुत धीमी रही। हमारे शिक्षा आयोगों ने इसके लिए अनेक महत्त्वपूर्ण सुझाव दिये थे। शिक्षा-नीतियों में भी इस ओर ध्यान दिया गया है।

संविधान में 6 से 14 वर्ष के बालकों के लिए शिक्षा को अनिवार्य बनाने का निर्देश था और इस लक्ष्य को 4 वर्ष में प्राप्त करना था। संविधान के लागू होने के 62 वर्ष बाद भी हम आज तक इस लक्ष्य को प्राप्त नहीं कर पाए हैं।

केन्द्र सरकार ने राज्यों से प्राथमिक स्तर तक सभी छात्रों को मुफ्त किताबें देने के निर्देश दिये हैं, जिसे कुछ राज्यों ने पूर्णतः और कुछ ने अंशतः लागू किया है। धन की समस्या ने अनिवार्य निःशुल्क शिक्षा में कठिनाइयाँ उत्पन्न की हैं। इन कठिनाइयों पर विजय पाने के लिए हमने विश्व बैंक एवं अन्य अन्तर्राष्ट्रीय संगठनों से भी सहायता प्राप्त की है।

हम आशा कर सकते हैं कि दसवीं पंचवर्षीय योजना के अन्त तक हम आर्थिक रूप से वंचित छात्रों को अनिवार्य निःशुल्क शिक्षा देने में समर्थ हो सकेंगे।

3. सामाजिक दृष्टि से वंचित वर्ग (Socially Deprived)–भारत में अनेक जातियाँ थीं। इन जातियों में शूद्रों को निम्न जाति का माना गया और देश के कुछ भागों में तो उन्हें छूना मना कर दिया गया। अस्पृश्यता भारत का एक सामाजिक कलंक बना। ये जातियाँ सामाजिक दृष्टि से सुख-सुविधाओं से वंचित कर दी गईं। इन्हें समाज में रहने, लोगों के साथ उठने-बैठने, एक साथ भोजन करने, एक कुएँ से पानी लेने की मनाही थी। सामाजिक रूप से वंचित वर्ग सामाजिक दृष्टि से निर्बल होने के कारण आर्थिक दृष्टि से भी निर्बल व वंचित हो गया।

संविधान की धारा 45 में प्राथमिक शिक्षा को निःशुल्क और अनिवार्य रूप से देश के सभी बच्चों को उपलब्ध कराने का प्रावधान दिया गया। इसके बाद देश की पहली राष्ट्रीय शिक्षा-नीति (1968) में भी सरकार के इसी प्रकार के इरादे को दोहराया। दूसरी राष्ट्रीय शिक्षा-नीति (1986), संशोधित राष्ट्रीय शिक्षा-नीति (1992) तथा राष्ट्रीय शिक्षा-नीति की कार्य योजना (1992) में भी देश के सभी 10 वर्ष तक के बच्चों को 21वीं शताब्दी में जाने से पूर्व शिक्षित किये जाने हेतु भरसक प्रयत्न करने की बात कही गई। बाद में वर्ष 1993 के "उन्नीकृष्णन केस" पर अपना ऐतिहासिक फैसला देते हुये सर्वोच्च न्यायालय ने यह स्वीकार किया कि शिक्षा का अधिकार प्रत्येक भारतीय नागरिक का मूल अधिकार है और इसलिये इसे मूल अधिकार में सम्मिलित किये जाने हेतु सरकार को निर्देश भी जारी किये गये, इस सम्बन्ध में वर्ष 1997 में 83वाँ संविधान संशोधन बिल भी राज्य सभा में प्रस्तुत किया गया, जिसके द्वारा प्राथमिक शिक्षा को बच्चों का मौलिक अधिकार और इसकी समुचित व्यवस्था करना सरकार का मौलिक दायित्व निर्धारित किया गया।

भारत में सामाजिक, सांस्कृतिक तथा आर्थिक रूप से वंचित वर्ग इस प्रकार हैं–

(1) अनुसूचित जाति व जनजाति (2) अन्य पिछड़ा वर्ग

(3) महिला (4) विकलांग

(5) अल्पसंख्यक

ढेबर समिति के सुझाव–स्वतन्त्रता के पश्चात् भारत सरकार ने अनुसूचित जातियों और जनजातियों की शिक्षा की वास्तविक स्थिति व समस्याओं को जाना तथा श्री यू. एन. ढेबर की अध्यक्षता में सन् 1960-61 में ढेबर समिति का गठन किया गया। आयोग ने इनके समस्यात्मक कार्यकलापों का अध्ययन कर हर प्रकार के साधनों तथा देश की विभिन्न संस्थाओं के द्वारा अथक् परिश्रम कर यह पता लगाया कि अनुसूचित जाति की बालिकाओं की शिक्षा में किन-किन सुविधाओं की व्यवस्था नहीं हो पा रही है। ढेबर समिति ने भारत की राज्य और केन्द्र सरकारों से आग्रह किया कि विशेष कार्यक्रम और निर्देशन में अनुसूचित जाति तथा जनजाति के लोगों में परिवर्तन लाने के लिए इनमें प्राथमिक शिक्षा का विकास किया जाये। इसके अलावा समिति ने निम्नलिखित सुझाव भी प्रस्तुत किये–

1. इन जातियों के क्षेत्रों में विशेष विद्यालय स्थापित किये जाएँ, जिनमें ऐसे अध्यापक नियुक्त किये जाएँ, जिन्हें पिछड़ी जातियों के जीवन तथा उनकी संस्कृति का अच्छा ज्ञान हो।
2. इन जातियों में निःशुल्क शिक्षा, मध्याह्न भोजन, पुस्तकें, वस्त्र एवं लेखन सामग्री आदि निःशुल्क व्यवस्था के रूप में दी जाये।
3. इन जातियों की शिक्षा व्यवस्था में हस्तलिपि का विशेष ध्यान दिया जाये।
4. इन विद्यालयों में शिक्षकों को आवास आदि की विशेष सुविधा दी जाये।
5. प्राथमिक शिक्षा में आदिम जातियों की शिक्षा में उनकी भाषाओं का ही प्रयोग व विकास किया जाए एवं उनकी ही भाषाओं में पुस्तकें तैयार की जाएँ।
6. इनकी भाषा और संस्कृति को पाठ्यक्रम में स्थान दिया जाये।
7. आयोग ने अनुसूचित जाति तथा जनजाति की बालिकाओं के लिए आवासीय आश्रम एवं स्कूल बनाने का प्रस्ताव किया जो कि इनकी शिक्षा के लिये उपयोगी साबित हो सके। आयोग ने इन स्कूलों को पूरे देश में लागू किये जाने का प्रस्ताव किया।

अतः किसी देश में लोकतन्त्रीय शासन की सफलता के लिए जनता का शिक्षित होना पहली अनिवार्य आवश्यकता है। जनता के द्वारा, जनता के लिए, जनता का शासन तन्त्र तभी सुचारु रूप से चल सकता है, जबकि देश में आम लोगों को कम-से-कम इतनी शिक्षा प्राप्त हो सके, कि वे अपने अधिकारों और कर्तव्यों के प्रति जागरूक हों, संविधान द्वारा प्रदत्त मताधिकार का उचित प्रयोग कर सकें और विधानमण्डल एवं संसद के लिए योग्य कर्मठ तथा ईमानदार व्यक्तियों को चुन सकें। लोकतन्त्र जोर-जबरदस्ती पर नहीं चलता और सभी कार्य जनता के आधार पर ही करने पड़ते हैं। अतः पूरे जनवर्ग का शिक्षित होना बहुत जरूरी होता है।

◆◆◆

2. अलाभकारी वर्गों से आपका क्या अभिप्राय है? इन वर्गों के लिये विशेष शैक्षिक सुविधाओं की व्यवस्था करने की क्यों आवश्यकता है? स्पष्ट कीजिये।

अथवा

अलाभकारी वर्ग से आप क्या समझते हैं? इन वर्गों के लिये विशेष शैक्षिक सुविधायें प्रदान करने की आवश्यकता क्यों है? उल्लेख कीजिये।

अथवा

अलाभकारी वर्गों का क्या अर्थ है? इन वर्गों के उत्थान के लिये विशेष प्रकार की शैक्षिक सुविधायें प्रदान करने की आवश्यकता क्यों हैं? विवेचना कीजिये।

उत्तर–भारतीय समाज प्राचीन काल से ही विविधतापूर्ण रहा है। यहाँ विभिन्न जातियों एवं धर्मों के लोग रहते हैं। जाति-व्यवस्था इसकी मुख्य विशेषता रही है। प्राचीन समय में हमारा समाज जाति के आधार पर चार भागों में बंटा हुआ था–ब्राह्मण, क्षत्रिय, वैश्य व शूद्र। इन सब में ब्राह्मणों को सर्वोच्च स्थान प्राप्त था और शूद्र को सबसे निम्न। उनका कार्य अपने से ऊँचे वर्णों की सेवा करना समझा जाता था। आज भी हमारा समाज इस जाति प्रथा से मुक्त नहीं हो पाया है। समाज में अनेक ऐसी जातियाँ हैं जिन्हें अछूत समझा जाता रहा और ये उन सभी सुविधाओं से वंचित रहीं जो अन्य वर्गों के लोगों को प्राप्त थीं। स्वतन्त्रता के पूर्व से ही इन पिछड़ों की दशा को सुधारने तथा उन्हें अन्य वर्गों के साथ समानता के स्तर पर लाने के प्रयास शुरू हो गए। गांधी जी ने उन्हें 'हरिजन' नाम देकर समाज में सम्मान पूर्ण स्थान दिलाने की कोशिश की। स्वतन्त्रता के बाद भारत में संविधान द्वारा प्रजातांत्रिक समाज व्यवस्था की स्थापना की गयी। प्रजातन्त्र जिन मूल्यों में विश्वास करता है उनमें समानता, न्याय व भाईचारे की भावना मुख्य है। प्रजातन्त्र की सफलता के लिए यह आवश्यक है कि हम जाति, धर्म या वर्ग के आधार पर किसी प्रकार का भेदभाव न करते हुए सबके साथ समानता का व्यवहार करें। सबको सामाजिक, आर्थिक, व राजनैतिक न्याय प्रदान करें तथा मिल-जुलकर रहें। अतः यह आवश्यक समझा गया कि समाज के जो वर्ग वर्षों से पिछड़े रहे, शोषण का शिकार होते रहे उन्हें समाज के अन्य वर्गों के समान स्तर पर लाया जाए। इसके लिए उन्हें विशेष सुविधायें दिए जाने की आवश्यकता अनुभव की गयी। सामाजिक दृष्टि से पिछड़े होने के कारण ये वर्ग शिक्षा के क्षेत्र में भी पिछड़े ही थे। शिक्षा के बिना उनका पिछड़ापन दूर करना सम्भव ही नहीं था। यही नहीं, जब संविधान द्वारा प्राथमिक शिक्षा को सार्वभौमिक बनाने का लक्ष्य निर्धारित किया गया तो यह भी अनुभव किया कि इसकी प्राप्ति तब तक सम्भव नहीं है जब तक शिक्षा की सुविधाएँ इन वर्गों के लोगों तक नहीं पहुँचती। अतः संविधान द्वारा उन्हें अन्य सुविधाएँ प्रदान करने के साथ-साथ शिक्षा के क्षेत्र में भी विशेष सुविधाएँ देने की व्यवस्था की गयी। इनकी शिक्षा व्यवस्था ठीक ढंग से चलाने के लिए अनेक समितियाँ गठित की गयीं, विभिन्न शिक्षा आयोगों ने उनकी शिक्षा के लिए विशेष सिफारिशें कीं। अलग-अलग राज्य सरकारें अपने-अपने स्तर पर उनके लिए अनेक योजनाएँ बनाकर उन्हें क्रियान्वित कर रही हैं। अतः उनकी साक्षरता दर में निरन्तर सुधार हुआ है, पर इन वर्गों में निरक्षरता को पूरी तरह दूर करने में सफलता नहीं मिली है।

इन वर्गों की शिक्षा की दृष्टि से वर्तमान स्थिति क्या है तथा उनकी शिक्षा के लिए क्या विशेष कदम उठाये जा रहे हैं, यह जानने से पूर्व अनुसूचित जातियों, पिछड़े वर्गों व अल्पसंख्यकों से हमारा क्या अभिप्राय है यह जानना आवश्यक है।

अनुसूचित जातियों का अर्थ (Meaning of Schedule Castes)–जैसा कि ऊपर कहा जा चुका है कि पहले भारत में कुछ ऐसी जातियाँ थीं जो अस्पृश्य या अछूत कहलाती थीं। ये वे जातियाँ थीं जिनके छूने मात्र से अन्य जातियों के लोग स्वयं को अपवित्र मानने लगते थे। 1935 में भारत सरकार ने इन अछूत समझी जाने वाली जाति के लोगों को कुछ विशेष सुविधाएँ देने के लिए अनुसूची तैयार की। इसमें लगभग 429 जातियों के लगभग पाँच छः करोड़ लोग शामिल थे। इस सूची में सम्मिलित होने के कारण ये जातियाँ अनुसूचित जातियाँ कहलायीं।

पिछड़े वर्गों का अर्थ (Meaning of Backward Classes)–पिछड़े वर्ग को परिभाषित करना बहुत कठिन है। इसका अर्थ अलग-अलग सन्दर्भों में अलग-अलग हो सकता है। उदाहरण के लिए, भारत में थोड़ी-सी जातियों को छोड़कर अन्य जातियों के लोग पिछड़े वर्गों की श्रेणी में ही आते हैं। जिन वर्गों की आर्थिक स्थिति अच्छी नहीं है, उन्हें आर्थिक दृष्टि से पिछड़ा माना जा सकता है। इसी प्रकार सामाजिक दृष्टि से स्त्रियों को भी पिछड़ा हुआ कहा जाएगा, लेकिन भारतीय संविधान की धारा 341 एवं 342 के अनुसार इनका सम्बन्ध उन अनुसूचित जातियों, जनजातियों से है जिन्हें हिन्दुओं द्वारा अछूत कहा जाता था। इसके अतिरिक्त इसमें उन अल्पसंख्यक मुसलमानों को भी सम्मिलित किया जा सकता है जो सामाजिक, आर्थिक व शैक्षिक दृष्टि से बहुत पिछड़े हुए हैं। इस प्रकार पिछड़े वर्गों में भी अनुसूचित जाति, जनजाति व अन्य अल्पसंख्यक सम्मिलित हैं। कुछ अन्य जातियाँ भी इसमें आती हैं जो किन्हीं कारणों से पिछड़ी हुई हैं।

7 अगस्त, 1990 को मण्डल कमीशन की सिफारिशों को लागू करते हुए जनता दल ने पिछड़े वर्गों के लिए 27% आरक्षण की घोषणा की। इस कमीशन ने किसी भी ज़ाति को या वर्ग को पिछड़ा घोषित करने के तीन मापदण्ड अपनाए।

(1) सामाजिक, (2) आर्थिक, (3) शैक्षिक।

सामाजिक.......को 12 अंकों, आर्थिक को 4 तथा शैक्षिक को 6 अंकों की वेटेज (Weightage) दी गयी। जिन जातियों ने इन कुल 22 अंकों में से 11 अंक अर्जित कर लिए उन्हें पिछड़ों की श्रेणी में रखा गया और उनके लिए आरक्षण की व्यवस्था की गयी।

अतः उपर्युक्त विवेचन से स्पष्ट है कि पिछड़ा वर्ग एक व्यापक शब्द है, जिसमें अनुसूचित जाति, जनजाति, पिछड़ी जातियों तथा अन्य अल्पसंख्यक समुदाय के लोग सम्मिलित हैं।

अब प्रश्न यह उठता है कि इन पिछड़े वर्गों के लिए विशेष शैक्षिक सुविधाओं की व्यवस्था करने की आवश्यकता क्यों हैं?

इन वर्गों के लिए विशेष शैक्षिक-सुविधाओं की व्यवस्था करने की आवश्यकता व महत्त्व (Need and Importance of providing Special Educational Facilities for these Classes)–इसकी आवश्यकता निम्न कारणों से है–

(1) प्रजातन्त्र की सफलता के लिए (To make Democracy a Success)–हमने अपने लिए प्रजातांत्रिक समाज व्यवस्था को स्वीकार किया है। इसकी सफलता के लिए यह आवश्यक है कि देश का प्रत्येक व्यक्ति जागरूक हो। इसके लिए उनका शिक्षित होना जरूरी है, क्योंकि पिछड़े वर्गों के लोग वर्षो से पिछड़े रहे हैं। उन तक शिक्षा सुविधाएँ पहुँचाने के लिए कुछ विशेष प्रावधान किए जाने की आवश्यकता है।

(2) शिक्षा मूलभूत मानव अधिकार है (Education is a Fundamental Human Right)–शिक्षा का मूलभूत मानव अधिकार है जो कि बिना किसी भेदभाव के केवल मानव होने के कारण सबको प्राप्त होना चाहिए। अतः पिछड़े वर्गों को विशेष शैक्षिक सुविधाएँ देना जरूरी है।

(3) शिक्षा में समानता व निष्पक्षता की मांग के कारण (Because of the Demand of Equality and Equity in Education)–आज शिक्षा में समानता व निष्पक्षता की माँग बढ़ती जा रही है। यह तो ठीक है कि सब व्यक्ति समान हैं अतः उन सबको समान अधिकार प्राप्त हैं। लेकिन समाज के जो वर्ग वर्षों से पिछड़े रहे हैं उन्हें इन समान अधिकारों का लाभ तभी मिल सकता है। जब उन्हें विशेष सुविधाएँ देकर पहले समाज के अन्य वर्गों के साथ समानता के स्तर तक लाया जाए। यह बात शिक्षा के सम्बन्ध में कही जा सकती है। इनको विशेष शैक्षिक सुविधाएँ दिए जाने की आवश्यकता है ताकि ये शिक्षा की दृष्टि से अन्य वर्गों के बराबर स्तर तक पहुँच सकें।

(4) समाजवादी व्यवस्था की सफलता के लिए (To make Socialism a Success)–भारत में समाजवादी व्यवस्था को स्वीकार किया गया है जो कि समानता पर आधारित है। इस व्यवस्था का तकाजा है कि समाज के पिछड़े वर्ग के लोगों को विशेष सुविधाएँ प्रदान की जाएँ, जिससे समानता पर आधारित समाजवादी समाज की स्थापना के लक्ष्य को प्राप्त किया जा सके।

(5) राष्ट्रीय विकास के लिए (For National Development)–आज शिक्षा को राष्ट्रीय विकास की आधारशिला माना जाता है। किसी भी राष्ट्र के विकास में मानवीय संसाधन महत्त्वपूर्ण भूमिका निभाते हैं। इन संसाधनों के निर्माण में शिक्षा महत्त्वपूर्ण भूमिका निभाती है। क्योंकि राष्ट्र के विकास में प्रत्येक व्यक्ति का योगदान रहता है अतः शिक्षा बहुत आवश्यक है। पिछड़े वर्ग शिक्षा के महत्त्व से अनजान रहे हैं। अतः उन्हें शिक्षित करने तथा शिक्षा में उनकी रुचि पैदा करने के लिए उन्हें विशेष सुविधाएँ दिए जाने की आवश्यकता है।

(6) सबके लिए शिक्षा की मांग के कारण (Because of the Demand of Education for all)–आज राष्ट्रीय ही नहीं अन्तर्राष्ट्रीय स्तर पर भी सबके लिए शिक्षा की माँग बढ़ती जा रही है। इन 'सब' में वर्षों से उपेक्षित व शोषित पिछड़े वर्ग भी सम्मिलित हैं। बिना शैक्षिक सुविधाओं के उन्हें शिक्षा के लिए प्रोत्साहित ही नहीं किया जा सकता।

(7) पिछड़े वर्गों के जीवन स्तर को सुधारने के लिए (To Improve the Standard of Living of Backward Classes)–पिछड़े वर्गों के लोग वर्षों से उपेक्षित रहे हैं, उन्हें सामाजिक एवं आर्थिक शोषण का शिकार होना पड़ा है अतः उनका जीवन स्तर अत्यन्त निम्न था। यह तो ठीक है कि भारतीय संविधान द्वारा शोषण को समाप्त करके सबको समानता का अधिकार प्रदान किया है, पर इसका लाभ इन लोगों को तभी मिल सकता है जब वे शिक्षित हों। इसलिए संविधान में तो उनके लिए विशेष शैक्षिक सुविधाओं का प्रावधान किया ही गया है समय-समय पर केन्द्र व राज्य सरकारें उनकी शिक्षा के लिए विशेष घोषणाएँ करती रहती हैं। इस प्रकार इन लोगों के जीवन स्तर को सुधारने के लिए उन्हें विशेष शिक्षा सुविधाएँ दी जानी आवश्यक हैं।

संविधान लागू होने के बाद से ही इन लोगों को विशेष सुविधाएँ दी जा रही हैं। अब प्रश्न यह उठता है कि उन्हें इन सब का कुछ लाभ भी मिला है अथवा नहीं। शिक्षा की दृष्टि से उनकी वर्तमान स्थिति क्या है? आइए, अब इस विषय में विचार करें।

◆◆◆

---

3. सामाजिक पिछड़े वर्ग की संकल्पना की व्याख्या कीजिए। इसकी अनुसूचित जाति एवं अनुसूचित जनजाति के बच्चों के लिए शैक्षिक उपादेयता क्या है?

अथवा

अनुसूचित जाति तथा जनजातियों की शिक्षा हेतु हमारे संविधान के अन्तर्गत कौन-कौन से विशेष प्रावधान किए गए है?

अथवा

अनुसूचित जातियों की समस्याओं को दूर करने हेतु ढेबर आयोग द्वारा दिए गए सुझावों की विवेचना कीजिए।

उत्तर–अनुसूचित जातियों तथा जनजातियों को प्रदान की गई शैक्षिक सुविधाएँ तथा प्रोत्साहन (Educational Facilities and Incentives provided to Scheduled Castes and Backward Classes)–जब हम इन वर्गों को दी गई शैक्षिक सुविधाओं और प्रोत्साहनों की चर्चा करते हैं तो हम मुख्य रूप से **निम्न बातों** पर विचार करते हैं–

(1) यह सुनिश्चित करना कि इन वर्गों के लोगों को शैक्षिक अवसरों की समानता प्राप्त हो। यही नहीं यह भी देखना है कि शैक्षिक सुविधाओं की दृष्टि से इनके साथ किसी प्रकार का भेदभाव न किया जाए तथा उनके शैक्षिक हितों की रक्षा के लिए कानूनी उपाय भी किए जाएँ।

(2) अनुसूचित जातियों व जनजातियों के आर्थिक हितों को बढ़ावा देने के उपाय करना। इसके लिए कुल जनसंख्या में इन वर्गों के भाग को देखते हुए केन्द्र एवं राज्य सरकार की नौकरियों में इनके लिए आरक्षण की व्यवस्था करना सम्मिलित है।

(3) शिक्षा को प्रोत्साहन देने के लिए (for incentives) कुछ उपाय करना। इन उपायों का मुख्य उद्देश्य यह है कि केवल आर्थिक कारणों से ये वर्ग शिक्षा से वंचित न रहें। इसके लिए इन वर्गों के बच्चों को कुछ ऐसी विशेष सुविधायें प्रदान की जाती हैं जिनमें इन पर शिक्षा का अतिरिक्त खर्चा न पड़े। शिक्षा के इन प्रोत्साहनों या उत्प्रेरकों (Incentives) को निम्न भागों में प्रस्तुत किया सकता है–

(i) शैक्षिक सुविधाओं जैसे विद्यालय आदि की सुविधा प्रदान करना। इन सुविधाओं को प्रदान करते समय इन वर्गों के हितों को ध्यान में रखते हुए पहले से अपनाये जा रहे मानदण्डों में ढील दी जा सकती है। उदाहरण के लिए, यदि अन्य लोगों के लिए 500 की आबादी वाली बस्ती में विद्यालय खोलने की व्यवस्था है तो अनुसूचित जातियों वाली बस्तियों में इस मापदण्ड में ढील देकर 300 की आबादी वाली बस्ती में भी विद्यालय खोला जा सकता है।

(ii) विभिन्न व्यावसायिक या अन्य पाठ्यक्रमों में प्रवेश देने के लिए इन वर्गों के मानदण्डों में ढील देना। उदाहरण के लिए, यदि किसी व्यावसायिक या अन्य पाठ्यक्रम में प्रवेश के लिए पूर्व परीक्षा में 50 प्रतिशत अंक प्राप्त करने का मानदण्ड निर्धारित है तो इन वर्गों के लिए ढील करते इस प्रतिशत को 45 या और कम किया जा सकता है, जिससे उन्हें आगे पढ़ने के लिए प्रेरणा मिल सके।

(iii) इन वर्गों के बच्चों को निःशुल्क शिक्षा प्रदान करना।

(iv) इनके लिए छात्रवृत्तियों की व्यवस्था करना।

(v) इन्हें निःशुल्क पाठ्य-पुस्तकें, विद्यालय यूनीफार्म तथा यातायात की सुविधा प्रदान करना।

(vi) इनके लिए दोपहर के भोजन की व्यवस्था करना आदि।

इन प्रोत्साहनों का मुख्य उद्देश्य यह है कि केवल आर्थिक बोझ के कारण ये वर्ग शिक्षा के लाभ से वंचित न रहें। यदि इन्हें ये सुविधायें प्रदान की जाती हैं तो उन्हें अपने बच्चों को विद्यालय भेजने के लिए प्रोत्साहन मिलेगा। भारतीय संविधान, विभिन्न आयोगों, केन्द्र व राज्य सरकारों द्वारा इस विषय में आजादी के बाद से ही प्रयास किए जाते रहे हैं । विभिन्न पंचवर्षीय योजनाओं में भी इन वर्गों की शिक्षा को प्रोत्साहित करने के लिए विशेष प्रावधान किए गए और ये प्रयास आज भी जारी हैं। इन्हें प्रदान की जाने वाली शैक्षिक सुविधाओं व प्रोत्साहनों का संक्षिप्त ब्यौरा इस प्रकार है–

संविधान द्वारा इन वर्गों की शिक्षा के लिए किए गए विशेष प्रावधान (Special Provisions made by the Constitution for Education of Their classes)–इन वर्गों को विशेष शैक्षिक सुविधाएँ प्रदान करने से पूर्व इनके सामाजिक स्तर को सुधारना आवश्यक था। इसके लिए हमारे संविधान में **निम्न व्यवस्थाएँ** की गई हैं–

(1) **अनुच्छेद 16 के अनुसार**–सभी नागरिकों को अवसर की समानता प्रदान की गई है।

(2) **अनुच्छेद 17 के अनुसार**–छूआछूत को दूर करके इसे दण्डनीय अपराध घोषित किया गया है। इन दोनों अनुच्छेदों से इन वर्गों को शैक्षिक अवसरों की समानता प्राप्त हो जाती है।

(3) **अनुच्छेद 18 के अनुसार**–राज्य पोषित या राज्य निधि से सहायता प्राप्त किसी शिक्षा संस्था में प्रवेश से किसी भी नागरिक को केवल धर्म, भाषा, मूल, वंश, जाति अथवा इनमें से किसी के आधार पर वंचित नहीं रखा जाएगा।

(4) **अनुच्छेद 46**–यह अनुच्छेद इन वर्गों को विशेष शैक्षिक सुविधाएँ प्रदान करने से सबंध रखता है। इस अनुच्छेद में यह प्रावधान है कि राज्य पिछड़े वर्गों विशेष रूप से अनुसूचित जातियों व जनजातियों के शैक्षिक एवं आर्थिक हितों की रक्षा करेगा और उनकी सब प्रकार के शोषण से रक्षा करेगा।

संविधान में यह भी कहा गया है कि यदि राज्य पिछड़े वर्गों को समाज के अन्य वर्गों के साथ समानता के स्तर तक पहुँचाने के लिए उन्हें विशेष शैक्षिक सुविधाएँ प्रदान करता है तो उसे ऐसा करने से नहीं रोका जा सकता। इसी आधार पर विभिन्न राज्यों में इन वर्गों के बच्चों के लिए निःशुल्क शिक्षा, छात्रवृत्ति, छात्रवास तथा पाठ्य पुस्तकों व यूनीफार्म आदि की व्यवस्था की गयी है। विभिन्न कोर्सों में प्रवेश के लिए अलग-अलग राज्यों द्वारा इनके लिए अलग-अलग प्रतिशत आरक्षण किया गया है।

इन वर्गों को विशेष शिक्षा सुविधाएँ प्रदान करने के लिए भारतीय शिक्षा आयोग की सिफारिशें (Recommendations of Indian Education Commission to Provide Special Educational Facilities for these Classes)–आयोग ने शैक्षिक अवसरों की समानता का समर्थन करते हुए कहा कि पिछड़े वर्गों तथा विशेष रूप से आदिम जातियों में शिक्षा का विकास करने के लिए अधिक तीव्र प्रयत्नों की आवश्यकता है। इन वर्गों के लिए निःशुल्क शिक्षा, पाठ्यपुस्तकों तथा अन्य सुविधाओं की व्यवस्था का सुझाव देने के साथ-साथ आयोग ने जो अन्य महत्त्वपूर्ण सिफारिशें की उनमें से कुछ मुख्य इस प्रकार हैं–

(1) प्राथमिक स्तर पर और अच्छी व्यवस्था होनी चाहिए। कम आबादी वाले क्षेत्रों में भी प्राथमिक विद्यालय खोले जाएँ।

(2) माध्यमिक स्तर पर विद्यालयों में छात्रावास व छात्रवृत्तियों की व्यवस्था होनी चाहिए।

(3) उच्च शिक्षा के लिए भी इन्हें छात्रवृत्तियाँ दी जाएँ। अनुसूचित जातियों की सेवा में स्वयं को लगाने वालों का एक अलग कॉडर बना दिया जाना चाहिए।

(4) आदिवासियों के लिए तीसरी कक्षा तक अभिव्यक्ति का माध्यम तीसरी भाषा हो।

नई शिक्षा-नीति में की गई सिफारिशें
(Recommendations made in New Education Policy)

(A) अनुसूचित जातियों के लिए (For Scheduled Castes)–नीति में कहा गया कि ग्रामीण व शहरी क्षेत्रों में रहने वाले, इन जातियों से संबंध रखने वाले सभी स्त्री व पुरुषों को शिक्षा की दृष्टि से समानता के स्तर पर लाया जायेगा। इस लक्ष्य की पूर्ति के लिए **अग्र सुझाव** दिए गए–

(1) निर्धन परिवारों को अपने बच्चों को 14 वर्ष की आयु तक नियमित रूप से विद्यालय में भेजने के लिए प्रोत्साहन देना।

(2) समयबद्ध कार्यक्रम शुरू करके सफाई तथा चर्म शोधन जैसे व्यवसायों में लगे परिवारों के बच्चों के लिए पहली कक्षा से ही छात्रवृत्ति योजना आरम्भ की जाएगी।

(3) ऐसी सुनियोजित व्यवस्था करना जिससे यह पता चलता रहे कि इस वर्ग के बच्चों के नामांकन, अध्ययन व पढ़ाई पूरी करने की प्रक्रिया में कहीं कोई गिरावट तो नहीं आ रही।

(4) इन जातियों से शिक्षकों की नियुक्ति पर विशेष ध्यान दिया जाएगा।

(5) जिला केन्द्रों पर इस वर्ग के बच्चों के लिए क्रमिक रूप से छात्रावास की सुविधाएँ बढ़ाना।

(6) स्कूल भवन तथा प्रौढ़ शिक्षा केन्द्र आदि के चयन के समय इस वर्ग के लोगों की सुविधाओं का ध्यान रखना आदि।

(B) अनुसूचित जनजातियों के लिए (For Scheduled Tribes)–इनकी शिक्षा के लिए नई शिक्षा नीति में **निम्न सुविधाओं के प्रावधान** की बात कही गयी है–

(1) आदिवासी क्षेत्रों में विद्यालय खोलने को प्राथमिकता दी जाएगी।

(2) आरम्भिक वर्षों में आदिवासी बच्चों को उनकी ही भाषा के माध्यम से शिक्षा दी जाएगी।

(3) शिक्षित प्रतिभाशाली युवकों को, जो कि इन्हीं जातियों से सम्बन्ध रखते हैं, प्रशिक्षण देकर उनके ही क्षेत्र में शिक्षक के रूप में कार्य करने के लिए प्रोत्साहित किया जाएगा।

(4) जिन क्षेत्रों में आदिवासी लोग अधिक हैं वहाँ प्राथमिकता के आधार पर आँगनबाड़ियाँ तथा प्रौढ़ शिक्षा केन्द्र आदि खोले जायेंगे।

(5) विशेष उपचारात्मक कार्यक्रम चलाये जाएँगे जिससे आदिवासी छात्र अपनी शिक्षा पूरी कर सकें।

इसके अतिरिक्त नीति में यह भी कहा गया कि शैक्षिक दृष्टि से पिछड़े सभी वर्गों की शिक्षा को समुचित प्रोत्साहन दिया जाएगा। दूरस्थ एवं दुर्गम क्षेत्रों में पर्याप्त शिक्षा संस्थाएँ खोली जाएँगी।

ढेबर आयोग की सिफारिशें (Recommendations of Dheber Commission)–1960-61 में एक कमीशन का गठन किया गया जिसका उद्देश्य अनुसूचित जातियों की समस्याओं का पता लगाकर उनमें शिक्षा का प्रसार करने के लिए सुझाव देना था। यह कमीशन ढेबर कमीशन के नाम से जाना जाता है। इस आयोग ने इस जाति के बच्चों के लिए आवासीय विद्यालयों को उपयोगी बताया। अनुसूचित जाति में प्राथमिक शिक्षा के विस्तार के लिए इस आयोग ने **निम्न सिफारिशें** कीं–

(1) इस जाति के बच्चों को किसी शिल्प या कौशल की शिक्षा दी जाए।

(2) इन जातियों के बच्चों को पढ़ाने के लिए नियुक्त अध्यापकों को आवास की सुविधा सहित अन्य विशेष भत्ते दिए जाएँ।

(3) इन जातियों के बच्चों को विद्यालय में निःशुल्क पुस्तकें, यूनीफार्म, लेखन सामग्री तथा दोपहर का भोजन दिया जाना चाहिए।

(4) प्राथमिक स्तर पर इनकी शिक्षा का माध्यम इनकी मातृभाषा होनी चाहिए।

ये तो कुछ सिफारिशें थीं जो कि विभिन्न आयोगों तथा नई शिक्षा नीति में इन पिछड़े वर्गों के लोगों को विशेष शैक्षिक सुविधाएँ देने के लिए की गई थीं। अब देखना यह है कि वास्तविक स्थिति क्या है? इन वर्गों को कौन-कौन-सी विशेष शैक्षिक सुविधायें प्रदान की जा रही हैं तथा क्या-क्या प्रोत्साहन दिए जा रहे हैं। कुछ मुख्य शैक्षिक सुविधाएँ व प्रोत्साहन इस प्रकार हैं–

(1) आरक्षण–इन पिछड़े वर्गों के बच्चों के लिए केन्द्र एवं राज्य सरकार द्वारा विभिन्न कोर्सों में प्रवेश के लिए आरक्षण की व्यवस्था की गई है। इन्जीनियरिंग एवं मेडिकल कॉलेजों में इनके लिए कुछ स्थान सुरक्षित रखे जाते हैं। सरकारी संस्थाओं में अनुसूचित जाति के बच्चों के लिए साढ़े 17 प्रतिशत स्थान आरक्षित हैं। यही नहीं, यह आरक्षण नौकरियों के लिए भी है।

(2) छात्रवृत्तियाँ–केन्द्र व राज्य सरकारें इन जातियों के बच्चों को शिक्षा के लिए छात्रवृत्तियाँ देने का कार्य भी करती है। पोस्ट मैट्रिक छात्रवृत्ति योजना के अन्तर्गत बच्चों को छात्रवृत्तियाँ प्रदान की जाती है।

(3) निःशुल्क प्रशिक्षण–केन्द्र सरकार इन पिछड़े वर्गों के लिए निःशुल्क प्रशिक्षण की भी व्यवस्था करती है, जिससे वे भारतीय प्रशासनिक सेवा में आ सकें। पूरे देश में कई ऐसे केन्द्र कार्य कर रहे हैं जहाँ आई.ए.एस. (I.A.S.) तथा आई. पी. एस. (I.P.S.) जैसी परीक्षाओं के लिए इन जातियों के बच्चों को तैयार करने का कार्य किया जाता है।

(4) छात्रावास की सुविधा–केन्द्र व राज्य सरकारें इनके लिए छात्रवास की सुविधा भी प्रदान कर रही हैं। विभिन्न शिक्षा संस्थाओं में इन जातियों के बच्चों के लिए छात्रावास बनाने के लिए केन्द्र राज्यों को पर्याप्त सहायता प्रदान करता है। वर्ष 1993 तक इस कार्य के लिए लगभग डेढ़ करोड़ रुपये दिए जा चुके थे।

(5) अन्य प्रोत्साहन–इन जातियों के बच्चों के लिए निःशुल्क शिक्षा, विद्यालय यूनीफार्म, पुस्तकों तथा दोपहर के भोजन की व्यवस्था की जा रही है। राज्य सरकारें स्वयं इस दिशा में कार्य कर रही हैं और केन्द्र भी इस कार्य में उनको सहायता दे रहा है। इस सहायता के आधार पर राज्य सरकारें उपर्युक्त प्रोत्साहनों के अतिरिक्त आवासीय विद्यालय खोलने, आश्रम स्कूल चलाने तथा शैक्षिक उपकरणों की व्यवस्था करने का कार्य कर रही है।

(6) कोचिंग-कम-गाइडेंस सेन्टर–यह तो ठीक है कि इन वर्गों के लिए नौकरियों में स्थान आरक्षित हैं, पर उचित जानकारी व प्रशिक्षण के अभाव में इन लोगों को इस आरक्षण का लाभ नहीं मिल पाता। अतः मद्रास, जबलपुर, कानपुर तथा दिल्ली में सरकार द्वारा एक कोचिंग-कम-गाइडेंस सेन्टर खोला है, जहाँ इन वर्गों के लोगों को व्यावसायिक जानकारी तथा नौकरी में जाने से पूर्व प्रशिक्षण देने की व्यवस्था है।

(7) इन वर्गों की शिक्षा पर व्यय–अनुसूचित जातियों की शिक्षा पर खर्चे में निरन्तर वृद्धि हुई है। विभिन्न पंचवर्षीय योजनाओं में इस पर पर्याप्त राशि व्यय की गयी। हर पंचवर्षीय योजना में इनकी शिक्षा पर व्यय के लिए राशि अलग से निर्धारित की जातीहै।

(8) उपचारात्मक शिक्षण (Remedial Teaching)–अनुसूचित जाति व जनजाति के जो बच्चे विज्ञान तथा अंग्रेजी जैसे विषयों में पिछड़े हुए हैं, उनके लिए विभिन्न राज्यों के शिक्षा विभाग उपचारात्मक शिक्षण की व्यवस्था कर रहे हैं। हरियाणा का उच्चतर शिक्षा विभाग इस दिशा में सक्रिय है। राज्य के सभी महाविद्यालयों में कुछ समय के लिए ऐसी कक्षाएँ लगाथी जाती हैं। इनमें पढ़ने वाले बच्चों से कोई शुल्क नहीं लिया जाता, लेकिन उन्हें पढ़ाने वाले अध्यापकों को सरकार द्वारा प्रतिमाह 500 रूपये अतिरिक्त दिए जाते हैं। यह भी उच्च शिक्षा प्राप्त कर रहे इन जातियों के बच्चों के लिए एक उपयोगी योजना है।

(9) अन्य प्रयास (Other Measures)–(i) मौलाना आजाद एजुकेशन फाउण्डेशन शिक्षा की दृष्टि से पिछड़े वर्गों, अल्पसंख्यकों आदि में शिक्षा का प्रसार कर रहा है।

(ii) इन वर्गों की शिक्षा के लिए कुछ गैर-सरकारी प्रयत्न भी किए जाते रहे हैं। अनेक सामाजिक कार्यकर्ताओं एवं राष्ट्रीय नेताओं ने अनुसूचित जातियों में शिक्षा का प्रसार करने के लिए अनेक शिक्षा संस्थाएँ खोलीं तथा इनके बच्चों के लिए छात्रवृत्तियों, निःशुल्क शिक्षा, निःशुल्क आवास तथा भोजन की भी व्यवस्था की। इन वर्गों को आर्थिक सहायता भी उपलब्ध कराई गई जिससे वे यूनीफार्म तथा पुस्तकें आदि खरीद सकें।

(iii) 1932 में **ए.बी. ठक्कर बापा** के निर्देशन में हरिजन सेवक संघ का गठन किया गया। इस संघ की विभिन्न शाखायें देश भर में है। इस संघ के तत्त्वाधान में लगभग 120 छात्रवास चल रहे हैं। संघ के प्रयासों से कुटीर उद्योगों की शिक्षा देने वाले प्रौद्योगिक विद्यालय खोले गये हैं इनमें मुख्य हैं–

हरिजन औद्योगिक गृह–दिल्ली, हरिजन औद्योगिक विद्यालय एवं छात्रावास कदम्बोकम् तथा हरिजन औद्योगिक स्कूल कांजीवरम् आदि। यह संघ हरिजन लड़कियों के लिए भी शिक्षा संस्थाएँ चला रहा है। **हरिजन बालिका विद्यालय साबरमती, अंजना देवी, हरिजन गर्ल्स छात्रावास वेजवाड़ा तथा कस्तूरबा बालिका विद्यालय, ओखला आदि कुछ इसी प्रकार की संस्थाएँ हैं।**

उपर्युक्त विवेचन से स्पष्ट है कि अनुसूचित जातियों व अन्य पिछड़े वर्गों में शिक्षा का प्रसार करने व उनके जीवन स्तर को ऊँचा उठाने के लिए सरकारी एवं गैर-सरकारी स्तर पर निरन्तर प्रयास किए जा रहे हैं। उनके लिए विशेष प्रोत्साहनों की व्यवस्था की जा रही है। यह तो ठीक है कि इन सब प्रयासों के बावजूद यद्यपि हम इस दिशा में अपेक्षित सफलता प्राप्त नहीं कर पाये हैं। पर इस बात से इन्कार नहीं किया जा सकता कि इन वर्गों में पहले की अपेक्षा अधिक जागरूकता आई है। वे अपने बच्चों की शिक्षा के प्रति अधिक सचेत हुए हैं। यही कारण है कि इन जातियों के लोग उच्च प्रशासनिक सेवाओं में सफलता प्राप्त कर रहे हैं और उच्च एवं व्यावसायिक शिक्षा के प्रति उनका रुझान बढ़ रहा है। यदि सरकारी एवं गैर-सरकारी स्तर पर इसी प्रकार परस्पर सहयोग से कार्य किया जाता रहा तो जल्दी ही इन वर्गों से निरक्षरता का पूरी तरह उन्मूलन करने में हमें सफलता मिलेगी।

◆◆◆

4. **अनुसूचित जातियों एवं जनजातियों को अवसरों की समानता के लिये अपनाए गए शैक्षिक साधन एवं प्रयासों का संक्षिप्त वर्णन कीजिये।**
(Discuss in brief the Educational means and measures taken for Equality of Opportunities and security arrangements in terms of Scheduled Castes and Tribes.)

उत्तर–अनुसूचित जाति व जनजाति के बच्चों को अवसरों में समानता के लिये अपनाए गए शैक्षिक साधन और प्रयास (Educational means and measures for Equality of Opportunities for Scheduled Castes and Tribes Children)

1. अनुसूचित जातियों और जनजातियों के उम्मीदवारों के लिए कोचिंग और अन्य कार्यक्रम–इस योजना का उद्देश्य केन्द्र/राज्य सरकारों/सार्वजनिक उपक्रमों के विभिन्न पदों/सेवाओं के लिए आयोजित की जाने वाली प्रतियोगितात्मक परीक्षाओं के लिए परीक्षापूर्व प्रशिक्षण की व्यवस्था करके उनके प्रतिनिधित्व में वृद्धि करना है। इसके अंतर्गत भारतीय प्रशासनिक सेवा, भारतीय पुलिस सेवा तथा अन्य केन्द्रीय/राज्य सेवा परीक्षाओं, बैंकों की प्रतियोगितात्मक परीक्षाओं, जीवन बीमा निगम, सामान्य बीमा निगम, भारतीय रक्षा अकादमी, संयुक्त रक्षा सेवा जैसी विभिन्न प्रतियोगी परीक्षाओं के लिए अनुसूचित जातियों और जनजातियों के उम्मीदवारों को प्रशिक्षण देना है। यह दो स्तरों वाली योजना है–(i) राज्य सरकारों और केन्द्र-शासित प्रदेशों द्वारा चलाए जाने वाले परीक्षा पूर्व प्रशिक्षण केन्द्रों का खर्च और (ii) राज्य सरकारों द्वारा चलाए जाने वाले केन्द्रों का पूरा खर्च केन्द्र सरकार द्वारा उठाया जाता है। इस समय तक देश के विभिन्न भागों में 96 परीक्षा पूर्व प्रशिक्षण केन्द्र खोले जा चुके हैं।

2. अनुसूचित जातियों और जनजातियों के लिए दसवीं कक्षा के बाद छात्रवृत्ति (Scholarships after tenth class for Scheduled Castes and Tribes)–अनुसूचित जातियों और जनजातियों के लिए दसवीं कक्षा के बाद छात्रवृत्ति देने की योजना 1944-45 में शुरू की गई थी। इसका उद्देश्य दसवीं कक्षा के बाद देश में विभिन्न स्कूलों, कॉलेजों में अध्ययन करने वाले विद्यार्थियों को वित्तीय सहायता उपलब्ध कराना था, जिससे वे अपनी शिक्षा बिना किसी आर्थिक विघ्न के पूरी कर सकें। आरम्भ में अनुसूचित जातियों के लिए 114 छात्रवृत्तियाँ रखी थीं और 1948-49 में अनुसूचित जनजातियों के लिए भी 89 छात्रवृत्तियाँ शुरू की गईं। वर्ष 1988-89 में यह संख्या 13 लाख तक पहुँच गई है। महँगाई और अन्य बातों को ध्यान में रखते हुए सभी पाठ्यक्रमों के लिए पहली जुलाई 1981 से छात्रवृत्ति की राशि और माता-पिता/अभिभावकों/संरक्षक की आय सीमा में भी संशोधन किया गया है। वर्ष 1980-81 से 750 रुपये मासिक आय वाले नौकरी पेशा संरक्षकों के बच्चे यह छात्रवृत्ति प्राप्त कर सकते हैं। लेकिन उन्हें अनिवार्य और वापस न होने वाले शुल्क/राशि के बराबर छात्रवृत्ति दी जाएगी।

3. अनुसूचित जातियों की बालिकाओं के लिए छात्रावास योजना (Hostel scheme for scheduled caste girls)–अनुसूचित जातियों की माध्यमिक स्कूल, हाई स्कूल, हायर सेकंडरी स्कूल, कॉलेजों और विश्वविद्यालयों में पढ़ने वाली बालिकाओं को छात्रावास सुविधा उपलब्ध कराने के लिए भवन बनाए गए हैं। केन्द्र इस कार्य के लिए राज्यों/केन्द्र शासित प्रदेशों को कुल खर्च की आधी राशि उपलब्ध कराता है।

4. अनुसंधान और प्रशिक्षण (Research and Training)–केन्द्र समाज विज्ञान के क्षेत्र में लगी ऐसी प्रतिष्ठित एजेंसियों/संस्थाओं को शत-प्रतिशत वित्तीय सहायता उपलब्ध कराता है, जिन्हें अनुसूचित जातियों के आर्थिक विकास, उनकी समस्याओं और आवश्यकताओं तथा सरकारी संस्थाओं द्वारा चलाए जा रहे विभिन्न आर्थिक कार्यक्रमों को लागू करने के प्रभाव के अध्ययन का पर्याप्त अनुभव है। ऐसे अध्ययन, जिसके साथ व्यावहारिक सिफारिशें भी दी गई होती हैं और जिनके संदर्भ में शीघ्र आवश्यक कार्यवाही की जरूरत होती है, उन्हें इस योजना के अंतर्गत वित्तीय सहायता दी जाती है।

5. अनुसूचित जातियों/जनजातियों के छात्रों के लिए पुस्तक बैंक योजना (Book Bank Scheme for students belonging to Scheduled Caste and Tribe children)–यह योजना मेडिकल/

इंजीनियरी कॉलेजों में पढ़ने वाले अनुसूचित जातियों और जनजातियों के ऐसे विद्यार्थियों को पाठ्य-पुस्तकें उपलब्ध कराने के लिए शुरू की गई हैं, जो सरकारी सहायता के बिना शिक्षा के भारी खर्च को उठाने में असमर्थ हैं। इस योजना के अंतर्गत 5,000 रुपये मूल्य की पुस्तकों का एक सेट तीन विद्यार्थियों के लिए होता है और इससे तीन साल तक काम चलाया जा सकता है।

6. अनुसूचित जाति/जनजाति तथा अन्य विद्यार्थियों के लिए राष्ट्र स्तर की विदेश छात्रवृत्तियाँ (Foreign Scholarship)–कल्याण मंत्रालय, भारत सरकार की राष्ट्रीय विदेश छात्रवृत्ति और यात्रा अनुदान योजना को अनुसूचित जातियों/जनजातियों के विद्यार्थियों तथा अन्य विद्यार्थियों के लिए लागू कर रहा है। यह योजना 1954-55 से चल रही है। इसका उद्देश्य अनुसूचित जातियों और जनजातियों के ऐसे प्रतिभाशाली विद्यार्थियों को उचित वित्तीय और अन्य सुविधाएँ उपलब्ध कराना है, जिनके पास उच्चतर अध्ययन के लिए विदेश जाने के साधन नहीं हैं। यह छात्रवृत्ति विशेष रूप से विज्ञान और तकनीकि से संबंधित उन विषयों के लिए दी जाती हैं, जिनके लिए भारत में अध्ययन की सुविधा या तो उपलब्ध नहीं है या फिर अपर्याप्त है। अनुसूचित जातियों और जनजातियों के अलावा ये छात्रवृत्तियाँ सामाजिक और आर्थिक दृष्टि से पिछड़े कुछ अन्य वर्गों के प्रतिभाशाली विद्यार्थियों को भी दी जाती है।

स्नातकोत्तर/पी. एच. डी./पोस्ट डाक्टरेट स्तर की शिक्षा तथा अनुसंधान के लिए भी छात्रवृत्तियाँ दी जाती हैं। कृषि तथा इससे संबंधित विषयों, पशुचिकित्सा विज्ञान, चिकित्सा विज्ञान और भारत से सम्बन्धित अध्ययन के क्षेत्र में अब कोई छात्रवृत्ति नहीं दी जाती।

7. दसवीं कक्षा से पहले छात्रवृत्तियाँ–सन् 1977-78 में शुरू की गई यह योजना उन लोगों के बच्चों के लिए बनाई गई जो तथाकथित अस्वच्छ व्यवसायों जैसे शुष्क शौचालयों की सफाई, चमड़ा उतारना और इसका शोधन, और झाडू लगाने के कार्य में लगे हैं। यह योजना छठी से दसवीं कक्षा तक के विद्यार्थियों के लिए है। इसके अंतर्गत छठी से दसवीं कक्षा तक के प्रत्येक छात्र को प्रतिमाह छात्रवृत्ति दी जाती है।

अनुसूचित जातियों के विकास की नीति–अनुसूचित जातियों के विकास की गति तेज करने के लिए तीन सूत्री कार्यनीति बनाई गई है, जिसमें (1) केन्द्रीय मंत्रालयों और राज्य सरकारों की विशेष संघटक योजनाएँ, (2) अनुसूचित जातियों के लिए राज्यों की विशेष संघटक योजनाओं के लिए विशेष केन्द्रीय सहायता, और (3) राज्यों के अनुसूचित जाति विकास निगम शामिल हैं।

विशेष संघटक योजना में विकास संबंधी सामान्य योजनाओं में से अनुसूचित जातियों के लिए लाभदायक योजनाओं का पता लगाने, योजना के हर क्षेत्र में विभाज्य कार्यक्रमों के लिए धनराशि का निर्धारण, योजना के हर क्षेत्र के लिए कार्यक्रमों का फायदा उठाने वाले परिवारों की संख्या के आधार पर लक्ष्यों का निर्धारण करना शामिल है। इसका मूल उद्देश्य अनुसूचित जातियों के परिवारों को आमदनी में पर्याप्त वृद्धि के लिए मदद देना है। बुनियादी सेवाएँ और सुविधाएँ तथा सामाजिक और शैक्षिक विकास की सुविधा उपलब्ध कराने के कार्यक्रमों को भी विशेष संघटक योजना में शामिल किया जाना है। छठी योजना के दौरान विशेष संघटक योजना के लिए 4,481.91 करोड़ रुपये की व्यवस्था की गई। केन्द्रीय मंत्रालयों/विभागों ने भी अनुसूचित जातियों के लिए विशेष संघटक योजना बनाना शुरू कर दिया है। अब तक केवल आठ केन्द्रीय मंत्रालयों/विभागों ने ये योजनायें बनाई हैं।

अनुसूचित जातियों और जनजातियों के लिए सुरक्षा व्यवस्थाएँ (Securities for scheduled castes and tribes)–मन्त्रिमण्डल सचिवालय में सचिव स्तर के एक अधिकारी की नियुक्ति की गयी है, जो अनुशासनात्मक व्यवस्था करेगा और संविधान के अन्तर्गत उपलब्ध करायी गयी सुरक्षा का उल्लंघन करने वाले दोषी सरकारी अधिकारियों के खिलाफ कार्यवाही करेगा।

राष्ट्रीय अनुसूचित जाति और अनुसूचित जनजाति आयोग नीति सम्बन्धी महत्त्वपूर्ण मामलों और अनुसूचित जातियों और जनजातियों के विकास के स्तर के बारे में सलाहकार संस्था के रूप में कार्य करता है। इस उद्देश्य को ध्यान में रखकर राष्ट्रीय आयोग में सामाजिक नेतृत्व शास्त्र, सामाजिक कार्य और अन्य सम्बन्धित सामाजिक विज्ञानों के विशेषज्ञों को शामिल किया गया है। राष्ट्रीय आयोग के कार्यों में निम्नलिखित विषयों को शामिल किया गया है–

1. अस्पृश्यता और उससे उत्पन्न सामाजिक भेदभाव के दुष्परिणामों और उसको दूर करने के लिये उठाये गए कदमों की सफलता का अध्ययन करना और आगे उठाए जाने वाले कदमों की सिफारिश करना;
2. अनुसूचित जातियों और जनजातियों के लोगों के विरुद्ध होने वाले अपराधों के पीछे सामाजिक-आर्थिक और अन्य सम्बद्ध परिस्थितियों का अध्ययन इन अपराधों को रोकने के उपयुक्त उपाय सुझाना तथा इनकी तुरन्त जाँच करवाना;
3. अनुसूचित जातियों और जनजातियों के विकास के विभिन्न पहलुओं का अध्ययन करना ताकि इन वर्गों को समाज के हर क्षेत्र में मुख्य धारा में लाया जा सके। इसके अन्तर्गत सामाजिक-आर्थिक विकास के क्षेत्र में अध्ययन के साथ-साथ शिक्षा, वाणिज्य-व्यापार, कला, साहित्य, भाषा, आवास, संचार, कृषि, वानिकी, बागवानी, मछलीपालन, पुनर्वास, प्रदूषण और पर्यावरण के बारे में अध्ययन भी शामिल है;
4. अनुसूचित जातियों और अनुसूचित जनजातियों के राष्ट्रीय आयोग को इन वर्गों के विकास के किसी भी पहलू से सम्बन्धित कार्य व नीतियाँ बनाने का ऐसा कोई भी कार्य सौंपा जा सकता है, जो केन्द्र सरकार उचित समझती है।

◆◆◆

स्त्री या बालिकाओं की शिक्षा
(Women or Girls' Education)

5. बालिकाओं/स्त्रियों की शिक्षा से आपका क्या अभिप्राय है? बालिकाओं के लिए शिक्षा की आवश्यकता, वर्तमान स्थिति तथा मुख्य समस्याओं का वर्णन कीजिये।

अथवा

स्त्रियों या बालिकाओं की शिक्षा की क्यों आवश्यकता है? बालिकाओं की शिक्षा की वर्तमान स्थिति तथा मुख्य समस्याओं की विस्तार से विवेचना कीजिये।

अथवा

बालिकाओं या लड़कियों अथवा स्त्रियों की शिक्षा की आवश्यकता व महत्त्व क्या है? लड़कियों की शिक्षा की वर्तमान स्थिति तथा समस्याओं पर प्रकाश डालिये।

उत्तर–समाज व्यक्तियों से मिलकर बना है। इसके निर्माण में महिलाओं का भी उतना ही योगदान है जितना पुरुषों का। इसलिए स्त्री व पुरुष दोनों को समाज रूपी गाड़ी के दो पहिये कहा जाता है। किसी एक पहिये का कमजोर होना समाज को कमजोर बनाता है। यही कारण है कि आज महिला-शिक्षा को भी उतना ही आवश्यक समझा जा रहा है जितना पुरुषों की शिक्षा को। कोई भी राष्ट्र तब तक प्रगति नहीं कर सकता जब तक वह महिला-वर्ग की शिक्षा की तरफ ध्यान नहीं देता। लड़की की शिक्षा तो लड़कों से अधिक जरूरी है जैसा कि पण्डित जवाहर लाल नेहरू ने कहा था–"एक लड़के की शिक्षा एक व्यक्ति की शिक्षा है और एक लड़की की शिक्षा सारे परिवार की शिक्षा है।"

भारत में नारी की स्थिति अत्यन्त शोचनीय रही है। उसे केवल भोग की वस्तु समझा जाता रहा है। लेकिन अनेक समाज सुधारकों के प्रयत्नों से धीरे-धीरे स्थिति में बदलाव हुआ। आजादी के बाद यहाँ समानता पर आधारित समाजवादी व्यवस्था की स्थापना का लक्ष्य रखा गया। वर्षों से उपेक्षित नारी को भी पुरुषों के समान अधिकार प्रदान किए गए और उन्हें पुरुषों के साथ समानता के स्तर पर लाने के लिए विशेष शैक्षिक सुविधायें प्रदान की गयीं। स्वतन्त्रता के बाद गठित विभिन्न शिक्षा आयोगों ने भी लड़कियों की शिक्षा पर विशेष ध्यान दिया। राष्ट्रीय व अन्तर्राष्ट्रीय स्तर पर आयोजित अनेक गोष्ठियों में लड़कियों की साक्षरता के

लिए विशेष प्रयास किए जाने पर बल दिया गया। यद्यपि लड़कियों की साक्षरता दर में सुधार हुआ है, पर अपेक्षित परिणाम अभी प्राप्त नहीं हुए। उनकी वर्तमान स्थिति क्या है यह जानने से पूर्व महिला शिक्षा की आवश्यकता व महत्त्व को समझना आवश्यक है।

स्त्रियों या बालिकाओं की शिक्षा की आवश्यकता व महत्त्व *(Need and Importance of Girls' Education)*

इसकी आवश्यकता **निम्न** कारणों से है–

1. मानवीय संसाधनों के पूर्ण विकास के लिए (For full development of human resources) –किसी भी राष्ट्र के पास **तीन प्रकार** के साधन होते हैं–

(i) भौतिक (Physics), (ii) आर्थिक (Economic) तथा (iii) मानवीय (Human)।

इन सबमें मानवीय संसाधन सबसे अधिक महत्त्वपूर्ण है, क्योंकि भौतिक व आर्थिक साधनों का प्रयोग मानव ही करता है। यदि उसमें अपेक्षित कौशल व योग्यता न हो तो ये सभी संसाधन व्यर्थ सिद्ध होते हैं। महिलायें भी हमारे राष्ट्र के मानवीय संसाधन हैं, अतः उनके व्यक्तित्व का समुचित विकास होना राष्ट्रीय विकास के लिए बहुत आवश्यक है। इसके लिए उन सबका शिक्षित होना जरूरी है। इस सन्दर्भ में भारतीय शिक्षा आयोग का यह कथन उल्लेखनीय है–**"मानवीय संसाधनों के पूर्ण विकास के लिए–महिलाओं की शिक्षा पुरुषों से अधिक महत्त्वपूर्ण है।"**

("For full development of human resources the education of women is of even greater importance than that of man.")

2. पूर्ण साक्षरता के लक्ष्य को प्राप्त करने के लिए (To achieve the goal of full literacy) –आजादी के बाद हमने पूर्ण साक्षरता का लक्ष्य रखा, लेकिन इसे अब तक प्राप्त नहीं कर पाये। इसका एक मुख्य कारण लड़कियों की शिक्षा का अभाव है। एक शिक्षित महिला अपने बच्चों की शिक्षा के प्रति अधिक सचेत होती है। उनको शिक्षित किए बिना पूर्व साक्षरता के लक्ष्य को प्राप्त किया ही नहीं जा सकता। जैसा कि **विश्वविद्यालय शिक्षा आयोग (University Education Commission)** ने कहा है–**"शिक्षित महिलाओं के बिना शिक्षित लोग हो ही नहीं सकते। यदि सामान्य शिक्षा पुरुष या स्त्री में से किसी एक को देनी हो तो यह अवसर स्त्रियों को ही दिया जाना चाहिए क्योंकि तब यह अधिक निश्चित रूप से अगली पीढ़ी तक पहुँचेगी।"** ("There cannot be an educated people without education of woman. If general education had to be limited to men or to women, that opportunity should be given to women for then it would more surely be passed on to the next generation.")

3. सामाजिक परिवर्तन के लिए (For Social Change)–कोई भी समाज तब तक प्रगति नहीं कर सकता जब तक उसके निवासी प्रगतिशील सामाजिक परिवर्तनों को नहीं अपनाते। भारतीय समाज एक बन्द समाज (Closed Society) रहा है। यहाँ लोग अपने पुराने तौर-तरीकों को छोड़कर नए परिवर्तनों को स्वीकार करने से घबराते हैं। उनमें नवीनता का भय इतना अधिक है कि वे अपनी पुरानी रूढ़ियों व विश्वासों को छोड़ना ही नहीं चाहते। यह प्रवृत्ति पुरुषों की अपेक्षा महिलाओं में अधिक है। शिक्षा के बिना उन्हें उनकी पुरानी सोच से मुक्त नहीं किया जा सकता। अतः नवीन प्रगतिशील सामाजिक परिवर्तनों को प्रोत्साहन देने के लिए लड़कियों की शिक्षा आवश्यक है। **श्रीमती हंसा मेहता समिति** (1962) की रिपोर्ट में ठीक ही कहा गया है कि–**"यदि नए आधार के समाज का निर्माण करना है तो स्त्रियों को वास्तविक व प्रभावपूर्ण ढंग से पुरुषों के समान अवसर देने होंगे।"**

4. महिलाओं में जागरूकता लाने के लिए (To develop awareness among women) –भारत में महिलाएं वर्षों से शोषण का शिकार रही हैं। उन्हें एक दासी एवम् भोग की वस्तु मात्र समझा जाता रहा। आजादी के बाद उनकी स्थिति में सुधार लाने के लिए विशेष कदम उठाये गये। उन्हें पुरुषों के बराबर समानता के स्तर पर लाने के लिए विशेष सुविधायें प्रदान की गयीं। केन्द्र सरकार ने राज्य सभा, लोकसभा व राज्यों की विधानसभाओं के साथ-साथ सरकारी नौकरियों में महिलाओं को 33% आरक्षण देने

के लिए संसद में एक विधेयक पेश करने और आवश्यकता पड़ने पर संविधान में संशोधन करने की घोषण ा की है। लेकिन गाँवों में रहने वाली या शहरों की भी कम पढ़ी-लिखी महिलायें इस आरक्षण तथा उन्हें दी गयी अन्य सुविधाओं का लाभ उठा ही नहीं सकती। इसके लिए उनका शिक्षित होना अत्यन्त आवश्यक है। शिक्षा के अभाव में उनसे यह अपेक्षा ही नहीं की जा सकती कि वे अपने प्रति किए जा रहे शोषण के विरुद्ध आवाज उठायें। आवश्यकता इस बात की है कि उनमें अपने अधिकारों के प्रति जागरूकता लायी जाये, उन्हें उनकी दयनीय दशा का बोध कराया जाये और उसे सुधारने के लिए प्रेरित किया जाये। इसके लिए उनका शिक्षित होना जरूरी है। इसीलिए **नई शिक्षा नीति** में कहा गया है कि–**"शिक्षा को महिलाओं के स्तर में बुनियादी परिवर्तन लाने के लिए एक साधन के रूप में इस्तेमाल किया जायेगा। अतीत से चली आ रही विकृतियों व विषमताओं को खत्म करने के लिंए महिलाओं को सुविचारित समर्थन दिया जाएगा।"** ("Education will be used as an agent of basic change in the status of the women. In order to neutralise the accumulated distortions of the past, there will be a well conceived edge in favour of woman.")

5. बच्चों के चरित्र निर्माण के लिए (For building the character of the Children)–बच्चे राष्ट्र निर्माता है। इसीलिए कोठारी आयोग ने उन्हें **"भारत का भाग्य"** (Destiny of India) कहा है। **प्लेटो** ने कहा था कि राष्ट्र का निर्माण देवदार के वृक्षों या ईंट-पत्थरों से नहीं होता। इसका निर्माण तो उन लोगों के चरित्र से होता है जो उसमें रहते हैं। बच्चों में इस अच्छे चरित्र की नींव बाल्यावस्था में ही पड़ जाती है। उसके चरित्र निर्माण में सर्वाधिक योगदान उसकी माँ का होता है। इसीलिए **फ्रोबेल** कहता है–**"माताएं आदर्श अध्यापक हैं"** (Mothers are ideal teachers) लेकिन महिलायें बच्चों के चरित्र निर्माण की जिम्मेदारी को अच्छी प्रकार से तभी निभा सकती है जब वे शिक्षित हों। इस सन्दर्भ में **भारतीय शिक्षा आयोग** की ये पंक्तियाँ उल्लेखनीय हैं–**"बाल्यावस्था के सबसे अधिक प्रभावशाली वर्षों में बच्चों के चरित्र को सही शिक्षा प्रदान करने के लिए महिलाओं की शिक्षा पुरुषों से अधिक महत्त्वपूर्ण है।"** ("For moulding the character of children during the most impressionable years of infancy, the education of women is of even greater importance than that of man.")

6. अनेक राष्ट्रीय समस्याओं के समाधान के लिए (To solve many national problems) –हमारे राष्ट्र में अनेक ऐसी समस्यायें हैं, जिनके समाधान में महिलायें अपना रचनात्मक सहयोग प्रदान कर सकती हैं लेकिन इसके लिए उनका शिक्षित होना आवश्यक है। उदाहरण के लिए, बढ़ती हुई जनसंख्या अपने में तो एक समस्या है ही; गरीबी, बेरोजगारी तथा प्रदूषण जैसी अन्य समस्याओं का कारण भी है। एक शिक्षित महिला बड़े परिवार के खतरों को समझ कर अपने परिवार को सीमित रख सकती है, जिससे वह अपने परिवार की दशा को तो सुधारती ही है, अनेक राष्ट्रीय समस्याओं को हल करने में भी अप्रत्यक्ष रूप से मदद करती है। आज शिक्षा को मानवीय पूँजी कहा जाता है, क्योंकि शिक्षा पर किए जाने वाले व्यय से राष्ट्रीय व व्यक्तिगत आय में वृद्धि की अपेक्षा की जाती है। अब तक यह समझा जाता था कि लड़कों की शिक्षा में लगायी गयी पूँजी ही लाभदायक है पर अब यह सिद्ध हो चुका है कि लड़कियों की शिक्षा पर किया जाने वाला निवेश लड़कों की शिक्षा पर किए गए निवेश की तुलना में अधिक फलदायक होता है। इस प्रकार लड़कियों की शिक्षा देश की आर्थिक स्थिति को सुधारने में मदद करती है। अध्ययनों से भी यही पता चलता है कि जो महिलायें अधिक वर्षों तक शिक्षा ग्रहण करती हैं, वे अपनी आय में 18 प्रतिशत की वृद्धि करती हैं। जबकि अधिक समय तक शिक्षा प्राप्त करने वाले युवक इसमें केवल 11% की ही वृद्धि कर पाते हैं। इस प्रकार स्त्री शिक्षा परिवार की आर्थिक स्थिति में सुधार लाने के साथ-साथ राष्ट्र की आर्थिक स्थिति को बेहतर बनाने में भी मदद करती है।

7. बच्चों के व्यक्तित्व के सर्वांगीण विकास के लिए (For all round development of the personality of the Children)–आज भारत में अधिकतर बच्चे माताओं के अशिक्षित होने के कारण कुपोषण व अनेक बीमारियों के शिकार हैं। स्वस्थ शरीर के अभाव में उनके व्यक्तित्व के अन्य पक्ष भी पूर्णतः विकसित नहीं हो पाते। स्त्री शिक्षा महिलाओं को इस योग्य बनाती है कि वे अपने बच्चों के स्वास्थ्य

के प्रति सचेत रहें और उन्हें जानलेवा बीमारियों से बचायें। यही नहीं, शिक्षित महिलायें बच्चों को समाज के योग्य नागरिक के रूप में तैयार करती हैं। इस सन्दर्भ में **मेजिनी (Mazini)** का यह कथन उल्लेखनीय है कि बच्चा नागरिकता का पहला पाठ अपनी माँ से सीखता है। शिक्षित स्त्री बच्चे के मानसिक एवम् भावनात्मक विकास में भी मदद करती है। इस प्रकार यदि हम एक सन्तुलित व्यक्तित्व का विकास करना चाहते हैं तो हमें स्त्री शिक्षा पर बल देना होगा।

उपर्युक्त विवेचना से स्पष्ट है कि आज भारत ही नहीं विश्व के अन्य देशों में भी स्त्री शिक्षा की आवश्यकता अनुभव की जा रही है और इसके लिए विशेष कदम भी उठाये जा रहे हैं। भारत भी इसका अपवाद नहीं है। अब देखना यह है कि भारत में स्त्री शिक्षा की वर्तमान स्थिति क्या है?

बालिकाओं की शिक्षा सम्बन्धी समस्यायें
(Problems in Promotion of Girls' Education)

निम्नलिखित समस्यायें बालिकाओं को शिक्षा देने में बाधक हैं—

1. हमारी परम्परागत सोच (Our Traditional Thinking)—स्त्री शिक्षा के मार्ग में सबसे बड़ी बाधा है हमारी परम्परागत सोच। लड़कियों की शिक्षा के प्रति हमारे समाज में घोर उदासीनता है। यहाँ यह सोचा जाता है कि लड़की का कार्य है घर गृहस्थी को सँभालना और इसके लिए शिक्षा की कोई आवश्यकता नहीं है। माँ व पत्नी की जिम्मेदारी निभाने के लिए उनका शिक्षित होना जरूरी नहीं है। आमतौर पर यह भी माना जाता है कि बेटी के बजाय बेटों को पढ़ाना-लिखाना अधिक लाभदायक है, क्योंकि लड़की तो विवाह के बाद दूसरे घर में चली जायेगी और लड़के की पढ़ाई-लिखाई ही परिवार की आय का स्रोत बनेगी। अनेक परिवारों में आज भी खाने-पहनने में लड़की की अपेक्षा लड़कों का अधिक ध्यान रखा जाता है और यही सोच उनकी शिक्षा के विषय में भी है। इस प्रकार हमें आज विद्यालयों में शिक्षा के विभिन्न स्तरों पर लड़कियों का कम प्रतिनिधित्व दिखायी देता है। इसका एक महत्त्वपूर्ण कारण सामान्यतः समाज में व्याप्त स्त्री शिक्षा विरोधी पूर्वाग्रही दृष्टिकोण या समाज की परम्परागत सोच है।

2. जल्दी विवाह (Early Marriage)—हमारे समाज में सामान्यतः लड़की को बोझ समझा जाता है। उसके जन्म के बाद से माता-पिता को केवल उसके विवाह की ही चिन्ता रहती है और वे उसकी जल्दी से जल्दी शादी करके इस बोझ से मुक्ति पाना चाहते हैं। जहाँ तक उसकी शिक्षा का सम्बन्ध है वे यह सोचते हैं कि उनके लिए केवल उतनी ही शिक्षा पर्याप्त है, जिससे वे चिट्ठी लिख या पढ़ सकें। इस प्रकार यहाँ वर्षों से लड़की का विवाह छोटी-सी आयु में कर दिया जाता है। यह भी स्त्री शिक्षा के लक्ष्य को प्राप्त करने के मार्ग में आने वाली एक जटिल समस्या है।

3. सामाजिक असुरक्षा की भावना (Feeling of Social Insecurity)—प्राचीन काल से ही भारत में नारी की सुरक्षा के प्रति चिन्ता की जाती रही है। यह कहा जाता है कि विवाह से पूर्व कन्या की रक्षा उसका पिता करता है, युवावस्था में पति तथा वृद्धावस्था में पुत्र उसकी रक्षा करता है। इस प्रकार जीवन की किसी भी अवस्था में नारी को स्वयं अपनी रक्षा में असमर्थ समझा जाता है। आज यद्यपि स्थिति में बदलाव आया है। नारी मुक्ति का स्वर तेजी से उभरा है, पर जहाँ तक उसके सम्मान की रक्षा का सम्बन्ध है वह आज भी चिन्ता का विषय है। राष्ट्रीय साक्षरता अभियान से जुड़ी एक लड़की तथा राष्ट्रीय सेवा योजना के शिविर में भाग ले रही एक छात्रा के साथ हाल में ही घटी बलात्कार की घटनाएँ सिद्ध करती हैं कि नारी आज भी असुरक्षित है। उनके अभिभावकों की उनके प्रति चिन्ता स्वाभाविक ही है। यही कारण है कि अधिकतर माता-पिता अपनी लड़की को अधिक पढ़ाने-लिखाने की अपेक्षा उसका जल्दी से जल्दी से विवाह कर देने में ही भलाई समझते हैं। इस कारण भी लड़कियों की समानता के लिए शिक्षा के लक्ष्य को प्राप्त करना पाना सम्भव नहीं हो पाता।

4. पर्दा प्रथा (Parda system)—यह नारी की सुरक्षा से जुड़ी एक सामाजिक प्रथा है। नारी की सुन्दरता पर पुरुष की लोलुप दृष्टि ही न पड़े, इसके लिए भारतीय समाज में बहुत समय से पर्दा प्रथा प्रचलित

है। हमारे देश में हिन्दुओं के बाद सबसे अधिक जनसंख्या मुसलमानों की है। उनमें महिलायें बुरका पहनती हैं। हरियाणा, उत्तर-प्रदेश तथा राजस्थान जैसे राज्यों में उनका अपने मुँह को ढके रहना आम बात है। इस प्रकार मुसलमानों के अतिरिक्त अन्य जातियों में भी यह पर्दा प्रथा देखने को मिलती है। यह भी लड़कियों की शिक्षा में बाधक है। पर्दे में रहने वाली लड़कियाँ आखिर कब तक शिक्षा संस्थाओं में बनी रह सकती हैं? जहाँ सह-शिक्षा संस्थायें हैं वहाँ तो इनको भेजने की बात सोचना ही बेकार है। इस प्रकार यह प्रथा भी स्त्री शिक्षा के मार्ग में एक बड़ी समस्या है।

5. परिवारों का आर्थिक स्तर (Economic Status of the Families)–परिवारों का आर्थिक स्तर भी स्त्री शिक्षा के कम प्रतिशत के लिए जिम्मेदार है। भारत में अधिकतर परिवारों की आर्थिक स्थिति अधिक अच्छी नहीं है। गरीबी व बेरोजगारी हमारी जटिल समस्यायें हैं। अध्ययनों से ज्ञात होता है कि यहाँ अधिकतर निरक्षर महिलायें निम्न व गरीब परिवार की हैं। उन्हें बचपन से ही घर के कामकाज या खेतों व कल-कारखानों में मेहनत मजदूरी पर लगा दिया जाता है, जिससे वे परिवार की आय को बढ़ाने में सहयोग कर सकें। इसी सोच के कारण या तो उन्हें विद्यालय भेजा ही नहीं जाता और यदि भेजा भी जाता है तो जल्दी ही छुड़ा दिया जाता है। यदि लड़कियाँ विद्यालय जाती भी हैं तो भी उन्हें घर का काम करना पड़ता है। छोटे बहन-भाइयों की देखभाल करनी पड़ती है और कई बार खेत का काम भी करना पड़ता है। जिससे उन्हें घर पर पढ़ाई के लिए पर्याप्त समय नहीं मिल पाता। वे धीरे-धीरे पढ़ाई में पिछड़ने लगती हैं और फिर विद्यालय ही छोड़ देती हैं। अध्ययनों से भी यह प्रमाणित होता है कि पहली कक्षा में तो नामांकन का प्रतिशत बहुत अधिक होता है पर अगली कक्षाओं में पहुँचते-पहुँचते बहुत कम रह जाता है। यह भी देखा जाता है कि ऊँची कक्षाओं में लड़कियों की उपस्थिति की दर भी कम होती है। जिन राज्यों में गरीबी अधिक है वहाँ लड़कियों की शिक्षा का प्रतिशत उन राज्यों की अपेक्षा कम है जहाँ की आर्थिक स्थिति अच्छी है। यही कारण है कि पंजाब, हरियाणा, केरल, मिजोरम, गोवा तथा चण्डीगढ़ जैसे राज्यों व केन्द्र शासित प्रदेशों में बिहार, उत्तर प्रदेश तथा राजस्थान जैसे राज्यों की तुलना में लड़कियों की शिक्षा की स्थिति अधिक अच्छी है। स्पष्ट है कि भारतीय परिवारों की खराब आर्थिक स्थिति लड़कियों की शिक्षा के मार्ग में बाधक है।

6. लड़कियों की शिक्षा के लिए विशेष संस्थाओं का अभाव (Lack of Special Institutions for girl' education)–भारतीय समाज एक बन्द समाज रहा है। यहाँ के अधिकार लोग रूढ़िवादी हैं। वे अपनी लड़कियों को सह-शिक्षा संस्थाओं में भेजना अच्छा नहीं समझते। आरम्भिक कक्षाओं में तो वे लड़कियों व लड़कों के साथ-साथ पढ़ने का विरोध नहीं करते पर उच्च प्राथमिक स्तर पर वे अलग शिक्षा संस्थाओं की अपेक्षा करते हैं और इसीलिए जहाँ लड़कियाँ के लिए अलग शिक्षा संस्थायें नहीं होती वहाँ वे अपनी लड़कियों की शिक्षा को छुड़वा देना ही उचित समझते हैं। आजादी के बाद से यद्यपि लड़कियों के लिए विभिन्न स्तरों पर अनेक अलग शिक्षा संस्थायें खोली गयी हैं पर अनेक स्थानों पर अभी भी इनका अभाव है। यह भी लड़कियों की शिक्षा से सम्बन्धित एक मुख्य समस्या है।

7. अन्य शैक्षिक सुविधाओं का अभाव (Lack of other Educational facilities)–विद्यालयों में प्राप्त सुविधायें भी लड़कियों की शिक्षा को कम प्रभावित नहीं करती। उनको विद्यालय लाने में दोपहर का भोजन, मुफ्त वस्त्रों व पाठ्य पुस्तकों की सुविधा प्रोत्साहन का काम करती हैं। घर से विद्यालय की दूरी भी कम प्रभावी कारक नहीं है। पैदल चलने भर की दूरी बच्चों के नियमित विद्यालय आने में सहायक होती है। भारत के विद्यालयों में सामान्यतः शैक्षिक सुविधाओं का अभाव है। अनेक स्थानों पर विद्यालयों की दूरी घर से बहुत अधिक है। विद्यालयों में महिला अध्यापिकओं का अभाव है। लड़कों व लड़कियों के लिए अलग मूत्रालय व शौचालय नहीं हैं। सभी लड़कियों के लिए मुफ्त पुस्तकों व वस्त्रों की व्यवस्था नहीं है। अनेक राज्य यद्यपि दोपहर के भोजन की व्यवस्था कर रहे हैं पर इसका लाभ भी बच्चों को अधिक नहीं मिल रहा है। लड़कियों के लिए छात्रावासों की कमी है। इन सब कारणों से लड़कियों की साक्षरता के लक्ष्य को प्राप्त कर पाना सम्भव नहीं हो पा रहा।

8. अभिभावकों की निरक्षरता (Illiteracy of the parents)–शिक्षित माता-पिता ही अपने बच्चों की और विशेष रूप से लड़कियों की शिक्षा के महत्त्व को समझ सकते हैं। यद्यपि भारत में राष्ट्रीय साक्षरता अभियान (National Literacy Mission) के अन्तर्गत अधिक से अधिक प्रौढ़ों को साक्षर बनाने के प्रयास किए जा रहे हैं पर अभी भी बहु-संख्यक प्रौढ़ निरक्षर हैं। स्वयं अशिक्षित होने के कारण वे अपनी लड़कियों की शिक्षा के प्रति सचेत नहीं होते। वे भी उसकी यथाशीघ्र शादी करके अपनी जिम्मेदारी से मुक्त हो जाना चाहते हैं। इस प्रकार माता-पिता का निरक्षर होना बालिकाओं की शिक्षा के मार्ग में बाधक है।

9. उचित प्रोत्साहन का अभाव (Lack of proper initiative)–उचित प्रोत्साहन के अभाव में न तो माता-पिता लड़कियों को विद्यालय भेजना चाहते हैं और न ही लड़कियाँ स्वयं जाना चाहती हैं। विद्यालय उन्हें आकर्षित करने में असफल रहते हैं। सामान्यतः यह भी देखा जाता है कि प्राथमिक विद्यालयों के अनेक अध्यापक बच्चों की शिक्षा की ओर अधिक ध्यान नहीं देते। शिक्षण कार्य में उनकी कोई विशेष रुचि नहीं होती। इसलिए वे शिक्षा में बच्चों की रुचि पैदा करने में भी असफल रहते हैं। परिणाम यह होता है कि लड़कियाँ धीरे-धीरे विद्यालय आना छोड़ देती हैं। यदि सरकार लड़कियों को विद्यालयों की ओर आकर्षित करने के लिए कुछ योजनायें आरम्भ भी करती है, तो उचित कार्यान्वयन के अभाव में उनका कुछ भी लाभ नहीं मिल पाता।

10. घर से विद्यालय की दूरी (Distance of the school from home)–अध्ययनों से पता चलता है कि निवास से दूर विद्यालयों की स्थिति, उपस्थिति एवम् नामांकन को प्रभावित करती है। पैदल चलने भर की दूरी लड़कियों के नियमित व लगातार विद्यालय आने में सहायक होती है। भारत में अनेक क्षेत्रों में विद्यालयों के घर से अधिक दूर होने के कारण लड़कियाँ विद्यालय कम जाती हैं और बाद में पढ़ाई ही छोड़ देती हैं। प्राथमिक स्तर पर तो लड़कियों की पहुँच तक विद्यालय खोलने के प्रयास किये जा रहे हैं, पर माध्यमिक व उच्च स्तर की शिक्षा से वे इसीलिए वंचित रह जाती हैं क्योंकि इस स्तर के विद्यालय उनके घर के पास नहीं हैं।

11. रोचक व उपयोगी पाठ्यक्रम का अभाव (Lack of interesting and useful curriculum)–रोचक व उपयोगी पाठ्यक्रम का अभाव भी लड़कियों को शिक्षित करने में बाधक है। प्राथमिक विद्यालय केवल पढ़ना-लिखना सिखाने पर बल देते हैं। यदि कहीं कोई शिल्प सिखाया भी जाता है तो वह लड़कियों के लिए विशेष उपयोगी नहीं होता। ग्रामीण या स्थानीय क्षेत्रों से जुड़े शिल्पों के विकास पर कोई ध्यान नहीं दिया जाता। यदि पाठ्यक्रम में इन विषयों को रखा भी जाता है तो इनके प्रशिक्षण को प्रभावी बनाने पर कोई विशेष ध्यान नहीं दिया जाता। इसका प्रभाव भी विद्यालयों में लड़कियों के नामांकन व उनकी उपस्थिति पर पड़ता है।

इस प्रकार स्पष्ट है कि लड़कियों की शिक्षा से सम्बन्धित अनेक समस्यायें हमारे सामने हैं। जो वर्ग हमारी जनसंख्या का लगभग आधा भाग है, उसे शिक्षित किए बिना पूर्ण साक्षरता या 'सबके लिए शिक्षा' (Education for all) के लक्ष्य को प्राप्त किया ही नहीं जा सकता। अतः इन उपायों के विषय में विचार करने की आवश्यकता है, जिससे लड़कियों की शिक्षा को बढ़ावा मिल सके और उन्हें अधिक से अधिक शिक्षित किया जा सके।

◆◆◆

---

6. लड़कियों की शिक्षा को बढ़ावा देने के लिये आप कौन-कौन से सुझाव देगें? विवेचना कीजिये।

अथवा

लड़कियों को शिक्षित करने के लक्ष्य को प्राप्त करने के लिये कुछ सुझावों पर प्रकाश डालिये।

अथवा

लड़कियों की शिक्षा को बढ़ावा देने तथा उनकी संस्थागत उपलब्धि के स्तर को बेहतर बनाने हेतु मुख्य सुझावों का विस्तारपूर्वक वर्णन करें।

उत्तर–लड़कियों की शिक्षा को बढ़ावा देने के उपाय (Strategies for Promotion of Girls' Education)–आजादी के बाद से गठित विभिन्न शिक्षा आयोगों तथा शिक्षा से सम्बन्धित विभिन्न पहलुओं पर विचार करने के लिए बनायी गयी अनेक कमेटियों ने इस विषय में विचार किया व अपने सुझाव रखे। नई शिक्षा नीति में भी लड़कियों की शिक्षा को प्रोत्साहन देने के उपायों पर विचार किया गया। इन सभी ने इस सन्दर्भ में जो उपाय सुझाये हैं उनमें कुछ मुख्य इस प्रकार हैं–

1. लोगों की सोच को बदलना (To change the thinking of the people)–भारत जैसे रूढ़िवादी देश में लोगों की सोच को बदले बिना लड़कियों की शिक्षा को बढ़ावा दिया ही नहीं जा सकता। उन्हें यह बताया जाना जरूरी है कि लड़कियों की शिक्षा भी उतनी ही जरूरी है जितनी लड़कों की। शिक्षित लड़कियाँ अशिक्षित लड़कियों की अपेक्षा अपनी घरेलू जिम्मेदारियों को अधिक अच्छे ढंग से निभा सकती हैं। यही नहीं, आवश्यकता पड़ने पर नौकरी करके अपने परिवार की आर्थिक स्थिति को भी सुधार सकती हैं। हाल ही में किए गए अध्ययनों से पता चलता है कि शिक्षित लड़कियाँ लड़कों की अपेक्षा अधिक कार्य-कुशल एवं सक्षम साबित होती हैं और वे अधिक अच्छा वेतन पाती हैं। यह भी सिद्ध हो चुका है कि लड़कियों की शिक्षा में लगायी गयी पूँजी अधिक फलदायक होती है। जो महिलायें अधिक वर्षों तक शिक्षा ग्रहण करती हैं, वे अपने भविष्य की आय में 18 प्रतिशत की वृद्धि करती हैं जबकि अधिक समय तक शिक्षा ग्रहण करने वाला युवक अपनी आय में केवल 11 प्रतिशत की ही वृद्धि कर पाते हैं। आवश्यकता इस बात की है कि अभिभावकों में जागरूकता पैदा करके उन्हें इन तथ्यों की जानकारी दी जाये जिससे वे अपनी पुरानी व परम्परागत सोच को बदल सकें और लड़कियों की शिक्षा के प्रति उदासीन न रहें।

2. विवाह की आयु को बढ़ाना (To increase the age of marriage)–अध्ययनों से पता चलता है कि यदि हम लड़कियों की विवाह की आयु बढ़ा सकें तो इन विद्यालयों में उनका नामांकन व उपस्थिति भी बढ़ा सकेंगे। यों तो सरकार ने लड़कियों के विवाह की आयु 18 वर्ष निर्धारित कर रखी है पर इसका पालन नहीं किया जाता। अनेक उदाहरण ऐसे देखने को मिलते हैं जिनमें लड़कियों का विवाह 14-15 वर्ष की आयु में ही कर दिया जाता है। केवल अशिक्षित ही नहीं बल्कि शिक्षित परिवारों में भी कई बार ऐसा देखा जाता है। अतः केवल कानून द्वारा लड़कियों के विवाह की आयु को बढ़ा देना ही पर्याप्त नहीं है। इसका कड़ाई से पालन कराया जाना भी जरूरी है। बाल-विवाह कराने वालों के लिए कठोर दण्ड की व्यवस्था होनी चाहिए।

3. महिला अध्यापकों की नियुक्ति (Appointment of lady teachers)–प्राथमिक स्तर पर अधिक से अधिक महिलाओं की नियुक्ति की जानी चाहिए, इससे लड़कियों को विद्यालयों में लाने में मदद मिलेगी। इस सन्दर्भ में 1962 में बनी हंसा मेहता कमेटी ने भी यही सुझाव दिया था कि सभी प्राथमिक विद्यालयों में महिलाओं को ही अध्यापक नियुक्त किया जाना चाहिए और इसके लिए स्त्री शिक्षा सम्बन्धी राष्ट्रीय परिषद् (National Council for Women Education) की सिफारिशों को तुरन्त लागू किया जाना चाहिए। 1963 में बनी भक्त वत्सलम् कमेटी ने भी इसी प्रकार के सुझाव देते हुए कहा था कि प्राथमिक स्तर पर सभी विद्यालयों में सामान्यतः महिलायें ही श्रेष्ठ अध्यापिकायें सिद्ध होती हैं। अतः राज्यों को सभी प्राथमिक विद्यालयों में उच्च प्राथमिक आदि स्तरों पर अधिकतर महिलाओं को नियुक्त करना चाहिए। समिति का विचार था कि महिला अध्यापक अभिभावकों को अपनी बच्चियों को विद्यालय भेजने के लिए अधिक अच्छी प्रकार से प्रेरित कर सकती हैं। सातवीं पंचवर्षीय योजना में भी महिलाओं को अध्यापिका नियुक्त करके लड़कियों की शिक्षा को बढ़ावा देने की बात कही गयी है। स्पष्ट है कि महिला अध्यापकों की नियुक्ति लड़कियों व उनके अभिभावकों को उनकी शिक्षा के लिए प्रोत्साहित करने का एक महत्त्वपूर्ण उपाय है।

4. अभिभावकों की शिक्षा (Education of the parents)–लड़कियों की शिक्षा का अगला महत्त्वपूर्ण उपाय है माता-पिता की शिक्षा। सामान्यतः बाल-विवाह व पर्दा-प्रथा जैसी बुराइयाँ अशिक्षित परिवारों में ही

देखने को मिलती हैं। बाल-विवाह की शिकार अनेक बाल विधवायें पूरा जीवन कष्ट भोगने के लिए विवश होती हैं क्योंकि शिक्षा के अभाव में वे आत्मनिर्भर नहीं हो सकती हैं और उन्हें दूसरों पर आश्रित होकर ही रहना पड़ता है। यदि माता-पिता शिक्षित हैं तो वे अपनी लड़की को अवश्य पढ़ायेंगे ताकि उनकी शिक्षा आवश्यकता पड़ने पर उसके काम आ सके। इसलिए स्त्री शिक्षा को प्रोत्साहित करने के लिए प्रौढ़ शिक्षा आवश्यक है। कई बार परिवार के बड़े बुजुर्ग ही लड़कियों की शिक्षा का विरोध करते हैं पर यदि वे स्वयं शिक्षित या साक्षर हो जायें तो वे शिक्षा का महत्त्व समझ जायेंगे। आज देश भर में राष्ट्रीय साक्षरता अभियान के अन्तर्गत प्रौढ़ों को साक्षर बनाने के प्रयास किये जा रहे हैं। इसमें सफलता लड़कियों को विद्यालय में नामांकित कराने में सहायक सिद्ध होगी। भक्त वत्सलम् कमेटी (1963) ने यह सुझाव दिया था कि ग्रामीण क्षेत्रों में महिलाओं को साक्षर बनाने का अभियान तेज गति से चलाया जाना चाहिए क्योंकि शिक्षित महिलायें अपनी लड़कियों की शिक्षा के प्रति अधिक सचेत होंगी।

5. रोचक व उपयोगी पाठ्यक्रम (Interesting and useful curriculum)–पाठ्यक्रम को लड़कियों के लिए रोचक व उपयोगी बनाया जाना चाहिए। विद्यालय-शिक्षा के सभी स्तरों पर कार्य-अनुभव (Work experience) को पाठ्यक्रम में सम्मिलित किया जाना चाहिए। गृह-विज्ञान जैसा विषय आरम्भ से ही पढ़ाया जाना चाहिए, जिससे लड़कियाँ शिक्षा से प्राप्त ज्ञान का घर में भी उपयोग कर सकें। हंसा मेहता कमेटी ने प्राथमिक स्तर पर लड़कों व लड़कियों के लिए समान शिक्षा का समर्थन करते हुए लड़कियों के लिए गृह विज्ञान को पाठ्यक्रम में सम्मिलित करने का सुझाव दिया था। कमेटी का यह भी विचार था कि माध्यमिक स्तर पर कई शिल्पों के प्रशिक्षण की सुविधा होनी चाहिए, जिससे लड़कियाँ अपनी रुचि के अनुसार उसका चुनाव कर सकें। माध्यमिक स्तर पर पाठ्यक्रम विविधतापूर्ण होना चाहिए, जिससे वे अपनी रुचि के अनुसार विषयों का चयन कर सकें।

6. सामाजिक बुराइयों को दूर करना (To eradicate social evils)–आज दुनिया तेजी से बदल रही है। महिलायें विभिन्न क्षेत्रों में आगे आ रही हैं। ऐसे में यदि कुछ वर्गों के लोग पर्दा-प्रथा व बाल विवाह जैसी बुराइयों को नहीं छोड़ते तो लड़कियों के आगे बढ़ने के रास्ते रूक जायेंगे। अतः आवश्कयता इस बात की है कि इन सामाजिक बुराइयों को दूर किया जाये। पाकिस्तान की तरह लड़कियों के लिए 'गृह विद्यालय' (Home Schools) भी चलाये जा सकते हैं और फिर माता-पिता को धीरे-धीरे लड़कियों को सामान्य विद्यालयों में भेजने के लिए प्रेरित किया जा सकता है।

7. घर के पास विद्यालय खोलना (To Open School near Home)–कोठारी आयोग का सुझाव था कि विद्यालय की दूरी घर से अधिक नहीं होनी चाहिए। भक्त वत्सलम् कमेटी का सुझाव था कि प्रत्येक राज्य का यह कर्तव्य है कि वह 300 की जनसंख्या वाली बस्ती में प्राथमिक विद्यालय अवश्य खोले तथा 1500 की आबादी वाले स्थान पर माध्यमिक स्कूल भी होना चाहिए। पहाड़ी एवम् दूर-दराज के क्षेत्रों में इससे कम आबादी होने पर भी विद्यालयों की व्यवस्था होनी चाहिए। घर के पास विद्यालय खोलकर लड़कियों व उनके अभिभावकों को उन्हें वहाँ भेजने के लिए प्रेरित किया जा सकता है, क्योंकि जैसा कि पहले भी कहा जा चुका है घर से विद्यालय की दूरी लड़कियों की शिक्षा में बाधक है।

8. लड़कियों को सुरक्षा प्रदान करना (To provide security to the girls)–आरम्भिक स्तर पर तो विद्यालय घर के पास खोला जाए। यदि विद्यालय घर से अधिक दूर है तो लड़कियों को निःशुल्क विद्यालय लाने व घर भेजने की सुविधा दी जानी चाहिए। प्राथमिक स्तर पर सभी अध्यापक महिलायें हों तथा माध्यमिक स्तर पर अधिकतर। उच्च स्तर पर पहुँचते-पहुँचते लड़कियों को इस विषय में सचेत किया जाए तथा उन्हें बताया जाए कि वे ऐसी स्थिति से स्वयं को बचायें जिससे उनके मान-सम्मान को कोई आँच आ सकती हो। लड़कियों की थोड़ी-सी समझदारी उन्हें किसी भी परेशानी में पड़ने से बचा सकती है। इस संदर्भ में अध्यापकों व अभिभावकों दोनों को लड़कियों का मार्गदर्शन करना चाहिए। समाज से नशे की बुराई को मद्य-निषेध कानून द्वारा दूर किए जाने से भी लड़कियों को सुरक्षा प्रदान करने में मदद मिलेगी। अतः सभी राज्य सरकारों का कर्तव्य है कि वे शराब बन्दी लागू करें। यही नहीं, नारी पर बुरी नजर रखने वालों के लिए कठोर दण्ड की व्यवस्था होनी चाहिए।

9. छात्रावास की सुविधा प्रदान करना (To provide Hostel facilities)–छात्रावास की सुविधा का अभाव, विशेष रूप से ग्रामीण क्षेत्रों में लड़कियों के नामांकन को प्रभावित करता है। अतः लड़कियों के लिए छात्रावासों के निर्माण को राज्य सरकार की योजना में उच्च प्राथमिकता दी जानी चाहिए। यदि कहीं स्थानीय स्वैच्छिक संगठन इस कार्य को कर रहे हैं तो सरकार को उन्हें अधिक उदारतापूर्वक आर्थिक सहायता प्रदान करनी चाहिए।

10. अन्य शैक्षिक सुविधायें प्रदान करना (To provide other educational facilities)–प्राथमिक स्तर पर लड़कियों के लिए शिक्षा निःशुल्क होनी चाहिए। उन्हें पाठ्य पुस्तकें, स्कूल यूनिफार्म आदि निःशुल्क उपलब्ध करायी जानी चाहिए। उनके लिए यातायात की सुविधा भी निःशुल्क होनी चाहिए। मध्याह्न के भोजन की व्यवस्था भी लड़कियों के विद्यालय में नामांकन को प्रभावित करेगी। इसलिए इस योजना को देश-भर के प्राथमिक विद्यालयों में लागू किया जाना चाहिए। हंसा मेहता कमेटी ने भी ऐसे ही सुझाव दिए थे। कमेटी का विचार था कि माध्यमिक स्तर पर जरूरतमंद लड़कियों के लिए छात्रवृत्ति की व्यवस्था की जानी चाहिए, जिससे वे अपनी शिक्षा को जारी रख सकें।

11. राज्य की जिम्मेदारी (Responsibility of the State)–इस सन्दर्भ में राज्य की जिम्मेदारी भी महत्त्वपूर्ण है। लड़कियों की शिक्षा को प्रोत्साहन देने के लिए वह जन-संचार माध्यमों का प्रयोग प्रभावशाली साधन के रूप में कर सकता है। रेडियो व टी. वी. पर इस प्रकार के कार्यक्रम प्रसारित किए जा सकते हैं जिससे माता-पिता लड़कियों की शिक्षा के महत्त्व को समझ सकें। गर्मी व दशहरे की छुट्टियों में एक अभियान चलाकर लड़कियों का विद्यालय में नामांकन किया जाना चाहिए। उसे उन स्वैच्छिक संगठनों के साथ भी पूर्ण सहयोग करना चाहिए जो लड़कियों की शिक्षा के लिए प्रयत्नशील हैं। भक्त वत्सलम् कमेटी (1963) का विचार था कि इससे लड़कियों की शिक्षा के पक्ष में जनमत तैयार करने में मदद मिलेगी।

12. जन-सहयोग (Public Co-operation)–सरकार द्वारा बनायी गयी कोई भी योजना पर्याप्त जन सहयोग के बिना पूरी नहीं हो सकती। यही बात लड़कियों की शिक्षा के सन्दर्भ में भी कही जा सकती है। राज्य को लड़कियों को साक्षर बनाने के लक्ष्य की प्राप्ति के लिए जनता के सहयोग की आवश्यकता है। समाज के सम्पन्न वर्गों के लोग बच्चों के लिए दोपहर के भोजन, जरूरतमंदों के लिए यूनीफार्म, पाठ्य पुस्तकों व लेखन सामग्री तथा छात्रवृत्ति आदि की व्यवस्था करके इस कार्य में अपना प्रत्यक्ष सहयोग दे सकते हैं। इसके अतिरिक्त विद्यालय भवन बनाने, उसके रख-रखाव, विशेष रूप से ग्रामीण क्षेत्रों में कार्य कर रही अध्यापिकाओं के रहने की व्यवस्था करने तथा क्षेत्र की विवाहित महिलाओं को गाँव के विद्यालय में अंशकालीन शिक्षण के लिए प्रेरित करने का कार्य भी लोग कर सकते हैं। लोगों द्वारा खोले गए निजी विद्यालय (Private School) भी लड़कियों की शिक्षा के क्षेत्र में महत्त्वपूर्ण भूमिका का निर्वाह कर सकते हैं। भक्त वत्सलम् कमेटी ने भी इस संदर्भ में ये सभी सुझाव दिए थे।

13. महिलाओं को शिक्षण व्यवसाय के लिए प्रोत्साहित करना (To encourage women to come in teaching profession)–जैसा कि पहले भी कहा जा चुका है कि महिलाओं की अध्यापक के रूप में नियुक्ति से लड़कियों की शिक्षा को बल मिलता है। इसलिए महिलाओं को इस व्यवसाय में आने के लिए प्रेरित किया जाना चाहिए। ग्रामीण क्षेत्रों में नियुक्ति के लिए उन्हें आयु-सीमा में छूट दी जानी चाहिए तथा वहाँ कार्यरत अध्यापकों को अधिक सुविधायें प्रदान की जानी चाहिए। उनकी कार्यदशाओं में सुधार किया जाना चाहिए। यह भी प्रयास किए जाने चाहिए कि उनकी नियुक्ति उनके गृह-क्षेत्र से अधिक दूर न हो। यदि किसी कारणवश ऐसा किया जाता है तो उन्हें अपनी नियुक्ति स्थान पर आवास की सुविधा उपलब्ध होनी चाहिए।

14. अंशकालीन शिक्षा (Part time Education)–वर्तमान में अनेक लड़कियाँ शिक्षा से इसलिए वंचित रह जाती हैं कि उनके लिए अंशकालीन शिक्षा की व्यवस्था नहीं है और वे पूर्ण कालीन विद्यालयों में शिक्षा इसलिए प्राप्त नहीं कर सकती, क्योंकि उन्हें परिवार की आर्थिक स्थिति अच्छी न होने के कारण या तो घर से बाहर अपने माता-पिता के साथ काम करने जाना पड़ता है और या घर में रहकर अपने छोटे

बहन-भाइयों की देखभाल करनी पड़ती है। अतः यह आवश्यक है कि इस प्रकार की लड़कियों के लिए अंशकालीन शिक्षा की व्यवस्था की जाये। इग्लैण्ड में भी 1870 में इस प्रकार की शिक्षा व्यवस्था की गयी थी। 1918 में इसे समाप्त कर दिया गया, क्योंकि लोगों की आर्थिक स्थिति में बहुत सुधार हो गया था। हमारे देश में अंशकालीन शिक्षा हजारों ऐसी लड़कियों को शिक्षित कर सकती है जो केवल गरीबी के कारण शिक्षा से वंचित रह जाती हैं। इसका समय इन लड़कियों की सुविधा के अनुसार निश्चित किया जाना चाहिए।

15. रात्रि पाठशालाएँ (Night Schools)–बहुत से अभिभावक अपनी लड़कियों को रात्रि पाठशालाओं में भेजने के लिए तैयार होते हैं, क्योंकि दिन के समय वे अपने माता-पिता की घर में या घर से बाहर मदद करती हैं। इसलिए लड़कियों की शिक्षा को प्रोत्साहित करने के लिए यह आवश्यक है कि रात्रि पाठशालाएँ खोली जाएँ और वहाँ लड़कियों की शिक्षा के लिए विशेष सुविधाओं की व्यवस्था की जाए।

16. महिला शिक्षा सप्ताह आयोजित करना (To Organise Women Education week)–प्रतिवर्ष महिला शिक्षा सप्ताह मनाया जाना चाहिए। इससे लड़कियों की शिक्षा के मार्ग में आने वाली बाधाओं को दूर करने में मदद मिलेगी और हम उनका नामांकन प्रतिशत बढ़ाने में सफल हो सकेंगे।

17. नामांकन अभियान चलाना (To Start enrolment drive)–अधिकतर माता-पिता लड़कियों को इसलिए विद्यालय नहीं भेजते क्योंकि उन्हें लगता है कि लड़कियों को शिक्षित करने की कोई आवश्यकता नहीं है। ऐसा देखा गया है कि इस प्रकार के माता-पिता को समझा-बुझाकर अपनी लड़कियों को विद्यालय भेजने के लिए प्रेरित किया जा सकता है। अतः यह आवश्यक है कि एक सुनियोजित अभियान चलाकर स्कूल जाने की आयु वाली लड़कियों का समीप के विद्यालय में नामांकन किया जाना चाहिए। नामांकन हो जाने पर माता-पिता बच्चियों को धीरे-धीरे विद्यालय भेजना अपने आप शुरू कर देंगे।

18. क्रेश खोलना (To open Creches)–जैसा कि ऊपर बताया गया है कि कुछ लड़कियाँ घर पर रहकर छोटे भाई-बहनों की देखभाल करती हैं, इसलिए विद्यालय नहीं जातीं। सरकार को चाहिए कि वह सामुदायिक केन्द्रों में, महिला समिति तथा विद्यालयों के समीप की इमारतों में क्रेश खोले, जिसमें छोटे बच्चों की देखभाल की व्यवस्था हो और लड़कियों को विद्यालय जाकर शिक्षा प्राप्त करने का अवसर मिल सके।

इस प्रकार यदि इन सुझावों पर ध्यान दिया जाये तो लड़कियों की समानता के लिए शिक्षा के लक्ष्य को प्राप्त करने में सफलता मिल सकती है। आवश्यकता इस बात की है कि विभिन्न आयोगों व सभितियों द्वारा दिए गए सुझावों पर अमल किया जाये। अन्यथा ये सुझाव कागजों की शोभा मात्र बनकर रह जायेंगे। नई शिक्षा नीति में महिलाओं को सशक्त बनाने की बात कही गयी है, लेकिन इसके लिए उनकी शिक्षा बहुत जरूरी है। एक समयबद्ध कार्यक्रम बनाकर उसे क्रियान्वित किए बिना हमें लड़कियों को पूर्ण साक्षर बनाने के लक्ष्य में सफलता प्राप्त नहीं हो सकती। समय-समय पर यह मूल्यांकन भी किया जाना चाहिए कि लक्ष्य की प्राप्ति कहाँ तक हुई? कार्यक्रम के क्रियान्वयन में क्या कमियाँ रहीं, जिससे आगे उन्हें दूर किया जा सके। सेवाकालीन प्रशिक्षण व पुनःचर्चा पाठ्यक्रमों के द्वारा अध्यापकों को यह जानकारी दी जाए कि वे लड़कियों को विद्यालयों में निर्धारित स्तर तक बनाये रखने के लिए किस प्रकार की शिक्षण विधियों व अन्य शैक्षिक कार्यक्रमों को अपनायें।

लड़कियों की संस्थागत-उपलब्धि के स्तर को बेहतर बनाने के उपाय (Strategies for raising academic achievement of the girls)–आवश्यकता केवल लड़कियों के नामांकन को बढ़ाने तथा उनकी उपस्थिति को बढ़ाने की ही नहीं है, उनके संस्थागत उपलब्धि के स्तर को ऊँचा उठाने की भी है। ऐसा नहीं है कि लड़कियाँ लड़कों से कम हैं। विभिन्न राज्यों की बोर्ड व विश्वविद्यालय परीक्षाओं तथा अनेक बार प्रतियोगी परीक्षाओं के परिणामों को देखने से पता चलता है कि योग्यता सूची में आने वालों में लड़कों की अपेक्षा लड़कियों की संख्या अधिक है। लड़कियों का पास प्रतिशत भी लड़कों की तुलना में अधिक रहता है। लेकिन यह केवल उन लड़कियों की बात है जो स्वयं तथा जिनके माता-पिता उनकी शिक्षा के प्रति सचेत हैं। आवश्यकता उन लड़कियों के संस्थागत उपलब्धि के स्तर को ऊँचा उठाने की है, जिन्हें उनके अभिभावकों के न चाहते हुए भी विद्यालय में प्रवेश दिया जाता है। हमारा लक्ष्य लड़कियों को पूर्ण साक्षर बनाना मात्र न

होकर उन सब के संस्थागत उपलब्धि के स्तर को बेहतर बनाना भी होना चाहिए। इसके लिए **निम्न बातों पर** ध्यान दिया जाना आवश्यक है–

1. लड़कियों की शिक्षा में रुचि पैदा करना (To create the interest of girls in education) –किसी भी क्षेत्र में विद्यार्थी के उपलब्धि स्तर को उन्नत करने का महत्त्वपूर्ण तरीका है विद्यार्थी की उसमें रुचि पैदा करना। रुचि व्यक्ति को किसी कार्य को करने के लिए प्रेरित करती है और प्रेरणा सीखने की आवश्यक शर्त है। यही बात लड़कियों के उपलब्धि स्तर को बढ़ाने के सन्दर्भ में भी कही जा सकती है। रुचि दो प्रकार की होती हैं–(i) स्वाभाविक, (ii) अर्जित। जिन लड़कियों की शिक्षा के प्रति स्वाभाविक रुचि होती है। उनकी शैक्षिक उपलब्धि का स्तर भी ऊँचा होता है, लेकिन यदि लड़कियों में स्वाभाविक रुचि का अभाव है तो वे मजबूरी में विद्यालय तो जाती हैं पर अधिक सफलता प्राप्त नहीं कर पाती। अतः यदि हम उनके शैक्षिक उपलब्धि के स्तर को ऊँचा उठाना चाहते हैं तो हमें कृत्रिम उपायों द्वारा उनकी शिक्षा में रुचि पैदा करनी होगी। इस सन्दर्भ में **बिंघम** का यह कथन उल्लेखनीय है कि "हम साधारणतः वही करना चाहते हैं जो पसन्द करते हैं और उसी काम को करना पसन्द करते हैं जिसमें हमारी रुचि होती है।" लड़कियाँ पढ़ाई को पसन्द करें इसके लिए उनकी रुचि इसमें जगानी होगी। इसके लिए **निम्न बातों** पर ध्यान दिया जा सकता है–

(i) विद्यालय भवन आकर्षक होना चाहिए।

(ii) उन्हें दोपहर का भोजन देने की व्यवस्था होनी चाहिए।

(iii) विद्यालय पाठ्यक्रम लड़कियों की रुचि के अनुरूप विविधता पूर्ण होना चाहिए।

(iv) अध्यापक शिक्षण में दृश्य-श्रव्य सामग्री का अधिक से अधिक प्रयोग करें।

(v) अध्यापक अपने विषय का शिक्षण प्रभावशाली विधियों से करें।

(vi) अध्यापक लड़कियों के मनोविज्ञान को समझे और उसी के अनुरूप उन्हें शिक्षित करने का प्रयास करें, जैसा कि कोलैसनिक ने कहा है–"किसी विषय में छात्र की रुचि उत्पन्न करने के लिए शिक्षक को छात्र के बारे में कुछ बातें और विषय के बारे में बहुत सी बातें जाननी चाहिए।" (In order to create the interest of a student in a subject, a teacher must know something about the student and a great deal about the subject.)

(vii) अध्यापक का लड़कियों के प्रति दृष्टिकोण स्नेह व सहानुभूतिपूर्ण होना चाहिए। उसका कठोर रवैया लड़कियों को विद्यालय आने के लिए हतोत्साहित करता है। उसका स्नेहपूर्ण व्यवहार लड़कियों में अध्यापक के प्रति सम्मान का भाव जगाता है और वे धीरे-धीरे शिक्षा में रुचि लेने लगती हैं।

इस प्रकार इन उपायों से लड़कियों की शिक्षा में विशेष रुचि पैदा करके उनके शैक्षिक उपलब्धि के स्तर को उन्नत किया सकता है।

2. शिक्षण में रुचि रखने वाले अध्यापकों की नियुक्ति (Appointment of the Teachers having interest in teaching)–आज बढ़ती बेरोजगारी के कारण शिक्षण व्यवसाय में ऐसे लोग आ गए हैं जिनकी शिक्षण में कोई रुचि नहीं है। ऐसे लोगों का एकमात्र उद्देश्य महीने के अन्त में वेतन प्राप्त करना होता है। ऐसे अध्यापकों से यह अपेक्षा की ही नहीं जा सकती कि वे लड़कियों की शिक्षा में रुचि पैदा करेंगे। वे अपने विषय का शिक्षण भी प्रभावशाली ढंग से नहीं करते। शिक्षण में किसी सहायक सामग्री का प्रयोग नहीं करते। इससे लड़कियों की शैक्षिक उपलब्धि का स्तर प्रभावित होता है। अतः आवश्यकता इस बात की है कि शिक्षण जैसे गरिमापूर्ण व्यवसाय में केवल उन्हीं व्यक्तियों को लिया जाए जो वास्तव में इसमें रुचि रखते हों। अध्यापक राष्ट्र के भविष्य के निर्माता होते हैं। वही कुशल डॉक्टर, इन्जीनियर, वैज्ञानिक तथा प्रशासक आदि तैयार करते हैं अतः शिक्षण व्यवसाय के महत्त्व को ध्यान में रखते हुए इसमें नियुक्ति से पूर्व अभिरुचि परीक्षण होना चाहिए और केवल ऐसे व्यक्तियों को ही अध्यापक नियुक्त किया जाना चाहिए जो वास्तव में अध्यापन में रुचि रखते हों। ऐसे समर्पित अध्यापक ही लड़कियों के शैक्षिक उपलब्धि के स्तर को बेहतर बनाने में मदद कर सकते हैं।

3. रोचक एवं विविधतापूर्ण पाठ्यक्रम (Interesting and diversified curriculum)–सभी स्तरों पर लड़कियों के लिए रोचक व विविधतापूर्ण पाठ्यक्रम की व्यवस्था होनी चाहिए। पाठ्यक्रम में केवल पाठ्य विषय ही सम्मिलित न हों हस्तशिल्प, गृह-विज्ञान जैसे लड़कियों की रुचि के विषय भी होने चाहिए। रुचि व स्तर को ध्यान में रखते हुए विभिन्न पाठ्यक्रम में सहगामी गतिविधियों का आयोजन भी किया जाना चाहिए तथा लड़कियों को इनमें भाग लेने के लिए प्रोत्साहन देना चाहिए। इससे वे धीरे-धीरे विद्यालय की विभिन्न गतिविधियों में रुचि लेने लगेंगी और इसका प्रभाव उनके शैक्षिक उपलब्धि के स्तर पर भी पड़ेगा।

4. लड़कियों की सोच को बदलना (To change the thinking of girls)–भारतीय ग्रामीण परिवारों में प्रायः यह बात लड़कियों के दिमाग में शुरू से ही भर दी जाती है कि उनको घर गृहस्थी के कार्य करने होते हैं। इसके लिए अधिक पढ़ने-लिखने की जरुरत नहीं है, थोड़ा बहुत पढ़ना-लिखना आ जाये, यही उनके लिए बहुत है। अधिक पढ़ाई तो केवल लड़कों के लिए है। इस प्रकार की मानसिकता लिये जब लड़कियाँ विद्यालय आती हैं तो उनसे उच्च शैक्षिक उपलब्धि की आशा नहीं की जा सकती। उनके शैक्षिक उपलब्धि के स्तर को बेहतर बनाने के लिए सबसे पहले लड़कियों की इस सोच को बदलना जरूरी है। उन्हें यह बताया जाना जरूरी है कि उनके लिए तो शिक्षा और भी आवश्यक है। शिक्षा के महत्त्व को समझकर वे मात्र साक्षर बनने के लिए ही शिक्षा ग्रहण नहीं करेंगी वरन् विभिन्न क्षेत्रों में आगे आने की भावना का उनमें विकास होगा और इसका प्रभाव निश्चित रूप से उनकी शैक्षिक उपलब्धि पर पड़ेगा।

5. विशेष शैक्षिक सुविधायें (Special educational facilities)–अनेक लड़कियाँ योग्य होते हुए भी अपेक्षित उपलब्धि इसलिए प्राप्त नहीं कर पातीं, क्योंकि उनके पास पर्याप्त सुविधाओं का अभाव है। विद्यालय यूनीफार्म न होने के कारण वे विद्यालय नहीं जाना चाहती। विद्यालय में उनकी उपस्थिति कम रहती है, जिससे वे पढ़ाई में पिछड़ जाती हैं। इसी प्रकार पाठ्य-पुस्तकों व लेखन सामग्री का अभाव भी उनकी संस्थागत उपलब्धि को प्रभावित करता है। अतः ऐसी योग्य और जरूरतमंद छात्राओं के लिए विद्यालय द्व ारा ये सभी सुविधाएँ निःशुल्क प्रदान की जानी चाहिए। जिससे वे केवल साधनों के अभाव में अपनी क्षमता के अनुरूप उपलब्धि से वंचित न रह जाएँ। इस सन्दर्भ में समाज के सम्पन्न लोगों का सहयोग भी बहुत उपयोगी सिद्ध हो सकता है। वे इस प्रकार की निर्धन छात्राओं के लिए छात्रवृत्ति, निःशुल्क यूनीफार्म, पाठ्य पुस्तकों तथा लेखन सामग्री की व्यवस्था कर सकते हैं।

6. उचित प्रोत्साहन (Proper incentive)–बच्चों में यह स्वाभाविक प्रवृत्ति होती है कि यदि उनके किसी कार्य की प्रशंसा कर दी जाए तो वे उसे और अच्छी तरह करने का प्रयास करते हैं। उनकी इस प्रवृत्ति का लाभ लड़कियों के संस्थागत उपलब्धि के स्तर को ऊँचा उठाने में किया जा सकता है। यदि लड़कियाँ सभी विषयों में या कुछ विषयों में अच्छे अंक लेती हैं तो अध्यापकों व अभिभावकों को इसके लिए उनकी प्रशंसा करनी चाहिए। जब-तब उन्हें इसके लिए पुरस्कार भी दिया जाना चाहिए। कम अंक लेने पर भी डाँटने की अपेक्षा यदि प्यार से उन्हें समझाया जाये, उनकी शैक्षिक कमजोरी दूर करने के लिए उनकी मदद की जाए तो उनकी उपलब्धि भी पहले से अच्छी हो सकती है।

7. प्रतिस्पर्धा या मुकाबले (Competitions)–वैंघन व डिसेरेन (Vanghan and Diseren) का मानना है कि स्पर्धापूर्ण स्थितियाँ कार्य-क्षमता को बढ़ाती हैं और सीखने को सरल बनाती है। **हरलॉक चेपमैन** (Chapman) आदि मनोवैज्ञानिकों ने प्रयोगों के आधार पर सिद्ध किया है कि यदि किसी विद्यार्थी अथवा समूह में मुकाबले की भावना भर दी जाती है तो वह अपनी पूर्ण शक्ति या क्षमता के अनुसार कार्य करता हे और उसकी उपलब्धि उस विद्यार्थी या समूह से कहीं अधिक अच्छी होती है, जिसमें प्रतिस्पर्धा की भावना नहीं होती। इस मनोवैज्ञानिक तरीके को हम लड़कियों के उपलब्धि के स्तर को बेहतर बनाने के लिए प्रयोग में ला सकते हैं। उन्हें लड़कों अथवा अन्य लड़कियों के साथ मुकाबला करने के लिए प्रेरित किया जा सकता है। उन्हें पहले प्राप्त अंकों के मुकाबले अधिक अंक प्राप्त करने की इच्छा भी अपनी उपलब्धि के स्तर को सुधारने में मदद कर सकती है, लेकिन ध्यान रहे स्वस्थ प्रतियोगिता की भावना ही उपयोगी है। अतः लड़कियों में इसके विकास पर ही बल दिया जाना चाहिए।

8. नवीन मनोवैज्ञानिक शिक्षण विधियाँ (New Psychological Teaching Methods)–अध्यापक की शिक्षण विधि का प्रभाव निश्चित रूप से लड़कियों की उपलब्धि पर पड़ता है। यदि अध्यापक द्वारा प्रयोग की गयी विधि रोचक है, वह अपने विषय को बच्चों के जीवन के साथ जोड़ कर पढ़ा रहा है, बच्चे की रुचि का ध्यान रखता है, आवश्यकतानुसार सहायक सामग्री का प्रयोग करता है तथा पाठ के विकास में बच्चों का पूर्ण सहयोग लेता है तो उसके शिक्षण के परिणाम अधिक सकारात्मक होंगे। अतः यदि लड़कियों की संस्थागत उपलब्धि के स्तर को हम सुधारना चाहते हैं तो अध्यापकों को लड़कियों के मनोविज्ञान स्तर को समझ कर उसी के अनुसार शिक्षण विधियों का प्रयोग करना चाहिए।

9. समय-समय पर मूल्यांकन व परिणाम का ज्ञान (Time to time evaluation and knowledge of Results)–साल में दो या तीन बार होने वाली परीक्षायें उतनी उपयोगी सिद्ध नहीं होतीं जितना समय-समय पर होने वाला मूल्यांकन। अध्यापक को चाहिए कि वह जल्दी-जल्दी मूल्यांकन करें। इससे लड़कियाँ अधिक मनोयोग से पढ़ाई करेंगी। परीक्षा केवल दो बार होने से लड़कियाँ नियमित रूप से पढ़ाई नहीं करतीं। वे सोचती हैं कि परीक्षा के दिनों में ही तैयारी कर लेंगी। घरेलू कार्यों में लगे रहने के कारण वे रोज का काम भी नहीं करतीं। परिणाम यह होता है कि परीक्षा में वे पिछड़ जाती हैं। समय-समय पर मूल्यांकन होने से उनमें नियमित अध्ययन की आदत बनी रहती है और परीक्षाओं में उन्हें किसी प्रकार की परेशानी नहीं होती। एक बात और भी उल्लेखनीय है कि अध्यापक को चाहिए कि वह उन्हें परिणाम की जानकारी जल्दी से जल्दी दे। इससे उन्हें और अच्छा कार्य करने की प्रेरणा मिलती है। यदि अध्यापक टैस्ट लेकर महीने भर बाद उसका परिणाम लड़कियों को बताता है तो उनके उपलब्धि के स्तर में कोई सुधार नहीं होगा। अतः लड़कियों के उपलब्धि स्तर में सुधार लाने के लिए समयबद्ध मूल्यांकन तथा शीघ्र परिणाम की जानकारी देना जरूरी है।

10. उपचारात्मक शिक्षण (Remedial Teaching)–जैसा कि पहले भी कहा जा चुका है कि भारत में स्त्री शोषण का शिकार होती रही है। पुरुष प्रधान समाज होने के कारण अधिकतर परिवारों में लड़कों व लड़कियों में भेदभाव किया जाता है। लड़कियों की शिक्षा पर भी अधिक ध्यान नहीं दिया जाता। यदि लड़का किसी विषय में कमजोर है तो उसके लिए प्राइवेट ट्यूशन की व्यवस्था की जाती है पर लड़की के लिए नहीं। कुछ विशेष विषयों में पिछड़ी होने के कारण लड़कियों का उपलब्धि का स्तर प्रभावित होता है। अतः लड़कियों के लिए विद्यालय में ही उपचारात्मक शिक्षण की व्यवस्था होनी चाहिए। गणित, विज्ञान तथा अंग्रेजी जैसे विषयों में विद्यालय के समय के बाद अथवा छुट्टी के दिनों में विशेष कक्षायें लगायी जानी चाहिए तथा इन विषयों में कमजोर छात्राओं का सही मार्गदर्शन किया जाना चाहिये। यह व्यवस्था निःशुल्क होनी चाहिए। लेकिन इस जिम्मेदारी को निभाने वाले अध्यापकों को विभाग की ओर से कुछ आर्थिक लाभ अवश्य दिया जाना चाहिए। यह व्यवस्था शिक्षा के सभी स्तरों पर होनी चाहिए।

11. उद्देश्य निर्धारण (Fixation of goal)–जैसा कि हम जानते हैं कि उद्देश्य हमारी क्रियाओं को सही दिशा प्रदान करता है और व्यवहार को अभिप्रेरित करता है। लड़कियों के उपलब्धि स्तर के अच्छा न होने का एक मुख्य कारण यह है कि वे बिना किसी उद्देश्य के शिक्षा ग्रहण करती हैं। यदि कोई उद्देश्य होता भी है तो मात्र इतना कि वे थोड़ा बहुत पढ़ना-लिखना सीख सकें। अध्यापकों का यह कर्तव्य है कि वे लड़कियों को इस बात के लिए प्रेरित करें कि वे अपनी शिक्षा का कोई उद्देश्य निर्धारित करें और उसे प्राप्त करने के लिए प्रयत्न करें। ऐसा करने से उनके संस्थागत उपलब्धि के स्तर में निश्चित रूप से बेहतरी आएगी।

12. मध्याह्न भोजन की व्यवस्था (Provision for mid day meal)–यदि पेट भूखा है तो व्यक्ति से यह अपेक्षा नहीं की जा सकती कि वह अपनी क्षमताओं के अनुरूप कार्य करेगा। जैसा कि विदित है भारतीय समाज में अधिकतर परिवारों की आर्थिक स्थिति अच्छी नहीं है। वे या तो अपनी लड़कियों को विद्यालय भेजना ही नहीं चाहते और यदि भेजते भी हैं तो भूखे पेट। ऐसे में उनसे अच्छी व क्षमता के अनुरूप उपलब्धि की आशा नहीं की जा सकती। अतः प्राथमिक स्तर पर उनके लिए निःशुल्क दोपहर के भोजन की व्यवस्था होनी चाहिए। हरियाणा के सभी प्राथमिक विद्यालयों में इस योजना को आरम्भ किया जा चुका है। भुने चने जैसा कुछ अल्पाहार दिया जा सकता है। इससे लड़कियों के संस्थागत उपलब्धि के स्तर में निश्चित रूप से सुधार होगा।

13. प्रौढ़ शिक्षा (Adult Education)–प्रौढ़ शिक्षा प्रौढ़ों में शैक्षिक चेतना जगाती है। शिक्षित अभिभावक अपनी लड़कियों की शिक्षा के प्रति अधिक सचेत होंगे और उसमें रुचि लेंगे। उन्हें अच्छी तरह पढ़ने के लिए प्रोत्साहित करेंगे। उनकी शिक्षा सम्बन्धी समस्याओं को समझेंगे व उन्हें दूर करने में हर सम्भव सहयोग करेंगे। इससे लड़कियों की संस्थागत उपलब्धि का स्तर सुधरेगा।

अन्त में कहा जा सकता है कि आज समाज में तेजी से जागरूकता आ रही है। लड़कियाँ विभिन्न क्षेत्रों में आगे आ रही हैं। वे कुशल डॉक्टर, इन्जीनियर, वकील व प्रशासक सिद्ध हो रही हैं। उनका प्रवेश अपनी योग्यता के बल पर उन सभी क्षेत्रों में हो गया है, जहाँ किसी महिला के पहुँचने की बात सोची भी नहीं जा सकती थी। सब जगह वह अपनी उत्कृष्ट प्रतिभा का प्रदर्शन कर रही हैं। आवश्यकता है अधिक से अधिक लड़कियों को आगे बढ़ने की प्रेरणा दी जाए। आज संसद व विधानसभाओं में महिलाओं के लिए 1/3 सीटों के आरक्षण का विचार किया जा रहा है। पर इसका लाभ तभी मिलेगा जबकि वे अपनी योग्यता के बल पर आगे आयें, वे शिक्षित हों। अतः यह आवश्यक है कि लड़कियों की साक्षरता के प्रतिशत को बढ़ाने के प्रयत्न किए जाएँ और ऐसे कदम भी उठाये जायें जिससे वे अपनी योग्यता व प्रतिभा के अनुरूप उपलब्धि हासिल कर सकें। यदि ऐसा हो सका तो महिलाएँ पुरुषों से भी आगे बढ़ जायेंगी इसमें कोई संदेह नहीं। गुप्त जी ने तो–"एक नहीं दो-दो मात्रायें नर से भारी नारी।" यह कहते हुए नारी को पुरुषों से अधिक सक्षम बता दिया है। यदि सुविधायें मिलें तो लड़कियाँ इस कथन को सही सिद्ध कर सकती हैं।

◆◆◆

---

7. स्त्री शिक्षा के उद्देश्यों तथा स्त्री शिक्षा हेतु किए गए प्रयासों का संक्षेप में वर्णन कीजिये। आचार्य राममूर्ति समिति ने स्त्री शिक्षा के संबंध के क्या सिफारिशें की हैं?

(Describe in brief the objectives and efforts made for Women Education. What are recommendation of Acharya Rama Murti Committee about women education?)

उत्तर–स्त्री शिक्षा के उद्देश्य (Objectives of Women Education)–

1. सर्वांगीण व्यक्तित्व का विकास (All round development of personality)–स्वतन्त्र भारत में स्त्री जाति को अबला से सबला बनाने के लिए उनके शारीरिक, बौद्धिक, मानसिक, आध्यात्मिक, सामाजिक विकास करने के लिए उपयोगी शिक्षा की व्यवस्था की जाए। स्त्रियोचित खेल कूद, व्यायाम, आसनों की व्यवस्था, विविध बौद्धिक और मानसिक शक्तियों का विकास करने के विषयों का शिक्षण दिया जाना चाहिए। चूँकि उपर्युक्त शिक्षा का प्रबन्ध एकमात्र महिला विद्यालयों में ही सम्भव है, इसलिये इन विद्यालयों का विकास और प्रसार किया जा रहा है।

2. स्त्रीत्व को बनाये रखने की दीक्षा, शिक्षा और वातावरण की व्यवस्था–स्त्री का स्त्रीत्व उसकी लज्जा शीलता, कौमार्य और विनम्रता परन्तु निर्भीकता में सन्निहित होता है। यह सब तभी सम्भव है, जब उन्हें स्त्रियोचित कर्तव्यों से परिचित कराया जाए। भारतीय संस्कृति में स्त्रियों की स्थिति महत्त्वपूर्ण है। वह माता (जननी) है, पत्नी है, बहन है, पुत्री है। उनके अपने-अपने स्थान पर क्या कर्तव्य हैं, क्या अधिकार हैं, उन्हें समाज में कैसे व्यवहार करना चाहिए। उन्हें इन बातों का ज्ञान कराना आवश्यक है।

3. योग्य माता, गृहिणी, पत्नी और कार्यकर्त्ता बनाना–भारतीय संस्कृति में माता बालक की सबसे पहली गुरु होती है। वह बालक के संस्कारों को निर्धारित करती है और समुचित वातावरण, सीख, लालन-पालन और स्नेह देकर उसका सामाजिक तथा मानवीय विकास करती है। गृहस्थ जीवन में स्त्री–माता, गृहिणी तथा पत्नी तीनों के रूप में कर्तव्य पालन करती हैं। उनकी शिक्षा व्यवस्था ऐसी हो कि स्त्रियाँ कुशल माता, गृहिणी, पत्नी और सहयोगी बन सकें।

4. धार्मिकता, नैतिकता, चरित्र-निर्माण और शान्ति-स्थापना का स्रोत बनाना–धार्मिक भावनाओं का प्रसार करके स्त्री बालकों का नैतिक आचरण सुधारती हैं। वह दया की देवी है, क्षमा शीलता उसका धर्म है, वह सहिष्णु, उदार और सहकारी है। स्त्री बालकों में योग्य नागरिक के इन गुणों की स्थापना करती है। शिक्षा द्वारा स्त्री का धार्मिक, नैतिक और चारित्रिक मार्ग दर्शन करना आवश्यक है।

5. सांस्कृतिक प्रसार का स्रोत बनाना–समाज में विविध सांस्कृतिक परम्पराएँ स्त्रियों द्वारा ही संस्थापित होती हैं। ये उनकी रक्षक, पोषक और प्रसारक हैं। वे परिवार से लेकर समाज के क्षेत्र में अपने व्यवहारों द्वारा संस्कृति का विकास करने में योगदान देती हैं। वे रहन-सहन के ढंग, धार्मिक प्रथाएँ, रीति-रिवाज, सामाजिक मान्यताएँ, मातृभाषा-विकास, पारिवारिक शिक्षा द्वारा सामाजीकरण के आदर्श प्रस्तुत करके पुरुष वर्ग का मार्गदर्शन करती हैं। इसलिए स्त्री-शिक्षा में भारतीय संस्कृति का समन्वय होना चाहिए, जिससे वह उस संस्कृति का प्रसार करने का उत्तरदायित्व निर्वाह कर सके।

6. व्यावसायिक, जीविकोपार्जन एवं कला में दक्षता–यदि किसी परिवार के कर्तव्यों के निर्वाह की पूर्ति करने के उपरान्त स्त्री के पास अवकाश का समय बचता है तो वह उसका सदुपयोग व्यावसायिक एवं जीविकोपार्जन के कार्यों द्वारा कर सकती है। इस प्रकार स्त्री परिवार की आर्थिक स्थिति में भारी योगदान दे सकती है। जब किसी परिवार का मुखिया नहीं रहता तो परिवार के लालन-पालन का भार स्त्री पर ही आ जाता है। अतः स्त्री जाति को सशक्त बनाना चाहिए और शिक्षा में उपयोगी पाठ्यक्रम सँजोना चाहिए।

7. प्रजातन्त्र की सुरक्षा और गणतन्त्र में विश्वास रखने की भावना का प्रसार–बालक के प्रशिक्षण एवं शिक्षण की सबसे पहली सीढ़ी परिवार है। माता-पिता और परिवार के लोग बालक को नागरिकता की शिक्षा देते हैं। यदि स्त्री प्रजातन्त्र की प्रणालियों से परिचित है तो वह अपने घर का वातावरण भी प्रजातन्त्रतात्मक बना सकती है। ऐसे वातावरण में पलने वाले बालक प्रजातन्त्र में आस्था रखने वाले और उसमें योगदान देने वाले बन सकेंगे। इसलिए स्त्री-शिक्षा-पाठ्यक्रम में नागरिकता की शिक्षा और प्रजातन्त्र के सिद्धान्तों की जानकारी का समावेश होना चाहिए।

8. नेतृत्व और उत्तरदायित्व की क्षमता का विकास–भारतीय स्त्री ने विविध क्षेत्रों में मार्ग दर्शन और नेतृत्व किया है। लक्ष्मीबाई (झाँसी की रानी), सरोजिनी नायडू, ऐनी बेसेन्ट, कमला नेहरू, कस्तूरबा, इन्दिरा गांधी जैसी विदुषी महिलाओं ने युद्ध-कौशल, सामाजिक सुधार, राजनीतिक सुधार और आर्थिक नियोजन में भारी योगदान दिया है। आज भी भारत को ऐसे नेताओं की आवश्यकता है। इसलिए आधुनिक छात्राओं को छात्रों के समान विकास की सुविधाएँ और अवसर देकर प्रत्येक क्षेत्र में नेतृत्व का शिक्षण देना चाहिए, जिससे वे योग्य चिकित्सक, योग्य अभियन्ता, योग्य अध्यापक और समाज सुधारक बनकर राष्ट्र की सेवा कर सकें।

स्त्री-शिक्षा के लिए किए गए प्रयास
(Efforts made for Women Education)

भारतीय संविधान में उल्लेखित है कि किसी भी नागरिक से लिंग के आधार पर भेदभाव नहीं किया जायेगा। भारतीय संविधान के अनुसार राज्य किसी नागरिक के विरुद्ध केवल धर्म, जाति, लिंग, जन्म स्थान या इनमें से किसी के आधार पर कोई विभेद नहीं करेगा।

स्वतन्त्रता के पश्चात् स्त्री-शिक्षा के सन्दर्भ में आयोगों एवं समितियों ने निम्न कार्य किये हैं–

1. राधाकृष्णन कमीशन (1948-49)–राधाकृष्णन कमीशन ने स्त्री शिक्षा पर बल देते हुए कहा कि **"शिक्षित स्त्रियों के बिना शिक्षित व्यक्ति नहीं हो सकता।"** इस आयोग ने स्त्री शिक्षा के विकासार्थ कुछ सुझाव भी दिये।

(i) नारी को सुमाता तथा सुगृहिणी बनाने की शिक्षा दी जाए।
(ii) स्त्रियों के लिए शिक्षा सुविधाओं का विस्तार किया जाए।
(iii) स्त्रियों को गृह-प्रबन्ध अध्ययन की प्रेरणा और अवसर दिये जायें।
(iv) अध्यापिकाओं को समान कार्यों के लिए अध्यापकों के समान वेतन दिया जाए।
(v) ऐसा पाठ्यक्रम बनाया जाए, जो बालिकाओं को समाज में समान स्थान दिला सके।

स्वतन्त्रता-प्राप्ति के पश्चात् राष्ट्रीय सरकार ने नारी शिक्षा के प्रसार के लिए अधिक उत्साह का प्रदर्शन किया। सरकार द्वारा स्त्री शिक्षा के लिए प्रभावशाली कदम उठाये गए।

2. राष्ट्रीय महिला शिक्षा समिति (1958)–इस समिति को दुर्गाबाई देशमुख समिति के नाम से भी जानता जाता है। महिला शिक्षा पर विशेष ध्यान देने के उद्देश्य से दुर्गाबाई देशमुख की अध्यक्षता में एक समिति गठित की गई, जिसका उद्देश्य स्त्री शिक्षा की विभिन्न समस्याओं का समाधान करने के लिए सुझाव देना था। 1959 में समिति ने निम्नलिखित सुझाव प्रस्तुत किये–

(i) कुछ वर्षों तक बालिका शिक्षा की ओर विशेष ध्यान देने की आवश्यकता तथा स्त्रियों के लिए अलग से प्रशासनिक व्यवस्था भी की जानी चाहिए।

(ii) ग्रामीण क्षेत्रों में स्त्री-शिक्षा के विकास हेतु सरलीकृत अनुदान दिए जाने की व्यवस्था की जानी चाहिए।

(iii) उपलब्ध धनराशि का उपयोग बालिकाओं के मिडिल तथा माध्यमिक स्तर के विद्यालयों, शिक्षक प्रशिक्षण, स्कूलों, छात्रावास तथा महिला अध्यापिकाओं हेतु छात्रावास बनाये जाने के लिए अनिवार्य रूप से किया जाना चाहिए।

(iv) राज्यों में बालिकाओं एवं स्त्री शिक्षा की राज्य परिषदों का निर्माण किया जाए।

(v) बालक तथा बालिका शिक्षा के लिए विषमता को शीघ्र समाप्त किया जाए।

3. राष्ट्रीय शिक्षा नीति 1986–इसमें निम्नलिखित उपाय सुझाये गये–

(i) बालिकाओं की शिक्षा के लिए परिवेश का निर्माण करना।

(ii) औपचारिक तथा अनौपचारिक दोनों प्रकार की शिक्षा सुविधाएँ बढ़ाना।

(iii) वर्तमान कार्यक्रम का विस्तार एवं अनेक सहायता कार्यक्रमों को प्रारम्भ किया जाये, जिससे बालिकाओं का स्तर बढ़ाया जा सके।

(iv) आवश्यकताओं की पूर्ति के लिए अनुपूरक पाठ्यक्रम तैयार करना।

(v) निरक्षर स्त्रियों के लिए युद्ध स्तर पर कार्य करके निरक्षरता दूर करने के उपाय किये जायें, जिसमें स्वयंसेवी संगठन तथा सम्पूर्ण मानव शक्ति का सहयोग लिया जाये।

4. राष्ट्रीय महिला आयोग 1990–राष्ट्रीय महिला आयोग अधिनियम, 1990 में पारित किया गया। इसमें एक अध्यक्ष, एक सचिव एवं पाँच पूर्णकालिक सदस्य थे। यह आयोग 31 जनवरी, 1992 से प्रभावी हुआ। इस आयोग को निम्न कार्य सौंपे गये–

(i) महिलाओं को कानूनी सुरक्षा प्रदान की गयी है। उन्हें कारगर ढंग से लागू करने के उपाय सुझाना।

(ii) महिलाओं को प्रभावित करने वाले कानूनों में कमी, अपर्याप्त या त्रुटि पर संशोधन के भी सुझाव देना।

(iii) महिलाओं की शिकायतों पर ध्यान देना एवं जहाँ कानूनों का उल्लंधन होता है। समस्याओं को सम्बन्धित अधिकारी तक पहुँचाना।

(iv) महिलाओं को आर्थिक एवं सामाजिक विकास के लिए योजनाएँ बनाने के लिए प्रक्रिया में भाग लेना।

(v) सुधार गृहों, जेलखानों व अन्य स्थानों पर उनके पुनर्वास तथा दशा सुधारने के बारे में सिफारिशें करना।

आचार्य राममूर्ति समिति (1990) तथा महिला शिक्षा (Acharya Ramamurti Committee (1990) and Women Education)–आचार्य राममूर्ति समिति ने महिला शिक्षा के सम्बंध में निम्नांकित महत्त्वपूर्ण सिफारिशें की हैं–

1. प्राथमिक विद्यालयों के समीप शिशु देखभाल तथा शिक्षा केन्द्र स्थापित किये जाने चाहिये। साथ ही इनकी समयावधि को विद्यालयों की समयाविधि के साथ समायोजित किया जाना चाहिए।

2. कक्षा 1 से 3 का पाठ्यक्रम शिशु केन्द्रों के अनुकूल बनाया जाये।
3. आँगनवाड़ी कार्यकर्त्ताओं तथा विद्यालय शिक्षकों में समन्वय स्थापित किया जाये।
4. 300 या इससे अधिक आबादी वाले क्षेत्रों में प्राथमिक विद्यालय स्थापित किये जाएँ।
5. 500 या इससे अधिक आबादी वाले क्षेत्र में एक जूनियर-हाईस्कूल स्थापित किया जाये।
6. विद्यालय की समयावधि को स्थानीय क्षेत्र की आवश्यकताओं के अनुकूल निर्धारित किया जाये।
7. विद्यालय छोड़ चुके (Drop-outs) बच्चों के लिये गैर-औपचारिक (Non-formal) विधियों को काम में लाया जाये।
8. योग्य छात्राओं को छात्रवृत्तियाँ प्रदान की जाएँ।
9. योग्य छात्राओं को यूनीफार्म, पाठ्य-पुस्तकें आदि प्रदान की जाएँ।

◆◆◆

1.4 शिक्षा तथा मौलिक अधिकार और कर्तव्य (Education and Fundamental Rights and Duties)

1. भारतीय संविधान में दिये गये मौलिक अधिकारों की आलोचनात्मक विवेचना कीजिए।
(Critically discuss about the fundamental rights as given in the Indian-Constitution.)

अथवा

भारतीय संविधान में अंकित मौलिक अधिकारों का आलोचनात्मक वर्णन कीजिए।
(Critically explain the Fundamenatal Rights as given in the Indian Constitution.)

उत्तर–भारतीय संविधान के तीसरे अध्याय में नागरिकों के मौलिक अधिकारों की व्यवस्था की गई है। ये मौलिक अधिकार अमेरिकन संविधान तथा मानव अधिकारों की सार्वभौमिक घोषणा से प्रभावित होकर संविधान में शामिल किए गए हैं। इन्हें संविधान की अंतर्आत्मा *(Conscience of the Constitution)* कहा गया है। **लास्की** का कथन है–**"राज्य इस बात से जाना जाता है कि उसके अधिकारों की क्या व्यवस्था है।"** *(A state is known by the rights it maintains.*—**Laski***)*

भारतीय संविधान में वर्णित मौलिक अधिकारों के महत्त्व को प्रकट करते हुए **जी.एन. जोशी** का कथन है–**"मौलिक अधिकार ही ऐसे साधन हैं जिनके द्वारा स्वतंत्र लोकतांत्रिक देश में सामाजिक, धार्मिक और नागरिक जीवन का भरपूर आनंद प्राप्त किया जा सकता है। इन अधिकारों के बिना लोकतांत्रिक सिद्धांतों को लागू नहीं किया जा सकता और बहुमत की तानाशाही का भय रहता है।"**

(The Fundamental Rights are the only means of effective enjoyment of social, religious and civil life in a free democratic country. Without these rights, the democratic principles cannot operate and there is a danger of tyranny of the majority.—**G.N. Joshi***)*

जब *26* जनवरी, *1950* को भारत का संविधान लागू हुआ तो मौलिक अधिकारों की संख्या *7* थी। दिसंबर, *1978* में *44*वें संवैधानिक संविधान द्वारा व्यक्तिगत संपत्ति के अधिकार को मौलिक अधिकारों की सूची से बाहर कर दिया गया। वर्तमान में भारतीय नागरिकों को छः प्रकार के मौलिक अधिकार प्राप्त हैं। मौलिक अधिकारों में *86*वें संवैधानिक संशोधन द्वारा मई, *2002* में शिक्षा के अधिकार को धारा *21-A* के अंतर्गत शामिल किया गया। संविधान निर्माताओं द्वारा मौलिक अधिकारों की व्यवस्था करके न केवल लोकतंत्र की स्थापना की गई अपितु लंबे समय से चली आ रही भारतीयों की अधिकारों की मांग को भी पूरा किया।

अनुच्छेद *12, 13, 33, 34* और *35* में मौलिक अधिकारों के संबंध में सामान्य प्रावधान किए गए हैं। अनुच्छेद *12* में राज्य का अर्थ बताया गया है और इसमें केन्द्रीय कार्यपालिका, संसद, राज्य सरकारें और विधानमंडल भारतभूमि और भारत सरकार के अधीन सभी स्थानीय और प्रशासनिक विभाग शामिल हैं।

अनुच्छेद *13* में व्यवस्था की गई है कि मौलिक अधिकारों को सीमित अथवा समाप्त करने वाले कानूनों का निर्माण नहीं किया जाएगा।

अनुच्छेद *33* में व्यवस्था की गई है कि सशस्त्र सेनाओं के मौलिक अधिकार सीमित किए जा सकते हैं।

अनुच्छेद *34* में प्रावधान है कि संकटकालीन अवस्था में मौलिक अधिकारों पर प्रतिबंध लगाया जा सकता है।

अनुच्छेद *35* में व्यवस्था की गई है कि संसद मौलिक अधिकारों को लागू करने के लिए कानूनों का निर्माण कर सकती है और इसके उल्लंघन करने की अवस्था में दंड के प्रावधान भी निश्चित कर सकती है।

भारतीय संविधान में अंकित मौलिक अधिकारों का वर्णन निम्न प्रकार से किया जा सकता है–

1. समानता का अधिकार–अनुच्छेद 14 से 18 (Rights to Equality–Aricle 14 to 18)–तीसरे अध्याय की धारा *14* से *18* तक समानता के अधिकार का वर्णन किया गया है। इसके अंतर्गत निम्न समानताएँ स्थापित की गई हैं–

(i) कानून के समक्ष समानता (Equality before Law)–संविधान की धारा *14* में यह प्रावधान किया है कि किसी भी व्यक्ति से उसकी जाति, धर्म, सम्प्रदाय, लिंग आदि के आधार पर कोई भेदभाव नहीं किया जायेगा। कानून के समक्ष सभी समान होंगे।

(ii) भेदभाव की मनाही (Prohibition of Discrimination)–संविधान की धारा *15* में भेदभाव को समाप्त करने के उद्देश्य से यह व्यवस्था की गई है कि राज्य के द्वारा ऐसे कानूनों का निर्माण नहीं किया जायेगा जो भेदभावपूर्ण हों! किसी भी व्यक्ति को किसी भी आधार पर सार्वजनिक स्थानों, जैसे–होटल, सिनेमाघर, पार्क आदि में प्रवेश करने से नहीं रोका जा सकता।

इस अधिकार का अपवाद *(Exception)* भी है। राज्य चाहे तो महिलाओं, बच्चों तथा अनुसूचित जातियों एवं जनजातियों के कल्याण के लिए विशेष उपाय कर सकता है।

(iii) अवसरों की समानता (Equality of Opportunities)–संविधान की धारा *16* में कहा गया है कि सरकारी नौकरियों में सभी को समान अवसर उपलब्ध कराये जायेंगे। नियुक्तियों में कोई भेदभाव नहीं किया जायेगा।

इस प्रकार का अपवाद यह है कि पदों के लिए योग्यताओं का निर्धारण किया जा सकता है। कमजोर एवं पिछड़े वर्गों के लिए पदों का आरक्षण किया जा सकता है। कोई भी धार्मिक संस्था अपने पदों को भरने के लिए विशेष सम्प्रदाय को प्राथमिकता दे सकती है।

(iv) छुआछूत की समाप्ति (Abolition of Untouchability)–संविधान की धारा *17* में छुआछूत को समाप्त किया गया है। यह एक दंडनीय अपराध है। *1976* में *1955* के छुआछूत कानून में संशोधन करके इसे कड़ा बनाया गया तथा इसके लिए दण्डित होने पर संसद तथा विधान सभा चुनावों में छः वर्ष के प्रतिबंध का प्रावधान किया गया।

(v) उपाधियों का अंत (Abolition of Titles)–धारा *18* में उपाधियों के प्रदान करने पर रोक लगाई गई है। सेना, शिक्षा और राज्य द्वारा प्रदान उपाधि को इससे अलग रखा गया। यह भी प्रावधान रखा गया कि सरकारी सेवा अथवा लाभ के पद पर कार्यरत व्यक्ति राष्ट्रपति की अनुमति के बिना विदेशों से भी कोई उपाधि नहीं ले सकता। **एम.वी. पायली** का विचार है–**''यह सत्य है कि यह किसी के लिए किसी विशेषाधिकार की व्यवस्था नहीं करता फिर भी यह महान् मौलिक अधिकार है, भारतीय जनसंख्या के छठे भाग के लिए एक ऐसा दस्तावेज है, जो उसे अपमान और बेइज्जती से स्वतंत्रता दिलाता है।''**

(It is true that it does not create any special privilege for anyone, yet it is a great Fundamantal Right, a charter of deliverance to one sixth of the Indian population from perpetual humiliation and disgrace. **—M.V. Pylee***)*

2. स्वतंत्रता का अधिकार–अनुच्छेद 19 से 22 (Right to Freedom–Article 19 10 22)– स्वतंत्रता के अधिकार को भारतीय लोकतंत्र का आधार माना जाता है। धारा *19* से *22* तक इस अधिकार का वर्णन किया गया है।

(i) धारा 19 में वर्णित स्वतंत्रताएँ (Liberties under Article–19)–धारा *19* में छः प्रकार की स्वतंत्रताए प्रदान की गई हैं–

(a) भाषण एवं विचार व्यक्त करने की स्वतंत्रता।

(b) शांतिपूर्वक तथा बिना हथियारों के एकत्रित होने की स्वतंत्रता।

(c) संघ एवं समुदाय का निर्माण करने की स्वतंत्रता।

(d) संपूर्ण भारत में घूमने फिरने की स्वतंत्रता।

(e) देश के किसी भी भाग में रहने तथा बसने की स्वतंत्रता।

(f) कोई भी व्यवसाय, रोजगार तथा व्यापार करने की स्वतंत्रता।

(ii) अपराधी सरंक्षण प्रावधान (Criminal Protection Provision)–धारा *20* में अपराधियों को कानूनी संरक्षण प्रदान करने का प्रावधान किया गया है। अपराधी को वह दंड नहीं दिया जा सकता जो उसके द्वारा अपराध करने के दौरान लागू नहीं था। किसी भी अपराधी को एक ही अपराध के लिए एक बार से ज्यादा दण्डित नहीं किया जा सकता। किसी भी अपराधी को स्वयं के विरुद्ध गवाही के लिए बाध्य नहीं किया जा सकता।

(iii) व्यक्तिगत स्वतंत्रता एवं जीवन की सुरक्षा संबंधी प्रावधान (Provision Regarding Personal Liberty and Protection of Life)–संविधान की धारा *21* में यह प्रावधान किया गया है कि किसी भी व्यक्ति को कानून द्वारा स्थापित प्रक्रिया के अतिरिक्त अन्य किसी भी आधार पर व्यक्तिगत स्वतंत्रता तथा जीवन की सुरक्षा के अधिकार से वंचित नहीं किया जा सकता।

(iv) शिक्षा का अधिकार (Right to Education)–नवंबर, *2002* में *86*वें संवैधानिक संशोधन द्व ारा शिक्षा के अधिकार को एक नवीन धारा *21-A* जोड़कर मौलिक अधिकारों में शामिल किया गया। इसमें यह व्यवस्था की गई है कि *6* से *14* वर्ष तक की आयु के बच्चों को निःशुल्क एवं अनिवार्य शिक्षा उपलब्ध कराना राज्य का उत्तरदायित्व होगा। पहले यह प्रावधान राज्य के नीति निर्देशक सिद्धांतों में स्थापित था।

(v) गिरफ्तारी के विरुद्ध अधिकार (Right against Arrest)–संविधान की धारा 22 में बंदी बनाए जाने के नियमों का उल्लेख किया गया है, जिससे कि गिरफ्तारी के विरुद्ध सुरक्षा प्राप्त की जा सके। इसके लिए व्यवस्था की गई है कि किसी भी व्यक्ति को उसका अपराध बताए बिना गिरफ्तार नहीं किया जा सकता। गिरफ्तार व्यक्ति को *24* घंटे में न्यायालय में प्रस्तुत करना आवश्यक होगा। गिरफ्तार व्यक्ति को कानूनी सलाह लेने का अधिकार होगा, लेकिन यह धारा उन लोगों पर लागू नहीं होती जो दुश्मन देश के नागरिक होते हैं अथवा जिन्हें राष्ट्रीय सुरक्षा अधिनियम *(National Security Act)* के अधीन गिरफ्तार किया जाता है।

स्वतंत्रता के अधिकार का मूल्यांकन
(Evaluation of Right to Freedom)

स्वतंत्रता का अधिकार हमारे लोकतंत्र का मूल आधार है। लेकिन इसका जितना महत्त्व है, उतनी ही इसकी आलोचना भी की जाती है।

आलोचना (Criticism)–

(a) धारा *19* में जिन स्वतंत्रताओं का वर्णन किया गया है, उन पर इतने अनावश्यक प्रतिबंध लगाये गए हैं कि मौलिकता स्वतंत्रता में नहीं अपितु प्रतिबंधों में दिखाई देती है।

(b) स्वतंत्रता के अधिकार में व्यक्तिगत स्वतंत्रता को तो प्राथमिकता दी गई है, लेकिन प्रेस एवं मीडिया का इसमें वर्णन नहीं किया गया है।

(c) धारा 22 में जिस राष्ट्रीय सुरक्षा अधिनियम का वर्णन किया गया उसका प्रयोग राष्ट्रीय सुरक्षा के लिए कम तथा राजनीतिक उद्देश्य के लिए अधिक होता है।

(d) संविधान में जो आपातकालीन प्रावधान धारा 352, 356 तथा 360 के अंतर्गत किए गए हैं, उनके आधार पर भी व्यक्तिगत स्वतंत्रता को स्थापित किया जा सकता है। वर्तमान में लागू **'पोटा' (Pota)** के अंतर्गत 2003 तक सबसे अधिक 130 मामले झारखंड में दर्ज हुए जबकि जम्मू-कश्मीर में 97 मामले दर्ज हुए जो कि उग्रवाद से प्रभावित राज्य हैं। इससे स्पष्ट है कि इसका राजनीतिक प्रयोग होता है, जबकि नक्सली हिंसा से प्रभावित आन्ध्र प्रदेश में केवल 27 मामले दर्ज हुए।

(e) जिन स्वतंत्रताओं की व्यवस्था की गई है, उनका उपयोग साधन संपन्न व्यक्ति ही कर सकते हैं। ऐसी अवस्था में भारत की गरीब जनता के लिए इनकी कोई उपयोगिता नहीं है।

महत्त्व (Importance)—

(a) स्वतंत्रता का अधिकार लोकतंत्र की स्थापना करता है।

(b) यह उन लोगों पर अंकुश का कार्य करता है जो शासकीय सत्ता का उपयोग करते हैं।

(c) इसके द्वारा सत्ताधारी दल पर अंकुश लगाया जा सकता है।

(d) यह न्यायिक प्रक्रिया को कानून की परिधि में लाता है।

(e) व्यक्तिगत स्वतंत्रता के द्वारा ही व्यक्तिगत विकास संभव होता है।

(f) यह स्वतंत्रता की सकारात्मक अवधारणा को स्थापित करता है।

3. शोषण के विरुद्ध अधिकार–अनुच्छेद 23 से 24 (Right Against Exploitation–Article 23 and 24)–

(i) बंधुआ मजदूरी की समाप्ति (End of Bonded Labour)–संविधान की धारा 23 में मनुष्य की खरीद बेच तथा जबरदस्ती काम करवाने की मनाही की गई है। बंधुआ मजदूरी को दंडनीय अपराध घोषित किया गया है। लेकिन इसमें अपवाद यह है कि आवश्यक सेवाओं के संदर्भ में तथा सार्वजनिक कल्याण की पूर्ति के लिए कार्य करवाया जा सकता है।

(ii) बच्चों द्वारा कारखानों में काम करने पर रोक (Ban on the Child Labour in Factories) –संविधान की धारा 24 में यह प्रावधान किया गया है कि 14 वर्ष से कम आयु के बच्चों से कारखाने अथवा खानों में कार्य नहीं करवाया जा सकता।

4. धार्मिक स्वतंत्रता का अधिकार–25 से 28 धारा तक (Right to Freedom of Religion–Article 25 and 28)–

(i) संविधान की धारा 25 में यह व्यवस्था की गई है कि किसी भी व्यक्ति को कोई भी धर्म अपनाने, उसकी पूजा अर्चना करने तथा धर्म का प्रचार करने का अधिकार होगा। इसमें ध्यान यह रखना है कि इससे सार्वजनिक अनुशासन एवं व्यवस्था, सामाजिक नैतिकता तथा स्वास्थ्य पर कुप्रभाव नहीं पड़ना चाहिए।

(ii) अनुच्छेद 26 में यह व्यवस्था की गई है कि व्यक्तियों को धार्मिक संस्थाएँ स्थापित करने तथा इन संस्थाओं के नाम पर धन एकत्रित ... ने का अधिकार होगा।

(iii) अनुच्छेद 27 में यह व्यवस्था की गई है कि धर्म पर कोई कर नहीं लगाया जाएगा।

(iv) अनुच्छेद 28 में यह व्यवस्था की गई है कि सरकारी अनुदान प्राप्त शिक्षण संस्थाओं में किसी भी विशेष धर्म की शिक्षा प्रदान नहीं की जाएगी।

5. सांस्कृतिक एवं शैक्षिक अधिकार–अनुच्छेद 29 से 30 (Cultural and Educational Rights–Article 25 and 28)–

(i) संविधान के अनुच्छेद *29* में अल्पसंख्यकों को अपनी संस्कृति, भाषा, साहित्य आदि को बचाए रखने के लिए संस्थाओं की स्थापना का अधिकार होगा। किसी भी व्यक्ति को उन शिक्षण संस्थाओं में प्रवेश की मनाही नहीं की जा सकती, जो सरकारी हैं अथवा सरकारी अनुदान प्राप्त करती हैं।

(ii) अनुच्छेद *30* में यह प्रावधान किया गया है कि अल्पसंख्यकों को अपनी सांस्कृतिक धरोहर को सुरक्षित रखने के लिए शिक्षण संस्थाओं की स्थापना का अधिकार होगा। राज्य की ओर से शिक्षण संस्थाओं को आर्थिक सहायता उपलब्ध कराने के संदर्भ में कोई भेदभाव नहीं किया जायेगा।

6. संवैधानिक उपचारों का अधिकार–अनुच्छेद 32 (Right to Constitutional Remedies–Article 32)–संविधान की धारा *32* में मौलिक अधिकारों को कानूनी सुरक्षा प्रदान की गई है यदि नागरिकों के मौलिक अधिकारों का हनन् होता है तो उन्हें इसके विरुद्ध सर्वोच्च न्यायालय में जाने का अधिकार दिया गया है। अनुच्छेद *32* के संदर्भ में डा. बी.आर. अम्बेडकर का कथन है–**''यदि मुझसे यह पूछा जाए कि संविधान में सबसे महत्त्वपूर्ण अनुच्छेद कौन सा है, जिसके बिना संविधान शून्य रह जाएगा तो मैं इस अनुच्छेद के अतिरिक्त किसी अन्य अनुच्छेद का नाम नहीं ले सकता। यह संविधान की आत्मा और उसका हृदय है।''**

(If I was asked to name the particular article in this Constitutions as the most important without which the Constitution would nullify, I cannot refer to any other article except this one. It is the very soul of the Constitution and the very heart of it.) **—Dr. B.R. Ambedkar)**

सर्वोच्च न्यायालय इस संदर्भ में पाँच प्रकार के प्रलेख जारी कर सकता है–

(i) बंदी प्रत्यक्षीकरण लेख (Writ of Habeas Corpurs)–*Habeas Corpurs* लैटिन भाषा का शब्द है जिसका अर्थ होता है कि शरीर को हाजिर करो *(Present the body)*। इसके अंतर्गत न्यायालय यह मांग कर सकता है कि बंदी बनाए गए व्यक्ति को निश्चित समय में न्यायालय में उपस्थित किया जाए।

(ii) परमादेश लेख (Writ of Mandamus)–*Mandamus* शब्द का अभिप्राय यह है कि हम आदेश देते हैं। यह आदेश उस समय जारी किया जाता है जब किसी नागरिक को वो सब न प्राप्त हो रहा हो, जिसका वह पात्र है।

(iii) निषेध लेख (Writ of Prohibition)–यह लेख उस समय जारी किया जाता है जब किसी व्यक्ति, संस्था अथवा सरकार के द्वारा वो कार्य किया जा रहा होता है जो उसके अधिकार क्षेत्र से बाहर हो। इसके अंतर्गत कार्य को होने से रोका जाता है।

(iv) उत्प्रेषण याचिका (Writ of Certiorari)–यह याचिका उस समय प्रस्तुत की जाती है जब किसी नागरिक को यह लगे कि निम्न न्यायालय में उसे न्याय प्राप्त होने की संभावना नहीं है। ऐसी स्थिति में उच्च अथवा सर्वोच्च न्यायालय ऐसे मुकद्मे को अपने पास मंगवा सकते हैं और उसमें निर्णय भी कर सकता है।

(v) अधिकार पृच्छा याचिका (Writ of Qua-Warranto)–यह याचिका उस संदर्भ में जारी की जाती है जब कोई व्यक्ति ऐसा पद प्राप्त कर ले जिसके वह योग्य न हो। न्यायालय यह पूछ सकता है कि किस अधिकार के अंतर्गत उसने इस पद को ग्रहण किया है।

निष्कर्ष (Conclusion)–संविधान में वर्णित मौलिक अधिकार भारतीयों को वो सुविधाएँ प्रदान करते हैं जिनका प्रयोग करके वे अपना विकास कर सकें। मौलिक अधिकारों के बिना नागरिकों के लिए संविधान का कोई महत्त्व नहीं है। मौलिक अधिकार न केवल प्रजातांत्रिक एवं कल्याणकारी राज्य की स्थापना करते हैं, अपितु राज्य के तानाशाही स्वरूप पर भी अंकुश लगाते हैं।

◆◆◆

2. मौलिक अधिकारों की विशेषताओं का वर्णन कीजिए। इनका क्या महत्त्व है?
(Describe the features of Fundamental Rights. What is the significance of Fundamental Rights?)

अथवा

मौलिक अधिकारों के स्वरूप की समीक्षा कीजिए। किन आधारों पर मौलिक अधिकारों की आलोचना की जा सकती है?
(Examine the nature of Fundamental Right. On what grounds they have been criticised?)

उत्तर–भारतीय संविधान के तीसरे अध्याय में मौलिक अधिकारों का वर्णन विस्तार से किया गया है। सबसे महत्त्वपूर्ण प्रश्न यह उठता है कि **इन अधिकारों को मौलिक क्यों कहा गया है?** *(Why these rights are called fundamental?)* क्या ये ऐसे अधिकार हैं जो मौलिक इस कारण से हैं कि इनके द्वारा भारत में अल्पसंख्यकों की सुरक्षा की गई है। मौलिक अधिकारों को मौलिक इसलिए कहा जाता है, क्योंकि ये मानवीय विकास के लिए ठीक उसी प्रकार से आवश्यक हैं, जिस प्रकार से हमारी मौलिक आवश्यकताएँ, जिसमें भूख, प्यास तथा कामेच्छा *(Sex, hunger and thrust)* को शामिल किया जाता है। यदि ये अधिकार मनुष्य को न प्रदान किए जाएं तो वह पशु समान रह जाएगा। ये मौलिक इसलिए हैं कि ये भारतीयों की लंबे समय से चली आ रही मांग को पूरा करते हैं।

विशेषताएँ अथवा स्वरूप
(Features or Nature)

मौलिक अधिकारों की प्रकृति अथवा स्वरूप को निम्न विशेषताओं के माध्यम से समझा जा सकता है–

1. विस्तृत प्रावधान (Detailed Provision)–संविधान का एक संपूर्ण अध्याय मौलिक अधिकारों को समर्पित किया गया है। तीसरे अध्याय में अनुच्छेद *12* से *35* तक (*31* धारा को छोड़कर) *23* अनुच्छेदों में छः प्रकार के मौलिक अधिकारों का वर्णन विस्तारपूर्वक किया गया है। अनुच्छेद *31* को *44*वें संशोधन द्वारा मौलिक अधिकारों से बाहर कर दिया गया है। इस अनुच्छेद *31* में व्यक्तिगत संपत्ति के अधिकार का वर्णन किया गया है।

2. अधिकार असीमित नहीं (Rights are not absolute)–मौलिक अधिकार असीमित नहीं हैं। प्रत्येक अधिकार के प्रयोग की सीमा का निर्धारण किया गया है। इस सीमा से बाहर अधिकार का प्रयोग गैर कानूनी बन जाता है। अधिकार के साथ-साथ प्रतिबंधों की व्यवस्था की गई है। आलोचक इस आधार पर कहते हैं कि भारतीय संविधान में अधिकार मौलिक नहीं है अपितु मौलिक तो इन अधिकारों पर लगाए गए प्रतिबंध हैं। सर्वोच्च न्यायालय के भूतपूर्व मुख्य न्यायाधीश **डा. गजेन्द्र गडकर** का कथन है–**''संविधान में मौलिक अधिकारों को असीमित बनाने की इच्छा नहीं थी।''**

(The Fundamental Rights in the Constitution were not intended to be absolute." — **Dr. Gajandra Gadkar***)*

3. ये शासकीय सत्ता पर अकुंश लगाते हैं (They restrict the power of government)–मौलिक अधिकार केंद्र और राज्य सरकारों को उन कार्यों को करने से मना करते हैं, जिनसे मौलिक अधिकार स्थगित अथवा सीमित होते हैं। ऐसे कानूनों का निर्माण नहीं किया जा सकता है जो मौलिक अधिकारों के प्रावधान के विरूद्ध हों। अनुच्छेद *13* में इस प्रकार का अकुंश लगाया गया है कि मौलिक अधिकारों को कम अथवा समाप्त करने वाले कानूनों का निर्माण नहीं किया जा सकता।

4. अधिकार न्याय संगत हैं (Rights are justiciable)–इन्हें कानूनी रूप से लागू किया गया है। ये न्यायसंगत हैं। इसका अभिप्राय यह है कि किसी व्यक्ति, संस्था, प्रशासन, सरकार आदि के द्वारा इन्हें कम अथवा रोका जाता है तो व्यक्ति न्यायालय की शरण ले सकता है और इन्हें लागू करवा सकता है।

5. नागरिक एवं विदेशियों में अंतर (Difference between citizen and foreigners)–मौलिक अधिकार केवल भारतीय नागरिकों को प्रदान किए गए हैं, लेकिन कुछ अधिकार जैसे कानून के समक्ष समानता, विदेशियों को भी प्राप्त हैं। मौलिक अधिकार नागरिकों एवं विदेशियों में अंतर करते हैं।

6. अधिकार मौलिक क्यों हैं (Why the Rights are Fundamental)–इन अधिकारों को मौलिक इसलिए कहा गया है, क्योंकि ये शक्तियों को सरकार की अपेक्षा अधिक महत्त्व देते हैं। ये जीवन के विकास के लिए आवश्यक हैं। ये संविधान के उद्देश्यों को पूरा करते हैं। इनके विरुद्ध कानून नहीं बनाए जा सकते हैं। ये अधिकार न्याय संगत हैं। इस प्रकार से इन्हें मौलिक कहा गया है।

7. सभी भारतीय व्यक्तियों के लिए समान अधिकार (Equal Rights to all Indian Citizens)–सभी भारतीय नागरिकों को एक समान मौलिक अधिकार प्रदान किए गए हैं। राज्य के द्वारा इस संदर्भ में जाति, धर्म, सम्प्रदाय, वर्ग, लिंग आदि के आधार पर कोई भेदभाव नहीं किया जा सकता है।

8. अधिकारों में संशोधन किया जा सकता है (Rights can be Amended)–संसद को मौलिक अधिकार में परिवर्तन करने का अधिकार दिया गया है। संविधान की धारा *368* में वर्णित संशोधन प्रक्रिया को अपनाकर इन्हें कम, अधिक अथवा समाप्त करने का अधिकार संसद के पास है। सर्वोच्च न्यायालय ने अपने निर्णय में इसे स्वीकार किया है। **डा. गजेन्द्र गडकर** का कथन है–**"अनुच्छेद 368 द्वारा प्रदत्त संसद को संवैधानिक संशोधन की शक्ति में मौलिक अधिकारों में भी संशोधन करने की शक्ति शामिल है।"**

(The power conferred by Article 368 of the Constitution on Parliament included the power to amend even the Fundamental Rights. — **Dr. Gajandra Gadkar***)*

गोलकनाथ मुकदमें में *1967* में सर्वोच्च न्यायालय के तत्कालीन निर्णय से अपनी असहमति प्रकट करते हुए **डा. गजेंद्र गडकर** का विचार था–**"1967 में गोलकनाथ के मुकदमे में 6-5 के बहुमत से लिया गया निर्णय ठीक संवैधानिक स्थिति का प्रतिनिधित्व नहीं करता।"**

(The 6-5 majority verdict in Golaknath case in 1967 did not correctly represent true Constitutional position in the matter. — **Dr. Gajandra***)*

1967 में सर्वोच्च न्यायालय ने अपने निर्णय में मौलिक अधिकारों में संशोधन की संसद की शक्ति को अवैधानिक माना है।

9. आपातकाल एवं मौलिक अधिकार (Emergency and Fundamental Rights)–संविधान की धारा *352* में घोषित आपातकाल के समय धारा *19* में दी गई स्वतंत्रताओं को स्थगित किया जा सकता है। धारा *356* एवं *360* के अधीन भी मौलिक अधिकारों का स्थगन किया जा सकता है।

10. राष्ट्रीय सुरक्षा एवं मौलिक अधिकार (National Security and Fundamental Rights)–राष्ट्रीय सुरक्षा को ध्यान में रखते हुए तथा सशस्त्र सेनाओं में अनुशासन को बनाए रखने के लिए अनुच्छेद *33* में यह प्रावधान किया गया है कि जो राष्ट्रीय सुरक्षा के कार्यों में लगे हुए व्यक्ति हैं, उनके मौलिक अधिकार कम अथवा समाप्त किए जा सकते हैं।

11. संवैधानिक व्यवस्थाओं द्वारा सुनिश्चित (Secured by Constitutional Provision)–मौलिक अधिकारों को संवैधानिक प्रावधानों द्वारा सुनिश्चित बनाया गया है, जिससे कि सामान्य परिस्थितियों में कोई भी इनकी अवहेलना न कर सके। अनुच्छेद *32* में विभिन्न याचिकाओं की व्यवस्था इसी उद्देश्य के लिए की गई है।

12. संविधान की मौलिक संरचना का भाग (Part of basic Structure of the Constitution)–मौलिक अधिकार भारतीय संविधान की मौलिक संरचना का एक भाग हैं। इसका ठीक वही महत्त्व है जो संसदीय एवं संघात्मक शासन व्यवस्था आदि का है। संसद इन्हें पूर्णतया समाप्त नहीं कर सकती, क्योंकि ये एक और मूल संरचना लोकतंत्र के आधार हैं।

13. राजनीतिक एवं सामाजिक अधिकार (Political and Social Rights)–भारतीय संविधान में वर्णित मौलिक अधिकारों का स्वरूप राजनीतिक एवं सामाजिक है। एक ओर तो इनके माध्यम से लोकतंत्र की स्थापना की गई है तथा दूसरी ओर इनके माध्यम से सामाजिक विषमता को दूर किया गया है।

14. अधिकारों का सकारात्मक एवं नकारात्मक पक्ष (Negative and Positive aspect of Rights)–मौलिक अधिकार कुछ सुविधाएँ प्रदान करते हैं। जैसे शिक्षा का अधिकार, धार्मिक स्वतंत्रता का अधिकार तथा कुछ के लिए मनाही करते हैं जैसे भेदभाव न करना, छुआछूत को समाप्त करना आदि इसके सकारात्मक एवं नकारात्मक पक्षों को प्रकट करते हैं।

मौलिक अधिकारों की आलोचना
(Criticism of Fundamental Rights)

संविधान निर्माताओं ने मौलिक अधिकारों की व्यवस्था जिन उद्देश्यों की पूर्ति के लिए की थी, वो उद्देश्य केवल आंशिक रूप से ही प्राप्त किए जा सके हैं। आज भी भारत में अधिकांश नागरिकों का जीवन अंतर्राष्ट्रीय मापदंड़ों के अनुरूप नहीं है। इन मौलिक अधिकारों में अनेक दोष पाए जाते हैं, जिनके कारण इनकी आलोचना की जाती है।

1. आर्थिक अधिकारों का अभाव (Lack of Economic Rights)–भारतीय संविधान की प्रस्तावना में समाजवाद को लक्ष्य के रूप में स्थापित किया है, लेकिन इसको प्राप्त करने के लिए मौलिक अधिकारों में आर्थिक अधिकारों, जैसे–रोजगार का अधिकार, आर्थिक सुरक्षा का अधिकार आदि की कोई व्यवस्था नहीं की गई। एक निर्धन व्यक्ति के लिए संघ बनाने के अधिकार की अपेक्षा आर्थिक सुरक्षा का अधिकार अधिक महत्त्व रखता है।

2. प्रतिबंधों की अधिकता (Too Many Restrictions)–मौलिक अधिकारों के प्रयोग को लेकर इतने प्रतिबंध लगाए गये कि आलोचकों का कहना है कि अधिकार मौलिक नहीं हैं, अपितु इन पर लगे हुए प्रतिबंध ही मौलिक हैं। **प्रो. के.टी. शाह** का कथन है–**"वास्तव में अनुच्छेद 19 में प्रदत्त स्वतंत्रताएँ इतनी संदेहास्पद हैं कि जब भी राज्य अथवा प्रशासन इन्हें इंकार करे तो इन्हें ढूंढने के लिए एक दूरबीन की आवश्यकता होगी।"**

(Infect, the freedoms guaranteed by this Article 19 become so elusive that one would find, if necessary to have a microscope to discover where these freedom are, whenever it suits the state or authorities to deny them. **—K.T. Shah**)

3. निवारक नजरबंदी (Preventive Detention)–जिन स्वतंत्रताओं की व्यवस्था अनुच्छेद *19* में की गई है उन्हें अनुच्छेद *22* अव्यवहारिक बना देता है। राष्ट्रीय सुरक्षा अधिनियम के अधीन बंदी व्यक्ति को ये सुविधाएँ न तो प्राप्त हैं तथा न ही वह इनका उपयोग कर सकता है। राष्ट्रीय सुरक्षा अधिनियम के राजनीतिक दुरूपयोग को रोकने के लिए व्यवहारिक प्रावधान भी नहीं किए गये हैं। **एम.वी. पायली** का कथन है–**"जब तक निवारक नजरबंदी संविधान में है, तब तक यह भारत के लोकतंत्र के साफ मुख पर एक बुरा धब्बा रहेगा।"**

(So long as the Preventive Detention Act remain on the Statue Book, this will also remain an unseemly blot on the fair face of democracy of India. **—M.V. Pylee**)

1963 में भारत के कानून मंत्री **ए. के. सेन** का कथन है–**"मैं वकील होने के नाते व्यक्तिगत रूप से अनुभव करता हूँ कि इसका प्रयोग अंतिम उपाय के रूप में उस समय किया जाए जब देश की सुरक्षा को खतरा हो।"**

(I personally feel as lawyer that this remedy should be resorted to as a last measure, only when the security of the country is threatened. **—A.K. Sen**)

4. मौलिकता का अभाव (Lack of Originality)–जिस प्रकार से संपूर्ण भारतीय संविधान में मौलिकता का अभाव पाया जाता है, उसी प्रकार से मौलिक अधिकार भी मौलिक नहीं हैं। ये भारतीयों की आवश्यकताओं को ध्यान में रखकर नहीं, अपितु अमेरिकन संवैधानिक संशोधन से प्रभावित होकर शामिल किए गए हैं। इसलिए आवश्यक अधिकारों की अपेक्षा अनावश्यक अधिकारों का अस्तित्व देखने को मिलता है।

5. अव्यावहारिक (Unpractical)–मौलिक अधिकारों में अनेक ऐसे अधिकार हैं जो व्यवहार में सभी भारतीयों के द्वारा उपयोग में इसलिए नहीं लाए जा सकते, क्योंकि उनके पास पर्याप्त मात्रा में आर्थिक्र साधन उपलब्ध नहीं हैं। भाषण का अधिकार, घूमने-फिरने का अधिकार अधिकांश साधनहीन भारतीयों के लिए अव्यावहारिक है।

6. अल्पसंख्यकों के पक्ष में (In Favour of Minorities)–मौलिक अधिकारों की इस आधार पर भी आलोचना की जाती है कि इसमें अल्पसंख्यकों को सुरक्षा प्रदान करने की दृष्टि से भेदभाव किया गया है। धार्मिक स्वतंत्रता के अंतर्गत धर्म परिवर्तन एवं धर्म का प्रचार करने का अधिकार, अल्पसंख्यकों को अपनी शिक्षण संस्था स्थापित करने का अधिकार आदि अल्पसंख्यकों के पक्ष में हैं।

7. संसद का नियंत्रण (Control of Parliament)–मौलिक अधिकारों की इसलिए भी आलोचना की जाती है कि संसद इन अधिकारों को कम अथवा समाप्त कर सकती है। अतः इन पर संसद का नियंत्रण है। इन्हें स्थगित भी किया जा सकता है। मौलिक अधिकारों को स्थगित करने के संबंध में जब प्रावधान संविधान सभा में पास हुआ तो कामथ का कथन था–**''यह दुःख और शर्म का दिन है, भगवान भारतीय जनता की सहायता करें।''** *(This is a day of shame and sorrow, may God help the Indian people.*—**Kamath***)*

8. पूर्ण सुरक्षा का अभाव (Lack of Full Protection)–मौलिक अधिकारों की सुरक्षा के लिए अनुच्छेद 32 में जिन लेखों की व्यवस्था की गई है वो एक व्यक्ति तभी प्राप्त कर सकता है जब वह न्यायालय की शरण ले। एक व्यक्ति के लिए उच्च न्यायालय एवं सर्वोच्च न्यायालय में याचिका प्रस्तुत करना आसान नहीं है।

इस प्रकार से हम कह सकते हैं कि जो अधिकार कम किए जा सकते हैं, स्थगित किए जा सकते हैं और यहाँ तक कि समाप्त किए जा सकते हैं, उन्हें मौलिक अधिकार नहीं कहा जा सकता।

मौलिक अधिकारों का महत्त्व
(Importance of Fundamental Rights)

यद्यपि मौलिक अधिकारों की अत्यधिक आलोचना की जाती है, लेकिन आज तक किसी ने भी यह प्रमाणित नहीं किया है कि इन्हें समाप्त करने की अवस्था में कोई हानि नहीं होगी। इसका कारण यह है कि इनका पर्याप्त मात्रा में महत्त्व है। **प्रो. टी.पी. टोपे** का कथन है–**''निःसंदेह मौलिक अधिकारों के अध्याय में कुछ कमियाँ हैं, फिर भी संपूर्ण रूप से यह कहा जा सकता है कि प्रावधान संतोषजनक हैं।''**

(No doubt, there are certain commissions in the chapter, still on the whole, the provisions may be considered satisfactory.—**Prof. T.P. Tope***)*

1. लंबी आशाओं की पूर्णता (Fulfillment of Long Awaited Desires)–मौलिक अधिकार भारतीयों की लंबे समय से चली आ रही आशाओं को पूरा करते हैं। स्वतंत्रता आंदोलन के दौरान भारतीय लोग जिन सुविधाओं की मांग करते रहे, मौलिक अधिकारों के द्वारा इन्हें पूर्ण किया गया है।

2. सामाजिक बुराइयों का अंत (End of Social Evils)–मौलिक अधिकारों के प्रावधानों में छुआछूत का अंत करके तथा बंधुआ मजदूरी को समाप्त करके सामाजिक बुराइयों का अंत किया गया है।

3. साम्प्रदायिक सद्भाव की स्थापना (Establishment of Communal Harmony)–मौलिक अधिकारों द्वारा सभी धर्मों को समान मानते हुए, अल्पसंख्यकों की भावनाओं का सम्मान करते हुए धार्मिक स्वतंत्रता की स्थापना की गई है। इससे साम्प्रदायिक सद्भाव की स्थापना हुई।

4. विशेषाधिकारों का अंत (Abolition of Privilages)–मौलिक अधिकार सभी को समान रूप से बिना किसी भेदभाव के प्रदान किए गए हैं। इससे उपनिवेशकाल में स्थापित विशेषाधिकारों का अंत हो गया है।

5. मनोविज्ञान प्रभाव (Psychological Influence)–मौलिक अधिकार प्रत्येक भारतीय को अधिकारों के माध्यम से संवैधानिक व्यवस्था से संबंध करके उनमें यह गौरव की भावना का संचार करते हैं कि व्यवस्था का निर्माण उनके कल्याण एवं विकास के लिए किया गया है। इनके द्वारा व्यक्ति और संवैधानिक व्यवस्था में एक भावनात्मक संबंध स्थापित होता है।

6. शासकीय निरंकुशता पर रोक (Check on the absolutism of Government)–आधुनिक समय में सरकार के पास अनेक प्रकार की शक्तियां होती हैं। यदि लोगों को मौलिक अधिकार तथा विशेष रूप से संवैधानिक उपचारों का अधिकार न हो तो सरकार की निरंकुशता को रोक पाना आसान नहीं है।

7. अल्पसंख्यकों का संरक्षण (Protection of Minorities)–भारत में अल्पसंख्यकों के सरंक्षण को मौलिक अधिकारों में विशेष स्थान दिया गया है। इससे अल्पसंख्यकों के मन में भय का वातावरण समाप्त हुआ है और वे स्वयं तथा राष्ट्र की प्रगति में योगदान दे सकते हैं।

8. कानून के शासन की स्थापना (Establishment of Rule of Law)–मौलिक अधिकार भारत में कानून की स्थापना करते हैं कि कानून के समक्ष सभी समान हैं। सभी को समान अधिकार प्रदान किए गए हैं तथा जो कानूनों का निर्माण करते हैं वे भी ऐसे कानूनों का निर्माण नहीं कर सकते जो मौलिक अधिकारों के प्रावधानों का उल्लंघन करते हों।

9. व्यक्तिगत एवं सामाजिक हितों में सामंजस्य (Coherence betwen Personal and Social Interests)–मौलिक अधिकारों में जहाँ नागरिकों को सुविधाएँ प्रदान करके उनके व्यक्तिगत हितों की पूर्ति की गई है वहीं अधिकारों को प्रतिबंधों एवं अपवादों के माध्यम से सीमित करके सामाजिक हितों की पूर्ति की गई है। इस प्रकार से मौलिक अधिकार व्यक्तिगत एवं सामाजिक हितों में सामंजस्य स्थापित करते हैं।

10. लोकतंत्र की आधारशिला (Backbone of Democracy)–मौलिक अधिकार ही भारत में लोकतंत्र की स्थापना करते हैं। लोकतंत्र के स्तम्भ समानता, स्वतंत्रता तथा मातृत्व मौलिक अधिकारों के द्वार ही स्थापित किए गये हैं। मौलिक अधिकारों के बिना भारत में राजनीतिक लोकतंत्र का कोई भविष्य नहीं।

11. न्यायिक सर्वोच्चता की स्थापना (Establishment of Judicial Supremacy)–मौलिक अधिकारों में संवैधानिक उपचारों के अधिकार के अंतर्गत कार्यपालिका एवं संसद के निर्णयों के विरुद्ध लोगों को मौलिक अधिकारों का उल्लंघन की अवस्था में न्यायालय में जाने का अधिकार यह प्रमाणित करता है कि सरकार के तीनों अंगों में न्यायपालिका सर्वोच्च है।

12. सामाजिक न्याय की स्थापना (Establishment of Social Justice)–यद्यपि मौलिक अधिकारों में यह दोष पाया जाता है कि इनके द्वारा आर्थिक न्याय की स्थापना नहीं की गई है। लेकिन सामाजिक न्याय को इनके द्वारा प्राप्त कर लिया गया है। अनुसूचित जाति एवं जनजाति के लिए विशेष प्रावधानों का प्रबंध करके, छुआछूत को अपराध घोषित करके, सार्वजनिक स्थलों पर प्रवेश की मनाही को समाप्त करके सामाजिक न्याय की स्थापना की गई है।

निष्कर्ष (Conclusion)–संविधान निर्माताओं द्वारा मौलिक अधिकारों के लिए एक अलग से अध्याय स्थापित करना इनके महत्त्व को दर्शाता है। मौलिक अधिकारों को महज एक कानूनी प्रावधान मानने की भूल नहीं करनी चाहिए। इनका हमारे स्वतंत्रता आंदोलन के इतिहास से गहरा संबंध है। राष्ट्रीय आंदोलन के दौरान इनके लिए भारतीयों ने संघर्ष किया है। ये संविधान की अंतर्आत्मा माने गये हैं।

◆◆◆

3. भारतीय संविधान में मौलिक कर्तव्यों का वर्णन कीजिए। इनका क्या महत्त्व है?
(Describe the Fundamental Duties of Indian Constitution. What is their importance?)

अथवा

मौलिक कर्तव्य क्या हैं? इन्हें भारतीय संविधान में शामिल किए जाने का क्या उद्देश्य है?
(What are fundamental duties? What is the purpose of including these in Indian Constitution?)

अथवा

संविधान की धारा 51. । में वर्णित मौलिक कर्तव्यों का वर्णन कीजिए।

उत्तर–26 जनवरी 1950 को स्वतन्त्र भारत का संविधान लागू हुआ। इस संविधान की महत्त्वपूर्ण विशेषता है इसके द्वारा भारतीय नागरिकों को दिए गए मौलिक अधिकार। इन अधिकारों के पीछे कानून की शक्ति भी है।

इसीलिए इन अधिकारों के बाधित होने की स्थिति में नागरिक कानून की शरण में जा सकता है।

लेकिन यह अनुभव किया गया कि नागरिकों को मौलिक अधिकारा दे देना ही पर्याप्त नहीं है। प्रत्येक अधिकार के साथ एक कर्तव्य भी जुड़ा हुआ है। जब तक नागरिकों को उन कर्तव्यों का बोध नहीं करवाया जाता तब तक उन्हें आदर्श नागरिक नहीं बनाया जा सकता। इसीलिए 1976 में स्वर्ण सिंह कमेटी की रिपोर्ट में दिए गए सुझावों को लागू करने के लिए इन कर्तव्यों को संविधान की धारा 51 में जोड़ा गया और इसे धारा 51–A (Article 51–A) का नाम दिया गया है। ये कर्तव्य एक प्रकार की अपेक्षाएं हैं, जो अपने नागरिकों से रखता है।

धारा 51–A एवम् मौलिक कर्तव्य (Article 51–A and Fundamental Duties)–धारा 51–A में A से L तक निम्नलिखित मौलिक कर्तव्यों का वर्णन किया गया है–

(a) संविधान का पालन करना तथा इसके आदर्शों, संस्थाओं, राष्ट्रीय ध्वज व राष्ट्रगान का सम्मान करना।

(b) भारतीय स्वतन्त्रता संग्राम को प्रेरित करने वाले महान् आदर्शों को मानना व उनका अनुसरण करना।

(c) भारत की सम्प्रभुता (Sovereignity), एकता (Unity) व अखण्डता (Integrity) की रक्षा करना।

(d) राष्ट्र की रक्षा करना तथा जब भी आवश्यकता हो राष्ट्र की सेना के लिए तैयार रहना।

(e) भारत में रहने वाले लोगों में धार्मिक, भाषाई, क्षेत्रीय तथा वर्ग की दृष्टि से विविधता है। उन सब में सामान्य भाईचारे की भावना व आपसी सद्भाव को बढ़ावा देना तथा महिलाओं की प्रतिष्ठा को ठेस पहुँचाने वाले कार्य न करना।

(f) भारत की समन्वयशील संस्कृति की समृद्ध विरासत का आदर करना व उसको सुरक्षित रखना।

(g) प्राकृतिक (भौतिक) पर्यावरण की सुरक्षा (Preserve) करना व उसमें सुधार लाना तथा सभी सजीव प्राणियों के प्रति दया भावना रखना।

(h) वैज्ञानिक सोच, मानवतावादी, खोजपूर्ण तथा सुधारात्मक दृष्टिकोण विकसित करना।

इसके अतिरिक्त अभिभावकों के लिए एक महत्त्वपूर्ण कर्तव्य यह बताया गया है कि वे 6-14 आयु-वर्ग के अपने बच्चों को शिक्षा का अवसर प्रदान करें तथा सार्वजनिक सम्पत्ति की सुरक्षा करें। यहीं नहीं वे राष्ट्रीय विकास व प्रत्येक क्षेत्र में ऊँचाई तक पहुँचाने के लिए कार्य करें।

मौलिक कर्तव्यों का महत्त्व (Importance of Fundamental Duties)–जहाँ तक पश्चिमी देशों का सम्बन्ध है उनके संविधान में मौलिक कर्तव्यों को नहीं रखा गया है। लेकिन समाजवादी देश इन्हें बहुत महत्त्व देते हैं। इनके महत्त्व को ध्यान में रखते हुए भारतीय संविधान में भी इनको शामिल कर लिया गया है। ये कर्तव्य निम्न कारणों से आवश्यक हैं–

1. कर्तव्यों के प्रति जागरूकता पैदा करने के लिए (To create an awareness for duties) –प्रायः हम सभी अपने लिए अधिक-से-अधिक अधिकारों की माँग करते हैं। हम यह भूल जाते हैं कि जो हमारा अधिकार है वहीं दूसरे के प्रति हमारा कर्तव्य भी है। हमें इसका पालन करना चाहिए। नागरिकों में यह बोध पैदा करने के लिए संविधान में इनको रखा जाना आवश्यक है।

2. संस्कृति की सुरक्षा व विकास के लिए (For Preservation and development of Culture) –भारतीय संस्कृति एक महान् संस्कृति है। इस महान् सांस्कृतिक धरोहर की सुरक्षा व विकास तक तक सम्भव नहीं; जब तक प्रत्येक नागरिक इसके प्रति अपने कर्तव्य को नहीं समझता।

3. प्राकृतिक पर्यावरण की सुरक्षा के लिए (For Preservation of natural environment) –आज प्राकृतिक पर्यावरण में प्रदूषण निरन्तर बढ़ता जा रहा है। यह हमारे शारीरिक ही नहीं मानसिक स्वास्थ्य के लिए घातक है। इस प्रदूषण का मुख्य कारण व्यक्तियों का इसके प्रति सचेत न होना है। अतः यह आवश्यक है कि प्रत्येक व्यक्ति को यह बोध कराया जाए कि वह कोई ऐसा कार्य न करे जिससे पर्यावरण प्रदूषित होता हो।

4. भ्रातृत्व की भावना का विकास करने के लिए (To develop the feeling of Brotherhood) –भारत एक विविधतापूर्ण राष्ट्र है। ये एक ओर हमारी विशेषता है तो दूसरी ओर आपसी झगड़ों को भी जन्म देती है। अतः यह आवश्यक है कि सभी देशवासी भाईचारे से रहें तथा अपनी विविधताओं को बनाए रखते हुए भी विविधता में एकता (Unity in diversity) का आदर्श प्रस्तुत करें।

5. महिलाओं का सम्मान बनाए रखने के लिए (To maintain dignity of Women)–प्राचीन काल से ही भारतीय समाज में महिलाओं का स्थान बहुत महत्त्वपूर्ण रहा है। आज अनेक कारणों से उसमें कमी आई है। अतः महिलाओं का सम्मान बनाए रखने सम्बन्धी कर्तव्य का बोध कराना आवश्यक है।

6. राष्ट्रीय प्रतीकों के प्रति आदर-भाव पैदा करने के लिए (To develop the feeling of respect for national symbols)–यद्यपि राष्ट्रीय प्रतीकों के प्रति आदर-भाव बनाए रखने के लिए कुछ कानूनी प्रावधान भी किए गए हैं, पर इनके प्रति आदर-भाव रखना प्रत्येक व्यक्ति का नैतिक कर्तव्य भी है।

7. राष्ट्रीय एकता को बनाए रखने के लिए (To maintain national integration)–यदि भारतीयों में राष्ट्रीय एकता की भावना है, तभी वे देश की सम्प्रभुता व अखण्डता को बनाए रख सकते हैं। उनमें इस भावना का विकास करने में ये कर्तव्य सहायक हैं।

8. वैज्ञानिक दृष्टिकोण के विकास के लिए (To develop scientific temper)–भारतीय समाज प्राचीन रूढ़ियों व परम्पराओं से जकड़ा रहा है। आज के वैज्ञानिक युग में उनकी सोच को वैज्ञानिक बनाना आवश्यक है। संविधान में शामिल मौलिक कर्तव्य उन्हें इसके लिए प्रेरित करेंगे।

9. राष्ट्रीय सेवा की भावना के विकास के लिए (To develop the sense of national service) –प्रत्येक नागरिक का यह कर्तव्य है कि वह अपने राष्ट्र की सेवा करे तथा उसके लिए सर्वस्व बलिदान करने के लिए तैयार रहे। मौलिक कर्तव्य उनमें यह बोध उत्पन्न करते हैं।

10. अभिभावकों को बच्चों की शिक्षा के प्रति जागरूक करने के लिए (To make the parents aware of the education of children)–यद्यपि शिक्षा का अधिकार के अन्तर्गत अभिभावकों के लिए यह अनिवार्य कर दिया गया है कि वे अपने बच्चों को विद्यालय भेजें, लेकिन इससे पूर्व इसे मौलिक कर्तव्यों में स्थान देकर अभिभावकों को उनके इस मौलिक कर्तव्य के प्रति सचेत किया गया है।

निष्कर्ष (Conclusion)–निष्कर्ष रूप में कहा जा सकता है संविधान में वर्णित नागरिकों के ये मौलिक कर्तव्य बहुत महत्त्वपूर्ण हैं। यदि देश के नागरिक इनके प्रति जागरूक हैं, इनके महत्त्व को समझते हैं तो वह देश निश्चित रूप से प्रगति के पथ पर अग्रसर होगा। क्योंकि इनका पालन व्यक्ति अपने अन्तःकरण की आवाज के कारण करते हैं, किसी प्रकार की कानूनी बाध्यताओं के कारण नहीं।

◆◆◆

4. मौलिक कर्तव्यों के प्रति जागरूकता पैदा करने में शिक्षा की भूमिका की विवेचना कीजिए।
(Discuss the role of education in developing consciousness for Fundamental Duties.)

उत्तर–26 जनवरी 1950 को स्वतन्त्र भारत का अपना संविधान लागू हुआ। संविधान द्वारा नागरिकों को मौलिक अधिकार (Fundamental Rights) प्रदान किए गए। इन अधिकारों के पीछे कानून की शक्ति है। इनका हनन होने की स्थिति में व्यक्ति कानून की मदद ले सकता है। लेकिन अधिकारों का प्रावधान करने के साथ-साथ भारतीय संविधान अपने नागरिकों से कुछ अपेक्षाएं भी रखता है। ये अपेक्षाएं ही कर्तव्य हैं। यद्यपि इनके पीछे कानून की शक्ति नहीं है, पर आदर्श नागरिक होने के नाते नागरिकों से यह अपेक्षा करता है कि वे अपने इन कर्तव्यों का पालन करें।

मौलिक कर्तव्य (Fundamental Duties)–1976 में स्वर्ण सिंह कमेटी की रिपोर्ट में दिए गए सुझावों के आधार पर संविधान की धारा 51 में इन मौलिक कर्तव्यों को जोड़ा गया और इसे धारा 51-A का नाम दिया गया। इन कर्तव्यों का सम्बन्ध भारत की एकता, अखण्डता व सम्प्रभुता की रक्षा, संविधान के प्रति आदर, राष्ट्रीय प्रतीकों के प्रति सम्मान, राष्ट्र की सुरक्षा व सेवा, परस्पर सद्भाव, भौतिक पर्यावरण की सुरक्षा, विशाल सांस्कृतिक विरासत का आदर व सुरक्षा, मानवतावादी व वैज्ञानिक सोच तथा सुधारात्मक दृष्टिकोण आदि के साथ है।

मौलिक कर्तव्यों का महत्त्व (Importance of Fundamental Rights)–नागरिकों को मौलिक अधिकार दे देना ही पर्याप्त नहीं है। उनमें कर्तव्य बोध जगाना भी आवश्यक है। यदि प्रत्येक व्यक्ति अपने लिए अधिकारों की ही माँग करता रहेगा तो समाज में अव्यवस्था फैल जाएगी। हमारी संस्कृति पतन की ओर अग्रसर हो जाएगी। राष्ट्रीय सम्प्रभुता खतरे में पड़ जाएगी। पर्यावरण-प्रदूषण बढ़ने लगेगा। राष्ट्रीय एकता व मानवतावादी दृष्टिकोण लुप्त हो जाएगा और परिणामस्वरूप राष्ट्रीय विकास की प्रक्रिया अवरूद्ध हो जाएगी।

मौलिक कर्तव्यों के प्रति जागरूकता कैसे पैदा की जाए (How to develop awareness for Fundamental Duties)–जैसा कि पहले भी कहा जा चुका है नागरिकों को इन कर्तव्यों का पालन करने के लिए बाध्य नहीं किया जा सकता। केवल अन्तःप्रेरणा ही इसके लिए उन्हें प्रेरित कर सकती है और इस अन्तःप्रेरणा को जगाने का साधन है–शिक्षा।

मौलिक कर्तव्यों के प्रति जागरूकता पैदा करने में शिक्षा की भूमिका
(Role of education in developing awareness for Fundamental Duties.)

इस सन्दर्भ में शिक्षा की निम्नलिखित भूमिका हो सकती है–

1. मौलिक कर्तव्यों की जानकारी देना (To give knowledge about Fundamental Duties)–नागरिक अपने कर्तव्यों का पालन तभी कर पाएंगे जब उन्हें यह जानकारी हो कि भारतीय संविधान के अनुसार उनके क्या-क्या मौलिक कर्तव्य हैं। शिक्षा के द्वारा उन्हें उनके इन कर्तव्यों से अवगत कराया जा सकता है। इसके लिए निम्न प्रयास किए जा सकते हैं–

1. विभिन्न भाषाओं की पुस्तकों में मौलिक कर्तव्यों से सम्बन्धित पाठों को स्थान देना।
2. नागरिक-शास्त्र (Civics) के अन्तर्गत 'मौलिक कर्तव्य' नामक पाठ शामिल करना।
3. 'मौलिक कर्तव्य' विषय पर विशिष्ट व्यक्तियों के व्याख्यान का आयोजन करना आदि।

2. प्रजातान्त्रिक नागरिकता का विकास करना (To develop democratic citizen-ship)–प्रजातान्त्रिक नागरिकता का अर्थ है– प्रजातन्त्र के योग्य नागरिक के रूप में व्यक्ति को तैयार करना। प्रजातन्त्र के योग्य नागरिक से यह भी उम्मीद की जाती है कि वह अपने मौलिक कर्तव्यों का पालन करे। शिक्षा द्वारा व्यक्ति में प्रजातान्त्रिक नागरिकता के गुणों का विकास करके उसे कर्तव्यों के प्रति सचेत किया जा सकता है।

3. राष्ट्रीय प्रतीक व उनके महत्त्व से परिचित कराना (To make them familiar with national Symbols and their importance)–शिक्षा द्वारा विद्यार्थियों को राष्ट्रीय प्रतीकों की जानकारी देकर

उनका महत्त्व भी बताया जा सकता है। इससे उनमें इन प्रतीकों के प्रति आदर-भाव का विकास करने में मदद मिलेगी।

4. सांस्कृतिक धरोहर से परिचित कराना (To make familiar with cultural heritage)—भारत की संस्कृति विश्व की महानतम संस्कृति है। भारतीय होने के नाते विद्यार्थी का इससे परिचित होना आवश्यक है। शिक्षा ही वह साधन है जो ऐसा कर सकती है। भारतीय संस्कृति की विशेषताओं को जानने के बाद विद्यार्थी स्वयं ही उसका सम्मान करने लगेंगे। दूसरे शब्दों में अपने मौलिक कर्तव्य का पालन करने लगेंगे।

5. पर्यावरण-प्रदूषण के प्रति सचेत करना (To create an awareness towards environmental pollution)—पर्यावरण में होने वाले प्रदूषण को रोकना भी प्रत्येक नागरिक का मौलिक कर्तव्य है। इस सन्दर्भ में शिक्षा की महत्त्वपूर्ण भूमिका से इनकार नहीं किया जा सकता। इसका सबसे बड़ा प्रमाण यह है कि शिक्षा के सभी स्तरों पर विद्यार्थियों को किसी न किसी रूप में पर्यावरण शिक्षा दी जा रही है। अनेक कक्षाओं में इसे एक पाठ्य-विषय के रूप में चढ़ाया जा रहा है।

6. राष्ट्रीय एकता एवं विश्व-परिवार की भावना का विकास करना (To develop the feeling of national integration and world family)—प्रत्येक नागरिक का यह कर्तव्य भी है कि वह आपसी मतभेदों व विभिन्नताओं को भुलाकर राष्ट्रीय एकता को बनाए रखें। यही नहीं; मानव होने के नाते पूरी मानवता की भलाई के लिए कार्य करें। शिक्षा विभिन्न विषयों व सहगामी गतिविधियों द्वारा विद्यार्थियों में इस सोच का विकास कर सकती है।

7. महिलाओं के प्रति आदर-भाव का विकास करना (To develop the feeling of respect for women)—नारी शक्ति का सम्मान करना भी प्रत्येक भारतीय नागरिक का संवैधानिक कर्तव्य है और उसे उसके कर्तव्य का पालन करने योग्य बनाने का कार्य शिक्षा ही करती है। शिक्षा द्वारा उसे समाज में महिलाओं की महत्त्वपूर्ण भूमिका से अवगत कराया जा सकता है। इससे उसके मन में उनके प्रति स्वतः ही सम्मान की भावना का विकास हो जाएगा।

8. राष्ट्रीय सेवा की भावना का विकास करना (To develop the feeling of national service)—प्रत्येक नागरिक से यह अपेक्षा की जाती है कि उसमें राष्ट्रीय सेवा एवं राष्ट्रीय हित के लिए सर्वस्व बलिदान करने की भावना हो। शिक्षा विद्यार्थियों को देश के स्वतन्त्रता संग्राम एवं उसमें देश-वासियों द्वारा किए गए बलिदानों से अवगत कराती है। इससे प्रेरित होकर वे भी राष्ट्रीय हितों के लिए अपने स्वार्थों को छोड़ने के लिए तैयार हो जाते हैं।

9. अध्यापक-आदर्श के रूप में (Teacher as an ideal)—अध्यापक विद्यार्थी के लिए आदर्श होता है। शिक्षा द्वारा विद्यार्थियों को अपने मौलिक कर्तव्यों का पालन करने के लिए प्रेरित करने की दृष्टि से यह आवश्यक है कि अध्यापक भी इन संवैधानिक कर्तव्यों का पालन करके बच्चों के समक्ष आदर्श प्रस्तुत करें।

10. सहगामी गतिविधियों का आयोजन (Organising Co-curricular activities)—विद्यालयों में भाषण, वाद-विवाद, अभिनय, निबन्ध लेखन तथा कविता-पाठ आदि का आयोजन भी उपयोगी सिद्ध हो सकता है। इनके लिए चुने गए विषय मौलिक कर्तव्यों से सम्बन्धित होने चाहिए।

11. महत्त्वपूर्ण दिवस मनाना (To celebrate important days)—शिक्षा संस्थाओं में स्वतन्त्रता एवं गणतन्त्र दिवस मनाए जाएं एवं राष्ट्रीय ध्वज फहराया जाए। इससे विद्यार्थियों में राष्ट्र-ध्वज के प्रति आदर भाव विकसित होगा व राष्ट्र-प्रेम की भावना का विकास करने में भी मदद मिलती है। इसी प्रकार महिला-दिवस, मानवाधिकार दिवस आदि पर कार्यक्रमों का आयोजन भी कर्तव्यों के प्रति जागरूकता पैदा करने में सहायक सिद्ध हो सकता है।

12. शिक्षा संस्थाओं में आदर्श-वातावरण तैयार करना (To prepare ideal environment in schools)—मौलिक कर्तव्यों की दृष्टि से विद्यालय वातावरण को आदर्श बनाया जाना चाहिए। यदि विद्यालय के सभी सदस्य कर्तव्यों को जानते हैं और उनका पालन करते हैं तो वैसे वातावरण में रटकर बच्चों को बिना कुछ कहे ही कर्तव्यों के प्रति जागरूक किया जा सकता है।

निष्कर्ष (Conclusion)–अन्त में यह कहा जा सकता है कि शिक्षा विद्यार्थियों में मौलिक कर्तव्यों के प्रति जागरूकता पैदा करने की दृष्टि से महत्त्वपूर्ण भूमिका का निर्वाह कर सकती है। कर्तव्य भी मूल्यों की तरह सिखाए नहीं जाते। अनुकूल वातावरण का निर्माण करके विद्यार्थियों को स्वतः ही इनका पालन करने के लिए प्रेरित किया जा सकता है।

◆◆◆

4. भारतीय संविधान की धारा 30 में शिक्षा के विषय में क्या प्रावधान किए गए हैं?
(What provisions are made about education in Article 30 of the Indian Constitution?)

अथवा

'संविधान की धारा 30 व शिक्षा' विषय पर निबन्ध लिखिए।
(Write an essay on 'Article 30 of the Constitution and Education'.)

अथवा

धारा 30 द्वारा अल्पसंख्यकों को क्या अधिकार दिए गए हैं?
(What rights are granted to minorties by article 30 of the constitution?)

उत्तर–भारतीय संविधान द्वारा नागरिकों को जो मौलिक अधिकार (Fundamental Rights) दिए गए हैं सांस्कृतिक एवं शिक्षा सम्बन्धी अधिकार उनमें से एक है। धारा 30 का सम्बन्ध इसी मौलिक अधिकार के साथ है। धारा के दो खण्ड हैं।

खण्ड एक (Clause one)

1. धारा 30 (1) का सम्बन्ध अल्पसंख्यकों के शिक्षा संस्थाएं खोलने व चलाने (Right of minorities to Establish and administer Educational Institutions) के साथ है।

   इस धारा के खण्ड एक के अनुसार–"भाषा या धर्म पर आधारित सभी अल्पसंख्यकों को अपनी मर्जी की शिक्षा संस्थाएं खोलने व चलाने का अधिकार होगा।"

   ("All the minorities based on religion or language shall have the right to establish and administer educational institutions of their choice.")

खण्ड दो (Clause Two)

2. धारा के खण्ड दो के अनुसार–"राज्य शिक्षा संस्थाओं को सहायता देने में किसी शिक्षा संस्था के साथ इस आधार पर भेदभाव नहीं करेगा कि यह किसी धर्म या भाषा पर आधारित अल्पसंख्यक समुदाय के प्रबन्धन में है।"

   ("The state shall not in granting aid to educational institutions, discriminate against any educational institution on the ground that it is under the management of a minority, whether based on religion or language.")

   धारा 30 खण्ड (Article 30 (1))

इस प्रकार धारा 30 का प्रथम खण्ड निम्न बातों पर बल देता है–

1. देश के अन्दर रहने वाले कुछ समुदाय भाषा या धर्म की दृष्टि से अल्पसंख्यकों की श्रेणी में आते हैं।
2. अल्पसंख्यक एक सापेक्षिक शब्द है। एक वर्ग किसी राज्य में अल्पसंख्यक हो सकता है दूसरे में नहीं।
3. संविधान इन समुदायों को जहाँ भी ये अल्पसंख्यकों की श्रेणी में आते हैं अपनी शिक्षा संस्थाएं खोलने या उन्हें अस्तित्व में लाने का अधिकार देता है।

4. ये संस्थाएं प्राथमिक, माध्यमिक या उच्च शिक्षा में किसी से भी सम्बन्धित हो सकती हैं।
5. उन्हें व्यावसायिक शिक्षा संस्थाएं खोलने का भी अधिकार है।
6. ये अल्पसंख्यक समुदाय अपनी शिक्षा संस्थाएं खोलकर उनका प्रशासन स्वयं चलाने का भी अधिकार रखते हैं।

धारा 30 खण्ड दो–यह खण्ड, खण्ड एक का विरोधी न होकर पूरक है। यह भाग निम्न बातों पर बल देता है–

1. राज्य द्वारा शिक्षा संस्थाओं को दी जा रही सहायता सभी समुदायों द्वारा खोली गई शिक्षा संस्थाओं को दी जाएगी।
2. किसी शिक्षा संस्था को सहायता देने से राज्य इसलिए इनकार नहीं कर सकता कि वह किसी भाषा या धर्म पर आधारित अल्पसंख्यक समुदाय द्वारा चलाई जा रही है।

निष्कर्ष (Conclusion)–अन्त में यह कहा जा सकता है कि भारत एक प्रजातान्त्रिक एवं धर्म-निरपेक्ष (Democratic and Secular State) है। अतः यहाँ किसी भी समुदाय के साथ किसी भी प्रकार का भेदभाव नहीं किया जा सकता। इसी आधार पर संविधान की धारा 30 (1) व 30 (2) भाषाई व धार्मिक अल्पसंख्यक समुदाय के लोगों को अपनी शिक्षा संस्थाएं खोलने, चलाने व राज्य से सहायता प्राप्त करने का अधिकार देती है।

◆◆◆

---

6. संविधान की धारा 14, 15 व 16 तथा शैक्षिक प्रावधान विषय पर संक्षिप्त नोट लिखें।
(Write short note on Article 14, 15 and 16 of the constitution and educational provisions.)

अथवा

संविधान की धारा 14, 15 व 16 में शिक्षा के विषय में क्या प्रावधान किए गए हैं?
(What provisions are made regarding education in Article 14, 15 and 16 of the constitution?)

उत्तर–स्वतंत्रता के बाद भारत के संविधान का निर्माण हुआ। इस संविधान द्वारा भारत को प्रजातांत्रिक गणराज्य घोषित किया गया। प्रजातंत्र क्योंकि स्वतन्त्रता व समानता जैसे सिद्धान्तों में विश्वास करता है, इसलिए भारतीय नागरिकों को अनेक मौलिक अधिकार दिए गए। इन अधिकारों में सबसे पहला अधिकार है–समानता का अधिकार (Right to Equality)।

संविधान की धारा 14, 15 व 16 का सम्बन्ध इसी समानता के अधिकार के साथ है। संविधान में इन धाराओं को निम्नलिखित शीर्षकों के अन्तर्गत रखा गया है–

1. धारा 14 (Article 14)–कानून के समक्ष समानता या कानून का समान संरक्षण (Equality Before Law or Equal Protection Before Law)

2. धारा 15 (Article 15)–नागरिकों के प्रति भेद-भाव का निषेध (Prohibition of Discrimination against citizens)

3. धारा 16 (Article 16)–सार्वजनिक रोजगार में अवसरों की समानता (Equality of opportunities in Public Employment)

धारा 14 (Article 14)–इस धारा में दो बातें कहीं गई हैं–

(*i*) कानून के समक्ष समानता (Equality Before Law)

(*ii*) कानून द्वारा समान संरक्षण (Equal Protection of Laws)

इसका अभिप्राय है कि कानून की दृष्टि में सभी समान हैं। समान परिस्थितियाँ होने पर सब पर एक समान कानून लागू होगा। समानता के इस नियम के कुछ अपवाद भी बताए गए हैं। धारा 14 तर्कसंगत वर्गीकरण की अनुमति देती है। लेकिन वर्ग-विधान (Class Legislation) का निषेध करती है। सुप्रीम कोर्ट ने अपने अनेक निर्णयों में यह स्पष्ट किया है कि समानता एक गतिशील प्रत्यय है। इसे परम्परागत अथवा सिद्धान्तगत सीमाओं में नहीं बाधा जा सकता।

जहाँ तक व्यावसायिक शिक्षा संस्थाओं का सम्बन्ध है, धारा 14 के आधार पर विभिन्न न्यायालयों द्वारा अनेक महत्त्वपूर्ण निर्णय लिये गए। यह कहा गया प्रवेश सम्बन्धी किसी भी योजना का उद्देश्य सभी नागरिकों को समान अवसर उपलब्ध करवाते हुए सर्वोत्तम व उच्चतम योग्यता वाले नागरिकों का चयन करना होता है। यदि इस नियम की अवहेलना की जाती है तो उसे धारा 14 के परिप्रेक्ष्य में स्पष्ट करना आवश्यक है। इसी आधार पर उच्चतम न्यायालय ने प्रवेश में जिले के आधार पर सीटों के आवंटन को गलत ठहराया, जबकि विश्वविद्यालय के आधार पर इस की अनुमति दी। न्यायालय ने कहा कि विश्वविद्यालय विभिन्न क्षेत्रों की शैक्षिक आवश्यकताओं की पूर्ति के लिए खोले जाते हैं। न्यायालय ने स्नातकोत्तर पाठ्यक्रमों में निवास के आधार पर सीटों के आरक्षण को अनुचित ठहराया। संस्थागत प्राथमिकता के आधार पर कुल स्थानों का 50 प्रतिशत तक आरक्षित किया जा सकता है और उच्च विशेषज्ञता से सम्बन्धित पाठ्यक्रमों में किसी भी प्रकार के आरक्षण को अनुचित ठहराते हुए केवल योग्यता के आधार पर ही इनमें प्रवेश दिए जाने को उचित ठहराया।

इसके अतिरिक्त न्यायालय के कुछ अन्य निर्णय इस प्रकार हैं–

- स्वीकृत कोटा से अधिक सीटों पर प्रवेश नहीं दिया जाना चाहिए।
- न्यायालय किसी स्वायत्त शिक्षा संस्था को किसी ऐसे अभ्यर्थी को प्रवेश के लिए बाध्य नहीं कर सकती जो उसके द्वारा मान्यता प्राप्त संस्था से निर्धारित पात्रता सम्बन्धी योग्यता नहीं रखता।

धारा 15 (Article 15) नागरिकों के प्रति भेदभाव का निषेध (Prohibition of Discrimination against citizens)–

धारा 15 का खण्ड (i) यह प्रावधान करता है कि राज्य किसी नागरिक के साथ केवल धर्म, प्रजाति, जाति, लिंग, जन्म स्थान या इनमें से किसी एक आधार पर कोई भेदभाव नहीं करेगा।

(The state shall not discriminate against any citizen on ground of religion, race, caste, sex, place of birth or any of them.)

इस प्रकार इस धारा के अनुसार उपर्युक्त आधारों पर व्यक्तियों में किसी प्रकार का भेदभाव नहीं किया जा सकता

धारा 15 के खण्ड तीन में यह प्रावधान किया गया है कि इसी धारा के खण्ड के आधार पर राज्य को स्त्रियों व बच्चों के लिए विशेष प्रावधान या व्यवस्था करने से नहीं रोका जा सकता। इस प्रकार यह खण्ड धारा 15 के खण्ड एक का अपवाद है।

धारा 15 का खण्ड 4 पिछड़ी जातियों के लिए विशेष प्रावधान के साथ सम्बन्ध रखता है। यह भी खण्ड एक का एक अपवाद है। इस खण्ड के अनुसार इस धारा या धारा 21 के खण्ड दो की कोई भी बात राज्य को सामाजिक व शैक्षिक रूप से पिछड़े हुए किसी भी वर्ग के नागरिकों या अनुसूचित जाति या जनजाति के नागरिकों के उत्थान के लिए कोई विशेष प्रावधान करने से नहीं रोक सकती।

इस प्रकार धारा 15 के अनुसार :

1. राज्य अपने नागरिकों को शिक्षा देने में समानता को अपनाएगा। दूसरे शब्दों में सभी नागरिक शिक्षा प्राप्त करने का समान अधिकार रखते हैं।

2. राज्य पिछड़ी जाति, अनुसूचित जाति-जनजाति तथा अन्य किसी शैक्षिक या सामाजिक दृष्टि से पिछड़े वर्गों के उत्थान के लिए उन्हें कुछ विशेष सुविधाएं दे सकता है। ऐसा करना समानता के नियम का उल्लंघन नहीं है।

धारा 16 (Article 16)

धारा 16(1) रोजगार के अवसर या राज्य के अधीन किसी ऑफिस में नियुक्ति की गारण्टी देती है।

धारा 16(2) यह घोषणा करती है कि किसी भी नागरिक को केवल धर्म, प्रजाति, जाति, लिंग, वंश परम्परा, जन्म स्थान, निवास स्थान या इनमें से किसी आधार पर किसी रोजगार या राज्य के अधीन ऑफिस में नियुक्ति के अयोग्य नहीं ठहराया जाएगा या उसके साथ किसी प्रकार का भेदभाव नहीं किया जाएगा।

इस प्रकार धारा 16 का यह खण्ड 2 धारा 1 में दी गई गारण्टी को यहाँ और अधिक बल प्रदान करती है।

यदि भेदभाव खण्ड दो में दिए गए आधार के अलावा अन्य किसी आधार पर किया जाता है तो यह धारा लागू नहीं होगी।

धारा 16 का खण्ड 3, इसके खण्ड एक व दो का अपवाद है। इसके अनुसार संसद कानून बनाकर रोजगार या नियुक्तियों के सम्बन्ध में राज्य या केन्द्र की सीमा में निवास सम्बन्धी योग्यता निर्धारित कर सकती है।

धारा 16 का खण्ड 4 राज्य को यह अनुमति प्रदान करता है कि यह नागरिकों के पिछड़े वर्ग या वर्गों के लिए नियुक्ति या पदों में आरक्षण की व्यवस्था करे यदि उसे यह लगता है कि राज्य में संख्या या योग्यता की दृष्टि से उनका उचित प्रतिनिधित्व नहीं है। यहाँ आरक्षण का अर्थ है—वर्ग विशेष के लिए विशेष कोटा का निर्धारण।

धारा 16 अनुसूचित जाति या जनजाति के प्रत्याशियों को परीक्षाओं में उत्तीर्ण अंकों में छूट का प्रावधान भी करती है।

धारा 16 का खण्ड 5 भी धारा 16 के खण्ड एक का अपवाद है। धारा 16 का खण्ड। अवसर की समानता पर बल देता है जबकि खण्ड पाँच यह प्रावधान करता है कि किसी साम्प्रदायिक या धार्मिक संस्था का पदधारी उसी सम्प्रदाय या धर्म से सम्बन्ध रखने वाला होगा।

इस धारा के शैक्षिक निहितार्थ इस प्रकार हैं—

1. शैक्षिक योग्यता रखने पर नियुक्ति के लिए नागरिकों में जाति, जन्म व निवास स्थान आदि के आधार किसी प्रकार का भेदभाव नहीं किया जाएगा।
2. धार्मिक या साम्प्रदायिक शिक्षा संस्थाओं में कार्य करने वाले उन्हीं सम्प्रदायों व धर्म के हो सकते हैं।
3. आवश्यक समझने पर राज्य कानून बनाकर रोजगार के सम्बन्ध में निवास स्थान सम्बन्धी योग्यता निर्धारित कर सकता है तथा
4. नौकरियों के लिए अनुसूचित जाति या जनजाति के प्रत्याशियों की परीक्षाओं में उत्तीर्ण अंकों में छूट का प्रावधान किया जा सकता है।

निष्कर्ष (Conclusion)—निष्कर्ष रूप में कहा जा सकता है कि धारा 14, 15 व 16 नागरिकों को शैक्षिक अवसरों में समानता का प्रावधान करती है। यही नहीं, इनके द्वारा पिछड़े वर्गों, अनुसूचित जाति व जनजाति के लोगों व धार्मिक व साम्प्रदायिक वर्गों के लिए विशेष प्रावधान भी किए गए हैं। इन सबका उद्देश्य देश के प्रत्येक नागरिक को शैक्षिक व रोजगार सम्बन्धी अवसरों की समानता सुनिश्चित करना है।

◆◆◆

1.5 राज्य के नीति-निर्देशक सिद्दान्त
(Directive principles of State Policies)

1. राज्य के नीति-निर्देशक सिद्धांतों का संक्षेप में वर्णन कीजिये।
(Describe in brief the Directive Principles of State Policy.)

उत्तर–राज्य के नीति-निर्देशक सिद्धान्त (Directive Principles of State Policy)–भारतीय संविधान में राज्य के नीति-निर्देशक सिद्धान्त दिए गए हैं। ये सिद्धान्त निम्नलिखित हैं–

1. लोक-कल्याण की उन्नति के लिए राज्य व्यवस्था सुरक्षित करेगा (State shall secure order for the promotion of welfare of the people)–राज्य के नीति-निर्देशक सिद्धान्तों के अनुसार राज्य ऐसी सामाजिक व्यवस्था की स्थापना एवं रक्षा करने का प्रयत्न करेगा, जिसमें अधिक से अधिक लोक-कल्याण सम्भव हो। यह सिद्धान्त संविधान की प्रस्तावना के आदर्श को दोहराता है। यह उतना उच्च आदर्श है कि भविष्य में आने वाली समस्त परिस्थितियों के योग्य है। इसके द्वारा सामाजिक, आर्थिक तथा राजनीतिक उन्नति के लिए उचित लक्ष्य प्रत्येक राज्य के सम्मुख रखा गया है।

2. राज्य द्वारा कुछ नीति के सिद्धान्तों का पालन (Following of Certain Principles of Policy by the State)–राज्य विशेष रूप से निम्नलिखित विषयों की सुरक्षा में नीति का निर्देशन करेगा–

(i) भारत के सभी नागरिक, चाहे वे स्त्री हों या पुरुष हों। समान रूप से आजीविका के पर्याप्त साधन प्राप्त करने का अधिकार हो।

(ii) समाज के भौतिक साधनों का न्यायसंगत और मानवोचित विभाजन हो, जिससे समस्त समाज का हित हो सके।

(iii) आर्थिक व्यवस्था इस प्रकार से संचालित हो कि जिससे धन तथा उत्पादन के साधनों का एकत्रीकरण न हो सके, जो सर्वसाधारण के लिए अहितकारी है।

(iv) पुरुषों और स्त्रियों के लिये समान कार्य के लिए समान वेतन देने की व्यवस्था हो।

(v) श्रमिक पुरुषों, स्त्रियों तथा बालकों की शक्ति और उनके स्वास्थ्य के लिए ऐसी व्यवस्था का प्रबन्ध हो, जिससे उनके शक्ति और स्वास्थ्य का दुरुपयोग न हो सके। आर्थिक आवश्यकता से विवश होकर नागरिकों को ऐसे रोजगारों में न जाना पड़े जो उनकी आयु तथा शक्ति के अनुकूल न हो।

(vi) शैशव तथा किशोरावस्था का शोषण से रक्षण हो।

3. ग्राम पंचायतों का गठन (Organisation of Village Panchayats)–राज्य ग्राम पंचायतों के संगठन का प्रयत्न करेगा तथा उन्हें ऐसी शक्तियाँ और अधिकार प्रदान करेगा, जो उन्हें स्वायत्त शासन की इकाइयों के रूप में कार्य करने के योग्य बनाने में आवश्यक हों। इस सिद्धान्त ने महात्मा गाँधी के स्वप्न को साकार करने का प्रयत्न किया है। महात्मा गाँधी ग्राम उद्धार को विशेष महत्त्व देते थे। इस सिद्धान्त में सरकार के विकेन्द्रीकरण का उद्देश्य दिखाई पड़ता है। यह गाँधीवादी सिद्धान्त है, जिसका उद्देश्य विकेन्द्रीकृत शासन तथा स्वयं पर्याप्त इकाइयों के निर्माण का प्रयत्न करना है। पंचायतों का निर्वाचन गाँव के व्यस्क नागरिक करते हैं, पंचायतों को सिविल प्रशासन की शक्ति दी गई है।

4. कार्य का अधिकार, शिक्षा का अधिकार तथा कुछ मामलों में जन सहायता (Right to work, to education and public assistance in certain cases)–राज्य अपनी आर्थिक क्षमता की सीमा के अंदर ऐसी व्यवस्था करे, जिससे सब व्यक्तियों को योग्यतानुसार काम मिल सके, शिक्षा मिल सके और वृद्ध ावस्था, बेकारी, बीमारी और अन्य अनर्ह\अभाव की दशा में राज्य उनकी सहायता कर सके। संविधान को प्रजातंत्रात्मक स्वरूप देने के लिये ये आवश्यकताएँ महत्त्वपूर्ण हैं। इन आवश्यकताओं की पूर्ति करना आज के प्रगतिशील युग में राज्य का कर्तव्य होना चाहिए।

5. कार्य तथा प्रसूति सहायता के लिए न्यायोचित स्थितियों का उपलब्ध (Provision for justified conditions of work and maternity relief)–राज्य कार्य तथा प्रसूति सहायता के लिए न्यायोचित एवं मानवीय स्थितियों को सुरक्षित करने का प्रयत्न करेगा। किसी भी व्यक्ति को उसकी शक्ति से अधिक काम न करना पड़े तथा राज्य द्वारा उनके मनोरंजन एवं चिकित्सा का उचित प्रबन्ध हो। स्त्रियों को प्रसूति अवस्था में राज्य की ओर से पूर्ण सहायता प्राप्त हो। राज्य द्वारा ऐसी व्यवस्था होनी चाहिए कि व्यक्ति का जीवन सुरक्षित हो और उसके शरीर और स्वास्थ्य को किसी प्रकार की हानि न पहुँच पाये।

6. श्रमिकों के लिए जीवन पारिश्रमिक (Living wages for workers)–अनुच्छेद 43 के अनुसार राज्य को ऐसा प्रबन्ध करना चाहिए कि प्रत्येक श्रमजीवी को, चाहे वह कृषि का काम करता हो अथवा अन्य किसी उद्योग-धन्धे में काम करता हो इतना वेतन अवश्य मिलना चाहिए कि वह अपना जीवन सुखपूर्वक व्यतीत कर सके तथा अपने व्यक्तित्व का विकास कर सके। राज्य का कर्तव्य है कि वह अपने नागरिकों के सर्वांगीण विकास के लिए उपयुक्त वातावरण का प्रबन्ध करे तथा घरेलू उद्योग-धन्धों की उन्नति तथा विकास में उनकी पूर्ण सहायता करे।

7. नागरिकों के लिए एक समान व्यवहार संहिता (Uniform Civil Code for the Citizens)–राज्य समस्त भारतीय नागरिकों के लिए एक समान व्यवहार संहिता सुरक्षित करने का प्रयास करेगा। समस्त देश के नागरिकों के लिये नियम समान होंगे चाहे वे किसी धर्म, जाति या सम्प्रदाय के हों। इस प्रकार की एक समान व्यवहार संहिता राष्ट्रीय एकता को दृढ़ तथा स्थायी बनाने के लिये आवश्यक है। आज के प्रगतिशील युग में समस्त देशों में एक समान संहिता का निर्माण हो रहा है। भारत में भी इस प्रकार की एक समान संहिताओं का निर्माण होना आवश्यक है। इससे राष्ट्रीय एकता की भावना दृढ़ होगी, परन्तु खेद है कि अभी तक भारत में एक समान नागरिक संहिता *(Uniform Civil Code)* की स्थापना नहीं हो सकी है।

8. शिशुओं के लिये निःशुल्क एवं अनिवार्य शिक्षा का उपलब्ध करना (Provisions for Free and Compulsory Education to Children)–राज्य संविधान लागू होने से दस वर्ष की अवधि के अंदर 14 वर्ष की आयु तक के सभी शिशुओं के लिये निःशुल्क एवं अनिवार्य शिक्षा प्रदान करने की व्यवस्था करेगा। इस व्यवस्था से गरीब लोगों के बच्चे भी आठवीं श्रेणी तक की शिक्षा निःशुल्क प्राप्त कर सकेंगे, जिससे कुछ समय के बाद भारत में निरक्षरता का अन्त हो जायेगा।

9. अनुसूचित जातियों तथा अन्य दुर्बल वर्गों के शिक्षा संबंधी तथा आर्थिक हितों की उन्नति (Promotion of educational and economic interests of scheduled castes and other weaker sections)–राज्य अनुसूचित तथा आदिम जातियों में शिक्षा संबंधी तथा आर्थिक हितों को बढ़ावा देगा तथा सामाजिक अन्याय तथा समस्त प्रकार के शोषण से उनकी रक्षा करेगा। इसका उद्देश्य अनुसूचित जातियों के लोगों में पिछड़ेपन की भावना का उन्मूलन करना तथा समाज में उन्हें उचित स्थान देना है। यह पिछड़ापन हमारी सामाजिक स्थिति पर कलंक है, जिसका उन्मूलन अत्यन्त आवश्यक है।

10. जनसाधारण के स्वास्थ्य को सुधारने का प्रयत्न (To Improve Public Health)–राज्य को यह निर्देश दिया गया है कि राज्य अपने नागरिकों के जीवन स्तर को ऊँचा उठाने तथा अपने नागरिकों के स्वास्थ्य की रक्षा करने के लिए मादक पेयों को केवल दवा के अतिरिक्त प्रतिबंधित करे ताकि देश में अच्छे तथा स्वस्थ नागरिक हों। जनसाधारण का स्वास्थ्य उन्नत होना तभी संभव है, जब बेकारी की समस्या का समाधान हो जाए। भारत में आजकल बेकारी की भीषण समस्या है। अतः राज्य को इस ओर विशेष ध्यान देना चाहिये। मादक पदार्थों पर प्रतिबन्ध लगाना चाहिये और मनोरंजन के लिए उचित साधन प्रस्तुत करने चाहियें। तभी भविष्य में नागरिकों का स्वास्थ्य अच्छा होगा।

11. कृषि तथा पशुपालन का संगठन (Organisation of Agriculture and Animal Husbandry)–राज्य नई वैज्ञानिक पद्धति पर कृषि तथा पशुपालन का संगठन करने का प्रयास करेगा तथा विशेषतया दूध देने वाले पशुओं, वाहक पशुओं तथा कृषि योग्य पशुओं के वध को रोकने तथा उनकी नस्ल की उन्नति का प्रयास करेगा। भारत जैसे कृषि प्रधान देश में ऐसा होना बहुत आवश्यक है। जब तक

राज्य इस ओर ध्यान नहीं देगा, तब तक कृषि की उन्नति होना असंभव है। इसलिये राज्य का कर्तव्य है कि कृषि तथा पशुपालन को नवीन वैज्ञानिक ढंग से विकसित करने का प्रयास करे।

12. पर्यावरण एवं वन्य प्राणियों का संरक्षण (Protection of environment and wildlife)–राज्य का यह भी कर्तव्य है कि वह पर्यावरण का संरक्षण तथा अन्य जीवों की भी रक्षा करे तथा इनकी रक्षार्थ उचित उपाय भी करें।

13. राष्ट्रीय महत्त्व के स्मारकों, स्थानों और वस्तुओं का संरक्षण (Protection of monuments, places and objects of national importance)–राज्य का यह कर्तव्य होगा कि वह राष्ट्रीय महत्त्व के स्मारकों, स्थानों और वस्तुओं को बिगाड़ने, नष्ट होने, हटाये जाने से संरक्षण करें। इनकी रक्षा के लिये संसद में कानून बना सकती है और राज्य सरकार को इन कानूनों का पालन करना होगा, क्योंकि राष्ट्रीय महत्त्व के स्मारकों की रक्षा करना राज्य का पुनीत कर्तव्य है। ये स्मारक और स्थान हमारी महानता के प्रतीक हैं तथा हमारी अतीत की स्मृतियाँ हैं।

14. कुटीर उद्योगों का विकास (Development of cottage industries)–कुटीर उद्योगों की प्रोन्नति भी राज्य का कर्तव्य है राज्य को कुटीर उद्योगों के संरक्षण वित्तपोषण एवं विपणन में इनकी सहायता करनी चाहिए इसके लिए राज्य एवं केन्द्र सरकार ने बहुत से बोर्ड भी बनाए है।

15. न्यायपालिका का कार्यपालिका से पृथक्करण (Separation of Judiciary from Executive)–राज्य न्यायपालिका को कार्यपालिका से पृथक् करने का प्रयास करेगा। नागरिकों के अधिकारों की रक्षा के लिये इनका एक दूसरे से पृथक् होना आवश्यक है।

16. अन्तर्राष्ट्रीय शान्ति एवं सुरक्षा की उन्नति (Promotion of International peace and security)–राज्य निम्नलिखित लक्ष्यों की पूर्ति का प्रयास करेगा–

(i) अंतर्राष्ट्रीय शांति एवं सुरक्षा की उन्नति करना।

(ii) राष्ट्रों में न्यायपूर्ण एवं सम्मानपूर्ण संबंध रखना।

(iii) अंतर्राष्ट्रीय विधि के प्रति सम्मान की घोषणा करना तथा संगठित लोक के परस्पर व्यवहारों में संधि आभारों का सम्मान करना।

(iv) अंतर्राष्ट्रीय झगड़ों में पंच द्वारा समझौते को प्रोत्साहन देना।

अतः ये निदेशक सिद्धान्त राज्य की कार्यपालिका के लिये संदेश एवं निर्देश हैं, क्योंकि उपर्युक्त चार बातों का पालन करना उसके लिये आवश्यक है। संपूर्ण संसार में शांति की स्थापना भारत का सबसे प्राचीन लक्ष्य रहा है। स्वयं शांति-दूत बनकर सम्राट अशोक ने विश्व को शांति का संदेश दिया था। स्वर्गीय पं. जवाहर लाल नेहरू के नेतृत्व में भारत सरकार ने यह घोषणा की थी कि भारत शांति का पुजारी है तथा संपूर्ण संसार में शांति की स्थापना के लिये यह अंतिम स्थिति तक प्रयत्न करता रहेगा।

◆◆◆

---

2. भारतीय संविधान के नीति निर्देशक तत्त्वों की धारा 41, 45 व 46 में प्राथमिक शिक्षा के बारे में क्या प्रावधान किया गया है?

(What provision is made in artical 41, 45 and 46 in directive principles of Indian constituion?)

अथवा

निम्नलिखित पर नोट लिखें--

नीति निर्देशक तत्त्वों की धारा 41, 45, व 46।

(Write short note on :
Article 41, 45 and 46 of directive principles.)

उत्तर–स्वतन्त्रता के बाद 26 जनवरी 1950 को भारत का संविधान लागू हुआ। संविधान द्वारा भारत को प्रजातान्त्रिक, धर्मनिरपेक्ष एवं समाजवादी गणतन्त्र (Democratic, Secular and Socialistic Republic)

घोषित किया गया। नागरिकों को विभिन्न मौलिक अधिकार दिए गए। शिक्षा क्योंकि राष्ट्रीय विकास की रीढ़ होती है, अतः इस ओर भी ध्यान दिया गया। जब तक देश का प्रत्येक बच्चा कम से कम प्राथमिक शिक्षा को प्राप्त नहीं कर लेता तब तक उसका विकास सम्भव ही नहीं। लेकिन कई बार अनेक अपरिहार्य कारणों से अपने बच्चों को प्राथमिक शिक्षा भी नहीं दिलवा पाते। अतः संविधान में मौलिक अधिकारों के अन्तर्गत शैक्षिक व सांस्कृतिक अधिकार के अन्तर्गत शिक्षा के सम्बन्ध में अनेक प्रावधान किए और राज्य के नीति-निर्देशक तत्त्वों के अन्तर्गत प्राथमिक शिक्षा को निःशुल्क एवं अनिवार्य बनाए जाने का प्रावधान किया।

संविधान की धारा 45 में स्पष्ट रूप से कहा गया है–

'राज्य संविधान लागू होने के दस वर्षों के अन्दर सभी बच्चों के लिए अनिवार्य एवं निःशुल्क शिक्षा देने का प्रयास करेगा जब तक वे 14 वर्ष की आयु पूरा नहीं कर लेते।'

"The state shall endeavour to provide within a period of ten years from the commencement of this constitution, free and compulsory education for all children until they complete the age of fourteen years."

इस प्रकार यह धारा निम्न बातों पर जोर देती है–

1. संविधान के नीति निर्देशक तत्त्व की इस धारा के अनुसार राज्य अपने 14 वर्ष तक की आयु के सभी बच्चों को निःशुल्क एवं अनिवार्य शिक्षा देने का प्रयास करेगा।
2. इस लक्ष्य को संविधान लागू होने के दस वर्ष की अवधि में प्राप्त करने का प्रयत्न किया जाएगा।

धारा 46 (Article 46)–यह धारा समाज के कमजोर वर्गों के आर्थिक एवम् शैक्षिक हितों को प्रोत्साहित करती है। इस धारा के अनुसार–

"राज्य कमजोर वर्गों के लोगों के शैक्षिक एवम् आर्थिक हितों पर विशेष ध्यान को प्रोत्साहित करेगी; विशेष रूप से अनुसूचित जाति एवम् अनुसूचित जनजाति के; और उनकी सामाजिक अन्याय एवम् हर प्रकार के शोषण से रक्षा करेगा।"

(The state shall promote with special care the educational and economic interests of the weaker sections of the people, and, in particular, of the scheduled castes and the scheduled tribes, and shall protect them from social injustice and all forms of exploitation.)

इस प्रकार यह धारा शैक्षिक दृष्टि से निम्न बिन्दुओं पर बल देती है–

1. राज्य समाज के कमजोर वर्गों के शैक्षिक हितों पर विशेष ध्यान देगा।
2. इसका विशेष ध्यान अनुसूचित जाति एवम् जनजाति के बच्चों की शिक्षा पर होगा।

संविधान में 'Weaker Section' 'कमजोर वर्ग' शब्द को परिभाषित नहीं किया गया है।

धारा 41 (Article 41)–यह धारा जिन महत्त्वपूर्ण विषयों से सम्बन्ध रखती है, उनमें शिक्षा का अधिकार (Right to Education) भी एक है। धारा में कहा गया है कि–

'राज्य अपनी अपनी वित्तीय क्षमता व विकास की सीमाओं को ध्यान में रखते हुए .... शिक्षा के अधिकार को सुनिश्चित करने के लिए प्रभावशाली प्रावधान करेगा।'

(The state shall within the limits of its economic capacity and development, make effective provisions for securing the rights .... to education ....)

संविधान की धारा 41 में प्रतिपादित यह नीति निर्देशक सिद्धान्त धारा 45 के साथ जुड़कर यह प्रतिपादित करता है कि अपने सभी नागरिकों के लिए शिक्षा सुनिश्चित करना न केवल राज्य के लिए आवश्यक है वरन् यह उसका सबसे बड़ा कर्तव्य एवम् दायित्व भी है।

यह भी कहा गया है कि शिक्षा एवं संस्कृति के अधिकार का प्रावधान करने वाली संविधान की धारा 29 व 30 को धारा 41 व 45 की पृष्ठिभूमि में पढ़ा जाना चाहिए। उच्चतम न्यायालय ने संविधान की धारा 41 व 45 को साथ-साथ पढ़ते हुए 14 वर्ष तक की आयु के बच्चों के लिए निःशुल्क एवं अनिवार्य शिक्षा को मौलिक अधिकार का दर्जा देने की बात कही थी। इसी आधार पर 2002 में 86वें संविधान संशोधन

द्वारा 21-A नामक एक नई धारा को जोड़ दिया और इसके द्वारा 6-14 आयु वर्ग के सभी बच्चों के लिए शिक्षा के अधिकार को एक स्वतन्त्र मौलिक अधिकार का दर्जा दे दिया गया।

इस प्रकार धारा 41 प्राथमिक शिक्षा को सभी पात्र बच्चों के लिए निःशुल्क एवं अनिवार्य बनाए जाने पर बल देती है और बाद में इसी के आधार शिक्षा के अधिकार को स्वतन्त्र मौलिक अधिकार का दर्जा दे दिया गया और इसे कार्यान्वित भी कर दिया गया।

निष्कर्ष (Conclusion)–निष्कर्ष रूप में यह कहा जा सकता है कि संविधान के नीति निर्देशक तत्त्वों की धारा 41, 45 व 46 शिक्षा को सार्वभौमिक बनाए जाने से सम्बन्ध रखती हैं। राज्य पर नीति निर्देशक तत्त्वों के अनुसार कार्य करने की कोई बाध्यता नहीं होती क्योंकि इसके पीछे कानून की शक्ति नहीं होती। इन्हीं धराओं के आधार पर बाद में प्राथमिक शिक्षा के आधार को एक मौलिक अधिकार का दर्जा दे दिया गया जिससे शिक्षा के सार्वभौमीकरण के मार्ग में आने वाली बाधाओं को दूर करके सबके लिए शिक्षा के लक्ष्य को प्राप्त किया जा सके।

◆◆◆

1.6 शिक्षा का अधिकार अधिनियम 2009
(Right to education Act 2009)

1. शिक्षा का अधिकार विधयेक-2009 की विस्तृत विवेचना कीजिए।
(Write a detailed note on Right to Education Act 2009.)

उत्तर–4 अगस्त, 2009 को देश में 6 से 14 साल तक के बच्चों के लिए मुफ्त और अनिवार्य शिक्षा को मौलिक अधिकार बनाने संबंधी विधेयक **'द राइट ऑफ चिल्ड्रन टू फ्री एंड कंपलसरी एजुकेशन बिल'** लोकसभा में पारित किया गया। राज्यसभा ने इस विधेयक को पहले ही पारित कर दिया था।

राष्ट्रपति के हस्ताक्षर के बाद 6-14 आयुवर्ग के बच्चों को शिक्षा दिलवाना केन्द्र व राज्य सरकार का संवैधानिक दायित्व बन गया है।

शिक्षा को मौलिक अधिकार मानने के सुप्रीम कोर्ट के 1993 के ऐतिहासिक फैसले के 17 वर्षों बाद और संसद में इस बारे में 2002 में 86वां संविधान संशोधन होने के 7 साल बाद यह विधेयक दोनों सदनों में पारित हुआ है।

विधेयक : एक दृष्टि में...

- 6 वर्ष से 14 वर्ष तक की आयु के प्रत्येक बालक को, प्रारम्भिक शिक्षा पूरी होने तक किसी आसपास के विद्यालय में निःशुल्क और अनिवार्य शिक्षा का अधिकार होगा।
- इस अधिनियम के उपबंधों को कार्यान्वित करने के लिए, समुचित सरकार और स्थानीय प्राधिकारी, इस अधिनियम के प्रारम्भ से तीन वर्ष की अवधि के भीतर ऐसे क्षेत्र या आसपास की ऐसी सीमाओं के भीतर, जो विहित की जाएं, जहाँ विद्यालय इस प्रकार स्थापित नहीं है, एक विद्यालय स्थापित करेंगे।
- प्रत्येक निजी विद्यालय को अल्प आयु वर्ग के बच्चों के लिए 25 प्रतिशत सीटें आरक्षित करना जरूरी होगा। इन 25 प्रतिशत सीटों पर 6-14 आयुवर्ग के बच्चों से फीस वसूलने पर फीस का 10 गुना जुर्माना लगाया जाएगा।
- स्कूलों की प्रबंध समिति में तीन चौथाई सदस्य बच्चों के अभिभावकों को बनाना होगा।
- बगैर सरकारी मान्यता के चल रहे स्कूलों पर पहली बार एक लाख रु.और फिर मान्यता मिलने तक हर रोज 10 हजार रु. के हिसाब से जुर्माना लगाया जाएगा। स्कूलों को बगैर टी.सी. के भी बच्चों को दाखिला देना पड़ेगा।

- कोई भी आम नागरिक स्थानीय प्रशासनिक और शिक्षा अधिकारी को ऐसे स्कूलों पर कानूनी कार्यवाही करने के लिए शिकायत दे सकता है जो बच्चों को शिक्षा का अधिकार देने से इंकार कर रहे हैं।
- अगर किसी ग्रामीण या शहरी इलाके में सरकारी, निजी या कोई भी स्कूल नहीं है, तो वहाँ के बच्चों को पास के गांव या शहर के स्कूल में दाखिला दिलाने की जिम्मेदारी सरकार की होगी। फिर सरकार के लिए तीन साल के अंदर-अंदर उस इलाके में निजी या सरकारी स्कूल खुलवाना कानूनन आवश्यक होगा।
- अगर बच्चे के माँ-बाप उसकी फीस देने में असमर्थ हैं, तो सरकारी स्कूल के रेट पर सरकार उसकी पढ़ाई का खर्च अदा करेगी। निजी स्कूलों के लिए ऐसे बच्चों को प्रवेश परीक्षा या डोनेशन देने के लिए मजबूर करने की मनाही होगी। ऐसा करने वाले स्कूलों से भारी जुर्माना वसूला जाएगा।
- बच्चों को शारीरिक दंड देने वाले शिक्षकों पर सख्त कार्यवाही की जाएगी।
- अभिभावकों के इंटरव्यू या बच्चों की स्क्रीनिंग पर पहले 25 हजार और गलती दोहराने पर 50 हजार जुर्माना।
- आपात सेवाओं, जनगणना और निर्वाचन ड्यूटी छोड़कर अध्यापकों की अन्य कामों में ड्यूटी नहीं।
- अध्यापक निजी ट्यूशन नहीं पढ़ा सकेंगे।
- केन्द्रीय सरकार, राष्ट्रपति को अनुच्छेद 280 के खंड (3) के उपखंड (घ) के अधीन राज्य सरकार को अतिरिक्त संसाधन उपलब्ध कराये जाने की आवश्यकता की परीक्षा के लिए वित्त आयोग को निर्देश देने का अनुरोध कर सकेगी, ताकि उक्त राज्य सरकार इस अधिनियम के उपबंधों को कार्यान्वित करने के लिए निधियों का अपना अंश प्रदान कर सके।
- केन्द्रीय सरकार द्वारा धारा 29 के अधीन विनिर्दिष्ट शैक्षणिक प्राधिकारी की सहायता से राष्ट्रीय कार्यक्रम का ढाँचा विकसित करेगी।
- केन्द्रीय सरकार शिक्षकों के प्रशिक्षण के लिए मानकों को विकसित और लागू करेगी।
- केन्द्रीय सरकार नवीकरण, अनुसंधान, योजना और क्षमता निर्माण के संवर्द्धन के लिए राज्य सरकार को तकनीकी सहायता और संसाधन उपलब्ध करायेगी।

समुचित सरकार के कर्तव्य (Duties of Appropriate Government)

- प्रत्येक बालक को निःशुल्क और अनिवार्य प्राथमिक शिक्षा उपलब्ध करायेगी।
  6 वर्ष से 14 वर्ष तक की आयु के प्रत्येक बालक को निःशुल्क प्राथमिक शिक्षा उपलब्ध कराने और 6 वर्ष से 14 वर्ष तक की आयु के प्रत्येक बालक द्वारा प्राथमिक शिक्षा में अनिवार्य प्रवेश, उपस्थिति और उसको पूरा करने को सुनिश्चित करने की बाध्यता अभिप्रेत है।
- धारा 6 में यथाविनिर्दिष्ट आसपास में विद्यालय की उपलब्धता को सुनिश्चित करेगी।
- धारा 4 में विर्निदिष्ट विशेष प्रशिक्षण सुविधा उपलब्ध करायेगी।
- प्रत्येक बालक द्वारा प्राथमिक शिक्षा में प्रवेश, उपस्थिति और उसे पूरा करने को सुनिश्चित और मॉनिटर करेगी।

अधिनियम के तहत् विद्यालय का उत्तरदायित्व

- धारा (2) (खण्ड-ढ़)—उपखंड-1 में विनिर्दिष्ट कोई विद्यालय उसमें प्रविष्ट सभी छात्रों को निःशुल्क और अनिवार्य प्राथमिक शिक्षा प्रदान करेगा।

उपखंड-II में विनिर्दिष्ट विद्यालय उसे प्राप्त अनुदान के व्यय का न्यूनतम 25 प्रतिशत बालकों की निःशुल्क एवं अनिवार्य शिक्षा पर व्यय करेगा।

उपखंड-III & IV के अनुसार पहली कक्षा में दुर्बल वर्ग और अलाभित समूह के बालकों को उस कक्षा के बालकों की कुल संख्या के कम से कम 25 प्रतिशत की सीमा तक प्रवेश देना होगा और निःशुल्क और अनिवार्य प्राथमिक शिक्षा उसके पूरा होने तक प्रदान करेगा।

प्रवेश के समय फीस और अनुवीक्षण पर रोक

- **उपधारा** (1)—कोई विद्यालय या व्यक्ति किसी बालक को प्रवेश देते समय कोई प्रति व्यक्ति फीस संग्रहित नहीं करेगा और बालक या उसके माता-पिता या उसके संरक्षक को किसी अनुवीक्षण प्रक्रिया के अधीन नहीं रखेगा।

उपधारा (1) के उपबंधों का उल्लंघन करने पर—

- प्रति व्यक्ति फीस प्राप्त करता है तो वह जुर्माने से, जो प्रभारित प्रति व्यक्ति फीस से दस गुना तक हो सकेगा, दण्डनीय होगा।
- किसी बालक को अनुवीक्षण प्रक्रिया के अधीन रखने पर जुर्माना लगाया जाएगा। यह जुर्माना पहले उल्लंघन के लिए 25,000 रु. तक और इसके पश्चात् होने वाले उल्लंघनों पर 50,000 रु. तक हो सकेगा।
- प्राथमिक शिक्षा में प्रवेश के प्रयोजनों के लिए किसी बालक की आयु, जन्म, मृत्यु और विवाह रजिस्ट्रीकरण अधिनियम 1856 के उपबंधों के अनुसार जारी किए गए जन्म प्रमाण-पत्र के आधार पर या ऐसे अन्य दस्तावेज के आधार पर जो विहित किया जाए, अवधारित की जाएगी।

प्रवेश रोकने एवं निष्कासन सम्बन्धी प्रतिषेध

- किसी बालक को आयु का सबूत नहीं होने के कारण किसी विद्यालय के प्रवेश से वंचित नहीं किया जा सकता।
- किसी विद्यालय में प्रवेश प्राप्त विद्यार्थी को किसी कक्षा में नहीं रोका जा सकेगा या विद्यालय से प्राथमिक शिक्षा पूरी किए जाने तक निष्कासित नहीं किया जा सकेगा।

शारीरिक दण्ड और मानसिक उत्पीड़न का प्रतिषेध

- विधेयक में किसी भी बालक के शारीरिक दण्ड एवं मानसिक उत्पीड़न को पूर्ण रूप से प्रतिबंधित किया गया है।
- उपधारा (1) के उपबंधों का उल्लंघन करने पर ऐसे व्यक्ति के खिलाफ लागू सेवानियमों के अधीन अनुशासनात्मक कार्यवाही की जाएगी।

विद्यालय के मान और मानक

- धारा (18)—किसी विद्यालय को इस धारा के अधीन तब तक मान्यता नहीं दी जा सकेगी, जब तक वह अनुसूची में विनिर्दिष्ट मानकों को पूरा नहीं करता हो।
- इस अधिनियम के प्रारम्भ से पूर्व स्थापित कोई विद्यालय अनुसूची में निर्दिष्ट मान और मानकों को पूरा नहीं करता है, वहाँ वह ऐसे प्रारम्भ की तारीख से 3 वर्ष की अवधि में अपने खर्चे पर ऐसे मान और मानकों को पूरा करने के लिए कदम उठायेगा।
- उपधारा (2) के अधीन विनिर्दिष्ट अवधि के भीतर मान और मानकों को पूरा करने में असफल रहने वाले विद्यालय को धारा-18 की उपधारा (1) के अधीन विहित प्राधिकारी द्वारा विद्यालय की अनुदत्त मान्यता को उपधारा (3) के अधीन विनिर्दिष्ट रीति में वापस ले लेगा।

विद्यालय प्रबंध समिति

- धारा-2 के खण्ड (ढ) के उपखंड (iv) में विनिर्दिष्ट किसी विद्यालय से भिन्न विद्यालय स्थानीय प्राधिकारी, ऐसे विद्यालय में प्रवेश प्राप्त विद्यालय के माता-पिता या संरक्षक द्वारा शिक्षकों के निर्वाचित प्रतिनिधियों से मिलकर बनने वाली एक विद्यालय प्रबंध समिति का गठन करेगा।
- ऐसी समिति के कम से कम तीन चौथाई सदस्य माता-पिता या संरक्षक होंगे।
- अलाभित समूह और दुर्बल वर्ग के माता-पिता या संरक्षकों को समानुपाती प्रतिनिधित्व दिया जाएगा।
- समिति को 50 प्रतिशत सदस्य महिलाएं होंगी।

शिक्षकों की नियुक्ति के लिए योग्यताएं और सेवा के नियम

- कोई व्यक्ति जिसके पास केन्द्र सरकार द्वारा, अधिसूचना द्वारा, प्राधिकृत किसी शिक्षा अधिकारी द्वारा यथा अधिकथित न्यूनतम योग्यताएं हैं, शिक्षक के रूप में नियुक्ति के लिए पात्र होगा।
- किसी राज्य में अध्यापक शिक्षा के पाठ्यक्रम या उसमें प्रशिक्षण प्रदान करने वाली पर्याप्त संस्थाएं नहीं होने पर उपधारा (1) के अधीन वहाँ केन्द्रीय सरकार यदि वह आवश्यक समझे, अधिसूचना द्वारा, शिक्षक के रूप में नियुक्ति के लिए अपेक्षित न्यूनतम योग्यताओं को 5 वर्ष से अनधिक की ऐसी अवधि के लिए शिथिल कर सकेगी जो उस अधिसूचना में विनिर्दिष्ट की जाए लेकिन ऐसा कोई शिक्षक जिसके पास अधिनियम के प्रारम्भ पर उपधारा (1) के अधीन न्यूनतम योग्यताएं नहीं हैं, 5 वर्ष की अवधि के भीतर ऐसी न्यूनतम योग्यताएं अर्जित करेगा।
- शिक्षक को संदेय वेतन और भत्ते तथा उसकी सेवा के निबन्धन और शर्तें वे होंगी जो विहित की जाएं।

शिक्षकों के कर्तव्य

- धारा 23 की उपधारा (1) के अधीन नियुक्त शिक्षक निम्न कर्तव्यों का पालन करेगा–
  1. विद्यालय में उपस्थित होने में नियमितता और समय पालन।
  2. धारा 29 उपधारा (29) पाठ्यक्रम संचालित करना और उसे पूरा करना।
  3. विनिर्दिष्ट समय के भीतर संपूर्ण पाठ्यक्रम पूरा कराना।
  4. प्रत्येक बालक की शिक्षा ग्रहण करने के सामर्थ्य का निर्धारण करना और पदानुसार तथा अपेक्षित अतिरिक्त शिक्षण, यदि कोई हो, जोड़ना।
  5. ऐसे अन्य कर्तव्यों का पालन करना जो विहित किए जाए।

शिक्षकों की शिकायतों को दूर करना

- उपधारा (1) में विनिर्दिष्ट नियमों के पालन में व्यतिक्रम करने वाला/वाली कोई शिक्षक/शिक्षिका उसे लागू सेवा नियमों के अधीन अनुशासनात्मक कार्यवाही के लिए उत्तरदायी होगा/होगी।
- ऐसी अनुशासनात्मक कार्यवाही करने से पूर्व ऐसे शिक्षक/शिक्षिका को सुनवाई का युक्तियुक्त अवसर दिया जाएगा।
- शिक्षक की शिकायतों को, यदि कोई हों, ऐसी रीति से दूर किया जाएगा जो विहित की जाएं।

छात्र-शिक्षक अनुपात

- अधिनियम के प्रारम्भ की तिथि से 6 महीने के भीतर समुचित सरकार और स्थानीय प्राधिकारी यह सुनिश्चित करेंगे कि प्रत्येक विद्यालय में छात्र-शिक्षक अनुपात अनुसूची में विनिर्दिष्ट किए गए अनुसार बनाकर रखा जाए।

- उपधारा (1) के अधीन छात्र-शिक्षक अनुपात बनाए रखने के प्रयोजन हेतु किसी विद्यालय में तैनात किसी शिक्षक को किसी अन्य विद्यालय या कार्यालय में सेवा नहीं करने दी जाएगी या धारा 27 में विनिर्दिष्ट प्रयोजनों से भिन्न किसी गैर-शैक्षिक प्रयोजन के लिए अभियोजित नहीं किया जाएगा।
- विद्यालय में शिक्षक के रिक्त पद कुल स्वीकृत पद संख्या के 10 प्रतिशत से अधिक नहीं होंगे।
- किसी शिक्षक को 10 वर्षीय जनगणना, आपदा राहत कर्तव्यों या यथास्थिति, स्थानीय प्राधिकारी या राज्य विधान मंडलों या संसद के निर्वाचनों से सम्बन्धित कर्तव्यों से भिन्न किसी गैर-शैक्षणिक प्रयोजन के लिए अभिनियोजित नहीं किया जाएगा।
- कोई शिक्षक/शिक्षिका प्राइवेट ट्यूशन या प्राइवेट क्रियाकलाप में स्वयं को नहीं लगाएगा/लगाएगी।

प्रारम्भिक शिक्षा का पाठ्यक्रम और उसका पूरा किया जाना

- प्रारंभिक शिक्षा के लिए पाठ्यक्रम और उसकी मूल्यांकन प्रक्रिया समुचित सरकार द्वारा, अधिसूचना द्वारा, विनिर्दिष्ट किए जाने वाले शिक्षा प्राधिकारी द्वारा अधिकथित की जाएगी। शिक्षा प्राधिकारी उपधारा (1) के अधीन पाठ्यक्रम और मूल्यांकन प्रक्रिया अधिकाधिक करते समय निम्न बातों को ध्यान में रखेगा–
  1. संविधान में प्रतिष्ठापित मूल्यों में अनुरूपता
  2. बालक का सर्वांगीण विकास
  3. बालक के ज्ञान, अंतःशक्ति, योग्यता का निर्माण करना
  4. पूर्णतः मात्रात्मक शारीरिक और मानसिक योग्यताओं का विकास
  5. बाल अनुकूल और बाल केन्द्रित रीति में क्रियाकलापों, प्रकटीकरण और खोज के द्वारा शिक्षण
  6. शिक्षा का माध्यम जहाँ तक सम्भव हो, बालक की मातृभाषा में होगा।
  7. बालक को भय, मानसिक अभिघात और चिंतामुक्त बनाना और बालक को स्वतंत्र रूप से मत व्यक्त करने में सहायता करना
  8. बालक के समझने की शक्ति और उसे उपयोगी करने की योग्यता का व्यापक और सतत मूल्यांकन

बालकों के अधिकार का संरक्षण

- बाल अधिकार संरक्षण आयोग अधिनियम 2005 की यथास्थिति धारा 3 के अधीन गठित राष्ट्रीय बालक अधिकार संरक्षण आयोग या धारा 17 के अधीन गठित राज्य बालक अधिकार संरक्षण आयोग उस अधिनियम के अधीन उन्हें समनुदेशित कृत्यों के अतिरिक्त निम्नलिखित कृत्यों का भी पालन करेगा–
  1. इस अधिनियम द्वारा उसके द्वारा उपबंधित अधिकारों के रक्षा उपायों की परीक्षा और पुनर्विलोकन करना और उनके प्रभावी क्रियान्वयन के लिए अध्युपायों की सिफारिश करना।
  2. निःशुल्क और अनिवार्य शिक्षा के बालक के अधिकार सम्बन्धी परिवादों की जाँच करना।
  3. उक्त बालक अधिकार संरक्षण आयोग अधिनियम की धारा 15 और धारा 24 के अधीन यथाउपबन्धित आवश्यक उपाय करना।

- उक्त आयोगों को उपधारा (1) के खण्ड (ग) के अधीन निःशुल्क और अनिवार्य शिक्षा के बालक के अधिकार से सम्बन्धित किसी विषय में जाँच करते समय वही शक्तियाँ होंगी, जो उक्त बालक अधिकार संरक्षण आयोग अधिनियम की क्रमशः धारा 14 और 24 के अधीन उन्हें समनुदेशित की गई हैं।
- जहाँ किसी राज्य में राज्य बालक अधिकार संरक्षण आयोग गठित नहीं किया गया है, वहाँ समुचित सरकार उपधारा (1) के खण्ड (क) से खण्ड (ग) में विनिर्दिष्ट कृत्यों का पालन करने के प्रयोजन के लिए ऐसी रीति में और ऐसे निबन्धनों और शर्तों के अधीन रहते हुए जो विहित की जाएं, ऐसे प्राधिकरण का गठन कर सकेगी।

बालकों की शिकायतों को दूर करना

- धारा 31 में किसी बात के होते हुए भी, कोई व्यक्ति, जिसे इस अधिनियम के अधीन किसी बालक के अधिकार के सम्बन्ध में कोई शिकायत है, अधिकारिता रखने वाले स्थानीय प्राधिकारी को लिखित में शिकायत कर सकेगा।
- उपधारा (1) के अधीन शिकायत प्राप्त होने के पश्चात् स्थानीय प्राधिकारी, सम्बन्धित पक्षकारों को सुने जाने का युक्तियुक्त अवसर प्रदान करने के पश्चात् मामले का तीन माह की अवधि के भीतर निपटारा करेगा।
- स्थानीय प्राधिकारी के विनिश्चय से व्यथित कोई व्यक्ति, यथास्थिति, राज्य बालक अधिकार संरक्षण आयोग को या धारा 31 की उपधारा (3) के अधीन विहित प्राधिकारी को अपील कर सकेगा।
- उपधारा (3) के अधीन की गई अपील का विनिश्चय धारा 31 की उपधारा (1) के खंड (ग) के अधीन या उपबंधित, यथास्थिति राज्य बालक अधिकार संरक्षण आयोग या धारा 31 की उपधारा (3) के अधीन निहित प्राधिकारी द्वारा किया जाएगा।

राष्ट्रीय सलाहकार परिषद् का गठन

- केन्द्रीय सरकार, अधिसूचना द्वारा, एक राष्ट्रीय सलाहकार परिषद् का गठन करेगी जिसमें पन्द्रह से अनधिक उतनें सदस्य होंगे, जितने केन्द्रीय सरकार आवश्यक समझे, जिनकी नियुक्ति प्रारम्भिक शिक्षा और बाल विकास के क्षेत्र में ज्ञान और व्यावहारिक अनुभव रखने वाले व्यक्तियों से की जाएगी।
- राष्ट्रीय सलाहकार परिषद् के सदस्यों के भत्ते और नियुक्ति के अन्य निबंधन और शर्तें वे होंगी, जो विहित की जाएं।

राज्य सलाहकार परिषद् का गठन

- राज्य सरकार, अधिसूचना द्वारा, एक राज्य सलाहकार परिषद् का गठन करेगी, जिसमें पन्द्रह से अधिक उतने सदस्य होंगे, जितने राज्य सरकार आवश्यक समझे, जिनकी नियुक्ति प्रारम्भिक शिक्षा और बाल विकास के क्षेत्र में ज्ञान और व्यावहारिक अनुभव रखने वाले व्यक्तियों में से की जाएगी।
- राज्य सलाहकार परिषद् के सदस्यों के भत्ते और नियुक्ति के अन्य निबंधन और शर्तें वे होंगी, जो विहित की जाएंगी।

विद्यालय के मान और मानक

क्र.सं.	मद	मान और मानक	
1.	**शिक्षकों की संख्या** (क) कक्षा 1 से 5 के लिए	प्रवेश किए गए बालक 60 तक 61 से 90 91 से 120 के मध्य 121 से 200 के मध्य 150 बालकों से अधिक 200 बालकों से अधिक	शिक्षकों की संख्या 2 3 4 5 5 धन एक प्रधान अध्यापक छात्र-शिक्षक अनुपात (प्रधान अध्यापक को छोड़कर) 40 से अधिक नहीं होगा।
	(ख) कक्षा 6 से 8 के लिए	(1) (2) (3)	कम से कम प्रति कक्षा एक शिक्षक, इस प्रकार होगा कि निम्नलिखित प्रत्येक के लिए कम से कम एक शिक्षक हो– (i) विज्ञान और गणित (ii) सामाजिक अध्ययन (iii) भाषा प्रत्येक 35 बालकों के लिए कम से कम एक शिक्षक। जहाँ 100 से अधिक बालकों को प्रवेश दिया गया है, वहाँ– (i) एक पूर्णकालिक प्रधान अध्यापक, (ii) निम्नलिखित के लिए अंशकालिक शिक्षक– (क) कला शिक्षा, (ख) स्वास्थ्य और शारीरिक शिक्षा, (ग) कार्य शिक्षा
2.	**भवन**	 (i) (ii) (iii) (iv) (v) (vi) (vii)	सभी मौसम वाले भवन, जिसमें निम्नलिखित होंगे– प्रत्येक शिक्षक के लिए कम से कम एक कक्षा और एक कार्यालय-सह-भंडार-सह प्रधान अध्यापक कक्ष बाधा मुक्त पहुँच लड़कों और लड़कियों के लिए पृथक् शौचालय सभी बालको के लिए सुरक्षित और पर्याप्त पेयजल सुविधा जहाँ दोपहर का भोजन विद्यालय में पकाया जाता है, वहाँ एक रसोई खेल का मैदान सीमा दीवाल या बाड़ द्वारा विद्यालय भवन की सुरक्षा करने के लिए व्यवस्थाएं

3.	एक शैक्षणिक वर्ष में कार्य दिवसों/शिक्षण घंटों की न्यूनतम संख्या	(i) पहली से पाँचवीं कक्षा के लिए 200 कार्य दिवस (ii) छठी कक्षा से आठवी कक्षा के लिए 220 कार्य दिवस (iii) पहली कक्षा से पाँचवी कक्षा के लिए प्रति शैक्षणिक वर्ष 800 शिक्षण घंटे (iv) छठी कक्षा से आठवीं कक्षा के लिए प्रति शैक्षणिक वर्ष 1000 शिक्षण घंटे
4.	शिक्षक के लिए प्रति सप्ताह कार्य घंटों की न्यूनतम संख्या	45 शिक्षण घंटे जिसके अंतर्गत तैयारी के घंटे भी है।
5.	अध्यापन शिक्षण उपस्कर	प्रत्येक कक्षा के लिए अपेक्षानुसार उपलब्ध कराये जाएंगे।
6.	पुस्तकालय	प्रत्येक बिद्यालय में एक पुस्तकालय होगा, जिसमें समाचार पत्र, पत्रिकाएं और सभी विषयों पर पुस्तकें, जिनके अंतर्गत कहानी की पुस्तकें भी हैं, उपलब्ध होंगी।
7.	खेल सामग्री और क्रीड़ा उपस्कर	प्रत्येक कक्षा को अपेक्षानुसार उपलब्ध कराये जाएंगे।

◆◆◆

1. शिक्षा का अधिकार, अधिनियम-2009 के अन्तर्गत बच्चों के अधिकारों, अध्यापक की भूमिका, स्कूल प्रबन्धन, पाठ्यक्रम तथा मूल्यांकन का वर्णन कीजिए।

(Describe the Rights of Children role of theacher, school management, curriculum and evaluation.)

उत्तर–शिक्षा का अधिकार अधिनियम-2009 लोकसभा द्वारा 4 अगस्त, 2009 को पारित किया गया। राज्य सभा इसे पहले ही 20 जुलाई, 2009 को पारित कर चुकी थी। इसके तहत संविधान के अनुच्छेद 21ए के तहत बच्चों को निःशुल्क एवं अनिवार्य शिक्षा के मूल अधिकार के क्रियान्वयन का प्रावधान किया गया है। भारत शिक्षा को बच्चों का मौलिक अधिकार घोषित करने वाला विश्व का 135वां देश है।

I. बच्चों के अधिकार

शिक्षा का अधिकार अधिनियम-2009 में बच्चों के अधिकारों से संबंधित निम्नलिखित-प्रावधान किए गए हैं–

1. धारा 3 के अनुसार, 6 से 14 वर्ष की आयु के बच्चों को निःशुल्क तथा अनिवार्य शिक्षा प्राप्त करने का अधिकार होगा जब तक वे अपनी प्रारंभिक शिक्षा पूर्ण नहीं कर लेते। धारा 3 के खंड (ख) में यह प्रावधान किया गया है कि बच्चा किसी भी प्रकार की फीस या शुल्क नहीं देगा जब तक वह अपनी प्रारंभिक शिक्षा पूर्ण नहीं कर लेता। इस प्रकार फीस बच्चे की प्रारंभिक शिक्षा पूर्ण करने में बाधक नहीं होगी।
2. धारा 4 के अनुसार, यदि कोई बच्चा जिसकी उम्र 6 वर्ष से अधिक है, और वह किसी भी स्कूल में दाखिल नहीं हुआ है, तो उस बच्चों को उसकी उम्र के हिसाब से स्कूल में दाखिल

किया जाएगा तथा तदुपरान्त उसके लिए विशेष प्रशिक्षण की व्यवस्था आवासीय ब्रिज कोर्स तथा गैर-आवासीय ब्रिज कोर्स के माध्यम से की जाएगी अर्थात् कोई भी बच्चा स्कूल से बाहर नहीं रहेगा। यह भी प्रावधान किया गया है कि इस प्रकार से दाखिल किया गया छात्र यदि 14 वर्ष की आयु को पार भी कर देता है, तो भी उसकी प्रारंभिक शिक्षा को पूर्ण करवाया जाएगा।

3. धारा 5 में खंड (1) के अनुसार, जहां किसी स्कूल में प्रारंभिक शिक्षा पूर्ण करने का प्रावधान नहीं होगा, तब बच्चे के पास स्थानांतरण प्रमाण पत्र प्राप्त करने का अधिकार होगा, ताकि वह अन्य स्कूल में अपनी प्रारंभिक शिक्षा पूर्ण कर सके।

   धारा 5 के खंट (2) में यह प्रावधान किया गया है कि यदि बच्चा अपने राज्य में या अन्य किसी स्कूल में अपना स्थानांतरण करवाना चाहता है तो वह अपना स्थानांतरण करवा सकता है ताकि वह अपनी प्रारंभिक शिक्षा पूर्ण कर सके।

   धारा 5 के खंड (3) में यह प्रावधान किया गया है कि स्कूल का मुख्याध्यापक बच्चे को तुरंत स्थानांतरण प्रमाण-पत्र प्रदान करेगा। यदि कोई मुख्याध्यापक स्थानांतरण प्रमाण-पत्र प्रदान करने में देरी करेगा, तो उसके खिलाफ अनुशासनात्मक कार्यवाही की जाएगी।

4. धारा 14 (ख) के अनुसार, जन्म प्रमाण-पत्र न होने पर भी बच्चे को स्कूल में प्रवेश से इंकार नहीं किया जाएगा।

II. अध्यापक की भूमिका का उत्तरदायित्व
[Role and Responsibilities of the Teacher]

शिक्षा का अधिकार अधिनियम-2009 में धारा 24 के अनुसार अध्यापकों की भूमिका तथा उत्तरदायित्व को निर्धारित किया गया है। इनकी पूर्ति न करने पर शिक्षक के विरुद्ध अनुशासनात्मक कार्यवाही की जा सकेगी। शिक्षक की भूमिका तथा उत्तरदायित्व का वर्णन इस प्रकार किया गया है–

1. विद्यालय में उपस्थित होने में नियमितता तथा समय पालन।
2. समय सीमा में पाठ्यक्रम संचालित करना और उसे पूरा करना।
3. विनिर्दिष्ट समय के भीतर सम्पूर्ण पाठ्यक्रम पूरा करना।
4. प्रत्येक बालक की शिक्षा ग्रहण करने की क्षमताओं का आकलन करना और उनके अनुरूप आवश्यकता अनुसार अतिरिक्त पठन-पाठन कराना, माता-पिता और संरक्षकों के साथ नियमित बैठकें करना और बालक की उपस्थिति में नियमितता, शिक्षा ग्रहण करने की क्षमता, उसकी प्रगति और किसी अन्य सुसंगत जानकारी के बारे में उन्हें अवगत कराना।
5. धारा 28 के अनुसार कोई भी शिक्षक प्राईवेट ट्यूशन तथा प्राईवेट रूप से पढ़ाने का कार्य नहीं कर सकता।
6. धारा 30(2) के अनुसार प्रत्येक बच्चे की प्रारंभिक शिक्षा पूर्ण होने तक लर्निंग रिकॉर्ड रखना अनिवार्य होगा।
7. धारा 29 (2) के अनुसार शाला में बच्चों को गतिविधि आधारित प्रतिक्रियाओं एवं बाल-केन्द्रित गतिविधियों के माध्यम से पठन-पाठन कराया जाएगा।

अधिनियम की अनुसूची में पठन-पाठन का समय भी निर्धारित किया जाएगा।

एक शैक्षिक वर्ष में कार्य दिवस/शिक्षा के घंटे–

1. पहली कक्षा से पांचवीं कक्षा तक – 200 कार्य दिवस
2. कक्षा छठी से आठवीं कक्षा तक – 220 कार्य दिवस
3. पहली कक्षा से पांचवीं कक्षा तक – 800 शैक्षणिक घंटे
4. छठी कक्षा से आठवीं कक्षा तक – 1000 शैक्षणिक घंटे।

III. स्कूल प्रशासन तथा प्रबंधन
[School Governance and Management]

1. शिक्षा का अधिकार अधिनियम की धारा 12(1) के अनुसार, एक स्कूल उन सभी बच्चों को निःशुल्क तथा अनिवार्य प्रारंभिक शिक्षा प्रदान करेगा जो उस स्कूल में दाखिल किए गए हैं। धारा 12(1) में यह प्रावधान किया गया है कि निजी स्कूलों को अपनी कुल क्षमता की 25 प्रतिशत सीटें गरीब व पिछड़े परिवारों के 6 से 14 वर्ष के बच्चों के लिए सुरक्षित रखनी होंगी।
2. धारा 13(1) के अनुसार, कोई भी स्कूल दाखिले के समय विद्यार्थियों से कोई भी कैपिटेशन फीस वसूल नहीं करेगा। इसके अलावा बच्चे तथा उसके माता-पिता का कोई भी स्क्रीनिंग टैस्ट नहीं लिया जाएगा।
   धारा 13(2) के अनुसार, यदि कोई स्कूल या व्यक्ति किसी छात्र से कैपिटेशन फीस वसूल करता है तो उसे सजा दी जाएगी और इसके साथ-साथ उसके द्वारा ली गई कैपिटेशन फीस का 10 गुणा जुर्माने के रूप में वसूल किया जाएगा।
   धारा 13(2 ख) के अनुसार यदि कोई स्कूल स्क्रीनिंग प्रक्रिया अपनाता है तो स्कूल या उससे संबंधित व्यक्ति के 25 हजार रुपये वसूल किए जाएंगे। यदि दोबारा कानून का उल्लंघन किया जाता है तो उस स्कूल पर 50 हजार रुपये का जुर्माना लगाया जाएगा।
3. धारा 14(1) के अनुसार, बच्चे के प्रारंभिक शिक्षा में दाखिल होने के लिए जन्म प्रमाण-पत्र का होना अनिवार्य है। लेकिन उम्र के प्रमाण के अभाव में भी बच्चों को दाखिले से वंचित नहीं किया जा सकता।
4. धारा 15 के अनुसार, बच्चे का दाखिला शैक्षणिक सत्र के आरंभ में करना चाहिए। यदि बच्चा निर्धारित समय के बाद भी दाखिल होता है तो सरकार द्वारा निर्धारित नीति के अनुसार उसका पाठ्यक्रम पूरा करवाया जाएगा।
5. धारा 16 के अनुसार किसी भी बच्चे को प्रारंभिक शिक्षा पूर्ण होने से पहले स्कूल नहीं छोड़ने दिया जाएगा।
6. धारा 17 के अनुसार, किसी भी बच्चे को शारीरिक तथा मानसिक पीड़ा नहीं दी जाएगी। यदि कोई ऐसा करता है तो उसके खिलाफ अनुशासनात्मक कार्यवाही की जाएगी।
7. धारा 20 के अनुसार, केन्द्रीय सरकार नोटिफीकेशन के द्वारा नियम तथा मानकों में कोई भी बदलाव कर सकती है।
8. धारा 21(1) के अनुसार स्कूल को स्कूल प्रबंधन समिति का गठन करना होगा। इस समिति में एक तिहाई या एक चौथाई सदस्य स्कूल में दाखिल बच्चों के माता-पिता या अभिभावक होने चाहिए।
   धारा 21(2) के अनुसार, स्कूल प्रबंधन समिति निम्नलिखित कार्य करेगी–
   (a) स्कूल के कार्यों की निगरानी।
   (b) स्कूल विकास योजना की तैयारी तथा सिफारिश सरकार तथा अन्य अधिकारी द्वारा प्रदान की गई ग्रांट की उपयोगिता निश्चित करना।

IV. पाठ्यक्रम तथा मूल्यांकन संबंधी अनिवार्यता
[Curriculum and Evaluation Imperatives]

1. धारा 29(1) के अनुसार, प्रारंभिक शिक्षा का पाठ्यक्रम तथा मूल्यांकन प्रक्रिया सरकार द्वारा निर्देशित शिक्षा से संबंधित अधिकारियों द्वारा निर्धारित की जाएगी।
2. शिक्षा का अधिकार अधिनियम-2009 की धारा 29(2) के अनुसार, पाठ्यक्रम तथा मूल्यांकन का निर्धारण करते समय शिक्षा से संबंधित अधिकारी निम्नलिखित बिन्दुओं को ध्यान में रखेंगे–
   (a) संविधान में वर्णित मूल्यों का निर्धारण

(b) बच्चों का सर्वांगीण विकास

(c) बच्चों में ज्ञान, गुण तथा ऊर्जा का निर्माण

(d) बच्चे में शारीरिक तथा मानसिक योग्यताओं का पूर्ण रूप से विकास

(e) बच्चों का अधिगम क्रियाओं, खोज तथा परीक्षण द्वारा, मित्रतापूर्वक भाव से तथा विद्यार्थी केन्द्रित विधि द्वारा कराना।

(f) बच्चे को भय तथा चिन्ता मुक्त बनाना तथा स्वतंत्र रूप से विचार व्यक्त करने में उसकी मदद करना।

(g) बच्चे के लिए निर्देशन का माध्यम उसकी मातृभाषा ही होगी।

(h) बच्चे के ज्ञान तथा उसकी योग्यता का मूल्यांकन सतत एवं व्यापक मूल्यांकन द्वारा किया जाएगा।

3. धारा 30(1) के अनुसार किसी भी बच्चे को प्रारंभिक शिक्षा पूर्ण करने तक किसी भी बोर्ड की परीक्षा पास करना अनिवार्य नहीं है।

धारा 30३२७ के अनुसार, प्रत्येक बच्चों को प्रारंभिक शिक्षा पास करने के बाद एक प्रमाण-पत्र प्रदान किया जाएगा।

◆◆◆

लघु-उत्तरात्मक प्रश्न
(Short Answer Type Questions)

प्रश्न 1. शिक्षा से संबंधित केन्द्रीय सूची का वर्णन कीजिए।

उत्तर– **केन्द्रीय सूची (Central list)**–केन्द्रीय सूची के अन्तर्गत जिन विषयों को निहित किया गया है, उन विषयों पर तथा उनसे सम्बन्धित कानून बनाने का अधिकार केन्द्र का है।

कुछ संस्थाएँ देश में ऐसी भी थीं जिनका स्वतन्त्रता प्राप्ति से पूर्व अपना अस्तित्व था। वे संस्थाएँ थीं–बनारस हिन्दू विश्वविद्यालय (Banaras Hindu University), दिल्ली विद्यालय (Delhi University), अलीगढ़ मुस्लिम विश्वविद्यालय (Aligarh Muslim University) तथा विश्वविद्यालय जो कि भाग 371 E (Article 371-E) के अन्तर्गत स्थापित किए गए तथा दूसरे संस्थान जो कि विधान सभा द्वारा कानून बनाकर घोषित किए गए, सभी राष्ट्रीय महत्त्व रखते हैं। उन संस्थाओं का उल्लेख Entry 63 (Union List) में मिलता है।

इसके बाद कई और विश्वविद्यालयों जैसे जवाहरलाल नेहरू विश्वविद्यालय (Jawaharlal Nehru University) को विधान सभा द्वारा इसी नियम के तहत स्थापित किया गया। इसके अतिरिक्त वे सभी वैज्ञानिक या तकनीकी संस्थाएँ जो पूर्ण या आंशिक रूप से भारत सरकार के पैसों से चलती हैं, उन्हें विधान सभा के कानून के द्वारा मान्यता प्राप्त संस्थाओं में तबदील कर दिया गया (Entry 64)।

विधान सभा द्वारा इसी प्रविष्ट के अन्तर्गत कई और सूचना तकनीकी संस्थाओं (Information Technology Institutions) की स्थापना की गई।

Entry 65 के अन्तर्गत चालू की गई संयुक्त संस्थाएँ निम्नलिखित हैं–

(i) विशेष अध्ययन के लिए अनुसंधान केन्द्र।

(ii) जुर्म को जाँचने के लिए तकनीकी तथा वैज्ञानिक सहायता के लिए संस्थाएँ।

(iii) पुलिस प्रशिक्षण संस्थाएँ, व्यावसायिक तथा तकनीकी प्रशिक्षण संस्थाएँ।

Entry 66 के अन्तर्गत शुरू की गई संयुक्त संस्थाएँ निम्नलिखित हैं :–

(i) उच्च शिक्षा तथा अनुसंधान, वैज्ञानिक और तकनीकी संस्थाओं में तालमेल उच्च स्तर निश्चित करना।

(ii)यूनिवर्सिटी ग्रांट कमीशन (U.G.C.) की स्थापना करना आदि।

Entry 67 के अन्तर्गत शुरू की गई संयुक्त संस्थाएँ निम्नलिखित हैं :–

(i) प्राचीन और ऐतिहासिक चिह्न या स्मारक और उनका इतिहास तथा प्राचीन वस्तुओं की विधा और शेष जिसे कि विधान सभा द्वारा पारित किए गए कानून द्वारा राष्ट्रीय मान्यता प्राप्त है।

प्रश्न 2. शिक्षा से संबंधित समवर्ती सूची तथा राज्य सूची पर एक संक्षिप्त नोट लिखिए।

उत्तर– **समवर्ती सूची (Concurrent List)**—प्रविष्ट 25 शिक्षा, तकनीकी, शिक्षा, जैविक शिक्षा तथा विश्वविद्यालय जो कि यूनियन सूची की धारा 63, 64, 65, 66 के अन्तर्गत स्थापित हुई, व्यावसायिक तथा श्रमिकों की प्रशिक्षण सहित।

प्रविष्ट 26 के अनुसार कानूनी चिकित्सा सम्बन्धी शिक्षा तथा दूसरे व्यवसाय। राज्य विधान सभा प्रविष्ट 25 के अधीन विश्वविद्यालय स्थापित करती है। परन्तु यह ऊपर दी गई यूनियन सूची की प्रविष्टियों के द्वारा भी नियमित की जाती है। इसलिए राजकीय विश्वविद्यालय स्थापित करने के लिए संयुक्त सरकार को संविधान की धाराओं को स्पष्ट करना आवश्यक है।

राज्य सरकार सूची (State list) प्रविष्टि 11 शिक्षा में सम्मिलित है। विश्वविद्यालय जो कि यूनियन सूची की धारा 63, 64, 65 और 66 के अन्तर्गत समवर्ती सूची के तहत बनाई हैं।

राज्य की सूची में जो विषय आते हैं उन विषयों से सम्बन्धित कानून बनाने का अधिकार राज्य को है। केन्द्रीय सूची के अन्तर्गत जो विषय आते हैं, उन विषयों से सम्बन्धित कानून बनाने का अधिकार केवल केन्द्र को है। समवर्ती सूची से सम्बन्धित कानून बनाने का अधिकार दोनों केन्द्र तथा राज्यों को है। वैधानिक शक्तियों का यह बँटवारा प्रत्येक सूची में सम्मिलित विषयों की प्रकृति के आधार पर किया गया है। प्रथम सूची में वे विषय आते हैं जो राष्ट्र हितों से सम्बन्धित हैं। दूसरी सूची में वे विषय हैं जिनका संबंध स्थानीय हितों से हं। तीसरी सूची के वे विषय हैं जिनके लिए समस्त संघ में एकरूपता होने की आवश्यकता है पर अनिवार्य नहीं। इसलिए केन्द्र और राज्य सरकार को इन विषयों पर नियम बनाने का अधिकार है।

प्रश्न 3. अनुसूचित जातियों का क्या अर्थ है? संक्षेप में बताएँ।

अथवा

अनुसूचित जातियों के अर्थ को स्पष्ट करें।

उत्तर– **अनुसूचित जातियों का अर्थ (Meaning of Scheduled Castes)**–जैसा कि ऊपर कहा जा चुका है कि पहले भारत में कुछ ऐसी जातियाँ थीं जो अस्पृश्य या अछूत कहलाती थीं। ये वे जातियाँ थीं जिनके छूने मात्र से अन्य जातियों के लोग स्वयं को अपवित्र मानने लगते थे। 1935 में भारत सरकार ने इन अछूत समझी जाने वाली जाति के लोगों को कुछ विशेष सुविधाएँ देने के लिए अनुसूची तैयार की। इसमें लगभग 429 जातियों के लगभग पाँच छः करोड़ लोग शामिल थे। इस सूची में सम्मिलित होने के कारण ये जातियाँ अनुसूचित जातियाँ कहलायीं।

प्रश्न 4. पछड़े वर्गों से आपका क्या अभिप्राय है? संक्षेप में बतायें।

उत्तर– **पिछड़े वर्गों का अर्थ (Meaning of Backward Classes)**–पिछड़े वर्ग को परिभाषित करना बहुत कठिन है। इसका अर्थ अलग-अलग सन्दर्भों में अलग-अलग हो सकता है। उदाहरण के लिए भारत में थोड़ी-सी जातियों को छोड़कर अन्य जातियों के लोग पिछड़े वर्गों की श्रेणी में ही आते हैं। जिन वर्गों की आर्थिक स्थिति अच्छी नहीं है, उन्हें आर्थिक दृष्टि से पिछड़ा माना जा सकता है। इसी प्रकार सामाजिक दृष्टि से स्त्रियों को भी पिछड़ा हुआ कहा जाएगा। लेकिन भारतीय संविधान की धारा 341 एवं 342 के अनुसार इनका सम्बन्ध उन अनुसूचित जातियों, जनजातियों से है जिन्हें हिन्दुओं द्वारा अछूत कहा जाता था।

प्रश्न 5. सामाजिक तथा आर्थिक रूप से अलाभकारी वर्गों के लिये शैक्षिक सुविधाओं की व्यवस्था करने की आवश्यकता व महत्त्व के मुख्य कारणों का संक्षेप में उल्लेख कीजिये।

अथवा

सुविधावंचित वर्ग के लिए शिक्षा से आप क्या समझते हैं?

उत्तर– इसकी आवश्यकता **निम्न कारणों से है–**

(1) **प्रजातन्त्र की सफलता के लिए (To make Democracy a Success)**–हमने अपने लिए प्रजातांत्रिक समाज व्यवस्था को स्वीकार किया है। इसकी सफलता के लिए यह आवश्यक है कि देश का प्रत्येक व्यक्ति जागरूक हो। इसके लिए उनका शिक्षित होना जरूरी है, क्योंकि पिछड़े वर्गों के लोग वर्षों से पिछड़े रहे हैं। उन तक शिक्षा सुविधाएँ पहुँचाने के लिए कुछ विशेष प्रावधान किए जाने की आवश्यकता है।

(2) **शिक्षा मूलभूत मानव अधिकार है (Education is Fundamental Human Right)** –शिक्षा एक मूलभूत मानव अधिकार है जो कि बिना किसी भेदभाव के केवल मानव होने के कारण सबको प्राप्त होना चाहिए। अतः पिछड़े वर्गों को विशेष शैक्षिक सुविधाएँ देना जरूरी है।

(3) **शिक्षा में समानता व निष्पक्षता की मांग के कारण (Because of the Demand of Equality and Equity in Education)**–आज शिक्षा में समानता व निष्पक्षता की माँग बढ़ती जा रही है। यह तो ठीक है कि सब व्यक्ति समान हैं, अतः उन सबको समान अधिकार प्राप्त हैं। लेकिन समाज के जो वर्ग वर्षों से पिछड़े रहे हैं, उन्हें इन समान अधिकारों का लाभ तभी मिल सकता है जब उन्हें विशेष सुविधाएँ देकर पहले समाज के अन्य वर्गों के साथ समानता के स्तर तक लाया जाए। यह बात शिक्षा के सम्बन्ध में कही जा सकती है। इनको विशेष शैक्षिक सुविधाएँ दिए जाने की आवश्यकता है ताकि ये शिक्षा की दृष्टि से अन्य वर्गों के बराबर स्तर तक पहुँच सकें।

(4) **समाजवादी व्यवस्था की सफलता के लिए (To make Socialism a Success)**–भारत में समाजवादी व्यवस्था को स्वीकार किया गया है जो कि समानता पर आधारित है। इस व्यवस्था का तकाजा है कि समाज के पिछड़े वर्ग के लोगों को विशेष सुविधाएँ प्रदान की जाएँ, जिससे समानता पर आधारित समाजवादी समाज की स्थापना के लक्ष्य को प्राप्त किया जा सके।

(5) **राष्ट्रीय विकास के लिए (For National Development)**–आज शिक्षा को राष्ट्रीय विकास की आधारशिला माना जाता है। किसी भी राष्ट्र के विकास में मानवीय संसाधन महत्त्वपूर्ण भूमिका निभाते हैं। इन संसाधनों के निर्माण में शिक्षा महत्त्वपूर्ण भूमिका निभाती है। क्योंकि राष्ट्र के विकास में प्रत्येक व्यक्ति का योगदान रहता है, अतः शिक्षा बहुत आवश्यक है। पिछड़े वर्ग शिक्षा के महत्त्व से अनजान रहे हैं। अतः उन्हें शिक्षित करने तथा शिक्षा में उनकी रुचि पैदा करने के लिए उन्हें विशेष सुविधाएँ दिए जाने की आवश्यकता है।

(6) **सबके लिए शिक्षा की मांग के कारण (Because of the Demand of Education for all)**–आज राष्ट्रीय ही नहीं अन्तर्राष्ट्रीय स्तर पर भी सबके लिए शिक्षा की माँग बढ़ती जा रही है। इन 'सब' में वर्षों से उपेक्षित व शोषित पिछड़े वर्ग भी सम्मिलित हैं। बिना शैक्षिक सुविधाओं के उन्हें शिक्षा के लिए प्रोत्साहित ही नहीं किया जा सकता।

(7) **पिछड़े वर्गों के जीवन स्तर को सुधारने के लिए (To Improve the Standard of Living of Backward Classes)**–पिछड़े वर्गों के लोग वर्षों से उपेक्षित रहे हैं उन्हें सामाजिक एवं आर्थिक शोषण का शिकार होना पड़ा है, अतः उनका जीवन स्तर अत्यन्त

निम्न था। यह तो ठीक है कि भारतीय संविधान द्वारा शोषण को समाप्त करके सबको समानता का अधिकार प्रदान किया है पर इसका लाभ इन लोगों को तभी मिल सकता है जब वे शिक्षित हों।

इसलिए संविधान में तो उनके लिए विशेष शैक्षिक सुविधाओं का प्रावधान किया ही गया है समय-समय पर केन्द्र व राज्य सरकारें उनकी शिक्षा के लिए विशेष घोषणाएँ करती रहती हैं। इस प्रकार इन लोगों के जीवन स्तर को सुधारने के लिए उन्हें विशेष शिक्षा सुविधाएँ दी जानी आवश्यक हैं। संविधान लागू होने के बाद से ही इन लोगों को विशेष सुविधाएँ दी जा रही हैं।

प्रश्न 6. अनुसूचित जातियों व जनजातियों को प्रदान की गई शैक्षिक सुविधाओं और प्रोत्साहनों के संदर्भ में किन-किन मुख्य बातों पर विचार करना आवश्यक है?

उत्तर– जब हम इन वर्गों को दी गई शैक्षिक सुविधाओं और प्रोत्साहनों की चर्चा करते हैं तो हम मुख्य रूप से **निम्न बातों** पर विचार करते हैं–

(1) यह सुनिश्चित करना कि इन वर्गों के लोगों को शैक्षिक अवसरों की समानता प्राप्त है या नहीं और यह भी देखना है कि शैक्षिक सुविधाओं की दृष्टि से इनके साथ किसी प्रकार का भेदभाव न किया जाए तथा उनके शैक्षिक हितों की रक्षा के लिए कानूनी उपाय भी किए जाएँ।

(2) अनुसूचित जातियों व जनजातियों के आर्थिक हितों को बढ़ावा देने के उपाय करना। इसके लिए कुल जनसंख्या में इन वर्गों के भाग को देखते हुए केन्द्र एवं राज्य सरकार की नौकरियों में इनके लिए आरक्षण की व्यवस्था करना सम्मिलित है।

(3) शिक्षा को प्रोत्साहन देने के लिए (for incentives) कुछ उपाय करना। इन उपायों का मुख्य उद्देश्य यह है कि केवल आर्थिक कारणों से ये वर्ग शिक्षा से वंचित न रहें। इसके लिए इन वर्गों के बच्चों को कुछ ऐसी विशेष सुविधायें प्रदान की जाती हैं जिनमें इन पर शिक्षा का अतिरिक्त खर्चा न पड़े। शिक्षा के इन प्रोत्साहनों या उत्प्रेरकों (Incentives) को निम्न भागों में प्रस्तुत किया सकता है–

(i) शैक्षिक सुविधाओं जैसे विद्यालय आदि की सुविधा प्रदान करना। इन सुविधाओं को प्रदान करते समय इन वर्गों के हितों को ध्यान में रखते हुए पहले से अपनाये जा रहे मानदण्डों में ढील दी जा सकती है। उदाहरण के लिए, यदि अन्य लोगों के लिए 500 की आबादी वाली बस्ती में विद्यालय खोलने की व्यवस्था है तो अनुसूचित जातियों वाली बस्तियों में इस मापदण्ड में ढील देकर 300 की आबादी वाली बस्ती में भी विद्यालय खोला जा सकता है।

(ii) विभिन्न व्यावसायिक या अन्य पाठ्यक्रमों में प्रवेश देने के लिए इन वर्गों के मानदण्डों में ढील देना। उदाहरण के लिए, यदि किसी व्यावसायिक या अन्य पाठ्यक्रम में प्रवेश के लिए पूर्व परीक्षा में 50 प्रतिशत अंक प्राप्त करने का मानदण्ड निर्धारित है तो इन वर्गों के लिए ढील करके इस प्रतिशत को 45 या और कम किया जा सकता है, जिससे उन्हें आगे पढ़ने के लिंए प्रेरणा मिल सके।

(iii) इन वर्गों के बच्चों को निःशुल्क शिक्षा प्रदान करना।

(iv) इनके लिए छात्रवृत्तियों की व्यवस्था करना।

(v) इन्हें निःशुल्क पाठ्य पुस्तकें, विद्यालय यूनीफार्म तथा यातायात की सुविधा प्रदान करना।

(vi) इनके लिए दोपहर के भोजन की व्यवस्था करना आदि।

इन प्रोत्साहनों का मुख्य उद्देश्य यह है कि केवल आर्थिक बोझ के कारण ये वर्ग शिक्षा के लाभ से वंचित न रहें। यदि इन्हें ये सुविधायें प्रदान की जाती हैं तो उन्हें अपने बच्चों को विद्यालय भेजने के लिए प्रोत्साहन मिलेगा। भारतीय संविधान, विभिन्न आयोगों, केन्द्र व राज्य सरकारों द्वारा इस

विषय में आजादी के बाद से ही प्रयास किए जाते रहे हैं । विभिन्न पंचवर्षीय योजनाओं में भी इन वर्गों की शिक्षा को प्रोत्साहित करने के लिए विशेष प्रावधान किए गए और ये प्रयास आज भी जारी हैं।

प्रश्न 7. अनुसूचित जातियों तथा अनुसूचित जनजातियों के वर्गों को शैक्षिक सुविधाएँ प्रदान करने हेतु हमारे संविधान में क्या व्यवस्थायें की गई हैं? संक्षेप में बताएँ।

उत्तर– इन वर्गों को विशेष शैक्षिक सुविधाएँ प्रदान करने से पूर्व इनके सामाजिक स्तर को सुधारना आवश्यक था। इसके लिए हमारे संविधान में **निम्न व्यवस्थाएँ** की गई हैं–

(1) **अनुच्छेद 16 के अनुसार**–सभी नागरिकों को अवसर की समानता प्रदान की गई है।

(2) **अनुच्छेद 17 के अनुसार**–छुआछूत को दूर करके इसे दण्डनीय अपराध घोषित किया गया है। इन दोनों अनुच्छेदों से इन वर्गों को शैक्षिक अवसरों की समानता प्राप्त हो जाती है।

(3) **अनुच्छेद 18 के अनुसार**–राज्य पोषित या राज्य निधि से सहायता प्राप्त किसी शिक्षा संस्था में प्रवेश से किसी भी नागरिक को केवल धर्म, भाषा, मूल, वंश, जाति अथवा इनमें से किसी के आधार पर वंचित नहीं रखा जाएगा।

(4) **अनुच्छेद 46**–यह अनुच्छेद इन वर्गों को विशेष शैक्षिक सुविधाएँ प्रदान करने से सबंध रखता है। इस अनुच्छेद में यह प्रावधान है कि राज्य पिछड़े वर्गों विशेष रूप से अनुसूचित जातियों व जनजातियों के शैक्षिक एवं आर्थिक हितों की रक्षा करेगा और उनकी सब प्रकार के शोषण से रक्षा करेगा। संविधान में यह भी कहा गया है कि यदि राज्य पिछड़े वर्गों को समाज के अन्य वर्गों के साथ समानता के स्तर तक पहुँचाने के लिए उन्हें विशेष शैक्षिक सुविधाएँ प्रदान करता है तो उसे ऐसा करने से नहीं रोका जा सकता। इसी आधार पर विभिन्न राज्यों में इन वर्गों के बच्चों के लिए निःशुल्क शिक्षा, छात्रवृत्ति, छात्रावास तथा पाठ्य-पुस्तकों व यूनीफार्म आदि की व्यवस्था की गयी है। विभिन्न कोर्सों में प्रवेश के लिए अलग-अलग राज्यों द्वारा इनके लिए अलग-अलग प्रतिशत आरक्षण किया गया है।

प्रश्न 8. अनुसूचित जातियों तथा अनुसूचित जनजातियों के लिये नई शिक्षा नीति के अंतर्गत क्या सिफारिशें की गई हैं? संक्षेप में बतायें।

उत्तर– नई शिक्षा नीति के अंतर्गत अनुसूचित जातियों तथा जनजातियों के लिये **निम्नलिखित** सिफारिशें की गई हैं–

(A) अनुसूचित जातियों के लिए (For Scheduled Castes)–नीति में कहा गया कि ग्रामीण व शहरी क्षेत्रों में रहने वाले, इन जातियों से संबंध रखने वाले सभी स्त्री व पुरुषों को शिक्षा की दृष्टि से समानता के स्तर पर लाया जायेगा।

इस लक्ष्य की पूर्ति के लिए **निम्न-सुझाव** दिए गए–

(1) निर्धन परिवारों को अपने बच्चों को 14 वर्ष की आयु तक नियमित रूप से विद्यालय में भेजने के लिए प्रोत्साहन देना।

(2) समयबद्ध कार्यक्रम शुरू करके सफाई तथा चर्म शोधन जैसे व्यवसायों में लगे परिवारों के बच्चों के लिए पहली कक्षा से ही छात्रवृत्ति योजना आरम्भ की जाएगी।

(3) ऐसी सुनियोजित व्यवस्था करना जिससे यह पता चलता रहे कि इस वर्ग के बच्चों के नामांकन, अध्ययन व पढ़ाई पूरी करने की प्रक्रिया में कहीं कोई गिरावट तो नहीं आ रही।

(4) इन जातियों से शिक्षकों की नियुक्ति पर विशेष ध्यान दिया जाएगा।

(5) जिला केन्द्रों पर इस वर्ग के बच्चों के लिए क्रमिक रूप से छात्रावास की सुविधाएँ बढ़ाना।

(6) स्कूल भवन तथा प्रौढ़ शिक्षा केन्द्र आदि के चयन के समय इस वर्ग के लोगों की सुविधाओं का ध्यान रखना आदि।

(B) अनुसूचित जनजातियों के लिए (For Scheduled Tribes)–इनकी शिक्षा के लिए नई शिक्षा नीति में **निम्न सुविधाओं के प्रावधान** की बात कही गयी है–

(1) आदिवासी क्षेत्रों में विद्यालय खोलने को प्राथमिकता दी जाएगी।

(2) आरम्भिक वर्षों में आदिवासी बच्चों को उनकी ही भाषा के माध्यम से शिक्षा दी जाएगी।

(3) शिक्षित प्रतिभाशाली युवकों को, जो कि इन्हीं जातियों से सम्बन्ध रखते हैं प्रशिक्षण देकर उनके ही क्षेत्र में शिक्षक के रूप में कार्य करने के लिए प्रोत्साहित किया जाएगा।

(4) जिन क्षेत्रों में आदिवासी लोग अधिक हैं वहाँ प्राथमिकता के आधार पर आँगनबाड़ी तथा प्रौढ़ शिक्षा केन्द्र आदि खोले जायेंगे।

(5) विशेष उपचारात्मक कार्यक्रम चलाये जाएँगे जिससे आदिवासी छात्र अपनी शिक्षा पूरी कर सकें।

इसके अतिरिक्त नीति में यह भी कहा गया कि शैक्षिक दृष्टि से पिछड़े सभी वर्गों की शिक्षा को समुचित प्रोत्साहन दिया जाएगा। दूरस्थ एवं दुर्गम क्षेत्रों में पर्याप्त शिक्षा संस्थाएँ खोली जाएँगी।

प्रश्न 9. स्त्री शिक्षा के महत्त्व के संबंध में विभिन्न विद्वानों द्वारा दिये गये विचारों को स्पष्ट करें।

अथवा

स्त्री-शिक्षा के अर्थ को विभिन्न विद्वानों द्वारा दी गई परिभाषाओं के आधार पर स्पष्ट करें।

उत्तर– हमें यह नहीं भूलना चाहिए कि कोई भी राष्ट्र तब ही उन्नति कर सकता है जब नारी पुरुष के कन्धे से कन्धा मिलाकर अपना सक्रिय योगदान देती है और देश की उन्नति में नारी के योगदान के लिए उसे शिक्षित करना अत्यन्त जरूरी है। एक सुशिक्षत नारी अपने बच्चों तथा परिवार का पालन ज्यादा बढ़िया ढंग से कर सकती है। इसलिए तो कहा जाता है कि यदि घर में सभी सदस्य, केवल औरतों को छोड़कर पढ़े-लिखे हैं तो भी परिवार अनपढ़ों जैसा व्यवहार करेगा और यदि केवल एक औरत घर में पढ़ी लिखी हो तो भी वह घर को सजा-संवारकर उसे सुंदर तथा सभ्यजनों का निवास स्थान बना सकती है।

नारी के इन्हीं गुणों को देखकर तथा समझकर ही एक बार **नेपोलियन** ने कहा था, **"मुझे एक सौ शिक्षित महिलाएँ दो और मैं तुम्हें एक अच्छा और मजबूत राष्ट्र दूँगा।"**

("Give me one hundred educated mothers and I'll provide you a great and strong nation.")

अब्राहम लिंकन (अमेरिका के राष्ट्रपति) ने माँ के विषय में कहा था, **"मैं जो कुछ भी हूँ और जो कुछ भी होऊँगा उस सबका श्रेय मैं अपनी देवदूत समान माँ को देता हूँ।"**

("Whatever I am and whatever I would be, I owe to my angel like mother.")

भारत के प्रथम प्रधानमंत्री **पं. जवाहर लाल नेहरू** ने नारी शिक्षा के विषय में कहा था, **"लड़के की शिक्षा केवल एक ही व्यक्ति की शिक्षा है, परंतु लड़की की शिक्षा संपूर्ण परिवार की शिक्षा होती है।"**

("Education of the boy is the education of one person, but the education of the girl is the education of entire family.")

विश्वविद्यालय शिक्षा आयोग (University Education Commission) ने कहा है–**"शिक्षित महिलाओं के बिना शिक्षित लोग हो ही नहीं सकते। यदि सामान्य शिक्षा पुरुष या स्त्री में से किसी एक को देनी हो तो यह अवसर स्त्रियों को ही दिया जाना चाहिए क्योंकि तब यह अधिक निश्चित रूप से अगली पीढ़ी तक पहुँचेगी।"** ("There cannot be an educated people without education of woman. If general education had to be limited to men or to women, that opportunity should be given to women for then it would more surely be passed on to the next generation.")

प्रश्न 10. स्त्री शिक्षा को क्रियान्वित करने में आने वाली मुख्य समस्याओं को संक्षेप में बतायें।

अथवा

स्त्री-शिक्षा को लागू करने में आने वाली बाधाओं या समस्याओं का संक्षेप में उल्लेख करें।

उत्तर– स्त्री शिक्षा को क्रियान्वित करने में अनेक बाधाएँ हैं। कुछ प्रमुख समस्यायें निम्नलिखित हैं–

1. **प्रशासनिक (Administratic)**–नारी शिक्षा के क्रियान्वयन के लिए उचित प्रशासनिक व्यवस्था का अभाव है। अच्छे एवं पर्याप्त निरीक्षकों की कमी के कारण स्त्री शिक्षा का कुशल नियोजन नहीं हो पा रहा है। विभिन्न आयोगों ने स्त्री शिक्षा के क्षेत्र में प्रशासनिक स्तर पर कम से कम उप-निर्देशक के पद की अनिवार्यता पर जोर तो दिया है, परंतु प्रशासन इस दिशा में उदासीन ही रहा है।
2. **प्राथमिक शिक्षा (Primary Education)**–बालिकाओं की प्राथमिक शिक्षा में भी उपयुक्त व आवश्यक कदम नहीं उठाये जा रहे हैं। जैसे लड़कियों के लिए पृथक् स्कूल खोलने के प्रयत्न एवं दूसरी तरफ माता-पिता का सहशिक्षा स्कूलों में अपनी लड़कियों को भेजने में संकोच करना।
3. **माध्यमिक शिक्षा (Secondary Education)**–माध्यमिक स्तर पर विशेषकर लड़कियों के लिए उपयोगी पाठ्यक्रम के आयोजन में ऐसे विषयों का अभाव है, जिसमें उनकी रुचि व्यावहारिक रूप से उपयोगी हो।
4. **उच्च शिक्षा (Higher Education)**–उच्च शिक्षा में अधिक लड़कियाँ आगे आ रही हैं। परंतु यह प्रगति संतोषजनक नहीं है, क्योंकि उच्च स्तर पर स्त्री शिक्षा के लिए सरकारी प्रोत्साहन की कमी है। प्राथमिक व माध्यमिक स्तर पर स्त्री शिक्षा की गति धीमी होगी तो उच्च शिक्षा पर भी इसका प्रभाव रहेगा।
5. **नौकरी की समस्या (Problem of Employment)**–भारत में करोड़ों युवक उच्च शिक्षा प्राप्त करके भी आजीविका के लिए भटकते फिरते हैं, वहाँ स्त्रियों को तो शिक्षा के तुरंत बाद रोजगार मिल पाना कठिन है। शिक्षा काल में न ही ऐसे व्यावसायिक पाठ्यक्रम हैं जो उसे आत्मनिर्भर बना सकें। ऐसी स्थिति में शिक्षा के प्रति स्त्रियों में आकर्षण का अभाव रहता है।
6. **सामाजिक समस्यायें (Social Problems)**–स्त्री के बारे में भारतीय समाज में अनेक दोषपूर्ण धारणाएँ हैं, जैसे अधिक शिक्षित लड़की के लिए अधिक शिक्षित वर और अधिक शिक्षित वर के लिए अधिक दहेज देना पड़ेगा। ऐसी बातें समाज में स्त्री-शिक्षा के मार्ग में बड़ी बाधायें हैं।

प्रश्न 11. नारी शिक्षा के मुख्य उद्देश्य कौन-कौन से हैं? उल्लेख कीजिये।

अथवा

नारी-शिक्षा से संबंधित मुख्य उद्देश्यों पर संक्षेप में प्रकाश डालिये।

उत्तर– **स्त्री शिक्षा के उद्देश्य (Objectives of Women Education)**

1. **सर्वांगीण व्यक्तित्व का विकास (All round development of personality)**–स्वतन्त्र भारत में स्त्री जाति को अबला से सबला बनाने के लिए उनके शारीरिक, बौद्धिक, मानसिक, आध्यात्मिक, सामाजिक विकास करने के लिए उपयोगी शिक्षा की व्यवस्था की जाए। स्त्रियों के लिये उचित खेल कूद, व्यायाम, आसनों की व्यवस्था, विविध बौद्धिक और मानसिक शक्तियों का विकास करने के विषयों का शिक्षण दिया जाना चाहिए। चूँकि उपर्युक्त शिक्षा का प्रबन्ध एकमात्र महिला विद्यालयों में ही सम्भव है, इसलिये इन विद्यालयों का विकास और प्रसार किया जा रहा है।

2. **स्त्रीत्व को बनाये रखने की दीक्षा, शिक्षा और वातावरण की व्यवस्था**–स्त्री का स्त्रीत्व उसकी लज्जाशीलता, कौमार्य और विनम्रता परन्तु निर्भीकता में सन्निहित होता है। यह सब तभी सम्भव है, जब उन्हें स्त्रियोचित कर्तव्यों से परिचित कराया जाए। भारतीय संस्कृति में स्त्रियों की स्थिति महत्त्वपूर्ण है। वह माता (जननी) है, पत्नी है, बहन है, पुत्री है। उनके अपने-अपने स्थान पर क्या कर्तव्य हैं, क्या अधिकार हैं, उन्हें समाज में कैसे व्यवहार करना चाहिए। उन्हें इन बातों का ज्ञान कराना आवश्यक है।
3. **योग्य माता, गृहिणी, पत्नी और कार्यकर्ता बनाना**–भारतीय संस्कृति में माता बालक की सबसे पहली गुरु होती है। वह बालक के संस्कारों को निर्धारित करती है और समुचित वातावरण, सीख, लालन-पालन और स्नेह देकर उसका सामाजिक तथा मानवीय विकास करती है। गृहस्थ जीवन में स्त्री–माता, गृहिणी तथा पत्नी तीनों के रूप में कर्तव्य पालन करती है। उनकी शिक्षा व्यवस्था ऐसी हो कि स्त्रियाँ कुशल माता, गृहिणी, पत्नी और सहयोगी बन सकें।
4. **धार्मिकता, नैतिकता, चरित्र-निर्माण और शान्ति-स्थापना का स्रोत बनाना**–धार्मिक भावनाओं का प्रसार करके स्त्री बालकों का नैतिक आचरण सुधारती है। वह दया की देवी है, क्षमाशीलता उसका धर्म है, वह सहिष्णु, उदार और सहकारी है। स्त्री बालकों में योग्य नागरिक के इन गुणों की स्थापना करती है। शिक्षा द्वारा स्त्री का धार्मिक, नैतिक और चारित्रिक मार्ग दर्शन करना आवश्यक है।
5. **सांस्कृतिक प्रसार का स्रोत बनाना**–समाज में विविध सांस्कृतिक परम्पराएँ स्त्रियों द्वारा ही संस्थापित होती है। ये उनकी रक्षक, पोषक और प्रसारक हैं। वे परिवार से लेकर समाज के क्षेत्र में अपने व्यवहारों द्वारा संस्कृति का विकास करने में योगदान देती हैं। वे रहन-सहन के ढंग, धार्मिक प्रथाएँ, रीति-रिवाज, सामाजिक मान्यताएँ, मातृभाषा-विकास, पारिवारिक शिक्षा द्वारा सामाजीकरण के आदर्श प्रस्तुत करके पुरुष वर्ग का मार्गदर्शन करती हैं। इसलिए स्त्री-शिक्षा में भारतीय संस्कृति का समन्वय होना चाहिए, जिससे वह उस संस्कृति का प्रसार करने का उत्तरदायित्व निर्वाह कर सके।
6. **व्यावसायिक, जीविकोपार्जन एवं कला में दक्षता**–यदि किसी परिवार के कर्तव्यों के निर्वाह की पूर्ति करने के उपरान्त स्त्री के पास अवकाश का समय बचता है तो वह उसका सदुपयोग व्यावसायिक एवं जीविकोपार्जन के कार्यों द्वारा कर सकती है। इस प्रकार स्त्री परिवार की आर्थिक स्थिति में भारी योगदान दे सकती है। जब किसी परिवार का मुखिया नहीं रहता तो परिवार के लालन-पालन का भार स्त्री पर ही आ जाता है। अतः स्त्री जाति को सशक्त बनाना चाहिए और शिक्षा में उपयोगी पाठ्यक्रम रखना चाहिए।
7. **प्रजातन्त्र की सुरक्षा और गणतन्त्र में विश्वास रखने की भावना का प्रसार**–बालक के प्रशिक्षण एवं शिक्षण की सबसे पहली सीढ़ी परिवार है। माता-पिता और परिवार के लोग बालक को नागरिकता की शिक्षा देते हैं। यदि स्त्री प्रजातन्त्र की प्रणालियों से परिचित है तो वह अपने घर का वातावरण भी प्रजातन्त्रतात्मक बना सकती है। ऐसे वातावरण में पलने वाले बालक प्रजातन्त्र में आस्था रखने वाले और उसमें योगदान देने वाले बन सकेंगे। इसलिए स्त्री-शिक्षा-पाठ्यक्रम में नागरिकता की शिक्षा और प्रजातन्त्र के सिद्धान्तों की जानकारी का समावेश होना चाहिए।
8. **नेतृत्व और उत्तरदायित्व की क्षमता का विकास**–भारतीय स्त्री ने विविध क्षेत्रों में मार्ग दर्शन और नेतृत्व किया है। लक्ष्मीबाई (झाँसी की रानी), सरोजिनी नायडू, ऐनी बेसेन्ट, कमला नेहरू, कस्तूरबा गांधी, इन्दिरा गांधी जैसी विदुषी महिलाओं ने युद्ध-कौशल, सामाजिक सुधार, राजनीतिक सुधार और आर्थिक नियोजन में भारी योगदान दिया है। आज भी भारत को ऐसे नेताओं की आवश्यकता है। इसलिए आधुनिक छात्राओं को छात्रों के समान विकास की सभी सुविधाएँ और अवसर देकर प्रत्येक क्षेत्र में नेतृत्व का शिक्षण देना चाहिए, जिससे वे योग्य चिकित्सक, योग्य अभियन्ता, योग्य अध्यापक और समाज सुधारक बनकर राष्ट्र की सेवा कर सकें।

प्रश्न 12. कोठारी-शिक्षा आयोग द्वारा नारी-शिक्षा को प्रोत्साहित करने हेतु दिये गये सुझावों को संक्षेप में लिखें।

उत्तर– कोठारी आयोग ने अपनी रिपोर्ट में स्त्री शिक्षा को प्रोत्साहन देने के लिए निम्नलिखित सुझाव दिए हैं–

1. **प्रभावशाली कार्यक्रम (Major Programme)**–आयोग के अनुसार आने वाले वर्षों में नारी शिक्षा के लिए प्रभावशाली कार्यक्रम चलाये जाने चाहिए। नर-नारी शिक्षा के वर्तमान अंतर को दूर किया जाना चाहिए।
2. **अनुपात में कमी (Gap Between Education of Men and Women)**–माध्यमिक स्तर पर प्रयत्न करके लड़कों तथा लड़कियों का वर्तमान अनुपात 3:1 से 2:1 तक पहुँचाना चाहिए एवं उच्च शिक्षा स्तर पर लड़की लड़कों का अनुपात 1:4 है, वह ही शीघ्र ही 1:3 होनी चाहिए। इस कार्य के लिए छात्रवृत्तियाँ आदि की सुविधाएँ उदारतापूर्वक दी जानी चाहिए।
3. **पाठ्यक्रम (Curriculum)**–हंसा मेहता समिति की सिफारिशों के आधार पर नारी शिक्षा के पाठ्यक्रम को विकसित किया जाये व गृह विज्ञान को वैकल्पिक विषयों में रखा जाए तथा इसे अनिवार्य न बनाया जाए। संगीत, कला, विज्ञान व गणित अध्यापक की सुविधाओं में वृद्धि की जाये। प्रौढ़ महिलाओं में साक्षरता लाने के लिए अलग संक्षिप्त पाठ्यक्रम का आयोजन किया जाना चाहिए।
4. **नौकरी की व्यवस्था (Employment of Women)**–शिक्षित महिलाओं के लिए अंश या पूर्णकालीन रोजगार की व्यवस्था पर बल दिया जाये।
5. **अनुसंधान (Research Facility)**–विशेष रूप से महिलाओं की शिक्षा पर काम करने के लिए एक या दो विश्वविद्यालयों में अनुसंधान कार्यक्रम चलाये जाने चाहिये।

प्रश्न 13. मौलिक अधिकारों से आप क्या समझते हैं?

उत्तर– भारतीय संविधान के तीसरे अध्याय में नागरिकों के मौलिक अधिकारों की व्यवस्था की गई है। ये मौलिक अधिकार अमेरिकन संविधान तथा मानव अधिकारों की सार्वभौमिक घोषणा से प्रभावित होकर संविधान में शामिल किए गए हैं। इन्हें संविधान की अंतर्आत्मा *(Conscience of the Constitution)* कहा गया है। **लास्की** का कथन है–**"राज्य इस बात से जाना जाता है कि उसके अधिकारों की क्या व्यवस्था है।"** *(A state is known by the rights it maintains.*–**Laski***)*

भारतीय संविधान में वर्णित मौलिक अधिकारों के महत्त्व को प्रकट करते हुए **जी.एन. जोशी** का कथन है–**"मौलिक अधिकार ही ऐसे साधन हैं जिनके द्वारा स्वतंत्र लोकतांत्रिक देश में सामाजिक, धार्मिक और नागरिक जीवन का भरपूर आनंद प्राप्त किया जा सकता है। इन अधिकारों के बिना लोकतांत्रिक सिद्धांतों को लागू नहीं किया जा सकता और बहुमत की तानाशाही का भय रहता है।"**

(The Fundamental Rights are the only means of effective enjoyment of social, religious and civil life in a free democratic country. Without these rights, the democratic principles cannot operate and there is a danger of tyranny of the majority.–**G.N. Joshi***)*

जब *26* जनवरी, *1950* को भारत का संविधान लागू हुआ तो मौलिक अधिकारों की संख्या *7* थी। दिसंबर, *1978* में *44*वें संवैधानिक संविधान द्वारा व्यक्तिगत संपति के अधिकार को मौलिक अधिकारों की सूची से बाहर कर दिया गया। वर्तमान में भारतीय नागरिकों को छः प्रकार के मौलिक अधिकार प्राप्त हैं। मौलिक अधिकारों में *86*वें संवैधानिक संशोधन द्वारा मई, *2002* में शिक्षा अधिकार को धारा *21-A* के अंतर्गत शामिल किया गया। संविधान निर्माताओं द्वारा मौलिक अधिकारों की व्यवस्था करके न केवल लोकतंत्र की स्थापना की गई अपितु लंबे समय से चली आ रही, भारतीयों की अधिकारों की मांग को भी पूरा किया।

अनुच्छेद 12, 13, 33, 34 और 35 में मौलिक अधिकारों के संबंध में सामान्य प्रावधान किए गए हैं। अनुच्छेद 12 में राज्य का अर्थ बताया गया है और इसमें केन्द्रीय कार्यपालिका, संसद, राज्य सरकारें और विधानमंडल भारतभूमि और भारत सरकार के अधीन सभी स्थानीय और प्रशासनिक विभाग शामिल हैं।

अनुच्छेद 13 में व्यवस्था की गई है कि मौलिक अधिकारों को सीमित अथवा समाप्त करने वाले कानूनों का निर्माण नहीं किया जाएगा।

अनुच्छेद 33 में व्यवस्था की गई है कि सशस्त्र सेनाओं के मौलिक अधिकार सीमित किए जा सकते हैं।

अनुच्छेद 34 में प्रावधान है कि संकटकालीन अवस्था में मौलिक अधिकारों पर प्रतिबंध लगाया जा सकता है।

अनुच्छेद 35 में व्यवस्था की गई है कि संसद मौलिक अधिकारों को लागू करने के लिए कानूनों का निर्माण कर सकती है और इसके उल्लंघन करने की अवस्था में दंड के प्रावधान भी निश्चित कर सकती है।

प्रश्न 14. मौलिक कर्तव्यों के बारे में आप क्या समझते हैं?

उत्तर– 26 जनवरी 1950 को स्वतन्त्र भारत का अपना संविधान लागू हुआ। संविधान द्वारा नागरिकों को मौलिक अधिकार (Fundamental Rights) प्रदान किए गए। इन अधिकारों के पीछे कानून की शक्ति है। इनका हनन होने की स्थिति में व्यक्ति कानून की मदद ले सकता है। लेकिन अधिकारों का प्रावधान करने के साथ-साथ भारतीय संविधान अपने नागरिकों से कुछ अपेक्षाएं भी रखता है। ये अपेक्षाएं ही कर्तव्य हैं। यद्यपि इनके पीछे कानून की शक्ति नहीं है पर आदर्श नागरिक होने के नाते नागरिकों से यह अपेक्षा करता है कि वे अपने इन कर्तव्यों का पालन करें।

मौलिक कर्तव्य (Fundamental Duties)—1976 में स्वर्ण सिंह कमेटी की रिपोट में दिए गए सुझावों के आधार पर संविधान की धारा 51 में इन मौलिक कर्त्तव्यों को जोड़ा गया और इसे धारा 51-A का नाम दिया गया। इन कर्तव्यों का सम्बन्ध भारत की एकता, अखण्डता व सम्प्रभुता की रक्षा, संविधान के प्रति आदर, राष्ट्रीय प्रतीकों के प्रति सम्मान, राष्ट्र की सुरक्षा व सेवा, परस्पर सद्भाव, भौतिक पर्यावरण की सुरक्षा, विशाल सांस्कृतिक विरासत का आदर व सुरक्षा, मानवतावादी व वैज्ञानिक सोच तथा सुधारात्मक दृष्टिकोण आदि के साथ है।

मौलिक कर्तव्यों का महत्त्व (Importance of Fundamental Rights)—नागरिकों को मौलिक अधिकार दे देना ही पर्याप्त नहीं है। उनमें कर्त्तव्य बोध जगाना भी आवश्यक है। यदि प्रत्येक व्यक्ति अपने लिए अधिकारों की ही माँग करता रहेगा तो समाज में अव्यवस्था फैल जाएगी। हमारी संस्कृति पतन की ओर अग्रसर हो जाएगी। राष्ट्रीय सम्प्रभुता खतरे में पड़ जाएगी। पर्यावरण-प्रदूषण बढ़ने लगेगा। राष्ट्रीय एकता व मानवतावादी दृष्टिकोण लुप्त हो जाएगा और परिणामस्वरूप राष्ट्रीय विकास की प्रक्रिया अवरूद्ध हो जाएगी।

मौलिक कर्तव्यों के प्रति जागरूकता कैसे पैदा की जाए (How to develop awareness for Fundamental Duties)—जैसा कि पहले भी कहा जा चुका है नागरिकों को इन कर्तव्यों का पालन करने के लिए बाध्य नहीं किया जा सकता। केवल अन्तःप्रेरणा ही इसके लिए उन्हें प्रेरित कर सकती है और इस अन्तःप्रेरणा को जगाने का साधन है—शिक्षा।

प्रश्न 15. नीति-निर्देशक सिद्धान्तों में प्राथमिक शिक्षा के लिए क्या प्रावधान किए गए हैं?

उत्तर– स्वतन्त्रता के बाद 26 जनवरी 1950 को भारत का संविधान लागू हुआ। संविधान द्वारा भारत को प्रजातान्त्रिक, धर्मनिरपेक्ष एवं समाजवादी गणतन्त्र (Democratic, Secular and Socialistic Republic) घोषित किया गया। नागरिकों को विभिन्न मौलिक अधिकार दिए गए। शिक्षा क्योंकि राष्ट्रीय विकास की रीढ़ होती है, अतः इस ओर भी ध्यान दिया गया। जब तक देश का प्रत्येक

बच्चा कम से कम प्राथमिक शिक्षा को प्राप्त नहीं कर लेता तब तक उसका विकास सम्भव ही नहीं। लेकिन कई बार अनेक अपरिहार्य कारणों से अपने बच्चों को प्राथमिक शिक्षा भी नहीं दिलवा पाते। अतः संविधान में मौलिक अधिकारों के अन्तर्गत शैक्षिक व सांस्कृतिक अधिकार के अन्तर्गत शिक्षा के सम्बन्ध में अनेक प्रावधान किए और राज्य के नीति-निर्देशक तत्त्वों के अन्तर्गत प्राथमिक शिक्षा को निःशुल्क एवं अनिवार्य बनाए जाने का प्रावधान किया।

संविधान की धारा 45 में स्पष्ट रूप से कहा गया है–

'राज्य संविधान लागू होने के दस वर्षों के अन्दर सभी बच्चों के लिए अनिवार्य एवं निःशुल्क शिक्षा देने का प्रयास करेगा जब तक वे 14 वर्ष की आयु पूरा नहीं कर लेते।'

"The state shall endeavour to provide within a period of ten years from the commencement of this constitution, free and compulsory education for all children until they complete the age of fourteen years."

इस प्रकार यह धारा निम्न बातों पर जोर देती है–

1. संविधान के नीति निर्देशक तत्त्व की इस धारा के अनुसार राज्य अपने 14 वर्ष तक की आयु के सभी बच्चों को निःशुल्क एवं अनिवार्य शिक्षा देने का प्रयास करेगा।
2. इस लक्ष्य को संविधान लागू होने के दस वर्ष की अवधि में प्राप्त करने का प्रयत्न किया जाएगा।

प्रश्न 16. शिक्षा का अधिकार, अधिनियम-2009 के अन्तर्गत बच्चों के अधिकारों का वर्णन कीजिए।

उत्तर– शिक्षा का अधिकार अधिनियम-2009 लोकसभा द्वारा 4 अगस्त, 2009 को पारित किया गया। राज्य सभा इसे पहले ही 20 जुलाई, 2009 को पारित कर चुकी थी। इसके तहत संविधान के अनुच्छेद 21ए के तहत बच्चों को निःशुल्क एवं अनिवार्य शिक्षा के मूल अधिकार के क्रियान्वयन का प्रावधान किया गया है। भारत शिक्षा को बच्चों का मौलिक अधिकार घोषित करने वाला विश्व का 135वां देश है।

शिक्षा का अधिकार अधिनियम-2009 में बच्चों के अधिकारों संबंधित निम्नलिखित प्रावधान किए गए हैं–

1. धारा 3 के अनुसार, 6 से 14 वर्ष की आयु के बच्चों को निःशुल्क तथा अनिवार्य शिक्षा प्राप्त करने का अधिकार होगा जब तक वे अपनी प्रारंभिक शिक्षा पूर्ण नहीं कर लेते। धारा 3 के खंड (ख) में यह प्रावधान किया गया है कि बच्चा किसी भी प्रकार की फीस या शुल्क नहीं देगा जब तक वह अपनी प्रारंभिक शिक्षा पूर्ण नहीं कर लेता। इस प्रकार फीस बच्चे की प्रारंभिक शिक्षा पूर्ण करने में बाधक नहीं होगी।
2. धारा 4 के अनुसार, यदि कोई बच्चा जिसकी उम्र 6 वर्ष से अधिक है, और वह किसी भी स्कूल में दाखिल नहीं हुआ है, तो उस बच्चों को उसकी उम्र के हिसाब से स्कूल में दाखिल किया जाएगा तथा तदुपरान्त उसके लिए विशेष प्रशिक्षण की व्यवस्था आवासीय ब्रिज कोर्स तथा गैर-आवासीय ब्रिज कोर्स के माध्यम से की जाएगी अर्थात् कोई भी बच्चा स्कूल से बाहर नहीं रहेगा। यह भी प्रावधान किया गया है कि इस प्रकार से दाखिल किया गया छात्र यदि 14 वर्ष की आयु को पार भी कर देता है, तो भी उसकी प्रारंभिक शिक्षा को पूर्ण करवाया जाएगा।
3. धारा 5 में खंड (1) के अनुसार, जहां किसी स्कूल में प्रारंभिक शिक्षा पूर्ण करने का प्रावधान नहीं होगा, तब बच्चे के पास स्थानांतरण प्रमाण पत्र प्राप्त करने का अधिकार होगा, ताकि वह अन्य स्कूल में अपनी प्रारंभिक शिक्षा पूर्ण कर सके।

धारा 5 के खंड (2) में यह प्रावधान किया गया है कि यदि बच्चा अपने राज्य में या अन्य किसी स्कूल में अपना स्थानांतरण करवाना चाहता है तो वह अपना स्थानांतरण करवा सकता है ताकि वह अपनी प्रारंभिक शिक्षा पूर्ण कर सके।

धारा 5 के खंड (3) में यह प्रावधान किया गया है कि स्कूल का मुख्याध्यापक बच्चे को तुरंत स्थानांतरण प्रमाण-पत्र प्रदान करेगा। यदि कोई मुख्याध्यापक स्थानांतरण प्रमाण-पत्र प्रदान करने में देरी करेगा, तो उसके खिलाफ अनुशासनात्मक कार्यवाही की जाएगी।

4. धारा 14 (ख) के अनुसार, जन्म प्रमाण-पत्र न होने पर भी बच्चे को स्कूल में प्रवेश से इंकार नहीं किया जाएगा।

17. शिक्षा का अधिकार अधिनियम-2009 में दी गई अध्यापक की भूमिका तथा उत्तरदायित्व का वर्णन कीजिए।

उत्तर– शिक्षा का अधिकार अधिनियम-2009 में धारा 24 के अनुसार अध्यापकों की भूमिका तथा उत्तरदायित्व को निर्धारित किया गया है। इनकी पूर्ति न करने पर शिक्षक के विरुद्ध अनुशासनात्मक कार्यवाही की जा सकेगी। शिक्षक की भूमिका तथा उत्तरदायित्व का वर्णन इस प्रकार किया गया है–

1. विद्यालय में उपस्थित होने में नियमितता तथा समय पालन।
2. समय सीमा में पाठ्यक्रम संचालित करना और उसे पूरा करना।
3. विनिर्दिष्ट समय के भीतर सम्पूर्ण पाठ्यक्रम पूरा करना।
4. प्रत्येक बालक की शिक्षा ग्रहण करने की क्षमताओं का आकलन करना और उनके अनुरूप आवश्यकता अनुसार अतिरिक्त पठन-पाठन कराना, माता-पिता और संरक्षकों के साथ नियमित बैठकें करना और बालक की उपस्थिति में नियमितता, शिक्षा ग्रहण करने की क्षमता, उसकी प्रगति और किसी अन्य सुसंगत जानकारी के बारे में उन्हें अवगत कराना।
5. धारा 28 के अनुसार कोई भी शिक्षक प्राईवेट ट्यूशन तथा प्राईवेट रूप से पढ़ाने का कार्य नहीं कर सकता।
6. धारा 30(2) के अनुसार प्रत्येक बच्चे की प्रारंभिक शिक्षा पूर्ण होने तक लर्निंग रिकॉर्ड रखना अनिवार्य होगा।
7. धारा 29 (2) के अनुसार शाला में में बच्चों को गतिविधि आधारित प्रतिक्रियाओं एवं बाल-केन्द्रित गतिविधियों के माध्यम से पठन-पाठन कराया जाएगा।

अधिनियम की अनुसूची में पठन-पाठन का समय भी निर्धारित किया जाएगा।

एक शैक्षिक वर्ष में कार्य दिवस/शिक्षा के घंटे–

1. पहली कक्षा से पांचवीं कक्षा तक – 200 कार्य दिवस
2. कक्षा छठी से आठवीं कक्षा तक – 220 कार्य दिवस
3. पहली कक्षा से पांचवीं कक्षा तक – 800 शैक्षणिक घंटे
4. छठी कक्षा से आठवीं कक्षा तक – 1000 शैक्षणिक घंटे।

18. शिक्षा का अधिकार अधिनियम-2009 के अनुसार स्कूल प्रशासन तथा प्रबंधन का वर्णन कीजिए।

उत्तर– 1.शिक्षा का अधिकार अधिनियम की धारा 12(1) के अनुसार, एक स्कूल उन सभी बच्चों को निःशुल्क तथा अनिवार्य प्रारंभिक शिक्षा प्रदान करेगा जो उस स्कूल में दाखिल किए गए हैं। धारा 12(1) में यह प्रावधान किया गया है कि निजी स्कूलों को अपनी कुल क्षमता की 25 प्रतिशत सीटें गरीब व पिछड़े परिवारों के 6 से 14 वर्ष के बच्चों के लिए सुरक्षित रखनी होगी।

2. धारा 13(1) के अनुसार, कोई भी स्कूल दाखिले के समय विद्यार्थियों से कोई भी कैपिटेशन फीस वसूल नहीं करेगा। इसके अलावा बच्चे तथा उसके माता-पिता का कोई भी स्क्रीनिंग टैस्ट नहीं लिया जाएगा।

   धारा 13(2) के अनुसार, यदि कोई स्कूल या व्यक्ति किसी छात्र से कैपिटेशन फीस वसूल करता है तो उसे सजा दी जाएगी और इसके साथ-साथ उसके द्वारा ली गई कैपिटेशन फीस का 10 गुणा जुर्माने के रूप में वसूल किया जाएगा।

धारा 13(2 ख) के अनुसार यदि कोई स्कूल स्क्रीनिंग प्रक्रिया अपनाता है तो स्कूल या उससे संबंधित व्यक्ति के 25 हजार रुपये वसूल किए जाएंगे। यदि दोबारा कानून का उल्लंघन किया जाता है तो उस स्कूल पर 50 हजार रुपये का जुर्माना लगाया जाएगा।

3. धारा 14(1) के अनुसार, बच्चे के प्रारंभिक शिक्षा में दाखिल होने के लिए जन्म प्रमाण-पत्र का होना अनिवार्य है। लेकिन उम्र के प्रमाण के अभाव में भी बच्चों को दाखिले से वंचित नहीं किया जा सकता।
4. धारा 15 के अनुसार, बच्चे का दाखिला शैक्षणिक सत्र के आरंभ में करना चाहिए। यदि बच्चा निर्धारित समय के बाद भी दाखिल होता है तो सरकार द्वारा निर्धारित नीति के अनुसार उसका पाठ्यक्रम पूरा करवाया जाएगा।
5. धारा 16 के अनुसार किसी भी बच्चे को प्रारंभिक शिक्षा पूर्ण होने से पहले स्कूल नहीं छोड़ने दिया जाएगा।
6. धारा 17 के अनुसार, किसी भी बच्चे को शारीरिक तथा मानसिक पीड़ा नहीं दी जाएगी। यदि कोई ऐसा करता है तो उसके खिलाफ अनुशासनात्मक कार्यवाही की जाएगी।
7. धारा 20 के अनुसार, केन्द्रीय सरकार नोटिफिकेशन के द्वारा नियम तथा मानकों में कोई भी बदलाव कर सकती है।
8. धारा 21(1) के अनुसार स्कूल को स्कूल प्रबंधन समिति का गठन करना होगा। इस समिति में एक तिहाई या एक चौथाई सदस्य स्कूल में दाखिल बच्चों के माता-पिता या अभिभावक होने चाहिए।

धारा 21(2) के अनुसार, स्कूल प्रबंधन समिति निम्नलिखित कार्य करेगी–

(a) स्कूल के कार्यों की निगरानी।

(b) स्कूल विकास योजना की तैयारी तथा सिफारिश सरकार तथा अन्य अधिकारी द्वारा प्रदान की गई ग्रांट की उपयोगिता निश्चित करना।

19. शिक्षा का अधिकार अधिनियम-2009 में वर्णित पाठ्यक्रम तथा मूल्यांकन का वर्णन कीजिए।

उत्तर– 1. धारा 29(1) के अनुसार, प्रारंभिक शिक्षा का पाठ्यक्रम तथा मूल्यांकन प्रक्रिया सरकार द्वारा निर्देशित शिक्षा से संबंधित अधिकारियों द्वारा निर्धारित की जाएगी।

2. शिक्षा का अधिकार अधिनियम-2009 की धारा 29(2) के अनुसार, पाठ्यक्रम तथा मूल्यांकन का निर्धारण करते समय शिक्षा से संबंधित अधिकारी निम्नलिखित बिन्दुओं को ध्यान में रखेंगे–

(a) संविधान में वर्णित मूल्यों का निर्धारण

(b) बच्चों का सर्वांगीण विकास

(c) बच्चों में ज्ञान, गुण तथा ऊर्जा का निर्माण

(d) बच्चे में शारीरिक तथा मानसिक योग्यताओं का पूर्ण रूप से विकास

(e) बच्चों का अधिगम क्रियाओं, खोज तथा परीक्षण द्वारा, मित्रतापूर्वक भाव से तथा विद्यार्थी केन्द्रित विधि द्वारा कराना।

(f) बच्चे को भय तथा चिन्ता मुक्त बनाना तथा स्वतंत्र रूप से विचार व्यक्त करने में उसकी मदद करना।

(g) बच्चे के लिए निर्देशन का माध्यम उसकी मातृभाषा ही होगी।

(h) बच्चे के ज्ञान तथा उसकी योग्यता का मूल्यांकन सतत एवं व्यापक मूल्यांकन द्वारा किया जाएगा।

3. धारा 30(1) के अनुसार किसी भी बच्चे को प्रारंभिक शिक्षा पूर्ण करने तक किसी भी बोर्ड की परीक्षा पास करनी अनिवार्य नहीं है।

धारा 30(2) के अनुसार, प्रत्येक बच्चों को प्रारंभिक शिक्षा पास करने के बाद एक प्रमाण-पत्र प्रदान किया जाएगा।

20. शिक्षा के अधिकार अधिनियम, 2009 के संदर्भ में मूल्यांकन प्रणाली में क्या सुधार किए गए हैं?

उत्तर– शिक्षा का अधिकार अधिनियम के सेक्सन 29 के उपभाग (1) में यह व्यवस्था की गई है कि आधारभूत शिक्षा के लिए मूल्यांकन की प्रक्रिया के नियमों को संबंधित सरकार द्वारा नियुक्त एकेडमिक अथॉरिटी के द्वारा बनाए जाएंगे। इस अधिनियम में व्यापक एवं सतत मूल्यांकन को कानूनी रूप से आवश्यक बनाया है। अधिनियम के अंतर्गत मूल्यांकन प्रणाली में निम्न बातों पर बल दिया गया है–

1. **बोर्ड परीक्षाओं को समाप्त करना (No board exams till the completion of Elementary Education)**–प्राथमिक और उच्च प्राथमिक स्तर पर कुछ राज्यों में बोर्ड की परीक्षएँ आयोजित की जाती थीं। इन राज्यों में अरूणाचल प्रदेश, छत्तीसगढ, दिल्ली, हरियाणा, जम्मू और कश्मीर, मणिपुर, मिजोरम, नागालैंड, उड़ीसा, पंजाब और त्रिपुरा आदि राज्य शामिल थे। इन राज्यों में केंद्र द्वारा निर्देश दिए गए हैं कि जब तक बालक आधारभूत एवं आवश्यक शिक्षा समाप्त नहीं कर लेता तब तक उसका केवल व्यापक एवं सतत मूल्यांकन ही किया जाएगा।
2. **किसी विद्यार्थी को फेल न करना (No detention)**–हरियाणा सहित कई राज्यों में पांचवीं एवं आठवीं कक्षा के अंत में बोर्ड की परीक्षाओं से गुजरना पड़ता था। जिससे बहुत से विद्यार्थी फेल हो जाते थे और एक से अधिक बार फेल होने पर स्कूल को बीच में छोड़ जाते थे। ऐसा माना गया कि वर्ष के अंत में परीक्षा लेना उचित नहीं है। इसके स्थान पर सतत मूल्यांकन की शुरूआत की गई। साथ ही साथ यह भी आवश्यक बनाया गया है कि आठवीं कक्षा तक कोई भी विद्यार्थी फेल नहीं होगा।
3. **व्यापक और सतत मूल्यांकन की समझ (Understanding the Comprehensive and Continuous Evaluation)**–केंद्र सरकार द्वारा सभी राज्यों को निर्देश दिए गए हैं कि वे NCERT Source books on Assessment के माध्यम से व्यापक और सतत मूल्यांकन की प्रकृति को समझें। इससे सभी राज्य अपने अलग से मूल्यांकन प्रणालियाँ बना पाएंगे। साथ ही साथ राज्य वर्तमान में चल रही युनिट टेस्ट प्रणाली और टर्मिनल परीक्षाओं को बदलकर उनके स्थान पर निर्माणात्मक मूल्यांकन की प्रणाली लागू कर पाएंगे। यह मूल्यांकन बच्चों के लिए तनाद रहित होता है। इससे बच्चों के तनाव मुक्त रहने के अधिकार की सुरक्षा भी हो पाएगी जैसा कि शिक्षा का अधिकार अधिनियम सिफारिश करता है।

21. शिक्षा के अधिकार अधिनियम-2009 में केन्द्र सरकार तथा राज्य सरकार की भूमिका तथा उत्तरदायित्व का वर्णन कीजिए।

उत्तर– शिक्षा एक समवर्ती सूची का विषय है। शिक्षा से संबंधित कानून बनाने की जिम्मेवारी केन्द्र तथा राज्य सरकार दोनों की है। शिक्षा का अधिकार अधिनियम-2009 में केन्द्रीय सरकार तथा राज्य सरकार को निम्नलिखित उत्तरदायित्व सौंपे गए है–

(a) धारा 7(1) के अनुसार, इस अधिनियम को सफल बनाने के लिए केन्द्र सरकार तथा राज्य सरकार संयुक्त रूप से वित्तीय तथा अन्य जिम्मेदारियों का निर्वाह करेंगे।

(b) धारा 7(2) के अनुसार, केन्द्र सरकार शिक्षा का अधिकार अधिनियम के प्रावधान में होने वाले अनुमानित खर्चों की रूपरेखा तैयार करेगी।

(c) धारा 7(3) के अनुसार, केन्द्र सरकार समय-समय पर राज्य सरकारों से सलाह लेकर उनको अनुदान प्रदान करेगी ताकि शिक्षा के अधिकार अधिनियम 2009 को सफल बनाया जा सके।

(d) धारा 7(4) के अनुसार केन्द्र सरकार राष्ट्रपति से यह अनुरोध कर सकती है कि वह वित्त आयोग को राज्य के अतिरिक्त संसाधनों की जांच करने का आदेश दे ताकि संबंधित राज्य सरकार इस अधिनियम को सफल बनाने के लिए अनुदान प्रदान कर सके।

(e) धारा 7(6) के अनुसार केन्द्र सरकार की निम्नलिखित जिम्मेदारी होगी–

(i) शैक्षणिक अधिकारियों की मदद से राष्ट्रीय पाठ्यक्रम संरचना का विकास करना।

(ii) अध्यापकों में प्रशिक्षण स्तर को बढ़ाना।

(iii) राज्य सरकार को तकनीकी सहायता प्रदान करना।

(f) धारा 8 के अनुसार संबंधित सरकार की निम्नलिखित भूमिका तथा उत्तरदायित्व होगा–

(i) 6 से 14 वर्ष के बच्चों को निःशुल्क एवं अनिवार्य शिक्षा प्रदान करना।

(ii) 6 से 14 वर्ष के बच्चों का अनिवार्य दाखिला, अनुपस्थिति तथा प्रारंभिक शिक्षा का पूरा होना आदि सुनिश्चित करना।

(iii) यह सुनिश्चित करना कि कमजोर वर्गों के बच्चों के साथ कोई भी भेदभाव नहीं हो रहा है।

(iv) स्कूलों को स्कूल भवन, अध्यापन स्टॉफ तथा अधिगम यंत्र प्रदान करना।

(v) विशेष प्रशिक्षण सुविधा प्रदान करना।

(vi) प्रत्येक बच्चे का दाखिला, उपस्थिति तथा प्रारंभिक शिक्षा का पूर्ण होना सुनिश्चित करना।

(vii) गुणात्मक प्राथमिक शिक्षा सुनिश्चित करना जो निर्धारित मानदण्डो के अनुसार हो।

(viii) प्रारंभिक शिक्षा के पाठ्यक्रम तथा अध्यापक के कोर्स का निर्धारण सुनिश्चित करना।

(ix) अध्यापकों को प्रशिक्षण सुविधा प्रदान करना।

◆◆◆

LAXMI®

समकालीन भारत तथा शिक्षा

[CONTEMPORARY INDIA AND EDUCATION]

[Paper–II]

UNIT–II

2. ***Review of Education Commissions and Policies in India:***
   - *Prominent characteristics of education in India during colonial rule*
   - *Critical appraisal of recommendations of following commissions*
     - *(i) Secondary Education Commission (1952-53)*
     - *(ii) Indian Education Commission (1964-66)*
     - *(iii) National Policy of Education (1986)*
     - *(iv) Ramamurthy Education Commission (1990)*
     - *(v) Programme of Action (1992)*
   - *National Curriculum Framework 2005: Needs and Objectives*

–: प्रकाशक :–

LAXMI BOOK DEPOT™ LBD Hansi Gate, Bhiwani

लक्ष्मी बुक डिपो

हांसी गेट, भिवानी (हरियाणा)

2

भारत में शिक्षा आयोगों तथा नीतियों की समीक्षा
[Review of Education Commissions and Policies in India]

2.1 औपनिवेशिक शासन के दौरान शिक्षा की प्रमुख विशेषताएं [Prominent Characteristics of Education in India During Colonial Rule]

1. एडम रिपोर्ट [Adam's Report]

1. एडम रिपोर्ट के बारे में एक विस्तृत टिप्पणी लिखिए।
(Write a detailed note on Adam's Report.)

अथवा

एडम रिपोर्ट के बारे में आप क्या जानते हैं? इस रिपोर्ट के गुण-दोषों का वर्णन कीजिए।
(What do you know about Adam's Report? Describe the merits and demerits of Adam's Report.)

उत्तर–परिचय (Introduction)–एडम एक सच्चे समाज-सेवक, विद्वान और शिक्षाविद् थे। उनका विश्वास था कि शिक्षा द्वारा ही भारतीय समाज का विकास किया जा सकता है। एडम एक मिशनरी थे। तत्कालीन गवर्नर जनरल लार्ड विलियम बैंटिक ने उनको बंगाल तथा बिहार प्रांत में शिक्षा की स्थिति का सर्वेक्षण करने का कार्य सौंपा। एडम ने 1835 से 1838 तक बंगाल की शिक्षा स्थिति का सूक्ष्म अध्ययन किया। एडम ने तीन प्रतिवेदन इसी अध्ययन के फलस्वरूप दिए। इन तीन रिपोर्टों में महत्त्वपूर्ण ऐतिहासिक सामग्री होने के साथ साथ विचारों व सुझावों का समावेश भी है। इन रिपोर्टों में तत्कालीन भारतीय शिक्षा पद्धति, शिक्षा व्यवस्था और भारतीयों के शिक्षा प्रेम का सच्चा वर्णन इतिहासबद्ध किया गया है। जिस अपकीर्ति को चार्ल्स ग्रान्ट और मैकाले जैसे इतिहासकारों ने मढ़ दिया था, उसे एडम ने अपनी रिपोर्टों द्वारा दूर कर दिया।

I. एडम की प्रथम रिपोर्ट–(1835) (First report of Adam–1835)–एडम ने अपनी प्रथम रिपोर्ट 1 जुलाई, 1835 को प्रस्तुत की। एडम की रिपोर्ट के तीन मापदण्ड निम्नलिखित हैं–

(a) जनसंख्या के अनुसार संस्थाओं की संख्या।

(b) शिक्षा का स्वरूप।

(c) शिक्षा संस्थाओं का उचित वितरण।

एडम ने बंगाल की शिक्षा प्रणाली का मूल्यांकन इन्हीं मापदण्ड़ों को ध्यान में रखकर किया।

(a) बंगाल की शिक्षा का स्वरूप–बंगाल की शिक्षा के अंतर्गत एडम ने देखा कि बंगाल और बिहार में 400 व्यक्तियों की एक पाठशाला थी। 400 बालकों की शाला में केवल 63 बालक थे। बंगाल तथा बिहार में 1801 के सर्वेक्षण के अनुसार 63 बालकों हेतु एक देशी शाला थी। शिक्षा की स्थिति का पता केवल पाठशालाओं के आधार पर नहीं लगाया जा सकता था। ये पाठशालाएं निम्न स्तरीय थीं।

पाठशालाओं के मुख्य दोष निम्नलिखित हैं–

(a) शिक्षा स्तर निम्न होना।

(b) छात्रों का अवधि के पूर्व ही विद्यालय छोड़ देना।

बंगाल की शिक्षण विधि निम्नलिखित बातों को ध्यान में रखकर बनाई गई–

(a) प्राथमिक पाठशालाओं में 5 से 6 वर्ष की अवस्था से छात्र शिक्षण प्रारंभ करते थे तथा 10 से 11 वर्ष की आयु तक पढ़ते थे।

(b) यह अक्षर बनाना रेत पर अंगुली चलाकर सिखाते थे।

(c) रेत के पश्चात् आटे पर तथा ताड़-पत्र पर स्याही से सिखाया जाता था।

(d) अक्षर ज्ञान के बाद बालकों को लिखने व पढ़ने का अभ्यास कराया जाता था।

(e) इन पाठशालाओं का शिक्षण दोषपूर्ण होता था। शिक्षक अपने वेतन के लिए छात्रों तथा उनके परिवार वालों पर निर्भर करते थे।

(f) मुद्रित पाठ्य-पुस्तकों का प्रयोग नहीं किया जाता था।

(g) शिक्षक अपनी दयनीय स्थिति के कारण छात्रों पर कोई नैतिक प्रभाव डालने में असमर्थ थे।

भारतीयों हेतु शास्त्रों का ज्ञान प्राप्त करना अनिवार्य माना गया था। संस्कृत के पठन-पाठन हेतु प्रान्त में उच्च विद्यालय खोले गए।

(i) एक संस्था वह थी, जिसमें काव्य की शिक्षा व व्याकरण की शिक्षा दी जाती थी।

(ii) दूसरी संस्था वह थी, जिसमें कानून, नियम तथा काव्य पढ़ाया जाता था।

(iii) तीसरी संस्था में न्याय तथा साहित्य का शिक्षण दिया जाता था।

इन सभी तथ्यों के अतिरिक्त एडम की प्रथम रिपोर्ट में उन प्राथमिक शालाओं के संबंध में विशेष जानकारी है, जिन्हें मिशनरी समाज, गैर-हिंदुस्तानी संस्थाएं तथा विदेशी लोग चलाते थे तथा जिनके संगठन में भारतीयों का हाथ नहीं था।

II. एडम की द्वितीय रिपोर्ट 1836 (Second Report of Adam–1836)–एडम की दूसरी रिपोर्ट 23 दिसम्बर, 1836 को तैयार हुई। एडम की दूसरी रिपोर्ट के अनुसार उसने राजशाही जिले नटौर के थाने का बारीकी से सर्वेक्षण किया। पहली रिपोर्ट की सीमाओं को तोड़ना इस सर्वेक्षण का उद्देश्य था।

नैटोर जिले के सर्वेक्षण में निम्नलिखित बातें सामने आईं–

1. मुस्लिम विद्यालयों की संख्या 17 थी। उनमें से 4 में फारसी पढ़ाई जाती थी। अरबी भाषा हेतु 20 छात्र थे और 11 विद्यालयों में अरबी पढ़ाई जाती थी। 2 शालाएं ऐसी थीं, जिनमें बंगाली तथा फारसी पढ़ाई जाती थी।
2. हिन्दू प्राथमिक पाठशालाएं 11 थीं, जिनमें 192 छात्र पढ़ते थे।

तत्पश्चात् हिंदू प्राथमिक शालाओं की शुरूआत की गई। इन हिंदू पाठशालाओं की विशेषताएं निम्नलिखित थीं–

1. इन पाठशालाओं में 5, 7 और 9 वर्ष की अवस्थाओं के बालक प्रवेश पाते थे। 5 से 10 वर्ष तक की अवधि तक शिक्षा प्राप्त करते थे। शिक्षक नए युवक व अधेड़ उम्र के भी होते थे।
2. पहले 10 दिनों में वर्णमाला सिखाई जाती थी, फिर 2 से 4 वर्ष तक ताड़ के पत्तों पर लिखना-पढ़ना, संख्या ज्ञान, गुणा भाग आदि सिखाया जाता था।
3. इन शालाओं में हस्तलिखित पुस्तकों का चलन नहीं था।
4. 2 से 3 वर्ष तक सरल गणित तथा केले के पत्तों पर लिखने की शिक्षा बालकों को दी जाती थी।
5. गणित आदि के प्रश्न, व्यापार या कृषि संबंधित होते थे।
6. चौथे चरण में 2 वर्ष तक अर्जियां, चिट्ठियां लिखने व हिसाब-किताब लिखवाने का अभ्यास कराया जाता था।

7. नैटोर में 4 फारसी शालाएं थीं, जिसमें लगभग 23 छात्र थे। इनमें $4\frac{1}{2}$ से 13 वर्ष तक के बालक अध्ययन आरम्भ करते थे। 12 से 27 वर्ष की अवस्था में विद्यालय छोड़ते थे। छात्र 4 से 8 वर्षों तक शिक्षा अध्ययन करते थे।
8. बंगला शिक्षकों की अपेक्षा इन फारसी पाठशालाओं में अधिक विद्वान शिक्षक थे।
9. यहां पाठशालाओं के अतिरिक्त घरों में शिक्षा देने की सुविधा थी।
10. नैटोर में अरबी शिक्षाशालाओं की संख्या 11 थी, जिसमें 42 छात्र अरबी सिखते थे।
11. कई संस्थाओं के मौलवी घरों में जाकर शिक्षा देते थे। उन्हें 12 रुपये प्रति महीना व भोजन दिया जाता था।
12. नैटोर जिले में जमींदारों की लड़कियों को छोड़कर कोई स्त्री शिक्षित नहीं थी।

III. एडम की तृतीय रिपोर्ट–1838 (Third Report of Adam–1838)–एडम की तृतीय रिपोर्ट में शिक्षा संबंधी निम्नलिखित तथ्यों को व्यक्त किया गया–

1. वर्तमान देशी संस्थाओं का ही शिक्षा प्रसार के लिए उपयोग किया जाए। हिंदू व मुस्लिम दो प्रकार की संस्थाएं चलाते हैं–एक धार्मिक संस्थाओं का ही अंग है, दूसरी वे हैं, जिनका धर्म के साथ किसी प्रकार का सम्बन्ध नहीं है। हमें दूसरी संस्थाओं को संशोधित कर, उन्हें हिंदू और मुसलमान जनता की शिक्षा का साधन बनाना चाहिए।
2. देशी-भाषा शिक्षण को शैक्षणिक योजना का अनिवार्य अंग बनाना चाहिए। अंग्रेजी भाषा शिक्षा संबंधी नीति व विचारों ने देशी भाषा के शिक्षण का महत्त्व बिल्कुल गिरा दिया है।
3. इस योजना के पहले चरण के अनुसार भारत में शिक्षा का प्रसार ग्रामीण शिक्षकों तथा देशी शालाओं द्वारा किया जाना चाहिए। इस प्रयोग को एक से अधिक जिलों में लागू करना चाहिए।
4. **प्रत्येक जिले में शैक्षणिक सर्वेक्षण**–इस सर्वेक्षण द्वारा प्रत्येक जिले की जनसंख्या, शिक्षा पाने योग्य बालकों की संख्या तथा वर्तमान शिक्षा सुविधाएं आदि का पता लग सकेगा।
5. शिक्षकों की समय-समय पर परीक्षा ली जाए तथा उन्हें प्रोत्साहित करने के लिए उन्हें योग्यतानुसार पारितोषिक वितरण करने की व्यवस्था की जाए। इससे शिक्षा संस्थाओं और शिक्षकों के बीच अच्छा सामंजस्य स्थापित होगा। शिक्षकों की रुचि अच्छी शिक्षण पद्धतियों द्वारा शिक्षण देने की बनेगी।
6. सरकार द्वारा तैयार पाठ्य-पुस्तक तथा नार्मल स्कूल की परीक्षा पास करने वाले ग्रामीण शिक्षकों को कुछ भूमि भी दान में दी जाए। लेकिन भूमि शिक्षक के वेतन से आधे से अधिक आय की न हो। यदि वेतन 30 रुपये प्रतिवर्ष है तो भूमि 40 रुपये देने लायक ही होनी चाहिए। यह योजना अच्छे व्यक्तियों को शिक्षा कार्य की ओर आकर्षित करने में सफल होगी। इस योजना से शिक्षकों में भी अच्छी योग्यता धारण करने व बालकों को अच्छी शिक्षा देने की रुचि बढ़ेगी व शिक्षकों का ही नहीं अपितु अच्छे व्यक्तियों का रूझान भी इस तरफ बढ़ेगा।

विलियम एडम द्वारा प्रस्तावित शिक्षा योजना
(Education scheme proposed by Adam)

एडम प्राच्यवादी विचारधारा का था। एडम ने संस्कृत व बंगाली भाषाओं का अध्ययन किया था। उसके द्वारा भारत में जन-शिक्षा की व्यवस्था की बड़ी आवश्यकता है तथा इसकी व्यवस्था वहाँ की भाषाओं के माध्यम से ही की जा सकती है। जन-शिक्षा योजना को एडम के अनुसार निम्न प्रकार से क्रमबद्ध किया जा सकता है–

1. भारतीय भाषा एवं साहित्यों तथा ज्ञान-विज्ञान का अध्ययन भारतीयों की भाषाओं द्वारा करवाया जाए। भारत में जन-शिक्षा के विकास के लिए यही आवश्यक है।
2. जन-शिक्षा विरोधी निस्यन्दन सिद्धांत को लागू न किया जाए।

3. भारत कृषि प्रधान देश होने के नाते यहां कृषि शिक्षा की व्यवस्था की जाए।
4. सरकार की तरफ से सभी स्कूलों को आर्थिक सहायता दी जाए।
5. छात्रों की शिक्षाएं निर्धारित समय पर पूरी करवाई जाएँ।
6. शिक्षकों का वेतन बढ़ाकर उनकी दशा सुधारी जाए।
7. प्राच्य भाषाओं में पाठ्य-पुस्तकों का निर्माण भारतीय तथा पाश्चात्य विशेषज्ञों की सहायता से करवाया जाए।
8. शिक्षकों तथा विद्यालयों के निरीक्षण के लिए प्रत्येक जिले में निरीक्षक नियुक्त किए जाएं।
9. इस योजना को कार्यरूप में परिणित करने के लिए शुरू में इसे कुछ जिलों में शुरू किया जाए तथा धीरे-धीरे समस्त जिलों में चलाया जाए।
10. शिक्षकों के प्रशिक्षण के लिए नार्मल स्कूलों की व्यवस्था की जाए। सेवारत अप्रशिक्षित शिक्षकों के लिए प्रतिवर्ष 3-3 माह का प्रशिक्षण कार्यक्रम चला कर 4 वर्ष के अंदर उनका प्रशिक्षण कार्यक्रम पूरा किया जाए।

एडम रिपोर्ट का मूल्यांकन एवं गुण व दोष
(Evaluation of Adam's report and merits or demerits)

एडम भारत में में जन-शिक्षा का सच्चा पक्षधर था। एडम ने जो सर्वेक्षण रिपोर्ट जारी की, उससे दो प्रश्न चिह्न उपस्थित होते हैं—पहला यह कि उसने बंगाल तथा बिहार दोनों प्रान्तों के सम्पूर्ण क्षेत्र की शिक्षा का पूर्ण सर्वेक्षण नहीं किया। जब पूर्ण सर्वेक्षण नहीं किया तो ये कैसे कहा जा सकता है कि उस समय अकेले बंगाल में लगभग एक लाख स्कूल चल रहे थे। दूसरा यह है कि गांवों में स्कूल होने और नगरों में भी स्कूलों का जाल बिछा होने के बाद अकेले बंगाल में एक लाख स्कूल होना सम्भव नहीं है।

एडम द्वारा प्रस्तावित शिक्षा योजना भारतीयों के लिए उपयुक्त होते हुए भी एक अधूरी योजना है। इसमें निस्यन्दन सिद्धांत का विरोध किया गया है तथा भारतीयों को भारतीय भाषाओं के माध्यम से शिक्षा देने का समर्थन किया गया है। इसलिए इसको भारतीय के लिए उपयुक्त योजना कहा गया है। साथ ही इसमें देशी स्कूलों की दशा सुधारने, शिक्षकों का वेतन बढ़ाने और उनके प्रशिक्षण की उचित व्यवस्था करने और सभी स्कूलों को आर्थिक सहायता देने का सुझाव दिया गया।

इसके बावजूद भी इस योजना को अधूरी योजना इसलिए कहा जाता है, क्योंकि न तो इस शिक्षा योजना में भारतीयों की शिक्षा के उद्देश्य स्पष्ट किए गए और न ही उनका पाठ्यक्रम निश्चित किया गया। इस शिक्षा योजना में ग्रामीण स्कूलों को भूमि देने की बात कही गई, लेकिन यह बात स्पष्ट नहीं हुई कि यह भूमि कौन देगा।

एडम योजना की अस्वीकृति (Adam's Report, Not approved)–एडम ने अपनी रिपोर्ट 1835, 1836, 1838 में प्रस्तावित की। मैकाले ने भी अपने विवरण पर शिक्षा नीति, 1835 प्रस्तावित की। तत्कालीन गवर्नर जनरल लार्ड आकलैंड ने दोनों का बारीकी से अध्ययन किया, उन पर चिचार विमर्श करके इस निष्कर्ष पर पहुंचा कि देश के लिए जन-शिक्षा की व्यवस्था नहीं की जा सकती, क्योंकि उस समय सीमित साधन थे और ये देखते हुए उसने एडम द्वारा प्रस्तुत योजना को अस्वीकृत कर दिया। मैकाले द्वारा प्रस्तुत निष्यन्दन सिद्धांत को लागू करने का फैसला किया गया। देश की स्थिति अच्छी न होने के कारण लार्ड आकलैंड को एडम की योजना अस्वीकृत करनी पड़ी।

◆◆◆

पाश्चात्य प्राच्य विवाद
[Anglo-oriental Controversy]

2. पाश्चात्य प्राच्य पर एक संक्षिप्त नोट लिखिए।
(Write a short note on Anglo-oriental controversy.)

अथवा

प्राच्यवादी वर्ग तथा पाश्चात्यवादी वर्ग में विवाद का क्या कारण था? इस विवाद के मुख्य परिणामों का वर्णन कीजिए।
(What was the reasons of controversy between orientalists and anglieists? Describe the result of this controversy.)

उत्तर–कम्पनी का आज्ञा-पत्र प्रति 20 वर्ष बाद पुनरावर्तन हेतु ब्रिटिश पार्लियामेंट में पेश होता था। 1793 में जब कम्पनी का आज्ञा-पत्र पुनरावर्तन के लिए ब्रिटिश पार्लियामेंट में पेश हुआ था तब उसके सदस्य रॉबर्ट बिल्बरफोर्स ने चार्ल्स ग्रान्ट और ईसाई मिशनरियों के विचारों का समर्थन करते हुए यह प्रस्ताव रखा था कि आज्ञा-पत्र में एक ऐसी धारा जोड़ दी जाए, जिसे यूरोपीय ईसाई मिशनरियों को भारत जाने और वहां ईसाई धर्म एवं शिक्षा के प्रसार की खुली छूट हो। पार्लियामेन्ट के एक दूसरे सदस्य रेंडल जेकसन ने इस प्रस्ताव का विरोध किया। एक लम्बी बहस के बाद रॉबर्ट बिल्बरफोर्स का प्रस्ताव नामंजूर कर दिया गया। पर इग्लैंड की मिशनरियां चार्ल्स ग्रान्ट के नेतृत्व में बराबर यह मांग करती रहीं कि मिशनरियों को भारत जाने और वहां ईसाई धर्म और शिक्षा का प्रसार करने की खुली छूट दी जाए। 1793 के 20 वर्ष बाद जब 1813 में कम्पनी का आज्ञा-पत्र पुनरावर्तन हेतु ब्रिटिश पार्लियामेंट में पेश हुआ तो इस बार अधिकतर सदस्यों ने मिशनरियों द्वारा चलाए जा रहे आन्दोलन का समर्थन किया। परिणामस्वरूप इस आज्ञा-पत्र में तत्संबंधी तीन धाराएं जोड़ी गईं–

1. प्रतिवर्ष कम से कम एक लाख रुपयों की धनराशि का प्रयोग साहित्य के रख-रखाव एवं विकास तथा भारतीय विद्वानों के प्रोत्साहन और भारत में ब्रिटिश शासित क्षेत्र में रहने वालों को विज्ञान का ज्ञान कराने में किया जाए।

2. किसी भी यूरोपीय देश की मिशनरियों को भारत में प्रवेश करने और वहाँ इसाई धर्म एवं शिक्षा के प्रसार की पूरी छूट होगी।

3. अब ईस्ट इण्डिया कम्पनी का यह उत्तरदायित्व होगा कि वह अपने शासित प्रदेशों में शिक्षा की व्यवस्था करें।

पर इस आज्ञा-पत्र में शिक्षा के स्वरूप और माध्यम के विषय में कोई संकेत नहीं था। फिर धारा 43 के संबंध में भी बड़ी भ्रांति थी। कम्पनी अधिकारी साहित्य और भारतीय विद्वान शब्दों का भिन्न-भिन्न अर्थ कर रहे थे। कुछ विद्वान साहित्य का अर्थ भारतीय साहित्य से ले रहे थे और कुछ पाश्चात्य साहित्य से। भारतीय साहित्य के विषय में भी भिन्न-भिन्न मत थे–कुछ संस्कृत, अरबी, हिंदी और फारसी साहित्य से ले रहे थे और कुछ सभी भारतीय भाषाओं के साहित्यों से ले रहे थे। भारतीय विद्वान का अर्थ भी सदस्य भिन्न-भिन्न रूप में ले रहे थे। परिणाम यह हुआ कि कम्पनी एक लाख रुपये की धनराशि को व्यय करने के संबंध में कोई निश्चित नीति नहीं बना पाई और प्रतिवर्ष यह धनराशि भिन्न-भिन्न रूप में व्यय होती रही, पर भारतीयों की शिक्षा का स्वरूप क्या हो, इसका माध्यम क्या हो और यह किस प्रकार व्यवस्थित की जाए इस संदर्भ में दो विचारधाराएँ उभरीं–एक प्राच्यवादी और दूसरी पाश्चात्यवादी। और ये दो विचारधाराएँ कम्पनी के सदस्यों के बीच ही नहीं उभरीं, ब्रिटिश

पार्लियामेंट के सदस्यों के बीच भी उभरीं। और आश्चर्य की बात यह है कि इस सन्दर्भ में भारतीय भी दो खेमों में बंट गए–एक प्राच्यवादी और दूसरे पाश्चात्यवादी और भारत और ब्रिटेन दोनों स्थानों पर प्राच्य-पाश्चात्य विवाद खड़ा हो गया।

पाश्चात्य-प्राच्य विवाद
(Anglo-Oriental Controversy)

इस विवाद का जन्म ईस्ट इंडिया कंपनी के 1813 के आज्ञा-पत्र से हुआ (Charter Act, 1813)

प्रथम बात तो यह है कि इस आज्ञा-पत्र में यह निर्देश दिया गया कि **ब्रिटिश कंपनी** शासित क्षेत्रों में शिक्षा की व्यवस्था करना कंपनी का उत्तरदायित्व होगा। परंतु यह स्पष्ट नहीं किया गया कि था कि शिक्षा का स्वरूप क्या होगा। दूसरी बात यह है कि उसकी धारा 43 में जो एक लाख रुपये की धनराशि प्रतिवर्ष साहित्य के रख-रखाव और भारतीय विद्वानों के प्रोत्साहन और भारतीयों को पाश्चात्य ज्ञान-विज्ञान का ज्ञान कराने के लिए निश्चित की गई थी, उसमें साहित्य और भारतीय विद्वानों की व्यवस्था नहीं की गई थी।

कंपनी के अधिकारियों ने इन दोनों शब्दों का अर्थ अलग-अलग लिया, जिसके कारण कंपनी में दो वर्ग बन गए–एक प्राच्यवादी और दूसरा पाश्चात्यवादी।

प्राच्यवादी वर्ग (Orientalists)–इस वर्ग में अधिकतर कंपनी के वरिष्ठ एवं अनुभवी अधिकारी थे। ये 1813 के आज्ञा-पत्र के साहित्य शब्द से अर्थ भारतीय साहित्यों से लेते थे और भारतीय विद्वान से अर्थ भारतीय साहित्यों के विद्वानों से लेते थे। ये चाहते थे कि–

1. भारत में भारतीय भाषाओं (संस्कृति, हिन्दी और अरबी आदि) के माध्यम से शिक्षा दी जाए।
2. कुछ उदारवादी भारतीयों को पाश्चात्य ज्ञान-विज्ञान का सामान्य ज्ञान कराने के भी पक्ष में थे।

परंतु इस संबंध में इनके अपने-अपने तर्क थे, कोई भारत के हित की दृष्टि से सोचने वालों के अपने तर्क थे–भारत की अपनी संस्कृति है, उसकी संस्कृति की रक्षा के लिए उसकी भाषा और साहित्य की शिक्षा देना आवश्यक है और ब्रिटेन के हित की दृष्टि से सोचने वालों के अपने तर्क थे–

1. विलसन आदि का तर्क था कि भारत में पाश्चात्य ज्ञान-विज्ञान की शिक्षा देने से भारत में अंग्रेजों का विरोध हो सकता है।
2. प्रिन्सप आदि का तर्क था कि भारतीय पाश्चात्य भाषा, साहित्य और ज्ञान-विज्ञान की शिक्षा प्राप्त करने योग्य नहीं हैं।
3. कुछ का तर्क था कि पाश्चात्य भाषा, साहित्य और ज्ञान-विज्ञान की शिक्षा देने से भारतीय लोग जागरूक हो जाएंगे और भारत में ब्रिटेन के शासन को उखाड़ फेकेंगे।

पाश्चात्यवादी वर्ग (Anglieists)–इस वर्ग में अधिकतर कंपनी के युवा अधिकारी थे। ये 1813 के आज्ञा-पत्र के साहित्य शब्द का अर्थ पाश्चात्य साहित्य से लेते थे और भारतीय विद्वान का अर्थ पाश्चात्य साहित्य के भारतीय विद्वानों से लेते थे। ये चाहते थे कि–

1. भारतीयों को पाश्चात्य भाषा और साहित्यों का ज्ञान कराया जाए।
2. भारतीयों की शिक्षा का माध्यम अंग्रेजी हो।
3. कुछ कट्टरवादी ईसाई धर्म की शिक्षा अनिवार्य करने के पक्ष में थे।

परंतु इस संबंध में इनके अपने-अपने तर्क थे, कोई भारत के हित की दृष्टि से ऐसा सोच रहे थे और कुछ ब्रिटेन के हित की दृष्टि से ऐसा सोच रहे थे। ब्रिटेन के हित की दृष्टि से सोचने वालों के अपने तर्क थे–

1. भारत में पश्चिमी संस्कृति का विकास किया जा सकेगा।
2. भारत में ब्रिटिश शासन की जड़ें मजबूत होंगी।
3. कंपनी के व्यापार और शासन कार्य के लिए अंग्रेजी पढ़े-लिखे कनिष्ठ कर्मचारी तैयार किए जा सकेंगे।
4. भारत में अंग्रेज परस्त लोग तैयार किए जा सकेंगे जो जन्म से भारतीय होंगे पर विचारों से अंग्रेज।

भारत के हित की दृष्टि से सोचने वालों के अपने तर्क थे–

राजा राममोहन आदि का तर्क था कि इस शिक्षा से भारतीय आधुनिकतम ज्ञान-विज्ञान से परिचित होंगे और अपनी उन्नति करेंगे।

विवाद के कारण (Reason of Controversy)–इस प्राच्य-पाश्चात्य विवाद के कारण कंपनी 20 वर्ष तक अपनी कोई शिक्षा नीति निश्चित नहीं कर सकी और सबसे बड़ी बात तो यह थी कि यह विवाद न केवल कंपनी के अधिकारियों के बीच था, अपितु ब्रिटेन की पार्लियामेंट के सदस्यों के बीच भी उत्पन्न हो गया था। भारतीयों के बीच में तो यह विवाद होना स्वाभाविक था। 1813 में कंपनी ने इस समस्या पर विचार करने हेतु 10 सदस्यीय एक समिति का गठन किया। परंतु इनमें भी दो वर्ग बन गए–एक प्राच्यवादी और दूसरा पाश्चात्यवादी और यह समस्या यथावत् बनी रही।

◆◆◆

मैकाले का विवरण-पत्र
(Macaulay's Minutes)

3. मैकाले के विवरण-पत्र पर एक विस्तृत लेख लिखिए।
(Write a detailed note on Macaulay's Minutes.)

अथवा

मैकाले के विवरण-पत्र से आप क्या समझते हैं? मैकाले के विवरण-पत्र के गुण-दोषों का वर्णन कीजिए।
(What do you mean by Macaulay's Mintues? Describe the merits and demerits of Macaulay's Minutes.)

अथवा

मैकाले के स्मरण पत्र पर एक आलोचनात्मक लेख लिखिए।
(Write a critical note on 'Macaulay's Mintues'.)

उत्तर–परिचय (Introduction)–लार्ड मैकाले अंग्रेजी साहित्य का बहुत बड़ा विद्वान था। वह 10 जून, 1834 ई. को भारतीय गवर्नर-जनरल की काऊंसिल के कानूनी सदस्य के रूप में भारत आया था। जब मैकाले भारत आया तब उसे जनरल कमेटी का अध्यक्ष नियुक्त किया गया। उससे शीघ्र ही प्राच्य और पाश्चात्य दलों के विचार पर सहमति मांगी गई, क्योंकि उस समय भारत में शिक्षा के माध्यम के विषय में प्राच्य-पाश्चात्य विवाद छिड़ा हुआ था। प्राच्य दल भारतीय भाषा के माध्यम से बालकों को शिक्षा देने के पक्ष में था जबकि पाश्चात्य दल पूर्ण रूप से अंग्रेजी भाषा का समर्थन कर रहा था। इस विवाद के कारण अंग्रेज भारत में शिक्षा के माध्यम की समस्या सुलझाने में असमर्थ सिद्ध हो रहे थे। एक कानूनी सदस्य होने के नाते मैकाले को इस विषय पर अपना मत देना था कि शिक्षा के माध्यम के लिए कौन-सी भाषा उपयुक्त हो सकती है और सरकारी धन का सबसे अच्छा उपयोग क्या हो सकता है। मैकाले को यह राय भी देनी थी कि 1831 के आज्ञा-पत्र अधिनियम में भारत में किस तरह की शिक्षा व्यवस्था का आदेश दिया जाए। लार्ड मैकाले ने 2 फरवरी, 1835 को भारत के तत्कालीन गवर्नर जनरल लार्ड विलियम बैंटिक को अपना प्रभावशाली विवरण-पत्र प्रस्तुत किया, जिसे इतिहास में मैकाले के विवरण-पत्र के नाम से जाना जाता है। यद्यपि मैकाले ने शैक्षिक संरचना के संबंध में कोई अतिशयोक्तिपूर्ण सिफारिशें नहीं कीं लेकिन मैकाले ने अपने विवरण-पत्र के माध्यम से ब्रिटिश सरकार के लिए वह सब कुछ कर दिया जो शायद सेना के सैकड़ों जनरल भी नहीं कर सकते थे। मैकाले ने अपने विवरण-पत्र में कुछ ऐसी व्यवस्था कर दी, जिसने समस्त भारत को एक आंग्ली (English) बना दिया।

व्याख्या (Explanation)–1813 के आज्ञा-पत्र की धारा 43 की व्याख्या निम्नलिखित रूप में की है–

1. **धनराशि के खर्च की व्याख्या**–मैकाले ने कहा कि एक लाख रुपये की धनराशि व्यय करने के लिए सरकार पर कोई प्रतिबंध नहीं है। वह इस राशि को स्वेच्छानुसार खर्च कर सकती है।
2. **भारतीय विद्वान की व्याख्या**–मैकाले के अनुसार भारतीय विद्वान मुसलमान मौलवी एवं संस्कृत के पंडित के अलावा अंग्रेजी भाषा और साहित्य का विद्वान भी हो सकता है।
3. **साहित्य शब्द की व्याख्या**–मैकाले के अनुसार साहित्य शब्द से तात्पर्य मात्र भारतीय साहित्य, संस्कृत, अरबी से नहीं है, बल्कि अंग्रेंजी साहित्य से भी है।
4. **विवरण-पत्र की मुख्य बातें (Main Points of Minutes)**–मैकाले द्वारा प्रस्तुत विवरण-पत्र की मुख्य बातों को इस प्रकार क्रमबद्ध किया जा सकता है–
   (a) अंग्रेजी का समर्थन और उसका गुणगान।
   (b) प्राच्य साहित्य एवं ज्ञान की शिक्षा को निरर्थक, अनावश्यक तथा मूर्खतापूर्ण बताया गया।
   (c) **अंग्रेजी को शिक्षा** का माध्यम बनाने योग्य तथा भारतीय भाषाओं को **गंवारू तथा अविकसित** कहा।
   (d) भारतीय विद्वान वे ही हैं जो लॉक के दर्शन और मिल्टन की कविता से पूर्णतः परिचित हैं।
   (e) उच्च वर्ग के लिए उच्च शिक्षा संस्थाओं की व्यवस्था की जाए, क्योंकि सरकार के पास सामान्य लोगों की शिक्षा व्यवस्था के लिए पर्याप्त धन का अभाव है। उच्च वर्ग शिक्षित होगा तो निम्न वर्ग के पास शिक्षा स्वतः पहुंच जाएगी।
   (f) शिक्षा के क्षेत्र में धार्मिक तटस्थता की नीति आवश्यक है।

5. निस्यन्दन सिद्धांत के प्रतिपादन के कारण–निस्यन्दन सिद्धांत को प्रतिपादित करने के पीछे निम्नलिखित कारण प्रतीत होते हैं–

(i) उच्च वर्ग को शिक्षित करके उन्हें जनसाधारण की शिक्षा का उत्तरदायित्व दिया जा सकता है।
(ii) कंपनी के पास जनसाधारण की शिक्षा के लिए आवश्यक धन नहीं था।
(iii) उच्च वर्ग को पाश्चात्य आचार-विचारों की शिक्षा देकर जनसाधारण को प्रभावित किया जा सके।
(iv) ऐसे उच्च शिक्षित व्यक्तियों की आवश्यकता थी, जिन्हें उच्च पदों पर आसीन करके शासन को सुदृढ़ बनाया जा सके।

6. निस्यन्दन सिद्धांत लागू करने का फल–मैकाले के निस्यन्दन सिद्धांत को क्रियान्वित करने से उच्च शिक्षा के प्रचार में तीव्रता तो आ गई, लेकिन शिक्षा उच्च वर्गों से छन-छन कर निम्न वर्गों तक नहीं पहुंची। इसका मुख्य कारण यह था कि जिन व्यक्तियों ने अंग्रेजी शिक्षा प्राप्त की, उनके विचार और आदर्श बदल गए। उनमें श्रेष्ठता की ऐसी भावना जागी, जिसके कारण वे निम्न वर्गों से सम्पर्क स्थापित करने में मान-हानि समझने लगे। इस संबंध में पं. जवाहर लाल नेहरू ने अपना विचार प्रकट करते हुए कहा था कि "अंग्रेजों ने भारत में एक नवीन वर्ग का निर्माण किया जो शासक की कृपा प्राप्त करने के लिए सर्वत्र प्रयत्नशील रहता था।" यही कारण है कि निस्यन्दन सिद्धांत जिसके लिए लाया गया था, उस उद्देश्य को प्राप्त करने में पूर्णतः असफल रहा।

मैकाले के विवरण-पत्र की मुख्य विशेषताएं
(Main Features of Macaulay's Minutes)

1. अंग्रेजी भाषा आधुनिक ज्ञान की कुंजी–मैकाले का विश्वास था कि अंग्रेजी एक समृद्ध भाषा है। अंग्रेजी भाषा भारतीय भाषाओं जैसे–अरबी और संस्कृत से अधिक उपयोगी है।

2. भारतीय नवचेतना लाने में सक्षम–मैकाले के अनुसार भारतीय बहुत पिछड़े हुए थे और उनकी भाषाएं भी अधिक विकसित नहीं थीं। अतः इस स्थिति में उन्हें किसी विदेशी भाषा की आवश्यकता थी, जो

भारत में नवचेतना का उद्भव कर सके और यह विदेशी भाषा कोई और नहीं बल्कि अंग्रेजी ही हो सकती है। अंग्रेजी भाषा भारतीय पुनर्जागरण में उसी प्रकार सहायता करेगी जिस प्रकार इंग्लैंड में पुनर्जागरण लाने का कार्य लैटिन और ग्रीक भाषा ने किया था।

3. अंग्रेजी शासक वर्ग द्वारा बोली जाने वाली भाषा—मैकाले ने कहा कि अंग्रेजी भारत में शासक वर्ग द्वारा बोली जाने वाली भाषा है। यह सरकार में उच्च पदों पर जो आसीन हैं उनके द्वारा बोली जाने वाली भाषा है। ऐसा लगता है कि यह **पूरे पूर्व** में व्यापार की भाषा बन जाएगी।

4. भारतीयों में भी अंग्रेजी सीखने की उत्सुकता—भारतीयों की अंग्रेजी में बहुत रुचि थी और वे अंग्रेजी भाषा सीखने के लिए उत्सुक थे। मैकाले ने अपनी इस बात को सिद्ध करने के लिए एक संस्कृत महाविद्यालय के छात्रों द्वारा दायर की गई याचिका का प्रमाण दिया। याचिका के अनुसार छात्रों ने कहा कि वे दस से बारह वर्ष तक इन महाविद्यालयों में पढ़े और अपने आप को हिन्दू साहित्य और विज्ञान का विद्वान बना लिया और उनको इस विद्वता के प्रमाण-पत्र भी दिए गए, परंतु इन सभी प्रमाण-पत्रों का कोई लाभ नहीं था क्योंकि उन प्रमाण-पत्रों के आधार पर आजीविका नहीं कमाई जा सकती थी। उन्होंने सरकार से अपने जीवनयापन के लिए कोई स्थान ढूंढ़ने की प्रार्थना की थी। इन्हीं प्रमाण-पत्रों के आधार पर मैकाले ने शिक्षा का माध्यम अंग्रेजी करने की वकालत की थी क्योंकि अंग्रेजी ही ऐसी भाषा थी जो भारतीय जनता को ज्ञान एवं आजीविका की प्राप्ति करवा सकती थी।

5. अंग्रेजी सर्वश्रेष्ठ भाषा—मैकाले के अनुसार अंग्रेजी सभी पश्चिम की भाषाओं से श्रेष्ठ है। उन्होंने कहा, "जो भी व्यक्ति अंग्रेजी भाषा को जानता है, उसके लिए यह विशाल बौद्धिक सम्पत्ति उसकी पहुंच में होगी, जिसे इस धरती के सबसे बुद्धिहीन राष्ट्रों ने पैदा किया है तथा जो उसे नब्बे पीढ़ियों तक भंडारित करते रहे हैं।" मैकाले अरबी और संस्कृत भाषाओं को निम्न स्तर की भाषा मानता था। वह अंग्रेजी भाषा को ही उच्च स्तर की भाषा मानता था।

मैकाले का निस्यन्दन सिद्धांत
(Filteration Theory of Macaulay)

1. सिद्धांत का अर्थ—'निस्यन्दन' अर्थात् "छीनने की क्रिया।" व्यापारियों की कंपनी होने के कारण वे भारतीयों की शिक्षा पर कम से कम धन व्यय करना चाहते थे। अतः उन्होंने यह सिद्धांत प्रतिपादित किया कि शिक्षा का नियोजन केवल उच्च वर्ग के लोगों के लिए किया जाए, क्योंकि शिक्षा इन वर्ग के लोगों से छन-छन कर निम्न वर्ग तक अपने आप पहुंच जाएगी। इस सिद्धांत के अर्थ को स्पष्ट करते हुए अरथर मेहतू ने कहा है "शिक्षा ऊपर से प्रवेश करके जनसाधारण तक पहुंचती थी। लाभप्रद ज्ञान, भारत के सर्वोच्च वर्गों में बूंद-बूंद करके नीचे टपकता था।"

2. सिद्धांत के समर्थक—ईसाई मिशनरी, मुम्बई के गवर्नर की कौंसिल का सदस्य, फ्रांसिस वार्डन, कंपनी के संचालक और मैकाले निस्यन्दन सिद्धांत के प्रमुख समर्थक थे।

(i) ईसाई मिशनरियों का विचार था कि यदि उच्च वर्ग के भारतीय हिन्दुओं को अंग्रेजी शिक्षा देकर ईसाई धर्म अवलम्बी बनाया जाए तो निम्न वर्गों के व्यक्ति उनके उदाहरण से प्रभावित होकर स्वयं ही ईसाई धर्म में दीक्षित हो जाएंगे।

(ii) फ्रांसिसी वार्ड ने 23 दिसम्बर, सन् 1823 के अपने 'विवरण-पत्र' में यह विचार व्यक्त किया—"बहुत से व्यक्तियों को थोड़ा-सा ज्ञान देने की बजाए थोड़े से व्यक्तियों को बहुत-सा ज्ञान देना अधिक उत्तम और निरापद है।"

(iii) कंपनी के संचालकों ने 29 सितम्बर, 1830 को अपने 'आदेश-पत्र' में मद्रास के गवर्नर को यह परामर्श दिया—"शिक्षा की प्रगति उसी समय हो जाती है, जब उच्च वर्ग के उन व्यक्तियों को शिक्षा दी जाए, जिनके पास अवकाश है और जिनका अपने देश के नागरिकों पर प्रभाव है।"

(iv) मैकाले ने 1835 के 'विवरण-पत्र' में 'निस्यन्दन' सिद्धांत का समर्थन करते हुए कहा—हमें इस समय ऐसे वर्ग का निर्माण करने का पूरा-पूरा प्रयास करना चाहिए, जो हमारे और उन लोगों के बीच में दुभाषिए का काम करे, जिन पर हम शासन करते हैं।

3. आकलैंड द्वारा सिद्धांत की स्वीकृति—भारत के तत्कालीन गवर्नर जनरल लार्ड आकलैंड ने "निस्यन्दन सिद्धांत" को सरकारी नीति के रूप में स्वीकार करते हुए 24 नवम्बर, 1839 के अपने 'विवरण-पत्र' में घोषणा की—"सरकार के प्रयास, समाज के उन उच्च वर्गों में उच्च शिक्षा का प्रसार करने तक सीमित रहने चाहिएं, जिनके पास अध्यापन के लिए अवकाश है तथा जिनकी संस्कृति छन-छन कर जनसाधारण तक पहुंचेगी।"

4. अंग्रेजी शिक्षा द्वारा ऐसे वर्ग का निर्माण किया जा सकता है जो रक्त व रंग से भले ही भारतीय हो, परंतु रुचियों, नैतिकता तथा विद्वता में अंग्रेज होगा।

5. भारतीय अरबी व संस्कृति की शिक्षा की अपेक्षा अंग्रेजी शिक्षा के लिए अधिक उत्कंठित हैं।

6. भारतवासियों को अंग्रेजी का अच्छा विद्वान बनने के लिए प्रयास करने चाहिएं। उपर्युक्त तर्कों के आधार पर मैकाले ने यह मत दिया है कि प्राच्य शिक्षा की संस्थाओं पर धन व्यय करना मूर्खता है, तथा इनको बंद कर देना चाहिए। इनके स्थान पर अंग्रेजी भाषा को शिक्षा का माध्यम बनाकर शिक्षा प्रदान करने के लिए संस्थाएं बनाई जाएं।

बैंटिक द्वारा विवरण-पत्र की स्वीकृति—1835
(Bentick's Approval of Minutes, 1835)

लार्ड विलियम बैंटिक ने मैकाले के 'विवरण-पत्र' में व्यक्त किए गए सभी विचारों का अनुमोदन किया। उसके बाद 7 मार्च, 1835 को एक विज्ञप्ति द्वारा उसने सरकार की शिक्षा नीति को अग्रांकित शब्दों में घोषित किया—"शिक्षा के लिए निर्धारित सम्पूर्ण धन का सर्वोत्कृष्ट प्रयोग केवल अंग्रेजी की शिक्षा के लिए ही किया जा सकता है।"

इस विज्ञप्ति से भारतीय शिक्षा के इतिहास में अचानक एक नया मोड़ आ गया। टी.एन. सिक्येरा के शब्दों में—"इस विज्ञप्ति ने भारत के शिक्षा के इतिहास को नया मोड़ दिया। यह उस दिशा में, विषय में जो सरकार सार्वजनिक शिक्षा को देना चाहती थी, निश्चित नीति की पृथक् सरकारी घोषणा थी।"

मैकाले के विवरण-पत्र का मूल्यांकन
(Evaluation of Macaulay's Minutes)

किसी वस्तु, विचार या क्रिया का मूल्यांकन किन्हीं निश्चित मानदंडों के आधार पर किया जाता है, मैकाले के विवरण-पत्र का मूल्यांकन तीन आधारों पर किया जा सकता है। पहला यह कि उसका इरादा क्या था, दूसरा यह है कि उसने जो सुझाव दिए थे क्या वो भारतीयों के हित में थे तथा तीसरा यह है कि उनके कितने परिणाम भारतीयों के कितने हित में रहे।

मैकाले का इरादा—मैकाले का मत था कि प्राच्य साहित्य और ज्ञान-विज्ञान निम्न कोटि का है। इसलिए भारतीयों की दशा सुधारने के लिए उन्हें अग्रेजी शिक्षा देना आवश्यक हो गया है। वास्तव में मैकाले का इरादा भारतीय धर्म, दर्शन और संस्कृति को जड़मूल से समाप्त करने का था। उसने बंगाल से अपने पिता को लिखे पत्र में स्वयं लिखा था—"यह मेरा दृढ़ विश्वास है कि यदि हमारी शिक्षा योजना को लागू किया जाता है तो 30 वर्ष बाद बंगाल के उच्च वर्ग में कोई भी मूर्ति उपासक शेष नहीं बचेगा।" अतः ये स्पष्ट है कि भारतीयों की दृष्टि से मैकाले का इरादा नेक नहीं था, वह भारतीय धर्म, दर्शन, संस्कृति को नष्ट करना चाहता था तथा उसके स्थान पर पाश्चात्य संस्कृति, धर्म और दर्शन का विकास करना चाहता था। साथ ही अपने देश के शासन को सुदृढ़ करना चाहता था।

मैकाले के विवरण-पत्र के गुण
(Merits of Macaulay's Minutes)

1. प्राच्य-पाश्चात्य विवाद के विषय में तर्कपूर्ण निर्णय—मैकाले ने बहुत ही अच्छी तरह से प्राच्य-पाश्चात्य विवाद को हल किया था। हालांकि उसने पाश्चात्यवादियों का समर्थन पक्षपातपूर्ण ढंग से किया था।

2. प्रगतिशील शिक्षा की बकालत—आरंभ में भारत में जो शिक्षा चल रही थी वह रूढ़िवादी तथा प्राचीन साहित्य प्रधान थी। मैकाले ने उसे आधुनिक ज्ञान-विज्ञान प्रधान तथा प्रगतिशील बनाने पर बल दिया।

3. पाश्चात्य भाषा, साहित्य और ज्ञान-विज्ञान की वकालत—ज्ञान अपने आप में प्रकाश है तथा अमृत के समान है। यह कहीं से भी प्राप्त हो, उसे स्वीकार करना चाहिए। मैकाले ने पाश्चात्य ज्ञान-विज्ञान की श्रेष्ठता स्पष्ट की, उससे भारतीयों को परिचित कराने पर बल दिया। यह उसके विवरण-पत्र की एक बहुत अच्छी बात थी।

4. शिक्षा के क्षेत्र में धार्मिक तटस्थता की नीति—मैकाले के समय हिन्दू पाठशालाओं में हिन्दू धर्म, मुस्लिम मकतब तथा मदरसों में ईस्लाम धर्म, और ईसाई मिशनरियों के स्कूलों में ईसाई धर्म की शिक्षा अनिवार्य रूप से दी जाती थी। मैकाले ने सरकार द्वारा अनुदान प्राप्त स्कूलों में किसी भी धर्म की शिक्षा न दिए जाने की सिफारिश की। भारतीय संदर्भ में यह उसका अति उत्तम सुझाव था।

मैकाले के विवरण-पत्र के दोष
(Demerits of Macaulay's Minutes)

1. 1813 के आज्ञा-पत्र की धारा 43 की व्याख्या पक्षपातपूर्ण—स्वीकृत धन के बारे में कहा था कि इसे किसी भी रूप में खर्च किया जा सकता है। साहित्य से अभिप्राय प्राच्य तथा पाश्चात्य साहित्य से है और भारतीय विद्वान से अभिप्राय भारतीय विद्वानों के साथ-साथ लॉक के दर्शन और मिल्टन की कविता को जानने वाले भारतीय विद्वानों से भी है, पक्षपातपूर्ण था। ये बात अलग है कि उसने अपने तर्कों द्वारा इसे उचित सिद्ध कर दिया।

2. प्राच्य साहित्य एवं संस्कृति की आलोचना द्वेषपूर्ण—मैकाले ने प्राच्य साहित्य और संस्कृति को बहुत निम्न कोटि का बताया तथा उसका मखौल उड़ाया। यह उसकी एक द्वेषपूर्ण अभिव्यक्ति थी। यदि उसने ऋग्वेद और उपनिषदों के आध्यात्मिक ज्ञान, अथर्ववेद के भौतिक ज्ञान और चरकसंहिता के आयुर्वेद विज्ञान का अध्ययन किया होता तो वह ऐसा कहने का दुस्साहस कभी न कर पाता।

3. अंग्रेजी को शिक्षा का माध्यम बनाए जाने का सुझाव पक्षपातपूर्ण—किसी भी देश की शिक्षा का माध्यम उस देश के नागरिकों की मातृभाषा अथवा मातृभाषाएं होती हैं। मैकाले ने अंग्रेजी को शिक्षा का माध्य बनाने का सुझाव देकर अनेक भारतीयों को शिक्षा प्राप्त करने से वंचित कर दिया था। इससे जन-शिक्षा को बड़ा धक्का लगा।

4. केवल उच्च वर्ग के लिए उच्च शिक्षा की व्यवस्था का सुझाव अनुचित—शिक्षा प्रत्येक व्यक्ति का जन्मसिद्ध अधिकार है। इसे किसी विशेष वर्ग तक सीमित रखना मानवीय अधिकारों का हनन है। इस दृष्टि से मैकाले का सुझाव बहुत ही अनुचित था।

5. निस्यन्दन की पुष्टि अनुचित—मैकाले से पहले भी कई अंग्रेज विद्वान इस बात के पक्षधर थे कि कंपनी को केवल उच्च वर्ग के लोगों के लिए उच्च शिक्षा की व्यवस्था करनी चाहिए। निम्न वर्ग के लोग उनके संपर्क में आकर स्वयं ज्ञान प्राप्त कर लेंगे। लेकिन मैकाले ने इसकी पुष्टि बड़े तर्कपूर्ण ढंग से की जो आगे चलकर एक बार शिक्षा नीति का अंग बनी। यह उसका एक चतुरतापूर्ण सुझाव था।

मैकाले के विवरण-पत्र के प्रभावों को हम दो रूपों में देख सकते हैं—

1. तत्कालीन प्रभाव
2. दीर्घकालीन प्रभाव

1. तत्कालीन प्रभाव—

(i) शिक्षा नीति की घोषणा (Declaration of Education Policy)—मैकाले ने 1813 के आज्ञा-पत्र की धारा 43 की व्याख्या इतने तर्कपूर्ण ढंग से की कि तत्कालीन गवर्नर जनरल लार्ड विलियम

बैंटिक उससे सहमत हुआ और उसने अंग्रेजी माध्यम की यूरोपीय ज्ञान-विज्ञान प्रधान शिक्षा नीति की घोषणा कर दी। इसके बाद जितनी भी शिक्षा नीति बनी वे इसी आधार पर बनीं।

(ii) अंग्रेजी भाषा राजकाज की भाषा घोषित–1837 ई. में तत्कालीन गवर्नर जनरल लार्ड आकलैंड ने फारसी के स्थान पर अंग्रेजी को राजकाज की भाषा घोषित किया। ये मैकाले द्वारा दिए गए अंग्रेजी के पक्ष में दिए गए तर्कों का ही परिणाम था।

(iii) अंग्रेजी शिक्षा प्रणाली की शुरूआत–शिक्षा नीति की घोषणा के पश्चात अंग्रेजी माध्यम के उच्च शिक्षा के स्कूल और कॉलेज खोले गए तथा इनकी नींव इतनी सुदृढ़ रखी गई कि हमारे देश में इस शिक्षा प्रणाली का विकास बहुत तेजी से हुआ तथा हमारी आज की शिक्षा भी इसी मूल रूप पर आधारित है।

(iv) सरकारी नौकरियों के लिए अंग्रेजी की अनिवार्यता–1844 के तत्कालीन गवर्नर जनरल लार्ड हार्डिंग ने एक आदेश जारी कर यह निर्देश दिया कि सरकारी नौकरियों में नियुक्ति के समय अंग्रेजी जानने वाले अभ्यार्थियों को वरीयता दी जाए। यह वरीयता व्यावहारिक रूप में अनिवार्यता बन गई।

2. मैकाले के विवरण-पत्र के दीर्घकालीन प्रभाव–

(i) भारतीयों को पाश्चात्य साहित्य व ज्ञान-विज्ञान की जानकारी–मैकाले के द्वारा दिए गए सुझावों पर भारत में जिस अंग्रेजी माध्यम को यूरोपीय ज्ञान-विज्ञान प्रधान शिक्षा की व्यवस्था की गई, उसके द्वारा भारतीयों को पाश्चात्य साहित्य के ज्ञान-विज्ञान की जानकारी हुई जिससे अनेक लाभ हुए।

(ii) भारत में अंग्रेजी भाषा का वर्चस्व–धीरे-धीरे भारत में अंग्रेजी भाषा का वर्चस्व इतना बढ़ गया कि उसे जितना कम करने की कोशिश की जाती, वह उतना ही अधिक बढ़ जाता। अब हमारे देश से अंग्रेजी का वर्चस्व समाप्त करना कठिन प्रतीत होता है।

(iii) भारत में भौतिक उन्नति का मार्ग प्रशस्त–मैकाले के समय भारतीय शिक्षा के द्वारा सामयिक व्यवहार तथा आध्यात्मिक विकास पर अधिक जोर दिया जाता था। मैकाले के सुझावों के आधार पर भारत में जिस शिक्षा प्रणाली को लागू किया गया, उसमें पूरे देश की उन्नति का ध्यान रखा गया। जिसके फलस्वरूप भारत के भौतिक क्षेत्र में काफी उन्नति हुई।

(iv) भारत में राजनैतिक जागरूकता का उदय--अंग्रेजी शिक्षा प्रणाली ने भारतीयों को मानवीय अधिकारों के प्रति जागरूकता करवाई। स्वतंत्रता, समानता तथा भाईचारे का महत्त्व बताया। इससे भारतीयों में राजनैतिक चेतना जाग्रत हुई। नुरूल्ला व नायक ने ठीक ही लिखा है कि "यदि भारत में अंग्रेजी शिक्षा का प्रादुर्भाव न हुआ होता तो कदाचित् भारत में स्वतंत्रता संग्राम ही शुरू नहीं हुआ होता।"

(iv) भारत में सामाजिक जागरूकता का उदय–उस समय भारत में अनेक सामाजिक बुराईयां थी, जैसे–जाति-प्रथा, विधवा-विवाह, सती प्रथा आदि। मैकाले ने जिस शिक्षा प्रणाली की नींव रखी, उससे भारतीय इन बुराइयों के प्रति सचेत हुए तथा उन्हें दूर करने के लिए प्रयत्नशील हुए जिससे उनमें अनेक सुधार हुए।

निष्कर्ष (Conclusion)–मैकाले ने कुछ विद्वानों के मतों के अनुसार कार्य किए जो कि भारतीयों की उन्नति चाहते थे। मैकाले के इरादे भी नेक व भारतीयों की उन्नति करने वाले थे। मैकाले ने जो सुझाव अंग्रेजी शिक्षा प्रणाली लागू करने के विषय में दिए उनसे भारतीयों को लाभ अधिक व हानि कम ही हुई है। मैकाले द्वारा दिए सुझावों के कारण ही हमारे देश में रूढ़िवादी शिक्षा के स्थान पर प्रगतिशील शिक्षा की शुरूआत हुई। जिसके कारण देश में भौतिक तरक्की हुई; सामाजिक सुधार हुए, राष्ट्रीय चेतना जागृत हुई, स्वतंत्रता संग्राम छिड़ा तथा हम स्वतंत्र हुए। आज हमने कृषि क्षेत्र व दूर संचार क्षेत्र एवं अंतरिक्ष तकनीकी में जो उल्लेखनीय उपलब्धियां प्राप्त की हैं, ये सब अंग्रेजी शिक्षा प्रणाली के ही परिणाम हैं। आज हम इसी भाषा के माध्यम से देश-विदेश में उच्च शिक्षा प्राप्त कर रहे हैं। विशेषकर विज्ञान और तकनीकी की शिक्षा। इसी भाषा के माध्यम से हम विदेशों में अच्छी नौकरियां प्राप्त कर रहे हैं। अंग्रेजी को शिक्षा का माध्यम बनाए रखना हमारी आवश्यकता है। अतः हम देख सकते हैं कि मैकाले के सुझावों से हमें हानि कम और लाभ अधिक हो रहा है।

◆◆◆

4. वुड़ का घोषणां पत्र
(Wood's Dispatch, 1854)

4. वुड के घोषणा पत्र, 1854 पर एक विस्तृत नोट लिखिए।
(Write a detailed note on Wood's Dispatch, 1854.)

अथवा

वुड के घोषणा-पत्र 1854 की मुख्य सिफारिशों का वर्णन कीजिए तथा घोषणा पत्र, 1854 के गुण-दोषों की विवेचना कीजिए।
(Describe the major recommendations of Wood's Dispatch 1854. Discuss the merits and demerits of Wood's Dispatch, 1854.)

उत्तर–परिचय (Introduction)–भारत में अंग्रेजी शिक्षा पर अनेक प्रयोग करने के लम्बे समय पश्चात् यह देखा गया कि जैसा मैकाले ने सोचा था, उस प्रकार का लाभ भारतीय जनसाधारण शिक्षा के मामले में प्राप्त नहीं कर सका था। मैकाले ने सोचा था कि अधोमुखी निस्यन्दन सिद्धांत अच्छे परिणाम लेकर आएगा, परंतु ये बुरी तरह से असफल रहा। इसका प्रमुख कारण ये रहा कि जितना जोर अंग्रेजी भाषा पर दिया गया था, वह एक त्रुटि साबित हुआ। जनसाधारण तक शिक्षा पहुंचाना बहुत कठिन हो गया। अब एक ऐसी शिक्षा प्रणाली की मांग थी जो जनसाधारण तक पहुंच सके। ब्रिटिश संसद को पता चल चुका था कि भारतीय शिक्षा में कुछ परिवर्तन किया जाना चाहिए और एक स्थायी नीति का निर्माण किया जाना चाहिए। इसलिए अब सोचा गया कि भारतीयों की शिक्षा की जिम्मेदारी भारत सरकार को ले लेनी चाहिए। शिक्षा पर होने वाला वार्षिक खर्च भी बहुत ही कम था। उस समय तक भारत में कोई शिक्षा विभाग अथवा विश्वविद्यालय नहीं थे, जिसके फलस्वरूप शिक्षा के क्षेत्र में दिन-प्रतिदिन गिरावट आती जा रही थी। स्त्री-शिक्षा और शिक्षक-प्रशिक्षण कार्यक्रम तो पूरी तरह अदृश्य थे। 1853 तक भारत की शिक्षा पूर्णरूप से समस्याग्रस्त हो चुकी थी। अब तक ब्रिटिश सरकार ने 1813 के चार्टर, 1835 के मैकाले विवरण-पत्र व 1835-38 की एडम की रिपोर्टों के द्वारा भारत में अनेक शैक्षिक प्रयोग किए गए, परंतु इन प्रयोगों द्वारा शिक्षा का विकास होना तो दूर अपितु अनेक विवाद भी उत्पन्न हो गए। इन विवादों पर अभी तक कोई निर्णय नहीं लिया गया था। अब ऐसा समय आ गया था जब इस पुनरावलोकन के प्रकाश में भविष्य की कोई एक विस्तृत नीति बनानी थी। जो भारत में शैक्षिक पुनर्निर्माण का कार्य कर सके। ऐसे समय में ही 1854 के शैक्षिक घोषणा-पत्र का अभ्युदय हुआ। सर चार्ल्स वुड ब्रिटिश ईस्ट इंडिया कंपनी के 'बोर्ड ऑफ कंट्रोल' के चेयरमैन थे। चार्ल्स वुड भारत आया और उस समय के तत्कालीन गवर्नर जनरल लार्ड डलहौजी से कुछ परामर्श किया और वापस लौट गया। इंग्लैंड जाकर उसने शिक्षा संबन्धी सिफारिशों को यहां भेजा और उनकी इन सिफारिशों संबंधी प्रलेख को ही 'वुड का घोषणा-पत्र', 'भारतीय शिक्षा का शिलाधार' और 'भारतीय शिक्षा महाधिकार-पत्र' भी कहा जाता था। इस घोषणा-पत्र में समस्त भारतवासियों के लिए एक योजना थी। इसको तैयार करने में अनेक पाश्चात्य विद्वानों व सुविज्ञों जैसे–लार्ड डलहौजी, जॉन स्टुअर्ट मिल, लार्ड नार्थबुक और डफ आदि ने अपना योगदान दिया था। लार्ड डलहौजी ने इस घोषणा-पत्र का स्वागत करते हुए कहा, ''घोषणा-पत्र में पूरे हिन्दुस्तान के लिए एक योजना थी। इस प्रकार की व्यापक रूप-रेखा किसी प्रांतीय अवथा केन्द्रीय सरकार द्वारा कभी-भी प्रस्तुत नहीं की जा सकती थी।''

वुड के घोषणा-पत्र के लक्ष्य
(Aims of Wood's Dispatch)

स्वयं वुड ने अपने घोषणा-पत्र में कंपनी के शिक्षा संबंधी लक्ष्यों पर टिप्पणी करते हुए लिखा है–''अनेक महत्त्वपूर्ण विषयों में से अन्य कोई भी विषय इतना आकर्षण उत्पन्न नहीं करता, जितना कि ''शिक्षा''। यह हमारा पुनीत कर्तव्य है कि हम समस्त उपलब्ध साधनों से भारतीय प्रजा को अपने सम्पर्क से वह सब ज्ञान

प्रदान करें जिससे कि वे शिक्षा द्वारा भौतिक एवं नैतिक गुणों से सम्पन्न हो सकें।'' चार्ल्स वुड के घोषण ा-पत्र के मुख्य लक्ष्य निम्नलिखित हैं–

(i) भारत में शिक्षा न केवल बौद्धिक क्षमता का उच्चतम विकास करे अपितु शिक्षा का लाभ उठाने वालों के नैतिक चरित्र का भी विकास करे।

(ii) ईस्ट इंडिया कंपनी को शिक्षित, विश्वसनीय और उद्यमशील जन-सेवक उपलब्ध कराना।

(iii) भारतीयों को यूरोपीय लेखकों की कृतियों से परिचित कराना।

(iv) भारतीयों को पाश्चात्य ज्ञान के वरदान एवं प्रकाश से उन्नत बनाना।

(v) भारतवासियों में कंपनी के कार्यालयों, कारखानों में कार्य करने की निपुणताएं बिकसित करना, जिससे कि वे राजगार, श्रम तथा पूंजी आदि शब्दों से परिचित हो सकें और श्रमिकों की उचित आपूर्ति जारी रखी जा सके।

वुड के घोषणा-पत्र की प्रमुख सिफारिशें *(Main Recommendations of Wood's Dispatch)*

वुड के घोषणा-पत्र की सिफारिशें इस प्रकार थीं–

1. शिक्षा के उद्देश्य–सर्वप्रथम वुड के घोषणा-पत्र के तहत भारतीय शिक्षा के निम्नलिखित उद्देश्य निर्धारित किए गए–

(a) भारतवासियों का मानसिक विकास करना, उनके बौद्धिक स्तर को उच्च स्तरीय बनाना।

(b) भारतीय नागरिकों को पाश्चात्य ज्ञान-विज्ञान से परिचित कराते हुए उनकी भौतिक उन्नति का मार्ग प्रशस्त कराना।

(c) भारतीयों का नैतिक एवं चारित्रिक विकास करना।

(d) भारत में अंग्रेजों के राजकाज में सहयोग प्रदान करने के लिए सुयोग्य कर्मचारी तैयार करना।

(e) निम्न स्तरीय जीवन व्यतीत कर रहे भारतीयों के जीवन स्तर को ऊंचा उठाना और भारत में अंग्रेजी माल की मांग बढ़ाना।

2. पाठ्य-विषय–वुड के घोषणा-पत्र में प्राच्य भाषाओं में संस्कृत और अरबी को महत्त्व दिया गया, लेकिन साथ ही साथ पाश्चात्य ज्ञान-विज्ञान को भारतीयों के लिए उपयोगी माना गया।

पाठ्य-विषय के संदर्भ में चर्चा करते हुए वुड ने कहा कि ''हम भारत में ऐसी शिक्षा का प्रचार देखना चाहते हैं कि जिसका उद्देश्य यूरोप की विकसित कलाओं, विज्ञान, दर्शन तथा साहित्य अर्थात् यूरोपीय ज्ञान का प्रसार हो।''

3. जन-शिक्षा प्रसार–वुड के घोषणा-पत्र में जन-शिक्षा के प्रसार की घोषणा की गई तथा इस संदर्भ में निम्न पांच निर्णय लिए गए–

(a) निस्यन्दन सिद्धांत को रद्द किया जाता है। शिक्षा केवल उच्च वर्ग के लिए नहीं अपितु सभी को मुहैया कराई जाएगी।

(b) प्राथमिक एवं माध्यमिक विद्यालयों की संख्या को बढ़ाया जाएगा।

(c) विभिन्न आर्थिक स्थिति वाले गरीब विद्यार्थियों को छात्रवृत्ति दी जाएगी।

(d) भारतीय भाषा का विकास किया जाएगा, यूरोपीय ज्ञान-विज्ञान का भारतीय भाषाओं में अनुंवाद किया जाएगा और अच्छे अनुवादकों को पुरस्कार प्रदान किया जाएगा।

(e) भारत में जन-शिक्षा के प्रचार-प्रसार हेतु व्यक्तिगत प्रयासों (देशी और मिशनरी प्रयासों) को बढ़ाया जाएगा।

4. शिक्षा का उत्तरदायित्व–वुड के घोषणा-पत्र में कंपनी शासित भारतीयों की शिक्षा की व्यवस्था करना, कंपनी का उत्तरदायित्व सुनिश्चित कर दिया गया। इसमें स्पष्ट शब्दों में लिखा गया कि–''अनेक महत्त्वपूण र्ि विषयों में से कोई भी विषय हमारे ध्यान को इतना आकृष्ट नहीं कर सकता है, जितना कि शिक्षा। यह हमारे सबसे अधिक पुनीत कर्तव्यों में से एक है।''

5. शिक्षा का माध्यम–वुड के घोषणा-पत्र में भारतीय भाषाओं की महत्ता को मानते हुए कहा गया है कि जन-सामान्य के लिए यूरोपीय ज्ञान का प्रसार देशी भाषाओं के माध्यम से भी हो सकता है। अंग्रेजी माध्यम का उपयोग इन लोगों की शिक्षा में होना चाहिए, जो इसका इतना ज्ञान प्राप्त कर चुके हैं कि इसके माध्यम से यूरोपीय ज्ञान को ग्रहण कर सकें। इस प्रकार अंग्रेजी, देशी और विदेशी दोनों भाषाओं को शिक्षा का माध्यम निश्चित करते हुए घोषणा-पत्र ने यह उम्मीद जताई है कि, "हम यूरोपीय ज्ञान के प्रसार के लिए अंग्रेजी भाषा और देशी भाषाओं को शिक्षा के माध्यम के रूप में साथ देखने की आशा रखते हैं।"

6. शिक्षा विभाग–वुड के घोषणा-पत्र में भारत तत्कालीन चारों अंग्रेजी प्रांतों में एक-एक लोक शिक्षा विभाग बनाने का आदेश दिया गया। इसके संचालन का भार शिक्षा निदेशक को दिया गया। इसकी सहायता के लिए कतिपय शिक्षा निरीक्षकों की नियुक्ति का प्रावधान किया गया।

7. विश्वविद्यालयों की स्थापना–भारत में विश्वविद्यालयों की अनुशंसा करते हुए वुड के घोषणा-पत्र में कहा गया कि "सरकारी छात्रवृत्तियों में स्थानीय अभ्यार्थियों की उच्च उपलब्धियों तथा बढ़ती यूरोपियन व एंग्लो इंडियन व्यक्तियों की आवश्यकता को ध्यान में रखकर भारत में विश्वविद्यालयों की स्थापना की जानी चाहिए।" साथ ही घोषणा-पत्र में लंदन विश्वविद्यालय को आदर्श मानते हुए मद्रास, बम्बई तथा कलकत्ता में विश्वविद्यालय खोलने की अनुमति प्रदान की गई।

8. सहायता अनुदान प्रणाली–वुड के घोषणा-पत्र में पहली बार देशी व विदेशी संस्थाओं को बगैर किसी भेदभाव के आर्थिक सहायता देने की घोषणा की गई। अनुदान में प्राप्त धन का व्यय भवन निर्माण, विज्ञान प्रयोगशाला निर्माण, शिक्षकों के वेतन और छात्रवृत्तियां आदि देने में किया जाएगा।

9. क्रमवद्ध संस्थानों की स्थापना–वुड के घोषणा-पत्र में क्रमबद्ध शिक्षा संस्थाओं–प्राथमिक विद्यालय, मिडिल विद्यालय, हाई स्कूल, कॉलेज और विश्वविद्यालय की स्थापना की घोषणा की गई।

10. स्त्री शिक्षा–वुड के घोषणा-पत्र में भारतीय स्त्रियां, नैतिक तथा चारित्रिक विकास करने के लिए और उनकी भौतिक उन्नति के लिए स्त्री शिक्षा की आवश्यकता पर बल देते हुए इसके उत्थान के लिए निम्न बातें कही गईं–

(i) बालिका विद्यालयों को विशेष आर्थिक अनुदान दिया जाएगा।

(ii) स्त्री शिक्षा हेतु सहयोग देने वाले व्यक्तियों को प्रोत्साहित किया जाएगा।

11. व्यावसायिक शिक्षा–वुड के घोषणा-पत्र में व्यावसायिक शिक्षा पर अत्यधिक बल देते हुए कहा गया है कि भारतीय प्रांतों में इस प्रकार के विद्यालयों एवं कॉलेजों की स्थापना की जाए, जो कि भारतीय बेरोजगार युवकों को विभिन्न प्रकार की व्यावसायिक शिक्षा मुहैया करा सकें।

12. शिक्षकों का प्रशिक्षण–वुड के घोषणा-पत्र में शिक्षक के स्तर को ऊंचा उठाने के लिए शिक्षक प्रशिक्षण को आवश्यक मानते हुए निम्न आदेश दिए गए–

(i) भारत में ब्रिटेन की तरह शिक्षक प्रशिक्षण की व्यवस्था की जाए।

(ii) शिक्षकों को प्रशिक्षण के समय छात्रवृत्तियां देने की व्यवस्था की जाए।

(iii) यह प्रशिक्षण सामान्य शिक्षकों, विधि शिक्षकों और चिकित्सा के शिक्षकों के लिए पृथक्-पृथक् होगा।

13. धार्मिक शिक्षा–वुड के घोषणा-पत्र में एक तरफ धार्मिक शिक्षा के संबंध में तटस्थता की नीति की बात की गई है और दूसरी तरफ मिशन स्कूलों को धार्मिक शिक्षा प्रदान करने की खुली छूट दी गई है। सभी सरकारी स्कूलों के पुस्तकालयों में बाइबिल रखना अनिवार्य किया गया है।

14. शिक्षक एवं विद्यार्थी–वुड के घोषणा-पत्र में शिक्षकों के स्तर को उच्च स्तरीय बनाने में वेतन वृद्धि की बात कही गई। संस्थागत निर्धन एवं गरीब विद्यार्थियों को छात्रवृत्ति देने का प्रस्ताव किया गया।

15. मुस्लिम शिक्षा–वुड के घोषणा-पत्र में हिन्दुओं की तुलना में मुसलमानों की पिछड़ी शैक्षिक स्थिति को देखते हुए उनकी शैक्षिक स्थिति को सुधारने के लिए निम्नलिखित घोषणाएं की गईं–

(i) मुसलमान बालकों के लिए विशेष विद्यालयों की स्थापना की जाएगी।

(ii) मुस्लिम बालकों को विद्यालय की तरफ आकर्षित करने के लिए कारगर कदम उठाए जाएंगे।

16. प्राच्य साहित्य व देशी भाषा को प्रोत्साहन—वुड के घोषणा-पत्र में इस बात की उम्मीद जताई गई कि प्राच्य साहित्य और देशी भाषाओं को बढ़ावा दिया जाए। इसके अतिरिक्त उसमें यह भी लिखित किया गया कि भारतीय भाषाओं में पुस्तकों की रचना करवाई जाए, उनके लेखकों को पर्याप्त धनराशि दी जाए, जिससे उनका मनोबल बढ़े और पाश्चात्य विज्ञान एवं साहित्य की पुस्तकों का देशी भाषाओं में अनुवाद कराकर जन-सामान्य को पाश्चात्य ज्ञान से अवगत कराया जाए।

वुड के घोषणा-पत्र के गुण
(Merits of Wood's Dispatch)

सर चार्ल्स वुड ने पहली बार भारतीय शिक्षा का अच्छी तरह अवलोकन किया और पाया कि वर्तमान शिक्षा में बहुत कमियां थीं जिन पर सरकार का ध्यान नहीं गया था। वुड ने अपने घोषणा-पत्र, जिसे भारतीय शिक्षा का मैग्नाकार्टा भी कहा जाता है में इन सभी समस्याओं और खामियों को उजागर करने का बहुत प्रयास किया है।

वुड के घोषणा-पत्र में निम्नलिखित गुण विद्यमान हैं जिनका वर्णन इस प्रकार है—

1. वुड के घोषणा-पत्र में पहले के शिक्षा संबंधी कार्यक्रमों और मैकाले के निस्यन्दन सिद्धांत आदि को अनैतिक सिद्ध किया गया। इस बात पर बल दिया कि यह सरकार का उत्तरदायित्व बनता था कि वह जनसाधारण तक शिक्षा पहुंचाने का प्रयत्न करे।
2. घोषणा-पत्र में शिक्षकों को उचित प्रशिक्षण देने की बात कही गई। शिक्षकों का वेतन बढ़ाने की बात कही जिससे शिक्षकों का उत्साह बढ़े।
3. घोषणा-पत्र ने भारतीय शिक्षा को आरंभिक मजबूती प्रदान की।
4. वुड ने शिक्षा के उद्देश्यों को सुनिश्चित किया और उसे नई दिशा दी। यही कारण था कि 1813 के चार्टर में शिक्षा पर प्रतिवर्ष 1 लाख रुपये खर्च करने के निर्देश दिए जाने के बावजूद भी लगभग एक दशक तक शिक्षा के क्षेत्र में उचित धन राशि खर्च नहीं की गई।
5. वुड ने अपने घोषणा-पत्र में पूर्ण रूप से प्राच्य भाषाओं की अवहेलना नहीं की और उन्हें उचित प्रश्रय दिया। घोषणा-पत्र में प्राच्य भाषा साहित्य के मुद्रण, प्रकाशन, पठन-पाठन हेतु छात्रों को उचित छात्रवृत्तियां और अन्य प्रोत्साहन राशि देने का निर्देश दिया गया।
6. घोषणा-पत्र में मुस्लिमों को शिक्षा प्रदान करने के महत्त्व को स्वीकार किया और ये निर्देश दिया कि मुस्लिमों को उच्च शिक्षा प्राप्त करने के लिए उचित प्रोत्साहन देना चाहिए।
7. वुड के घोषणा-पत्र में शिक्षा के सभी पक्षों का सुव्यवस्थित रूप प्रकट होकर सामने आया।
8. घोषणा-पत्र में व्यावसायिक शिक्षा देने की सिफारिश की गई, जिसने शिक्षा और रोजगार के बीच संबंध स्थापित कर दिया।

वुड के घोषणा-पत्र के दोष
(Demerits of Wood's Dispatch)

वुड के घोषणा-पत्र के मुख्य दोष इस प्रकार हैं—

1. घोषणा-पत्र में धर्म के मामले में तटस्थ रहने का निर्देश दिया गया, लेकिन यह एक दिखावा प्रतीत हुआ क्योंकि विद्यालयों में 'बाइबिल' रखी जानी अनिवार्य थी व पढ़ाई जाती थी।
2. यद्यपि घोषणा-पत्र में प्राच्य साहित्य की उपयोगिता स्वीकार की गई, लेकिन फिर मैकाले की तरह पाश्चात्य ज्ञान को अधिक उपयोगी माना गया। पाश्चात्य ज्ञान के प्रसार पर अधिक बल दिया जाता था।
3. घोषणा-पत्र का सबसे महत्त्वपूर्ण दोष यह है कि इसमें शिक्षा के उद्देश्यों का निर्धारण ईस्ट इंडिया कंपनी के हितों को ध्यान में रखकर किया गया, न कि भारतीयों के हितों को देखते हुए।

4. कुछ विद्वानों ने घोषणा-पत्र पढ़कर यह आरोप लगाया कि इसमें वर्णित निर्देशों में शिक्षा की सार्वभौमिकता का अभाव है।
5. वुड ने अपने घोषणा-पत्र में लंदन विश्वविद्यालय को आदर्श मॉडल मानकर उसके अनुरूप भारतीय विश्वविद्यालयों की संकल्पना की। यह मॉडल भारतीय शैक्षिक व्यवस्था से बिल्कुल मेल नहीं खाता था।
6. घोषणा-पत्र में प्राच्यवादियों को केवल संतुष्ट करने के लिए भाषाओं को शिक्षा के माध्यम के रूप में रखने का निर्देश दिया गया, किन्तु यह निर्देश केवल सैद्धांतिक बात ही बनकर रह गया। व्यावहारिकता में अंग्रेजी ज्ञान और अंग्रेजी भाषा के प्रसार को बढ़ावा दिया गया।

वुड के घोषणा-पत्र में निहित शिक्षा नीति का भारतीय शिक्षा पर प्रभाव

अब हम थोड़ा विचार करें कि वुड के घोषणा-पत्र में निहित शिक्षा नीति का भारतीय शिक्षा पर क्या प्रभाव पड़ा अथवा उसका शिक्षा के विकास में क्या योगदान रहा। इस प्रभाव अथवा योगदान को हम दो भागों में देख-समझ सकते हैं—तत्कालीन प्रभाव, दीर्घकालीन प्रभाव। तत्कालीन प्रभावों को निम्नलिखित क्रम में देख सकते हैं—

1. 1856 तक सभी प्रांतों में शिक्षा विभागों की स्थापना—1854 में इस नीति की घोषणा हुई और 1856 तक कंपनी शासित सभी प्रांतों में शिक्षा विभागों की स्थापना हो गई। जन-शिक्षा निदेशक व अन्य कर्मचारियों की नियुक्ति हो गई।

2. 1857 में कलकत्ता व बम्बई में विश्वविद्यालयों की स्थापना—1857 में कलकत्ता और बम्बई में विश्वविद्यालयों की स्थापना की गई। पहले तो ये विश्वविद्यालय सम्बन्धित महाविद्यालयों के छात्रों की परीक्षा लेने और उत्तीर्ण छात्रों को प्रमाण-पत्र देने तक सीमित रहे, बाद में इनमें शिक्षण कार्य भी होने लगा।

3. सभी स्तर के स्कूल और कॉलेजों की स्थापना शुरू—उस समय माध्यमिक, उच्च शिक्षा संस्थाओं की मांग अधिक थी। अतः कंपनी ने उसी स्तर के स्कूल, कॉलेज खोलने शुरू किए।

विशेष—इस बीच भारत में 1857 की क्रांति का श्री गणेश हुआ। इस क्रांति को दबाने के लिए भारत में ब्रिटिश फौजों का भारी संख्या में प्रवेश और भारत में ब्रिटिश शासन की स्थापना। उसी समय 1858 में लार्ड एलिनबरा ने वुड के घोषणा-पत्र की नीति का विरोध किया, लेकिन उसका कोई प्रभाव नहीं हुआ। 1859 में लार्ड स्टेनले भारत में ब्रिटिश सरकार के मंत्रि पद पर नियुक्त हुआ। उसने वुड का घोषणा-पत्र जारी रखने का आदेश दिया।

(i) प्राथमिक शिक्षा के विकास पर सबसे अधिक बल दिया जाए।
(ii) प्राथमिक शिक्षा की व्यवस्था का पूर्ण उत्तरदायित्व सरकार का है।
(iii) सहायता अनुदान केवल माध्यमिक और उच्च शिक्षा संस्थाओं को दिया जाए।

वुड के घोषणा-पत्र के दीर्घकालीन प्रभाव
(Impact of Wood's Dispatch)

1. शिक्षा राज्य के नियंत्रण में—वुड के घोषणा-पत्र के अनुसार शिक्षा का उत्तरदायित्व राज्य तभी निभा सकता है जब उसका सम्पूर्ण नियंत्रण उसके हाथों में हो। वुड के घोषणा-पत्र में पहली बार भारतीय शिक्षा की पूरी नीति और पूरी योजना प्रस्तुत की गई थी। तब से आज तक शिक्षा की नीति के साथ उसे क्रियान्वित करने की पूरी योजना प्रस्तुत करती आ रही है।

2. शिक्षा का संगठन विभिन्न स्तरों में—वुड के घोषणा-पत्र में पहली बार बच्चों की आयु और मानसिक योग्यता के आधार पर शिक्षा को चार स्तरों में बांटा गया। प्राथमिक, माध्यमिक और उच्च शिक्षा को विभिन्न वर्गों में विभाजित किया।

3. शिक्षा राज्य का उत्तरदायित्व—वुड के घोषणा-पत्र में पहली बार शिक्षा राज्य का उत्तरदायित्व स्वीकार किया गया था। तब से आज तक हमारे देश में शिक्षा की व्यवस्था करना राज्य का उत्तरदायित्व माना जाता रहा है।

4. सहायता अनुदान प्रणाली की निरंतरता—अब से पहले राज्य अथवा सरकार शिक्षा संस्थाओं को स्वेच्छा से आर्थिक सहायता देती थी। वुड के घोषणा-पत्र में पहली बार निश्चित शर्तों को पूरी करने पर सभी प्रकार के विद्यालयों को आर्थिक अनुदान देना शुरू किया गया। यह व्यवस्था कुछ परिवर्तनों के साथ आज भी लागू है।

5. शिक्षा के उद्देश्य समय की मांग के अनुसार—वुड के घोषणा-पत्र में पहली बार भारतीय शिक्षा के उद्देश्य आधुनिक परिप्रेक्ष्य में निश्चित किए गए थे। तब से अब तक समय की मांग के अनुसार शिक्षा के उद्देश्य निश्चित करने का क्रम जारी है। यह वुड डिस्पैच की भारतीय शिक्षा को बहुत बड़ी देन है।

6. क्रमबद्ध विद्यालयों की स्थापना—वुड डिस्पैच में क्रमबद्ध विद्यालयों की स्थापना की घोषणा की गई थी, वह आज तक लागू है—अब तो हमने उसके पूर्व में पूर्व प्राथमिक और अन्त में अनेक वर्गों की शिक्षा के लिए अलग-अलग विद्यालय और महाविद्यालयों की स्थापना करनी शुरू कर दी है।

7. जन-शिक्षा, स्त्री-शिक्षा, व्यावसायिक शिक्षा और अध्यापक शिक्षा में प्रगति—जन-शिक्षा, स्त्री-शिक्षा और अध्यापक शिक्षा के लिए बिगुल भी सर्वप्रथम वुड डिस्पैच में बजाया गया था। इस सबके महत्त्व को तब से आज तक बराबर स्वीकार किया जाता रहा है। इसमें निरंतर प्रगति होती रही है।

8. उच्च शिक्षा का माध्यम अंग्रेजी—उस समय उच्च शिक्षा का माध्यम अंग्रेजी बनाना अंग्रेजों की विवशता थी पर हम उसे उनकी कुटनीति मान रहे थे। फिर स्वतंत्रता प्राप्ति के 55 वर्ष के बाद भी उच्च शिक्षा के क्षेत्र में कृषि, इंजीनियरिंग और चिकित्सा शास्त्र का माध्यम अंग्रेजी ही क्यों बना हुआ है। सच बात यह है कि आज भी हमारी यह विवशता है।

◆◆◆

5. बेसिक शिक्षा योजना
(Basic Education Scheme)

5. **बेसिक शिक्षा योजना पर एक विस्तृत टिप्पणी लिखिए।**
(Write a detailed note on Basic Education Scheme.)

अथवा

बेसिक शिक्षा योजना के मूलभूत सिद्धांत कौन-कौन से हैं? इस शिक्षा योजना के गुण एवं दोषों का वर्णन कीजिए।
(What are the fundamental principles of Basic Education Scheme? Describe the merits and demerits of Basic Education Scheme.)

उत्तर—बेसिक शिक्षा महात्मा गांधी की देन है। इसमें कोई सन्देह नहीं कि अंग्रेजों ने हमें शिक्षा के प्रति जागरूक किया। परन्तु जिस शिक्षा का विधान उन्होंने हमारे लिए किया वह उनकी दृष्टि से तो उपयुक्त थी, लेकिन हम भारतीयों की दृष्टि से बड़ी दोषयुक्त थी। इन दोषों को दूर करने के लिए बेसिक शिक्षा का निर्माण हुआ।

बेसिक शिक्षा योजना का विकास
(Development of Basic Education Scheme)

इस शिक्षा के सूत्रधार महात्मा गांधी थे और यह योजना उनके अनुभवी मस्तिष्क की उपज थी। गांधी जी केवल एक महान राजनीतिज्ञ ही नहीं थे, एक महान दार्शनिक एवं शिक्षा शास्त्री भी थे। वे जानते थे कि

राष्ट्रीय पुनर्निर्माण के कार्य में शिक्षा महत्त्वपूर्ण भूमिका निभा सकती है। अतः जैसे ही 1937 में अनेक राज्यों में कांग्रेसी मंत्रिमंडलों ने प्रान्तीय शासन संभाला, उन्होंने 'हरिजन' नामक पत्रिका में अपने शिक्षा संबंधी लेख प्रकाशित करने आरम्भ कर दिए। इन लेखों का उद्देश्य भारतवासियों का ध्यान जन शिक्षा की ओर आकर्षित करना था। गांधी जी के यही लेख बेसिक शिक्षा योजना का आधार बने। उनके शिक्षा सम्बन्धी विचार सर्वथा मौलिक थे। उनका कहना था कि "साक्षरता न तो शिक्षा का आरम्भ है और न ही अन्त। यह तो उन साधनों में से एक है जिसके द्वारा पुरुषों व स्त्रियों को शिक्षित किया जा सकता है।"

यही नहीं, गांधी जी यह भी चाहते थे कि शिक्षा बच्चों को आरम्भ से ही स्वावलम्बी बनाए। वह उसे केवल साक्षर ही नहीं बनाए, जीवन में उसके लिए उपयोगी भी सिद्ध हो। इसके लिए वह बच्चे को कोई न कोई हस्तशिल्प सिखाए जाने के पक्षधर थे। उनके इस प्रकार के शिक्षा सम्बन्धी विचारों ने देशभर में हलचल मचा दी। कुछ इसका समर्थन कर रहे थे तो कुछ विरोध। इन दोनों पक्षों को लेकर असाधारण वाद-विवाद आरम्भ हो गया। अतः गांधी जी ने यह निश्चय किया कि वह अपनी शिक्षा योजना की जांच शिक्षा विशेषज्ञों से कराएंगे। अतः 'अखिल भारतीय राष्ट्रीय शिक्षा' सम्मेलन बुलाया गया।

यह सम्मेलन 'वर्धा शिक्षा सम्मेलन' के नाम से भी जाना जाता है। इस सम्मेलन में देश के विभिन्न भागों से आए शिक्षा विशेषज्ञों, समाज सुधारकों व राष्ट्रीय नेताओं ने भाग लिया। सम्मेलन की अध्यक्षता गांधी जी ने की। उन्होंने सम्मेलन में भाग ले रहे महानुभावों को अपने शिक्षा सम्बन्धी विचारों से अवगत कराया और उनके समक्ष विचार हेतु अपनी बेसिक शिक्षा योजना रखी। उनकी इस योजना पर गम्भीर विचार-विमर्श किया गया और निम्नलिखित प्रस्ताव पारित किए गए :

1. राष्ट्र के प्रत्येक बच्चे को 7–14 वर्ष तक निःशुल्क एवं अनिवार्य शिक्षा प्रदान की जाए।
2. शिक्षा मातृ-भाषा के माध्यम से दी जाए।
3. इस सम्पूर्ण अवधि में शिक्षा किसी हस्तशिल्प एवं उत्पादक कार्य के माध्यम से दी जाए। अन्य विषयों को उसी शिल्प के माध्यम से पढ़ाया जाए। बच्चों को दी जाने वाली शिक्षा उसके वातावरण के साथ सम्बन्धित हो।
4. सम्मेलन को आशा है कि इस प्रकार की शिक्षा से धीरे-धीरे अध्यापकों का वेतन निकलने लगेगा।

पाठ्यक्रम तैयार करने के लिए जाकिर हुसैन कमेटी का गठन
(Formation of Zakir Hussain Committee to Prepare the Curriculum)

अखिल भारतीय राष्ट्रीय शिक्षा सम्मेलन में उपर्युक्त प्रस्ताव तो पारित किए ही गए, एक और समिति का गठन भी किया गया। इस समिति के अध्यक्ष **डॉ. जाकिर हुसैन** थे। उनके नाम से यह समिति जाकिर हुसैन समिति के नाम से भी जानी जाती है। इस समिति का उद्देश्य एक पाठ्यक्रम तैयार करना था जो कि वर्धा शिक्षा सम्मेलन में पारित प्रस्तावों के अनुरूप हो। समिति ने अपनी प्रथम रिपोर्ट दिसम्बर 1937 में प्रस्तुत की। इसमें बेसिक शिक्षा योजना के आधारभूत सिद्धांतों, उद्देश्यों, पाठ्यक्रम, अध्यापक एवं उनका प्रशिक्षण तथा विद्यालयों के प्रशासन एवं निरीक्षण आदि विषयों की चर्चा की गई। दूसरी रिपोर्ट अप्रैल 1938 में प्रस्तुत की गई। इसमें उन उपायों की विवेचना की गई जिनसे पाठ्यक्रम को हस्तशिल्प या किसी उत्पादक कार्य के साथ जोड़ा जाए।

समिति की प्रथम रिपोर्ट को फरवरी 1938 में कांग्रेस के अधिवेशन में विचार विमर्श के बाद कांग्रेसी योजना के रूप में स्वीकृति दे दी गई। एक अखिल भारतीय राष्ट्रीय शिक्षा परिषद् का भी गठन किया गया। यह परिषद हिन्दुस्तानी तालीम संघ के नाम से भी जानी जाती है। इस संघ या परिषद का उद्देश्य बेसिक शिक्षा योजना को क्रियान्वित करना था।

बेसिक शिक्षा योजना की मुख्य बातें
(Main Points of Basic Education)

(i) निःशुल्क एवं अनिवार्य शिक्षा (Free and Compulsory Education) : बेसिक शिक्षा योजना 7 से 14 वर्ष तक की आयु के बच्चों के लिए निःशुल्क एवं अनिवार्य शिक्षा प्रदान करती है। इस प्रकार इस शिक्षा की अवधि 7 वर्ष है। गांधी जी ने न्यूनतम सार्वभौमिक शिक्षा पर बल दिया।

(ii) शिक्षा का माध्यम—मातृभाषा (Medium of Instruction should be Mother Tongue) : यदि बच्चा ठीक से पढ़-लिख सकता है और प्रभावशाली ढंग से बोल सकता है तभी उसके व्यक्तित्व का सही विकास हो सकता है। ऐसा तभी संभव है जब उसे अपनी मातृभाषा के माध्यम से शिक्षा दी जाए। बेसिक शिक्षा की दूसरी मुख्य बात यह है कि यह बच्चे को उसी की मातृभाषा में ज्ञान देने पर बल देती है।

(iii) शिक्षा किसी शिल्प के माध्यम से (Education through any Craft) : बेसिक शिक्षा इस बात पर बल देती है कि बच्चे को जो भी सिखाया जाए किसी शिल्प के माध्यम से सिखाया जाए। कताई-बुनाई, कृषि तथा लकड़ी का काम जैसे हस्तशिल्पों पर इसमें विशेष जोर दिया गया है। यह शिल्प सिखाते-सिखाते उसे भूगोल, विज्ञान तथा गणित आदि विषय भी पढ़ाये जाएंगे। उदाहरण के लिए कताई-बुनाई में बच्चे को साथ-साथ यह बताया जा सकता है कि कपास का उत्पादन कहां-कहां होता है, उसके लिए कैसी जलवायु की आवश्यकता है। कपड़े की रंगाई आदि के संदर्भ में विज्ञान के तथ्यों का स्पष्टीकरण किया जा सकता है और तैयार माल को बेचने पर जो मिला और कच्चे माल को खरीदने में जो पैसा लगा था उसमें कितना अंतर रहा, कितना लाभ या हानि हुई, इस संदर्भ में बच्चा गणित का ज्ञान भी स्वयं ही प्राप्त करता चला जाता है। इस प्रकार बेसिक शिक्षा शिल्प को आधार बनाकर बच्चे को सब विषयों का ज्ञान कराने पर बल देती है।

(iv) सीखने व कमाने पर बल (Stress on Learning and Earning) : यह शिक्षा "Learn while you earn and earn while you learn" के सिद्धांत पर आधारित है। गांधी जी का मत था कि शिक्षा बच्चे को स्वावलम्बी बनाए, आत्मनिर्भर बनना सिखाए। इसलिए बेसिक शिक्षा इस बात पर बल देती है कि बच्चे को जो भी शिल्प सिखाए जाएं इतनी अच्छी प्रकार से सिखाए जाएं कि बच्चों द्वारा तैयार माल को बेचकर उससे विद्यालय का कुछ खर्चा निकाला जा सके।

गांधी जी की बेसिक शिक्षा के मूलभूत सिद्धांतों की सूक्ष्म व्याख्या
(Brief Explanation of the Fundamental Principles of Gandhi's Basic Education)

(1) जैसे कि बेसिक शिक्षा की रूपरेखा में बताया गया है कि 6-14 वर्ष की आयु तक के बच्चों के लिए शिक्षा अनिवार्य, सार्वभौमिक तथा निःशुल्क होनी चाहिए। इस का कारण यह है कि मनुष्य अन्य प्राणियों से इस दृष्टि से भिन्न होता है कि शिक्षा द्वारा उसकी मूल-प्रवृत्तियां (Basic Instincts) का उदात्तीकरण (Sublimation) हो जाता है और वह पशुवत् व्यवहार छोड़ कर ऐसा व्यवहार करने लगता है, जिससे उसके तथा उसके साथियों का जीवन सरल तथा सुखमय हो जाता है। शिक्षा के अभाव में मनुष्य पशु से अधिक और कुछ नहीं बन सकता। इस प्रकार मनुष्य को मनुष्य बनाने के लिए शिक्षा एक अनिवार्य आवश्यकता है। लोकतंत्र की सफलता तो निर्भर ही शिक्षा पर करती है।

भारत एक निर्धन देश है। आर्थिक संकटों से घिरे निर्धन भर पेट भोजन भी नहीं कर सकते, शिक्षा पर व्यय करने के लिए उनके पास पैसा कहां से आए? यदि हम यह चाहते हैं कि सभी बच्चे अनिवार्य रूप से शिक्षा प्राप्त करें तो हमें उसे निःशुल्क करना होगा। सरकार भी अपनी सीमाओं को देखते हुए बेसिक शिक्षा (6-14 वर्ष) के बच्चों की शिक्षा को ही निःशुल्क करने पर बल देती है। गांधी जी के अनुसार निर्धन बच्चों को शिक्षा से वंचित रखना उनके अधिकारों का हनन है। मानवीय कसौटी पर हिंसा है। यह कार्य असत्य है। इस प्रकार अनिवार्य और निःशुल्क शिक्षा की व्यवस्था करना सत्य और अहिंसा का मार्ग है।

(2) शिक्षा का माध्यम मातृभाषा होना चाहिए : इस कथन में भी बहुत दम है। किसी भी बच्चे के जीवन में उसकी मातृभाषा का महत्त्व होता है। मातृ भाषा को बच्चा जन्म के कुछ दिन बाद ही सीखने लगता है तथा सहज में ही उसका इस पर अधिकार हो जाता है। इसलिए प्रत्येक बच्चा जितनी सरलता से अपनी मातृ भाषा में विचार-विनिमय करता है, उतनी सरलता से अन्य भाषा के माध्यम से नहीं कर पाता। इस कारण से मातृभाषा को ही शिक्षा का माध्यम बनाना चाहिए और बेसिक शिक्षा में इसको बनाया गया है इतना ही नहीं अपितु मातृभाषा बच्चे के मानसिक एवं बौद्धिक विकास का साधन होती है। गांधी जी ने मानसिक विकास के लिए मातृभाषा को उतना ही महत्त्वपूर्ण साधन माना है जितना शारीरिक विकास के लिए माँ का दूध।

मातृभाषा ही बच्चों में भावात्मक एकता विकसित करती है। मातृ भाषा-भाषी बच्चों में सहोदर बच्चों की भावात्मक एकता होती है। बच्चों को अपनी मातृभाषा और उसके साहित्य में विशेष लगाव होता है। माता और मातृभूमि के समान वे अपनी मातृभाषा को भी श्रद्धा की दृष्टि से देखते हैं। इस मातृभाषा के साहित्य में उनकी सम्पन्नता तथा सभ्यता एवं संस्कृति निहित होती है। मातृभाषा के अध्ययन के द्वारा बच्चे अपनी संस्कृति से परिचित होते हैं। जब मातृभाषा शिक्षा का माध्यम भी होती है तो बच्चे का उस पर और अधिक अधिकार होता है इस दृष्टि से मातृभाषा को शिक्षा को माध्यम बनाना चाहिए।

(3) शिक्षा किसी हस्तकार्य अथवा उद्योग पर केन्द्रित होनी चाहिए : बेसिक शिक्षा का तीसरा सिद्धांत है—सम्पूर्ण शिक्षा को किसी हस्तकार्य अथवा उद्योग पर केन्द्रित करना। अंग्रेजी शिक्षा ने हमें शारीरिक श्रम से विमुख कर दिया था। इसलिए गांधी जी ने हस्तकार्य अथवा उद्योग को अनिवार्य विषय बताया और शिक्षा की समस्त क्रियाओं को उस पर केन्द्रित कर दिया। प्रारम्भ से ही श्रम करने वाले बच्चे श्रम से घृणा करने के स्थान पर उसके महत्त्व को समझने लगते हैं। इससे समाज में श्रमिकों और धनी वर्ग के बीच खाई पटती है। मनोवैज्ञानिक दृष्टि से भी यह एक उपयुक्त सिद्धांत है। क्रिया द्वारा सीखना एक स्थायी सिद्धांत होता है। बच्चों में रचनात्मक प्रवृत्ति होती है। वे हर समय कुछ न कुछ करते रहना चाहते हैं। उनकी रचनात्मक प्रवृत्ति को क्रियाशील रखने एवं उसे विकसित करने के लिए शिक्षा को हस्तकार्य एवं उद्योग पर केन्द्रित करना चाहिए। इस प्रकार सीखने से बच्चे की इन्द्रियां क्रियाशील रहती हैं। इस प्रकार से सीखा हुआ ज्ञान स्थायी होता है।

(4) शिक्षा स्वावलम्बी होनी चाहिए : गांधी जी के विचार से भारत वर्ष जैसे निर्धन देश में प्रत्येक बच्चे को शिक्षा देना तब तक सम्भव नहीं हो सकता जब तक कोई ऐसा रास्ता नहीं मिलता कि बच्चे अपनी पढ़ाई का खर्च स्वयं निकाल सकें। इसीलिए गांधी जी ने अपनी बेसिक शिक्षा में अनिवार्य हस्तकला अथवा उद्योग कार्य की सामाजिक एवं मनोवैज्ञानिक उपयोगिता के साथ-साथ गौण रूप में उसकी आर्थिक उपयोगिता पर भी विचार किया और यह आशा व्यक्त की कि बच्चों द्वारा निर्मित वस्तुओं के विक्रय से होने वाले लाभ से कम से कम अध्यापकों का वेतन तो निकल आए। इस स्थिति में ही शिक्षा सबके लिए सुलभ हो सकती है। यह सिद्धांत इस बात पर भी बल देता है कि शिक्षा प्राप्त करने के पश्चात् बच्चे देश के स्वावलम्बी नागरिक बनें और देश के आर्थिक उत्थान में योगदान दें। स्वावलम्बियों के देश से ही शोषण अथवा हिंसा समाप्त हो सकती है।

(5) शिक्षा बालक के जीवन से सम्बन्धित होनी चाहिए : शिक्षा को पुस्तकीय, सैद्धांतिक एवं अव्यावहारिक होने के बजाए वास्तविक जीवन से सम्बन्धित होनी चाहिए। शिक्षा में उन्हीं विषयों एवं क्रियाओं का समावेश होना चाहिए जिनका बच्चों के जीवन में उपयोग होता हो और जो उसे समायोजन करने में सहायक होती हों। बेसिक शिक्षा बच्चों की मूल प्रवृत्तियों के अनुसार उसे **'करके सीखने'** में सहायक होती है, क्योंकि यह उसके लिए अवसर प्रदान करती है। हस्तकार्य अथवा उद्योग का चयन करने में भी बच्चों की रुचि, रुझान, योग्यता एवं आवश्यकता का ध्यान रखा जाता है।

(6) शिक्षा बच्चे को आदर्श नागरिक बनाने में सहायक होनी चाहिए : गांधी जी मनुष्य-मनुष्य में भेद नहीं करते थे। उनका विश्वास था कि किसी प्रकार का भौतिक अथवा आध्यात्मिक सुख प्राप्त करने के

लिए मनुष्य को प्रेम, सहानुभूति और सहयोगपूर्ण जीवन व्यतीत करना चाहिए। इसके लिए उसका स्वास्थ्य अच्छा होना चाहिए, मन और मस्तिष्क अच्छा होना चाहिए और उसके पास चरित्र बल भी होना चाहिए। बेसिक शिक्षा योजना बच्चों को कर्मनिष्ठ एवं कर्तव्यपरायण बनाने पर बल देती हैं, यह शारीरिक तथा श्रम के भेद-भाव को भी समाप्त करना चाहती है। यह तो वर्गविहीन समाज के निर्माण का उद्देश्य सामने रख कर आगे चलती है। यह एक ऐसे समाज की रचना करना चाहती है जिसमें प्रत्येक सदस्य अपनी शक्तियों का विकास कर अपनी सामर्थ्यानुसार अपने अपने और समाज के कल्याण में हाथ बंटा सके। ऐसे नागरिकों के निर्माण से ही वर्गहीन एवं शोषण से मुक्त समाज के निर्माण की आशा की जा सकती है।

(7) ज्ञान एक इकाई के रूप में दिया जाना चाहिए : गांधी जी **'अनेकता में एकता' (Unity in diversity)** के सिद्धांत को मानते हैं। उनके विचार से समस्त ज्ञान का एक ही लक्ष्य है और वह सत्य है, अर्थात् ईश्वर की प्राप्ति है और उसके लिए उन्होंने अहिंसा को साधन माना था और इसीलिए उनकी बेसिक शिक्षा में अहिंसा की प्राप्ति का यत्न है। गांधी जी और उनके साथियों ने पाठ्यचर्या के समस्त विषयों को समन्वित रूप से पढ़ाने पर बल दिया। शिक्षा को किसी हस्तकौशल अथवा उद्योग से सम्बन्धित करके एक इकाई के रूप में दिया जा सके। मनोवैज्ञानिक दृष्टि से भी ज्ञान पूर्ण इकाई होता है। उसे बच्चों के सामने संगठित रूप में ही प्रस्तुत करना चाहिए।

बेसिक शिक्षा के उद्देश्य
(Aims of Basic Education)

(i) नागरिकता के गुणों का विकास (Development of the Qualities of Citizenship) : बेसिक शिक्षा का मुख्य उद्देश्य उनमें अच्छी नागरिकता के गुणों का विकास करना है। उसमें अपने अधिकारों व कर्तव्यों के प्रति जागरूकता पैदा करना है ताकि वे अच्छे नागरिक के रूप में तैयार हो सकें।

जाकिर हुसैन समिति के अनुसार, "नई पीढ़ी को कम से कम इस बात का अवसर अवश्य मिलना चाहिए कि वह अपनी समस्याओं, अधिकारों व कर्तव्यों को समझे।"

(ii) नैतिक विकास (Moral Development) : जैसे-जैसे व्यक्ति में भौतिकता की प्रवृत्ति बढ़ती जाती है, वैसे-वैसे नैतिक मूल्यों में गिरावट आने लगती है। गांधी जी तो चरित्र को बहुत ऊंचा स्थान देते थे। उनके शब्दों में, "मैंने सबसे ऊँचा स्थान हृदय की संस्कृति या चरित्र निर्माण को दिया है और मुझे अनुभव हुआ है कि सबको समान रूप से नैतिक शिक्षा दी जा सकती है।" इसीलिए उनकी बेसिक शिक्षा का एक उद्देश्य बच्चों का नैतिक विकास करना भी है। जब बच्चा स्वयं किसी उत्पादक कार्य में भाग लेते हुए सीखता है तो उसके चरित्र की स्वयमेव उन्नति होने लगती है। इससे उसमें अच्छे नैतिक मूल्यों का विकास होने लगता है।

(iii) आर्थिक उद्देश्य (Economic Aim) : यह भी इस शिक्षा का एक महत्त्वपूर्ण उद्देश्य है। इस उद्देश्य के दो पहलू हैं :

(a) बच्चा अपने शिक्षा काल में जिन वस्तुओं का उत्पादन करता है, उनको बेचकर कम से कम अध्यापकों के वेतन का खर्च तो निकल सके।

(b) शिक्षा की समाप्ति के बाद भी बच्चा इन कार्यों को जारी रख सकता है और इसके माध्यम से कुछ धन कमाकर अपना खर्चा निकाल सकता है।

(iv) सर्वोदय समाज की स्थापना (To Establish Sarvodya Samaj) : सर्वोदय सम.ज गांधी जी का सपना था। वे एक ऐसे समाज की स्थापना करना चाहते थे जिसमें सबका उदय अर्थात् सबकी उन्नति हो। कोई किसी का शोषण न करे और सबको आगे बढ़ने के समान अवसर प्राप्त हों। बेसिक शिक्षा का उद्देश्य ऐसे ही सर्वोदय समाज की स्थापना करना था, क्योंकि इसमें सभी बच्चे, चाहे वे किसी भी स्तर के परिवार से आए हों, किसी न किसी शिल्प को सीखेंगे, किसी न किसी उत्पादन कार्य में अवश्य भाग लेंगे। इससे उनमें आरम्भ से ही श्रम के प्रति निष्ठा पैदा होगी। वे हाथ से काम करने वाले को छोटा नहीं समझेंगे,

बल्कि उन्हें पूर्ण सम्मान देंगे। दूसरे परिश्रमी व्यक्ति जीवन में कभी असफलता प्राप्त नहीं करता। अतः बेसिक शिक्षा का उद्देश्य सर्वोदय समाज की स्थापना करना कहा जा सकता है।

(v) सांस्कृतिक विकास (Cultural Development) : गांधी जी भारतीय संस्कृति की महानता में विश्वास करते थे, इसलिए वे अपनी बेसिक शिक्षा के द्वारा बच्चों में भारतीय सांस्कृतिक मूल्यों को प्रतिष्ठित करना चाहते थे। उनके अनुसार–"यदि किसी स्थिति पर जाकर एक पीढ़ी अपने पूर्वजों के प्रयत्नों के प्रति अनजान हो जाती है या किसी रूप में अपनी संस्कृति पर लज्जा का अनुभव करने लगती है तो वह संस्कृति नष्ट हो जाती है।" इसीलिए गांधी जी ने शिक्षा का माध्यम मातृभाषा को बनाने तथा कताई-बुनाई जैसे भारतीय शिल्पों की शिक्षा पर बल दिया। इस प्रकार बेसिक शिक्षा का एक उद्देश्य सांस्कृतिक विकास करना कहा जा सकता है।

पाठ्यक्रम (Curriculum) (2014)–बेसिक शिक्षा में पांचवीं कक्षा तक लड़के व लड़कियों के लिए समान पाठ्यक्रम की व्यवस्था की गई है। जहां प्रादेशिक भाषा हिन्दी है वहां हिन्दी के माध्यम से और जहां अन्य कोई भाषा है वहां उसी भाषा के माध्यम से शिक्षा दी जाएगी। इसके पाठ्यक्रम में निम्नलिखित विषयों को सम्मिलित किया गया है–

(1) आधारभूत शिल्प : बच्चे को निम्नलिखित में से किसी एक शिल्प का चुनाव करना होगा:

(i) कृषि
(ii) कताई-बुनाई
(iii) लकड़ी का काम
(iv) मिट्टी का काम
(v) चमड़े का काम
(vi) मछली पालन
(vii) फल व सब्जी उगाना।

लड़कियों के लिए शिल्प : गृह विज्ञान।

इसके अतिरिक्त कोई भी ऐसा शिल्प सिखाया जा सकता है जो कि स्थानीय एवं भौगोलिक परिस्थितियों के अनुरूप हो। अतः स्थानीय आवश्यकताओं के अनुरूप अलग-अलग शिल्प सिखाये जा सकते हैं।

(2) मातृ-भाषा

(3) गणित

(4) सामाजिक अध्ययन : इसके अन्तर्गत इतिहास, भूगोल व नागरिक शास्त्र जैसे विषय पढ़ाए जाने की व्यवस्था है।

(5) सामान्य विज्ञान : इसके अन्तर्गत निम्न विषयों का शिक्षण किया जा सकता है–प्रकृति अध्ययन, वनस्पति विज्ञान, जीव विज्ञान, भौतिक विज्ञान, रसायन विज्ञान, नक्षत्र विज्ञान, महान् वैज्ञानिकों व अन्वेषकों की कहानियां।

(6) कला : संगीत तथा रेखा चित्रण आदि।

(7) जहां हिन्दी मातृ-भाषा नहीं है वहां हिन्दी भी पढ़ाई जानी चाहिए।

(8) शारीरिक शिक्षा।

गांधी जी की बेसिक शिक्षा में धार्मिक शिक्षा को कोई स्थान नहीं दिया गया। कक्षा 6 व 7 में जाकर लड़कियों को आधारभूत शिल्प का चुनाव करने की आवश्यकता नहीं है। वे गृहविज्ञान में ही उच्च पाठ्य विषय ले सकती हैं। इस प्रकार बेसिक शिक्षा का पाठ्यक्रम बहुत विस्तृत है।

शिक्षण विधियां
(Teaching Methods)

बेसिक शिक्षा में जिन शिक्षण विधियों का समर्थन किया गया है, वे पूरी तरह मनोवैज्ञानिक हैं। मनोवैज्ञानिकों के अनुसार खेल द्वारा सीखना, क्रिया एवं अनुभव द्वारा सीखना, सीखने की सर्वोत्तम विधियां हैं। बेसिक शिक्षा में पाठ्यक्रम के अन्तर्गत जिन विषयों को सम्मिलित किया गया है, वे विषय अलग-अलग

नहीं पढ़ाए जाएंगे वरन् आधारभूत शिल्प के साथ जोड़कर उसी के माध्यम से उन सब की जानकारी दी जाएगी। उदाहरण के लिए, फल व सब्जी उगाने का आधारभूत शिल्प यदि बच्चे के पास है तो उसे यह कार्य करते-करते बताया जाएगा कि देश के किन भागों में किन फलों व सब्जियों का उत्पादन अधिक होता है। उनके लिए किस प्रकार की जलवायु की आवश्यकता है किन फलों का निर्यात होता है, फलों की रासायनिक प्रक्रिया भी उन्हें बताई जा सकती है, पर्यावरण को शुद्ध बनाए रखने में पेड़–पौधों का क्या महत्त्व है यह ज्ञान भी दिया जा सकता है। स्वास्थ्य विज्ञान की शिक्षा भी इसी के साथ दी जा सकती है। जैसे बच्चों को बताया जा सकता है कि व्यक्ति को स्वस्थ बनाए रखने में फलों व सब्जियों की क्या भूमिका है। इसी प्रकार वनस्पति विज्ञान, जीव विज्ञान तथा प्रकृति अध्ययन की शिक्षा भी आसानी से दी जा सकती है। तथा ऐसे ही अन्य शिल्पों के साथ भी विभिन्न विषयों को जोड़कर पढ़ाया जा सकता है। यदि ऐसा लगे कि किसी विषय को किसी शिल्प के साथ जोड़कर पढ़ाना सम्भव नहीं है तो उसे अलग से पढ़ाया जा सकता है।

इस प्रकार बेसिक शिक्षा में बच्चा रुचि के साथ कार्य करते हुए विभिन्न विषयों का ज्ञान प्राप्त करता है। भाषा ज्ञान के विषय में इस शिक्षा में निम्न पद्धति अपनाने पर बल दिया गया है :

(i) सर्वप्रथम भाषा का मौखिक ज्ञान कराया जाए।
(ii) उसके बाद पढ़ना सिखाया जाए।
(iii) सबसे बाद में लिखने का ज्ञान दिया जाए।

बस, ध्यान रहे कि आधारभूत शिल्प की शिक्षा साथ-साथ चलेगी।

अध्यापक
(Teacher)

बेसिक शिक्षा अध्यापकों को महत्त्वपूर्ण स्थान देती है। यह इस बात पर बल देती है कि जिस क्षेत्र के विद्यालय के लिए अध्यापक का चुनाव करना है, उसी क्षेत्र से ही अध्यापकों का भी चुनाव किया जाए। इस पद्धति में महिलाओं की अध्यापक के रूप में नियुक्ति को प्राथमिकता दी जाती है। बेसिक शिक्षा संस्थाओं में केवल उन्हीं अध्यापकों की नियुक्ति सम्भव है जो प्रशिक्षित हों। प्रशिक्षण विद्यालयों में प्रवेश पाने के लिए या तो व्यक्ति मैट्रिक पास होना चाहिए या वर्नाक्यूलर परीक्षा पास करने के बाद उसे दो वर्ष का किसी विद्यालय में अध्यापन का अनुभव होना चाहिए। यह प्रशिक्षण भी दो प्रकार का होगा :

(i) दीर्घकालीन प्रशिक्षण
(ii) अल्पकालीन प्रशिक्षण।

दीर्घकालीन प्रशिक्षण की अवधि तीन वर्ष एवं अल्पकालीन की एक वर्ष होगी। इस प्रशिक्षण के दौरान छात्राध्यापकों को उन सभी विषयों को पढ़ाने का प्रशिक्षण दिया जाएगा, जो बेसिक शिक्षा के पाठ्यक्रम में सम्मिलित हैं।

बेसिक शिक्षा के सन्दर्भ में खेर समिति की सिफारिशें
(Recommendations of Kher Committees regarding Basic Education)

1938 में केन्द्रीय शिक्षा सलाहकार बोर्ड द्वारा एक समिति नियुक्त की गई। यह समिति इसके अध्यक्ष वी.जी. खेर के नाम से 'खेर समिति' के नाम से भी जानी जाती है। इस समिति का उद्देश्य जो वर्धा शिक्षा योजना स्वीकार की गई थी इसकी जांच करके उस सन्दर्भ में अपनी सिफारिशें प्रस्तुत करना था।

प्रथम खेर समिति के सुझाव (Suggestions of First Kher Committee) : प्रथम खेर समिति के सुझाव निम्नलिखित हैं :

(1) बेसिक शिक्षा योजना को सबसे पहले ग्रामीण क्षेत्रों में लागू किया जाना चाहिए।
(2) यों तो बेसिक शिक्षा 6 से 14 वर्ष तक की आयु के बच्चों को अनिवार्य रूप से प्रदान की जाती है पर, यदि 5 वर्ष की आयु के बच्चे इन शिक्षा संस्थाओं में प्रवेश चाहते हैं तो उन्हें प्रवेश दिया जाना चाहिए।

(3) बच्चों को कक्षा पाँच उतीर्ण कर लेने के बाद ही बेसिक शिक्षा के विद्यालय छोड़कर अन्य विद्यालयों में प्रवेश की अनुमति दी जाए या उनकी आयु यदि 11 वर्ष से अधिक हो गई हो तब।

(4) शिक्षा का माध्यम मातृभाषा हो।

(5) बेसिक शिक्षा के समाप्त होने पर परीक्षा हो, पर यह परीक्षा बाह्य न होकर केवल आंतरिक हो। परीक्षा पास करने वाले छात्रों को प्रमाण पत्र प्रदान किए जाएं।

द्वितीय खेर समिति के सुझाव (Suggestions of 2nd Kher Committee) : यह समिति 1939 में खेर महोदय की अध्यक्षता में ही बेसिक व उच्च शिक्षा में समन्वय स्थापित करने के उद्देश्य से बनाई गई थी। इसके कुछ मुख्य सुझाव इस प्रकार थे :

(1) बेसिक शिक्षा की अवधि 8 वर्ष होनी चाहिए।

(2) यह अवधि दो भागों में बंटी होगी :

(i) जूनियर बेसिक – प्रथम पांच वर्ष तक और

(ii) सीनियर बेसिक – बाकी तीन वर्ष।

(3) कक्षा पाँच उतीर्ण करने के बाद ही बच्चे को किसी अन्य संस्था में प्रवेश की अनुमति दी जाए।

इन सिफारिशों को केन्द्रीय शिक्षा सलाहकार बोर्ड द्वारा स्वीकार कर लिया गया। इसके बाद बेसिक शिक्षा योजना का क्रियान्वयन आरम्भ हुआ।

बेसिक शिक्षा का क्रियान्वयन
(Implementation of Basic Education)

बेसिक शिक्षा का पहला विद्यालय अप्रैल 1938 में वर्धा में खोला गया। इस विद्यालय का नाम था—**'विद्या मंदिर प्रशिक्षण विद्यालय'**। यह संस्था बेसिक शिक्षा के लिए अध्यापकों के प्रशिक्षण का कार्य करती थी। इसके बाद बिहार, उत्तर प्रदेश, मध्य प्रदेश तथा कश्मीर आदि में अनेक स्थानों पर बेसिक विद्यालय तथा बेसिक प्रशिक्षण विद्यालय खोले जाने लगे। कश्मीर में **के.जी. सैयदन** ने इस शिक्षा योजना में विशेष रुचि ली। जामिया मिलिया इस्लामिया, दिल्ली तथा गुजरात विद्यापीठ जैसी संस्थाओं ने भी इस शिक्षा योजना को क्रियान्वित करने में विशेष रुचि ली लेकिन द्वितीय विश्व युद्ध आरम्भ हो जाने पर कांग्रेसी मंत्रिमंडलों ने इस्तीफा दे दिया और बेसिक शिक्षा योजना की प्रगति का कार्य कुछ रुक-सा गया। 1940 में 1938 में वर्धा में खोला गया विद्या मंदिर प्रशिक्षण विद्यालय बंद कर दिया गया। यही नहीं, कांग्रेसी मंत्रिमंडल के निश्चय के अनुरूप सामान्य विद्यालयों को बेसिक प्रशिक्षण विद्यालयों में भी नहीं बदला गया। बोर्ड ऑफ बेसिक एजुकेशन भंग कर दिया।

1942 व 1945 के बीच राष्ट्रीय स्वतंत्रता आन्दोलन में तेजी आई। इसके साथ ही बेसिक शिक्षा में भी थोड़ा सुधार दिखाई देने लगा। 1945 में सेवाग्राम में अखिल भारतीय राष्ट्रीय शिक्षा सम्मेलन बुलाया गया। इसका उद्देश्य बेसिक शिक्षा की प्रगति की समीक्षा करना एवं भविष्य के लिए कार्य-योजना तैयार करना था। गांधी जी ने सम्मेलन को बताया कि यह शिक्षा योजना केवल प्राथमिक स्तर तक ही सीमित नहीं रहनी चाहिए वरन् अन्य स्तरों पर भी इसे लागू किया जाना चाहिए। इस प्रकार बेसिक शिक्षा को चार प्रकार के विद्यालयों में बांटा गया:

(i) पूर्व बेसिक :3 से 6 वर्ष तक की आयु के बच्चों के लिए।

(ii) बेसिक स्कूल :7 से 14 वर्ष तक की आयु के सभी बच्चों के लिए।

(iii) उत्तर बेसिक :15 से 18 वर्ष तक की आंयु के बच्चों के लिए।

(iv) प्रौढ़ स्कूल :प्रौढ़ों को शिक्षा प्रदान करने के लिए।

दूसरे विश्वयुद्ध के उपरान्त भारत के सभी आठ प्रान्तों में कांग्रेसी मन्त्रिमंडल पुनः सत्ता में आ गया। इससे बेसिक शिक्षा की प्रगति में पुनः तेजी आ गई और 8 प्रान्तों में फिर से इस बेसिक शिक्षा योजना को

क्रियान्वित कर दिया गया। इन्हीं दिनों बम्बई में प्रान्तों के शिक्षा मंत्रियों व अन्य कार्यकर्ताओं का एक सम्मेलन हुआ। सभी ने इसमें उत्साह से भाग लिया। इससे यह स्पष्ट हो गया कि बेसिक शिक्षा के प्रति लोगों में काफी उत्साह है। इस प्रकार 1947 तक देश में पुनः बेसिक शिक्षा की प्राण प्रतिष्ठा हो चुकी थी।

बेसिक शिक्षा 'बेसिक शिक्षा' क्यों कहलाती है? *(Why is Basic Education called Basic Education)*

इसे 'बेसिक शिक्षा' नाम निम्न कारणों से दिया गया है :

(i) यह बच्चे को बेसिक या आधारभूत शिल्प की शिक्षा देने पर बल देती है। इसमें अन्य सभी विषय उसी बेसिक शिल्प के साथ जोड़कर पढ़ाए जाते हैं।

(ii) इस शिक्षा की योजना बच्चों की आधारभूत आवश्यकताओं को ध्यान में रखकर बनाई जाती है।

(iii) यह सामुदायिक जीवन के आधारभूत व्यवसायों के साथ जुड़ी होती है और बच्चों को उन व्यवसायों का प्रशिक्षण देने पर बल देती है।

(iv) यह शिक्षा हमारी आधारभूत सांस्कृतिक विरासत पर आधारित है और हमारे राष्ट्रीय मस्तिष्क की उपज है। यह बच्चों में आरम्भ से ही उन मूल्यों के विकास पर बल देती है जो हमारी संस्कृति के आधार हैं।

(v) रोटी, कपड़ा व मकान प्रत्येक व्यक्ति की मूल-भूत आवश्यकताएं हैं और इन आवश्यकताओं से जुड़ी होने के कारण यह बेसिक शिक्षा कहलाती है।

बेसिक शिक्षा और सह-सम्बन्ध *(Basic Education and Correlation)*

ज्ञान को एक इकाई के रूप में प्रस्तुत करने के लिए समस्त विषयों में सम्बन्ध स्थापित करना ही सहसम्बन्ध, समन्वय, अन्तर्योग कहलाता है। परन्तु बेसिक शिक्षा में सम्पूर्ण विषयों एवं क्रियाओं की शिक्षा किसी हस्तकार्य एवं उद्योग के माध्यम से दी जाती है। इसलिए हमें इसे केन्द्रीयकरण (Centralization) कहना चाहिए। परन्तु प्रयोग में हम इसे सह-सम्बन्ध ही कहेंगे।

गांधी जी ने समस्त विषयों की शिक्षा किसी हस्तकार्य अथवा किसी उद्योग को केन्द्र मानकर देने की बात कही थी। 1936 ई. में इस विषय पर पूना कान्फ्रेंस (Poona Conference) में विचार विमर्श हुआ और लोग इस निर्णय पर पहुंचे कि सह-सम्बन्ध की क्रिया अनावश्यक रूप से न की जाए। शिक्षण का आधार केवल हस्तकार्य अथवा उद्योग नहीं अपितु बच्चे के प्राकृतिक पर्यावरण एवं सामाजिक पर्यावरण को भी आधार बनाया जाए। आगे चलकर समस्त विषयों के बीच आपस में एकीकरण की बात को भी स्वीकार लिया गया। इस प्रकार सह-सम्बध के तीन रूप सामने आए, यथा:

(क) हस्तकार्य एवं उद्योग से सह-सम्बन्ध–बेसिक शिक्षा में किसी हस्तकार्य अथवा उद्योग को केन्द्र मानकर समस्त विषयों का ज्ञान उससे सम्बन्धित करके विकसित किया जाता है। यह हस्तकार्य अथवा उद्योग कुछ भी हो सकता है। उदाहरण के तौर पर कताई-बुनाई (Spinning and Weaving) हस्तकार्य को लीजिए :

(क) कताई करते समय गाना गाने, उस पर वार्तालाप करने एवं उस पर लेख लिखने आदि से भाषा का विकास होता है।

(ख) इसी प्रकार कपास की पैदावार के लिए आवश्यकता खेत, उसकी मिट्टी एवं जलवायु का ज्ञान भूगोल का विषय है। इसे इस कार्य के माध्यम से स्वाभाविक रूप से विकसित किया जा सकता है।

कपास से कपड़े बनाने की कहानी, विभिन्न युगों में कपड़े के प्रकार आदि की चर्चा इतिहास का विषय है। इसे इस कार्य के माध्यम से तत्सम्बन्धी इतिहास पढ़ाया जा सकता है। इसके आधार पर विभिन्न समय की वेष-भूषा का भी ज्ञान कराया जा सकता है।

कपास और सूत का लेखा-जोखा रखने से बच्चे व्यावहारिक गणित की शिक्षा प्राप्त करते हैं। बीज पौधे के रूप में कैसे आता है? इसके लिए किन-किन तत्त्वों की आवश्यकता होती है? यह समस्या भी हस्तकार्य में उठाई जा सकती है और इसका समाधान ढूंढ़ने में अनायास ही विज्ञान का ज्ञान प्राप्त किया जा सकता है।

(ख) प्राकृतिक अथवा भौतिक पर्यावरण से सह-सम्बन्ध–बेसिक शिक्षा में बच्चे के प्राकृतिक पर्यावरण को भी बहुत महत्त्व दिया गया है। बच्चे जिस प्राकृतिक पर्यावरण में रहते हैं। उसके कौतूहल उनमें कुछ जानने की इच्छा उत्पन्न करते ही हैं। अध्यापकों को इससे लाभ उठाना चाहिए। उदाहरण के तौर पर प्राकृतिक निरीक्षण (Natural Study) को ही ले लीजिए।

बच्चों को उनके आस-पास के प्राकृतिक पर्यावरण का निरीक्षण करने के पूर्ण अवसर देने चाहिए। वे जो कुछ भी देखें, उनके विषय में बातचीत करके तथा अपनी जिज्ञासा को अध्यापक के सहयोग से शांत कर सकते हैं। उस पर लेख लिख सकते हैं। इससे भाषा की शिक्षा होगी।

पेड़-पौधों के विषय में जानकारी प्राप्त करने से बनस्पतिविज्ञान की शिक्षा प्राप्त होगी। पशु-पक्षियों का ज्ञान ज़ीवविज्ञान का विषय है।

इसी के आधार पर नदी, पर्वत तथा बड़े-बड़े नगरों का ज्ञान प्राप्त किया जा सकता है और भूगोल की शिक्षा दी जा सकती है।

व्यावहारिक गणित के लिए तो अध्यापक कोई भी अवसर निकाल सकता है। पेड़ गिनने, तोड़ते समय फूल गिनने, किसने अधिक या थोड़े फूल तोड़े, उनकी संख्या में क्या सम्बन्ध है, आदि से न जाने व्यावहारिक गणित का कितना अधिक ज्ञान प्राप्त किया जा सकता है।

परन्तु एक बात सदा ध्यान में रखना चाहिए कि यह सम्बन्ध अस्वाभाविक न हो। जिन विषयों एवं विषय–सामग्री को पर्यावरण से सम्बन्धित किया जा सके, उसका ही विकास करना चाहिए। शेष के लिए कोई दूसरा आधार चुनना चाहिए।

(ग) सामाजिक पर्यावरण से सह-सम्बन्ध–वास्तव में बच्चे जितना अधिक अपने सामाजिक पर्यावरण से सीखते हैं, उतना अन्यथा नहीं। बच्चों का सामाजिक पर्यावरण बड़ा विस्तृत होता है। उसमें विद्यालय, तहसील, कचहरी, कारखाना, म्यूनिसिपल कमेटी, विद्युत विभाग, ग्राम पंचायत तथा जिला परिषद् जैसी संस्थाएं होती हैं। इन संस्थाओं में अनेक आयोजन होते हैं, उत्सव मनाए जाते हैं और मेले लगते हैं। इन सब को आधार बना कर ज्ञान का विकास करना ही सामाजिक पर्यावरण से सह-सम्बन्ध कहलाता है। उदाहरण के तौर पर हम यहां एक मेले को लेते हैं।

प्रत्येक समाज में प्रायः मेलों का आयोजन होता ही रहता है। इन मेलों के माध्यम से बच्चों को सभी विषयों का ज्ञान कराया जा सकता है तथा सामाजिक कार्यों में प्रशिक्षित किया जा सकता है, जैसे–मेले में बच्चे विभिन्न वस्तुओं को देखते हैं, आपस में बातचीत करते हैं, अपनी डायरियों में कुछ लिखते हैं। इससे भाषा की शिक्षा हो जाएगी। विद्यालय लौटकर मेले पर निबन्ध भी लिखा जा सकता है।

इस प्रकार बच्चे के सामाजिक पर्यावरण के आधार पर विभिन्न विषयों की पाठ्य-सामग्री एक-दूसरे से सम्बन्धित करके विकसित की जा सकती है। बच्चों को सामाजिकता की शिक्षा सामाजिक क्रियाओं में भाग लेने से दी जा सकती है। हमें उनके सामाजिक पर्यावरण का पूरा-पूरा लाभ उठाना चाहिए।

निष्कर्ष (Conclusion)–बेसिक शिक्षा के कुछ उपर्युक्त दोषों के होते हुए भी शिक्षा सिद्धान्तों की दृष्टि से ऐसे अनेक गुण हैं जिनके कारण हमें इस पद्धति की उपयुक्तता को स्वीकार करना ही पड़ेगा। ध्यान देने की बात है कि महान दार्शनिक रूसो (Rousseau) ने पुस्तकीय शिक्षा का विरोध करके बाल केन्द्रित शिक्षा पर बल दिया था। बेसिक शिक्षा भी पुस्तकीय शिक्षा का विरोध करके कार्य करने पर बल देते हुए शिक्षा में बालकों को मुख्य स्थान देती है।

पैस्टालोजी महोदय (Pestalozzi) ने बालक के स्वाभाविक तथा सर्वांगीण विकास पर बल दिया था। बेसिक शिक्षा भी हस्तकला के माध्यम से बालकों का स्वाभाविक तथा सर्वांगीण विकास करके घर, समुदाय एवं स्कूल से घनिष्ठ सम्बन्ध स्थापित करती है।

फ्रोबल (Froebel) ने सृजनात्मक शिक्षा के महत्त्व को स्वीकार किया था। बेसिक शिक्षा भी सृजनात्मक तथा उत्पाद कार्यों को महत्त्व देती है। डॉ. मेरिया माण्टेसरी (Maria Montessori) ने वातावरण के महत्त्व पर बल दिया था। बेसिक शिक्षा भी इस बात पर बल देती है कि हस्तकला का चुनाव प्राकृतिक एवं सामाजिक वातावरण के अनुसार होना चाहिए।

ऐसे ही जान डी.वी. महोदय (John Dewey) ने बालकों के व्यक्तित्व को सामाजिक वातावरण में विकसित करने पर बल दिया। बेसिक शिक्षा भी वैयक्तिक तथा सामाजिक उद्देश्यों को प्राप्त करने के लिए अग्रसर होती है।

संक्षेप में, बेसिक शिक्षा के अन्तर्गत उन सभी सिद्धान्तों का समावेश है, जिन्हें संसार के सभी शिक्षा शास्त्रियों ने अपनी-अपनी शिक्षण-पद्धतियों में मुख्य स्थान दिया है।

उपर्युक्त सिद्धान्तों के अतिरिक्त बेसिक शिक्षा–पद्धति राष्ट्रीय भाषा द्वारा बालकों का स्वाभाविक जीवन से सम्बन्ध स्थापित करते हुए हमारे देश की सामाजिक तथा आर्थिक आवश्यकताओं को पूरा करके बालकों को रटने की अपेक्षा व्यावहारिक ज्ञान प्राप्त करने के लिए प्रेरित करती है। सच तो यह है कि बेसिक शिक्षा के दार्शनिक, मनोवैज्ञानिक तथा सामाजिक आधार हैं।

इन आधारों के कारण यह स्वावलम्बी है तथा श्रम के महत्त्व को स्वीकार करती है, व्यक्तित्व का विकास करती है। घर, स्कूल तथा समुदाय में घनिष्ठ सम्बन्ध स्थापित करती है, क्रियाशीलता पर बल देती है तथा बालकों की सौन्दर्यानुभूति का विकास करती है। अतः हमें स्थान तथा परिस्थितियों के अनुसार बेसिक शिक्षा के दोषों को दूर करके इस पद्धति में आवश्यक परिवर्तन कर लेने चाहिए, जिससे यह व्यावहारिक, उपयोगी तथा सर्वप्रिय बन जाए।

◆◆◆

6. सारजेंट योजना-1944
(Sergeant Plan–1944)

6. सारजेंट योजना 1944 पर एक विस्तृत टिप्पणी लिखिए।
(Write a detailed note on Sergeant Plan 1944.)

अथवा

सारजेंट योजना की मुख्य सिफारिशों का वर्णन कीजिए। इस योजना के गुण-दोषों का भी वर्णन कीजिए।
(Describe the main recommendations of Sergeant Plan. Describe its merits and demerits also.)

उत्तर–सारजेंट योजना का परिचय (Introduction of Sergeant Plan)–सारजेंट योजना भारतीय शिक्षा के इतिहास में बहुत महत्त्वपूर्ण है। इस योजना को अनेक नामों से जाना जाता है। जैसे–सारजेंट रिपोर्ट, भारत में युद्धोत्तर शिक्षा विकास योजना एवं केन्द्रीय शिक्षा सलाहकार योजना की रिपोर्ट आदि। दूसरे विश्वयुद्ध के समाप्त होने के बाद भारत सरकार का ध्यान भारतीयों की दशा सुधारने के लिए और उनके विकास के लिए एक प्रभावशाली योजना बनाने की ओर गया। इस कार्य के लिए सरकार के शिक्षा सलाहकार 'जॉन सारजेंट' को वायसराय की प्रबंधकारिणी कौंसिल के पुनर्निर्माण आयोग ने युद्ध उपरांत पुनर्निर्माण काल में भारतीय शिक्षा के विकास के लिए एक विवरण पत्र तैयार करने का कार्यभार सौंपा। 1944 में एक सर्वेक्षण दल गठित किया गया जिसके अध्यक्ष सर जॉन सारजेंट थे। इन्होंने भारतीय शिक्षा के लिए अपनी विस्तृत रिपोर्ट प्रस्तुत की। इस रिपोर्ट को केन्द्रीय शिक्षा सलाहकार बोर्ड द्वारा पूर्ण रूप से स्वीकार किया गया और भारत सरकार से उन्हें लागू करने की सिफारिश की। क्योंकि यह योजना सर जॉन सारजेंट द्वारा तैयार की गई थी इसलिए इसका नाम सारजेंट योजना रखा गया।

सारजेंट योजना का कार्यक्षेत्र–सरकार ने केन्द्रीय शिक्षा सलाहकार बोर्ड से यह अपेक्षा की थी कि–

1. वह सम्पूर्ण देश की प्राथमिक शिक्षा से लेकर उच्च शिक्षा तक सरकारी तथा गैर-सरकारी शिक्षा की स्थिति का गहराई से अध्ययन करे।
2. वह यह भी देखे कि देश में सभी शिक्षा जैसे–जन-शिक्षा, विकलांगों की शिक्षा, औद्योगिक एवं प्रौद्योगिक शिक्षा, अध्यापक शिक्षा, स्त्री शिक्षा की क्या स्थिति है।
3. बोर्ड यह भी देखे कि सरकार ने अब तक नियुक्ति शिक्षा समितियों और आयोगों के किन सुझावों का क्रियान्वयन किया है और भारतीय शिक्षा के संख्यात्मक एवं गुणात्मक विकास में उनका क्या प्रभाव पड़ा।
4. बोर्ड शिक्षा की भावी योजना में सरकार (प्रशासन) की सलाह अवश्य लें।
5. बोर्ड को यह भी बताना पड़ेगा कि उसके द्वारा बनाई गई योजना में कितना समय लगेगा और उस पर अनुमानित कितना व्यय (खर्च) होगा।

सारजेंट योजना की प्रमुख सिफारिशें (Major Recommendations of Sergeant Plan)

1. पूर्व प्राथमिक शिक्षा से संबंधित सिफारिशें *(Recommendations related to Pre-primary education)*–

(क) **नर्सरी विद्यालय (Nursery Schools)**–सारजेंट रिपोर्ट में बताया गया है कि यदि राष्ट्रीय शिक्षा को सफल बनाना है तो विभिन्न नर्सरी स्कूलों की स्थापना करनी चाहिए। 3 से 6 वर्ष तक की उम्र के बच्चों को दाखिला मिलना चाहिए।

(ख) **निःशुल्क शिक्षा की व्यवस्था (Free Education)**–समिति ने यह भी कहा है कि इन बच्चों की शिक्षा निःशुल्क होनी चाहिए, जिससे कि गरीब बच्चे भी शिक्षा ग्रहण कर सकें।

(ग) **शिक्षा के उद्देश्य (Aims of Education)**–समिति द्वारा रिपोर्ट में यह स्पष्ट निर्देश दिया गया है कि छोटे बच्चों पर शिक्षा का भार नहीं डालना चाहिए। उन्हें सामाजिक अनुभव तथा व्यवहार की शिक्षा प्रदान की जानी चाहिए।

2. प्राथमिक शिक्षा से संबंधित सिफारिशें *(Recommendations related to Primary Education)* –

(क) **सार्वभौमिक, अनिवार्य और निःशुल्क शिक्षा (Universal, Compulsory and Free Education)**–समिति ने अपनी रिपोर्ट में कहा कि भारत में प्राथमिक शिक्षा की सफलता के लिए 6-14 वर्ष की आयु के सभी बच्चों के लिए सार्वभौमिक, अनिवार्य तथा निःशुल्क शिक्षा की व्यवस्था की जानी चाहिए।

(ख) **शिल्पकला पर आधारित शिक्षा (Education Based on Craft)**–इस रिपोर्ट के अनुसार प्राथमिक शिक्षा किसी मौलिक शिल्प पर आधारित होनी चाहिए और यह सिखाई गई शिल्पकला स्थानीय परिस्थितियों के अनुकूल होनी चाहिए। किन्तु समिति विद्यार्थियों द्वारा बनाई गई वंस्तुओं से शिक्षा का खर्च उठाने के बिल्कुल पक्ष में नहीं थी।

(ग) **बुनियादी विद्यालयों के प्रकार (Types of Basic Schools)**–समिति के अनुसार प्राथमिक विद्यालय मुख्यतः दो प्रकार के होने चाहिएं–

(i) **कनिष्ठ बुनियादी विद्या[illegible] (Junior Basic Schools)**–इस प्रकार के विद्याल वर्ष के बच्चे अनिवार्[illegible] से शिक्षा ग्रहण कर सकेंगे।

(ii) **वरिष्ठ बुनियादी विद्यालय (Senior Basic Schools)**–इस प्रकार के विद्यालयों में 11-14 वर्ष की उम्र के बच्चे दाखिला ले सकेंगे। भावी नागरिकों को बड़ी संख्या में तैयार करने में इन वरिष्ठ बुनियादी विद्यालयों का बहुत अधिक महत्त्व है। इन विद्यालयों को पर्याप्त मात्रा में अध्यापकों और उपकरणों से युक्त होना चाहिए।

(घ) **शिक्षा का माध्यम (Medium of Education)**–शिक्षा का माध्यम मातृभाषा होना चाहिए तथा अंग्रेजी को द्वितीय अनिवार्य विषय के रूप में पढ़ाया जाना चाहिए।

3. माध्यमिक शिक्षा से संबंधित सिफारिशें *(Recommendations related to Secondary Education)* –

(क) **शिक्षा की अवधि (Duration of Education)**–माध्यमिक शिक्षा की अवधि 6 वर्ष की होनी चाहिए और 11-17 वर्ष के मध्य की उम्र के बच्चों का दाखिला लिया जाए।

(ख) **विद्यार्थियों का उचित चयन (Right Selection of Students)**–माध्यमिक शिक्षा में प्रवेश के लिए केवल उन्हीं छात्रों को लेना चाहिए, जिनके अंदर उच्च अध्ययन के लिए असाधारण योग्यता, अभिवृत्तियां, रुचि तथा अन्य योग्यताएं हैं।

(ग) **विद्यालय छोड़ने की शर्त (Conditions of Leaving School)**–समिति के अनुसार विद्यार्थियों को कम से कम 14 वर्ष तक माध्यमिक शिक्षा ग्रहण करनी चाहिए और इससे पहले उसे स्कूल छोड़ने की आज्ञा नहीं दी जानी चाहिए।

(घ) **हाई स्कूल के लक्ष्य (Aims of High School Education)**–हाई स्कूल छोड़ने वाले विद्यार्थियों को ऐसी शिक्षा प्राप्त होनी चाहिए जो उन्हें सीधे व्यवसायों तथा पेशों में लाने के अनुकूल बना दे ताकि वे आत्मनिर्भर हो सकें तथा अपने पावों पर स्वयं खड़े होने के योग्य बनें।

4. विश्वविद्यालय शिक्षा से संबंधित सिफारिशें *(Recommendations related to University Education)* –

(क) **तीन वर्षीय डिग्री कोर्स (Three Year Degree Course)**–शिक्षा की सारजेंट योजना ने एक तीन वर्षीय डिग्री कोर्स का सुझाव दिया है। इंटरमीडिएट कक्षा को समाप्त कर देना चाहिए। ग्यारहवीं कक्षा को हाई स्कूल से जोड़ देना चाहिए जबकि बारहवीं कक्षा विश्वविद्यालय शिक्षा से जोड़नी चाहिए।

(ख) **प्रवेश के नियम (Rules for Admission)**–प्रवेश के नियम सख्त होने चाहिएं ताकि सिर्फ योग्य बच्चे ही उच्च शिक्षा प्राप्त कर सकें। माध्यमिक शिक्षा पूर्ण करने वाले 15 विद्यार्थियों में से केवल एक विद्यार्थी को विश्वविद्यालय शिक्षा प्राप्त करने की अनुमति देनी चाहिए जो शिक्षा प्राप्त करने के योग्य हो।

(ग) **योग्य शिक्षक (Competent Teachers)**–सारजेंट रिपोर्ट में विश्वविद्यालयों में शिक्षा का स्तर बढ़ाने के लिए योग्य शिक्षकों के चुनाव पर बल दिया है।

(घ) **शिक्षक-शिक्षार्थी संबंध (Teacher Student Relationship)**–शिक्षकों और विद्यार्थियों के मध्य पारस्परिक संबंध मधुर होने चाहिएं और उनका आपस में सम्पर्क होते रहना चाहिए।

(ङ) **विश्वबिद्यालय अनुदान आयोग (University Grants Commission)**–सारजेंट रिपोर्ट ने देश में एक विश्वविद्यालय अनुदान आयोग की स्थापना का निर्देश भी दिया था। इसकी स्थापना 1945 में की गई थी। इसका काम अलीगढ़, बनारस और दिल्ली तीनों केन्द्रीय विश्वविद्यालयों के कार्यों की निगरानी करना था।

5. तकनीकी, औद्योगिक तथा व्यावसासिक शिक्षा से संबंधित सिफारिशें
(Recommendations related to Technical, Industrial and Vocational Education) –

कारीगरों की श्रेणियां (Categories of Workers)–सारजेंट रिपोर्ट में तकनीकी एवं व्यावसायिक शिक्षा पर बहुत बल दिया है। समिति ने कारीगरों की चार श्रेणियां बताई हैं जो निम्नलिखित हैं–

(i) **कारीगरों की उच्च श्रेणी (Higher Class of Workers)**–इस श्रेणी में मुख्य अधिकारी और शोध कार्यकर्ता जैसे उच्च श्रेणी के कारीगर आते हैं। इस प्रकार समिति ने सुझाव दिया कि इन कारीगरों को विश्वविद्यालय शिक्षा से जोड़ देना चाहिए। इस उच्च शिक्षा में प्रवेश पाने के नियम कठोर हों ताकि योग्य छात्र ही इसमें प्रवेश पा सकें।

(ii) **कारीगरों की निम्न श्रेणी (Lower Class of Workers)**–इसमें फोरमैन, प्रभारी, प्रमुख तथा अन्य साधारण कार्यकारी तथा प्रशासनिक अधिकारी शामिल होते हैं। इन व्यक्तियों को तकनीकी हाई स्कूलों में प्रशिक्षण देना चाहिए।

(iii) **कुशल कारीगर (Skilled Craftsman)**–औद्योगिक तथा व्यवसायिक योजनाओं के सफल कार्यान्वयन के लिए कर्मियों की इस श्रेणी को प्रशिक्षण प्रदान करने के लिए विद्यार्थियों को किसी तकनीकी हाई स्कूल के पाठ्यक्रम में उत्तीर्ण होना चाहिए।

(iv) **अर्द्धकुशल एवं अकुशल कारीगर (Semi Skilled and Unskilled Craftsman)**–इस श्रेणी में उन व्यक्तियों को शामिल किया जा सकता है जो किसी मूल शिल्प के साथ वरिष्ठ प्रारंभिक विद्यालयों से परीक्षा उत्तीर्ण कर चुके हैं।

6. प्रौढ़ शिक्षा संबंधी सिफारिशें (Recommendations related to Adult Education)– समिति के अनुसार कोई भी लोकतांत्रिक जीवन तब तक सफल नहीं हो सकता, जब तक कि पूर्ण रूप से निरक्षता को समाप्त नहीं कर दिया जाता।

(क) इस योजना में प्रौढ़ों के लिए दो प्रकार–1. सामान्य शिक्षा, 2. व्यवसायिक शिक्षा का सुझाव दिया गया है।

(ख) सारजेंट योजना के अनुसार प्रौढ़ पुरुषों तथा स्त्रियों के लिए अलग-अलग संस्थाओं की स्थापना करनी चाहिए।

(ग) इसे लोकप्रिय बनाने के लिए चलते-फिरते पुस्तकालय की व्यवस्था करनी चाहिए।

(घ) एक प्रौढ़ शिक्षा केन्द्र पर 25 से अधिक प्रौढ़ न रखे जाएं।

(ङ) प्रौढ़ शिक्षा की अवधि कम से कम एक वर्ष हो।

(च) प्रौढ़ शिक्षा के पाठ्यक्रम के बारे में सुझाव दिया गया है कि 3R के साथ इसमें अर्थशास्त्र, नागरिकशास्त्र, इतिहास, भूगोल तथा स्वास्थ्य विज्ञान को भी शामिल किया जाना चाहिए।

7. शिक्षण प्रशिक्षण संबंधी सिफारिशें
(Recommendations related to teacher Training)

(क) **अध्यापकों की नियुक्ति (Appointment of Teachers)**–इस योजना में शिशु और जूनियर बेसिक स्तर पर 1 : 30 सीनियर बेसिक स्तर पर 1 : 25 और हाई स्कूल स्तर पर 1 : 20 अध्यापक छात्र अनुपात के अनुसार नियुक्ति की जानी चाहिए। रिपोर्ट में निर्देशित किया गया है कि भारत देश में शिक्षकों का अभाव है और छात्र ज्यादा हैं। अतः अध्यापकों की संख्या बढ़ाने का प्रयास करना चाहिए।

(ख) **निःशुल्क प्रशिक्षण (Free Training)**–प्रशिक्षण महाविद्यालयों में निःशुल्क प्रशिक्षण की व्यवस्था होनी चाहिए।

(ग) **शोधकार्य को प्रोत्साहन (Encouragement to Research Work)**–यदि कोई योग्य एवं कर्मठ अध्यापक शिक्षा के क्षेत्र में कोई शोध करना चाहे तो उसे इस प्रकार के शोध करने की व्यवस्था होनी चाहिए।

(घ) निर्धन प्रशिक्षणार्थियों को आर्थिक सहायता दी जानी चाहिए।

(ङ) योग्य व्यक्तियों को शिक्षण व्यवसाय की ओर आकर्षित करने के लिए सभी स्तरों के शिक्षकों के वेतनमानों में वृद्धि की जाए।

8. मनोरंजनात्मक एवं सामाजिक क्रियाओं से संबंधित सिफारिशें *(Recommendations related to Recreational and Social Activities)*

(क) **मनोरंजनात्मक एवं सामाजिक क्रियाओं का प्रबंध (Organization of Recreational and Social Activities)**–रिपोर्ट में युवा शक्ति के संचालन पर बल दिया गया है। युवाओं को सभी प्रकार के सामाजिक कार्यों के लिए उचित सुविधाएं मिलनी चाहिएं।

(ख) **छोटे बालकों की क्रियाओं की व्यवस्था (Provision of Activities of Small Children)**–रिपोर्ट में सिफारिश की कि 11 वर्ष की आयु के छात्रों के लिए विद्यालयों में तरह-तरह की क्रियाओं की जैसे लोकनृत्य, क्लब, खेलकूद, व्यायाम, ड्रिल आदि की व्यवस्था करनी चाहिए।

(ग) **बड़ी आयु के विद्यार्थियों के लिए कार्यक्रम (Programme for Big Students)**–बड़ी कक्षाओं में विद्यार्थियों के लिए सामूहिक खेलों, रचनात्मक कार्यों, वाद-विवाद प्रतियोगिताओं आदि का प्रबंध होना चाहिए।

9. विकलांगों की शिक्षा के संबंध में सिफारिशें (Recommendations related to Education of handicapped)–रिपोर्ट में असमर्थ व्यक्तियों के प्रशिक्षण की ओर विशेष ध्यान दिया है। मानसिक व शारीरिक विकलांग व्यक्तियों के लिए अलग विशेष संस्थाएं होनी चाहिएं। नेत्रहीन तथा बधिरों के लिए प्रशिक्षित शिक्षकों सहित विशेष शैक्षिक प्रबंधों की व्यवस्था होनी चाहिए।

जहां तक संभव हो विकलांगों को लाभकारी रोजगार के लिए प्रशिक्षित करना चाहिए।

10. विद्यार्थियों के स्वास्थ्य संबंधी सिफारिशें (Recommendations related to the health of students)–रिपोर्ट में बताया गया है कि किसी भी शिक्षा योजना में बच्चों के स्वास्थ्य की रक्षा और उसके विकास की तरफ ध्यान दिया जाना चाहिए। इसके लिए रिपोर्ट में निम्नलिखित सुझाव दिए गए हैं–

1. विद्यालयों में स्वास्थ्य शिक्षा अनिवार्य हो।
2. विद्यालयों का पर्यावरण स्वच्छ हो, कमरे बड़े हों तथा बैठने का फर्नीचर उपयुक्त हो।
3. छात्रों की जांच 6, 11 और 14 वर्ष की आयु पर की जाए।
4. विद्यालय में मध्याह्न भोजन की व्यवस्था हो।
5. साधारण रोगों की चिकित्सा की उचित व्यवस्था हो।
6. दुर्बल छात्रों पर विशेष ध्यान दिया जाना चाहिए।

11. शैक्षिक प्रशासन से संबंधित सिफारिशें *(Recommendations related to Educational Administration)*

1. अखिल भारतीय आधार पर कॉलेज तथा विश्वविद्यालय शिक्षा को संगठित किया जाए।
2. देश को वित्तीय आधार पर कई क्षेत्रों में बांटना चाहिए।
3. अखिल भारतीय सेवा में अधिकारी नियुक्त किए जाने के लिए उपाय करने चाहिएं।
4. एक सशक्त केन्द्रीय विभाग होना चाहिए।
5. केन्द्रीय शिक्षा सलाहकार बोर्डों के पास अधिक शक्तियां तथा जिम्मेदारियां होनी चाहिएं।

सारजेंट योजना के गुण
(Merits of Sergeant Plan)

राष्ट्रीय शिक्षा पद्धति के विकास की दृष्टि से सारजेंट योजना का एक ऐतिहासिक महत्त्व है। यह एक ऐसी योजना थी जो भारत में शिक्षा का सम्पूर्ण चित्र प्रस्तुत करती थी। इस योजना के निम्नलिखित गुण कहे जा सकते हैं–

1. इस योजना में शिक्षा की राष्ट्रीय योजना बनाते समय बहुत गहरा अध्ययन किया गया है।
2. रिपोर्ट में शिक्षा को आम मानस तक पहुंचाने की अनेक योजनाओं के बारे में बताया गया है।
3. इस रिपोर्ट में मंद बुद्धि बालकों एवं विकलांग बच्चों को शिक्षा देने हेतु अनेक सराहनीय उपाय बताए गए हैं।
4. रिपोर्ट ने शिक्षा को सफल बनाने के लिए शिक्षक के महत्त्व को अच्छी तरह पहचाना है। रिपोर्ट में शिक्षकों के वेतनमान में वृद्धि करने, उन्हें उपयुक्त प्रशिक्षण देने व उनका स्तर सुधारने के बारे में योजना बनाने को कहा गया है।
5. रिपोर्ट में विद्यार्थियों के स्वास्थ्य पर भी बदल दिया है। विद्यार्थियों की चिकित्सीय जांच और निःशुल्क इलाज के बारे में निर्देश दिया गया है।
6. रिपोर्ट में रोजगार कार्यालयों को खोलने की सिफारिश की गई है ताकि सभी व्यक्ति रोजगार पा सकें।
7. रिपोर्ट में प्रौढ़ शिक्षा को भी बढ़ावा देने की योजनाओं के बारे में भी बताया गया है।
8. सारजेंट रिपोर्ट में विद्यार्थियों के शैक्षिक पक्ष की ओर ही नहीं बल्कि उनके औद्योगिक तकनीकी एवं व्यवसायिक पक्ष की ओर ध्यान दिया है।
9. रिपोर्ट में प्राथमिक शिक्षा के महत्त्व को पहचाना है। इसे अनिवार्य तथा सार्वभौमिक बनाने के निर्देश दिए हैं।
10. भारतीय शिक्षा का सम्पूर्ण अध्ययन तथा इसके सुधारों के सुझाव भी रिपोर्ट में दिए गए हैं।

सारजेंट रिपोर्ट के दोष
(Demerits of Sergeant Plan)

सारजेंट रिपोर्ट में कुछ दोष भी हैं जो इस प्रकार हैं–

1. सारजेंट रिपोर्ट को शिक्षा की राष्ट्रीय पद्धति कहना गलत होगा, क्योंकि यह इंग्लैंड में प्रचलित प्रतिरूप की एक नकल है। इंग्लैंड एक विकसित देश है जबकि भारत नहीं है। इसलिए इंग्लैंड में शैक्षिक स्तर को भारत के लिए शैक्षिक स्तर मानना बिल्कुल भी उचित तथा वांछनीय नहीं है।
2. यह रिपोर्ट प्राप्त करने वाले केवल आदर्शों को निर्धारित करती है। परंतु इन आदर्शों को प्राप्त करने वाले साधनों का निर्धारण नहीं करती।
3. यह मौलिक रिपोर्ट नहीं है। यह केवल समय-समय पर विभिन्न समितियों तथा आयोगों द्वारा शिक्षा पर प्रकाशित होने वाली सिफारिशों का टुकड़ों में बंटा काम है।
4. योजना के कार्यान्वयन के लिए करोड़ों रुपयों का अनुमान लगाया गया तथा खर्च का 75% भाग जनता द्वारा उठाना जो कि असंभव था। भारत की खराब आर्थिक स्थिति होने के बावजूद रिपोर्ट ने शिक्षा की एक बहुत महंगी योजना तैयार की।
5. प्राथमिक योजना के संबंध में इसमें वर्धा योजना का केवल सारांश शामिल है।
6. रिपोर्ट ने अपनी सिफारिशों को पांच भागों में विभाजित किया है और प्रत्येक भाग को कार्यान्वयन के लिए सात वर्ष निर्धारित किए। इस प्रकार पांचों भागों को पूरा करने में 35 वर्ष लगेंगे जबकि देश के 23लिए शिक्षा की योजना को लागू करने के लिए 35 वर्ष देना सहायक नहीं था।

7. वर्धा योजना में निर्धारित स्कूलों के आत्मनिर्भरता के पक्ष को पूर्णतया रद्द कर दिया गया।
8. सारजेंट योजना ने भारतीय शिक्षा में जो कुछ महत्त्वपूर्ण समस्याएं थीं उन पर न तो प्रकाश डाला गया और न ही उनके लिए कोई प्रावधान बनाया। जैसे कि नारी शिक्षा, ग्रामीण शिक्षा तथा हमारे शैक्षिक संगठन में धार्मिक शिक्षा का स्थान।
9. हमारे देश में अनिवार्य शिक्षा को बाध्यकारी बनाने के लिए इस योजना ने किसी उचित तथा सरकारी मशीनरी का प्रावधान नहीं किया।
10. इस योजना को पूरा करने के लिए 313 करोड़ रुपये की राशि का अनुमान लगाया गया था, वह अपने आप में अपर्याप्त थी। फिर यह भी नहीं बताया गया कि इतनी बड़ी धनराशि का स्रोत क्या होगा।

सारजेंट शिक्षा योजना का प्रभाव

यह योजना भारत के लिए बड़ी उत्साहवर्धक थी। केन्द्रीय सरकार ने इसे प्राप्त करते ही इसके क्रियान्वयन हेतु पंचवर्षीय कार्यक्रम बनाने का आदेश दिया। प्रथम पंचवर्षीय शिक्षा योजना को पूरा करने के 10 करोड़ रुपये देना भी स्वीकार किया। इतना ही नहीं उसने 40 वर्षीय इस योजना को 16 वर्ष में पूरा करने की योजना बनाने के आदेश दिए।

प्रथम पंचवर्षीय शैक्षिक योजना के अनुपालन में दिल्ली में 1945 में पोलीटेक्निकल शिक्षा ब्यूरो (Bureau of Polytechnical Education) और 1946 में विश्वविद्यालय अनुदान समिति (University Grants Committee) की स्थापना की गई और शिक्षा के हर स्तर पर योजनाबद्ध कार्य शुरू हुए। परंतु यह बात दूसरी है कि किसी भी स्तर की शिक्षा को संतोषजनक प्रगति नहीं हो सकी।

उसके बाद हमारा देश 1947 में स्वतंत्र हो गया। हमने अंग्रेजों द्वारा बनाई गई योजना को संदेह की दृष्टि से देखा और आजाद भारत के लिए नए सिरे से शैक्षिक योजना बनाने के लिए प्रयास शुरू किए। इस सबका वर्णन भारत में शिक्षा की प्रगति के अनुसार किया गया।

◆◆◆

7. अंग्रेजी काल में या स्वतन्त्रता से पूर्व भारत वर्ष में प्राथमिक शिक्षा के विकास पर प्रकाश डालिए। (Write a note on Development of Primary Education during Colonial rule.)

उत्तर–प्राथमिक शिक्षा का अंग्रेजी शासन में अथवा स्वतन्त्रता से पूर्व विकास (Development of Primary Education before Independence)–प्राथमिक शिक्षा का इतिहास सदियों पुराना है, परन्तु 1854 ई० में ही प्रथम बार इस क्षेत्र में पक्का कदम उठाया गया था। तभी से लेकर आज तक के प्राथमिक शिक्षा के इतिहास की जानकारी निम्नलिखित प्रकार से प्राप्त कर सकते हैं–

1. चार्ल्स-वुड का 1854 का घोषणा-पत्र–19 जुलाई, 1854 में ईस्ट इण्डिया कम्पनी के संचालकों ने 'वुड का घोषणा-पत्र' प्रकाशित किया। इसमें शिक्षा के प्रसार का उत्तरदायी कम्पनी को ठहराया। अगर वुड के घोषणा-पत्र पर अमल किया जाता, तो इसके परिणामस्वरूप भारत में शिक्षा के प्रसार का परिणाम आश्चर्यजनक होता। वुड के घोषणा-पत्र ने प्राथमिक शिक्षा के क्षेत्र में निम्नलिखित सुझाव दिए थे।

- पहले से चल रहे स्कूलों को सरकारी अनुदान देकर उनका सुधार किया जाए।
- सरकार द्वारा हल्का-बन्दी प्रणाली जैसे–नियमों के अनुसार स्कूल स्थापित किए जाएं।
- प्राइवेट संस्थाओं को अधिक धन देकर उत्साहित किया जाए।

वुड के घोषणा-पत्र के अनुसार अनुदान के नियम इतने कड़े बनाए गए कि इसका तत्कालीन लाभ कुछ भी न हुआ। 1857 में राष्ट्रीय आन्दोलन प्रारम्भ हो जाने से वुड के घोषणा-पत्र के सुझाव लागू नहीं हो सके।

2. लार्ड स्टेन्ले का 1859 का घोषणा-पत्र–सन् 1859 में स्टैन्ले ने एक नवीन आज्ञा-पत्र प्रकाशित किया। इसमें अध्यापक शिक्षा के विकास के लिए निम्नलिख्ति सुझाव दिए गए थे–

- सरकार प्राथमिक शिक्षा का उत्तरदायित्व स्वीकार करे।
- प्राथमिक शिक्षा का प्रबन्ध स्थानीय संस्थाओं के द्वारा हो।
- शिक्षा के प्रसार के लिए आवश्यकता के अनुसार शिक्षा कर लागू।
- सहायक अनुदान प्रणाली को उच्च शिक्षा के क्षेत्र तक सीमित रखने का प्रबन्ध।
- अध्यापकों के प्रशिक्षण के लिए प्रशिक्षण महाविद्यालयों की स्थापना।

सन् 1871 में प्राथमिक विद्यालयों की संख्या बढ़कर 16,473 हो गई, जिसमें 607,620 छात्र पढ़ते थे। सन् 1882 में विद्यालयों की संख्या बढ़कर 82,916 हो गई और छात्रों की संख्या बढ़कर 2,061,541 तक पहुँच गई।

3. 1882 का भारतीय शिक्षा-आयोग या हन्टर आयोग–1882-83 में हन्टर आयोग की नियुक्ति करने का उद्देश्य प्राथमिक शिक्षा में सुधार लाना एवं उसमें सुझाव देना था। हन्टर आयोग ने शिक्षा के सम्बन्ध में जो सुझाव दिए वे निम्नलिखित हैं–

- प्रथामिक शिक्षा का उद्देश्य जनसाधारण में शिक्षा का प्रसार करना।
- पाठ्यक्रम में व्यावहारिक विषयों को लेना।
- प्रान्तीय सरकारों को भी प्राथमिक शिक्षा के प्रसार में आर्थिक सहायता प्रदान करना।
- प्रत्येक विद्यालय निरीक्षक के क्षेत्र में कम से कम सामान्य स्कूल की स्थापना।
- प्राथमिक स्तर पर शिक्षा स्थानीय भाषा के माध्यम द्वारा दी जाएगी।

1902 तक प्राथमिक शिक्षा के क्षेत्र में धीरे-धीरे वृद्धि हुई तथा प्राथमिक विद्यालयों के छात्रों की संख्या लगभग छः लाख हो गई।

4. 1904 में लार्ड कर्जन का शिक्षा-सम्बन्धी प्रस्ताव–लार्ड कर्जन ने प्राथमिक शिक्षा के सुधार एवं विस्तार दोनों की ओर ध्यान दिया। लार्ड कर्जन ने स्थानीय संस्थाओं तथा निजी क्षेत्र की संस्थाओं की सहायता के लिए 35 लाख रु० की अनुदान राशि प्रदान की। प्राथमिक स्तर पर अध्यापकों के प्रशिक्षण की सिफारिश की एवं मातृभाषा को शिक्षा के माध्यम के रूप में अपनाने पर बल दिया।

लार्ड कर्जन के प्रयत्नों के पश्चात् भी प्राथमिक शिक्षा के विकास के लिए प्रयत्न होते रहे। सरकारी प्रयत्नों के अतिरिक्त जनता ने भी प्राइमरी कक्षा के विकास के लिए योगदान दिया।

5. 1910 ई० में **गोपालकृष्ण गोखले** ने सरकार के सम्मुख यह प्रस्ताव रखा, **"यह सभा सिफारिश करती है कि प्रारम्भ में प्राथमिक शिक्षा को सम्पूर्ण देश में निःशुल्क करने के लिए गैर-सरकारी अधिकारियों का एक मिश्रित आयोग स्थापित किया जाए, जो शीघ्रातिशीघ्र निश्चित आंकड़े प्रस्तुत करे।"** यद्यपि गोखले, सरकार से अपने बिल को स्वीकृत कराने में असफल रहे, किन्तु उन्होंने लोगों में प्राथमिक शिक्षा के प्रति जागृति पैदा कर दी। इसके पश्चात् प्रथम महायुद्ध हुआ जिसका प्राथमिक शिक्षा के प्रसार पर प्रतिकूल प्रभाव पड़ा। 1921 से 1928 तक शिक्षा के विकास पर बल दिया गया। 1921 में राज्यों में सशक्त सरकार बनी। इसके साथ ही शिक्षा को भी परिवर्तित विषय समझा गया। प्रत्येक राज्य में शिक्षा मन्त्री नियुक्त करने पर बल दिया गया। सरकार तथा स्थानीय सभाओं ने शिक्षा पर अधिक व्यय करना आरम्भ कर दिया।

6. हरटोग कमेटी रिपोर्ट, 1929–सन् 1920 में साइमन कमीशन ने सर फिलिप हरटोग की अध्यक्षता में भारतीय शिक्षा की जांच करने के लिए एक सहायक समिति का निर्णय किया। इस कमेटी ने प्राथमिक शिक्षा के विस्तार की आलोचना की और शिक्षा में अपव्यय एवं अवरोधन की ओर शिक्षा-शास्त्रियों का ध्यान आकर्षित किया। 75% विद्यार्थी, जो प्राथमिक पाठशालाओं में प्रवेश लेते थे, वे चौथी कक्षा तक भी नहीं पहुंच पाते थे। इससे उपलब्ध मानव साधनों की फिजूलखर्ची होती थी। इसने अध्यापकों की अवस्थाओं, उनकी स्थिति, प्रशिक्षण अध्यापकों के लिए रिफ्रैशर कोर्सो आदि पर बल दिया।

1937 में प्रादेशिक सरकारों की स्थापना की गई तथा प्रान्तीय स्वशासन की नींव रखी गई। इसी समय 1937 में महात्मा गांधी जी ने बुनियादी शिक्षा का विचार रखा। इस योजना ने भारतीय शिक्षा के क्षेत्र में एक क्रांति उत्पन्न कर दी, परन्तु 1939 में द्वितीय विश्व युद्ध आरम्भ हो गया और शिक्षा का विकास रुक गया।

7. सारजैन्ट रिपोर्ट 1944–भारतीय शिक्षा में सुधार लाने के लिए तत्कालीन भारतीय शिक्षा सलाहकार सर जान सारजैन्ट को एक स्मृति-पत्र तैयार करने के लिए कहा गया। सन् 1945 में सारजैन्ट ने अपना स्मृति-पत्र केन्द्रीय शिक्षा सलाहकार बोर्ड के समक्ष प्रस्तुत किया। इसको 'सारजैन्ट रिपोर्ट' के नाम से पुकारा जाता है। इस रिपोर्ट ने प्राथमिक शिक्षा के विकास के लिए निम्नलिखित सुझाव दिए थे।

- 6 से 14 वर्ष की आयु के बालकों के लिए निःशुल्क अनिवार्य शिक्षा हो, जिसका रूप बुनियादी शिक्षा होना चाहिए।
- अधिक संख्या में उपस्थित अधिकारी निरीक्षण के लिए रखे जाएं।
- बुनियादी शिक्षा को जूनियर बेसिक तथा सीनियर बेसिक दो भागों में बाटा जाए।
- मातृ-भाषा को ही शिक्षा का माध्यम बनाया जाए।
- प्रशिक्षित अध्यापकों की नियुक्ति पर विशेष बल दिया जाए।

परन्तु जब सरकार सार्जेन्ट रिपोर्ट को लागू करने की ओर ध्यान दे रही थी, तो देश का विभाजन हो गया। इस प्रकार 1937 से 1947 तक प्राथमिक शिक्षा के क्षेत्र में धीरे-धीरे प्रगति हुई। स्वतन्त्रता प्राप्ति तक 229 नगरों और 1017 ग्रामों में प्राथमिक स्कूल खुल चके थे। इसके अतिरिक्त 10 नगरों और 1404 गांवों में अनिवार्य रूप से प्राथमिक शिक्षा का प्रबन्ध किया जा चुका था। 1947 तक 6 वर्ष से 11 वर्ष की आयु वाले बालकों की संख्या का 31.3% भाग प्राथमिक शिक्षा प्राप्त कर रहा था।

◆◆◆

2.2 विभिन्न आयोगों की सिफारिशों का आलोचनात्मक मूल्यांकन (Critical Appraisal of recommendations of various Commission)

माध्यमिक शिक्षा आयोग 1952-53 [Secondary Education Commission (1952-53)]

1. माध्यमिक शिक्षा आयोग 1952-53 के बारे में एक विस्तृत टिप्पणी लिखिए।
(Write a detailed note on Secondary Education Commission 1952-53.)

अथवा

माध्यमिक शिक्षा आयोग की मुख्य विशेषताओं का वर्णन कीजिए।
(Describe the main features of Secondary Education Commission 1952-53.)

उत्तर–स्थापना (Establishment)–ताराचन्द कमेटी तथा केन्द्रीय शिक्षा के सलाहकार बोर्ड के सुझाव पर भारत सरकार ने 23 सितम्बर, 1952 को माध्यमिक शिक्षा आयोग की स्थापना, डॉ. ए. लक्ष्मण स्वामी मुदालियर (Dr. A. Laxman Mudaliar) जो कि उस समय मद्रास विश्वविद्यालय (Madras University) के उप-कुलपति (Vice-Chancellor) थे, की अध्यक्षता में की। इस आयोग का मुख्य कार्य माध्यमिक शिक्षा की समकालीन स्थिति का निरीक्षण करना और उसमें सुधार एवं पुनर्गठन के लिए सुझाव देना था।

इस आयोग ने जून 1953 में अपनी रिपोर्ट प्रस्तुत की। इस रिपोर्ट में माध्यमिक शिक्षा के लगभग सभी पहलुओं पर प्रकाश डालकर सुझाव प्रस्तुत किए गए। जो निम्नलिखित थे–

1. उच्च माध्यमिक प्रणाली का संस्थापन (Installation of Higher Secondary System)
2. विभिन्न प्रकार के कोर्स (Diversified Courses)

3. त्रिभाषी (तीन-भाषाओं वाला) फॉर्मूला (Three Language Formula)
4. शिक्षात्मक एवं व्यावसायिक नीति-निर्देशन पर जोर (Emphasis on Educational and Vocational Guidance)
5. शिक्षण-विधियों में सुधार (Improvement in the Methods of Teachings)
6. पाठ्य-पुस्तकों में सुधार (Improvement in Text-Books)
7. परीक्षा प्रणाली में सुधार (Improvement in the Examination System)
8. शिक्षा कर्मियों में सुधार (Improvement in Teaching Personnel)
9. विद्यार्थियों की भौतिक उन्नति में सुधार (Improvement in the Physical Welfare of Students)
10. निर्माण एवं सामग्री में सुधार (Improvement in Building and Equipment)

आयोग के कार्य
(Functions of Commission)

1. भारत की समकालिक माध्यमिक शिक्षा की जाँच करना।
2. भिन्न-भिन्न प्रकार के माध्यमिक विद्यालयों में सह-सम्बन्ध।
3. माध्यमिक शिक्षा के उद्देश्य, संगठन तथा पाठ्यक्रम का निर्माण।
4. प्राथमिक, बुनियादी एवं उच्च शिक्षा के संदर्भ में माध्यमिक शिक्षा।
5. अन्य समस्याएँ ढूँढ़कर उनका हल निकालना।

शिक्षा के उद्देश्य (Aims of Education)–माध्यमिक शिक्षा आयोग (1952-53) द्वारा सुझाए गए माध्यमिक शिक्षा के उद्देश्य निम्नलिखित हैं:–

1. व्यावसायिक कुशलता में सुधार (Improvement of Vocational Efficiency)
2. नेतृत्व का विकास (Development of Leadership)
3. प्रजातंत्रीय नागरिकता का विकास (Development of Democratic Citizenship)
4. व्यक्तित्व का विकास (Development of Personality)।

1. व्यावसायिक कुशलता में सुधार (Improvement of Vocational Efficiency)—व्यावसायिक विकास से अर्थ है कि विद्यार्थियों में कार्य करने के प्रति जोश एवं सम्मान पैदा करना तथा उन्हें इस लायक बना देना कि वे शिक्षा प्राप्ति के बाद खुद की आजीविका तो प्राप्त करें ही साथ-साथ देश के आर्थिक विकास में भी अपना योगदान सफलतापूर्वक दे सकें। उसके अतिरिक्त इस शिक्षा के माध्यम से विद्यार्थियों में काम के प्रति कदर तथा आदर पैदा करना है, ताकि वे किसी भी काम को छोटा या बड़ा न समझकर समान रूप से अपनाएँ।

2. नेतृत्व का विकास (Development of Leadership)—भारत एक प्रजातांत्रिक देश है तथा प्रजातन्त्र में सरकार आम व्यक्ति की होती है। **अरस्तु महान् (Aristotle)** के अनुसार, **("Government in democracy is of the people by the people for the people")** अर्थात् लोगों की, लोगों के लिए, लोगों द्वारा सरकार। प्रजातंत्र की सफलता के लिए प्रत्येक व्यक्ति में नेतृत्व के गुणों का विकास करना आवश्यक है। इसलिए शिक्षा आम व्यक्ति में यह भावना पैदा कर उन्हें सफल नेता बनाने में सक्षम हो। इसके साथ-साथ शिक्षा का यह भी कर्तव्य है कि वह व्यक्तियों को समुदाय के छोटे समूहों या स्थान के राजनीतिक शिल्पीय या सांस्कृतिक क्षेत्रों में नेतृत्व का दायित्व समझाने का प्रशिक्षण दे।

3. प्रजातंत्रीय नागरिकता का विकास—इस उद्देश्य के अनुसार नागरिकों में सामाजिक गुणों का विकास करना तथा ऐसे ढाँचे में ढालना है कि वे अपने कर्तव्यों का पालन सकारात्मक रूप से कर सकें। इन गुणों के विकास के लिए हम शिक्षा द्वारा निम्नलिखित तत्त्वों को विकसित कर सकते हैं—

(i) **देशभक्ति की भावना (Sense of Patriotism)**–शिक्षा का एक कार्य विद्यार्थियों में देशभक्ति की भावना जागृत करना भी है। उसके लिए शिक्षा विद्यार्थियों में अपने देश की सामाजिक तथा सांस्कृतिक परम्पराओं के प्रति विश्वास दृढ़ करती है तथा उनमें स्वार्थ से ऊपर उठकर देश की सेवा में सच्चे मन से लगकर समाज में फैली कुरीतियों को दूर कर देश के उत्थान में लगने के लिए प्रेरित करती है।

(ii) **स्पष्ट चिन्तन (Clear Contemplation)**–शिक्षा का स्पष्ट उद्देश्य विद्यार्थियों में चिन्तन-शक्ति बढ़ाना तथा नए विचारों को ग्रहण करने में सक्षम बनाना है। बौद्धिक विकास तथा गहरा एवं स्पष्ट चिन्तन व्यक्ति को 'सत्य और असत्य' में अन्तर करना सिखाता है, जिससे उसकी मानसिकता विस्तृत हो और वह देश की उन्नति में धर्मनिरपेक्ष होकर अपना योगदान दे सके।

(iii) **समुदाय की भावना (Feeling of Community)**–शिक्षा व्यक्ति को सम्प्रदाय में रहने, एक-दूसरे की सहायता करने तथा आपस में प्यार तथा विश्वास बढ़ाने में योगदान देती है। समुदाय में रहकर व्यक्ति सहयोग, अनुशासन तथा सहनशीलता जैसे गुणों को धारण करता है जो देश की उन्नति में काम आते हैं।

(iv) **बोलने तथा लिखने में स्पष्टता (Clearness in Speech and Writing)**–शिक्षा व्यक्ति को स्पष्ट चिन्तन, साम्प्रदायिक भावना, के साथ-साथ बोलने तथा लिखने में सक्षम बनाती है। विचारों का शान्तिपूर्वक आदान-प्रदान, स्वतन्त्र वाद-विवाद तथा समालोचना जैसे गुण भी स्पष्ट बोलने तथा साफ लिखने से स्वतः ही विकसित हो जाते हैं, जो देश की उन्नति के लिए अत्यधिक अनिवार्य हैं।

(v) **वसुधैव कुटुम्बकम् (Sense of World) की भावना का विकास**–आज विश्व एक ऐसे मुकाम पर खड़ा है जहाँ तृतीय विश्व युद्ध के रूप में एक विकराल राक्षस मानव जाति को ग्रास करने के लिए लालायित है। हर समय मानवता को खतरा है। ऐसे में शिक्षा व्यक्ति में मानव जाति से प्रेम करने तथा उसकी उन्नति व विकास के लिए प्रेरित करती है तथा विश्व को विनाश से बचा सकती है।

(vi) **विश्व नागरिकता की भावना का विकास (Development of the Sense of World Citizenship)**–आधुनिक युग में 'मैं और मेरा देश' ऐसा सोचना एक भयंकर तथा खतरनाक विचार है। आज वैश्वीकरण के कारण सभी देश एक-दूसरे के इतना अधिक नजदीक आ गए हैं कि अब कोई एक राष्ट्र अकेले रहने का साहस नहीं कर सकता। इसलिए विश्व नागरिकता का महत्त्व उतना ही हो गया है जितना की राष्ट्रीय नागरिकता का।

4. व्यक्तित्व का विकास (Development of Personality)–आयोग के अनुसार शिक्षा का एक अति महत्त्वपूर्ण कार्य व्यक्तित्व का विकास भी है। यह विद्यार्थियों को किताबी ज्ञान के अतिरिक्त अपने सर्वांगीण विकास में सहायक होती है। इस आयोग के अनुसार यदि विद्यार्थियों में रचनात्मक शक्ति का विकास कर दिया जाए तो वे स्वतः ही अपनी सांस्कृतिक विरासत का सत्कार व सम्मान करने लगेंगे। इसके अतिरिक्त सर्वांगीण विकास के महत्त्वपूर्ण तत्त्व–कला, शिल्प, संगीत, नृत्य, खेल तथा नैतिकता आदि के प्रति भी विद्यार्थियों में रुचि पैदा हो।

शिक्षा का ढाँचा (Structure of Education)–माध्यमिक शिक्षा आयोग ने माध्यमिक शिक्षा एवं विश्वविद्यालय शिक्षा के बीच जिस अन्तर की स्थिति है उसे पाटने के लिए माध्यमिक शिक्षा के पुनर्गठन की सिफारिश की। इसके अनुसार माध्यमिक शिक्षा की अवधि 11-17 वर्ष तक की आयु की है। इस अवधि के दौरान मिडल, जूनियर माध्यमिक तथा सीनियर बेसिक स्तर का तीन वर्षीय शिक्षा तथा उच्च माध्यमिक स्तर का चार वर्षीय पाठ्यक्रम शामिल हो। परन्तु बाद में इस आयोग ने अपने सुझावों में सुधार करते हुए विद्यालय एवं महाविद्यालय शिक्षा में साधारण आदर्श अपनाए जाने का अनुग्रह किया। और उनके द्वारा निर्धारित किया गया आदर्श था 8 + 3 + 3 इसका अर्थ था कि मिडल विद्यालय शिक्षा में 8 वर्ष, उच्च माध्यमिक शिक्षा की अवधि 3 वर्ष में जोड़ दी जाए। इसके अतिरिक्त प्रथम डिग्री के लिए तीन वर्ष निश्चित किए गए।

विद्यालय सम्बन्धी सुझाव (Suggestions Regarding Schools)–इस आयोग ने भिन्न-भिन्न प्रकार के विद्यालयों की स्थापना के विषय में भी सुझाव दिए। इसके अनुसार टैक्निकल विद्यालयों की संख्या अत्यधिक हो तथा बड़े शहरों में केन्द्रीय टैक्निकल विद्यालयों की स्थापना होनी चाहिए। उसके अतिरिक्त इस आयोग ने प्रशिक्षु (अप्रैंटिस) प्रशिक्षण के नियमों को बनाने पर जोर दिया।

अन्य प्रकार के विद्यालय (Other Kinds of Schools)–टैक्निकल विद्यालयों के साथ-साथ अन्य विद्यालयों की स्थापना की सिफारिश इस आयोग ने केवल विशिष्ट उद्देश्यों की पूर्ति हेतु की थी। इस प्रकार के विद्यालयों के अन्तर्गत निम्न प्रकार के विद्यालय खोलने की सिफारिश की गई–

1. पब्लिक विद्यालयों का अस्तित्त्व बना रहे।
2. विशिष्ट विद्यार्थियों को केन्द्र की सहायता मिलती रहे।
3. अधिक संख्या में विद्यालय होने चाहिए।
4. आवासीय विद्यालयों की स्थापना होनी चाहिए।

इस आयोग ने उन विशिष्ट विद्यालयों की स्थापना की सिफारिश के साथ-साथ सहशिक्षा (Co-education) पर भी जोर दिया। यद्यपि इस कमीशन ने यह माना कि लड़के एवं लड़कियों की शिक्षा में कोई अन्तर नहीं है, तथापि लड़कियों के लिए गृह-विज्ञान के शिक्षण की व्यवस्था होनी चाहिए। इस सम्बन्ध में मुख्य सिफारिशें निम्नलिखित हैं–

1. आवश्यकता होने पर लड़कियों के लिए अलग विद्यालय की स्थापना होनी चाहिए।
2. गृह-विज्ञान शिक्षा को सह-शिक्षा वाले विद्यालयों में प्रमुखता दी जानी चाहिए।
3. सह-शिक्षा वाले विद्यालयों में कुछ विशेष नियम तथा शर्तें लागू होनी चाहिए।

(क) पाठ्यक्रम का विकास (Development of Curriculum)–जहाँ तक पाठ्यक्रम का प्रश्न है, माध्यमिक शिक्षा आयोग ने इसकी रचना के निम्न सिद्धान्त प्रस्तुत किए–

1. अनेकरूपता एवं लचीलापन (Variety and Flexibility)–आयोग के अनुसार, जिस समय पाठ्यक्रम की रचना की जा रही हो, उस समय इसमें अनुरूपता एवं लचीलेपन को भी स्थान दिया जाना चाहिए। उसके अतिरिक्त विद्यार्थियों की रुचियों तथा आवश्यकताओं को भी ध्यान में रखा जाना चाहिए।

2. सम्पूर्णता (Totality)–पाठ्यक्रम गठन के समय यह सुनिश्चित कर लेना चाहिए कि इसमें शैक्षणिक पहलू के साथ-साथ विद्यार्थी के अन्य पहलुओं के विकास का पूर्ण ध्यान रखा गया है। क्योंकि विद्यार्थी का सर्वांगीण विकास केवल किताबी ज्ञान से नहीं होता, इसके लिए उसे पुस्तकालय, प्रयोगशालाएं, उद्योगशालाएँ, खेल तथा सांस्कृतिक गतिविधियों का भी ज्ञान होना आवश्यक है।

3. अवकाश का महत्त्व एवं उपयोगिता (Importance and Utility of Leisure)–पाठ्यक्रम में सामाजिक, सौन्दर्यपरक एवं कला को भी शामिल किया जाना चाहिए। इनके विकास के लिए विद्यार्थियों के लिए अवकाश का भी प्रावधान होना चाहिए ताकि अवकाश के समय को वे उन क्रियाओं के सम्पादन में मनोरंजन एवं सुखपूर्वक व्यतीत कर सकें।

4. सामुदायिक धुरा (Community-Centredness)–कमीशन के अनुसार पाठ्यक्रम साम्प्रदायिक जीवन से भी सम्बन्धित है। अर्थात् पाठ्यक्रम में उत्पादन कार्यों को भी विशेष स्थान दिया जाना चाहिए जो स्थानीय आवश्यकताओं के अनुरूप हो।

5. सह-सम्बन्ध (Correlation)–कमीशन के अनुसार पाठ्यक्रम के सभी विषय परस्पर एवं जीवन से सम्बन्धित होने चाहिए।

(ख) पाठ्यक्रम की व्यवस्था (Organisation of Curriculum)–आयोग ने पाठ्यक्रम की व्यवस्था दो स्तरों पर की है–

1. मिडल स्तर पर (At the Middle School Stage)–(i) भाषा, (ii) सामाजिक अध्ययन, (iii) सामान्य विज्ञान, (iv) गणित, (v) कला एवं संगीत, (vi) उद्योग, (vii) शारीरिक शिक्षा।

भाषा के विषय में आयोग का मन्तव्य यह है कि विद्यार्थी को क्षेत्रीय भाषा, राष्ट्रीय भाषा के साथ-साथ अन्तर्राष्ट्रीय भाषाओं को सिखाया जाना चाहिए क्योंकि भाषाएँ सम्प्रेषण का सशक्त साधन है।

2. उच्च एवं उच्चतर माध्यमिक स्तर पर (At High and Higher Secondary Stage)–आयोग ने इस स्तर पर पाठ्यक्रम को दो भागों में बाँटा है–

(i) कोर पाठ्यक्रम (Core-Curriculum)

(ii) उच्चतर पाठ्यक्रम (Higher-Curriculum)।

I. कोर पाठ्यक्रम (Core-Curriculum)–इस पाठ्यक्रम के अन्तर्गत निम्नलिखित विषयों का अध्ययन किया जाता है–

1. **भाषाएँ (Language) (2014)**–मातृभाषा, क्षेत्रीय भाषा या मातृभाषा और शास्त्रीय भाषा का पाठ्यक्रम तथा निम्नलिखित में से अन्य भाषा–

(i) हिन्दी (जिनकी मातृभाषा हिन्दी नहीं है)

(ii) आरम्भिक अंग्रेजी–(जिन्होंने मिडल में अंग्रेजी नहीं पढ़ी)

(iii) उच्च अंग्रेजी (जिन्होंने अंग्रेजी पहले पढ़ी है)

(iv) आधुनिक भारतीय भाषा (हिन्दी को छोड़कर कोई भी)

(v) आधुनिक विदेशी भाषा (अंग्रेजी को छोड़कर)

(vi) शास्त्रीय भाषा।

अन्य विषय–

(i) सामाजिक अध्ययन (Social Studies)

(ii) सामान्य ज्ञान (General Knowledge)

(iii) सामान्य-विज्ञान (General Science)

(iv) प्रारम्भिक गणित (Elementary Mathematics)

(v) शिल्प-कला (Crafts)।

निम्नलिखित में से एक उद्योग–

(i) कताई-बुनाई (Spinning and Weaving)

(ii) सिलाई, कढ़ाई, कशीदाकारी (Knitting and embroidery)

(iii) काष्ट कला (Wood Work)

(iv) मॉडलिंग (Modelling)

(v) धातु का काम (Metal Work)

(vi) बागवानी (Gardening)

(vii) सिलाई (Sewing)

(viii) टाइपिंग (Typing)

(ix) कार्यशाला (Workshop)।

II. उच्चतर पाठ्यक्रम (Higher Curriculum)–कमीशन ने उच्चतर पाठ्यक्रम में अनेक प्रकार के समूहों को शामिल किया है। ये समूह सात प्रकार के हैं और इनमें से विद्यार्थियों को कोई तीन विषय चुनने होते हैं। ये विषय कोर-विषयों से अतिरिक्त होंगे–

(i) ह्यूमैनिटीज (Humanities)

(ii) विज्ञान (Science)

(iii) तकनीकी (Technology)

(iv) वाणिज्य (Commerce)

(v) कृषि (Agriculture)

(vi) ललित कला (Fine-Arts)

(vii) गृह-विज्ञान (Home-Science)।

माध्यमिक शिक्षा आयोग एवं पाठ्य-पुस्तकें
(Secondary Education Commission and Text-Books)

माध्यमिक शिक्षा आयोग के अनुसार पाठ्य-पुस्तकों में सुधार से संबंधित सुझाव निम्नलिखित हैं:-

1. उच्च शक्ति समिति का प्रावधान (Provision of a High Power Committee)–इस आयोग ने यह सुझाव दिया की प्रत्येक प्रान्त में एक उच्च समिति का गठन किया जाए जिनमें राज्य के उच्च न्यायालय का एक न्यायाधीश, किसी एक विश्वविद्यालय का कुलपति, शिक्षा निदेशक, लोक सेवा आयोग का एक सदस्य, एक मुख्याध्यापक और इन पाँचों सदस्यों द्वारा कोई भी अन्य दो मनोनीत सदस्य। उसका सचिव शिक्षा निदेशक को बनाया गया। इसके अतिरिक्त इन सभी को स्वतन्त्र रूप से कार्य करने का अधिकार भी दिया गया। इस समिति के मुख्य कार्य धन की व्यवस्था, पुस्तकों का चयन, निर्धन छात्रों के लिए छात्रवृत्तियाँ, अच्छी पुस्तक लिखने की प्रेरणा, प्रोत्साहन, पुस्तकों का प्रबन्ध तथा विषय-विशेषज्ञों की सूची बनाना आदि थे।

2. पाठ्य-पुस्तकों का प्रकाशन (Publication of Text Books)–आयोग के सुझाव के अनुसार पुस्तकों के प्रकाशन का कार्य राज्य सरकार को अपने हाथों में ले लेना चाहिए तथा बाहरी व्यावसायिक प्रकाशकों का हस्तक्षेप खत्म कर देना चाहिए। आयोग की इस सलाह पर हरियाणा तथा पंजाब की राज्य सरकारों ने समुचित कार्यवाही की है।

3. निर्देश पुस्तकें (Reference Books)–आयोग के अनुसार विद्यार्थी के सर्वांगीण विकास तथा अध्यापकों के ज्ञानवर्धन हेतु राज्य सरकारों तथा केन्द्र सरकार को भिन्न-भिन्न प्रादेशिक भाषाओं में निर्देश-पुस्तकों का प्रकाशन करना चाहिए।

4. भाषाई पुस्तकें (Language of Text Books)–आयोग के अनुसार इस बात का विशेष ध्यान देना चाहिए कि प्रत्येक कक्षा के लिए अलग परन्तु उपयुक्त भाषा की पुस्तकों का प्रकाशन होना चाहिए।

5. पाठ्य-पुस्तकों का स्थायित्व–कमीशन के अनुसार पाठ्य-पुस्तकों को जल्दी-जल्दी बदलने की परम्परा नहीं डालनी चाहिए। क्योंकि बार-बार पाठ्य-पुस्तकों का बदलना विद्यार्थियों तथा अध्यापकों के लिए अनावश्यक परेशानी पैदा करता है। इसलिए पुस्तकों के चयन के समय दूरदर्शिता दिखानी चाहिए तथा उसी पाठ्य-पुस्तक को चुनना चाहिए जिसमें संशोधन की आवश्यकता न हो।

6. पाठ्य-पुस्तकों का अनुमोदन (Recommendation of Text Books)–आयोग के अनुसार प्रत्येक कक्षा व विषय पर पर्याप्त संख्या में पाठ्य-पुस्तकें अनुमोदित हों तथा पुस्तकों के चयन का कार्य सम्बन्धित शिक्षा संस्थाओं पर छोड़ दिया जाना चाहिए।

7. चित्रों का समावेश (Inclusion of Pictures)–आयोग के अनुसार पाठ्य-पुस्तकों में चित्रों के समावेश से दोहरा फायदा होगा। विद्यार्थी चित्रों के माध्यम से आसानी से किसी बात को समझ सकते हैं तथा दूसरी ओर कुशल तथा प्रतिभावान कलाकारों के बनाए चित्र पुस्तकों में डालने से उन्हें प्रोत्साहन तथा आर्थिक सहायता मिलेगी।

8. धर्म विशेष पर पुस्तकों का तिरोकार–भारत एक प्रजातान्त्रिक धर्म निरपेक्ष राज्य है, इसलिए ऐसी कोई भी पुस्तक पाठ्यक्रम में शामिल नहीं करनी चाहिए जो किसी एक धर्म विशेष की प्रशंसा पर आधारित हो तथा दूसरे धर्मों की भावनाओं को ठेस पहुँचाती हो।

शिक्षण विधियों में सुधार
(Improvement in Methods of Teaching)

आयोग ने शिक्षण विधियों की ओर ध्यान देते हुए इस विषय में निम्नलिखित सुझाव दिए हैं:-

1. शिक्षण विधियों का उद्देश्य केवल ज्ञान देना ही नहीं होना चाहिए अपितु मूल्यों, आदत का निर्माण तथा मनोवृत्ति का निर्माण करना भी होना चाहिए।
2. प्रगतिशील (Developing) विधियों को प्रायोगिक (Experimental) एवं प्रदर्शनात्मक (Demonstration) सुव्यवस्थित विद्यालयों में लागू किया जाना चाहिए।

3. सभी पाठ्य-पुस्तकों को विद्यार्थियों में कुशलतापूर्वक और ईमानदारी से काम करने की इच्छा पैदा करनी चाहिए।
4. प्रत्येक माध्यमिक विद्यालय में एक पुस्तकालय की व्यवस्था होनी चाहिए। पुस्तकालय में बैठकर विद्यार्थी केवल अपने प्रयत्न से कुछ ज्ञान प्राप्त कर सकता है। इसके अतिरिक्त कक्षा पुस्तकालय का भी प्रबन्ध होना चाहिए।
5. शिक्षण विधियाँ इस तरह बनाई जानी चाहिए कि वे बुद्धि के विभिन्न स्तरों तथा विद्यार्थियों के सभी वर्गों (कमजोर, औसतन तथा प्रखर बुद्धि वाले) के अनुकूल हों।
6. जो शिक्षण विधियाँ रटने को बढ़ावा देती हों और मौखिक शब्दावली पर निर्भर करती हों, उन विधियों को त्याग देना चाहिए तथा उनके स्थान पर वस्तुवाचक तथा उद्देश्यपूर्ण शिक्षा दी जानी चाहिए। यदि शिक्षा को वास्तव में बहुमूल्य तथा उपयोगी बनाना है तो इसमें 'योजना विधि' एवं 'क्रिया-कलाप विधि' को अपनाना चाहिए।
7. शिक्षण विधियाँ ऐसी होनी चाहिए जो विद्यार्थियों को उपयोगी ज्ञान को ग्रहण करके उसे जीवन के प्रत्येक क्षेत्र में सफलतापूर्वक प्रयोग करने में समर्थ बनाएँ।
8. विद्यार्थियों को व्यावहारिक ज्ञान मिले, ऐसी शिक्षण-विधियाँ अपनानी चाहिए।
9. शिक्षण-विधियाँ ऐसी होनी चाहिए जो विद्यार्थियों में समूह में कार्य करने की प्रवृत्ति का विकास कर उन्हें सामूहिक जिम्मेवारी का अहसास कराएँ।
10. शिक्षण-विधियाँ क्रिया तथा प्रोजेक्ट पर आधारित होनी चाहिए।

शिक्षा प्रणाली में सुधार
(Improvement in Education System)

आयोग के अनुसार शिक्षा प्रणाली में निम्नलिखित सुधार वांछित हैं–

1. बाह्य परीक्षाओं की संख्या में कमी–इस आयोग के अनुसार बाह्य परीक्षाओं की संख्या में कमी होनी चाहिए। माध्यमिक कोर्स की समाप्ति पर केवल एक जन-सामान्य परीक्षा होनी चाहिए।

2. आत्मपरकता में कमी (Minimisation in Subjectivity)–सामान्यतः भारत में परीक्षा लेते हुए प्रश्न-पत्रों में दीर्घ उत्तरीय प्रश्नों की भरमार कर दी जाती है जो कि ना तो उत्तर देने में और ना ही उत्तर-पुस्तिका की जाँच में किसी प्रकार से सहायक होती है। उसके साथ-साथ दीर्घ उत्तरीय प्रश्नों की जाँच में अध्यापक अपना कर्तव्य भी ठीक से नहीं निभा पाता है। इसलिए आत्मपरकता को वस्तुनिष्ठ परीक्षाओं द्वारा और प्रश्नों के स्वरूप को बदलकर कम किया जाना चाहिए।

3. सर्वांगीण विकास पर ध्यान (Concentration on All Round Development)–विद्यार्थी के संपूर्ण विकास के लिए यह आवश्यक है कि उसके शैक्षणिक विकास के साथ अन्य पक्षों के विकास का भी ध्यान रखना चाहिए।

4. पूरक परीक्षाओं की सुविधा (Provision of Supplementary Examination)–विद्यार्थियों की सुविधा के लिए पूरक परीक्षाओं का विधान होना चाहिए। विद्यार्थी जिस एक विषय में असफल हो उसका मूल्यांकन अगली कक्षा की परीक्षाओं के साथ लेना चाहिए।

5. प्रमाण-पत्रों का स्वरूप (Nature of Certificates)–विद्यार्थियों के परीक्षा पास कर लेने पर उन्हें एक प्रमाण-पत्र देना चाहिए जो स्वरूप में व्यापक हो। अर्थात् जिसमें निम्नलिखित कॉलम निहित हों–

– विभिन्न विषयों में अब तक परीक्षाओं के परिणाम।
– जो विषय जब तक परीक्षाओं में शामिल नहीं किए गए हैं, उनकी आन्तरिक परीक्षाओं के परिणाम।
– 'विद्यालय' के रिकॉर्ड (Record) के अनुसार विभिन्न क्रियाओं में विद्यार्थियों की उपलब्धि।
– अंकों के स्थान पर प्रतीक-चिह्न पद्धति (Grading System) अपनाई जाए।

माध्यमिक शिक्षा आयोग तथा छात्र कल्याण
(Secondary Education Commission and Student Welfare)

माध्यमिक शिक्षा आयोग का छात्र-कल्याण से अर्थ उस शिक्षा प्रणाली को लागू करने की सिफारिश से है जो विद्यार्थियों की स्वास्थ्य तथा शारीरिक शिक्षा पर ध्यान दे। ये सिफारिशें निम्नलिखित हैं–

1. विद्यालय छात्रों में श्रम निष्ठा उत्पन्न करें।
2. विद्यालय अपने वातावरण की सफाई का ध्यान रखें तथा स्वस्थ वातावरण के लिए हर संभव प्रयास करें।
3. आवासीय विद्यालयों (Residential Schools) तथा छात्रावासों (Hostels) में अच्छे तथा पोषक तत्त्वों से युक्त भोजन की व्यवस्था करनी चाहिए।
4. विद्यालयों में छात्रों के स्वास्थ्य परीक्षण की व्यवस्था के साथ-साथ उसके आँकड़ों को सुरक्षित रखने की व्यवस्था होनी चाहिए।
5. जो अध्यापक 40 वर्ष की आयु से कम हों, उन्हें छात्रों की शारीरिक क्रियाओं में हिस्सा लेना चाहिए।

अनुशासन (Discipline)—इस आयोग ने विद्यालयों में अनुशासन की कमी को महसूस करते हुए सुझाव दिया कि, **"शिक्षा में विकास तथा पुनर्निर्माण उस समय तक लाभकारी नहीं है, जब तक विद्यालयों में अनुशासनहीनता बनी रहेगी।"**

("The development and re-organisation in education is not of much useful till there is indiscipline in the schools.")

इसके अतिरिक्त आयोग ने निम्नलिखित सुझाव और दिए हैं–

1. अनुशासन को विद्यालय के पाठ्यक्रम में पृथक् रूप से शामिल नहीं किया जाना चाहिए।
2. विद्यार्थियों में अनुशासन भिन्न-भिन्न क्रिया-कलापों के माध्यम से विकसित करने का प्रयास किया जाना चाहिए।
3. अनुशासन तथा चरित्र-निर्माण के लिए विद्यालय सरकार बनाई जानी चाहिए।
4. सामूहिक खेलों को प्रोत्साहन देना चाहिए।
5. एक ऐसा अधिनियम पारित किया जाए जो नेताओं को चुनाव के समय भोले-भाले विद्यार्थियों का गलत प्रयोग करने से रोक सके।

सहगामी क्रियाएँ
(Co-curricular Activities)

माध्यमिक शिक्षा आयोग ने इस बात पर भी प्रकाश डाला कि विद्यार्थी के व्यक्तित्व विकास में पाठ्येत्तर क्रियाओं का योगदान अत्यधिक महत्त्वपूर्ण है। ये क्रियाएँ शिक्षा की नीरसता को दूर कर उसे रुचिपूर्ण, ठोस तथा अर्थपूर्ण बनाती हैं। सहगामी क्रियाओं के सम्बन्ध तथा इनके विस्तार के लिए आयोग ने निम्नलिखित सुझाव प्रस्तुत किए हैं–

(i) सहगामी क्रियाओं को शिक्षण का अभिन्न अंग (integral part) माना जाए।
(ii) केन्द्र सरकार एन.सी.सी. (National Cadet Core) का प्रसार करे।
(iii) बालचर आन्दोलन (Scouting movement) को राज्य सहायता दे।
(iv) प्राथमिक चिकित्सा (First-aid), रैडक्रॉस (Red-Cross) आदि को सभी विद्यालयों में प्रोत्साहन दिया जाए।

धार्मिक एवं नैतिक शिक्षा (Religious and Moral Education)—धार्मिक तथा नैतिक शिक्षा के सम्बन्ध में आयोग ने जो सिफारिशें की हैं वो निम्नलिखित हैं:–

(i) धार्मिक तथा नैतिक शिक्षा को अनिवार्य विषय न माना जाए।

(ii) यदि जरूरी हो तो इस शिक्षा का प्रबन्ध विद्यालयों में ऐच्छिक शिक्षा के रूप में किया जाना चाहिए।

(iii) किसी भी धर्म का व्यक्ति किसी भी धर्म की शिक्षा ग्रहण कर सकता है। विद्यार्थी पर किसी प्रकार का कोई बन्धन नहीं होना चाहिए।

(iv) कक्षा शिक्षण के आधार पर धार्मिक या नैतिक शिक्षा का कोई प्रबन्ध नहीं होना चाहिए।

(v) विद्यालय में यह अध्यापकों के व्यवहार तथा विद्यालय के प्रभाव पर निर्भर होनी चाहिए।

मार्गदर्शन एवं परामर्श (Guidance and Counselling)—आयोग ने शिक्षण में मार्ग प्रदर्शन कार्यक्रम की आवश्यकता की अत्यधिक अनिवार्यता को महसूस किया। इस विषय में आयोग का कहना था कि, **"अध्यापकों का शिक्षण में उत्तरदायित्व इसलिए ज्यादा बढ़ गया है, क्योंकि आधुनिक शिक्षा में विविध कोर्सों का प्रावधान हो गया है। इसलिए वे विद्यार्थियों को विषय चुनने तथा अपनी जीवन-वृत्ति चुनने में मार्गदर्शन करें। अच्छी शिक्षा का रहस्य यह जानता है कि उसकी क्या प्रामाणिक प्रवृत्तियाँ हैं तथा किस विधि से तथा कितनी मात्रा में इनका विकास कर सकता है ताकि अनिवार्य सामाजिक, समायोजन प्राप्त कर उचित प्रकार का रोजगार प्राप्त कर सके।"**

प्रशिक्षण कौशल का विकास
(Development of Training Skills)

मुदालियर आयोग ने जहाँ अन्य महत्त्वपूर्ण विषयों पर सुझाव दिए हैं, वहीं यह आयोग अध्यापकों के विकास के प्रति भी जागरूक रहा है। इस आयोग ने सर्वेक्षण के मध्य यह अनुभव किया—'हम इससे सहमत हो गए हैं, यदि अध्यापक की हताशा, निराशा व असन्तुष्टि को दूर किया जाए और शिक्षा का वास्तविक निर्माण हो जाए, तो इसके लिए आवश्यक है कि उनके स्तर तथा सेवा की दशा में सुधार किया जाए।' आयोग के द्वारा दिए गए कुछ और सुझाव निम्नलिखित हैं—

1. अध्यापकों के चयन के समय, पक्षपात से बचना चाहिए तथा बिना किसी लाग-लपेट के उचित तथा सक्षम अध्यापकों का चयन किया जाना चाहिए। अध्यापकों के चुनाव में समरूपता एक सुदृढ़ तथा सशक्त शिक्षा प्रसार को निःसन्देह बढ़ावा देती है।
2. निजी विद्यालयों के प्रधानाचार्य तथा अध्यापकों का चयन भी एक चयन समिति (Selection Committee) के माध्यम से होना चाहिए।
3. अध्यापकों को त्रिलाभ (पेंशन, प्रोविडेन्ट फण्ड, इंश्योरेंस योजना) से होने वाले फायदे देने चाहिए।
4. चयन के समय शुरू में अध्यापकों को एक साल के प्रोबेशन काल (Probation period) पर नियुक्त किया जाना चाहिए। आवश्यकतानुसार इस प्रोबेशन काल को 2 से 3 साल तक बढ़ाया जा सकता है।
5. उच्च विद्यालयों के अध्यापकों के चयन के लिए आवश्यक योग्यता स्नातक एवं बी.एड. (Trained Graduate) होनी चाहिए तथा उच्च माध्यमिक विद्यालयों के लिए आवश्यक योग्यताएँ वही होनी चाहिए जो कि विश्वविद्यालय के अध्यापकों के लिए निश्चित की गई हैं।
6. विद्यालय स्तर पर अध्यापकों के बच्चों की निशुल्क शिक्षा का प्रावधान होना चाहिए।
7. एम.एड. (M.Ed.) के प्रशिक्षण के लिए अध्यापक का बी.एड. (B.Ed.) होने के साथ-साथ तीन वर्ष का अध्यापन अनुभव भी होना चाहिए।
8. अध्यापकों के पदों को और अधिक आकर्षक बनाया जाए ताकि ज्यादा-से-ज्यादा लोगों का रुझान अध्यापन कार्य में बढ़े।
9. विशेष प्रशिक्षण पर जाने पर अध्यापक को यात्रा भत्ता (Travelling Allowance) दिए जाने चाहिए।
10. सहकारिता के आधार पर अध्यापकों के लिए मकान बनवाए जाने चाहिए।

11. अध्यापकों के प्रशिक्षण के लिए निम्न दो प्रकार की संस्थाएँ होनी चाहिए–
    (i) जहाँ उच्च तथा उच्च माध्यमिक स्तर के समकक्ष व्यक्तियों को प्रशिक्षित किया जाए।
    (ii) जहाँ स्नातकों (Graduates) को प्रशिक्षण दिया जाए। पहला पाठ्यक्रम एवं प्रशिक्षण दो साल का तथा दूसरा एक साल का होना चाहिए।

मूल्यांकन (Evaluation)–अध्यापकों ने कितना काम करवाया और विद्यार्थियों ने उसे कितना समझा, इन सभी बातों को जानने के लिए परीक्षा एवं मूल्यांकन का सहारा लिया जा सकता है। इसलिए प्रत्येक कोर्स की समाप्ति पर अध्यापकों को विद्यार्थियों की प्रगति का पता लगाने के लिए परीक्षाओं का आयोजन करना चाहिए। इस विषय में आयोग ने निम्नलिखित सुझाव दिए हैं–

1. विद्यार्थियों के भविष्य का निर्धारण करने के लिए उनके सर्वांगीण विकास का लेखा रखा जाए।
2. बाह्य परीक्षाओं की संख्या में कमी लाई जाए तथा निबन्धात्मक परीक्षाओं में वैयक्तिकता कम कर परीक्षाएं लेनी चाहिए।
3. प्रमाण-पत्रों में स्पष्ट रूप से विषयों के नाम अंकित किए जाएँ।
4. अन्तिम मूल्यांकन में आन्तरिक मूल्यांकन व स्कूल के लेखों पर भी ध्यान दिया जाना चाहिए।
5. पूरक परीक्षाओं का प्रबन्ध किया जाए।
6. अंकों के स्थान पर प्रतीक-चिह्न पद्धति अपनाई जानी चाहिए।

प्रशासन (Administration)–किसी भी शिक्षा प्रणाली को चाहे कितना ही दुरुस्त बना लिया जाए पर यदि प्रशासनिक कमियाँ रहती हैं तो शिक्षा के उद्देश्यों की पूर्ति लगभग न के बराबर रहती है। इसलिए इस क्षेत्र में अनेक मंत्रालयों का सहयोग आवश्यक हो जाता है। संगठन, मान्यता एवं दशाएँ, निरीक्षण, प्रशासन, इमारत (Building), अवकाश, कार्य-समय, सार्वजनिक सेवा में भर्ती आदि। इसी के अन्तर्गत कमीशन ने निम्न सिफारिशों की हैं–

1. शिक्षा निदेशक, शिक्षा मंत्री को परामर्श देने के लिए उत्तरदायी हो। वह संयुक्त सचिव का कार्य भी करे।
2. निरीक्षकों का मुख्य काम शिक्षा से सम्बन्धित सभी समस्याओं का अध्ययन करके उन्हें दूर करने के उपाय सुझाना होगा।
3. एक 25 सदस्यीय बोर्ड का गठन किया जाए, जिसका सभापति शिक्षा निदेशक हो।
4. एक अध्यापक प्रशिक्षण बोर्ड का भी गठन किया जाए।
5. शिक्षा के विकास के लिए कार्य करने हेतु एक समिति बनाई जाए, जिसके सदस्य केन्द्र तथा राज्यों के शिक्षा मंत्री हों।
6. उच्च योग्यता वाले व्यक्तियों को निरीक्षण कार्य के लिए नियुक्त किया जाए। इसके अतिरिक्त इस पद के लिए उन अध्यापकों तथा मुख्याध्यापकों को भी नियुक्त किया जा सकता है, जिनका अध्यापन अनुभव 10 वर्ष या उससे अधिक हो।
7. निरीक्षण कार्य के लिए प्रशिक्षण महाविद्यालयों के अध्यापक भी नियुक्त किए जाने चाहिए।
8. कला, गृह विज्ञान तथा संगीत में मान्यता देने के लिए एक विशेष पैनल (Panel) की नियुक्ति की जानी चाहिए।
9. नए विद्यालयों को मान्यता तभी दी जानी चाहिए जब वह सभी दशाएं पूरी करता हो।
10. ग्रामीण इलाकों में विद्यालय खोलने को प्रोत्साहन देना चाहिए तथा साथ-साथ इन भवनों के निर्माण के लिए उचित तथा आवश्यक धनराशि तथा जमीन भी प्रदान करनी चाहिए।
11. विद्यालय की प्रबन्ध समिति (Managing Committee) में अध्यापकों के प्रतिनिधि तथा मुख्याध्यापक भी सदस्य हों। प्रबन्धक समिति का कोई भी सदस्य विद्यालय के काम में हस्ताक्षेप न करे। प्रत्येक समिति को निश्चित नियम बना लेने चाहिए। उसका कार्य शिक्षा विभाग की नीति को अपनाना तथा अपने काम की रिपोर्ट इस विभाग को सौंपना होगा।

12. भविष्य में खुलने वाले विद्यालयों में विभिन्न पाठ्यक्रमों का भी ध्यान रखना चाहिए।
13. विद्यालयों का कार्य इस प्रकार होना चाहिए, जिससे समुदाय को परेशानी न हो। 200 दिन का कार्य वर्ष हो। इसके अतिरिक्त ग्रीष्मकालीन अवकाश दो माह का हो तथा 10 से 15 दिन के छोटे-छोटे अवकाश कम-से-कम वर्ष में दो बार हों।
14. सरकारी क्षेत्रों में 16 से 18, 19 से 21, 22 से 24 वर्ष की आयु के व्यक्ति लिए जाने चाहिए तथा उनके लिए 50% चुनाव सीधे हों।

वित्त का प्रबन्धन (Provision of Finance)–मुदालियर माध्यमिक आयोग ने शिक्षा के विकास के लिए आवश्यक धन की व्यवस्था के लिए जिन सुझावों की सिफारिशें की हैं वे निम्नलिखित हैं–

1. केन्द्र तथा राज्य के सहयोग से कार्य चले। व्यांवसायिक शिक्षा के विकास के लिए बोर्ड ऑफ वोकेशनल एजूकेशन का निर्माण जो जिसमें सम्बन्धित मन्त्रालयों के प्रतिनिधि हों।
2. प्रदेश तथा राज्य सरकारें विद्यालय निर्माण तथा खेल के मैदान के लिए भूमि का प्रबन्ध करें।
3. इन्डस्ट्रीयल एजूकेशन सैस Industrial Education (Cess) लगाया जाए।
4. सरकार यह सुनिश्चित कर ले कि शिक्षा-संस्थाओं की सम्पत्ति तथा खेल के मैदानों को हर प्रकार के कर (tax) से मुक्त रखना है।
5. रेलवे, डाक-तार तथा यातायात आदि पर सैस लगाया जाए। इसके अतिरिक्त जो व्यक्ति शिक्षा संस्थाओं के लिए दान करता है उसे इन्कम टैक्स में रिबेट दिया।
6. यह भी सुनिश्चित किया जाना चाहिए कि धार्मिक ट्रस्ट तथा अन्य प्रकार के ट्रस्टों का पैसा शिक्षण-संस्थाओं में लगाया जाएं।
7. केन्द्र सरकार माध्यमिक शिक्षा के पुनर्गठन में अपनी कुछ जिम्मेदारियाँ सुनिश्चित करे।

◆ ◆ ◆

भारतीय शिक्षा आयोग–1964-66
(Indian Education Commission–1964-66)

2. भारतीय शिक्षा आयोग, 1964-66 पर एक विस्तृत लेख लिखिए।
(Write a detailed note on Indian Education Commission, 1964-66.)

अथवा

भारतीय शिक्षा आयोग 1964-66 की मुख्य सिफारिशों की व्याख्या कीजिए।
(Discuss the main recommendations of Indian Education Commission 1964-66.)

अथवा

भारतीय शिक्षा आयोग 1964-66 द्वारा माध्यमिक शिक्षा प्रणाली से संबंधित विभिन्न पहलुओं की समीक्षा कीजिए।
(Describe the different aspects of Indian Education Commission 1964-66.)

उत्तर–भारतीय शिक्षा आयोग से पहले, यद्यपि देश के कई राज्यों ने मुदालियर कमीशन की सिफारिशों को लागू कर दिया था, परन्तु जिस उद्देश्य को लेकर इस आयोग ने सुझाव दिए थे, वे पूर्णरूप से प्राप्त नहीं हो सके। इसका मुख्य कारण देश की माध्यमिक शिक्षा प्रणाली में समरूपता का न आना था। कई राज्यों में अभी भी माध्यमिक शिक्षा के भिन्न-भिन्न रूप प्रचलित थे। इन सभी कारणों से जिस नए कमीशन का गठन हुआ वह कोठारी कमीशन के नाम से मशहूर हुआ। इस शिक्षा आयोग का गठन भारत सरकार के पारित प्रस्ताव, दिनांक 14 जुलाई, 1964 के आदेशानुसार किया गया। डॉ. डी.एस. कोठारी (Dr. D.S. Kothari) की अध्यक्षता में गठित इस आयोग का कार्यकाल, इससे पहले गठित सभी कमीशनों से कहीं ज्यादा लम्बा

था। इसके अतिरिक्त इसका गठन शिक्षा के राष्ट्रीय-ढाँचे और आम सिद्धान्त और नीतियों के बारे में शिक्षा के प्रत्येक स्तर और पहलू के विकास के लिए सुझाव प्राप्त करने के लिए किया गया था। डॉ. कोठारी के अतिरिक्त इस आयोग में 16 सदस्य थे, जिनमें से 11 भारतीय तथा 5 विदेशी थे। आयोग के सचिव पद का भार श्री जे.पी. नैयर (Sh. J.P. Naiyar), सलाहकार, शिक्षा मंत्रालय को सौंपा गया। 2 अक्टूबर (2nd of October) को प्रारम्भ हुए इस आयोग ने लगभग डेढ़ साल के दौरान जून 20, 1966 को अपनी रिपोर्ट सरकार के सामने प्रस्तुत कर दी। कमीशन द्वारा बताए गए मुख्य सुझाव निम्नलिखित हैं—

1. शिक्षा और राष्ट्रीय उद्देश्य (Education and National Objectives)—देश की उत्पादन क्षमता, आधुनिकता के कार्यों में तेजी, सामाजिक एवं राष्ट्रीय एकता और सामाजिक व नैतिक मूल्यों में वृद्धि के लिए यह अनिवार्य है कि सर्वप्रथम देश की शिक्षा का अर्थपूर्ण विकास हो।

2. निर्देशों का माध्यम (Medium of Directions)—इस आयोग ने इस बात पर जोर दिया कि विद्यालय तथा महाविद्यालय स्तरों पर शिक्षा निर्देशन का माध्यम राजकीय भाषा में होना चाहिए। इसके साथ-साथ अन्तर्राष्ट्रीय जरूरतों को ध्यान में रखते हुए अंग्रेजी भाषा को विद्यालय स्तर से ही बढ़ावा देना चाहिए।

3. व्यावसायिकता (Vocationalization)—माध्यमिक शिक्षा व्यावसायिक होनी चाहिए या माध्यमिक शिक्षा में व्यावसायिकता अनिवार्य कर देनी चाहिए।

4. विज्ञान शिक्षा पर बल (Stress on Science Education)—आधुनिक जरूरतों को ध्यान में रखते हुए इस आयोग ने सुझाव दिया कि विज्ञान-विषय शिक्षा का एक अनिवार्य हिस्सा हो तथा इस शिक्षा का कुछ हिस्सा विश्वविद्यालय स्तर पर प्रत्येक कोर्स में होना चाहिए।

5. पुस्तकों की सूची (List of Books)—आयोग के अनुसार जिन पुस्तकों को पाठ्यक्रम में शामिल किया जाए उनकी एक सूची बनाई जानी चाहिए, जो कि प्रत्येक विद्यालय में प्रधानाचार्य के पास सुरक्षित रहे।

6. पढ़ाने के तरीकों तथा पाठ्यक्रम में सुधार (Improvement in Methods of Teaching and Curriculum)—शिक्षा की सफलता के लिए आयोग के अनुसार पढ़ाने के तरीकों तथा पाठ्यक्रम में सुधार लाया जाना चाहिए।

7. दिशा-निर्देशन एवं योजनाबन्दी (Guidance and Planning)—आयोग के अनुसार दिशा-निर्देश और योजना की शिक्षा को पूरे भाग में लागू करना चाहिए।

8. कार्य-अनुभव (Work-Experience)—आयोग के अनुसार शिक्षा चाहे सामान्य हो या व्यावसायिक, कार्य अनुभव को पूर्ण रूप से शिक्षा के प्रत्येक भाग पर लागू करना चाहिए।

9. सामान्य विद्यालय प्रणाली (Common School System)—आयोग के अनुसार सम्पूर्ण देश के नागरिकों की शिक्षा एक तथा सामान्य शिक्षा प्रणाली आरम्भ करनी चाहिए।

10. सामाजिक एवं राष्ट्रीय सेवा (Social and National Service)—आयोग के अनुसार ऐसी शिक्षा का ढाँचा तैयार करना चाहिए जिसमें सामाजिक और राष्ट्रीय सेवा हर स्तर पर लागू हो सके।

11. पाठ्यक्रमों का चयन (Selection of Curriculum)—माध्यमिक स्तर पर पाठ्यक्रमों में विभिन्नता इस प्रकार होनी चाहिए कि छात्र किसी समूह (Group) के तीन विषयों का अध्ययन पूर्ण रूप से कर सकें। विद्यार्थियों के व्यक्तित्व के विकास के लिए इस स्तर पर आधा समय वैकल्पिक विषयों को दिया जाना चाहिए, एक चौथाई समय शारीरिक शिक्षा, कला-हस्तकला, भौतिक एवं आध्यात्मिक शिक्षा को दिया जाना चाहिए।

12. भाषाओं का अध्ययन (Study of Languages)—आयोग के अनुसार त्रिभाषा सूत्र को लागू करना चाहिए, जो हैं—

(i) मातृभाषा या क्षेत्रीय भाषा (ii) केन्द्र की सहकारी भाषा

(iii) आधुनिक भारतीय यूरोपीय भाषा।

13. शारीरिक शिक्षा (Physical Education)—आयोग के अनुसार शारीरिक शिक्षा के कार्यक्रम की पुनः परीक्षा होनी चाहिए। इसके गठन के समय बालक के विकास का पूर्ण ध्यान रखना चाहिए।

14. मूल्यांकन (Evaluation)—आयोग के अनुसार माध्यमिक स्तर पर प्रश्न-पत्र बनाने वालों को नई विधियाँ अपनानी चाहिए। स्टेट बोर्ड ऑफ स्कूल एजूकेशन (State Board of School Education) को बाहरी परीक्षाओं के परिणामों में छात्रों की विभिन्न विषयों की योग्यता को प्रकट करना चाहिए। पास और फेल का कोई संकेत न हो। छात्र को उन विषयों में जिनमें उसने कम अंक प्राप्त किए हैं, पुनः परीक्षा देने की अनुमति मिलनी चाहिए, जिससे वह अपनी योग्यता विकसित कर सके। आंतरिक मूल्यांकन का अलग से स्पष्टीकरण होना चाहिए।

शिक्षा प्रणाली, संरचना और स्तर (Education System, Structure and Standards)–भारतीय शिक्षा आयोग द्वारा पारित माध्यमिक शिक्षा के स्वरूप को हम निम्नलिखित तरीकों से प्रस्तुत कर सकते हैं–

(i) सैकेण्डरी-कक्षा 8 से 12 या 11-12

(ii) निम्न माध्यमिक शिक्षा-कक्षा 8-10

(iii) उच्चतर माध्यमिक शिक्षा-कक्षा 9-11।

उसका वास्तविक उद्देश्य देश की शिक्षा प्रणाली को एकरूपता दिलाना हो तथा उससे ऐसे विद्यार्थियों का निर्माण हो जो समाज सेवा और राष्ट्र-सेवा को प्राथमिकता देते हुए अपना सम्पूर्ण योगदान दें।

यदि हम शिक्षा कें विकास के पिछले कुछ वर्षों को देखें तो पाएँगे कि उस दौरान माध्यमिक शिक्षा की अवधारणा (Concept) में बहुत बदलाव आया है। इसका परिणाम 11 वर्षीय शिक्षा के रूप में निकला। इन 11 वर्षों के दौरान, पहले पाँच वर्षों का प्राथमिक, तीन वर्षों का माध्यमिक तथा तीन वर्षीय उच्चतर माध्यमिक स्तर आता है। परन्तु शिक्षा का विषय राज्यों के अन्तर्गत होने के कारण इस संरचना को कई राज्यों ने स्वीकार नहीं किया। कमीशन की प्रस्तावित संरचना है 10 + 2 + 3 शिक्षा योजना।

आयोग द्वारा प्रस्तावित शिक्षा काल पद्धति निम्न प्रकार से है–

(i) एक से तीन वर्षीय पूर्व (Pre) स्कूल की व्यवस्था (Provision for pre-school Education from one to three years)

(ii) 7 या 8 वर्षीय प्राथमिक अवस्था (Provision for 7 or 8 years' primary Education) निम्न प्राथमिक अवस्था (Pre-primary Stage)

निम्न प्राथमिक अवस्था (Pre-primary Stage) चार या पाँच वर्षीय और उच्चतर प्राथमिक अवस्था तीन वर्षीय।

(iii) निम्न माध्यमिक अथवा उच्च विद्यालय अवस्था जिसका समयकाल, सामान्य शिक्षा के लिए दो या तीन साल तक सीमित हो।

(iv) निम्न माध्यमिक अवस्था दो वर्ष की अवधि वाली या एक से तीन साल की व्यावसायिक शिक्षा अवधि। दुनिया के कई विकसित देशों ने 12 से 13 वर्षीय विद्यालय शिक्षा को लागू कर रखा है। यहाँ परम्परागत शिक्षा के साथ, इस दौरान, व्यावसायिक या तकनीकी (Vocational or Technical Courses) भी पढ़ाए जाते हैं।

(v) उच्चतर शिक्षा अवस्था जिसमें स्नातक होने के लिए दो से तीन वर्ष की पढ़ाई जरूरी है। इसके बाद स्नातकोत्तर डिग्री या अनुसंधान की डिग्री के लिए अलग-अलग कार्यकाल निश्चित किया गया है।

देश में सामान्यतः एक प्रश्न उठता है–क्या यह शिक्षा युवाओं में बढ़ती बेरोजगारी की समस्या का कुछ हल निकाल पाएगी। इस सोच के पीछे शिक्षा का श्रम के प्रति निष्ठा पैदा नहीं करना है। इन सभी समस्याओं को देखते हुए तथा इनके निराकरण के लिए ही शायद कोठारी कमीशन (Kothari Commission) ने 10 + 2 + 3 शिक्षा पद्धति को व्यावसायिक शिक्षा का मुख्य आधार मानते हुए इसे लागू करने की सिफारिश की। केन्द्र सरकार द्वारा संचालित ये विद्यालय साधन सम्पन्न हैं और इनमें प्रवेश भी प्रतियोगिता के आधार पर रखा गया है। ये सब बातें इंनकी सफलता की गारन्टी (guarantee) देती प्रतीत होती हैं।

सामाजिक, आर्थिक और सांस्कृतिक परिवर्तन लाने के लिए शिक्षा का विकास कुछ इस तरह होना चाहिए कि इससे सामाजिक एवं राष्ट्रीय एकीकरण स्वतः ही संभव हो सके। इन सब बातों को ध्यान में रखते हुए 10 + 2 + 3 शिक्षा पद्धति के तहत शिक्षा को उत्पादन से जोड़ने का प्रयास किया गया तथा साथ ही साथ शिल्प विज्ञान, विज्ञान शिक्षा तथा व्यावसायिकरण को कार्यानुभव से जोड़ने की बात की गई। सामाजिक एवं राष्ट्रीय एकीकरण के लिए समान विद्यालयी भाषाई, नीति, राष्ट्रीय चेतना आदि को बढ़ावा देने पर विशेष बल दिया गया।

इस आयोग ने देश के साधनों को विकसित करके उनका प्रयोग करने पर भी बल दिया। राष्ट्रीय आय को बढ़ाने के लिए उत्पादन में वृद्धि करना शिक्षा का मुख्य उद्देश्य माना। उसके अतिरिक्त अंतर्राष्ट्रीय जरूरतों को ध्यान में रखते हुए आयोग ने अंग्रेजी भाषा के महत्त्व को समझते हुए इसे कक्षा '3' से लेकर '9' के मध्य कहीं भी लागू करने का प्रावधान रखा। इसके अतिरिक्त प्रादेशिक भाषाओं में से एक के पठन को अनिवार्य करने की सिफारिश की।

परन्तु समयान्तराल के बाद शिक्षाविदों तथा सामान्य व्यक्तियों ने पाया कि जिस आशा के साथ 10 + 2 + 3 प्रणाली को लागू किया गया था वह पूर्णरूप से कारगर सिद्ध नहीं हुई। आज अधिकतर शिक्षाविदों के अनुसार नवीन शैक्षिक प्रणाली का पुनर्गठन कुछ इस प्रकार से हो कि वह शिक्षा के वास्तविक उद्देश्यों को प्राप्त कर सके। उनके अनुसार नई शिक्षा प्रणाली का कुछ इस प्रकार से गठन हो कि –

1–8 = सामान्य प्रवाह

9–10 = सामान्य → विशेष प्रवाह इसके अन्तर्गत भाषा तथा गणित अनिवार्य हो तथा रुचि अनुसार किन्हीं तीन विषयों का अध्ययन।

11–12 = विशेष प्रवाह जिसके अन्तर्गत साहित्यिक, व्यावसायिक, ललित कला आदि उपवर्ग हों।

+ 3 स्तर को + 2 स्तर ही रखा जाए।

+ 2 पोस्ट ग्रेजूएट (स्नातकोत्तर) शिक्षा में विषय विशेष को प्राथमिकता दी जाए।

निष्कषर्तः हम कह सकते हैं कि वर्तमान संदर्भ में सबसे बढ़िया तथा कारगर यही होगा कि थोड़ा-सा परिवर्तन करके 10 + 2 + 3 को सम्पूर्ण ढंग से अपना लिया जाए।

भारतीय शिक्षा आयोग तथा शिक्षा के उद्देश्य
(Indian Education Commission and Aims of Education)

1966 ई. में कोठारी आयोग ने अपनी रिपोर्ट प्रस्तुत की और शिक्षा के निम्नलिखित उद्देश्य बताए–

(1) उत्पादकता में वृद्धि करना (To increase productivity)

(2) सामाजिक एवं राष्ट्रीय एकता (Social and National integration)

(3) आधुनिकीकरण के लिए शिक्षा (Education for Modernisation)

(4) सामाजिक, नैतिक तथा आध्यात्मिक मूल्यों का विकास (Development of social, moral and spiritual values)

डॉ. कोठारी ने इन उद्देश्यों को कार्यान्वित करने के लिए कुछ सुझाव भी दिए हैं जो इस प्रकार हैं–

(1) उत्पादकता में वृद्धि का उद्देश्य (Aim of increasing productivity)—भारतीय शिक्षा आयोग ने देश के साधनों को विकसित करने तथा प्रयोग करने पर अत्यधिक बल दिया है। राष्ट्रीय आय को बढ़ाने के लिए उत्पादन में वृद्धि करना शिक्षा का मुख्य उद्देश्य होना चाहिए। उचित प्रकार की शिक्षा उत्पादकतां को बढ़ा सकती है। उत्पादकता और शिक्षा में सम्बन्ध विकसित करने के लिए कोठारी आयोग ने निम्नलिखित सुझाव दिए हैं–

(क) विज्ञान शिक्षा को प्रोत्साहन देना (Encouraging science education)

(ख) कार्य अनुभव (Work experience)

(ग) माध्यमिक शिक्षा का व्यवसायीकरण (Vocationalisation of Secondary Education)

(2) सामाजिक एवं राष्ट्रीय एकता के लिए शिक्षा (Education for social and National Integration)—राष्ट्र को सामाजिक तथा राष्ट्रीय दृष्टिकोण से शक्तिशाली बनाने के लिए कोठारी आयोग ने निम्नलिखित सुझाव दिए हैं—

(क) सामान्य स्कूल प्रणाली (Common school system)

(ख) सामाजिक तथा राष्ट्रीय सेवा (Social and national Service)

(ग) उपयुक्त भाषा नीति का विकास (Development of appropriate language policy)

(घ) राष्ट्रीय चेतना विकसित करना (Promoting national consciousness)

(3) आधुनिकीकरण के लिए शिक्षा (Education for Modernisation)

(4) सामाजिक, नैतिक तथा आध्यात्मिक मूल्यों का विकास (Development of social, moral and spiritual values)

भारतीय शिक्षा आयोग तथा पाठ्यक्रम
(Indian Education Commission and Curriculum)

इस आयोग के अनुसार माध्यमिक स्तर का पाठ्यक्रम संकीर्ण है, सैद्धान्तिक है। इसमें उपयोगी तथा महत्त्वपूर्ण सामग्री का अभाव है। इसमें बच्चे की व्यक्तिगत विभिन्नताओं की ओर कोई ध्यान नहीं दिया जाता। यह पाठ्यक्रम भारी है। परीक्षाओं पर अधिक जोर है। तकनीकी तथा औद्योगिक विषयों की व्यवस्था अपर्याप्त है।

सुझाव (Suggestions)—

(1) **गुणात्मक सुधार (Qualitative improvement)**—स्कूल के पाठ्यक्रम में विकास सम्बन्धी शोधकार्य द्वारा वृद्धि की जाए।

(2) **तालमेल (Co-ordination)**—पाठ्यक्रम के सभी विषयों में तालमेल होना चाहिए।

(3) **सामाजिक जीवन तथा राष्ट्रीय आवश्यकताओं के अनुसार (According to social life and national needs)**—पाठ्यक्रम सामाजिक जीवन एवं राष्ट्रीय आवश्यकताओं के अनुरूप होना चाहिए।

(4) **लचीलापन (Elasticity)**—पाठ्यक्रम में छात्रों को अपनी आवश्यकताओं, योग्यताओं एवं अभिरुचियों के अनुसार विषयों का चयन करने के लिए स्वतन्त्रता प्रदान करनी चाहिए।

(5) **व्यावसायिक विषयों को उचित स्थान देना (Giving appropriate place to the vocational courses)**—देश की औद्योगिक एवं व्यावसायिक इकाइयों में उत्पादन में वृद्धि करने के लिए और उनके लिए कुशल कार्यकर्ताओं की प्राप्ति को सुगम बनाने के लिए पाठ्यक्रम में व्यावसायिक विषयों को उचित स्थान दिया जाना चाहिए।

(6) **विविध विषयों पर विशेष बल (Special emphasis on diversified courses)**—इस आयोग ने माध्यमिक शिक्षा आयोग द्वारा सुझाए गए विविध विषयों पर बल देने का समर्थन किया है। जहाँ माध्यमिक शिक्षा आयोग ने कृषि, विज्ञान तथा गृह विज्ञान विषयों पर बल दिया है वहाँ कोठारी आयोग ने माध्यमिक शिक्षा के व्यावसायिकरण के लिए अंकगणित पर विशेष बल दिया है। इसके अतिरिक्त इस आयोग ने जीव-विज्ञान, गृह-विज्ञान, भूगर्भ शास्त्र, भौतिक शास्त्र, रसायन शास्त्र, समाज सेवा तथा कार्य-अनुभव जैसे विषयों तथा क्रियाओं पर महत्त्व दिया है।

कोठारी आयोग तथा पाठ्य-पुस्तकें
(Recommendations of Kothari Commission Related to Text-books)

कोठारी आयोग ने पाठ्य-पुस्तकों के सुधार के लिए निम्नलिखित सुझाव दिए हैं—

(1) **पाठ्य-पुस्तकों का N.C.E.R.T. के निर्देशानुसार उत्पादन (Text-books should be prepared according to the adivice of N.C.E.R.T.)**—राष्ट्रीय स्तर पर पाठ्य-पुस्तकों के उत्पादन का विस्तृत कार्यक्रम राष्ट्रीय शैक्षणिक अनुसन्धान व प्रशिक्षण परिषद् (N.C.E.R.T.) के निर्देशानुसार किया जाना चाहिए।

(2) **राज्य स्तर पर पाठ्य-पुस्तकों के उत्पादन के लिए पृथक् विभाग (A separate department for production of text books at state level)**—राष्ट्रीय स्तर पर इसे प्रत्येक राज्य का समर्थन प्राप्त हो और प्रत्येक राज्य पाठ्य-पुस्तकों के उत्पादन के पृथक् विभाग स्थापित करके इसमें अभिवृद्धि करे।

(3) **राज्य के शिक्षा विभाग पर उत्तरदायित्व (Responsibility on Education department of the state)**—पाठ्य-पुस्तकों की तैयारी, परीक्षण और मूल्यांकन का उत्तरदायित्व राज्य के लिए शिक्षा विभाग पर होना चाहिए। जहाँ तक सम्भव हो पाठ्य-पुस्तकों का उत्पादन राज्य शिक्षा विभाग द्वारा ही किया जाए।

(4) **एक से अधिक पुस्तकें (More than one text books)**—कम से कम 3 या 4 पुस्तकें प्रत्येक विषय में ऐसी तैयार की जानी चाहिए कि वे स्कूलों के लिए पुस्तकों के बहु-उद्देशीय चुनाव की व्यवस्था करें।

(5) **निरन्तर संशोधन (Regular amendments)**—पाठ्य-पुस्तकों में निरन्तर संशोधन तथा सुधार होते रहना चाहिए।

(6) लेखकों के पारिश्रमिक देने के लिए उदार नीति अपनाई जानी चाहिए।

(7) अध्यापकों से पाठ्य-पुस्तकों की पांडुलिपियाँ (Manuscripts) आमन्त्रित की जाएँ तथा उन में से चुनाव किया जाए।

(8) पाठ्य-पुस्तकों का मूल्य 'हानि-लाभ' रहित आधार पर रखा जाना चाहिए।

(9) विशेष पुस्तकों का राष्ट्रीय स्तर पर उत्पादन **(Production of special text books at national level)**—विशेष वैज्ञानिक तथा तकनीकी पुस्तकों का उत्पादन राष्ट्रीय स्तर पर होना चाहिए।

भारतीय शिक्षा आयोग के शिक्षण-विधियों सम्बन्धी सुझाव
(Recommendations of Indian Commission Regarding Methods of Teaching)

कोठारी आयोग ने शिक्षण-विधियों सम्बन्धी निम्नलिखित सुझाव दिए हैं—

(1) **शिक्षण-विधियाँ-आविष्कार तथा प्रचार (Discovery and diffusion of teaching methods)**—पाठ्यक्रम से निरन्तर बढ़ोत्तरी के साथ शिक्षण-विधियों में भी समान रूप से सशक्त सुधार की आवश्यकता है। शिक्षा प्रणाली की कठोरता और स्कूलों में नयी विधियों के प्रसार की असफलता ही अरुचिकर और प्रेरणाहीन शिक्षण-विधियों के प्रमुख कारण हैं। इन त्रुटियों को शीघ्र दूर करना चाहिए।

(2) **लचीलापन और गतिशीलता (Elasticity and Dynamism)**—एक अच्छी शिक्षा प्रणाली स्पष्ट होनी चाहिए और अध्यापकों के लिए विभिन्न स्तरों के अनुसार काम करने में सहायक होनी चाहिए। ऐसा लचीलापन तभी सम्भव हो सकता है जबकि अध्यापकों को प्रशासन की ओर से पर्याप्त सहायता मिले। मुख्याध्यापक का प्रोत्साहन हो, विषय में कुशलता हो, प्रशिक्षण संस्थाएँ नेतृत्व प्रदान करें और आवश्यक शिक्षण-सामग्री उपलब्ध हो।

(3) **आवश्यक न्यूनतम शिक्षण सहायक सामग्री (Minimum necessary teaching aids)**—प्रत्येक स्कूल को आवश्यक शिक्षण सहायक सामग्री प्रदान की जानी चाहिए। प्रत्येक स्कूल के लिए इस सामग्री की व्यवस्था करने के काम को उच्च प्राथमिकता दी जानी चाहिए।

(4) **मीडिया का सहयोग (Co-operation of the media)**—शिक्षा विभाग को आकाशवाणी, दूरदर्शन इत्यादि में पाठों के प्रसार का प्रबन्ध करना चाहिए। नयी-नयी विधियों को अध्यापक शिक्षण-संस्थानों में प्रयोग करना चाहिए।

(5) **कम खर्चीली शिक्षण सहायक सामग्री का उपयोग (Use of less costly teaching aids)**—अध्यापकों को चाहिए कि वे कम खर्चीली स्थानीय शिक्षण सामग्री पर विश्वास करें। यदि शिक्षण सामग्री कीमती हो तो कई स्कूल मिलकर इसका प्रबन्ध कर सकते हैं।

इन सुझावों से यह प्रतीत होता है कि भारतीय स्कूलों में शिक्षण-विधियों को सुधारने की ओर विशेष ध्यान दिया गया है। परिणामस्वरूप गत वर्षों में सेमिनार (Seminars), रिफ्रैशर कोर्स, शिक्षात्मक कार्यशालाएँ

(Educational workshops) के द्वारा अध्यापकों को नवीन शिक्षण पद्धतियों के विषय में जानकारी देने का प्रयास किया गया है।

परीक्षा एवं मूल्यांकन (Examination and Evaluation)–सामान्य शब्दों में विद्यार्थी ने विद्यालय में क्या सीखा तथा अध्यापक ने कितना काम किया, इसे जाँचने की प्रक्रिया को परीक्षा कहते हैं। अगर हम वास्तव में देखें तो पाएँगे कि केवल विद्यालय में ही परीक्षाओं से नहीं गुजरा जाता है, अपितु पूरा जीवन ही एक परीक्षा है। इस विषय में कोठारी आयोग का कहना है कि मूल्यांकन निरन्तर चलने वाली प्रक्रिया है जो शिक्षा की सम्पूर्ण प्रणाली का एक अभिन्न अंग है तथा उसका शैक्षिक उद्देश्यों से घनिष्ठ सबन्ध है। प्रायः परीक्षा को लोग कक्षा पास करने का साधन मानते हैं। प्रत्येक अध्यापक एवं बालक का भी यही दृष्टिकोण बनता जा रहा है। लेकिन उनकी यह सोच गलत है, क्योंकि यह बालक को सम्पूर्ण नागरिक बनने तथा राष्ट्र की प्रगति में योगदान देने से वंचित कर देता है।

मूल्यांकन, जहाँ तक मेरी सोच है, विद्यार्थी के सम्पूर्ण व्यक्तित्व की जाँच करना होता है न कि केवल उसकी शैक्षणिक प्रगति की। इसलिए इस व्यापक शब्द को पहले गहराई से समझ लेना विद्यार्थी की प्रथम आवश्यकता है।

वर्तमान शिक्षा प्रणाली अनेक दोषों से पूर्ण है और इसका सबसे बड़ा दोष यह है कि इससे मानसिक और नैतिक विकास नहीं होता है। शिक्षा का वास्तविक उद्देश्य बच्चे का सर्वांगीण विकास है, इसलिए यह केवल बौद्धिक विकास तक सीमित न होकर संवेगात्मक, मानसिक, सामाजिक समायोजन तथा शारीरिक विकास से भी सम्बन्धित है। अतः शिक्षा प्रणाली में फैले दोषों को दूर करना सर्वप्रथम आवश्यकता है, इनको दूर करने से विद्यार्थी का सर्वांगीण विकास स्वतः ही निश्चित हो जाता है।

भारतीय शिक्षा आयोग के सुझाव
(Recommendations of Indian Education Commission)

(1) **उच्चकोटि के अधिकारियों की नियुक्ति (Appointment of supervisors of high calibre)**—कोठारी आयोग के अनुसार निरीक्षण कर्मचारियों के वेतन बढ़ाए जाएँ और उच्च कोटि के अधिकारियों की नियुक्ति की जाए।

(2) **पर्याप्त विशेषज्ञ अधिकारियों की व्यवस्था (Provision of adequate specialist supervisors)**—मूल्यांकन पाठ्यक्रम सुधार मार्गदर्शन या शारीरिक शिक्षा जैसे विशेष विषयों के जिला स्तर पर पर्याप्त संख्या में विशेषज्ञ अधिकारी होने चाहिए।

(3) **कर्मचारियों की संख्या में वृद्धि (Increase in the number of officials)**—जिला कर्मचारियों की संख्या में वृद्धि की जाए ताकि इस क्षेत्र के उत्तरदायित्व को पूरा किया जा सके।

(4) जिलों शिक्षा अधिकारी को पर्याप्त दर्जा दिया जाना चाहिए।

(5) **महिलाओं की नियुक्ति (Appointment of women Supervisors)**—अधिक से अधिक महिलाओं को निरीक्षण कार्य में नियुक्त किया जाए ताकि लड़कियों की शिक्षा की ओर उचित ध्यान दिया जा सके।

भारतीय शिक्षा आयोग तथा प्रसार की समस्या (Indian Education Commission and Problem of Expansion)—माध्यमिक शिक्षा के प्रसार के लिए आयोग ने निम्नलिखित सुझाव दिए–

(1) जिला स्तर पर एक योजना बनाकर कार्यक्रम लागू किया जाए, जिसमें विद्यमान संस्थाएँ अपेक्षित स्तर का निर्माण कर सकें।

(2) इस स्तर पर प्रवेश के लिए आत्म चुनाव (Self selection) आधार पर छात्रों को चुना जाए। इसमें विद्यालय के रिकार्ड को भी ध्यान में रखा जाए।

(3) (क) विद्यालय उचित स्थान पर हो।
(ख) प्राप्त सुविधाओं के आधार पर प्रवेश दिया जाए।
(ग) अच्छे विद्यार्थियों का चुनाव हो।

(4) माध्यमिक विद्यालयों में 1985-86 तक लगभग 30% विद्यार्थियों को व्यावसायिक प्रशिक्षण देने वाली संस्थाओं का प्रावधान किया जाए।

(5) कक्षा 7 से 8 से ही अंशकालीन तथा पूर्णकालीन व्यावसायिक शिक्षा की व्यवस्था की जाए। लड़कियों की शिक्षा में घरेलू कार्यों की शिक्षा पर बल दिया जाए।

(6) लड़कियों की शिक्षा का प्रसार हो। यह प्रसार निम्न स्तर पर 1 : 2 हो तथा माध्यमिक स्तर पर 1 : 3 हो जाए। लड़कियों के लिए अलग विद्यालय तथा छात्रवृत्तियों की व्यवस्था हो।

◆◆◆

राष्ट्रीय शिक्षा नीति, 1986
(National Education Policy, 1986)

3. राष्ट्रीय शिक्षा नीति, 1986 की विस्तृत विवेचना कीजिए।
(Discuss National Education Policy, 1986 in detail.)

अथवा

राष्ट्रीय शिक्षा नीति, 1986 की प्रमुख विशेषताओं का वर्णन कीजिए।
(Explain the salient features of National Education Policy, 1986.)

उत्तर–देश की शिक्षा-प्रणाली के मुख्य अधिकारियों तथा शिक्षाविदों ने यह अनुभव किया कि वास्तव में यदि भारत 21वीं सदी में जाना चाहता है, वह दूसरे विकासशील देशों तथा विकसित देशों के साथ कंधे से कंधा मिलाकर अन्तर्राष्ट्रीय स्तर पर अपनी महत्त्वपूर्ण भूमिका अदा करना चाहता है तो उसे अपनी शिक्षा पद्धति में पूर्ण रूप से सुधार करना होगा। इस बात को गहराई से समझते हुए भारत सरकार के तत्कालीन प्रधानमंत्री स्वर्गीय श्री राजीव गाँधी ने जनवरी 5, 1985 को राष्ट्र के नाम प्रसारण में घोषणा की। परन्तु इस घोषणा से पहले उन्होंने पूर्व शिक्षाविदों, समाजशास्त्रियों, शिक्षाशास्त्रियों तथा बुद्धिजीवियों से उस विषय पर विस्तार से चिन्तन करने को कहा तथा उनके सुझावों को आमंत्रित किया। इस चिन्तन के तहत जो सहमति बनी उसे मई 1985 में भारतीय संसद ने राष्ट्रीय शिक्षा नीति को एक मत से पास कर दिया। बाद में राजीव गाँधी, तत्कालीन प्रधानमंत्री ने अपनी घोषणा के दौरान कहा था कि हम भारत के लोगों को ऐसी शिक्षा नीति देने जा रहे हैं जो भारत देश को 21वीं सदी की चुनौतियों का सामना करने के लिए आर्थिक तथा वैज्ञानिक तौर पर सशक्त बनाने में सक्षम होगी। उन्होंने आगे कहा, **"शिक्षा के द्वारा राष्ट्रीय एकता तथा कार्य नैतिकता का विकास होना चाहिए। हमारे स्वतन्त्रता संग्राम की भव्यता तथा राष्ट्रीय एकता में उसका महत्त्व प्रत्येक विद्यार्थी तक पहुँचना चाहिए। हमारे पाठ्यक्रम तथा पाठ्य-पुस्तकों द्वारा संयुक्त संस्कृति की प्रान्तीय तथा साम्प्रदायिक व्याख्या को दबाया जाना चाहिए।"**

नई शिक्षा नीति-1986 का सार एवं भूमिका
(New Education Policy–1986, Its Role and Essence)

1. आध्यात्मिक एवं भौतिक विकास की नींव (Education of Spiritual and Physical Development)—नई शिक्षा नीति के अनुसार शिक्षा विद्यार्थी के भौतिक तथा आध्यात्मिक विकास का आधार है। यह विद्यार्थी को इस भौतिक दुनिया में रहना सिखाती है तथा साथ ही साथ उसका आध्यात्मिक विकास भी करती है।

2. शिक्षा सबके लिए अनिवार्य (Education Compulsory for All)—आयोग ने शिक्षा के महत्त्व को समझते हुए इस शिक्षा को सबके लिए अनिवार्य करने की सिफारिश की।

3. मानव शक्ति का विकास (Development of Human Power)—मानव जिसे भगवान ने अपनी सभी रचनाओं में से श्रेष्ठतम् बनाया, उसे शक्तियों का भण्डार भी उपहार में दिया। परन्तु ये सभी

शक्तियाँ मानव के आन्तरिक मन में गहरे छुपी हुई हैं। इन शक्तियों को बाहर निकालकर, तराशकर, शिखर पर पहुँचाने का कार्य शिक्षा करती है। लेकिन यह तभी संभव है जब बालक को पूर्ण शैक्षणिक वातावरण तथा उपयुक्त अवसर प्रदान किए जाएं।

4. सर्वोत्तम धन विनियोग (The Greatest Financial Investment)—आयोग की सिफारिश के अनुसार, **'सरकार तथा समाज शिक्षा पर जितना धन खर्च करता है उतना ही ज्यादा उसका लाभ मिलता है। वास्तव में शिक्षा के क्षेत्र में किया गया खर्च एक दीर्घकालीन तथा श्रेष्ठ विनियोग है"।**

5. सांस्कृतिक विकास में शिक्षा का योगदान (Contribution of Education in Cultural Development)—आयोग के अनुसार शिक्षा ही एकमात्र व सशक्त साधन है जो किसी भी देश या राष्ट्र की संस्कृति को संरक्षित कर उसके विकास में महत्त्वपूर्ण योगदान देती है। शिक्षा मानव की अज्ञानता दूर कर उसमें सामाजिक मूल्यों, राष्ट्र-प्रेम, नैतिकता, देश-भक्ति की भावना पैदा करने के साथ-साथ उसके वैज्ञानिक दृष्टिकोण, मस्तिष्क तथा आत्मा का भी पूर्ण रूप से विकास करती है। इसके अतिरिक्त शिक्षा धर्म-निरपेक्षता एवं प्रजातांत्रिक गुणों का विकास भी करती है, जो भारत देश के दो महत्त्वपूर्ण तथा विशेष आदर्श हैं।

6. अनुसंधान एवं विकास का आधार (Basis of Research and Development)—मानव जीवन तथा इस ब्रह्माण्ड के भिन्न-भिन्न क्षेत्रों में सफलतापूर्वक अनुसंधान करने के लिए केवल शिक्षा ही एक सबल साधन है। उसके अतिरिक्त यह राष्ट्र की आत्मनिर्भरता एवं विकास में भी योगदान देती है।

7. समाज की संलग्नता (Involvement of Society)—शिक्षा की इस नीति के तहत समाज की संलग्नता पर विशेष बल दिया गया है, जिसमें माता-पिता, समुदाय, स्वैच्छिक संस्थाएँ, नियोजकों एवं अध्यापकों का योगदान मुख्य रूप से अपेक्षित है। इस नीति के पीछे यह सोच थी कि जब समाज के भिन्न-भिन्न वर्गों के सदस्य शिक्षण प्रक्रिया में सक्रिय रूप से योगदान देंगे तो विद्यालयों में उपस्थिति का बढ़ना स्वाभाविक होगा। इससे पास प्रतिशत भी बढ़ जाएगा। परिणामस्वरूप शिक्षा में अपव्यय तथा अवरोधन (Wastage and Stagnation) पर रोक लगेगी।

शिक्षा की राष्ट्रीय-प्रणाली
(National System of Education)

संवैधानिक सिद्धान्तों पर आधारित नई शिक्षा नीति निम्न प्रकार से है–

1. सामान्य शिक्षात्मक ढाँचा (Common Structure of Education)–राष्ट्रीय शिक्षा नीति के अन्तर्गत पूरे देश में एक समान शिक्षा लागू करने की सिफारिश की है। यह समान शिक्षा का ढाँचा (10 + 2 + 3) की परिकल्पना करता है। वर्तमान समय में यह शिक्षा का (10 + 2 + 3) ढाँचा लगभग देश के सभी हिस्सों में प्रचलित है। इस (10 + 2 + 3) से अर्थ है–

(i) 10 का अर्थ है–5 वर्ष की प्राईमरी शिक्षा, 3 वर्ष की उच्च प्राईमरी शिक्षा और 2 वर्ष की उच्च विद्यालय शिक्षा।

(ii) + 2 से तात्पर्य है–2 वर्ष की उच्चतर सैकेण्डरी/सीनियर सैकेण्डरी शिक्षा।

(iii) + 3 का अर्थ है–महाविद्यालय कोर्स की 3 वर्ष की अवधि। यह शिक्षा स्नातक (कला, विज्ञान, वाणिज्य) की डिग्री के लिए।

2. राष्ट्र का एक पाठ्यक्रम (Single Curriculum for the Whole Nation)–शिक्षा की नई राष्ट्रीय नीति के अन्तर्गत जिस शिक्षा के ढाँचे को राष्ट्रीय पाठ्यक्रम पर आधारित किया गया वह (10 + 2) है। इस पाठ्यक्रम के तहत कोर पाठ्यक्रम (Core-Curriculum) आता है। इस पाठ्यक्रम में भारतीय स्वतन्त्रता संग्राम के इतिहास के विषय में बताया गया है। उसके अतिरिक्त धर्मनिरपेक्षता, भारतीय संस्कृति, परिवार नियोजन, लोकतंत्र, वैज्ञानिक दृष्टिकोण आदि विषयों की व्यवस्था पर बल दिया गया है। इस पाठ्यक्रम की एक विशेषताः यह भी है कि इसमें राष्ट्रीय महत्त्व के विषयों की चर्चा के साथ-साथ अन्तर्राष्ट्रीय भावना को विकसित करने पर जोर दिया गया है।

3. राष्ट्रीय प्रणाली की धारा (Concept of National System)—इस नीति के अनुसार शिक्षा की राष्ट्रीय प्रणाली का सिद्धान्त देश के समस्त विद्यार्थियों पर बिना किसी भेदभाव के (जाति, धर्म, सम्प्रदाय, भाषा, लिंग) समान रूप से लागू होता है।

4. खोज एवं विकास पर बल (Emphasis on Research and Development)—इस नई शिक्षा नीति में अनुसंधान और शिक्षा के विकास पर व्यापक प्रकाश डाला गया है। उसके अनुसार देश की विभिन्न संस्थाओं के साधनों को इकट्ठा करने के लिए और राष्ट्रीय महत्त्व की योजनाओं में उनकी भागीदारी आँकने के लिए खोज व विकास तथा विज्ञान एवं तकनीकी शिक्षा के क्षेत्रों में विशिष्ठ साधन जुटाए जाने चाहिए ताकि इन संस्थाओं के कार्यक्रमों की नेटवर्क व्यवस्था स्थापित की जा सके।

5. आजीवन शिक्षा (Life long process of Education)—इस नई शिक्षा नीति के अनुसार किसी भी व्यक्ति की शिक्षा विद्यालय, महाविद्यालय या विश्वविद्यालय की डिग्री हासिल करते ही पूर्ण नहीं हो जाती है, अपितु शिक्षा तो आजीवन चलने वाली प्रक्रिया है जो मानव के साथ-साथ चलती रहती है। इसलिए सार्वजनिक साक्षरता एवं अपनी रुचि के अनुसार शिक्षा ग्रहण करने के लिए प्रत्येक व्यक्ति को अधिकार दिया जाना चाहिए। जो बच्चे विद्यालय या महाविद्यालयों में किन्हीं कारणों से दाखिला नहीं ले सकते, उनकी शिक्षा के लिए दूरगामी शिक्षा (Distance Education), मुक्त विश्वविद्यालय (Open University) तथा पत्राचार कोर्स (Correspondence Courses) के रूप में व्यवस्था की गई है।

6. अन्य भाषाओं से सम्बन्ध (Link with other Languages)—राष्ट्रीय एंवं राज्य भाषा के साथ-साथ दूसरी विदेशी भाषाओं का ज्ञान और इन भाषाओं का आपस में तालमेल भी इस शिक्षा नीति का एक अंग है। भाषाई ज्ञान को उन्नत करने के लिए बहुभाषी शब्दकोषों एवं पारिभाषिक शब्दकोषों के प्रकाशन का कार्य शुरू किया जाना चाहिए।

7. सीखने का न्यूनतम स्तर (Minimum Level of Learning)—इस नई शिक्षा नीति ने लिखने के न्यूनतम स्तर की व्यवस्था प्रत्येक अवस्था में की है। इस बात का प्रबन्ध केवल इसलिए किया गया है कि प्रत्येक विद्यार्थी अपनी सांस्कृतिक एवं सामाजिक भिन्नता के प्रति सजग रहे और साथ-ही-साथ राष्ट्रीय एकता की भावना को पूर्ण रूप से विकसित कर सके।

8. परीक्षा एवं मूल्यांकन (Examination and Evaluation)—विद्यार्थी के सर्वांगीण विकास का इस नई शिक्षा नीति में विशेष ध्यान रखा गया है। उनकी शैक्षणिक उपलब्धियों के लिए परीक्षाओं का सफल प्रबन्ध करना चाहिए व उनके सम्पूर्ण व्यक्तित्व के मूल्यांकन का भी विशेष ध्यान रखना चाहिए।

9. विज्ञान एवं गणित की शिक्षा पर बल (Force for Science and Math Education)—विद्यार्थियों में वैज्ञानिक दृष्टिकोण के विकास तथा अन्तर्राष्ट्रीय स्तर की शिक्षा के लिए इस आयोग ने दसवीं कक्षा तक विज्ञान एवं गणित विषयों को अनिवार्य कर दिया। इसके पीछे आयोग का केवल एक ही उद्देश्य था कि किस प्रकार से हम अपनी शिक्षा को उस स्तर तक पहुँचाएँ, जहाँ विकसित देश पहले से अपनी शिक्षा के स्तर को पहुँचा चुके हैं।

10. राष्ट्रीय महत्त्व की संस्थाएँ (Institutions of National Importance)—इस नई शिक्षा नीति के अनुसार राष्ट्रीय शिक्षा नीति को कार्यरूप देने के लिए जिस संस्थाओं की आवश्यकता है वे निम्नलिखित हैं:—

विश्वविद्यालय अनुदान आयोग (University Grants Commission)–भारतीय कृषि अनुसंधान परिषद् (All India Council of Agricultural Research), अखिल भारतीय तकनीकी शिक्षा परिषद् (All India Council of Technical Education), भारतीय चिकित्सा परिषद् (Indian Medical Council), इन संस्थाओं में संयुक्त योजना कार्य प्रारम्भ किए जाएं ताकि ये कार्यात्मक रूप से एक-दूसरे से तालमेल स्थापित कर सकें और स्नातकोत्तर शिक्षा (Post-Graduate) एवं अनुसंधान सम्बन्धी कार्यक्रमों को सुनिश्चित कर सकें।

समानता के लिए शिक्षा
(Education for Equality)

नई शिक्षा नीति में एक अति सुन्दर व्यवस्था की गई, जिसके अनुसार प्रत्येक भारतीय, चाहे वो किसी धर्म, जाति, सम्प्रदाय, भाषा या क्षेत्र से सम्बन्ध रखता हो, को शिक्षा ग्रहण करने का समान अवसर दिया जाएगा। इस व्यवस्था को सुदृढ़ बनाने के लिए शिक्षा के क्षेत्र में जितनी भी समस्याएँ हैं और भविष्य में जो आ सकती हैं, उनको दूर किया जाएगा और प्रत्येक भारतीय नागरिक को समान शिक्षा ग्रहण करने का अधिकार होगा। जिन व्यवस्थाओं में समानता के लिए राष्ट्र नीति बल देती है, वे निम्नलिखित हैं–

1. नारी-शिक्षा (Women Education)–20वीं सदी के प्रारम्भ तक भारत में नारी शिक्षा पर लगभग प्रत्येक व्यक्ति व सम्प्रदाय का दृष्टिकोण बहुत ही संकुचित था। ब्रह्म समाज ने जो प्रयास किया था वह भी पूर्णरूप से सफलता प्राप्त नहीं कर सका, क्योंकि उस समय का पढ़ा-लिखा समाज भी नारी की शिक्षा के प्रति उदासीन था। परन्तु इस नई राष्ट्र-शिक्षा नीति ने सदियों से चली आ रही इस सामाजिक बुराई को तोड़कर एक ऐसी व्यवस्था की कि प्रत्येक भारतीय के लिए यह आसान हो गया कि वह अपने सम्पूर्ण विकास के लिए शिक्षा ग्रहण कर सके। महिलाओं में शिक्षा के प्रति जागरूकता के लिए आयोग ने ज्यादा से ज्यादा महिलाओं को शिक्षा के प्रति प्रोत्साहित तथा उनमें साक्षरता का प्रचार करने के लिए उन्हें प्राथमिक शिक्षा के लिए प्रोत्साहित किया। इसके अतिरिक्त इस शिक्षा नीति ने उन महिलाओं को, जो उच्च शिक्षा प्राप्त करती हैं, अधिक-से-अधिक अधिकार देने की सिफारिश की है।

2. अनुसूचित जातियों की शिक्षा (The Education for Scheduled Castes)—अनुसूचित जाति के बच्चों को शिक्षा देने के लिए नई शिक्षा प्रणाली में निम्नलिखित उपाय किए गए हैं–

(i) भिन्न व्यवसायों में लगे परिवारों के बच्चों के लिए प्री-मैट्रिक छात्रवृत्ति की व्यवस्था करना तथा उनके लिए उपयोगी कार्यक्रम शुरू करना।

(ii) अनुसूचित जाति से सम्बन्धित व्यक्तियों को अध्यापन कार्य में शामिल करना।

(iii) जो परिवार 14 वर्ष तक के बच्चों को भी यदि विद्यालय में भेजते हैं, उन्हें प्रोत्साहन दिया जाए।

(iv) क्रमिक कार्यक्रम के अन्तर्गत मुख्यालयों में स्थित होस्टलों (Hostels) में अनुसूचित वर्ग के विद्यार्थियों के लिए सुविधाओं की व्यवस्था करना।

(v) अनुसूचित जातियों के बच्चों के नामांकन, पढ़ाई जारी रखने तथा पूर्ण-शिक्षा प्राप्ति के लिए आवश्यक वस्तुओं की सफल व्यवस्था करना।

(vi) जो बच्चे विद्यालय छोड़ चुके हैं (Dropouts) उनके लिए निरौपचारिक शिक्षा का विशेष प्रबन्ध करना।

(vii) शिक्षा प्रक्रिया में अनुसूचित जातियों के प्रभाव में वृद्धि करने के लिए नए साधनों का निरन्तर अनुसन्धान किया जाना।

(viii) अनुसूचित जातियों की शिक्षा की सुविधाएँ प्रदान करने के लिए R.L.E.G.P. तथा N.R.E.P. जैसे साधनों का पूर्ण सहयोग प्राप्त किया जाएगा जिन्हें हिन्दी में 'राष्ट्रीय ग्राम रोजगार कार्यक्रम' तथा 'ग्रामीण भूमिहीन रोजगार गारंटी' कार्यक्रम कहते हैं।

(ix) विद्यालय भवन, बालवाड़ी तथा प्रौढ़ शिक्षा केन्द्रों के चुनाव में इन जातियों की आवश्यकताओं का विशेष ध्यान दिया जाएगा।

3. अनुसूचित जनजातियों की शिक्षा (The Education for Scheduled Tribes)–अनुसूचित जनजातियों के बच्चों की शिक्षा के लिए निम्नलिखित प्रावधान किए गए :

(i) जनजाति क्षेत्रों में विद्यालय खोलने को प्राथमिकता देना।

(ii) अनुसूचित जातियों की तरज पर अनुसूचित जनजातियों के व्यक्तियों को अध्यापन कार्य के लिए चुनना।

(iii) बच्चों की प्रारम्भिक शिक्षा के लिए विशेष निर्देशन सामग्री के विकास करने का प्रावधान करना।

(iv) अनुसूचित जनजाति के बच्चों को दूसरे बच्चों के साथ राष्ट्रीय मुख्यधारा से जोड़ने के लिए विशेष सुविधाएँ (आवासीय पाठशालाएँ, उपचार कोर्स आदि) दी जानी चाहिए।

(v) जनजातीय लोगों की उन्नत सांस्कृतिक पहचान के उद्देश्य से शिक्षा के सभी स्तरों पर पाठ्यक्रम का निर्माण करने की सिफारिश।

4. विकलांगों के लिए शिक्षा (Education for Handicapped)–नई शिक्षा नीति में, विकलांगों में आत्मविश्वास और आत्मसम्मान विकसित करने के लिए निम्नलिखित प्रावधान हैं–

(i) विकलांग विद्यार्थियों की शिक्षा के लिए स्वैच्छिक प्रयासों को प्रोत्साहित करने के सम्बन्ध में प्रयास।

(ii) जिला स्तर पर ऐसे बच्चों के लिए विशेष विद्यालयों की सुविधाएँ उपलब्ध कराना।

(iii) विद्यालयों में निःशुल्क छात्रावास (Free Hostel Facility) की सुविधा मुहैया कराना।

(iv) विशेष विकलांगता के लिए विशेष रूप से प्रशिक्षित अध्यापकों को नियुक्त करना।

(v) विकलांग बच्चों की पढ़ाई की व्यवस्था दूसरे बच्चों के साथ करना।

(vi) विकलांगों के लिए व्यावसायिक प्रशिक्षण देने का उचित प्रबन्ध करना।

(vii) विकलांग बच्चों की पढ़ाई के लिए अध्यापकों के लिए विशेष ट्रैनिंग कैम्प लगाना।

5. अल्पसंख्यकों के लिए शिक्षा (Education for Minorities)– कुछ अल्पसंख्यक शिक्षा के क्षेत्र में या तो पिछड़े हुए हैं या वंचित हैं। ऐसे लोगों की शिक्षा के लिए नई शिक्षा नीति में निम्नलिखित प्रावधान हैं–

(i) ऐसे लोगों की शिक्षा की ओर समानता व सामाजिक न्याय के हितों की रक्षा का प्रावधान।

(ii) ऐसे विद्यालयों की स्थापना जहाँ इनकी भाषा एवं संस्कृति को सुरक्षित रखा जाए।

(iii) राष्ट्र के प्रति जागरूकता तथा राष्ट्रीय एकता के लिए सामान्य कोर पाठ्यक्रम (Common Core Curriculum) को इनकी शिक्षा का अनिवार्य अंग बनाना।

6. शिक्षण दृष्टि से पिछड़े हुए अन्य वर्ग और क्षेत्र की शिक्षा (Education for Other Educational Backward Section and Areas)–शिक्षा के क्षेत्र में पिछड़े समाज के सभी वर्गों की शिक्षा के लिए नई शिक्षा नीति के अनुसार निम्नलिखित उपाय किए जाएँगे–

(i) पिछड़े समाज के सभी वर्गों, विशेष रूप से ग्रामीण क्षेत्रों में, पर्याप्त प्रेरणादायक कार्यक्रमों का आयोजन किया जाएगा।

(ii) मरुस्थलीय एवं पहाड़ी जिलों के दूर-दराज तथा अगम्य क्षेत्रों में विद्यालयों की स्थापना के लिए सामग्री मुहैया करवाई जाएगी।

(iii) द्वीपों में भी संस्थाएँ खोलने के लिए सरकार पूर्ण रूप से सहायता करेगी।

(iv) समाज के पिछड़े व्यक्ति, चाहे वो किसी भी वर्ग से सम्बन्ध रखते हों, उन्हें वजीफा, पाठ्य-सामग्री तथा अन्य प्रकार की सभी सुविधाएँ उपलब्ध करवाई जाएंगी।

7. प्रौढ़ शिक्षा (Adult Education)–नई शिक्षा में प्रौढ़ों को शिक्षित करने के लिए निम्नलिखित उपाय किए गए हैं–

(i) दूरस्थ शिक्षा (Distance Education) के कार्यक्रमों का आयोजन।

(ii) ग्रामीण क्षेत्रों में व्यवधान रहित (Obstacleless Education) शिक्षा के केन्द्र स्थापित करना।

(iii) प्रौढ़ शिक्षा द्वारा प्रत्येक प्रौढ़ को अपने देश की सांस्कृतिक धरोहर के महत्त्व को समझाना।

(iv) आवश्यक एवं रुचिपूर्ण व्यावसायिक प्रशिक्षण के कार्यक्रमों का आयोजन।

(v) विद्यार्थियों के बड़े समूहों तथा संगठनों का निर्माण करना।

(vi) रेडियो, दूरदर्शन, वाचनालयों एवं पुस्तकालयों के माध्यम से प्रौढ़ों की शिक्षा का प्रबन्ध करना।

(vii) कर्मचारियों तथा मजदूरों की शिक्षा का प्रबन्ध उनके मालिकों के द्वारा कराने के लिए प्रोत्साहन।

(viii) स्नातक शिक्षण संस्थाओं (Post Graduate Educational Institutions) की व्यवस्था करना।

(ix) आत्म शिक्षण के सहायक साधनों की व्यवस्था करना।

(x) प्रौढ़ों को शिक्षा में रुचि पैदा करने के लिए विभिन्न सांस्कृतिक कार्यक्रमों तथा उपहारों का प्रबन्ध करना।

8. शिक्षा का व्यवसायीकरण (Vocationalization of Education)—देश में शिक्षा तथा शिक्षार्थी की हालत अत्यधिक शोचनीय है। ज्यादातर विद्यार्थी 10वीं पास करके नौकरी के लिए इधर-उधर भटकते रहते हैं। यही हाल कुछ स्नातक (Graduate) व स्नातकोत्तर (Post-Graduate) विद्यार्थियों का है। यह बेरोजगारी की समस्या विद्यार्थियों को गलत रास्ते पर ले जाती है। जो विद्यार्थी कभी देश की उन्नति में अपने योगदान की कल्पना करता था, वह देश की अखण्डता तथा प्रभुसत्ता के लिए एक समस्या बन जाता है। इन सब बातों को ध्यान में रखते हुए नई शिक्षा नीति में माध्यमिक शिक्षा को व्यावसायिक रूप देने का हर संभव प्रयास किया गया है। यह प्रयास निःसन्देह देश की उन्नति में बड़ा कारगर सिद्ध होगा।

भारतीय शिक्षा प्रणाली जो केवल लिपिक (Clerk) तैयार कर सकती है, परन्तु माध्यमिक एवं विश्वविद्यालय स्तर पर व्यावसायिक शिक्षा कृषि एवं उद्योग को प्रगतिशील बना सकती है, क्योंकि व्यावसायिक शिक्षा अपने आपमें एक अलग धारा है जिसका उद्देश्य अनेक कार्यक्षेत्रों में फैले व्यवसायों के लिए विद्यार्थियों की ऐसी जमात तैयार करती है जो अपने देश की उन्नति में महत्त्वपूर्ण योगदान दे सकें।

+ 2 स्तर पर, इसलिए नई शिक्षा नीति ने, व्यावसायिक शिक्षा के लिए विशेष प्रबन्ध की व्यवस्था की है तथा साथ-साथ व्यावसायिक शिक्षा में लचीलापन लाने के लिए आठवीं कक्षा के बाद ही व्यवसायीकरण की योजना बनाई गई है। उस समय यह उम्मीद की गई थी कि सन् 1990 तक उच्चतर माध्यमिक शिक्षा के 10% छात्रों और 1995 तक 25% छात्रों के लिए व्यावसायिक शिक्षा का प्रबन्ध कर दिया जाएगा। व्यावसायिक शिक्षा के प्रावधान के लिए निम्नलिखित संगठनात्मक ढाँचों की व्यवस्था है—

(i) मानवीय संस्थान विकास मन्त्रालय (Ministry of Human Resources Development) द्वारा संयुक्त व्यावसायिक शिक्षा परिषद् (Joint Council for Vocational Education) की स्थापना की जाएगी। यह परिषद् व्यावसायिक शिक्षा नीति का निर्माण करेगी और राष्ट्रीय स्तर पर व्यावसायिक शिक्षा में सम्बन्ध स्थापित होगा।

(ii) + 2 के विद्यार्थियों के लिए व्यावसायिक शिक्षा के कार्यक्रम राज्यों के व्यावसायिक शिक्षा विभाग द्वारा प्रयोगात्मक स्तर पर संचालित किए जाएंगे।

(iii) राजकीय व्यावसायिक शिक्षा-निदेशालय द्वारा जिला स्तर पर (District Career Guidance Cell) की स्थापना की जाएगी।

(iv) राज्य शिक्षा अनुसन्धान एवं प्रशिक्षण परिषदों (SCERT) तथा व्यावसायिक शिक्षा संस्थान (SIVES) द्वारा 10 + स्तर के विद्यार्थियों के लिए व्यावसायिक शिक्षा के कार्यक्रम निर्धारित किए जाएँगे। ऐसे कार्यक्रमों के निर्धारण में N.C.E.R.T. द्वारा मार्गदर्शन किया जाएगा।

(v) ब्रिज कोर्सों (Bridge Courses) तथा ट्रांसफर कोर्सों (Transfer Courses) की व्यवस्था, N.C.E.R.T., S.C.E.R.T, R.C.E., SIVES तथा ऐसी ही अन्य संस्थाएँ, उन मार्गदर्शक सुझावों को ध्यान में रखते हुए करेंगी, जो Junior Council of Vocational Education (J.C.V.E.) की तरफ से सुझाए जाएंगे।

(vi) 10 + 2 के विद्यार्थियों को इंजीनियरिंग (Engineering) और टैक्नोलॉजी (Technology) से सम्बन्धित व्यावसायिक कोर्सों की शिक्षा प्रदान करने के लिए नई शिक्षा नीति के तहत 100 से ज्यादा व्यावसायिक संस्थानों की स्थापना की जाएगी।

(vii) नीति के अनुसार उन विशिष्ट प्रशिक्षण कार्यक्रमों को आरम्भ किया जाएगा जो स्व-रोजगार (Self-Employment) की कुशलता विद्यार्थियों में विकसित कर सकें।

(viii) N.C.E.R.T., रीजनल-शिक्षा-महाविद्यालयों, राज्य शिक्षा अनुसंधान एवं प्रशिक्षण परिषदों (SCERT) तथा टैक्निकल टीचर्स ट्रैनिंग इन्स्टीट्यूट्स (TTI) को भी अधिक सशक्त बनाना होगा।

9. तकनीकी एवं प्रबन्धकीय शिक्षा (Technical and Management Education)– तकनीकी एवं प्रबन्धकीय शिक्षा के परस्पर सह-सम्बन्ध और दूसरे पर निर्भरता के सम्बन्धों को देखते हुए यह अनुभव किया गया कि तकनीकी व शिक्षा प्रबन्ध का पुनर्निर्माण करना आवश्यक है। असंगठित ग्रामीण क्षेत्रों और जब तक सेवाओं के ढाँचे में भी विशेष रूप से सुधार की गई टैक्नोलॉजी (Technology) और तकनीकी तथा प्रबन्धकीय शक्ति की भी अत्यधिक आवश्यकता है। सरकार द्वारा इस ओर विशेष ध्यान दिया जाएगा। मानव-शक्ति सूचना की स्थिति में सुधार लाने के लिए तकनीकी जनशक्ति सूचना प्रणाली (Technical Manpower Information System) को और अधिक विकसित एवं सशक्त किया जाएगा। आधुनिक युग, जिसे कम्प्यूटर युग भी कहा जाता है, में शिक्षा के क्षेत्र में कम्प्यूटर की भूमिका बहुत महत्त्वपूर्ण हो गई। इन सब बातों को ध्यान में रखते हुए विद्यालय स्तर पर शुरू से ही बड़े पैमाने पर कम्प्यूटर शिक्षा (Computer Education) की व्यवस्था की जानी चाहिए। दूरस्थ शिक्षण प्रक्रिया में शामिल जनमाध्यम (Mass Media) का प्रयोग करके अधिक से अधिक लोगों को तकनीकी एवं प्रबन्धात्मक शिक्षा के योग्य बनाया जाएगा। तकनीकी एवं प्रबन्धात्मक कार्यक्रम मान्यताओं पर आधारित एक लचीले मापांक ढाँचे (Modular Pattern) के आरूप होंगे जिसमें बहुस्थलीय प्रवेश के प्रावधान होंगे। उसके अतिरिक्त स्त्रियों के हितों के लिए आर्थिक व सामाजिक दृष्टि से कमजोर वर्गों के लिए कारगर व औपचारिक व निरौपचारिक तकनीकी शिक्षा से सम्बन्धित कार्यक्रमों का आयोजन किया जाएगा। साथ-ही-साथ शारीरिक रूप से विकलांग व्यक्तियों के लिए उपयुक्त औपचारिक व अंश-उपचारिक तकनीकी शिक्षा सम्बन्धी कार्यक्रम भी तैयार किए जाएंगे। जितने भी उच्चतर तकनीकी संस्थान हैं, उनके माध्यम से अनुसंधान कार्यों का शुभारम्भ किया जाएगा जो जनशक्ति उत्पादन में सहायक होगी।

10. पद्धति को कार्यशील बनाना (Making the System Active)–नई शिक्षा नीति पद्धति को कार्यशील और अधिक व्यावहारिक इसलिए बनाना चाहती है ताकि देश के सम्पूर्ण व्यक्तियों को शिक्षा की मुख्यधारा से जोड़कर उनका सर्वांगीण विकास किया जा सके। इस उद्देश्य की पूर्ति करने मात्र से ही अध्यापक तथा विद्यार्थी अपने-अपने क्षेत्र में स्वतः ही निष्ठापूर्वक लग जाएँगे तथा उनकी शिक्षा के प्रति रुचि स्वतः ही विकसित हो जाएगी। शिक्षा नीति पद्धति को व्यावहारिक बनाने के लिए निम्नलिखित सुझाव दिए हैं–

(i) आचरण के स्वीकार्य मापदण्डों पर जोर।
(ii) अच्छे, कुशल एवं ईमानदार अध्यापकों को विशेष आर्थिक पैकेज (Special economical packages)।
(iii) संस्थाओं के मूल्यांकन करने की प्रणाली का निर्माण उन्हीं मानक मापदण्डों पर आधारित होगा जिन्हें राष्ट्रीय या राज्य स्तर पर स्वीकार किया जाएगा।
(iv) शिक्षा संस्थाओं को अधिक अच्छी तथा आधुनिक सुविधाएँ प्राप्त करना।

11. कार्य-अनुभव (Work-Experience)–कोठारी आयोग (1964-66) के अनुसार, **"कार्य अनुभव शिक्षा तथा कार्य में सम्बन्ध स्थापित करने का एक साधन है।"**

(Work-experience is a mean/medium to establish relation between Education and Work)

इन दोनों के सम्बन्ध चाहे विद्यालय, घर, कार्यशाला, खेत या कारखाने में हो, परिणाम हमेशा लाभदायी होंगे। जैसे–

(i) व्यक्तियों को रोजगार प्राप्ति में सुविधा होगी।
(ii) शिक्षा एवं उत्पादन में उच्च स्तर के सम्बन्ध स्थापित होंगे।
(iii) विद्यार्थियों में कार्य के प्रति सम्मान व प्यार बढ़ेगा और वे स्वतः ही परिश्रम करने लगेंगे।
(iv) यह बौद्धिक तथा हस्तकार्य में अन्तर समाप्त करने में सहायक होगा।

12. शिक्षा एवं पर्यावरण (Education and Environment)–पर्यावरण जिसे मानव ने अपने हाथों से विनाश के कगार पर पहुँचा दिया है उसके प्रति मानव को शिक्षा सचेत करने में कारगर है। पर्यावरण को कैसे सुरक्षित रखा जाए, यह मानव तथा पृथ्वी के अस्तित्व के लिए कैसे उपयोगी है, इन सब विषयों पर प्रकाश डालने वाली बातों तथा सुझावों को शिक्षा में शामिल करना अनिवार्य है। इसके अतिरिक्त इस शिक्षा को प्रत्येक स्तर पर लागू करना चाहिए।

13. शिक्षा सामग्री तथा प्रक्रिया का नवीनीकरण (Reorienting the content and process of Education)–शिक्षा सामग्री तथा प्रक्रिया के नवीनीकरण के लिए, नई शिक्षा नीति के अनुसार, निम्नलिखित बातों पर ध्यान देना अति आवश्यक है–

(i) पाठ्यक्रम में कार्य अनुभव को विशेष स्थान
(ii) शिक्षा में संस्कृति का पुट
(iii) मूल्य शिक्षा
(iv) परीक्षा एवं मूल्यांकन प्रक्रिया सुधार
(v) खेल तथा शारीरिक शिक्षा
(vi) भाषाओं का विकास
(vii) विज्ञान की शिक्षा पर जोर
(viii) बढ़िया पुस्तकों का प्रबन्ध
(ix) पाठन-सम्बन्धी सामग्री का विकास
(x) गणित शिक्षा का आधुनिक तकनीकी पद्धतियों से सम्बन्ध स्थापित करना
(xi) पुस्तकालयों एवं वाचनालयों का सुधार
(xii) शिक्षा के लिए उपयुक्त वातावरण तैयार करना
(xiii) नैतिक शिक्षा
(xiv) शिक्षा टैक्नोलॉजी (Education Technology) पर जोर।

14. नवोदय विद्यालय; पेस सैटिंग विद्यालय (Navodya Vidhyalya; Pace Setting Schools) –शिक्षा के वास्तविक उद्देश्यों की पूर्ति के लिए यह अनिवार्य है कि विशिष्ट प्रतिभा सम्पन्न विद्यार्थियों को तेजी से विकास करने का अवसर प्रदान किया जाए। ज्यादातर यह देखा गया है कि प्रतिभाशाली विद्यार्थियों के लिए शहरों तथा महानगरों में पब्लिक विद्यालय (Public School), मॉडल विद्यालय (Model Schools) की सुविधाएँ प्राप्त होती हैं जो इन बच्चों के सर्वांगीण विकास का सम्पूर्ण ध्यान रखती हैं। जहाँ शहरों में इन महँगे विद्यालयों की व्यवस्था है वहीं गाँवों के निर्धन परन्तु प्रतिभाशाली बच्चों को गुणात्मक शिक्षा प्रदान करने के लिए इस नई शिक्षा नीति के तहत नवोदय विद्यालय स्थापित करने की विश्व व्यापक योजना बनाई गई तथा यह भी सुनिश्चित किया गया कि इन विद्यालयों में दाखिला केवल प्रतिभा के बल पर दिया जाएगा। न कि जाति, धर्म, सम्प्रदाय आदि के आधार पर। इसके अतिरिक्त इन विद्यालयों में निःशुल्क आवास तथा भोजन की भी व्यवस्था की गई। सामाजिक समानता, न्याय की वास्तविक पूर्ति के लिए नवोदय-विद्यालयों में अनुसूचित जातियों एवं अनुसूचित जनजातियों के विद्यार्थियों के लिए आरक्षण की व्यवस्था की गई।

15. अध्यापक शिक्षा (Teacher Education)–नई शिक्षा नीति इस बात को स्वीकारती है कि देश के निर्माण तथा उन्नति में अध्यापकों का विशेष योगदान है। राष्ट्र का भविष्य अध्यापकों पर निर्भर करता है। इन सब बातों को ध्यान में रखते हुए अध्यापक शिक्षा की राष्ट्रीय नीति के कार्यान्वयन कार्यक्रम में निम्नलिखित बातों पर प्रकाश डाला गया है–

(i) अध्यापकों की चयन पद्धति में आवश्यक सुधार करके योग्य अध्यापकों की भर्ती करना।
(ii) स्वतन्त्र रूप से कार्य करने के लिए अध्यापकों के लिए उचित वातावरण का प्रबन्ध किया जाएगा ताकि वे बिना किसी व्यवधान के उच्च स्तर के नागरिक तैयार कर सकें।
(iii) माध्यमिक विद्यालयों के अध्यापकों की शिक्षा के लिए पहले से कार्यरत अध्यापक शिक्षा महाविद्यालय, बिना बाहरी हस्तक्षेप के काम करते रहेंगे।
(iv) अध्यापकों की शिक्षा के लिए बनाए गए कुछ महाविद्यालयों को संयुक्त संस्थानों (Comprehension Institutions) के रूप में विकसित किया जाएगा, जहाँ उच्च माध्यमिक (Higher Secondary) के बाद पाँच वर्षीय एकीकृत कोर्सों (Five years integrated courses) की व्यवस्था पहले से चल रहे बी.एड. तथा एम.एड. कोर्सों के अतिरिक्त होगी।
(v) अध्यापकों की कार्य-स्थितियाँ एवं आवासीय स्थितियों में आवश्यक सुधार किया जाएगा।
(vi) राष्ट्रीय शिक्षा नीति के कार्यान्वयन में अध्यापकों का सक्रिय (active) सहयोग लिया जाएगा।

(vii) अध्यापकों से सम्बन्धित सब हर प्रकार की समस्याओं तथा शिकायतों को प्रभावी ढंग से हल किया जाएगा।

(viii) शिक्षा के प्रबन्ध में अध्यापकों को सम्मिलित किया जाएगा।

(ix) जिला शिक्षा एवं प्रशिक्षण संस्थाओं (District Institutions of Education and Training) की स्थापना केवल इस उद्देश्य से की जाएगी कि यहाँ प्राथमिक अध्यापकों के प्रशिक्षण का कार्य सुचारु रूप से चलता रहे।

(x) इन संस्थाओं को आधुनिक तकनीकी (Modern Technology) के उपकरणों जैसे—कम्प्यूटर, वी.सी.आर. एवं दूरदर्शन आदि से जोड़ा जाएगा। ये संस्थान प्राथमिक शिक्षा के अध्यापकों के लिए पूर्व-सेवाकालिक (Pre-Service) तथा सेवाकालीन (In-service) प्रशिक्षण के लिए व्यवस्था करेंगे।

(xi) ये संस्थाएँ उन कार्यक्रमों के लिए भी उपयोगी कोर्सों का संचालन करेंगी जो निरौपचारिक शिक्षा तथा प्रौढ़-शिक्षा के कार्यक्रमों में काम कर रहे हैं।

(xii) अध्यापकों को सम्मान तथा उनके व्यावसायिक महत्त्व के संरक्षण और उनके व्यावसायिक दुराचरण के उपचार के लिए अध्यापक संगठनों का सक्रिय उपयोग किया जाएगा।

(xiii) अध्यापकों के लिए आचार संहिता (Code of Conduct) का निर्माण कर उसे लागू करने का प्रावधान किया जाएगा।

16. शिक्षा का प्रबन्ध (The Management of Education)—नई शिक्षा नीति ने शिक्षा का प्रबन्ध निम्नलिखित स्तरों पर किया—

(i) **राष्ट्रीय स्तर (At National Level)**—केन्द्रीय शिक्षा सलाहकार बोर्ड का मुख्य काम शैक्षिक विकास पर पुनः विचार करना होगा। साथ ही साथ यदि यह बोर्ड प्रणाली में सुधार लाने हेतु यदि कोई कमी पाती है तो उसमें परिवर्तन करने का पूर्ण अधिकार बोर्ड के पास सुरक्षित रहेगा। केन्द्र तथा राज्यों में शैक्षिक विभाग से जुड़े व्यक्तियों को महत्त्वपूर्ण भूमिका निभाने के लिए अधिक सक्रिय बनाया जाएगा।

(ii) **राज्य स्तर पर (At State Level)**—नई शिक्षा नीति ने राज्य सरकारों को भी विशेष अधिकार दिए हैं कि C.B.S.E. की तर्ज पर काम करते हुए अपने राज्यों में शिक्षा सलाहकार बोर्ड की स्थापना कर सकते हैं।

(iii) **जिला स्तर पर (At District Level)**—नई शिक्षा नीति ने उच्चतर माध्यमिक स्तर पर शिक्षा के प्रबन्ध के लिए जिला स्तर पर शिक्षा बोर्ड स्थापित करने का प्रावधान किया।

(iv) **स्थानीय स्तर पर (At Local Level)**—स्थानीय स्तर पर शिक्षा में सुधार के लिए, नई शिक्षा नीति के अनुसार, जो भी स्थानीय समुदाय हैं उनको उपयुक्त संस्थाओं के माध्यम से सलाह तथा सहयोग के लिए आमंत्रित किया जाएगा।

(v) **स्वयंसेवी संस्थाएँ (Voluntary Agencies)**—गैर सरकारी और स्वयंसेवी संस्थाएँ शिक्षा के विकास और प्रबन्ध में योगदान देने में समर्थ हैं, उनको विश्वास में लेकर सहयोग के लिए आमंत्रित किया जाए। नई शिक्षा नीति में इस बात पर भी जोर दिया गया कि इन स्वयंसेवी संस्थाओं के सहयोग के लिए उन्हें आर्थिक प्रोत्साहन भी दिया जाना चाहिए।

17. राष्ट्रीय शिक्षा नीति-1986 का मूल्यांकन (Evaluation of the National Policy on Education of 1986)—नई शिक्षा नीति-1986 निम्नलिखित उद्देश्यों की प्राप्ति में सहायक सिद्ध हो सकती है—

(i) नई शिक्षा नीति उच्चतर मूल्यों की प्रतिबद्धता के साथ 'विशेष व्यक्ति' और 'सम्पूर्ण व्यक्ति' के लक्ष्य की पूर्ति में सहायक होगी।

(ii) यह शिक्षा नीति विद्यार्थियों के दिमाग की संकीर्णता को दूर कर उसे विस्तृत करती है।

(iii) यह शिक्षा के अवसरों में समानता पैदा करने में सहायक है।

(iv) यह शिक्षा नीति भारतीय संविधान की प्रस्तावना में दिए गए आधारभूत और अनिवार्य मूल्यों पर आधारित होने के कारण, प्रत्येक व्यक्ति की शिक्षा के लिए कटिबद्ध है।

(v) शिक्षा के निरीक्षण का विकेन्द्रीयकरण स्थानीय प्रेरणाओं को अधिक प्रोत्साहन देने में सहायक है।

(vi) यह शिक्षा नीति विद्यार्थियों को स्वयं का व्यवसाय चलाने में अत्यधिक सहायक है।

(vii) यह शिक्षा नीति राष्ट्रीय पाठ्यक्रम की आवश्यकता पर बल देकर कोर-पाठ्यक्रम की व्यवस्था करती है।

(viii) यह शिक्षा नीति वास्तविक रोजगार के अवसरों तथा संसार के कार्यों में तालमेल स्थापित करने में सहायक है।

(ix) नई शिक्षा नीति शिक्षा के विकास के साथ-साथ राष्ट्रीय एकता की भावना को भी जागृत करती है।

(x) यह शिक्षा नीति वर्तमान राष्ट्रीय ढाँचे 10 + 2 + 3 के अन्तर्गत सुचारु रूप से काम कर सकती है।

◆◆◆

राममूर्ति रिपोर्ट, 1990
(Ramamurti Report, 1990)

4. आचार्य राममूर्ति रिपोर्ट, 1990 की प्रमुख विशेषताओं का वर्णन कीजिए।
(Describe the main features of Acharya Ramamurti Committee, 1990.)

अथवा

आचार्य राममूर्ति रिपोर्ट, 1990 के प्रमुख सुझावों की व्याख्या कीजिए।
(Describe the main features of Acharya Ramamurti Report, 1990.)

उत्तर–राममूर्ति कमेटी, जो निरीक्षण कमेटी के नाम से भी जानी जाती है, का गठन भारत सरकार ने नई राष्ट्रीय नीति (1986) के पुनर्विचार के लिए मई 7, 1990 को किया। यद्यपि जब नई शिक्षा नीति का गठन किया गया था तो उसके पुनर्विचार का समय 5 वर्ष रखा गया था; फिर 4 साल बाद ही उसके पुनर्विचार की क्या आवश्यकता पड़ी थी। इस पर तत्कालीन सरकार का मानना था कि जिन लक्ष्यों की प्राप्ति के लिए नई शिक्षा नीति-1986 का गठन किया गया था, उनकी प्राप्ति में इस नई शिक्षा नीति का परिणाम सन्तोषजनक न होने के कारण ही 1 वर्ष पहले ही पुनर्विचार किया जा रहा था।

यदि गहराई से आंकलन करें तो हम पाएँगे कि केवल पाँच मुख्य बातें थीं, जिनकी प्राप्ति न होने के कारण ही आचार्य राममूर्ति कमेटी का गठन किया गया। जिन पाँच मुद्दों का हल नहीं निकल सका वे निम्नलिखित हैं:–

(i) निरक्षरता का दूर करना (Removal of illiteracy)

(ii) शिक्षा को रोजगारोन्मुखी एवं कार्योन्मुखी बनाना (Orientation of education to employment and work)

(iii) देश के सभी बच्चों के लिए शिक्षा की व्यवस्था (Arrangement of education for all children of the country)

(iv) सामाजिक समानता (Social equality)

(v) संकुचित विचारधारा, क्षेत्रीयवाद, ईर्ष्या द्वेष की भावना का संघर्ष (Struggle against petty parochial passions and prejudice)।

आचार्य राममूर्ति की अध्यक्षता में गठित आचार्य राममूर्ति कमेटी (1990) में कुल 17 सदस्य थे। इस कमेटी ने 26 दिसम्बर, 1990 को मानव संसाधन मन्त्रालय को अपनी रिपोर्ट पेश की। इस रिपोर्ट को

'मानवीय समाज उन्नति की ओर' नाम दिया गया तथा इसे 9 जनवरी, 1991 को लोकसभा में पेश किया गया। इस कमेटी के पुनर्विचार के विषय में नई राष्ट्रीय-शिक्षा नीति (1986) से सम्बन्धित निम्नलिखित हैं–

1. शिक्षा के कार्य, उद्देश्य और लक्ष्य (Roles, Values and Goals of Education)।
2. समानता, सामाजिक न्याय और शिक्षा (Equality, Social Justice and Education)।

   वर्ग-1 नारी की समानता के लिए शिक्षा
   Section-1 (Education for the Equality for Women)
   वर्ग-2 अनुसूचित जातियों की शिक्षा।
   Section-2 (Education for the Scheduled Castes)
   वर्ग-3 अनुसूचित जन-जातियों की शिक्षा।
   Section-3 (Education for Scheduled Tribes)
   वर्ग-4 शिक्षा की दृष्टि से पिछड़े वर्ग के लिए शिक्षा
   Section-4 (Education for Educationally Backward Section)
   वर्ग-5 विकलांगों के लिए शिक्षा।
   Section-5 (Education for Handicapped)
   वर्ग-6 सार्वजनिक विद्यालय पद्धति।
   Section-6 (Common School System)
   वर्ग-7 नवोदय विद्यालय।
   Section-7 (Navodaya Vidhyalyas)

3. शिक्षा और काम का अधिकार (Education and Right to work)।
4. शिक्षा के लिए संसाधन (Resources for Education)।
5. बालकों की देखभाल और शिक्षा (Early Childhood Care and Education)।
6. शिक्षक और शिक्षार्थी (विद्यार्थी) (Teachers and Students)।
7. उच्च शिक्षा (Higher Education)।
8. विकेन्द्रीकरण एवं भागीदारिता प्रबन्ध (Decentralisation and Participative Management)।
9. प्राथमिक शिक्षा की सार्वभौमिकता (Universalisation of Elementary Education)।
10. शिक्षा में भाषाएँ (Languages in Education)।
11. प्रौढ़ एवं अनवरत शिक्षा (Adult and Continuing Education)।
12. विषय-सामग्री एवं शिक्षा प्रक्रिया (Content and Process of Education)।
13. शिक्षा का व्यवसायीकरण (Vocationalisation of Education)।
14. परीक्षा प्रणाली में सुधार (Examination Reforms)।
15. विश्वविद्यालय के मौलिक अधिकार (University Autonomy)।

जो रिपोर्ट इस कमेटी ने दिसम्बर 26, 1990 को पुनर्विचार करने के पश्चात् सिफारिशों एवं सुझावों सहित भारत सरकार को सौंपी थी उसका शीर्षक (Towards and Enlightened and Human Society) दिया गया। आचार्य राममूर्ति कमेटी (1990), जिसके चेयरमैन आचार्य राममूर्ति थे, को सुविधा के लिए उप-समितियों में बाँटा गया तथा नई शिक्षा प्रणाली (1986) से संबंधित जितने भी विषय थे उनको भी उप-समितियों में बाँट कर इस कमेटी के द्वारा गहन चिन्तन किया गया।

रिपोर्ट के महत्त्वपूर्ण निरूपण तथा सुझाव (Important observations and Recommendations in the Report)–

(1) निरीक्षण कमेटी की मुख्य चिन्ताएँ तथा सुझाव (Main concerns and Approaches of the committee)–निरीक्षण कमेटी ने 1986 की राष्ट्रीय नीति की जाँच की तथा इसको लागू करने के लिए निम्नलिखित आधारों की सिफारिश की–

(i) समानता और सामाजिक न्याय (Equality and Social Justice)

(ii) शिक्षा में सभी प्रकार के प्रबन्धों को दूर करना (To eliminate all types of restrictions in education)

(iii) कार्य करने का अधिकार (Right to work)

(iv) शिक्षा में सहयोग कानून की स्थापना (Framing of cooperative legislations in Education)

(2) (i) आधारभूत जीवन कौशलों की प्राप्ति (Acquisition of basic life skills) –राममूर्ति कमेटी के अनुसार शिक्षा विभिन्न प्रकार की योग्यताओं तथा कौशल प्राप्त करने के अवसर प्रदान करती है। इन योग्यताओं और कौशलों के प्राप्त करने के साधन गणित, सामाजिक अध्ययन तथा शारीरिक शिक्षा आदि हैं, जिनसे विद्यार्थियों को क्रमशः संचार योग्यता, सामाजिक योग्यता तथा शारीरिक योग्यता प्राप्त होती है।

(ii) शिक्षा का आधार ज्ञान है। यह ज्ञान चाहे किसी भी प्रकार का क्यों न हो, चाहे यह तकनीकी ज्ञान हो या सामाजिक, मनुष्य के निर्माण में सहायक होता है।

(3) मूल्यों की प्रकृति (Nature of values)—शिक्षा में मूल्यों का बहुत महत्त्व है। इसलिए शिक्षा को ऐसे वातावरण का निर्माण करना होगा जो कि मनुष्य को अच्छा चरित्र आवश्यक संस्कृति और राष्ट्रीय महत्ता दे सके ताकि उसमें चिन्तन शक्ति का विकास हो और ठीक और गलत में अन्तर बताने में सक्षम हो।

(4) शिक्षा में असमानताओं को दूर करना (Removing disparities in education)—अब तक शिक्षा प्रदान करने के मामले में बहुत असमानताएँ देखने में आ रही हैं, जैसे शहरी तथा ग्रामीण क्षेत्रों में असमानता, उच्च जातियों तथा पिछड़ी जातियों में असमानता, स्त्री तथा पुरुष में असमानता, विभिन्न क्षेत्रों में असमानता इत्यादि। इसलिए समय अनुसार योजनाएँ बनाते समय इन असमानताओं को समाप्त करने का पूरा यत्न करना चाहिए।

(5) सामान्य स्कूल प्रणाली का विकास (Development of Common school system)—आजकल प्रायः दो प्रकार के स्कूल देखने में आते हैं—(i) सरकारी स्कूल जो या तो निःशुल्क होते हैं या जहां शिक्षा सस्ती है। (ii) पब्लिक स्कूल जहाँ शिक्षा का स्तर तो अच्छा है परन्तु शिक्षा इतनी महँगी है कि सामान्य व्यक्ति के वस की बात नहीं। इसलिए राममूर्ति कमेटी ने कोठारी आयोग के सुझाव से सहमत होते हुए सामान्य स्कूल प्रणाली का समर्थन किया तथा कहा कि सामान्य स्कूल प्रणाली भारत की आधुनिक समाज व्यवस्था में एक प्रगतिशील पग है। यह एक ऐसी शिक्षा प्रणाली है जहाँ शिक्षा जाति, धर्म, सम्प्रदाय आदि के भेद-भाव के बिना सब के लिए प्राप्त होगी। जहाँ अच्छी शिक्षा का आधार धन नहीं, बल्कि प्रतिभा होगी तथा जिसके अनुसार सभी स्कूलों में एक पर्याप्त स्तर निश्चित किया जाएगा तथा न्यायसंगत अनुपात में गुणात्मक-शिक्षण दिया जाएगा। इसके अतिरिक्त इन स्कूलों में विद्यार्थियों से कोई शुल्क नहीं लिया जाएगा।

(6) क्षेत्रीय भाषाओं को महत्त्व प्रदान किया जाए (Importance should be given to regional languages)—राममूर्ति कमेटी ने क्षेत्रीय भाषाओं को शिक्षा का आधार बनाने पर बल दिया, क्योंकि ऐसा करने से ही क्षेत्रीय असमानताएँ दूर हो सकती हैं।

(7) शिक्षा का व्यवसायीकरण (Vocationalisation of Education)—कोठारी आयोग के विचारों का समर्थन करते हुए इस कमेटी ने भी शिक्षा में व्यवसायीकरण समर्थन किया और कहा कि माध्यमिक स्तर की शिक्षा इस प्रकार की हो कि इसको प्राप्त करने के पश्चात् व्यक्ति अपनी आजीविका कमाने में समर्थ हो जाए।

(8) परीक्षा प्रणाली में सुधार (Reforms in Examination System)—इस संदर्भ में राममूर्ति कमेटी ने यह सुझाव दिया है कि सैमेस्टर प्रणाली (Semester system) तुरन्त लागू कर देनी चाहिए तथा नवयुवक पीढ़ी के लिए मौखिक और लिखित परीक्षा का योग्यता के आधार पर निर्धारित होनी चाहिए।

(9) शिक्षा की योजना तथा प्रबन्ध का विकेन्द्रीकरण (Decentralisation of planning and management of education)—राममूर्ति कमेटी के अनुसार शिक्षा के प्रत्येक स्तर पर विकेन्द्रीकरण की आवश्यकता है।

(10) विश्वविद्यालयों को स्वायतता (Autonomy to the universities)—कमेटी के अनुसार परीक्षा सुधार आन्तरिक योग्यता निर्धारण तब तक लाभदायक नहीं जब तक ये विकेन्द्रीकरण सही अर्थों में विश्वविद्यालयों तथा महाविद्यालयों के अध्यापकों तक न पहुँचे।

(11) शिक्षक वर्ग का सहयोग (Co-operation of teaching Community)—जब शिक्षक वर्ग शिक्षा में प्रत्येक स्तर पर शामिल होते हैं तो ठीक सुधार का वातावरण बन सकता है। इसके मुख्य तत्त्व महाविद्यालय और विश्वविद्यालय क्षेत्रीय उन्नति और सुधार के लिए स्कूल शिक्षा, स्कूलों के निर्माण, तथा परस्पर प्राथमिक शिक्षा, उच्च शिक्षा, महाविद्यालयों तथा विश्वविद्यालयों के सहयोग से क्षेत्रीय उन्नति का वातावरण बनाया जा सकता है।

(12) शिक्षा का महत्त्व (Importance of Education)—शिक्षा का सबसे बड़ा महत्त्व यह है कि यह व्यक्ति के दिल और दिमाग का सामंजस्यपूर्ण (harmoniously) विकास करती है तथा विद्यार्थी को परिवार, देश तथा राष्ट्र से जोड़े रखती है। इसका सीधा सम्बन्ध मानव जीवन से है। यह विद्यार्थी को आर्थिक तथा सांस्कृतिक जीवन से जोड़ती है।

(13) स्त्रियों के लिए बराबरी का स्थान (Place of equality for women)—राममूर्ति कमेटी ने स्त्री शिक्षा के महत्त्व पर भी बल दिया तथा सिफारिश की कि स्त्रियों की शिक्षा के लिए पर्याप्त सुविधाओं का मिलना बहुत आवश्यक है। सिफारिशों में लड़कियों के लिए स्कूल घर के समीप होना अच्छी स्त्री अध्यापक, लड़कियों के लिए छात्रवृत्तियों, निःशुल्क वर्दी इत्यादि का प्रावधान करने की सिफारिश की। इसके अतिरिक्त स्त्रियों के लिए तकनीकी शिक्षा भी प्रावधान होना चाहिए। पिछड़ी जातियों तथा जनजातियों की स्त्रियों के लिए विशेष सुविधाओं का भी प्रावधान करना चाहिए।

(14) शिक्षा के लिए स्रोत (Resources for Education)—

(i) घरेलू राष्ट्रीय उत्पाद का 6% से अधिक भाग शिक्षा के कार्य में लगाना चाहिए।

(ii) सभी तकनीकी और कार्यकारी शिक्षा आत्म-निर्भर होनी चाहिए। ऐसा विद्यार्थियों को कर्जा देकर किया जा सकता है।

(iii) परीक्षा शुल्क एक विशेष आन्तरिक उच्च शिक्षा का साधन हो सकता है।

(iv) सरकार पर से बोझ हटाने के लिए विभागों को कर्जा (Institutional Loans) प्रदान करना चाहिए।

(v) शिक्षा प्राप्त करने वालों को राष्ट्रीय बैंकों के द्वारा कर्जा मिलने की सुविधा उपलब्ध हो। ऐसा उच्च शिक्षा के क्षेत्र में मुख्य तौर पर किया जा सकता है।

(vi) **संस्थागत कर्जे की गतिशीलता (Mobilising Institutional Lons)**—संस्थागत वित्तीय साधनों द्वारा महाविद्यालयों तथा विश्वविद्यालयों में खोज तथा शिक्षा के लिए भवन, होस्टल, स्टाफ क्वार्टर का प्रावधान होना चाहिए। कर्जे की वसूली के लिए सरकार की गारंटी होनी चाहिए।

(vii) छात्रवृत्तियों, फंडों में वृद्धि की जानी चाहिए।

(viii) सामुदायिक साधनों का योगदान।

निष्कर्ष में कहा जा सकता है कि आचार्य राममूर्ति कमेटी ने शिक्षा के विकास के लिए बहुत योगदान दिया है। इस कमेटी ने सभी ओर व्यक्तित्व की उन्नति के लिए बल दिया है। इसके अतिरिक्त गैर सरकारी संस्थाओं के योगदान पर भी बल दिया है।

◆◆◆

कार्यान्वयन कार्यक्रम
1992 (Programme of Action, 1992)

5. कार्यान्वयन कार्यक्रम, 1992 पर एक संक्षिप्त लेख लिखिए।
(Write a short note on Programme of Action, 1992.)

अथवा

कार्यान्वयन कार्यक्रम 1992 की विवेचना कीजिए। इस संशोधित कार्यान्वयन कार्यक्रम के प्रमुख सुझावों का वर्णन कीजिए।
(Discuss the Programme of aciton, 1992. Describe the main recommendations of programme of Action 1992.)

उत्तर–कार्यान्वयन कार्यक्रम 1992 (Action Programme 1992)–निरौपचारिक शिक्षा योजना को प्रभावशाली तथा सफल बनाने के लिए संशोधित राष्ट्रीय शिक्षा नीति (Revised National Policy of Education) 1992 ने कार्यान्वयन कार्यक्रम की योजना बनाई ताकि इस योजना के अन्तर्गत निरौपचारिक शिक्षा को सही ढंग से व्यावहारिक रूप दिया जा सके। इसके लिए कार्यान्वयन कार्यक्रम 1992 (Programme of Action 1992) में महत्त्वपूर्ण सुझावों को अपनाया गया जो निम्नलिखित हैं–

1. निरौपचारिक शिक्षा केन्द्रों की स्थापना (Establishment of Non-formal Education Centres)–निरौपचारिक शिक्षा के केन्द्र उन निरीह व असहाय बालकों के लिए खोले जाएंगे जो अनुसूचित जाति व अनुसूचित जनजाति से सम्बन्ध रखते हों। ये संस्थाएँ विशेष रूप से लड़कियों तथा अपंग बच्चों के लिए होंगी।

2. समुदाय का योगदान (Community's Contribution)–ऐसे केन्द्रों की स्थापना के लिए आर्थिक सहायता तथा निरीक्षण हेतु समुदाय से सहायता ली जाएगी।

3. महिला प्रशिक्षकों की नियुक्ति (Appointment of Women Instructors)–ज्यादातार माँ-बाप, मुख्य रूप से देहातों में, अपनी बेटियों की शिक्षा, महिला प्रशिक्षकों के द्वारा ही चाहते हैं। यह केवल तब ही संभव हो सकता है जब शिक्षा के क्षेत्र में महिला प्रशिक्षार्थी की नियुक्ति का प्रावधान किया जाए।

4. प्रशिक्षकों का प्रशिक्षण (Training of Instructors)–प्रशिक्षकों को पूर्ण रूप से प्रशिक्षण देने की सुविधा दी जाए ताकि वे अपने विद्यार्थियों को अत्यधिक शिक्षा देने में समर्थ हों।

5. प्रशिक्षण के लिए संस्थाएँ (Institutions for Instructions)–यह भी सुनिश्चित किया गया कि कुछ संस्थाएँ जैसे District Institute of Education and Training (DIET), National Council of Educational Research and Training (N.C.E.R.T.) एवं NIEPA आदि प्रशिक्षकों के प्रशिक्षण का कार्यभार सँभालेंगी।

6. संयोजन (Linkage)–निरौपचारिक शिक्षा की मुक्त विद्यालयों के साथ संयोजन की व्यवस्था की गई है। इसके साथ-साथ निरौपचारिक शैक्षिक कार्यक्रमों को सार्वजनिक पुस्तकालय से जोड़ने की बात भी की गई।

7. विविध कोर्सों की व्यवस्था (Provision for various courses)–निरौपचारिक संस्थाओं से पास होने वाले विद्यार्थियों के लिए विभिन्न प्रकार के तकनीकी एवं व्यावसायिक कोर्सों के अध्ययन की व्यवस्था की जाएगी।

8. अनुवर्ती कार्यक्रम (Follow-up Programmes)–सम्पूर्ण साक्षरता अभियान (Complete literacy campaign) के जिला अनुवर्ती कार्यक्रमों को 9 से 14 वर्ष की आयु वर्ग वाले विद्यार्थियों के समूह के लिए आरम्भ किया जाएगा। साक्षरता के उपरान्त ऐसे विद्यार्थियों को अनवरत शिक्षा के अन्तर्गत आगे पढ़ने के लिए प्रोत्साहित किया जाएगा।

9. स्वयंसेवी संस्थाओं को प्रोत्साहन (Encouragement to Voluntary Agencies)–कमेटी के अनुसार जिन स्थानों पर सरकारी संस्थाएँ या तो नहीं हैं या फिर उनकी संख्या कम हैं, उन क्षेत्रों में

निरौपचारिक शिक्षा की व्यवस्था करने के लिए स्वयंसेवी संस्थाओं को आगे आना चाहिए। निरौपचारिक शिक्षा के माध्यम से यह कार्य जितनी शीघ्रता से कार्यान्वित होगा, उतनी ही जल्दी समाज के कमजोर वर्ग के बच्चे शिक्षा ग्रहण कर देश की मुख्यधारा से जुड़ सकेंगे।

छटी पंचवर्षीय योजना के तहत उन 9 से 14 वर्ष के बच्चों के लाभार्थ योजना बनाई गई जो या तो बीच में ही किन्हीं कारणों से पढ़ाई छोड़ गए या स्कूली शिक्षा से वंचित रह गए। इन बच्चों के लिए बहुविधि प्रवेश पद्धति शुरू की गई और निरौपचारिक शिक्षा में विविध प्रकार के कोर्स शुरू किए गए।

सातवीं पंचवर्षीय योजना में निरौपचारिक शिक्षा को प्राथमिक शिक्षा के सार्वभौमिकरण के लिए एक महत्त्वपूर्ण व सशक्त साधन माना गया। इस दौरान लगभग उन 64 लाख व्यक्तियों, जो शिक्षा के इच्छुक या योग्य नहीं थे, इस शिक्षा कार्यक्रम के अन्तर्गत शिक्षित किया गया। अनौपचारिक शिक्षा को सरल तथा लचीला बनाने तथा इसे उपयुक्त तरीके से अनौपचारिक पद्धति से जोड़ने के लिए निम्नलिखित प्रयत्न किए गए–

(i) पूरक पाठ्य सामग्री (Supplementary Study Material) विकसित की गई और फिर उसे विद्यार्थियों को उपलब्ध कराया गया।

(ii) उपयुक्त पाठ्य सामग्री (Adequate and Appropriate Study Material) भी विकसित कर विद्यार्थियों को उपलब्ध कराया गया।

(iii) औपचारिक एवं निरौपचारिक शिक्षा पद्धति में तालमेल एवं मजबूत सम्बन्ध (Appropriate co-ordination and sound link between formal and non-formal education) अर्थात् नियमित विद्यालयों, निरौपचारिक शिक्षा केन्द्रों तथा प्रौढ़ शिक्षा केन्द्रों को अपनी आवश्यकताओं के अनुसार अधिक से अधिक संसाधनों का प्रयोग करने के लिए स्थापित किया जाए।

(iv) उपयुक्त अध्यापक प्रशिक्षण व्यवस्थाएँ (Adequate teacher training arrangement)– अनौपचारिक शिक्षा पद्धति में भाग लेने वाले अध्यापकों के लिए प्रावधान किया गया।

(v) निरौपचारिक शिक्षा सम्बन्धी कार्यक्रम (Non-formal educational programmes) विकास सम्बन्धी कार्यक्रमों के साथ जोड़े गए।

◆◆◆

2.3 राष्ट्रीय पाठ्यक्रम निर्माण–2005 (National Curriculam Framework—2005)

1. राष्ट्रीय पाठ्यक्रम निर्माण–2005 की आवश्यकता तथा उद्देश्यों का विस्तारपूर्वक वर्णन कीजिए।
(Describe the need and objectives of Natonal Curriculam Formework–2005.)

अथवा

राष्ट्रीय पाठ्यक्रम निर्माण 2005 की क्या आवश्यकता है?
(What is the need of National Curriculam Frame Work 2005.)

अथवा

अंतर्राष्ट्रीय एवं राष्ट्रीय विकास में पाठ्यक्रम का क्या महत्त्व है?
(What is the importance of curriculum for National or International development?)

उत्तर–मानव संसाधन मंत्रालय द्वारा बुलाई गई राष्ट्रीय अनुसंधान और प्रशिक्षण परिषद् की कार्यकारिण ी सभा में चिंतन किया गया कि राष्ट्रीय माध्यमिक शिक्षा के पाठ्यक्रम 2000 में क्या सुधार किया जाए।

14 जुलाई से 19 जुलाई, 2004 में बुलाई गई सभा में निर्णय लिया गया कि 21वीं शताब्दी के लिए राष्ट्रीय पाठ्यक्रम तैयार किया जाए। राष्ट्रीय पाठ्यक्रम प्रोफेसर यशपाल की अध्यक्षता में तैयार करने के लिए मैसूर, भोपाल, भुवनेश्वर, अजमेर और शिलांग में पांच सभाओं का आयोजन करके नया पाठ्यक्रम 2005 तैयार किया गया। पाठ्यक्रम में सभी S.C.E.R.T. के सचिव, देश के सभी परीक्षा बोर्डों का सहयोग लिया गया। गहन अध्ययन के उपरान्त विस्तार से तर्क-वितर्क करके नए पाठ्यक्रम में निम्न सुझावों को ध्यान में रखकर 2005 का पाठ्यक्रम तैयार किया गया–

1. संविधान में सुधार करके प्राथमिक एवं माध्यमिक शिक्षा को दिशा-निर्देशक अधिकार की अपेक्षा मूल अधिकारों में सम्मिलित कर, माध्यमिक शिक्षा को निःशुल्क और अनिवार्य किया जाए।
2. परम्परागत विरासत तथा संस्कृति और आधुनिक संस्कृति एवं सभ्यता का पाठ्यक्रम में समन्वय किया जाए।
3. पाठ्यक्रम को लचीला बनाया जाए, जिसमें सामाजिक परिवर्तन, वातावरण के अनुकूल घटाया और बढ़ाया जा सके। जैसे इतिहास विषय में स्वतंत्रता के उपरान्त अंग्रेजों का इतिहास पढ़ने की आवश्यकता नहीं है। पंजाब और हरियाणा को अलग राज्य बनाने के बाद सिक्खों का इतिहास और पंजाबी भाषा सीखना ऐच्छिक विषय रह गया है।
4. प्रजातांत्रिक सफलता के लिए, नागरिकों के दिशा-निर्देशक और मूलाधिकारों, कर्तव्यों और प्रजातांत्रिक भावना के विकास को सिद्धांतों में समावेश करना चाहिए।
5. पाठ्यक्रम में सतत् प्रक्रिया का सिद्धांत, पाठ्यक्रम की विषय-वस्तु, सामाजिक, राजनैतिक, आर्थिक, वैज्ञानिक और तकनीकी प्रगति का निरंतर और व्यापक मूल्यांकन करते रहना चाहिए।
6. महिला, अनुसूचित जाति, अनुसूचित जनजाति, अंगहीन और आर्थिक रूप से पिछड़े, अल्पसंख्यक समुदाय सभी को शिक्षा के समान अवसर प्रदान किए गए हैं। क्षेत्र, धर्म, जाति आदि के आधार पर किसी प्रकार का शिक्षा में भेदभाव नहीं रखा गया।

   महिला, अनुसूचित जाति/अनुसूचित जनजाति आदि के विद्यार्थियों को आर्थिक/सामाजिक सुविधाएं देकर माध्यमिक और उच्च शिक्षा के लिए प्रोत्साहित किया जा रहा है। महिलाओं के लिए गृहविज्ञान, हस्तकला विषयों की सुविधा दी जाए।
7. पाठ्यक्रम को लचीला और व्यापक बनाया गया है। कक्षा-कक्षों में बाहरी ज्ञान, समाज, समुदाय और खेल का मैदान, सांस्कृतिक कार्यक्रम और सहभागी क्रियाओं को पाठ्यक्रम में सम्मिलित किया गया है, जिसे समय (वातावरण) के अनुसार परिवर्तित कर उपयोगी बनाया जा सके।
8. **मूल्यांकन प्रणाली में सुधार**–अब तक मूल्यांकन केवल पुस्तकीय ज्ञान का, निबंधात्मक प्रश्नों द्वारा किया जाता था। अब निबंधात्मक प्रश्नों के स्थान पर लघूत्तरात्मक प्रश्न, वस्तुनिष्ठ प्रश्न, बहु-विकल्पीय प्रश्न, रिक्त-स्थान भरना और मौखिक प्रश्नों तथा दैनिक गतिविधियों को भी मूल्यांकन में सम्मिलित किया गया है। आंतरिक मूल्यांकन विषय के अध्यापक द्वारा किया जाता है। उससे प्रगति चार्ट बना करके, इस मूल्यांकन को वार्षिक परीक्षा के साथ एक परिणाम घोषित किया जाता है।
9. पाठ्यक्रम को अब उत्पादन, व्यवसाय और व्यापार के साथ, रोजगारपरक बनाया गया है, जिससे शिक्षा प्राप्ति के उपरान्त बेरोजगारी का सामना न करना पड़े। पाठ्यक्रम में कृषि, फल उत्पादन, बागवानी, सब्जी उत्पादन, कार्यानुभव और हस्तकला को सम्मिलित किया गया है।
10. पाठ्यक्रम में कार्याशालाओं, लघु उद्योग, धार्मिक, सांस्कृतिक, वैज्ञानिक क्षेत्र, ऐतिहासिक स्थानों, अनुसंधान केन्द्रों, देश-विदेश की शिक्षण संस्थाओं का भ्रमण, एक-दूसरे प्रान्तों और विदेशी भ्रमण करके, ज्ञान में वृद्धि करना भी पाठ्यक्रम में सम्मिलित किया गया है, जिससे विश्व के नागरिकों में मेल-मिलाप और विश्वास बढ़े। उच्च शिक्षा तकनीक शिक्षा, औद्योगिक, सभ्यता और संस्कृति का विकास हो।

11. खेल-कूद, सांस्कृतिक कार्यक्रम, वैज्ञानिक विकास, अनुसंधान केन्द्रों में प्रशिक्षण और कार्यशालाओं, वर्कशॉप, तकनीकी शिक्षा, सौर ऊर्जा, पर्यावरण, आणविक शक्ति का सदुपयोग और राष्ट्रीय, अंतर्राष्ट्रीय स्तर पर शोध कार्यों आदि के आयोजन को अंतर्राष्ट्रीय पाठ्यक्रम में सम्मिलित करके विश्व शांति और विश्व विकास में सभी विकसित, अविकसित राष्ट्रों को सम्मिलित करने का प्रयास किया जा रहा है। विश्व के सभी देशों में शैक्षिक एवं सांस्कृतिक/कार्यक्रमों का परस्पर आदान-प्रदान ही यूनेस्को का उद्देश्य है। जिससे विश्व शान्ति एवं भ्रातृभाव, एवं मैत्रिक भावना का विकास हो।

◆◆◆

2. राष्ट्रीय पाठ्यक्रम 2005 के पाठ्यक्रम की नीति और उद्देश्यों पर प्रकाश डालिए।
(Discuss the policy and objectives of National curriculam framework–2005.)

उत्तर–वर्तमान में कोई भी घटना, समस्या, प्रदूषण, प्राकृतिक आपदा, क्षेत्रीय, राष्ट्रीय न रहकर अंतर्राष्ट्रीय रूप धारण कर लेती है। जैसे आतंकवाद, आणविक शक्ति का दुरुपयोग, प्राकृतिक संसाधनों का अधिक दोहन, भूकम्प इत्यादि। इसलिए पाठ्यक्रम ने भी विश्व स्तरीय रूप ले लिया है। विश्व के विद्वानों, अर्थशास्त्रियों, मनोवैज्ञानिकों, वैज्ञानिकों, राजनीतिज्ञों और महापुरुषों, शिक्षाशास्त्रियों द्वारा विश्व की सुख-शांति, समृद्धि और विकास, विश्व शांति के लिए पाठ्यक्रम को विश्व स्तरीय रूप देने का प्रयास किया जा रहा है।

Jacques Delor की अध्यक्षता में जो शिक्षा नीति बनाई उसे भारतीय शिक्षा नीति नहीं कह सकते, क्योंकि इस शिक्षा आयोग में डॉ. कर्णसिंह शिक्षाविद् भारतीय थे। शेष अध्यक्ष डेलर सहित 14 सदस्य विदेशी विश्व स्तर के प्रतिनिधि थे। इसलिए डेलर की अध्यक्षता में जो शिक्षा नीति बनाई गई, वह अंतर्राष्ट्रीय शिक्षा आयोग की नीति है।

अंतर्राष्ट्रीय शिक्षा आयोग ने विश्व स्तरीय पाठ्य-वस्तु का अध्ययन करके पूरे तर्क-वितर्क के उपरान्त पाठ्यक्रम प्रस्तुत किया है, जिसमें निम्नलिखित मुख्य विषयों पर प्रकाश डाला है–

1. सभी को शिक्षा और सम्मान–परमात्मा ने विश्व के सभी नागरिकों को शारीरिक अंग, देह और बुद्धि समान दी है। किसी से भेदभाव नहीं रखा है। इसलिए विश्व के सभी नागरिकों को शिक्षा और सुख-सुविधा भी मिलनी चाहिए। यूनेस्को ने विश्व के सभी नागरिकों को शिक्षा और मान-सम्मान देने पर बल दिया है।

भारत में सभी बच्चों को माध्यमिक शिक्षा अनिवार्य रूप से देने के लिए यूनेस्को ने भारत को आर्थिक सहायता प्रदान की है। इसलिए अनुसूचित जनजाति, अंगहीन और महिलाओं के लिए विशेष सुविधाएं देकर शिक्षा देने का दृढ़ निश्चय किया है।

2. मातृभाषा–हिन्दी भाषी राज्यों में हिन्दी और जिन राज्यों (क्षेत्रों) में मातृभाषा हिन्दी नहीं है, उन्हें शीघ्र सीखने के लिए मातृभाषा सीखनी चाहिए।

3. राष्ट्रीय भाषा–देश के नागरिकों से मेल-मिलाप देश के कार्यों में सक्रियता, आदान-प्रदान, व्यवहार और व्यापार आदि के लिए पूरे देश के विद्यार्थियों को हिन्दी भाषा, देवनागरी लिपि का ज्ञान, समझने, जानने, लिखने, पढ़ने के लिए अनिवार्य है। राष्ट्र भाषा हिन्दी देश के सभी विद्यार्थियों (नागरिकों) को सीखनी अनिवार्य हैं।

4. अंग्रेजी भाषा–अंग्रेजी अंतर्राष्ट्रीय स्तर की भाषा है। विश्व में एक-दूसरे देशों से वार्तालाप, ताल-मेल, आदान-प्रदान, व्यवहार, व्यापार तथा संबंध स्थापित करने के लिए अंग्रेजी भाषा जानना आवश्यक है, इसलिए आयोग ने अंग्रेजी भाषा सीखने का सुझाव दिया है, जिससे विश्व में व्यापार, व्यवहार और सम्बन्धों में प्रगति हो।

5. गणित–गणित व्यावहारिक एवं व्यापारिक विषय है, प्रत्येक पारिवारिक व्यक्ति को लेन-देन करना पड़ता है। किसी भी उद्योग, व्यवसाय के लिए व्यक्तिगत, सामुदायिक देश-विदेश से लेन-देन (व्यापार) आदि के लिए गणित, विषय का ज्ञान होना अनिवार्य है।

6. सामाजिक विज्ञान–बच्चा परिवार में जन्म लेता है, पारिवारिक सदस्यों से संबंध, आस-पड़ोस, समुदाय, समाज, देश-विदेश में भ्रातृत्व, प्रेम-भाव, मित्रता और सामाजिक संबंध बनाना आवश्यक है। समाज में रहने के लिए सामाजिक ज्ञान आवश्यक है।

7. विज्ञान–वर्तमान युग विज्ञान का युग है। विश्व में नए आविष्कार, वैज्ञानिक अनुभवों की होड़ लगी हुई है। इसलिए उत्पादकता, स्वास्थ्य और वैज्ञानिक उपलब्धियों का ज्ञान होना आवश्यक है, जिससे वैज्ञानिक विकास व अनुभवों का उपयोग किया जा सके।

8. नैतिक शिक्षा एवं स्कृति का ज्ञान भी आवश्यक है। परम्परागत संस्कृति में अनेक अनुभव और विशेषताएं छिपी हैं। परम्परागत संस्कृति हमारी वर्तमान एवं भावी विरासत है। एक-दूसरे से अच्छे व्यवहार के लिए नैतिक शिक्षा और संस्कृति अच्छे समाज एवं राष्ट्र का आधार है।

भारत-पाकिस्तान के युद्ध में पाकिस्तान के 90,000 सैनिकों को बंधक बनाकर पूर्वी बंगाल पर भारत ने विजय प्राप्त की थी। परंतु नैतिक आधार पर बंगाल को स्वतंत्रता देकर 90,000 बंदी सैनिकों को सम्मान सहित मुक्त करके पाकिस्तान भेज दिया गया।

9. कार्यानुभव एवं हस्तकला–दैनिक जीवन में हस्तकला और कार्यानुभव का भी बहुत महत्त्व है। दैनिक उपयोग की वस्तुओं का उचित उपयोग और उत्पादन की भी आवश्यकता है। कपड़ों, घरों, आंगन की सफाई, घर, आंगन में फूल और सब्जी उत्पादन आदि गृहकार्य और कार्यानुभव की शिक्षा और अनुभव भी आवश्यक है।

10. कम्प्यूटर शिक्षा–विज्ञान और कम्प्यूटर के कारण पूरा विश्व छोटा होता जा रहा है। टेलीविजन, रेडियो, टेलीफोन, मोबाइल और आवागमन के आधुनिक साधनों ने इतने बड़े संसार को छोटा-सा बना दिया है। विश्व के किसी भी एकांत क्षेत्र की सूचना मिनटों में पूरी दुनिया में फैल जाती है। कम्प्यूटर ने भी व्यापार, व्यावहार, उद्योग और आर्थिक, राजनैतिक क्षेत्र में बहुत परिवर्तन ला दिया है। आज कम्प्यूटर शिक्षा की आवश्यकता दिन-प्रतिदिन बढ़ती जा रही है। इसलिए अंतर्राष्ट्रीय स्तर पर कम्प्यूटर शिक्षा की बहुत आवश्यकता है।

11. पंचायती राज्य–माध्यमिक शिक्षा में शिक्षक, अभिभावकों और समुदाय का बहुत योगदान है। ग्रामीण, ब्लाक, जिला शिक्षा समितियों का शिक्षा के विकास में सहयोग आवश्यक है। खेल प्रतियोगिता, विज्ञान प्रतियोगिता, एवं कार्यानुभव, प्रदर्शनी, स्वतंत्रता दिवस, बाल-दिवस के अवसरों पर पंचायती राज्य के सहयोग से सांस्कृतिक कार्यक्रमों का आयोजन करके विद्यार्थियों का उत्साह बढ़ाया जा सकता है।

12. पाठ्यक्रम का उत्पादकता से संबंध–अब शिक्षा बौद्धिक ज्ञान तक ही सीमित नहीं रही है। शिक्षा के विकास का संबंध उत्पादकता से जोड़ा गया है। देश के बेरोजगार नागरिकों को रोजगार देने के लिए कृषि, बागवानी, हस्तकला, टेक्निकल शिक्षा दी जाती है, जिससे देश का उत्पादन बढ़े और नागरिकों को रोजगार मिले।

पाठ्यक्रम के ज्ञान को परखने, जांचने, सफलता का पता लगाने के लिए मूल्यांकन पद्धति में परिवर्तन लाया गया है। परम्परागत परीक्षण, निबंधात्मक प्रश्नों द्वारा केवल पाठ्य-पुस्तकों, कक्षा-कक्ष का ही परीक्षण होता था जो बहुत संकुचित है। अब निरंतर, व्यापक और विस्तृत मूल्यांकन की आवश्यकता है। इसलिए पाठ्यक्रम का मूल्यांकन लघूत्तरात्मक प्रश्नों, वस्तुनिष्ठ प्रश्नों, वैकल्पिक प्रश्नों, रिक्त स्थान भरने और मौखिक मूल्यांकन, कक्षा-कक्ष के बाहर का भी मूल्यांकन किया जाता है, जिसमें विद्यार्थियों का समस्त प्रक्रियाओं और सहभागी क्रियाओं का मूल्यांकन करके वार्षिक परीक्षा परिणाम में सम्मिलित किया गया है। मूल्यांकन में फेल की धारणा को भी घटाया जा रहा है।

13. अध्यापकों के पूर्व प्रशिक्षण और सेवाकालीन प्रशिक्षण में सजा (दंड) व्यवस्था को समाप्त करके बाल केन्द्रित शिक्षा व्यवस्था पर बल दिया गया है। प्रशिक्षण में शैक्षिक सहायक सामग्री/उपकरण का प्रयोग और नई-नई तकनीक का प्रशिक्षण देकर अध्यापन विधि को सरल और रोचक बनाया गया है।

14. विद्यालयों में भवन, पानी, बिजली, आधुनिक उपकरण, टेलीविजन और कम्प्यूटर आदि की सभी आधुनिक सुविधाएं देकर शिक्षा में गुणवत्ता और विस्तार पर बल दिया गया है। सायंकालीन अथवा दो पारियों में कक्षाएं लगाकर, आवागमन के लिए बसों, रेलगाड़ी में विद्यार्थियों से कम किराया लेने की व्यवस्था की गई है।

15. अंतर्राष्ट्रीय सद्भावना एवं विश्व शांति—माध्यमिक शिक्षा प्राप्त कर रहे विद्यार्थियों, नवोदय विद्यालयों, सैनिक स्कूल के छात्रों को अंतर्राष्ट्रीय भ्रमण की सुविधा देकर, सांस्कृतिक कार्यक्रमों का आयोजन और खेल प्रतियोगिता, अंतर्राष्ट्रीय विज्ञान प्रदर्शनी, अंतर्राष्ट्रीय स्तर के सेमिनारों का आयोजन करके विश्व की कला, संस्कृति, परम्पराएं, ज्ञान-विज्ञान का पूरे विश्व में आदान-प्रदान किया जा रहा है। जिससे अंतर्राष्ट्रीय भावना का विकास हो रहा है, आपसी मतभेद, शंकाएं दूर हो रही हैं। परस्पर विश्वास, मित्रता और भ्रातृत्व और घनिष्ठता बढ़ रही है। रासायनिक और आणुविक पदार्थों का उपयोग, मानव कल्याण के लिए किया जा रहा है, जिससे पूरे विश्व में सुख, शांति, समृद्धि और मानव हित में विकास हो रहा है। यही अंतर्राष्ट्रीय शिक्षा आयोग का उद्देश्य है।

अतः पाठ्यक्रम बहुद्देश्यीय अंतर्राष्ट्रीय स्तर पर उपयोगी एवं सर्वप्रिय होना चाहिए।

◆◆◆

3. राष्ट्रीय पाठ्यक्रम 2005 की क्या आवश्यकता है? (What is the need of National Curriculum, 2005?)

उत्तर—पाठ्यक्रम समस्याओं के निवारण, आवश्यकताओं के अनुरूप, उद्देश्यों की प्राप्ति के लिए कुछ मूल्यों को आधार मानकर निर्धारित किया जाता है।

पाठ्यक्रम में शिक्षा क्यों, शिक्षा किसको, शिक्षा कैसे, शिक्षा कब तथा शिक्षा कैसी हो को आधार मानकर पाठ्यक्रम आयोजित किया जाता है। पाठ्यक्रम निम्नलिखित आधारों के लिए आवश्यकता है—

1. बालकों के आयु वर्ग, मानसिक क्षमता के अनुसार, विषय-वस्तु को निर्धारित करने के लिए।
2. अध्यापकों के लिए पाठ्यक्रम अनिवार्य है, कि शिक्षा क्यों, कब, किसको, कैसे दी जाए। पाठ्यक्रम के अनुसार अध्यापक अपनी पूर्व योजना बनाकर पूरी तैयारी से बच्चों में रुचि उत्पन्न करके पाठ प्रस्तुत करता है।
3. पाठ्यक्रम के अनुसार पाठ योजना बनाकर शैक्षिक सहायक सामग्री सहित पाठ प्रस्तुत करता है।
4. विद्यार्थी अपनी आवश्यकताओं के अनुरूप और उद्देश्य पूर्ति के पाठ्यक्रम सहर्ष स्वीकार करता है।
5. अभिभावकों की संतुष्टि और सहयोग के लिए पूर्व पाठ्यक्रम निर्धारित करना आवश्यक होता है।
6. मुख्याध्यापकों के लिए निरीक्षण और परीक्षण के लिए पाठ्यक्रम की आवश्यकता है कि निश्चित समय तक अध्यापक ने क्या पढ़ाया और विद्यार्थियों ने कितना सीखा।
7. विद्यालय संस्था की गतिविधियों के लिए पाठ्य-पुस्तक ज्ञान के साथ-साथ सहभागी क्रियाओं का विद्यार्थियों ने कितना आनंद लिया और कितना व्यावहारिक रूप से स्वीकार किया।
8. भाषाओं का ज्ञान क्यों अनिवार्य है, मातृभाषा के साथ-साथ, विश्वस्तरीय अंग्रेजी को व्यापार, व्यवहार और आदान-प्रदान के लिए अनिवार्य है।
9. विद्यार्थियों को लेन-देन, क्रय-विक्रय दैनिक जीवन में प्रयोग, व्यवसाय, व्यवहार और व्यापार के लिए गणित का ज्ञान अनिवार्य है। लेन-देन, क्रय-विक्रय, व्यक्तिगत, सामाजिक राष्ट्र और अन्तर्राष्ट्रीय स्तर पर सभी के लिए उपयोगी एवं अनिवार्य है।
10. समाजिक विज्ञान, पूर्वजों की कार्य प्रणाली, वर्तमान की आवश्यकता, परम्परागत सांस्कृतिक विरासत और आधुनिक परिस्थितियों के अनुकूल समन्वय के लिए सामाजिक विज्ञान के पाठ्यक्रम का अध्ययन अनिवार्य है।
11. विज्ञानिक विकास के लिए विज्ञान का अध्ययन करना, नए परीक्षण अनुभव और नए अविष्कार करने के लिए विज्ञान का ज्ञान आवश्यक है।

12. विद्यार्थियों को स्थानीय वातावरण, पर्यावरण समुदाय से संबंध और व्यवहार के लिए दैनिक आवश्यकताओं की पूर्ति के लिए क्षेत्रीय ज्ञान होना अनिवार्य है।
13. कक्षा-कक्ष, विद्यालय प्रांगण से बाहरी वातावरण, परिस्थितियों को जानने के लिए शैक्षिक, ऐतिहासिक भ्रमण भी आवश्यक है जो पुस्तकीय ज्ञान से भी अधिक आवश्यक है।
14. बौद्धिक ज्ञान के साथ-साथ, व्यावसायिक विषयों का अध्ययन भी अनिवार्य है ताकि शिक्षा प्राप्ति के उपरांत स्वरोजगार आदि अपना कर आत्मनिर्भर जीवन व्यतीत कर सकें।
15. प्रजातांत्रिक सफलता के लिए, विद्यार्थियों को अपने अधिकार और कर्तव्य, धर्म-निरपेक्ष अपने विचार प्रकट करने, देश के किसी भी भाग में रहने, व्यवसाय करने, वोट का महत्त्व समझकर उसका उचित उपयोग करने के लिए राजनीति और प्रजातांत्रिक शासन व्यवस्था का ज्ञान आवश्यक है, ताकि पूर्ण रूप से प्रजातंत्र शासन व्यवस्था स्थापित हो।
16. **कम्प्यूटर शिक्षा**—आधुनिक युग त्रीव गति से आगे बढ़ रहा है। कम्प्यूटर शिक्षा का पूरे विश्व में विस्तार हो रहा है। दुनिया के साथ-साथ चलने के लिए कम्प्यूटर शिक्षा को पाठ्यक्रम में सम्मलित करना अनिवार्य हो गया है।
17. **स्वास्थ्य और शारीरिक शिक्षा**—दुनिया का प्रथम सुख-शांति, निरोगी काया है। तन मन स्वस्थ है, सब कुछ करने में सक्षम होता है। इसलिए विद्यालयों में स्वास्थ्य संबंधी पाठ्यक्रम की नितांत आवश्यकता है।
18. प्रतिभाशाली, सामान्य, बुद्धिहीन बच्चों को अध्यापन के लिए पूर्व पाठ्यक्रम की आवश्यकता है, जिससे अध्यापक बच्चों को उपलब्धि क्षमता, योग्यता के अनुसार विभिन्न शिक्षण विधियों से विभिन्न स्तर के बच्चों को शिक्षण विधियों से विभिन्न स्तर के बच्चों को शिक्षा देने में सफल और सक्षम प्रमाणित हो।
19. पाठ्यक्रम को बौद्धिक ज्ञान के साथ-साथ उत्पादकता से भी जोड़ने की आवश्यकता है, पशु-पालन, बागवानी, कार्यानुभव आदि विषयों का प्रशिक्षण देकर नागरिकों को आत्मनिर्भर बनाने की आवश्यकता है जिससे कि उत्पादन बढ़े।
20. लड़कियों के लिए भाषा, गणित आदि विषयों के साथ गृह कार्य, पाक विद्या, सिलाई, कढ़ाई और स्वास्थ्य शिक्षा आदि विषयों का अध्ययन आवश्यक है, जिससे बच्चों की देखभाल और पाक कला में निपुणता प्राप्त हो।
21. पाठ्यक्रम में बौद्धिक ज्ञान के साथ-साथ शैक्षिक सहभागी प्रक्रियाएं आवश्यक हैं, जिसमें खेल, योगा, भाषण, अन्ताक्षरी, कविता, वाद विवाद प्रतियोगिता और कला, चित्रकला, वास्तुकला, विज्ञान प्रदर्शनियों का विद्यालय के स्तर से अंतर्राष्ट्रीय स्तर तक आयोजन करके विद्यार्थियों का सर्वांगीण विकास किया जा सकता है।
22. तकनीकी शिक्षा, विज्ञान विकास और अनुसंधान आदि का आयोजन पाठ्यक्रम में निर्धारित करके विद्यार्थियों और अध्यापकों का सेमीनार लगाकर अनुसंधानों के लिए प्रेरित करने की आवश्यकता है, जिससे राष्ट्र और अंतर्राष्ट्रीय स्तर पर विज्ञान का विकास हो, अनुसंधानों, नए अविष्कारों को मानव कल्याण के लिए उपयोग किया जाए।
23. पाठ्यक्रम मूल्यांकन की परम्परागत पद्धति को बदलकर नई मूल्यांकन विधि और ग्रेडिंग पद्धति को अपनाने की आवश्यकता है, जिसमें बौद्धिक ज्ञान के साथ-साथ बाहरी ज्ञान और सहभागी प्रक्रियाओं का मूल्यांकन कर वार्षिक प्रगति चार्ट तैयार किया जाए और जिसमें दैनिक उपस्थिति, मौखिक परीक्षा आदि को वार्षिक मूल्यांकन में जोड़कर ग्रेडिंग प्रणाली से परिणाम तैयार किया जाए। विद्यालयों में पाठयक्रम विद्यार्थी, अध्यापक अभिभावक और अधिकारी सभी के लिए आवश्यक है।

◆◆◆

लघु-उत्तरात्मक प्रश्न
(Short Answer Type Questions)

प्रश्न 1. एडम रिपोर्ट के बारे में आप क्या जानते हैं?

उत्तर– एडम एक सच्चे समाज-सेवक, विद्वान और शिक्षाविद् थे। उनका विश्वास था कि शिक्षा द्वारा ही भारतीय समाज का विकास किया जा सकता है। एडम एक मिशनरी थे। तत्कालीन गवर्नर जनरल लार्ड विलियम बैंटिक ने उनको बंगाल तथा बिहार प्रांत के शिक्षा की स्थिति का सर्वेक्षण करने का कार्य सौंपा। एडम ने 1835 से 1838 तक बंगाल की शिक्षा स्थिति का सूक्ष्म अध्ययन किया। एडम ने तीन प्रतिवेदन इसी अध्ययन के फलस्वरूप दिए। इन तीन रिपोर्टों में महत्त्वपूर्ण ऐतिहासिक सामग्री होने के साथ साथ विचारों व सुझावों का समावेश भी है। इन रिपोर्टों में तत्कालीन भारतीय शिक्षा पद्धति, शिक्षा व्यवस्था और भारतीयों के शिक्षा प्रेम का सच्चा वर्णन इतिहासबद्ध किया गया है। जिस अपकीर्ति को चार्ल्स ग्रान्ट और मैकाले जैसे इतिहासकारों ने मढ़ दिया था, उसे एडम ने अपनी रिपोर्टों द्वारा दूर कर दिया।

प्रश्न 2. विलियम एडम द्वारा प्रस्तावित शिक्षा योजना का वर्णन कीजिए।

उत्तर– एडम प्राच्यवादी विचारधारा का था। एडम ने संस्कृत व बंगाली भाषाओं का अध्ययन किया था। उसके अनुसार भारत में जन-शिक्षा की व्यवस्था की बड़ी आवश्यकता है तथा इसकी व्यवस्था वहाँ की भाषाओं के माध्यम से ही की जा सकती है। जन-शिक्षा योजना को एडम द्वारा निम्न प्रकार से क्रमबद्ध किया है–

1. भारतीय भाषा एवं साहित्यों तथा ज्ञान-विज्ञान का अध्ययन भारतीयों की भाषाओं द्वारा करवाया जाए। भारत में जन-शिक्षा के विकास के लिए यही आवश्यक है।
2. जन-शिक्षा विरोधी निस्यन्दन सिद्धांत को लागू न किया जाए।
3. भारत कृषि प्रधान देश होने के नाते यहां कृषि शिक्षा की व्यवस्था की जाए।
4. सरकार की तरफ से सभी स्कूलों को आर्थिक सहायता दी जाए।
5. छात्रों की शिक्षाएं निर्धारित समय पर पूरी करवाई जाएँ।
6. शिक्षकों का वेतन बढ़ाकर उनकी दशा सुधारी जाए।
7. प्राच्य भाषाओं में पाठ्य-पुस्तकों का निर्माण भारतीय तथा पाश्चात्य विशेषज्ञों की सहायता से करवाया जाए।
8. शिक्षकों तथा विद्यालयों के निरीक्षण के लिए प्रत्येक जिले में निरीक्षक नियुक्त किए जाएं।
9. इस योजना को कार्यरूप में परिणित करने के लिए शुरू में इसे कुछ जिलों में शुरू किया जाए तथा धीरे-धीरे समस्त जिलों में चलाया जाए।
10. शिक्षकों के प्रशिक्षण के लिए नार्मल स्कूलों की व्यवस्था की जाए। सेवारत अप्रशिक्षित शिक्षकों के लिए प्रतिवर्ष 3-3 माह का प्रशिक्षण कार्यक्रम चला कर 4 वर्ष के अंदर उनका प्रशिक्षण कार्यक्रम पूरा किया जाए।

प्रश्न 3. मैकाले के विवरण पत्र की मुख्य बातों का वर्णन कीजिए।

उत्तर– **विवरण-पत्र की मुख्य बातें (Main Points of Minutes)**–मैकाले द्वारा प्रस्तुत विवरण-पत्र की मुख्य बातों को इस प्रकार क्रमबद्ध किया जा सकता है–

(a) अंग्रेजी का समर्थन और उसका गुणगान।

(b) प्राच्य साहित्य एवं ज्ञान की शिक्षा को निरर्थक, अनावश्यक तथा मूर्खतापूर्ण बताया गया।

(c) **अंग्रेजी को शिक्षा** का माध्यम बनाने योग्य तथा भारतीय भाषाओं को **गंवारू तथा अविकसित** कहा।

(d) भारतीय विद्वान वे ही हैं जो लॉक के दर्शन और मिल्टन की कविता से पूर्णतः परिचित हैं।

(e) उच्च वर्ग के लिए उच्च शिक्षा संस्थाओं की व्यवस्था की जाए, क्योंकि सरकार के पास सामान्य लोगों की शिक्षा व्यवस्था के लिए पर्याप्त धन का अभाव है। उच्च वर्ग शिक्षित होगा तो निम्न वर्ग के पास शिक्षा स्वतः पहुंच जाएगी।

(f) शिक्षा के क्षेत्र में धार्मिक तटस्था की नीति आवश्यक है।

प्रश्न 4. मैकाले के निस्यन्दन सिद्धांत का आलोचनात्मक परीक्षण कीजिए।

उत्तर– **मैकाले का निस्यन्दन सिद्धांत (Filteration Theory of Macaulay)–**

1. **सिद्धांत का अर्थ**–'निस्यन्दन' अर्थात् "छीनने की क्रिया।" व्यापारियों की कंपनी होने के कारण वे भारतीयों की शिक्षा पर कम से कम धन व्यय करना चाहते थे। अतः उन्होंने यह सिद्धांत प्रतिपादित किया कि शिक्षा का नियोजन केवल उच्च वर्ग के लोगों के लिए किया जाए, क्योंकि शिक्षा इस वर्ग के लोगों से छन-छन कर निम्न वर्ग तक अपने आप पहुंच जाएगी। इस सिद्धांत के अर्थ को स्पष्ट करते हुए अरथर मेहतू ने कहा है "शिक्षा ऊपर से प्रवेश करके जनसाधारण तक पहुंचती थी। लाभप्रद ज्ञान, भारत के सर्वोच्च वर्गों में बूंद-बूंद करके नीचे टपकता था।"

2. **सिद्धांत के समर्थक**–ईसाई मिशनरी, मुम्बई के गवर्नर की कौंसिल का सदस्य, फ्रांसिस वार्डन, कंपनी के संचालक और मैकाले निस्यन्दन सिद्धांत के प्रमुख समर्थक थे।

   (i) ईसाई मिशनरियों का विचार था कि यदि उच्च वर्ग के भारतीय हिन्दुओं को अंग्रेजी शिक्षा देकर ईसाई धर्म अवलम्बी बनाया जाए तो निम्न वर्गों के व्यक्ति उनके उदाहरण से प्रभावित होकर स्वयं ही ईसाई धर्म में दीक्षित हो जाएंगे।

   (ii) फ्रांसिसी वार्ड ने 23 दिसम्बर, सन् 1823 के अपने 'विवरण-पत्र' में यह विचार व्यक्त किया–"बहुत से व्यक्तियों को थोड़ा-सा ज्ञान देने की बजाए थोड़े से व्यक्तियों को बहुत-सा ज्ञान देना अधिक उत्तम और निरापद है।"

   (iii) कंपनी के संचालकों ने 29 सितम्बर, 1830 को अपने 'आदेश-पत्र' में मद्रास के गवर्नर को यह परामर्श दिया–"शिक्षा की प्रगति उसी समय हो जाती है, जब उच्च वर्ग के उन व्यक्तियों को शिक्षा दी जाए, जिनके पास अवकाश है और जिनका अपने देश के नागरिकों पर प्रभाव है।"

   (iv) मैकाले ने 1835 के 'विवरण-पत्र' में 'निस्यन्दन' सिद्धांत का समर्थन करते हुए कहा–हमें इस समय ऐसे वर्ग का निर्माण करने का पूरा-पूरा प्रयास करना चाहिए, जो हमारे और उन लोगों के बीच में दुभाषिए का काम करे, जिन पर हम शासन करते हैं।

3. **आकलैंड द्वारा सिद्धांत की स्वीकृति**–भारत के तत्कालीन गवर्नर जनरल लार्ड आकलैंड ने "निस्यन्दन सिद्धांत" को सरकारी नीति के रूप में स्वीकार करते हुए 24 नवम्बर, 1839 के अपने 'विवरण-पत्र' में घोषणा की–"सरकार के प्रयास, समाज के उन उच्च वर्गों में उच्च शिक्षा का प्रसार करने तक सीमित रहने चाहिएं, जिनके पास अध्यापन के लिए अवकाश है तथा जिनकी संस्कृति छन-छन कर जनसाधारण तक पहुंचेगी।"

4. अंग्रेजी शिक्षा द्वारा ऐसे वर्ग का निर्माण किया जा सकता है जो रक्त व रंग से भले ही भारतीय हों, परंतु रुचियों, नैतिकता तथा विद्वता में अंग्रेज होगा।

5. भारतीय, अरबी व संस्कृति की शिक्षा की अपेक्षा अंग्रेजी शिक्षा के लिए अधिक उत्कंठित हैं।

6. भारतवासियों को अंग्रेजी का अच्छा विद्वान बनने के लिए प्रयास करने चाहिएं। उपर्युक्त तर्कों के आधार पर मैकाले ने यह मत दिया है कि प्राच्य शिक्षा की संस्थाओं पर धन

व्यय करना मूर्खता है, तथा इनको बंद कर देना चाहिए। इनके स्थान पर अंग्रेजी भाषा को शिक्षा का माध्यम बनाकर शिक्षा प्रदान करने के लिए संस्थाएं बनाई जाएं।

प्रश्न 5. वुड के घोषणा पत्र के लक्ष्यों का वर्णन कीजिए।

अथवा

वुड़ के घोषणा-पत्र के अनुसार शिक्षा के क्या उद्देश्य हैं?

उत्तर– स्वयं वुड ने अपने घोषणा-पत्र में कंपनी के शिक्षा संबंधित लक्ष्यों पर टिप्पणी करते हुए लिखा है–"अनेक महत्त्वपूर्ण विषयों में से अन्य कोई भी विषय इतना आकर्षण उत्पन्न नहीं करता, जितना कि "शिक्षा"। यह हमारा पुनीत कर्तव्य है कि हम समस्त उपलब्ध साधनों से भारतीय प्रजा को अपने सम्पर्क से वह सब ज्ञान प्रदान करें जिससे कि वे शिक्षा द्वारा भौतिक एवं नैतिक गुणों से सम्पन्न हो सकें।" चार्ल्स वुड के घोषणा-पत्र के मुख्य लक्ष्य निम्नलिखित हैं–

(i) भारत में शिक्षा न केवल बौद्धिक क्षमता का उच्चतम विकास करे, अपितु शिक्षा का लाभ उठाने वालों के नैतिक चरित्र का भी विकास करे।

(ii) ईस्ट इंडिया कंपनी को शिक्षित, विश्वसनीय और उद्यमशील जन-सेवक उपलब्ध कराना।

(iii) भारतीयों को यूरोपीय लेखकों की कृतियों से परिचित कराना।

(iv) भारतीयों को पाश्चात्य ज्ञान के वरदान एवं प्रकाश से उन्नत बनाना।

(v) भारतवासियों में कंपनी के कार्यालयों, कारखानों में कार्य करने की निपुणताएं विकसित करना। जिससे कि वे रोजगार, श्रम तथा पूंजी आदि शब्दों से परिचित हो सकें और श्रमिकों की उचित आपूर्ति जारी रखी जा सके।

प्रश्न 6. वुड के घोषणा पत्र में निहित शिक्षा नीति का भारतीय शिक्षा पर क्या तात्कालिक प्रभाव पड़ा?

उत्तर– तत्कालीन प्रभावों को निम्नलिखित क्रम में देख सकते हैं–

1. **1856 तक सभी प्रांतों में शिक्षा विभागों की स्थापना**–1854 में इस नीति की घोषणा हुई और 1856 तक कंपनी शासित सभी प्रांतों में शिक्षा विभागों की स्थापना हो गई। जन-शिक्षा निदेशक व अन्य कर्मचारियों की नियुक्ति हो गई।

2. **1857 में कलकत्ता व बम्बई में विश्वविद्यालयों की स्थापना**–1857 में कलकत्ता और बम्बई में विश्वविद्यालयों की स्थापना की गई। पहले तो ये विश्वविद्यालय सम्बन्धित महाविद्यालयों के छात्रों की परीक्षा लेने और उत्तीर्ण छात्रों को प्रमाण-पत्र देने तक सीमित रहे, बाद में इनमें शिक्षण कार्य भी होने लगा।

3. **सभी स्तर के स्कूल और कॉलेजों की स्थापना शुरू**–उस समय माध्यमिक, उच्च शिक्षा संस्थाओं की मांग अधिक थी। अतः कंपनी ने उसी स्तर के स्कूल, कॉलेज खोलने शुरू किए।

प्रश्न 7. वुड के घोषणा पत्र का दीर्घकालीन प्रभाव क्या था?

उत्तर–

1. **शिक्षा राज्य के नियंत्रण में**–वुड के घोषणा-पत्र के अनुसार शिक्षा का उत्तरदायित्व राज्य तभी निभा सकता है जब उसका सम्पूर्ण नियंत्रण उसके हाथों में हो। वुड के घोषणा-पत्र में पहली बार भारतीय शिक्षा की पूरी नीति और पूरी योजना प्रस्तुत की गई थी। तब से आज तक शिक्षा की नीति के साथ उसे क्रियान्वित करने की पूरी योजना प्रस्तुत करती आ रही है।

2. **शिक्षा का संगठन विभिन्न स्तरों में**–वुड के घोषणा-पत्र में पहली बार बच्चों की आयु और मानसिक योग्यता के आधार पर शिक्षा को चार स्तरों में बांटा गया। प्राथमिक, माध्यमिक और उच्च शिक्षा को विभिन्न वर्गों में विभाजित किया।

3. **शिक्षा राज्य का उत्तरदायित्व**–वुड के घोषणा-पत्र में पहली बार शिक्षा राज्य का उत्तरदायित्व स्वीकार किया गया था। तब से आज तक हमारे देश में शिक्षा की व्यवस्था करना राज्य का उत्तरदायित्व माना जाता रहा है।

4. **सहायता अनुदान प्रणाली की निरंतरता**—अब से पहले राज्य अथवा सरकार शिक्षा संस्थाओं को स्वेच्छा से आर्थिक सहायता देती थी। वुड के घोषणा-पत्र में पहली बार निश्चित शर्तों को पूरी करने पर सभी प्रकार के विद्यालयों को आर्थिक अनुदान देना शुरू किया गया। यह व्यवस्था कुछ परिवर्तनों के साथ आज भी लागू है।

5. **शिक्षा के उद्देश्य समय की मांग के अनुसार**—वुड के घोषणा-पत्र में पहली बार भारतीय शिक्षा के उद्देश्य आधुनिक परिप्रेक्ष्य में निश्चित किए गए थे। तब से अब तक समय की मांग के अनुसार शिक्षा के उद्देश्य निश्चित करने का क्रम जारी है। यह वुड डिस्पैच की भारतीय शिक्षा को बहुत बड़ी देन है।

6. **क्रमबद्ध विद्यालयों की स्थापना**—वुड डिस्पैच में क्रमबद्ध विद्यालयों की स्थापना की घोषणा की गई थी, वह आज तक लागू है—अब तो हमने उसके पूर्व में पूर्व प्राथमिक और अन्त में अनेक वर्गों की शिक्षा के लिए अलग-अलग विद्यालय और महाविद्यालयों की स्थापना करनी शुरू कर दी है।

7. **जन-शिक्षा, स्त्री-शिक्षा, व्यावसायिक शिक्षा और अध्यापक शिक्षा में प्रगति**—जन-शिक्षा, स्त्री-शिक्षा और अध्यापक शिक्षा के लिए बिगुल भी सर्वप्रथम वुड डिस्पैच में बजाया गया था। इस सबके महत्त्व को तब से आज तक बराबर स्वीकार किया जाता रहा है। इसमें निरंतर प्रगति होती रही है।

8. **उच्च शिक्षा का माध्यम अंग्रेजी**—उस समय उच्च शिक्षा का माध्यम अंग्रेजी बनाना अंग्रेजों की विवशता थी पर हम उसे उनकी कुटनीति मान रहे थे। फिर स्वतंत्रता प्राप्ति के 55 वर्ष के बाद भी उच्च शिक्षा के क्षेत्र में कृषि, इंजीनियरिंग और चिकित्सा शास्त्र का माध्यम अंग्रेजी ही क्यों बना हुआ है। सच बात यह है कि आज भी हमारी यह विवशता है।

प्रश्न 8. बेसिक शिक्षा योजना के मुख्य बिन्दु क्या थे?

उत्तर– (i) **निःशुल्क एवं अनिवार्य शिक्षा (Free and Compulsory Education) :** बेसिक शिक्षा योजना 7 से 14 वर्ष तक की आयु के बच्चों के लिए निःशुल्क एवं अनिवार्य शिक्षा प्रदान करती है। इस प्रकार इस शिक्षा की अवधि 7 वर्ष है। गांधी जी ने न्यूनतम सार्वभौमिक शिक्षा पर बल दिया।

(ii) **शिक्षा का माध्यम—मातृभाषा (Medium of Instruction should be Mother Tongue) :** यदि बच्चा ठीक से पढ़-लिख सकता है और प्रभावशाली ढंग से बोल सकता है तभी उसके व्यक्तित्व का सही विकास हो सकता है। ऐसा तभी संभव है जब उसे अपनी मातृभाषा के माध्यम से शिक्षा दी जाए। बेसिक शिक्षा की दूसरी मुख्य बात यह है कि यह बच्चे को उसी की मातृभाषा में ज्ञान देने पर बल देती है।

(iii) **शिक्षा किसी शिल्प के माध्यम से (Education through any Craft) :** बेसिक शिक्षा इस बात पर बल देती है कि बच्चे को जो भी सिखाया जाए किसी शिल्प के माध्यम से सिखाया जाए। कताई-बुनाई, कृषि तथा लकड़ी का काम जैसे हस्तशिल्पों पर इसमें विशेष जोर दिया गया है। यह शिल्प सिखाते-सिखाते उसे भूगोल, विज्ञान तथा गणित आदि विषय भी पढ़ाये जाएंगे। उदाहरण के लिए कताई-बुनाई में बच्चे को साथ-साथ यह बताया जा सकता है कि कपास का उत्पादन कहां-कहां होता है, उसके लिए कैसी जलवायु की आवश्यकता है। कपड़े की रंगाई आदि के संदर्भ में विज्ञान के तथ्यों का स्पष्टीकरण किया जा सकता है और तैयार माल को बेचने पर जो मिला और कच्चे माल को खरीदने में जो पैसा लगा था उसमें कितना अंतर रहा, कितना लाभ या हानि हुई, इस संदर्भ में बच्चा गणित का ज्ञान भी स्वयं ही प्राप्त करता चला जाता है। इस प्रकार बेसिक शिक्षा शिल्प को आधार बनाकर बच्चे को सब विषयों का ज्ञान कराने पर बल देती है।

(iv)सीखने व कमाने पर बल (Stress on Learning and Earning) : यह शिक्षा "Learn while you earn and earn while you learn" के सिद्धांत पर आधारित है। गांधी जी का मत था कि शिक्षा बच्चे को स्वावलम्बी बनाए, आत्मनिर्भर बनना सिखाए। इसलिए बेसिक शिक्षा इस बात पर बल देती है कि बच्चे को जो भी शिल्प सिखाए जाएं इतनी अच्छी प्रकार से सिखाए जाएं कि बच्चों द्वारा तैयार माल को बेचकर उससे विद्यालय का कुछ खर्चा निकाला जा सके।

प्रश्न 9. बेसिक शिक्षा 'बेसिक शिक्षा' क्यों कहलाती है?

उत्तर– इसे 'बेसिक शिक्षा' नाम निम्न कारणों से दिया गया है :

(i) यह बच्चे को बेसिक या आधारभूत शिल्प की शिक्षा देने पर बल देती है। इसमें अन्य सभी विषय उसी बेसिक शिल्प के साथ जोड़कर पढ़ाए जाते हैं।

(ii) इस शिक्षा की योजना बच्चों की आधारभूत आवश्यकताओं को ध्यान में रखकर बनाई जाती है।

(iii) यह सामुदायिक जीवन के आधारभूत व्यवसायों के साथ जुड़ी होती है और बच्चों को उन व्यवसायों का प्रशिक्षण देने पर बल देती है।

(iv) यह शिक्षा हमारी आधारभूत सांस्कृतिक विरासत पर आधारित है और हमारे राष्ट्रीय मस्तिष्क की उपज है। यह बच्चों में आरम्भ से ही उन मूल्यों के विकास पर बल देती है जो हमारी संस्कृति के आधार हैं।

(v) रोटी, कपड़ा व मकान प्रत्येक व्यक्ति की मूल-भूत आवश्यकताएं हैं और इन आवश्यकताओं से जुड़ी होने के कारण यह बेसिक शिक्षा कहलाती है।

प्रश्न 10. सारजेंट योजना का संक्षिप्त परिचय दीजिए।

उत्तर– **सारजेंट योजना का परिचय (Introduction of Sergeant Plan)**–सारजेंट योजना भारतीय शिक्षा के इतिहास में बहुत महत्त्वपूर्ण है। इस योजना को अनेक नामों से जाना जाता है। जैसे–सारजेंट रिपोर्ट, भारत में युद्धोत्तर शिक्षा विकास योजना एवं केन्द्रीय शिक्षा सलाहकार योजना की रिपोर्ट आदि। दूसरे विश्वयुद्ध के समाप्त होने के बाद भारत सरकार का ध्यान भारतीयों की दशा सुधारने के लिए और उनके विकास के लिए एक प्रभावशाली योजना बनाने की ओर गया। इस कार्य के लिए सरकार के शिक्षा सलाहकार 'जॉन सारजेंट' को वायसराय की प्रबंधकारिणी कौंसिल के पुनर्निर्माण आयोग ने युद्ध उपरांत पुनर्निर्माण काल में भारतीय शिक्षा के विकास के लिए एक विवरण पत्र तैयार करने का कार्यभार सौंपा। 1944 में एक सर्वेक्षण दल गठित किया गया जिसके अध्यक्ष सर जॉन सारजेंट थे। इन्होंने भारतीय शिक्षा के लिए अपनी विस्तृत रिपोर्ट प्रस्तुत की। इस रिपोर्ट को केन्द्रीय शिक्षा सलाहकार बोर्ड द्वारा पूर्ण रूप से स्वीकार किया गया और भारत सरकार से उन्हें लागू करने की सिफारिश की। क्योंकि यह योजना सर जॉन सारजेंट द्वारा तैयार की गई थी, इसलिए इसका नाम सारजेंट योजना रखा गया।

प्रश्न 11. सारजेंट योजना के कार्यक्षेत्र का वर्णन कीजिए।

उत्तर– **सारजेंट योजना का कार्यक्षेत्र**–सरकार ने केन्द्रीय शिक्षा सलाहकार बोर्ड से यह अपेक्षा की थी कि–

1. वह सम्पूर्ण देश की प्राथमिक शिक्षा से लेकर उच्च शिक्षा तक सरकारी तथा गैर-सरकारी शिक्षा की स्थिति का गहराई से अध्ययन करे।
2. वह यह भी देखे कि देश में सभी शिक्षा जैसे–जन-शिक्षा, विकलांगों की शिक्षा, औद्योगिक एवं प्रौद्योगिक शिक्षा, अध्यापक शिक्षा, स्त्री शिक्षा की क्या स्थिति है।
3. बोर्ड यह भी देखे कि सरकार ने अब तक नियुक्ति शिक्षा समितियों और आयोगों के किन सुझावों का क्रियान्वयन किया है और भारतीय शिक्षा के संख्यात्मक एवं गुणात्मक विकास में उनका क्या प्रभाव पड़ा।

4. बोर्ड शिक्षा की भावी योजना में सरकार (प्रशासन) की सलाह अवश्य लें।
5. बोर्ड को यह भी बताना पड़ेगा कि उसके द्वारा बनाई गई योजना में कितना समय लगेगा और उस पर अनुमानित कितना व्यय (खर्च) होगा।

प्रश्न 12. सारजेंट योजना की प्राथमिक शिक्षा से संबंधित सिफारिशों का वर्णन कीजिए।

उत्तर– (क) **सार्वभौमिक, अनिवार्य और निःशुल्क शिक्षा (Universal, Compulsory and Free Education)**–समिति ने अपनी रिपोर्ट में कहा कि भारत में प्राथमिक शिक्षा की सफलता के लिए 6-14 वर्ष की आयु के सभी बच्चों के लिए सार्वभौमिक, अनिवार्य तथा निःशुल्क शिक्षा की व्यवस्था की जानी चाहिए।

(ख) **शिल्पकला पर आधारित शिक्षा (Education Based on Craft)**–इस रिपोर्ट के अनुसार प्राथमिक शिक्षा किसी मौलिक शिल्प पर आधारित होनी चाहिए और यह सिखाई गई शिल्पकला स्थानीय परिस्थितियों के अनुकूल होनी चाहिए। किन्तु समिति विद्यार्थियों द्वारा बनाई गई वस्तुओं से शिक्षा का खर्च उठाने के बिल्कुल पक्ष में नहीं थी।

(ग) **बुनियादी विद्यालयों के प्रकार (Types of Basic Schools)**–समिति के अनुसार प्राथमिक विद्यालय मुख्यतः दो प्रकार के होने चाहिएं–

(i) **कनिष्ठ बुनियादी विद्यालय (Junior Basic Schools)**–इस प्रकार के विद्यालयों में 6-11 वर्ष के बच्चे अनिवार्य रूप से शिक्षा ग्रहण कर सकेंगे।

(ii) **वरिष्ठ बुनियादी विद्यालय (Senior Basic Schools)**–इस प्रकार के विद्यालयों में 11-14 वर्ष की उम्र के बच्चे दाखिला ले सकेंगे। भावी नागरिकों को बड़ी संख्या में तैयार करने में इन वरिष्ठ बुनियादी विद्यालयों का बहुत अधिक महत्त्व है। इन विद्यालयों को पर्याप्त मात्रा में अध्यापकों और उपकरणों से युक्त होना चाहिए।

(घ) **शिक्षा का माध्यम (Medium of Education)**–शिक्षा का माध्यम मातृभाषा होना चाहिए तथा अंग्रेजी को द्वितीय अनिवार्य विषय के रूप में पढ़ाया जाना चाहिए।

प्रश्न 13. सारजेंट योजना के गुणों का वर्णन कीजिए।

उत्तर– राष्ट्रीय शिक्षा पद्धति के विकास की दृष्टि से सारजेंट योजना का एक ऐतिहासिक महत्त्व है। यह एक ऐसी योजना थी जो भारत में शिक्षा का सम्पूर्ण चित्र प्रस्तुत करती थी। इस योजना के निम्नलिखित गुण कहे जा सकते हैं–

1. इस योजना में शिक्षा की राष्ट्रीय योजना बनाते समय बहुत गहरा अध्ययन किया गया है।
2. रिपोर्ट में शिक्षा को आम मानस तक पहुंचाने की अनेक योजनाओं के बारे में बताया गया है।
3. इस रिपोर्ट में मंद बुद्धि बालकों एवं विकलांग बच्चों को शिक्षा देने हेतु अनेक सराहनीय उपाय बताए गए हैं।
4. रिपोर्ट ने शिक्षा को सफल बनाने के लिए शिक्षक के महत्त्व को अच्छी तरह पहचाना है। रिपोर्ट में शिक्षकों के वेतनमान में वृद्धि करने, उन्हें उपयुक्त प्रशिक्षण देने व उनका स्तर सुधारने के बारे में योजना बनाने को कहा गया है।
5. रिपोर्ट में विद्यार्थियों के स्वास्थ्य पर भी बदल दिया है। विद्यार्थियों की चिकित्सीय जांच और निःशुल्क इलाज के बारे में निर्देश दिया गया है।
6. रिपोर्ट में रोजगार कार्यालयों को खोलने की सिफारिश की गई है ताकि सभी व्यक्ति रोजगार पा सकें।
7. रिपोर्ट में प्रौढ़ शिक्षा को भी बढ़ावा देने की योजनाओं के बारे में भी बताया गया है।
8. सारजेंट रिपोर्ट में विद्यार्थियों के शैक्षिक पक्ष की ओर ही नहीं बल्कि उनके औद्योगिक तकनीकी एवं व्यवसायिक पक्ष की ओर ध्यान दिया है।

9. रिपोर्ट में प्राथमिक शिक्षा के महत्त्व को पहचाना है। इसे अनिवार्य तथा सार्वभौमिक बनाने के निर्देश दिए हैं।
10. भारतीय शिक्षा का सम्पूर्ण अध्ययन तथा इसके सुधारों के सुझाव भी रिपोर्ट में दिए गए हैं।

प्रश्न 14. माध्यमिक शिक्षा आयोग के बारे में आप क्या जानते हैं?

उत्तर– **स्थापना (Establishment)**–ताराचन्द कमेटी तथा केन्द्रीय शिक्षा के सलाहकार बोर्ड के सुझाव पर भारत सरकार ने 23 सितम्बर, 1952 को माध्यमिक शिक्षा आयोग की स्थापना, डॉ. ए. लक्ष्मण स्वामी मुदालियर (Dr. A. Laxman Mudaliar) जो कि उस समय मद्रास विश्वविद्यालय (Madras University) के उप-कुलपति (Vice-Chancellor) थे, की अध्यक्षता में की। इस आयोग का मुख्य कार्य माध्यमिक शिक्षा की समकालीन स्थिति का निरीक्षण करना और उसमें सुधार एवं पुनर्गठन के लिए सुझाव देना था।

इस आयोग ने जून 1953 में अपनी रिपोर्ट प्रस्तुत की। इस रिपोर्ट में माध्यमिक शिक्षा के लगभग सभी पहलुओं पर प्रकाश डालकर सुझाव प्रस्तुत किए गए। जो निम्नलिखित थे–

1. उच्च माध्यमिक प्रणाली का संस्थापन (Installation of Higher Secondary System)
2. विभिन्न प्रकार के कोर्स (Diversified Courses)
3. त्रिभाषी (तीन-भाषाओं वाला) फॉर्मूला (Three Language Formula)
4. शिक्षात्मक एवं व्यावसायिक नीति-निर्देशन पर जोर (Emphasis on Educational and Vocational Guidance)
5. शिक्षण-विधियों में सुधार (Improvement in the Methods of Teachings)
6. पाठ्य-पुस्तकों में सुधार (Improvement in Text-Books)
7. परीक्षा प्रणाली में सुधार (Improvement in the Examination System)
8. शिक्षा कर्मियों में सुधार (Improvement in Teaching Personnel)
9. विद्यार्थियों की भौतिक उन्नति में सुधार (Improvement in the Physical Welfare of Students)
10. निर्माण एवं सामग्री में सुधार (Improvement in Building and Equipment)

प्रश्न 15. कोठारी आयोग के बारे में आप क्या जानते हैं?

उत्तर– भारतीय शिक्षा आयोग से पहले, यद्यपि देश के कई राज्यों ने मुदालियर कमीशन की सिफारिशों को लागू कर दिया था, परन्तु जिस उद्देश्य को लेकर इस आयोग ने सुझाव दिए थे, वे पूर्णरूप से प्राप्त नहीं हो सके, इसका मुख्य कारण देश की माध्यमिक शिक्षा प्रणाली में समरूपता का न आना था। कई राज्यों में अभी भी माध्यमिक शिक्षा के भिन्न-भिन्न रूप प्रचलित थे। इन सभी कारणों से जिस नए कमीशन का गठन हुआ वह कोठारी कमीशन के नाम से मशहूर हुआ। इस शिक्षा आयोग का गठन भारत सरकार के पारित प्रस्ताव, दिनांक 14 जुलाई, 1964 के आदेशानुसार किया गया। डॉ. डी.एस. कोठारी (Dr. D.S. Kothari) की अध्यक्षता में गठित इस आयोग का कार्यकाल, इससे पहले गठित सभी कमीशनों से कहीं ज्यादा लम्बा था। इसके अतिरिक्त इसका गठन शिक्षा के राष्ट्रीय-ढाँचे और आम सिद्धान्त और नीतियों के बारे में शिक्षा के प्रत्येक स्तर और पहलू के विकास के लिए सुझाव प्राप्त करने के लिए किया गया था। डॉ. कोठारी के अतिरिक्त इस आयोग में 16 सदस्य थे, जिनमें से 11 भारतीय तथा 5 विदेशी थे। आयोग के सचिव पद का भार श्री जे.पी. नैयर (Sh. J.P. Naiyar), सलाहकार, शिक्षा मंत्रालय को सौंपा गया। 2 अक्टूबर (2nd of October) को प्रारम्भ हुए इस आयोग ने लगभग डेढ़ साल के दौरान जून 20, 1966 को अपनी रिपोर्ट सरकार के सामने प्रस्तुत कर दी।

प्रश्न 16. भारतीय शिक्षा आयोग तथा प्रसार की समस्या का वर्णन कीजिए।

उत्तर– **भारतीय शिक्षा आयोग तथा प्रसार की समस्या (Indian Education Commission and Problem of Expansion)**—माध्यमिक शिक्षा के प्रसार के लिए आयोग ने निम्नलिखित सुझाव दिए–

(1) जिला स्तर पर एक योजना बनाकर कार्यक्रम लागू किया जाए जिसमें विद्यमान संस्थाएँ अपेक्षित स्तर का निर्माण कर सकें।

(2) इस स्तर पर प्रवेश के लिए आत्म चुनाव (Self selection) आधार पर छात्रों को चुना जाए। इसमें विद्यालय के रिकार्ड को भी ध्यान में रखा जाए।

(3) (क) विद्यालय उचित स्थान पर हो।
(ख) प्राप्त सुविधाओं के आधार पर प्रवेश दिया जाए।
(ग)अच्छे विद्यार्थियों का चुनाव हो।

(4) माध्यमिक विद्यालयों में 1985-86 तक लगभग 30% विद्यार्थियों को व्यावसायिक प्रशिक्षण देने वाली संस्थाओं का प्रावधान किया जाए।

(5) कक्षा 7 से 8 से ही अंशकालीन तथा पूर्णकालीन व्यावसायिक शिक्षा की व्यवस्था की जाए। लड़कियों की शिक्षा में घरेलू कार्यों की शिक्षा पर बल दिया जाए।

(6) लड़कियों की शिक्षा का प्रसार हो। यह प्रसार निम्न स्तर पर 1:2 हो तथा माध्यमिक स्तर पर 1:3 हो जाए। लड़कियों के लिए अलग विद्यालय तथा छात्रवृत्तियों की व्यवस्था हो।

प्रश्न 17. भारतीय शिक्षा आयोग 1964-66 के अनुसार शिक्षा के उद्देश्यों का वर्णन कीजिए।

उत्तर– 1966 ई. में कोठारी आयोग ने अपनी रिपोर्ट प्रस्तुत की और शिक्षा के निम्नलिखित उद्देश्य बताए–

(1) उत्पादकता में वृद्धि करना (To increase productivity)
(2) सामाजिक एवं राष्ट्रीय एकता (Social and National integration)
(3) आधुनिकीकरण के लिए शिक्षा (Education for Modernisation)
(4) सामाजिक, नैतिक तथा आध्यात्मिक मूल्यों का विकास (Development of social, moral and spiritual values)

डॉ. कोठारी ने इन उद्देश्यों को कार्यान्वित करने के लिए कुछ सुझाव भी दिए हैं जो इस प्रकार हैं–

(1) **उत्पादकता में वृद्धि का उद्देश्य (Aim of increasing productivity)**—भारतीय शिक्षा आयोग ने देश के साधनों को विकसित करने तथा प्रयोग करने पर अत्यधिक बल दिया है। राष्ट्रीय आय को बढ़ाने के लिए उत्पादन में वृद्धि करना शिक्षा का मुख्य उद्देश्य होना चाहिए। उचित प्रकार की शिक्षा उत्पादकता को बढ़ा सकती है। उत्पादकता और शिक्षा में सम्बन्ध विकसित करने के लिए कोठारी आयोग ने निम्नलिखित सुझाव दिए हैं–

(क)विज्ञान शिक्षा को प्रोत्साहन देना (Encouraging science education)
(ख)कार्य अनुभव (Work experience)
(ग)माध्यमिक शिक्षा का व्यावसायीकरण (Vocationalisation of Secondary Education)

(2) **सामाजिक एवं राष्ट्रीय एकता के लिए शिक्षा (Education for social and National Integration)**—राष्ट्र को सामाजिक तथा राष्ट्रीय दृष्टिकोण से शक्तिशाली बनाने के लिए कोठारी आयोग ने निम्नलिखित सुझाव दिए हैं–

(क) सामान्य स्कूल प्रणाली (Common school system)
(ख) सामाजिक तथा राष्ट्रीय सेवा (Social and national Service)

(ग) उपयुक्त भाषा नीति का विकास (Development of appropriate language policy)

(घ) राष्ट्रीय चेतना विकसित करना (Promoting national consciousness)

(3) आधुनिकीकरण के लिए शिक्षा (Education for Modernisation)

(4) सामाजिक, नैतिक तथा आध्यात्मिक मूल्यों का विकास (Development of social, moral and spiritual values)

प्रश्न 18. भारतीय शिक्षा आयोग 1964-66 के सुझावों का वर्णन कीजिए।

उत्तर– भारतीय शिक्षा आयोग के सुझाव (Recommendations of Indian Education Commission)–

(1) **उच्चकोटि के अधिकारियों की नियुक्ति (Appointment of supervisors of high calibre)**—कोठारी आयोग के अनुसार निरीक्षण कर्मचारियों के वेतन बढ़ाए जाएँ और उच्च कोटि के अधिकारियों की नियुक्ति की जाए।

(2) **पर्याप्त विशेषज्ञ अधिकारियों की व्यवस्था (Provision of adequate specialist supervisors)**—मूल्यांकन पाठ्यक्रम सुधार मार्गदर्शन या शारीरिक शिक्षा जैसे विशेष विषयों के जिला स्तर पर पर्याप्त संख्या में विशेषज्ञ अधिकारी होने चाहिए।

(3) **कर्मचारियों की संख्या में वृद्धि (Increase in the number of officials)**—जिला कर्मचारियों की संख्या में वृद्धि की जाए ताकि इस क्षेत्र के उत्तरदायित्व को पूरा किया जा सके।

(4) जिलों शिक्षा अधिकारी को पर्याप्त दर्जा दिया जाना चाहिए।

(5) **महिलाओं की नियुक्ति (Appointment of women Supervisors)**—अधिक से अधिक महिलाओं को निरीक्षण कार्य में नियुक्त किया जाए ताकि लड़कियों की शिक्षा की ओर उचित ध्यान दिया जा सके।

प्रश्न 19. राष्ट्रीय शिक्षा नीति 1968 के प्रभाव का वर्णन कीजिए।

उत्तर– राष्ट्रीय शिक्षा नीति, 1968 का प्रभाव (Effect of National Education Policy, 1968)–
राष्ट्रीय शिक्षा नीति, 1968 देश की पहली राष्ट्रीय शिक्षा नीति है जिसमें सम्पूर्ण देश के लिए शिक्षा नीति की घोषणा की गई है। इस नीति का सर्वप्रथम प्रभाव तो यह पड़ा कि केन्द्र और प्रदेशों के शिक्षा बजटों में बढ़ोतरी शुरू हुई। दूसरा प्रभाव यह पड़ा कि देश में 10+2+3 शिक्षा संरचना स्वीकार की गई। यह बात दूसरी है कि प्रान्तों में इसे कुछ अपने-अपने तरीकों से लागू किया गया। कुछ प्रांतों में इस आधार पर प्रथम 10 वर्षीय शिक्षा की पाठ्यचर्या का निर्माण भी किया गया और लागू भी किया गया। कुछ प्रान्तों में +2 पर व्यावसायिक पाठ्यक्रम भी शुरू किए गए, यह बात दूसरी है कि ये पाठ्यक्रम असफल रहे। उच्च शिक्षा, व्यावसायिक शिक्षा, तकनीकी शिक्षा और शिक्षक शिक्षा इन सबसे विस्तार किया गया और विस्तार के साथ-साथ उनके उन्नयन के लिए प्रयास किए गए यह बात दूसरी है कि इसमें सफलता अपेक्षाकृत कम ही मिली। 1969 में विश्वविद्यालयों एवं उनसे संबद्ध महाविद्यालयों में राष्ट्रीय सेवा योजना की शुरुआत की गई। साथ ही प्रौढ़ शिक्षा के कार्यक्रमों को व्यापक बनाया गया। इस नीति के अनुपालन में देश में सभी को शिक्षा के समान अवसर सुलभ कराने हेतु अनेक कदम उठाए गए। और सबसे बड़ी बात तो यह है कि इस नीति के बाद जो राष्ट्रीय शिक्षा नीति 1986 घोषित की गई उसमें मुल रूप से इसी शिक्षा नीति का अनुमोदन किया गया है उसी पर मोहर ठोकी गई है और इसमें जो कुछ नया है वह नीति संबंधी नहीं, रीति सम्बन्धी है। इसकी कार्य योजना, 1986 और कार्य योजना, 1992 है।

प्रश्न 20. राष्ट्रीय शिक्षा नीति 1986 का मूल्यांकन कीजिए।

उत्तर– **राष्ट्रीय शिक्षा नीति-1986 का मूल्यांकन (Evaluation of the National Policy on Education of 1986)**–नई शिक्षा नीति-1986 निम्नलिखित उद्देश्यों की प्राप्ति में सहायक सिद्ध हो सकती है–

(i) नई शिक्षा नीति उच्चतर मूल्यों की प्रतिबद्धता के साथ 'विशेष व्यक्ति' (Wholeman) और 'सम्पूर्ण व्यक्ति' (Total man) के लक्ष्य की पूर्ति में सहायक होगी।

(ii) यह शिक्षा नीति विद्यार्थियों के दिमाग की संकीर्णता को दूर कर उसे विस्तृत करती है।

(iii) यह शिक्षा के अवसरों में समानता पैदा करने में सहायक है।

(iv) यह शिक्षा नीति भारतीय संविधान की प्रस्तावना में दिए गए आधारभूत और अनिवार्य मूल्यों पर आधारित होने के कारण, प्रत्येक व्यक्ति की शिक्षा के लिए कटिबद्ध है।

(v) शिक्षा के निरीक्षण का विकेन्द्रीयकरण स्थानीय प्रेरणाओं को अधिक प्रोत्साहन देने में सहायक है।

(vi) यह शिक्षा नीति विद्यार्थियों को स्वयं का व्यवसाय चलाने में अत्यधिक सहायक है।

(vii) यह शिक्षा नीति राष्ट्रीय पाठ्यक्रम की आवश्यकता पर बल देकर कोर-पाठ्यक्रम की व्यवस्था करती है।

(viii) यह शिक्षा नीति वास्तविक रोजगार के अवसरों तथा संसार के कार्यों में तालमेल स्थापित करने में सहायक है।

(ix) नई शिक्षा नीति शिक्षा के विकास के साथ-साथ राष्ट्रीय एकता की भावना को भी जागृत करती है।

(x) यह शिक्षा नीति वर्तमान राष्ट्रीय ढाँचे 10 + 2 + 3 के अन्तर्गत सुचारु रूप से काम कर सकती है।

प्रश्न 21. नवोदय विद्यालय किस प्रकार ग्रामीण क्षेत्रों को पल्लवित कर रहे हैं, विवेचना कीजिए।

अथवा

नवोदय विद्यालय पर एक संक्षिप्त टिप्पणी लिखिए।

उत्तर– शिक्षा के वास्तविक उद्देश्यों की पूर्ति के लिए यह अनिवार्य है कि विशिष्ट प्रतिभा सम्पन्न विद्यार्थियों को तेजी से विकास करने का अवसर प्रदान किया जाए। ज्यादातर यह देखा गया है कि प्रतिभाशाली विद्यार्थियों के लिए शहरों तथा महानगरों में पब्लिक विद्यालय (Public School), मॉडल विद्यालय (Model Schools) की सुविधाएँ प्राप्त होती हैं जो इन बच्चों के सर्वांगीण विकास का सम्पूर्ण ध्यान रखती हैं। जहाँ शहरों में इन महँगे विद्यालयों की व्यवस्था है वहीं गाँवों के निर्धन परन्तु प्रतिभाशाली बच्चों को गुणात्मक शिक्षा प्रदान करने के लिए इस नई शिक्षा नीति के तहत नवोदय विद्यालय स्थापित करने की विश्व व्यापक योजना बनाई गई तथा यह भी सुनिश्चित किया गया कि इन विद्यालयों में दाखिला केवल प्रतिभा के बल पर दिया जाएगा, न कि जाति, धर्म, सम्प्रदाय आदि के आधार पर। इसके अतिरिक्त इन विद्यालयों में निःशुल्क आवास तथा भोजन की भी व्यवस्था की गई। सामाजिक समानता, न्याय की वास्तविक पूर्ति के लिए नवोदय-विद्यालयों में अनुसूचित जातियों एवं अनुसूचित जनजातियों के विद्यार्थियों के लिए आरक्षण की व्यवस्था की गई।

प्रश्न 22. राष्ट्रीय शिक्षा नीति की भूमिका का वर्णन कीजिए।

उत्तर– **नई शिक्षा नीति-1986 का सार एवं भूमिका (New Education Policy–1986, Its Role and Essence)**

1. **आध्यात्मिक एवं भौतिक विकास की नींव (Education of Spiritual and Physical Development)**—नई शिक्षा नीति के अनुसार शिक्षा विद्यार्थी के भौतिक तथा आध्यात्मिक विकास का आधार है। यह विद्यार्थी को इस भौतिक दुनिया में रहना सिखाती है तथा साथ ही साथ उसका आध्यात्मिक विकास भी करती है।

2. **शिक्षा सबके लिए अनिवार्य (Education, Compulsory for All)**—आयोग ने शिक्षा के महत्त्व को समझते हुए इस शिक्षा को सबके लिए अनिवार्य करने की सिफारिश की।
3. **मानव शक्ति का विकास (Development of Human Power)**—मानव जिसे भगवान ने अपनी सभी रचनाओं में से श्रेष्ठतम् बनाया, उसे शक्तियों का भण्डार भी उपहार में दिया। परन्तु ये सभी शक्तियाँ मानव के आन्तरिक मन में गहरे छुपी हुई हैं। इन शक्तियों का बाहर निकलकर, तराशकर, शिखर पर पहुँचाने का कार्य शिक्षा करती है। लेकिन यह तभी संभव है जब बालक को पूर्ण शैक्षणिक वातावरण तथा उपयुक्त अवसर प्रदान किए जाएं।
4. **~~सर्वोत्तम धन~~ विनियोग (The Greatest Financial Investment)**—आयोग की सिफारिश के अनुसार, **'सरकार तथा समाज शिक्षा पर जितना धन खर्च करता है उतना ही ज्यादा उसका लाभ मिलता है। वास्तव में शिक्षा के क्षेत्र में किया गया खर्च एक दीर्घकालीन तथा श्रेष्ठ विनियोग है"।**
5. **सांस्कृतिक विकास में शिक्षा का योगदान (Contribution of Education in Cultural Development)**—आयोग के अनुसार शिक्षा ही एकमात्र व सशक्त साधन है जो किसी भी देश या राष्ट्र की संस्कृति को संरक्षित कर उसके विकास में महत्त्वपूर्ण योगदान देती है। शिक्षा मानव की अज्ञानता दूर कर उसमें सामाजिक मूल्यों, राष्ट्र-प्रेम, नैतिकता, देश-भक्ति की भावना पैदा करने के साथ-साथ उसके वैज्ञानिक दृष्टिकोण, मस्तिष्क तथा आत्मा का भी पूर्ण रूप से विकास करती है। इसके अतिरिक्त शिक्षा धर्म-निरपेक्षता एवं प्रजातांत्रिक गुणों का विकास भी करती है, जो भारत देश के दो महत्त्वपूर्ण तथा विशेष आदर्श हैं।
6. **अनुसंधान एवं विकास का आधार (Basis of Research and Development)**—मानव जीवन तथा इस ब्रह्माण्ड के भिन्न-भिन्न क्षेत्रों में सफलतापूर्वक अनुसंधान करने के लिए केवल शिक्षा ही एक सबल साधन है। उसके अतिरिक्त यह राष्ट्र की आत्मनिर्भरता एवं विकास में भी योगदान देती है।
7. **समाज की संलग्नता (Involvement of Society)**—शिक्षा की इस नीति के तहत समाज की संलग्नता पर विशेष बल दिया गया है, जिसमें माता-पिता, समुदाय, स्वैच्छिक संस्थाएँ, नियोजकों एवं अध्यापकों का योगदान मुख्य रूप से अपेक्षित है। इस नीति के पीछे यह सोच थी कि जब समाज के भिन्न-भिन्न वर्गों के सदस्य शिक्षण प्रक्रिया में सक्रिय रूप से योगदान देंगे तो विद्यालयों में उपस्थिति का बढ़ना स्वाभाविक होगा। इससे पास प्रतिशत भी बढ़ जाएगा। परिणामस्वरूप शिक्षा में अपव्यय तथा अवरोधन (Wastage and Stagnation) पर रोक लगेगी।

प्रश्न 23. आचार्य राममूर्ति कमेटी के बारे में आप क्या जानते हैं?

उत्तर– राममूर्ति कमेटी, जो निरीक्षण कमेटी के नाम से भी जानी जाती है, का गठन भारत सरकार ने नई राष्ट्रीय नीति (1986) के पुनर्विचार के लिए मई 7, 1990 को किया। यद्यपि जब नई शिक्षा नीति का गठन किया गया था तो उसके पुनर्विचार का समय 5 वर्ष रखा गया था; फिर 4 साल बाद ही उसके पुनर्विचार की क्या आवश्यकता पड़ी थी। इस पर तत्कालीन सरकार का मानना था कि जिन लक्ष्यों की प्राप्ति के लिए नई शिक्षा नीति-1986 का गठन किया गया था, उनकी प्राप्ति में इस नई शिक्षा नीति का परिणाम सन्तोषजनक न होने के कारण ही 1 वर्ष पहले ही पुनर्विचार किया जा रहा था।

यदि गहराई से आंकलन करें तो हम पाएँगे कि केवल पाँच मुख्य बातें थीं, जिनकी प्राप्ति न होने के कारण ही आचार्य राममूर्ति कमेटी का गठन किया गया। जिन पाँच मुद्दों का हल नहीं निकल सका वे निम्नलिखित हैं:–

(i) निरक्षरता का दूर करना (Removal of illiteracy)

(ii) शिक्षा को रोजगारोन्मुखी एवं कार्योन्मुखी बनाना (Orientation of education to employment and work)

(iii) देश के सभी बच्चों के लिए शिक्षा की व्यवस्था (Arrangement of education for all children of the country)

(iv) सामाजिक समानता (Social equality)

(v) संकुचित विचारधारा, क्षेत्रीयवाद, ईर्ष्या द्वेष की भावना का संघर्ष (Struggle against petty parochial passions and prejudice)।

आचार्य राममूर्ति की अध्यक्षता में गठित आचार्य राममूर्ति कमेटी (1990) में कुल 17 सदस्य थे। इस कमेटी ने 26 दिसम्बर, 1990 को मानव संसाधन मन्त्रालय को अपनी रिपोर्ट पेश की। इस रिपोर्ट को 'मानवीय समाज उन्नति की ओर' नाम दिया गया तथा इसे 9 जनवरी, 1991 को लोकसभा में पेश किया गया।

◆◆◆

LAXMI®

समकालीन भारत तथा शिक्षा

[CONTEMPORARY INDIA AND EDUCATION]

[Paper–II]

UNIT–III

3. ***Contemporary Issues in Indian Education***
   - *Universalization of Elementary Education and related issues such as MDM, SSA and RMSA*
   - *Issues and Debates on Globalization, Liberalization and Privatization*
   - *Common School System*
   - *Vocationalisation of Education*
   - *Three Language Formulas*
   - *Open learning and distance education System*
   - *Modernization: Concept, Advantages & Disadvantages*

–: प्रकाशक :–

LAXMI BOOK DEPOT Hansi Gate, Bhiwani TM

लक्ष्मी बुक डिपो

हांसी गेट, भिवानी (हरियाणा)

3

भारतीय शिक्षा के समकालीन मुद्दे
[Contemporary Issues in Indian Education]

3.1 प्रारंभिक शिक्षा का सार्वभौमिकरण (Univerzalisation of Elementary Education)

1. प्रारंभिक शिक्षा के सार्वभौमिकरण का क्या अर्थ है? प्राथमिक शिक्षा के परिमाणात्मक पक्ष से संबंधित वर्तमान स्थिति, प्रारंभिक शिक्षा के प्रसार की समस्याओं तथा इसके समाधान हेतु उचित सुझावों पर प्रकाश डालिए।

अथवा

प्रारंभिक शिक्षा के सार्वभौमिकरण के अर्थ को स्पष्ट करते हुये प्राथमिक शिक्षा के परिमाणात्मक पक्ष, प्राथमिक शिक्षा के प्रसार से संबंधित समस्याओं तथा इसके सुधार से संबंधित महत्त्वपूर्ण सुझावों की विवेचना कीजिये।

उत्तर–लोकतन्त्र इस बात की मांग करता है कि शिक्षा का प्रकाश प्रत्येक व्यक्ति तक पहुंचाया जाए। कम से कम प्राथमिक शिक्षा सभी बच्चों के लिए अनिवार्य तथा निःशुल्क होनी चाहिए। भारतीय संविधान की धारा 45 इस बात पर बल देते हुए दस वर्ष के अन्दर 6 से 14 वर्ष की आयु के बच्चों के लिए अनिवार्य एवं निःशुल्क शिक्षा का निर्देश देती है। परन्तु 1986 ई. की शिक्षा-नीति के आ जाने के बाद भी इस लक्ष्य की प्राप्ति नहीं हो सकी।

यह बात नहीं है कि भारत सरकार तथा प्रादेशिक सरकारें इस बात की ओर सचेत नहीं हैं। वे सचेत अवश्य हैं और प्राथमिक शिक्षा को सार्वभौमिक बनाने का प्रयास भी कर रही हैं। परन्तु उसकी कुछ सीमाएं हैं जो इसके विकास में बाधक बन रही हैं। इन समस्याओं के यथासंभव समाधान से ही प्राथमिक शिक्षा की सार्वभौमिकता के लक्ष्य की शत-प्रतिशत प्राप्ति के निकट पहुंचा जा सकता है। इन समस्याओं का व्यापक अध्ययन करने से पहले सार्वभौमिकता के व्यापक अर्थ को जानना बहुत आवश्यक है।

सार्वभौमिकता का अर्थ
(Meaning of Universalisation)

सार्वभौमिकता का अर्थ यह है कि 6 से 14 वर्ष की आयु तक के जितने भी बच्चे हैं उन्हें प्राथमिक शिक्षा अवश्य ही उपलब्ध कराई जाए। भारतीय शिक्षा आयोग ने 1966 में कहा था कि जब हम प्राथमिक शिक्षा के सार्वभौमिकरण की बात करते हैं तो इसमें तीन तथ्यों पर ध्यान देना चाहिए–

1. व्यवस्था की सार्वभौमिकता (Universal Provision)–इसका अभिप्राय यह है कि प्राथमिक शिक्षा की व्यवस्था सबके लिए होनी चाहिए। दूसरे शब्दों में विद्यालय की घर से दूरी केवल इतनी हो कि बच्चा सुगमता से वहां पैदल चलकर जा सके। हर छोटे गांव में प्राथमिक विद्यालय अवश्य हो और विद्यालय किसी भी बच्चे के घर से एक कि.मी. से दूर न हो।

2. नामांकन की सार्वभौमिकता (Universalisation of Enrolment)–इसका अर्थ यह है कि 6 से 14 वर्ष की आयु के जितने भी बच्चे हैं उनका पता लगाया जाए और उनका नाम प्राथमिक विद्यालय में पंजीकरण कराया जाए और उन कारणों का पता लगाया जाए, जिनके कारण माता-पिता अपने बच्चों को विद्यालय में दाखिल नहीं कराते और उन्हें दूर करने का प्रयास किया जाए।

3. **स्थिरता की सार्वभौमिकता (Universalisation of Retention)**–प्राथमिक विद्यालय खोलने और उनमें सभी बच्चों का नामांकन करने के बाद एक और जटिल समस्या सामने आती है और वह यह है कि विद्यालय में नामांकित इन बच्चों को प्राथमिक शिक्षा पूरी होने तक विद्यालय में ही रोके रखना, क्योंकि सामान्यतः यह देखने में आता है कि बच्चे प्राथमिक विद्यालय में प्रवेश तो ले लेते हैं परन्तु उसे पूरा करने से पहले ही विद्यालय छोड़ देते हैं। इस प्रकार स्थिरता की सार्वभौमिकता का अर्थ है कि बच्चा तब तक विद्यालय में टिका रहे जब तक उसकी प्राथमिक शिक्षा पूरी न हो जाए।

प्राथमिक शिक्षा के प्रसार की समस्याएँ *(Problems of the expansion of Primary Education)*

प्राथमिक शिक्षा के प्रसार में निम्नलिखित समस्याएं हमारे सामने आती हैं–

1. जनसंख्या में वृद्धि (Increase in the Population)–जनसंख्या की वृद्धि भारत की एक विकट समस्या है। यह समस्या शिक्षा के सार्वभौमिकरण में भी बाधक बनती है। जितनी संख्या में 6-14 वर्ष के बच्चों में वृद्धि होती है, उसी अनुपात में स्कूल खोलकर इन बच्चों को प्रवेश दिलाना चाहिए। परन्तु ऐसा संभव नहीं हो पाता। परिणामस्वरूप इस वर्ग के सभी बच्चों को दाखिल करना असंभव हो जाता है और प्राथमिक शिक्षा के सार्वभौमिक लक्ष्य को धक्का लगता है।

2. लोगों की निर्धनता (Poverty of the People)–भारत में अधिकतर लोग निर्धनता के कारण अपने बच्चों को स्कूल नहीं भेज पाते। बच्चों को वे अपनी आय बढ़ाने का साधन समझते हैं। बच्चों को काम पर लगा कर एक तो वे शिक्षा पर होने वाले खर्च से बच जाते हैं और दूसरे जो उनकी बुनियादी आवश्यकताएं हैं उनकी पूर्ति में उन्हें कठोर परिश्रम करना है और वे अपने बच्चों को भी इस परिश्रम में लगा देते हैं। परिणामस्वरूप उनके बच्चे न्यूनतम प्राथमिक शिक्षा से भी वंचित रह जाते हैं और प्राथमिक शिक्षा को सार्वभौमिक बनाने का प्रयास विफल हो जाता है।

3. अभिभावकों का असहयोग (Non Co-operation of the Parents and Guardians)–निर्धन लोग तो अपनी बुनियादी आवश्यकता से मजबूर होकर अपने बच्चों को स्कूल नहीं भेजते, परन्तु कई लोग ऐसे हैं जो रूढ़ियों, संकीर्ण विचारों तथा जाति-पाति के भेदभाव के कारण प्राथमिक शिक्षा के सार्वभौमिकरण में सहयोग प्रदान नहीं करते–विशेषकर लड़कियों के समबन्ध में अनेक लोगों के विचार अब भी संकीर्ण बने हुए हैं। बाल-विवाह और पर्दा की कुरीतियां आज भी प्रचलित हैं। लड़कियों को स्कूल में भेजा ही नहीं जाता या फिर उन्हें प्राथमिक शिक्षा पूरी करने से पहले स्कूल से निकाल लिया जाता है। प्राथमिक शिक्षा के सार्वभौमिक प्रसार के लिए माता-पिता का सहयोग प्राप्त करना आवश्यक है।

4. दूर स्थित आबादियों की समस्या (Problem of far flung Habitations)–भारत में कई छोटी-छोटी आबादियां हैं, जो दूर-दराज इलाकों में स्थित हैं। इन आबादियों का पर्याप्त विकास नहीं हुआ और यहाँ यातायात के साधन भी उपलब्ध नहीं होते। यदि इन आबादियों के बच्चों को प्राथमिक शिक्षा से वंचित कर दिया जाए तो इनका विकास कई पीढ़ियों तक नहीं हो सकेगा। इन बच्चों को प्राथमिक शिक्षा की इतनी आवश्यकता है जितनी विकसित क्षेत्रों के बच्चों को। फिर इन्हें शिक्षित किए बिना सार्वभौमिक शिक्षा का लक्ष्य कैसे पूरा किया जा सकता है।

5. पिछड़ी हुई एवं अनुसूचित जातियां (Backward and Scheduled Castes)–वर्षों से शोषित एवं तथाकथित निम्न स्तरीय काम करने के कारण पिछड़ी हुई तथा अनुसूचित जातियां अपने बच्चों की शिक्षा में रुचि नहीं रखतीं। निर्धनता तथा जीवन के निम्न स्तर को स्वीकार कर लेने के कारण भी ये शिक्षा

को आवश्यक नहीं समझते। उनमें यह भ्रामक धारणा बन चुकी है कि शिक्षा उच्च जातियों के लिए है। इस प्रकार ये जातियां प्राथमिक शिक्षा के सार्वभौमिक प्रसार में बाधक बनी हुई हैं।

6. अनुपयोगी शिक्षा (Useless Education)–वर्तमान प्राथमिक शिक्षा अनुपयोगी तथा निरर्थक है। इसलिए अधिकांश माता-पिता इसके प्रति आकर्षित नहीं होते और अपने बच्चों को स्कूल नहीं भेजते। माता-पिता अपने बच्चों को ऐसी अनुपयोगी शिक्षा दिलाने की अपेक्षा उन्हें निरक्षर रखना बेहतर समझते हैं।

7. दोषपूर्ण मूल्यांकन (Defective Evaluation)–प्राथमिक स्कूलों में प्रचलित दोषपूर्ण मूल्यांकन के कारण भी विद्यार्थी शिक्षा जारी रखने में रुचि नहीं रखते। बच्चों की उपलब्धियों का मूल्यांकन वार्षिक परीक्षा के आधार पर किया जाता है। मूल्यांकन की यह विधि अपूर्ण तथा अपर्याप्त है, क्योंकि यह विद्यार्थियों की योग्यताओं एवं क्षमताओं का ठीक मूल्यांकन नहीं कर पाती। इसी के कारण स्कूल का समूचा वातावरण नीरस हो जाता है, क्योंकि विद्यार्थियों पर परीक्षा का डर छाया रहता है। फेल होने वाले विद्यार्थी या तो स्कूल छोड़ देते हैं या फिर अध्यापक तथा अन्य बच्चों के लिए समस्या बने रहते हैं।

8. अर्थाभाव (Lack of Finance)–अर्थाभाव के कारण भी प्राथमिक शिक्षा का सार्वभौमिक विस्तार नहीं हो पाया। प्रायः देखा गया है कि शिक्षा के विकास तथा विस्तार के लिए जो धन निश्चित किया जाता है। उसका अधिकांश भाग माध्यमिक एवं विश्वविद्यालय की शिक्षा पर खर्च कर दिया जाता है। परिणामस्वरूप प्राथमिक शिक्षा को सार्वभौमिक बनाने का लक्ष्य अधूरा रह जाता है।

9. बच्चों की अनुपस्थिति पर नियन्त्रण का अभाव (Lack of control over the absentism of the Students)–प्राथमिक शिक्षा के स्तर पर बच्चों की अनुपस्थिति एक विकट समस्या है जो प्राथमिक शिक्षा के सार्वभौमिक विस्तार में बाधक बनी हुई है। जो बच्चे नियमित रूप से स्कूल नहीं जाते तो उन्हें दाखिल करने का क्या लाभ? इस अनुपस्थिति को रोकने के लिए कोई सशक्त साधन नहीं है। कई प्रान्तीय सरकारों ने **'अनिवार्य प्राथमिक शिक्षा अधिनियम'** अवश्य बनाए हैं। परन्तु वे इतने सशक्त नहीं हैं कि अनुपस्थिति पर पर्याप्त नियन्त्रण रख सकें। केवल रजिस्टरों में बच्चे का स्कूलों में नाम लिख लेने से ही शिक्षा सार्वभौमिक नहीं बन जाएगी। इसके लिए बच्चों का स्कूलों में नियमित रहना भी आवश्यक है।

10. कृत्रिम तथा फर्जी दाखिला (Artificial and Fictitious Admissions)–प्राथमिक स्कूलों में कृत्रिम दाखिलों की समस्या निरन्तर बढ़ती जा रही है। प्रायः देखा गया है कि अध्यापक अपनी आसामी (Post) को बचाने के लिए या माता-पिता के दबाव में आकर कृत्रिम दाखिला कर लेते हैं। उनके रिकार्ड को देखकर प्रतीत होता है कि स्कूल से सम्बन्धित क्षेत्र के सभी बच्चे स्कूल में दाखिल हो चुके हैं। इस प्रकार का कृत्रिम दाखिला प्राथमिक शिक्षा की सार्वभौमिकता की हत्या कर देता है। कागजों में शत-प्रतिशत दाखिला परन्तु वास्तविक अर्थों में बहुत कम दाखिला, यह स्थिति सार्वभौमिकता के वास्तविक लक्ष्य को पूरा नहीं कर पाती। यह शिक्षा के प्रति ही नहीं, बल्कि मानवता तथा राष्ट्र के लिए अपराध है।

11. अपव्यय तथा अवरोधन (Wastage and Stagnation)–प्राथमिक शिक्षा के सार्वभौमिक विस्तार में मुख्य बाधा 'अपव्यय तथा अवरोधन' की है। शेष सभी समस्याएं इसमें निहित हैं। इसी एक समस्या के व्यावहारिक समाधान से शेष समस्याएं अपने आप हल हो जाती हैं।

समाधान के सुझाव (Suggestions for the solution of the Problem)

प्राथमिक शिक्षा के परिमाणात्मक पहलू में सुधार लाकर इसे सर्वसुलभ बनाने के लिए निम्न सुझाव दिए जा सकते हैं–

1. जनसंख्या वृद्धि पर रोक (Checking rapid increase in Population)–जनसंख्या की वृद्धि को रोको, प्राथमिक शिक्षा के परिमाणात्मक पक्ष में अपने आप सुधार हो जाएगा। जनसंख्या की वृद्धि को रोकने के लिए परिवार नियोजन कार्यक्रमों का व्यापक प्रचार होना चाहिए। इस क्षेत्र में परिवार नियोजन विभाग को तो पूरी लगन और गम्भीरता से काम करना ही चाहिए, शिक्षा विभाग को भी इस दिशा में प्रभावशाली कदम उठाने चाहिएं। यह उत्साहवर्द्धक बात है कि स्कूल स्तर पर जनवृद्धि नियोजन की शिक्षा

को पाठ्यक्रम में स्थान दिया जा सकता है। पाठ्यक्रम के इस अंग को गंभीरतापूर्वक लिया जाना चाहिए तथा किशोरावस्था में ही विद्यार्थियों में काम तथा सन्तानोत्पत्ति के बारे में वास्तविक ज्ञान प्रदान करके उनमें स्वस्थ दृष्टिकोण को विकसित करना चाहिए।

2. सस्ती तथा निशुल्क शिक्षा (Cheap and Free Education)–निर्धनता एक राष्ट्र व्यापी समस्या है। सरकार इसको दूर करने का भरसक प्रयत्न कर रही है। परन्तु इसे यथासंभव प्राथमिक शिक्षा के प्रसार में बाधक नहीं बनने देना चाहिए।

इसके लिए निम्नलिखित सुझाव उपयोगी हो सकते हैं–

(i) बच्चों की शिक्षा पर माता-पिता का कुछ खर्च नहीं होना चाहिए। बच्चों को पुस्तकें, कापियों, कलमें, स्याही तथा पेंसिल आदि मुफ्त मिलने चाहिएं। इसके अतिरिक्त उनके स्वास्थ्य की देखभाल तथा मेडिकल सेवाएं भी निःशुल्क होनी चाहिएं। बच्चों के लिए दोपहर के भोजन की भी व्यवस्था होनी चाहिए।

(ii) अच्छे विद्यार्थियों के लिए छात्रवृत्तियों की भी व्यवस्था होनी चाहिए।

(iii) अपने माता-पिता के काम में हाथ बंटाने के लिए अंशकालिक शिक्षा की भी व्यवस्था होनी चाहिए।

(iv) बच्चों के रोजगार पर नियंत्रण रखने के लिए प्रभावशाली पग उठाने चाहिएं और इसके लिए विद्यमान कानूनों का सख्ती से पालन करना चाहिए।

(v) 'बन्धुआ मजदूर' (Bonded Labour) के विरुद्ध कानून का सख्ती से पालन करना चाहिए, ताकि बच्चों को इसे शोषण से बचाया जा सके।

(vi) अभिभावकों को शिक्षित करना चाहिए कि बच्चों को स्कूल भेजकर उनको ही लाभ प्राप्त होगा।

3. अभिभावकों का सहयोग (Seeking Co-operation of the Parents)–अभिभावकों के असहयोग का कारण उनकी निरक्षरता एवं अज्ञानता है। वस्तुतः वे शिक्षा के महत्त्व से अनभिज्ञ होते हैं। उनकी अज्ञानता को दूर कर प्राथमिक शिक्षा के सार्वभौमिक प्रसार में उनका सहयोग प्राप्त करने के लिए निम्नलिखित सुझाव उपयोगी सिद्ध हो सकते हैं–

(i) वयस्क साक्षरता तथा सामाजिक शिक्षा के प्रभावशाली कार्यक्रम बनाने चाहिएं। अभिभावकों में वैज्ञानिक दृष्टिकोण विकसित करके उन्हें सामाजिक रूढ़ियों से मुक्त करने का प्रयास करना चाहिए। जन सम्पर्क विभागों की सहायता से उन्हें शिक्षा की महत्ता तथा आवश्यकता का अनुभव कराना चाहिए तथा रेडियो और दूरदर्शन को इस कार्य के लिए प्रयुक्त करना चाहिए।

(ii) लड़कियों के सम्बन्ध में अभिभावकों के मन में बैठी संकीर्णताओं को तो दूर करना ही चाहिए, इसके साथ-साथ लड़कियों की शिक्षा के लिए पर्याप्त सुविधाएं भी प्रदान करनी चाहिएं ताकि माता-पिता विश्वासपूर्ण अपनी लड़कियों को स्कूल भेज सकें। इसके लिए लड़कियों के लिए अलग से स्कूल खोले जाने चाहिएं। जहां सह शिक्षा की व्यवस्था है वहां पर्याप्त संख्या में अध्यापिकाओं की नियुक्ति होनी चाहिए। स्कूलों में लड़कियों के लिए उपयोगी विविध क्रियाओं की व्यवस्था होनी चाहिए। लड़कियों के स्कूलों के निरीक्षण के लिए निरीक्षिकाओं की नियुक्ति होनी चाहिए तथा लड़कियों के दाखिले को सुनिश्चित बनाने के लिए महिला समाज सुधारक संगठनों तथा अध्यापक-अभिभावक संगठनों की सेवाएं प्राप्त करनी चाहिएं।

4. दूर स्थित आबादियों की समस्या (Problem of Far Flung Habitations)–सुदूर स्थित आबादियों के बच्चों को शिक्षा के अवसर प्रदान करने के लिए वहाँ एक अध्यापकीय स्कूल (Single teacher school) स्थापित करना चाहिए। इन स्कूलों के संचालन में कई प्रशासनिक एवं शैक्षणिक कठिनाइयां अवश्य आती हैं। परन्तु वे असाध्य नहीं हैं। एक अध्यापकीय स्कूलों का सुचारु रूप से संचालन करने से दूर-दूर तक बिखरी हुई छोटी-छोटी आबादियों तक प्राथमिक शिक्षा पहुंचाई जा सकती है।

5. पिछड़ी हुई एवं अनुसूचित जातियां तथा जनजातियां (Backward, Scheduled Castes and Scheduled Tribes)–पिछड़ी हुई अनुसूचित जातियों को शिक्षा की ओर आकर्षित करने के लिए उन्हें शिक्षा की महत्ता और आवश्यकता की ओर जाग्रत करना चाहिए। उन्हें अनुभव कराना चाहिए कि शिक्षा प्राप्त करना सभी का समान अधिकार है। सरकार द्वारा उनके लिए जो भलाई कार्यक्रम तथा आरक्षण सुविधाएं प्रदान की गई हैं, उनकी भी उन्हें जानकारी दी जानी चाहिए। इसके अतिरिक्त उन्हें यह भी समझना चाहिए कि शिक्षा प्राप्त किए बिना वे उन सुविधाओं का लाभ नहीं उठा सकेंगे। शिक्षा प्राप्त करने के लिए उन्हें पाठ्य-पुस्तकें, कापियां तथा अन्य आवश्यक सामग्री मुफ्त दी जानी चाहिए। इसके अतिरिक्ति उनके लिए छात्रवृत्तियों की भी व्यवस्था होनी चाहिए। उनके शैक्षणिक स्तर को विकसित करने के लिए उनके शिक्षण के विशेष प्रबन्ध होने चाहिएं।

6. अनुपयोगी शिक्षा की समस्या (The Problem of Useless Education)–शिक्षा को उपयोगी और सार्थक बनाने के लिए निम्नलिखित बातों की ओर ध्यान देना चाहिए–

(i) वर्तमान पुस्तकीय पाठ्यक्रम को हटाकर उसके स्थान पर शिशु-केन्द्रित, वातावरण केन्द्रित तथा क्रिया केन्द्रित पाठ्यक्रम का गठन किया जाना चाहिए।

(ii) इस पाठ्यक्रम के संचालन के लिए सुयोग्य एवं प्रशिक्षित अध्यापक नियुक्त किए जाने चाहिएं।

(iii) शिक्षण विधियां भी बच्चों की योग्यताओं तथा आवश्यकताओं के अनुरूप होनी चाहिएं।

7. दोषपूर्ण मूल्यांकन की समस्या (The Problem of Defective Curriculum)–दोषपूर्ण पाठ्यक्रम की समस्या के समाधान के लिए निम्नलिखित पग उठाने चाहिएं–

(i) प्राथमिक स्तर पर बच्चों का मूल्यांकन केवल वार्षिक परीक्षा पर आधारित नहीं होना चाहिए। स्कूल की विभिन्न क्रियाओं को भी इसमें उचित स्थान मिलना चाहिए।

(ii) वार्षिक परीक्षा के लिए ऐसे प्रश्न तैयार होने चाहिएं जो विद्यार्थियों की विभिन्न योग्यताओं एवं क्षमताओं का मूल्यांकन करने में समर्थ हों।

8. अर्थाभाव की समस्या (The Problem of Lack of Finance)–प्राथमिक शिक्षा को सार्वभौमिक बनाने के लिए केन्द्रीय एवं राज्य सरकारों को पर्याप्त धन की व्यवस्था करनी चाहिए। इसके विकास तथा प्रसार को प्राथमिकता देनी चाहिए। प्राथमिक शिक्षा समूची शिक्षा का ही आधार नहीं बल्कि भावी पीढ़ियों में नव-जागृति उत्पन्न करने का सशक्त साधन है। अतः शिक्षा के लिए निर्धारित धनराशि का अधिकांश भाग प्राथमिक शिक्षा के प्रसार तथा विकास में खर्च होना चाहिए। इसके अतिरिक्त निम्नलिखित कुछ योजनाओं द्वारा प्राथमिक शिक्षा के खर्च में कुछ कमी आएगी–

(i) **यथासंभव दोहरी-पारी प्रणाली (Double shift system where Feasible)**–यथासंभव दोहरी-पारी प्रणाली आरम्भ करनी चाहिए। प्रातः और दोपहर के पश्चात् दो पारियां लगाकर अधिक से अधिक बच्चों को एक ही भवन में पढ़ाया जा सकता है।

(ii) स्कूल के भवन निर्माण में उपयोगिता और सादगी की ओर ध्यान रखते हुए यथासंभव खर्च करना चाहिए।

(iii) स्कूल के लिए आवश्यक उपकरणों, फर्नीचर आदि की उचित देखभाल होनी चाहिए।

9. बच्चों की अनुपस्थिति पर नियन्त्रण (Control over the Absenteism of the Students) स्कूलों में बच्चों की उपस्थिति को यथासम्भव निश्चित बनाने के लिए निम्नलिखित सुझाव विचारणीय हैं–

(i) ब्लाक समितियों तथा ग्राम पंचायतों से इसके लिए सक्रिय सहयोग प्राप्त करना चाहिए।

(ii) अध्यापक-अभिभावक संघों का निर्माण और उसका सक्रिय प्रयोग करना चाहिए।

(iii) अनुपस्थित रहने वाले बच्चों की समस्याओं का अध्ययन करके उन्हें दूर करने का प्रयास करना चाहिए।

(iv) जहाँ आवश्यक हो, वहाँ कानून का प्रयोग भी करना चाहिए।

10. कृत्रिम दाखिले की समस्या (The Problem of Artificial Admission)–सार्वभौमिक प्राथमिक शिक्षा के स्वप्न को साकार करने के लिए अध्यापकों को महत्त्वपूर्ण भूमिका निभानी होगी। इसलिए उन्हें कृत्रिम दाखिला नहीं करना चाहिए। यदि उन्हें दाखिला करने में कोई कठिनाई आती है तो उसे अधिकारियों को अवगत कराना चाहिए और उनके सहयोग से भी उस कठिनाई को दूर करने का प्रयास करना चाहिए। नामांकन को निश्चित करने के लिए जनसम्पर्क विभाग, प्रैस, आकाशवाणी, दूरदर्शन तथा महिला-कल्याण संगठनों को भी सक्रिय भूमिका निभानी चाहिए।

◆◆◆

प्राथमिक शिक्षा के सार्वभौमिकरण का गुणात्मक पहलू
(Qualitative Aspect of the Universalisation of Primary Education)

2. प्राथमिक शिक्षा के सार्वभौमिकता से संबंधित गुणात्मक पहलू या पक्ष का क्या अर्थ है? प्राथमिक शिक्षा के उन विभिन्न घटकों का वर्णन कीजिये जिन पर यह गुणात्मक स्तर निर्भर करता है।

अथवा

प्राथमिक शिक्षा के सार्वभौमिकरण के गुणात्मक पक्ष से आप क्या समझते हैं? इस दृष्टि से प्राथमिक शिक्षा की वर्तमान स्थिति स्पष्ट कीजिए।

अथवा

प्राथमिक शिक्षा के सार्वभौमिकरण के गुणात्मक पक्ष के बारे में बताते हुये प्राथमिक शिक्षा से संबंधित उन विभिन्न घटकों पर प्रकाश डालिये जिन पर यह गुणात्मक स्तर निर्भर करता है।

उत्तर–प्राथमिक शिक्षा के सार्वभौमिकरण का गुणात्मक पहलू (Qualitative Aspect of the Universalisation of Primary Education)–शत-प्रतिशत नामांकन प्राप्त करने के लिए इसके गुणात्मक विकास को आंखों से ओझल नहीं किया जा सकता। हजारों की संख्या में स्कूल खोल देने और निर्धारित आयु वर्ग के सभी बच्चों को उनमें दाखिल कर लेने से प्राथमिक शिक्षा का लक्ष्य पूरा नहीं हो जाएगा। आवश्यकता इस बात की है कि जहाँ शत-प्रतिशत नामांकन को निश्चित बनाया जाए वहां प्राथमिक शिक्षा के स्तर को भी ऊँचा होना चाहिए ताकि प्राथमिक शिक्षा पूरी करने के पश्चात विद्यार्थी उससे कुछ लाभ उठा सकें। अतः प्राथमिक शिक्षा के सार्वभौमिक विस्तार के साथ उसके गुणात्मक विकास पर भी ध्यान देना आवश्यक है। यही कारण है कि सभी पंचवर्षीय योजनाओं में इसकी गुणवत्ता में सुधार लाने पर बल दिया गया है। प्राथमिक शिक्षा, शिक्षा का सबसे महत्त्वपूर्ण स्तर है। यह बच्चे की शिक्षा की नींव है और इसका मजबूत होना बहुत आवश्यक है। शिक्षा की चुनौती में प्राथमिक शिक्षा के महत्त्व को स्वीकार करते हुए कहा गया है "कई अध्ययनों से पता चलता है कि शिक्षा के क्षेत्र में किया गया निवेश सबसे अधिक फलदायी होता है और इसका उत्पादकता तथा जनसाधारण की खुशहाली पर महत्त्वपूर्ण प्रभाव पड़ता है।"

अब प्रश्न यह उठता है कि गुणात्मकता का अर्थ क्या है? वास्तव में गुणात्मकता को परिभाषा की सीमा में बांधा नहीं जा सकता। इस संदर्भ में राष्ट्रीय शिक्षा नीति का यह कथन उल्लेखनीय है–"गुणात्मकता को परिभाषित करना कठिन है, विशेष रूप से शैक्षिक प्रक्रिया के संदर्भ में। किन्तु यह तो कहा जा सकता है कि गुणात्मक व्यवस्था से ऐसे लोग निकलते हैं जिनमें सामाजिक एवं प्रकार्यात्मक अर्थवत्ता, व्यावहारिक बुद्धि, शारीरिक योग्यता, विश्वसनीयता व सुघड़ता और सबसे अधिक विश्वास व प्रभावोत्पादक सम्प्रेषण क्षमता के गुण होंगे तथा वे नई स्थितियों में पहल करने, नए प्रयोग करने व नए रास्ते ढूंढ़ने में योग्य होंगे।"

जहाँ तक प्राथमिक शिक्षा के सार्वभौमिकरण के गुणात्मक पहलू का सम्बन्ध है, सरल शब्दों में यह कहा जा सकता है कि इसके अन्तर्गत यह विचार किया जाता है कि प्राथमिक शिक्षा जिन उद्देश्यों को प्राप्त करने के लिए दी जा रही है, उनकी प्राप्ति हो रही है या नहीं तथा ऐसे कौन से पग उठाएं जाएं जिससे इसमें गुणात्मक सुधार लाया जा सके और शिक्षा के लक्ष्यों को प्राप्त किया जा सके।

प्राथमिक शिक्षा के विभिन्न घटक जिन पर इसका गुणात्मक स्तर निर्भर करता है, वे निम्नलिखित हैं–

(i) पाठ्यक्रम
(ii) पाठ्य-पुस्तकें
(iii) शिक्षण विधियाँ
(iv) मूल्यांकन एवं परीक्षा
(v) विद्यालयों में उपलब्ध सुविधाओं का प्रयोग
(vi) व्यापक उद्देश्य
(vii) पर्याप्त प्रशिक्षित अध्यापक
(viii) पर्याप्त सहायक सेवाएं
(ix) सुदृढ़ प्रशासन
x) शोध कार्य
(xi) पूर्व प्राथमिक शिक्षा का होना।
(xii) बहुस्तरीय नियोजन

आओ हम इन पक्षों की कुछ विस्तार से समीक्षा करें।

(I) पाठ्यक्रम–पाठ्यक्रम अध्यापक के हाथ में एक ऐसा यन्त्र कहा जाता है, जिससे वह अपने छात्रों को मनचाहा आकार दे सकता है। प्राथमिक शिक्षा की कक्षाओं के पाठ्यक्रम पर यदि दृष्टिपात किया जाए तो पता चलेगा कि यह पाठ्यक्रम नीरस तथा शुष्क है। यह पाठ्यक्रम अत्यन्त पुस्तकीय तथा बोझिल है। इसमें बच्चों को प्रेरित करने की शक्ति नहीं है, क्योंकि यह पाठ्यक्रम बच्चों के सामुदायिक जीवन से कटा हुआ है, इसलिए बच्चे अपने आप को इसके अनुसार ढाल नहीं पाते और शीघ्र ही इससे ऊबने लगते हैं। इसी अनुपयोगी पाठ्यक्रम के कारण माता-पिता अपने बच्चों को स्कूल भेजने में रुचि नहीं रखते। इस पाठ्यक्रम में रटने की प्रक्रिया पर अधिक बल दिया जाता है। पाठ्यक्रम का निर्माण करते समय कोई अनुसंधान नहीं किया जाता है। इसके अतिरिक्त पाठ्यक्रम का निर्माण राज्य स्तर पर किया जाता है, जिसके परिणामस्वरूप मुख्याध्यापकों तथा अध्यापकों को अपने विचार व्यक्त करने के अवसर प्रदान नहीं किए जाते। प्रायोगिक कार्य भी बिल्कुल असंभव हो जाता है।

सुझाव (Suggestions)–

(i) प्राथमिक शिक्षा के स्तर को ऊँचा उठाने के लिए पाठ्यक्रम के पुस्तकीय ढाँचे को समाप्त करके उसे क्रियाओं तथा अनुभूतियों पर केन्द्रित करना चाहिए।
(ii) पाठ्यक्रम को व्यापक उद्देश्यों के अनुकूल बनाने के लिए उसे प्राकृतिक एवं सामुदायिक वातावरण तथा बच्चों की आवश्यकताओं एवं योग्यताओं के साथ सम्बन्धित करना चाहिए।
(iii) पाठ्यक्रम में निश्चित की गई क्रियाएं वास्तविक जीवन के साथ सम्बन्धित होनी चाहिएं।
(iv) पाठ्यक्रम जीवन के उद्देश्यों के अनुकूल होना चाहिए।
(v) पाठ्यक्रम बच्चों की रुचि, रुझान, योग्यता एवं आवश्यकताओं के अनुकूल होना चाहिए।
(vi) पाठ्यक्रम में मानव जीवन के समस्त अनुभवों का समावेश होना चाहिए।
(vii) इसमें विषयों और क्रियाओं का क्रम उपयोगिता की दृष्टि से होना चाहिए।
(viii) पाठ्यक्रम के विभिन्न विषयों एवं क्रियाओं में सह-सम्बोधन होना चाहिए।

प्राथमिक स्तर के पाठ्यक्रम में सुधार हेतु सरकार द्वारा उठाए गए पग (Steps taken by the government to improve the Curriculum at Primary Level)–पाठ्यक्रम में सुधार करने और गुणवत्ता लाने के लिए राष्ट्रीय शैक्षिक अनुसंधान और प्रशिक्षण परिषद् (N.C.E.R.T.) ने अधिगम के न्यूनतम स्तर निर्धारित करने पर विशेष बल दिया है। इस परिषद् के अनुसार प्राथमिक स्तर को ऊँचा करने के लिए पाठ्यक्रम के पुस्तकीय ढाँचे को समाप्त करके उसे क्रियाओं तथा अनुभूतियों पर केन्द्रित करना चाहिए। पाठ्यक्रम को व्यापक उद्देश्यों के अनुकूल बनाने के लिए उसे प्राकृतिक तथा सामुदायिक वातावरण

तथा बच्चों की आवश्यकताओं तथा योग्यताओं के साथ सम्बन्धित करना चाहिए। इसके साथ-साथ प्राथमिक स्तर के पाठ्यक्रम को जीवन उपयोगी एवं रचनात्मक बनाना चाहिए।

इस संदर्भ में कोठारी आयोग ने प्राथमिक स्तर से ही कार्य अनुभव (Work Experience) को शिक्षा का अभिन्न अंग बनाने का सुझाव दिया है।

इसी प्रकार राष्ट्रीय शिक्षा नीति, 1986 में प्राथमिक शिक्षा स्तर पर विद्यार्थी केन्द्रित तथा क्रिया केन्द्रित पाठ्यक्रम बनाने का सुझाव दिया है। इस नीति में यह संकल्प किया गया है कि प्राथमिक स्तर पर पाठ्यक्रम राष्ट्रीय सार भाग (National Core Curriculum) की धारणा के अनुकूल तथा विद्यार्थियों की आवश्यकताओं एवं वातावरण से सम्बन्धित होगा।

प्रो. के. जी. साईयारदीन ने ग्रामीण स्कूलों के पाठ्यक्रम के सम्बन्ध में अपने विचार प्रकट करते हुए कहा है, **"जब तक ग्रामीण स्कूलों को ग्रामीण जीवन की आवश्यकताओं, मूल रुचियों तथा क्रियाओं से सम्बन्धित नहीं किया जाता, तब तक उन स्कूलों की वास्तविक निष्ठा प्राप्त नहीं की जा सकती।"**

(II) पाठ्य-पुस्तकें (Text Books)–

पाठ्य-पुस्तकों का महत्त्व–अध्यापन-अध्ययन प्रक्रिया में पाठ्य-पुस्तकों का बहुत महत्त्वपूर्ण स्थान है। पाठ्य-पुस्तक एक आधारभूत यन्त्र है जो प्राथमिक तथा प्रत्येक अन्य स्तर पर पाया जाता है तथा जिसकी पहुंच प्रत्येक विद्यार्थी तक हो।

एक अच्छी पाठ्य-पुस्तक के निम्नलिखित लाभ हैं–

(i) यह व्यवस्थित किया हुआ ज्ञान प्रदान करती है।
(ii) इसमें विषय-वस्तु तार्किक ढंग से प्रस्तुत की हुई होती है।
(iii) पाठ्य-पुस्तक कक्षाकक्ष के लिए आधार का काम करती है।
(iv) ज्ञान को इकाइयों में बांटकर प्रस्तुत करती है।
(v) इसका प्रयोग शिक्षा में एकरूपता लाने के लिए किया जाता है।
(vi) विद्यार्थियों की चिन्तन शक्ति का विकास करती है।
(vii) कम प्रतिभा वाले अध्यापकों के शिक्षण की कमियों को पाठ्य-पुस्तक द्वारा ही पूरा किया जाता है।
(viii) यह विद्यार्थियों की ग्राह्यता (Comprehension) को बढ़ाती है।
(ix) इसका प्रयोग पुनः अध्ययन के लिए किया जाता है।
(x) विद्यार्थियों के शब्द विन्यास (Vocabulary) को बढ़ाती है।
(xi) यह स्वाध्याय (Self Study) का काम भी करती है।
(xii) इसका प्रयोग बोझिल पाठ्यक्रम को पूरा करने के लिए किया जाता है।
(xiii) अन्य अध्ययन सामग्री के अभाव में केवल पाठ्य-पुस्तक ही काम आती है।
(xiv) अधिकांश परिवारों के माता-पिता की निरक्षरता के कारण पाठ्य-पुस्तक का अपना ही महत्त्व है।

एक अच्छी पाठ्य-पुस्तक का मापदण्ड (Criteria of a Good Text Book)

1. पाठ्य-पुस्तक रोचक, बाल केन्द्रित, विस्तृत तथा व्यापक होनी चाहिए।
2. इसकी शैली ऐसी हो कि यह विद्यार्थियों को स्वयं अध्ययन के लिए प्रेरित करें।
3. इसकी भाषा स्पष्ट व सरल हो तथा विषय का संगठन मनोवैज्ञानिक विधि से हो।
4. सुन्दर चित्रों से सुसज्जित हो।
5. पाठ्य-पुस्तक का प्रत्येक शब्द सार्थक तथा प्रत्येक वाक्य दूसरे से गुंथा हुआ होना चाहिए।
6. यह विद्यार्थियों के स्तर के अनुकूल हो।

7. इस स्तर पर शब्दावली सीमित होनी चाहिए ताकि विद्यार्थी उसे सरलता तथा सुगमता से ग्रहण कर सकें।
8. छपाई गहरी, बढ़िया तथा शुद्ध हो।

परन्तु कितने दुख की बात है कि हमारे देश के प्राथमिक तथा माध्यमिक स्तर पर पाठ्य-पुस्तकों की दशा अत्यन्त खराब है। ये दोष निम्नलिखित हैं–

1. आन्तरिक पक्ष के दोष (Inherent defects)

2. बाह्य पक्ष के दोष (Defects of outer aspects)

1. आन्तरिक पक्ष के दोष–

(क) पाठ्य-विषय की दृष्टि से पुस्तकें बालकों के स्तरानुकूल नहीं होतीं।

(ख) इसमें पाठों का चयन अमनोवैज्ञानिक रीति से होता है। विद्यार्थियों की कठिनाई को ध्यान में नहीं रखा जाता।

(ग) भाषा तथा शैली भी अनाकर्षक तथा प्रभावहीन होती है।

(घ) हमारे देश में अच्छी प्राठ्य-पुस्तक लिखने वाले लेखकों की बहुत कमी है।

2. बाह्य पक्ष के दोष–

(क) पुस्तक की छपाई, कागज, टाइप तथा आकार की ओर बहुत कम ध्यान दिया जाता है। घटिया कागज का प्रयोग होता है, जिल्द (Cover) शीघ्र ही फट जाती है।

(ख) छपाई भी असन्तोषजनक होती है।

(ग) पुस्तकों का दाम अधिक रखा जाता है।

(घ) इसमें अधिकतर चित्रों का अभाव होता है। प्राथमिक स्तर की पुस्तकों में चित्रों के महत्त्व को कोई भी अस्वीकार नहीं कर सकता। परन्तु यहां दशा यह है कि जहां चित्रों का प्रदर्शन आवश्यक है वहां अच्छे, रोचक चित्र प्रस्तुत नहीं किए जाते। परिणामस्वरूप विद्यार्थियों की संवेदना और प्रत्यक्षीकरण विकसित नहीं हो पाते।

सुझाव (Suggestions)–

(1) राष्ट्रीय स्तर पर पाठ्य-पुस्तक समिति की रचना बहुत आवश्यक है। प्रसन्नता की बात है कि ऐसी समिति का गठन कर दिया गया है।

(2) राष्ट्रीय स्तर पर पुस्तकों का निर्माण। इसका लाभ यह होगा कि उच्चकोटि के लेखक उपलब्ध होंगे जिनका लेखन शैली पर पूरा नियन्त्रण होगा। दूसरे बड़े पैमाने पर लिखी गई पुस्तकों पर मितव्ययिता भी होगी। परन्तु विशाल देश होने के कारण यहां बहुत-सी भाषाएं हैं। इसलिए यह सुझाव केवल हिन्दी भाषी क्षेत्रों के लिए ही उपयुंक्त है।

(3) पाठ्य-पुस्तकों को जल्दी-जल्दी न बदला जाए।

(4) पाठ्य-पुस्तक लेखन में सरकार का हस्तक्षेप होना चाहिए। या तो पाठ्य-पुस्तक लेखन का काम सरकार अपने हाथ में ले ले या किसी भी लेखक को पुस्तक लेखन का कार्य सरकार की अनुमति के बिना नहीं करना चाहिए। लेखक जैसे ही पाठ्य-पुस्तक के लिए पाठ्यसामग्री लिखें, इसे पाठ्य-पुस्तक समिति के पास भेज़ देना चाहिए जो इसके गुणों को देखकर ही इसका अनुमोदन करे।

(5) **मूल्यों पर नियन्त्रण**–पाठ्य-पुस्तकों के मूल्यों पर भी नियन्त्रण होना चाहिए। पिछले कुछ वर्षों से भारत में पाठ्य-पुस्तकों का मूल्य स्तर बहुत तेजी से बढ़ रहा है। ऐसा नहीं होना चाहिए।

(6) **राष्ट्रीय भावना का विकास**–पाठ्य-पुस्तक राष्ट्रीय भावना से भरी होनी चाहिए। इसमें संकुचित विचारधारा और धार्मिक भावनाएं नहीं होनी चाहिएं।

(III) दोषपूर्ण शिक्षण-विधियाँ (Defective Methods of Teaching)–विधि एक ऐसा ढंग है जिसे अध्यापक कक्षा में पाठ को सरल तथा प्रभावशाली बनाने के लिए प्रयोग करता है। शिक्षण विधि के

महत्त्व का वर्णन करते हुए **मुदालियर आयोग** ने लिखा है, **"सर्वोत्तम पाठ्यक्रम भी मृततुल्य है यदि उसमें उचित शिक्षण पद्धति तथा शिक्षकों की व्यवस्था नहीं है।"**

प्राथमिक स्तर पर तो यह बात और भी अधिक लागू होती है। एक अच्छी शिक्षण विधि में निम्नलिखित विशेषताएं होनी चाहिएं–

(i) इससे पूर्व निर्धारित उद्देश्यों की प्राप्ति हो सके।

(ii) विद्यार्थियों को स्वाध्याय करने के लिए प्रेरित करे।

(iii) विद्यार्थियों की तार्किक, विश्लेषणात्मक तथा निर्णय शक्ति का विकास करें।

(iv) छात्र विषय-वस्तु में रुचि लेने लग जाएं।

(v) विद्यार्थियों में वांछित परिवर्तन लाए तथा उनमें अच्छी आदतों का निर्माण करे।

(vi) विद्यार्थियों को और क्रियाएं तथा प्रयोग करने में प्रोत्साहन दे।

वर्तमान स्थिति (Present Position)–प्रायः प्राथमिक स्कूलों में पुरानी घिसी-पिटी शिक्षण-विधियों का प्रयोग होता है। ये विधियां मुख्यतः पाठ्य-पुस्तकों पर केन्द्रित होती हैं और बच्चों में रटने की प्रवृत्ति को विकसित करती हैं। प्राथमिक शिक्षा के व्यापक उद्देश्य तथा उनका रचनात्मक पाठ्यक्रम तब तक व्यर्थ है जब तक उनके अनुरूप शिक्षण-विधियों का प्रयोग नहीं होता।

सुझाव (Suggestions)–प्राथमिक स्तर पर शिक्षण-विधियाँ बाल-केन्द्रित तथा क्रिया-केन्द्रित होनी चाहिएं। इनके द्वारा बच्चे को अधिक से अधिक सक्रिय रखने का प्रयास करना चाहिए। शिक्षण विधियाँ ऐसी हों कि बच्चा स्वयं सीखने के लिए प्रेरित हो। इसके लिए आधुनिक शिक्षण-विधियों जैसे खेल-विधि, क्रिया-विधि, प्रोजेक्ट विधि तथा क्राफ्ट (Craft) द्वारा शिक्षण का प्रयोग करना चाहिए। इसका कारण यह है कि बच्चे पुस्तकीय शिक्षा की अपेक्षा खेल-कूद, भ्रमण तथा अन्य गतिविधियों में अधिक रुचि लेते हैं। शिक्षण-विधियों को अधिक प्रभावशाली बनाने के लिए श्रव्य-दृश्य साधनों का भी प्रयोग करना चाहिए।

प्राथमिक स्तर पर निम्नलिखित विधियां बहुत उपयुक्त हैं–

(i) खेल विधि (ii) प्रोजेक्ट विधि

(iii) माण्टेसरी विधि (iv) डाल्टन विधि

(v) बेसिक शिक्षा पद्धति (vi) किण्डरगार्टन विधि

(IV) मूल्यांकन एवं परीक्षाएँ (Evaluation and Examinations)–वर्ष में एक बार की परीक्षा के स्थान पर निरन्तर परीक्षाओं का नियोजन होना चाहिए। परीक्षाएं व्यापक होनी चाहिएं, जिनमें ज्ञान, कौशल, अभिवृत्तियों आदि सभी का मापन हो सके। **नई राष्ट्रीय शिक्षा** नीति के अनुसार, **"वर्तमान वार्षिक शिक्षा पद्धति में संशोधन करना होगा, क्योंकि गुणों के ह्रास में और किसी भी अन्य कारण की अपेक्षा इसका अधिक साथ रहा है।"**

दूसरे मूल्यांकन की प्रक्रिया निरंतर चलती रहनी चाहिए। यह ध्यान रहे कि रटने या बिना समझे याद करने की प्रवृत्ति को बढ़ावा न मिले। प्राथमिक स्तर पर किसी बच्चे को असफल तो घोषित किया ही नहीं जाता। परंतु निरंतर मूल्यांकन द्वारा यह तो पता अवश्य लगाया जाना चाहिए कि बच्चे अपेक्षित ज्ञान व कौशल प्राप्त कर रहे हैं या नहीं।

(V) विद्यालयों में उपलब्ध सुविधाओं का प्रयोग (Use of available Resources in the School) –विद्यालयों में उपलबध सुविधाओं का प्रभावशाली ढंग से प्रयोग होना चाहिए, जैसे–

(1) भवनों का गहन उपयोग (Intensive use of Buildings)–

वर्तमान स्थिति–अधिकांश स्कूलों के लिए पर्याप्त भवन नहीं हैं। कई स्कूल तो खुले में ही लगते हैं। मौसम खराब होने पर विद्यार्थियों की छुट्टी कर दी जाती है। कई स्कूल भवनों की दशा शोचनीय है। उनका पलस्तर जगह-जगह से उखड़ा हुआ है, छत टपकती है और वायु तथा पानी का प्रबन्ध नहीं होता।

सुझाव (Suggestions)–

(1) ग्राम पंचायतों तथा ब्लाक समितियों के सहयोग से स्कूल भवन के निर्माण के लिए मुफ्त या उचित दाम पर भूमि प्राप्त करनी चाहिए और पी.डब्ल्यू.डी. (P.W.D.) की सहायता से स्कूल भवन तैयार किए जाने चाहिएं।

(2) स्कूल भवन के निर्माण के लिए स्थानीय सामग्री तथा स्थानीय श्रम का प्रयोग करना चाहिए।

(3) नए स्कूल भवनों के निर्माण तथा पुराने भवनों की मरम्मत और सफेदी के लिए जिला स्तर पर जिला स्कूल भवन निगम (District School Building Corporation) की स्थापना की जानी चाहिए। इन जिला निगमों से सम्पर्क स्थापित करने के लिए राज्य स्कूल भवन निगम की रचना होनी चाहिए।

जब तक प्रत्येक प्राथमिक स्कूल के लिए भवन की व्यवस्था नहीं होती, तब तक इस कमी को पूरा करने के लिए 'पारी प्रणालियाँ (Shift System) को भी अपनाया जा सकता है। इसके अतिरिक्त प्राथमिक शिक्षा के लिए धर्मशालाओं, मन्दिरों, मस्जिदों तथा गुरुद्वारों आदि का प्रयोग किया जा सकता है। परन्तु इस प्रकार के सभी प्रबन्ध अस्थायी होने चाहिएं। लक्ष्य तो होना चाहिए–प्रत्येक प्राथमिक स्कूल के लिए एक अपना भवन। इस लक्ष्य की प्राप्ति के लिए केन्द्रीय सरकार तथा राज्य सरकारों को पर्याप्त धनराशि की व्यवस्था की जानी चाहिए।

(VI) आवश्यक सामग्री का अभाव (Lack of Necessary Material)–किसी शिक्षाविद (Educationist) ने सच ही कहा है कि भवन के बिना तो शिक्षा कार्य चलाया जा सकता है, परन्तु आवश्यक सामग्री के बिना शिक्षा कार्य करना असंभव है। बच्चों के बैठने के लिए न्यूनतम व्यवस्था अवश्य होनी चाहिए। चाक, श्यामपट आदि की व्यवस्था तो होनी चाहिए। खेद का विषय है कि अधिकांश प्राथमिक स्कूलों में इनका भी अभाव है।

सुझाव (Suggestions)–आवश्यक सामग्री की व्यवस्था करने का मुख्य दायित्व ब्लाक शिक्षा अधिकारी का है। उसे सचेत रहना चाहिए कि उसके ब्लाक के किस स्कूल में किस चीज की कमी है और उस कमी को तुरन्त पूरा किया जाना चाहिए।

राष्ट्रीय शिक्षा नीति, 1986 में कहा गया है कि प्राथमिक स्कूलों को सभी आवश्यक सुविधाएँ प्रदान की जाएंगी। इसमें ऐसा भवन भी सम्मिलित है जिसके दो बड़े कमरे हैं, जिसे सभी मौसमों में प्रयुक्त किया जा सकता हो। इसके अतिरिक्त श्यामपट, मानचित्र चार्ट तथा आवश्यक खिलौनों की भी व्यवस्था की जाएगी। इन सुविधाओं की व्यवस्था के लिए ऑपरेशन ब्लैकबोर्ड (Operation Black Board) के प्रतीकात्मक नाम से क्रमानुसार अभियान चलाया जाए। इस अभियान में सरकार स्थानीय संगठन, स्वैच्छिक अभिकरण तथा व्यक्ति सभी को शामिल किया जाएगा।

(VII) सहायक सेवाओं का अभाव (Lack of Ancillary Service)–सहायक सेवाओं का अभाव प्राथमिक शिक्षा के सार्वभौमिक विस्तार में ही बाधक नहीं, उसके गुणात्मक विकास में भी बाधक है। जिन बच्चों के पास पाठ्य-पुस्तकें, कलम-दवात तथा तख्तियाँ आदि नहीं हैं, उन्हें पढ़ाई में क्या रुचि होगी और अध्यापक शिक्षण कार्य कैसे कर सकेगा? अतः प्राथमिक स्कूलों में निर्धन बच्चों के लिए सहायक सेवाओं की पर्याप्त व्यवस्था होनी चाहिए।

इन सेवाओं में निम्नलिखित व्यवस्थाएं सम्मिलित हैं–

(1) (i) पाठ्य-पुस्तकें (ii) कॉपियां (iii) कलम (iv) दवात

(2) दोपहर के लिए मुफ्त भोजन की व्यवस्था

(3) यातायात की सुविधा

(4) स्कूल वर्दी की व्यवस्था।

(VIII) कुप्रशासन (Maliadministration)–प्राथमिक शिक्षा के गुणात्मक ह्रास का मुख्य कारण कुप्रशासन भी है। जिन राज्यों में प्राथमिक शिक्षा के प्रशासन का दायित्व नगर पालिकाओं और जिला बोर्डों

पर है वहां स्थिति बहुत बिगड़ी हुई है, क्योंकि ये प्राथमिक शिक्षा के सुधार में कोई प्रभावशाली कदम नहीं उठाते। जिन राज्यों में प्राथमिक शिक्षा का प्रबन्ध सरकार के दायित्व में है, वहां भी प्रशासकीय स्थिति सन्तोषजनक नहीं है। प्रायः देखा गया है कि प्राथमिक स्कूलों में अध्यापक मनमानियां करते हैं और शिक्षण कार्य कुशलतापूर्वक नहीं करते। इसके अतिरिक्त प्राथमिक स्कूलों का निरीक्षण भी पर्याप्त रूप से नहीं होता। कई स्कूलों में निरीक्षण वर्ष में एक बार भी नहीं होता। सुनिरीक्षण का अभाव कुप्रशासन को प्रोत्साहित करता है। कुप्रशासन शिक्षा के स्तर के ह्रास का कारण बनता है।

सुझाव (Suggestions)–

(i) राष्ट्र को अनिवार्य प्राथमिक शिक्षा प्रदान करना सरकार का संवैधानिक दायित्व है और सरकार को उसे स्वयं उठाना चाहिए। यदि किन्हीं अपरिहार्य (Unavoidable) कारणों से यह दायित्व नगर पालिकाओं तथा जिला बोर्डों को दिया गया है तो उन्हें अनिवार्य प्राथमिक शिक्षा के लिए बाध्य करना चाहिए।

(ii) प्राथमिक शिक्षा को एक महत्त्वपूर्ण इकाई मानकर इसकी प्रशासनिक व्यवस्था अलग से होनी चाहिए। इससे प्राथमिक शिक्षा के विभिन्न पहलुओं का गंभीरता से अध्ययन करना तथा महत्त्वपूर्ण निर्णयों को कार्यान्वित करना सुगम होगा। पंजाब तथा हरियाणा में प्राथमिक शिक्षा के प्रशासन के लिए अलग निदेशालय (Directorate) की व्यवस्था की गई है जो प्राथमिक शिक्षा के गुणात्मक विकास में महत्त्वपूर्ण भूमिका निभा रहा है। अन्य राज्यों में भी इसी प्रकार की प्रशासकीय व्यवस्था का प्रयोग करना चाहिए।

(iii) **प्रशासन का विकेन्द्रीकरण होना चाहिए**–इसका अर्थ यह है कि जिला स्तर तथा राज्य स्तर पर शिक्षा अधिकारी होने चाहिएं और उनके कार्य तथा अधिकार निश्चित होने चाहिएं।

(iv) स्थानीय समुदाय तथा बच्चों के अभिभावकों को भी प्राथमिक स्कूलों के प्रशासन में उचित स्थान मिलना चाहिए।

(v) प्राथमिक स्कूलों के प्रशासन में राजनैतिक दलों का हस्तक्षेप कम होना चाहिए।

(vi) वर्ष में एक बार जिला शिक्षा अधिकारी द्वारा तथा तीन चार बार ब्लाक शिक्षा अधिकारी द्वारा प्रत्येक प्राथमिक स्कूल का निरीक्षण होना चाहिए। यह निरीक्षण लोकतन्त्रात्मक, रचनात्मक, मैत्रीपूर्ण तथा मार्गदर्शक होना चाहिए।

(IX) अपर्याप्त प्रशिक्षित अध्यापक (Insufficient Trained Teachers)–प्राथमिक शिक्षा के सार्वभौमिक विस्तार तथा गुणात्मक विकास में अध्यापकों को महत्त्वपूर्ण भूमिका निभानी है। परन्तु अपर्याप्त प्रशिक्षित अध्यापकों के कारण प्राथमिक शिक्षा का स्तर निरन्तर गिरता जा रहा है। कुछ समय पहले तक प्राथमिक स्तर पर काम कर रहे अधिकांश अध्यापक या तो प्रशिक्षित नहीं थे और जो प्रशिक्षित थे भी, उनके प्रशिक्षण का नवीनीकरण (Orientation) नहीं किया जाता था। परिणामस्वरूप वे विद्यार्थियों की मनोवैज्ञानिक आवश्यकताओं को समझ नहीं पाते थे और अपने शिक्षण कार्य को प्रभावशाली नहीं बना पाते थे।

इस स्थिति पर व्यंग्य करते हुए **श्री वी.एस. माथुर** ने कहा था, **"अपने देश में शिक्षा सम्बन्धी इतनी बड़ी-बड़ी बातों के बावजूद हम वास्तव में इस बात का प्रोत्साहन दे रहे हैं कि अंधे अन्धों का मार्गदर्शन करें।"** भगवान का धन्यवाद है कि स्थिति आजकल इतनी खराब नहीं है और प्रशिक्षित अध्यापकों की संख्या में पर्याप्त वृद्धि हुई है।

सुझाव (Suggestions)–प्राथमिक शिक्षा के महत्त्व को सम्मुख रखते हुए केवल प्रशिक्षित अध्यापकों को ही प्राथमिक स्कूलों में नियुक्त किया जाए। जो अप्रशिक्षित अध्यापक इन स्कूलों में काम कर रहे हैं उनके लिए प्रशिक्षण कोर्सों की व्यवस्था करनी चाहिए। प्राथमिक स्कूलों में काम कर रहे अध्यापकों के लिए समय-समय पर सेवाकालिक (Inservice) प्रशिक्षण की भी व्यवस्था की जानी चाहिए। इसके अतिरिक्त विभिन्न नवीनीकरण कोर्सों या रिफ्रेसर कोर्सों (Refresher courses) की व्यवस्था करके उन्हें प्राथमिक शिक्षा में हो रहे विभिन्न विकास कार्यों से अवगत कराना चाहिए।

गाँवों में प्रशिक्षित अध्यापकों की कमी को पूरा किया जाए। इसी प्रकार, गाँवों में प्रशिक्षित ग्रामीण महिलाओं को शिक्षण कार्य की ओर प्रेरित करना चाहिए और उन्हें आवश्यक प्रशिक्षण प्रदान करना चाहिए।

प्रशिक्षित होने पर भी अध्यापक अपना काम तब तक सफलतापूर्वक नहीं कर सकते जब तक कि वे आर्थिक दृष्टिकोण से संतुष्ट नहीं हैं। प्राथमिक शिक्षक का वेतनमान कम से कम इतना अवश्य होना चाहिए कि वह सम्मानपूर्वक जीवनयापन कर सके। इसके अतिरिक्त यह भी आवश्यक है कि समूचे भारतवर्ष के प्राथमिक अध्यापकों का वेतनमान एक हो ताकि अपने वेतनमानों की वृद्धि से निश्चित होकर वे अपना काम कुशलतापूर्वक कर सकें।

(X) प्राथमिक शिक्षा के क्षेत्र में अनुसंधान को प्रोत्साहन (Encouragement of Research in the field of Primary Education)–सजगता इस बात की मांग करती है कि प्राथमिक शिक्षा में गुणात्मक सुधार लाने के लिए यह आवश्यक है कि इस क्षेत्र में अनुसंधान को प्रोत्साहित किया जाए। राष्ट्रीय तथा राज्य शैक्षणिक अनुसंधान परिषद् जैसी संस्थाओं को इस दिशा में कार्य करना चाहिए और ऐसे उपाय खोजने चाहिएं जिससे प्राथमिक शिक्षा की गुणवत्ता में सुधार हो सके।

(XI) बहुस्तरीय नियोजन (Multilevel Planning)–नवीन शिक्षा नीति में शिक्षा में गुणात्मक सुधार लाने के लिए जो सुझाव दिए गए हैं उनमें एक महत्त्वपूर्ण सुझाव है–बहुस्तरीय आयोजन। इसका अभिप्राय यह है कि शिक्षा के लिए केन्द्रीय, क्षेत्रीय, राज्य एवं जिला स्तर पर एक प्रभावशाली व विश्वसनीय ढाँचा खड़ा किया जाए। नीति में कहा गया है कि, **"वस्तुनिष्ठ आधार पर पूरी व्यवस्था की प्रकार्यात्मक योग्यता का मूल्यांकन करने के लिए, विश्वसनीय आंकड़े रखने के लिए तथा विभिन्न कार्यक्रमों की रूपरेखा बनाने के लिए बहुस्तरीय नियोजन को एक महत्त्वपूर्ण कार्यक्रम प्रक्रिया के रूप में स्वीकार करना होगा।"**

(XII) पूर्व प्राथमिक शिक्षा का अभाव (Lack of Pre-Primary Education)–भारतीय शिक्षा प्रणाली में जितना महत्त्व प्राथमिक शिक्षा को दिया जा रहा है, उतना पूर्व प्राथमिक शिक्षा को नहीं। पूर्व प्राथमिक शिक्षा बच्चों को केवल प्राथमिक शिक्षा के लिए ही तैयार नहीं करती, बल्कि उसके उचित विकास-स्वास्थ्य, सामाजिक, मानसिक, नैतिक एवं अध्यात्मिक (भावात्मक) में भी भूमिका निभाती है। पूर्व प्राथमिक शिक्षा की व्यवस्था में प्राथमिक शिक्षा के विकास में सहायता मिलती है।

सुझाव (Suggestions)–तथाकथित कई स्कूलों में जिनमें मुख्यतः पब्लिक स्कूल हैं, पूर्व प्राथमिक स्कूलों की व्यवस्था अवश्य है। परन्तु इनमें से अधिकांश स्कूल शिक्षा की दुकानें हैं। निर्धन बच्चे इनके पास तक नहीं गुजर सकते। स्त्रयं सरकार को पूर्व-प्राथमिक शिक्षा की व्यवस्था करनी चाहिए। इस प्रकार की व्यवस्था नई राष्ट्रीय शिक्षा नीति में रखी गई है। **राष्ट्रीय शिक्षा नीति** (1986) में कहा गया है कि **'प्राथमिक बचपन की देखभाल तथा शिक्षा (Early Childhood Care and Education) को उच्च प्राथमिकता दी जाएगी और उसे संयुक्त बाल विकास सेवा कार्यक्रम के साथ सम्बन्धित किया जाएगा।'** शिक्षा नीति में यह भी कहा गया है कि **'दिवस ध्यान केन्द्रों (Day Care Centres) को प्राथमिक शिक्षा के सार्वभौमिकरण के लिए प्रयुक्त किया जाएगा।** पूर्व प्राथमिक शिक्षा को प्राथमिक शिक्षा के पोषण तथा उसे सशक्त बनाने के लिए प्रयुक्त तथा विकसित किया जाएगा। यह पूर्व प्राथमिक शिक्षा औपचारिक तथा 3R's के शिक्षण पर आधारित नहीं होगी, बल्कि बाल केन्द्रित तथा खेल केन्द्रित होगी। यदि राष्ट्रीय नीति द्वारा रेखांकित पूर्व प्राथमिक शिक्षा के कार्यक्रम को कुशलतापूर्वक कार्यान्वित किया गया तो प्राथमिक शिक्षा के गुणात्मक रूप को निश्चित तौर पर सहायता मिलेगी।

◆◆◆

3. प्राथमिक शिक्षा की गुणात्मकता में सुधार लाने के लिये क्या-क्या प्रयास किये जा रहे हैं? विवेचना कीजिये।

अथवा

प्राथमिक शिक्षा की गुणात्मकता में सुधार लाने से संबंधित किए जा रहे प्रयासों पर संक्षेप में प्रकाश डालिये।

उत्तर–प्राथमिक शिक्षा की गुणवत्ता में सुधार के लिए किए जा रहे प्रयास (Efforts to Improve the Quality of Primary Education)–संविधान लागू होने के बाद से ही प्राथमिक शिक्षा के परिणामात्मक पक्ष के साथ-साथ उसके गुणात्मक पहलू पर भी ध्यान दिया गया। इस दिशा में किए गए कुछ प्रयास इस प्रकार हैं–

(1) लगभग सभी पंचवर्षीय योजनाओं, विशेष रूप से तीसरी, पांचवीं, सातवीं व आठवीं योजना में शिक्षा के सभी स्तर पर गुणात्मक सुधार लाने की आवश्यकता पर बल दिया गया। विद्यालयी शिक्षा की गुणवत्ता में सुधार लाने के लिए तीसरी योजना के दौरान (1962 में) राष्ट्रीय शैक्षणिक अनुसंधान व प्रशिक्षण परिषद् की स्थापना की गई। तभी से यह इस उद्देश्य की प्राप्ति के लिए निरन्तर कार्य कर रही है।

(2) आजादी के बाद गठित विभिन्न शिक्षा आयोगों ने प्राथमिक शिक्षा में गुणात्मक सुधार लाने की आवश्यकता पर बल दिया। भारतीय शिक्षा आयोग ने इसके लिए अध्यापकों के व्यक्तिगत गुणों, उनकी शैक्षिक व व्यावसायिक क्षमताओं को सुधारने तथा उन्हें पर्याप्त सुविधाएं देने का सुझाव दिया है। आयोग ने छोटी उम्र में ही बच्चों की प्रतिभा की खोज निकालने व उसके विकास के लिए हर संभव प्रोत्साहन देने की बात कही। इसके अतिरिक्त विज्ञान व गणित विषयों को विद्यालय शिक्षा का अभिन्न अंग बनाने, पाठ्य-पुस्तकों व परीक्षा प्रणाली में सुधार लाने तथा कार्य अनुभव को पाठ्यक्रम में सम्मिलित करने का भी सुझाव दिया गया; आयोग की अनेक सिफारिशों को लागू कर दिया गया है। इससे विद्यालय शिक्षा की गुणवत्ता पहले से बेहतर हुई है।

(3) राष्ट्रीय शिक्षा नीति, 1986 में तो प्राथमिक शिक्षा की गुणात्मकता पर विशेष बल दिया गया। ऊपर इसके लिए जिन सुझावों की चर्चा की गयी है, वे सभी नई शिक्षा नीति में ही दिए गए हैं। नीति में प्रारम्भिक शिक्षा को सबसे अधिक महत्त्वपूर्ण स्तर बताते हुए कहा गया. है कि "प्राथमिक शिक्षा के द्वारा ही नए विचारों, व्यवहारपरक पैटर्नों व मूल्यों का अन्तर्विकास हो सकता है और ये आने वाली पीढ़ियों के व्यक्तित्व में समा सकते हैं।"
अतः नीति में इसकी गुणवत्ता को सुधारने के लिए अनेक रचनात्मक सुझाव दिए गए।

(4) राममूर्ति समीक्षा समिति, 1990 ने शिक्षा पर खर्च करने के लिए नए स्रोतों पर बल दिया, भौतिकतावादी संस्कृति के साथ-साथ नैतिक मूल्यों की संस्कृति के विकास तथा शिक्षा द्वारा मानवीय गुणों के विकास की क्षमता पर प्रकाश डाला। इनसे शिक्षा की गुणवत्ता सुधारने में निश्चित रूप से मदद मिलेगी।

(5) जनार्दन समिति की रिपोर्ट (1992) में भी इसी प्रकार की सिफारिशें की गयी हैं। ऑपरेशन ब्लैक बोर्ड का विस्तार करने तथा अधिगम के न्यूनतम स्तर निर्धारित करने जैसे कुछ सुझाव उल्लेखनीय हैं।

शिक्षा पर राष्ट्रीय विकास परिषद् के सुझाव
(Suggestions of National Development Council on Education)

इस परिषद् ने साक्षरता को बढ़ावा देने व शिक्षा की गुणवत्ता में सुधार लाने के लिए निम्न सुझाव दिए–

(1) ऑपरेशन ब्लैक बोर्ड अभियान को ऐसा स्वरूप प्रदान किया जाए, जिससे सामग्री की खरीद की प्रक्रिया को कम से कम खण्डीय स्तर पर विकेन्द्रीकृत किया जा सके।

(2) पाठ्य-पुस्तकें तीन प्रकार के मापदण्ड को पूरा करें–गुणात्मकता, कम कीमत एवं समय पर वितरण।

(3) केन्द्र एवं राज्य सरकार को चाहिए कि वे स्वयंसेवी संस्थाओं व स्वयंसेवकों की अधिक से अधिक भागीदारी प्राप्त करके शिक्षा के सार्वभौमिकता के लक्ष्य को प्राप्त करने का प्रयास करें।

(4) शिक्षा संबंधी सभी आंकड़ों का कम्प्यूटरीकरण किया जाना चाहिए।

श्री आर.सी. महापात्रा के अनुसार प्राथमिक शिक्षा के सार्वभौमिकरण की सफलता चार महत्त्वपूर्ण बातों पर निर्भर करती है–

1. शिक्षा की विषय सामग्री
2. अध्यापकों की सक्षमता
3. विद्यालयी वातावरण तथा
4. राजनैतिक संकल्प के साथ-साथ सामाजिक भागीदारी।

महापात्रा द्वारा सुझाई गयी इन चारों बातों पर ध्यान देकर हम अपनी प्राथमिक शिक्षा के परिमाणात्मक एवं गुणात्मक सार्वभौमिकरण के लक्ष्य को प्राप्त कर सकते हैं।

उपर्युक्त विवेचन से स्पष्ट है कि प्राथमिक शिक्षा के सार्वभौमिकरण के लिए स्वतन्त्रता के बाद से ही सुझाव दिये जाते रहे हैं। योजना बनाई जाती है, आयोग गठित किए जाते हैं, शिक्षा से जुड़े सभी लोग इस संदर्भ में अपनी सिफारिशें करते हैं, फिर भी अपेक्षित लक्ष्य प्राप्त नहीं हो पाते। इसका मुख्य कारण यह है कि इन सबके द्वारा की गई सिफारिशों पर ठीक से अमल नहीं किया जाता। कमी योजनाएं बनाने में नहीं, उनको कार्यान्वित करने में है।

अतः यदि हम प्राथमिक शिक्षा के सार्वभौमिकरण के परिमाणात्मक व गुणात्मक दोनों पहलुओं से जुड़े अभीष्ट लक्ष्यों को प्राप्त करना चाहते हैं तो हमें इस दिशा में गंभीरता से विचार करना होगा और इस संदर्भ में दिए गए सुझावों को व्यावहारिक रूप प्रदान करना होगा।

◆◆◆

प्राथमिक शिक्षा के सार्वभौमिकरण के लक्ष्य को प्राप्त करने से सम्बन्धित उपाय/रणनीतियां (Strategies to attainUniversalisation of Primary Education)

4. प्राथमिक शिक्षा के सार्वभौमिकरण के लक्ष्य को प्राप्त करने से संबंधित महत्त्वपूर्ण उपायों/रणनीतियों का वर्णन कीजिये।

अथवा

प्राथमिक शिक्षा के सार्वभौमिकरण के लक्ष्य को प्राप्त करने के लिये भारत में अपनाई जाने वाली प्रमुख रणनीतियों या उपायों का उल्लेख कीजिये।

उत्तर–भारतीय संविधान द्वारा प्राथमिक शिक्षा को सार्वभौमिक बनाने की बात कही गयी थी। संविधान में स्पष्ट कहा गया था कि संविधान के लागू होने के दस वर्ष के भीतर प्राथमिक शिक्षा के सार्वभौमिकरण के लक्ष्य को प्राप्त कर लिया जाएगा। इस दृष्टि से 26 जनवरी, 1960 तक इस लक्ष्य की प्राप्ति हो जानी चाहिए थी, लेकिन यह अवधि बहुत छोटी थी और इसमें इस महत्त्वाकांक्षी लक्ष्य को पूरा करना संभव नहीं था। इसलिए 1965-66 में इस समय-सीमा को बढ़ाकर 1975-76 कर दिया गया। इसके बाद योजना आयोग ने एक कार्यकारी दल का गठन किया, जिसने यह कहा कि छठी पंचवर्षीय योजना के अंत तक अर्थात् 1984 तक प्राथमिक शिक्षा को सार्वभौमिक बना दिया जाएगा। भारतीय शिक्षा आयोग ने 1986 तक इस लक्ष्य की प्राप्ति का सुझाव दिया था। लेकिन ऐसा संभव नहीं हो पाया। नई शिक्षा नीति में यह कहा गया कि 1990 तक 11 वर्ष तक की आयु के सभी बच्चों को या तो पांच वर्ष की स्कूली शिक्षा दी जाएगी

या गैर-औपचारिक तरीके से ऐसी शिक्षा दी जाएगी जो स्कूली शिक्षा जैसी ही हो तथा 1995 तक 14 वर्ष तक की आयु के सथी बच्चों को अनिवार्य रूप से शिक्षा देने के लक्ष्य को प्राप्त कर लिया जाएगा। लेकिन 1992 की संशोधित कार्यवाही योजना में यह परिकल्पना की गयी कि इस शताब्दी के अंत तक 14 वर्ष तक की आयु के सभी बच्चों को सन्तोषप्रद गुणवत्ता सहित निःशुल्क व अनिवार्य शिक्षा प्रदान की जाएगी। 1994 में संसद में भी इसी बात को दोहराया गया। यदि ऐसी ही स्थितियां रहीं तो आगे भी इसे पाना संभव नहीं हो पाएगा। आज जब कि विश्व भर में सबके लिए शिक्षा की आवाज उठ रही है तो यह आवश्यक हो गया है कि इस विषय पर गंभीरतापूर्वक विचार करें तथा निश्चित रणनीति बनाकर इस दिशा में आगे बढ़ें।

रणनीति या स्ट्रेटजी शब्द का प्रयोग काम के उन तरीकों के अर्थ में किया जाता है जिनका प्रयोग करके हम किसी निश्चित लक्ष्य को प्राप्त करना चाहते हैं। इंग्लिश शब्दकोश में स्ट्रेटजी शब्द का अर्थ युद्ध कला या युद्ध कौशल बताया गया है। इस दृष्टि से भी यह कहा जा सकता है कि जब हम पहले से योजना बनाकर किसी समस्या विशेष के विरुद्ध संघर्ष करते हैं जिससे उस पर विजय प्राप्त की जा सकती है तो यह स्ट्रैटजी या रणनीति कहलाता है।

इस प्रकार रणनीति में हम–

(i) पहले किसी कार्य की योजना बनाते हैं।

(ii) कार्य करने के विशेष तरीके अपनाकर लक्ष्य प्राप्ति का प्रयास करते हैं।

जब हम प्राथमिक शिक्षा को सार्वभौमिक बनाने के लक्ष्य को प्राप्त करने के लिए कुछ रणनीतियां अपनाए जाने की बात करते हैं तो हमारा अभिप्राय उन रचनात्मक उपायों से होता है, जिनसे लक्ष्य तक पहुंचने में मदद मिल सके। यों तो इस दिशा में सरकारी व गैर-सरकारी स्तर पर अनेक प्रयास किए जा रहे हैं जिनका संक्षिप्त रूप से वर्णन निम्न प्रकार से है–

प्राथमिक शिक्षा के सार्वभौमिकरण के लिए रणनीतियां या उपाय *(Strategies for Making Primary Education Universal)*

भारत में अपनाई जाने वाली नीतियों में से कुछ **इस प्रकार** हैं–

1. निरौपचारिक एवं दूरस्थ शिक्षा
2. शिक्षाकर्मी प्रोजेक्ट
3. शिक्षा समाख्या पाठ्यक्रम
4. दिवा देखभाल केन्द्र
5. पूर्वबाल्यावस्था देखभाल व शिक्षा
6. विद्यालय समय व छुट्टियाँ–बच्चों की सुविधा के अनुसार।
7. प्रौढ शिक्षा
8. डी.पी.ई.पी. (D.P.E.P.)

(I) दूरस्थ शिक्षा (निरौपचारिक शिक्षा) (Distance Education-Non-Formal Education) –दूरस्थ शिक्षा औपचारिक शिक्षा तथा अनौपचारिक शिक्षा के बीच का रास्ता है। औपचारिक शिक्षा की भांति यह कठोर नहीं है तथा अनौपचारिक शिक्षा की भांति अत्यन्त लचीली नहीं है। इस प्रकार की शिक्षा में छात्रों की ग्रहण क्षमता, समय व स्थान की कोई बंदिश नहीं होती। छात्रों के पास जो सुविधाजनक समय है, जो भी स्थान उनके लिए उपयुक्त है तथा जो भी विषय सामग्री उनकी क्षमता के अनुसार है, उसी से उनको शिक्षा दी जाती है।

इस प्रकार की शिक्षा की दूसरी विशेषता यह है कि इसमें विद्यार्थियों की आयु सीमा का कोई स्थान नहींहै।

निरौपचारिक शिक्षा का महत्त्व (Importance of Non-Formal Education)–दूरस्थ शिक्षा 'संस्थागत शिक्षा' के विकल्प के रूप में स्वीकृत की जाती है ताकि उन लोगों को उच्च शिक्षा प्राप्त करने का

अवसर मिल सके जो किसी संस्था में दाखिल होकर उच्च शिक्षा प्राप्त नहीं कर सकें। स्कूल स्तर पर इसी शिक्षा को निरौपचारिक शिक्षा कहते हैं। निरौपचारिक शिक्षा औपचारिक तथा अनौपचारिक शिक्षा के बीच का मार्ग है। इस प्रकार की शिक्षा में छात्रों की ग्रहण क्षमता, स्थान व समय आदि की कोई बंदिश नहीं होती। छात्र के पास जो सुविधाजनक समय है, जो भी स्थान उसके लिए उपयुक्त है तथा जो भी विषय सामग्री उसकी क्षमता के अनुसार है, उसी की उसको शिक्षा दी जाती है। इसके अतिरिक्त इस प्रकार की शिक्षा न तो औपचारिक शिक्षा की तरह विद्यालय, महाविद्यालय तथा विश्वविद्यालय की सीमा में बांधी जाती है और न ही औपचारिक शिक्षा की तरह आकस्मिक है। इस प्रकार की शिक्षा में दूसरी विशेषता यह है कि इसमें विद्यार्थी की आयु-समूह (Age Group) का कोई ध्यान नहीं किया जाता। विद्यार्थी किसी भी आयु समूह का हो, शिक्षा ग्रहण कर सकता है।

निरौपचारिक शिक्षा की आवश्यकता (Need of Non-Formal Education)–बहुत से बच्चे या प्रौढ़ ऐसे हैं जो औपचारिक अर्थात् विद्यालय की शिक्षा का लाभ नहीं उठा सकते। इस प्रकार की शिक्षा में उन प्रौढ़ों को शिक्षित किया जाता है जो या तो अपने बचपन में पढ़-लिख नहीं पाए या जो प्राथमिक शिक्षा के किसी स्तर पर पढ़ना छोड़कर किसी कार्य में लग जाते हैं। दूसरे स्कूल या महाविद्यालय का समय निश्चित होता है और हो सकता है कि यह लक्ष्य समूह (Target group) आजीविका कमाने का कार्य करते हों तथा स्कूल प्रांगण में शिक्षा प्राप्त करने के लिए नहीं जा सकते या ऐसे प्रौढ़ हो सकते हैं, जिन्होंने अपने बाल्यकाल में जो शिक्षा प्राप्त करने का सामान्य समय है, शिक्षा न ली हो। ऐसे विद्यार्थियों के लिए निरौपचारिक शिक्षा बहुत उपयुक्त है।

अनौपचारिक शिक्षा का ताना-बाना (Paraphernalia of Non-Formal Education)– लचीलापन निरौपचारिक शिक्षा की विशेषता है। इस प्रकार की शिक्षा के उद्देश्य, पाठ्यक्रम तथा शिक्षण विधियां निश्चित होने के बावजूद भी इतनी कठोर नहीं होतीं जितनी कि औपचारिक शिक्षा में। इस प्रकार की शिक्षा का उद्देश्य प्रायः सामान्य शिक्षा का प्रसार होता है। इस प्रकार की शिक्षा का आयोजन भी सीखने वालों के लिए सुविधाजनक स्थानों, धर्मशालाओं एवं अन्य सार्वजनिक स्थानों, फैक्ट्रियों तथा मिलों में किया जाता है। समय भी सीखने वालों की सुविधा के अनुसार निश्चित किया जाता है।

इस प्रकार हम कह सकते हैं कि निरौपचारिक शिक्षा प्राथमिक शिक्षा को सर्वभौमिक बनाने में बहुत सहायक सिद्ध हो सकती है। इससे प्राथमिक शिक्षा की सुविधा उन सब बच्चों को मिल सकती है जो किन्हीं कारणों से-प्राथमिक शिक्षा भी प्राप्त नहीं कर सके। इसलिए नई शिक्षा नीति में यह कहा गया है कि निरौपचारिक शिक्षा का विशाल व व्यवस्थित कार्यक्रम आरम्भ किया जाएगा जिससे प्राथमिक शिक्षा को सार्वभौमिक बनाने के लक्ष्य को प्राप्त किया जा सके। हरियाणा में निरौपचारिक शिक्षा के माध्यम से 6–11 एवं 11–13 वर्ष तक की आयु के बच्चों को प्राथमिक शिक्षा देने के प्रयास किए जा रहे हैं।

(A) प्राथमिक शिक्षा को निरौपचारिक रूप से प्रदान करने तथा इसे सस्ते से सस्ता बनाने की एक जबरदस्त रणनीति मध्य प्रदेश में बनाई गई, जिसका नाम **'मध्य प्रदेश मॉडल'** था। 1989-90 में रचे इस मॉडल का उद्देश्य एक ओर तो कभी विद्यालय न जाने वाले 9-14 आयु वर्ग के बच्चों को प्राथमिक स्तर की शिक्षा उपलब्ध कराना है तथा दूसरी ओर उन बच्चों को प्राथमिक शिक्षा पूरी करने योग्य बनाना है, जिन्होंने इसे बीच में ही छोड़ दिया था।

मध्य प्रदेश मॉडल की विशेषताएँ (Characteristics of Madhya Pradesh Model)–

1. प्राथमिक शिक्षा पूरी किए बिना स्कूल छोड़ने वाले बच्चों (Drop outs) के लिए विशेष प्रावधान किया गया है। 11–14 वर्ष की आयु के बच्चे पांच वर्ष की शिक्षा को दो वर्ष में पूरी कर लेंगे।
2. निर्धनता के कारण अधिकांश बच्चे या तो स्कूल में जाते ही नहीं या फिर प्राथमिक शिक्षा पूरी करने से पहले की पढ़ाई छोड़ देते हैं। इसलिए इस प्रकार की शिक्षा की आवश्यकता है कि बालक कमाते-कमाते सीख सकें।

3. औपचारिक शिक्षा में स्थान और समय की बंदिश होती है। इसीलिए बहुत से विद्यार्थी प्राथमिक शिक्षा स्तर को पूरा नहीं कर पाते। मध्य प्रदेश मॉडल में स्थान और समय के लचीलेपन का पूरा ध्यान रखा गया है कि यह वरिष्ठ और छोटे बच्चों की सुविधा के अनुसार हो।
4. कुछ लोगों का विचार है कि प्रत्येक कक्षा के लिए अलग बैठने की व्यवस्था होनी चाहिए। परन्तु खर्चे की दृष्टिकोण से ऐसा संभव नहीं था। इसलिए यह निर्णय लिया गया कि अलग-अलग कक्षाओं की व्यवस्था नहीं होगी।
5. हमारी शिक्षा परीक्षा केन्द्रित रही है और परीक्षा प्रणाली में भी अनेक दोष देखने को मिलते हैं। इसलिए मूल्यांकन निरंतर होता रहेगा तथा वार्षिक परीक्षाएं नहीं होंगी।

'मध्य प्रदेश मॉडल' आधारित कार्यक्रम विभिन्न चरणों में विभिन्न जिलों में आरम्भ किया गया तथा काफी सन्तोषजनक परिणाम देखने को मिले हैं। पंजाब, हरियाणा, उत्तर प्रदेश तथा राजस्थान राज्य भी इस मॉडल से प्रभावित होकर इसे अपने क्षेत्रों में लागू करने का यत्न कर रहे हैं।

(B) UNICEF की सहायता से NCERT ने Comprehensive access to education (primary) नामक एक प्रोजेक्ट भी आरम्भ किया था। इसका उद्देश्य भी प्राथमिक शिक्षा को सार्वभौमिक बनाने के लक्ष्य को प्राप्त करना है।

इस प्रकार स्पष्ट है कि निरौपचारिक शिक्षा के विभिन्न कार्यक्रम देश भर में चलाए जा रहे हैं, जिससे प्राथमिक शिक्षा को सार्वभौमिक बनाया जा सके। खुले विद्यालयों द्वारा भी उन बच्चों को प्राथमिक शिक्षा पूरी करने के अवसर प्रदान किए जा रहे हैं जिन्होंने कुछ कारणों से इसे बीच में ही छोड़ दिया था। राष्ट्रीय मुक्त विद्यालय एक स्वायत्त संस्थान है। इसकी स्थापना भारत सरकार के मानव संसाधन विकास मंत्रालय ने 1989 में की थी। इसका मुख्य उद्देश्य उन शिक्षार्थियों के लिए लचीली, वैज्ञानिक और उच्च गुणवत्ता की शिक्षा सुविधाओं को उपलब्ध कराना है जो प्राथमिक शिक्षा, दसवीं या बारहवीं की शिक्षा प्राप्त नहीं कर सके। राष्ट्रीय मुक्त विद्यालय का मुख्य उद्देश्य लड़कियों और महिलाओं, ग्रामीण युवाओं, कार्यरत लोगों, सुविधाहीन समुदायों (अनुसूचित जाति, जनजाति) विकलांग, युद्ध विधवाओं और भूतपूर्व सैनिकों को शिक्षा प्रदान करना है।

खुले (मुक्त) विद्यालयों का पाठ्यक्रम (Curriculum of Open Schools)–राष्ट्रीय खुला विद्यालय निम्नलिखित पाठ्यक्रम प्रदान करता है–

1. आरंभिक शिक्षा–यह पाठ्यक्रम उन लोगों के लिए है जिन्होंने चौथी या पांचवीं की पढ़ाई करके प्राथमिक शिक्षा प्राप्त कर ली है, लेकिन वे आठवीं स्तर तक की आरंभिक शिक्षा प्राप्त करना चाहते हैं। यह पाठ्यक्रम माध्यमिक शिक्षा के पाठ्यक्रम के दाखिले के लिए सेतु पाठ्यक्रम का भी काम करता है। खुले विद्यालय का माध्यमिक शिक्षा, उच्चतर माध्यमिक शिक्षा का भी पाठ्यक्रम है, जिसको पूरा करके विद्यार्थी क्रमशः दसवीं तथा बारहवीं की शिक्षा प्राप्त कर सकता है। इसी प्रकार खुले विद्यालय में व्यावसायिक शिक्षा तथा जीवन में समृद्धिकर पाठ्यक्रमों की भी व्यवस्था की गई है।

विशेषताएँ–राष्ट्रीय मुक्त विद्यालय की कुछ विशेषताएं इस प्रकार हैं–

(i) लचीलापन,

(ii) पास विषयों का एकत्र होना,

(iii) समय-समय पर विद्यार्थियों को उनकी प्रगति की सूचना देते रहना।

2. **अध्ययन की प्रक्रिया**–

(i) सुप्रसिद्ध विद्वानों तथा शिक्षाशास्त्रियों द्वारा तैयार किए गए उच्च गुणवत्ता के मुद्रित पाठ।

(ii) ओडियो तथा वीडियो सामग्री का प्रावधान।

(iii) व्यक्तिगत सम्पर्क कार्यक्रमों में परामर्श और शैक्षिक सहायता।

3. स्वनिर्देशन सामग्री द्वारा अध्ययन

4. निर्देशन का माध्यम अंग्रेजी या हिन्दी

(II) शिक्षाकर्मी प्रोजेक्ट–इस प्रोजेक्ट का उद्देश्य भी 7 से 14 वर्ष तक की आयु के सभी बच्चों को प्राथमिक शिक्षा प्रदान करना है। आठवीं पंचवर्षीय योजना में इस प्रोजेक्ट के महत्त्व को स्वीकार किया गया था और कहा गया था कि यदि प्राथमिक शिक्षा को सार्वभौमिक बनाना है तो शिक्षाकर्मी प्रोजेक्ट को और अधिक विस्तार देना होगा।

1990 में बनी राममूर्ति समीक्षा समिति ने सार्वभौमिक प्राथमिक शिक्षा के लक्ष्य को प्राप्त करने के लिए जिन व्यूह रचनाओं का सुझाव दिया है, शिक्षाकर्मी प्रोजेक्ट उनमें से एक है। इसके अन्तर्गत विद्यालयों के मुख्याध्यापकों तथा अध्यापिकाओं को यह अधिकार देने की बात कही गई थी कि वे शिक्षाकर्मियों को भर्ती करें। ये शिक्षाकर्मी उन क्षेत्रों में जाएंगे जहां प्राथमिक विद्यालय नहीं हैं या जहां बच्चे किन्हीं कारणों से दिन के समय विद्यालय नहीं जा सकते। ये शिक्षाकर्मी इन बच्चों को शिक्षा देने का कार्य करें। यह कार्य वे सुबह व सायं करेंगे। इन शिक्षाकर्मियों का वेतन नियमित अध्यापकों के वेतन से 1/3 से कम नहीं होगा। इसके अतिरिक्त यह भी सिफारिश की गई कि शिक्षाकर्मियों में यदि अधिक महिलाओं की नियुक्ति की जाए तो वह अधिक अच्छा होगा क्योंकि महिलाएं प्राथमिक शिक्षा के प्रचार और प्रसार में अधिक योगदान दे सकती हैं। वे स्कूल न जाने वाले बच्चों व उनके माता-पिता को शिक्षा का महत्त्व अधिक प्रभावशाली ढंग से बता सकती हैं, उन्हें समझा सकती हैं तथा बच्चों को प्राथमिक शिक्षा पूरी करने के लिए प्रेरित कर सकती हैं। इस संदर्भ में समीक्षा समिति ने यह भी सिफारिश की कि यदि शिक्षार्थियों की नियुक्ति स्थानीय समुदाय से की जाए तो अधिक उपयुक्त रहेगा क्योंकि एक तो एक ही सभ्यता तथा संस्कृति होने के कारण ये लोगों को अधिक प्रभावशाली ढंग से समझा सकते हैं। दूसरे स्थानीय लोगों की समस्याओं से परिचित होने के कारण वे उनकी सुविधा को ध्यान में रखते हुए उनके बच्चों को शिक्षा देने का कार्य अधिक अच्छी प्रकार से कर सकेंगे।

शिक्षाकर्मी प्रोजेक्ट व्यावहारिक दृष्टि से बहुत उपयोगी है, क्योंकि हमारे देश में अनेक बच्चे प्राथमिक शिक्षा से इसलिए वंचित रह जाते हैं क्योंकि उनके माता-पिता की आर्थिक स्थिति अच्छी नहीं है और उन्हें अपने माता-पिता के साथ काम पर जाना पड़ता है या उनकी अनुपस्थिति में घर पर रहना पड़ता है। शिक्षाकर्मी प्रोजेक्ट के अन्तर्गत ये बच्चे अपने सुविधाजनक स्थान पर सुविधाजनक समय में इन शिक्षाकर्मियों से शिक्षा प्राप्त कर सकते हैं। इसका लाभ उन क्षेत्रों या बस्तियों में रहने वाले बच्चों को भी मिलेगा जहां विद्यालयी सुविधाओं का अभाव है, परन्तु पंजाब में इस व्यूह रचना का कड़ा विरोध शुरू हो गया है।

(III) शिक्षा समाख्या कार्यक्रम–यह कार्यक्रम भी मध्य प्रदेश में आरम्भ किया गया। इस कार्यक्रम का मुख्य उद्देश्य बच्चों में शिक्षा के प्रति रुचि पैदा करना था। यह कार्यक्रम आज से लगभग सात आठ वर्ष पूर्व आरम्भ किया गया था। इस कार्यक्रम के अन्तर्गत अध्यापक ग्रामीण जीवन में उपलब्ध संसाधनों का प्रयोग करके तथा रोचक शिक्षाविधियों के माध्यम से बच्चे को शिक्षण देने का कार्य करते हैं। उपलब्ध साधनों का प्रयोग खर्चे को कम करने के लिए किया जाता है। उदाहरण के तौर पर परम्परागत लकड़ी के श्यामपट या सीमेंट के श्यामपट के स्थान पर कमरे की दीवार को नीचे से तीन फुट तक काला रंग कर सभी बच्चों को उस पर लिखने के अवसर प्रदान किए जाते हैं। इस कार्यक्रम के बड़े अच्छे परिणाम सामने आए हैं और सभी बच्चे प्रसन्नता से शिक्षा ग्रहण करने लगे हैं। शिक्षा सस्ती तथा विद्यार्थियों में वास्तविक रुचि पैदा करने के कारण इस कार्यक्रम को देश के सभी ग्रामीण क्षेत्रों में लागू किया जाना चाहिए। इससे ग्रामीण क्षेत्रों की अत्यधिक निरक्षरता भी काफी सीमा तक कम हो जाएगी और प्राथमिक शिक्षा को सार्वभौमिक बनाने के लक्ष्य को प्राप्त करने में सहायता मिलेगी। इस कार्यक्रम का लाभ उन बच्चों को भी मिलेगा जिन्हें नियमित स्कूलों में प्रवेश का अवसर नहीं मिलता।

इस संदर्भ में राजलक्ष्मी मुरलीधरन के विचार उल्लेखनीय हैं, 'यदि एक छात्र को खाली कमरे में चटाई अथवा जमीन पर प्रतिदिन 5 या 6 घण्टे चुपचाप बैठने, किसी को सुनते रहने तथा बार-बार एक ही काम करते रहने तथा छोटी-छोटी बातों में भी दमनात्मक अनुशासन में रहना पड़े तो वे विद्यालय में रहना नहीं चाहेंगे। शिक्षा में ऐसी रणनीति का निर्माण करना होगा जो बच्चों के पसंद की हैं। इस रणनीति को सफल बनाने के लिए उपयुक्त ज्ञान तथा मिजाज के अध्यापकों की नियुक्ति भी बहुत आवश्यक है। बच्चे

सामान्यतः ऐसे अध्यापक को पसंद करते हैं जो सदृश्य, खुश मिजाज हों और जिनका दृष्टिकोण सकारात्मक हो। उदाहरण के तौर पर बच्चे अपने नाम से पुकारा जाना पसंद करते हैं। बच्चे कहकर बुलाया जाना उन्हें पसंद नहीं। आमतौर पर देखा गया है कि कभी-कभी विद्यालय आश्चर्यजनक रूप से अपमानजनक स्थान बन जाते हैं। बच्चों को न सीखने अथवा खराब व्यवहार करने के लिए बार-बार टोका जाता है। परन्तु अपेक्षित व्यवहार करने पर उनकी कभी प्रशंसा नहीं की जाती। इसका उदाहरण है कि एक लड़की कई प्रकार के घरेलू कार्यों में व्यस्त रहकर भी स्कूल नियमित रूप से आती है और ठीक समय पर आती है, फिर भी उसकी कोई प्रशंसा नहीं होती और यदि कभी-कभी वह स्कूल में अनुपस्थित होती है या देर से आती है तो उसे बुरा-भला कहा जाता है।

दूसरे बच्चे साफ तथा सजे-संवरे परिवेश को भी पसंद करते हैं। वे नीरस, गंदी तथा सज्जारहित कक्षा में घुटकर बैठना पसंद नहीं करते। स्कूल को अधिक निवेश के बिना भी आकर्षक बनाया जा सकता है।

एक अध्यापक को चाहिए कि वह बच्चों के व्यक्तित्व का आदर करे, उनकी आवश्यकताओं के प्रति संवेदनशील हो। यह विशाल हृदय तथा सकारात्मक प्रवृत्ति वाला हो। उसे बच्चों की समस्याओं को धैर्यपूर्वक सुनना चाहिए।

एक अध्यापक को स्कूल की भौतिक आवश्यकताओं को भी ध्यान में रखना चाहिए। उसे सुनिश्चित करना चाहिए कि झाड़ू लगाकर परिसर को साफ रखा गया है। बच्चों के कार्यों को प्रदर्शित करती हुई दीवारें हों। खेल के सस्ते उपकरण जैसे रस्सियों, पुराने टायरों के झूले हों तथा बच्चों के बैठने के लिए साफ चटाइयां हों।

सुझाव (Suggestions)–

1. अध्यापक को प्रत्येक बच्चे का नाम जानना चाहिए तथा उसको नाम से बुलाना चाहिए।
2. बच्चे को प्रतिदिन मुस्कराते हुए मिलना चाहिए। यदि बच्चा बहुत समय के पश्चात् स्कूल में आया है चाहे किसी बीमारी के कारण या स्कूल में लम्बी छुट्टियों के कारण तो उसके स्वागत में विशेष शब्द कहें।
3. बच्चे को कभी भी शारीरिक दण्ड नहीं देना चाहिए। यह उसमें भय और लज्जा उत्पन्न करता है।
4. अच्छा काम करने पर बच्चे की प्रशंसा अवश्य करें। बच्चे को यह दर्शाने का यत्न करें कि आप उनके व्यवहार से प्रसन्न हैं।
5. बच्चों में विभिन्न योग्यताएं होती हैं। बच्चों की कमजोरियों को रटते रहने के बजाय उनकी अच्छाइयां देखें। बच्चों को लज्जित मत होने दीजिए।
6. प्रत्येक अध्यापक को अपने बच्चों के लिए आदर्श भूमिका निभानी चाहिए।

बिहार सरकार इन रणनीतियों के अध्यापकों को केवल 250 रुपये मासिक देती है। इस भुगतान में भी नियमितता नहीं है। यही बात दूसरे प्रान्तों के लिए भी कही जा सकती है। फिर इन गुणों से सुसज्जित अध्यापक कैसे भरती होंगे?

भौतिक परिवेश (Physical Environment)

1. बच्चों के विद्यालय परिसर को साफ रखना चाहिए।
2. बच्चों को रद्दी की टोकरी के प्रयोग करने के लिए प्रोत्साहित करना।

(IV) दिवा देखभाल केन्द्र (Day Care Centres)–प्राथमिक शिक्षा को सार्वभौमिक बनाने में हमें इसलिए भी सफलता प्राप्त नहीं हो पा रही, क्योंकि निर्धन परिवारों की लड़कियों को अपने छोटे बहन-भाइयों की देखभाल के लिए घर पर रहना पड़ता है। इस समस्या के समाधान के लिए नई शिक्षा नीति में यह सुझाव दिया गया है कि शिक्षा देख-भाल केन्द्र खोले जाएं। इन केन्द्रों में निर्धन परिवारों के बच्चों की देखभाल की व्यवस्था हो ताकि लड़कियां विद्यालय जा सकें।

(V) पूर्व बाल्यांवस्था देखभाल व शिक्षा (Early child care and Education)–नई शिक्षा नीति में पूर्व बाल्यावस्था शिक्षा की व्यवस्था की गई है। इसमें छोटी आयु के बच्चों की देखभाल व खेल से शिक्षा की व्यवस्था की गई है। इसे पूर्व स्कूल शिक्षा कहते हैं। राष्ट्रीय शिक्षा नीति बच्चों का स्कूल में प्रवेश करवाने से पहले उसके सन्तुलित भोजन तथा स्वास्थ्य की ओर विशेष ध्यान की आवश्यकता की ओर बल देती है। इस महत्त्वपूर्ण कार्य के लिए **'संयुक्त बाल विकास सेवा कार्यक्रम'** (Integrated Child Development Service Programme) आयोजित किया जाएगा। यह कार्यक्रम बालक केन्द्रित होगा तथा शिशु की देखभाल तथा पूर्व प्राथमिक शिक्षा को संयुक्त रूप से विकसित किया जाएगा तथा इसके लिए उपयुक्त व्यवस्था की जाएगी। पूर्व प्राथमिक शिक्षा की उचित व्यवस्था के लिए दिवा देखभाल केन्द्र स्थापित किए जाएंगे। ये केन्द्र प्राथमिक शिक्षा को सार्वभौमिक बनाने में सहायक सिद्ध होंगे।

प्रस्तावित कार्यक्रम (Proposed Programmes)–आरम्भ में पूर्व बाल्यावस्था देखभाल व शिक्षा (ECCE) की व्यवस्था उन वर्गों के लिए की जाएगी, जो औपचारिक शिक्षा की मुख्य धारा से बिल्कुल अलग हैं। ऐसे कुछ वर्ग निम्नलिखित हैं–

(i) शहरी झुग्गी-झोंपड़ियों में रहने वाले अत्यन्त निर्धन परिवार।
(ii) ऐसे क्षेत्र जहां बच्चों को दिन के समय लकड़ी इकट्ठा करने, चारा लाने, पानी लाने जैसे काम करने पड़ते हैं।
(iii) ग्रामीण क्षेत्रों में रहने वाले श्रमिक तथा छोटे-मोटे कारीगर।
(iv) असंगठित क्षेत्रों में काम करने वाले बच्चे।
(v) खानाबदोश तथा दूसरे घुमक्कड़ लोग।
(vi) शहरी क्षेत्रों में मजदूरी का काम करने वाले लोग।
(vii) भूमिविहीन कृषि श्रमिक।
(viii) सुदूर क्षेत्रों में रहने वाले बनवासी एवं अन्य जातियां।
(ix) सुदूर अलग-अलग क्षेत्रों में बसने वाले वर्गों में भी अनुसूचित जातियों तथा कबीलों की ओर विशेष ध्यान दिया जाएगा।

(VI) विद्यालय समय व छुट्टियां बच्चों की सुविधा के अनुसार (School timing and vacations according to the Convenience of the Children)–भारत में निर्धनता के कारण अनेक बच्चों को बचपन से ही अपने माता-पिता के काम में हाथ बंटाना पड़ता है। इसलिए या तो उनका विद्यालय में प्रवेश ही नहीं हो पाता और यदि वे प्रवेश लेते भी हैं तो पारिवारिक कारणों से उन्हें पढ़ाई बीच में ही छोड़ देनी पड़ती है। इसलिए यह प्रयास किया जाए कि विद्यालय का समय ऐसा रखा जाए जब सभी बच्चों को विद्यालय पहुंचने में सुविधा हो। इसी प्रकार छुट्टियां भी ऐसे समय में की जाएं जब फसल के बोने या काटने का समय हो जिससे बच्चे अपने माता-पिता की सहायता कर सकें। बच्चों को किसी कक्षा में फेल नहीं किया जाना चाहिए क्योंकि कई बार असफल होने पर भी बच्चे अपनी प्राथमिक शिक्षा पूरी नहीं कर पाते और पढ़ाई बीच में ही छोड़ देते हैं।

(VII) प्रौढ़ शिक्षा (Adult Education)--शिक्षा प्राप्त करना प्रत्येक व्यक्ति का जन्मसिद्ध अधिकार है। किसी शिक्षाशास्त्री ने सच ही कहा है कि शिक्षित तथा अशिक्षित व्यक्ति में वही अन्तर है जो जीवित तथा मृत में। शिक्षा के महत्त्व की विवेचना करते हुए **थामस जैफरसन** का कथन है, **"कोई भी राष्ट्र यदि अज्ञानी रहकर स्वतंत्र रहने की आशा करता है तो यह सर्वथा असंभव है।" डॉ. राधाकृष्णन** के कथनानुसार **"शिक्षा परिवर्तन के लिए एक अभिकर्ता का कार्य करती है। आज यह सामाजिक परिवर्तन और विकास के लिए एक महत्त्वपूर्ण भूमिका निभाती है।** राष्ट्रीय प्रौढ़ शिक्षा कार्यक्रम (N.A.E.P.) 1978 के अनुसार प्रौढ़ शिक्षा प्रौढ़ों में जागरूकता, व्यावहारिकता और साक्षरता जैसे गुणों का विकास करती है।

प्रौढ़ शिक्षा कार्यक्रम के उद्देश्य (Objectives of Adult Education Programmes)—

(i) साक्षरता को बढ़ावा देना।

(ii) व्यावसायिक कुशलता प्रदान करना।
(iii) नागरिकता के गुणों का विकास करना।
(iv) सांस्कृतिक दृष्टिकोण का विकास करना।
(v) सामाजिक चेतना का विकास करना।
(vi) मानवीय मूल्यों का विकास करना।
(vii) पारिवारिक जीवन में गुणात्मक विकास।
(viii) सामाजिक बुराइयों के प्रति संवेदनशीलता।
(ix) पर्यावरण के प्रति सचेत करना।
(x) बढ़ती हुई जनसंख्या के प्रति जागरूकता।
(xi) स्वास्थ्य एवं सार्वजनिक स्वच्छता के प्रति सजगता।
(xii) आशा और आत्म विश्वास की भावना को जागृत करना।
(xiii) महिलाओं और कमजोर वर्गों का उत्थान करना।
(xiv) वैज्ञानिक दृष्टिकोण का विकास करना।
(xv) समाज सेवा और हित का विकास।
(xvi) प्राथमिक शिक्षा में सार्वभौमिकता लाना।

यूनेस्को (UNESCO) द्वारा कराए गए अध्ययनों से पता चलता है कि यदि 70% तक प्रौढ़ साक्षर हो जाएं तो हम प्राथमिक शिक्षा के सार्वभौमिकरण के पास पहुंच सकते हैं, क्योंकि निरक्षर माता-पिता अपने बच्चों को विद्यालय भेजने से कतराते हैं और उनको यदि कोई असुविधा होती है तो वे अपने बच्चों को स्कूल से निकाल लेते हैं।

लोक जुम्बिश परियोजना–भारतीय संविधान की यह प्रतिबद्धता थी कि 14 वर्ष की आयु वर्ग के सभी बच्चों को निःशुल्क तथा अनिवार्य व गुणात्मक शिक्षा प्रदान की जाए। राष्ट्रीय शिक्षा नीति 1992 में भी इस प्रतिबद्धता को दोहराया गया था, क्योंकि आँकड़े बताते थे कि अभी भी अधिकतर बच्चे प्राथमिक शिक्षा के चक्र से बाहर थे। राजस्थान देश के पिछड़े राज्यों में से एक था जो प्राथमिक शिक्षा में बच्चों की भागीदारी सुधारने में संघर्षरत था। हालांकि इस संदर्भ में राज्य ने महत्त्वपूर्ण उपलब्धियाँ प्राप्त की थीं। राज्य में वर्ष 1951 में 4336 प्राथमिक विद्यालय थे जो बढ़कर वर्ष 1991 में 30005 हो गए। नामांकन आँकड़ों में भी वृद्धि हुई और 1951 में 3,69,000 से बढ़कर 1991 में 4,652,000 हो गए। इसके बावजूद भी शिक्षा की दृष्टि में राजस्थान देश के 10 पिछड़े राज्यों में से एक है। राज्य की साक्षरता दर देश की साक्षरता दर 52.21% की तुलना में 38.51% है। महिला साक्षरता दर बहुत ही कम 20.44% है। केवल 30% बच्चे ही 14 वर्ष की आयु तक प्राथमिक शिक्षा पूर्ण कर पाते हैं, 55% बच्चे विद्यालय से बाहर हैं तथा 55% बच्चे कक्षा 1 से 5 तक पहुँचते-पहुँचते विद्यालय से बाहर हो जाते हैं। इस संदर्भ में राज्य में लोक जुम्बिश परियोजना का शुभारम्भ किया गया जिसका मुख्य उद्देश्य प्रारंभिक शिक्षा सार्वजनीकरण था। राज्य में लोक जुम्बिश यानी जन आंदोलन 1989 में प्रारंभ किया गया। इस आंदोलन की मुख्य विशेषता यह थी कि इसमें गाँव स्तर पर समुदाय की भागीदारी तथा समर्थन सुनिश्चित किया गया। वास्तव में यह कोई अलग से नई परियोजना नहीं थी, अपितु प्राथमिक शिक्षा में सुधार के लिए वर्तमान में चल रहे विभिन्न कार्यक्रमों को अधिक अनुक्रियाशील बनाने का साधन मात्र था।

लोक जुम्बिश परियोजना के लक्ष्य–लोक जुम्बिश का मुख्य लक्ष्य बच्चों को केवल प्राथमिक शिक्षा ही नहीं अपितु सभी संभव प्रयत्नों द्वारा सभी 6-14 आयु वर्ग के बच्चों को बेसिक शिक्षा प्रदान करना था। परियोजना का मुख्य उद्देश्य प्राथमिक शिक्षा के लिए जन आंदोलन द्वारा उन्हें प्रेरित कर समाज में बेसिक सामाजिक आर्थिक परिवर्तन लाना है। लोक जुम्बिश के मुख्य पाँच उद्देश्य निम्नलिखित हैं–

1. **प्राथमिक शिक्षा का सार्वजनीकरण**–14 वर्ष की आयु वर्ग के सभी बच्चों के लिए प्राथमिक शिक्षा की पहुँच का सम्मिश्रित कार्यक्रम है। सावर्जनिक भागीदारी–जब तक वे प्राथमिक शिक्षा पूर्ण नहीं कर लेते तथा सार्वजनीकरण उपलब्ध–जब तक वे कम-से-कम न्यूनतम अधिगम स्तर प्राप्त नहीं कर लेते।

2. ऐसे अवसरों का प्रावधान ताकि वे अपनी शिक्षा को जारी रख सकें, उसका उचित प्रयोग कर सकें तथा उसका उन्नयन भी कर सकें। ऐसी सुविधाओं का प्रावधान जिससे उन सभी कौशलों का विकास हो सके जिन्होंने प्रयोजनमूलक शिक्षा प्राप्त की है अथवा प्राथमिक शिक्षा प्राप्त की है।
3. आवश्यक ढाँचे का सृजन तथा सभी प्रक्रमों को गतिशीलता प्रदान करना ताकि महिलाएँ सशक्त हों तथा शिक्षा को स्त्री समानता का एक यंत्र बनाया जाए।
4. आवश्यक अंतःक्षेत्रों का निर्माण तथा परिस्थितियों का सृजन ताकि निम्न जाति जैसे जनजाति क्षेत्र के अत्यधिक पिछड़े तथा समाज के अन्य वर्गों के अत्यधिक निर्धन लोगों को बेसिक शिक्षा में समान भागीदारी सुनिश्चित हो।
5. शिक्षा की विषय-वस्तु तथा प्रक्रय में सुधार, शिक्षा को पर्यावरण, संस्कृति तथा लोगों के कार्य करने तथा रहन-सहन के ढंग से जोड़ा जाए।

लोक जुम्बिश का संस्थागत ढाँचा–लोक जुम्बिश को समयबद्ध परियोजना ढाँचे के रूप में देखा गया जबकि इनका ध्येय नये क्रियाकलापों पर केंद्रीयभूत न होकर अधिक महत्त्वपूर्ण बात यह थी कि प्राथमिक शिक्षा की विद्यमान पद्धति को सशक्त किया जाए व सुधारा जाए। परियोजना नियोजन तथा प्रबंधन के लिए शीर्षस्थ संस्था–लोक जुम्बिश परिषद् की स्थापना की गई, जिसे एक स्वतंत्र तथा स्वायत्त सोसाइटी के रूप में सृजित किया गया था। लोक जुम्बिश परिषद् के पास सभी शक्तियाँ निहित थीं कि यह आवश्यक पदों का सृजन कर सके तथा उन पर नियुक्तियाँ कर सकें। बजट की तथा उसके अनुसार किए नए व्यय की स्वीकृति प्रदान कर सके।

खंड स्टीयरिंग ग्रुप–लोक जुम्बिश परियोजना भारत में चलाई जा रही अधिकतर अन्य परियोजनाओं से भिन्न है। इसकी विशेषता यह है कि इसमें खंड स्तर पर विकास का प्रयत्न किया गया है। प्रत्येक खंड में लगभग 100 गाँव हैं। राज्य व जिला स्तर की तुलना में खंड को ही परियोजना प्रबंधन तथा निर्णय लेने का शोचनीय स्तर माना गया है। अतः एक खंड स्टीयरिंग ग्रुप प्रत्येक परियोजना खंड में बनाया गया है। वर्तमान में लोक जुम्बिश राजस्थान राज्य के 100 से अधिक खंडों में चल रही है। इस ग्रुप में एक परियोजना अधिकारी होता है, जो खंड में लोक जुम्बिश की सभी क्रियाकलापों का पूर्ण रूप से कार्यकारी होता है। इस ग्रुप में दो सहायक परियोजना अधिकारी भी हैं, जिनमें एक अनौपचारिक शिक्षा का तथा एक कर्मठ महिला कार्यकर्ता। लोक जुम्बिश के क्रियाकलापों के क्रियान्वयन के लिए खंड को संकुलों में बांटा गया है। प्रत्येक संकुल में 20-25 गाँव हैं। लोक जुम्बिश के क्रियाकलापों को किसी स्थानीय गैर-सरकारी संस्था द्वारा या खंड स्टीयरिंग ग्रुप द्वारा क्रियान्वित किया जाता है। इस उद्देश्य के लिए 3-4 क्षेत्रीय कार्यकर्ताओं का एक ग्रुप प्रत्येक संकुल में नियुक्त किया जाता है।

खंड स्तरीय शिक्षा प्रबंधक समिति–प्रत्येक खंड में खंड स्तरीय शिक्षा प्रबंधक समिति का निर्माण किया गया है, जिसे नये प्राथमिक विद्यालय खोलने, प्राथमिक विद्यालयों को उच्चतर प्राथमिक विद्यालयों में उन्नयन करने, अध्यापकों के नये पद सृजन करने आदि की शक्तियाँ सौंपी गई हैं। यह समिति प्रायः खंड के किसी शिक्षाविद् की अध्यक्षता में काम करती है तथा इसमें लोक जुम्बिश के क्रियाकलापों को क्रियान्वित करने वाली स्थानीय एजेंसी तथा अध्यापक संगठनों के प्रतिनिधि तथा कर्मठ महिला कार्यकर्ता शामिल होते हैं। खंड स्तरीय शिक्षा प्रबंधक समिति के सदस्य गाँवों से प्राप्त सभी प्रस्तावों को, जो उन्हें संकुल कार्यकर्ताओं के माध्यम से प्राप्त होते हैं, स्वीकृति हेतु जाँच करती है।

कोर-टीम तथा महिला ग्रुप–ग्राम स्तर की क्रियाएँ एक छोटे ग्रुप, जिसे कोर-टीम या प्रेरक दल कहा जाता है, द्वारा क्रियान्वित की जाती हैं। इस दल में 10-12 प्रोत्साहक सदस्य (समान संख्या में स्त्री व पुरुष) होते हैं तथा जिनकी रुचि शिक्षा में हो। लोक जुम्बिश के संकुल कार्यकर्ता प्रत्येक गाँव से संपर्क स्थापित कर पर्यावरण निर्माण का कार्य करते हैं। कोर-टीम को प्रशिक्षण दिया जाता है, जिसमें स्कूल मैपिंग की तकनीक का प्रशिक्षण भी दिया जाता है। एक महिला समूह भी प्रत्येक गाँव में बनाया जाता है, जिसमें 7-8 महिलाएँ

होती हैं। यह समूह बालिका शिक्षा के लिए कार्यरत रहता है। ग्राम शिक्षा समिति के निर्माण में भी यह समूह सक्रिय काम करता है। महिला विकास के अन्य क्रियाकलापों में भी इस समूह की सक्रिय भागीदारी होती है। एक भवन निर्माण समिति भी बनाई जाती है। इसमें समुदाय के 5-6 सदस्य होते हैं जो विद्यालय भवन की मरम्मत तथा निर्माण का कार्य करते हैं। चयनित संकुलों में क्षेत्रीय केंद्र स्थापित किए जाते हैं, जो कोर-टीमों, महिला समूह और ग्राम शिक्षा समितियों के लिए प्रशिक्षण आयोजित करते हैं। यह संसाधन तंत्र के सृजन का आधार है। क्षेत्रीय केंद्र अनौपचारिक शिक्षा तथा विद्यालय अध्यापकों के लिए भी संसाधन केंद्र के रूप में कार्य करता है।

लोक जुम्बिश की मुख्य कार्यनीतियां–लोक जुम्बिश का मुख्य उद्देश्य लोगों को विशेषकर महिलाओं को सशक्त करना तथा बेसिक शिक्षा का उन्नयन करना है, अतः परियोजना के नियोजन तथा क्रियान्वयन में आवश्यक क्रियाओं तथा कार्यनीतियों पर विशेष बल दिया जाता है। मुख्य कार्य नीतियाँ इस प्रकार हैं–

1. **पुरुषों की भागीदारी**–माइक्रो प्लानिंग के लिए ग्रामीण समुदाय को जुटाना। यह सुनिश्चित करने के लिए सभी बच्चे प्राथमिक शिक्षा प्राप्त कर रहे हैं, सहायता प्रदान करना और बेसिक शिक्षा पद्धति को जवाबदेह बनाना।
2. **प्रबंधन का विकेंद्रीकरण**–लोक जुम्बिश परियोजना में निर्धारित प्रतिमानक तथा दिशा-निर्देशों के अनुसार खंड तथा गाँव स्तर पर निर्णय लेने की शक्तियाँ सौंपना।
3. **अध्यापकों का संबद्ध**–अध्यापकों की मान-प्रतिष्ठा पुनः स्थापित करने के बारे में कार्यवाही करना तथा अध्यापक संगठनों को सभी स्तरों पर निर्णय लेने में सम्मिलित करना।
4. **कर्मियों का प्रशिक्षण**–शैक्षिक सुधार के बारे में अध्यापकों की अभिवृत्ति में परिवर्तन लाना, उनके कौशलों में सुधार लाना और ग्रामीण समुदाय के सदस्यों को प्रशिक्षण प्रदान करना, ताकि वे अपनी भूमिका प्रभावी ढंग से निभा सकें।
5. **गुणवत्ता में सुधार लाना**–अध्यापक निष्पादन में सुधार लाकर, नार्मआधारित सुविधाओं का प्रावधान कर तथा शिक्षा की विषय-वस्तु तथा अन्य क्रियाओं में संशोधन कर प्राप्त करना।
6. **मूल्यांकन**–अनुदेशनात्मक प्रक्रम तथा विद्यालय प्रबंधन में निरंतर तथा अन्तःनिर्मित क्रिया द्वारा पूरा करना।

स्कूल मैपिंग-कोर अंगभूत के रूप में–लोक जुम्बिश के मुख्य लक्ष्यों के अनुनय में स्कूल मैपिंग को शक्तिशाली यंत्र समझा गया है और प्राथमिक शिक्षा के सुधार व अन्य कार्यों को आरंभ करने से पूर्व स्कूल मैपिंग को क्रियान्वित किया गया है। इसकी महत्त्वपूर्ण भूमिका के मद्देनजर लोक जुम्बिश ने स्कूल मैपिंग में क्रियान्वित विधियों को संकल्पनात्मक तथा अपूर्व प्रसंगात्मक ढंग से परिभाषित करने का प्रयत्न किया है। स्कूल मैपिंग समुदाय के सदस्यों को प्राथमिक शिक्षा के सार्वजनीकरण कार्यक्रम में जुटाने का शक्तिशाली साधन माना गया है। स्कूल मैपिंग की अनुपालना के लिए लोक जुम्बिश ने कई उपकरण तथा तकनीक तैयार की तथा उन्हें प्रयोग किया गया तथा इन प्रविधियों की रूपरेखा भी तैयार की है ताकि इन्हें अपनाया जा सके। ऐसा दृष्टिगत होता है कि इन यंत्रों तथा तकनीकों के प्रयोग से तथा समुदाय द्वारा स्वयं सृजित किए गए आँकड़ों से बच्चों के नामांकन, उपस्थिति में वृद्धि हुई है तथा प्राथमिक विद्यालयों की कार्यशैली में गुणवत्ता को भी प्रभावित किया है। लोक जुम्बिश स्कूल मैपिंग प्रक्रिया लोक जुम्बिश के क्रियाकलापों के प्रत्येक पहलू से पूरी तरह जुड़ा है। लोक जुम्बिश के अंतर्गत स्कूल मैपिंग की विशेषताएँ निम्नलिखित हैं–

1. स्कूल मैपिंग–एक तकनीकी निदानात्मक अभ्यास के रूप में सभी बच्चे विद्यालय जा रहे हैं। यह सुनिश्चित करने के लिए निदानात्मक अभ्यास करना आवश्यक होगा। अतः स्कूल मैपिंग एक तकनीकी अभ्यास है जो बच्चों का विद्यालयों में नामांकन तथा प्रतिभागिता का विश्लेषण करने व जाँच करने में अति आवश्यक है।

2. स्कूल मैपिंग--आँकड़ों की आधार सामग्री के रूप में स्कूल मैपिंग का मुख्य कार्य प्राथमिक शिक्षा की उपलब्ध स्थिति तथा सुविधाओं की सूचना एकत्र करना। यह सूचना गाँव स्तर पर एकत्र की जाए। गाँव स्तर को सूचना एकत्र करने का आधार माना गया है। उपलब्ध सुविधाओं को गाँव के नक्शे पर दर्शाया जाए।

3. स्कूल मैपिंग–सामाजिक जुटाव की प्रविधि विद्यालयों में पढ़ने जाने लायक आयु वर्ग के बच्चों की संख्या, उपलब्ध सूचनाओं की सूची तैयार करना। समाज को जुटाने के लिए विद्यालय मैपिंग का प्रयोग किया गया। सर्वेक्षण द्वारा घर-घर में जाकर सूचना एकत्र करना तथा समुदाय का सहयोग लेना।

4. स्कूल मैपिंग–प्राथमिक शिक्षा के लिए ग्राम स्तरीय नियोजन आँकड़ों के उपरांत ग्राम स्तरीय योजना बनाई जाए, जिसमें प्राथमिक स्कूल खोलने की किन स्थानों पर आवश्यकता है पर चर्चा हो।

स्कूल मैपिंग में उठाए जाने वाले मुख्य पग इस प्रकार हैं–

1. गाँवों में पर्यावरण निर्माण।
2. ग्राम शिक्षा समितियों का निर्माण (प्रत्येक तथा महिला समूहों का निर्माण)।
3. ग्राम शिक्षा समिति के सदस्यों का प्रशिक्षण।
4. गाँव का रफ नक्शा तैयार करना।
5. घर-घर का सर्वेक्षण।
6. सर्वेक्षण के आधार पर विद्यालय का अंतिम नक्शा तैयार करना।
7. स्कूल संबंधित सूचना एकत्र करना।
8. गाँव का शिक्षा रजिस्टर जिसमें आँकड़े दिए हों तैयार करना।
9. ग्रामीणों द्वारा विश्लेषण का प्रस्तुतीकरण।
10. खंड शिक्षा प्रबंधन समिति के लिए शैक्षिक सुविधाओं तथा भवन निर्माण संबंधी सूची तैयार करना।
11. निर्णयों व प्रस्तावों को क्रियान्वित करने के लिए अनुवर्ती क्रिया।
12. प्राथमिक शिक्षा में नामांकन तथा उपस्थिति संबंधी प्रगति का अनुवीक्षण।

(VIII) जिला प्राथमिक शिक्षा कार्यक्रम (District Primary Education Programme–DEPE)

–प्राथमिक शिक्षा का सार्वभौमिकरण देश की प्रथम आवश्यकता है। देश का संविधान 1950 ई. में लागू हुआ। उस समय यह निर्णय लिया गया है दस वर्ष के भीतर प्राथमिक शिक्षा का सार्वभौमिकरण कर दिया जाएगा। पर ऐसा नहीं हो सका। फिर प्राथमिक शिक्षा के सार्वभौमिकरण के लिए और कई तिथियां निश्चित की गईं। परन्तु फिर भी मायूसी का सामना करना पड़ा। प्राथमिक शिक्षा की सार्वभौमिकता की अब नवीनतम तिथि 2005 रखी गई, परन्तु कब सफलता मिलेगी, पक्का नहीं कहा जा सकता।

नबीनतम विचारधारा यही है कि यदि प्राथमिक शिक्षा में सार्वभौमिकता लानी है तो यत्न नीचे से ऊपर की ओर होने चाहिएं न कि ऊपर से नीचे की ओर। जिला प्राथमिक शिक्षा कार्यक्रम इसी विचारधारा का परिणाम है।

परिचय (Introduction)–हमारी केन्द्रीय सरकार ने विश्व बैंक के सहयोग से 1993 ई. में डी.पी. ई.पी. का आरम्भ किया। शुरू में यह योजना उन जिलों में आरम्भ की गई जहाँ–

(i) स्त्री शिक्षा की प्रतिशत कम थी।
(ii) विद्यालयों में मूलभूत सुविधाओं का अभाव था।
(iii) जहां कुल साक्षरता कम है।
(iv) जहां प्राथमिक शिक्षा का स्तर निम्न है।

प्राथमिक शिक्षा का विकेन्द्रीकरण (Decentralisation of Primary Education)–जिला प्राथमिक शिक्षा कार्यक्रम केन्द्र सरकार की सहायता से राज्यों की सरकारों के द्वारा जिला अधिकारियों से संचालित है। इसके द्वारा प्राथमिक शिक्षा में परिमाणात्मक व गुणात्मक दोनों प्रकार के सुधार करने का लक्ष्य है। इस परियोजना में सुझाए गए कार्यक्रम ग्राम स्तर, खण्ड स्तर (Block level) व जिला स्तर पर प्राथमिक शिक्षकों, शिक्षा अधिकारियों, प्रशासनिक अधिकारियों, सरकार तथा गैर-सरकारी महिला संगठनों के सदस्यों, शिक्षक संघ तथा पंचायत सदस्यों आदि के सक्रिय सहयोग व योगदान से तैयार किए गए हैं।

जिला प्राथमिक शिक्षा कार्यक्रम की विशेषताएं (Characteristics of D.P.E.P.)–इस कार्यक्रम का आयोजन लोकतांत्रिक पद्धति पर किया जाता है जहां जनता ने इसे अपना कार्यक्रम मान कर इस सामाजिक अभियान का संचालन करना है। संस्थागत आयोजन की भांति यह भी शिक्षा के क्षेत्र में एक क्रान्तिकारी नवाचार है।

जिला प्राथमिक शिक्षा कार्यक्रम के उद्देश्य (Objectives of D.P.E.P.)–जिला प्राथमिक शिक्षा कार्यक्रम प्राथमिक शिक्षा के सार्वजनीकरण के लिए बनाया गया है, क्योंकि प्राथमिक शिक्षा–

(1) बच्चों के विकास की नींव है। यह शिक्षा छात्रों के व्यक्तित्व, मनोवृत्ति, आदतों, अध्ययन कौशलों तथा सम्प्रेषण योग्यताओं की नींव रखती है।

(2) प्राथमिक शिक्षा जीवन की तैयारी में सहायक होती है। यह व्यक्ति की क्षमतओं का विकास करके उन्हें जीवन के लिए तैयार करती है।

(3) प्राथमिक शिक्षा पर किया गया निवेश सबसे फलदायी है।

(4) शिक्षित लोग ही प्रजातंत्र को सफल बना सकते हैं तथा प्राथमिक शिक्षा इसकी पहली कड़ी है।

इसलिए प्राथमिक शिक्षा का सार्वजनीकरण करने के लिए निम्नलिखित कार्यक्रमों के आयोजित करने की बात कही गई–

(1) 6–11 आयु वर्ग के सभी बच्चों के लिए प्राथमिक स्तर तक की शिक्षा के लिए विद्यालय की सुविधा उपलब्ध कराई जाएगी। इसके लिए बच्चों को 1 कि.मी. या 5 कि.मी. पर विद्यालय उपलब्ध हों ताकि छोटे से छोटा बच्चा भी पैदल स्कूल जा सके।

(2) **सर्वव्यापी नामांकन सुनिश्चित करना**–हमारे देश के अधिकतर विद्यालय सुविधाहीन हैं। 40% से अधिक विद्यालंय पक्का भवन नहीं रखते, 39% विद्यालयों में श्यामपट नहीं हैं तथा 35% से अधिक स्कूल ऐसे हैं जहां केवल एक ही अध्यापक है।

(3) **स्थिरीकरण सुनिश्चित करना**–हमारे देश में प्राथमिक स्तर पर बिना पढ़ाई पूरी किए छोड़ जाने वाले बच्चों की संख्या काफी अधिक है। बच्चे बीच में ही पढ़ाई इसलिए छोड़ देते हैं, क्योंकि उनमें उनकी रुचि नहीं होती। देश में अपव्यय व अवरोधन की बढ़ती समस्या इस बात का प्रमाण है कि यहां विद्यार्थियों को विद्यालय में रोके रखना हमारे लिए संभव नहीं हो पा रहा। इसके लिए उत्तरदायी कारण हैं–

(i) बच्चों की शिक्षा में रुचि का अभाव।
(ii) विद्यालय में शैक्षिक सुविधाओं का अभाव।
(iii) आर्थिक कारण।
(iv) अध्यापकों का अभाव।
(v) बच्चों का एक ही कक्षा में बार-बार फेल होना।
(vi) घरेलू कार्यों में व्यस्तता।

इन कारणों को दूर करके स्थिरीकरण को सुनिश्चित किया जाए।

(4) **उपलब्धि स्तर सुनिश्चित करना**–सभी विद्यार्थियों का न्यूनतम उपलब्धि स्तर भी सुनिश्चित किया जाए।

(5) स्त्री-पुरुष की समानता के लिए महिलाओं को शिक्षित करके सामाजिक स्तर सुनिश्चित किया जाए।

(6) अनुसूचित जाति, जनजाति, पिछड़े वर्ग व सुविधा वांछित वर्गों के बच्चों को शिक्षा प्राप्त करने के समान अवसर प्रदान किए जाएं।

(7) सभी शैक्षिक कार्यक्रमों में वैज्ञानिक दृष्टिकोण, पयविरण संरक्षण व सामाजिक न्याय की भावना को विकसित किया जाए।

(8) शिक्षा के द्वारा संख्यात्मक व गुणात्मक विकास किया जाए।

परियोजना के कार्य (Programmes of the Project)–यदि उपरोक्त लक्ष्यों की प्रभावशाली ढंग से प्राप्ति करनी है तो इसके लिए जनअभियान छेड़ना होगा। इस रणनीति में कुछ ऐसी ही योजना बनाई गई है। इसमें सभी वर्गों का प्रतिनिधित्व है। इस योजना के सुझाए गए कार्य निम्न हैं–

(1) **शिक्षा के प्रति चेतना उत्पन्न करने के लिए प्रचार**–जनसाधारण में शिक्षा के प्रति चेतना उत्पन्न करने हेतु विशेष प्रयास करने होंगे। घर-घर जाकर प्रचार, पोस्टर, रेडियो तथा दूरदर्शन पर कार्यक्रम आयोजित करने होंगे।

(2) नए विद्यालयों का निर्माण करना होगा ताकि विद्यालयों में अत्यधिक भीड़ से बचा जा सके।

(3) यदि नए विद्यालयों का निर्माण करना है तो उसके लिए और अधिक अध्यापकों की भी नियुक्ति करनी पड़ेगी।

(4) भवन रहित विद्यालयों में भवन निर्माण का काम युद्ध स्तर पर करना होगा।

(5) विद्यालयों में भौतिक सुविधाओं जैसे कक्षा-कक्ष, लड़के और लड़कियों के लिए अलग-अलग शौचालय और मूत्रालय, खेल के मैदान, विद्यालय के चारों ओर चारदीवारी का प्रबन्ध, बैठने के लिए टाट-पट्टियां, श्यामपट, चाक तथा घंटी आदि का भी प्रावधान करना होगा।

(6) दूरस्थ क्षेत्रों में अनौपचारिक शिक्षा के केन्द्र खोलना।

(7) बालिकाओं की शिक्षा को बढ़ावा देना।

(8) लड़कियों तथा अनुसूचित जाति के बच्चों को निःशुल्क पाठ्य-पुस्तकें उपलब्ध कराना।

(9) न्यूनतम अधिगम स्तर के अन्तर्गत निश्चित दक्षताओं व कुशलताओं के अनुसार पाठ्य-पुस्तकें तैयार करके छात्रों को उपलब्ध कराना।

(10) बीच में ही पढ़ाई छोड़ने वाले बच्चों को स्कूल में अध्ययन जारी रखने का प्रयास करना।

(11) सेवाकालीन शिविरों का आयोजन करना ताकि शिक्षकों की कुशलताएं और दक्षताएं विकसित हों।

◆◆◆

मध्याह्न भोजन या मध्य दिवसीय भोजन स्कीम
(Mid-Day-Meal)

5. मध्याह्न भोजन स्कीम के मुख्य उद्देश्यों तथा कमियों पर संक्षेप में प्रकाश डालिए।

अथवा

मध्याह्न भोजन स्कीम या मध्य दिवसीय योजना के अर्थ तथा उद्देश्यों को स्पष्ट करते हुए इसकी मुख्य कमियों की संक्षेप में विवेचना कीजिए।

उत्तर–मध्याह्न भोजन स्कीम (Mid–Day–Meal Scheme)–मध्याह्न भोजन के नाम से प्रसिद्ध प्राथमिक शिक्षा प्राप्त करने वाले छात्रों को पोषण सम्बन्धी सहायता प्रदान करने से सम्बन्धित मध्याह्न भोजन स्कीम (Mid-Day Meal Scheme) के राष्ट्रीय कार्यक्रम की शुरुआत सन् 1995 में की गई थी। इस स्कीम का मुख्य उद्देश्य प्राथमिक कक्षाओं के छात्रों की पोषण सम्बन्धी स्थिति तथा साथ ही साथ उनके नामांकन, प्रतिधारण तथा उपस्थिति में बढ़ोत्तरी करके प्राथमिक शिक्षा के सार्वभौमीकरण (Universalization of Primary Education) को बढ़ावा देना है। भारत देश में प्रारम्भिक स्कूलों में मध्याह्न भोजन स्कीम (MDM) को प्रारंभ करने का श्रेय तमिलनाडु राज्य को जाता है।

मध्याह्न भोजन स्कीम का मूल्यांकन अलग-अलग समय अलग-अलग एजेंसियों के माध्यम से करवाया गया। जुलाई, 1999 में 'ऑपरेशन रिसर्च समूह' ने यूनिसेफ की सहायता से 10 अलग-अलग राज्यों में इस

मध्याह्न आहार योजना का मूल्यांकन किया तथा उसने इस मूल्यांकन के आधार पर यह पाया कि इस स्कीम ने अनुसूचित जाति तथा अनुसूचित जनजाति से सम्बन्धित बच्चों तथा साथ ही निम्न आय-वर्ग समूहों के बच्चों को विद्यालय में आने हेतु महत्त्वपूर्ण भूमिका निभाई है। इसके अतिरिक्त योजना आयोग ने भी अप्रैल 2000 में इस योजना के प्रभाव को जानने से सम्बन्धित दो अध्ययन किए तथा इस अध्ययन के आधार पर यह पाया कि पका हुआ भोजन कार्यक्रम केवल स्वास्थ्य की दृष्टि से ही उपयोगी नहीं होता, अपितु इसलिये भी उपयोगी या बेहतर होता है, क्योंकि यह अपेक्षाकृत अधिक से अधिक बच्चों को विद्यालय जाने हेतु लालायित करता है। इसके साथ-साथ एन.सी.ई.आर.टी. ने भी इस बात को स्वीकार किया है कि प्राथमिक शिक्षा के सार्वभौमीकरण में मध्याह्न भोजन योजना ने महत्त्वपूर्ण भूमिका निभाई है।

मध्याह्न भोजन स्कीम की कमियाँ
(Weaknesses of Mid-day Meal Scheme)

हालाँकि इस योजना के द्वारा प्राथमिक कक्षाओं के छात्रों के नामांकन तथा प्रतिधारण (Retention) में काफी बढ़ोत्तरी हुई है। फिर भी यह योजना अपने राष्ट्र-व्यापी उद्देश्य को प्राप्त करने में सफल नहीं हो पाई। इस स्कीम या कार्यक्रम से सम्बन्धित मुख्य कमियाँ निम्न प्रकार से हैं–

1. खाद्यान्न का समय पर वितरण करने हेतु राज्यों के समर्थ न होने के कारण इसका नकारात्मक प्रभाव मुख्य रूप से दूर-दूर तक फैले विद्यालयों पर पड़ता है।
2. इसके अतिरिक्त मध्याह्न आहार स्कीम के प्रति लोगों में जागरूकता के अभाव के कारण इस योजना के सुचारु रूप से चलाने में सामुदायिक भागीदारी का पर्याप्त अभाव या कमी है।
3. मध्याह्न आहार स्कीम के अंतर्गत पका हुआ भोजन प्रदान न करना।
4. किसी भी राज्य के द्वारा नामांकन से सम्बन्धित जो आंकड़े प्रत्येक वर्ष केन्द्र सरकार को प्रदान करने होते हैं और जिसके आधार पर किसी भी राज्य को दस महीनों के लिए खाद्यान्न निर्धारित किए जाते हैं। वह आंकड़े पर्याप्त मात्रा में उपलब्ध नहीं होते, जिसके कारण अनेक प्रकार की समस्याओं का सामना करना पड़ता है।
5. इस योजना या स्कीम से सम्बन्धित एक कमी यह भी रही है कि इस योजना की मोनीटरिंग और पर्यवेक्षण (Monitoring and Supervision) भी न के बराबर रहा, जिसके फलस्वरूप इस स्कीम के माध्यम से लाभ पाने वाले विद्यालयों तथा इस स्कीम या योजना के बारे में गलत रिपोर्ट पेश की गई।

◆◆◆

6. विद्यालय में मध्य-दिवसीय भोजन की क्यों आवश्यकता है? मध्य-दिवसीय भोजन कार्यक्रम के सिद्धान्तों तथा इसमें शिक्षक के कर्तव्यों या भूमिका का उल्लेख कीजिए।

उत्तर–विद्यालय में मध्य-दिवसीय भोजन बालकों के सर्वांगीण विकास के लिए आवश्यक है। बहुत सारे बच्चे विद्यालय में भोजन लाने में असमर्थ होते हैं और बहुत सारे विद्यार्थी इसकी आवश्यकता नहीं समझते हैं। ऐसी परिस्थितियों में बच्चे मध्य-दिवसीय छुट्टी (Recess) में बाजार की वस्तुएँ खाते हैं जो कि स्वास्थ्यवर्धक नहीं होती हैं। प्रत्येक विद्यालय को मध्य दिवसीय भोजन की व्यवस्था करनी चाहिए।

1961 ई. में सर्वप्रथम मद्रास के विद्यालय में पढ़ने वाले बालकों के लिए मध्य-दिवसीय भोजन कार्यक्रम (School Mid-day Meals Programme) शुरू किया गया।

विद्यालय के मध्य-दिवसीय भोजन की आवश्यकता एवं महत्त्व (Need and Importance of Mid-day Meal in School)–

1. बालकों के स्वास्थ्य में सुधार करना एवं भोजन सम्बन्धी अच्छी आदतों का निर्माण करना।
2. बालकों को पौष्टिक आहार प्राप्त करवाना।
3. बालकों को भोजन करने से पहले एवं भोजन के बाद हाथों एवं मुख की सफाई की आदतें डालना।
4. बैठने के ठीक आसनों का निर्माण करना।
5. विद्यालय में बालक को 6 या 7 घंटे रुकना पड़ता है। इतनी देर तक यदि बालक को खाद्य पदार्थ न मिले तो उनकी शक्ति क्षीण पड़ जाती है।
6. यदि विद्यालय में भोजन का प्रबन्ध न हो तो बच्चे ऐसी चीजें खाएँगे जो स्वास्थ्य के लिए हानिकारक होती हैं।
7. बालकों को विद्यालय की ओर आकर्षित करना।

मध्य-दिवसीय भोजन कार्यक्रम के सिद्धान्त (Principles of Mid-day Meal Programme)–

1. भोजन की कीमत उचित सीमा के अन्दर ही होनी चाहिए।
2. भोजन पकाते समय आवश्यक तत्त्वों को नष्ट नहीं करना चाहिए।
3. भोजन बनाते एवं बाँटते समय स्वच्छता का ध्यान रखना चाहिए।
4. रसोईघर एवं भोजन कक्ष की उत्तम व्यवस्था होनी चाहिए।
5. कीटाणु नाशक दवाओं से रसोईघर एवं भोजन कक्ष को साफ करना चाहिए।
6. भोजन के साथ स्थानीय मौसम के फल देने चाहिए।
7. बालकों के लिए दूध का प्रबन्ध अवश्य करना चाहिए।
8. मध्य-दिवसीय विद्यालयी भोजन की जानकारी बालकों को दी जानी चाहिए।
9. भोजन कक्ष में उचित प्रकाश की व्यवस्था होनी चाहिए।
10. भोजन का प्रबन्ध एक प्रशिक्षित आहार-निर्देशक की देखरेख एवं मार्ग-निर्देशन में होना चाहिए।

शिक्षक के कर्तव्य या भूमिका (Duties of Teacher)–

1. भोजन के समय बालकों के साथ स्वास्थ्य सम्बन्धी बातें कर सकता है।
2. भोजन के गुणों का वृत्तांत करते हुए बालकों के शरीर पर एवं खेलों पर इसका क्या प्रभाव पड़ता है इसका वर्णन कर सकता है।
3. स्वस्थ वातावरण बनाने में मदद करता है।
4. बालकों को खाते समय सद्भावना के गुणों को सिखा सकता है।
5. अन्तर्राष्ट्रीय खेलों का वर्णन कर सकता है।
6. भोजन कक्ष एवं रसोईघर का निरीक्षण करना चाहिए।
7. यदि विद्यालय में डॉक्टर न हो तो शारीरिक शिक्षक उनकी पूरी जिम्मेदारियाँ सम्भालता है।
8. खाते समय वातावरण को सुहावना बना सकता है।
9. अपने घरों से जो बालक भोजन लाते हों उनके बैठने की व्यवस्था अलग करनी चाहिए।
10. प्रस्तावित छात्रों को पूरक भोजन की व्यवस्था करता है।
11. विशेष अभियानों में छात्र समिति से सहयोग करता है।
12. समय-समय पर परीक्षण, मापन एवं मूल्यांकन भी करता है।
13. शारीरिक शिक्षा में शोध कार्य भी कर सकते हैं।

◆◆◆

सर्वशिक्षा अभियान (प्रथम चरण तथा दूसरा चरण)
(Sarva Shiksha Abhiyan—(Phase I and Phase II)

7. सर्वशिक्षा अभियान क्या है? इसके लक्ष्य तथा कार्यनीतियों का वर्णन कीजिए।
(What is Sarva Shiksha Abhiyan? Describe its Aims and Programmes.)

अथवा

सर्वशिक्षा अभियान के मुख्य लक्ष्य कौन-कौन से हैं? सर्वशिक्षा अभियान के मुख्य घटकों का वर्णन कीजिए।
(What are the aims of Sarva Shiksha Abhiyan? Describe its main Components.)

अथवा

सर्वशिक्षा अभियान पर टिप्पणी लिखिए।
(Write a note on Sarva Shiksha Abhiyan.)

उत्तर–सर्वशिक्षा अभियान (Sarva Shiksha Abhiyan—SSA)–भारतीय संविधान द्वारा भारत में समानता पर आधारित ऐसे समाज की स्थापना की बात कही गई है जिसमें सबको सामाजिक न्याय उपलब्ध हो। इस लक्ष्य की प्राप्ति के लिए संविधान में अनेक प्रावधान किए गए हैं। प्राथमिक शिक्षा का सार्वभौमिकरण इनमें से एक है। संविधान में स्पष्ट कहा गया है कि राज्य संविधान लागू होने के 10 वर्ष के भीतर सभी बच्चों को जब तक वे 14 वर्ष की आयु पूरी नहीं कर लेते, निःशुल्क एवं अनिवार्य शिक्षा प्रदान करने का प्रयास करेगा।

लेकिन संविधान लागू होने के 10 वर्ष के भीतर इस लक्ष्य को प्राप्त नहीं किया जा सका। अतः राष्ट्रीय शिक्षा नीति 1986 में पुनः कहा गया कि इक्कीसवीं शताब्दी में पहुंचने से पहले 14 वर्ष तक की आयु के सभी बच्चों के लिए सन्तोषजनक निःशुल्क एवं अनिवार्य शिक्षा सुनिश्चित की जाएगी। उसके बाद भी अनेक स्तरों पर इस संकल्प को दोहराया गया, लेकिन इसको पूरा करना सम्भव नहीं हो पाया। ऐसा नहीं है कि इस दिशा में कोई प्रयास नहीं हुए। यदि आंकड़ों पर नजर डाली जाए तो पता चलता है कि विद्यालयों की संख्या में चार गुणा वृद्धि हुई है। प्राथमिक स्तर पर नामांकन छः गुणा बढ़ा है। लड़कियों के नामांकन में 32 गुणा बढ़ोत्तरी हुई। प्राथमिक स्तर पर देश के ग्रामीण क्षेत्रों में 94% स्थानों पर एक किलोमीटर तथा उच्च प्राथमिक स्तर पर 84% स्थानों पर एक किलोमीटर के दायरे में विद्यालय की सुविधा उपलब्ध है।

इन सब सुविधाओं के बावजूद 6-14 आयुवर्ग के 20 करोड़ बच्चों में से 5.9 करोड़ बच्चे विद्यालय नहीं जा रहे। इनमें 3.5 करोड़ लड़कियां तथा 2.4 करोड़ लड़के हैं। अतः आज भी प्राथमिक शिक्षा के सार्वभौमिकरण का लक्ष्य एक स्वप्न मात्र है। आवश्यकता इस बात की है कि सभी स्थानों पर प्राथमिक शिक्षा की सुविधाएं उपलब्ध करवाई जाएं और वहां न केवल शत-प्रतिशत नामांकन किया जाए वरन् नामांकित बच्चों का विद्यालयों में ठहराव भी सुनिश्चित किया जाए। इसी उद्देश्य/आवश्यकता को ध्यान में रखते हुए सरकार द्वारा सर्वशिक्षा अभियान आरम्भ किया गया है।

सर्वशिक्षा अभियान क्या है?

सर्वशिक्षा अभियान एक ऐसा ऐतिहासिक प्रयास है जिसका उद्देश्य राज्यों की भागेदारी से समयबद्ध समेकित प्रयास द्वारा प्राथमिक शिक्षा को जन-जन तक पहुंचाने के संवैधानिक लक्ष्य को प्राप्त करना है। यह एक ऐसा अभियान है, जिससे देश के प्राथमिक शिक्षा के क्षेत्र में बदलाव लाने की अपेक्षा की गई है। इसका उद्देश्य **2010** तक **6-14** आयुवर्ग के सभी बच्चों को गुणात्मक प्रारम्भिक शिक्षा प्रदान करना है। संक्षेप में सर्वशिक्षा अभियान–

एक निश्चित समयबद्ध कार्यक्रम है जो सार्वभौमिक प्राथमिक शिक्षा से सम्बन्ध रखता है। यह देश भर में गुणात्मक प्राथमिक शिक्षा की मांग को पूरा करने का एक प्रयास है। यह बेसिक शिक्षा के माध्यम से

समानता व सामाजिक न्याय के लक्ष्य को प्राप्त करने का एक प्रयास है। यह देश भर में सार्वभौमिक प्राथमिक शिक्षा देने की राजनैतिक इच्छा की अभिव्यक्ति है। यह केन्द्र, राज्य एवं स्थानीय सरकारों के बीच भागेदारी है। यह राज्यों के लिए एक अवसर है कि वे प्राथमिक शिक्षा के विषय में अपनी परिकल्पना कर सकें।

सर्वशिक्षा अभियान के लक्ष्य (Objectives of Sarva Shiksha Abhiyan)

इस अभियान के निम्नलिखित उद्देश्य बताए गए हैं :

1. वर्ष 2003 तक सभी बच्चों के लिए स्कूल शिक्षा गारण्टी केन्द्र, वैकल्पिक स्कूल तथा 'बैक टू स्कूल' शिविर की उपलब्धता।
2. वर्ष 2007 तक सभी बच्चे पांच वर्ष की प्राथमिक शिक्षा पूरी कर लें।
3. वर्ष 2010 तक सभी बच्चे आठ वर्ष की स्कूली शिक्षा पूरी कर लें।
4. वर्ष 2010 तक सभी बच्चों को विद्यालयों में बनाए रखना।
5. सामाजिक न्याय व समानता के सवैधानिक लक्ष्य को प्राप्त करना।
6. जीवनोपयोगी एवं गुणात्मक प्राथमिक शिक्षा उपलब्ध कराना।

अभियान का क्रियान्वयन : यह निर्णय किया गया कि केन्द्र व राज्य सरकारें मिलकर स्थानीय सरकारों तथा समुदाय के सहयोग से इस कार्यक्रम को क्रियान्वित करेंगी। इस मिशन के अध्यक्ष प्रधानमंत्री तथा उपाध्यक्ष मानव संसाधन विकास मन्त्री होंगे। राज्यों से अनुरोध किया गया है कि मुख्य मन्त्री अथवा शिक्षा मन्त्री की अध्यक्षता में राज्य स्तरीय कार्यान्वयन कमेटी का गठन किया जाए जिससे इस अभियान को जन-जन तक पहुंचाया जा सके। राज्यों को प्रोत्साहित किया जाएगा कि वे गैरसरकारी संगठनों, अध्यापकों, स्वयं सेवकों, कलाकारों तथा महिला संगठनों को भी इस कार्यक्रम में शामिल करें।

अवधि : कार्यक्रम की अवधि 10 वर्ष अर्थात् 2010 तक निर्धारित की गई है।

सर्वशिक्षा अभियान कार्यक्रम की मुख्य कार्य नीतियां *(Main Programmes of Sarva Shiksha Abhiyan)*

सर्वशिक्षा अभियान कार्यक्रम की मुख्य कार्य नीतियां इस प्रकार हैं :

1. संस्थागत सुधार : सर्वशिक्षा अभियान के भाग के रूप में केन्द्र व राज्य सरकार प्राथमिक शिक्षा प्रदान की क्षमता को सुधारने के लिए प्रयास करेंगी। राज्यों को अपनी वर्तमान शिक्षा व्यवस्था का विभिन्न दृष्टियों से वस्तुनिष्ठ ढंग से मूल्यांकन करना होगा ताकि आवश्यक सुधार लाए जा सकें। अनेक राज्यों ने इस दिशा में आवश्यक कदम उठाए हैं।

2. निरन्तर वित्तीय पोषण : सर्वशिक्षा अभियान के लिए इसका निरन्तर वित्तीय पोषण आवश्यक है। इसके लिए केन्द्र व राज्य सरकारों के बीच वित्तीय सहभागिता अपेक्षित है।

3. सामुदायिक स्वामित्व : इस कार्यक्रम के लिए विकेन्द्रीकरण के माध्यम से सामुदायिक स्वामित्व आवश्यक है। यह कहा गया कि महिला समूह, ग्राम शिक्षा समिति के सदस्यों व पंचायती राज संस्थाओं के सदस्यों को शामिल करके इस कार्यक्रम को बढ़ाया जाएगा।

4. संस्थागत क्षमता निर्माण : इस अभियान द्वारा नीपा, राष्ट्रीय शैक्षिक अनुसन्धान और प्रशिक्षण परिषद्, राष्ट्रीय शिक्षक शिक्षा परिषद्, राज्य शैक्षिक अनुसन्धान एवं प्रशिक्षण परिषद् जैसी राष्ट्रीय व राज्य स्तर की संस्थाओं के लिए क्षमता निर्माण की अहम् भूमिका की कल्पना की गई है। यह कहा गया है कि गुणवत्ता में सुधार के लिए विशेषज्ञों के स्थाई सहयोग वाली प्रणाली की आवश्यकता है।

5. बालिका शिक्षा : लड़कियों विशेषकर अनुसूचित जाति और जनजाति की लड़कियों की शिक्षा इस अभियान का महत्त्वपूर्ण लक्ष्य होगा।

6. विशिष्ट समूहों पर ध्यान : विशेष समूहों जैसे अनुसूचित जाति, जनजाति, धार्मिक व भाषाई अल्पसंख्यकों, विकलांगों व अन्य वंचित वर्ग के बच्चों की शैक्षिक सहभागिता पर विशेष ध्यान दिया जाएगा।

7. शैक्षिक प्रशासन की मुख्य धारा में सुधार : प्रभावशाली विधियां अपनाकर शैक्षिक प्रशासन की मुख्य धारा में सुधार पर ध्यान देने की बात कही गई है।

8. परियोजना पूर्व चरण : सर्वशिक्षा अभियान द्वारा देश भर में योजनाबद्ध तरीके से परियोजना पूर्व चरण आरम्भ किया जाएगा। इसके अन्तर्गत वितरण व मानीटरिंग पद्धति को सुधार कर क्षमता विकास के अनेक कार्यक्रम चलाए जाएंगे।

9. गुणवत्ता पर बल : यह अभियान पाठ्यक्रम में सुधार लाकर तथा बालकेन्द्रित विधियों को अपनाकर प्राथमिक स्तर तक की शिक्षा को प्रासंगिक व उपयोगी बनाने पर बल देता है।

10. अध्यापकों की भूमिका : सर्वशिक्षा अभियान अध्यापकों की महत्त्वपूर्ण भूमिका को स्वीकार करते हुए इस बात पर बल देता है कि उनकी विकास सम्बन्धी आवश्यकताओं पर ध्यान दिया जाए।

11. जिला प्रारम्भिक शिक्षा योजनाएं : इस अभियान की कार्य संरचना के अनुसार प्रत्येक जिला एक जिला प्रारम्भिक शिक्षा योजना तैयार करेगा जो संकेन्द्रित व समग्र दृष्टिकोण से युक्त प्राथमिक शिक्षा क्षेत्र में किए गए सभी निवेशों को दर्शायेगा।

सर्वशिक्षा अभियान के घटक (Components of Sarva Shiksha Abhiyan)

इस अभियान में अध्यापकों की नियुक्ति, उनका प्रशिक्षण, प्राथमिक शिक्षा की गुणात्मकता में सुधार, शिक्षण अधिगम सामग्री की व्यवस्था, शैक्षिक सहायता के लिए खण्डीय एवं सामूहिक संसाधन केन्द्रों की स्थापना, कमरों व विद्यालय-भवन का निर्माण, शिक्षा गारण्टी केन्द्रों की स्थापना, विकलांगों की शिक्षा तथा दूरस्थ शिक्षा आदि घटक शामिल हैं।

प्रारम्भिक शिक्षा को सर्व सुलभ बनाने के लिए वित्तीय संसाधनों की आवश्यकता : एक अनुमान के अनुसार अगले दस वर्ष के लिए केन्द्र व राज्य स्तर के विभागों के बजट से लगभग 60 हजार करोड़ रुपए के अतिरिक्त संसाधनों की आवश्यकता है। सर्वशिक्षा अभियान प्रारम्भिक शिक्षा को सर्वसुलभ बनाने के उद्देश्य को प्राप्त करने के लिए बजट का प्रावधान करने वाला कार्यक्रम है। इस कार्यक्रम के लिए निम्नलिखित वित्तीय प्रतिमानक निर्धारित किए गए हैं–

1. इस अभियान के लिए केन्द्र व राज्यों के बीच वित्तीय भागेदारी नवीं योजना अवधि के दौरान 85 : 15, दसवीं योजना अवधि में 75 : 25 व उसके बाद 50 : 50 की होगी।
2. इस अभियान के अन्तर्गत नियुक्त किए गए अध्यापक के वेतन में केन्द्र व राज्य सरकार की भागेदारी नवीं योजना के दौरान 85 : 15, दसवीं योजना के दौरान 75 : 25 तथा उसके बाद 50 : 50 के अनुपात में होगी।
3. विभाग की वर्तमान योजनाएं नवीं योजना के बाद मिला दी जाएंगी। प्राथमिक शिक्षा की राष्ट्रीय पोषाहार सहायता कार्यक्रम योजना एक विशिष्ट योजना के रूप में कायम रहेगी जिसमें खाद्यान्न एवं यातायात की लागत केन्द्र सरकार द्वारा वहन की जाएगी तथा भोजन पकाने की लागत राज्य सरकारों द्वारा वहन की जाएगी।
4. विद्यालयों के स्तर में सुधार, उनके रख-रखाव, अध्ययन-अध्यापन सामग्री तथा स्थानीय प्रबन्धन के लिए प्रयोग की जाने वाली सभी निधियां वी.ई.सी./स्कूल प्रबन्धन समिति को हस्तान्तरित कर दी जाएगी।
5. छात्रवृत्ति, वर्दी जैसी अन्य प्रोत्साहन योजनाओं के लिए राज्य योजना के अन्तर्गत निधियां जारी की जाती रहेंगी।

हरियाणा में सर्वशिक्षा अभियान (Sarva Shiksha Abhiyan in Haryana)

हरियाणा राज्य भी 6-14 वर्ष तक की आयु के बच्चों को प्राथमिक शिक्षा प्रदान करने के केन्द्र सरकार के प्रोजेक्ट के अन्तर्गत सर्वशिक्षा अभियान को लागू कर रहा है। इसके अन्तर्गत प्राथमिक शिक्षा में गुणात्मक सुधार लाने के प्रयत्न किए जा रहे हैं। अध्यापकों को प्रशिक्षित किया जा रहा है। कार्यशालाएं आयोजित की

जा रही हैं। शिक्षा संस्थाओं को अधिक सुविधा सम्पन्न बनाया जा रहा है। इसके लिए विभिन्न एजेन्सियों द्वारा चलाए जा रहे कार्यक्रमों व योजनाओं के साथ समन्वय स्थापित किया जा रहा है। सभी जिलों को यह अवसर प्रदान किए जा रहे हैं कि वे स्थानीय आवश्यकताओं व वातावरण को ध्यान में रखते हुए प्राथमिक शिक्षा योजनाएं विकसित करें। इस सन्दर्भ में हरियाणा प्राथमिक शिक्षा परियोजना परिषद् द्वारा 'सर्वशिक्षा अभियान' नाम से एक हैन्ड-बुक का प्रकाशन भी किया गया है, जिसमें इस अभियान के विषय में जानकारी दी गई है। इस प्रकार हरियाणा में सर्वशिक्षा अभियान के माध्यम से केन्द्र सरकार के 2010 तक 6-14 आयुवर्ग के बच्चों को गुणात्मक शिक्षा प्रदान करने के लक्ष्य को प्राप्त करने में मदद करने के लिए निरन्तर प्रयास जारी हैं।

◆◆◆

8. सर्व शिक्षा अभियान को सफल बनाने के लिए क्या आवश्यक शर्तें रखी गई हैं?
(What necessary promises are kept to make Sarva Shiksha Abhiyan successful?)

उत्तर–सर्व शिक्षा अभियान को सफल बनाने के लिए उन बिन्दुओं पर अधिक बल दिया गया है, जिनसे अध्ययन में बाधाएँ आ रही हैं।

1. पहुंच (Access)–छोटे बच्चों की शिक्षा सुविधा के लिए विद्यालय दूर होंगे तो बच्चों के आने-जाने की समस्या होगी, इसलिए प्राथमिक शिक्षा से पूर्व बालवाड़ी, आंगनवाड़ी, क्रैच संस्थाओं की व्यवस्था की गई है, ताकि बच्चे समीप के शिक्षण केन्द्रों में आसानी से पहुंच जाएं।

2. छात्रों का नामांकन अनिवार्य (Enrolment)–प्रत्येक छात्र जिनकी आयु 6 से 14 वर्ष हो उनका विद्यालय में नामांकन छठे वर्ष की आयु में अवश्य ही होना चाहिए।

नामांकन के लिए अभिभावक, अध्यापक, ग्रामीण शिक्षा समिति एवं पंचायत को जिम्मेवारी दी गई है कि समय पर गांव, शहर के प्रत्येक बच्चे का नामांकन करवाया जाए।

3. ठहराव (Retension)–14 वर्ष की आयु होने तक विद्यालय में नियमित भेजा जाए। जिससे सर्व शिक्षा अभियान को सफलता मिले। यह जिम्मेवारी विद्यालय के अध्यापक, अभिभावक, शिक्षा समिति, पंचायत तथा स्थानीय प्रशासन को लेनी चाहिए। जिस प्रकार लड़के व लड़की की 21 और 18 वर्ष की शादी की कानूनी शर्त रखी गई है। उसी प्रकार 6 से 14 वर्ष तक आयु वर्ग के बच्चों को विद्यालय में भेजना अनिवार्य होना चाहिए। ऐसा कानून बनाया जाए, कानून की पालना अनिवार्य हो। उसमें स्थानीय लोगों का सहयोग लिया जाए। नियमित छात्रों के लिए दोपहर के भोजन की व्यवस्था की गई है।

4. उपयोगी व कोटिपरक शिक्षा (Quality of Education)–एक बार बच्चा प्रथम कक्षा में प्रवेश लेने के बाद कक्षा 8 तक 14 वर्ष की आयु तक निरंतर अध्ययन करे। शिक्षा भी जीवनोपयोगी (रोजगारपरक) होनी चाहिए ताकि शिक्षा प्राप्ति के उपरान्त शिक्षा सार्थक सिद्ध हो। शिक्षा के साथ-साथ कार्यानुभव एवं हस्तकला उत्पादक शिक्षा की व्यवस्था करनी चाहिए। जिससे शिक्षा का सीधा लाभ नागरिकों को उपलब्ध हो।

5. वैकल्पिक विद्यालय (Alternate School)–किसी भी कारण से समय पर बच्चे प्रवेश नहीं ले पाते या किसी कारण से 14 वर्ष आयु से पूर्व स्कूल छोड़ देते हैं। उन विद्यार्थियों के लिए स्थानीय क्षेत्रों में वैकल्पिक विद्यालय खोलकर अनिवार्य शिक्षा की व्यवस्था करनी चाहिए।

सर्व शिक्षा अभियान को सफल बनाने के लिए उपरोक्त सभी व्यवस्थाएं की गई हैं।

6. दूरस्थ शिक्षा (Distance Education)–दूरस्थ शिक्षा के माध्यम से सर्व शिक्षा अभियान को सफल बनाने का प्रयास किया गया है। दूरस्थ शिक्षा के अध्यापकों को विशेष प्रशिक्षण देकर रविवार और छुट्टी के दिनों में आकर्षक ढंग से शिक्षा की व्यवस्था की गई है, ताकि रोजगार में नियुक्त कर्मचारी, श्रमिक वर्ग, व्यापारी आदि जो सप्ताह के पूरे दिनों में शिक्षा के लिए समय नहीं निकाल सकते वह रविवार और छुट्टी के दिनों में शिक्षा ग्रहण कर सकते हैं।

◆◆◆

9. भारत सरकार ने सर्व शिक्षा अभियान को सफल बनाने के लिए क्या आर्थिक व्यवस्था की है?

उत्तर–वित्तीय प्रावधान (Financial Provision)–भारत सरकार द्वारा सर्व शिक्षा अभियान में खर्च करने के लिए निम्नलिखित वित्तीय प्रावधान किए गए हैं–

क्रमांक	विषय	प्रावधान
1.	शैक्षिक	● प्रत्येक प्राथमिक और उच्च प्राथमिक विद्यालयों में 40 बच्चों पर एक शिक्षक। ● प्राथमिक विद्यालय में कम से कम दो शिक्षक। ● उच्च प्राथमिक विद्यालय में प्रत्येक कक्षा के लिए एक शिक्षक। ● सर्व शिक्षा अभियान द्वारा खोले गए नए प्राथमिक और उच्च प्राथमिक विद्यालयों में में अध्यापकों की नियुक्ति सर्व शिक्षा अभियान के अन्तर्गत की जाएगी।
2.	स्कूल/वैकल्पिक स्कूल सुविधा	● प्रत्येक बस्ती के लिए एक किमी. में स्कूल/वैकल्पिक सुविधा।
3.	उच्च प्राथमिक विद्यालय	● प्राथमिक शिक्षा पूरी करने वाले बच्चों की संख्या तथा उनकी जरूरतों को ध्यान में रखते हुए प्रत्येक दो प्राथमिक विद्यालयों के लिए एक उच्च प्राथमिक विद्यालय की सीमा निर्धारित की गई है।
4.	कक्षाएं	● प्राथमिक एवं उच्च प्राथमिक विद्यालय में प्रत्येक शिक्षक के लिए एक कमरा। ● उच्च प्राथमिक विद्यालय में मुख्य अध्यापक के लिए एक कमरा। ● प्राथमिक विद्यालय में कम से कम दो कमरे। बरामदा सहित और कम से कम दो अध्यापक होने चाहिए।
5.	निःशुल्क पाठ्य-पुस्तकें	● प्राथमिक और उच्च प्राथमिक स्तर पर सभी बालिकाओं और अनुसूचित जाति के बच्चों के लिए प्रत्येक बच्चे को 150/- रुपये की अधिकतम सीमा के अन्दर पाठ्य-पुस्तकें प्रदान की जाएंगी।
6.	निर्माण कार्य	● सर्व शिक्षा अभियान कार्यक्रम की निधियों का 33 प्रतिशत की अधिकतम सीमा तक उपयोग। ● निर्माण कार्य के लिए पानी की सुविधा पर 15000/- रुपये, शौचालय पर 2000/- रुपये खर्च किए जा सकते हैं। सभी निर्माण कार्य VEC. के सहयोग से करवाए जाएं। ● विद्यालय सुविधाओं में सुधार के लिए बी.आर.सी./सी.आर.सी. का निर्माण। ● कार्यालय भवनों के निर्माण पर काई व्यय वहन नहीं किया जाएगा।

क्रमांक	विषय	प्रावधान
7.	स्कूल भवनों का रखरखाव व मरम्मत	● केवल स्कूल प्रबंधन समिति द्वारा। ● स्कूल समिति के विनिर्दिष्ट प्रस्तावों के अनुसार प्रत्येक वर्ष 5000/- रुपये तक। ● सामुदायिक योगदान के तत्त्वों को अवश्य शामिल करना। ● तीन कमरों तक के विद्यालयों में 4000/- रुपये प्रति विद्यालय और तीन से अधिक कमरों में 7500/- रुपये प्रति विद्यालय औसत 5000/- रुपये से अधिक नहीं होनी चाहिए। ● यह राशि केवल उन विद्यालयों के लिए है जिनका अपना भवन है। (कमरे का अर्थ केवल कक्षा-कक्ष है यह राशि निर्माण कार्य के 33 प्रतिशत में शामिल नहीं होगी।)
8.	नये प्राथमिक विद्यालय के लिए TLE	● प्रत्येक नए प्राथमक विद्यालय के लिए 10000/- रुपये की दर से TLE के लिए प्रावधान। ● TLE का प्रावधान शिक्षकों और कक्षाओं के लिए है।
9.	उच्च प्राथमिक विद्यालयों के लिए TLE	● प्रत्येक नए उच्च विद्यालय के लिए 50000/- रुपये की दर से TLE का प्रावधान है।
10.	विद्यालयों के लिए अनुदान	● प्राथमिक तथा उच्च विद्यालयों के लिए विद्यालय उपकरणों की मरम्मत/खरीद के लिए 2000/- रुपये का प्रावधान VEC की सहायता से खर्च की जाए।
11.	शिक्षक अनुदान	● प्राथमिक तथा उच्च विद्यालयों में 500/- रुपये प्रति शिक्षक के प्रति वर्ष 1 (कक्षा 1 से 8 तक सभी अध्यापकों को)।
12.	शिक्षक प्रशिक्षण	● सभी शिक्षकों के लिए 20 दिनों के सेवाकालीन प्रशिक्षण का प्रावधान 70/- रुपये प्रतिदिन की दर से प्रावधान व नए भर्ती प्रशिक्षित शिक्षकों के लिए 30 दिनों का प्रबोधन पाठ्यक्रम का प्रावधान। (अध्यापक प्रशिक्षण से संबंधित सभी खर्च इसी प्रावधान से पूरे किए जाते हैं।)
13.	VEC प्रशिक्षण	● एक VEC से अधिकतम 6 व्यक्तियों का प्रशिक्षण 2 दिनों के लिए। ● 30/- रुपये प्रति व्यक्ति प्रर्तिदिन की दर से प्रावधान है।

क्रमांक	विषय	प्रावधान
14.	विकलांग बच्चों के लिए प्रावधान	● प्रस्ताव विशेष के अनुसार विकलांग बच्चों को शामिल करने के लिए 1200/- रुपये की राशि प्रति बच्चे की दर से।
15.	शौध, मूल्यांकन, पर्यवेक्षण एवं मॉनीटरिंग	● 1500/- रुपये प्रति स्कूल प्रति वर्ष। ● विशेषज्ञों का पूल बनाना, जिसमें मॉनीटरिंग के लिए उन्हें यात्रा अनुदान तथा मानदेय प्रदान करना, समुदाय आधारित आंकड़े तैयार करना, शोध अध्ययन, निर्धारण लागत तथा मूल्यांकन शर्तें एवं उनकी क्षेत्र विशिष्ट गतिविधियां शामिल है।
16.	प्रबंधन लागत	● किसी जिले की योजनागत बजट के 6 प्रतिशत से अधिक नहीं।
17.	लड़कियों की शिक्षा के लिए अभिनव क्रियाकलाप, प्रारंभिक शिशु देखभाल तथा शिक्षा, अनुसूचित जाति/ अनुसूचित जनजाति के बच्चों के लिए कार्यक्रम, विशेषकर उच्च प्राथमिक स्तर पर कम्प्यूटर शिक्षा	● सर्व शिक्षा अभियान के लिए प्रत्येक अभिनव परियोजना के लिए 15 लाख रुपये तक तथा प्रत्येक जिले के लिए अधिकतम 50 लाख रुपये की राशि प्रदान की जाएगी।
18.	ब्लॉक संसाधन केन्द्र/सामूहिक संसाधन केन्द्र	● जहां भी आवश्यकता हो ब्लॉक संसाधन केन्द्रों के निर्माण के लिए 6 लाख रुपये तक राशि प्रदान की जाएगी। ● 100 विद्यालयों से अधिक वाले ब्लॉक में 20 व्यक्ति (ए.बी.आर.सी. व अन्य स्टाफ) तक की तैनाती। ● फर्नीचर आदि के लिए ब्लॉक संसाधन केन्द्रों के लिए 1 लाख रुपये तथा क्लस्टर संसाधन केन्द्रों के लिए 10 हजार रुपये की दर से प्रदान करने का प्रावधान (केवल एक बार)। ● प्रारंभिक अनुदान के रूप में प्रत्येक वर्ष प्रत्येक ब्लॉक संसाधन केन्द्र के लिए 12500/- रुपये तथा प्रत्येक क्लस्टर संसाधन केन्द्र के लिए 2500/- रुपये। ● यात्रा भत्ता—बी.आर.सी. को 500/- रुपये और सी.आर.सी. को 200/- रुपये प्रति मास। ● टी.एल.एम. अनुदान—बी.आर.सी. को 5000/- रुपये और बी.आर.सी. को 2000/- रुपये प्रति मास।

क्रमांक	विषय	प्रावधान
19.	विद्यालय न जाने वाले बच्चों के लिए कार्यक्रम	● शिक्षा गारंटी योजना और वैकल्पिक तथा अभिनव शिक्षा योजना के तहत अनुमोदित मानदंडों के अनुसार निम्नलिखित कार्यक्रम किए जाएं— ● लाभवंचित क्षेत्रों में शिक्षा गारंटी केन्द्रों की स्थापना। ● अन्य वैकल्पिक विद्यालय मॉडलों की स्थापना। ● ब्रिज पाठ्यक्रमों, उपचारी पाठ्यक्रमों, विद्यालय कैम्पों में वापसी के माध्यम से विद्यालय छोड़ने वाले बच्चों को नियमित विद्यालयों में लाना।
20.	माइक्रो आयोजना, घरेलू सर्वेक्षण, अध्ययन, सामुदायिक गतिविधियाँ, विद्यालय आधारित गतिविधियां, कार्यालय उपकरण आदि हेतु तैयारी संबंधी क्रियाकलाप।	● प्रस्ताव विशेष के अनुसार विद्यालयों में आवश्यकतानुसार आर्थिक सहायता प्रदान की गई है।

सर्व शिक्षा अभियान के चरण-I (Sarva Shiksha Abhiyan–S.S.A. Phase-I)—सर्व शिक्षा अभियान में जहां विद्यालयों में भवन की कमी थी, उनमें कमरे बनाकर बच्चों के बैठने की पूरी व्यवस्था के प्रयास किए गए हैं। पीने के पानी, पानी, शौचालय, चारदीवारी आदि के लिए आर्थिक सहयोग देकर, शिक्षा के लिए पूरी सुविधाएं दी गई हैं। इसी कार्यक्रम को आगे बढ़ाने के लिए (S.S.A. Phase–2) राष्ट्रीय माध्यमिक शिक्षा अभियान–II (R.M.S.A.) को निरंतर आगे बढ़ा दिया है ताकि विश्व के प्रत्येक नागरिक को शिक्षा का अधिकार मूलभूत अधिकार के रूप में प्राप्त हो। विश्व का प्रत्येक नागरिक आत्मनिर्भर हो, स्वयं के व्यक्तिगत विकास से लेकर अंतर्राष्ट्रीय विकास और विश्व में शांति स्थापित करने में अपने शारीरिक अंगों और बुद्धि का उचित उपयोग कर सके। इसलिए सार्वभौमिक शिक्षा की पूरे विश्व को आवश्यकता है। इसलिए यूनेस्को ने शिक्षा में पिछड़े देशों के लिए विश्व बैंक को अधिकाधिक राशि देने की सिफारिश की है। विश्व बैंक ने भारत में सर्व शिक्षा अभियान एवं राष्ट्रीय माध्यमिक शिक्षा अभियान के लिए दिल खोलकर आर्थिक सहायता प्रदान की है, जिससे भारत में सभी के लिए शिक्षा का तीव्र गति से प्रचार और प्रसार हो रहा है।

◆◆◆

10. सर्व शिक्षा अभियान का (दूसरा चरण) Phase-II को R.M.S.A. क्यों रखा गया? इसकी क्या आवश्यकता हुई?
(Need's of Rashtriya Madhyamic Shiksha Abhiyan (R.M.S.A.) Phase–II.)

अथवा

राष्ट्रीय माध्यमिक शिक्षा अभियान (RMSA) की मूल संस्तुतियों पर टिप्पणी लिखिए।
(Write a note on basic recommendations of Rashtriya Madhyamic Shiksha Abhiyan (RMSA).

उत्तर—सर्व शिक्षा अभियान से माध्यमिक विद्यालयों में प्रवेश संख्या बढ़ी है और विद्यालय में ठहराव में सफलता मिली है। इसी प्रगति क्रम को आगे बढ़ाने के लिए NUEPA में 2006 में योजना पर विचार किया गया। योजना को कार्यान्वित करने के लिए समय-समय पर रूपरेखा तैयार की गई। दिनांक 12-11-2009 को प्रोजैक्ट बोर्ड ने सर्व शिक्षा अभियान को स्वीकृति प्रदान कर दी गई। जिसमें सर्व शिक्षा अभियान में

उच्चतर माध्यमिक शिक्षा को सम्मिलित किया गया, जिसे राष्ट्रीय माध्यमिक शिक्षा अभियान Held on 12-11-2009 के नाम से जाना गया है। इसमें 14 से 18 आयु वर्ग नक शिक्षा को सम्मिलित किया गया।

आर.एम.एस.ए. फेज–II की क्या आवश्यकता है (What is need of R.M.S.A. Phase–II)

–सर्व शिक्षा अभियान दूसरा चरण की निम्नलिखित आवश्यकताओं की पूर्ति के लिए आरंभ किया गया–

1. अब तक शत-प्रतिशत बच्चों ने प्रवेश नहीं लिया, उनके कारणों व समस्याओं को दूर करके उन्हें अनिवार्य रूप से प्रवेश दिलवाना और उच्चतर माध्यमिक शिक्षा तक पढ़ने के लिए प्रेरित करना।
2. कुछ विद्यार्थी माध्यमिक शिक्षा पूर्ण होने से पूर्व ही विद्यालय छोड़ देते हैं। उन्हें उच्चतर शिक्षा तक विद्यालय न छोड़ने के लिए तैयार करना। उनकी समस्याओं को दूर करके, निःशुल्क शिक्षा, पाठ्य-पुस्तकें और विद्यालय की गणवेश, दोपहर का भोजन, दूर गांव से स्कूल पहुंचने के लिए साइकिल सुविधा आदि देकर, विद्यालय उपस्थिति और पूरी शिक्षा के लिए प्रेरित करना। हरिजन, पिछड़ी जाति, आर्थिक रूप से कमजोर बच्चों को स्टाय फंड और अच्छे अंक अधिक प्रतिशत प्राप्त करने पर 10000/- रुपये पुरस्कार देकर प्रोत्साहित करना। उच्च विद्यालय और उच्चतर विद्यालय की दूरी 5 किलोमीटर और 7 किलोमीटर की व्यवस्था करना। जिला स्तर, आवासीय विद्यालय (छात्रावास) की सुविधाएं प्रदान करना और आवासीय छात्रावास के लिए आर्थिक सहायता प्रदान करना, जो मिडिल स्कूल हैं, उन्हें उच्च विद्यालय और जो उच्च विद्यालय हैं उन्हें उच्चतर विद्यालय की स्वीकृति देकर उनमें कम से कम दो यथासंभव चार कमरे बनवाकर बैठने की सुविधा प्रदान करना।
3. **योग्य अध्यापकों की नियुक्ति**–अध्यापकों की सेवा पूर्व अच्छा प्रशिक्षण देकर, योग्य अध्यापकों की नियुक्ति करना, अध्यापक और बच्चों का अनुपात अधिक से अधिक 1 : 40, कम से कम 1 : 25 का अनुपात होना चाहिए।
4. महिला विद्यालय की अगल व्यवस्था करना और कन्या विद्यालयों में योग्य महिला अध्यापकों की नियुक्ति करना।
5. **सेवारत काल प्रशिक्षण (In Service Training)**–सेवारत अध्यापक/अध्यापिकाओं को नई तकनीक शैक्षिक सहायक सामग्री, नये पाठ्यक्रम का प्रशिक्षण देकर उनमें नई उमंग से सरल-आकर्षक संसाधनों से अध्यापक के लिए प्रेरित करना चाहिए।

   दूर से आने वाले अध्यापकों के लिए विद्यालय में आवासीय सुविधा देने का प्रयास करना चाहिए।
6. **मुक्त विद्यालय (Open School)**–किन्हीं भी कारणों से जो कृषक, श्रमिक, अपंग, निर्धन और बालिकाएं विद्यालय जाने में असहाय हैं, उनके लिए Open School खोलकर अध्ययन के लिए अच्छी सुविधाएं देकर शिक्षा प्राप्त करने के लिए सर्व शिक्षा अभियान के माध्यम से उत्साहित किया जाता है।
7. सभी के लिए शिक्षा के समान अवसर देने के लिए सर्व शिक्षा अभियान में पूरी व्यवस्था की गई है। अनुसूचित जाति/अनुसूचित जनजाति/पिछड़ी जाति, आर्थिक रूप से पिछड़े विद्यार्थियों, लड़कियों, अंगहीनों, दृष्टिहीनों आदि को उनकी आवश्यकताओं के अनुसार सुविधाएं/उपकरण और आर्थिक सहायता प्रदान करके सभी को शिक्षा के लिए समान अवसर देने की व्यवस्था की गई है। जिससे उनके अध्ययन में किसी प्रकार की समस्या/या बाधा न हो।
8. सभी धर्मों, जातियों, अल्पसंख्यकों, विभिन्न मातृभाषाओं के बच्चों को शिक्षा के लिए सभी संस्थाओं में प्रवेश की स्वतंत्रता है। किसी भी बच्चे से किसी प्रकार का भेदभाव नहीं किया जाता।
9. विद्यालयों में भवन, फर्नीचर, लाईट, स्वच्छ पानी आदि के लिए विभिन्न मदों में आर्थिक सहायता प्रदान करके शिक्षण व्यवस्था को दूरस्त व आकर्षक बनाने पर बल दिया गया।

10. **खेल का मैदान (Play Ground)**–विद्यालयों में खेल का मैदान बनाने और उसे सुविधाजनक बनाने के लिए प्रत्येक स्कूल में आर्थिक सहायता देकर बच्चों को खेल और अच्छे स्वास्थ्य के लिए प्रेरित किया गया है। विद्यार्थियों में स्टेडियम बनाने और सुखद वातावरण के लिए पेड़-पौधे लगाने पर बल दिया है।
11. **लाइब्रेरी पुस्तकालय**–अध्ययन में पुस्तकालय का बहुत महत्त्व है, विद्यालयों में पाठ्य-पुस्तकें, नैतिक पुस्तकें, धार्मिक पुस्तकें और सर्व शिक्षा अभियान के अन्तर्गत 25000/- रुपये आर्थिक सहायता देकर पुस्तकालयों को आकर्षक बनाया गया।
12. विद्यालयों के प्रत्येक अध्यापकों को 1000/- रुपये प्रतिवर्ष देकर, अध्यापन सामग्री तैयार करने, मॉडल बनाने और शिक्षण सुविधाओं के लिए दिए गए हैं ताकि वे अध्यापक का सरल और आकर्षक ढंग से रुचिपूर्वक शिक्षण सफल प्रमाणित हो।
13. **प्रतिवर्ष 5 दिन का प्रशिक्षण**–R.M.S.A. के अन्तर्गत प्रत्येक अध्यापक/प्राध्यापक/प्रिंसिपल और अधिकारियों को प्रतिवर्ष 5 दिन का प्रशिक्षण देकर नई तकनीक और नई जानकारी देकर अपने अधिकार और कर्तव्य के लिए जागरूक किया जाता है। जिससे वे विद्यालयों, कार्यालयों में नए उत्साह और नई उमंग से कार्य करें। प्रत्येक अध्यापक को 200/- रुपये प्रतिदिन प्रशिक्षण के समय में दिये जाते हैं।
14. संस्था को आकर्षक तथा व्यवस्थित बनाने के लिए मेजर रिपेयर के लिए चार लाख रुपये और माइनर रिपेयर के लिए 40,000/- रुपये प्रदान की जाती है, जिससे विद्यालय का भवन आकर्षक बनाया जा सके।
15. गांव में पढ़ाने वाले अध्यापकों/अध्यापिकाओं को 300/- रुपये प्रतिमास प्रोत्साहित राशि देने की व्यवस्था की गई है, जिससे ग्रामीण क्षेत्रों में अध्यापक पढ़ाने में पूरी रुचि लें।
16. विद्यालय की व्यवस्था और प्रबंध के लिए एक लाख रुपये प्रतिवर्ष सहयोग देकर विद्यालय प्रबंधन और व्यवस्था को सुदृढ़ करने का प्रावधान किया गया, जिससे संस्था का कार्य सुचारू एवं नियमित रूप से चलता रहे।
17. नए शिक्षा अभियान में आने वाले राज्यों में 35 अधिकारियों की नियुक्ति की व्यवस्था की गई है। प्रत्येक अधिकारी को 2.4 लाख प्रति वर्ष वेतन के रूप में दिया जाएगा।
18. सर्व शिक्षा अभियान को सुचारू रूप से चलाने के लिए पूरे राष्ट्र में एक ही योजना बनाई गई जिससे राष्ट्रीय शिक्षा नीति में समानता बनी रहे। पूरे राष्ट्र में एक समान शिक्षा के समान अवसर और सुविधाएं प्राप्त हों। देश का प्रत्येक नागरिक शिक्षित हो। अपनी प्रतिभा-शक्ति और योग्यता से राष्ट्र निर्माण एवं विकास में पूरा योगदान दे सके। इसलिए देश में सर्व शिक्षा अभियान चला कर सभी नागरिकों को समान शिक्षा के अवसर देकर प्रजातांत्रिक शासन व्यवस्था में उनके अधिकार और कर्तव्यों के प्रति जागरूक किया जा सके।

◆◆◆

11. सर्व शिक्षा अभियान का तीसरा चरण कौन-कौन से राज्यों में प्रारंभ किया गया है और क्यों? (In which states the of R.M.S.A. Phase–III is implemented and why?)

उत्तर–सर्व शिक्षा के दूसरे चरण से प्रभावित होकर तीसरे चरण का अभियान अधिक विकासशील और पिछड़े राज्यों में प्रारंभ किया है।

सर्व शिक्षा अभियान में कुल 652.70 करोड़ रुपये खर्च करने का प्रावधान है। योजना बोर्ड की अनुमति के अनुसार 2009-10 के अनुसार मुख्य ध्यान निम्नलिखित बिन्दुओं पर दिया गया है–

1. नये विद्यालयों में कक्षा IX और X के लिए दो-दो सैक्शनों के लिए चार कमरे बनवाने का प्रावधान किया गया है। प्रत्येक नए अपग्रेड विद्यालय में एक-एक सेक्शन के लिए 2 लाख और दो-दो सैक्शन के लिए

चार लाख अनुदान देने की व्यवस्था की गई है। जो विद्यालय VIII से दर्जा बढ़ाकर दसवीं तक अपग्रेड कर दिए हैं, उनमें नौवीं और दसवीं कक्षाओं के लिए कमरे बनाने का प्रावधान किया गया है।

2. नए विद्यालय (New School)–नये विद्यालयों में नये अध्यापकों की नियुक्ति की समस्या होती है। योजना बोर्ड ने नई नियुक्ति के लिए कहा है, ताकि कक्षाएं सुचारू रूप से चलाई जाएं।

योजना बोर्ड ने शिक्षा के क्षेत्र में पिछड़े और अग्रणी निम्न 7 राज्यों में नई सर्व शिक्षा अभियान योजना की स्वीकृति दी है। ये निम्नलिखित राज्य हैं–

1. केरल-शिक्षा के क्षेत्र में विकसित राज्य
2. तमिलनाडु-शिक्षा के क्षेत्र में विकसित राज्य
3. पंजाब-शिक्षा के क्षेत्र में विकसित राज्य
4. मिजोरम-शिक्षा के क्षेत्र में अविकसित राज्य
5. छत्तीसगढ़-शिक्षा के क्षेत्र में अविकसित राज्य
6. राजस्थान-शिक्षा के क्षेत्र में अविकसित राज्य
7. उत्तर प्रदेश-शिक्षा के क्षेत्र में पिछड़ा राज्य घोषित किया गया है।

अनुभव प्राप्त करने एवं अभियान को सफल बनाने के लिए 7 राज्यों का चयन गया है। इन 7 राज्यों के लिए निम्नलिखित विषयों पर ध्यान आकर्षित किया गया है–

(I) पाठ्यक्रम में सुधार (Curricular Reform)
(II) विद्यालय व्यवस्था में सुधार (परिवर्तन) (School Governance Reform)
(III) परीक्षा प्रणाली में सुधार (Examination Reform)
(IV) कक्षा-कक्षों में सुधारात्मक परिवर्तन (Classroom Transaction)

योजना बोर्ड ने सर्व शिक्षा अभियान संचालन के लिए निम्नलिखित निर्देश दिए हैं–

1. कुल खर्च की अनुमति दी गई राशि का 30% से अधिक Maintenance, टूट-फूट, सुधारात्मक कार्यों पर खर्च न किया जाए।
2. बड़ी और छोटी रिपेयर के लिए राशि अनुदान दी गई है।
3. नये विद्यालय में दो कमरे बनाने की अनुदान राशि दी गई है।
4. सेवारत अध्यापकों के लिए शिक्षण की सुविधा दी गई है! ताकि प्रशिक्षण के उपरान्त अध्यापकों में नया उत्साह व ऊर्जा उत्पन्न हो।
5. दूर-दराज के पिछड़े क्षेत्रों में अध्यापकों के लिए विद्यालयों में आवासीय सुविधाएं हों।
6. विद्यालयों में शत-प्रतिशत बच्चों के लिए प्रवेश पर ध्यान दिया जाए और प्रवेश के बाद माध्यमिक शिक्षा 14-18 वर्ष तक पूरी शिक्षा ग्रहण करें। कोई भी विद्यार्थी माध्यमिक शिक्षा तक शिक्षा से वंचित न रहे।
7. विद्यालय की प्रबंधन व्यवस्था पर कुल अनुदान राशि 7.5% से अधिक खर्च न किया जाए।
8. विद्यालय व्यवस्था के सुधार एवं शिक्षण प्रबंध के लिए नये अध्यापकों की नियुक्ति की व्यवस्था की जाए ताकि विद्यार्थियों का अध्ययन नियमित एवं सुचारू रूप से चलता रहे।
9. नए सर्व शिक्षा अभियान के तीसरे चरण, राज्यों में उनकी क्षेत्रीय समस्याओं एवं वातावरण तथा परिस्थितियों के अनुसार शिक्षण में सुधार के निर्देश दिए गए हैं। जिससे सबको शिक्षा के समान अवसर प्राप्त हों, सभी नागरिकों को अपनी योग्यता, शारीरिक शक्ति, प्रतिभा को विकसित करने का अवसर प्राप्त हो। सुखद एवं प्रसन्नचित जीवन में अपने कर्तव्य और मूल अधिकारों का उपयोग कर सकें। देश एवं विश्व शांति और विकास में अपना योगदान दे सकें। यही सार्वभौमिक शिक्षा का उद्देश्य है।

◆◆◆

3.2 वैश्वीकरण, उदारीकरण तथा निजीकरण पर मुद्दे तथा बहस (Issues and Debates on Globalization, liberalization and privatizatioin)

1. वैश्वीकरण क्या है? वैश्वीकरण के लाभ एवं हानियों का वर्णन कीजिए।
(What is globalisation ? Describe the advantages and disadvantages of Globalisation.)

उत्तर–वैश्वीकरण (Globalization)–वैश्वीकरण, उदारीकरण तथा निजीकरण की नीतियों का ही परिणाम है। वैश्वीकरण अंतर्राष्ट्रीय स्तर पर विश्व अर्थव्यवस्थाओं को आर्थिक और सामाजिक रूप से एक दूसरे के समीप लाना है, जिसके परिणामस्वरूप प्रत्येक देश विश्व विकास का एक तत्त्व बन सके। वैश्वीकरण का उद्देश्य देश की अर्थव्यवस्था को संसार के अन्य देशों की अर्थव्यवस्थाओं से मुक्त व्यापार, पूंजी तथा श्रम की मुक्त गतिशीलता आदि के द्वारा संबंधित करना है। वैश्वीकरण राष्ट्रों के बीच प्रतिक्रिया तथा प्रक्रिया के प्रति एक स्वस्थ दृष्टिकोण सिद्ध हो सकता है। वैश्वीकरण राष्ट्रों का आर्थिक विकास करता है। वैश्वीकरण के फलस्वरूप वस्तुओं, सेवाओं, तकनीकी तथा अनुभव का संसार के विभिन्न देशों के साथ बिना किसी हस्तक्षेप के विनिमय हो सकता है।

भारतीय अर्थव्यवस्था के वैश्वीकरण को प्रोत्साहित करने वाली नीति संबंधी रणनीतियां (Policy Strategies Promoting Globalization of the Indian Economy)–भारतीय अर्थव्यवस्था के वैश्वीकरण को प्रोत्साहन करने वाली महत्त्वपूर्ण नीति संबंधी रणनीतियां निम्नलिखित हैं–

1. विदेशी निवेश की साम्या सीमा में वृद्धि करना (To Increase in Equity Limit to Foreign Investment)–वैश्वीकरण के उद्देश्य के प्राप्त करने के लिए विदेशी पूंजी निवेश की साम्या सीमा को 40 प्रतिशत से बढ़ाकर 51-100 प्रतिशत करने दिया गया है। नई आर्थिक नीति के अनुसार उच्च प्राथमिकता वाले 47 उद्योगों में विदेशी प्रत्यक्ष निवेश को बिना किसी प्रतिबंध तथा लाल फीताशाही के 100 प्रतिशत तक की अनुमति दी गई है। निर्यात व्यापार ग्रहों को भी 100 प्रतिशत तक विदेशी पूंजी निवेश की अनुमति प्रदान की गई है। इस संबंध में विदेशी विनिमय प्रबंध अधिनियम (FEMA) लागू किया गया है। अतिरिक्त पूर्जो, कच्चे माल तथा तकनीकी ज्ञान के आयात के मामले में पूंजी निवेश वाली इकाइयों पर सामान्य नियम लागू किए गएहै।

2. दीर्घकालीन व्यापार नीति (Long Term Trade Policy)–वैश्वीकरण के उद्देश्य को प्राप्त करने हेतु विदेशी व्यापार नीति को दीर्घ अवधि के लिए लागू किया गया है। विदेशी व्यापार नीति एक उदार नीति है, जिसके अन्तर्गत विदेशी व्यापार पर लगे सभी प्रकार के नियंत्रण तथा प्रतिबंध हटा दिए गए हैं। इसमें खुली प्रतियोगिता को प्रोत्साहन दिया गया है। इस उद्देश्य की प्राप्ति के लिए सभी प्रकार की सुविधाएं प्रदान की गई है। इसके अन्तर्गत कुछ विशिष्ट वस्तुओं के अलावा सभी अन्य वस्तुओं का आयात-निर्यात किया जा सकता है।

3. आंशिक परिवर्तनीयता (Parlial Convertiblity)–आंशिक परिवर्तनीयता से अभिप्राय है डॉलर अथवा पौंड स्टर्लिंग जैसी विदेशी करेंसी को विदेशी सौदों के लिए बाजार कीमत पर खरीदना तथा बेचना। वैश्वीकरण के उद्देश्य को प्राप्त करने के लिए भारतीय रुपये की आंशिक परिवर्तनीयता की अनुमति दी गई है। यह रियायत आर्थिक सुधारों के अनुरूप है।

आर्थिक परिवर्तनीयता निम्नलिखित सौदों के लिए वैध है–

1. वस्तुओं तथा सेवाओं का आयात व निर्यात करना।
2. निवेश पर ब्याज या लाभांश का भुगतान करना।
3. परिवार के खर्चे के लिए भेजी गई धन राशि।

इसमें पूंजी संबंधी सौदें शामिल नहीं किए जाते हैं, इसलिए इसे आंशिक परिवर्तनीयता कहा जाता है।

आज विश्व भर में तेजी से परिवर्तन हो रहे हैं। ये परिवर्तन सामाजिक, आर्थिक, राजनैतिक, तकनीकी तथा शिक्षा आदि सभी क्षेत्रों में दिखाई दे रहे हैं। इनके परिणामस्वरूप वैश्वीकरण की प्रक्रिया भी विभिन्न क्षेत्रों को प्रभावित कर रही है। वास्तव में वैश्वीकरण विश्व के विभिन्न देशों में परस्पर अन्तःक्रिया (Interaction) की प्रक्रिया है। यह अन्तःक्रिया विचारों, सामाजिक मूल्यों, शिक्षा, अर्थव्यवस्था, राजनीति, तथा तकनीकी आदि सभी क्षेत्रों में हो रही है और इसका कारण है सूचना व तकनीकी के क्षेत्र में हो रहा विकास।

नाइट (Knight) वैश्वीकरण को इस प्रकार परिभाषित करते हैं—

"वैश्वीकरण तकनीकी, वित्त, व्यापार, ज्ञान, मूल्यों तथा विचारों के सीमा पार तक बढ़ते प्रवाह के साथ सम्बन्ध रखता है।" (Globalization refers to the increasing flow of technology, finance, trade, knowledge, values and ideas across borders.)

प्रत्येक विचार/व्यवस्था की कुछ विशेषताएं होती हैं तो कुछ कमियां भी। वैश्वीकरण भी इसका अपवाद नहीं है। जैसे-जैसे यह प्रक्रिया गति पकड़ रही है, वैसे-वैसे इसके अच्छे व बुरे दोनों पहलू हमारे सामने आ रहे हैं।

वैश्वीकरण के लाभ (Advantages of globalization)—इसके निम्नलिखित लाभ हैं—

1. विश्व परिवार की भावना का विकास (Development of the feeling of world Family)—भारतीय संस्कृति प्राचीन काल से ही विश्व परिवार की जिस भावना का सन्देश देती रही है उसका विकास वैश्वीकरण के द्वारा हो सकता है, क्योंकि इसके अन्तर्गत हम अपने विचारों, भावनाओं तथा मूल्यों आदि का आदान-प्रदान करते हैं जिससे परस्पर आत्मीयता की भावना को बढ़ावा मिलता है।

2. प्रतियोगिता की भावना का विकास (Development of the sense of competition)—वैश्वीकरण के कारण विश्व के सभी देशों में दूरियाँ कम हुई हैं। उनमें परस्पर प्रतियोगिता की भावना बढ़ी है और यही स्वरूप प्रतियोगिता की भावना किसी भी राष्ट्र के विकास के लिए आवश्यक शर्त है।

3. शैक्षिक आदान-प्रदान (Educational give and take)—वैश्वीकरण के कारण शैक्षिक आदान-प्रदान को बढ़ावा मिला है। शिक्षा क्षेत्र से जुड़े अध्यापक, प्रबन्धक व विद्यार्थी दूसरे देशों में जाकर वहाँ की शिक्षा प्रणाली को जानते व समझते हैं। इससे दोनों और शैक्षिक विचारों का आदान-प्रदान सम्भव होता है और शिक्षा के ढाँचे को सुदृढ़ बनाने में मदद मिलती है।

4. अन्तर्राष्ट्रीय समस्याओं का समाधान (Solution of international problems)—पर्यावरण प्रदूषण जैसी समस्याएं देश विदेश से सम्बन्ध न रखकर पूरे विश्व को प्रभावित करती हैं। वैश्वीकरण से मिल-जुलकर इन समस्याओं का समाधान करने में मदद मिलती है। इनके लिए अनेक अन्तर्राष्ट्रीय सम्मेलनों का आयोजन किया जाता है तथा परस्पर सहमति से इनका हल खोजने में मदद मिलती है।

5. रोजगार के अवसर (Job opportunities)—वैश्वीकरण से रोजगार के अवसर बढ़े हैं। भारत में विदेशी कम्पनियों के प्रवेश से विभिन्न क्षेत्रों में लोगों को रोजगार के अवसर प्राप्त हो रहे हैं।

6. जनशक्ति की गतिशीलता को बढ़ावा (Encouragement to the mobility of manpower) — वैश्वीकरण के कारण सामाजिक गतिशीलता बढ़ी है। एक देश में रहने वाले लोग शिक्षा या रोजगार के लिए दूसरे देशों का रुख कर रहे हैं। इससे परस्पर सहयोग, समन्वय व समझ का विकास करने में मदद मिलती है।

7. मुक्त व्यापार को बढ़ावा (Encouragement to free trade)—वैश्वीकरण विभिन्न देशों के बीच मुक्त व्यापार की प्रवृत्ति को बढ़ावा देता है। इससे लोगों के जीवन स्तर को सुधारने में मदद मिलती है।

8. आर्थिक विकास में सहायक (Helpful in economic development)—इससे देश के आर्थिक विकास की गति बढ़ रही है। विदेशी मुद्रा कोष बढ़ रहा है। निर्यात में भी बढ़ोतरी हो रही है।

9. तकनीकी विकास (Technical development)—विभिन्न देशों के बीच निकटता बढ़ने से नवीन तकनीकी से अवगत होने का अवसर मिलता है। इससे यह प्रेरणा भी मिलती है कि इस वर्तमान तकनीकी में कुछ नया जोड़कर इसे और नया एवं उपयोगी स्वरूप प्रदान किया जाए।

10. प्रजातान्त्रिक मूल्यों का विकास (Development of Democratic Values)–वैश्वीकरण से प्रजातान्त्रिक मूल्यों को विकसित करने में मदद मिलती है। प्रजातन्त्र समानता, स्वतन्त्रता, न्याय व भाईचारे की भावना में विश्वास करता है। वैश्वीकरण के कारण विश्वभर में इन मूल्यों का विकास होता है।

11. सांस्कृतिक साहिष्णुता का विकास (Development of cultural tolerance)–विश्व में विभिन्न संस्कृतियों के लोग रहते हैं। वैश्वीकरण के कारण विभिन्न संस्कृतियों से सम्बन्ध रखने वाले लोग दूसरों की संस्कृतियों का आदर करते हैं और उसमें जो अच्छा लगता है उसे ग्रहण करने की प्रवृत्ति का भी उनमें विकास होता है।

12. अन्तर्राष्ट्रीय पर्यटन को बढ़ावा (Encouragement in international tourism)–वैश्वीकरण के कारण राष्ट्रों के बीच नजदीकियाँ बढ़ी हैं। इससे अन्तर्राष्ट्रीय पर्यटन को बढ़ावा मिल रहा है।

13. वैश्विक जन संचार (Global transportation)–वस्तुओं का आदान प्रदान भी सुगमता से होने लगा है।

इस प्रकार वैश्वीकरण की प्रक्रिया अनेक प्रकार से उपयोगी सिद्ध हो रही है। भारत में विशेष रूप से शिक्षा का क्षेत्र भी इससे लाभान्वित होगा। यहाँ विदेशी विश्वविद्यालयों के आगमन से भारतीय विश्वविद्यालयों के साथ उनकी प्रतियोगिता होगी। इससे भारतीय विश्वविद्यालयों की गुणात्मकता में सुधार होगा। नवीन पाठ्यक्रमों को शिक्षा में शमिल किया जाएगा, जिससे शिक्षा अधिक व्यापक एवं उपयोगी हो जाएगी।

वैश्वीकरण के लाभ ही नहीं हैं; इसके अनेक दुष्प्रभाव/दोष/कमियाँ भी हैं। इन पर ध्यान दिया जाना भी आवश्यक है।

वैश्वीकरण के दोष/हानियाँ
(Demerits/Disadvantages of globalization)

1. सांस्कृतिक मूल्यों में गिरावट (Downfall in cultural values)–जैसे अंग्रेजी शासनकाल में भारतीय अपनी संस्कृति को भुलाकर पाश्चात्य संस्कृति के रंग में रंग गए थे वैसे ही वैश्वीकरण के कारण भी यह सम्भावना है कि लोग पाश्चात्य संस्कृति का अन्धानुकरण करें व अपने सांस्कृतिक मूल्यों को भुला दें।

2. प्रतिभा पलायन (Brain Drain)–वैश्वीकरण के कारण विदेश जाने के अवसर बढ़े हैं। इससे यह सम्भावना भी है कि भारत के प्रतिभाशाली युवा विदेशों में पलायन कर जाएं जो कि भारत के लिए एक बड़ी क्षति होगी।

3. महंगी शिक्षा (Expensive Education)–यह आशंका भी व्यक्त की जाती है कि विदेशी शिक्षा संस्थाएं भारत में आकर जो शिक्षा देंगी वह महँगी व सामान्य भारतीय की पहुँच से बाहर होगी। यह भी सम्भव है कि धीरे-धीरे ये संस्थाएँ भारतीय शिक्षा संस्थाओं पर हावी हो जाएं।

4. अध्यापक व विद्यार्थी के बीच दूरी (Distance between teacher and students)–शिक्षा के क्षेत्र में नवीन तकनीकी का प्रयोग बढ़ा है। दूर-संचार साधनों के माध्यम से शिक्षा दी जाने लगी हैं। इससे अध्यापक व विद्यार्थी के बीच दूरियाँ बढ़ी हैं। भारतीय शिक्षा के लिए इसे शुभ संकेत नहीं माना जा सकता।

5. हिन्दी भाषा की उपेक्षा (Negligence of Hindi)–वैश्वीकरण के कारण अंग्रेजी भाषा का प्रयोग बढ़ा है। इससे हमारी राष्ट्र भाषा हिन्दी की उपेक्षा हुई हैं।

6. सामाजीकरण की प्रक्रिया-धीमी (Slow process of socialization)–जब बच्चे संचार माध्यमों से शिक्षा ग्रहण करने लगते हैं तो धीरे-धीरे उनमें समूह में रहने की प्रवृत्ति कम हो जाती है, जो उनके सामाजीकरण की प्रक्रिया को धीमा कर देती है।

7. धन का असमान वितरण (Unequal distribution of wealth)–वैश्वीकरण के कारण धनी अधिक धनी होते जाते हैं। धन उनके पास ही संग्रहीत होता रहता है। सामान्य व्यक्ति इस प्रक्रिया के लाभों से वंचित रहता है।

8. विकसित एवं विकासशील देशों की आय में अन्तर (Difference in income of developed and developing countries)–वैश्वीकरण की एक कमी यह है कि इससे विकसित एवं विकासशील देशों की आय के बीच दूरी बनी रहती है। दूसरे शब्दों में विकासशील देशों को इसका पर्याप्त लाभ नहीं मिलता।

9. मूल्यों में गिरावट (Downfall in Values)–यदि विभिन्न राष्ट्रों के बीच प्रतियोगिता अस्वस्थ (unhealthy) हो जाती है तो प्रत्येक राष्ट्र जैसे भी सम्भव हो स्वयं अधिकतम लाभ प्राप्त करना चाहता है। इससे मूल्यों में गिरावट को बढ़ावा मिलता है।

निष्कर्ष (Conclusion)–अन्त में यह कहा जा सकता है कि यद्यपि प्रत्येक विचारधारा के सकारात्मक व नकारात्मक दोनों पहलू होते हैं। वैश्वीकरण के सन्दर्भ में भी यह बात सही है। यद्यपि इसकी कुछ हानियाँ भी हैं पर इसके महत्त्व से इंकार नहीं किया जा सकता। वैश्वीकरण आज के समाज की आवश्यकता है। यदि विभिन्न राष्ट्र मिल कर प्रयास करें तो इसकी हानियों से बचा जा सकता है। आज आवश्यकता इस बात की है कि सभी राष्ट्र आपसी भेद-भावों व स्वार्थों को भुलाकर विश्व-परिवार की भावना से कार्य करें तो वैश्वीकरण के सही लाभों को प्राप्त किया जा सकता है।

◆◆◆

---

2. वैश्वीकरण का क्या अर्थ है? इसका क्या महत्त्व है?
(What is meant by globalization? What is its importance?)

उत्तर–आज का युग विज्ञान का युग है। दूरियाँ घट गई हैं। विश्व के सभी राष्ट्र एक दूसरे के नजदीक आ गए हैं, विभिन्न क्षेत्रों में सभी किसी न किसी रूप में एक दूसरे को प्रभावित कर रहे हैं। लोगों की सोच व्यापक हुई है और वैश्वीकरण इन सबका परिणाम है। यदि सच पूछा जाए तो कहा जा सकता है कि वैश्वीकरण की प्रक्रिया आज की आवश्यकता है। लेकिन इसकी आवश्यकता व महत्त्व पर विचार करने से पूर्व यह जानना आवश्यक है कि वैश्वीकरण का क्या अर्थ है?

वैश्वीकरण का अर्थ (Meaning of globalization)–वैश्वीकरण एक सोच है, एक व्यापक दृष्टिकोण है। इसे एक ऐसी प्रक्रिया कहा जा सकता है जो व्यक्ति की सोच एवं दृष्टिकोण को व्यापक बना देती है और वह किसी भी विषय अथवा समस्या को केवल स्थानीय या राष्ट्रीय परिप्रेक्ष्य में न देखकर पूरे विश्व के सन्दर्भ में देखने लगता है। वह यह समझने लगता है कि सभी राष्ट्रों में आर्थिक दृष्टि से परस्पर निर्भरता है। संक्षेप में यह कहा जा सकता है कि वैश्वीकरण व्यक्ति में विश्व चेतना का विकास करने वाली प्रक्रिया है।

इस सन्दर्भ में लैचनर (Lechner) महोदय की यह परिभाषा उल्लेखनीय है–

''वैश्वीकरण का अर्थ है वैश्विक सम्बन्धों का विस्तार, सामाजिक जीवन का विश्व स्तर पर संगठन तथा विश्व चेतना का विकास।'

(Globalizaiton is the expansion of global linkages, the organisation of social life on a global scale and growth of a global consciousness.)

वैश्वीकरण की आवश्यकता व महत्त्व (Need and importance of globalization)–वैश्वीकरण की आवश्यकता व महत्त्व इस प्रकार है–

(1) अन्तर्राष्ट्रीय सद्भावना के विकास के लिए (To develop international understanding) –अन्तर्राष्ट्रीयता के इस युग में व्यक्तियों में अन्तर्राष्ट्रीय सद्भावना का विकास आवश्यक है। उसे विश्व के नागरिक के रूप में तैयार करना है, जिससे वह उसके प्रति अपने कर्तव्यों को समझ सके। वैश्वीकरण ऐसा करने में मदद करता है।

(2) आर्थिक विकास (Economic development)–वैश्वीकरण मुख्य रूप से आर्थिक सुधार के कार्यक्रमों से सम्बन्ध रखता है। आज प्रत्येक राष्ट्र विकास करना चाहता है और यह आर्थिक विकास बिना सम्भव नहीं है। इस लक्ष्य को प्राप्त करने के लिए वैश्वीकरण आवश्यक है।

(3) राष्ट्रों की पारस्परिक निर्भरता (Interdependence of nations)–सूचना व तकनीकी का तेजी से विकास हो रहा है। कोई भी राष्ट्र अकेला रहकर न तो अपनी समस्याओं का समाधान कर सकता है और न ही राष्ट्रीय लक्ष्य प्राप्त करने में सफल हो सकता है। अतः राष्ट्रों की परस्पर बढ़ती निर्भरता के कारण वैश्वीकरण आवश्यक है।

(4) अन्तर्राष्ट्रीय समस्याओं का समाधान करना (To solve international problems)–कुछ ऐसी समस्याएँ हैं जो विश्व मानवता के साथ सम्बन्ध रखती है, जैसे पर्यावरण प्रदूषण अशिक्षा तथा गरीबी आदि। इन सब के समाधान के लिए अन्तर्राष्ट्रीय स्तर पर प्रयास करना आवश्यक है। वैश्वीकरण की प्रक्रिया इसमें सहायक है।

(5) अन्तर्राष्ट्रीय व्यापार को बढ़ावा देना (To encourage international Trade)–विकासशील व अल्पविकसित राष्ट्रों के विकास के लिए यह आवश्यक है कि अन्तर्राष्ट्रीय स्तर पर आयात-निर्यात की प्रक्रिया को बढ़ावा दिया जाए। वैश्वीकरण की प्रक्रिया इस दिशा में हमारी मदद करती है।

निष्कर्ष (Conclusion)–अन्त में यह कहा जा सकता है कि वैश्वीकरण आज के समय की आवश्यकता है। इसी के द्वारा प्रत्येक राष्ट्र आर्थिक विकास के माध्यम से राष्ट्रीय विकास कर सकता है और विश्व-परिवार की भावना का विकास किया जा सकता है, जिससे विश्व के किसी भी भाग में रहने वाले लोग पूरी विश्व मानवता के लिए अपना सर्वस्व बलिदान करने के लिए तत्पर हो सकें।

◆◆◆

3. भारत की अर्थव्यवस्था के उदारीकरण की वर्तमान नीति पर टिप्पणी लिखिए।
(Write a note on the present policy of liberalization of Indian Economy.)

उत्तर–'उदारीकरण' वस्तुतः उस प्रक्रिया को कहा जाता है जिसके अन्तर्गत नियन्त्रणों एवं प्रतिबन्धों में ढील देकर उदार नीतियों का प्रतिपादन किया जाता है। विकास के प्रारम्भिक काल में अनेक राष्ट्रों के आर्थिक क्रिया कलापों में राजकीय हस्तक्षेप की सीमा में वृद्धि होती रही, जिसके कारण एक ऐसी व्यवस्था का जन्म हुआ जिसमें व्यक्तिगत स्वतन्त्रता एवं खुली प्रतियोगिता के स्थान पर राजकीय हस्तक्षेप की सीमा में वृद्धि होती गयी। कालान्तर में इस प्रकार की नियन्त्रित अर्थव्यवस्था में अनेक विसंगतियां उत्पन्न हो गयीं। सर्वविदित है कि उद्योग, व्यवसाय, आदि में राजकीय हस्तक्षेप की कठोर नीति विकास के मार्ग में साधक होने के बजाय बाधक सिद्ध होती है। पिछले वर्षों से (विशेषतः सन् 1980 के बाद से) विश्व के अन्य अनेक देशों में उदारीकरण की प्रक्रिया प्रारम्भ की जा चुकी थी और उसके परिणाम भी अत्यन्त उत्साहवर्धक रहे हैं। यही नहीं, पूर्वी यूरोप एवं सोवियत संघ के घटनाचक्र में भी भारतीय नेतृत्व को आर्थिक नीतियों के पुनरावलोकन के लिए प्रेरित किया। बाहरी कारणों के साथ देश की आन्तरिक परिस्थितियां भी आर्थिक सुधारों को तत्काल लागू किये जाने के लिए बाध्य कर रही थीं। विदेशी मुद्रा भण्डार के गिरते हुए स्तर ने देश के समक्ष भुगतान-सन्तुलन का एक अभूतपूर्व संकट प्रस्तुत कर दिया जिससे विदेशों में भारत की साख गिरने लगी और विदेशों से वित्तीय सहायता प्राप्त करना कठिन हो गया। विवश होकर भारत सरकार को देश का सोना गिरवी रखकर विदेशों से ऋण प्राप्त करना पड़ा। देश के इतिहास में पहली बार ऐसा हुआ तथा अनेक क्षेत्रों में इसे देश के सम्मान के विरुद्ध समझा गया। (यद्यपि शीघ्र ही स्थिति में सुधार होने पर इस स्वर्ण को मुक्त करा लिया गया)। विदेशों से वित्तीय सहायता के द्वार बन्द होने लगे और अन्तर्राष्ट्रीय क्षेत्रों में भारत की वित्तीय साख गिरने लगी।

जून 1991 में केन्द्र में सत्ता परिवर्तन के साथ ही आर्थिक सुधारों की प्रक्रिया प्रारम्भ हो गयी। सरकार के समक्ष तात्कालिक समस्या बढ़ते हुए बजट-घाटे (Fiscal deficit) में कमी लाने की थी। यह घाटा अस्सी के दशक में वर्ष प्रतिवर्ष बढ़ता रहा और सन् 1990-91 में 8.4 प्रतिशत हो गया, जो अन्तर्राष्ट्रीय मापदण्डों की तुलना में ऊंचे बिन्दू पर माना गया। विशेषज्ञों के अनुसार इसमें कमी लाये बिना मुद्रा स्फीति पर काबू

पाना सम्भव नहीं था और मुद्रा स्फीति की बढ़ती हुई दर निर्यात में वृद्धि की गिरती हुई दर का एक मूल कारण थी। अतः भण्डार के गिरे हुए स्तर को उठाने, विदेशों के लिए ऋणों की मूल एवं ब्याज की किश्तों के नियमित भुगतान को सम्भव बनाने, अन्तर्राष्ट्रीय क्षेत्रों में देश की गिरती हुई साख को लागू करना अनिवार्य हो गया। सर्वप्रथम बजट के वित्तीय घाटे में कमी करना आवश्यक था। इसके लिए जो उपाय किये गये उनमें प्रमुख थे–उपादानों (subsidies) की समाप्ति अथवा उनमें कमी, नियन्त्रित मूल्यों (administered prices) की नीति में संशोधन, सार्वजनिक क्षेत्र के उपक्रमों के लिए बजट प्रावधानों की परम्परा का अन्त, सरकारी व्ययों का कठोर नियन्त्रण एवं कर-प्रणाली में सुधार। यही भारतीय अर्थव्यवस्था के उदारीकरण के प्रमुख पहलू हैं जिनका यहां पर उल्लेख किया जा सकता है–

1. उपादान (Subsidies)–अनेक प्रकार के उपादान वर्षों से सरकार द्वारा किये जा रहे हैं। उदाहरण के लिए, उर्वरकों खाद्यान्नों, मिट्टी के तेल तथा तरल गैस पर भारत सरकार द्वारा उपादान दिया जाता है, उसी प्रकार राज्य सरकारों द्वारा भी सिचाईं, बिजली, सड़क यातायात, आदि पर उपादान दिया जाता हैं–अर्थात् इनके लिए जो मूल्य उपभोक्ताओं से लिया जाता है वह लागत मूल्य से कम होता है। वस्तुतः भारत जैसे देश में इन्हें पूर्णरूप से समाप्त करना तो कठिन है, किन्तु सरकार द्वारा कुछ ऐसी व्यवस्था अवश्य की जा सकती है, जिससे कि इन उपादानों का लाभ साधनहीन अथवा निर्धन वर्गों को ही प्राप्त हो, क्योंकि वही इसके सच्चे पात्र हैं। व्यवहार में होता है कि शहरी एवं ग्रामीण दोनों क्षेत्रों में राजकीय उपादानों का लाभ प्रभावी सम्पन्न वर्गों द्वारा हथिया लिया जाता है। सन् 1980 के बाद के दशक में इन उपादानों की राशि में उत्तरोत्तर वृद्धि होती गयी और दशक के अन्त तक इनकी कुल राशि 10,862 करोड़ रूपयों को पार कर गयी। राज्य सरकारों द्वारा दिये जाने वाले उपादान इसके अतिरिक्त थे। इन्हें कैसे कम किया जाय, यह एक संवेदनशील समस्या है।

2. नियन्त्रित मूल्य नीति में सुधार (Administered Price Policy Reform)–लम्बे समय तक नियन्त्रित मूल्य में वृद्धि नहीं की गयी, जबकि लागतें (costs) बढ़ती रहीं। परिणामस्वरूप घाटे की राशि में वृद्धि होती रही। इस बिषय में व्यावहारिक एवं व्यावसायिक दृष्टिकोण अपनाया जाना चाहिए। आयात की जा सकने वाली वस्तुओं (जैसे कोयला, पेट्रोलियम पदार्थों, उर्वरकों आदि) के मूल्यों को आयात में ढील देकर उचित सीमाओं में रखा जा सकता है। चयनित आधार पर अन्य वस्तुओं के लिए भी यह नीति अपनायी जा सकती है। आधारभूत सेवाओं (जैसे बिजली, पानी, परिवहन आदि) के मूल्यों को सार्वजनिक क्षेत्र एंव निजी क्षेत्र दोनों के द्वारा प्रतियोगिता की अनुमति देकर बढ़ने से रोका जा सकता है। इससे सार्वजनिक उपक्रमों में अपव्यय कम होगा, जिससे लागत मूल्यों में कमी आएगी। साथ ही बढ़ी हुई उत्पादन लागतों के बोझ को उठाने के लिए समय-समय पर नियन्त्रित मूल्यों में वृद्धि की जानी चाहिए।

3. सार्वजनिक क्षेत्र (Public Sector)–बजट घाटे का एक प्रमुख कारण सार्वजनिक क्षेत्र के उपक्रमों के लिए बजट समर्थन की परम्परा रही हैं। लम्बे समय तक घाटे में संचालित ऐसे अनेक उपक्रम बजट पर एक भारी बोझ बने रहे हैं। यह आवश्यक है कि इनका संचालन नितान्त व्यावसायिक सिद्धांतों के आधार पर किया जाना चाहिए। ऐसे समय जबकि बजट साधन सीमित हों और सामाजिक कार्यक्रमों के लिए उनकी अधिक आवश्यकता हो, तब उनका उपयोग सार्वजनिक क्षेत्र के बीमार उपक्रमों के वित्त-पोषण में करना बुद्धिमत्तापूर्ण नहीं कहा जा सकता है। जुलाई 1991 में घोषित नयी औद्योगिक नीति की घोषणा के बाद से इस क्षेत्र में सुधार के अनेक उपाय किये गये हैं।

4. करों में सुधार (Tax Reforms)–कर-सुधार सीमति द्वारा प्रत्यक्ष एवं परोक्ष करों के विषय में दिये गये सुझावों को सरकार द्वारा मान लिया गया है तथा उसी के अनुरूप इस क्षेत्र में सुधार किये गये हैं। समिति का यह निष्कर्ष महत्त्वपूर्ण है कि ''हमें एक ऐसी प्रणाली की ओर बढ़ना है जो सरल हो, व्यापक हो तथा जिसमें कर की दरें कम हों।'' यही नहीं उसका प्रशासन भी उच्च कोटि का हो तथा जो आर्थिक कुशलता को प्रोत्साहित करती हो।'' इन उद्देश्यों को ध्यान में रखते हुए पिछले वर्षों में कर प्रणाली का सरलीकरण किया गया है तथा कर की दरों में भी कमी की गयी है। पिछले बजट में कस्टम एवं उत्पादन करों तथा

आय-कर एवं निगम-कर की दरों में कमी की गयी है। आयात करों की दरें भारत में बहुत ऊंची थीं जिन्हें क्रमशः कम करके 65 प्रतिशत तक लाया गया है। नियमों एवं प्रतिक्रियाओं के सरलीकरण के साथ-साथ अप्रत्यक्ष-करों के लिए मूल्यानुसार आधार को प्रमुखता दी गयी है। कर प्रणाली के क्षेत्र में अभी और सुधार होने हैं, जिन्हें अगले वर्षों में पूरा किया जाएगा।

5. राजकीय व्ययों पर कठोर नियन्त्रण (Tight Control over Government Expenditure)–बजट घाटे (Fiscal deficit) में कमी करने के लिए यह सुधार अत्यन्त आवश्यक है। इसके लिए **शून्य आधारित बजट प्रणाली** (Zero Based Budget System) को अपनाया जाना उपयोगी होगा। इस प्रणाली के अन्तर्गत समस्त विभागीय कार्यक्रमों के पुनर्मूल्यांकन के बाद ही बजट में प्रावधान किये जाते हैं। आर्थिक सुधारों के साथ-साथ कुछ कार्य अनावश्यक हो जाते हैं; जबकि अन्य नये कार्यों को सम्पन्न करना आवश्यक हो जाता है। अतः अनावश्यक कार्यों वाले संगठनों एवं विभागों के आकार में कमी करके नये आवश्यक कार्यों के लिए अधिक साधनों का आबंटन किया जाना आवश्यक है।

इस उदारीकरण के फलस्वरूप निम्नलिखित क्षेत्रों में सुधार दृष्टिगोचर होते हैं–

औद्योगिक नीति में सुधार (Industrial Policy Reforms)–अनेक वर्षों में हमारे औद्योगिक नीतिगत ढांचे में कई प्रकार की विसंगतियां उत्पन्न हो गयी थीं जिनके कारण निजी क्षेत्र के साहसियों एवं उद्यमियों द्वारा बाजार की दशाओं के अनुरूप सही निर्णय लेने की स्वतन्त्रता लगभग समाप्तप्रायः हो गयी थी। यही कारण था कि उद्योगों के विकास विस्तार के लिए विदेशों से पर्याप्त मात्रा में पूंजी निवेश नहीं हो पा रहा था। अतः औद्योगिक नीति में संशोधन करके उसे अधिक व्यावहारिक एवं उदार बनाना अत्यन्त आवश्यक हो गया। जुलाई 1991 में संशोधित औद्योगिक नीति की घोषणा की गयी, जिसमें हमारे औद्योगिक नीतिगत ढांचे में व्याप्त विसंगतियों को दूर करने का प्रयास किया गया ताकि भारतीय उद्योग विश्व प्रतियोगिता का सामना करने में अधिक सक्षम हो सके। उद्योग में तत्काल उचित निर्णयों का लिया जाना आवश्यक होता है, किन्तु सरकारी हस्तक्षेप तथा प्रतिबन्ध निश्चयीकरण की अनवरत प्रक्रिया में बाधक होते हैं और अनावश्यक विलम्ब का कारण बनते हैं। इससे पहले जो नीति अपनायी जाती रही, उसने एक ऐसी औद्योगिक व्यवस्था को जन्म दिया जो अकुशलता, अपव्यय एवं ऊंची लागतें को प्रोत्साहित करती रहीं और पहले से प्रतिष्ठित निहित स्वार्थों को संरक्षण देकर अपेक्षाकृत अधिक कुशल नये उद्यमियों को हतोत्साहित करती रही।

बैंकिंग क्षेत्र में सुधार (Banking Sector Reforms)–उद्योग व्यापार के विकास के लिए कुशल एवं सस्ती बैंकिंग सेवाओं की अपेक्षा होती है। पिछले 25 वर्षों में बैंकिंग शाखाओं का पर्याप्त प्रसार हुआ है, किन्तु ग्राहक सेवाओं एवं बैंकिंग संचार प्रणाली में समुचित सुधार नहीं किया जा सकता है। इस अवधि में बैंकों की उत्पादकता एवं लाभदायकता में गिरावट आयी है। इसके अनेक कारण हैं जैसे वैधानिक तरलता अनुपात (SLR) तथा नकद सुरक्षित अनुपात (CRR) को उच्च बिन्दुओं पर बनाये रखने की बाध्यता, ब्याज-दरों पर नियन्त्रण तथा प्राथमिकता क्षेत्र को निर्धारित मात्रा में सस्ती ब्याज दर पर ऋण प्रदान करने की विवशता आदि।

बैंकिंग क्षेत्र में किये गये प्रमुख सुधार निम्नलिखित हैं–वैधानिक तरलता अनुपात (SLR) एवं नकद कोष अनुपात (CRR) में कमी, आय के निर्धारण एवं सम्पत्तियों के वर्गीकरण की व्यवस्था, संदिग्ध एवं डूबते ऋणों के लिए समुचित प्रावधानों के लिए विवेकपूर्ण मापदण्डों (Prudential norms) का निर्धारण, अन्तर्राष्ट्रीय स्तर पर मान्य पूंजी पर्याप्तता (Capital adequacy) मापदण्डों का लागू किया जाना। इसके अतिरिक्त निजी क्षेत्र द्वारा व्यापारिक बैंकों की स्थापना किये जाने की अनुमति, राष्ट्रीयकृत बैंकों को अपने पूंजी-ढांचे में पुनर्गठन के लिए पूंजी बाजार से इक्विटी पूंजी प्राप्त करने की छूट, नयी बैंक शाखएं खोलने तथा घाटे वाली बैंक शाखाओं को बन्द करने के बारे में बैंक प्रबन्धकों को स्वतन्त्रता, ग्राहक सेवा में सुधार करने के लिए चयनित बैंक शाखाओं में कम्पयूटरीकरण आदि सुधार की दिशा में महत्त्वपूर्ण कदम माने जा रहे हैं। रिजर्व बैंक के अधीन बैंकों के वित्तीय निरीक्षण के लिए एक पृथक बोर्ड की स्थापना की जा रही है। बैंकों के ऋणों को वसूली के लिए एक पृथक कानून पास किया गया। जिसके तहत विशेष वसूली ट्रिब्यूनलों की स्थापना की जाएगी।

पूंजी बाजार व्यवस्था में सुधार (Capital Market Reforms)–सीक्यूरिटीज एण्ड एक्सचेंज बोर्ड ऑफ इण्डिया (SEBI) का गठन 1988 में ही किया जा चुका था, किन्तु इसे वैधानिक दर्जा फरवरी 1992 में प्रदान किया गया। इसकी स्थापना का प्रमुख उद्देश्य पूंजी बाजार एवं स्टॉक एक्सचेंजों की कार्यप्रणालियों में सुधार के लिए पूर्ण अधिकार प्राप्त संगठन को अस्तित्व में लाना था। पूंजी निर्गमनों पर जो नियन्त्रण पिछले अनेक दशकों से लागू था उसे समाप्त कर दिया गया और पूंजी निर्गमन के नियन्त्रक (Controller of Capital Issues) के कार्यालय को बन्द कर दिया। **सेबी (SEBI)** द्वारा स्टॉक-बाजारों के समुचित संचालन के लिए व्यापक नियम बनाये गये। पूंजी बाजार एवं शेयर बाजार में कार्य दलालों, पूंजी बाजार एवं शेयर बाज़ार में कार्यरत दलालों, उप-दलालों, मर्चेण्ट बैंकरों, अण्डरराइटरों तथा म्यूचुअल कोषों के लिए **सेबी (SEBI)** में पंजीकरण करवाना अनिवार्य कर दिया गया। इनके लिए **सेबी** (SEBI) द्वारा समुचित दिशा निर्देश (guidelines) जारी किये गये जिनके अनुसार ये मध्यस्थ सौदे कर सकेंगे। निवेशकर्त्ताओं के हितों की सुरक्षा के लिए पूंजी जारी करने वाली कम्पनियों के लिए कम्पनी की विगत कार्य निष्पत्ति के बारे में सही एवं विस्तृत जानकारी प्रविवरण पत्रों एवं विज्ञापनों में दिये जाने की व्यवस्था की गयी। निर्गमित किये जाने वाले अंशों के मूल्य निर्धारण के बारे में कम्पनी के प्रवर्त्तकों/प्रबन्धकों को पूर्ण छूट दी गयी है। निजी क्षेत्र में म्यूचुअल कोषों की स्थापना किये जाने की अनुमति दे दी गयी है।

भारतीय कम्पनियों को अन्तर्राष्ट्रीय पूंजी-बाजार में यूरो-इक्विटी शेयर्स के माध्यम से पूंजी प्राप्त करने की अनुमति दी गयी है। इसी प्रकार विदेशी संस्थागत निवेशकर्ताओं को भी भारतीय पूंजी बाजार में निवेश करने की अनुमति दी गयी है, किन्तु इन्हें भी सेबी (SEBI) में अनिवार्यतः पंजीकरण कराना होगा। 'राष्ट्रीय स्टॉक एक्सचेन्ज' की स्थापना हाल ही में की गयी है जो देश में एक आदर्श स्टॉक एक्सचेन्ज की भांति कार्य करेगी। अनिवासी भारतीयों (NRIs) को भारतीय कम्पनियों में पूंजी निवेश के लिए रिजर्व बैंक की अनुमति लेने की आवश्यकता अब नहीं होगी।

विदेशी विनियोग नीति में सुधार (Foreign Investment Policy Reform)–विकास के लिए विदेशी पूंजी के महत्त्व को सभी देशों में स्वीकार किया जाता है। विशेषतः भारत जैसे देश में जहां वित्तीय साधन सीमित हैं और विकास की आवश्यकताओं की कोई सीमा नहीं है। 'विदेशी प्रत्यक्ष निवेश' (Foreign direct investment) की उपयोगिता और भी अधिक बढ़ जाती हैं, क्योंकि गैर-ऋण विदेशी कोषों (Non-debt foreign funds) को प्राप्त करने का एक बड़ा साधन हो सकता है। विदेशी कम्पनियों द्वारा इक्विटी पूंजी में भागीदारी के माध्यम से विदेशी तकनीक का देश में प्रवाह भी सरल हो जाता है।

विदेशी विनियोग के लिए प्रचलित नियमों एवं प्रक्रियाओं में सुधार अपेक्षित था ताकि इन्हें अन्य देशों में प्रचलित व्यवहारों को अनुरूप, उदार एवं सरल बनाया जा सके। और इस प्रकार विदेशी पूंजी एवं तकनीक के प्रवाह के मार्ग में आने वाली अड़चनों को दूर किया जा सके। अतः सरकार द्वारा इस विषय में नयी प्रतिपादित की गयी जिसके प्रमुख बिन्दु निम्नलिखित हैं– (i) प्राथमिकता प्राप्त क्षेत्र के 34 विनिर्दिष्ट उद्योगों में इक्विटी पूंजी में 51 प्रतिशत तक विदेशी भागीदारी के लिए स्वयमेव अनुमति, यथार्थ रिजर्व बैंक में पूंजीकरण कराने की औपचारिकता का निर्वाह ऐसे मामलों में करना होगा। (ii) विदेशी कम्पनियों द्वारा इक्विटी पूंजी में 51 से प्रतिशत अधिक की भागीदारी के प्रस्तावों का अनुमोदन 'विदेशी निवेश प्रोत्साहन बोर्ड' (FIPB) से कराना पड़ेगा। (iii) भारतीय कम्पनियों द्वारा विदेशों में पूंजी निवेश करने एवं अन्तर्राष्ट्रीय सम्बन्धों को बताने के लिए प्रचलित नियमों एवं प्रक्रियाओं को सरल बनाया गया है। (iv) विदेशी विनिमय नियमन अधिनियम (FERA) का संशोधन करके इक्विटी पूंजी में विदेशी भागीदारी वाली कम्पनियों के मार्ग में आने वाली अनेक अड़चनों को दूर किया गया है, (v) भारत बहुपक्षीय निवेश गारन्टी एजेन्सी (Multilateral Investment Guarantee Agency) का सदस्य बन गया है।

व्यापार नीति सम्बन्धी सुधार (Trade Policy Reforms)–विगत वर्षों में इस क्षेत्र में अनेक सुधार किये गये हैं। अब तक आयात पर लाइसेंसिग के द्वारा प्रत्यक्ष प्रशासनिक नियन्त्रण था। इसके साथ ही आयात शुल्क की दरें अनेक दशाओं में 150 प्रतिशत से 300 प्रतिशत तक बहुत ऊंची थीं। अतः आवश्यक पूंजीगत

माल, अर्धनिर्मित माल एवं कच्चे माल के आयात में अनेक प्रशासनिक अड़चनें थी। जिनका दुष्प्रभाव देश के निर्यात व्यापार पर भी पड़ता था। भारतीय निर्यातक विश्व बाजार में प्रतियोगिता करने में सक्षम नहीं थे, जब तक कि उन्हें निर्यात के लिए सरकार उपादान (subsidy) न दे। इस विषम स्थिति में निबटने के लिए सरकार द्वारा निम्न उपाय किये गये–

1. लाइसेंसों के द्वारा आयात नियन्त्रण प्रायः समाप्त कर दिया सिवा कुछ उपभोक्ता वस्तुओं को छोड़कर जिनके सीमित आयात के लिए अब भी लाइसेंस की आवश्यकता है। अब औद्योगिक पूंजीगत माल, अर्धनिर्मित माल एवं कच्चे माल का आयात खोल दिया गया है, शर्त केवल यही है कि इनके लिए निर्धारित दर पर आयात शुल्क चुकाया जाए।
2. सोने एवं चांदी के आयात के उदारीकरण के बाद अब इनकी तस्करी में बहुत अधिक कमी हुई है तथा इनके आयात से सरकार को आय में वृद्धि हुई है। उल्लेखनीय है कि विदेशों से आने वाले व्यक्ति निर्धारित मात्रा में सोना ला सकते हैं, जिसके लिए उन्हें निर्धारित दर पर विदेशी मुद्रा में कर चुकाया अनिवार्य होता है।
3. रूपये की विनिमय दर अब विदेशी मुद्रा बाजार में माँग एवं पूर्ति के सिद्धान्त के अनुसार निर्धारित होती है। सन् 1993-94 में चालू खाते में रूपये की आंशिक परिवर्तनीयता (Partial convertibility) प्रदान की गयी तथा पिछले बजट में चालू खाते में इसे पूर्ण परिवर्तनीयता (Full convertibility) प्रदान कर दी गयी।
4. आयात कर की दरों में अनेक चरणों में कमी की गयी है। आयात कर की अधिकतम दरें जो पहले अनेक दशाओं में 150 से 300 प्रतिशत थीं कम करके 65 प्रतिशत तक कर दी गयी है। पूंजीगत माल के आयात पर कर की दरें 25 प्रतिशत तक लायी गयी हैं।
5. बाजार द्वारा निर्धारित रूपये की विनिमय दर पहले की अपेक्षा अब अधिक स्थिर रही है। फलस्वरूप विदेशी विनिमय के गैर कानूनी या हवाला सौदों में प्रीमियम की दरें जो पहले 25 प्रतिशत तक थीं, अब घट कर लगभग 8 प्रतिशत रह गयी है। मार्जिन कम होने से ऐसे सौदों में भी पर्याप्त कमी आ गयी है।

इस प्रकार विनिमय दर नीति ने हमारे निर्यात को भी प्रोत्साहित किया है तथा निर्यात के लिए सरकार द्वारा दिये जाने वाले उपादान (subsidies) अब समाप्त हो चुके हैं। इसी प्रकार अनेक वस्तुओं के निर्यात पर लगे प्रतिबन्धों को भी अब हटा लिया गया है–यहां तक कि कृषि पदार्थों के निर्यात पर लगे प्रतिबन्ध भी अब समाप्त कर दिये गये हैं। विदेशी व्यापार एवं विनिमय दरों में उदारता के प्रति अनेक शंकाएं व्यक्त की गयी थीं जो वास्तव में अब निर्मूल सिद्ध हो चुकी हैं। निर्यात में वृद्धि की दर में पर्याप्त वृद्धि हुई है।

कृषि नीति की औपचारिक घोषणा पहली बार सरकार द्वारा पिछले वर्ष की गयी। सन् 1991 के बाद कृषि उत्पादों के समर्थन मूल्यों में अनेक बार वृद्धि की गयी है। इससे कृषकों को प्रोत्साहन मिला है तथा कृषि तकनीक में सुधार के प्रति वे उत्तरोत्तर अधिक जागरूक हो रहे हैं। जहां तक भूमि सुधारों का प्रश्न है इसमें अधिक प्रगति नहीं हो सकी है। सार्वजनिक वितरण प्रणाली (PDS) में पिछले वर्ष सुधार किया गया है जिसके कारण इसका लाभ साधन सम्पन्न वर्गों के बजाय साधनहीन वर्गों को अधिक मिलने लगा है।

अन्य क्षेत्रों में सुधार
(Reforms in other areas)

सुधार के अन्य क्षेत्र हैं आधारभूत ढांचा (infrastructure) कृषि, शिक्षा, चिकित्सा आदि। जहां तक आधारभूत ढांचे का प्रश्न है इसमें अभी बहुत अधिक सुधार किया जाना है। परिवहन, ऊर्जा एवं संचार सेवाओं का स्तर जब तक ऊंचा नहीं उठाया जाता, औद्योगिक विकास के मार्ग में अनेक प्रकार की बाधाएं आती रहेंगी। रेल, सड़क, वायु एवं जल परिवहन सेवाओं का आधुनिकीकरण करना अति आवश्यक है जिसके लिए बहुत अधिक पूंजी की अपेक्षा है। सरकार अब इसके लिए निजी क्षेत्र का सहयोग ले रही है।

राज्यों के विद्युत मण्डलों तथा सड़क परिवहन निगमों, आदि की दशा दयनीय है। इनका एकाधिकार समाप्त करके इनकी इक्विटी पूंजी में निजी क्षेत्र की भागीदारी को अब क्रमशः प्रोत्साहित किया जा रहा है। प्रबन्ध में सुधार एवं लागतों में कमी करके ही इनके संचित घाटे को पूरा किया जा सकता है। साथ ही इन सेवाओं के लिए उपभोक्ताओं से वसूली जाने वाली दरों में भी पिछले तीन वर्षो में वृद्धि की गयी है। इन सेवाओं में निजी क्षेत्र के लिये भी मार्ग प्रशस्त कर दिया गया है।

अब तक अपनायी गयी नीतियों में उच्च शिक्षा एवं शहरी क्षेत्रों में उत्तम चिकित्सा सेवाएं प्रदान किये जाने पर अनुपात से अधिक व्यय किये जाते रहे हैं। इसका लाभ साधन सम्पन्न लोगों को ही अधिक मिला है। अब सरकार द्वारा प्राथमिक शिक्षा, प्राथमिक चिकित्सा सेवाओं तथा महिला और शिशु कल्याण पर अधिक व्यय करने और अधिक ध्यान दिये जाने की नीति अपनायी गयी है जो अन्य आर्थिक सुधारों के सन्दर्भ में अत्यन्त प्रासंगिक एवं उययोगी है। निर्धनता उन्मूलन एवं बेरोजगारी की समाप्ति के लिए पर्याप्त प्रयास नहीं किये जा सके हैं। यही बात जनसंख्या नियन्त्रण के लिए भी कही जा सकती है।

सुधारों के प्रति आशंकाएँ (Doubts about the Reforms)—प्रत्येक सिक्के के दो पहलू होते हैं। विचारकों एवं विद्वानों का एक वर्ग ऐसा भी है, जो भारत में किये जा रहे आर्थिक सुधारों के प्रति आशंकित है। इस प्रकार की आशंकाएं और आलोचनाएं निम्न तर्कों पर आधारित हैं—

1. सुधारों का अनेक व्यक्तियों के रोजगार पर प्रतिकूल प्रभाव पड़ सकता है। उदाहरण के लिए, बीमार उद्योग के बन्द होने पर उनमें नियोजित शक्तियों को अन्यत्र रोजगार दिये जाने तथा यदि आवश्यक हो तो उन्हें समुचित प्रशिक्षण दिये जाने की पक्की व्यवस्था किया जाना आवश्यक है।
2. राष्ट्रीय नवीकरण कोष (National Renewal Fund) के स्वैच्छिक सेवा निवृत्ति लेने वाले अथवा बन्द हुई इकाइयों से छंटनी किये गये व्यक्तियों को समय पर उचित क्षतिपूर्ति मिल सकेगी इसमें भी सन्देह है।
3. यदि अक्षम बीमार इकाइयों (Non-viable sick units) को समाप्त किया जाता है तो इसका घोर विरोध श्रम संघों द्वारा किया जाना निश्चित है जिसके आगे सरकार झुक सकती है।
4. बहुराष्ट्रीय कम्पनियों के आगमन एवं विदेशी पूंजी तथा आधुनिक आयातित तकनीक के आगे देश के छोटे उद्यमी तथा साहसी किस प्रकार टिक सकेंगे? लघु औद्योगिक क्षेत्र की पहले ही दो लाख से अधिक इकाइयाँ बीमार हैं। उनके उपचार अथवा पुनर्वास के प्रति आर्थिक सुधार मौन हैं।
5. हमारी निर्यात वृद्धि की दर जो सन् 1993-94 में 20 प्रतिशत हो गयी और जिसका श्रेय आर्थिक सुधारों को दिया गया, सन् 1994-95 में पुनः गिर गयी है।
6. वर्तमान प्रशासनिक ढांचे को उदारीकरण की संस्कृति में ढालना एक दुरूह कार्य है। पिछले दशकों से प्रचलित राजकीय हस्तक्षेप एवं नियन्त्रणों की संस्कृति में हमारे प्रशासक इतने रच बस गये हैं कि परम्परागत 'सोच' और 'कार्यशैली' में उदारीकरण के अनुरूप बदलाव लाना प्रायः असम्भव प्रतीत होता है।
7. आर्थिक वृद्धि की दरों का विश्लेषण करने पर कभी-कभी यह आशंका होने लगती है कि क्या हम उदारीकरण के बिना ही अधिक अच्छी स्थिति में नहीं थे ? चीन, थाईलैण्ड कोरिया, मलेशिया, सिंगापुर (जिन्हें आदर्श मानकर भारत में उदारीकरण की नीति अपनायी गयी) आदि देशों में आर्थिक सुधारों के तत्काल पहले के वर्षो में आर्थिक वृद्धि की दर औसतन 3 से 4 प्रतिशत वार्षिक थी जो आर्थिक सुधारों के बाद के वर्षों में बढ़कर 8 से 9 प्रतिशत के बीच रह गयी। भारत में इसके विपरीत हुआ।
8. कृषि क्षेत्र में वर्तमान में दी जा रही सब्सिडी को समाप्त करना अथवा इनमें कमी करना राजनीतिक कारणों से सम्भव नहीं हो सकेगा तथा ये देश के बजट पर भारी बोझ बनी रहेगी।

9. यही बात औद्योगिक उत्पादन में वृद्धि की दरों पर भी लागू होती है। ये दरें अस्सी के दशक के वर्षों में 8 प्रतिशत वार्षिक के आस-पास रहीं, जबकि आर्थिक सुधारों के बाद के वर्षों में गिर गयीं। सुधारों के बावजूद हमारे उद्योगों को आर्थिक शिथिलता (recession) से मुक्ति क्यों नहीं मिल सकी है ? यह एक अन्य विचारणीय प्रश्न है।

10. एक प्रबल आशंका यह भी व्यक्त की जा रही है कि उदारीकरण एवं आर्थिक सुधारों से प्राप्त होने वाले लाभों से निर्धन एवं साधनहीन व्यक्ति वंचित रह जाएं अथवा वंचित कर दिये जाएं। भारतीय एवं सामाजिक सन्दर्भ में इसे अस्वाभाविक नहीं समझा जाना चाहिए।

हो सकता है कि उपर्युक्त आशंकाओं में से कुछ सही हों, जबकि अन्य अनेक निर्मूल सिद्ध हों। इतना अवश्य कहा जा सकता है कि आर्थिक सुधारों का यह क्रम अब रोका नहीं जा सकता है और न इसे अब पीछे मोड़ा जा सकता है। अब यह अनवरत रूप से चलता रहना चाहिए। इसकी निरन्तरता तथा तीव्रता में कमी नहीं आने देना चाहिए। किन्हीं कारणों में अब यदि इन सुधारों को स्थगित किया जाता है, अथवा इनकी गति में शिथिलता आती है तों अब तक किया गया प्रयास विफल हो जायगा। यदि ऐसा है तो भारत की 'छवि' को पुनः धक्का लगेगा और अन्तर्राष्ट्रीय स्तर पर भारत के आर्थिक विकास के प्रति जो विश्वास उत्पन्न हुआ है वह समाप्त हो जाएगा।

◆◆◆

4. निजीकरण से क्या अभिप्राय है? भारत में निजीकरण के क्या कारण हैं? भारत में निजीकरण के लाभ व हानियों की व्याख्या कीजिए।
(What is Privatisation? What are the causes of Privatisation in India? Discuss merits and demerits of Privatisation in India.)

उत्तर–निजीकरण का अर्थ (Meaning of Privatisation)–उद्योगों के निजीकरण का अभिप्राय सार्वजनिक क्षेत्र के द्वार को निजी क्षेत्र के लिये खोल देने से है। इससे निजी क्षेत्र की भूमिका तथा महत्त्व में वृद्धि होती है और उसे आर्थिक विकास में महत्त्वपूर्ण भूमिका प्रदान की जाती है। सार्वजनिक उद्योगों को निजी क्षेत्र को हस्तांतरित करना ही निजीकरण कहलाता है। निजीकरण को पूर्ण तथा आंशिक रूप से अपनाया जा सकता है। अतएव निजीकरण शब्द का प्रयोग दो अर्थों में किया जा सकता है–

1. निजीकरण का संकुचित अर्थ (Narrow Meaning of Privatisation)–संकुचित अर्थ में निजीकरण से अभिप्राय है–सार्वजनिक उद्यमों का निजी स्वामित्व। (In a narrow sense—privatisation implies the private ownership of public enterprises).

2. निजीकरण का विस्तृत अर्थ (Broader Meaning of Privatisation)–विस्तृत अर्थ में निजीकरण का अर्थ है सार्वजनिक क्षेत्र के स्वामित्व का निजी क्षेत्र को हस्तांतरित करना या स्वामित्व के हस्तांतरण के बिना सार्वजनिक क्षेत्र का निजी व्यक्तियों द्वारा प्रबन्ध तथा नियन्त्रण किया जाना।

(i) बारबरा ली तथा जॉन नील्स के अनुसार–**"निजीकरण वह सामान्य प्रक्रिया है जिसके द्वारा निजी क्षेत्र किसी सरकारी उद्यम का मालिक बन जाता है या उसका प्रबन्ध करता है।"** (Privatisation is the general process of involving the private sector in the ownership or operation of a state owned enterprise.—**Barbara Lee and John Nellies)**

(ii) जे. एन. गुडरीच के अनुसार–**"निजीकरण से अभिप्राय उस प्रक्रिया से है जिसके फलस्वरूप सरकार के प्रत्यक्ष या अप्रत्यक्ष स्वामित्व या नियन्त्रण वाले कार्य, क्रियाएं, परिसम्पत्तियाँ या संगठन, पूर्णतया अथवा आंशिक रूप से किसी गैर सरकारी संगठन को हस्तांतरित हो जाते हैं।"** (Privatisation refers to any process that results in the transfer of functions, activities, assets or organisation in whole or in part which is owned or controlled either directly or indirectly by the Government to a non-government body.—**J. N. Goodrich)**

भारत में निजीकरण (Privatisation in India)–भारत में स्वतन्त्रता से पूर्व निजी क्षेत्र की प्रधानता थी, परन्तु योजनाकाल में सार्वजनिक क्षेत्र का महत्त्व बढ़ा है तथा निजी क्षेत्र के महत्त्व में सापेक्षिक रूप में कमी आई है। सन् 1991 में नई आर्थिक नीति की घोषणा की गई। इस नीति के अन्तर्गत निजी क्षेत्र को अधिक महत्त्व दिया गया है। इस योजना के अनुसार निजीकरण की प्रक्रिया कुछ सीमा तक आरम्भ की गई है। भारत के निजीकरण की प्रक्रिया की मुख्य विशेषताएँ अग्रलिखित हैं–

1. सार्वजनिक क्षेत्र का संकुचन (Contraction of Public Sector)–सरकारी क्षेत्र के लिये सुरक्षित उद्योगों को 17 से कम करके 3 कर दिया गया। बाकी 14 उद्योगों को निजी क्षेत्र के लिए खोल दिया गया। इस समय सार्वजनिक क्षेत्र के लिए सुरक्षित 3 उद्योग–अणु ऊर्जा, अणु-खनिज तथा रेलवे (Atomic Energy, Atomic Minerals and Railways) हैं। इस कदम से प्राथमिकता वाले क्षेत्रों की ओर निवेश योग्य साधनों के प्रवाह में वृद्धि होने और इसके साथ ही इन क्षेत्रों में प्रतिस्पर्धा तथा दक्षता के बढ़ने की आशा है। उदाहरण के लिये निजी क्षेत्र को दूरसंचार के लिए अनुमति देने से, निवेश बढ़ा है तथा प्रतिस्पर्धा व दक्षता में वृद्धि हुई है।

2. सार्वजनिक क्षेत्र के शेयरों की निजी क्षेत्र की बिक्री (Sale of Shares of Public Sector to the Private Sector)–सार्वजनिक क्षेत्र के 74 प्रतिशत तक शेयर विदेशी निवेशकों, संस्थागत निवेशकों, म्युचुअल फंड्स, जनता तथा श्रमिकों को बेचे गये। मार्च 2005 तक 49.126 करोड़ रुपये के शेयर बेचे जा चुके हैं। कुछ सार्वजनिक उपक्रमों के 100 प्रतिशत अंशों का भी विनिवेश किया गया है। इन उपक्रमों के अंशों को नीलामी प्रक्रिया (Bidding Process) के द्वारा बेचा जाता है।

3. रुग्ण सरकारी उद्योग (Sick Public Sector Industries)–इन उद्योगों के लिए भी वही नीति अपनाई जा रही है जो निजी क्षेत्र के लिये अपनाई जाती है। इसके लिये **रुग्ण औद्योगिक कम्पनी अधिनियम**–1985 (Sick Industrial Companies Act.–1985) में दिसम्बर 1991 में संशोधन किया गया। इसके अनुसार रुग्ण सरकारी क्षेत्र के उद्यमों को पुनर्गठन के लिये **"औद्योगिक और वित्तीय पुनर्निर्माण बोर्ड"** (Board for Industrial and Financial Reconstruction–BIFR) को सौंपा जाता है। बहुत-सी सरकारी क्षेत्र की रुग्ण औद्योगिक कम्पनियों के मामले इस बोर्ड को भेजे गये हैं। कुछ रुग्ण सार्वजनिक उपक्रमों को निजी क्षेत्र को बेच दिया गया है।

4. समझौता ज्ञापन प्रणाली (Memorandum of Understanding– MOU)–समझौता ज्ञापन प्रणाली द्वारा सार्वजनिक उपक्रमों की कार्यप्रणाली में सुधार लाया जाता है। इसके अन्तर्गत सार्वजनिक क्षेत्र के उद्यमों के प्रबन्धकों को अधिक स्वतन्त्रता दी जाती है तथा उन्हें परिणामों के लिये उत्तरदायी ठहराया जाता है। 1991-92 में 71 सार्वजनिक क्षेत्र के उद्यमों तथा 2003-2004 में 104 उद्यमों ने समझौता ज्ञापन प्रणाली (MoU) पर हस्ताक्षर किये हैं। MoU पर हस्ताक्षर करने के बाद सार्वजनिक उपक्रमों के संचालकों को दैनिक प्रकृति के निर्णय लेते समय मंत्रियों की पूर्व सहमति नहीं लेनी पड़ती। 73 प्रतिशत उपक्रम जिनके साथ MoU किया गया, की कार्यक्षमता में सुधार हुआ।

5. राष्ट्रीय नवीनीकरण कोष (National Renewal Fund)–सार्वजनिक क्षेत्र के कर्मचारियों के हितों की रक्षा करने के लिये फरवरी, 1992 में एक राष्ट्रीय नवीनीकरण कोष की स्थापना की गई है। इस फन्ड द्वारा उन कर्मचारियों को भुगतान किया जाता है जो अपनी इच्छा से सेवानिवृत्त हो जाते हैं या फालतू घोषित किये जाते हैं। सन् 2004 लाख 5.33 लाख मजदूर अपनी इच्छा से सेवानिवृत्ति (Voluntary Retirement) ले चुके हैं। इस कोष से सार्वजनिक उपक्रमों से निजीकरण के कारण निकाले गये कर्मचारियों को भी लाभ दिया गया है।

6. रंगराजन समिति की सिफारिशों को लागू करना (Implementing Recommedations of Rangarajan Committee)–सरकार ने सार्वजनिक उद्यमों के शेयरों का विनिवेश करने के लिये रंगराजन समिति की नम्बर 1992 में नियुक्ति की थी। इस समिति ने अपनी रिपोर्ट सरकार को प्रस्तुत कर दी है। इस समिति की निम्न मुख्य सिफारिशों को लागू किया गया है–

(i) सार्वजनिक क्षेत्रों के लिये आरक्षित (Reserved) उद्यमों के 49 प्रतिशत तथा अन्य उद्यमों के 74 प्रतिशत शेयरों का विनिवेश (Disinvestment) किया जा सकता है।

(ii) सार्वजनिक क्षेत्र के उद्यमों का निगमीकरण (Corporatisation) किया जाना चाहिए।

(iii) सार्वजनिक उद्यमों के कर्मचारियों को शेयरों की बिक्री के सम्बन्ध में प्राथमिकता देने के लिये योजना बनाई जानी चाहिए।

(iv) सार्वजनिक क्षेत्र के उद्यमों का विस्तार करने के लिए रियायती दरों पर उन्हें उधार देने के लिये सरकार द्वारा विनिवेश (Disinvestment) से प्राप्त धन का 10 प्रतिशत भाग अलग से रख दिया जाना चाहिए। इस राशि को सार्वजनिक उपक्रमों को रियायती ऋण देने के लिए प्रयोग किया जाना चाहिए।

7. योजनाओं में निजी क्षेत्र निवेश में वृद्धि (Increase in Private Sector Investment in Plans)–पंचवर्षीय योजनाओं में निजी क्षेत्र के निवेश को बढ़ावा दिया गया है। निजी क्षेत्र निवेश जो पांचवी पंचवर्षीय योजना में 42 प्रतिशत था, को दसवीं योजना में बढ़कर 76 प्रतिशत कर दिया गया है।

8. ऋणों को अंशों में बदलने के प्रावधानों को हटाना (Withdrawal of Convertibility Clause of Loans into Shares)–पहले सरकारी वित्तीय संस्थाएँ ऋण देते समय ऋण को समता अंशों में बदलने का विकल्प अपने पास रखती थी। यदि ऋण लेने वाली कम्पनी, ऋण के भुगतान में त्रुटि करे तो ये वित्तीय संस्थाएं अपने ऋण को समता अंशों में बदलकर उस निजी कम्पनी का अधिकार अपने पास ले लेती थी। यह विकल्प निजी क्षेत्र की कम्पनियों के विकास में एक रुकावट था। 1991 के आर्थिक सुधारों में इस विकल्प को हटा लिया गया है। यह निजीकरण की दशा में लिया गया एक अच्छा कदम है।

भारत में निजीकरण के कारण (Causes of Privatisation in India)–निजीकरण की बढ़ती हुई प्रवृत्ति का मुख्य कारण सार्वजनिक क्षेत्र की अकुशलता है। इसके मुख्य कारण निम्नलिखित हैं–

1. समाजवादी अर्थव्यवस्थाओं का विघटन (Disintegration of Socialist Economies)–रूस तथा अन्य समाजवादी अर्थव्यवस्थाओं का मुख्य आर्थिक क्षेत्र सार्वजनिक क्षेत्र था। इन अर्थव्यवस्थाओं को उदाहरण मानते हुए लगभग सभी अल्पविकसित देशों में सार्वजनिक क्षेत्र को बहुत अधिक महत्त्व दिया गया था। परन्तु इन अर्थव्यवस्थाओं में सार्वजनिक उद्यम अकुशल हो गये तथा इन अर्थव्यवस्थाओं की असफलता के मुख्य कारण सिद्ध हुए। रूस की अर्थव्यवस्था का विघटन हो गया। इसके फलस्वरूप अन्य अर्थव्यवस्थाओं का भी सार्वजनिक क्षेत्र में विश्वास कम हो गया। दूसरी तरफ यू. एस. ए., जापान, जर्मनी आदि अर्थव्यवस्थाओं में निजी क्षेत्र के कारण तेजी से आर्थिक प्रगति हो रही थी। इसलिये इन अर्थव्यवस्थाओं का बाजार अर्थव्यवस्था तथा निजी क्षेत्र की कुशलता में विश्वास बढ़ने लगा।

2. अकुशल सार्वजनिक क्षेत्र (Inefficient Public Sector)–सार्वजनिक क्षेत्र के प्रबन्धकों को निर्णय लेने की स्वतन्त्रता बहुत कम होती है। इस क्षेत्र के उद्यमों से संबंधित अधिकतर निर्णय मन्त्रियों द्व ारा लिये जाते हैं जो निर्णय लेते समय अपने राजनीतिक हितों का अधिक ख्याल रखते हैं। इसके फलस्वरूप निर्णय लेने में देरी होती है, उत्पादन क्षमता का पूरा प्रयोग नहीं होने पाता, तथा उत्पादकता कम हो जाती है। ये तत्त्व सार्वजनिक क्षेत्र को अकुशल बना देते हैं। सार्वजनिक क्षेत्र में लालफीताशाही, नौकरशाही, भाई-बन्धु पक्षपात (Nepotism) जैसी बुराइयाँ पाई जाती हैं। इसी तरह नौकरी की सुरक्षा (Job Security) होने के कारण कर्मचारी अकुशलता से कार्य करते हैं। इन सब बुराइयों के उन्मूलन करने के लिए निजीकरण की आवश्यकता अनुभव हुई।

3. अनार्थिक कीमत नीति (Uneconomic Price Policy)–सार्वजनिक उद्यमों, विशेष रूप से जन उपयोगी उद्यमों जैसे–बिजली, सिंचाई, यातायात, पानी आदि की कीमतों का निर्धारण आर्थिक सिद्ध ान्तों के आधार पर नहीं किया जाता। इसका निर्धारण राजनीतिक, सामाजिक तथा अन्य अनार्थिक तत्त्वों के आधार पर किया जाता है। इसके फलस्वरूप इनकी कीमतें लागत में कम निर्धारित होती हैं। इसके कारण इन उद्योगों को हानी उठानी पड़ती हैं। इस हानि से बचने के लिये निजीकरण का समर्थन किया जाता है।

4. सरकार पर भार (Burden on the Government)–सार्वजनिक उद्यमों को जो हानि होती है, वह उनके प्रबन्धकों या किसी व्यक्ति को नहीं उठानी पड़ती। इस हानि को सरकार की आय (Revenue) से पूरा किया जाता है। इसलिये प्रबन्धक इस बात की परवाह नहीं करते कि उद्यम को हानि हो रही है या लाभ हो रहा है। सार्वजनिक क्षेत्र की 110 इकाइयाँ घाटे पर चल रही हैं, जिससे सरकार पर अनावश्यक आर्थिक भार पड़ता है। सरकार ने अपना आर्थिक भार कम करने के लिये निजीकरण की प्रवृत्ति को बढ़ावा दिया है।

5. एशिया के नये औद्योगिक राष्ट्रों का अनुभव (Experience of New Industrial Nations of Asia)–एशिया के नये औद्योगिक राष्ट्रों जैसे–जापान, कोरिया, सिंगापुर, हांगकांग तथा ताईवान ने निजीकरण द्वारा आर्थिक विकास की तीव्र गति प्राप्त की है। उनके अनुभव ने अन्य देशों को भी सरकार द्वारा नियन्त्रित आर्थिक प्रणाली के स्थान पर स्वतन्त्र निजी प्रणाली अपनाने के लिये प्रेरित किया है। इन राष्ट्रों ने निजीकरण के मॉडल को अपनाया है। इस मॉडल के जरिये गहन प्रतियोगिता तथा बाहरी विश्व से सम्पर्क को बढ़ाया गया है। इसके फलस्वरूप निर्यात बढ़ाना एवं अन्तर्राष्ट्रीय प्रतियोगिता का सामना करना सम्भव हो सका है।

6. पूंजीवाद के लाभ उठाने के लिये (To Avail Benefits of Capitalism)–जापान, अमेरिका, हांगकांग, सिंगापुर, कोरिया, ताइवान आदि देशों में पूंजीवाद बहुत सफल रहा है। इन अर्थव्यवस्थाओं को पूंजीवाद से बहुत लाभ मिले हैं, जैसे–प्रतिस्पर्धा में वृद्धि, तकनीकी सुधार, कार्यकुशलता में वृद्धि आदि। निजीकरण से पूंजीवाद का लाभ उठाया जा सकता है। अतः पूंजीवाद का लाभ उठाने के लिये हमारी सरकार ने भी निजीकरण का फैसला लिया।

7. सरकार के वित्तीय संकट का समाधान (To Solve Financial Crisis of Government)–वर्ष 1990-91 में हमारी सरकार वित्तीय संकट के दौर से गुजर रही थी और अधोसंरचना के विकास के लिये पर्याप्त धन नहीं जुटा पा रही थी। इस संकट को दूर करने के लिये सरकार ने निजीकरण का निर्णय लिया, जिसमें सार्वजनिक उद्योगों में सरकार के अंशों का कुछ हिस्सा निजी क्षेत्रों को बेचा गया। इससे सरकार को बड़ी राशि में धन मिला। इस धन से सरकार के वित्तीय संकट का समाधान हो पाया। इसके अतिरिक्त सरकार 49 प्रतिशत अंश बेचकर व शेष 51 प्रतिशत अंश अपने पास रखकर भी औद्योगिक इकाई पर नियंत्रण रख सकती है।

8. औद्योगिक विकास की गति को बढ़ाने के लिए (For Promoting Industrial Growth)–औद्योगिक विकास के लिये अधिक से अधिक औद्योगिक इकाइयाँ लगाने की जरूरत है। लेकिन इस बढ़ती हुई जरूरत को सार्वजनिक क्षेत्र अकेले पूरा नहीं कर सकता, क्योंकि सरकार के पास भी वित्त की कमी थी। ऐसे में निजी क्षेत्र की सहायता बहुत अनिवार्य थी।

9. वैश्वीकरण को बढ़ावा देने के लिए (For Promoting Globalisation)–निजीकरण, वैश्वीकरण को बढ़ावा देता है। विदेशी उद्यमी निजी क्षेत्र के साथ सहयोग करने को प्राथमिकता देते हैं। वैश्वीकरण के द्वारा विदेशी निवेश, विदेशी तकनीक, विदेशी-ज्ञान, विदेशी-अनुभव का लाभ उठाया जा सकता है।

संक्षेप में, सार्वजनिक उद्यमों की बढ़ती हुई हानि तथा अकुशलता के कारण निजीकरण का विस्तार हो रहा है।

निजीकरण के उद्देश्य (Objectives of Privatisation)–निजीकरण का मुख्य उद्देश्य उद्योगों में कार्यक्षमता और प्रतिस्पर्धा को बढ़ाना, लाभ में बढ़ोत्तरी करना, उद्योगों की कार्यक्षमता में सुधार करना तथा उत्पादकता में वृद्धि लाना है। **प्रो. दांडेकर** के अनुसार–**"निजीकरण का मुख्य उद्देश्य प्रबन्ध की गुणवत्ता, उद्यम के कार्यकरण में सुधार करके सभी क्षेत्रों के उत्पादन में व्यावसायिक भावना को प्रोत्साहित करना तथा देश की अर्थव्यवस्था का विश्व-अर्थव्यवस्था से समन्वय करके उसे विकास की ऊँची दर पर पहुंचाना है।"**

इसके मुख्य उद्देश्य निम्नलिखित हैं–

(i) राष्ट्र का तीव्र गति से आर्थिक विकास करना।

(ii) सार्वजनिक उपक्रमों पर सरकारी खर्च को कम करके राजकोषीय घाटे को कम करना।

(iii) औद्योगिक प्रबन्ध को शक्तिशाली बनाना।
(iv) सार्वजनिक उद्यमों की प्रतिस्पर्धात्मक शक्ति में वृद्धि करना।
(v) राष्ट्रीय साधनों का अधिकाधिक उपयोग करना।
(vi) औद्योगिक विकास की दर को बढ़ाना।
(vii) निवेश पर पर्याप्त लाभ प्राप्त करना।
(viii) उद्यमों की उत्पादकता में वृद्धि करना।
(ix) विदेशी पूंजी का अधिकाधिक कुशल प्रयोग करना तथा अधिक विदेशी पूंजी को आकर्षित करना।
(x) उच्च तकनीक का प्रयोग सम्भव बनाकर गुणवत्ता में सुधार लाना।
(xi) विस्तृत स्वामित्व एवं उत्तरदायित्व निश्चित करना तथा निजी क्षेत्र के उद्यमियों की भागेदारी बढ़ाना।
(xii) सरकार के आर्थिक भार में कमी लाना तथा घाटे वाले सार्वजनिक उपक्रमों में लगे संसाधनों को निकालना।
(xiii) प्रतियोगिता को बढ़ाना।

निजीकरण के लाभ (Advantages of Privatisation)–निजीकरण के मुख्य लाभ निम्नलिखित हैं–

1. कार्यकुशलता में वृद्धि (Increase in Efficiency)–सार्वजनिक उद्योगों के स्वामित्व का निजीकरण करने से उद्योगों की कार्यकुशलता, लाभदायकता तथा प्रभावशीलता बढ़ जाती है।

2. विशेषज्ञों द्वारा प्रबन्ध (Professional Management)–निजीकरण के द्वारा पेशेवर प्रबन्ध का लाभ उठाया जा सकता है। निजी-क्षेत्रों में योग्यता के आधार पर ही प्रबन्धकों की नियुक्ति की जाती है। निजी क्षेत्र में अच्छी प्रबन्ध-संस्थाओं से MBA डिग्री प्राप्त व अनुभवी व्यक्तियों को प्रबन्धक के पद पर नियुक्त किया जाता है। यदि विनिवेश (Disinvestment) करके विदेशी कम्पनी को भागेदारी दी गई है, तो विदेशी प्रबन्धकीय कुशलता व विदेशी अनुभवों का लाभ भी उठाया जा सकता है।

3. प्रतिस्पर्द्धा में वृद्धि (Increase in Competition)–सार्वजनिक क्षेत्र की व्यावसायिक इकाइयों का निजीकरण करने से प्रतिस्पर्द्धा में वृद्धि हुई है। अब आधारभूत व महत्त्वपूर्ण उद्योगों में सार्वजनिक क्षेत्र का एकाधिकार नहीं रहा है। इस तरह प्रतिस्पर्द्धा स्तर में वृद्धि से उपभोक्ता वर्ग लाभान्वित हुआ है। जैसे–दूर संचार-क्षेत्र का निजीकरण होने से इस क्षेत्र में प्रतिस्पर्द्धा बहुत बढ़ गई है। इससे मोबाइल फोन सस्ते हो गये, और इनकी सेवाओं में सुधार आया है।

4. अर्थव्यवस्था का वैश्वीकरण (Globalisation of Economy)–निजीकरण एवं उदारीकरण की नीति के कारण भारत की अर्थव्यवस्था विश्व की अर्थव्यवस्था के साथ जुड़ती जा रही है, जो कि भारत को विश्व में आर्थिक स्तर पर एक मजबूत स्थान दिलाने में सहायक है।

5. औद्योगिक विकास की दर में वृद्धि (Increase in the Industrial Growth Rate)–निजीकरण द्वारा सार्वजनिक क्षेत्र में स्वदेशी उद्योगपतियों एवं विदेशी उद्योगपतियों की भागीदारी से औद्योगिक विकास में गतिशीलता आई है तथा औद्योगिक विकास की दर में वृद्धि हुई है।

6. विदेशी पूंजी निवेश में वृद्धि (Increase in Foreign Investment)–निजीकरण तथा उदारीकरण की नीति के कारण विदेशी प्रत्यक्ष निवेश में काफी तेजी से वृद्धि हुई है। भारत में 1991 से 2011 तक की अवधि में कुल 6,36,120 करोड़ रुपये के प्रत्यक्ष विदेशी निवेश किए गए।

7. सार्वजनिक उद्यमों के घाटे में कमी (Reduction in the Loss of Public Sector Units)–सार्वजनिक उद्यमों के घाटे को पूरा करने के लिये सरकार समय-समय पर जो बजटरी सहायता (Budgetary Support) देती थी, घाटे में चल रहे उद्यमों के निजीकरण से अर्थव्यवस्था को इससे मुक्ति मिली है। बजटरी सहायता के बन्द होने से इनमें प्रयोग होने वाली रकम को अन्य कल्याणकारी कार्यों के लिये प्रयोग किया जाना सम्भव हो सका है। इसके अलावा निजीकरण से सार्वजनिक क्षेत्र में कार्यकुशलता बढ़ती है।

8. अन्तर्राष्ट्रीय प्रवृत्तियों के अनुरूप (In-Line-with International Trends)–अधिकतर विकासशील व विकसित देशों ने निजीकरण को अपना लिया है। भारत में निजीकरण के बढ़ने से हमारी अर्थव्यवस्था भी अन्तर्राष्ट्रीय प्रवृत्तियों के अनुरूप हो जायेगी।

9. सरकार के आर्थिक-बोझ में कमी (Reduction in Economic-Burden of Government)–घाटे पर चल रहे सार्वजनिक उपक्रमों का निजीकरण करके सरकार के आर्थिक बोझ में कमी की जाती है। निजीकरण से निजी-क्षेत्र भी आर्थिक विकास के काम में भागीदारी करेगा, तथा पूंजी-निवेश के लिये वित्त प्रदान करेगा। इससे सरकार का नई परियोजनाएं शुरू करने का, बीमार-इकाइयों का बोझ उठाने का व आधुनिकीकरण आदि का बोझ कम हो जायेगा।

10. सरकार के वित्तीय संसाधनों में वृद्धि (Increase in Financial Resources of Government)–जब सरकार सार्वजनिक क्षेत्र की औद्योगिक इकाइयों के अंशों को निजी क्षेत्र के उद्यमियों को बेचती है, तो इससे सरकार को बहुत ही बड़ी राशि मिलती है। सरकार इस वित्त को आधारभूत विकास के लिए प्रयोग कर सकती है।

11. उत्तरदायित्व में वृद्धि (Increase in Responsibility)–निजीकरण से सार्वजनिक क्षेत्र की बुराइयों जैस–नौकरशाही, लालफीताशाही, संबंधियों के प्रति-पक्षपात आदि को रोका जा सकता है। निजी क्षेत्र में काम के अनुसार ही वेतन दिया जाता है। यदि कोई कर्मचारी ठीक काम नहीं करता, तो उसे नौकरी से निकाल दिया जाता है। इन सबसे कर्मचारियों में उत्तरदायित्व की भावना बढ़ती है।

12. राजनीतिक हस्तक्षेप में कमी (Reduction in Political Interference)–निजीकरण से राजनीतिक हस्तक्षेप से एक सीमा तक छुटकारा मिल जाता है। उद्योगों के निर्णयों में विलम्ब नहीं होता। उद्योगों का आर्थिक दृष्टिकोण से संचालन किया जाता है। उद्योगों की कार्यप्रणाली की विशेषज्ञों द्वारा जांच पड़ताल की जाती है तथा राजनीतिक हस्तक्षेप कम हो जाता है।

13. नवीन आविष्कारों को प्रोत्साहन (Encouragement to New Inventions)–निजीकरण के फलस्वरूप नवीन आविष्कारों को प्रोत्साहन मिलता है और उद्यमी में नवीन प्रेरणा और उत्साह की भावना पनपती है।

निजीकरण के विरुद्ध तर्क/हानियाँ/रुकावटें (Arguments Against/Disadvantages/Obstacles in Privatisation)

1. औद्योगिक रुग्णता (Industrial Sickness)–निजीकरण से कार्यकुशलता में अनिवार्य रूप से वृद्धि नहीं होती। भारत में व्यापक औद्योगिक रुग्णता इसका स्पष्ट प्रमाण है। वर्ष 2008 में, भारत में निजी क्षेत्र में लगभग 89,641 उद्योग रुग्ण हैं। इन पर बैंकों की 35,366 करोड़ रुपये की राशि बकाया है।

2. सामाजिक कल्याण का अभाव (Lack of Social Welfare)–निजीकरण में निजी उद्यमी केवल लाभ देने वाले उद्योगों में पूंजी निवेश करने को तैयार रहते हैं। अधिकतम सामाजिक कल्याण की प्राप्ति इससे नहीं हो पाती।

3. वर्ग संघर्ष (Class Struggle)–निजीकरण में वर्ग संघर्ष की भावना निहित होती है। पूंजीपतियों तथा श्रमिकों के संघर्ष में वृद्धि होती है जिसका अर्थव्यवस्था पर उचित प्रभाव नहीं पड़ता।

4. राष्ट्रीय महत्त्व के उद्यमों की अवहेलना (Ignores Enterprises of National Importance)–निजींकरण के द्वारा राष्ट्रीय महत्त्व के उद्यमों के विकास की ओर अधिक ध्यान नहीं दिया जाता है। इसके फलस्वरूप आर्थिक असंतुलन एवं जनसामान्य के लिये आरधारभूत सुविधाओं एवं वस्तुओं का अभाव होने का डर है।

5. क्षेत्रीय असंतुलन में वृद्धि (Increase in Regional Imbalances)–निजी क्षेत्र क्षेत्रीय सन्तुलित विकास की ओर ध्यान नहीं देते। यह पिछड़े क्षेत्रों में उद्योग लगाना पसन्द नहीं करते, इससे क्षेत्रीय असमानताएँ बढ़ती हैं।

6. राजनीतिक दबाव (Political Pressure)–कुछ राजनीतिक दल, जैसे–कम्युनिस्ट पार्टी, निजीकरण के विरुद्ध है। ये दल सरकार पर निजीकरण व विनिवेश के विरुद्ध दबाव बनाते हैं, इससे निजीकरण की प्रक्रिया धीमी पड़ जाती है।

7. बेरोजगारी में वृद्धि (Increase in Unemployment)–निजीकरण के कारण बेरोजगारी में वृद्धि की सम्भावना बढ़ जाती है। निजीकरण की दशा में सार्वजनिक उपक्रमों के कुछ कर्मचारियों की छंटनी कर दी जाती है। निजी उद्यमी अपने लाभ में वृद्धि करने के लिये उच्च कोटि की तकनीक का प्रयोग करते हैं। यह तकनीक अधिकतर पूंजी प्रधान होती है। इससे बेरोजगारी बढ़ती है।

8. कमजोर वर्गों की अवहेलना (Ignores Weaker Sections)–निजी क्षेत्र अपने लाभ के लिये उत्पादन करता है। वह आराम तथा विलासिता की वस्तुओं का अधिक उत्पादन करना पसन्द करता है। समाज के कमजोर वर्ग की आवश्यकताओं की अवहेलना की जाती है। निजी क्षेत्र में कर्मचारियों के चयन के समय SC/ST/OBC वर्ग के लोगों को पदों में आरक्षण नहीं दिया जाता।

9. असमानता में वृद्धि (Increase in Inequality)–निजीकरण के फलस्वरूप आर्थिक असमानता की वृद्धि की सम्भावना बढ़ जाती है। आर्थिक शक्ति का केन्द्रीयकरण होने लगता है। निजीकरण से बड़े औद्योगिक घरानों का तो और अधिक विकास हो जाता है, जबकि छोटी औद्योगिक इकाइयों को अधिक प्रतिस्पर्द्धा का सामना करना पड़ता है। इससे बड़े उद्योग तो विकसित हो जाते हैं और छोटे उद्योग अधिक पनप नहीं पाते।

10. कर्मचारियों का विरोध (Opposition by Employment)–भारत में ट्रेड यूनियन सार्वजनिक उद्यमों के निजीकरण का विरोध कर रही है। उनके विचार से इसके फलस्वरूप बेरोजगारी बढ़ेगी तथा कर्मचारियों का शोषण होगा। यद्यपि सरकार ने कर्मचारियों के हितों की रक्षा के लिये राष्ट्रीय नवीनीकरण कोष (National Renewal Fund) की स्थापना की है तथा इसके लिये 200 करोड़ रुपये का प्रावधान भी किया है। परन्तु कर्मचारी संघ अभी तक निजीकरण के पक्ष में नहीं हुए हैं।

11. वित्त की समस्या (Problem of Financing)–सार्वजनिक उद्यमों के निजीकरण के लिये उन्हें निजी क्षेत्र द्वारा खरीदने के लिये बहुत अधिक धन की जरूरत होगी। निजी क्षेत्र स्वयं इतने अधिक वित्त का प्रबन्ध नहीं कर सकेगा। यदि वह वित्तीय संस्थाओं से धन उधार लेकर सार्वजनिक उद्यमों को खरीदते हैं तो यह एक प्रकार से निजी क्षेत्र द्वारा सरकारी धन से सरकारी उद्यम खरीदना होगा जो उचित नहीं है। सार्वजनिक उद्यमों के शेयर स्टॉक बाजार द्वारा सामान्य जनता को बेचे जाने चाहिए। परन्तु इसकी सम्भावना कम है, क्योंकि जनता को सार्वजनिक उद्यमों की लाभदायकता पर प्रायः कम विश्वास होता है। अतः वे इनमें पैसा आसानी से निवेश नहीं करेंगे।

◆◆◆

3.3 सामान्य विद्यालय प्रणाली
(Common School System)

---

1. सामान्य स्कूल के बारे में आप क्या जानते हैं? सामान्य निकटवर्ती स्कूल की आवश्यकता पर टिप्पणी लिखिए।

(What do you understand by common school? Write a short note on need of common neighbourhood school.)

अथवा

समावेशी शिक्षा क्या है? समावेशी शिक्षा की आवश्यकता तथा महत्त्व का वर्णन कीजिए। (What is Inclusive Education? Describe the need and importance of Inclusive Education.)

उत्तर—सामान्य स्कूल का अभिप्राय समावेशी स्कूल से है जहां समावेशी शिक्षा प्रदान की जाती है।

समावेशी शिक्षा वह है जिसमें सामान्य विद्यालय में बाधित व सामान्य बालकों को एक साथ शिक्षा प्रदान की जाती है। समावेशी शिक्षा का आधुनिक युग में विशेष महत्त्व है।

शिक्षा-शास्त्रियों व मनोवैज्ञानिकों में इस बात को लेकर काफी मतभेद रहे हैं कि बालकों को विशिष्ट शिक्षा विशिष्ट विद्यालयों में दी जाए या फिर इनको भी सामान्य विद्यालयों में ही पढ़ाया जाए। अतः यह निर्णय लिया गया कि जहाँ तक सम्भव हो इस प्रकार के बालकों को सामान्य विद्यालयों में ही पढ़ाया जाए ताकि उनमें हीन भावना न आए और मुख्य धारा से अलग न हों।

विद्यालयों में विभिन्न प्रकार के बच्चे पढ़ने के लिए आते हैं, जो बच्चे शारीरिक रूप से विकलांग होते हैं, वे एकदम से पहचाने जाते हैं लेकिन जो बालक मानसिक रूप से बाधित होते हैं उनकी पहचान करना काफी मुश्किल कार्य है। जो बालक शारीरिक या मानसिक रूप से अपंग होते हैं वे सामान्य बच्चों की अपेक्षा कुछ कम सीख पाते हैं। विशिष्ट शिक्षा का मुख्य उद्देश्य इस प्रकार के बच्चों में छिपी हुई योग्यता को उभारना है ताकि उसकी योग्यता का प्रयोग देश के हित में किया जा सके। आज समय की यह आवश्यकता है कि केवल प्रतिभावान बालकों की तरफ ही ध्यान न दिया जाए, बल्कि जो बालक सामान्य से कम हैं उनकी तरफ भी उचित ध्यान दिया जाए ताकि वे भी देश की मुख्य धारा में आकर अपनी योग्यताओं का देश की उन्नति में योगदान कर सकें।

इस बात की आवश्यकता है कि 3 Rs (Reading, Writing and Mathematics) के साथ विशिष्ट बालक किसी भी क्षेत्र में दूसरे सामान्य बालकों से पीछे न रहें। असमर्थ बालकों के लिए 'विशेष विद्यालयों' की स्थापना की शुरुआत 18वीं शताब्दी के मध्य में हुई थी, लेकिन जब से मनोविज्ञान ने शिक्षा के क्षेत्र में प्रवेश किया है तो यह महसूस किया गया कि हमें इन विशिष्ट बालकों को अलग नहीं करना चाहिए, क्योंकि यह मनोवैज्ञानिक, सामाजिक, आर्थिक व शिक्षा की दृष्टि से उचित नहीं है। **क्रुक शंक (Cruik Shank)** के अनुसार, **''विशिष्ट बालकों की शिक्षा सम्पूर्ण शिक्षा का हिस्सा है।''** उनके अनुसार जहाँ तक मुमकिन हो विशेष कक्षाओं को हतोत्साहित करना चाहिए। विशेष कक्षाएं तभी लगानी चाहिए जब कोई दूसरा रास्ता न हो।

समावेशी शिक्षा का प्रत्यय अभी नया-नया है तथा सामान्य लोगों ने इसका महत्त्व समझना शुरू कर दिया है। स्वयं-सेवी संस्थाएँ भी इस क्षेत्र में सफलतापूर्वक प्रभावी रूप से काम कर रही हैं। शिक्षाशास्त्रियों, मनोवैज्ञानिकों का यह मानना है कि बच्चों को विशेष विद्यालयों की अपेक्षा सामान्य विद्यालयों में ही शिक्षा देनी चाहिए। छात्र को सामान्य विद्यालय में प्रवेश दिया जाता है तो उसको न केवल सामान्य अध्यापक की सुविधाएँ उपलब्ध होती है बल्कि उसके लिए एक प्रशिक्षण प्राप्त अध्यापक की सेवाएं भी उपलब्ध होती हैं। अमेरिका में 1975 ई. अमेरिकन कांग्रेस ने 'प्रत्येक अक्षम बच्चे को शिक्षा' का एक कानून पास किया था। इस कानून का मुख्य उद्देश्य अक्षम बालकों को देश की मुख्य-धारा (Main-Streaming) से जोड़ना था। मुख्य-धारा से यह अभिप्राय है कि शारीरिक तथा मानसिक दोष वाले बालक सामान्य बालकों के साथ पढ़ेंगे तथा उनको विशेष प्रकार की सहायता दी जाएगी।

भारत में भी 'समावेशी शिक्षा' अमेरिका के 'मुख्यधारा-आन्दोलन' का ही परिणाम है। इस आन्दोलन का मुख्य उद्देश्य विकलांगों को मुख्य-धारा में लाना है। आंशिक रूप से अपंग बालकों को सामान्य कक्षा में पढ़ाने तथा उनकी अच्छी देखभाल, अध्यापक तथा दूसरी सहायता देने से अच्छे परिणाम सामने आए हैं। इस बात पर अधिक जोर दिया जा रहा है कि कम अपंग बालकों को विशेष शिक्षा की नहीं अपितु समावेशी व मुख्य-धारा की आवश्यकता है।

समावेशी शिक्षा के अन्तर्गत सभी प्रकार के असमर्थ बालकों को सामान्य कक्षाओं में नहीं पढ़ाया जा सकता है। इसका मुख्य उद्देश्य यह है कि असमर्थ बच्चों को तभी सामान्य कक्षा में डाला जाए जब वहाँ का वातावरण उसकी आवश्यकताओं के अनुकूल हो और वे अपने आपको दूसरे बच्चों से अलग महसूस न करे।

विशिष्ट बच्चों की कौंसिल (Council for Exceptional Children) ने कम असमर्थ बच्चों को मुख्य-धारा में लाने की निम्न आवश्यकताएँ बताई हैं।

– प्रत्येक बालक को उचित शिक्षा प्रदान की जाए।
– बच्चे की वास्तविक शैक्षिक आवश्यकताओं की पूर्ति करनी चाहिए।
– ऐसे साधन अपलब्ध करवाना जिससे कक्षा कक्ष से जुड़े कर्मचारी बच्चों की दूसरी समस्याओं को दूर कर सकें।
– स्थायी अध्यापकों व विशेष शिक्षक की योग्यताओं का लाभ इन बालकों को अवश्य मिले।

मुख्य-धारा को विद्यालयी वातावरण में सफल बनाने के लिए सभी का सहयोग अति आवश्यक है। यह सब माता-पिता, अध्यापकों, प्रबन्धकों के सहयोग एवं प्रयास से ही संभव हो सकता है कि असमर्थ बच्चों को मुख्य-धारा से जोड़ा जाए तथा उन्हें समावेशी शिक्षा के लिए प्रोत्साहित किया जाए।

समावेशी शिक्षा का अर्थ
(Meaning of Inclusive Education)

– असमर्थ बालकों को सामान्य बालकों के साथ-साथ विशेष सेवाएं प्रदान करना।
– स्थायी अध्यापकों व प्रशासकों को आवश्यकतानुसार सहायता प्रदान करना।
– एक समान समय-सारणी लागू करना।
– असमर्थ बालकों को भी विद्यालय की अन्य गतिविधियों जैसे म्यूजिक, कला, भ्रमण तथा व्यायाम आदि में शामिल करने का प्रयास करना।
– असमर्थ बालकों के लिए भी ऐसे प्रबन्ध करना कि वह भी लायब्रेरी, खेल के सामान तथा खेल के मैदान आदि का समान रूप से प्रयोग कर सकें।
– समर्थ तथा असमर्थ बालकों में स्वस्थ दोस्ती का रिश्ता समर्थ बालकों को भी बनाने के लिए प्रेरित करना।
– इस बात की प्रेरणा देना कि असमर्थ बालक भी इसी समाज का अंग हैं तथा उनको शिक्षित करना आपका भी कर्तव्य है।
– प्रत्येक बालक को इस प्रकार की शिक्षा देना कि प्रत्येक बच्चा एक दूसरे से भिन्न होता है तथा सभी की आवश्यकताएँ अलग-अलग होती हैं।
– जहाँ तक सम्भव हो असमर्थ बच्चों को सामान्य कक्षा में ही पढ़ाना चाहिए।
– प्रत्येक बालक पर व्यक्तिगत ध्यान देना ताकि वह अपने आपको हीन न समझे।
– माता-पिता की समय-समय पर सलाह लेनी चाहिए और उस पर उचित ध्यान देना चाहिए।

समावेशी शिक्षा की प्रकृति
(Nature of Inclusive Education)

– समावेशी शिक्षा सामान्य विद्यालयों में सामान्य बालकों के साथ प्रदान की जाती है।
– इस शिक्षा के द्वारा असमर्थों को शिक्षा प्राप्त करने का विस्तृत क्षेत्र प्राप्त होता है।
– समावेशी शिक्षा में दोनों प्रकार के बालक सम्मिलित होते हैं अर्थात् असमर्थ और सामान्य बालक साथ-साथ पढ़ते हैं।
– जो सुविधाएँ सामान्य बालकों को प्राप्त होती हैं, वे सुविधाएँ असमर्थ बालकों को भी प्राप्त होती हैं।
– इस शिक्षा से बालकों को विद्यालय का स्वस्थ वातावरण प्राप्त होता है।
– शारीरिक या मानसिक रूप से विकलांग बालकों को कुछ विशेष सुविधाएँ प्रदान करके शिक्षा प्रदान की जाती है।
– इस शिक्षा में असमर्थ बालकों की विशेष आवश्यकताओं पर ध्यान दिया जाता है।
– सामान्य एवं असमर्थ बालकों द्वारा एक-दूसरे को समझने से आपसी सूझ-बूझ का विकास होता है तथा सामान्य बालक असमर्थों की सहायता के लिए तत्पर रहते हैं।

समावेशी शिक्षा के उद्देश्य
(Aims of Inclusive Education)

समावेशी शिक्षा के निम्नलिखित उद्देश्य हैं–

– बालकों में आत्म-निर्भरता की भावना का विकास करना।
– असमर्थों को शिक्षित करके देश की मुख्यधारा से जोड़ना।
– असमर्थ बालकों को सामाजिक व सांस्कृतिक रूप से समाज से जोड़ना।
– जागरूकता की भावना का विकास करना।
– प्रजातान्त्रिक मूल्यों के उद्देश्यों को प्राप्त करना।
– समाज में असमर्थ बालकों में फैली भ्रान्तियों को दूर करना।
– असमर्थ बालकों को जीवन की चुनौतियों का सामना करने के योग्य बनाना।
– असमर्थ बालकों को आत्म-निर्भर बनाकर उनके पुनर्वास का प्रबन्ध करना।
– बालकों की असमर्थताओं का पता लगाकर उनको दूर करने का प्रयास करना।

समावेशी शिक्षा की आवश्यकता
(Need of Inclusive Education)

पहले ऐसे माना जाता था कि असमर्थ बालकों को अलग से विशिष्ट शिक्षा प्रदान करनी चाहिए क्योंकि उनकी आवश्यकताएँ सामान्य बालकों से अलग होती है। उनके लिए विशेष रूप से प्रशिक्षित अध्यापकों की आवश्यकता होती है जो उनको उनकी आवश्यकतानुसार शिक्षा प्रदान करते हैं। कई आलोचक इस बात को लेकर आलोचना करते हैं कि विशिष्ट शिक्षा बच्चों को शिक्षा के बराबर अवसर प्रदान करने की अपेक्षा पृथकता की भावना पैदा करती है। इस शिक्षा से असमर्थ बालकों में हीन भावना पैदा होती है। समावेशी शिक्षा का महत्त्व निम्नलिखित कारणों से है–

1. शैक्षिक वातावरण (Academic Atmosphere)–जब असमर्थ बालक को सामान्य विद्यालय में भेजा जाता है तो वह शैक्षिक तौर पर अपने आपको विद्यालय में समायोजित कर लेता है तथा उसके मन में यह विचार नहीं आता कि वह दूसरे बालकों की अपेक्षा किसी भी क्षेत्र में कम हैं। अध्यापक तथा दूसरे कर्मचारियों का सहयोग व व्यवहार भी उसको अनुकूल परिस्थितियाँ प्रदान करता है तथा बालक शैक्षिक दृष्टि से उन्नति करता है।

2. कम खर्चीली (Less Expensive)–भारत एक विकासशील देश है तथा विकास के लिए अधिक धन की आवश्यकता होती है। असमर्थ बालकों के लिए सभी प्रकार के शैक्षिक कार्यक्रमों का प्रबन्ध करने के लिए अधिक पैसे की आवश्यकता होती है। इनके लिए विशेष रूप से प्रशिक्षण प्राप्त अध्यापक, मनोबैज्ञानिक तथा डॉक्टर आदि की आवश्यकता पड़ती है जबकि सामान्य विद्यालयों में इस प्रकार की काफी सुविधाएँ पहले से ही उपलब्ध होती हैं। विशिष्ट बालकों को सामान्य विद्यालयों में पढ़ाना कम खर्चीला होता है। इस दृष्टि से समावेशी शिक्षा अधिक सस्ती है।

3. मानसिक विकास (Mental Growth)–असमर्थ बालकों को विशिष्ट शिक्षा अलग विद्यालयों में निपुण व प्रशिक्षित अध्यापकों की देखरेख में प्रदान की जाती है। लेकिन असमर्थ बालकों में इस बात को लेकर मानसिक हीनता विकसित हो जाती है कि हमें सामान्य बालकों के साथ क्यों नहीं पढ़ाया जा रहा है जबकि हम भी उन जैसे ही हैं। इसका उन पर नकारात्मक प्रभाव पड़ता है और वह उतना ज्ञान प्राप्त नहीं कर पाते जितना कि उनको करना चाहिए। लेकिन समावेशी शिक्षा में असमर्थ बालकों को सामान्य विद्यालय में सामान्य बालकों के साथ शिक्षा प्रदान की जाती है। साधारण बालकों की तरह शिक्षा प्राप्त करने से उनमें हीनभावना का विकास नहीं होता, बल्कि आत्म-सम्मान की भावना का विकास होता है।

4. सामाजिक मूल्यों का विकास (Development of Social Values)–शिक्षा का उद्देश्य बालकों को केवल शिक्षित करना नहीं है, बल्कि उनका पूर्ण विकास करना है। सामान्य विद्यालयों में असमर्थ बालकों

को शिक्षा देने में उनमें सामाजिक गुणों का भी विकास होता है, क्योंकि विद्यालय में समाज के सभी वर्गों के बालक पढ़ने के लिए आते हैं। उनके साथ मिलकर असमर्थ बालकों में सामाजीकरण की भावना का विकास होता हैं। इस प्रकार से असमर्थ बालकों में भी प्यार, दयालुता, समायोजन, सहायता, भाई-चारा आदि सामाजिक गुणों का विकास होता है।

5. समानता का सिद्धान्त (Principle of Equality)–भारतीय संविधान में प्रत्येक बालक को बिना किसी भेदभाव के एक समान शिक्षा देने की बात की गई है। हम शिक्षा प्रदान करने के लिए किसी प्रकार का भेदभाव नहीं कर सकते। इस उद्देश्य को पूरा करने के लिए असमर्थ बालकों को समावेशी शिक्षा देना अति आवश्यक है।

6. प्राकृतिक वातावरण (Natural Environment)–सामान्य विद्यालयों में असमर्थ बालकों को प्राकृतिक वातावरण प्राप्त होता है। जब असमर्थ बालक सामान्य बच्चों के साथ साधारण विद्यालयों में शिक्षा प्राप्त करते हैं तो उनमें इस भावना का विकास नहीं होता कि वे किसी भी प्रकार से सामान्य बालकों से कम हैं। सामान्य बालक भी उनको अपना साथी समझने लग जाते हैं तथा असमर्थ बालक अपने आपको सहजता से उनके साथ समायोजित कर लेते हैं।

उपरोक्त तथ्यों को ध्यान में रखकर हम कह सकते हैं कि विशिष्ट शिक्षा की अपेक्षा असमर्थ बालक को सामान्य विद्यालय में ही शिक्षा प्रदान करनी चाहिए। सामान्य शिक्षा के साथ-साथ उनकी आवश्यकता के अनुसार उनके लिए विशेष कक्षाओं का प्रबन्ध करना चाहिए तथा उनके लिए प्रशिक्षण प्राप्त अध्यापकों का प्रबन्ध भी करना चाहिए।

◆◆◆

---

2. विशिष्ट शिक्षा से समावेशी शिक्षा में परिवर्तन पर एक संक्षिप्त लेख लिखिए।
(Write a short note on Transition of Special Education into Inclusive Education.)

उत्तर–समावेशी शिक्षा का प्रत्यय अभी नया-नया है तथा सामान्य लोगों ने इसका महत्त्व समझना शुरू कर दिया है। स्वयं-सेवी संस्थाएँ भी इस क्षेत्र में सफलतापूर्वक प्रभावी रूप से काम कर रही हैं। शिक्षाशास्त्रियों, मनोवैज्ञानिकों का यह मानना है कि बच्चों को विशेष विद्यालयों की अपेक्षा सामान्य विद्यालयों में ही शिक्षा देनी चाहिए। छात्र को सामान्य विद्यालय में प्रवेश दिया जाता है तो उसको न केवल सामान्य अध्यापक की सुविधाएँ उपलब्ध होती है, बल्कि उसके लिए एक प्रशिक्षण प्राप्त अध्यापक की सेवाएं भी उपलब्ध होती हैं। अमेरिका में 1975 ई. अमेरिकन कांग्रेस ने 'प्रत्येक अक्षम बच्चे को शिक्षा' का एक कानून पास किया था। इस कानून का मुख्य उद्देश्य अक्षम बालकों को देश की मुख्य-धारा (Main-Streaming) से जोड़ना था। मुख्य-धारा से यह अभिप्राय है कि शारीरिक तथा मानसिक दोष वाले बालक सामान्य बालकों के साथ पढ़ेंगे तथा उनको विशेष प्रकार की सहायता दी जाएगी।

भारत में भी 'समावेशी शिक्षा' अमेरिका के 'मुख्यधारा-आन्दोलन' का ही परिणाम है। इस आन्दोलन का मुख्य उद्देश्य विकलांगों को मुख्य-धारा में लाना है। आंशिक रूप से अपंग बालकों को सामान्य कक्षा में पढ़ाने तथा उनकी अच्छी देखभाल, अध्यापक तथा दूसरी सहायता देने से अच्छे परिणाम सामने आए हैं। इस बात पर अधिक जोर दिया जा रहा है कि कम अपंग बालकों को विशेष शिक्षा की नहीं अपितु समावेशी व मुख्य-धारा की आवश्यकता है।

शिक्षा-शास्त्रियों व मनोवैज्ञानिकों में इस बात को लेकर काफी मतभेद रहे हैं कि बालकों को विशिष्ट शिक्षा विशिष्ट विद्यालयों में दी जाए या फिर इनको भी सामान्य विद्यालयों में ही पढ़ाया जाए। अतः यह निर्णय लिया गया कि जहाँ तक सम्भव हो इस प्रकार के बालकों को सामान्य विद्यालयों में ही पढ़ाया जाए ताकि उनमें हीनभावना न आए और मुख्य धारा से अलग न हों।

विद्यालयों में विभिन्न प्रकार के बच्चे पढ़ने के लिए आते हैं। जो बच्चे शारीरिक रूप से विकलांग होते हैं, वे एकदम से पहचाने जाते हैं लेकिन जो बालक मानसिक रूप से बाधित होते हैं, उनकी पहचान करना काफी मुश्किल कार्य है। जो बालक शारीरिक या मानसिक रूप से अपंग होते हैं, वे सामान्य बच्चों की अपेक्षा कुछ कम सीख पाते हैं। विशिष्ट शिक्षा का मुख्य उद्देश्य इस प्रकार के बच्चों में छिपी हुई योग्यता को उभारना है ताकि उसकी योग्यता का प्रयोग देश के हित में किया जा सके। आज समय की यह आवश्यकता है कि केवल प्रतिभावान बालकों की तरफ ही ध्यान न दिया जाए, बल्कि जो बालक सामान्य से कम हैं उनकी तरफ भी उचित ध्यान दिया जाए ताकि वे भी देश की मुख्य धारा में आकर अपनी योग्यताओं का देश की उन्नति में योगदान कर सकें।

इस बात की आवश्यकता है कि वह 3 Rs (Reading, Writing and Mathematics) के साथ विशिष्ट बालक किसी भी क्षेत्र में दूसरे सामान्य बालकों से पीछे न रहें। असमर्थ बालकों के लिए 'विशेष विद्यालयों' की स्थापना की शुरुआत 18वीं शताब्दी के मध्य में हुई थी, लेकिन जब से मनोविज्ञान ने शिक्षा के क्षेत्र में प्रवेश किया है तो यह महसूस किया गया कि हमें इन विशिष्ट बालकों को अलग नहीं करना चाहिए, क्योंकि यह मनोवैज्ञानिक, सामाजिक, आर्थिक व शिक्षा की दृष्टि से उचित नहीं है। **क्रुकशंक (Cruik Shank)** के अनुसार, **''विशिष्ट बालकों की शिक्षा सम्पूर्ण शिक्षा का हिस्सा है।''** उनके अनुसार जहाँ तक मुमकिन हो विशेष कक्षाओं को हतोत्साहित करना चाहिए। विशेष कक्षाएं तभी लगानी चाहिए जब कोई दूसरा रास्ता न हो।

◆◆◆

3. समावेशी शिक्षा क्या है? समावेशी शिक्षा के सिद्धान्तों का वर्णन कीजिए।
(What is Inclusive Education? Discuss the Principles of Inclusive Education.)

उत्तर–समावेशी शिक्षा वह शिक्षा है जिसके अन्तर्गत बाधित व सामान्य बालकों को सामान्य स्कूलों में एक साथ शिक्षा प्रदान की जाती है। शिक्षाशास्त्रियों, मनोवैज्ञानिकों का यह मानना है कि बच्चों को विशेष विद्यालयों की अपेक्षा सामान्य विद्यालयों में ही शिक्षा देनी चाहिए। छात्र को सामान्य विद्यालय में प्रवेश दिया जाता है तो उसे न केवल सामान्य अध्यापक की सुविधाएँ प्राप्त होती हैं, बल्कि उसके लिए एक प्रशिक्षण प्राप्त अध्यापक की सेवाएँ भी उपलब्ध होती हैं। समावेशी शिक्षा का मुख्य उद्देश्य अक्षम बालकों को देश की मुख्य धारा से जोड़ना है। मुख्य धारा से अभिप्राय है कि शारीरिक तथा मानसिक दोष वाले बालक सामान्य बालकों के साथ पढ़ेंगे तथा उनको विशेष प्रकार की सहायता प्रदान की जाएगी। आंशिक रूप से अपंग बालकों को सामान्य कक्षा में पढ़ाने तथा उनकी अच्छी देखभाल, अध्यापक तथा दूसरी सहायता देने से अच्छे परिणाम सामने आए हैं। इस बात पर अधिक जोर दिया जा रहा है कि अपंग बालकों को विशेष शिक्षा की नहीं बल्कि समावेशी शिक्षा की आवश्यकता है।

इस बात की आवश्यकता है कि 3 RS (Reading, Writing and Mathematics) के साथ विशिष्ट बालक किसी भी क्षेत्र में सामान्य बालकों से पीछे न रहे। असमर्थ बालकों के लिए, ''विशेष विद्यालयों की स्थापना की शुरुआत 18वीं शताब्दी के मध्य में हुई थी लेकिन जब से मनोविज्ञान ने शिक्षा के क्षेत्र में प्रवेश किया है तो यह महसूस किया गया कि हमें इन विशिष्ट बालकों को अलग नहीं करना चाहिए क्योंकि यह मनोवैज्ञानिक, सामाजिक, आर्थिक व शिक्षा की दृष्टि से उचित नहीं है। **क्रुक शंक** के अनुसार, **''विशिष्ट बालकों की शिक्षा सम्पूर्ण शिक्षा का हिस्सा है।''** उनके अनुसार जहाँ तक संभव हो विशेष कक्षाओं को हतोत्साहित करना चाहिए। विशेष कक्षाएँ तभी लगानी चाहिएं जब कोई अन्य रास्ता न हो। समावेशी शिक्षा को विद्यालयी वातावरण में सफल बनाने के लिए सभी का सहयोग अति आवश्यक है। समावेशी शिक्षा को प्रोत्साहित करने के लिए यह अति आवश्यक है कि माता-पिता, अध्यापकों, प्रबन्धकों के सहयोग से असमर्थ बालकों को मुख्य धारा से जोड़ा जाए।

समावेशी शिक्षा के सिद्धान्त
[Principles of Inclusive Education]

समावेशी शिक्षा में निम्नलिखित सिद्धान्तों का अनुसरण किया जाता है–

1. समावेशी शिक्षा में बाधित व सामान्य बालक साथ-साथ पढ़ते हैं।
2. समावेशी शिक्षा असमर्थ तथा सामान्य बच्चों को सामान्य विद्यालयों में प्रदान की जाती है।
3. इस शिक्षा के द्वारा असमर्थों को शिक्षा प्राप्त करने का विस्तृत क्षेत्र प्राप्त होता है।
4. इस शिक्षा में जो सुविधाएँ सामान्य बालकों को प्राप्त होती हैं, वे सुविधाएँ असमर्थ बालकों को भी प्राप्त होती हैं।
5. इस प्रकार की शिक्षा से बालकों को स्वस्थ वातावरण प्राप्त होता है।
6. इस शिक्षा में सामान्य एवं असमर्थ बालकों द्वारा एक-दूसरे को समझने से आपसी सूझ-बूझ का विकास होता है तथा सामान्य बालक असमर्थ बालकों की सहायता के लिए तत्पर रहते हैं।
7. इस प्रकार की शिक्षा में शारीरिक तथा मानसिक रूप से विकलांग बालकों को कुछ विशेष सुविधाएँ प्रदान करके शिक्षा प्रदान की जाती है।
8. इस प्रकार की शिक्षा में असमर्थ बालकों की विशेष आवश्यकताओं पर ध्यान दिया जाता है।
9. समावेशी शिक्षा में असमर्थ बालकों को सामान्य बच्चों की तरह समान अवसर प्राप्त होते हैं।
10. भारतीय संविधान में प्रत्येक बालक को बिना किसी भेदभाव के एक समान शिक्षा देने की बात कही गई है। इस उद्देश्य के पूरा करने के लिए असमर्थ बालकों को समावेशी शिक्षा देना अति आवश्यक है।
11. समावेशी शिक्षा में असमर्थ बालक सामान्य विद्यालय में पढ़ता है, जिसके कारण वह अपने आपको विद्यालय में समायोजित कर लेता है।
12. समावेशी शिक्षा में सामान्य विद्यालयों में विशिष्ट बालकों को शिक्षा देने में उनमें सामाजिक गुणों का विकास होना है।
13. इस प्रकार की शिक्षा में सभी प्रकार के बच्चों में जागरूकता की भावना पैदा की जाती है ताकि वे आत्म-निर्भर बन सकें।
14. इस प्रकार की शिक्षा में प्रत्येक बालक को समान अवसर प्रदान किया जाता है।
15. इस प्रकार की शिक्षा में शिक्षा को अधिक अर्थपूर्ण व लाभदायक बनाया जाता है।
16. समावेशी शिक्षा के द्वारा विद्यालय का वातावरण स्वस्थ बनता है।
17. समावेशी शिक्षा में बालकों की आवश्यकताओं को ध्यान में रखते हुए पाठ्यक्रम को लचीला तथा पहुँच वाला बनाया जाता है।
18. समावेशी शिक्षा को सफल बनाने के लिए विभिन्न प्रकार की तकनीकों तथा सहायक सामग्री का प्रयोग किया जाता है।
19. इस प्रकार की शिक्षा में सभी बालकों की शारीरिक बाधाओं को दूर किया जाता है।
20. इस प्रकार की शिक्षा में अध्यापकों को इस प्रकार प्रशिक्षित किया जाता है कि वे समावेशी शिक्षा के अनुसार शिक्षण कार्य कर सकें।
21. इस प्रकार की शिक्षा को प्रभावशाली बनाने के लिए बच्चों के माता-पिता, परिवार तथा समुदाय के लोग शामिल होते हैं।
22. समावेशी स्कूलों को सफल बनाने के लिए विशेष स्कूलों को संसाधन केन्द्र का दर्जा प्रदान किया जाता है।
23. समावेशी स्कूलों में प्रत्येक कक्षा में बच्चों की संख्या 30 या 20 तक निर्धारित की गई है।
24. इस प्रकार की शिक्षा की सफलता की जिम्मेदारी शिक्षकों पर सौंपी गई है।
25. इस प्रकार की शिक्षा में बच्चों की कमजोरियों को नजरअन्दाज किया जाता है।

26. इस प्रकार की शिक्षा में बालकों में आत्म-विश्वास पैदा किया जाता है तथा उनमें विभिन्न प्रकार के कौशलों का विकास किया जाता है।
27. समावेशी शिक्षा में असमर्थ बच्चों को सामान्य विद्यालयों में प्रवेश के लिए किसी भी प्रकार के प्रमाण-पत्र की आवश्यकता नहीं होती।

◆◆◆

4. समावेशी शिक्षा के विभिन्न प्रतिदर्शों की विवेचना कीजिए।
(Discuss the models of Inclusive Education.)

उत्तर—विशिष्ट आवश्यकताओं वाले बालकों के प्रति विश्व शिक्षा समुदाय का ध्यान बढ़ता जा रहा है। उनके सक्षम बालकों में समावेशन के लिए विश्व समुदाय गंभीरता से एकजुटता दिखाता रहा है। मूलतः यह एक जटिल प्रक्रिया है जिसमें अक्षम बालकों को सक्षम बालकों में समायोजित किया जाता है। हमारे देश में भी एक ठोस बुद्धिजीवी वर्ग इस दिशा में कार्य कर रहा है। अनेकानेक राज्यों में समावेशन को अपना लिया गया है। अब प्रश्न उठता है कि समावेशन के लिए कौन से ऐसे प्रतिमान होने चाहिए, जिससे सफल समावेशन सुनिश्चित किया जा सके। कुछ विशेष प्रतिमानों का निम्नलिखित प्रकार से उल्लेख किया जा सकता है—

1. पूर्ण समावेशन प्रतिमान—यह प्रतिमान बालकों का कक्षा में अनुदेशन एवं सहयोग प्रदान करने से संबंधित है। इसके लिए एक विशिष्ट अध्यापक की व्यवस्था की जाती है। उक्त अध्यापक अपनी विधि एवं सहायक सामग्री से पढ़ाता है। वह बालक की विषयावार सीखने में सहायता करता है। वह न केवल बालकों का बल्कि समावेशन में शामिल सामान्य अध्यापकों का भी सहयोग करता है। यद्यपि यह विशिष्ट अध्यापक अनुदेशन में सामान्य अध्यापक का सहयोग करता है, फिर भी बालक की पूर्ण जिम्मेदारी सामान्य अध्यापक की ही होती है। ऐसा सिर्फ इसलिए होता है, क्योंकि बाधित बालक का पूर्ण रिकार्ड एवं रिपोर्ट सामान्य अध्यापक के पास होता है। उसके पास इस बात की भी सूचना होती है कि बालक एक नियमित अन्तराल पर कितनी उन्नति कर रहा है। इस विशिष्ट अध्यापक के साथ मिलकर सामान्य अध्यापक कुछ नई नीतियाँ बनाता है एवं पुरानी नीतियों में बदलाव कर सकता है। इस प्रतिमान के अन्तर्गत बालक को प्रत्यक्ष अनुदेशन के साथ-साथ स्वतंत्र रूप से पढ़ने का अवसर भी प्रदान किया जाता है।

2. टीम प्रशिक्षण प्रतिमान—इस प्रतिमान के अन्तर्गत सामान्य विशिष्ट अध्यापन एक ही कक्षा में एक साथ पढ़ाते हैं। उन्हें एक साथ इसलिए बैठने दिया जाता है, ताकि वे एक दूसरे को समझने लगे एवं उनके मन में एक दूसरे के प्रति स्थापित दूरी को खत्म किया जा सके। यह एक सुनियोजित तरीके से किया जाने वाला प्रतिमान है। इस प्रतिमान के जरिये प्रभावशाली शिक्षा तभी संभव हो सकती है, जब सामान्य एवं विशिष्ट अध्यापक दोनों मिलकर कार्य करें। इस प्रतिमान में नियोजन का क्रियान्वयन अत्यधिक महत्त्वपूर्ण है। यह प्रतिमान सफल शिक्षण की ओर लेकर जाता है, जिससे दोनों—अध्यापक एवं बालक को लाभ होता है।

3. रणनीति व्यवधान विधान—इस प्रतिमान का जन्म स्थान कॉसस विश्वविद्यालय को माना जाता है। इसके अनुसार बालक की योग्यताओं एवं प्रतिभाओं का विकास तभी संभव है जब वह सामाजिक प्रेरणात्मक क्षेत्रों से सीखता है। पाठ्यक्रम सही हथियार के रूप में होता है जो उसके समावेशन में सहायक होता है। यह एक प्रणाली है जो तीन चरणों में सम्पन्न होती है। सर्वप्रथम पाठ्यक्रम कक्षा में समावेशन में सहयोग करता है। जो केवल तभी संभव हो पाता है जब सामान्य एवं विशिष्ट अध्यापकों में अच्छा तालमेल हो। दोनों मिलकर एक दूसरे के साथ सहयोग कर रणनीतियाँ बनाते हैं। दूसरे चरण में सामान्य शिक्षण पर जोर दिया जाता है इसमें यह भी होता है कि बालक को अनुदेशन से पहले पूर्व ज्ञान परीक्षण किया जाता है। जो अध्यापक को आगे की रणनीति बनाने में सहायक होती है। तीसरे चरण के अन्तर्गत बालकों को अभिप्रेरण ा तकनीक एवं सामाजिक कौशलों को सीखने पर जोर दिया जाता है। इसमें विभिन्न तरह की गतिविधियों में भाग लेकर बालक को सामूहिक कार्य करने के लिए अभिप्रेरित किया जाता है।

4. समावेश चक्र प्रतिमान—यह एक अति महत्त्वपूर्ण प्रतिमान है जिसमें बालक के व्यक्तिपरक ज्ञान की ओर ध्यान दिया जाता है। यह प्रतिमान अत्यधिक व्यक्तिपरक होता है।

◆◆◆

5. समावेशी शिक्षा के सन्दर्भ में असमर्थ व्यक्तियों की शिक्षा के लिए राष्ट्रीय शिक्षा नीति-2006 में क्या प्रावधान किए गए हैं?
(What are the provisions made in National Policy for Persons with disabilities 2006 with reference to Inclusive Education?)

उत्तर—भारत का संविधान सभी व्यक्तियों का समानता, स्वतन्त्रता, न्याय तथा सम्मान सुनिश्चित करता है तथा विकलांग व्यक्तियों सहित सभी के लिए एक समावेश समाज का अधिदेश देता है। हाल के वर्षों में विकलांग व्यक्तियों के प्रति समाज के दृष्टिकोण में व्यापक तथा सकारात्मक परिवर्तन आया है। ऐसा महसूस किया गया है कि अधिकांश विकलांग व्यक्ति बेहतर जीवन व्यतीत कर सकते हैं यदि उन्हें समान अवसर मिलें तथा उनकी पुनर्वास उपायों तक प्रभावी पहुँच हो।

समावेशी शिक्षा के सन्दर्भ में विकलांग व्यक्तियों के लिए शिक्षा प्रदान करने के लिए राष्ट्रीय शिक्षा नीति 2006 में निम्नलिखित प्रावधान किए जा रहे हैं—

1. सामाजिक तथा आर्थिक विकास के लिए शिक्षा सबसे उपयोगी माध्यम है। संविधान के अनुच्छेद 21-क में शिक्षा को मूलभूत अधिकार माना गया है तथा निःशक्त व्यक्ति अधिनियम, 1995 की धारा 26 के अनुसार, कम से कम 18 वर्ष की आयु के सभी विकलांग बच्चों को निःशुल्क तथा अनिवार्य शिक्षा उपलब्ध कराई जानी है। वर्ष 2001 की जनगणना के अनुसार लगभग 55 प्रतिशत विकलांग व्यक्ति अनपढ़ हैं। विकलांग व्यक्तियों को समावेशी शिक्षा के माध्यम से सामान्य शिक्षा पद्धति की मुख्य धारा में लाए जाने की आवश्यकता है।
2. सरकार द्वारा सर्व शिक्षा अभियान शुरू किया गया है जिसका उद्देश्य 6 से 14 वर्ष की आयु के सभी बच्चों के लिए 2010 तक 8 वर्ष की प्राथमिक स्कूली शिक्षा प्रदान करना है। इन बच्चों में विकलांग बच्चे भी सम्मिलित हैं। 15-18 वर्ष की आयु वर्ग के विकलांग बच्चों को एकीकृत शिक्षा योजना (आई. ई. डी. सी.) के अन्तर्गत निशुल्क शिक्षा दी जाती है।
3. भारत सरकार विकलांग छात्रों को स्कूल स्तर के बाद अध्ययन करने के लिए छात्रवृत्तियाँ प्रदान करती है।
4. विकलांग व्यक्तियों को उच्च व व्यावसायिक शिक्षा हेतु विश्वविद्यालय तकनीकी संस्थाओं तथा उच्च शिक्षा की अन्य संस्थाओं में अनेक सुविधाएँ प्रदान की जाती हैं।
5. सुविधारहित तथा अल्प सुविधा वाले क्षेत्रों में विद्यमान संस्थाओं को अनुकूल बनाकर या संस्थाओं की शीघ्र स्थापना करके विभिन्न प्रकार के उत्पादकारी क्रियाकलापों के अनुरूप विकलांग व्यक्तियों में कौशल विकास बढ़ाने के लिए तकनीकी तथा व्यावसायिक शिक्षा की सुविधाओं को प्रोत्साहित किया जाता है। व्यावसायिक प्रशिक्षण प्रदान करने के लिए गैर-सरकारी संगठनों को भी प्रोत्साहित किया जाता है।
6. राज्य सरकारों, स्वायत्त निकायों तथा स्वैच्छिक संगठनों द्वारा कार्यान्वित की जाने वाली आई. ई. डी. सी. योजना के अन्तर्गत विशेष शिक्षकों, पुस्तकों और स्टेशनरी, वर्दी, परिवहन दृष्टि विकलांगों के लिए रीडर भत्ता, होस्टल भत्ता, अनुदेशन सामग्री की खरीद या उत्पादन, सामान्य शिक्षकों का प्रशिक्षण आदि विभिन्न सुविधाओं के लिए वित्तीय सहायता प्रदान की जाती है।
7. विकलांग बच्चों की पहचान, सम्मिलित स्कूलों में इनका दाखिला तथा इनकी शिक्षा जारी रखने के लिए सरकार की ओर से नियमित सर्वेक्षणों द्वारा सफल प्रयास किए जाते हैं। सरकार विकलांग बच्चों के लिए उपयुक्त तरीके की शिक्षण सामग्री तथा पुस्तकों, प्रशिक्षित शिक्षकों तथा स्कूल भवनों आदि की उपलब्धता सुनिश्चित करती है।
8. विकलांग महिलाओं की विशेष जरूरतों का ध्यान रखते हुए उनके लिए शिक्षा, रोजगार तथा अन्य पुनर्वास सेवाएँ प्रदान करने हेतु विशेष कार्यक्रम बनाए गए हैं। विकलांग महिलाओं के लिए विशेष शैक्षिक एवं व्यावसायिक प्रशिक्षण सुविधाओं की व्यवस्था की जाती है।

विकलांग व्यक्तियों की शिक्षा
[Education of Persons with Disabilities]

विकलांग व्यक्तियों की शिक्षा के लिए यह सुनिश्चित किया गया है कि प्रत्येक विकलांग बच्चे की सन् 2020 तक स्कूल स्तर की शिक्षा के लिए उपयुक्त पहुँच हो। इसके लिए असमर्थ व्यक्तियों की शिक्षा के लिए राष्ट्रीय नीति, 2006 में निम्नलिखित बातों का विशेष ध्यान रखा गया है–

1. प्राईमरी, माध्यमिक तथा उच्चतर शिक्षा स्तर पर विकलांग बच्चों की संख्या तथा शिक्षा जारी रखने की वार्षिक समीक्षा करने के लिए अलग व्यवस्था की जाएगी।
2. विकलांग बच्चों की शिक्षा को बढ़ावा देने के लिए प्रत्येक राज्य/संघ राज्य क्षेत्र में समावेशी शिक्षा के मॉडल स्कूल स्थापित किए जाएंगे।
3. अनेक विकलांग बच्चे जो समावेशी शिक्षा में शामिल नहीं हो सकते, को विशेष स्कूलों में शैक्षिक सेवाएँ मिलती रहेगी। विशेष स्कूल मुख्य धारा की समावेशी शिक्षा में शामिल होने के लिए विकलांग बच्चों को तैयार करने में सहायता करेंगे।
4. विभिन्न विकलांग बच्चों के लिए पाठ्यक्रम तथा मूल्यांकन पद्धति का विकास किया जाएगा। जिनमें उनकी आवश्यकताओं तथा क्षमताओं का ध्यान रखा जाएगा। गणित की पढ़ाई केवल एक भाषा सीखना आदि जैसी कुछ रियायत देकर परीक्षा पद्धति में सुधार किया जाएगा जिससे कि उसे विकलांगों के अनुकूल बनाया जा सके।
5. 6 वर्ष की आयु तक के विकलांग बच्चों की पहचान की जाएगी तथा इसके बाद उनका आवश्यक उपचार किया जाएगा ताकि वे समावेशी शिक्षा में भाग ले सकें।
6. मानसिक रूप से अपंग बच्चों के लिए मनोवैज्ञानिक पुनर्वास केन्द्रों में शिक्षा सुविधाएँ प्रदान की जाएगी।
7. कुछ स्कूल विकलांग बच्चों का नामांकन नहीं करते हैं। ऐसा मुख्य रूप से स्कूल अधिकारियों तथा शिक्षकों की विकलांग व्यक्तियों की क्षमता के बारे में क्षमता की कमी के कारण होता है। विकलांग बच्चों को समावेशी शिक्षा में शामिल करने के लिए स्कूल के शिक्षकों, प्राचार्य तथा अन्य कर्मचारियों से जानकारी प्रदान करने के लिए विशेष कार्यक्रम आयोजित किए जाएंगे।
8. विकलांग व्यक्तियों के लिए उच्च शिक्षण संस्थाओं में तीन प्रतिशत आरक्षण की व्यवस्था की जाएगी। विकलांग छात्रों की शैक्षिक जरूरतों को ध्यान में रखते हुए विकलांगता केन्द्र स्थापित करने के लिए विश्वविद्यालयों, कॉलेजों, व्यावसायिक संस्थाओं को वित्तीय सहायता प्रदान की जाएगी। उन्हें विकलांग छात्रों के लिए कैम्पस में कक्षा, छात्रावास तथा अन्य सुविधाएं प्रदान करने के लिए भी प्रोत्साहित किया जाएगा ताकि विकलांग बच्चों को समावेशी शिक्षा प्रदान की जा सके।
9. सभी स्कूलों को सभी प्रकार के विकलांग बच्चों के लिए बाधा मुक्त बनाया जाएगा ताकि सभी बच्चों की इन स्कूलों तक पहुंच हो।
10. शिक्षण का माध्यम तथा उसकी पद्धति को सामान्य तथा बाधित बच्चों के अनुकूल बनाया जाएगा ताकि सभी बच्चों का शैक्षिक विकास संभव हो सके।
11. तकनीकी, अनुपूरक तथा विशिष्ट शिक्षा की व्यवस्था एक ही स्कूल में उपलब्ध करवाई जाएगी, जहाँ पर वे स्कूल आसानी से जा सके।
12. स्कूलों में सहायक सामग्री उपलब्ध करवाई जाएगी। स्कूलों में सामान्य पुस्तकालयों, ई. पुस्तकालयों, ब्रेल पुस्तकालयों एवं टाकिंग पुस्तकालयों, स्रोत कक्षों आदि की स्थापना करने के लिए सुविधाओं का विस्तार करने हेतु प्रोत्साहन दिए जाएंगे।
13. राष्ट्रीय मुक्त विद्यालयों तथा दूरस्थ शिक्षा कार्यक्रमों को लोकप्रिय बनाया जाएगा तथा उनका विस्तार देश के अन्य भागों में किया जाएगा।

14. विकलांग व्यक्तियों द्वारा आपसी बातचीत के लिए सांकेतिक भाषा, वैकल्पिक व अभिवृद्धि सम्बन्धी संप्रेषण माध्यमों को मान्यता प्रदान की जाएगी तथा इनका मानवीकरण किया जाएगा। इन्हें लोकप्रिय भी बनाया जाएगा।
15. विद्यालयों को ऐसी जगह पर स्थापित किया जाएगा जो विकलांग क्षेत्रों की सुविधा के अनुसार हो और जहां से यात्रा दूरी कम हो। विकल्प के तौर पर, राज्य, समुदाय एवं गैर-सरकारी संगठनों की सहायता से व्यवहार्य यात्रा के प्रबन्ध किए जाएंगे।
16. स्कूलों में माता-पिता अध्यापक परामर्श तथा शिकायत निवारण प्रणाली की स्थापना की जाएगी।
17. कुछ मामलों में विकलांगता, निजी परिस्थितियों और प्राथमिकताओं के स्वरूप के कारण गृह आधारित शिक्षा प्रदान की जाएगी।
18. शिक्षा के क्षेत्र में कम्प्यूटर का विशेष महत्त्व है। ऐसा प्रयास किया जाएगा कि प्रत्येक विकलांग बच्चे को कम्प्यूटर के प्रयोग का समुचित ज्ञान हो।
19. सामाजिक न्याय और अधिकारिता मंत्रालय द्वारा वर्तमान में सहायता दिए जा रहे विशेष स्कूल, बढ़ती हुई समावेशी शिक्षा के लिए संसाधन केन्द्र बन जाएंगे। मानव संसाधन मंत्रालय द्वारा आवश्यकता के अनुसार नए विशेष विद्यालय खोले जाएंगे।
20. विकलांग बच्चों के प्रबन्ध सम्बन्धी मुद्दों को एक मॉड्यूल अध्यापकों के प्रवेश तथा सेवाकालीन प्रशिक्षण कार्यक्रमों में शामिल करना।

◆◆◆

3.4 शिक्षा का व्यवसायीकरण
(Vocationalisation of Education)

1. शिक्षा के व्यवसायीकरण से आप क्या समझते हैं? इसकी आवश्यकता तथा महत्त्व पर प्रकाश डालिए। विभिन्न आयोगों ने माध्यमिक शिक्षा के व्यवसायीकरण के लिए क्या सुझाव दिए हैं?
(What do you understand by Vocationalisation of Education? Highlight its need and importance. Discuss the suggestions of various commissions for Vocationalisation of Education.)

अथवा

एडयूकेशन के वोकेशनलाइजेशन से क्या तात्पर्य है? उसके महत्त्व की व्याख्या करें।
(What do you mean by Vocationalisation of Education? Explain its importance also.)

अथवा

सेकेण्डरी शिक्षा के व्यवसायीकरण से सम्बन्धित विशेषताओं तथा समस्याओं के विस्तारपूर्वक लिखिए।
(Explain in detail the characteristics and problems of vocationalization of secondary education.)

अथवा

भारतीय माध्यमिक स्कूलों में व्यावसायिक शिक्षा की वर्तमान स्थिति क्या है? इसे देश के औद्योगिक विकास से किस प्रकार सम्बन्धित किया जा सकता है?
(Discuss the present position of vocational education in Indian secondary school? How can this be linked with industrial development of the country?)

उत्तर–माध्यमिक शिक्षा के व्यवसायीकरण को लेकर भारत सरकार ने कई आयोगों का गठन ही नहीं किया अपितु उनकी सलाहों पर कार्य भी किया। परन्तु फिर भी स्थिति में ज्यादा सुधार नहीं हुआ। ऐसा

क्यों? इस प्रश्न का उत्तर **'कोठारी कमीशन 1964-66'** द्वारा दिए गए वक्तव्य से स्वयं ही प्राप्त हो जाता है। आयोग का कथन है, **"बार-बार सलाह देने के पश्चात् भी दुर्भाग्य की बात यह है कि विद्यालय स्तर पर व्यावसायिक शिक्षा को एक घटिया किस्म की शिक्षा समझा जाता है और अभिभावक तथा विद्यार्थियों का सबसे आखिरी चुनाव होता है।"**

("Despite repeated exhortation, it is unfortunately still felt that vocational educational at school level is an inferior form of Education and the last choice of parents and students."—Kothari Commission–1964–66.)

किसी भी देश की तरक्की व खुशहाली उसकी शिक्षा पद्धति पर निर्भर करती है। यही कारण है कि दुनिया के प्रत्येक राष्ट्र का यही प्रथम प्रयास होता है कि उसके देश की शिक्षा श्रेष्ठ हो। इस विचारधारा में भारत कोई अपवाद नहीं है। भारत देश के लिए समुचित शिक्षा आज सभी की मुख्य इच्छा है। ऐसा नहीं है कि समुचित शिक्षा भारतीयों की केवल इच्छा मात्र है, अपितु इसे प्राप्त करने के लिए भरसक व हर संभव प्रयास किए गए हैं। स्वतन्त्रता के पश्चात् तो ये प्रयास अति तीव्रगामी हो गए थे। जैसे ही देश स्वतन्त्र हुआ था, भारतीय नेताओं तथा मनीषियों ने शिक्षा में क्रान्तिकारी परिवर्तन लाने का भरपूर प्रयास किया। स्वतन्त्रता से पहले भी शिक्षा के क्षेत्र में सुधार के प्रयास अंग्रेजी सरकार द्वारा किए गए थे, परन्तु वे केवल स्वार्थ के वशीभूत थे। अंग्रेजी सरकार शिक्षा के माध्यम से केवल सस्ते लिपिक (Clerks) तैयार करने तक सोचती थी। महात्मा गाँधी की आधारभूत शिक्षा प्रणाली शिक्षा के व्यवसायीकरण की ओर लक्ष्य करती थी। इसका मुख्य उद्देश्य उस शिक्षा प्रणाली को बढ़ावा देना था जो शिल्प पर आधारित हो। इसलिए शिक्षा में बुनना, सिलाई-कढ़ाई तथा कृषि आदि को सम्मिलित किया गया। सम्पूर्ण शिक्षा शिल्प पर केन्द्रित होती थी। इस प्रकार की शिक्षा विद्यार्थियों को शैक्षणिक ज्ञान के साथ-साथ जीवन-यापन में सहायक होती थी। परन्तु ऐसे विद्यालयों में वास्तविक अधिगम अपेक्षाकृत कम होता गया। इसका परिणाम यह निकला कि मूलभूत शिक्षा अपना महत्त्व खोती गई। यही कारण था कि आज के तीव्र गति से बदलते युग में शिक्षा के व्यवसायीकरण को नए तरीकों से सोचा गया। इस नई सोच के अनुसार शिक्षा में व्यवसायीकरण माध्यमिक स्तर पर ही लागू किया जाना था। भारत में उन विद्यार्थियों की संख्या ज्यादा है जो माध्यमिक स्तर की पढ़ाई के बाद या बीच में ही पढ़ना छोड़ देते हैं। ऐसे में यदि माध्यमिक स्तर पर व्यावसायिक विषयों को पढ़ाया जाता है तो वे विद्यार्थी जो माध्यमिक स्तर पर या इसके बाद पढ़ना छोड़ देते हैं, तो वे कम-से-कम अपनी आजीविका कमाने में तो समर्थ हो सकते हैं।

व्यवसायीकरण का अर्थ
(Meaning of Vocationalisation)

व्यवसायीकरण का सामान्य शब्दों में अर्थ होता है—किसी व्यवसाय में प्रशिक्षण। अर्थात् विद्यार्थी को कोई एक व्यवसाय सिखाना ताकि वह अपना जीवन-यापन सुगमता से कर सके। विस्तार से यदि व्यवसायीकरण को देखें-समझें तो इसका अर्थ होता है—शिक्षा के साथ-साथ उन कोर्सों की भी व्यवस्था की जाए जो छात्रों को शिक्षा के साथ-साथ किसी व्यवसाय में भी कुशल व्यक्ति बनाए। कोठारी कमीशन ने व्यवसायीकरण के व्यापक स्वरूप को लेकर जो विचार प्रस्तुत किए हैं उनके अनुसार व्यवसायीकरण का अर्थ है, **"हम यह देखते हैं कि भविष्य की विद्यालयी शिक्षा का स्थान साधारण शिक्षा व तकनीक शिक्षा के लाभप्रद संयोग में है, जिसमें पूर्व तकनीकी शिक्षा और व्यावसायिक शिक्षा के कुछ हिस्से शामिल हैं और परिणामस्वरूप सामान्य शिक्षा का तत्त्व आ जाता है। हम जिस प्रकार के समाज में रह रहे हैं, उसमें इन दोनों प्रकार की शिक्षा को अलग-अलग करना अनुचित ही नहीं वरन् असम्भव होगा।"**

("We visualise the future vogue of school education to be towards a useful mingling of general and vocational education, general education containing some elements of pre-vocational and technical education and vocational education in this in its turn, having an element of general education. In the type of social set up we will be living increasingly in the coming years a complete separation between the two will not be only undesirable but also impossible.")

शिक्षा में व्यवसायीकरण का अर्थ उस शिक्षा से है जो विद्यार्थी को किसी व्यवसाय में निपुण व समर्थ बनाती है। परन्तु माध्यमिक स्तर पर व्यवसायीकरण का अर्थ भिन्न-भिन्न लोगों ने भिन्न-भिन्न प्रकार से लिया है। कुछ लोग इसे किसी व्यवसाय विशेष में प्रशिक्षण देने से लेते हैं। इस दृष्टिकोण का उद्देश्य किसी विशेष पाठ्यक्रम के सुखान्त पर कोई काम शुरू करने के लिए किसी व्यापार कला, कौशल या किसी व्यवसाय आदि का सीखना है। परन्तु दूसरे समूह के लोग माध्यमिक शिक्षा में व्यवसायीकरण का अर्थ व्यावसायिक प्रशिक्षण से समझते हैं। परन्तु यह दृष्टिकोण अति संकीर्ण तथा संकुचित है। माध्यमिक शिक्षा आयोग ने ऐसा महसूस किया कि ऐसे विद्यालयों में शिक्षण कार्यक्रम एक निश्चित व्यावसायिक कार्यक्रम से जुड़े होंगे, क्योंकि ये विद्यालय मात्र व्यावसायिक विद्यालय मात्र नहीं हैं। भारतीय शिक्षा आयोग ने यह महसूस किया कि विद्यालय स्तर पर भविष्य में साधारण शिक्षा एवं व्यावसायिक शिक्षा में पूर्व व्यावसायिक तथा तकनीकी तत्त्व शामिल होंगे और व्यावसायिक शिक्षा साधारण शिक्षा का तत्त्व बनाए रखेगी। इन दोनों प्रकार की शिक्षाओं को पूर्ण रूप से अलग नहीं किया जा सकता है, क्योंकि पूर्ण अलगाव का सोचना भी अवांछनीय तथा असंभव है।

व्यवसायीकरण की आवश्यकता
(Need of Vocationalization)

प्रत्येक राष्ट्र का यही प्रयास होता है कि उसके राष्ट्र की शिक्षा का ढाँचा उन्नत तथा सक्षम हो ताकि यह सभी व्यक्तियों की आवश्यकताओं तथा माँगों को पूरा कर सके। इसलिए देश में एक विशेष प्रकार की शिक्षा की व्यवस्था की जानी चाहिए, क्योंकि यह विशेष शिक्षा अर्थात् व्यवसायीकरण शिक्षा कई प्रकार से देश की आवश्यकताओं की पूर्ति कर सकती है। जिन क्षेत्रों में व्यवसायीकरण की आवश्यकता है वे निम्नलिखित हैं–

1. आर्थिक विकास के लिए (For economical development)–भारत एकमात्र ऐसा देश है जिसे प्रकृति ने खुले दिल से अपने तीनों गुणों शक्ति, सुन्दरता तथा ताकत को भरपूर मात्रा में दिया है। परन्तु इतने अच्छे तथा सशक्त प्राकृतिक साधनों के बावजूद भी हमारे देश की आर्थिक व्यवस्था उतनी सुदृढ़ नहीं है, जितना इसे होना चाहिए था। इस अवनति का एक मुख्य कारण प्रशिक्षित मानवीय शक्ति का न होना है। यह भी सत्य है कि जनसंख्या की दृष्टि से हमारा देश दुनिया में दूसरे स्थान पर है और प्रकृति ने भी इसे दोनों हाथों से सींचा है। परन्तु हमारी अयोग्य शिक्षा प्रणाली वह कारण है, जिससे देश आर्थिक विकास की बुलन्दियों को छू नहीं पा रहा है।

अब समय आ गया है जब हमें हमारे छात्र-छात्राओं को व्यावसायिक तथा व्यावहारिक रूप से कुशल बनाना होगा ताकि वे औद्योगिक तथा तकनीकी उन्नति की योजनाओं में सार्थक योगदान देकर देश को आर्थिक रूप से सशक्त तथा खुशहाल बना सकें। इन सब बातों को ध्यान में रखते हुए भारतीय शिक्षा आयोग ने शिक्षा के चार मुख्य लक्ष्यों में से 'उत्पादन वृद्धि' को लक्ष्य साधकर उसकी प्राप्ति के लिए माध्यमिक शिक्षा को व्यावसायिक रूप देने की सिफारिश की है।

2. बेरोजगारी की समस्या को हल करने के लिए (To solve the problem of unemployment) – भारत में बेरोजगारी की समस्या दिन-प्रतिदिन बढ़ती जा रही है। ऐसे में व्यावसायिक शिक्षा बेरोजगारी की समस्या को दूर करने में सक्षम है। अतः शिक्षा में व्यवसायीकरण से शिक्षित लोगों में बेरोजगारी की समस्या को दूर किया जा सकता है। निःसन्देह व्यवसायीकरण विद्यार्थियों को किसी एक व्यवसाय में निपुण बनाती है। **महात्मा गाँधी** के अनुसार, **"शिक्षा बेरोजगारी के विरुद्ध एक प्रकार का बीमा होना चाहिए।"**

("The true education ought to be for the students a kind of insurance against unemployment.")

3. विद्यार्थियों की योग्यताओं, रुचियों तथा गुणों को प्रशस्त करने के लिए (For the development of the abilities, interests and talents of the students)–आयोग के अनुसार माध्यमिक शिक्षा का व्यवसायीकरण करने से विद्यार्थी अपनी-अपनी विशेष पसन्द तथा रुचियों के अनुरूप प्रशिक्षण ले सकते हैं। यह उनके लिए रोजगार के अवसर मुहैया कराने के साथ उनकी छुपी हुई क्षमताओं को भी विकसित करेगा।

4. आत्मसंतुष्टि (Self satisfaction)–अपने आपको मानव केवल उस समय आत्मसंतुष्ट समझता है जब उसे अपनी पसन्द का व्यवसाय मिल जाए और शिक्षा में व्यवसायीकरण से विद्यार्थियों को पूरा नहीं तो कुछ हद तक उसकी रुचि के अनुरूप कोई-न-कोई व्यवसाय मिल ही जाता है।

5. नैतिक तथा सांस्कृतिक विकास (Moral and cultural development)–यदि मानव की मूलभूत आवश्यकताएँ रोटी-कपड़ा और मकान, पूरी हो जाती हैं तो नैतिकता व संस्कृति की बात सोचता है और शिक्षा के व्यवसायीकरण से विद्यार्थी अपनी पसन्द का रोजगार प्राप्त कर सकते हैं, जो उन्हें धन के साथ-साथ संतुष्टि भी दे सकता है और आर्थिक रूप से सबल होने पर नैतिक तथा सांस्कृतिक विकास स्वतः ही प्राप्त हो जाता है।

6. बौद्धिक विस्तार (Intellectual development or enhancement)–शिक्षा में व्यवसायीकरण का मुख्य उद्देश्य विद्यार्थियों को रोजगार उपलब्ध कराना है। एक बार रोजगार प्राप्त होने पर वे दूसरे क्षेत्रों (Fields) में भी कार्य करने की सोच सकते हैं। ऐसा करने से तथा दूसरे क्षेत्रों में रुचि लेने से उनका बौद्धिक विस्तार स्वतः ही हो जाता है।

7. शिक्षा प्रक्रिया को उद्देश्यपूर्ण बनाना (Making educational process meaningful)–शिक्षा को ज्यादा से ज्यादा उपयोगी बनाने के लिए व्यवसायीकरण अति आवश्यक है, क्योंकि व्यवसायीकरण शिक्षा की प्रक्रिया को दिशा देने में सक्षम है। यही कारण है कि शिक्षा व्यावहारिक रूप से विद्यार्थियों के लिए उपयोगी हो सकती है।

8. माध्यमिक शिक्षा को आत्मनिर्भर कोर्स बनाने के लिए (For making secondary education a self-sufficient course)–वर्तमान में माध्यमिक शिक्षा का स्वरूप अत्यधिक शैक्षिक होने के कारण इसका मुख्य कार्य विद्यार्थियों को महाविद्यालयों तथा विश्वविद्यालयों में प्रवेश दिलाने मात्र तक सीमित होकर रह गया है। यदि सामान्य रूप से देखा जाए तो हम पाएँगे कि इस वर्तमान शिक्षा प्रणाली में पढ़कर महाविद्यालय तथा विश्वविद्यालय में जाने वाले छात्रों की संख्या 25% भी नहीं होती है। माध्यमिक शिक्षा के तुरन्त बाद वे रोजी-रोटी कमाने की सोचते हैं, इसलिए इस समस्या से छुटकारा पाने के लिए शिक्षा कार्यक्रम को व्यावसायिक स्वरूप देकर इस दिशा में कुछ प्रशिक्षण जरूर दिया जाना चाहिए।

व्यावसायिक शिक्षा के उद्देश्य
(Objectives of Vocational Education)

छटी पंचवर्षीय योजना के तहत, व्यावसायिक शिक्षा के निम्नलिखित उद्देश्य निश्चित किए गए:–

(i) आर्थिक रूप से ससंगत तकनीकी कौशल सीखना।
(ii) कमाते हुए सीखना।
(iii) रोजगार मुख्य रूप से स्वयं रोजगार के अवसरों सहित उच्च शिक्षा प्रदान करना।
(iv) मानवीय श्रम की गरिमा समझना।
(v) सामाजिक क्रियाकलापों द्वारा सीखना।
(vi) ग्रामीण क्षेत्रों में कार्यरत तकनीकी एवं व्यावसायिक संस्थाओं में नई सुविधाओं की व्यवस्था पर जोर देना।

माध्यमिक स्तर पर व्यावसायिक कोर्सों की वर्तमान स्थिति (Present state of vocational courses at the secondary stage)–माध्यमिक स्तर पर व्यावसायिक कोर्सों की वर्तमान स्थिति के विषय में भारतीय शिक्षा आयोग के आँकड़ों के अनुसार माध्यमिक स्तर पर व्यावसायिक कोर्सों में प्रवेश कुल प्रवेश संख्या (Enrolement) का मात्र 9% है और यह प्रतिशत सम्पूर्ण संसार में निम्नतम है। निम्न माध्यमिक स्तर (Lower Secondary Stage) पर तो परिणाम ज्यादा खराब है। 1950-51 में व्यावसायिक शिक्षा के लिए इस स्तर पर मात्र 3% दाखिला हुआ। 1965-66 में असाधारण रूप से साधारण शिक्षा में वृद्धि हुई जिससे यह संख्या 22% तक पहुँच गई। इसी शैक्षणिक स्तर के दौरान उच्चतर माध्यमिक स्तर (Higher

Secondary Stage) पर व्यावसायिक कोर्सों में भी वृद्धि हुई और यह आँकड़ा 40% तक जा पहुँचा। ऐसा उस समय हुआ जब साधारण शिक्षा की अवधि एक वर्ष है। यदि इस अवधि को बढ़ाकर दो साल कर दिया जाये तो इन कोर्सों की संख्या घटकर 20% रह जाएगी।

माध्यमिक शिक्षा आयोग के अनुसार व्यावसायिक शिक्षा की धीमी गति के कारण (Causes of slow progress according to Secondary Education Commission)

1. अध्यापकों के प्रशिक्षण की अनदेखी (Indifference towards teachers training programme)–जहाँ तक अध्यापकों के प्रशिक्षण का प्रश्न है। यह कहना अतिशयोक्ति नहीं होगा कि व्यावसायिक कोर्सों के लिए उनके प्रशिक्षण की ओर ज्यादा गम्भीरता से ध्यान नहीं दिया गया। इसका परिणाम यह निकला कि उन अध्यापकों जिनमें साधारण ज्ञान (General Knowledge) तथा तकनीकी ज्ञान (Technical Knowledge) का सही सम्मिश्रण हो, सदैव कमी बनी रही।

2. गम्भीरता रहित प्रयास (Efforts lacking in seriousness)–यदि गहराई से देखा जाए तो यह स्वतः प्रकट हो जाता है कि व्यावसायिक शिक्षा के प्रश्न को सुलझाने के लिए केन्द्र तथा राज्य सरकारों ने विस्तृत आधार पर गम्भीरता से प्रयास नहीं किए।

3. विशेषज्ञ निर्देशकों की कमी (Lack of specialist instructors)–जहाँ तक विशेषज्ञ निर्देशकों का सवाल है, देश में व्यावसायिक कोर्सों के लिए इन विशेषज्ञों की अत्यधिक कमी है।

4. तालमेल की कमी (Lack of Co-ordination)–देश में उद्योग (Vocation) तथा शिक्षा (Education) जैसे विभिन्न विभागों में न तो आवश्यक तालमेल (Co-ordination) है और न ही सहयोग की भावना (Spirit of Co-operation)।

5. धन की कमी (Lack of economical resources)–विद्यालयों में आवश्यकता के हिसाब से समान तथा उचित प्रशिक्षण प्राप्त अध्यापकों की नियुक्ति के मार्ग में आने वाली सबसे बड़ी बाधा धन की कमी है। यही कारण है कि उचित प्रशिक्षण प्राप्त अध्यापकों तथा आवश्यक भौतिक सुविधाओं की अनुपस्थिति में व्यावसायिक शिक्षा की उन्नति में बाधा आई है।

6. सम्पर्क का अभाव (Lack of contact)–प्रान्तों के सरकारी विभागों के आपसी सम्बन्ध हमेशा ही हतोत्साहित करने वाले रहे हैं, जिसका परिणाम माध्यमिक शिक्षा में व्यवसायीकरण को पूर्ण सफलता न मिलना निकला।

7. तकनीकी सलाहकारों की कमी (Lack of technical experts)–देश में शिक्षा के क्षेत्र में हमेशा से ही तकनीकी सलाहकारों की कमी रही है, जिसके कारण शिक्षा के व्यवसायीकरण में प्रगति अपेक्षाकृत धीमी रही है।

8. विश्वविद्यालयों की प्रतिष्ठा एक बाधा (Prestige of universities a hurdle)–व्यावसायिक कोर्सों की सफलता में विश्वविद्यालय की व्यापक प्रतिष्ठा एवं कोरा ज्ञान एक समस्या बनकर रह गया। यह प्रतिष्ठा और ज्ञान व्यावसायिक कोर्सों की सहायता के स्थान पर उसके रास्ते में अड़चनें पैदा करते रहे हैं।

माध्यमिक शिक्षा आयोग की सिफारिशें
(Recommendations of Secondary Education Commission)

1. बहुउद्देशीय विद्यालय (Multi-purpose Schools)—माध्यमिक शिक्षा आयोग के अनुसार यदि देश की शिक्षा प्रणाली में विविध पाठ्यक्रमों (Diversified Courses) को लागू करने की योजना बनाते हैं तो हमें पहले देश में बहुमुखी विद्यालय (Multi-purpose schools) खोलने होंगे। ऐसा करने से लोगों के मन में व्यावसायिक विषयों के लिए फैली भ्रान्ति स्वतः ही समाप्त हो जाएगी। इसके अतिरिक्त इन विद्यालयों में एक कोर्स को बदलकर दूसरे कोर्स को चुनने की सुविधा दी जानी चाहिए ताकि विद्यार्थियों को अपनी इच्छा के कोर्सों के लिए समय-समय पर विद्यालय न बदलने पड़े।

2. शिल्प तथा विविध कोर्सों का प्रबन्ध (Provision of Craft and Diversified Courses)—आयोग के अनुसार सभी विद्यालयों में उत्पादन कार्यों तथा शिल्पों पर ज्यादा ध्यान देना चाहिए तथा माध्यमिक स्तर पर विविध कोर्सों (Diversified Courses) को भी लागू किया जाना चाहिए। इसका परिणाम यह निकलेगा एक बड़ी संख्या में विद्यार्थी तकनीकी, वाणिज्य, कृषि तथा अन्य व्यावहारिक कोर्सों में दाखिला ले सकेंगे।

3. तकनीकी शिक्षा (Technical Education)—तकनीकी शिक्षा देश की बेरोजगारी को दूर करने में एक बड़ा योगदान दे सकती है, क्योंकि यदि उसे व्यवसाय के रूप में अपनाया जाता है तो यह आजीविका कमाने में सहायक हो सकती है। यदि विद्यार्थी चाहें तो उसे हॉबी (Hobby) के रूप में भी अपना सकते हैं।

आयोग का यह भी कहना है कि तकनीकी विद्यालयों में तकनीकी तथा साधारण दोनों प्रकार की शिक्षा देने का प्रावधान होना चाहिए और यदि तकनीकी संस्थाओं को औद्योगिक केन्द्रों के नजदीक स्थापित किया जाए तो परिणाम अति उत्साहजनक हो सकते हैं। इन केन्द्रों की आर्थिक स्थिति को मजबूत करने के लिए औद्योगीकरण के रूप में थोड़ा-सा कर लगाया जा सकता है। उसके अतिरिक्त केन्द्र सरकार व्यावसायिक शिक्षा को धन उपलब्ध कराने हेतु संसद में एक कानून पास करा सकती है, जिससे अर्थ से सम्बन्धित सभी समस्याएँ हल हो जाएँगी।

4. माध्यमिक स्तर पर विद्यालयों में खेती-बाड़ी की शिक्षा (Agricultural Education in School at Secondary Level)—माध्यमिक शिक्षा स्तर पर सरकार को यह सुनिश्चित करना होगा कि ग्रामीण क्षेत्रों में चलने वाले माध्यमिक स्तर के विद्यालयों में खेती-बाड़ी की शिक्षा से सम्बन्धित अवसर ज्यादा प्रदान किए जाएँ। साथ-ही-साथ इस बात का ध्यान भी रखा जाना चाहिए कि यह शिक्षा मात्र सैद्धान्तिक होकर न रह जाए बल्कि विद्यार्थियों को यथार्थ परिस्थितियों के अधीन काम करने के अवसर प्रदान किए जाएँ। कृषि की पढ़ाई पूर्ण रूप से आधुनिक विज्ञान पर आधारित होनी चाहिए तथा उसे बागवानी तथा पशु-चिकित्सा विज्ञान से जोड़ दिया जाना चाहिए।

5. शिक्षुता प्रशिक्षण (Apprenticeship)—जैसा की शिक्षुता वांछित प्रशिक्षण का एक महत्त्वपूर्ण अंग है इसलिए संवैधानिक कानून पास करके अपने प्रशिक्षण से सम्बन्धित सुविधाएँ प्रदान करना उद्योग के लिए अनिवार्य (Compulsory) होना चाहिए।

6. अखिल भारतीय तकनीकी शिक्षा परिषद् (Provision of All India Technical Education Committee)—माध्यमिक स्तर पर तकनीकी पाठ्यक्रमों का नमूना अपनाने के लिए अखिल भारतीय तकनीकी शिक्षा परिषद् तथा अन्य काम कर रही संस्थाओं को कोर्सों के ब्योरे को तय करने के लिए प्रयोग किया जा सकता है।

कोठारी आयोग की सिफारिशें
(Recommendations of Kothari Commission)

शिक्षा के व्यवसायीकरण पर कोठारी कमीशन का कहना है कि उस समय भारत के भाग्य का निर्माण उसके कक्षा के कमरों तक ही सीमित रहा है। विज्ञान तथा प्रौद्योगिकी पर आधारित आज के विश्व में शिक्षा ही मनुष्यों की समानता, उन्नति तथा सुरक्षा के स्तर को निश्चित करती है।

("The destiny of India is none being shaped in her classrooms. In a world based on science and technology, it is education that determines the level of prosperity, welfare and security of the people." —Kothari Commission)

व्यावसायिक शिक्षा को किस स्तर पर महत्त्व दिया जा सकता है इस संदर्भ में कमीशन ने निम्नलिखित सिफारिशें दी हैं—

1. निम्न माध्यमिक स्तर पर सुविधाएँ (Facilities at the lower Secondary Stage)—सातवीं या आठवीं स्तर के बाद विद्यालय छोड़ने वाले विद्यार्थियों के लिए कमीशन ने निम्नलिखित कोर्सों को चुनने की सिफारिश की है—

(i) जो विद्यार्थी पारिवारिक काम-धन्धों में सातवीं या आठवीं कक्षा के बाद पड़ जाते हैं तथा विद्यालय जाना बन्द कर देते हैं उनके लिए पार्ट-टाइम (Part-time) आधार पर आवश्यक कोर्सों की व्यवस्था होनी चाहिए।

(ii) औद्योगिक प्रशिक्षण संस्थानों में दाखिले के लिए आयु सीमा घटाकर 14 वर्ष कर देनी चाहिए ताकि औद्योगिक प्रशिक्षण के इन कोर्सों में प्राइमरी विद्यालय को छोड़ने वाले विद्यार्थी बड़ी संख्या में प्रवेश ले सकें।

(iii) उन ग्रामीण बच्चों के लिए, जो अपने पारम्परिक व्यवसाय कृषि में लग जाते हैं, ऐसी शिक्षा का प्रावधान करना चाहिए, जिससे उनकी व्यावसायिक कुशलता को बढ़ावा मिले।

(iv) लड़कियों के लिए अलग से गृहविज्ञान तथा साधारण शिक्षा का प्रबन्ध किया जाना चाहिए।

2. उच्चतर माध्यमिक स्तर (At the Higher Secondary Stage)–आयोग के अनुसार उच्चतर माध्यमिक स्तर पर निम्नलिखित कोर्सों की सुविधाएँ होनी चाहिए–

(i) कला कौशल केन्द्रों (Polytechnics) में पूरे समय के अध्ययन की सुविधाएँ होनी चाहिये।

(ii) उद्योग में लगे व्यक्तियों के लिए अंशकालिक कोर्स की व्यवस्था की जानी चाहिए।

(iii) अंशकालिक कोर्सों का प्रबन्ध छुट्टी वाले दिनों में पत्र-व्यवहार या किसी अन्य आधार पर किया जा सकता है।

(iv) कृषि तथा इंजीनियरिंग के पोलिटैक्निक्स (Polytechnics) में उन लोगों की निपुणता को बढ़ाने के लिए संक्षिप्त कोर्सों (Condensed Course) का प्रबन्ध किया जाना चाहिए जो पहले से ही रोजगाररत हैं तथा जिन्होंने कुछ समय पहले ही परीक्षा पास की है।

(v) वाणिज्य, प्रशासन, स्वास्थ्य तथा लघु उद्योगों से सम्बन्धित 6 महीनों से 3 साल तक के प्रमाण-पत्र या डिप्लोमा योग्यता के कोर्सों की संख्या बढ़ाई जानी चाहिए। यह सुविधा उन लोगों को जो पहले से रोजगाररत हैं, पार्ट टाइम या पत्र-व्यवहार के आधार पर दी जा सकती है।

(vi) औद्योगिक प्रशिक्षण संस्थानों में विभिन्न कोर्सों की सुविधाओं का विस्तार किया जाना चाहिये।

3. उद्देश्य (Aims)–यदि इस बात का अनुमान लगा लिया जाए कि मानवीय शक्ति का व्यावसायिक शिक्षा विस्तार में कितना योगदान होता है तो यह हमारे लिए एक मार्गदर्शन का काम कर सकता है। परन्तु इसके विपरीत यदि माध्यमिक या निम्न माध्यमिक स्तर की मानवीय शक्ति सम्बन्धी प्राप्त आँकड़ों पर गौर किया जाए तो यह बात स्पष्ट होती है कि यह व्यवसायीकरण को बढ़ावा देने की ओर मार्गदर्शन नहीं करते। परन्तु यह नितान्त जरूरी है कि माध्यमिक शिक्षा का व्यवसायीकरण किया जाये तथा उस लक्ष्य की ओर बढ़ा जाए, जिसमें निम्न माध्यमिक स्तर की कुल प्रवेश संख्या का 20% से 50% भाग सन् 1986 की व्यावसायिक शिक्षा में होगा। उस स्तर को बनाए रखने के लिए उपलब्ध धन, सामग्री, भवन तथा अध्यापकों को मद्देनजर रखते हुए योजना बनानी चाहिए।

4. अनुदान (Grants)–अनुदान के लिए प्रमुख रोल केन्द्र सरकार (Centre Government) को निभाना होगा। यह केन्द्र सरकार को ही निश्चित करना होगा कि केन्द्र अधिकृत क्षेत्र के लिए वह राज्य सरकारों को कितना तथा कैसे अनुदान देती है। इस संदर्भ में भारत, दुनिया के दूसरे सबसे बड़े प्रजातांत्रिक देश अमेरिका का अनुसरण कर सकता है जहाँ संघीय अनुदान (Federal Grants) ने माध्यमिक विद्यालयों की शिक्षा के व्यवसायीकरण को प्रोत्साहित किया है।

5. गठन (Organization)–आयोग के अनुसार राज्य स्तर पर शिक्षा विभागों में कुछ ऐसे विशेष अंग की स्थापना की जानी चाहिए जो पार्ट टाइम (Part time) तथा पूरे समय के कोर्सों की व्यवस्था करे।

6. व्यावसायिक शिक्षा की वर्तमान सुविधाओं में विस्तार की आवश्यकता (Need for Expansion in the Present Facilities for Vocational Education)–देश में वर्तमान समय में औद्योगिक प्रशिक्षण संस्थाओं (I.T.Is.) की संख्या लगभग 356 तथा उनमें लगभग 11,3000 विद्यार्थी दाखिला लेकर व्यावसायिक ट्रेनिंग ले सकते हैं। वर्तमान में कुछ एक सरकारी एवं निजी वाणिज्य विद्यालयों 6 और तकनीकी

वाणिज्य तथा कृषि सम्बन्धी बहुमुखी विद्यालयों में ऐसी सुविधाओं की व्यवस्था की गई है। ये विद्यालय निपुण कारीगरों के तौर पर तैयार करने के लिए विद्यार्थियों में व्यावसायिक रुचि पैदा करती हैं। चौथी पंचवर्षीय योजना में औद्योगिक प्रशिक्षण संस्थाओं (I.T.Is.) में दाखिले की संख्या दोगुनी करने की सिफारिश की गई तथा पाठ्यक्रमों एवं प्रशिक्षण विधियों को नया रूप दिया गया। इसका यह फायदा हुआ कि अब ट्रेनिंग कुछ हद तक व्यावहारिक हो गई थी। साधारण शिक्षा तथा कला कौशल के व्यावहारिक रूप को विस्तृत आधार पर दिए जाने की सुविधाएँ बढ़ा दी गई। 39 (उन्तालीस) व्यवसायों में दाखिले के लिए न्यूनतम योग्यता मिडिल पास तथा 12 (बारह) व्यवसायों के लिए मैट्रिक पास निश्चित की गई है। लेकिन 1966 में दाखिले की न्यूनतम आयु सीमा घटाकर 15 (पन्द्रह) वर्ष कर दी गई है। अब समय आ गया है जब हमें अपने मन से यह निकालना होगा कि व्यावसायिक कोर्स साधारण शिक्षा का घटिया तथा तुच्छ स्तर का विकल्प है।

देश में व्यावसायिक शिक्षा को प्रोत्साहित करने के लिए सर्वप्रथम हमें 14 से 18 साल के विद्यार्थियों को व्यावसायिक तथा तकनीकी कोर्सों के बारे में विस्तार से बताकर उन्हें इनके प्रति उत्साहित करना होगा। इस कार्य के लिए सर्वप्रथम केन्द्र सरकार को आगे आना चाहिए। सभी मंत्रालयों तथा विभागों को मिलकर एक ऐसा जीवंत कार्यक्रम बनाना चाहिए जो तकनीकी कोर्सों को आकर्षक बनाए, जिससे अभिभावक तथा विद्यार्थी स्वतः ही इनमें दिलचस्पी लेने लगें। इसके साथ-साथ जिला तथा राज्य स्तरों पर बनी व्यावसायिक मार्गदर्शन समितियों की सहायता से मार्गदर्शन के कार्यक्रम का आयोजन प्रभावशाली ढंग से करना चाहिए।

यहाँ यह बात सुनिश्चित कर लेना आवश्यक है कि उतने बढ़िया स्तर के सुझावों के बावजूद आशातीत सफलता से माध्यमिक शिक्षा कैसे अछूती रही? इसका साधारण-सा उत्तर यही है कि कोठारी आयोग ने माध्यमिक शिक्षा के व्यवसायीकरण के स्वरूपों तथा कार्यक्रमों के बारे में केवल अपने विचार व्यक्त किए थे, उन्हें लागू करने के लिए कोई ठोस कार्यक्रम नहीं सुझाया। उसका मुख्य कारण यह था कि माध्यमिक शिक्षा के व्यवसायीकरण का कार्यक्रम केवल साधारण शिक्षा को उत्पादन से जोड़ने के लिए विचाराधीन लाया गया था। परन्तु विडम्बना यह है कि अभी तक न तो माध्यमिक शिक्षा आयोग और न ही कोठारी शिक्षा आयोग की सिफारिशों को कार्यक्रम का रूप दे पाए हैं। माध्यमिक शिक्षा आयोग द्वारा दर्शाए गए बहुउद्देशीय विद्यालय, केन्द्र द्वारा आवश्यक सामग्री उपलब्ध कराये जाने के बावजूद भी अपने वास्तविक उद्देश्य को प्राप्त नहीं कर पाए। ज्यादातर स्थानों पर व्यावसायिक विषय की सुविधा शुरू होने के बावजूद भी आवश्यक सामग्री उपलब्ध नहीं करवाई जा सकी। कृषि की पढ़ाई भी श्यामपट्ट (Black Board) तथा चाक (Chalk) तक सिमटकर रह गई है। जहाँ तक सामाजिक प्रतिष्ठा का सवाल है, तकनीकी शिक्षा को दोयम दर्जे की समझा जाता है।

व्यवसायीकरण एवं शिक्षा की नई पद्धति (10 + 2 + 3)
(Vocationalization and New Education System 10 + 2 + 3)

आयोग का कक्षा दस से तात्पर्य है कि 10 वर्ष तक बिना किसी भेदभाव के सभी छात्र-छात्राओं को व्यापक रूप से समान शिक्षा दी जाए। 10 वर्ष के पाठ्यक्रम में सभी विषय अनिवार्य होंगे। विद्यार्थियों को उन विषयों का ज्ञान दिया जाएगा जो उनके जीवन में काम आएँगे। 10 वर्ष की शिक्षा के बाद + 2 की शिक्षा का प्रावधान होगा। उस योजना के तहत विद्यार्थियों के लिए दो विकल्प खुले होंगे–(i) व्यावसायिक एवं औद्योगिक शिक्षा (ii) एकेडैमिक (Academic)। इसके अतिरिक्त विद्यार्थियों की रुचि, अभिरुचि, बौद्धिक स्तर एवं कार्यक्षमता के अनुसार विषयों का भी इस स्तर पर पृथकीकरण किया जाएगा। भारतीय संदर्भ में विद्यालयी शिक्षा के व्यवसायीकरण के क्षेत्र में मार्गदर्शन योजनाएँ बनाने के लिए एक अध्ययन मंडल की नियुक्ति की गई जिसने जनवरी 1970 में रिपोर्ट पेश की। इस रिपोर्ट का परीक्षण एक विशेषज्ञ मंडल द्वारा किया गया। मार्गदर्शन योजनाओं को 20 (बीस) जिलों में चलाया जाएगा तथा उसकी सफलता के लिए दो करोड़ रुपयों का प्रबन्ध किया गया।

माध्यमिक शिक्षा के व्यवसायीकरण में बड़ी सफलता प्राप्त करने के लिए इसे रोजगार की सुविधाओं से जोड़ना होगा। शिक्षा का समन्वय एक तरफ तो प्रशिक्षण के साथ तथा दूसरी ओर आर्थिक विकास के

साथ स्थापित किया जाना चाहिए। माध्यमिक शिक्षा के व्यवसायीकरण के कार्यक्रमों को योजनाबद्ध करने के लिए निरीक्षणों तथा अध्ययन की आवश्यकता है। औद्योगिक तथा शिक्षण अधिकारियों में सहयोग होना चाहिए। औद्योगिक केन्द्रों से जो 10 + 2 की शिक्षा प्राप्त करेंगे, वे महाविद्यालयों में दाखिला ले सकते हैं।

भारतीय शिक्षा आयोग तथा शिक्षा कमेटियों के अनुसार इस विषय में सामान्य रूप से कहा जा सकता है कि–

(i) शैक्षिक स्तरों में एकरूपता लाना (Bringing of uniformity in educational level)।
(ii) बौद्धिक परिपक्वता (Intellectual maturity)।
(iii) अध्यापक शिक्षण स्तर में सुधार (Improvement in the status of teacher education)
(iv) शिक्षा संरचना में एकरूपता (Uniformatity in education pattern)।
(v) आर्थिक विकास से सम्बन्धित (Relation to economic development)।
(vi) भावनात्मक एकता का विकास (Development of emotional integration)।
(vii) व्यावसायिक प्रवृत्ति को आधार देना (To provide basis to the trend of vocationalization)।
(viii) उच्च शिक्षा को विशेष व्यक्तियों के लिए निश्चित करना (Confinement of higher education for the selected people)।
(ix) छात्रों की रुचियों के अनुसार शिक्षा व्यवस्था (Education in accordance to the interests of the students)।
(x) कार्य अनुभव को विशेष महत्त्व (Special importance to work experience)।
(xi) विद्यार्थियों की योग्यताओं के अनुसार शिक्षा व्यवस्था (Education accordance with the abilities of the pupils)।
(xii) मूल्यांकन की नई प्रणाली (New system of education)।

इसके अन्तर्गत मूल्यांकन की निम्नलिखित नवीन प्रणालियाँ आती हैं–

(क) आन्तरिक मूल्यांकन (Internal assessment)।
(ख) ग्रेड प्रणाली (Grade system)।
(ग) उत्तीर्ण-अनुत्तीर्ण प्रणाली को अलविदा (No Pass–Fail)।
(घ) ग्रेड में सुधार की अनुमति (Permission for improving the grade)।
(ङ) निरन्तर मूल्यांकन (Continuous process of evaluation)।
(च) प्रश्न बैंक पर दबाव (Stress on question bank)।

नई शिक्षा व्यवस्था को लागू करने में बाधाएँ *(Problems in the Implementation of New Education System)*

(i) निर्देशन की कमी (Lack of guidance)।
(ii) आर्थिक समस्याएँ (Economical problems)।
(iii) अनिवार्य पाठ्यक्रम की कठिनाइयाँ (Difficulties in required curriculum)।
(iv) प्रशिक्षित अध्यापकों की कमी (Lack of trained teachers)
(v) छात्रों की क्षमता की दृष्टि से कठिनाइयाँ (Difficulties from the point of view of students's potentialities)।
(vi) सम्पर्क बनाने में परेशानियाँ (Difficulties of co-operation)।
(vii) प्रशासन से सम्बन्धी कठिनाइयाँ (Administrative difficulties)।
(viii) व्यावसाय से सम्बन्धित परेशानियाँ (Vocational difficulties)।

10 + 2 + 3 लागू करने के सुझाव
(Suggestions for the Implementation of 10 + 2 + 3)

(i) उपयुक्त पाठ्यक्रम का निर्माण (Construction of appropriate curriculum)।
(ii) + 2 के व्यावहारिक पक्ष पर जोर (Stress on the practical aspect of + 2 education)।
(iii) उद्देश्यपूर्ण पाठ्यक्रम (Purposeful curriculum)।
(iv) व्यवसाय के प्रति सामाजिक दृष्टिकोण में बदलाव (Changes in social attitude towards vocation)।
(v) निर्देशन केन्द्रों की स्थापना (To establish guidance centre)।
(vi) शिक्षक प्रशिक्षण में व्यापक बदलाव (Extensive changes in teacher education)।
(vii) छात्रों की मनोवृत्ति में बदलाव (Changes in the attitude of students)।
(viii) शिक्षक प्रशिक्षण में सुधार (Improvement of teacher education)।
(ix) जनमत इकट्ठा करना (Preparing public opinion)।
(x) विभिन्न विभागों में तालमेल (Co-ordination among different department)।
(xi) आर्थिक सहायता (Financial aid)।
(xii) कार्यशालाओं एवं प्रयोगशालाओं का निर्माण (Establishment of workshops and laboratories)।
(xiii) प्रान्तीय एवं केन्द्रीय सरकारों का योगदान (Contribution of State and Central Governments)।

◆◆◆

3.5 त्रिभाषा सूत्र
(Three Language Formula)

1. भाषाओं और त्रिभाषा की माध्यमिक शिक्षा में क्या व्यवस्था की गई है?
(What preparation has been done for the languages and three languages in education system for secondary education?)

अथवा

भारत में भाषाओं और त्रिभाषा की माध्यमिक शिक्षा में क्या (फार्मूला) व्यवस्था दी गई है, वर्णन कीजिए।
(Explain the languages and three languages formula for secondary education in India.)

उत्तर–भारत विभिन्नताओं का देश है, परंतु विभिन्नताओं में भी एकता है। भारत में प्राकृतिक, धार्मिक, क्षेत्रीय, जातियाँ, रहन-सहन, वेश-भूषा और बोलियों (भाषाओं) में विभिन्नता है। कई प्रदेशों, क्षेत्रों की अपनी भाषाएं और लिपियां हैं। परंतु पूरे देश की राष्ट्रीय भाषा हिन्दी और लिपि देवनागरी है। जिन प्रदेशों, क्षेत्रों की मातृभाषा हिन्दी नहीं है, वहां हिन्दी भाषा को द्वितीय भाषा के रूप में लागू किया गया है। जिन क्षेत्रों, प्रांतों की मातृभाषा हिन्दी है, उन क्षेत्रों और प्रांतों में हिन्दी भाषा को मातृभाषा के रूप में अपनाया गया है।

हरियाणा, उत्तर प्रदेश, राजस्थान और दिल्ली आदि प्रांतों में हिन्दी को मातृभाषा का दर्जा दिया गया है। पंजाब, जम्मू-कश्मीर, बंगाल, केरल, मद्रास में हिन्दी-देवनागरी लिपि को दूसरी भाषा के रूप में अपनाया गया है।

पशु-पक्षियों की भी अपनी भाषा होती है, जिसे वे बिना सिखाए ही अपने परिवेश में स्वयं ही सीख जाते हैं, उसी प्रकार जन्म के बाद बच्चे भी पारिवारिक परिवेश में अपनी मातृभाषा को बिना सिखाए धीरे-धीरे स्वयं ही सीख जाते हैं। इसलिए किसी भी क्षेत्र व प्रदेश में मातृभाषा को प्रथम भाषा का दर्जा दिया जाता है। हिन्दी भाषी प्रदेशों (राज्यों) में हिन्दी भाषा व लिपि को प्रथम भाषा का दर्जा दिया गया है। जिन राज्यों में मातृभाषा हिन्दी नहीं है, उन राज्यों में उनकी मातृभाषा व लिपि को प्रथम भाषा का दर्जा दिया गया है।

भारत की राष्ट्रीय भाषा हिन्दी और देवनागरी लिपि है, इसलिए उन प्रदेशों (राज्यों) में हिन्दी भाषा को दूसरी भाषा का दर्जा दिया गया है। देश की राष्ट्रीय भाषा हिन्दी है, इसलिए हिन्दी भाषी राज्यों में हिन्दी को प्रथम भाषा का दर्जा दिया गया है।

हिन्दी प्रदेशों (राज्यों) में द्वितीय भाषा प्रदेश की इच्छानुसार सीखने की स्वतंत्रता है। जैसे—हरियाणा में संस्कृत, पंजाबी और उर्दू आदि को दूसरी भाषा के रूप में ग्रहण किया जाता है।

तीसरी भाषा को अंतर्राष्ट्रीय बाजार, व्यवहार, पत्राचार, भ्रातृत्व और शान्ति स्थापना एवं राजनैतिक व्यवहार, विचार, व्यापार के लिए अंग्रेजी भाषा को माध्यमिक सूत्र में स्थान दिया गया है, क्योंकि भारत में 1947 से पूर्व अंग्रेजी शासन और अंग्रेजी भाषा का प्रभाव था, इसलिए भारत में अंग्रेजी को तीसरी भाषा सूत्र में स्वीकार किया गया है। विश्व में आज भी अंग्रेजी भाषा को व्यापार, व्यवहार और राजनीतिज्ञ दृष्टि से संसार में उच्च स्थान दिया गया है।

हिन्दी भाषा को हिन्दी भाषी राज्यों में प्रथम भाषा और देवनागरी लिपि का दर्जा दिया गया है।

अहिन्दी राज्यों में हिन्दी राष्ट्रीय भाषा को द्वितीय भाषा के रूप में अपनाया गया है। हिन्दी भाषा पूरे देश में राष्ट्रीय भाषा के रूप में अनिवार्य भाषा है। तीसरी भाषा अंग्रेजी है। पूरे देश में माध्यमिक शिक्षा नीति में तीन भाषायी सूत्र को अपनाया गया है, जिससे मातृभाषा, राष्ट्रीय भाषा और अंतर्राष्ट्रीय तीनों भाषाओं का ज्ञान हो, ताकि जन्मभूमि से लेकर पूरे विश्व में कार्यकुशलता, योग्यता और क्षमतानुसार व्यक्तिगत, सामाजिक, आर्थिक, धार्मिक, सांस्कृतिक, कलात्मक और राजनैतिक विकास में पूर्ण अवसर प्राप्त हों। स्वामी विवेकानंद, सुभाष चन्द्र बोस, महात्मा गांधी, पं. जवाहर लाल नेहरू, श्रीमती इंदिरा गांधी, अटल बिहारी वाजपेयी इत्यादि ने त्रिभाषी सूत्र और योग्यता से विश्व में प्रसिद्धि प्राप्त की है।

1. स्थानीय पारिवारिक भाषा को मातृभाषा का दर्जा दिया गया है, जिसका बिना अधिक प्रयास किए स्वयं ही ज्ञान हो जाता है। इसके बोलने, लिखने और पढ़ने में अधिक परिश्रम नहीं करना पड़ता। मातृभाषा का ज्ञान स्थानीय व क्षेत्रीय प्रवेश के लिए जानना आवश्यकता है।
2. पूरे भारत की राष्ट्रीय भाषा हिन्दी और देवनागरी लिपि है। पूरे देश में प्रचार और प्रसार व्यवहार और व्यापार, सामाजिक, आर्थिक और राजनीतिक विकास और राष्ट्रीय एकता के लिए राष्ट्रीय भाषा हिन्दी को सम्मिलित करना अनिवार्य एवं महत्त्वपूर्ण है। पूरे विश्व में अंग्रेजी के बाद हिन्दी दूसरी भाषा है जिसे पूरे विश्व बोला जाता है।
3. भारतवर्ष में अंग्रेजों का राज्य था, लार्ड मैकाले ने भारत में अंग्रेजी भाषा को बोलने, लिखने, पढ़ने पर बल दिया। अंग्रेजी को शिक्षा प्राप्ति का माध्यम बनाया गया।

स्वतंत्रता के बाद भी भारत में अंग्रेजी को बहुत अधिक महत्त्व देने वाले नागरिक हैं, जिन पर आज भी गुलामी का प्रभाव (छाप) है। केरल, मद्रास, आंध्र प्रदेश, कर्नाटक आदि राज्यों में आज भी अंग्रेजी भाषा को महत्त्व दिया जा रहा है। इन राज्यों के नागरिक हिंदी भाषा की अपेक्षा अंग्रेजी भाषा को महत्त्व एवं प्राथमिकता देते हैं बहुत दुख और चर्चा का विषय है कि आज इक्कसवीं सदी में भी भारतीय नागरिक राष्ट्रीय भाषा हिन्दी को व्यवहार में लाने में रुचि नहीं ले रहे हैं।

विशेष कथन—यदि पूरे देश में राष्ट्रीय भाषा हिंदी को, राष्ट्रीय व्यवहार और व्यापार, विचारों के आदान-प्रदान में सहर्ष स्वीकार कर लें तो आने वाले समय में, पूरे देश में हिंदी राष्ट्रीय भाषा ही नहीं, बल्कि मातृभाषा हो सकती है, जिससे पूरे राष्ट्र में राष्ट्रीय भाषा के प्रति विशेष प्रेम भावना और श्रद्धा बढ़ जाएगी। राष्ट्रीय एकता को भी अधिक बल मिलेगा। देश के विद्यार्थियों को एक भाषा अधिक सीखने से छुटकारा

मिल जाएगा। तीन भाषाएं सीखने की अपेक्षा पूरे विश्व में राष्ट्रीय और अन्तराष्ट्रीय दो भाषाएं सीखने से आवश्यकता की पूर्ति हो जाएगी। विद्यार्थियों का एक तृतीय भाषा सीखने का भार कम हो जाएगा। तीसरी भाषा सीखने की अपेक्षा व्यावसायिक शिक्षा, टेक्निकल शिक्षा एवं वैज्ञानिक ज्ञान बढ़ाने और नए आविष्कार करने के लिए समय का सदुपयोग करने का अवसर मिलेगा।

उदाहरण के लिए विश्व में जिन नागरिकों की मातृभाषा अंग्रेजी है। उनकी मातृभाषा, राष्ट्रीय भाषा और अंतर्राष्ट्रीय भाषा भी अंग्रेजी ही है। इसलिए तीन भाषाएं सीखने की अपेक्षा अकेली अंग्रेजी भाषा ही त्रिभाषा फार्मूले (सूत्र) का कार्य पूरा करती हैं। वहां तीन भाषाएं सीखने से छुटकारा मिल रहा है।

उन्हें तीन भाषाएं सीखने में समय लगाने की अपेक्षा वैज्ञानिक शिक्षा, नई-नई तकनीक और नये-नये अनुसंधान करने के लिए उपयुक्त समय उपलब्ध होगा। परंतु भारत में जब तक पूरे देश में राष्ट्रीय भाषा हिंदी, देवनागरी लिपी को मातृभाषा के रूप में सहर्ष स्वीकार नहीं करते तब तक तृतीय भाषा का भार विद्यार्थियों को ढोना ही पड़ेगा।

वर्तमान में पूरे देश में राष्ट्रीय भाषा हिंदी लिपि देवनागरी को लिखना पढ़ना अनिवार्य कर दिया जाए तो भविष्य में जन्म लेने वाले बच्चों की स्वयं ही मातृभाषा हिंदी हो जाएगी। इसलिए तीसरी भाषा सीखने का भार कम करके उस समय को उपयोगी, अनिवार्य, रोजगार परक विषय सीखने एवं नए-नए अनुसंधान व अविष्कार करने में सदुपयोग किया जा सकता है। जिससे देश का तीव्र गति से विकास होगा और विश्व में सुख समृद्धि और शांति स्थापित होगी।

◆◆◆

3.6 मुक्त अधिगम तथा दूरस्थ शिक्षा व्यवस्था (Open learning and Distance Education System)

1. दूरस्थ शिक्षा का क्या अर्थ है? दूरस्थ शिक्षा की आवश्यकता, गुणों तथा अवगुणों पर प्रकाश डालिए। (What is the meaning of distance education? Throw light on the need, merits and demerits.)

अथवा

दूरस्थ शिक्षा से आप क्या समझते हैं? इसके गुणों तथा अवगुणों पर प्रकाश डालिए। (What do you mean by distance education? Highlight its merits and demerits.)

अथवा

दूरस्थ शिक्षा की आवश्यकता क्यों है? सोदाहरण समझाइए। (What is need of distance education? Explain it by giving the examples.)

अथवा

दूरस्थ शिक्षा भारत के लोगों की शिक्षा में आई रुकावटों का एक सफल उपाय है। विवरण दें। (Distance education is the panacea for the obstacles which Indians face during their education. Discuss.)

उत्तर—शिक्षा एक बहुआयामी प्रक्रिया है। यदि उसके क्षेत्र को विद्यालय प्रांगण या चार दीवारी तक सीमित रखने की सोचें तो यह विचार बेमानी होगा। आज शिक्षा वह प्रक्रिया नहीं रही है जिसे केवल कमरों में दिया जाता था। वर्तमान में इसका क्षेत्र अति विस्तृत हो चुका है। इसके विस्तार का एक कारण जनसंख्या विस्फोट भी है। जैसे-जैसे जनसंख्या बढ़ती गई, अशिक्षित लोगों की संख्या में भी बेतहाशा वृद्धि होती गई। देश को अज्ञानता तथा अनपढ़ता जैसे अभिशापों से मुक्त कराने के लिए शिक्षा के क्षेत्र को विस्तृत बनाया गया। पत्राचार शिक्षण अथवा दूरस्थ शिक्षा (Distance Education) वस्तुतः शिक्षा की उस व्यापक धारण

ा का परिणाम है। यदि वास्तव में देखा जाए तो हम पाएँगे कि शिक्षा केवल विद्यालयों, महाविद्यालयों, विश्वविद्यालयों में या फिर पत्राचार के माध्यम से ही नहीं दी जाती है, अपितु शिक्षा तो हर पल हर क्षण प्रत्येक व्यक्ति किसी दूसरे व्यक्ति से प्राप्त करता रहता है।

भारत जब से स्वतन्त्र हुआ है, अधिक से अधिक लोगों को शिक्षित करने का प्रयास निरंतर चल रहा है। चौदह वर्ष तक की आयु के लिए सार्वभौमिक, अनिवार्य एवं निःशुल्क शिक्षा सदैव ही देश का नारा रहा है। परन्तु प्रत्येक व्यक्ति के लिए संस्थाओं में शिक्षा प्राप्त करना संभव नहीं है। इसके पीछे भौतिक, प्राकृतिक तथा निजी कारण हो सकते हैं। जनसंख्या विस्फोट, जानकारी विस्फोट मानवता के लिए बड़ी चुनौतियाँ हैं। इन चुनौतियों को कुछ हद तक दूरस्थ शिक्षा ने हल करने में सफलता प्राप्त की है। इन समस्याओं का निवारण दूरस्थ शिक्षा ने कैसे किया, इसकी जानकारी से पहले यह जानना कि दूरस्थ शिक्षा क्या है? उसका अर्थ तथा धारणाएँ कौन-कौन सी हैं? ज्यादा महत्त्वपूर्ण हो जाता है। इसलिए सर्वप्रथम यह जानने का प्रयास करते हैं कि दूरस्थ शिक्षा क्या है?

दूरस्थ शिक्षा का अर्थ एवं धारणा
(Meaning and Concept of Distance Education)

दूरस्थ शिक्षा से तात्पर्य ऐसी शिक्षा से है जिसके माध्यम से उन दूर-दराज के लोगों को शिक्षित किया जाता है जो किन्हीं कारणों से औपचारिक शिक्षा प्राप्त करने से वंचित रह गए थे। इस शिक्षा के अन्तर्गत शिक्षार्थी को किसी विद्यालय, महाविद्यालय या विश्वविद्यालय में दाखिला लेना नहीं पड़ता, अपितु वे अपने निवास स्थान पर रहते हुए ही पत्राचार, टेपरिकॉर्डर, आकाशवाणी, दूरदर्शन और वी.डी.ओ. कैसेट्ज की सहायता से शिक्षा प्राप्त करते हैं। इस शिक्षण-विधि में अध्यापक तथा विद्यार्थियों को आमने-सामने (Face to Face) आने की जरूरत नहीं पड़ती है। विद्यार्थी अपनी सभी समस्याओं का हल ऊपर विवेचित साधनों से स्वतः ही कर लेता है।

प्राचीन काल से ही हमारे देश में दूरस्थ शिक्षा की व्यवस्था रही है। समय के साथ-साथ इसका भी स्वरूप बदलता रहा है। वर्तमान में यह पद्धति अत्यधिक विकसित हो चुकी है। प्राचीन काल में जहाँ ऋषि-मुनि ज्ञान देने के लिए गाँव-गाँव जाते थे या अपनी कुटिया में रहकर ज्ञान देते थे, वहीं आधुनिक समय में विद्यार्थी पत्राचार के माध्यम से ज्ञान प्राप्त करते हैं।

आज भारत में जिस दूरस्थ शिक्षा का प्रसार हो रहा है वास्तव में उसकी शुरुआत बर्लिन जर्मनी में 1856 में हुई थी। चार्ल्स टासेन्ट (Charles Taussaint) ने पत्राचार द्वारा भाषा शिक्षण शुरू किया। 19वीं शताब्दी के अन्तिम दशक (last decade) में विस्कासिन विश्वविद्यालय द्वारा पत्राचार के माध्यम से एक उच्च शिक्षा की योजना को कार्यान्वित किया गया। परन्तु रूस संसार का पहला देश है जहाँ सरकार द्वारा पत्राचार व्यवस्था को राष्ट्रीय स्तर पर मंजूरी दी। रूस में जब इस शिक्षा को सफलता मिली तो दुनिया के दूसरे देशों ने भी इसे अपना लिया।

यदि भारत में दूरस्थ शिक्षा की शुरुआत देखें तो पाएँगे कि यहाँ सर्वप्रथम विश्वबिद्यालय शिक्षा के क्षेत्र में उसकी शुरुआत हुई थी। संन् 1962 में दिल्ली विश्वविद्यालय में पत्राचार पाठ्यक्रम निदेशालय (Directorate Correspondence Course) की स्थापना की गई और इसके द्वारा पत्राचार पाठ्यक्रम कोर्स आरम्भ हुआ। धीरे-धीरे हिमाचल प्रदेश, राजस्थान, मैसूर तथा मेरठ विश्वविद्यालयों ने पत्राचार पाठ्यक्रम प्रारम्भ किये। अब तो देश के कई राज्यों में माध्यमिक शिक्षा की व्यवस्था भी पत्राचार द्वारा की जाने लगी है। परन्तु यह बात हमें स्पष्ट रूप से जान लेनी चाहिए कि दूरस्थ शिक्षा औपचारिक शिक्षा का विकल्प नहीं है। दूरस्थ शिक्षा की व्यवस्था विशेष रूप से उन लोगों के लिए है जो दूर-दराज के क्षेत्रों में रहते हैं और औपचारिक शिक्षा ग्रहण करने में असमर्थ है। यही कारण था कि 1986 में भारत की राष्ट्रीय शिक्षा नीति में यह घोषणा की गई कि दूरस्थ शिक्षा पर भविष्य में पूरा-पूरा ध्यान दिया जाएगा।

इस शिक्षा प्रणाली के विषय में विद्वानों के भिन्न-भिन्न मत हैं। उनके अनुसार यह प्रणाली क्या है? इसे जानने के लिए आइए कुछ विद्वानों की परिभाषाओं को समझने का प्रयास करें।

एफ.रीब.एर्डोस (F.Revce Erdor) के शब्दों में, **"पत्राचार शिक्षण विधि ऐसी शिक्षण विधि है जिसमें अध्यापक ऐसे विद्यार्थियों को ज्ञान और कौशल प्रदान करने का दायित्व सम्भालता है, जो मौखिक रूप से शिक्षा प्राप्त नहीं करते बल्कि ऐसे समय तथा स्थान पर शिक्षा ग्रहण करना चाहते हैं जो उनकी व्यक्तिगत परिस्थितियों के अनुरूप हो।"**

("Correspondance teaching is a method of teaching in which the teacher bears the responsibility of importing knowledge and skill to a student who does not receive instruction orally but who studies in a place and a time determined by his individual cirucumstances."—F.R. Derdos)

होलमवर्ग ने (1981) में दूरस्थ शिक्षा की परिभाषा कुछ इस प्रकार से दी थी, **"सभी स्तरों पर अध्ययन के विभिन्न प्रकार जो पढ़ाने वालों के निरन्तर एवं शीघ्रगामी निरीक्षण के अधीन नहीं होते जो अपने विद्यार्थियों के साथ भाषण कक्षों अथवा समान स्थानों पर उपस्थित होते हैं लेकिन फिर भी जो शैक्षणिक संगठन की योजना, मार्गदर्शन एवं अध्यापन से लाभान्वित होते हैं।"**

डेविड बटस (David Butts) के अनुसार, **"दूरस्थ शिक्षा शैक्षणिक तकनीक के लिए बनाई गई कौंसिल के अनुसार खुले रूप से सीखने का एक प्रकार है और खुले रूप से सीखने की प्रणालियों की व्याख्या उन रूपों में की जाती है जो विद्यार्थियों को उनकी पसन्द के कार्यक्रमों को जहाँ और जब वे चाहें और अपनी परिस्थितियों के अनुकूल गति पर पढ़ने के लिए लचकदार एवं स्वतन्त्र तरीके भेंट करती है।"**

प्रो. एस.एस. चिब (Prof. S.S. Chib) के अनुसार पत्राचार शिक्षा में निहित दर्शन निम्नलिखित हैं :—

(i) कोई भी व्यक्ति इतना बड़ा, छोटा, बूढ़ा, शर्मीला या कमजोर नहीं होता जो शिक्षा ग्रहण करने में असमर्थ हो।

(ii) शिक्षा जीवनपर्यन्त प्रक्रिया (life-long process) है।

(iii) शिक्षा को एक विशेष अवधि में पूरा प्राप्त नहीं किया जा सकता है।

(iv) कोई भी व्यक्ति सम्पूर्ण नहीं होता और न ही उसका ज्ञान सम्पूर्ण होता है। उसके लिए भी सीखने की नई विधियाँ तथा धारणाएँ हर समय वर्तमान रहती हैं, केवल उन्हें ढूँढना होता है।

(v) शिक्षा के लिए किसी विद्यालय, महाविद्यालय या विश्वविद्यालय का विद्यार्थी होना अनिवार्य नहीं है।

(vi) एक प्रौढ़ को इस बात का मान होना चाहिए कि न पढ़ने से उसका कितना नुकसान तथा अहित हुआ है।

इन परिभाषाओं के आधार पर कहा ज़ा सकता है कि दूरस्थ शिक्षा परम्परागत शिक्षा से सर्वथा भिन्न है। परम्परागत अध्यापन में, अंध्यापक एवं विद्यार्थी दोनों सक्रिय रूप से शामिल होते हैं। परन्तु दूरस्थ शिक्षा में अध्यापक एवं विद्यार्थी अलग-अलग समय पर सक्रिय होते हैं। अध्यापक जब विद्यार्थियों के लिए उपयुक्त नोट्स (Notes) तैयार करता है तब वह सक्रिय होता है उसके विपरीत विद्यार्थी जब इन नोट्स को पढ़ता है तो उसकी सक्रियता एक तरफी होता है। परन्तु अलग-अलग सक्रियता का परिणाम सुखद होता है, क्योंकि इससे दोनों अध्यापक एवं विद्यार्थी लाभांवित होते हैं।

दूरस्थ शिक्षा की आवश्यकता
(Need for Distance Education)

आज के इस वैज्ञानिक युग में कोई भी राष्ट्र अन्तर्राष्ट्रीय स्तर पर अपने अनपढ़ तथा अशिक्षित नागरिकों के बलबूते पर अपना अस्तित्व बनाकर नहीं रख सकता। लेकिन यह भी सही है कि कोई भी राष्ट्र इतना सबल नहीं है कि वह अपने प्रत्येक नागरिक के लिए विद्यालय या विश्वविद्यालय की सुविधा प्रदान कर सके। ऐसी स्थिति में दूरस्थ शिक्षा ही एकमात्र साधन है, जिसके माध्यम से दूर-दराज के लोगों को भी

शिक्षित किया जा सकता है। दूरस्थ शिक्षा निःसन्देह 20वीं सदी की देन है, परन्तु इसकी आवश्यकता 21वीं सदी में ज्यादा महसूस की जा रही है। आधुनिक युग में दूरस्थ शिक्षा की आवश्यकता बढ़ने के महत्त्वपूर्ण कारण निम्नलिखित हैं :–

1. जनसंख्या विस्फोट (Population explosion)–1947 में जब भारत आजाद हुआ उस समय भारत की जनसंख्या लगभग 42 करोड़ थी। परन्तु वर्तमान में यह लगभग 110 करोड़ पार कर चुकी है। या यूँ कहिए कि भारत में जनसंख्या विस्फोट हो चुका है। इस जनसंख्या विस्फोट का यह आलम है कि सन् 2050 तक हम जनसंख्या की दृष्टि से चीन से आगे निकल चुके होंगे। जिस तेजी से जनसंख्या बढ़ रही है उसी अनुपात से पढ़ने वाले बच्चों की संख्या में भी निरन्तर बढ़ोत्तरी हो रही है। यही कारण है कि देश में हर साल अनेकों नए विद्यालय एवं महाविद्यालय खोले जा रहे हैं, परन्तु पढ़ने वाले बच्चों के अनुपात में इन विद्यालयों तथा महाविद्यालयों की संख्या पर्याप्त नहीं है।

2. ज्ञान का विस्फोट (Knowledge explosion)–आधुनिक युग विज्ञान तथा तकनीकी का युग है। प्रतिदिन यहाँ ज्ञान का विस्फोट होता है अर्थात् प्रतिदिन किसी-न-किसी दिशा या क्षेत्र में नए-नए आविष्कार होते हैं। ऐसे में प्रत्येक व्यक्ति तक आधुनिकतम ज्ञान केवल शिक्षण संस्थाओं के माध्यम से पहुँचाना असंभव है। इसलिए नई बातों तथा नए ज्ञान को जन-जन तक पहुँचाने हेतु दूरस्थ शिक्षा की अनिवार्यता हो गई।

3. आधुनिक जीवन की समस्याएँ तथा जटिलताएँ (Problems and complexity of modern life)–आधुनिक जीवन जहाँ सुविधाओं से संपन्न हो गया है, वहीं यह अपेक्षाकृत ज्यादा जटिल तथा समस्याओं से परिपूर्ण भी हो गया है। अच्छे व्यवसाय तथा अधिक कमाई के लिए व्यक्ति इधर-उधर आता-जाता रहता है। भारत जैसे विशाल देश के व्यापारिक तथा औद्योगिक व्यवसाय कई गुणा बढ़ जाने से उसका ढाँचा ज्यादा जटिल हो गया है। इस गतिशीलता का दुष्परिणाम यह निकला कि लोगों के लिए किसी नियंत्रित संस्था में प्रवेश प्राप्त करना अत्यन्त मुश्किल हो गया है। ऐसी स्थिति में दूरस्थ शिक्षा, शिक्षा प्राप्ति में एक सशक्त साधन है।

4. अत्यधिक महत्त्वाकांक्षी दृष्टिकोण (Excess ambitious attitude)–इस भौतिक युग में जहाँ हर चीज तेजी से बढ़ रही है वहीं मनुष्यों का दृष्टिकोण भी अत्यधिक महत्त्वाकांक्षी होता जा रहा है। अब शिक्षा पर खर्च होने वाले पैसे को पूँजी निवेश के रूप में लिया जाता है। उसका परिणाम यह निकला कि शिक्षा ग्रहण करने वाले विद्यार्थियों की संख्या दिन-प्रतिदिन बढ़ती जा रही है। इन इच्छाओं की पूर्ति मात्र नियमित विद्यालय या महाविद्यालय नहीं कर सकते हैं। इसलिए दूरस्थ शिक्षा की उपयोगिता तथा आवश्यकता और बढ़ जाती है।

5. शिक्षा ग्रहण करने का अधिकार (Right to get education)–प्राचीन समय में भारत को शिक्षा के क्षेत्र में दुनिया का सिरमौर माना जाता था। परन्तु इसके बावजूद भी शिक्षा प्रत्येक व्यक्ति के लिए नहीं थी। परन्तु अब आधुनिक भारत में शिक्षा कुछ विशेष व्यक्तियों के अधिकार से निकलकर जनसाधारण तक पहुँच चुकी है। अब शिक्षा प्राप्त करना लोकतांत्रिक अधिकार में आता है। परन्तु इतना होने के बावजूद भी बहुत से विकासशील देशों में, आवश्यक साधनों की कमी के कारण, सभी व्यक्तियों के लिए शिक्षा उपलब्ध कराना एक बड़ी समस्या के रूप में सामने आया है। इस समस्या के विषय में भारत की लोकसभा के भूतपूर्व अध्यक्ष डॉ. गुरदयाल सिंह ढिल्लो का कहना है, **"यदि हम हर कक्षा में विद्यार्थियों की संख्या इसलिए नहीं बढ़ा सकते क्योंकि उसके चारों ओर दीवारे हैं। यदि हम उच्च शिक्षा की संस्थाओं की संख्या इसलिए नहीं बढ़ा सकते क्योंकि उसमें बहुत ज्यादा व्यय होगा तो उसका एक ही रास्ता है कि कक्षाओं की चार दीवारियों को तोड़ दिया जाए और प्रत्येक गाँव तथा छोटे कस्बे में महाविद्यालय खोलने की आवश्यकता को समाप्त कर दिया जाए। पत्राचार अध्ययन का कार्यक्रम विश्वविद्यालय की धारणा में निहित सार्वजनिक शिक्षण को विस्तृत एवं सशक्त बनाएगा।"**

6. सार्वजनिक साक्षरता (Universal literacy)–आधुनिक समाज में सार्वजनिक साक्षरता भारत ही नहीं अपितु सभी विकासशील देशों का प्रथम लक्ष्य है। इस लक्ष्य को प्राप्त करने के लिए ये देश उन कम खर्चीले साधनों की खोज में लगे हुए हैं जिनका परिणाम अति उत्साहजनक रहे। इस दृष्टिकोण से देखा जाए तो हम पाएँगे कि दूरस्थ शिक्षा, नियमित शिक्षा की अपेक्षा कम खर्चीली है।

7. कमाते हुए सीखना (Earning while learning)–आधुनिक युग में जहाँ भौतिक तथा इलैक्ट्रोनिक (electronic) वस्तुएँ सस्ती हो रही हैं वहीं जीवन की बुनियादी आवश्यकताएँ दिन-प्रतिदिन आकाश को छूती जा रही हैं। आर्थिक संपन्नता के लिए यह अनिवार्य हो गया है कि विद्यार्थी को पढ़ते-पढ़ते ही कमाई का साधन जुटाना पड़ता है। यदि वे नियमित प्रातःकालिन विद्यालयों में दाखिला लेते हैं तो वे आजीविका के क्षेत्र में पिछड़ जाएँगे। अतः सीखने के लिए उन्हें सायंकालीन कक्षाओं या पत्राचार कोर्सों पर निर्भर होना पड़ता है।

8. शैक्षणिक योग्यता बढ़ाने की इच्छा (Desire to improve qualification)–आधुनिक समय में जीवन से जुड़ा प्रत्येक पहलू दिन-प्रतिदिन जटिल से जटिलतर होता जा रहा है। ऐसे में आजीविका कमाने के लिए उसे अत्याधुनिक शिक्षा (latest education) लेनी ही पड़ेगी, जो उसकी शैक्षणिक योग्यता को तो बढ़ावा देगी ही साथ-साथ आर्थिक रूप से ज्यादा सम्पन्न भी बना देगी।

9. स्वतन्त्र शिक्षा की इच्छा (Desire for independent learning)–स्वतन्त्र तथा निर्बाध रूप से अपनी गति तथा अपने समय के अनुरूप शिक्षा प्राप्त करने की इच्छा ने भी लोगों की पत्राचार के प्रति रुचि बढ़ाई।

10. लचीलापन (Flexibility)–शिक्षा में विस्फोट होने से, उसे ग्रहण करने वालों की संख्या में प्रतिदिन बढ़ोत्तरी हो रही है। परन्तु परम्परागत रूप से दी जाने वाली शिक्षा इतनी कठोर तथा सख्त है कि प्रत्येक व्यक्ति को साक्षर नहीं बनाया जा सकता है। दूरस्थ शिक्षा, शिक्षा में लचीलापन लाने में समर्थ है।

दूरस्थ शिक्षा के लाभ या गुण
(Merits or Advantages of Distance Education)

(i) यह तुलनात्मक रूप से कम लागत पर शिक्षा प्रदान करने की कारगर विधि है (It is useful method of providing education comparatively at a low cost)।

(ii) लोगों की शिक्षा में अनुकूल तकनीक (Appropriate technique in the education of people)।

(iii) वैज्ञानिक युग में जब ज्ञान का विस्फोट हो रहा है तो प्रत्येक व्यक्ति नए-से-नए ज्ञान के प्रति लालायित रहता है, ऐसे में दूरस्थ शिक्षा उसकी सभी जिज्ञासाएँ शान्त करने में सक्षम है।

(iv) यह शिक्षा कमाना तथा सिखाना दोनों प्रक्रियाओं को एक साथ प्रोत्साहित करती है।

(v) जनसंख्या विस्फोट के कारण विद्यालयों तथा महाविद्यालयों में छात्रों की संख्या दिन-प्रतिदिन बढ़ती जा रही है। दूरस्थ शिक्षा विद्यार्थी को अधिक भीड़ (over-loaded) वाली कक्षाओं से छुटकारा दिला सकती है।

(vi) दूरस्थ शिक्षा विद्यार्थियों को काम की पूर्ण स्वतन्त्रता देती है।

(vii) जो लोग नियमित कोर्सों में समयाभाव के कारण दाखिला नहीं ले सकते हैं, उन लोगों के लिए दूरस्थ शिक्षा रामबाण के समान है।

(viii) यह शिक्षा अवसरों को समान करने में मदद करती है। जो लोग गरीबी या किन्हीं अन्य कारण ों से शिक्षा प्राप्त नहीं कर पाते, उनके लिए यह शिक्षा एक वरदान से कम नहीं है।

(ix) लोगों को शिक्षित करने का यह अनुकूल तथा सस्ता ढंग है।

(x) भिन्न-भिन्न प्रकार के कोर्सों जैसे–शैक्षणिक, व्यवसाय उन्मुखी तथा व्यावसायिक पेशागत उद्योग से जुड़े सामान्य कोर्स आदि प्रदान करके बहुत से विद्यार्थियों की आवश्यकताओं को दूरस्थ शिक्षा के केन्द्र पूरा कर सकते हैं।

(xi) क्योंकि दूरस्थ शिक्षा उन व्यक्तियों द्वारा ग्रहण की जाती है जो इसमें रुचि रखते हैं, इसलिए उस शिक्षा विधि में किसी प्रकार की अनुशासनहीनता की समस्या पैदा नहीं होगी।

(xii) यह शिक्षा प्रणाली बेरोजगारी जैसी सुरसा के मुँह के समान विकराल समस्या को हल करने में सहायक है।

दूरस्थ शिक्षा से हानियाँ
(Disadvantages from Distance Education)

जैसा कि हम जानते हैं, इस संसार में प्रत्येक वस्तु के दो रूप होते हैं। किसी के लिए फायदेमन्द तो किसी के लिए हानिकारक। ऐसे ही दूरस्थ शिक्षा के भी गुण तथा दोष हैं। गुणों का जिक्र तो हम पहले ही कर चुके हैं, आइए अब इसके अवगुणों पर प्रकाश डालें, जो निम्नलिखित हैं–

(i) इस शिक्षा से अध्यापक तथा विद्यार्थी के मध्य कोई रिश्ता उत्पन्न नहीं होता, जो कि शिक्षा के क्षेत्र में अत्यधिक आवश्यक है।

(ii) इन कोर्सों के माध्यम से अधिकारियों का मुख्य उद्देश्य धन कमाना होता है, जिससे उस शिक्षा का वास्तविक उद्देश्य अधूरा रह जाता है।

(iii) विद्यार्थियों को भेजे जाने वाले नोट्स (Notes) कई बार तो विद्यार्थियों के समझ में आ जाते हैं परन्तु कुछ विद्यार्थी इन्हें खुद समझने में असमर्थ होते हैं जिससे दूरस्थ शिक्षा का उद्देश्य, प्रत्येक व्यक्ति को शिक्षित करना अधूरा रह जाता है।

(iv) दूरस्थ शिक्षा में सभी विषयों के बारे में जानकारी विद्यार्थियों के प्रत्येक प्रश्न को हल करने में समर्थ नहीं होती है।

(v) सीखने की प्रक्रिया शैक्षणिक वातावरण में होती है ऐसे में हो सकता है कि दूरस्थ शिक्षा के माध्यम से पढ़ने वाले विद्यार्थी अपने कर्तव्य से पूर्ण न्याय न कर सकें।

(vi) अध्यापक विद्यार्थियों के लिए प्रेरणा स्रोत तथा सजीव उदाहरण होता है जो विद्यार्थियों का शैक्षणिक ही नहीं अपितु चरित्र का भी निर्माण करता है। परन्तु दूरस्थ शिक्षा में अध्यापक का प्रभाव विद्यार्थी पर किंचित् मात्र भी नहीं होता है।

(vii) व्यक्तिगत सम्पर्क कार्यक्रम (Personal Contact Programme) में प्रायः बहुत से विद्यार्थियों को पढ़ाया जाता है। ऐसे माहौल में जो बच्चे संकोची तथा शर्मीले स्वभाव के होते हैं वे कुछ अच्छा सीखने में असफल रहते हैं। इस प्रकार बहुत से विद्यार्थी पूर्ण ज्ञान प्राप्त नहीं कर सकेंगे जो वास्तव में एक भयाबह स्थिति होगी।

(viii) विद्यार्थी पढ़कर याद करने की बजाए सुनकर ज्यादा समझता व याद रखता है। परन्तु इस दूरस्थ शिक्षा प्रणाली में उसे केवल पढ़कर ही समझने का प्रयत्न करना होता है जो वास्तव में अधूरा प्रयास है।

इन लाभों तथा हानियों के विषय में विस्तार से चर्चा करने के बाद हम निष्कर्षतः कह सकते हैं कि दूरस्थ शिक्षा एक अति बुद्धिमत्तापूर्ण ढंग से सुनियोजित की गई अध्यापन तकनीक है, जो लोगों को लाभान्वित करने के लिए शुरू की गई है। यह भारत जैसे देश में आशातीत सफलता प्राप्त कर सकती है, क्योंकि यह सस्ती है तथा दूर-दराज तक के लोगों को दी जा सकती है। यदि इससे सम्बन्धित अधिकारीगण निजी स्वार्थ तथा लालच से ऊपर उठकर उद्देश्य प्राप्ति के लिए प्रयत्न करें तो निश्चित रूप से इसे प्रणाली के परिणाम अति उत्साहजनक होंगे।

◆◆◆

---

2. दूरस्थ शिक्षा के मुख्य लक्ष्य कौन-कौन से हैं? दूरस्थ शिक्षा प्रदान करने के प्रमुख साधनों की विवेचना कीजिए।
(What are the main aims or objectives of distance education? Discuss about the major sources of imparting distance education.)

उत्तर–दूरस्थ शिक्षा के लक्ष्य (Objectives of Distance Education)–दूरस्थ शिक्षा का प्रसार निम्नलिखित मुख्य लक्ष्यों की प्राप्ति के लिए आवश्यक है–

(i) **विद्यार्थियों के लिए घरों तक ज्ञान पहुँचाना (Taking knowledge to the household of the students)**–हमारे देश में दूरस्थ शिक्षा केन्द्रों की स्थापना उन प्रतिभाशाली विद्वानों की इच्छा का प्रतीक है कि उनका ज्ञान प्रकाश विश्वविद्यालयों तथा महाविद्यालयों की सीमाओं को पार करके उन व्यक्तियों तक पहुँच जाए जो उच्च शिक्षा की अभिलाषा रखते हैं।

(ii) **सतत शिक्षा (Continuation of education)**–शिक्षा एक जीवनपर्यन्त चलने वाली प्रक्रिया है। यह मृत्यु तक चलती रहती है अर्थात् व्यक्ति की शिक्षा कभी खत्म नहीं होती है। वह हर क्षण कुछ-न-कुछ सीखता रहता है। दूरस्थ शिक्षा का लक्ष्य यह भी है कि वह व्यक्ति की सतत शिक्षा में योगदान देती है।

(iii) **साधारण व्यक्तियों के ज्ञानवर्धन में सहायक (Helpful in the enhancement of ordinary person's knowledge)**–दूरस्थ शिक्षा का एक लक्ष्य साधारण व्यक्तियों को ज्ञानवर्द्धन में सहायता प्रदान करना है। ताकि वे संसार के उपयोगी नागरिक बन देश ही नहीं वरन् दुनिया के उत्थान में सफल योगदान दे सकें।

(iv) **शिक्षा के श्रेष्ठ कार्यक्रम को पूरा करना (To accomplish the supreme function of education)**–दूरस्थ शिक्षा के श्रेष्ठ कार्यक्रम को पूरा करने में योगदान देती है, क्योंकि यह शिक्षा विद्यार्थियों को केवल ज्ञान प्रदान ही नहीं करती अपितु उसे प्रेरित भी करती है।

(v) **शिक्षा को विद्यालय के दायरे से बाहर निकालना (To enhance the field of education beyond school)**–दूरस्थ शिक्षा, शिक्षा को विद्यार्थियों के पास बिना विद्यालय के ले जाती है। शिक्षा को विद्यालय के दायरे से बाहर निकालने का अर्थ यही है कि शिक्षा ग्रहण करने में विद्यार्थी के लिए विद्यालय अनिवार्य न रहें।

अन्त में निष्कर्षतः कहा जा सकता है कि दूरस्थ शिक्षा प्रणाली का एकमात्र उद्देश्य शिक्षा और विश्व की आर्थिक क्रियाओं के बीच दीवारों को तोड़ना है।

दूरस्थ शिक्षा प्रदान करने के साधन
(Sources of Imparting Distance Education)

1. पत्राचार शिक्षा (Correspondence Education)–पत्राचार शिक्षा प्रणाली में विद्यार्थियों के पढ़ने के लिए अध्ययन सामग्री उनके घरों में भेजी जाती है। उस कार्य के लिए निम्नलिखित साधनों की व्यवस्था की जाती है–

(i) अध्ययन सामग्री (Study material)—पत्राचार शिक्षा पद्धति में सबसे अनिवार्य काम विद्यार्थियों को उपयुक्त अध्ययन सामग्री भिजवाना होता है यह अधिगम पुस्तिकाओं (learning mannuals), पुस्तकों (books), पैम्फलेट्स (Pamphlets), मुद्रितं (typed) या साइक्लोस्टाइल (Cyclostyle) किए गए व्याख्यानों तथा पुस्तकों के रूप में भेजी जाती है। भेजने से पहले विषय-सामग्री को विषय विशेषज्ञों (Subject experts) द्वारा तैयार किया जाता है। यह सामग्री रोचक, प्रासंगिक तथा उपयुक्त होनी चाहिए। उसके अतिरिक्त उसका सम्बन्ध शिक्षा विधि के दैनिक जीवन से सम्बन्धित होना चाहिए।

(ii) उत्तर के लिए स्थान (Space for answers)—प्रत्येक अध्याय के बाद विद्यार्थियों के उत्तर देने के लिए एक उत्तर-पत्रिका जोड़ दी जाती है। यह दक्ष कार्य (Assignment) का काम करती है। विद्यार्थियों को अपने असाइनमैन्टस (Assignments) पूरे कर उन्हें निर्धारित समय-सीमा में वापस भेजने चाहिए। जहाँ इन उत्तर-पत्रिकाओं की गम्भीरता से जाँच होनी चाहिए तथा जिस स्तर के उत्तर हों उन्हीं के हिसाब से ग्रेड, नम्बर या टिप्पणी करके विद्यार्थियों को वापस भेज देनी चाहिए।

(iii) निर्देशित अध्ययन केन्द्र (Guided study centres)—निर्देशित अध्ययन केन्द्र वो केन्द्र होते हैं, जहाँ आस-पास के विद्यार्थी अपने चयनित कोर्सों में निर्देशन (guidance) प्राप्त करते हैं। विद्यार्थियों के प्रयोग तथा फायदे के लिए इन निर्देशित अध्ययन केन्द्रों पर बढ़िया स्तर के पुस्तकालयों एवं प्रयोगशालाओं

की व्यवस्था भी होनी चाहिए जहाँ उन्हें व्यावसायिक एवं तकनीकी कोर्सों का क्रियात्मक प्रशिक्षण दिया जा सके। जैसा कि इन कोर्सों में वे विद्यार्थी दाखिला लेते हैं जो सुबह के स्तर में आजीविका कमाने के लिए कार्यरत रहते हैं इसलिए इन केन्द्रों पर निर्देशन सम्बन्धित सुविधाएँ सायंकाल में, रविवार या अन्य छुट्टी वाले दिन होनी चाहिए, ताकि ज्यादा से ज्यादा विद्यार्थी इन सुविधाओं का फायदा उठा सकें।

(iv) वैयक्तिक सम्पर्क कार्यक्रम (Personal contact programme)—पत्राचार शिक्षा को रुचिकर बनाने के लिए वैयक्तिक सम्पर्क अत्यधिक जरूरी है। इसके साथ-साथ इस कार्यक्रम के माध्यम से विद्यार्थियों को कक्षीय शिक्षण (Classroom study), ट्यूटोरियल (Tutorial) एवं मार्गदर्शन (guidance) दिया जा सकता है। अन्य व्यावसायिक कार्यों में व्यस्त होने के कारण ये विद्यार्थी ज्यादा लम्बा खाली समय नहीं निकाल सकते हैं इसलिए इन विद्यार्थियों के लिए निर्धारित व्यक्तियों का सम्पर्क कार्यक्रम की अवधि 15 या 20 दिन से अधिक नहीं होनी चाहिए।

2. दूरदर्शन (Television)–दूरस्थ शिक्षा प्रदान करने तथा इसके प्रसार में दूरदर्शन एक महत्त्वपूर्ण साधन है। ऐसा इसलिए है, क्योंकि दूरदर्शन पर व्यक्ति देखने के साथ सुन भी सकता है। सुनना तथा देखना दो क्रियाएँ एक साथ होने से कोई भी सूचना या जानकारी ज्यादा आसानी से समझ आ जाती है और इसका प्रभाव भी ज्यादा वक्त तक रहता है। दूरदर्शन को शिक्षण माध्यम के रूप में भारत में सन् 1972 में दूसरी पंचवर्षीय योजना (Second five year plan) के तहत अपनाया गया था। दूरदर्शन निःसन्देह निरक्षरता को दूर करने में अग्रणी भूमिका निभाता है। रेडियो पर या पत्राचार द्वारा किसी प्रयोग का प्रदर्शन करना प्रायः असंभव होता है, परन्तु दूरदर्शन इस कठिन काम को सरल बनाकर अपेक्षित परिणाम दिलाने में सहायक है। विद्यार्थी दूरदर्शन पर किसी कार्यक्रम को देखकर उसकी पुनरावृत्ति अपने घर पर कर सकते हैं। दूरदर्शन का महत्त्व उन ग्रामीण क्षेत्रीय इलाकों में ज्यादा बढ़ जाता है जहाँ एक अध्यापकीय विद्यालयों का अस्तित्व होता है।

दूरदर्शन भी इतनी अधिक उपयोगिता होने के बावजूद भी यह अपने विद्यार्थियों की संख्या को बढ़ाने में सफल नहीं हुआ। उस क्षेत्र में जितनी भी बार सर्वे हुए हैं, उनसे यही आँकड़े प्राप्त हुए कि दूरदर्शन की सहायता से शिक्षा प्राप्त करने पर भी भारतीय विद्यार्थियों में प्रवृत्ति नहीं बनी है। टेलीविजन द्वारा शिक्षण के प्रभावों का एक अध्ययन सर्वेक्षण द्वारा 1979 में I Very Cost के ग्रामीण क्षेत्रों में किया गया। सर्वेक्षण से जो आँकड़े आए वे चौंका देने वाले थे क्योंकि टेलीविजन द्वारा शैक्षिक कार्यक्रम सीखने वालों की संख्या मात्र 2.4% थी जो धीरे-धीरे और भी कम होती गई। पिछले कुछ वर्षों में दूरदर्शन को शिक्षा के क्षेत्र में लोकप्रिय बनाने के लिए इन्दिरा गाँधी राष्ट्रीय मुक्त विश्वविद्यालय ने सप्ताह में तीन दिन अपने कार्यक्रम प्रातः 6.30 से 7.00 के बीच दूरदर्शन पर प्रसारित करने शुरू किए। आम लोगों की बात तो दूर की है, ये कार्यक्रम विश्वविद्यालयों के छात्रों को भी अपनी ओर आकर्षित करने में सफल नहीं हो सके। इस असफलता के निम्नलिखित कारण हो सकते हैं–

(i) जिज्ञासा का अभाव (Lack of curiosity)–आधुनिक युग में हर चीज तैयार (readymade) मिलती है। ऐसे में कोई भी नहीं चाहता कि वह निर्माण की मुश्किलों का सामना करे। ऐसा ही दृष्टिकोण शिक्षा के प्रति भी मानव का हो गया है। आम व्यक्ति की मौलिक ज्ञान के प्रति जिज्ञासा लगभग खत्म हो गई है। वे अपनी शिक्षा के लिए भी पहले से तैयार (readymade) सामग्री चाहते हैं।

(ii) प्रसारण का समय अनुपयुक्त (Improper time of telecast)–दूरस्थ शिक्षा के कार्यक्रम दूरदर्शन पर सुबह 6.30 से 7.00 बजे के मध्य आते हैं। यह वो समय है जब लगभग हर व्यक्ति अपने रोजमर्रा के काम पर जाने के लिए तैयार होता है। इसलिए दूरदर्शन दूरस्थ शिक्षा के विद्यार्थियों का मनपसन्द साधन नहीं बन सका।

(iii) गरीबी (Poverty)–दूरदर्शन की असफलता का एक कारण दूरस्थ शिक्षा से सम्बन्धित विद्यार्थियों की गरीबी भी है। अगर ये लोग गरीब नहीं होते तो प्रातःकालिन सामान्य विद्यालयों में दाखिला

लेते न कि इस समय को आजीविका कमाने में लगाते। दूरस्थ शिक्षा के विद्यार्थियों में से ज्यादातर तो इतने गरीब होते हैं कि वे टेलीविजन सैट ही नहीं खरीद सकते। ऐसे में ये लोग किस तरह दूरदर्शन पर प्रसारित कार्यक्रम को देख सकते हैं।

(iv) **प्रभावहीन कार्यक्रम (Effectless programmes)**–दूरस्थ शिक्षा से सम्बन्धित ज्यादातर कार्यक्रम प्रभावहीन होते हैं। इनकी प्रभावहीनता की कमी का एक कारण कम समय भी है, क्योंकि IGNOU के कार्यक्रम मात्र 30 मिनटों के लिए प्रसारित किए जाते हैं। जब तक विद्यार्थी उनमें रुचि लेनी शुरू करता है या एकाग्रचित (Concentrate) होता है, कार्यक्रम खत्म हो चुका होता है।

इन सब बातों को ध्यान में रखते हुए हम कह सकते हैं कि भारत में शिक्षा के क्षेत्र में जनसंचार माध्यम (Mass Communication Channels) सफल नहीं हो सकते हैं। इसके स्थान पर संचार के व्यक्तिगत स्तर पर (Interpersonal channels of communication) जनसाधारण के व्यवहार तथा दृष्टिकोणों में बदलाव लाने के लिए अधिक फायदेमंद सिद्ध हो सकते हैं।

3. उपग्रह शिक्षण-दूरदर्शन का प्रयोग (Satellite Instructional Television Experiment)–यह प्रसारण-माध्यम का एकदम नया रूप है। दूरदर्शन के प्रसारण की दूरी तो सीमित होती है परन्तु उपग्रह के प्रयोग ने इस दूरी को और अधिक फैला दिया है। उपग्रह शिक्षण दूरदर्शन को प्रयोग करने के लिए इंडियन स्पेस रिसर्च ओरगेनाइजेशन (I.S.R.O.) के सहयोग से अगस्त 1975 से जुलाई 1976 तक उपग्रह इनसेट IAC अप्रैल 1982 में कक्ष में भेजा गया। इस बहुउद्देशीय उपग्रह को दूरदर्शन, संचार एवं विज्ञान के उद्देश्यों को पूरा करना था परन्तु दुर्भाग्यवश यह अपने अभियान में असफल हो गया। लेकिन वैज्ञानिकों ने साहस नहीं छोड़ा और दूसरे बहुउद्देशीय उपग्रह इनसेट–1B बनाने में जुट गए। इस बार उन्हें सफलता मिली और सैटेलाइट अपनी कक्षा में स्थापित ही नहीं हुआ अपितु इसने सुचारु रूप से काम भी करना शुरू कर दिया। इस बहुउद्देशीय उपग्रह का निम्नलिखित क्षेत्रों में प्रयोग किया जाता है–

(i) प्रसारण सुविधाओं के विस्तार में।
(ii) दूरस्थ शिक्षा के कार्यक्रम प्रसारित करने में।
(iii) रेडियो (Radio) प्रसारण में।
(iv) ग्रामीण क्षेत्रों में टी.वी. प्रसारण में।
(v) नक्षत्रों सम्बन्धी खोजों में।
(vi) मौसम की जानकारी।

इनसेट–IB द्वारा प्रसारित कार्यक्रम वर्तमान में आशातीत सफलता प्राप्त कर एक क्रान्ति ला रहे हैं। ये विद्यालयों एवं महाविद्यालयों स्तर पर शिक्षा की दिखावटी एवं गैर-दिखावटी प्रणालियों की जरूरतों की पूर्ति करता है। निःसन्देह यह कहा जा सकता है कि अब वो दिन दूर नहीं जब ये दूरस्थ संचार उपग्रह भौतिक विकास के भिन्न-भिन्न क्षेत्रों में जिनमें शिक्षा भी शामिल है, क्रान्ति लाएँगे।

वो जिनके लिए दूरस्थ शिक्षा की आवश्यकता है (For Whom Distance Education is Needed)

(i) वे जो दूर-दराज के ग्रामीण क्षेत्रों में निवास करते हैं।
(ii) वे जिन्हें नियमित विद्यालयों तथा महाविद्यालयों में दाखिला नहीं मिल पाता।
(iii) वे जो प्रेरणा के अभाव में अपनी शिक्षा छोड़ चुके हैं।
(iv) वे जो गरीबी या अन्य कारणों से बचपन में पढ़ नहीं सके थे।
(v) वे जिन्हें अपने परिवार के भरण-पोषण के लिए दिन में काम करना पड़ता है।
(vi) वे जो अपनी शैक्षणिक योग्यताओं में वृद्धि चाहते हैं।
(vii) वे जो अपने को आधुनिकतम ज्ञान से परिपूर्ण करना चाहते हैं।
(viii) वे जो शारीरिक रूप से विकलांग हैं।
(ix) वे जो सामाजिक रूप से पिछड़े माने जाते हैं।

(x) वे जो समाज में आर्थिक रूप से कमजोर हैं।

(xi) वे जो शिक्षण विभागों में प्रवेश नहीं प्राप्त कर सके।

(xii) सेवामुक्त (Retired) व्यक्ति जो व्यस्त रहने के लिए अध्ययन जारी रखना चाहते हैं।

निष्कर्ष–निष्कर्षतः यह कहा जा सकता है कि औपचारिक शिक्षा की अपनी सीमाएँ हैं। दुनिया में कोई भी देश इतना सफल नहीं है जो अपने प्रत्येक बालक के लिए विद्यालय या महाविद्यालय की सुविधा प्रदान कर सके, क्योंकि प्रत्येक देश की भौगोलिक परिस्थिति उस सुविधा को मुहैया कराने के रास्ते में बाधा बन जाती है। आज हमारे देश को आजाद हुए लगभग 60 साल होने वाले हैं, लेकिन आज भी हम लाख प्रयास के बाद भी 14 वर्ष के बच्चों के लिए अनिवार्य निःशुल्क शिक्षण की व्यवस्था पूर्णरूप से नहीं कर पाए हैं। आँकड़ों के हिसाब से देश में 1951 में लगभग 30 करोड़ निरक्षर थे जिनकी 1981 तक आते-आते संख्या बढ़कर 44 करोड़ हो चुकी है और ये भी तब-जब सरकार तथा गैर-सरकारी एजेन्सियाँ साक्षरता को बढ़ावा देने का भरसक प्रयास कर रही हैं। ये भयावह आँकड़े हमें कभी भी यह नहीं सोचने देंगे कि भारत में भविष्य में साक्षरता 100% हो जाएगी। यही कारण है कि औपचारिक शिक्षा के साथ निरौपचारिक शिक्षा की जरूरत को महसूस किया गया। परन्तु हमें यह भी ध्यान में रखना होगा कि दूरस्थ शिक्षा औपचारिक शिक्षा पाठ्य चर्चा की पूर्ण रूप से जानकारी देने में असमर्थ है तथा प्रायोगिक विषयों में विज्ञान तथा तकनीकी शिक्षा देने में पूर्णरूप से असमर्थ है। इसके लिए हमें औपचारिक शिक्षा का सहारा लेना होगा। अतः कहा जा सकता है कि दूरस्थ शिक्षा औपचारिक शिक्षा का विकल्प न होकर सहायक के रूप में काम कर सकती है।

◆◆◆

---

3. मुक्त शिक्षा से आपका क्या अभिप्राय है? संक्षेप में स्पष्ट करें।
(What do you mean by open education? Clarify in short.)

अथवा

संक्षिप्त टिप्पणी अथवा नोट लिखें–मुक्त शिक्षा।
(Write short note on : Open education.)

उत्तर–मुक्त शिक्षा (Open Education)–मुक्त शिक्षा से अभिप्राय उस शिक्षा से है जिसके ग्रहण करने में न तो आयु का बन्धन है, न योग्यता का, न पाठ्यक्रम का, न कक्षा शिक्षण का और न ही स्थान विशेष का। इस शिक्षा में यह भी छूट है कि कोई भी चाहे बालक, युवक या प्रौढ़, जब चाहे, जहाँ चाहे, जिस माध्यम से चाहे, शिक्षा प्राप्त कर सकता है। अतः चन्द शब्दों में इस शिक्षा के विषय में कहा जा सकता है कि यह वह शिक्षा है जो हर एक को हर समय और हर जगह उपलब्ध हो सकती है। क्योंकि इसमें किसी प्रकार का कोई बन्धन नहीं होता है, इसलिए इसे मुक्त शिक्षा कहा जाता है।

आज शिक्षा के विषय में आलम यह है कि हर राष्ट्र चाहता है कि उसके नागरिक सर्वश्रेष्ठ शिक्षा ग्रहण करें। परन्तु केवल औपचारिक शिक्षा के तरीकों से यह संभव नहीं हो सकता है। हमारे देश को ही लो स्वतन्त्रता के बाद शिक्षा को जनसाधारण तक पहुँचाने के लिए अनेकों कमीशनों तथा आयोगों का गठन किया गया और उनके द्वारा दर्शाए गए सुझावों पर भी कार्य किया गया परन्तु निरक्षर व्यक्तियों की संख्या घटने के बजाए बढ़ती ही रही। आलम ये था कि जहाँ 1951 में निरक्षर व्यक्तियों की संख्या 30 करोड़ थी, वही बढ़कर 1981 में 40 करोड़ हो गई।

हर व्यक्ति को शिक्षा मिले, इसका प्रयास बहुत पहले ही शुरू हो गया था। इस संदर्भ में पहला प्रयास पत्राचार द्वारा शिक्षा देना था। यूरोप में यह प्रणाली काफी सफल रही। जर्मनी में शुरू हुई इस प्रणाली को रूस ने भी अपनाया और 1962 में इसे राष्ट्रीय स्तर पर स्वीकृति दे दी गई। आधुनिक समय में तो संसार के लगभग सभी देशों ने शिक्षा के इस माध्यम को स्वीकार कर लिया है। वैसे तो यह व्यवस्था माध्यमिक तथा विश्वविद्यालय स्तर पर की गई है, पर यह अब सभी के लिए खुली है जो शिक्षा ग्रहण करना चाहते हैं।

मुक्त शिक्षा के प्रचार-प्रसार में इवान इलिच (Ivan Illich) का सबसे बड़ा योगदान रहा है। या यूँ कहिए कि वो पहले व्यक्ति थे जिन्होंने इस शिक्षा के लिए महत्त्वपूर्ण प्रयास किए। इस शिक्षा की प्रशंसा तथा उपयोगिता के विषय में उन्होंने अपनी पुस्तक 'डी-स्कूलिंग सोसाईटी' (Deschooling Society) में लिखा है कि यह शिक्षा विद्यालयी शिक्षा से बहुत सस्ती है इसलिए गरीब व्यक्ति भी इसे ग्रहण कर सकते हैं। शिक्षा के विषय में समाज में फैली बुराइयों के विरोध में उन्होंने उस निर्विद्यालयी शिक्षा का नारा दिया। यहीं से शिक्षा जगत में एक नई क्रान्ति का प्रारम्भ हुआ। धीरे-धीरे इस शिक्षण पद्धति की ओर अन्य विद्वानों का भी रुझान शुरू हुआ। इवान (Ivan) के बाद एवरेस्ट रैमर (Everest Reimer) की 'द स्कूल इज डैड' (The School is Dead), पाल गुडमैन (Paul Goodman) की 'कम्पलसरी मिस एजुकेशन (Compulsory Miseducation) तथा जान होल्ड (John Hold) की 'हाऊ चिल्ड्रन फेल' (How Children Fail) ने आधुनिक औपचारिक शिक्षा की धज्जियाँ उड़ाते हुए उसकी कमियों की ओर लोगों का ध्यान आकर्षित किया। यह मुक्त शिक्षा का तूफान विद्यालयी शिक्षा को जड़ से तो नहीं उखाड़ पाया परन्तु उन लोगों के लिए वरदान बन गया जो किन्हीं कारणों से अपनी शिक्षा बीच में छोड़ चुके थे।

हमारे देश में मुक्त शिक्षा के क्षेत्र में सर्वप्रथम औपचारिक शिक्षा की मुख्य संस्था केन्द्रीय माध्यमिक शिक्षा बोर्ड (C.B.S.E.) ने प्रयास किया। इसके द्वारा मई, 1983 में एक तीन दिनी राष्ट्रीय सम्मेलन का आयोजन किया गया, जिसमें मुक्त अधिगम (Open learning system) की धारणा, क्षेत्र और स्वरूप पर गम्भीरता से अध्ययन और विचार किया गया। इस सम्मेलन में कुछ सुझाव पारित किए गए जो अग्रलिखित हैं:—

(i) प्रत्येक व्यक्ति की शिक्षा के लक्ष्य की प्राप्ति के लिए मुक्त अधिगम पद्धति को स्वीकार किया जाये।

(ii) यह सुविधा सभी स्तरों—प्राथमिक, माध्यमिक, उच्च एवं उच्चतर, पर उपलब्ध हो।

(iii) लड़कियों की शिक्षा के लिए इसे विशेष रूप से लागू किया जाए।

(iv) मुक्त विद्यालयों तथा विश्वविद्यालयों की संभावना को जानने तथा पूरी योजना को तैयार करने के लिए केन्द्रीय मंत्रालय योजना दलों का संगठन करे।

(v) सभी राज्य मुक्त अधिगम शिक्षा की विधि को सुचारु रूप से लागू करें।

(vi) प्रत्येक राज्य में मुक्त विद्यालयों, महाविद्यालयों तथा विश्वविद्यालयों की स्थापना हो।

(vii) मुक्त शिक्षा द्वारा औपचारिक शिक्षा की व्यवस्था भी की जानी चाहिए तथा इसके प्रसार के लिए विविध पाठ्यक्रमों की भी व्यवस्था हो।

(viii) देश के दूर-दराज के इलाकों में रहने वाले विद्यार्थियों में मुक्त शिक्षा के प्रचार के पत्राचार, रेडियो, टेपरिकॉर्डस, वी.डी.ओ. कैसेट तथा दूरदर्शन का प्रयोग करें।

(ix) मुक्त शिक्षा प्रौढ़ों के लिए भी सुलभ कराई जाए।

(x) औपचारिक एवं मुक्त शिक्षा में तारतम्यता बनी रहे, जिससे प्रवेश तथा पुनः प्रवेश में कोई दिक्कत या अड़चन न आए।

इन सुझावों को मद्देनजर रखते हुए सर्वप्रथम केन्द्र ने ही एक मुक्त विद्यालय की स्थापना की। तद्पश्चात् विश्वविद्यालय स्तर पर मुक्त शिक्षा का शुभारम्भ हुआ। अभी देश में प्राथमिक स्तर पर मुक्त शिक्षा की सुविधा उपलब्ध नहीं है। मुक्त शिक्षा का पाठ्यक्रम भी औपचारिक शिक्षा के समकक्ष का बनाया जा रहा है।

◆◆◆

4. मुक्त विश्वविद्यालय का क्या अर्थ है? मुक्त-विश्वविद्यालय के पाठ्यक्रम, गुणों तथा अवगुणों पर प्रकाश डालिए।

(What is the meaning of Open University? Throw light on the curriculum, merits and demerits of open university.)

अथवा

मुक्त विश्वविद्यालय की कौन-कौन सी विशेषताएं हैं? उसके लक्ष्यों, लाभों तथा सीमाओं या कमियों की व्याख्या करें।
(What are the salient features of Open University? Explain its objectives, benefits and limitations.)

उत्तर–मुक्त विश्वविद्यालय (Open University)–भारत की नई शिक्षा नीति, 1986 की यह धारणा है कि देश के सभी व्यक्तियों को समान रूप से बिना किसी भेदभाव के तथा सभी वर्ग के व्यक्तियों के लिए शिक्षा उपलब्ध हो। संविधान की धारा 45 के अन्तर्गत इस बात का प्रावधान रखा गया है कि 6 से 14 साल तक के सभी बच्चों को शिक्षित किया जाए। इस कार्य के दौरान समाज के गरीब तबके के बच्चों का विशेष ध्यान रखा जाए। इस प्रत्येक व्यक्ति तक शिक्षा पहुँचाना, उद्देश्य की पूर्ति मात्र औपचारिक शिक्षा से करना असंभव है और यदि हम विद्यालय स्तर पर शिक्षा का प्रसार करना चाहते हैं तो शिक्षा की निरन्तरता बनाए रखने के लिए निरौपचारिक शिक्षा को प्रोत्साहन देना होगा। क्योंकि देश में माध्यमिक स्तर पर औपचारिक शिक्षा के साधन इतने पर्याप्त तथा विकसित नहीं हैं कि प्रत्येक बच्चा जो प्राथमिक शिक्षा ग्रहण करता है उसे माध्यमिक शिक्षा उपलब्ध कराई जा सके। वर्तमान में जितने विद्यालय औपचारिक शिक्षा के लिए उपलब्ध हैं उनमें मुश्किल से 30 से 35% विद्यार्थी ही दाखिला ले सकते हैं। इसलिए हमारे देश में मुक्त विद्यालयों की आवश्यकता दूसरे देशों से ज्यादा है।

वास्तव में आज देखा जाए तो हम पाएँगे कि मुक्त विश्वविद्यालय का विचार नया तथा आधुनिकतम है। इस मुक्त विद्यालय के विषय में सर्वप्रथम 1963 में ब्रिटेन के तत्कालीन प्रधानमंत्री हेरोल्ड विल्सन (Herold Wilson) ने सोचा था। उनके दिमाग में यह प्रश्न उठा कि क्यों नहीं उन विद्यार्थियों को, जिन्होंने किन्हीं कारणावश विश्वविद्यालय की शिक्षा ग्रहण नहीं की, और जो भिन्न-भिन्न क्षेत्रों में कार्यरत होने के बावजूद विश्वविद्यालीय शिक्षा ग्रहण करना चाहते हैं, उन्हें विश्वविद्यालीय शिक्षा प्रदान कर अपने विकास का अवसर दिया जाए। जिस समय उनके दिमाग में यह प्रश्न आया उस समय रूस में पत्राचार तथा ब्रिटेन में रेडियो प्रसारण कार्यक्रम सफलता प्राप्त कर चुके थे। इसलिए वो कुछ नया करना चाहते थे। नए की चाह में उन्होंने मुक्त हवाई विश्वविद्यालय (Open Air University) का विचार प्रस्तुत किया। इस विचार पर कार्य करने के लिए एक संसदीय समिति की नियुक्ति की। इस समिति ने जनवरी 1969 में अपनी रिपोर्ट पेश की, जिस पर जुलाई 1969 में ब्रिटेन रॉयल चॉर्टर (Britain Royal Charter) के अन्तर्गत एक मुक्त विश्वविद्यालय की स्थापना की गई। इस विश्वविद्यालय के पहले वाइस चांसलर (Vice Chancellor) ने अपने उद्‌घाटन वक्तव्य में कहा कि मुक्त विश्वविद्यालय एक शैक्षिक सहायता मिशन है जो उन युवकों को उच्च शिक्षा सुलभ करायेगा जो किसी भी कारण से इसे ग्रहण नहीं कर सके। इस भाषण का प्रभाव यह हुआ कि उस वर्ष ब्रिटेन में सामान्य विश्वविद्यालय की तुलना में मुक्त विश्वविद्यालय में पाँच गुने (Five times) पंजीकरण हुए। इससे ज्यादा खास बात तो यह रही कि पाँच गुणा ज्यादा पंजीकरण होने के बावजूद भी शिक्षा पर आने वाले खर्च को यदि देखा जाए तो मुक्त विद्यालय पर यह खर्च सामान्य विश्वविद्यालय से लगभग 1/3 रहा। इस प्रकार देखें तो कहा जा सकता है कि ब्रिटेन में मुक्त विश्वविद्यालय का प्रयास सफल रहा। ब्रिटेन में मुक्त विश्वविद्यालय की इस आशातीत सफलता को मद्देनजर रख़ते हुए 1971 ई. में अमेरिका ने मुक्त विश्वविद्यालय की स्थापना की। उसके बाद फ्रांस तथा जर्मनी में भी इस प्रकार के विद्यालय खोले गए।

भारत में इसकी पहल 1977 में मदुराई विश्वविद्यालय ने मुक्त विश्वविद्यालय विंग खोलकर की। इसके बाद मैसूर विश्वविद्यालय ने भी इसी प्रकार की विंग की स्थापना की। पूर्ण रूप से स्वतन्त्र खुले विश्वविद्यालय की स्थापना भारत में सबसे पहले हैदराबाद में सन् 1982 में हुई। तत्पश्चात् महाराष्ट्र ने भी स्टेट ओपन यूनिवर्सिटी की स्थापना की। 1986 ई. में देहली में देश की सबसे बड़ी यूनिवर्सिटी की स्थापना श्रीमती इन्दिरा गाँधी नेशनल ओपन यूनिवर्सिटी के नाम से की गई। तत्पश्चात् राष्ट्रीय शिक्षा नीति-1986 में यह घोषणा की गई कि भविष्य में मुक्त शिक्षा के प्रचार एवं प्रसार के लिए विशेष प्रयत्न किए जाएंगे।

मुक्त विद्यालय का पाठ्यक्रम
(Curriculum for Open University)

(i) **प्रारंभिक शिक्षा (Preliminary Education)**–प्रारम्भिक शिक्षा का पाठ्यक्रम उन लोगों के लिए है जिन्होंने प्राथमिक शिक्षा प्राप्त कर ली है और जो आठवीं स्तर की शिक्षा प्राप्त करने के इच्छुक हैं। यह पाठ्यक्रम माध्यमिक शिक्षा के पाठ्यक्रम में प्रवेश के लिए सेतु पाठ्यक्रम (Bridge Course) का भी काम करता है।

(ii) **माध्यमिक शिक्षा (Secondary Education)**–यह शिक्षा उन व्यक्तियों के लिए निर्धारित की गई जो आठवीं स्तर की शिक्षा पास करने के बाद माध्यमिक विद्यालय का प्रमाण-पत्र प्राप्त करने की इच्छा रखते हैं।

(iii) **उच्चतर माध्यमिक शिक्षा (Higher Secondary Education)**–यह पाठ्यक्रम उन व्यक्तियों के लिए निर्धारित किया गया जो दसवीं या उसके समकक्ष शिक्षा प्राप्त कर चुके हों तथा बारहवीं स्तर की शिक्षा प्राप्त करना चाहते हैं।

(iv) **व्यावसायिक शिक्षा (Vocational Education)**–सामान्य शिक्षा की व्यवस्था के साथ-साथ ये मुक्त विद्यालय अनेक प्रकार के व्यावसायिक पाठ्यक्रमों की भी व्यवस्था करते हैं। विद्यार्थी इन व्यावसायिक विषयों को अन्य विषयों के साथ ग्रहण कर सकते हैं।

(v) **जीवन उत्थान पाठ्यक्रम (Life Development Curriculum)**–व्यावसायिक तथा सामान्य शिक्षा प्रदान करने के साथ मुक्त विद्यालय इस प्रकार के पाठ्यक्रमों को भी लागू करते हैं। इस पाठ्यक्रम को मुख्य रूप से अध्यापकों, विद्यालयों, निजी उद्यम के अधिकारियों तथा प्रधानाचार्यों के लिए तैयार करवाया जाता है।

मुक्त विश्वविद्यालय के गुण
(Merits of Open Universities)

(i) मुक्त विश्वविद्यालय में पंजीकरण के लिए जाति, आयु, वर्ग व आधारभूत शैक्षिक योग्यता आदि का कोई बन्धन नहीं होता। विश्वविद्यालयों में वो सभी युवक, युवतियाँ, प्रौढ़ या वृद्ध अपना पंजीकरण करवा सकते हैं, जो समय रहते किन्हीं कारणों से शिक्षा प्राप्त नहीं कर पाए।

(ii) मुक्त विश्वविद्यालय जीवनपर्यन्त शिक्षा (Life long Education) के क्षेत्रों में बड़े सहायक सिद्ध हुए हैं। इन विश्वविद्यालयों में कोई भी व्यक्ति किसी भी समय तकनीकी या ज्ञान कौशल की शिक्षा प्राप्त कर सकते हैं।

(iii) मुक्त विद्यालय विद्यार्थियों पर विषय से सम्बन्धित नियम नहीं थोपते हैं, अपितु ये तो विद्यार्थियों को विषयों एवं क्रियाओं के चुनाव की पूरी स्वतन्त्रता देते हैं।

(iv) ये विश्वविद्यालय उन लोगों की शिक्षा का भी प्रबन्ध करते हैं जो दूर-दराज के या आदिवासी इलाकों में रहते हैं तथा जहाँ सामान्य शिक्षा का प्रावधान असंभव होता है।

(v) इन विश्वविद्यालयों में उन लोगों की शिक्षा का भी प्रावधान होता है, जो किसी काम-धन्धे में लगे होने के कारण पारम्परिक विद्यालयों या महाविद्यालयों में दाखिला नहीं ले पाते।

(vi) ये विश्वविद्यालय परम्परागत विश्वविद्यालयों में दाखिले के बढ़ते हुए दबाव को कम करने में सक्षम हैं।

(vii) मुक्त विश्वविद्यालय विद्यार्थियों को एक साथ दो पाठ्यक्रम परम्परागत तथा दूसरी आवश्यकताओं को पूरी करने वाले पाठ्यक्रम की व्यवस्था करते हैं।

(viii) ये विश्वविद्यालय शिक्षण को रेडियो, टेलीविजनों, वीडियो, आकाशवाणी तथा टेपरिकॉर्डर की सहायता से अत्यन्त सरल तथा रोचक बना देते हैं।

(ix) इन विद्यालयों में प्रति व्यक्ति व्यय परम्परागत विश्वविद्यालयों से 1/3 कम है।

मुक्त विश्वविद्यालयों की विशेषताएँ
(Characteristics of Open Universities)

(i) ये विश्वविद्यालय विश्वास प्रणाली का अनुसरण करते हैं।
(ii) ये विश्वविद्यालय आत्म-शासित होते हैं।
(iii) विद्यार्थी अपनी सुविधा के अनुसार शिक्षा ग्रहण कर सकते हैं।
(iv) ये विद्यार्थियों का निरन्तर मूल्यांकन करते रहते हैं।
(v) ये पत्राचार द्वारा दिए गए गृह-कार्य एवं संगठित व्यक्तिगत सम्पर्क कार्यक्रम द्वारा पढ़ाते हैं।
(vi) ये अन्तिम बाह्य परीक्षा भी लेते हैं तथा उसके आधार पर विद्यार्थियों की डिग्री (degree) या सर्टिफिकेट (Certificate) प्रदान करते हैं।
(vii) इनमें उपकुलपति, विश्वविद्यालय के सेक्रेटरी, शैक्षणिक विभाग, पत्राचार के निर्देशक, सहायक स्टॉफ एवं अध्ययन के निर्देशक होते हैं।
(viii) इनमें सभाएँ एवं उच्च परिषदों का विधान है।
(ix) ये विश्वविद्यालय से जुड़ने का अधिक लम्बा अवसर देते हैं।
(x) ये सामान्य एवं विशिष्ट विषयों में डिग्री देते हैं।

मुक्त विश्वविद्यालयों की कमियाँ
(Drawbacks of Open Universities)

मुक्त विश्वविद्यालयों में निम्नलिखित कमियाँ पाई जाती हैं–

(i) पत्राचार सामग्री तैयार करना एक जटिल समस्या है।
(ii) तैयार सामग्री को समय रहते विद्यार्थियों तक पहुँचाना।
(iii) रेडियो व दूरदर्शन के शैक्षिक प्रसारण के समयों तथा विद्यार्थियों के अवकाश के समयों में तालमेल बढ़ाना एक बड़ी समस्या है।
(iv) आकाशवाणी एवं दूरदर्शन के लिए कार्यक्रम तैयार करना एक बड़ी समस्या है।
(v) रेडियो तथा दूरदर्शन पर तैयार कार्यक्रम व्यक्तिगत कठिनाइयों के निवारण की व्यवस्था नहीं कर पाते।
(vi) मुक्त विश्वविद्यालयों में दाखिले के लिए आधारभूत योग्यता की आवश्यकता नहीं होती, ऐसे में विभिन्न योग्यता वाले विद्यार्थी एक प्रकार के कार्यक्रम देखकर सफलता कैसे प्राप्त कर सकते हैं।
(vii) भारत एक विशाल देश है। यहाँ भिन्न-भिन्न प्रान्तों में भिन्न-भिन्न भाषाओं का प्रयोग होता है। मुक्त विश्वविद्यालयों के विद्यार्थियों के लिए जब कार्यक्रम बनाया जाता है तो वह केवल एक भाषा में होता है। इसलिए पत्राचार, आकाशवाणी प्रसारण व दूरदर्शन कार्यक्रम किस भाषा में प्रसारित किए जाएँ, यह एक बहुत बड़ी समस्या बन जाती है।
(viii) कहने में आता है कि मुक्त विश्वविद्यालय में प्रति व्यक्ति खर्च परम्परागत विश्वविद्यालयों के विद्यार्थियों से कम आता है परन्तु यदि गहराई से उसका आंकलन किया जाए तो हम पाएँगे कि रेडियो, पत्राचार, टेपरिकॉर्डर, वीडिओ, टेलीविजन और सम्पर्क कार्यक्रमों में आने-जाने के खर्च को जोड़कर देखा जाए तो हम पाएँगे कि मुक्त विश्वविद्यालय की शिक्षा में प्रति व्यक्ति व्यय अपेक्षाकृत कहीं ज्यादा होता है।
(ix) मुक्त विश्वविद्यालयों द्वारा सम्पर्क कार्यक्रम स्थान-स्थान पर शिक्षा केन्द्र स्थापित करके दिए जाते हैं। इस व्यवस्था के चलते, मुक्त शिक्षा और औपचारिक शिक्षा में कितना अन्तर रह जाता है। दूसरी ओर उन पर जो व्यवस्था की जाती है वह किसी भी दृष्टिकोण से पूर्ण नहीं कही जा सकती है।

(x) मुक्त विश्वविद्यालयों द्वारा प्रदत शिक्षा की सबसे बड़ी कमी यह है कि इन विश्वविद्यालयों द्वारा दी गई उपाधियों की मार्केट वैल्यू (Market Value) बहुत कम होती है।

(xi) जो विद्यार्थी मुक्त विश्वविद्यालयों से शिक्षा ग्रहण करते हैं उन्हें समाज में ज्ञान के क्षेत्र में दोयम दर्जे का सम्मान मिलता है।

(xii) शिक्षा अधिगम में अध्यापक तथा विद्यार्थी का परस्पर एक सुदृढ़ सम्बन्ध होता है, परन्तु मुक्त शिक्षा में अध्यापकों तथा सीखने वालों के मध्य बहुत कम समय के लिए सम्पर्क होता है। इसलिए विद्यार्थी अपनी समस्त बाधाओं व परेशानियों को हल नहीं कर पाते हैं।

(xiii) मुक्त विश्वविद्यालय अभी भी विज्ञान तथा तकनीकी की उच्च शिक्षा प्रदान कराने में असमर्थ हैं।

(xiv) मुक्त विश्वविद्यालयों में शिक्षा प्राप्त करने वालों में आत्म-विश्वास की कमी होती है। वे अपने आपको परम्परागत विश्वविद्यालयों के विद्यार्थियों से हीन समझते हैं।

◆◆◆

---

5. दूरस्थ शिक्षा के विषय में शिक्षा आयोग 1964-66, राष्ट्रीय शिक्षा नीति-1986 तथा कार्यान्वयन-कार्यक्रम-1968 के अन्तर्गत क्या सिफारिश की गई है? विवेचना कीजिए।

अथवा

निम्नलिखित के द्वारा दूरस्थ शिक्षा के विषय में क्या सिफारिशें या सुझाव दिए गए हैं–

(i) शिक्षा आयोग (1964–66) (Education Commission 1964–66)

(ii) राष्ट्रीय शिक्षा नीति (1986) (National Policy on Education 1986)

(iii) कार्यान्वयन कार्यक्रम (1986) (Programme of Action 1986)

उत्तर–(i) शिक्षा आयोग की सिफारिशें–1964-66 (Recommendations of Education Commission–1964-66)–शिक्षा आयोग-1964-66 द्वारा मुक्त शिक्षा के विषय में जो सिफारिशें जारी की गई थीं वे निम्नलिखित हैं :–

1. मार्गदर्शक कोर्सों का विस्तृत संगठन संगठित किया जाना चाहिए ताकि जो अंशकालिक कोर्सो में भी उपस्थित होने में कठिनाई महसूस करते हैं उन्हें शिक्षित किया जा सके।
2. जो व्यक्ति स्वयं पढ़ना चाहते हैं, उन्हें सैकेण्डरी शिक्षा बोर्ड (Secondary Education Board) तथा विश्वविद्यालयों (Universities) की परीक्षाओं में बैठने का अवसर दिया जाना चाहिए।
3. पत्राचार कोर्सों को सही तथा व्यवस्थित ढंग से रेडियो तथा दूरदर्शन के कार्यक्रमों से सहारा (Support) मिलना चाहिए।
4. जो विद्यार्थी पत्राचार द्वारा शिक्षा ग्रहण कर रहे हैं उन्हें अध्यापकों से मिलने के अवसर दिए जाने चाहिए।
5. पत्राचार के विद्यार्थियों को परम्परागत विश्वविद्यालय के पुस्तकालयों तथा वाचनालयों में जाकर पढ़ने की अनुमति प्रदान की जानी चाहिए।
6. जो लोग सांस्कृतिक एवं सौन्दर्यात्मक मूल्यों से सम्बन्धित विषयों का अध्ययन अपने जीवन को समृद्ध बनाने के लिए करते हैं, उन व्यक्तियों को भी पत्राचार की सुविधा मिलनी चाहिए।
7. पत्राचार के माध्यम से जिन कोर्सों को पढ़ाया जाता है वे केवल डिग्री कोर्सों तक केन्द्रित नहीं हों अपितु कृषि, उद्योग तथा अन्य व्यवसाय के कार्यकर्ताओं के लिए विशेष कोर्सों की व्यवस्था की जानी चाहिए।
8. शिक्षा मंत्रालय को अन्य मंत्रालयों के सहयोग से गृह-अध्ययन राष्ट्रीय परिषद् की स्थापना करनी चाहिए।
9. विद्यालय के अध्यापकों को नई शिक्षण विधियों तथा तकनीकी ज्ञान प्रदान के लिए पत्राचार कोर्सों की व्यवस्था होनी चाहिए।

(ii) शिक्षा की राष्ट्रीय नीति-1986
(National Policy on Education-1986)

शिक्षा की राष्ट्रीय नीति-1986 ने दूरस्थ शिक्षा के विषय पर निम्नलिखित विचार व्यक्त किये हैं :–

1. उच्चतर शिक्षा के अवसरों को बढ़ाने एवं शिक्षा को लोकतंत्रात्मक बनाने के लिए मुक्त विश्वविद्यालय प्रणाली को शुरू किया गया।
2. इस शक्तिशाली एवं सशक्त साधन का विकास तथा विस्तार पूरी तल्लीनता व सावधानी से किया जाएगा।
3. सितम्बर 1986 में जिस इन्दिरा गाँधी मुक्त विश्वविद्यालय की स्थापना की गई थी उसे और अधिक शक्तिशाली बनाया जाएगा।

(iii) कार्यान्वयन कार्यक्रम-1986
(Programme of Action-1986)

राष्ट्रीय शिक्षा नीति को कार्यान्वित करने के लिए जिस कार्यान्वयन कार्यक्रम को तैयार किया गया उसमें दूरस्थ शिक्षा का सशक्त समर्थन किया गया है। इस कार्यक्रम की मुख्य तथा विशेष बातें निम्नलिखित हैं :–

(i) मुक्त विश्वविद्यालय प्रणाली उच्चतर शिक्षा के लिए अवसरों को बढ़ाने तथा शिक्षा को लोकतंत्रात्मक बनाने के उपकरण के रूप में की गई है।

(ii) मुक्त विश्वविद्यालय प्रणाली कम खर्चीली, लचीली एवं नवीन शिक्षा पद्धति के विकास में सहायक है।

(iii) जिन लक्ष्यों को निर्धारित करके 1985 में इन्दिरा गाँधी राष्ट्रीय मुक्त विश्वविद्यालय की स्थापना की गई, उसे सशक्त बनाने के लिए निम्नलिखित उपाय किए जाएँगे–

1. इन्दिरा गाँधी राष्ट्रीय मुक्त विश्वविद्यालय ने अपने शैक्षिक कार्यक्रम शुरू कर दिए हैं। पहले इन कार्यक्रमों में अंडर-ग्रेजुएट डिग्री एवं डिप्लोमा कोर्स सम्मिलित किए जाएँगे :–
   - (क) ग्रामीण विकास तथा कम्प्यूटर (Computer) विज्ञान में डिप्लोमा कोर्स।
   - (ख) महिलाओं के लिए विश्वविद्यालय विशिष्ट कोर्सों को लागू करेगा।
   - (ग) दूरस्थ शिक्षा एवं डिप्लोमा-स्तर के कोर्स 1987 से आरम्भ कर दिए जाएँगे।
   - (घ) रचनात्मक लेखन (Creative Writing) में डिप्लोमा कोर्स।
   - (ङ) अध्यापकों के नवीनीकरण के लिए विश्वविद्यालय विशिष्ट कोर्सों को संगठित करेगा।
   - (च) अंडर-ग्रेजुएट कार्यक्रम (Under-graduate Programme) 1988 के शुरू में आरम्भ किए जाएँगे।
2. मोडूलर नमूने (Modular Pattern) के आधार पर कोर्सों की रचना की जायेगी। इन रचनाओं में एकत्रीकरण की सुविधा होगी तथा इन्हें औपचारिक एवं अंशौपचारिक पद्धतियों में परस्पर स्थानान्तरित करने की व्यवस्था भी होगी। इस विषय पर व्यापक निर्देश तैयार करने का भार विश्वविद्यालय अनुदान आयोग (U.G.C.) तथा मुक्त विश्वविद्यालय पर रहेगा।
3. मुक्त विश्वविद्यालय पद्धति में कोर्सों का नेटवर्क विकसित करने के प्रबन्ध किए जाएंगे। इससे यह फायदा होगा कि एक विद्यार्थी दो मुक्त विश्वविद्यालयों के कोर्सों को एक साथ अपना सकेगा।
4. राज्य सरकारों का यह कर्तव्य होगा कि वे अपने-अपने राज्य में मुक्त विश्वविद्यालयों की स्थापना कुशल योजना के आधार पर करें तथा उसके लिए आवश्यक सभी संसाधन भी उपलब्ध कराएँ। उसके अतिरिक्त आयोग ने यह भी व्यवस्था की कि राष्ट्रीय मुक्त विश्वविद्यालय, राजकीय मुक्त विश्वविद्यालयों (State Open Universities) तथा पत्राचार कोर्स के विभागों को विकास कार्यों के लिए धन मुहैया करवाए।

5. सर्वप्रथम मुक्त विश्वविद्यालयों के कार्यक्रमों की गुणवत्ता तथा वितरण विधि को कुशल बनाना इसलिए आवश्यक है, क्योंकि इस क्षेत्र में विशेषज्ञों तथा प्रशिक्षित मानवीय संसाधनों की उपलब्धि पर्याप्त नहीं है।
6. मुक्त विश्वविद्यालय की वितरण पद्धति तथा उसके कार्यक्रमों में माध्यमों के सहयोग को सशक्त बनाने के लिए सूचना एवं प्रसारण मंत्रालय से रेडियो एवं दूरदर्शन के अलग चैनल स्थापित करने की बातचीत की जाएगी।
7. राष्ट्रीय मुक्त विश्वविद्यालय दूरस्थ अधिगम प्रणाली में तालमेल बिठाने तथा उसका स्तर निर्धारित करने के लिए एक आवश्यक नियमावली का निर्माण करेगा। जो राज्य मुक्त विश्वविद्यालय खोलने के इच्छुक होंगे उनको यह नियमावली प्रस्तुत सुविधाओं से लाभ प्राप्त कैसे करना है, निर्देश करेगी।
8. शिक्षा के प्रत्येक स्तर के लिए अधिगम का न्यूनतम मानक निर्धारित कर उस स्तर की उपलब्धियों के मूल्यांकन के लिए मापक आधार तैयार किया जाएगा। इन सब बातों का निर्धारण करते समय इस बात का विशेष ध्यान रखा जाएगा कि कृषि एवं औद्योगिक कार्यकर्ताओं तथा महिलाओं को शिक्षा प्राप्त करने के अवसर प्राप्त हों।

◆◆◆

---

6. मुक्त विद्यालय पद्धति क्या है? राष्ट्रीय मुक्त-विद्यालयों की मुख्य विशेषताओं पर संक्षेप में प्रकाश डालिए।
(What is Open School system? Throw light in short on the main characteristics of National Open School.)

अथवा

राष्ट्रीय मुक्त विश्वविद्यालयों की कौन-कौन सी मुख्य विशेषताएं हैं? संक्षेप में स्पष्ट कीजिए।
(What are the various main characteristics of National Open Schools? Clarify in short.)

उत्तर—मुक्त विद्यालय पद्धति (Open School System)—अगस्त 1974 में NCERT के निर्देशन में एक कार्यकारी दल को नियुक्त किया गया, जिसका काम दिल्ली में मुक्त विद्यालय की स्थापना के विषय में परीक्षण करना था। इस योजना को अमली जामा पहनाने के उद्देश्य से 1975 से लेकर 1978 तक N.C.E.R.T., C.B.S.E. तथा केन्द्रीय शिक्षा मंत्रालय के बीच कई गोष्ठियाँ हुईं, उन गोष्ठियों के आधार पर मुक्त विद्यालय की स्थापना की संभावनाओं का एक ब्ल्यू-प्रिंट (Blue Print) तैयार किया गया जिसे शिक्षा मंत्रालय द्वारा स्वीकृति मिल गई। इन सब बातों का यह परिणाम निकला की जुलाई, 1979 में दिल्ली में निर्देशक मुक्त विद्यालय (Director of Open School) की स्थापना हो गई।

राष्ट्रीय मुक्त विद्यालयों की विशेषताएँ
(Characteristics of National Open Schools)

राष्ट्रीय मुक्त विद्यालयों की विशेषताएँ निम्नलिखित हैं—

(i) उच्च स्तरीय शिक्षा (High leveled education)—राष्ट्रीय मुक्त विद्यालय निःसन्देह उच्चस्तरीय शिक्षा प्रदान करने में सक्षम है जिसे ये विद्यालय सफलतापूर्वक निभा रहे हैं। इन विद्यालयों से पढ़ने वाले विद्यार्थियों को जो प्रमाण-पत्र जारी किए जाते हैं उन्हें भारतीय विश्वविद्यालयी संघ तथा निजी तौर पर देश भर के चालीस से ज्यादा विश्वविद्यालयों ने मान्यता दे रखी है।

(ii) लचीलापन (Flexibility)—मुक्त विद्यालयों में विषय चयन के क्षेत्र में विद्यालयों द्वारा विद्यार्थियों पर कुछ जबरदस्ती नहीं थोपा गया है। इसके विपरीत विद्यार्थी भिन्न-भिन्न विषयों में से अपनी मर्जी तथा पसंद

के विषय चुन सकते हैं। उदाहरणार्थ उच्चतर माध्यमिक स्तर पर विद्यार्थी को इतिहास के साथ रसायन-विज्ञान तथा लेखांकन तक चुनने की छूट है।

(iii) मूल्यांकन पद्धति (Evaluation pattern)–पढ़ाई के दौरान राष्ट्रीय मुक्त विद्यालय विद्यार्थियों को भिन्न-भिन्न मूल्यांकन द्वारा उनकी प्रगति (progress) के विषय में भी सहायता करता है। इस तरह मूल्यांकन एक महत्त्वपूर्ण रोल अदा करता है, क्योंकि यह न केवल विषयों की जानकारी ग्रहण करने में सहायक होंगे अपितु विद्यार्थियों को परीक्षा की तैयारी में भी सहायता करेंगे।

(iv) विषयों को अलग-अलग समय पास करने की छूट (Facility to clear exams at different times)–मुक्त विद्यालय इस बात की विद्यार्थियों को छूट देता है कि वे अनिवार्य विषयों को 5 वर्ष की अवधि में कभी भी पास कर सकते हैं। यह योजना परम्परागत विश्वविद्यालयों से हटकर है, क्योंकि परम्परागत विश्वविद्यालय उन विद्यार्थियों को अगली कक्षा में बैठने की अनुमति देते हैं जो उस साल के लिए निर्धारित विषयों को पास कर लेते हैं। इसके अतिरिक्त मुक्त विद्यालय 5 साल की अवधि में विद्यार्थियों को परीक्षा में बैठने के 10 अवसर देता है, क्योंकि राष्ट्रीय मुक्त विद्यालय वर्ष में दो बार परीक्षा लेता है।

(v) स्वनिर्देशन सामग्री का अध्ययन (The study of self-directed material)–राष्ट्रीय मुक्त विद्यालय में अध्ययन करने का सिद्धान्त यह है कि विद्यार्थियों को स्वयं अध्ययन करना है। इसका अर्थ यह है कि उनको स्वयं शिक्षक बनना है। इसके लिए उनको विशेष रूप से तैयार की गई मुद्रित सामग्री दी जाती है जिसका उन्होंने अध्ययन करना होता है। इसके अतिरिक्त भाषा सीखने के लिए ऑडियो कैसेट, प्रयोग-पुस्तिकाएँ, अध्ययन निर्देशिकाएँ आदि भेजी जाती हैं। विद्यार्थियों को यह सामग्री अपने अध्ययन केन्द्र से लेनी होती हैं। विद्यार्थियों को इस सामग्री के लिए अलग से पैसे नहीं देने होते क्योंकि इनका मूल्य उनकी फीस में शामिल होते हैं।

(vi) निर्देशन का माध्यम (Medium of instructions)–राष्ट्रीय मुक्त विद्यालय विद्यार्थियों को अध्ययन के लिए हिन्दी तथा अंग्रेजी दोनों माध्यमों की छूट देता है। विद्यार्थी अपनी इच्छा से इनमें से कोई एक माध्यम चुन सकता है। विद्यार्थी जिस माध्यम को चुनते हैं, उन्हें उसी माध्यम में अध्ययन सामग्री (Study material) प्रदान की जाती है।

(vii) अध्ययन की प्रक्रिया (Process of studies)–राष्ट्रीय मुक्त विद्यालय भिन्न-भिन्न शैक्षिक कार्यक्रमों के लिए दूरस्थ शिक्षा की आधुनिकतम पद्धति का प्रयोग करता है। इसके पाठ्यक्रम निम्नलिखित हैं–

(क) **मुद्रित माड्यूल (Printed module)**–इकाइयों के साथ अनेक विषयों पर ऑडियो तथा वीडियो सामग्री का प्रावधान होता है। विद्यार्थी अपने विषयों में ऑडियो और वीडियो कार्यक्रम देख-सुन सकते हैं।

(ख) **व्यक्तिगत सम्पर्क कार्यक्रमों में परामर्श और शैक्षिक सहायता (Guiding and counselling in personal contact programmes)**–व्यक्तिगत सम्पर्क कार्यक्रमों के तहत प्रत्येक विषय में विद्यार्थियों को बीस सम्पर्क कक्षाओं की सुविधा दी जाएगी। अध्ययन केन्द्र का कोरडिनेटर (Co-ordinator) विद्यार्थियों को शैक्षिक परामर्श देता है और उनकी निजी (Personal) समस्याओं के समाधान में सहायता देता है। यह सुविधाएँ देश भर में लगभग 500 से ज्यादा केन्द्रों पर दी जाती हैं। इन केन्द्रों की स्थापना केन्द्रीय या राज्य माध्यमिक शिक्षा बोर्ड द्वारा चलाए जाने वाले माध्यमिक विद्यालयों में की जाती है।

(ग) **उच्च स्तरीय मुद्रित पाठ (High leveled typed material)**–विद्यार्थियों की शिक्षा के लिए मुक्त विद्यालय सुप्रसिद्ध विद्वानों तथा शिक्षाशास्त्रियों को उच्च गुणवत्ता के पाठ तैयार करने के लिए नियुक्त करता है। इन पाठों को इस ढंग से तैयार किया जाता है कि विद्यार्थी उनकी सहायता से स्वतः ही सीख सकें। इस अध्ययन सामग्री में व्याख्याएँ, स्पष्टीकरण, परिभाषाएँ, बहुत से उदाहरण और प्रश्न शामिल होते हैं।

(viii) नए अवसर (New opportunities)–जो व्यक्ति किन्हीं कारणों से अपनी पढ़ाई बीच में ही छोड़ देते हैं, उन्हें मुक्त विद्यालय शिक्षा पूरी करने के लिए नए अवसर प्रदान करता है। इतना ही नहीं अपितु जो लोग इन विद्यालयों से माध्यमिक स्तर की शिक्षा ग्रहण करते हैं महाविद्यालयों तथा विश्वविद्यालयों के विभागों में दाखिला ले सकते हैं और यदि कोई विद्यार्थी परम्परागत महाविद्यालयों में दाखिला लेना नहीं चाहता वह इन्दिरा गाँधी राष्ट्रीय मुक्त विश्वविद्यालय (IGNOU) में दाखिला लेकर रोजगार के साथ-साथ अपनी शैक्षणिक योग्यताएँ बढ़ा सकता है।

(ix) ऐच्छिक विषय (Optional subject)–कुछ विश्वविद्यालय अपने विद्यार्थियों को पाँच अनिवार्य विषय पढ़ाने के साथ एक ऐच्छिक विषय की भी व्यवस्था करता है।

हरियाणा मुक्त विद्यालय (Haryana Open School)–हरियाणा मुक्त विद्यालय की स्थापना सन् 1994 में की गई थी। इसके कार्य-कलापों के लिए हरियाणा विद्यालय शिक्षा बोर्ड, भिवानी की इमारत (building) का प्रयोग किया जाता है। इस मुक्त विद्यालय की प्रसिद्धि का आलम यह था कि स्थापना के पहले साल में ही 14,000 से ज्यादा विद्यार्थियों ने पंजीकरण करवाया, जिनमें से 7,500 विद्यार्थियों ने माध्यमिक स्तरीय तथा 6,600 ने वरिष्ठ माध्यमिक स्तरीय शिक्षा में दाखिला लिया। इनमें से 70% माध्यमिक स्तर पर तथा 62% वरिष्ठ माध्यमिक स्तर पर ग्रामीण परिवेश से जुड़े विद्यार्थी थे। महिलाओं की संख्या भी अपेक्षाकृत अच्छी थी। परन्तु सबसे बड़ी कमी जो इस मुक्त विद्यालय में महसूस की गई वह थी अनुसूचित जातियों, जनजातियों तथा पिछड़े वर्ग से केवल 20% विद्यार्थियों का पहुँचना।

मूल्यांकन विधि (Evaluation System)—राष्ट्रीय मुक्त विद्यालयों की मूल्यांकन विधि औपचारिक शिक्षण संस्थाओं से अलग है। यहाँ छात्रों को एक ही बार में परीक्षा पास करना अनिवार्य नहीं होता। हरियाण ा मुक्त विद्यालय द्वारा अपनाई गई मूल्यांकन प्रणाली निम्नलिखित हैं–

(i) यहाँ विद्यार्थी को एक साथ सारे विषय पास करने की अनिवार्यता नहीं होती। विद्यार्थी जो-जो पेपर पास करता जाता है उसका सम्पूर्ण रिकॉर्ड सुरक्षित रखा जाता है और जब विद्यार्थी अपने सभी विषयों को पास कर लेता है उसे उत्तीर्ण घोषित कर अंक-तालिका सौंप दी जाती है।

(ii) विद्यार्थियों को पास होने के लिए अनुशिक्षक अंकित मूल्यांकन तथा बाहरी परीक्षाओं में अलग-अलग 33% अंक लेने अनिवार्य हैं।

(iii) निरन्तर मूल्यांकन के संदर्भ में अध्यापक छात्रों को कार्य (assignment) देते हैं जिनके लिए 20 अंक निर्धारित होते हैं।

(iv) इस विद्यालय द्वारा छात्रों को विषय पास करने की विशेष छूट दी गई है। वे निर्धारित समय में चाहे तो एक साथ या फिर एक-एक करके सभी विषय पास कर सकते हैं।

मुक्त-शिक्षा के गुण–

मुक्त-शिक्षा पद्धति के मुख्य गुण या लाभ निम्न प्रकार से हैं–

(i) मुक्त शिक्षा में विषय-विशेषज्ञों की टीम अथवा वास्तविक रूप से योग्य व्यक्तियों द्वारा पाठ (lessons) तैयार किए जाते हैं जिससे शिक्षा के स्तर में सुधार होता है।

(ii) इस व्यवस्था से जुड़े व्यक्तियों को यह शिक्षा आधुनिकतम जानकारियाँ उपलब्ध कराती है।

(iii) मुक्त शिक्षा सभी को शिक्षा ग्रहण करने का अवसर प्रदान करती है। इस शिक्षा में लिंग, योग्यता या आयु किसी प्रकार की बाधा नहीं बनती।

(iv) मुक्त शिक्षा पत्राचार, टेपरिकॉर्डर कैसेट्ज, वीडियो कैसेट्ज, दूरदर्शन तथा आकाशवाणी के माध्यम से दी जाती है इसलिए इस शिक्षा में नवीनता तथा रोचकता रहती है।

(v) यह शिक्षा देश के सभी नागरिकों के लिए हर स्तर की शिक्षा का प्रबन्ध करती है।

(vi) यह शिक्षा उन लोगों को भी अपने ज्ञान एवं कौशल को नवीनतम रखने में सहायता देती है, जो पहले से ही डिप्लोमा या डिग्रीधारक हैं।

(vii) यह हर प्रकार के पाठ्यक्रमों को पूरा करने के अवसर देती है।

(viii) मुक्त शिक्षा के माध्यम से सीखने वालों को विद्यालय, महाविद्यालय या विश्वविद्यालय की चारदीवारी में रहने की जरूरत नहीं होती है, वे अपनी इच्छा से अपने निवास स्थान पर अपनी गति से सीखते हैं।

(ix) इस शिक्षा में जीवन उपयोगी ज्ञान पर अधिक बल दिया जाता है।

(x) इस शिक्षा में विद्यार्थियों को अपनी इच्छा के विषय चुनने की पूर्ण छूट होती है।

(xi) यह शिक्षा विद्यार्थियों के फायदे के लिए सम्पर्क शिक्षा का भी आयोजन करती है।

(xii) यह शिक्षा परम्परागत विश्वविद्यालयों के भार को घटाती है।

अतः हम निष्कर्षतः कह सकते हैं कि तेजी से बदले हुए सामाजिक वातावरण में, दूरस्थ शिक्षा एवं मुक्त विश्वविद्यालय एक सशक्त उपाय है। अतः इन शिक्षा प्रणालियों को बिना दोष ढूँढ़े अपना लेना चाहिए ताकि देश से निरक्षरता को दूर किया जा सके और शिक्षा के क्षेत्र में भारत फिर से अग्रणी स्थान प्राप्त कर सके, जो कमी उसे भूतकाल में प्रदत थी।

◆◆◆

7. टेलीविजन या दूरदर्शन के द्वारा दूरस्थ शिक्षा कैसे प्रदान की जा सकती है? संक्षेप में स्पष्ट करें।

अथवा

दूरस्थ शिक्षा प्रदान में टेलीविजन या दूरदर्शन की भूमिका पर संक्षेप में प्रकाश डालिए।

अथवा

संक्षिप्त टिप्पणी अथवा नोट लिखें–टेलीविजन या दूरदर्शन द्वारा दूरस्थ शिक्षा।

उत्तर–दूरस्थ शिक्षा प्रदान करने के लिए टेलीविजन एक बहुत शक्तिशाली माध्यम का काम कर सकता है। टेलीविजन द्वारा शिक्षण के प्रभावों के बारे में बहुत सर्वेक्षण हुए हैं, जिनमें प्रायः यही देखा गया है कि लोगों में टेलीविजन की सहायता से शिक्षा प्राप्त करने की अभी प्रवृत्ति नहीं बनीं। टेलीविजन द्वारा शिक्षण के प्रभावों का एक अध्ययन सर्वेक्षण द्वारा (1979 में Ivery Coast) के ग्रामीण क्षेत्रों में किया गया। इस सर्वेक्षण के अनुसार केवल 2.4 प्रतिशत लोग ही टेलीविजन द्वारा शैक्षिक कार्यक्रम देखते थे तथा समय के साथ-साथ यह संख्या भी घटने लगी। इन्दिरा गांधी राष्ट्रीय मुक्त विश्वविद्यालय ने सप्ताह में तीन दिन अपने कार्यक्रम प्रातः 6-30 से 7-00 बजे तक दूरदर्शन पर पिछले कुछ वर्षों से प्रसारित करने आरम्भ किए हैं। यह कार्यक्रम भी सामान्य जनता तो दूर की बात है, विश्वविद्यालयों के छात्रों में भी उपयुक्त रुचि उत्पन्न नहीं कर सके। लोकप्रियता कम होने के **निम्नलिखित कारण** हो सकते हैं–

1. **जिज्ञासा प्रभाव का कम होना (Decline in curiosity effect)**–लोगों में मौलिक ज्ञान के लिए जिज्ञासा कम होती है। वे तो पकी पकायी तैयार (Readymade cooked material) सामग्री चाहते हैं।
2. **सक्रिय संचारकों की कमी (Decline in number of active participants)**।
3. **निर्धनता (Poverty)**–दूरस्थ शिक्षा निर्धन वर्ग के लोगों के लिए है। परन्तु अधिकतर इस प्रकार की शिक्षा प्राप्त करने वाली जनसंख्या के पास टी० वी० सैट ही नहीं हैं। इसलिए ये कार्यक्रम जनसाधारण की बजाए समाज के उच्च वर्ग के लोग ही देखते हैं।
4. **प्रभावहीन कार्यक्रम (Less effective programmes)**–कुछ एक कार्यक्रमों को छोड़कर बाकी के तैयार किए गए कार्यक्रम प्रायः प्रभावहीन तथा बहुत कम कार्यक्षम होते हैं।
5. **अनुपयुक्त समय (Inappropriate time)**–दूरस्थ शिक्षा के लिए टी०वी० प्रसारण का समय भी प्रायः अनुपयुक्त होता है जैसे (IGNOU) के कार्यक्रम 6-30 से 7-00 बजे होते हैं जब लोग या तो सो रहे होते हैं या नहाने धोने में व्यस्त होते हैं।

भारत में किए गए सर्वेक्षण ने यह सिद्ध कर दिया है कि यहां पर जनसंचार माध्यम (Mass communication channels) अधिक प्रभावशाली सिद्ध नहीं हो सकते। इसके स्थान पर संचार के व्यक्तिगत स्तर पर (Interpersonal channels of communication) जनसाधारण के व्यवहार तथा दृष्टिकोणों में परिवर्तन लाने के लिए अधिक लाभकारी सिद्ध हो सकते हैं। जनसाधारण संचार माध्यमों को तो लोग प्रायः प्रचार का साधन ही मानते हैं। परन्तु इसका अर्थ यह नहीं कि जनसाधारण संचार साधन अर्थहीन है। इनका विकासशील देशों में भी विभिन्न प्रकार की सामाजिक बुराइयों तथा निषेधों का खण्डन करने में प्रयोग किया जाता है तथा और अधिक लाया जा सकता है। इस प्रकार के माध्यमों के प्रयोग के बाद व्यक्तिगत सम्पर्क स्थापित करने चाहिए।

टेलीविजन के प्रयोग की विधि (Method of the use of Television) टेलीविजन के प्रयोग की विधि विभिन्न कार्यक्रमों तथा विभिन्न प्रकार के देखने वालों पर निर्भर करता है। विकासशील देशों में तो टेलीविजन के शैक्षिक कार्यक्रम निरक्षरों के दैनिक जीवन से सम्बन्धित समस्याओं से जुड़े हुए होने चाहिए। यह कार्यक्रम इन लोगों के कठिन स्तर को ध्यान में रखते हुए मंद गति के साथ छोटी-छोटी इकाइयों में बंटे होने चाहिए। यदि कोई कार्यक्रम लोगों को बहुत पसन्द आया तो शेष के लाभ के लिए उनको दोहराने में भी कोई हर्ज नहीं।

◆◆◆

3.7 आधुनिकीकरण : सम्प्रत्यय, लाभ तथा हानि
(Modernization : Concept, Advantages and Disadvantages)

1. आधुनिकीकरण से आप क्या समझते हैं? इसके लाभ-हानियों का वर्णन कीजिए।
(What do you mean by modernization? Describe the advantages and disadvantages of modernisation.)

उत्तर–आधुनिकीकरण एक ऐसी प्रक्रिया है जो प्रत्येक समाज में निरन्तर चलती रहती है। समाज में होने वाले परिवर्तन इसी के परिणाम हैं। जो समाज अपनी पुरानी रूढ़ियों व परम्पराओं से ही चिपके रहना चाहते हैं वे प्रगति की दौड़ में भी पिछड़ जाते हैं। यही कारण है कि आज प्रत्येक व्यक्ति व समाज आधुनिक बनने के लिए तत्पर हैं। आधुनिकीकरण की इस प्रक्रिया ने जीवन के प्रत्येक क्षेत्र को प्रभावित किया है। घर, शिक्षा, कृषि, चिकित्सा तथा उद्योग सभी क्षेत्रों की कार्य प्रणाली पर इसका व्यापक प्रभाव पड़ा है। यही नहीं; धीरे-धीरे हमारी सोच भी आधुनिक हो रही है और हम पुराने विचारों के संकुचित घेरे को तोड़ बाहर आ रहे हैं। अब प्रश्न यह उठता है कि आधुनिकीकरण है क्या?

आधुनिकीकरण का अर्थ (Meaning of Modernization)–आधुनिकीकरण को परिभाषित करना बहुत कठिन है। इस सन्दर्भ में कुछ मुख्य दृष्टिकोण प्रस्तुत हैं–

सामान्य व्यक्ति का दृष्टिकोण (Common Man's Approach)–सामान्य व्यक्ति के लिए इसका अर्थ है अपने लिए सुख-सुविधा के साधन जुटाना और उनका प्रयोग करना। जहाँ तक एक अनपढ़ ग्रामीण व्यक्ति का सम्बन्ध है वह औद्योगीकरण को ही आधुनिकीकरण का पर्याय समझता है। वह समझता है कि उद्योगों के विकास के कारण ही जीवन के स्तर में सुधार हुआ है।

समाजशास्त्री का दृष्टिकोण (Sociologist's approach)–इनके अनुसार यह एक ऐसी प्रक्रिया है जिसके कारण हम विभिन्न समाजों में अन्तर कर सकते हैं।

मनोवैज्ञानिक का दृष्टिकोण (Psychologist's approach)–मनोवैज्ञानिक मानते हैं कि आधुनिकीकरण के लिए आवश्यक है कि समाज के व्यक्तियों में नवीन परिवर्तनों को स्वीकारने की इच्छा

हो और वे पूरे आत्म विश्वास के साथ इसके लिए प्रयत्न करें। इस प्रकार आधुनिकीकरण एक मनोवैज्ञानिक प्रक्रिया है।

अर्थशास्त्री का दृष्टिकोण (Economist's approach)–इनका मत है कि आधुनिकीकरण एक ऐसी प्रक्रिया है जिसके कारण कोई समाज नई तकनीक का प्रयोग करके उपलब्ध साधनों का अधिकतम उपयोग करने का प्रयास करता है, जिससे आर्थिक विकास हो सके।

इतिहासकार का दृष्टिकोण (Historian's approach)–इनके अनुसार यह ऐसी प्रक्रिया है जिसके कारण व्यक्ति नया ज्ञान प्राप्त करता है तथा उसके आधार पर अपने जीवन के तरीकों व सोच को बदलता है।

इसके अतिरिक्त कुछ लोगों की धारणा है कि पाश्चात्यीकरण ही आधुनिकीकरण है। (Westernization is modernization) लेकिन उपर्युक्त सभी अवधारणाएँ एकांगी हैं। कोई एक दृष्टिकोण आधुनिकीकरण की उपयुक्त व्याख्या करने में सक्षम नहीं है। वास्तव में यह एक व्यापक प्रक्रिया है। इसके सम्बन्ध में किसी निष्कर्ष तक पहुँचने से पूर्व इसकी कुछ परिभाषाएँ देखनी आवश्यक हैं।

आधुनिकीकरण की परिभाषाएँ *(Definitions of Modernization)*

(1) ब्लैक बहला (Black Bellah)–'आधुनिक समाज का महत्त्व विज्ञान पर आधारित तकनीकी को अपनाना है। इसी के आधार पर समाज ने अपने उत्पादन में शानदार वृद्धि की है। विज्ञान पर आधारित तकनीकी सामाजिक व सांस्कृतिक जीवन के अन्य मुख्य उपयोग हैं और इनमे मूलभूत सामाजिक व सांस्कृतिक परिवर्तन आते हैं जिन्हें आधुनिकीकरण की संज्ञा दी जाती है।'

("The most distinctive feature of modern society is disadoption of a science based technology. On this baisc societies are increasing their own productivity. Science based technology has other significant utilization of social and cultural life and it involves fundamental social and cultural changes which are broadly described as modernisation''.)

(2) मूरे (Moore)–''आधुनिकीकरण का अर्थ है–एक क्रान्तिकारी परिवर्तन जो एक परम्परागत समाज को उन्नत, आर्थिक रूप से समृद्ध तथा राजनैतिक रूप से अपेक्षाकृत स्थिर समाज के रूप में परिवर्तित करने की ओर ले जाता है।''

"Modernization means a revolutionary change leading to transformation of a traditional society into an advanced, economically prosperous and relatively politically stable society."

(3) दूबे (Doobe)–**''आधुनिकीकरण आवश्यक रूप से एक प्रक्रिया है–एक परम्परागत समाज व्यवस्था से एक विशेष अभीष्ट प्रकार की तकनकी से जुड़ी समाज व्यवस्था की ओर बढ़ना''।**

(Modernization is essentially a process—a movement from traditional order to certain desired type of technology associated form of social structure.)

उपर्युक्त परिभाषाओं के आधार पर कहा जा सकता है कि आधुनिकीकरण की निम्न विशेषताएँ हैं–

1. यह निरन्तर चलने वाली प्रक्रिया है।
2. इसके परिणाम सकारात्मक (Positive) व नकारात्मक (Negative) दोनों प्रकार के हो सकते हैं।
3. इसके द्वारा होने वाले परिवर्तनों का सम्बन्ध कृषि, शिक्षा, चिकित्सा तथा उद्योग आदि किसी भी क्षेत्र से हो सकता है।
4. आधुनिकीकरण का सम्बन्ध केवल कार्य-प्रणाली में होने वाले परिवर्तनों से ही नहीं है वरन् सोच में होने वाले परिवर्तन भी इसमें सम्मिलित हैं।
5. इसका सम्बन्ध समय या काल विशेष के साथ न होकर व्यक्ति के दृष्टिकोण के साथ है।
6. केवल पाश्चात्यीकरण ही आधुनिकीकरण नहीं है।

7. आधुनिकीकरण के लिए व्यक्तियों में परिवर्तन की इच्छा होना आवश्यक है। यह एक प्रजातान्त्रिक प्रक्रिया है।
8. यह एक परम्परागत समाज के तकनीकी से जुड़ी समाज व्यवस्था की ओर ले जाती है।
9. यह प्रक्रिया व्यक्ति को भूत की अपेक्षा वर्तमान से जोड़ती है।
10. इसके लिए व्यक्तियों का दृष्टिकोण क्रियात्मक व यथार्थवादी होना चाहिए।

स्पष्ट है कि आधुनिकीकरण एक ऐसी प्रक्रिया है जो किसी भी समाज में अभीष्ट परिवर्तन लाकर उसे परिवर्तन की ओर अग्रसर कर सकती है।

आधुनिकीकरण के लाभ (Advantages of Modernization)

इस प्रक्रिया से निम्न लाभ हैं–

1. प्राकृतिक संसाधनों का उचित उपयोग (Proper utilization of natural resources)–इस आधुनिकीकरण की प्रक्रिया के कारण देश में उपलब्ध प्राकृतिक संसाधनों का अधिकतम उपयोग संभव हो पाता है, जिससे राष्ट्र का विकास होता है।

2. कृषि में नवीन तकनीकों का प्रयोग (Use of new techniques in Agriculture)–भारत एक कृषि प्रधान देश है। आधुनिकीकरण के कारण अब किसान खेती में नवीनतम तकनीक का उपयोग करने लगे हैं। इससे उत्पादन में वृद्धि हो रही है तथा आर्थिक विकास होता है।

3. चिकित्सा सुविधाओं का विस्तार (Expansion of medical facilities)–आधुनिकीकरण के कारण व्यक्ति की औसत आयु में वृद्धि हुई है। असाध्य समझी जाने वाली बीमारियों का इलाज अपने ही देश में सम्भव हो गया है। आधुनिक चिकित्सकीय सुविधाएं व्यक्ति को मौत के मुंह से निकाल लाने में भी सक्षम हैं।

4. शिक्षा में नवीनतम तकनीकों का प्रयोग (Use of new technology in education)–आधुनिकीकरण ने हमारी शिक्षण विधियों में भी क्रान्तिकारी परिवर्तन किए हैं। एजुसैट द्वारा विभिन्न स्थानों पर विद्यार्थियों को श्रेष्ठ शिक्षकों के शिक्षण से लाभान्वित होने का मौका मिला है। शिक्षण में ओवर हैड प्रोजैक्टर, स्लाइड प्रोजैक्टर, मल्टीमीडिया प्रोजैक्टर तथा दूर-दर्शन आदि का प्रयोग होने लगा है। दूरस्थ शिक्षा (Distance Education) का प्रचलन बढ़ा है। विभिन्न स्तरों की शिक्षा के पाठ्यक्रम में भी परिवर्तन हुए हैं।

5. सामाजिक परिवर्तन एवं सामाजिक विकास (Social changes and social development)–आधुनिकीकरण ने लोगों की सोच एवं काम करने के तरीकों का बदला है। रूढ़िवादी धारणाओं एवं अन्धविश्वासों में कमी आ रही है और सामाजिक विकास हो रहा है।

6. विश्व-परिवार की भावना का विकास (Development of the feeling of world family)–दूरियाँ कम हुई हैं। एक स्थान से दूसरे स्थान पर जाना तथा विश्व के विभिन्न भागों में रहने वाले लोगों से सम्पर्क बनाना आसान हो गया है। इससे पूरे विश्व ने एक परिवार का रूप ले लिया है।

7. जागरूकता का विकास (Development of Awareness)–टेलीविजन जैसे माध्यमों के कारण लोगों में अपने देश व विश्व में घटित होने वाली घटनाओं के बारे में जागरूकता बढ़ी है।

8. औद्योगिक विकास (Industrial development)–नए-नए उद्योग लगाए जा रहे हैं। पुराने उद्योगों में भी नवीनतम तकनीक का प्रयोग किया जाने लगा है। इससे औद्योगिक विकास को बढ़ावा मिला है।

9. गुणवत्ता में सुधार (Improvement in quality)–आधुनिकीकरण के कारण विभिन्न क्षेत्रों में किए जाने वाले कार्यों की गुणवत्ता में सुधार आया है, क्योंकि हम प्रत्येक क्षेत्र में नवीनतम तकनीक का प्रयोग करने लगे हैं।

आधुनिकीकरण की हानियाँ (Disadvantages of Modernization)–जहाँ आधुनिकीकरण के कुछ लाभ हैं वहीं कुछ हानियाँ भी हैं। इसलिए कुछ लोग इसका विरोध भी करते हैं। कुछ मुख्य कमियाँ इस प्रकार हैं।

1. श्रम के प्रति निष्ठा में कमी (Lack in dignity for labour)—मशीनों पर अत्यधिक निर्भर हो जाने के कारण लोग आलसी हो गये हैं। उनमें मेहनत के प्रति आदर की भावना में कमी आई है।

2. मानवीय मूल्यों में गिरावट (Downfall in human values)—कुछ लोग आधुनिकीकरण का अर्थ पाश्चात्य सभ्यता व संस्कृति का अन्धानुकरण मानते हैं। लेकिन पाश्चात्य संस्कृति का बिना सोच समझे अनुकरण करने से हम अपने प्राचीन सांस्कृतिक मूल्यों से कट रहे हैं और भारतीय समाज में मानवीय मूल्यों में गिरावट देखने को मिल रही है।

3. सामाजिक विकास में रुकावट (Discourage social development)—आधुनिकीकरण ने व्यक्ति को आत्मकेन्द्रित बना दिया है। विशेष रूप से दूर-दर्शन के कारण लोग हर समय इसी से चिपके रहना चाहते हैं। लोगों का आपस में मिलना-जुलना कम हुआ है। इस प्रकार इस प्रक्रिया ने सामाजिक विकास को अवरुद्ध किया है।

4. परम्परा व आधुनिकता में संघर्ष की स्थिति (Situation of conflict in tradition and modernity)—इस प्रक्रिया के कारण विशेष रूप से युवा पीढ़ी की सोच को पूरी तरह बदल दिया है। वे जाति, धर्म तथा गोत्र आदि के बन्धनों से मुक्त हो जाना चाहते हैं तो दूसरी ओर पुरानी पीढ़ी अभी भी अपनी पुरानी सोच को नहीं बदल पाई है। इससे समाज के इन दोनों वर्गों में संघर्ष की स्थिति उत्पन्न हो गई है।

5. प्रतिभा-पलायन को बढ़ावा देती है (Encourage brain drain)—आधुनिकीकरण ने यह सम्भव बना दिया है कि व्यक्ति विश्व के किसी भी भाग में चला जाए। यही कारण है कि अपने देश में उपलब्ध विकास सम्बन्धी सुविधाओं की कमी के कारण आज का प्रतिभाशाली युवा विदेश जाकर बस जाना चाहता है। यह प्रतिभा-पलायन राष्ट्रीय विकास के लिए घातक है।

निष्कर्ष—अन्त में यह कहा जा सकता है कि आधुनिकीकरण आज के युग की आवश्यकता है। यह विकास की आवश्यक शर्त है। यद्यपि इसके कुछ दुष्परिणाम सामने आ रहे हैं पर ये केवल इस प्रत्यय को ठीक ढंग से न समझने के कारण हैं। आधुनिकीकरण का अर्थ अपनी प्राचीन गरिमामई संस्कृति को पूर्णतः भुला देना नहीं है। न ही इसका अर्थ है—पश्चिम का अन्धानुकरण। इसका अभिप्राय तो जो जहाँ अच्छा व विकास में सहायक है—उसे ग्रहण करना। इसका सम्बन्ध केवल दृष्टिकोण के साथ है। अतः यदि हम विकास करना चाहते हैं तो हमें चाहिए कि नवीन वैज्ञानिक सोच एवं वैज्ञानिक विधियों का प्रयोग जीवन के प्रत्येक क्षेत्र में करें तथा साथ ही अपनी प्राचीन सांस्कृतिक मूल्यों से भी जुड़े रहें।

◆◆◆

लघु-उत्तरात्मक प्रश्न
(Short Answer Type Questions)

प्रश्न 1. प्राथमिक शिक्षा के सार्वभौमिकरण से आप क्या समझते हैं?

उत्तर— सार्वभौमिकता का अर्थ यह है कि 6 से 14 वर्ष की आयु तक के जितने भी बच्चे हैं उन्हें प्राथमिक शिक्षा अवश्य ही उपलब्ध कराई जाए। भारतीय शिक्षा आयोग ने 1966 में कहा था कि जब हम प्राथमिक शिक्षा के सार्वभौमिकरण की बात करते हैं तो इसमें तीन तथ्यों पर ध्यान देना चाहिए—

1. **व्यवस्था की सार्वभौमिकता (Universal Provision)**—इसका अभिप्राय यह है कि प्राथमिक शिक्षा की व्यवस्था सबके लिए होनी चाहिए। दूसरे शब्दों में विद्यालय की घर से दूरी केवल इतनी हो कि बच्चा सुगमता से वहां पैदल चलकर जा सके। हर छोटे गांव में प्राथमिक विद्यालय अवश्य हो और विद्यालय किसी भी बच्चे के घर से एक कि.मी. से दूर न हो।
2. **नामांकन की सार्वभौमिकता (Universalisation of Enrolment)**—इसका अर्थ यह है कि 6 से 14 वर्ष की आयु के जितने भी बच्चे हैं उनका पता लगाया जाए और उनका

नाम प्राथमिक विद्यालय में पंजीकरण कराया जाए और उन कारणों का पता लगाया जाए, जिनके कारण माता-पिता अपने बच्चों को विद्यालय में दाखिल नहीं कराते और उन्हें दूर करने का प्रयास किया जाए।

3. **स्थिरता की सार्वभौमिकता (Universalisation of Retention)**–प्राथमिक विद्यालय खोलने और उनमें सभी बच्चों का नामांकन करने के बाद एक और जटिल समस्या सामने आती है और वह यह है कि विद्यालय में नामांकित इन बच्चों को प्राथमिक शिक्षा पूरी होने तक विद्यालय में ही रोके रखना क्योंकि सामान्यतः यह देखने में आता है कि बच्चे प्राथमिक विद्यालय में प्रवेश तो ले लेते हैं परन्तु उसे पूरा करने से पहले ही विद्यालय छोड़ देते हैं। इस प्रकार स्थिरता की सार्वभौमिकता का अर्थ है कि बच्चा तब तक विद्यालय में टिका रहे जब तक उसकी प्राथमिक शिक्षा पूरी न हो जाए।

प्रश्न 2. मध्याह्न भोजन स्कीम से आप क्या समझते हैं?

उत्तर– **मध्याह्न भोजन स्कीम (Mid–Day–Meal Scheme)**—मध्याह्न भोजन के नाम से प्रसिद्ध प्राथमिक शिक्षा प्राप्त करने वाले छात्रों को पोषण सम्बन्धी सहायता प्रदान करने से सम्बन्धित मध्याह्न भोजन स्कीम (Mid-Day Meal Scheme) के राष्ट्रीय कार्यक्रम की शुरुआत सन् 1995 में की गई थी। इस स्कीम का मुख्य उद्देश्य प्राथमिक कक्षाओं के छात्रों की पोषण सम्बन्धी स्थिति तथा साथ ही साथ उनके नामांकन, प्रतिधारण तथा उपस्थिति में बढ़ोत्तरी करके प्राथमिक शिक्षा के सार्वभौमीकरण (Universalization of Primary Education) को बढ़ावा देना है। भारत देश में प्रारम्भिक स्कूलों में मध्याह्न भोजन स्कीम (MDM) को प्रारंभ करने का श्रेय तमिलनाडु राज्य को जाता है।

मध्याह्न भोजन स्कीम का मूल्यांकन अलग-अलग समय अलग-अलग एजेंसियों के माध्यम से करवाया गया। जुलाई, 1999 में 'ऑपरेशन रिसर्च समूह' ने यूनिसेफ की सहायता से 10 अलग-अलग राज्यों में इस मध्याह्न आहार योजना का मूल्यांकन किया तथा उसने इस मूल्यांकन के आधार पर यह पाया कि इस स्कीम ने अनुसूचित जाति तथा अनुसूचित जनजाति से सम्बन्धित बच्चों तथा साथ ही निम्न आय-वर्ग समूहों के बच्चों को विद्यालय में आने हेतु महत्त्वपूर्ण भूमिका निभाई है। इसके अतिरिक्त योजना आयोग ने भी अप्रैल 2000 में इस योजना के प्रभाव को जानने से सम्बन्धित दो अध्ययन किए तथा इस अध्ययन के आधार पर यह पाया कि पका हुआ भोजन कार्यक्रम केवल स्वास्थ्य की दृष्टि से ही उपयोगी नहीं होता, अपितु इसलिये भी उपयोगी या बेहतर होता है क्योंकि यह अपेक्षाकृत अधिक से अधिक बच्चों को विद्यालय जाने हेतु लालायित करता है। इसके साथ-साथ एन.सी.ई.आर.टी. ने भी इस बात को स्वीकार किया है कि प्राथमिक शिक्षा के सार्वभौमीकरण में मध्याह्न भोजन योजना ने महत्त्वपूर्ण भूमिका निभाई है।

प्रश्न 3. मध्याह्न भोजन स्कीम की कमियों का वर्णन कीजिए।

उत्तर– हालाँकि इस योजना के द्वारा प्राथमिक कक्षाओं के छात्रों के नामांकन तथा प्रतिधारण (Retention) में काफी बढ़ोत्तरी हुई है। फिर भी यह योजना अपने राष्ट्र-व्यापी उद्देश्य को प्राप्त करने में सफल नहीं हो पाई। इस स्कीम या कार्यक्रम से सम्बन्धित मुख्य कमियाँ निम्न प्रकार से हैं—

1. खाद्यान्न का समय पर वितरण करने हेतु राज्यों के समर्थ न होने के कारण इसका नकारात्मक प्रभाव मुख्य रूप से दूर-दूर तक फैले विद्यालयों पर पड़ता है।
2. इसके अतिरिक्त मध्यान्ह आहार स्कीम के प्रति लोगों में जागरूकता के अभाव के कारण इस योजना के सुचारु रूप से चलाने में सामुदायिक भागीदारी का पर्याप्त अभाव या कमी है।
3. मध्यान्ह आहार स्कीम के अंतर्गत पका हुआ भोजन प्रदान न करना।
4. किसी भी राज्य के द्वारा नामांकन से सम्बन्धित जो आंकड़े प्रत्येक वर्ष केन्द्र सरकार को

प्रदान करने होते हैं और जिसके आधार पर किसी भी राज्य को दस महीनों के लिए खाद्यान्न निर्धारित किए जाते हैं। वह आंकड़े पर्याप्त मात्रा में उपलब्ध नहीं होते जिसके कारण अनेक प्रकार की समस्याओं का सामना करना पड़ता है।

5. इस योजना या स्कीम से सम्बन्धित एक कमी यह भी रही है कि इस योजना की मोनीटरिंग और पर्यवेक्षण (Monitoring and Supervision) भी न के बराबर रहा जिसके फलस्वरूप इस स्कीम के माध्यम से लाभ पाने वाले विद्यालयों तथा इस स्कीम या योजना के बारे में गलत रिपोर्ट पेश की गई।

प्रश्न 4. **सर्वशिक्षा अभियान क्या है? इसके लक्ष्य तथा कार्यनीतियों का वर्णन कीजिए।**

उत्तर– सर्वशिक्षा अभियान एक ऐसा ऐतिहासिक प्रयास है जिसका उद्देश्य राज्यों की भागेदारी से समयबद्ध समेकित प्रयास द्वारा प्राथमिक शिक्षा को जन-जन तक पहुंचाने के संवैधानिक लक्ष्य को प्राप्त करना है। यह एक ऐसा अभियान है जिससे देश के प्राथमिक शिक्षा के क्षेत्र में बदलाव लाने की अपेक्षा की गई है। इसका उद्देश्य 2010 तक 6-14 आयुवर्ग के सभी बच्चों को गुणात्मक प्रारम्भिक शिक्षा प्रदान करना है। संक्षेप में सर्वशिक्षा अभियान–

एक निश्चित समयबद्ध कार्यक्रम है जो सार्वभौमिक प्राथमिक शिक्षा से सम्बन्ध रखता है। यह देश भर में गुणात्मक प्राथमिक शिक्षा की मांग को पूरा करने का एक प्रयास है। यह बेसिक शिक्षा के माध्यम से समानता व सामाजिक न्याय के लक्ष्य को प्राप्त करने का एक प्रयास है। यह देश भर में सार्वभौमिक प्राथमिक शिक्षा देने की राजनैतिक इच्छा की अभिव्यक्ति है। यह केन्द्र, राज्य एवं स्थानीय सरकारों के बीच भागेदारी है। यह राज्यों के लिए एक अवसर है कि वे प्राथमिक शिक्षा के विषय में अपनी परिकल्पना कर सकें।

सर्वशिक्षा अभियान के लक्ष्य (Objectives of Sarva Shiksha Abhiyan)–इस अभियान के निम्नलिखित उद्देश्य बताए गए हैं :

1. वर्ष 2003 तक सभी बच्चों के लिए स्कूल शिक्षा गारण्टी केन्द्र, वैकल्पिक स्कूल तथा 'बैक टू स्कूल' शिविर की उपलब्धता।
2. वर्ष 2007 तक सभी बच्चे पांच वर्ष की प्राथमिक शिक्षा पूरी कर लें।
3. वर्ष 2010 तक सभी बच्चे आठ वर्ष की स्कूली शिक्षा पूरी कर लें।
4. वर्ष 2010 तक सभी बच्चों को विद्यालयों में बनाए रखना।
5. सामाजिक न्याय व समानता के संवैधानिक लक्ष्य को प्राप्त करना।
6. जीवनोपयोगी एवं गुणात्मक प्राथमिक शिक्षा उपलब्ध कराना।

प्रश्न 5. सर्वशिक्षा अभियान के घटकों का वर्णन कीजिए।

उत्तर– इस अभियान में अध्यापकों की नियुक्ति, उनका प्रशिक्षण, प्राथमिक शिक्षा की गुणात्मकता में सुधार, शिक्षण अधिगम सामग्री की व्यवस्था, शैक्षिक सहायता के लिए खण्डीय एवं सामूहिक संसाध ान केन्द्रों की स्थापना, कमरों व विद्यालय-भवन का निर्माण, शिक्षा गारण्टी केन्द्रों की स्थापना, विकलांगों की शिक्षा तथा दूरस्थ शिक्षा आदि घटक शामिल हैं।

प्रारम्भिक शिक्षा को सर्व सुलभ बनाने के लिए वित्तीय संसाधनों की आवश्यकता : अनुमान के अनुसार अगले दस वर्ष के लिए केन्द्र व राज्य स्तर के विभागों के बजट से लगभग 60 हजार करोड़ रुपए के अतिरिक्त संसाधनों की आवश्यकता है। सर्वशिक्षा अभियान प्रारम्भिक शिक्षा को सर्वसुलभ बनाने के उद्देश्य को प्राप्त करने के लिए बजट का प्रावधान करने वाला कार्यक्रम है। इस कार्यक्रम के लिए निम्नलिखित वित्तीय प्रतिमानक निर्धारित किए गए हैं :

1. इस अभियान के लिए केन्द्र व राज्यों के बीच वित्तीय भागेदारी नवीं योजना अवधि के दौरान 85 : 15, दसवीं योजना अवधि में 75 : 25 व उसके बाद 50 : 50 की होगी।
2. इस अभियान के अन्तर्गत नियुक्त किए गए अध्यापक के वेतन में केन्द्र व राज्य सरकार

की भागेदारी नवीं योजना के दौरान 85 : 15, दसवीं योजना के दौरान 75 : 25 तथा उसके बाद 50 : 50 के अनुपात में होगी।

3. विभाग की वर्तमान योजनाएं नवीं योजना के बाद मिला दी जाएंगी। प्राथमिक शिक्षा की राष्ट्रीय पोषाहार सहायता कार्यक्रम योजना एक विशिष्ट योजना के रूप में कायम रहेगी जिसमें खाद्यान्न एवं यातायात की लागत केन्द्र सरकार द्वारा वहन की जाएगी तथा भोजन पकाने की लागत राज्य सरकारों द्वारा वहन की जाएगी।

4. विद्यालयों के स्तर में सुधार, उनके रख-रखाव, अध्ययन-अध्यापन सामग्री तथा स्थानीय प्रबन्धन के लिए प्रयोग की जाने वाली सभी निधियां बी.ई.सी./स्कूल प्रबन्धन समिति को हस्तान्तरित कर दी जाएगी।

5. छात्रवृत्ति, वर्दी जैसी अन्य प्रोत्साहन योजनाओं के लिए राज्य योजना के अन्तर्गत निधियां जारी की जाती रहेंगी।

प्रश्न 6. वैश्वीकरण का क्या महत्त्व है?

उत्तर– वैश्वीकरण की आवश्यकता व महत्त्व (Need and importance of globalization) –वैश्वीकरण की आवश्यकता व महत्त्व इस प्रकार है।

(1) **अन्तर्राष्ट्रीय सद्भावना के विकास के लिए (To develop international understanding)**–अन्तर्राष्ट्रीयता के इस युग में व्यक्तियों में अन्तर्राष्ट्रीय सद्भावना का विकास आवश्यक है। उसे विश्व के नागरिक के रूप में तैयार करना है जिससे वह उसके प्रति अपने कर्त्तव्यों को समझ सके। वैश्वीकरण ऐसा करने में मदद करता है।

(2) **आर्थिक विकास (Economic development)**–वैश्वीकरण मुख्य रूप से आर्थिक सुधार के कार्यक्रमों से सम्बन्ध रखता है। आज प्रत्येक राष्ट्र विकास करना चाहता है और यह आर्थिक विकास बिना सम्भव नहीं है। इस लक्ष्य को प्राप्त करने के लिए वैश्वीकरण आवश्यक है।

(3) **राष्ट्रों की पारस्परिक निर्भरता (Interdependence of nations)**–सूचना व तकनीकी का तेजी से विकास हो रहा है। कोई भी राष्ट्र अकेला रहकर न तो अपनी समस्याओं का समाधान कर सकता है और न ही राष्ट्रीय लक्ष्य प्राप्त करने में सफल हो सकता है। अतः राष्ट्रों की परस्पर बढ़ती निर्भरता के कारण वैश्वीकरण आवश्यक है।

(4) **अन्तर्राष्ट्रीय समस्याओं का समाधान करना (To solve international problems)** –कुछ ऐसी समस्याएँ हैं जो विश्व मानवता के साथ सम्बन्ध रखती है जैसे पर्यावरण प्रदूषण अशिक्षा तथा गरीबी आदि। इन सब के समाधान के लिए अन्तर्राष्ट्रीय स्तर पर प्रयास करना आवश्यक है। वैश्वीकरण की प्रक्रिया इसमें सहायक है।

(5) **अन्तर्राष्ट्रीय व्यापार को बढ़ावा देना (To encourage international Trade)** –विकासशील व अल्पविकसित राष्ट्रों के विकास के लिए यह आवश्यक है कि अन्तर्राष्ट्रीय स्तर पर आयात-निर्यात की प्रक्रिया को बढ़ावा दिया जाए। वैश्वीकरण की प्रक्रिया इस दिशा में हमारी मदद करती है।

प्रश्न 7. निजीकरण का क्या अर्थ है?

उत्तर– निजीकरण का अर्थ (Meaning of Privatisation)–उद्योगों के निजीकरण का अभिप्राय सार्वजनिक क्षेत्र के द्वार को निजी क्षेत्र के लिये खोल देने से है। इससे निजी क्षेत्र की भूमिका तथा महत्त्व में वृद्धि होती है और उसे आर्थिक विकास में महत्त्वपूर्ण भूमिका प्रदान की जाती है। सार्वजनिक उद्योगों को निजी क्षेत्र को हस्तांतरित करना ही निजीकरण कहलाता है। निजीकरण को पूर्ण तथा आंशिक रूप से अपनाया जा सकता है। अतएव निजीकरण शब्द का प्रयोग दो अर्थों में किया जा सकता है–

1. **निजीकरण का संकुचित अर्थ (Narrow Meaning of Privatisation)**–संकुचित अर्थ में निजीकरण से अभिप्राय है–सार्वजनिक उद्यमों का निजी स्वामित्व। (In a narrow sense–privatisation implies the private ownership of public enterprises).
2. **निजीकरण का विस्तृत अर्थ (Broader Meaning of Privatisation)**–विस्तृत अर्थ में निजीकरण का अर्थ है सार्वजनिक क्षेत्र के स्वामित्व का निजी क्षेत्र को हस्तांतरित करना या स्वामित्व के हस्तांतरण के बिना सार्वजनिक क्षेत्र का निजी व्यक्तियों द्वारा प्रबन्ध तथा नियन्त्रण किया जाना।
   (i) **बारबरा ली तथा जॉन नील्स** के अनुसार–**"निजीकरण वह सामान्य प्रक्रिया है जिसके द्वारा निजी क्षेत्र किसी सरकारी उद्यम का मालिक बन जाता है या उसका प्रबन्ध करता है।"** (Privatisation is the general process of involving the private sector in the ownership or operation of a state owned enterprise.–**Barbara Lee and John Nellies)**
   (ii) **जे. एन. गुडरीच** के अनुसार–**"निजीकरण से अभिप्राय उस प्रक्रिया से है जिसके फलस्वरूप सरकार के प्रत्यक्ष या अप्रत्यक्ष स्वामित्व या नियन्त्रण वाले कार्य, क्रियाएं, परिसम्पत्तियाँ या संगठन, पूर्णतया अथवा आंशिक रूप से किसी गैर सरकारी संगठन को हस्तांतरित हो जाते हैं।"** (Privatisation refers to any process that results in the transfer of functions, activities, assets or organisation in whole or in part which is owned or controlled either directly or indirectly by the Government to a non-government body.–**J. N. Goodrich).**

प्रश्न 8. निजीकरण के क्या उद्देश्य हैं?

उत्तर– **निजीकरण के उद्देश्य (Objectives of Privatisation)**–निजीकरण का मुख्य उद्देश्य उद्योगों में कार्यक्षमता और प्रतिस्पर्धा को बढ़ाना, लाभ में बढ़ोत्तरी करना, उद्योगों की कार्यक्षमता में सुधार करना तथा उत्पादकता में वृद्धि लाना है। **प्रो. दांडेकर** के अनुसार–**"निजीकरण का मुख्य उद्देश्य प्रबन्ध की गुणवत्ता, उद्यम के कार्यकरण में सुधार करके सभी क्षेत्रों के उत्पादन में व्यावसायिक भावना को प्रोत्साहित करना तथा देश की अर्थव्यवस्था का विश्व-अर्थव्यवस्था से समन्वय करके उसे विकास की ऊँची दर पर पहुंचाना है।"**

इसके मुख्य उद्देश्य निम्नलिखित हैं–

(i) राष्ट्र का तीव्र गति से आर्थिक विकास करना।
(ii) सार्वजनिक उपक्रमों पर सरकारी खर्च को कम करके राजकोषीय घाटे को कम करना।
(iii) औद्योगिक प्रबन्ध को शक्तिशाली बनाना।
(iv) सार्वजनिक उद्यमों की प्रतिस्पर्धात्मक शक्ति में वृद्धि करना।
(v) राष्ट्रीय साधनों का अधिकाधिक उपयोग करना।
(vi) औद्योगिक विकास की दर को बढ़ाना।
(vii) निवेश पर पर्याप्त लाभ प्राप्त करना।
(viii) उद्यमों की उत्पादकता में वृद्धि करना।
(ix) विदेशी पूंजी का अधिकाधिक कुशल प्रयोग करना तथा अधिक विदेशी पूंजी को आकर्षित करना।

(x) उच्च तकनीक का प्रयोग सम्भव बनाकर गुणवत्ता में सुधार लाना।

(xi) विस्तृत स्वामित्व एवं उत्तरदायित्व निश्चित करना तथा निजी क्षेत्र के उद्यमियों की भागेदारी बढ़ाना।

(xii) सरकार के आर्थिक भार में कमी लाना तथा घाटे वाले सार्वजनिक उपक्रमों में लगे संसाधनों को निकालना।

(xiii) प्रतियोगिता को बढ़ाना।

प्रश्न 9. सामान्य विद्यालय प्रणाली से आप क्या समझते हैं?

उत्तर– सामान्य स्कूल का अभिप्राय समावेशी स्कूल से है जहां समावेशी शिक्षा प्रदान की जाती है। समावेशी शिक्षा वह है जिसमें सामान्य विद्यालय में बाधित व सामान्य बालकों को एक साथ शिक्षा प्रदान की जाती है। समावेशी शिक्षा का आधुनिक युग में विशेष महत्त्व है।

शिक्षा-शास्त्रियों व मनोवैज्ञानिकों में इस बात को लेकर काफी मतभेद रहे हैं कि बालकों को विशिष्ट शिक्षा विशिष्ट विद्यालयों में दी जाए या फिर इनको भी सामान्य विद्यालयों में ही पढ़ाया जाए। अतः यह निर्णय लिया गया कि जहाँ तक सम्भव हो इस प्रकार के बालकों को सामान्य विद्यालयों में ही पढ़ाया जाए ताकि उनमें हीन भावना न आए और मुख्य धारा से अलग न हों।

विद्यालयों में विभिन्न प्रकार के बच्चे पढ़ने के लिए आते हैं। जो बच्चे शारीरिक रूप से विकलांग होते हैं, वे एकदम से पहचाने जाते हैं लेकिन जो बालक मानसिक रूप से बाधित होते हैं उनकी पहचान करना काफी मुश्किल कार्य है। जो बालक शारीरिक या मानसिक रूप से अपंग होते हैं वे सामान्य बच्चों की अपेक्षा कुछ कम सीख पाते हैं। विशिष्ट शिक्षा का मुख्य उद्देश्य इस प्रकार के बच्चों में छिपी हुई योग्यता को उभारना है ताकि उसकी योग्यता का प्रयोग देश के हित में किया जा सके। आज समय की यह आवश्यकता है कि केवल प्रतिभावान बालकों की तरफ ही ध्यान न दिया जाए, बल्कि जो बालक सामान्य से कम हैं उनकी तरफ भी उचित ध्यान दिया जाए ताकि वे भी देश की मुख्य धारा में आकर अपनी योग्यताओं का देश की उन्नति में योगदान कर सकें। इस बात की आवश्यकता है कि 3 Rs (Reading, Writing and Mathematics) के साथ विशिष्ट बालक किसी भी क्षेत्र में दूसरे सामान्य बालकों से पीछे न रहें। असमर्थ बालकों के लिए 'विशेष विद्यालयों' की स्थापना की शुरुआत 18वीं शताब्दी के मध्य में हुई थी, लेकिन जब से मनोविज्ञान ने शिक्षा के क्षेत्र में प्रवेश किया है तो यह महसूस किया गया कि हमें इन विशिष्ट बालकों को अलग नहीं करना चाहिए, क्योंकि यह मनोवैज्ञानिक, सामाजिक, आर्थिक व शिक्षा की दृष्टि से उचित नहीं है। **क्रुक शंक (Cruik Shank)** के अनुसार, **"विशिष्ट बालकों की शिक्षा सम्पूर्ण शिक्षा का हिस्सा है।"** उनके अनुसार जहाँ तक मुमकिन हो विशेष कक्षाओं को हतोत्साहित करना चाहिए। विशेष कक्षाएं तभी लगानी चाहिए जब कोई दूसरा रास्ता न हो।

प्रश्न 10. व्यवसायीकरण का क्या अर्थ है?

उत्तर– **व्यवसायीकरण का अर्थ (Meaning of Vocationalisation)**–व्यवसायीकरण का सामान्य शब्दों में अर्थ होता है–किसी व्यवसाय में प्रशिक्षण। अर्थात् विद्यार्थी को कोई एक व्यवसाय सिखाना ताकि वह अपना जीवन-यापन सुगमता से कर सके। विस्तार से यदि व्यवसायीकरण को देखें-समझें तो इसका अर्थ होता है–शिक्षा के साथ-साथ उन कोर्सों की भी व्यवस्था की जाए जो छात्रों को शिक्षा के साथ-साथ किसी व्यवसाय में भी कुशल व्यक्ति बनाए। कोठारी कमीशन ने व्यवसायीकरण के व्यापक स्वरूप को लेकर जो विचार प्रस्तुत किए हैं उनके अनुसार व्यवसायीकरण का अर्थ है, **"हम यह देखते हैं कि भविष्य की विद्यालयी शिक्षा का स्थान साधारण शिक्षा व तकनीक शिक्षा के लाभप्रद संयोग में है, जिसमें पूर्व तकनीकी शिक्षा और व्यावसायिक शिक्षा के कुछ हिस्से शामिल हैं और परिणामस्वरूप सामान्य शिक्षा का तत्त्व आ जाता है। हम जिस प्रकार के समाज में रह रहे हैं, उसमें इन दोनों प्रकार की शिक्षा को अलग-अलग करना अनुचित ही नहीं वरन् असम्भव होगा।"**

("We visualise the future vogue of school education to be towards a useful mingling of general and vocational education, general education containing some elements of pre-vocational and technical education and vocational education in this in its turn, having an element of general education. In the type of social set up we will be living increasingly in the coming years a complete separation between the two will not be only undesirable but also impossible.")

शिक्षा में व्यवसायीकरण का अर्थ उस शिक्षा से है जो विद्यार्थी को किसी व्यवसाय में निपुण व समर्थ बनाती है। परन्तु माध्यमिक स्तर पर व्यवसायीकरण का अर्थ भिन्न-भिन्न लोगों ने भिन्न-भिन्न प्रकार से लिया है। कुछ लोग इसे किसी व्यवसाय विशेष में प्रशिक्षण देने से लेते हैं। इस दृष्टिकोण का उद्देश्य किसी विशेष पाठ्यक्रम के सुखान्त पर कोई काम शुरू करने के लिए किसी व्यापार कला, कौशल या किसी व्यवसाय आदि का सीखना है। परन्तु दूसरे समूह के लोग माध्यमिक शिक्षा में व्यवसायीकरण का अर्थ व्यावसायिक प्रशिक्षण से समझते हैं। परन्तु यह दृष्टिकोण अति संकीर्ण तथा संकुचित है। माध्यमिक शिक्षा आयोग ने ऐसा महसूस किया कि ऐसे विद्यालयों में शिक्षण कार्यक्रम एक निश्चित व्यावसायिक कार्यक्रम से जुड़े होंगे, क्योंकि ये विद्यालय मात्र व्यावसायिक विद्यालय मात्र नहीं हैं। भारतीय शिक्षा आयोग ने यह महसूस किया कि विद्यालय स्तर पर भविष्य में साधारण शिक्षा एवं व्यावसायिक शिक्षा में पूर्व व्यावसायिक तथा तकनीकी तत्त्व शामिल होंगे और व्यावसायिक शिक्षा साधारण शिक्षा का तत्त्व बनाए रखेगी। इन दोनों प्रकार की शिक्षाओं को पूर्ण रूप से अलग नहीं किया जा सकता है, क्योंकि पूर्ण अलगाव का सोचना भी अवांछनीय तथा असंभव है।

प्रश्न 11. दूरस्थ-शिक्षा का क्या अर्थ है? उचित परिभाषाओं के आधार पर संक्षेप में स्पष्ट करें।

उत्तर– **दूरस्थ (दूरगामी) शिक्षा का अर्थ (Meaning of Distance Education)** है कि देश के दूर भागों में रहने वाले सभी विद्यार्थियों को शिक्षा सम्बन्धी सुविधाएं उपलब्ध कराई जाएँ। दूरस्थ शिक्षा (Distance Education) की व्यवस्था का कार्यक्षेत्र व्यापक है। सभी विकसित (Developed) तथा विकासशील (Developing), देशों में इसका प्रचार प्रचुरता से बढ़ रहा है। इसका कारण शिक्षा के अर्जन में समय एवं पैसे की बचत अर्थात् लोगों का विश्वविद्यालय या विद्यालय में इतनी फीसें या लम्बा समय बिताने में कमी लाना रहा है। दूसरी ओर सरकार की नीति है प्रत्येक व्यक्ति को साक्षर (शिक्षित) करने की प्रवृत्ति। कुछ शिक्षाशास्त्रियों ने इसकी परिभाषा देने का प्रयत्न किया ताकि यह (दूरस्थ) शिक्षा प्रणाली परम्परागत (Traditional) शिक्षा प्रणाली से विभिन्न लगे। उच्च शिक्षा में इस प्रणाली की लोकप्रियता बढ़ने का कारण है इसका आधुनिक परिवेश से अधिक-से-अधिक प्रयोग का होना।

पीटर्स (Peters)के अनुसार, दूरस्थ शिक्षा एक ऐसी शिक्षा-प्रणाली है जिसकी सहायता से व्यक्ति में ज्ञान, कौशल और व्यवहार में परिवर्तन लाने का प्रयास किया जाता है। इस शिक्षण प्रणाली में उच्चकोटि की शिक्षण सामग्री तकनीकी संचार साधनों द्वारा पहुँचाई जाती है।'

मूरे (Moore) के शब्दों में 'दूरस्थ शिक्षा वह शिक्षण विधियों का परिवार है जिसमें सीखने की कला के साथ शिक्षण कला का भी महत्त्व दिया जाता है। इसमें अध्यापक और विद्यार्थी के बीच विचारों का आदान-प्रदान पत्राचार, रेडियो, दूर-संचार और अन्य कई यन्त्रों के माध्यमों से किया जाता है।'

डोहमेन (Dohmen) के अनुसार 'दूरस्थ शिक्षा, स्व-अध्ययन (Self-study) की वह सुनियोजित शिक्षा प्रणाली है जिसमें विद्यार्थी को परामर्श, सीखने की सामग्री, निरीक्षण आदि का उत्तरदायित्व अध्यापकों के एक समूह पर होता है। इस उत्तरदायित्व को निभाने का प्रयास दूर से संचार माध्यम की सहायता से किया जाता है।'

इस परिभाषा में डोहमेन ने दूरस्थ शिक्षा के लिए—स्वअध्ययन और संचार माध्यम को महत्त्वपूर्ण माना है।

प्रश्न 12. दूरस्थ शिक्षा के विभिन्न नाम कौन-कौन से हैं? संक्षेप में बतायें।

अथवा

दूरस्थ शिक्षा को और किन-किन नामों से जाना जाता है? संक्षेप में व्यक्त करें।

उत्तर– दूरस्थ शिक्षा (Distance education) को विभिन्न देशों में अलग-अलग नामों से अभिहित किया जाता है। आस्ट्रेलिया में इसके लिए 'ऑफ कैम्पस' (off campus) शब्द प्रयोग हुआ है जिसका अर्थ है विद्यार्थियों की पढ़ाई का प्रबन्ध न करके केवल परीक्षा (Examinations) लेना। जहाँ न्यूजीलैंड में 'एक्सट्राम्यूरल (Estramural), फ्रांस में एक्साइनमेन्ट (Exsignement), जर्मनी में 'फरेन्सटोडिम' (Frenstodium), नामों से पुकारा जाता है, वहाँ स्पेनिश भाषा बोलने वाले यूरोप के अन्य देशों में 'एजूकेशन-अ-डिस्टेंसिया' (Education-a-Distancia) नाम से पुकारा जाता है।

भारत में इसी को कभी दूरस्थ या दूरगामी (Distance Education) एवं पत्राचार शिक्षा (Correspondence Education), नाम से संज्ञा दी है। किन्तु कुछ शिक्षा शास्त्री इन दोनों में भिन्नता इस आधार पर मानते हैं कि पत्राचार शिक्षा प्रणाली (Correspondence) में शिक्षण विद्यार्थियों को पढ़ने की सामग्री छपी हुई भेजते हैं एवं उनके द्वारा उत्तर दी गई (Response Sheets) सामग्री की जाँच भी करते हैं। दूसरी ओर दूरस्थ शिक्षा अधिगम (Distance Education Learning) में सभी प्रकार के साधन (Aids) का प्रयोग भी होता है। इसी प्रकार विद्यार्थी स्वयं पढ़कर (Private study) द्वारा भी परिषाएँ देता रहा है।

प्रश्न 13. विशेषताओं की भिन्नता के कारण भारत में दूरस्थ-शिक्षा को किन-किन शब्दों से पुकारा जा रहा है? संक्षेप में स्पष्ट करें।

उत्तर– विशेषताओं की भिन्नता के कारण भारत में दूरस्थ-शिक्षा को निम्न तीन प्रकार के शब्दों से अभिहित कर रहे हैं–

1. स्वयं पढ़कर (Private study)
2. पत्राचार शिक्षा (Correspondence Education)
3. दूरस्थ या दूरगामी शिक्षा (Distance Education)

1. **स्वयं पढ़कर (Private study)** में विद्यार्थी अपने पढ़ने का प्रबन्ध स्वयं करते हैं और विश्वविद्यालयों पर कोई प्रबन्ध नहीं होता। विद्यार्थी विभिन्न शिक्षा संस्थाओं (Coaching Centre) पर निर्भर रहते हैं। विश्वविद्यालय केवल परीक्षाएँ आयोजित करता है।
2. **पत्राचार शिक्षा (Correspondence Education)** इसमें विद्यार्थी नियमित रूप से पाठ्यक्रम (Curriculum) के अनुसार पाठ्य-सामग्री (Study material) प्राप्त करते हैं, जो कि अनुभवी प्राध्यापकों द्वारा लिखित होता है। कभी अध्यापक और विद्यार्थी (Contact Programme) द्वारा आपस में इकट्ठे होकर भाषण (Lectures) एवं चर्चाएँ (Discussion) करते हैं।
3. **दूरस्थ या दूरगामी शिक्षा (Distance Education)** का कार्यक्रम हमारे देश में अभी नया प्रयोग है। कुछ मुक्त विश्वविद्यालय (Open University) भी खोले गए हैं, जैसे–आंध्र-प्रदेश एवं नई दिल्ली में इन्दिरा गाँधी राष्ट्रीय मुक्त विश्वविद्यालय (Indira Gandhi National Open University) जिनके परिणाम अच्छे रहे हैं। भारत में दूरस्थ शिक्षा (Distance Education) को ही पत्राचार शिक्षा का पर्यायवाची मानते हैं।

प्रश्न 14. दूरस्थ-शिक्षा की विशेषतायें कौन-कौन सी हैं? संक्षेप में व्यक्त करें।

अथवा

दूरस्थ-शिक्षा की मुख्य विशेषताओं को संक्षेप में स्पष्ट कीजिए।

उत्तर– डेसमण्ड कीगन (Desmond Keegan) ने दूरस्थ शिक्षा की विभिन्न परिभाषाओं का विश्लेषण करके इसकी निम्नलिखित विशेषताएँ दी हैं–

1. दूरस्थ शिक्षा की प्रक्रिया में अध्यापक और विद्यार्थी लगभग एक दूसरे से दूर रहते हैं। इस तरह यह परम्परागत (Traditional) प्रत्यक्ष शिक्षा प्रणाली से भिन्न है।
2. दूरस्थ शिक्षा में अनेक शिक्षण साधनों–श्रव्य एवं दृश्य जैसे रेडियो, दूरदर्शन, प्रोजेक्टर, समाचार पत्र आदि की सहायता से शिक्षक और विद्यार्थी में परस्पर सम्पर्क स्थापित किया जाता है। नई-नई तकनीक का विशेष उपयोग होता है, जैसे कम्प्यूटर (Computer) आदि।
3. यह स्वयं शिक्षा-व्यवस्था (Private self study) से भिन्न है, क्योंकि इसमें विद्यार्थी को सहायता देने के लिए सीखने की व्यवस्था की पूरी योजना को संगठित किया गया है।
4. इस शिक्षण प्रक्रिया में समूह की बजाय व्यक्ति की शिक्षा को अधिक महत्त्व दिया जाता है और समय-समय पर अध्यापक तथा विद्यार्थी को सम्पर्क कार्यक्रम (Contact Programme) के माध्यम से विचार-विमर्श, टिप्पणी एवं निर्देश करने का अवसर प्रदान किया जाता है। इससे विद्यार्थी को बहुत लाभ होता है।
5. दूरस्थ शिक्षा में औद्योगिक संगठन की भाँति एक बड़े संगठनात्मक प्रयास की आवश्यकता होती है ताकि शिक्षक और विद्यार्थी में तालमेल स्थापित किया जा सके।

संक्षेप में अध्यापक और विद्यार्थी में एक-दूसरे से दूर रहने के कारण आत्मविश्वास, आत्मनिर्भरता एव जागरूकता की प्रवृत्ति पैदा होती है। दूसरी ओर औद्योगिक जागृति से आशय है शिक्षा सम्बन्धी सामग्री का उत्पादन, प्रकाशन एवं वितरण विश्वविद्यालय द्वारा हो। इस प्रकार विश्व में पाठ्य-सामग्री का प्रकाशन सबसे बड़ा महत्त्वपूर्ण कार्य है।

इस प्रकार दूरस्थ शिक्षा दूरगामी अधिगम (Distance Learning) का प्रतिनिधित्व करती है।

प्रश्न 15. आधुनिक युग में दूरस्थ शिक्षा की आवश्यकता क्यों है? किन्हीं पाँच कारणों को संक्षेप में स्पष्ट करें।

उत्तर– आधुनिक युग में दूरस्थ शिक्षा की आवश्यकता बढ़ने के महत्त्वपूर्ण कारण निम्नलिखित हैं :–

1. **जनसंख्या विस्फोट (Population explosion)**–1947 में जब भारत आजाद हुआ उस समय भारत की जनसंख्या लगभग 42 करोड़ थी। परन्तु वर्तमान में यह लगभग 110 करोड़ पार कर चुकी है। या यूँ कहिए कि भारत में जनसंख्या विस्फोट हो चुका है। इस जनसंख्या विस्फोट का यह आलम है कि सन् 2050 तक हम जनसंख्या की दृष्टि से चीन से आगे निकल चुके होंगे। जिस तेजी से जनसंख्या बढ़ रही है उसी अनुपात से पढ़ने वाले बच्चों की संख्या में भी निरन्तर बढ़ोत्तरी हो रही है। यही कारण है कि देश में हर साल अनेकों नए विद्यालय एवं महाविद्यालय खोले जा रहे हैं, परन्तु पढ़ने वाले बच्चों के अनुपात में इन विद्यालयों तथा महाविद्यालयों की संख्या पर्याप्त नहीं है।
2. **ज्ञान का विस्फोट (Knowledge explosion)**–आधुनिक युग विज्ञान तथा तकनीकी का युग है। प्रतिदिन यहाँ ज्ञान का विस्फोट होता है। अर्थात् प्रतिदिन किसी-न-किसी दिशा या क्षेत्र में नए-नए आविष्कार होते हैं। ऐसे में प्रत्येक व्यक्ति तक आधुनिकतम ज्ञान केवल शिक्षण संस्थाओं के माध्यम से पहुँचाना असंभव है। इसलिए नई बातों तथा नए ज्ञान को जन-जन तक पहुँचाने हेतु दूरस्थ शिक्षा की अनिवार्यता हो गई।
3. **आधुनिक जीवन की समस्याएँ तथा जटिलताएँ (Problems and complexities of modern life)**–आधुनिक जीवन जहाँ सुविधाओं से संपन्न हो गया है, वहीं यह अपेक्षाकृत ज्यादा जटिल तथा समस्याओं से परिपूर्ण भी हो गया है। अच्छे व्यवसाय तथा अधिक कमाई के लिए व्यक्ति इधर-उधर आता-जाता रहता है। भारत जैसे विशाल देश के व्यापारिक तथा औद्योगिक व्यवसाय कई गुणा बढ़ जाने से उसका ढाँचा ज्यादा जटिल हो गयां है। इस गतिशीलता का दुष्परिणाम यह निकला की लोगों के लिए किसी नियंत्रित संस्था में प्रवेश प्राप्त करना अत्यन्त मुश्किल हो गया है। ऐसी स्थिति में दूरस्थ शिक्षा, शिक्षा प्राप्ति में एक सशक्त साधनहै।

4. **अत्यधिक महत्त्वाकांक्षी दृष्टिकोण (Excess ambitious attitude)**–इस भौतिक युग में जहाँ हर चीज तेजी से बढ़ रही है वहीं मनुष्यों का दृष्टिकोण भी अत्यधिक महत्त्वाकांक्षी होता जा रहा है। अब शिक्षा पर खर्च होने वाले पैसे को पूँजी निवेश के रूप में लिया जाता है। उसका परिणाम यह निकला कि शिक्षा ग्रहण करने वाले विद्यार्थियों की संख्या दिन-प्रतिदिन बढ़ती जा रही हैं। इन इच्छाओं की पूर्ति मात्र नियमित विद्यालय या महाविद्यालय नहीं कर सकते हैं। इसलिए दूरस्थ शिक्षा की उपयोगिता तथा आवश्यकता और बढ़ जाती है।
5. **शैक्षणिक योग्यता बढ़ाने की इच्छा (Desire to improve qualification)**–आधुनिक समय में जीवन से जुड़ा प्रत्येक पहलू दिन-प्रतिदिन जटिल से जटिलतर होता जा रहा है। ऐसे में आजीविका कमाने के लिए उसे अत्याधुनिक शिक्षा (latest education) लेनी ही पड़ेगी, जो उसकी शैक्षणिक योग्यता को तो बढ़ावा देगी ही, साथ-साथ आर्थिक रूप से ज़्यादा सम्पन्न भी बना देगी।

प्रश्न 16. दूरस्थ शिक्षा के मुख्य लाभों या महत्त्व को संक्षेप में व्यक्त कीजिए।

अथवा

दूरस्थ शिक्षा के मुख्य लाभ कौन-कौन से हैं? संक्षेप में बताएं।

उत्तर– दूरस्थ शिक्षा के लाभ या महत्त्व निम्न प्रकार से हैं–

(i) यह तुलनात्मक रूप से कम लागत पर शिक्षा प्रदान करने की कारगर विधि है (It is useful method of providing education comparatively at a low cost)।

(ii) लोगों की शिक्षा में अनुकूल तकनीक (Appropriate technique in the education of people)।

(iii) वैज्ञानिक युग में जब ज्ञान का विस्फोट हो रहा है तो प्रत्येक व्यक्ति नए-से-नए ज्ञान के प्रति लालायित रहता है, ऐसे में दूरस्थ शिक्षा उसकी सभी जिज्ञासाएँ शान्त करने में सक्षम है।

(iv) यह शिक्षा कमाना तथा सिखाना दोनों प्रक्रियाओं को एक साथ प्रोत्साहित करती है।

(v) जनसंख्या विस्फोट के कारण विद्यालयों तथा महाविद्यालयों में छात्रों की संख्या दिन-प्रतिदिन बढ़ती जा रही है। दूरस्थ शिक्षा विद्यार्थी को अधिक भीड़ (over-loaded) वाली कक्षाओं से छुटकारा दिला सकती है।

(vi) दूरस्थ शिक्षा विद्यार्थियों को काम की पूर्ण स्वतन्त्रता देती है।

(vii) जो लोग नियमित कोर्सों में समयाभाव के कारण दाखिला नहीं ले सकते हैं, उन लोगों के लिए दूरस्थ शिक्षा रामबाण के समान है।

(viii) यह शिक्षा अवसरों को समान करने में मदद करती है। जो लोग गरीबी या किन्हीं अन्य कारणों से शिक्षा प्राप्त नहीं कर पाते, उनके लिए यह शिक्षा एक वरदान से कम नहीं है।

(ix) लोगों को शिक्षित करने का यह अनुकूल तथा सस्ता ढंग है।

(x) भिन्न-भिन्न प्रकार के कोर्सों जैसे–शैक्षणिक, व्यवसाय उन्मुखी तथा व्यावसायिक पेशागत उद्योग से जुड़े सामान्य कोर्स आदि प्रदान करके बहुत से विद्यार्थियों की आवश्यकताओं को दूरस्थ शिक्षा के केन्द्र पूरा कर सकते हैं।

(xi) क्योंकि दूरस्थ शिक्षा उन व्यक्तियों द्वारा ग्रहण की जाती है जो इसमें रुचि रखते हैं, इसलिए उस शिक्षा विधि में किसी प्रकार की अनुशासनहीनता की समस्या पैदा नहीं होगी।

(xii) यह शिक्षा प्रणाली बेरोजगारी जैसी सुरसा के मुँह के समान विकराल समस्या को हल करने में सहायक है।

प्रश्न 17. दूरस्थ शिक्षा के मुख्य अवगुणों, दोषों या कमियों को संक्षेप में व्यक्त करें।

उत्तर– दूरस्थ शिक्षा की मुख्य कमियाँ या अवगुण निम्न प्रकार से हैं–

(i) इस शिक्षा से अध्यापक तथा विद्यार्थी के मध्य कोई रिश्ता उत्पन्न नहीं होता, जो कि शिक्षा के क्षेत्र में अत्यधिक आवश्यक है।

(ii) इन कोर्सों के माध्यम से अधिकारियों का मुख्य उद्देश्य धन कमाना होता है, जिससे उस शिक्षा का वास्तविक उद्देश्य अधूरा रह जाता है।

(iii) विद्यार्थियों को भेजे जाने वाले नोट्स (Notes) कई बार तो विद्यार्थियों के समझ में आ जाते हैं परन्तु कुछ विद्यार्थी इन्हें खुद समझने में असमर्थ होते हैं, जिससे दूरस्थ शिक्षा का उद्देश्य, प्रत्येक व्यक्ति को शिक्षित करना अधूरा रह जाता है।

(iv) दूरस्थ शिक्षा में सभी विषयों के बारे में जानकारी विद्यार्थियों के प्रत्येक प्रश्न को हल करने में समर्थ नहीं होती है।

(v) सीखने की प्रक्रिया शैक्षणिक वातावरण में होती है ऐसे में हो सकता है कि दूरस्थ शिक्षा के माध्यम से पढ़ने वाले विद्यार्थी अपने कर्तव्य से पूर्ण न्याय न कर सकें।

(vi) अध्यापक विद्यार्थियों के लिए प्रेरणा स्रोत तथा सजीव उदाहरण होता है जो विद्यार्थियों का शैक्षणिक ही नहीं अपितु चरित्र का भी निर्माण करता है। परन्तु दूरस्थ शिक्षा में अध्यापक का प्रभाव विद्यार्थी पर किंचित् मात्र भी नहीं होता है।

(vii) व्यक्तिगत सम्पर्क कार्यक्रम (Personal Contact Programme) में प्रायः बहुत से विद्यार्थियों को पढ़ाया जाता है ऐसे माहौल में जो बच्चे संकोची तथा शर्मीले स्वभाव के होते हैं वे कुछ अच्छा सीखने में असफल रहते हैं। इस प्रकार बहुत से विद्यार्थी पूर्ण ज्ञान प्राप्त नहीं कर सकेंगे जो वास्तव में एक भयावह स्थिति होगी।

(viii) विद्यार्थी पढ़कर याद करने की बजाए सुनकर ज्यादा समझता व याद रखता है। परन्तु इस दूरस्थ शिक्षा प्रणाली में उसे केवल पढ़कर ही समझने का प्रयत्न करना होता है जो वास्तव में अधूरा प्रयास है।

प्रश्न 18. दूरस्थ शिक्षा के मुख्य लक्ष्य कौन-कौन से हैं? संक्षेप में व्यक्त करें।

अथवा

दूरस्थ शिक्षा के मुख्य लक्ष्यों को संक्षेप में स्पष्ट करें।

उत्तर– दूरस्थ शिक्षा का प्रसार निम्नलिखित मुख्य लक्ष्यों की प्राप्ति के लिए आवश्यक है :–

(i) **विद्यार्थियों के लिए घरों तक ज्ञान पहुँचाना (Taking knowledge to the household of the students)**–हमारे देश में दूरस्थ शिक्षा केन्द्रों की स्थापना उन प्रतिभाशाली विद्वानों की इच्छा का प्रतीक है कि उनका ज्ञान प्रकाश विश्वविद्यालयों तथा महाविद्यालयों की सीमाओं को पार करके उन व्यक्तियों तक पहुँच जाए जो उच्च शिक्षा की अभिलाषा रखते हैं।

(ii) **सतत शिक्षा (Continuation of education)**–शिक्षा एक जीवनपर्यन्त शिक्षा है। यह मृत्यु तक चलती रहती है अर्थात् व्यक्ति की शिक्षा कभी खत्म नहीं होती है। वह हर क्षण कुछ-न-कुछ सीखता रहता है। दूरस्थ शिक्षा का लक्ष्य यह भी है कि वह व्यक्ति की सतत शिक्षा में योगदान देती है।

(iii) **साधारण व्यक्तियों के ज्ञानवर्धन में सहायक (Helpful in the enhancement of ordinary person's knowledge)**–दूरस्थ शिक्षा का एक लक्ष्य साधारण व्यक्तियों को ज्ञानवर्द्धन में सहायता प्रदान करना है। ताकि वे संसार के उपयोगी नागरिक बन देश ही नहीं वरन् दुनिया के उत्थान में सफल योगदान दे सकें।

(iv) **शिक्षा के श्रेष्ठ कार्यक्रम को पूरा करना (To accomplish the supreme function of education)**–दूरस्थ शिक्षा के श्रेष्ठ कार्यक्रम को पूरा करने में योगदान देती है, क्योंकि यह शिक्षा विद्यार्थियों को केवल ज्ञान प्रदान ही नहीं करती अपितु उसे प्रेरित भी करती है।

(v) **शिक्षा को विद्यालय के दायरे से बाहर निकालना (To enhance the field of education beyond school)**–दूरस्थ शिक्षा, शिक्षा को विद्यार्थियों के पास बिना विद्यलय के ले जाती है। शिक्षा को विद्यालय के दायरे से बाहर निकालने का अर्थ यही है कि शिक्षा ग्रहण करने में विद्यार्थी के लिए विद्यालय अनिवार्य न रहें।

अन्त में निष्कर्षतः कहा जा सकता है कि दूरस्थ शिक्षा प्रणाली का एकमात्र उद्देश्य शिक्षा और विश्व की आर्थिक क्रियाओं के बीच दीवारों को तोड़ना है।

प्रश्न 19. पत्राचार शिक्षा प्रदान करने के लिए किन-किन साधनों की व्यवस्था की जाती है? संक्षेप में व्यक्त करें।

उत्तर– पत्राचार शिक्षा प्रणाली में विद्यार्थियों के पढ़ने के लिए अध्ययन सामग्री उनके घरों में भेजी जाती है। उस कार्य के लिए निम्नलिखित साधनों की व्यवस्था की जाती है :–

(i) **अध्ययन सामग्री (Study material)**—पत्राचार शिक्षा पद्धति में सबसे अनिवार्य काम विद्यार्थियों को उपयुक्त अध्ययन सामग्री भिजवाना होता है। यह अधिगम पुस्तिकाओं (learning mannuals), पुस्तकों (books), पैम्फलेट्स (Pamphlets), मुद्रित (typed) या साइक्लोस्टाइल (Cyclostyle) किए गए व्याख्यानों तथा पुस्तकों के रूप में भेजी जाती है। भेजने से पहले विषय-सामग्री को विषय विशेषज्ञों (Subject experts) द्वारा तैयार किया जाता है। यह सामग्री रोचक, प्रासंगिक तथा उपयुक्त होनी चाहिए। उसके अतिरिक्त उसका सम्बन्ध शिक्षा विधि के दैनिक जीवन से सम्बन्धित होना चाहिए।

(ii) **उत्तर के लिए स्थान (Space for answers)**—प्रत्येक अध्याय के बाद विद्यार्थियों के उत्तर देने के लिए एक उत्तर-पत्रिका जोड़ दी जाती है। यह दक्ष कार्य (Assignment) का काम करती है। विद्यार्थियों को अपने असाइनमैन्टस (Assignments) पूरे कर उन्हें निर्धारित समय-सीमा में वापस भेजने चाहिए। जहाँ इन उत्तर-पत्रिकाओं की गम्भीरता से जाँच होनी चाहिए तथा जिस स्तर के उत्तर हों उन्हीं के हिसाब से ग्रेड, नम्बर या टिप्पण ी करके विद्यार्थियों को वापस भेज देनी चाहिए।

(iii) **निर्देशित अध्ययन केन्द्र (Guided study centres)**—निर्देशित अध्ययन केन्द्र वो केन्द्र होते हैं, जहाँ आस-पास के विद्यार्थी अपने चयनित कोर्सों में निर्देशन (guidance) प्राप्त करते हैं। विद्यार्थियों के प्रयोग तथा फायदे के लिए इन निर्देशित अध्ययन केन्द्रों पर बढ़िया स्तर के पुस्तकालयों एवं प्रयोगशालाओं की व्यवस्था भी होनी चाहिए, जहाँ उन्हें व्यावसायिक एवं तकनीकी कोर्सों का क्रियात्मक प्रशिक्षण दिया जा सके। जैसा कि इन कोर्सों में वे विद्यार्थी दाखिला लेते हैं जो सुबह के स्तर में आजीविका कमाने के लिए कार्यरत रहते हैं इसलिए इन केन्द्रों पर निर्देशन सम्बन्धित सुविधाएँ सायंकाल में, रविवार या अन्य छुट्टी वाले दिन होनी चाहिए, ताकि ज्यादा से ज्यादा विद्यार्थी इन सुविधाओं का फायदा उठा सकें।

(iv) **वैयक्तिक सम्पर्क कार्यक्रम (Personal contact programme)**—पत्राचार शिक्षा को रुचिकर बनाने के लिए वैयक्तिक सम्पर्क अत्यधिक जरूरी है। इसके साथ-साथ इस कार्यक्रम के माध्यम से विद्यार्थियों को कक्षीय शिक्षण (Classroom study), ट्यूटोरियल (Tutorial) एवं मार्गदर्शन (guidance) दिया जा सकता है। अन्य व्यावसायिक कार्यों में व्यस्त होने के कारण ये विद्यार्थी ज्यादा लम्बा खाली समय नहीं निकाल सकते हैं, इसलिए इन विद्यार्थियों के लिए निर्धारित व्यक्तियों का सम्पर्क कार्यक्रम की अवधि 15 या 20 दिन से अधिक नहीं होनी चाहिए।

प्रश्न 20. दूरदर्शन के अर्थ एवं दूरस्थ शिक्षा प्रदान करने में इसकी भूमिका एवं महत्त्व को संक्षेप में बताएं।

अथवा

दूरदर्शन की दूरस्थ शिक्षा में भूमिका को संक्षेप में व्यक्त करें।

उत्तर– दूरस्थ शिक्षा प्रदान करने तथा इसके प्रसार में दूरदर्शन एक महत्त्वपूर्ण साधन है। ऐसा इसलिए है क्योंकि दूरदर्शन पर व्यक्ति देखने के साथ सुन भी सकता है। सुनना तथा देखना दो क्रियाएँ एक साथ होने से कोई भी सूचना या जानकारी ज्यादा आसानी से समझ आ जाती है और इसका प्रभाव भी ज्यादा वक्त तक रहता है। दूरदर्शन को शिक्षण माध्यम के रूप में भारत में सन् 1972 में दूसरी पंचवर्षीय योजना (Second five year plan) के तहत अपनाया गया था। दूरदर्शन निःसन्देह निरक्षरता को दूर करने में अग्रणी भूमिका निभाता है। रेडियो पर या पत्राचार द्वारा किसी प्रयोग का प्रदर्शन करना प्रायः असंभव होता है परन्तु दूरदर्शन इस कठिन काम को सरल बनाकर अपेक्षित परिणाम दिलाने में सहायक है। विद्यार्थी दूरदर्शन पर किसी कार्यक्रम को देखकर उसकी पुनरावृत्ति अपने घर पर कर सकते हैं। दूरदर्शन का महत्त्व उन ग्रामीण क्षेत्रीय इलाकों में ज्यादा बढ़ जाता है जहाँ एक अध्यापकीय विद्यालयों का अस्तित्व होता है।

दूरदर्शन भी इतनी अधिक उपयोगिता होने के बावजूद भी यह अपने विद्यार्थियों की संख्या को बढ़ाने में सफल नहीं हुआ। उस क्षेत्र में जितनी भी बार सर्वे हुए हैं उनसे यही आँकड़े प्राप्त हुए कि दूरदर्शन की सहायता से शिक्षा प्राप्त करने पर भी भारतीय विद्यार्थियों में प्रवृत्ति नहीं बनी है। टेलीविजन द्वारा शिक्षण के प्रभावों का एक अध्ययन सर्वेक्षण द्वारा (1979) में (Very Cost) के ग्रामीण क्षेत्रों में किया गया। सर्वेक्षण से जो आँकड़े आए वे चौंका देने वाले थे क्योंकि टेलीविजन द्वारा शैक्षिक कार्यक्रम सीखने वालों की संख्या मात्र 2.4% थी जो धीरे-धीरे और भी कम होती गई। पिछले कुछ वर्षों में दूरदर्शन को शिक्षा के क्षेत्र में लोकप्रिय बनाने के लिए इन्दिरा गाँधी राष्ट्रीय मुक्त विश्वविद्यालय ने सप्ताह में तीन दिन अपने कार्यक्रम प्रातः 6.30 से 7.00 के बीच दूरदर्शन पर प्रसारित करने शुरू किए।

प्रश्न 21. दूरस्थ शिक्षा के क्षेत्र में दूरदर्शन की असफलता के प्रमुख कारण कौन-कौन से हैं? संक्षेप में व्यक्त करें।

अथवा

दूरस्थ शिक्षा प्रदान करने में दूरदर्शन की असफलता के प्रमुख कारणों को संक्षेप में स्पष्ट करें।

उत्तर– दूरस्थ शिक्षा के क्षेत्र में दूरर्शन की असफलता के निम्नलिखित कारण हो सकते हैं–

(i) **जिज्ञासा का अभाव (Lack of curiosity)**–आधुनिक युग में हर चीज तैयार (readymade) मिलती है। ऐसे में कोई भी नहीं चाहता कि वह निर्माण की मुश्किलों का सामना करे। ऐसा ही दृष्टिकोण शिक्षा के प्रति भी मानव का हो गया है। आम व्यक्ति की मौलिक ज्ञान के प्रति जिज्ञासा लगभग खत्म हो गई है। वे अपनी शिक्षा के लिए भी पहले से तैयार (readymade) सामग्री चाहते हैं।

(ii) **प्रसारण का समय अनुपयुक्त (Improper time of telecast)**–दूरस्थ शिक्षा के कार्यक्रम दूरदर्शन पर सुबह 6.30 से 7.00 बजे के मध्य आते हैं। यह वो समय है जब लगभग हर व्यक्ति अपने रोजमर्रा के काम पर जाने के लिए तैयार होता है। इसलिए दूरदर्शन दूरस्थ शिक्षा के विद्यार्थियों का मनपसन्द साधन नहीं बन सका।

(iii) **गरीबी (Poverty)**–दूरदर्शन की असफलता का एक कारण दूरस्थ शिक्षा से सम्बन्धित विद्यार्थियों की गरीबी भी है। अगर ये लोग गरीब नहीं होते तो प्रातःकालीन सामान्य विद्यालयों में दाखिला लेते, न कि इस समय को आजीविका कमाने में लगाते। दूरस्थ शिक्षा के विद्यार्थियों में से ज्यादातर तो इतने गरीब होते हैं कि वे टेलीविजन सैट ही नहीं खरीद सकते। ऐसे में ये लोग किस तरह दूरदर्शन पर प्रसारित कार्यक्रम को देख सकते हैं।

(iv) **प्रभावहीन कार्यक्रम (Effectless programmes)**–दूरस्थ शिक्षा से सम्बन्धित ज्यादातर कार्यक्रम प्रभावहीन होते हैं। इनकी प्रभावहीनता की कमी का एक कारण कम समय भी

है, क्योंकि IGNOU के कार्यक्रम मात्र 30 मिनटों के लिए प्रसारित किए जाते हैं। जब तक विद्यार्थी उनमें रुचि लेनी शुरू करता है या एकाग्रचित (Concentrate) होता है, कार्यक्रम खत्म हो चुका होता है।

इन सब बातों को ध्यान में रखते हुए हम कह सकते हैं कि भारत में शिक्षा के क्षेत्र में जनसंचार माध्यम (Mass Communication Channels) सफल नहीं हो सकते हैं। इसके स्थान पर संचार के व्यक्तिगत स्तर पर (Interpersonal channels of communication) जनसाधारण के व्यवहार तथा दृष्टिकोणों में बदलाव लाने के लिए अधिक फायदेमंद सिद्ध हो सकते हैं।

प्रश्न 22. दूरस्थ शिक्षा प्रदान करने में उपग्रहण शिक्षण दूरदर्शन के प्रयोग का क्या अर्थ है? इसका प्रयोग किन-किन क्षेत्रों में किया जाता है? संक्षेप में बताएं।

अथवा

उपग्रह शिक्षण दूरदर्शन के अर्थ को स्पष्ट करते हुए संक्षेप में बताएं कि इस बहु-उद्देश्यीय उपग्रह का प्रयोग किन-किन क्षेत्रों में किया जाता है?

उत्तर– यह प्रसारण-माध्यम का एकदम नया रूप है। दूरदर्शन के प्रसारण की दूरी तो सीमित होती है, परन्तु उपग्रह के प्रयोग ने इस दूरी को और अधिक फैला दिया है। उपग्रह शिक्षण दूरदर्शन को प्रयोग करने के लिए इंडियन स्पेस रिसर्च ओरगेनाइजेशन (I.S.R.O.) के सहयोग से अगस्त 1975 से जुलाई 1976 तक उपग्रह इनसेट IAC अप्रैल 1982 में कक्ष में भेजा गया। इस बहुउद्देशीय उपग्रह को दूरदर्शन, संचार एवं विज्ञान के उद्देश्यों को पूरा करना था, परन्तु दुर्भाग्यवश यह अपने अभियान में असफल हो गया। लेकिन वैज्ञानिकों ने साहस नहीं छोड़ा और दूसरे बहुउद्देशीय उपग्रह इनसेट–1B बनाने में जुट गए। इस बार उन्हें सफलता मिली और सैटेलाइट अपनी कक्षा में स्थापित ही नहीं हुआ, अपितु इसने सुचारु रूप से काम भी करना शुरू कर दिया। इस बहुउद्देशीय उपग्रह का निम्नलिखित क्षेत्रों में प्रयोग किया जाता है:–

(i) प्रसारण सुविधाओं के विस्तार में।
(ii) दूरस्थ शिक्षा के कार्यक्रम प्रसारित करने में।
(iii) रेडियो (Radio) प्रसारण में।
(iv) ग्रामीण क्षेत्रों में टी.वी. प्रसारण में।
(v) नक्षत्रों सम्बन्धी खोजों में।
(vi) मौसम की जानकारी।

इनसेट–IB द्वारा प्रसारित कार्यक्रम वर्तमान में आशातीत सफलता प्राप्त कर एक क्रान्ति ला रहे हैं। ये विद्यालयों एवं महाविद्यालयों स्तर पर शिक्षा की दिखावटी एवं गैर-दिखावटी प्रणालियों की जरूरतों की पूर्ति करता है। निःसन्देह यह कहा जा सकता है कि अब वो दिन दूर नहीं जब ये दूरस्थ संचार उपग्रह भौतिक विकास के भिन्न-भिन्न क्षेत्रों में जिनमें शिक्षा भी शामिल है, क्रान्ति लाएँगे।

प्रश्न 23. दूरस्थ शिक्षा की आवश्यकता किन लोगों के लिए है? संक्षेप में बताएं।

अथवा

दूरस्थ शिक्षा प्रदान करने की आवश्यकता किन लोगों या शिक्षार्थियों के लिए है? संक्षेप में व्यक्त करें।

उत्तर– दूरस्थ शिक्षा प्रदान करने की आवश्यकता निम्न प्रकार के लोगों के लिए है–

(i) वे जो दूर-दराज के ग्रामीण क्षेत्रों में निवास करते हैं।
(ii) वे जिन्हें नियमित विद्यालयों तथा महाविद्यालयों में दाखिला नहीं मिल पाता।
(iii) वे जो प्रेरणा के अभाव में अपनी शिक्षा छोड़ चुके हैं।
(iv) वे जो गरीबी या अन्य कारणों से बचपन में पढ़ नहीं सके थे।

(v) वे जिन्हें अपने परिवार के भरण-पोषण के लिए दिन में काम करना पड़ता है।

(vi) वे जो अपनी शैक्षणिक योग्यताओं में वृद्धि चाहते हैं।

(vii) वे जो अपने को आधुनिकतम ज्ञान से परिपूर्ण करना चाहते हैं।

(viii) वे जो शारीरिक रूप से विकलांग हैं।

(ix) वे जो सामाजिक रूप से पिछड़े माने जाते हैं।

(x) वे जो समाज में आर्थिक रूप से कमजोर हैं।

(xi) वे जो शिक्षण विभागों में प्रवेश नहीं प्राप्त कर सके।

(xii) सेवामुक्त (Retired) व्यक्ति जो व्यस्त रहने के लिए अध्ययन जारी रखना चाहते हैं।

प्रश्न 24. मुक्त शिक्षा किसे कहते हैं? संक्षेप में बताएं।

अथवा

मुक्त शिक्षा के अर्थ को संक्षेप में स्पष्ट करें।

उत्तर– मुक्त शिक्षा से अभिप्राय उस शिक्षा से है जिसके ग्रहण करने में न तो आयु का बन्धन है न योग्यता का, न पाठ्यक्रम का, न कक्षा शिक्षण का और न ही स्थान विशेष का। इस शिक्षा में यह भी छूट है कि कोई भी चाहे बालक, युवक या प्रौढ़, जब चाहे, जहाँ चाहे, जिस माध्यम से चाहे, शिक्षा प्राप्त कर सकता है। अतः चन्द शब्दों में इस शिक्षा के विषय में कहा जा सकता है कि यह वह शिक्षा है जो हर एक को हर समय और हर जगह उपलब्ध हो सकती है। क्योंकि इसमें किसी प्रकार का कोई बन्धन नहीं होता है, इसलिए इसे मुक्त शिक्षा कहा जाता है।

आज शिक्षा के विषय में आलम यह है कि हर राष्ट्र चाहता है कि उसके नागरिक सर्वश्रेष्ठ शिक्षा ग्रहण करें। परन्तु केवल औपचारिक शिक्षा के तरीकों से यह संभव नहीं हो सकता है। हमारे देश को ही लो, स्वतन्त्रता के बाद शिक्षा को जनसाधारण तक पहुँचाने के लिए अनेकों कमीशनों तथा आयोगों का गठन किया गया और उनके द्वारा दर्शाए गए सुझावों पर भी कार्य किया गया, परन्तु निरक्षर व्यक्तियों की संख्या घटने के बजाए बढ़ती ही रही। आलम ये था कि जहाँ 1951 में निरक्षर व्यक्तियों की संख्या 30 करोड़ थी, वही बढ़कर 1981 में 40 करोड़ हो गई।

हर व्यक्ति को शिक्षा मिले, इसका प्रयास बहुत पहले ही शुरू हो गया था। इस संदर्भ में पहला प्रयास पत्राचार द्वारा शिक्षा देना था। यूरोप में यह प्रणाली काफी सफल रही। जर्मनी में शुरू हुई इस प्रणाली को रूस ने भी अपनाया और 1962 में इसे राष्ट्रीय स्तर पर स्वीकृति दे दी गई। आधुनिक समय में तो संसार के लगभग सभी देशों ने शिक्षा के इस माध्यम को स्वीकार कर लिया है। वैसे तो यह व्यवस्था माध्यमिक तथा विश्वविद्यालय स्तर पर की गई है पर यह अब सभी के लिए खुली है जो शिक्षा ग्रहण करना चाहते हैं।

प्रश्न 25. मुक्त शिक्षा के प्रचार-प्रसार में इवान इलिच तथा अन्य विद्वानों के योगदान को संक्षेप में बताएं।

उत्तर– मुक्त शिक्षा के प्रचार-प्रसार में इवान इलिच (Ivan Illich) का सबसे बड़ा योगदान रहा है। या यूँ कहिए कि वो पहले व्यक्ति थे जिन्होंने इस शिक्षा के लिए महत्त्वपूर्ण प्रयास किए। इस शिक्षा की प्रशंसा तथा उपयोगिता के विषय में उन्होंने अपनी पुस्तक 'डी-स्कूलिंग सोसाईटी' (Deschooling Society) में लिखा है कि यह शिक्षा विद्यालयी शिक्षा से बहुत सस्ती है, इसलिए गरीब व्यक्ति भी इसे ग्रहण कर सकते हैं। शिक्षा के विषय में समाज में फैली बुराइयों के विरोध में उन्होंने उस निर्विद्यालयी शिक्षा का नारा दिया। यहीं से शिक्षा जगत में एक नई क्रान्ति का प्रारम्भ हुआ। धीरे-धीरे इस शिक्षण पद्धति की ओर अन्य विद्वानों का भी रुझान शुरू हुआ। इवान (Ivan) के बाद एवरेस्ट रैमर (Everest Reimer) की 'द स्कूल इज डैड' (The School is Dead), पाल गुडमैन (Paul Goodman) की 'कम्पलसरी मिस ऐजूकेशन (Compulsory Miseducation) तथा जान होल्ड (John Hold) की 'हाऊ चिल्ड्रन फेल' (How Children Fail) ने आधुनिक औपचारिक शिक्षा की धज्जियाँ उड़ाते हुए उसकी कमियों की ओर लोगों का ध्यान आकर्षित

किया। यह मुक्त शिक्षा का तूफान विद्यालयी शिक्षा को जड़ से तो नहीं उखाड़ पाया, परन्तु उन लोगों के लिए वरदान बन गया जो किन्हीं कारणों से अपनी शिक्षा बीच में छोड़ चुके थे।

प्रश्न 26. मुक्त विश्वविद्यालय किसे कहते हैं? विदेशों एवं भारत में इसकी शुरुआत कैसे हुई? संक्षेप में व्यक्त करें।

उत्तर– भारत की नई शिक्षा नीति, 1986 की यह धारणा है कि देश के सभी व्यक्तियों को समान रूप से बिना किसी भेदभाव के तथा सभी वर्ग के व्यक्तियों के लिए शिक्षा उपलब्ध हो। संविधान की धारा 45 के अन्तर्गत इस बात का प्रावधान रखा गया है कि 6 से 14 साल तक के सभी बच्चों को शिक्षित किया जाए। इस कार्य के दौरान समाज के गरीब तबके के बच्चों का विशेष ध्यान रखा जाए। इस प्रत्येक व्यक्ति तक शिक्षा पहुँचाना, उद्देश्य की पूर्ति मात्र औपचारिक शिक्षा से करना असंभव है और यदि हम विद्यालय स्तर पर शिक्षा का प्रसार करना चाहते हैं तो शिक्षा की निरन्तरता बनाए रखने के लिए निरौपचारिक शिक्षा को प्रोत्साहन देना होगा। क्योंकि देश में माध्यमिक स्तर पर औपचारिक शिक्षा के साधन इतने पर्याप्त तथा विकसित नहीं हैं कि प्रत्येक बच्चा जो प्राथमिक शिक्षा ग्रहण करता है उसे माध्यमिक शिक्षा उपलब्ध कराई जा सके। वर्तमान में जितने विद्यालय औपचारिक शिक्षा के लिए उपलब्ध हैं उनमें मुश्किल से 30 से 35% विद्यार्थी ही दाखिला ले सकते हैं। इसलिए हमारे देश में मुक्त विद्यालयों की आवश्यकता दूसरे देशों से ज्यादा है।

वास्तव में आज देखा जाए तो हम पाएँगे कि मुक्त विश्वविद्यालय का विचार नया तथा आधुनिकतम है। इस मुक्त विद्यालय के विषय में सर्वप्रथम 1963 में ब्रिटेन के तत्कालीन प्रधानमंत्री हेरोल्ड विल्सन (Herold Wilson) ने सोचा था। उनके दिमाग में यह प्रश्न उठा कि क्यों नहीं उन विद्यार्थियों को, जिन्होंने किन्हीं विश्वविद्यालय की शिक्षा ग्रहण नहीं की, और जो भिन्न-भिन्न क्षेत्रों में कार्यरत होने के बावजूद विश्वविद्यालीय शिक्षा ग्रहण करना चाहते हैं, उन्हें विश्वविद्यालीय शिक्षा प्रदान कर अपने विकास का अवसर दिया जाए। जिस समय उनके दिमाग में यह प्रश्न आया उस समय रूस में पत्राचार तथा ब्रिटेन में रेडियो प्रसारण कार्यक्रम सफलता प्राप्त कर चुके थे। इसलिए वो कुछ नया करना चाहते थे। नए की चाह में उन्होंने मुक्त हवाई विश्वविद्यालय (Open Air University) का विचार प्रस्तुत किया। इस विचार पर कार्य करने के लिए एक संसदीय समिति की नियुक्ति की। इस समिति ने जनवरी 1969 में अपनी रिपोर्ट पेश की जिस पर जुलाई 1969 में ब्रिटेन रॉयल चॉर्टर (Britain Royal Charter) के अन्तर्गत एक मुक्त विश्वविद्यालय की स्थापना की गई। इस विश्वविद्यालय के पहले वाइस चांसलर (Vice Chancellor) ने अपने उद्घाटन वक्तव्य में कहा कि मुक्त विश्वविद्यालय एक शैक्षिक सहायता मिशन है जो उन युवकों को उच्च शिक्षा सुलभ करायेगा जो किसी भी कारण से इसे ग्रहण नहीं कर सके। इस भाषण का प्रभाव यह हुआ कि उस वर्ष ब्रिटेन में सामान्य विश्वविद्यालय की तुलना में मुक्त विश्वविद्यालय में पाँच गुने (Five times) पंजीकरण हुए। इससे ज्यादा खास बात तो यह रही कि पाँच गुणा ज्यादा पंजीकरण होने के बावजूद भी शिक्षा पर आने वाले खर्च को यदि देखा जाए तो मुक्त विद्यालय पर यह खर्च सामान्य विश्वविद्यालय से लगभग 1/3 रहा। इस प्रकार देखें तो कहा जा सकता है कि ब्रिटेन में मुक्त विश्वविद्यालय का प्रयास सफल रहा। ब्रिटेन में मुक्त विश्वविद्यालय की इस आशातीत सफलता को मद्देनजर रखते हुए 1971 ई. में अमेरिका ने मुक्त विश्वविद्यालय की स्थापना की। उसके बाद फ्रांस तथा जर्मनी में भी इस प्रकार के विद्यालय खोले गए।

भारत में इसकी पहल 1977 में मदुराई विश्वविद्यालय ने मुक्त विश्वविद्यालय विंग खोलकर की। इसके बाद मैसूर विश्वविद्यालय ने भी इसी प्रकार की विंग की स्थापना की। पूर्ण रूप से स्वतन्त्र खुले विश्वविद्यालय की स्थापना भारत में सबसे पहले हैदराबाद में सन् 1982 में हुई। तत्पश्चात् महाराष्ट्र ने भी स्टेट ओपन यूनिवर्सिटी की स्थापना की। 1986 ई. में देहली में देश की सबसे

बड़ी यूनिवर्सिटी की स्थापना श्रीमती इन्दिरा गाँधी नेशनल ओपन यूनिवर्सिटी के नाम से की गई। तत्पश्चात् राष्ट्रीय शिक्षा नीति-1986 में यह घोषणा की गई कि भविष्य में मुक्त शिक्षा के प्रचार एवं प्रसार के लिए विशेष प्रयत्न किए जाएंगे।

प्रश्न 27. मुक्त विश्वविद्यालय के मुख्य गुणों एवं लाभों की संक्षेप में व्यक्त कीजिए।

अथवा

मुक्त विश्वविद्यालय के गुणों को संक्षेप में स्पष्ट कीजिए।

उत्तर– मुक्त विश्वविद्यालय के मुख्य गुण एवं लाभ निम्न प्रकार से हैं–

(i) मुक्त विश्वविद्यालय में पंजीकरण के लिए जाति, आयु, वर्ग व आधारभूत शैक्षिक योग्यता आदि का कोई बन्धन नहीं होता। विश्वविद्यालयों में वो सभी युवक, युवतियाँ, प्रौढ़ या वृद्ध अपना पंजीकरण करवा सकते हैं, जो समय रहते किन्हीं कारणों से शिक्षा प्राप्त नहीं कर पाए।

(ii) मुक्त विश्वविद्यालय जीवनपर्यन्त शिक्षा (Life long Education) के क्षेत्रों में बड़े सहायक सिद्ध हुए हैं। इन विश्वविद्यालयों में कोई भी व्यक्ति किसी भी समय तकनीकी या ज्ञान कौशल की शिक्षा प्राप्त कर सकता है।

(iii) मुक्त विद्यालय विद्यार्थियों पर विषय से सम्बन्धित नियम नहीं थोपते हैं, अपितु ये तो विद्यार्थियों को विषयों एवं क्रियाओं के चुनाव की पूरी स्वतन्त्रता देते हैं।

(iv) ये विश्वविद्यालय उन लोगों की शिक्षा का भी प्रबन्ध करते हैं जो दूर-दराज के या आदिवासी इलाकों में रहते हैं तथा जहाँ सामान्य शिक्षा का प्रावधान असंभव होता है।

(v) इन विश्वविद्यालयों में उन लोगों की शिक्षा का भी प्रावधान होता है जो किसी काम-धन्धे में लगे होने के कारण पारम्परिक विद्यालयों या महाविद्यालयों में दाखिला नहीं ले पाते।

(vi) ये विश्वविद्यालय परम्परागत विश्वविद्यालयों में दाखिले के बढ़ते हुए दबाव को कम करने में सक्षम हैं।

(vii) मुक्त विश्वविद्यालय विद्यार्थियों को एक साथ दो पाठ्यक्रम परम्परागत तथा दूसरी आवश्यकताओं को पूरी करने वाले पाठ्यक्रम की व्यवस्था करते हैं।

(viii) ये बिश्वविद्यालय शिक्षण को रेडियो, टेलीविजनों, वीडियो, आकाशवाणी तथा टेपरिकॉर्डर की सहायता से अत्यन्त सरल तथा रोचक बना देते हैं।

(ix) इन विद्यालयों में प्रति व्यक्ति व्यय परम्परागत विश्वविद्यालयों से 1/3 कम है।

प्रश्न 28. मुक्त विश्वविद्यालय की मुख्य विशेषताओं को संक्षेप में व्यक्त कीजिए।

उत्तर– मुक्त विश्वविद्यालय की मुख्य विशेषताएं निम्न प्रकार से हैं–

(i) ये विश्वविद्यालय विश्वास प्रणाली का अनुसरण करते हैं।

(ii) ये विश्वविद्यालय आत्म-शासित होते हैं।

(iii) विद्यार्थी अपनी सुविधा के अनुसार शिक्षा ग्रहण कर सकते हैं।

(iv) ये विद्यार्थियों का निरन्तर मूल्यांकन करते रहते हैं।

(v) ये पत्राचार द्वारा दिए गए गृह-कार्य एवं संगठित व्यक्तिगत सम्पर्क कार्यक्रम द्वारा पढ़ाते हैं।

(vi) ये अन्तिम बाह्य परीक्षा भी लेते हैं तथा उसके आधार पर विद्यार्थियों की डिग्री (degree) या सर्टिफिकेट (Certificate) प्रदान करते हैं।

(vii) इनमें उपकुलपति, विश्वविद्यालय के सेक्रेटरी, शैक्षणिक विभाग, पत्राचार के निर्देशक, सहायक स्टॉफ एवं अध्ययन के निर्देशक होते हैं।

(viii) इनमें सभाएँ एवं उच्च परिषदों का विधान है।

(ix) ये विश्वविद्यालय से जुड़ने का अधिक लम्बा अवसर देते हैं।

(x) ये सामान्य एवं विशिष्ट विषयों में डिग्री देते हैं।

प्रश्न 29. मुक्त विश्वविद्याल की कमियों, दोषों या अवगुणों पर संक्षेप में प्रकाश डालिए।

अथवा

मुक्त विश्वविद्यालय के अवगुणों, कमियों या सीमाओं को संक्षेप में व्यक्त कीजिए।

उत्तर— मुक्त विश्वविद्यालय के मुख्य अवगुण, कमियाँ या सीमाएँ निम्न प्रकार से हैं—

(i) पत्राचार सामग्री तैयार करना एक जटिल समस्या है।

(ii) तैयार सामग्री को समय रहते विद्यार्थियों तक पहुँचाना।

(iii) रेडियो व दूरदर्शन के शैक्षिक प्रसारण के समयों तथा विद्यार्थियों के अवकाश के समयों में तालमेल बढ़ाना एक बड़ी समस्या है।

(iv) आकाशवाणी एवं दूरदर्शन के लिए कार्यक्रम तैयार करना एक बड़ी समस्या है।

(v) रेडियो तथा दूरदर्शन पर तैयार कार्यक्रम व्यक्तिगत कठिनाइयों के निवारण की व्यवस्था नहीं कर पाते।

(vi) मुक्त विश्वविद्यालयों में दाखिले के लिए आधारभूत योग्यता की आवश्यकता नहीं होती ऐसे में विभिन्न योग्यता वाले विद्यार्थी एक प्रकार के कार्यक्रम देखकर सफलता कैसे प्राप्त कर सकते हैं।

(vii) भारत एक विशाल देश है। यहाँ भिन्न-भिन्न प्रान्तों में भिन्न-भिन्न भाषाओं का प्रयोग होता है। मुक्त विश्वविद्यालयों के विद्यार्थियों के लिए जब कार्यक्रम बनाया जाता है तो वह केवल एक भाषा में होता है। इसलिए पत्राचार, आकाशवाणी प्रसारण व दूरदर्शन कार्यक्रम किस भाषा में प्रसारित किए जाएँ यह एक बहुत बड़ी समस्या बन जाती है।

(viii) कहने में आता है कि मुक्त विश्वविद्यालय में प्रति व्यक्ति खर्च परम्परागत विश्वविद्यालयों के विद्यार्थियों से कम आता है, परन्तु यदि गहराई से उसका आंकलन किया जाए तो हम पाएँगे कि रेडियो, पत्राचार, टेपरिकॉर्डर, वीडियो, टेलीविजन और सम्पर्क कार्यक्रमों में आने-जाने के खर्च को जोड़कर देखा जाए तो हम पाएँगे कि मुक्त विश्वविद्यालय की शिक्षा में प्रति व्यक्ति व्यय अपेक्षाकृत कहीं ज्यादा होता है।

(ix) मुक्त विश्वविद्यालयों द्वारा सम्पर्क कार्यक्रम स्थान-स्थान पर शिक्षा केन्द्र स्थापित करके दिए जाते हैं। इस व्यवस्था के चलते, मुक्त शिक्षा और औपचारिक शिक्षा में कितना अन्तर रह जाता है। दूसरी ओर उन पर जो व्यवस्था की जाती है वह किसी भी दृष्टिकोण से पूर्ण नहीं कही जा सकती है।

(x) मुक्त विश्वविद्यालयों द्वारा प्रदत शिक्षा की सबसे बड़ी कमी यह है कि इन विश्वविद्यालयों द्वारा दी गई उपाधियों की मार्केट वैल्यू (Market Value) बहुत कम होती है।

(xi) जो विद्यार्थी मुक्त विश्वविद्यालयों से शिक्षा ग्रहण करते हैं उन्हें समाज में ज्ञान के क्षेत्र में दोयम दर्जे का सम्मान मिलता है।

(xii) शिक्षा अधिगम में अध्यापक तथा विद्यार्थी का परस्पर एक सुदृढ़ सम्बन्ध होता है, परन्तु मुक्त शिक्षा में अध्यापकों तथा सीखने वालों के मध्य बहुत कम समय के लिए सम्पर्क होता है। इसलिए विद्यार्थी अपनी समस्त बाधाओं व परेशानियों को हल नहीं कर पाते हैं।

(xiii) मुक्त विश्वविद्यालय अभी भी विज्ञान तथा तकनीकी की उच्च शिक्षा प्रदान कराने में असमर्थ हैं।

(xiv) मुक्त विश्वविद्यालयों में शिक्षा प्राप्त करने वालों में आत्म-विश्वास की कमी होती है। वे अपने आपको परम्परागत विश्वविद्यालयों के विद्यार्थियों से हीन समझते हैं।

प्रश्न 30. शिक्षा आयोग (1964-66) ने मुक्त शिक्षा के बारे में क्या सिफारिशें की हैं? संक्षेप में व्यक्त करें।

अथवा

मुक्त शिक्षा के संबंध में शिक्षा आयोग (1964-66) द्वारा की गई सिफारिशों को संक्षेप में स्पष्ट करें।

उत्तर– शिक्षा आयोग-1964-66 द्वारा मुक्त शिक्षा के विषय में जो सिफारिशें जारी की गई थीं वे निम्नलिखित हैं :–

1. मार्गदर्शक कोर्सों का विस्तृत संगठन संगठित किया जाना चाहिए ताकि जो अंशकालिक कोर्सों में भी उपस्थित होने में कठिनाई महसूस करते हैं, उन्हें शिक्षित किया जा सके।
2. जो व्यक्ति स्वयं पढ़ना चाहते हैं, उन्हें सैकेण्डरी शिक्षा बोर्ड (Secondary Education Board) तथा विश्वविद्यालयों (Universities) की परीक्षाओं में बैठने का अवसर दिया जाना चाहिए।
3. पत्राचार कोर्सों को सही तथा व्यवस्थित ढंग से रेडियो तथा दूरदर्शन के कार्यक्रमों से सहारा (Support) मिलना चाहिए।
4. जो विद्यार्थी पत्राचार द्वारा शिक्षा ग्रहण कर रहे हैं, उन्हें अध्यापकों से मिलने के अवसर दिए जाने चाहिए।
5. पत्राचार के विद्यार्थियों को परम्परागत विश्वविद्यालय के पुस्तकालयों तथा वाचनालयों में जाकर पढ़ने की अनुमति प्रदान की जानी चाहिए।
6. जो लोग सांस्कृतिक एवं सौन्दर्यात्मक मूल्यों से सम्बन्धित विषयों का अध्ययन अपने जीवन को समृद्ध बनाने के लिए करते हैं, उन व्यक्तियों को भी पत्राचार की सुविधा मिलनी चाहिए।
7. पत्राचार के माध्यम से जिन कोर्सों को पढ़ाया जाता है वे केवल डिग्री कोर्सों तक केन्द्रित नहीं हों, अपितु कृषि, उद्योग तथा अन्य व्यवसाय के कार्यकर्ताओं के लिए विशेष कोर्सों की व्यवस्था की जानी चाहिए।
8. शिक्षा मंत्रालय को अन्य मंत्रालयों के सहयोग से गृह-अध्ययन राष्ट्रीय परिषद् की स्थापना करनी चाहिए।
9. विद्यालय के अध्यापकों को नई शिक्षण विधियों तथा तकनीकी ज्ञान प्रदान के लिए पत्राचार कोर्सों की व्यवस्था होनी चाहिए।

प्रश्न 31. राष्ट्रीय शिक्षा नीति (1986) के कार्यान्वयन कार्यक्रम के अन्तर्गत दूरस्थ शिक्षा के संबंध में कौन-कौन सी मुख्य बातों या विचारों का समर्थन किया गया है? संक्षेप में बताएं।

अथवा

राष्ट्रीय शिक्षा नीति (1986) के कार्यान्वयन कार्यक्रम में दूरस्थ शिक्षा के पक्ष में दिए गए सुझावों या विचारों को संक्षेप में व्यक्त करें।

उत्तर– राष्ट्रीय शिक्षा नीति को कार्यान्वित करने के लिए जिस कार्यान्वयन कार्यक्रम को तैयार किया गया उसमें दूरस्थ शिक्षा का सशक्त समर्थन किया गया है। इस कार्यक्रम की मुख्य तथा विशेष बातें निम्नलिखित हैं:–

(i) मुक्त विश्वविद्यालय प्रणाली उच्चतर शिक्षा के लिए अवसरों को बढ़ाने तथा शिक्षा को लोकतंत्रात्मक बनाने के उपकरण के रूप में की गई है।

(ii) मुक्त विश्वविद्यालय प्रणाली कम खर्चीली, लचीली एवं नवीन शिक्षा पद्धति के विकास में सहायक है।

(iii) जिन लक्ष्यों को निर्धारित करके 1985 में इन्दिरा गाँधी राष्ट्रीय मुक्त विश्वविद्यालय की स्थापना की गई उसे सशक्त बनाने के लिए निम्नलिखित उपाय किए जाएँगे–

1. इन्दिरा गाँधी राष्ट्रीय मुक्त विश्वविद्यालय ने अपने शैक्षिक कार्यक्रम शुरू कर दिए हैं। पहले इन कार्यक्रमों में अंडर-ग्रेजुएट डिग्री एवं डिप्लोमा कोर्स सम्मिलित किए जाएँगे :–
   (क) ग्रामीण विकास तथा कम्प्यूटर (Computer) विज्ञान में डिप्लोमा कोर्स।
   (ख) महिलाओं के लिए विश्वविद्यालय विशिष्ट कोर्सों को लागू करेगा।
   (ग) दूरस्थ शिक्षा एवं डिप्लोमा-स्तर के कोर्स 1987 से आरम्भ कर दिए जाएँगे।
   (घ) रचनात्मक लेखन (Creative Writing) में डिप्लोमा कोर्स।
   (ङ) अध्यापकों के नवीनीकरण के लिए विश्वविद्यालय विशिष्ट कोर्सों को संगठित करेगा।
   (च) अंडर-ग्रेजुएट कार्यक्रम (Under-graduate Programme) 1988 के शुरू में आरम्भ किए जाएँगे।
2. मोडूलर नमूने (Modular Pattern) के आधार पर कोर्सों की रचना की जायेगी। इन रचनाओं में एकत्रीकरण की सुविधा होगी तथा इन्हें औपचारिक एवं अंशौपचारिक पद्धतियों में परस्पर स्थानान्तरित करने की व्यवस्था भी होगी। इस विषय पर व्यापक निर्देश तैयार करने का भार विश्वविद्यालय अनुदान आयोग (U.G.C.) तथा मुक्त विश्वविद्यालय पर रहेगा।
3. मुक्त विश्वविद्यालय पद्धति में कोर्सों का नेटवर्क विकसित करने के प्रबंन्ध किए जाएंगे। इससे यह फायदा होगा कि एक विद्यार्थी दो मुक्त विश्वविद्यालयों के कोर्सों को एक साथ अपना सकेगा।
4. राज्य सरकारों का यह कर्त्तव्य होगा कि वे अपने-अपने राज्य में मुक्त विश्वविद्यालयों की स्थापना कुशल योजना के आधार पर करें तथा उसके लिए आवश्यक सभी संसाधन भी उपलब्ध कराएँ। उसके अतिरिक्त आयोग ने यह भी व्यवस्था की कि राष्ट्रीय मुक्त विश्वविद्यालय, राजकीय मुक्त विश्वविद्यालयों (State Open Universities) तथा पत्राचार कोर्स के विभागों को विकास कार्यों के लिए धन मुहैया करवाए।
5. सर्वप्रथम मुक्त विश्वविद्यालयों के कार्यक्रमों की गुणवत्ता तथा वितरण विधि को कुशल बनाना इसलिए आवश्यक है क्योंकि इस क्षेत्र में विशेषज्ञों तथा प्रशिक्षित मानवीय संसाधनों की उपलब्धि पर्याप्त नहीं है।
6. मुक्त विश्वबिद्यालय की वितरण पद्धति तथा उसके कार्यक्रमों में माध्यमों के सहयोग को सशक्त बनाने के लिए सूचना एवं प्रसारण मंत्रालय से रेडियो एवं दूरदर्शन के अलग चैनल स्थापित करने की बातचीत की जाएगी।
7. राष्ट्रीय मुक्त विश्वविद्यालय दूरस्थ अधिगम प्रणाली में तालमेल बिठाने तथा उसका स्तर निर्धारित करने के लिए एक आवश्यक नियमावली का निर्माण करेगा। जो राज्य मुक्त विश्वविद्यालय खोलने के इच्छुक होंगे उनको यह नियमावली प्रस्तुत सुविधाओं से लाभ प्राप्त कैसे करना है, निर्देश करेगी।
8. शिक्षा के प्रत्येक स्तर के लिए अधिगम का न्यूनतम मानक निर्धारित कर उस स्तर की उपलब्धियों के मूल्यांकन के लिए मापक आधार तैयार किया जाएगा। इन सब बातों का निर्धारण करते समय इस बात का विशेष ध्यान रखा जाएगा कि कृषि एवं औद्योगिक कार्यकर्ताओं तथा महिलाओं को शिक्षा प्राप्त करने के अवसर प्राप्त हों।

प्रश्न 32. राष्ट्रीय मुक्त विद्यालयों की पाँच मुख्य विशेषताओं पर संक्षेप में प्रकाश डालिए।

उत्तर– राष्ट्रीय मुक्त विद्यालयों की पाँच मुख्य विशेषताएं निम्न प्रकार से हैं–

(i) उच्च स्तरीय शिक्षा (High leveled education)–राष्ट्रीय मुक्त विद्यालय निःसन्देह उच्चस्तरीय शिक्षा प्रदान करने में सक्षम है, जिसे ये विद्यालय सफलतापूर्वक निभा रहे हैं। इन विद्यालयों से पढ़ने वाले विद्यार्थियों को जो प्रमाण-पत्र जारी किए जाते हैं उन्हें भारतीय

विश्वविद्यालयी संघ तथा निजी तौर पर देश भर के चालीस से ज्यादा विश्वविद्यालयों ने मान्यता दे रखी है।

(ii) **लचीलापन (Flexibility)**–मुक्त विद्यालयों में विषय चयन के क्षेत्र में विद्यालयों द्वारा विद्यार्थियों पर कुछ जबरदस्ती नहीं थोपा गया है। इसके विपरीत विद्यार्थी भिन्न-भिन्न विषयों में से अपनी मर्जी तथा पसंद के विषय चुन सकते हैं। उदाहरणार्थ उच्चतर माध्यमिक स्तर पर विद्यार्थी को इतिहास के साथ रसायन-विज्ञान तथा लेखांकन तक चुनने की छूट है।

(iii) **मूल्यांकन पद्धति (Evaluation pattern)**–पढ़ाई के दौरान राष्ट्रीय मुक्त विद्यालय विद्यार्थियों को भिन्न-भिन्न मूल्यांकन द्वारा उनकी प्रगति (progress) के विषय में भी सहायता करता है। इस तरह मूल्यांकन एक महत्त्वपूर्ण रोल अदा करता है क्योंकि यह न केवल विषयों की जानकारी ग्रहण करने में सहायक होंगे अपितु विद्यार्थियों को परीक्षा की तैयारी में भी सहायता करेंगे।

(iv) **विषयों को अलग-अलग समय पास करने की छूट (Facility to clear exams at different times)**–मुक्त विद्यालय इस बात की विद्यार्थियों को छूट देता है कि वे अनिवार्य विषयों को 5 वर्ष की अवधि में कभी भी पास कर सकते हैं। यह योजना परम्परागत विश्वविद्यालयों से हटकर है, क्योंकि परम्परागत विश्वविद्यालय उन विद्यार्थियों को अगली कक्षा में बैठने की अनुमति देते हैं जो उस साल के लिए निर्धारित विषयों को पास कर लेते हैं। इसके अतिरिक्त मुक्त विद्यालय 5 साल की अवधि में विद्यार्थियों को परीक्षा में बैठने के 10 अवसर देता है क्योंकि राष्ट्रीय मुक्त विद्यालय वर्ष में दो बार परीक्षा लेता है।

(v) **स्वनिर्देशन सामग्री का अध्ययन (The study of self-directed material)**–राष्ट्रीय मुक्त विद्यालय में अध्ययन करने का सिद्धान्त यह है कि विद्यार्थियों को स्वयं अध्ययन करना है। इसका अर्थ यह है कि उनको स्वयं शिक्षक बनना है। इसके लिए उनको विशेष रूप से तैयार की गई मुद्रित सामग्री दी जाती है, जिसका उन्होंने अध्ययन करना होता है। इसके अतिरिक्त भाषा सीखने के लिए ऑडियो कैसेट, प्रयोग-पुस्तिकाएँ, अध्ययन निर्देशिकाएँ आदि भेजी जाती हैं। विद्यार्थियों को यह सामग्री अपने अध्ययन केन्द्र से लेनी होती हैं। विद्यार्थियों को इस सामग्री के लिए अलग से पैसे नहीं देने होते, क्योंकि इनका मूल्य उनकी फीस में शामिल होते हैं।

प्रश्न 33. हरियाणा विद्यालय से आपका क्या अभिप्राय है? इसकी मूल्यांकन विधि को संक्षेप में व्यक्त कीजिए।

अथवा

हरियाणा मुक्त विद्यालय के अर्थ तथा मूल्यांकन विधि पर संक्षेप में प्रकाश डालिए।

उत्तर– हरियाणा मुक्त विद्यालय की स्थापना सन् 1994 में की गई थी। इसके कार्य-कलापों के लिए हरियाणा विद्यालय शिक्षा बोर्ड, भिवानी की इमारत (building) का प्रयोग किया जाता है। इस मुक्त विद्यालय की प्रसिद्धि का आलम यह था कि स्थापना के पहले साल में ही 14,000 से ज्यादा विद्यार्थियों ने पंजीकरण करवाया, जिनमें से 7,500 विद्यार्थियों ने माध्यमिक स्तरीय तथा 6,600 ने वरिष्ठ माध्यमिक स्तरीय शिक्षा में दाखिला लिया। इनमें से 70% माध्यमिक स्तर पर तथा 62% वरिष्ठ माध्यमिक स्तर पर ग्रामीण परिवेश से जुड़े विद्यार्थी थे। महिलाओं की संख्या भी अपेक्षाकृत अच्छी थी। परन्तु सबसे बड़ी कमी जो इस मुक्त विद्यालय में महसूस की गई वह थी अनुसूचित जातियों, जनजातियों तथा पिछड़े वर्ग से केवल 20% विद्यार्थियों का पहुँचना।

मूल्यांकन विधि (Evaluation System)—राष्ट्रीय मुक्त विद्यालयों की मूल्यांकन विधि औपचारिक शिक्षण संस्थाओं से अलग है। यहाँ छात्रों को एक ही बार में परीक्षा पास करना अनिवार्य नहीं होता। हरियाणा मुक्त विद्यालय द्वारा अपनाई गई मूल्यांकन प्रणाली निम्नलिखित हैं–

(i) यहाँ विद्यार्थी को एक साथ सारे विषय पास करने की अनिवार्यता नहीं होती। विद्यार्थी जो-जो पेपर पास करता जाता है उसका सम्पूर्ण रिकॉर्ड सुरक्षित रखा जाता है और जब विद्यार्थी अपने सभी विषयों को पास कर लेता है उसे उत्तीर्ण घोषित कर अंक-तालिका सौंप दी जाती है।

(ii) विद्यार्थियों को पास होने के लिए अनुशिक्षक अंकित मूल्यांकन तथा बाहरी परीक्षाओं में अलग-अलग 33% अंक लेने अनिवार्य हैं।

(iii) निरन्तर मूल्यांकन के संदर्भ में अध्यापक छात्रों को कार्य (assignment) देते हैं जिनके लिए 20 अंक निर्धारित होते हैं।

(iv) इस विद्यालय द्वारा छात्रों को विषय पास करने की विशेष छूट दी गई है। वे निर्धारित समय में चाहे तो एक साथ या फिर एक-एक करके सभी विषय पास कर सकते हैं।

प्रश्न 34. आधुनिकीकरण से आप क्या समझते हैं?

उत्तर– आधुनिकीकरण एक ऐसी प्रक्रिया है जो प्रत्येक समाज में निरन्तर चलती रहती है। समाज में होने वाले परिवर्तन इसी के परिणाम हैं। जो समाज अपनी पुरानी रूढ़ियों व परम्पराओं से ही चिपके रहना चाहते हैं वे प्रगति की दौड़ में भी पिछड़ जाते हैं। यही कारण है कि आज प्रत्येक व्यक्ति व समाज आधुनिक बनने के लिए तत्पर हैं। आधुनिकीकरण की इस प्रक्रिया ने जीवन के प्रत्येक क्षेत्र को प्रभावित किया है। घर, शिक्षा, कृषि, चिकित्सा तथा उद्योग सभी क्षेत्रों की कार्य प्रणाली पर इसका व्यापक प्रभाव पड़ा है। यही नहीं; धीरे-धीरे हमारी सोच भी आधुनिक हो रही है और हम पुराने विचारों के संकुचित घेरे को तोड़ बाहर आ रहे हैं। अब प्रश्न यह उठता है कि आधुनिकीकरण है क्या?

आधुनिकीकरण का अर्थ (Meaning of Modernization)–आधुनिकीकरण को परिभाषित करना बहुत कठिन है। इस सन्दर्भ में कुछ मुख्य दृष्टिकोण प्रस्तुत हैं–

सामान्य व्यक्ति का दृष्टिकोण (Common Man's Approach)–सामान्य व्यक्ति के लिए इसका अर्थ है अपने लिए सुख-सुविधा के साधन जुटाना और उनका प्रयोग करना। जहाँ तक एक अनपढ़ ग्रामीण व्यक्ति का सम्बन्ध है वह औद्योगीकरण को ही आधुनिकीकरण का पर्याय समझता है। वह समझता है कि उद्योगों के विकास के कारण ही जीवन के स्तर में सुधार हुआ है।

समाजशास्त्री का दृष्टिकोण (Sociologist's approach)–इनके अनुसार यह एक ऐसी प्रक्रिया है जिसके कारण हम विभिन्न समाजों में अन्तर कर सकते हैं।

मनोवैज्ञानिक का दृष्टिकोण (Psychologist's approach)–मनोवैज्ञानिक मानते हैं कि आधुनिकीकरण के लिए आवश्यक है कि समाज के व्यक्तियों में नवीन परिवर्तनों को स्वीकारने की इच्छा हो और वे पूरे आत्म विश्वास के साथ इसके लिए प्रयत्न करें। इस प्रकार आधुनिकीकरण एक मनोवैज्ञानिक प्रक्रिया है।

अर्थशास्त्री का दृष्टिकोण (Economist's approach)–इनका मत है कि आधुनिकीकरण एक ऐसी प्रक्रिया है जिसके कारण कोई समाज नई तकनीक का प्रयोग करके उपलब्ध साधनों का अधिकतम उपयोग करने का प्रयास करता है जिससे आर्थिक विकास हो सके।

प्रश्न 35. आधुनिकीकरण के क्या लाभ हैं?

उत्तर– **आधुनिकीकरण के लाभ (Advantages of Modernization)**–इस प्रक्रिया से निम्न लाभ हैं–

1. **प्राकृतिक संसाधनों का उचित उपयोग (Proper utilization of natural resources)**–इस आधुनिकीकरण की प्रक्रिया के कारण देश में उपलब्ध प्राकृतिक संसाधनों का अधिकतम उपयोग संभव हो पाता है जिससे राष्ट्र का विकास होता है।

2. **कृषि में नवीन तकनीकों का प्रयोग (Use of new techniques in Agriculture)** —भारत एक कृषि प्रधान देश है। आधुनिकीकरण के कारण अब किसान खेती में नवीनतम तकनीक का उपयोग करने लगे हैं। इससे उत्पादन में वृद्धि हो रही है तथा आर्थिक विकास होता है।
3. **चिकित्सा सुविधाओं का विस्तार (Expansion of medical facilities)**—आधुनिकीकरण के कारण व्यक्ति की औसत आयु में वृद्धि हुई हैं। असाध्य समझी जाने वाली बीमारियों का इलाज अपने ही देश में सम्भव हो गया है। आधुनिक चिकित्सकीय सुविधाएं व्यक्ति को मौत के मुंह से निकाल लाने में भी सक्षम हैं।
4. **शिक्षा में नवीनतम तकनीकों का प्रयोग (Use of new technology in education)** — आधुनिकीकरण ने हमारी शिक्षण विधियों में भी क्रान्तिकारी परिवर्तन किए हैं। एजूसैट द्वारा विभिन्न स्थानों पर विद्यार्थियों को श्रेष्ठ शिक्षकों के शिक्षण से लाभान्वित होने का मौका मिला है। शिक्षण में ओवर हैड प्रोजेक्टर, स्लाइड प्रोजैक्टर, मल्टीमीडिया प्रोजैक्टर तथा दूर-दर्शन आदि का प्रयोग होने लगा है। दूरस्थ शिक्षा (Distance Education) का प्रचलन बढ़ा है। विभिन्न स्तरों की शिक्षा के पाठ्यक्रम में भी परिवर्तन हुए हैं।
5. **सामाजिक परिवर्तन एवं सामाजिक विकास (Social changes and social development)**—आधुनिकीकरण ने लोगों की सोच एवं काम करने के तरीकों का बदला है। रूढ़िवादी धारणाओं एवं अन्धविश्वासों में कमी आ रही है और सामाजिक विकास हो रहा है।
6. **विश्व-परिवार की भावना का विकास (Development of the feeling of world family)**—दूरियाँ कम हुई हैं। एक स्थान से दूसरे स्थान पर जाना तथा विश्व के विभिन्न भागों में रहने वाले लोगों से सम्पर्क बनाना आसान हो गया है। इससे पूरे विश्व ने एक परिवार का रूप ले लिया है।
7. **जागरूकता का विकास (Development of Awareness)**—टेलीविजन जैसे माध्यमों के कारण लोगों में अपने देश व विश्व में घटित होने वाली घटनाओं के बारे में जागरूकता बढ़ी है।
8. **औद्योगिक विकास (Industrial development)**—नए-नए उद्योग लगाए जा रहे हैं। पुराने उद्योगों में भी नवीनतम तकनीक का प्रयोग किया जाने लगा है। इससे औद्योगिक विकास को बढ़ावा मिला है।
9. **गुणवत्ता में सुधार (Improvement in quality)**—आधुनिकीकरण के कारण विभिन्न क्षेत्रों में किए जाने वाले कार्यों की गुणवत्ता में सुधार आया है, क्योंकि हम प्रत्येक क्षेत्र में नवीनतम तकनीक का प्रयोग करने लगे हैं।

प्रश्न 36. आधुनिकीकरण की हानियाँ क्या हैं?

उत्तर– **आधुनिकीकरण की हानियाँ (Disadvantages of Modernization)**—जहाँ आधुनिकीकरण के कुछ लाभ हैं वहीं कुछ हानियाँ भी हैं। इसलिए कुछ लोग इसका विरोध भी करते हैं। कुछ मुख्य कमियाँ इस प्रकार हैं।

1. **श्रम के प्रति निष्ठा में कमी (Lack in dignity for labour)**—मशीनों पर अत्यधिक निर्भर हो जाने के कारण लोग आलसी हो गये हैं। उनमें मेहनत के प्रति आदर की भावना में कमी आई है।
2. **मानवीय मूल्यों में गिरावट (Downfall in human values)**—कुछ लोग आधुनिकीकरण का अर्थ पाश्चात्य सभ्यता व संस्कृति का अन्धानुकरण मानते हैं। लेकिन पाश्चात्य संस्कृति का बिना सोच समझे अनुकरण करने से हम अपने प्राचीन सांस्कृतिक मूल्यों से कट रहे हैं और भारतीय समाज में मानवीय मूल्यों में गिरावट देखने को मिल रही है।

3. **सामाजिक विकास में रुकावट (Discourages social development)**—आधुनिकीकरण ने व्यक्ति को आत्मकेन्द्रित बना दिया है। विशेष रूप से दूर-दर्शन के कारण लोग हर समय इसी से चिपके रहना चाहते हैं। लोगों का आपस में मिलना-जुलना कम हुआ है। इस प्रकार इस प्रक्रिया ने सामाजिक विकास को अवरुद्ध किया है।

4. **परम्परा व आधुनिकता में संघर्ष की स्थिति (Situation of conflict in tradition and modernity)**—इस प्रक्रिया के कारण विशेष रूप से युवा पीढ़ी की सोच को पूरी तरह बदल दिया है। वे जाति, धर्म तथा गोत्र आदि के बन्धनों से मुक्त हो जाना चाहते हैं तो दूसरी ओर पुरानी पीढ़ी अभी भी अपनी पुरानी सोच को नहीं बदल पाई है। इससे समाज के इन दोनों वर्गों में संघर्ष की स्थिति उत्पन्न हो गई है।

5. **प्रतिभा-पलायन को बढ़ावा देती है (Encourage brain drain)**—आधुनिकीकरण ने यह सम्भव बना दिया है कि व्यक्ति विश्व के किसी भी भाग में चला जाए। यही कारण है कि अपने देश में उपलब्ध विकास सम्बन्धी सुविधाओं की कमी के कारण आज का प्रतिभाशाली युवा विदेश जाकर बस जाना चाहता है। यह प्रतिभा-पलायन राष्ट्रीय विकास के लिए घातक है।

◆◆◆

LAXMI®

समकालीन भारत तथा शिक्षा

[CONTEMPORARY INDIA AND EDUCATION]

[Paper–II]

UNIT–IV

4. *Emerging Concerns of Indian Society and Education*
   - *Culture and Education*
   - *Democracy and Education*
   - *Inequalities in ancient, medieval and modern education*
   - *New Economic Reforms and their impact on Education*
   - *Education for Technological Empowerment*
   - *Role of teacher in the context of Universal Education*
   - *Reservation as an egalitarian Policy*

–: प्रकाशक :–

LAXMI BOOK DEPOT Hansi Gate, Bhiwani ™

लक्ष्मी बुक डिपो

हांसी गेट, भिवानी (हरियाणा)

4

भारतीय समाज के उभरते हुए सरोकार तथा शिक्षा
[Emerging Concerns of Indian Society And Education]

4.1 संस्कृति तथा शिक्षा (Culture and Education)

1. संस्कृति क्या है? शिक्षा तथा संस्कृति के सम्बन्ध का वर्णन कीजिए।
(What is culture? Describe the relationship between culture and education.)

उत्तर–संस्कृति शब्द व्यापक अर्थ में प्रयुक्त होता है। इसकी व्युत्पत्ति तो संस्कार से है। 'संस्कृति' में अनेक नए-नए तत्त्व आकार जुड़ते रहते हैं। यह सच है कि जिसमें अच्छे संस्कार हों, उसके व्यवहार और आचरण में ऐसी उत्कृष्ट बातें आ जाती हैं जिनके कारण उसे सभी पसंद करते हैं और ऐसा व्यक्ति 'सुसंस्कृत' माना जाता है। अतः संस्कृति व्यक्ति के ऊपर अच्छे संस्कार डालती है। इसका शाब्दिक अर्थ 'कल्चर' लैटिन भाषा के शब्द 'कल्ट्यूरा' (Culture) से निकला है। 'संस्कृति' शब्द को तीन अर्थों में स्पष्ट किया जा सकता है–(1) साहित्यिक अर्थ, (2) नैतिक अर्थ, (3) समाजशास्त्रीय अर्थ। सबसे पहले साहित्यिक अर्थ में 'संस्कृति' जीवन का प्रकाश और कोमलता है। इतिहासकारों ने देश या समाज के कलात्मक एवं बौद्धिक विकास को ही संस्कृति माना है। दूसरा, नैतिक अर्थ में 'संस्कृति' शब्द का अर्थ नैतिक, आध्यात्मिक तथा बौद्धिक विकास के रूप में करते हैं। तीसरा अर्थ समाजशास्त्रीय रूप में, 'संस्कृति' मानव द्वारा निर्मित वह संपूर्ण वातावरण माना जाता है, जिसमें कि वह रहता है, सोचता-विचारता है, कार्य करता है, अपनी समस्त प्रकार की आवश्यकताओं की पूर्ति करता है और गुणों, आदतों, प्रथाओं, परम्पराओं आदि को सीखता है, अर्थात् सम्पूर्ण सामाजिक विरासत ही संस्कृति है।

संस्कृति की परिभाषा (Definition of Culture)–संस्कृति' शब्द के अर्थ को स्पष्ट करते हुए कुछ विद्वानों ने इस प्रकार परिभाषित किया है–

1. **एलवुड का विचार** (Ellood's View)–**"संस्कृति में एक ओर मनुष्य की सम्पूर्ण भौतिक सभ्यता, औजार, शस्त्र, औद्योगिक विधि सम्मिलित होती है और दूसरी ओर अभौतिक अथवा आध्यात्मिक सभ्यता जैसे भाषा, साहित्य, कला, धर्म, नैतिकता, नियम एवं सरकार शामिल होती है।"** ("Culture includes on the one hand the whole of mans material civilisation, tools, weapons, system of industry and on the other all the non-material or spiritual civilisation such as language, literature, art, religion, morality, law and government.") यह संस्कृति की व्यापक परिभाषा है।

2. **ई.बी. टायलर का विचार** (E.B. Tylor's view)–श्री टायलर ने अपनी प्रसिद्ध पुस्तक 'प्रीमिटिव कल्चर' में लिखा है, **"संस्कृति वह जटिल समग्रता है जिसमें ज्ञान, विश्वास, कला, नैतिक आदर्श, नियम, प्रथाएं और समाज के सदस्य के रूप में अर्जित कोई भी अन्य क्षमताओं और आदतों का समावेश रहता है।"**

("Culture is that complex whole which includes knowledge, belief, art, morals, law's customs and any other capabilities and habits acquired by man as member of society.")

3. **मैथ्यू आर्नल्ड का विचार** (Mathew Arnold's view)–**'सर्वोत्तम विचार एवं ज्ञान संस्कृति है।'** ("The best that been thought and know is culture") वह संस्कृति में जीवन विधियाँ, आदतें, व्यवहार, वाणी का स्वर, साहित्य, समुदाय को आनन्द देने वाली वस्तुएँ, शब्द, विचार आदि सम्मिलित करते हैं। व्यापक दृष्टिकोण से मैथ्यू आर्नल्ड संस्कृति को माधुर्य और प्रकाश मानते हैं। (Methew Arnold includes in culture "the ways of life, the habits, the manners, the very tones of voices, the literature, the things which give pleasure to the community, the words, the thoughts which make the furniture of their minds." In broad sense, he describes culture as "Sweetness and light".)

4. **ओटेवे का विचार** (Ottaway's view)–'समाज की संस्कृति का अर्थ है–समाज की सम्पूर्ण जीवन विधि।' ("The culture of a society means the total way of life of a society.")

5. मकाइवर एवं पेज का विचार (View of MacIver and Page)–"संस्कृति शैलियों, मूल्यों, भावात्मक सम्बन्धों, बौद्धिक कारनामों का प्रतीक है। इस प्रकार संस्कृति, सभ्यता के विपरीत है। यह हमारे रहने तथा सोचने के तरीकों में, दैनिक व्यवहार में, कला में, साहित्य में, धर्म में, मनोरंजन तथा आमोद-प्रमोद में हमारी संस्कृति की अभिव्यक्ति है।" ("Cultural is the realm of styles of values, of emotional attachments, of intellectual adventures. Culture, then is the antithesis of civilisation. It is the expression of our nature in our modes of living and our thinking, in our everyday intercourse, in art, in literature, in religion, in recreation and enjoyment.")

6. **एफ जे. ब्राउन का विचार** (F. J. Brown's view)–**"संस्कृति किसी समुदाय के सम्पूर्ण व्यवहार का एक ढांचा है जो अंशतः भौतिक वातावरण से अनुकूलित होता है। यह वातावरण प्राकृतिक एवं मानव निर्मित दोनों प्रकार का हो सकता है, किन्तु प्रमुख रूप से यह ढांचा सुनिश्चित विचारधाराओं, प्रवृत्तियों, मूल्यों तथा आदतों द्वारा अनुकूलित होता है जिनका विकास समूह द्वारा अपनी आवश्यकताओं की पूर्ति के लिए किया जाता है।"** ("Culture is the total behaviour pattern of the group conditioned in part by the physical environment, both natural and man made, but primarily by the ideas, atttudes, values and habits, which have been developed by the group to meet and needs.")

7. **रेल्फ लिन्टन का विचार** (Ralphinton's view)–**"संस्कृति सीखे हुए व्यवहारों के परिणाम का वह समग्र रूप है जिसके निर्माणकारी तत्त्व किसी विशिष्ट समाज के सदस्यों द्वारा प्रयुक्त तथा संचारित होते हैं।"** ("Culture is configuration of learned behaviours whose component elements are shared and transmitted by the members of the particular society.")

8. **जोसेफ रोसेक का विचार** (Joseph Roucks view)–संस्कृति की परिभाषा साधारणतः इस प्रकार की जा सकती है–किसी विशेष समय और स्थान में निवास करने वाले विशेष व्यक्तियों के जीवन व्यतीत करने की सामूहिक विधि। ("Culture might be defined simply as the total way of living of a particular people at a particular time and place.")

9. **सुदरलैण्ड एवं वुडवर्ड के विचार** (View of Sutherland and Woodward)–इन्होंने संस्कृति और सामाजिक विरासत (Social Heritage) को पर्यायवाची माना है और लिखा है, **"संस्कृति में कोई भी बात आ सकती है जिसे एक पीढ़ी से दूसरी पीढ़ी को हस्तान्तरित किया जा सकता है। किसी भी राष्ट्र की, 'संस्कृति' उसकी सामाजिक विरासत है। यह एक जटिल सम्पूर्णता है, जिसमें ज्ञान, विश्वास, कला, नैतिकता, नियम, भोजन-विधियाँ, निर्माण एवं प्रयोग विधियाँ तथा संचार विधियाँ सम्मिलित हैं।"** ("Culture includes anything that can be communicated from one generation to another. The culture of people is their social heritage, 'a complex whole', which includes knowledge, beliefs, art, morals, laws, techniques of food, fabrication and use, and modes of communication.")

10. रेडफील्ड (Redfield) के विचार, **''संस्कृति कला और उपकरणों से अभिव्यक्त परम्परागत ज्ञान का वह संगठित रूप है, जो परम्परा के द्वारा संगठित होकर मानव समूह की विशेषता बन जाता है।''**

11. **व्हाइट हैड** (White head) के विचार, **''संस्कृति एक प्रतीकात्मक निरन्तर, संचयी और प्रगतिशील प्रक्रिया है।''** (Culture is a continuity inspiration, collective and progressive process.")

12. **जोसेफ पीपर** (Joseph Peeper) के शब्दों में, ''संस्कृति की सभी प्राकृतिक वस्तुओं और उन उपहारों तथा गुणों का सार है जो मनुष्य से संबंध रखते हुए भी उनकी आवश्यकताओं के तात्कालिक क्षेत्र से परे हैं।" ("Culture is the conculusion of all natural things of bring creature and also gifts and merits, which is related to the men inspite of their necessity and beyond of present area.")

13. **हावेल** (Hoval) के विचार, **''संस्कृति सीखे हुए व्यवहार-प्रतिमानों की वह सम्मिलित पूर्णता है जो किसी समाज के सदस्यों की विशेषताओं को व्यक्त करती है और जो इसलिए प्राणशास्त्रीय विरासत का परिणाम नहीं होता है।''**

14. **मैलिनोवास्की** (Malensvasky) का मत है, **"संस्कृति को प्राप्त आवश्यकताओं की एक व्यवस्था एवं उद्देश्यमूलक क्रियाओं की संगठित व्यवस्था के रूप में परिभाषित किया जा सकता है।"**

भारतीय संस्कृति की प्रमुख विशेषताएँ
(Salient Features of Indian Culture)

भारत की संस्कृति एक मिश्रित संस्कृति का उदाहरण है। इसका निर्माण सदियों से होता आया है। जो भारत के उत्तर से दक्षिण, पूर्व से पश्चिम अर्थात् संसार के एक बड़े क्षेत्र तक फैली है। यहाँ की सांस्कृतिक धरोहर गौरवपूर्ण एवं समृद्ध है। इसका न केवल भारत के इतिहास के अध्ययन में बल्कि विश्व इतिहास के अध्ययन में व्यापक महत्त्व है। प्राचीन भारत का साहित्य अत्यधिक व्यापक और समृद्ध साहित्य था। इसकी संस्कृति शुरू से ही विश्व में सर्वाधिक समृद्ध, अत्यधिक वैभवशाली और सु-संस्कृत रही है। इतिहास हमें बताता है कि हमारे वैज्ञानिकों की खगोल विज्ञान, गणित, औषधि विज्ञान और शल्य-विज्ञान का अत्यन्त उन्नत ज्ञान प्राप्त था। इसके साथ-साथ यहाँ की शासन व्यवस्था और सहकारी जीवन-शैली बहुत उत्तम थी। यह कहा जाता है कि भारत में ऐसा समय भी था जब लोग अपनों घरों में ताला नहीं लगाते थे। हमारे देश में सुन्दर और बारीक वस्त्रों की सुदृढ़ परम्परा रही है। प्राचीन काल में भारतीय मखमल, सूती रेशमी और जरी के कपड़ों की विदेशी बाजारों में धूम मची थी। इन सब बातों की चर्चा का यह अर्थ है कि हमें अपने गौरवपूर्ण अतीत से प्रेरणा लेनी चाहिए। इस सन्दर्भ में कुछ विद्वानों के विचार नीचे दिए गए हैं–

1. **विल ड्यूरैन्ट** (Will Duant)–ख्याति प्राप्त विचारक तथा लेखक ने लिखा है, **''भारत हमें सहनशीलता, मानव मन की कोमलता, समझ-बूझ प्रवृत्ति, मानव के प्रति संवेदनशीलता का पाठ पढ़ाया है। भारत हमारी जाति की मातृभूमि है। संस्कृत यूरोपियन भाषाओं की जननी है। वह हमारे दर्शन तथा गणित की जननी है। भारत ईसाई धर्म के आदर्शों की जननी है।"**

2. **जेम्स** (James)–वे एक अंग्रेज विचारक थे उन्होंने भारतीय संस्कृति के बारे में लिखा है, **''जब हमारे इंग्लैंड के पूर्वज पशुओं तथा एक-दूसरे की हत्या करने के लिए सोचते थे, उस समय सम्भवतः भारत का दर्शन बहुत परिपक्व था–कला, कविता तथा साहित्य में भी–सम्भवतः हर क्षेत्र में।''**

3. **मार्कटवन** (Marktwain)–मार्क अमेरिका के एक प्रसिद्ध लेखक थे, उनके विचार में, **''भारत मानव जाति का जन्म स्थल है, मानव के इतिहास में जो सबसे महत्त्वपूर्ण है, उसका खजाना भारत में ही है।"**

4. **पी जॉनस्टोन** (P. Johnstone)–ये भी एक अमेरिकन वैज्ञानिक थे, इन्होंने लिखा है–**''न्यूटन के जन्म से पूर्व भारतीयों को गुरुत्वाकर्षण के सिद्धान्त की जानकारी थी। साथ ही भारतीयों ने शताब्दियों पूर्व रक्त संचार प्रक्रिया के बारे में अन्वेषण किया था।''**

5. **लेनसीलॉट हॉगिन** (Lanccelot Hogen) ने अपनी पुस्तक 'Mathematics for the Millions' में लिखा है–''भारत के शून्य की खोज से बढ़कर किसी का कोई योगदान नहीं है।''

भारतीय संस्कृति की निम्नलिखित प्रमुख विशेषताएँ हैं–

संस्कृति के मुख्य तत्त्व (Main Components of Culture)

1	2	3	4	5	6	7	8
सामूहिक व्यवहार प्रतिमान (Group Beha–viour patterns)	साहित्य (Literature)	धर्म के तत्त्व (Elements of Religion)	कला तथा इसके विभाजित केन्द्र (Various forms of Arts)	आचार शास्त्र (Ethics)	शिक्षा (Education)	सामाजिक राजनैतिक तथा आर्थिक संस्थाएं (संस्कृति के विस्तृत अर्थ में)	भाषा (Language)
1. पौराणिक कथाएं (Legends)	1. नाटक (Novel)	1. पूजा पद्धति (More of worship)	1. संगीत (Music)	1. सदाचार	(विस्तृत अर्थ में)		
2. कल्पनाएँ (Myths)	2. काव्य (Poetry)	2. धार्मिक अनुष्ठान (Religious Rituals etc.)	2. नृत्य (Dance)	2. धोखा न देना आदि		–	
3. प्रथाएँ (Customs)	3. गद्य (Prose)		3. मूर्तिकला (Sculpture)				
4. परम्पराएँ (Traditions)	4. कहानी (Story) आदि		4. चित्रकला (Painting) आदि				
5. मान्यताएँ (Mores)							
6. नियम (Laws)							
7. बातचीत का ढंग (Manner of conversation)							
8. एक-दूसरे से बर्ताव (Behaviours of each other)							
9 फैशन (Fashions)							

1. धर्म प्रधान (Secularism)–भारतीय संस्कृति की नीव धर्म पर रखी हुई है। इस संस्कृति के धर्म का अर्थ बड़े व्यापक रूप में लिया गया है। धर्म जो अंग्रेजी शब्द Religion शब्द का अनुवाद किया जाता है। अंग्रेजी में 'Religion' शब्द का प्रयोग बाहरी कर्मकाण्डों के लिए किया जाता है, किन्तु भारतीय संस्कृति में धर्म शब्द को केवल बाह्य कर्मकाण्डों के लिए ही नहीं, बल्कि सांस्कृतिक संगठन और आध्यात्मिकता के लिए भी प्रयोग किया जाता है। धर्म भारतीयों को एक सूत्र में बांधता है। यह एक ऐसा तत्त्व है, जो मनुष्य को पशु से अलग करता है। वास्तव में इसका अर्थ है धारण करना। इसलिए जनता को एक सूत्र में बांधने के कारण ही इसे धर्म का नाम दिया गया है।

2. ज्ञान का स्रोत (Source of Wisdom)–भारत के अतीत में हमारी रुचि केवल इसलिए नहीं है कि हम उसे जानना मात्र चाहते हैं, बल्कि यह अतीत, विशाल ज्ञान स्रोत समेटे हुए है। यहीं पर संसार की उत्पत्ति एवं उसके उत्थान व पतन के स्रोत भी प्राप्त होते हैं। अनेकों सभ्यताओं का उद्‌गम स्थान भारत ही है। इन सभी चीजों की उद्‌गमता इसकी संस्कृति को सुदृढ़ बनाती है। अतः हमारा प्राचीन इतिहास जीवन के अनुभवों का एक अच्छा खजाना है और आज का समाज अतीत के अनुभवों से व्यापक लाभ उठा सकता है।

3. आध्यात्मिकता में विश्वास (Faith in Spiritualism)–भारतीय संस्कृति में आध्यात्मिकता का महत्त्वपूर्ण स्थान है। भारतवर्ष सभी धर्मों को समान समझने वाला एवं आध्यात्मिकता का देश है। इस अध्यात्मिक संपदा में ही भारत की विरासत छिपी हुई है। भारत भूमि पर ही महान् योद्धा, ऋषि, विचारक, बुद्धिजीवी पैदा हुए हैं। उन्होंने पृथ्वी पर मनुष्य के समक्ष रहकर मानवता का पाठ पढ़ाया है। यहाँ के सत्यं, शिवं और सुन्दरं आधारित मूल्यों को दर्शाते हैं। ये तीनों चीजें आध्यात्मिकता को प्रदर्शित करके मानव आत्मा और मानव को वास्तविक शक्ति प्रदान करती हैं। आध्यात्मिकता द्वारा देश में फैली अराजकता, शोषण, स्वार्थ, द्वेष, अव्यवस्था को समाप्त किया जा सकता है।

4. भारत में एकता में भिन्नता तथा भावात्मक एकता (Unity in Diversity and Emotional Integration in India)–'विभिन्नता में एकता', भारतीय संस्कृति की अपनी विशेषता है। यहाँ की भौगोलिक परिस्थितियों में बहुत भिन्नता पाई जाती है। इसके उत्तर में विशाल हिमाच्छादित हिमालय पर्वत है। पश्चिम में बड़ा मरुस्थल है और पूर्व में खाड़ी क्षेत्र है। इसका मध्य भाग पहाड़ी एवं हरा-भरा मैदानी क्षेत्र है। इस विशिष्ट भौगोलिक परिस्थिति ने भारत की संस्कृति तथा इतिहास पर अपूर्व प्रभाव डाला है। हर क्षेत्र की भौगोलिक परिस्थिति अलग-अलग होने से यहाँ पर निवास करने वाले लोगों की वेश-भूषा, खान-पान एवं रहन-सहन भिन्न है, लेकिन इतना होते हुए भी भारतवर्ष की एकता सुदृढ़ है। अनेक प्रकार के लोगों का निवास होने पर भी उन सबमें एक प्रकार की एकानुभूति विद्यमान है, जिसका कारण उनके इतिहास और संस्कृति में एकता है।

5. समन्वयशीलता (Mutual Understanding)–भारतीय संस्कृति प्रारम्भ से ही समन्वय की समर्थक रही है। यह सभी प्रकार की विभिन्नताओं को अपने भीतर समा लेती है। भारतीय संस्कृति के निर्माता आर्य थे। आर्यों के भारत में आने से पहले यहाँ बहुत-सी जनजातियाँ थीं। लेकिन आर्यों ने भारतीय संस्कृति को ऐसा लचीला रूप दिया, जिससे हर नई संस्कृति उसमें समा सके। नोग्रो से हूण तक इस देश में बहुत-सी प्रजातियाँ आईं और आकर इसमें समा गईं। हिन्दू संस्कृति ने बहुत-सी संस्कृतियों को अपने अन्दर मिलाकर अपनी शक्ति को बढ़ाया है। इस्लाम भी भारतीय संस्कृति की समन्वयता से अछूता नहीं रहा। उस पर भी हिन्दू संस्कृति का बहुत प्रभाव पड़ा है।

6. कर्म के सिद्धान्त में विश्वास (Faith in theory of Karma)–बहुत से भारतीय दार्शनिक कर्म के सिद्धान्त में विश्वास रखते थे; और आज भी रहते हैं। इस सिद्धांत के अनुसार हमारे कर्मों का फल संस्कारों के रूप में हमेशा साथ रहता है और हमारी जीवन दिशा को निर्देशित करता है। महात्मा बुध ने भी यहाँ सच्चाई एवं कर्म भी महत्त्वता बताते हुए कहा है, कि **"अपने कर्मों के आधार पर मनुष्य एक समान नहीं है, क्योंकि कुछ चिरंजीवी होते हैं; कुछ अल्प आयु, कुछ धनी तथा कुछ निर्धन आदि। इसी कर्म के बंधन के कारण मानव आत्मा को विभिन्न शरीर धारण करने पड़ते हैं। अतः मुक्ति मनुष्य को पुनर्जन्म के चल से मुक्त कर देती है। मुक्ति से अर्थ है, कर्मों के बंधन से मुक्त होना।"**

7. सादा जीवन उच्च विचार (Simple Living and High Thinking)–साधा जीवन, रहन-सहन और उच्च विचार हमारी भारतीय संस्कृति की महत्त्वपूर्ण विशेषता है। सुबह व शाम के समय अधिकांश लोग नाम कथाएं अर्थात् धार्मिक ग्रंथों, परिभाषिकों और महान् आत्माओं द्वारा दिए जाने वाले प्रवचनों को सुनते हैं। यह सत्संग की प्रथा हमारे तक पीढ़ी दर पीढ़ी पहुंची है।

8. भारतीय संस्कृति के नैतिक मूल्य (Ethical Values of Indian Cultural Heritage)–भारत के विचारक सत्य, अहिंसा, ब्रह्मचर्य और अपरिग्रह (सम्पत्ति को जमा करने की प्रवृत्ति का न होना) पर बड़ा जोर देते हैं। इन आदर्शों पर वैदिक, बौद्ध, जैन व पौराणिक विचारकों ने समान रूप से जोर दिया है। हमारे देश की वैयक्तिक व सामाजिक साधना के लिए ये मूल सूत्र रहे हैं। इस प्रकार भारतीय संस्कृति नैतिक मूल्यों से परिपूर्ण है।

9. व्यक्ति के प्रति आदर (Respect for Person)–हमारी नागरिक भावना ने हमारे भीतर व्यक्ति के प्रति आदर करने की एक उत्तम विशेषता को पैदा किया है। जिस प्रकार हमें अनेक अधिकार प्राप्त हैं, उसी प्रकार दूसरों को भी ये अधिकार प्राप्त हैं। हमें दूसरों को भी अपनी तरह विवेकपूर्ण प्राणी मानना चाहिए।

10. सहनशीलता में विश्वास (Faith in Tolerance)–भारतीयों में सहनीशलता के गुण विद्यमान हैं। हम उदार हृदय हैं और हमारा विश्वास है कि मुक्ति को पाने के अनेक मार्ग हैं। उद्देश्य के प्रति ईमानदारी और हृदय की शुद्धता अनिवार्य है। इन सभी चीजों की प्राप्ति सहनशीलता द्वारा प्राप्त हो सकती है।

11. व्यापक दृष्टिकोण (Broad Attitude)–भारतीय संस्कृति का दृष्टिकोण कभी भी एकांकी नहीं रहा है। यह जीवन को समग्र रूप में देखती रही है। यह जीवन के दोनों पक्षों–भौतिक और अध्यात्मिक पर जोर देती है। आध्यात्मिकता के साथ-साथ साहित्य, संगीत, कला, विज्ञान आदि का भी भारतीय संस्कृति में स्वच्छ विकास हुआ है। भारतीय संस्कृति के व्यापक दृष्टिकोण का यह स्पष्ट प्रमाण है। भारतीय संस्कृति में पुरुषार्थ चार माने गए हैं। इन पुरुषार्थों में अर्थ और काम को भी धर्म और मोक्ष के साथ-साथ स्थान दिया गया है। आर्थिक उन्नति के बिना सांस्कृतिक उन्नति अधूरी रहती है, इसलिए भारतीय संस्कृति में अर्थ को भी स्थान दिया गया है। भारतीय संस्कृति का लक्ष्य मनुष्य का सर्वांगीण विकास करने से है। भारत में धर्मशास्त्रों के साथ-साथ अर्थशास्त्र और कामशास्त्र को भी रचना हुई है। स्पष्ट है कि भारतीय संस्कृति का दृष्टिकोण व्यापक रहा है।

12. जातीय एकता (Racial Unity)–इसमें कोई सन्देह नहीं कि भारत में अनेक नस्लों के लोग रहते हैं, पर इन विविध नस्लों में सम्मिश्रण भी खूब हुआ है। सारे भारत में एक प्रकार की जातीय एकता उत्पन्न हो गई हैं।

13. परोपकारिता एवं सेवा भावना (Altruism and Service)–परोपकारिता हमारी संस्कृति की विशेषता रही है। इसमें कोई सन्देह नहीं कि संसार के अन्य देशों में आईं प्राकृतिक आपदाएँ (जैसे--बाढ़, तूफान, मृत्यु, अग्नि) आदि स्थिति में बिना मांगे हर सम्भव सेवाएं प्रदान करना भारत की सेवा भावना को बताती है। हमारा मत है कि समाज-सेवा मनुष्य को परमात्मा के समीप पहुंचा देती है। इसलिए कर्तव्य, परोपकार एवं सेवा निभाने के लिए न होकर समाज को सुदृढ़ बनाने के लिए होना चाहिए।

14. कर्तव्य की भावना (Sense of Duty)–हमारे में अपने कर्तव्य के प्रति तीव्र भावना है और हम अपने अधिकारों के लिए अधिक नहीं सोचते। हम स्नेह और शान्ति के प्रेमी हैं; और कभी भी हिंसा का मार्ग नहीं अपनाते।

15. भारतीय समाज को समझने और उसे पुनर्गठित करने का आधार (Source of Understanding Indian Society and Basic of its Reconstruction)–आज का भारतीय समाज हमारों-वर्षों के सतत विकास का परिणाम है। अतीत के अध्ययन से हमें उन शक्तियों का पता चलता है, जिन्होंने भारतीय समाज को एक सांचे में ढालकर आज की स्थिति में पहुँचाया और इससे हमें अपने वर्तमान को समझने और भविष्य को सँवारने के लिए मार्गदर्शन भी प्राप्त होता है। उदाहरण के लिए, हमने सारनाथ स्थित अशोक स्तम्भ जिस पर सम्राट अशोक की राजाज्ञाएँ खुदी हैं, और उसके शीर्ष-सिंह को भारत ने राष्ट्रीय प्रतीक के रूप में अपनाया है। गांधीजी का लक्ष्य भारत में राम-राज्य की स्थापना करना था।

संस्कृति और शिक्षा का घनिष्ठ संबंध
(Close Relationship between Education and Culture)

संस्कृति और शिक्षा का घनिष्ठ संबंध है। संस्कृति के बिना शिक्षा का तथा शिक्षा के बिना संस्कृति का कोई अस्तित्व नहीं हो सकता। शिक्षा द्वारा ही संस्कृति आदिकाल से पनपती है और उसी ने संस्कृति को सुरक्षित रखा है। अतः इस संदर्भ में शिक्षा के दो प्रमुख कार्य हैं–पहला संस्कृति की रक्षा करना और दूसरा संस्कृति को पल्लवित पुष्पित करते हुए उसमें प्रगति करना। इसी तरह संस्कृति में शिक्षा के लिए बहुत कुछ निहित है। सामाजिक जीवन शिक्षा द्वारा प्रभावित होता है और शिक्षा स्वयं सामाजिक जीवन द्वारा अनुशासित होती है। प्रत्येक व्यक्ति किसी विशिष्ट संस्कृति में पैदा होता है, जो उसे एक निश्चित व्यवहार प्रतिमान प्रदान करती है और जीवन के विभिन्न क्षेत्रों में उसके व्यवहार का मार्गदर्शन करती है। थियोडोर ब्रामेल्ड (Theodore Brameld) के कथनानुसार, "शिक्षा संस्कृति की प्रत्यक्ष उपज है और यह शिक्षा को केवल उसके उपकरण तथा अन्य सामग्री ही प्रदान नहीं करती बल्कि उसके अस्तित्व का तार्कित आधार भी प्रदान करती है। ("It is from the stuff of culture that education is directly created and that gives to education not only its own tools and materials but its reason for existing at all.") संस्कृति के महत्त्व की विवेचना से यह स्पष्ट होता है कि संस्कृति के विभिन्न अंगों की शिक्षा से मनुष्य को क्या लाभ होते हैं, अतः इन दोनों (शिक्षा एवं संस्कृति) से समाज में संस्कार, सुसंस्कृति और नैतिकता की भावना को बढ़ावा मिलता है। शिक्षा ही संस्कृति का संदेश एक देश से दूसरे देश को देती है। संक्षेप में, संस्कृति के कार्य अथवा व्यक्ति को उसका योगदान निम्नलिखित है–

(1) प्राकृतिक परिवेश से समायोजन (Adjustment with Natural Environment)–मनुष्य हर जगह किसी न किसी प्रकार से प्राकृतिक परिवेश में रहते हैं और इस परिवेश से समायोजन करने के बिना उनका जीवन नहीं चल सकता। परिवेश से समायोजन करने की प्रक्रिया में वे सभी नए आविष्कार हैं, जो संस्कृति के महत्त्वपूर्ण अंग माने जाते हैं। प्राकृतिक परिवेश की भिन्नता के कारण भिन्न-भिन्न मानव समूहों में संस्कृति के अन्तर हो जाते हैं। भारत में विभिन्न प्राकृतिक परिवेश में अलग-अलग जनजातियां निवास करती हैं और इसी आधार पर उनके व्यवहार में भिन्नता पाई जाती है।

(2) संस्कृति की निरन्तरता (Continuity of Culture)–शिक्षा का अन्य कार्य संस्कृति की निरन्तरता को बनाये रखना है। वह सांस्कृतिक परम्पराओं, रीतियों तथा अनुभवों को एक पीढ़ी से दूसरे पीढ़ी में संचारित करती है। सांस्कृतिक परम्पराओं से निरन्तरता किसी राष्ट्र के जीवन की अनिवार्य शर्त है।

(3) व्यक्तित्व का विकास (Development of personality)–व्यक्तित्व मनुष्य के व्यवहार के प्रतिमानों से स्पष्ट होता है। मानव व्यवहार उसके अपने परिवेश की संस्कृति पर प्रभाव डालता है। मानव-शक्तियों ने अनेक अध्ययनों से यह बात स्पष्ट कर दी है कि भिन्न-भिन्न संस्कृतियों में पाए जाने वाले भेद के अनुसार भिन्न-भिन्न समाजों में मूल व्यक्तित्व प्रतिमान में भेद पाया जाता है। भारतीय मनुष्य के व्यक्तित्व पर भारतीय संस्कृति की और पाश्चात्य मनुष्य के व्यक्तित्व पर पाश्चात्य संस्कृति की स्पष्ट छाप देखी जा सकती है। संस्कृति व्यक्ति के शारीरिक, मानसिक, सामाजिक, संवेगात्मक, नैतिक और सौन्दर्यात्मक सभी पहलुओं को प्रभावित करती है। व्यक्तियों के प्रयासों से संस्कृति में महत्त्वपूर्ण परिवर्तन होते हैं।

(4) संस्कृति का संरक्षण (Conservation of Culture)–शिक्षा का एक महत्त्वपूर्ण कार्य सांस्कृतिक विरासत का संरक्षण करना है। इसके बिना सांस्कृतिक विरासत बच नहीं सकती। स्कूल विद्यार्थियों में सांस्कृतिक गुणों का विकास करता है। परसी नन (Percy Nun) ने शिक्षा के इस संरक्षणात्मक कार्य पर बहुत बल दिया है। उनके विचारानुसार किसी भी राष्ट्र के स्कूल का विशिष्ट कार्य उसकी आध्यात्मिक शक्ति को दृढ़ बनना है, उसकी ऐतिहासिक निरन्तरता को बनाए रखना है, उसकी भूतपूर्व उपलब्धियों को सुरक्षित रखना है तथा उसके भविष्य को सुनिश्चित बनाना है।

("The special function of a nation's school is to consolidate its spiritual strength to maintain its historic continuity, to secure its part achievements and to guarantee its function.") । **राधाकृष्णन रिपोर्ट** (Radhakrishnan Report) में भी शिक्षा के संरक्षणात्मक कार्य पर बल दिया गया है। **पं. नेहरू** (Pandit Nehru) के कथनानुसार, "शिक्षा को हमारी विरासत के शक्तिशाली तत्त्वों के संरक्षण में सहायता प्रदान करनी चाहिए।" ("Education must help in preserving the vital elements of our heritage.) । उनके अनुसार, **"भारतीय सांस्कृतिक विरासत का केन्द्र है सुन्दरता और सत्य से प्रेम, सहनशीनता, अन्य संस्कृतियों का आत्मसात करने की योग्यता तथा नवसंश्लेषण का निर्माण ।"** ("The care of our cultural heritage is love of beauty and truth, spirit of tolerance capacity to absorb other cultures and work out new synthesis.")

(5) समाजीकरण (Socialism)–समाजीकरण की प्रक्रिया में संस्कृति का महत्त्वपूर्ण योगदान है। इसलिए भिन्न-भिन्न समाजों में व्यक्ति के समाजीकरण की मात्रा और दिशाओं में भेद पाया जाता है। हर एक समाज का अपना एथोस (Ethos) होता है, जो कि विभिन्न माध्यमों से व्यक्तियों को प्रदान किया जाता है। राल्फ लिन्टन के अनुसार व्यक्ति तीन प्रकार से संस्कृति के अंगों में भाग ले सकता है। सबसे पहले वह सार्वभौमिक रूप में संस्कृति में भाग लेता है अर्थात् उन आदतों, विचारों और संवेगात्मक प्रतिक्रियाओं को अपनाता है, जिन्हें समाज के सभी प्रौढ़ व्यक्तियों के व्यवहार में पाया जाता है। दूसरे, व्यक्ति विशेष रूप से संस्कृति के अंगों में भाग लेता है अर्थात् संस्कृति के उन तत्त्वों को ग्रहण करता है, जो कि समाज के विशिष्ट अंग, विशेष व्यवस्था अथवा विशिष्ट लिंग वाले व्यक्तियों में पाए जाते हैं। तीसरे, व्यक्ति वैकल्पिक रूप से संस्कृति के अंगों में भाग लेता है, अर्थात् संस्कृति के उन तत्त्वों को अपनाता है, जो समाज के कुछ ही व्यक्तियों द्वारा अपनाए गए हैं। संस्कृति के अंगों में भाग लेनै के वैकल्पिक रूप से मनुष्यों में, व्यक्तियों में अन्तर देखा जा सकता है। उपरोक्त कथन से राल्फ के अनुसार मनुष्य की तीन अवस्थाएं व्यक्ति को अपनी तरह से सुसंस्कृत बनाती हैं।

(6) संस्कृति का विकास (Promotion of Culture)–शिक्षा संस्कृति के सुधार एवं विकास में भी सहायता प्रदान करती है। यह बेहतर और सुखी समाज की स्थापना में सहायता देती है। **डी.जे.ओ. कोनन** (D.J.O. Cannon) के विचारानुसार, **"यदि प्रत्येक पीढ़ी को वही सीखना पड़े तो उसके पूर्वजों ने सीखा है तो किसी प्रकार का बौद्धिक एवं सामाजिक विकास सम्भव नहीं हो सकेगा और वर्तमान समाज की स्थिति तथा पत्थर युग के समाज की स्थिति में विशेष अन्तर नहीं होगा।"** ("If each generation has to learn for itself what has been learned by its predecessors; no sort of intellectual or social development would be possible and the present state of society would be little different from the society of the stone old age.") अतः शिक्षा संस्कृति और सभ्यता के निरन्तर विकास का महत्त्वपूर्ण कार्य करती है।

(7) नये सांस्कृतिक प्रतिमान (New Cultural Patterns)–शिक्षा केवल संस्कृति का हस्तांतरण ही नहीं करती, बल्कि संस्कृति के नए प्रतिमानों का निर्माण भी करती है। यह संस्कृति में परिवर्तन लाती है। नए ज्ञान के निर्माण के लिए यह सांस्कृतिक परिवर्तन अत्यन्त आवश्यक है।

संस्कृति शिक्षा के निम्नलिखित पक्षों पर प्रभाव डालती है–

(1) शिक्षा के उद्देश्य (Aims of Education)–शिक्षा का अर्थ और उसके उद्देश्य किसी समाज या उनके विचारों, मूल्यों और प्रतिमानों पर निर्भर करते हैं। अनेक देशों में शिक्षा के उद्देश्य अपने-अपने तरीकों पर आधारित हैं, जैसे–रूस की शिक्षा व्यवस्था का बल 'नए मनुष्यों के निर्माण' पर है जो अपने खून और आत्मा से कम्युनिस्ट हों। अमरीका में शिक्षा का उद्देश्य समाजीकरण और प्रजातंत्रीकरण स्थापित करना है। इस प्रकार यह स्पष्ट है कि जैसी किसी देश के समाज की संस्कृति होगी, वैसे ही उसकी शिक्षा के उद्देश्य होंगे।

(2) पाठ्यक्रम (Curriculum)–शिक्षा के उद्देश्य पाठ्यक्रम द्वारा प्राप्त होते हैं। यह पाठ्यक्रम भी समाज की संस्कृति के अनुरूप ही निर्मित होता है। अर्थात् दूसरे शब्दों में, हम कह सकते हैं कि किसी समाज का शैक्षिक पाठ्यक्रम उसी समाज के सांस्कृतिक मूल्यों पर निर्भर करता है साथ ही मूल्यों की पहचान भी हो जाती है। शिक्षा व्यवस्था समाज की सांस्कृतिक आवश्यकताओं को उस पाठ्यक्रम में जोड़ती है और उसे पूरा करने का प्रयास करती है। आवश्यकता पड़ने पर पाठ्यक्रम में समय-समय पर बदलाव भी किया जाता है।

(3) **शिक्षण बिधियाँ (Method's of Teaching)**–शिक्षण विधियों का संस्कृति पर बहुत प्रभाव पड़ता है। पुराने समय में शिक्षा-प्रसार एवं शिक्षा को केन्द्र अध्यापक ही होता था, जो बच्चों की रुचियों और आवश्यकताओं के अनुरूप नहीं होता था अर्थात् जबरदस्ती ठूँसना या रट्टा लगाना था। लेकिन समय के बदलाव के अनुसार, आज शिक्षा का केन्द्र विद्यार्थी है न कि अध्यापक। आज विद्यार्थियों के निर्धारित शैक्षिक अनुभवों, प्रोग्रामों, रुचियों, आवश्यकताओं, अभिरुचियों, समस्याओं का ध्यान रखा जाता है और उनका समाधान भी सहज ढंग से किया जाता है। अतः आज शिक्षा विद्यार्थियों को वर्तमान एवं भविष्य में प्रभावी रूप से रहने के लिए तैयार करने का माध्यम है।

(4) **अनुशासन (Discipline)**–संस्कृति अनुशासन की अवधारणा को भी प्रभावित करती है। आज के युग में जीवन के लोकतंत्रीय मूल्यों को स्वीकार किया जा रहा है। इन मूल्यों का विश्व में सम्मान हो रहा है। अतः आज विश्व की संस्कृति को बनाए रखने के लिए प्रभावशाली अनुशासन की आवश्यकता है। इस संस्कृति द्वारा मानव एवं समाज को सुसंस्कृत बनाया जा सकता है। यह तभी सम्भव है जब समाज अनुशासन में रहे।

(5) **पाठ्य-पुस्तकों पर प्रभाव (Influence on Text Books)**–सांस्कृतिक मूल्यों का पाठ्यक्रमों पर अत्यधिक प्रभाव होता है। शिक्षा के पाठ्यक्रमों का निर्माण भी इन सांस्कृतिक मूल्यों पर आधारित होना चाहिए। सांस्कृतिक मूल्यों, आदर्शों तथा नैतिकता को पाठ्यक्रमों में शामिल करके विद्यार्थियों के मन की प्रवृत्ति विरोधी नहीं बनती। संस्कृति ही विद्यार्थियों के भविष्य का मार्गदर्शन करती है।

(6) **स्कूलों के प्रतिमान (Models of School)**–संस्कृति का प्रभाव स्कूलों के प्रतिमानों पर पड़ता है। किसी स्कूल की सभी सामूहिक गतिविधियाँ और प्रोग्राम समाज के उन सांस्कृतिक आदर्शों और मूल्यों के अनुसार ही आयोजित होते हैं, जिनके अन्तर्गत स्कूल स्थापित किए जाते हैं। अतः स्कूल समाज के उन सांस्कृतिक प्रतिमानों को बढ़ाने, ढालने, सुधारने और विकास करने का केन्द्र है, जोकि उसने अपने कल्याण और श्रेय के लिए बनाए हैं।

(7) **संस्कृति का अध्यापक पर प्रभाव (Influence of Culture on Teacher)**–प्रत्येक अध्यापक का अपना निजी जीवन-दर्शन होता है। जिस समाज का वह अभिन्न अंग है उसके सांस्कृतिक मूल्य और आदर्श होते हैं। अध्यापक के अच्छे व बुरे आदर्शों को विद्यार्थी प्रत्यक्ष और अप्रत्यक्ष रूप से ग्रहण करता है। यह बिल्कुल सही है कि अध्यापक के आदर्श ही समाज और देश की संस्कृति को बनाए रखने में सहयोग देते हैं। अतः हम कह सकते हैं कि अध्यापक संस्कृति का संरक्षक, मध्यस्थ और निर्माता होता है।

विद्यालय की सांस्कृतिक धरोहर सम्बन्धी भूमिका
(Role of the School relating to Cultural Heritage)

विद्यालय समाज की संस्कृति को निरंतरता प्रदान करता है। वह संस्कृति को एक पीढ़ी से दूसरी पीढ़ी तक पहुँचाकर समाज की निरंतरता को बनाए रखता है। वह समाज की परिस्थिति का ज्ञान बालकों को देकर उनके अनुरूप उन्हें तैयार करता है और समाज को निरन्तर आगे करने में योगदान देता है।

समाज के अनेक सांस्कृतिक प्रतिरूप हैं और उनमें जटिलताएं भी हैं। इन सांस्कृतिक प्रतिरूपों एवं जटिलताओं को विद्यालय सरल बना सकते हैं। विद्यालय निम्न प्रकार से सांस्कृतिक विरासत सम्बन्धी अपने उत्तरदायित्व निभाने का प्रयास करता है–

(1) पाठ्यक्रम तथा सांस्कृतिक धरोहर (Curriculum and Cultural Heritage)
(2) पाठ्यपुस्तकें तथा सांस्कृतिक धरोहर (Textbopoks and Cultural Heritage)
(3) पाठान्तर क्रियाएं तथा सांस्कृतिक धरोहर (Co-curricular Activities and Cultural Heritage)
(4) समाज के सांस्कृतिक तथा कलात्मक आदि स्थानों पर शैक्षिक भ्रमण।
(5) अध्यापक का निजी उदाहरण तथा सांस्कृतिक धरोहर (Teacher's own example and Cultural Heritage)

1. पाठ्यक्रम तथा सांस्कृतिक धरोहर–पाठ्यक्रम के विभिन्न विषयों में समाज के अतीत के बारे में पर्याप्त सामग्री होनी चाहिए। अतीत वर्तमान के लिए महान पथ-प्रदर्शक है, क्योंकि इसके अध्ययन से पता चलता है कि पूर्वजों के लिए क्या उपयोगी था और उसका आज क्या महत्त्व है। यह याद रहे कि प्राचीन की सभी बातें न तो अच्छी हैं और न ही बुरी। इन दोनों में चुनाव करना होगा, ताकि वर्तमान तथा भूतकाल में तालमेल स्थापित हो सके।

2. पाठ्यपुस्तकें तथा सांस्कृतिक धरोहर–प्रत्येक विषय की पाठ्यपुस्तकों का निर्माण करते समय इस बात पर विशेष ध्यान दिया जाए कि पाठ्यपुस्तकों में अतीत की विभिन्न क्षेत्रों में उपलब्धि का पर्याप्त विवरण हो ताकि छात्र उनसे प्रेरणा ले सकें। प्राचीन काल के महान् दार्शनिकों, वैज्ञानिकों, राजनयिकों, संतों, विद्वानों आदि के महान् कार्यों की पाठ्य पुस्तकों में उपयुक्त स्थान पर चर्चा होनी चाहिए।

3. पाठान्तर क्रियाएँ तथा सांस्कृतिक विरासत–अतीत संबंधी उपलब्धियों के बारे में गोष्ठियों आदि का आयोजन किया जाना चाहिए। महान् पुरुषों के जन्म दिवस मनाए जाने चाहिएं।

4. शैक्षिक भ्रमण यात्राएँ–भारतवर्ष की संस्कृति तथा सभ्यता संसार की प्राचीनतम संस्कृतियों तथा सभ्यताओं में प्रमुख स्थान रखती है। यहाँ पर अनेक दर्शनीय स्थान हैं जिनका सांस्कृतिक, धार्मिक, ऐतिहासिक आदि दृष्टिकोण से विशेष महत्त्व है। उदाहरणार्थ बौद्ध गया तथा मथुरा जो क्रमशः महात्मा बुद्ध तथा भगवान कृष्ण से संबंधित हैं; इन स्थानों पर यात्रा का आयोजन किया जा सकता है। अनेक महल तथा दुर्ग आदि हैं जो अतीत की याद दिलाते हैं।

5. अध्यापक तथा सांस्कृतिक धरोहर–अध्यापक के लिए आवश्यक है कि वह अपनी समृद्ध सांस्कृतिक धरोहर पर गर्व करे। अभियान और गर्व में बहुत अन्तर है। इस अन्तर को भली-भांति स्पष्ट करके छात्रों में उसे अतीत के गर्व की गरिमा का विकास करना चाहिए।

निष्कर्ष (Conclusion)–शिक्षा संस्कृति का साधन है। यदि संस्कृति सौन्दर्यात्मक एवं नैतिक पूर्णता पर बल देती है तो शिक्षा की ठीक प्रक्रिया द्वारा संस्कृति के सामाजिक आयामों को सीखा जा सकता है। हमें अपने पूर्वजों से कुछ संस्कार, कुछ ज्ञान, दर्शन, साहित्य, कला, संगीत इत्यादि प्राप्त हुए हैं, जिससे हमारा वर्तमान समाज उन्नति की एक विशिष्ट अवस्था में पहुँचा है। यह हमारा कर्तव्य है कि शिक्षा द्वारा हम इस प्राप्त संपदा को अपनी आने वाली पीढ़ी को सौंपें। अतः शिक्षा सांस्कृतिक मूल्यों के निर्माण, स्थायित्व, संचारण एवं संवर्धन की प्रक्रिया है।

◆◆◆

4.2 लोकतंत्रा तथा शिक्षा
(Democracy and Education)

1. प्रजातंत्र का क्या अर्थ है? प्रजातंत्र के मुख्य सिद्धान्तों तथा भारतीय प्रजातान्त्रिक आदर्शों के शिक्षा पर पड़ने वाले प्रभावों का विवेचन कीजिए।

अथवा

प्रजातंत्र से आपका क्या अभिप्राय है? प्रजातंत्र के मुख्य सिद्धान्तों तथा प्रजातंत्र के आदर्शों का शिक्षा पर प्रभाव का वर्णन कीजिये।

उत्तर–प्रजातंत्र का अर्थ–प्रजा का अर्थ है जनता और तन्त्र का अर्थ शासन। इस प्रकार प्रजातंत्र का अर्थ है जनता का शासन। अंग्रेजी में इसके लिए Democracy शब्द का प्रयोग किया जाता है जो Demos तथा Kratia इन दो शब्दों से मिलकर बना है। Demos का अर्थ है जनता (The People) तथा Kratia का अर्थ है शक्ति (Power), अतः प्रजातंत्र एक ऐसी व्यवस्था है जिसमें शक्ति जनता के हाथ में होती है। जनता अपने प्रतिनिधियों का चुनाव करती है और ये देश का शासन चलाते हैं। इस संदर्भ में **सीले**

(Seeley) महोदय का यह कथन उल्लेखनीय है—**"प्रजातंत्र वह सरकार है जिसमें प्रत्येक व्यक्ति भाग लेता है।"** (Democracy is a Govt. in which everybody has a share.)

अब्राहम लिंकन के अनुसार, **"प्रजातंत्र जनता की, जनता के लिए एवं जनता द्वारा सरकार है।"** (Democracy is the Govt. of the people, for the people and by the people.)

इस प्रकार प्रजातंत्र शासन का वह रूप है जिसमें प्रत्यक्ष या अप्रत्यक्ष रूप से प्रत्येक व्यक्ति हिस्सा लेता है। जनता का विश्वास खोने के बाद कोई सरकार नहीं बनी रह सकती।

प्रजातंत्र एक जीवन शैली के रूप में—प्रजातंत्र एक राजनैतिक व्यवस्था ही नहीं है एक जीवन शैली भी है। राजनैतिक क्षेत्र का प्रजातंत्र तब तक सफल नहीं हो सकता जब तक हम इसे जीवन के अन्य क्षेत्रों में नहीं अपनाते। उदाहरण के लिए, यदि आर्थिक क्षेत्र में असमानता है, लोगों को रोटी, कपड़ा और मकान की समस्या का सामना करना पड़ता रहा है, तो हम प्रजातांत्रिक होने का दावा नहीं कर सकते। इस प्रकार सामाजिक क्षेत्र में सबको न्याय उपलब्ध कराये बिना व सबके साथ समानता का व्यवहार किए बिना तथा प्रत्येक व्यक्ति के व्यक्तित्व का आदर किए बिना हम प्रजातांत्रिक हो ही नहीं सकते। दूसरे शब्दों में सामाजिक, आर्थिक व नैतिक प्रजातंत्र लाकर ही राजनैतिक प्रजातंत्र सफल बनाया जा सकता है।

अब प्रश्न उठता है कि प्रजातांत्रिक मूल्य कौन-कौन से हैं?

प्रजातांत्रिक मूल्य या प्रजातंत्र के मुख्य सिद्धान्त—प्रजातंत्र निम्न मूल्यों में विश्वास करता है—

1. समानता—प्रजातंत्र समानता के सिद्धान्त में विश्वास रखता है। इसका अर्थ है कि सभी व्यक्तियों के साथ समानता का व्यवहार किया जाना चाहिए, लेकिन तब तक, जब तक ऐसा न करने के न्यायसंगत कारण न हों। उदाहरण के लिए, भारतीय संविधान सबको समान अधिकार प्रदान करता है, पर अनुसूचित जाति, जनजाति एवं अन्य पिछड़े वर्गों के लोगों के लिए यह विशेष सुविधाओं का प्रावधान भी करता है। इससे समानता के अधिकार का हनन नहीं कहा जा सकता, क्योंकि इन वर्गों के लोग इतने अधिक पिछड़े हुए हैं कि विशेष सुविधाएँ दिए बिना उन्हें अन्य वर्गों के साथ समानता के स्तर तक नहीं लाया जा सकता। इस मूल्य में विश्वास करते हुए भारतीय संविधान द्वारा **निम्न-व्यवस्थाएँ** की गई हैं—

(i) कानून की दृष्टि से सभी समान हैं।

(ii) राज्य किसी भी आधार पर किसी से भेदभाव नहीं करेगा।

(iii) छूआछूत को समाप्त किया जाएगा।

(iv) लोक सेवाओं में सबको समान अवसर प्राप्त होंगे।

2. स्वतंत्रता—प्रजातंत्र व्यक्ति की स्वतंत्रता में विश्वास करता है, पर स्वतंत्रता का अर्थ उच्छृंखलता नहीं है। इसका अर्थ है व्यक्ति को कानून के दायरे में रहकर कुछ भी करने की स्वतंत्रता। भारतीय संविधान भी अपने नागरिकों को स्वतंत्रता का मौलिक अधिकार प्रदान करता है। इसके अन्तर्गत व्यक्ति को निम्न स्वतंत्रताएँ प्राप्त हैं—

(i) विचारों को व्यक्त करने की स्वतंत्रता।

(ii) सभा करने, संघ बनाने, भ्रमण करने व आवास की स्वतंत्रता।

(iii) कोई भी व्यवसाय करने की स्वतंत्रता आदि।

लेकिन जनहित को ध्यान में रखते हुए इस अधिकार पर रोक लगाई जा सकती है।

3. न्याय—यह भी महत्त्वपूर्ण प्रजातांत्रिक मूल्य है। इसके तीन रूप हैं—

(क) सामाजिक न्याय—इसका अर्थ है कि जाति, वर्ण, लिंग तथा धर्म के आधार पर किसी के साथ अन्याय नहीं किया जायेगा। इसी आधार पर भारत से छुआछूत को कानून द्वारा दूर कर दिया गया है।

(ख) आर्थिक न्याय—इसका अर्थ है कि आर्थिक आधार पर किसी के साथ अन्याय न किया जाए। भारतीय संविधान द्वारा भी आर्थिक न्याय के उद्देश्य से दास प्रथा को समाप्त कर दिया गया है और नागरिकों को शोषण के विरुद्ध अधिकार प्रदान किया गया है।

(ग) राजनैतिक न्याय–इसका अभिप्राय है कि राजनैतिक दृष्टि से सबको समान अधिकार प्रदान करना। इसी आधार पर हमारा संविधान 18 वर्ष से अधिक आयु वाले सभी नागरिकों को मतदान का अधिकार प्रदान करता है, चुनाव लड़ने का अधिकार तथा अवसरों की समानता प्रदान करता है।

इस प्रकार भारतीय प्रजातंत्र अपने सभी नागरिकों को सामाजिक, आर्थिक व राजनैतिक न्याय प्रदान करने के लिए प्रयत्नशील है।

4. भ्रातृत्व की भावना–प्रजातंत्र भ्रातृत्व भाव में विश्वास करते हुए अपने नागरिकों से आशा करता है कि एक-दूसरे की भावनाओं का सम्मान करें और मिल-जुलकर रहें।

5. परिवर्तन में विश्वास–प्रजातंत्र शान्तिपूर्ण उपायों से परिवर्तन लाने में विश्वास करता है। परिवर्तन के लिए यह आपसी सहमति व सहयोग पर बल देता है।

6. व्यक्ति के व्यक्तित्व का आदर–प्रजातंत्र बिना किसी भेदभाव के सभी नागरिकों के व्यक्तित्व का आदर करते हुए उसके विकास का प्रयास करता है।

भारतीय प्रजातांत्रिक आदर्श का शिक्षा पर प्रभाव
(Effect of Indian Democratic Ideals on Education)

किसी भी समाज के आदर्श वहाँ की शिक्षा को पूरी तरह प्रभावित करते हैं। भारतीय समाज भी इसका अपवाद नहीं है। हमारे प्रजातांत्रिक आदर्शों ने हमारी शिक्षा को **निम्न रूपों** में प्रभावित किया है–

1. शैक्षिक अवसरों की समानता (Equal Opportunities for Education)–भारतीय प्रजातंत्र अपने सभी नागरिकों को समान शैक्षिक अवसर प्रदान करता है। जाति, वर्ण, लिंग या धर्म आदि के आधार पर उनके साथ किसी प्रकार का भेदभाव नहीं किया जा सकता। यही नहीं, पिछड़े वर्ग के लोगों को अन्य वर्गों के साथ समानता के स्तर तक लाने के लिए उन्हें विशेष शैक्षिक सुविधाएँ भी प्रदान की गई हैं।

प्राथमिक स्तर पर संविधान द्वारा 7 से 14 वर्ष तक की आयु वर्ग के सभी बच्चों के लिए निःशुल्क एवं अनिवार्य शिक्षा का प्रावधान किया गया है। माध्यमिक शिक्षा को व्यावसायिक बनाकर इसका लाभ सब तक पहुँचाने का प्रयास किया गया है और उच्च स्तर पर शैक्षिक अवसरों की समानता की दृष्टि से इसमें प्रवेश का आधार योग्यता को बताया गया है।

2. सामान्य विद्यालय प्रणाली (Common Education System)–सामान्य विद्यालय का अर्थ है ऐसे विद्यालय जहाँ सभी जाति, धर्मों व वर्गों के बच्चे शिक्षा प्राप्त करते हों तथा जहाँ शिक्षा सस्ती हो और इसका स्तर भी अच्छा हो। प्रजातंत्र में विश्वास रखने के लिए 1964-66 में भारतीय शिक्षा आयोग द्वारा तथा 1986 में बनी शिक्षा नीति के अन्तर्गत इस प्रकार के सामान्य विद्यालय खोलने का सुझाव दिया गया है।

3. लचीलापन (Flexibility)–हमारी शिक्षा परिवर्तनशील है। आजादी के बाद बने विभिन्न आयोगों ने देश की सामाजिक, आर्थिक तथा राजनैतिक परिस्थितियों का अध्ययन करके शिक्षा की योजना प्रस्तुत की और उसके आधार पर हमारी शिक्षा में अनेक परिवर्तन किए गए। पूरे देश में 10 + 2 + 3 की समान शिक्षा संरचना, माध्यमिक एवं उच्च शिक्षा पर व्यवसायीकरण, कार्य अनुभव तथा समाजोपयोगी उत्पादक कार्य को शिक्षा के पाठ्यक्रम में सम्मिलित किया जाना आदि हमारी शिक्षा के लचीलेपन का प्रमाण है।

4. शिक्षा का उद्देश्य प्रजातांत्रिक नागरिकता एवं नेतृत्व के गुणों का विकास (Development of Democratic Citizenship and Leadership traits)–प्रजातांत्रिक आदर्श के कारण ही हमारी शिक्षा का एक मुख्य उद्देश्य बच्चों में प्रजातांत्रिक नागरिकता का विकास करना है। शिक्षा के द्वारा हम उनमें स्वतंत्र चिन्तन शक्ति का विकास करना चाहते हैं, उनको अपने अधिकारों व कर्तव्यों के प्रति सचेत करना चाहते हैं। यही नहीं, उनमें अच्छे नेतृत्व के गुणों का विकास भी करना चाहते हैं, क्योंकि प्रजातंत्र में कभी भी किसी को किसी क्षेत्र में नेतृत्व का अवसर प्राप्त हो सकता है।

5. प्रजातांत्रिक विद्यालय प्रशासन (Democratic School System)–यह प्रजातांत्रिक आदर्श का ही प्रभाव है कि आज हमारा विद्यालय प्रशासन प्रजातांत्रिक सिद्धान्तों पर आधारित है। विद्यालय संबंधी समस्याओं का समाधान विद्यालय परिवार के सभी सदस्य मिल-जुलकर करते हैं।

6. आत्म अनुशासन (Self-discipline)–आज हम छात्रों का दमन करके दण्ड आदि के द्वारा अनुशासन में नहीं रखते, अपितु उनमें आत्म अनुशासन की भावना का विकास करना चाहते हैं। विद्यालयों में विद्यार्थियों को पूर्ण स्वतंत्रता प्रदान की जाती है। उन्हें उनकी रुचि के कार्यों में व्यस्त रखा जाता है, जिससे अनुशासनहीनता की समस्या पैदा ही न हो।

7. समान शिक्षा संरचना (Common Education Structure)–पूरे देश में 10 + 2 + 3 की समान शिक्षा संरचना को स्वीकार किया गया है। इससे शिक्षा के क्षेत्र में समानता लाने में मदद मिली है।

इसके अतिरिक्त सब जाति एवं धर्म के लोगों को अपनी शिक्षा संस्थाएँ खोलने की स्वतंत्रता है। इन संस्थाओं में सबको बिना किसी भेदभाव के प्रवेश की सुविधा है। शिक्षा संस्थाएँ किसी धर्म विशेष की शिक्षा न देकर मानवता का संदेश देती हैं। शिक्षा की व्यवस्था इस प्रकार की गई है कि कोई भी व्यक्ति इससे वंचित न रहे। यहाँ तक कि मन्द बुद्धि एवं विकलांगों के लिए विशेष शिक्षा संस्थाएँ खोली गई हैं। प्रौढ़ों को साक्षर बनाने के लिए प्रौढ़ शिक्षा केन्द्र खोले गए हैं। राष्ट्रीय स्तर पर साक्षरता अभियान चलाए जा रहे हैं। विभिन्न स्तर तक लड़कियों के लिए निःशुल्क शिक्षा की व्यवस्था की जा रही है। हरियाणा में मुख्यमंत्री ने राज्य में लड़कियों को कक्षा 8 तक 100 रुपये वार्षिक पुस्तक भत्ता देने का निर्णय किया है।

इस प्रकार स्पष्ट है कि हमारी प्रजातांत्रिक व्यवस्था ने हमारी शिक्षा को बहुत अधिक प्रभावित किया है। लेकिन हम देख रहे हैं कि हमारी शिक्षा प्रजातांत्रिक व्यवस्था को सफल बनाने में उतना योगदान नहीं दे रही जितना देना चाहिए। शिक्षा ऐसा कर सके इसके लिए अध्यापक को महत्त्वपूर्ण भूमिका निभानी होगी। उसे प्रजातांत्रिक दृष्टिकोण रखते हुए छात्रों में भी प्रजातांत्रिक मूल्यों के विकास का भरसक प्रयास करना चाहिए। उसे चाहिए कि वह पूर्व निर्धारित उद्देश्यों के अनुरूप शिक्षण करें। समय-समय पर पाठ्यक्रम सहगामी गतिविधियों का आयोजन करें जिससे प्रजातंत्र को सफल बनाने में मदद मिल सके।

◆◆◆

---

2. प्रजातंत्र को परिभाषित करें तथा शिक्षा के विभिन्न अंगों पर प्रजातंत्र के प्रभाव का वर्णन कीजिये।

अथवा

शिक्षा की प्रजातांत्रिक धारणा से आप क्या समझते हैं? अपनी शिक्षा को प्रजातान्त्रिक बनाने के लिये विद्यालयों को क्या कदम उठाने चाहिये? *अथवा*

प्रजातान्त्रिक शिक्षा क्या है? प्रजातान्त्रिक पद्धति में शिक्षा के योगदान या महत्त्व का वर्णन करें।

अथवा

प्रजातंत्रात्मक या गणतंत्रात्मक शिक्षा का वर्णन करें। हमारे जैसे देश में शिक्षा के क्या उद्देश्य होने चाहिए? विवेचना कीजिये।

उत्तर–प्रजातंत्रात्मक शिक्षा एवं उद्देश्य (Education for Democracy and its Aims)–आधुनिक युग जो कि प्रजातंत्र का युग है मानव के संघर्ष का अभूतपूर्व इतिहास है। इस प्रकार की शासन प्रणाली में सभी अधिकार जनता के पास होते हैं जिनका उपयोग वह अपनी सुविधानुसार हर प्रकार से कर सकती है। Greek भाषा के शब्द डेमोक्रेसी (Democracy) शब्द का अर्थ है लोग (People) + शक्ति (Power) अर्थात् Demo का अर्थ है प्रजा या लोग, Kratia का अर्थ है शक्ति। अतः Democraicy का अर्थ हुआ लोगों का शासन।

अब्राहम-लिंकन के शब्दों में प्रजातंत्र का अर्थ है, **"लोगों का लोगों के लिए व लोगों के द्वारा शासन है।"** "(By the poeple, for the people and of the people)" गणतंत्र का मूल आधार प्रेम, सहयोग, न्याय, समानता, धर्मनिरपेक्षता, भ्रातृत्व भावना, स्वतंत्रता आदि हैं। और इन्हीं आधार को ध्यान में रखकर ही समाज की कल्पना की गई है और उसी प्रकार की शिक्षा का आयोजन किया गयाहै।

प्रजातंत्रात्मक पद्धति में शिक्षा का योगदान या महत्त्व
(Role of Education in Democratic System)

1. लोकतंत्र के लिए शिक्षा की आवश्यकता (Need of Education for Democracy)–लोकतंत्र अपने कुछ नैतिक सिद्धान्तों और दर्शन के द्वारा ही अपना एक कार्यक्रम बनाता है। यह लोगों में कुछ इस प्रकार के गुण, कुशलताएँ, योग्यताएँ व ज्ञान भरना चाहता है, जो कि लोकतंत्र के कार्य को सुगमता से चलाने में सहयोग दे सके।

हेनरी वेन डाइक के शब्दों में, **"लोकतंत्र में शिक्षा का उचित आदर्श एक रचनात्मक आदर्श है। यह नवीन प्रकार से ऐसे मनुष्यों का निर्माण करने का प्रयत्न करता है, जो लोकतंत्र व मानव जाति के लिए अधिक से अधिक उपयोगी रहे।"**

("The Right ideal of education in a democracy is the creative ideal. It seeks to create new kinds of men, who shall be of ever increasing worth to the republic and to mankind." **—Henry Ven Dyke.**)

डॉ. एस. राधाकृष्णन् ने भी अपने विचार कुछ इस प्रकार से व्यक्त किए हैं, **"लोकतंत्र का समर्थन करना मानव व्यक्तित्व का समर्थन करना है, मनुष्य की स्वतंत्र आत्मा तथा उसकी स्वाभाविक प्रेरणा और प्रयत्न का समर्थन करना है।"**

("The cause of democracy is the cause of human individual of the free spirit of man with its spontaneous inspiration and endeavour." **—Dr. S. Radhakrishnan.**)

ड्यूवी ने लोकतंत्र के लिए शिक्षा की आवश्यकता को इस प्रकार दर्शाया है, **"लोकतंत्र में इस प्रकार की शिक्षा होनी चाहिए, जिससे व्यक्तियों को सामाजिक संबंध और नियंत्रण में व्यक्तिगत रुचि उत्पन्न हो और उनमें ऐसी मानसिक आदतों का निर्माण हो, जिनसे अव्यवस्था उत्पन्न हुए बिना सामाजिक परिवर्तनों का होना सम्भव हो।"**

("A democracy must have a type of education which gives individuals a personal interest in social relationship and control the habits of mind which secure social change without introducing disorder." **—John Dewey**)

लोकतंत्रात्मक शिक्षा के माध्यम में कुछ ऐसे शक्तिशाली व्यक्ति उत्पन्न किए जाएँ जो लोकतंत्रात्मक समाज के हित में कार्य करना चाहते हों और एक शक्तिशाली समाज बनाने के योग्य हों।

डॉ. करीरो ने भी कितने सुन्दर शब्दों में कहा है, **"प्रजातंत्र का अर्थ है जाति-पांति, रंग भेद तथा ऊँच-नीच से दूर एक ऐसा राज्य जिसकी आत्मा उद्देश्यों की प्राप्ति के लिए अपने आपको हर कार्य में लगाए रखती है।"**

भारत जैसे गणतंत्र राष्ट्र में जनता को कुछ मौलिक अधिकार भी प्राप्त हैं, जैसे—समानता, स्वतंत्रता, धार्मिक स्वतंत्रता, शोषण के विरुद्ध, सांस्कृतिक व शिक्षा संबंधी व सम्पत्ति, वोट देने का व संवैधानिक उपचार आदि अधिकार प्राप्त है। विश्वविद्यालय आयोग ने इस संबंध में कहा है, **"प्रजातंत्र जीवन का ढंग है और केवल मात्र राजनैतिक प्रबन्ध ही नहीं। यह धर्म, जाति, लिंग, व्यवसाय और आर्थिक स्तर को न मानते हुए सभी प्रकार की स्वतंत्रता प्रत्येक को प्रदान करती है।"**

("Democracy is the way of life and not a more political arrangement. It is based on the principle of equal freedom, equal rights for all its members, regardless of race, religion, sex, occupation or economic status.")

लोकतंत्र और शिक्षा के उद्देश्य (Democracy and Aims of Education)–शिक्षा का मुख्य उद्देश्य है लोकतंत्रात्मक मूल्यों और लोकतंत्रात्मक जीवन को विकसित कर स्थाई, विवेकशील व सशक्त बनाना। शिक्षा का इस प्रकार से नवीनीकरण किया जाना चाहिए, जिससे चारित्रिक व बुनियादी गुणों का विकास हो सके। **जॉन ड्यूवी** ने लिखा है, **"लोकतंत्र केवल सरकार का ही रूप न होकर उससे भी बढ़-चढ़कर और भी बहुत कुछ है। यह मुख्यतः सहयोगी जीवन और सम्मिलित रूप से दिए गए अनुभव की विधि है।"**

("A democracy is more than a form of Government, it is primarily a mode of associated living of conjoint communicated experience." **—John Dewey.**)

अब प्रश्न सामने यह आता है कि लोकतंत्र के लोगों को किस प्रकार की शिक्षा दी जाए? इसका उत्तर हमें यहीं दिखाई देता है कि हमें छात्रों को अच्छा नागरिक, कुशल प्रशासक, देशभक्त, सहयोगी बनाना होगा, जिसके द्वारा वह अपने कार्य को सुचारु रूप से चला सकें। वह अपने कार्यों को कुछ इस प्रकार करें जिसके द्वारा औरों का भी भला हो। विश्व कल्याण ही उसका मुख्य उद्देश्य हो। इस प्रकार के व्यक्ति का निर्माण लोकतंत्रीय शिक्षा में कुछ उद्देश्यों की प्राप्ति के द्वारा ही किया जा सकता है।

लोकतंत्रीय शिक्षा के उद्देश्यों को सामान्यतः **निम्नलिखित दो भागों** में बाँटा गया है।

(क) सामान्य उद्देश्य (ख) अनिवार्य उद्देश्य।

(क) सामान्य उद्देश्य (General Aims)–

(i) लोकतंत्रात्मक शिक्षा में ऐसी शिक्षा व्यवस्था की जाए जिसके द्वारा मस्तिष्क व बुद्धि का विकास हो।

(ii) व्यावसायिक कुशलता (Professional Efficiency) और व्यावसायिक नैतिकता (Professional Ethics) को विशेष स्थान प्राप्त हो।

(iii) लोकतंत्रात्मक शिक्षा द्वारा चरित्र के निर्माण की ओर विशेष ध्यान दिया जाना चाहिए जिसकी सहायता से उसमें अनुशासन भी आए।

(iv) अवकाश काल के सदुपयोग के लिए विभिन्न प्रकार के भ्रमणों, आदि का आयोजन किया जाए जिनके द्वारा वे अपना मनोरंजन तो करें ही साथ ही भ्रातृत्व की भावना भी अपने में जागृत करें।

(v) लोकतंत्रात्मक शिक्षा के माध्यम से प्रेम, सहयोग के द्वारा परिवार व समाज में योग्य सदस्यों का विकास किया जाए।

(vi) शारीरिक व मानसिक विकास व स्वास्थ्य की ओर विशेष ध्यान दिया जाए, क्योंकि बिना स्वास्थ्य के योग्य नागरिक व प्रशासक बनाना असम्भव है।

(vii) शिशु को प्रत्येक क्षेत्र में आगे बढ़ने का प्रोत्साहन प्राप्त किया जाना चाहिए।

(viii) छात्र की प्रतिभा व बुद्धि का विशेष ध्यान रखकर शिक्षा पद्धति का नियोजन किया जाना चाहिए।

(ख) अनिवार्य उद्देश्य (Compulsory Aims)–(i) व्यक्ति विशेष की रुचियों का विकास (Development of The Interest of Individual)–लोकतंत्र की शिक्षा व्यक्तियों की रुचियों को ध्यान में रखकर दी जानी चाहिए। उन्हें चहुँमुखी शिक्षा देना अनिवार्य है, जिससे वे हर क्षेत्र में अपना भरपूर विकास कर लें। **हरबर्ट** के अनुसार, **"बालक का बहुमुखी विकास होना चाहिए, जिससे वह श्रेष्ठ रुचियाँ अपने अन्दर समन्वित कर सके। वह जितनी अधिक व अच्छी रुचि अपने अन्दर लायेगा, वह शिक्षा काल और फिर उसके पश्चात् उतना ही सुखी, कुशल और संतुलित जीवन व्यतीत कर सकेगा।**

(ii) श्रेष्ठ नागरिकता का प्रशिक्षण (Training of Good Citizenship)–लोकतन्त्र में शिक्षा का मुख्य उद्देश्य है–श्रेष्ठ नागरिक तैयार करना। इसके लिये उनमें स्पष्ट चिन्तन, नवीन विचारों का ज्ञान, सच्ची राष्ट्रीयता, सहनशीलता, समाज में रहने की कला, भाषण व लेखन की योग्यता व अन्तर्राष्ट्रीयता आदि की भावनायें होना नितान्त आवश्यक है। प्राचीनकाल में यूनान में व्यक्तियों को नागरिकता प्राप्त करने से पहले कुछ इसी प्रकार की शपथ लेनी पड़ती थी जिसका अर्थ था कि हम (नागरिक) देश के प्रति वफादार रहते हुए, सामाजिक हितों को ध्यान में रखकर सबके सुखों व दुःखों को देखते हुए हर प्रकार के कानूनों का पालन करेंगे।

(iii) श्रेष्ठ आदतों का निर्माण (Formation of Good Habits)–लोकतांत्रिक समाज में नागरिक में श्रेष्ठ आदतों का निर्माण करना अत्यन्त आवश्यक है, क्योंकि बालक समाज में रहकर जिस प्रकार की आदतें सीखेगा बड़ा होकर वह उन्हीं का पालन करेगा। अतः भावी जीवन को सुखी बनाने के लिए प्रारम्भ से ही उसमें अच्छी आदतें उत्पन्न करनी होंगी।

(iv) व्यक्तित्व का विकास (Development of Personality)–आज के संघर्षपूर्ण समाज को देखते हुए जिसमें, लोकतन्त्र, समाज व मानव सभी विनाश के कगार पर खड़े हैं, ऐसे समय में विद्यार्थी में रचनात्मक शक्ति का विकास व उसकी रुचियों का ध्यान रखते हुए पाठ्यक्रम की कला, संगीत, नृत्य, शिल्प आदि विषयों से परिपूर्ण बनाना होगा। **हुमायूं कबीर** के अनुसार, **"शिक्षा को मानव-प्रकृति के सब पहलुओं के लिए कुछ ऐसी सामग्री इकट्ठी करनी होगी जिसमें मानव शास्त्र, विज्ञान, प्रौद्योगिकी को एक-सा महत्त्व दिया जाए, जिससे कि वह सब क्षेत्रों में निष्पक्षता, कुशलता और उदारता के गुण प्राप्त कर सकें।"**

("Education should cater to all aspects of man's nature and give importance to the human science, the technology and other fields. So that it can fit a man to perform justly, skilfully, and magnanimously all the offices." **—Humayan Kabir.)**

(v) नेतृत्व के गुण (Habits of Leadership)–विद्यार्थी में प्रारम्भ से नेतृत्व ही के गुण विकसित करने चाहिएँ, जिससे वह सामाजिक, राजनैतिक, औद्योगिक व सांस्कृतिक क्षेत्रों में अपने उत्तरदायित्व को सम्भाल सके।

(vi) आर्थिक सम्पन्नता (Economical Sufficiency)–जब तक लोग सही अर्थों में आर्थिक रूप से सम्पन्न नहीं होंगे तब तक योग्य व कुशल नेताओं का चुनाव नहीं हो पायेगा। क्योंकि सम्पन्न व्यक्ति गरीब व्यक्ति को धन का लालच देकर अपनी वोट उनकी तरफ पक्की कर निश्चित हो जायेंगे। दूसरी तरफ अगर वह आर्थिक रूप से सम्पन्न होंगे तो बिना धन के लालच के राष्ट्र को एक सम्पन्न व कुशल व्यक्ति प्रशासक के रूप में प्रदान करेंगे।

(vii) लक्ष्यों की प्राप्ति के लिए व्यक्ति व समाज का निर्माण (To achieving the new aims Construction of Person and Society)–लोकतन्त्र में शिक्षा प्रत्येक नागरिक के आदर्शों, आदतों, रुचियों, भावनाओं व शक्तियों को ध्यान में रखकर दी जानी चाहिए, जिससे वह तो समाज में अपना उचित स्थान बनाए ही साथ ही उसका प्रयोग अपने व राष्ट्र के लक्ष्यों की प्राप्ति के लिए भी कर सके।

(viii) सामाजिक दृष्टिकोण (Social Outlook)–लोकतंत्र में शिक्षा का एक और महत्त्वपूर्ण उद्देश्य है कि व्यक्ति का दृष्टिकोण। उसके सोचने-समझने का ढंग सामाजिक हो, वह अपने आपको समाज का एक प्राणी समझकर ही प्रत्येक कार्य करे। इस प्रकार वह अपने आपको सामाजिक भावना और सामाजिक क्षमताओं से परिपूर्ण जानेगा।

(ix) योग्यता (Qualities)–लोकतंत्र में कुशलता अथवा योग्यता को शिक्षा का मुख्य आधार बनाया जाना चाहिए। **इलियट** के शब्दों में, **"कुशलता से मेरा अभिप्राय है–स्वस्थ और क्रियात्मक जीवन में कार्य व सेवा की भावना और शक्ति। इसी शक्ति को ध्यान में रखकर व्यक्ति के विकास और प्रशिक्षण का प्रबन्ध किया जाना चाहिए।"**

("By efficiency I mean effective power for work and service during a healthy and active life. To the training and development of this power the education of each and every person should be directed." **—Iliot)**

2. जनतन्त्र और बालक (Democracy and Child)–हमारी जनतांत्रिक शिक्षा का उद्देश्य बच्चों का इस प्रकार विकास करना है कि वह कुशल और राज्य के उपयोगी नागरिक बन सकें। इसलिए जनतंत्रात्मक शिक्षा की व्यवस्था में बच्चे को महत्त्वपूर्ण स्थान दिया जाना चाहिए। बालक को उसकी जन्मजात मूल प्रवृत्तियों के अनुसार शिक्षा देने का प्रयास किया जाना चाहिए। जनतन्त्र में हमें बालक का व्यक्तिगत अध्ययन करके उनकी रुचि, स्वभाव, योग्यता एवं आवश्यकता के अनुसार शिक्षा की व्यवस्था करनी चाहिए। यदि शिक्षा की व्यवस्था बच्चे के सर्वांगीण विकास के लिए होगी, तभी वह जनतंत्र के विकास के लिए अपना योगदान दे सकेगा। हमारी शिक्षा बालक प्रधान (Child centred) होनी चाहिए।

3. लोकतंत्र और पाठ्यक्रम (Democracy and Curriculum)–इन उद्देश्यों को देखते हुए हम यह कह सकते हैं कि लोकतंत्रात्मक शिक्षा का पाठ्यक्रम व्यक्ति के व्यक्तित्व को ध्यान में रखते हुए, उसकी योग्यताओं को देखते हुए उसके बहुमुखी विकास की ओर ध्यान देकर बनाया जाना चाहिए। इसके लिए एक

रंगीला, विविध और लचीला पाठ्यक्रम होना चाहिए, जो बच्चों की रुचियों, आवश्यकताओं और समाज की बदलती हुई धाराओं को पूरा करता हो।

इनकी पूर्ति के लिए सेकेंडरी पाठ्यक्रम को दो भागों में बाँटा जाना चाहिए–

1. केन्द्रीय पाठ्यक्रम (Core Curriculum)।
2. विविध पाठ्यक्रम (Diversified Curriculum)।

केन्द्रीय पाठ्यक्रम के द्वारा विद्यार्थी में आवश्यक ज्ञान देने की व्यवस्था होनी चाहिए और विविध पाठ्यक्रम में विद्यार्थियों की प्रवृत्तियों, रुचियों, योग्यताओं आदि का ध्यान रखा जाना चाहिए। इसके अतिरिक्त पाठ्यक्रम को बालकों की विभिन्नताओं, प्रवृत्तियों, बुद्धि, योग्यताओं, शक्तियों तथा आवश्यकताओं को आधार बनाना चाहिए। पाठ्यक्रम में कृषि, व्यावसायिक शिक्षा, मातृभाषा, राष्ट्रभाषा, गणित, विज्ञान, शिल्प, भूगोल, इतिहास, नागरिक शास्त्र, अर्थशास्त्र, स्वास्थ्य विज्ञान, वाणिज्य इत्यादि विषयों को उचित स्थान दिया जाना चाहिए ताकि बालक में करके सीखने (Learning by Doing) की भावना का विकास हो सके।

4. लोकतंत्र और शिक्षक (Democracy and Teacher)–जनतंत्रात्मक भावनाओं के प्रसार के लिए शिक्षक सबसे अच्छा साधन है। लोकतंत्रीय समाज के विद्यालयों में शिक्षक का स्थान एक मित्र, पथ प्रदर्शक, समाज सुधारक तथा नेता के रूप में होता है। जनतंत्रात्मक शिक्षा व्यवस्था में अध्यापक को जनतंत्रात्मक व्यवस्था में विश्वास करने वाला और जनतंत्रात्मक व्यवहार करने वाला होना आवश्यक है। इस प्रकार का शिक्षक छात्रों का नेतृत्व करके उन्हें सही मार्ग दर्शन प्रदान कर सकता है। लोकतंत्रात्मक दृष्टिकोण वाला अध्यापक पक्षपात रहित होकर बिना किसी भेदभाव के सभी बालकों को समान रूप से विकसित होने का अवसर प्रदान करता है।

5. लोकतंत्र और शिक्षण पद्धतियाँ (Democracy and Methods of Teaching)–प्रजातंत्र की भावना का विकास शिक्षण पद्धतियों पर आधारित है। अतः जनतांत्रिक उद्देश्यों की प्राप्ति तथा जनतंत्रीय भावना के विकास के लिए क्रियाशील विधियों को अपनाना बहुत लाभकारी है। जनतंत्रात्मक दृष्टिकोण वाला अध्यापक स्वयं क्रियाशील रहता है और बालकों को क्रियाशील रखकर शिक्षा देने का प्रयास करता है। बच्चों को तर्क करने, स्वतंत्र चिन्तन करने, जिज्ञासा को सन्तुष्ट करने के समान अवसर देकर वह स्वतंत्रता की प्रकृति को प्रोत्साहन देता है। इस प्रकार की लोकतान्त्रिक शिक्षा देने के लिए अध्यापक क्रियात्मक विधियों - प्रदर्शनविधि, योजना पद्धति, अभिव्यक्ति विधि, खोज विधि, मांटेसरी प्रणाली, डाल्टन पद्धति आदि पद्धतियों का शिक्षण में सफल उपयोग करता है।

6. लोकतंत्र एवं अनुशासन (Democracy and Discipline)–प्रजातंत्रात्मक शिक्षा व्यवस्था में अनुशासन की समस्या बहुत ही कम होती है, क्योंकि इसमें किसी भी बात को बालकों की इच्छा के विरुद्ध नहीं लादा जाता। बच्चों को भी इतनी अधिक व्यक्तिगत स्वतंत्रता प्रदान नहीं की जाती कि बच्चा अनुशासन की समस्या पैदा कर दे। प्रजातंत्र में स्वानुशासन पर अत्यधिक बल दिया जाता है। जनतंत्र में दमनात्मक अनुशासन के लिए कोई स्थान नहीं है। स्कूल को समाज का लघु रूप मानकर सभी बच्चों को विकास का समुचित अवसर देने और समाज हित से कार्य करना सिखाना ही जनतंत्रात्मक शिक्षा का लक्ष्य है। स्कूल की क्रियाओं द्वारा बालकों में अपने कर्तव्य को समझने की इच्छा पैदा होती है और विद्यालय रूपी लोकतंत्रीय वातावरण द्वारा उनको अनुशासित किया जाता है।

7. लोकतंत्र और स्कूल व्यवस्था (Democracy and School Organisation)–प्रजातंत्रात्मक व्यवस्था में अध्यापकों तथा संगठनों को इकट्ठे होकर स्कूल की व्यवस्था करने की स्वतंत्रता होती है। अध्यापक प्रबन्धक वर्ग के साथ मिलकर स्कूल की अच्छी प्रकार से व्यवस्था कर सकता है। इस व्यवस्था में छात्रों का सहयोग भी अपने अध्यापकों के साथ रहता है। प्रबन्धक और निरीक्षक ऐसी अवस्था में हस्तक्षेप नहीं करते। इस प्रकार से स्कूलों के लिए बनाई गई प्रबन्धक समितियाँ वास्तव में बच्चों में जनतांत्रिक भावना भरने के लिए सहायता प्रदान करती हैं। छात्र भी इस प्रकार की व्यवस्था से संतुष्ट होकर रचनात्मक कार्य करने का प्रशिक्षण प्राप्त करते हैं।

इस प्रकार अन्त में हम कह सकते हैं कि जनतंत्र और शिक्षा का पारस्परिक संबंध हमें जनतंत्र को व्यावहारिक बनाने में सहायता प्रदान करता है। शिक्षा की सहायता से नागरिकों को लोकतंत्र में उनके अधिकारों एवं कर्तव्यों से परिचय कराया जाता है। जनतंत्र को सफल बनाने के लिए यह आवश्यक है कि शिक्षा की योजना इस प्रकार से बनाई जाए, जिससे आने वाली पीढ़ी में जनतंत्र के प्रति विश्वास बढ़े और वह अपने अधिकारों का सही उपयोग करना सीखे तथा शिक्षा व्यवस्था से प्राप्त कौशल, योग्यताओं और आदर्श की सहायता से जनतन्त्र को सुदृढ़ बनाए।

इस प्रकार हम देखते हैं कि लोकतंत्र नैतिक विश्वास के साथ-साथ क्रियात्मकता को भी बल देता है। शिक्षा वो महान् शक्ति है जो राष्ट्र को कुशल प्रबन्धक तो देती ही है, साथ ही उसके मूल्यों, राजनैतिक स्वतंत्रता, आर्थिक न्याय, सामाजिक परिवर्तन, व्यक्ति के व्यक्तित्व का विकास और नियंत्रित जीवन की ओर भी ले जाती है। अगर हम लोकतंत्र को देश की स्थायी सरकारी बनाना है तो लोकतांत्रिक शिक्षा को हर हालत में आरम्भ करना ही होगा। क्योंकि लोकतांत्रिक शासन प्रणाली तभी सफल हो सकती है जब शिक्षा का रूप भी लोकतांत्रिक होगा।

◆◆◆

---

3. भारतीय प्रजातांत्रिक या लोकतांत्रिक व्यवस्था की महत्त्वपूर्ण विशेषताओं को स्पष्ट करते हुये इस व्यवस्था को स्थापित करने में शिक्षा की उपयोगिता या महत्त्व पर प्रकाश डालें।

अथवा

प्रजातांत्रिक सामाजिक व्यवस्था की मुख्य विशेषताओं पर प्रकाश डालते हुए सामाजिक व्यवस्था के निर्माण में शिक्षा की भूमिका का वर्णन करें।

अथवा

प्रजातांत्रिक या लोकतांत्रिक व्यवस्था की क्या विशेषताएँ हैं? इस व्यवस्था को स्थापित करने में शिक्षा किस प्रकार सहायक हो सकती है?

उत्तर–शिक्षा को महान् सामाजिक दायित्व पूरा करना है। जो शिक्षा बदलती हुई सामाजिक स्थिति के अनुसार परिवर्तित नहीं होती, वह कभी भी अपने उद्देश्य में सफल नहीं हो सकती। गणतंत्र सामाजिक व्यवस्था की स्थापना हम शिक्षा द्वारा कर सकते हैं।

प्रजातांत्रिक सामाजिक व्यवस्था (Democratic Social Order)–यह वह व्यवस्था है जिसमें सामाजिक ढाँचे का आधार गणतंत्र है। हमारी सामाजिक व्यवस्था का स्वरूप हमारे संविधान में निम्नलिखित प्रकार से है। सभी नागरिकों को भारत को एक सम्पूर्ण प्रभुत्व सम्पन्न, लोकतंत्रात्मक, धर्म निरपेक्ष, समाजवादी गणराज्य बनाने के लिए–

न्याय–सामाजिक, आर्थिक, राजनैतिक।

स्वतंत्रता–विचार, अभिव्यक्ति, विश्वास धर्म एवं उपासना की।

समानता–प्रतिष्ठा व अवसर की।

भ्रातृत्व–व्यक्ति की गरिमा और राष्ट्र की एकता और अखण्डता को सुनिश्चित करने की भावना का प्रयास करेंगे।

लोकतांत्रिक समाज व्यवस्था (Democratic Social Order) के विषय में निम्न बातें हैं–

1. यह सम्पूर्ण प्रभुत्व सम्पन्न है।
2. सभी नागरिकों को प्रतिष्ठा एवं अवसर की समानता प्राप्त होगी।
3. यह व्यवस्था धर्म निरपेक्ष के सिद्धान्त पर आधारित है।
4. सभी व्यक्तियों की गरिमा, राष्ट्रीय एकता और अखण्डता को सुनिश्चत करेगी।
5. सभी नागरिकों को सामाजिक आर्थिक तथा राजनैतिक न्याय प्राप्त होगा।
6. विचार, अभिव्यक्ति, विश्वास धर्म तथा उपासना की भी स्वतंत्रता होगी।

गणतंत्र के मूल आधार (Basis of Democracy)–समानता व भ्रातृत्व का संविधान में उचित स्थान है। प्रजातंत्र लोगों की, लोगों द्वारा तथा लोगों के लिए बनाई गई है। ("Democracy is government of the people, by the poeple and for the people.") प्रेम, सहयोग, सहमति, न्याय, समानता तथा धर्म निरपेक्षता गणतन्त्र के मूल आधार हैं। हमने न्याय, स्वतंत्रता, समानता को समाज का निर्माण करने के लिए अपनाया है ताकि असमानता, आर्थिक विषमता, राजनैतिक विशेषाधिकार समाप्त हों तथा न्यायप्रिय समाज का निर्माण हो।

प्रजातांत्रिक सामाजिक-व्यवस्था स्थापित करने के लिए शिक्षा का योगदान *(Contribution of Education for the Establishment of Democratic Social Oder)*

स्वतंत्रता प्राप्ति के पश्चात् भारत ने प्रजातंत्र शासन प्रणाली को अपनाया। भारत में विभिन्न समुदायों के लोग, धर्म तथा भाषाएँ हैं। शिक्षा ही गणतंत्र सामाजिक प्रणाली को सही दिशा प्रदान कर सकती है। यह नागरिकों को मानसिक रूप से तैयार करती है। इसके प्रचार व प्रसार के बिना **गणतंत्र** अधूरा है। प्रजातंत्र में शिक्षा के माध्यम से ही नागरिकों को जीवन दर्शन प्रदान कर सकते हैं। सामाजिक व्यवस्था निर्माण करने के लिए शिक्षा क्षेत्र में **निम्नलिखित ढंग** हैं–

1. व्यक्तिगत स्वतंत्रता का आदर (Respect for Individual Freedom)–अध्यापक बच्चों को शिक्षा देते समय उसके निजत्व का सम्मान करें तथा उन्हें अनुभव कराए कि इस प्रजातंत्रात्मक समाज में प्रत्येक व्यक्ति का महत्त्व है। मुदालियर आयोग (Mudaliar Commission) 1952-53 लोकतंत्र में इसमें यदि विचार शून्य मतदान के अतिरिक्त कुछ महत्त्वपूर्ण है तो वह व्यक्ति को सभी प्रकार की सामाजिक, आर्थिक तथा राजनैतिक समस्याओं पर स्वयं स्वतंत्र निर्णय लेना तथा स्वयं की कार्य दिशा निर्धारित करना है। शिक्षा में कार्यरत अधिकारीगणों को शिक्षकों व विद्यार्थियों के व्यक्तित्व के सम्मान के साथ-साथ लोकतंत्र को सुदृढ़ बनाने का प्रयत्न करना चाहिए।

2. प्रौढ़ एवं सामाजिक शिक्षा को बढ़ावा (Encouragement of Adult and Social Education)–गणतंत्र सामाजिक व्यवस्था का निर्माण करने के लिए प्रौढ़ व सामाजिक शिक्षा को बढ़ावा देना चाहिए। प्रौढ़ शिक्षा वर्ग के बदलते सामाजिक, आर्थिक मूल्यों को दिशा प्राप्त करने के पश्चात् सामाजिक व्यवस्था स्थापित करने में सहायता देगी।

3. विद्यालय में प्रवेश हेतु समान अवसर प्रदान करना (Equal Opportunities for Admission into Schools)–इस तथ्य का होना भी अति आवश्यक है। परम्परागत शैक्षिक प्रशासन एवं विद्यालयों की अवस्था दोषपूर्ण है। इसमें अधिनायकवाद तथा पक्षपात जोरों पर होने के कारण गणतंत्र के सिद्धांतों के विपरीत है। विद्यालय में प्रवेश हेतु बच्चों में किसी भी प्रकार का कोई भेदभाव नहीं करना चाहिए।

4. व्यावसायिक शिक्षा (Vocational Education)–देश का समृद्धशाली होना लोकतंत्र सामाजिक व्यवस्था की सफलता के लिए बहुत जरूरी है। जिस प्रकार भूखे व्यक्ति के लिए वोट कोई महत्त्व नहीं रखता उसी प्रकार देश की गरीबी का लोकतंत्र में कोई महत्त्व नहीं। शिक्षा में लोगों द्वारा व्यावसायिक कुशलता उत्पन्न करने के साथ पाठ्यक्रम में विज्ञान विषयों के अध्ययन तथा कार्य अनुभव को सम्मिलित किया जाए। इससे बच्चों में श्रम के प्रति आदर भाव होगा। देश को समृद्धशाली बनाने के साथ इसकी जड़ें भी मजबूत होंगी।

5. विद्यालय में स्वशासन प्रणाली की प्रक्रिया को आरम्भ करना (Introduction of self-government in School)–बच्चों में इस तथ्य की भावना भरने के लिए विद्यालय में स्वशासन प्रणाली आरम्भ की जा सकती है। इसी माध्यम से उन्हें गणतंत्र, सामाजिक व्यवस्था के मूल्यों के विषय में व्यावहारिक रूप में जानकारी दे सकते हैं। स्कूलों में हाऊस (House System) विभिन्न परिषद्दों के आयोजन से स्कूल का प्रशासन चलाने में पूरी स्वतंत्रता करता है। (Management Committee) में सभी को बराबर स्थान देने से शिक्षा की नीतियों को निर्धारित कर सकते हैं।

6. लोकतांत्रिक मूल्यों का नागरिकों में समावेश (Development of Democratic Values Among Citizens)–लोकतांत्रिक मूल्यों का समावेश देश के नागरिकों के व्यवहार में भी हो। यह लोकतंत्र न केवल शासन प्रणाली के रूप में अपितु जीवन शैली के रूप में अपनाए। आत्म नियंत्रण, सहनशीलता, पारस्परिक स्वभाव व्यक्तिगत व सामाजिक जीवन में तालमेल ये सभी प्रजातंत्र के मूल्यों की जानकारी नागरिकों में विकसित करने में सहायक है। इन सभी मूल्यों का नागरिकों में समावेश करने से गणतंत्र में सामाजिक व्यवस्था की स्थापना कर सकते हैं।

7. आलोचनात्मक दृष्टिकोण का विकास (Encouragement of Critical Attitude)–यह प्रजातंत्र का मुख्य आधार होने के कारण बच्चों में शुद्ध आलोचना का विकास कर उन्हें ट्रेनिंग देता है। ऐसी क्रियाएँ सिखायें कि बच्चों में आलोचनात्मक दृष्टिकोण का विकास हो तथा उन्हें आत्माभिव्यक्ति का अवसर मिलने पर वे स्वयं सोचे व ज्ञान प्राप्त करें। नाटक, वाद-विवाद, समाज सेवा, खेलकूद, क्लब आदि के माध्यम से बच्चों में आलोचनात्मक दृष्टिकोण का विकास किया जा सकता है।

◆◆◆

---

4. प्रजातंत्र का क्या अर्थ है? इसके आधारभूत सिद्धान्त क्या हैं? विस्तार के साथ उल्लेख कीजिये।

अथवा

प्रजातंत्र से आपका क्या अभिप्राय है? प्रजातंत्र के आधारभूत सिद्धान्तों या मूल मान्यताओं का विस्तारपूर्वक वर्णन कीजिये।

उत्तर–प्रजातन्त्र का अंग्रेजी पर्यायवाची शब्द Democracy है। यह ग्रीक भाषा के दो शब्दों डेमोस (Demos) और क्रेटीन (Kratia) से मिलकर बना है। पहले शब्द का अर्थ है 'जनता'। दूसरे शब्द का अर्थ है 'शासन' तथा Democracy अथवा प्रजातंत्र का अर्थ हुआ 'जनता का शासन। अब्राहिम लिंकन ने Democracy की परिभाषा देते हुए लिखा है–**"प्रजातंत्र जनता का, जनता के द्वारा, जनता के लिये शासन है।"**

("Democracy is the government of the people, by the people and for the people.")

सीले के अनुसार, **"जनतंत्र वह सरकार है जिसमें सब भाग लेते हैं।"** ("Democracy is the government in which every body has a share.")

आज के युग में उक्त परिभाषाएँ कुछ कार्यों में संकीर्ण समझी जाती हैं। यदि 'शासन' शब्द से हमारा तात्पर्य राजनीतिक व्यवस्था से है तो 'लिंकन' द्वारा दी हुई परिभाषा प्रजातन्त्र के अर्थ को पूर्ण रूप से स्पष्ट नहीं करती। प्रजातंत्र एक प्रकार का शासन ही नहीं वरन् जीवन यापन का एक ढंग भी है। **'बोडे'** (Bode) महोदय के कथानुसार, **"प्रजातंत्र जीवन यापन की एक रीति है। 'जीवन यापन की रीति' से उनका तात्पर्य है जीवन के प्रत्येक क्षेत्र को प्रभावित करना, चाहे वह राजनीतिक मात्र हो या सामाजिक अथवा आर्थिक"**? **'बोडे'** (Bode) की इस परिभाषा से यह स्पष्ट हो जाता है कि प्रजातंत्र के सिद्धान्त अब केवल राजनीति अथवा राजनीतिक क्षेत्र तक ही सीमित नहीं है। इनका क्षेत्र अत्यन्त व्यापक है और ये जीवन के सभी पहलुओं को प्रभावित करते हैं। **'राधाकृष्णन यूनिवर्सिटी शिक्षा आयोग'** से भी इसी विचारधारा का समर्थन मिलता है। रिपोर्ट में प्रजातन्त्र के अर्थ को स्पष्ट करते हुए लिखा गया है कि **"प्रजातन्त्र केवल एक राजनीतिक व्यवस्था ही नहीं वरन् जीवन यापन की रीति भी है।"** ये सिद्धान्त किसी जाति विशेष अथवा व्यक्ति विशेष के लिये नहीं वरन् सभी के लिये हैं। स्पष्ट है कि प्रजातंत्र केवल एक राजनीतिक व्यवस्था ही नहीं वरन् जीवन यापन का एक ढंग भी है। प्रजातंत्र तब तक सफल नहीं हो सकता जब तक जीवन के प्रत्येक पहलू पर प्रजातंत्र की भावना तथा सिद्धान्तों का रंग नहीं छा जाता। इस प्रकार प्रजातंत्र शब्द का प्रयोग अब अर्थों में किया जाता है–(1) शासन की प्रणाली के रूप में और (2) जीवन यापन की रीति के रूप में। अतः अपने पूर्ण अर्थों में प्रजातंत्र का तात्पर्य जीवन यापन एक रीति तथा समाज की एक ऐसी व्यवस्था से है जिसके सभी पक्षों जैसे–राजनीतिक, सामाजिक, आर्थिक एवं सांस्कृतिक में एकता होती है।

प्रजातंत्र के आधारभूत सिद्धान्त या मूल मान्यतायें *(Fundamental Principles or Assumptions of Democracy)*

प्रजातंत्र के **प्रमुख सिद्धान्त** निम्नलिखित हैं–

1. हर मनुष्य का व्यक्तित्व (Personality) आदर योग्य है। इसका मूल्य भौतिक पदार्थों से अधिक होता है।
2. विकास के लिए प्रजातंत्र, स्वतंत्रता, सामाजिक न्याय तथा समानता प्रदान करता है।
3. जनतंत्र में सबको विकास करने का बराबर अवसर दिया जाता है।
4. प्रजातंत्रीय व्यवस्था में प्रत्येक व्यक्ति को सोचने, विचारने, लिखने, भाषण देने, निर्भयतापूर्वक एवं न्याय संगत आलोचना करने तथा अपनी सम्मति देने का पूर्ण अधिकार एवं स्वतंत्रता है। इस संबंध में संयुक्त राष्ट्र की **'मानव सर्वाधिकार संबंधी घोषणा'** (The Universal declaration of human right) अपनी 19वीं धारा में यह स्पष्ट करती है कि प्रत्येक व्यक्ति को अपनी सम्मति देकर विचार व्यक्त करने, दूसरों का मत लेने का पूर्ण अधिकार है।
5. प्रजातंत्र मानव की शारीरिक, मानसिक तथा आत्मिक शक्तियों का भरोसा रखता है और यह विश्वास करता है कि प्रत्येक व्यक्ति में अपने लिये सोचने, कार्य करने तथा अपने विकास के मार्ग तलाश करने की क्षमता है।
6. यद्यपि प्रजातंत्र में बहुसंख्यक दल का हाथ ऊँचा रहता है, परन्तु इसमें अल्पसंख्यकों के हितों की रक्षा की जाती है। जनतंत्र में जातिवाद, प्रान्तीयता, धार्मिक कट्टरता, असहिष्णुता आदि का कोई स्थान नहीं होता।
7. प्रजातंत्र की दृष्टि में सब व्यक्ति समान हैं और अपनी-अपनी शक्ति के अनुसार शिक्षा ग्रहण करने, अपनी रुचि अनुकूल अपना व्यवसाय करने तथा अपना विकास करने के लिये स्वतंत्र हैं। सभी को विकास के लिये समान अवसर प्रदान किये जाते हैं और सभी के साथ सामाजिक न्याय किया जाता है, और किसी व्यक्ति को विशेष अधिकार नहीं दिये जाते। स्वतंत्रता, समानता एवं सामाजिक न्याय इसका नारा है।
8. जनतंत्र में प्रत्येक व्यक्ति को कार्य करने की स्वतंत्रता होती है। परन्तु इस स्वतंत्रता का अर्थ उच्छृंखलता एवं निरंकुशता नहीं है। इस स्वतंत्रता का उपयोग तभी तक सम्भव है जब तक वह दूसरों की स्वतंत्रता का हनन न करे। इसके उपयोग में प्रत्येक नागरिक को यह ध्यान रखना पड़ता है कि उसके स्वतंत्र कार्य जन-कल्याण एवं देश कल्याण में बाधक न हों। इस प्रकार यह आत्म-नियंत्रण की शिक्षा देता है। प्रजातंत्र में संकटकालीन अवस्था में व्यक्तिगत स्वतंत्रता पर नियंत्रण रखा जाता है।
9. प्रजातंत्र में सहनशीलता निहित है। इसमें नागरिकों को एक दूसरे के विचारों के अन्तर को सहन करना तथा उनका सम्मान करना आवश्यक है। प्रजातंत्र, नागरिक जीवन के एक मूल सिद्धान्त 'जियो और जीने दो' में विश्वास करता है। इस प्रकार यह व्यक्तियों को विशाल दृष्टिकोण बनाने के लिये प्रोत्साहित करता है।
10. प्रजातंत्र परिवर्तन में विश्वास करता है। परन्तु यह परिवर्तन ऊपर थोपा नहीं जाता वरन् परस्पर विचार विनिमय द्वारा एवं सर्वसम्मति से लाया जाता है।
11. प्रजातंत्र का विश्वास है कि संसार के सभी राजनीतिक एवं सामाजिक संघर्षों को शान्ति पूर्ण ढंग से परस्पर विचार विनिमय द्वारा निपटाया जा सकता है।
12. प्रजातंत्र सामाजिक जीवन पर बल देता है। देश के नागरिक साथ-साथ रहते हैं। उनकी रुचियों एवं उद्देश्य में समानता होती है। इस व्यवस्था में सुखी और सम्पन्न जीवन बिताने के लिये सबका सहयोग आवश्यक होता है।
13. प्रजातंत्रीय सरकार प्रत्येक नागरिक को कुछ अधिकार देती है और उन्हें अपने कर्तव्यों के प्रति जागरूक करती है।

◆◆◆

5. प्रजातांत्रिक दृष्टि से शिक्षा के क्या कार्य हैं? विस्तारपूर्वक वर्णन कीजिये।

अथवा

प्रजातांत्रिक दृष्टि से शिक्षा का क्या अर्थ है? स्पष्ट रूप से उल्लेख कीजिए।

अथवा

प्रजातंत्रात्मक समाज के विकास में शिक्षा के स्थान का विवेचन कीजिए।

अथवा

प्रजातंत्र के आधारभूत सिद्धान्तों को लागू करने से शिक्षा पर क्या प्रभाव पड़ेगा? भारत की शिक्षा इनसे कहाँ तक प्रभावित हुई है?

अथवा

प्रजातंत्रात्मक शिक्षा प्रणाली में कौन-कौन सी विशेषताएँ होती हैं? ये विशेषताएँ भारतीय शिक्षा प्रणाली में कहाँ तक पाई जाती हैं? कारण सहित उत्तर लिखिये।

उत्तर–स्वतंत्रता मिलने के उपरान्त भारत में जनतांत्रिक भावना के साथ ही साथ शैक्षणिक विचारों का भी पर्याप्त विकास हुआ है।

तभी से यह निश्चय किया गया कि जनतंत्र की सफलता के लिये **निम्नलिखित** बातें आवश्यक हैं–

(1) देश की जनता को आर्थिक दृष्टि से सम्पन्न बनाया जाए।

(2) जनतांत्रिक व्यवस्था में शिक्षा को महत्त्व दिया जाए।

शैक्षणिक दृष्टि से प्रजातंत्र का अर्थ है कि सबको शिक्षा का समान अवसर प्रदान किया जाए। ज्ञानार्जन और पढ़ने-लिखने का अवसर हर किसी को दिया जाए। यही सच्चा जनतंत्र है। जनतंत्र में शिक्षा प्राप्त करना हर किसी का जन्मसिद्ध अधिकार होता है।

अमेरिका की राष्ट्रीय समिति के अनुसार, **"जनतांत्रिक शिक्षा समानता पर आधारित है। प्रायः अवसर समान होने का माप है बैयक्तिक योग्यताओं तथा क्षमताओं को इस लक्ष्य के समान अवसर देना कि सभी को अपनी शक्तियों के अनुसार पूर्ण रूप से कार्य करने का अवसर दिया जाए। इससे समाज को संतोष प्राप्त होता है, बैयक्तिक विकास की पूर्ण सम्भावना होती है, शिक्षक और विद्यार्थी दोनों को ही लाभ प्राप्त होता है। इस प्रकार शैक्षणिक दृष्टि से प्रजातंत्र का अर्थ हुआ कि शिक्षा के क्षेत्र में सभी को समान सुविधाएँ और अवसर देकर सबके सर्वांगीण विकास की ओर ध्यान देना चाहिए।"**

प्रजातांत्रिक दृष्टि से शिक्षा का अर्थ
(Meaning of Education in Democracy)

प्रजातंत्र में शिक्षा का अर्थ है वह साधन जिसके द्वारा मनुष्य में समानता और सभ्यता की भावना उत्पन्न की जाती है। प्रजातांत्रिक शिक्षा शिक्षार्थियों को उच्चतम सभी आवश्यकताओं का ज्ञान कराने वाली, सत्य तथा असत्य के अन्तर को स्पष्ट करके किसी नतीजे तक पहुँचाने वाली, सामाजिक परिवर्तनों के अनुसार व्यक्ति में परिवर्तन करने वाली होती है।

यह शिक्षा मनुष्य में स्वतंत्र विचारधारा, समाज में कल्याण करने की भावना, दूसरों के दृष्टिकोणों को समझने की भावना, समस्याओं पर विचार करके तुरन्त ही निर्णय लेने की क्षमता, सहिष्णुता, सच्चरित्रता तथा अन्य मानवीय गुणों का विकास और प्रजातांत्रिक आदर्शों में विश्वास करने वाली होती है।

प्रजातांत्रिक शिक्षा का महत्त्व और कार्य (Importance of Democratic Education and its Functions)–आज 'प्रजातंत्र के लिए शिक्षा और शिक्षा के लिए प्रजातंत्र' की आवाजें बड़े जोर-शोर के साथ सुनाई देती है। प्रजातंत्र में शिक्षा के संबंध में राय देने वाले शिक्षा-शास्त्रियों में अमेरिका के जॉन डीवी का नाम बड़े आदर के साथ लिया जाता है। **डीवी** का कहना है कि **"प्रजातंत्र शासन की एक पद्धति** (Method) **ही नहीं है बल्कि यह सामाजिक जीवन और विचारों तथा अनुभवों के दिन प्रतिदिन की एक शैली है।"** जॉन **डीवी** के इन्हीं विचारों ने शिक्षा में प्रजातांत्रिक सिद्धान्तों को जन्म दिया है।

जॉन डीवी ने लिखा भी है, **"जनतांत्रिक समाज को अच्छे गुणों के साथ पाठशाला में प्रशिक्षित कर देना चाहिए, जिससे बालक अपने आप को इस समाज का अंग समझे और उसके विकास में सक्रिय सहयोग दे।"** अब लोग इस बात को मानने लगे हैं कि शिक्षा जनतंत्र में ही पनप सकती है। यह भी सत्य है कि शिक्षा की सहायता के बिना प्रजातंत्र कदापि सफल नहीं हो सकता है।

प्रजातंत्र तभी सफल हो सकता है जबकि देश के सभी नागरिकों को अपने कर्तव्यों की पूरी जानकारी हासिल हो। यह कार्य शिक्षा ही पूरा कर सकती है। जनतंत्र के अन्तर्गत मतदान को अत्यधिक महत्त्व दिया जाता है। जनता सोच-विचार कर मतदान करेगी तभी उसका कल्याण हो सकता है। **हेरिंगटन** का यह कथन एकदम सत्य है कि जनतंत्रात्मक सरकार की सबसे बड़ी माँग शिक्षित जनता है। शिक्षा ही नागरिकों में उन मानवीय गुणों का विकास कर सकती है जिसकी कि प्रजातंत्र को परम आवश्यकता है। प्रजातंत्र वहीं पर सफल हो सकता है जहाँ पर कि सामाजिकता, सहृदयता, सहिष्णुता, धैर्य, जनहित आदि की भावना से भरे हुए नागरिक हों। शिक्षा ही एक ऐसा साधन है जो नागरिकों में प्रजातंत्र के प्रति विश्वास और सद्भावना पैदा कर सकता है।

अतएव प्रजातंत्र की दृष्टि से यह परम आवश्यक है कि हमारे भावी नागरिक अपनी संस्कृति, कला आदि के ज्ञान से परिचित हों। संस्कृति का संरक्षण शिक्षा ही करती है। अतएव यह जानकारी शिक्षा के द्व ारा ही प्राप्त हो सकती है।

राधाकृष्णन कमीशन के अनुसार, **"प्रजातंत्र के हाथ में शिक्षा की वह युक्ति होती है जिसके द्वारा वह नागरिकों को सामाजिक बुराइयों से दूर रखता है तथा उनमें समानता की भावना पैदा करता है। प्रजातंत्र इस बात का प्रयास करता है कि न तो सरकार समाज का शोषण करे और न ही समाज हित की अवहेलना करे। इस कार्य में शिक्षा विशेष योग देती है।"**

हुमायूं कबीर के अनुसार, **"यदि प्रजातंत्र को वास्तव में प्रभावशाली बनाना है और प्रत्येक व्यक्ति का विकास करना है तो शिक्षा की सार्वभौमिक और निःशुल्क व्यवस्था करनी होगी।"**

("If democracy is to really effective and guarantee to all individuals the right to develop to the fullest extent the education has to be universal and free.")

जॉन डीवी ने लिखा है, **"प्रजातंत्र में ऐसी शिक्षा की व्यवस्था करनी है जो व्यक्तियों की रुचि, सामाजिक कार्यों तथा संबंधों में पैदा कर सके, जो बिना किसी कठिनाई और अव्यवस्था तथा रुकावट के सामाजिक परिवर्तन कर सके।"**

("Democracy must have this type of Education which gives individuals a personal interest in social relationship and control and habits of minds which secure social change without introducing disorder.")

प्रजातंत्र के लिए शिक्षा के कार्य
(Role of Education for Democracy)

1. कर्तव्यों का ज्ञान देना–प्रजातंत्रीय शासन-व्यवस्था की सफलता देश के नागरिकों पर निर्भर करती है। यदि देश के नागरिक सुयोग्य हैं, उनमें राजनैतिक चेतना है और वे देश के प्रति अपने कर्तव्य एवं उत्तरदायित्व को समझते हैं, उन्हें निभाने के लिये तत्पर हैं तो वे प्रजातंत्र को सफल बना सकते हैं। इसके विपरीत व्यवस्था में प्रजातंत्र के विफल होने की सम्भावना अधिक होती है। अतः नागरिकों में राजनीतिक चेतना भरना और उन्हें अपने कर्तव्यों के प्रति जागरूक करना आवश्यक है। यह कार्य शिक्षा द्वारा ही पूर्ण हो सकता है। अतः प्रजातंत्र शासन व्यवस्था की सफलता के लिये शिक्षा नितान्त आवश्यक है। शिक्षा प्रजातंत्र का हथियार है। शिक्षित नागरिक ही प्रजातंत्र की रक्षा कर सकता है। शिक्षा द्वारा प्रत्येक व्यक्ति को शारीरिक, बौद्धिक तथा नैतिक रूप से अपने नागरिकता के कर्तव्य निभाने के लिये तैयार किया जाता है।

2. प्रजातांत्रिक आदर्शों में विश्वास उत्पन्न करना–प्रजातंत्र के कुछ मूल्य तथा आदर्श होते हैं और प्रजातंत्र की सफलता इस बात पर निर्भर करती है कि ये मूल्य तथा आदर्श प्रत्येक नागरिक के विचारों एवं

कार्यों पर छा जायें और वह इन्हीं के अनुसार आचरण करें। शिक्षा ही नागरिकों को इन मूल्यों तथा आदर्शों का ज्ञान देती है और इनमें उनका विश्वास उत्पन्न करती है।

3. संस्कृति का संरक्षण एवं विकास करना–प्रजातांत्रिक दृष्टि से यह आवश्यक है कि हमारे भावी नागरिक हमारी संस्कृति, सभ्यता, सामाजिकता, कला एवं ज्ञान से परिचित हों, जिससे वे समय आने पर इनके स्थायित्व एवं विकास में योगदान दे सकें। यह कार्य शिक्षा द्वारा ही पूर्ण होता है। शिक्षा ही एक ऐसा साधन है जिसके द्वारा हमारी संस्कृति का संरक्षण तथा उसका एक पीढ़ी से दूसरी में हस्तान्तरण किया जा सकता है।

4. मतदान का महत्त्व समझाना–प्रजातंत्रीय शासन-व्यवस्था के अन्तर्गत देश के नागरिक मतदान द्वारा व्यक्तियों को निर्वाचित करके एक ऐसी सरकार का निर्माण करते हैं जो देश में शासन की बागडोर सम्भालती है। यदि निर्वाचित व्यक्ति शिक्षित, योग्य, ईमानदार, देश-भक्त एवं जन-सेवक होते हैं तो प्रजातंत्रीय शासन सुचारु रूप से चलता है और उससे सभी को लाभ होता है। इसलिये यह आवश्यक है कि शिक्षित एवं सुयोग्य व्यक्ति ही निर्वाचित किये जायें। जनता मतदान द्वारा चुनाव में उन्हीं को सफल बनाये। अतः मतदान का बड़ा महत्त्व है। परन्तु जब तक व्यक्ति शिक्षित नहीं होता वह मतदान के महत्त्व को नहीं समझता और अपने मत का उत्तम एवं उचित उपयोग नहीं कर पाता अथवा स्वतंत्र निर्णय नहीं ले पाता। शिक्षा के अभाव में वह विवेक से काम नहीं लेता और दबाव में आकर अयोग्य व्यक्ति को वोट दे देता है। ऐसे व्यक्तियों से कल्याण की अपेक्षा हानि अधिक होती है। इससे जनतंत्र के उद्देश्य नष्ट हो जाते हैं। स्पष्ट है कि व्यक्तियों की अज्ञानता का परिणाम देश के लिये भयंकर हो सकता है।

5. मानवीय गुणों का विकास करना–प्रजातंत्र की सफलता के लिये यह आवश्यक है कि नागरिकों का चरित्र उच्च कोटि का हो और वे मानवता के मूल्यों से परिचित हों। वे सामाजिक, सहृदयता, सहिष्णुता, धैर्य आदि गुणों से पूर्ण हों उनके हृदय में देश के लिये प्रेम श्रद्धा हो और देश हित तथा जन-हित के लिये वे स्वहित का त्याग करने के लिए तैयार हों। केवल शिक्षा द्वारा ही ऐसे व्यक्तियों का निर्माण तथा विकास सम्भव है।

6. रुचियों एवं आदतों का विकास करना (Development of Interests Habits)–राधाकृष्णन रिपोर्ट के अनुसार प्रजातंत्र के हाथ में शिक्षा ही सबसे बड़ी युक्ति है, जिसके द्वारा वह नागरिकों को सामाजिक कुरीतियों से मुक्ति दिलाता है, समाज हित कार्य करने की प्रेरणा देता है और उनके बीच समानता का भाव बनाये रखता है। यह तभी सम्भव है जब व्यक्ति में शिक्षा द्वारा आवश्यक रुचियों, आदतों तथा मनोवृत्तियों का विकास किया जाये। अतः प्रजातंत्र में शिक्षा की अवहेलना नहीं की जा सकती है। **ड्यूवी** का कथन है कि, **"प्रजातंत्र में ऐसी शिक्षा की व्यवस्था की जानी चाहिए जो व्यक्तियों की सामाजिक कार्यों तथा संबंधों में रुचि उत्पन्न कर सके और उनमें ऐसी मानसिक आदतों का निर्माण कर सकें जो किसी गड़बड़ के बिना सामाजिक परिवर्तन ला सकें।"**

उपर्युक्त विवचेना से यह स्पष्ट हो जाता है कि प्रजातंत्र के लिये शिक्षा कितनी आवश्यक हे। इस आवश्यकता को स्पष्ट करते हुए **'हुमायूं' कबीर** ने कहा कि, **"यदि प्रजातंत्र को प्रभावशाली बनाना है और व्यक्ति को अपने सम्पूर्ण विकास की गारन्टी देनी है तो शिक्षा को सार्वभौमिक एवं निःशुल्क होना चाहिए।"**

◆◆◆

---

6. आधुनिक युग में शिक्षा की प्रजातंत्रीय विचारधारा का क्या अर्थ है? यह शिक्षा को किस प्रकार प्रभावित करती है? विस्तारपूर्वक वर्णन कीजिये।

अथवा

प्रजातंत्रीय विचारधारा शिक्षा को किस प्रकार से प्रभावित करती है? विवेचना कीजिये।

उत्तर–शिक्षा पर प्रजातांत्रिक विचारधारा का प्रभाव–जनतांत्रिक विचारधारा का शिक्षा पर यह प्रभाव पड़ा है कि प्रत्येक व्यक्ति को शिक्षा प्राप्त करने का अधिकार दिया गया है। हमारे देश में जैसा कि बहुत पहले था कि शिक्षा प्राप्त करने का अधिकार निम्न जातियों को नहीं था। लेकिन अब ऐसा नहीं है। अब

हर किसी को चाहे वह किसी भी जाति या वर्ग का हो, शिक्षा प्राप्त करने का अधिकार है। अपनी क्षमता के अनुसार वह हर किसी विद्यालय में शिक्षा पा सकता है। वहाँ किसी प्रकार का भेदभाव नहीं किया जा सकता।

अपनी शक्ति और क्षमता के अनुसार हर किसी को शिक्षा प्राप्त करने का अधिकार होता है, जिसके पास आर्थिक सामर्थ्य नहीं है, तथा जो शिक्षा प्राप्त करने में असमर्थ है। उसे शिक्षा पाने के लिये हर प्रकार की सहायता देना राज्य का काम है। असमर्थ या विकलांग विशिष्ट बालकों को भी जनतंत्र में शिक्षा पाने का वही अधिकार है जो सब को। हर प्रकार का विकास करने का अधिकार भी है जैसा कि सब को। अतएव इन विशिष्ट बालकों की शिक्षा का प्रबन्ध करना राज्य का काम होता है।

हमारे देश में जनतंत्र है। यहाँ जनतंत्र के आदर्शों के अनुसार ही शिक्षा प्राप्त करने का अधिकार हर किसी को है। विशिष्ट बालकों की शिक्षा का भी प्रबन्ध किया गया है। लेकिन इसकी स्थिति अत्यन्त दयनीय चल रही है। असमर्थों की शिक्षा के लिए सरकारी सहायता अवश्य प्राप्त है, लेकिन इस दिशा में अनेक अव्यवस्थाएँ देखने को मिलती हैं। वास्तव में जिसे सहायता मिलनी चाहिए उसे नहीं मिल पाती।

जनतांत्रिक शिक्षा में हर बालक की रुचि और योग्यता के अनुसार शिक्षा प्राप्त करने का अधिकार होता है। आज लगभग सभी देश बालकों को उसकी रुचि की शिक्षा देने का प्रयास कर रहे हैं। इसलिए पाठ्यक्रम में भी विस्तार किया जा रहा है। हर किसी को अपनी शक्ति के अनुसार शारीरिक, नैतिक, मानसिक और आध्यात्मिक विकास करने का अवसर दिया जा रहा है।

यह जनतांत्रिक शिक्षा प्रणाली का ही परिणाम है कि शिक्षा कार्य में अधिक से अधिक स्वतंत्रता प्रदान की जा रही है। अध्यापकों को भी अपनी व्यावसायिक कुशलता बढ़ाने का अवसर दिया जाता है। अब कक्षा-शिक्षण में भी जनतांत्रिक सिद्धान्तों को अपनाया जा रहा है। छात्रों को अनुभव द्वारा सीखने तथा करके सीखने पर बल दिया जा रहा है।

अब विद्यालयों के वातावरण को भी जनतांत्रिक बनाने का प्रयास किया जा रहा है। प्रधान अध्यापक, अध्यापकों के साथ मित्रता का व्यवहार करते हैं, अध्यापक बालकों के साथ मित्रता और पथ-प्रदर्शक की तरह व्यवहार करते हैं, विद्यालयों की नीति-निर्धारण में सबका सहयोग लिया जाता है। जनतांत्रिक-प्रणाली के अनुसार ही विद्यालयों में छात्र संघ, छात्र परिषद् आदि का संगठन करने की प्रेरणा दी जाती है।

प्रजातंत्र में अनुशासन की नीति दमनात्मक नहीं होती। इसलिए अब दमनात्मक अनुशासन को स्थान न देकर स्वतंत्रता को स्थान दिया जाता है। छात्रों को किसी भी प्रकार दबाया नहीं जाता और स्वशासन पर बल दिया जाता है।

आजकल विद्यालय को समाज का लघु रूप समझा जाता है। बालक जहाँ नागरिकता की शिक्षा प्राप्त करता है वहीं पर उसको विश्व नागरिकता का भी पाठ पढ़ाकर विश्व बन्धुत्व का भाव विकसित किया जाता है।

उक्त वर्णन से स्पष्ट है कि आधुनिक युग में, शिक्षा के क्षेत्र में, जनतांत्रिक विचारधारा पूरे तरीके से घर कर गई है। संसार के अधिकांश देश विचारधारा से प्रभावित होकर शिक्षा के क्षेत्र में भी परिवर्तन कर रहे हैं। भारत भी इस दिशा में तेजी के साथ अपना कदम बढ़ा रहा है।

प्रजातांत्रिक प्रणाली से भारतीय शिक्षा किस सीमा तक प्रभावित है?

1. जनतांत्रिक प्रणाली से हमारी भारतीय शिक्षा अधिक सीमा तक प्रभावित हुई है। इसका प्रभाव शिक्षा के पाठ्यक्रम, विद्यालय-व्यवस्था, शिक्षक के कार्य और स्थान, शिक्षा-विधि, शिक्षार्थी, शिक्षा के उद्देश्य आदि सभी बातों पर पड़ा है। यही कारण है कि हमारी शिक्षा को आज जनतांत्रिक शिक्षा कहा जाता है।
2. शिक्षा के पाठ्यक्रम को समाज की आवश्यकताओं तथा बाल-रुचियों पर केन्द्रित किया गया है। शिक्षा अब केवल सूचना मात्र ही नहीं है, बल्कि उसका व्यावहारिक पक्ष भी छात्रों के सामने रखा जाता है। उन्हें इसका प्रयोग करने की शिक्षा भी दी जाती है। शिक्षा के पाठ्यक्रम को अत्यधिक विस्तृत कर दिया गया है।

3. शिक्षा में बालक की रुचि को स्वतंत्रता दी जा रही है। बालक को महत्त्वपूर्ण स्थान दिया जाता है। उनमें आत्मिक अनुशासन पैदा करने का प्रयास किया जाता है।
4. पाठशालाओं के नियम-निर्धारण में सबका योगदान होता है। सबकी राय को महत्त्व दिया जाता है।
5. शिक्षा विधि भी पहले की अपेक्षा काफी परिवर्तित कर दी गई है। बालक को विषय का बोध हो जाए, ऐसी ही विधि को अपनाया जाता है।
6. अब अध्यापक का स्थान पथ-प्रदर्शक का है। वह छात्रों का मित्र होता है और उनके साथ अत्यन्त प्रेम और सहानुभूति का व्यवहार करता है।
7. शिक्षा के माध्यम से बच्चों को नागरिकता का पाठ पढ़ाया जाता है। उसमें विश्व नागरिकता के भाव पैदा किये जाते हैं। विश्व-बन्धुत्व के भावों के विकास किया जाता है।

प्रजातंत्र में धार्मिक शिक्षा का स्थान (Place of Religious Education in Democracy) –प्रजातंत्र में धर्म निरपेक्षता को अधिक मान्यता प्रदान की गयी है। प्रजातंत्र में धर्म की कट्टरता को कोई स्थान प्राप्त नहीं है, अपितु शिक्षा का नैतिक एवं मानवतावादी स्वरूप ही स्वीकार्य है। चूँकि नैतिक शिक्षा व्यक्ति में मानवीय गुणों का विकास करती है, भला बुरा विचारने की शक्ति पैदा करती है, मनुष्य-मनुष्य के बीच प्रेम-भाव उत्पन्न करती है। इसी कारण इसको प्रजातंत्र में अधिक महत्त्व प्रदान किया जाता है। वह प्रजातंत्र कभी भी सफल नहीं हो सकता जिसमें नागरिक अपने कर्तव्यों का पालन नहीं कर सकते। विद्यार्थियों को योग्य एवं अनुशासित नागरिक केवल नैतिक शिक्षा ही बना सकती है। इसलिये जिन-जिन देशों ने प्रजातंत्रात्मक प्रणाली अपनाई हुई है, वहाँ-वहाँ धर्मनिरपेक्षता के होते हुये भी नैतिक एवं धार्मिक शिक्षा को महत्त्व दिया जाता है।

धार्मिक शिक्षा से अर्थ ऐसे धर्म है जो सभी धार्मिक सिद्धान्तों के मूलरूप का अपने में समावेश किये हुए हो, जो कि सभी धर्मों और धर्म पालकों को आदर देना सिखाये, जो कि सभी सम्प्रदायों के लोगों को आपस में मिलकर रहना सिखायें। वास्तविकता में सभी धर्मों का धर्म एक ही होता है, सभी के मूलभूत सिद्धान्त लगभग एक से ही होते हैं, जो कि मानवता के सिद्धान्त होते हैं। यदि सभी मानव इसी धर्म के सिद्धान्त को मानकर चलें तो प्रजातंत्र के सिद्धान्त पूर्ण हो सकते हैं।

◆◆◆

---

7. प्रजातांत्रिक दृष्टिकोण के विकास के लिये शिक्षा की आवश्यकता एवं महत्त्व किन कारणों से है? विवेचना करें।

अथवा

प्रजातांत्रिक दृष्टिकोण के विकास के लिये शिक्षा की आवश्यकता एवं महत्त्व का उल्लेख कीजिये।

अथवा

टिप्पणी अथवा नोट लिखें–प्रजातांत्रिक दृष्टिकोण के लिये शिक्षा की आवश्यकता एवं महत्त्व।

उत्तर–प्रजातंत्र में शासन की सत्ता किसी व्यक्ति विशेष में केंद्रित न होकर जनता के चुने हुए प्रतिनिधियों में केंद्रित होती है। जनता द्वारा चुने हुए ये प्रतिनिधि जनहित के लिए प्रयत्नशील रहते हैं और ऐसे कार्यों का संपादन करते हैं जिनसे जनता का अधिक से अधिक कल्याण हो सके। जब ये प्रतिनिधि अपने अधिकारों का दुरुप्रयोग करने लगते हैं तो जनता उसके शासन करने के अधिकार को छीन लेती है और उनक स्थान पर दूसरे व्यक्तियों को अपना प्रतिनिधि चुन लेती है। इस प्रकार प्रजातंत्रीय राज्य में स्वशासन की व्यवस्था होती है। स्वशासन के लिए जनता का शिक्षित होना आवश्यक है। प्रजातंत्र में जनता को जब अपना शासक चुनना है तो उसे इतना ज्ञान और विवेक भी होना चाहिए कि वह उपयुक्त शासकों को चुन सके। ऐसे शासकों को चुन सके जो जनकल्याण के लिए कार्यरत हो सकें। आवश्यक ज्ञान और विवेक के अभाव में जनता देशद्रोही, स्वार्थी और भ्रष्टाचारी लोगों की बातें सुनकर ऐसे अनुपयुक्त व्यक्तियों को अपना प्रतिनिधि

चुन लेती हैं जो शासन करने के योग्य नहीं हैं और अयोग्य शासकों के अंतर्गत राज्य और समाज की उन्नति नहीं हो सकेगी। अतः यह आवश्यक है कि प्रजातंत्र में जनता को शिक्षित किया जाए और उसे राजनीतिक दृष्टि से जागरूक बनाया जाए। शिक्षित जनता के बिना प्रजातंत्र की सफलता असंभव है। इस प्रकार शिक्षा प्रजातंत्र की रीढ़ है, उसका आधार है।

प्रजातंत्र में शिक्षा की आवश्यकता एवं महत्त्व मुख्यतः निम्न कारणों से है—

(क) योग्य नागरिकों का निर्माण करने के लिए (To Create Able Citizens)—प्रजातंत्र की सफलता ऐसे नागरिकों पर निर्भर करती है जो योग्य हों, कार्यकुशल हों, उत्तम चरित्र वाले हों, स्वतंत्रता, समानता और न्याय के महत्त्व को समझने वाले हों। जातीयता, साम्प्रदायिकता और ऊंच-नीच की संकीर्ण भावना से परे हों। ऐसे उत्तम नागरिकों के निर्माण के लिए शिक्षा आवश्यक है।

(ख) कर्तव्य और अधिकारों का ज्ञान कराने के लिए (To Give the Knowledge of Duties and Rights)—प्रजातंत्र शासन में नागरिकों के लिए यह आवश्यक है कि वे अपने कर्तव्य और अधिकारों से न केवल भलीभाँति परिचित हों वरन् अपने कर्तव्य का उचित ढंग से पालन भी करें और अपने अधिकारों का सही ढंग से उपयोग करें। राज्य की व्यवस्था तभी सुचारु रूप से चल सकती है जब सभी नागरिकों को अपने कर्तव्य और अधिकार ज्ञात हों और यह कार्य शिक्षा द्वारा ही पूर्ण हो सकता है। शिक्षा प्रजातंत्र का एक महत्त्वपूर्ण अस्त्र है, क्योंकि शिक्षित नागरिक ही प्रजातंत्र की रक्षा कर सकता है।

(ग) देश प्रेम की भावना विकसित करने के लिए (To Develop the Spirit or Patriotism) —प्रजातंत्र की रक्षा और उन्नति का उत्तरदायित्व देशवासियों पर होता है। इसके लिए आवश्यक है कि उनमें देश प्रेम की भावना हो। उनमें त्याग की ऐसी भावना हो कि वे देश हित के लिए अपने व्यक्तिगत हितों की परवाह न करके अपना सब कुछ अर्पित करने को तैयार रहें। उनमें ऐसी भावना हो कि यह देश मेरा है, इस देश की उन्नति मेरी उन्नति है, इसलिए इसकी रक्षा के लिए हमें प्राणों का भी मोह नहीं करना चाहिए। देशवासियों में इस प्रकार की भावना का विकास शिक्षा द्वारा ही संभव है।

(घ) राजनीतिक जागरूकता के लिए (For Political Awareness)—प्रजातंत्र में नागरिक देश के शासन का संचालन करने के लिए अपने प्रतिनिधियों को प्रत्यक्ष रूप से चुनते हैं। अतः उन्हें मतदान के महत्त्व से भलीभाँति परिचित होना चाहिए, उन्हें शासन व्यवस्था की पूर्ण जानकारी होनी चाहिए, उन्हें इस बात का पूर्ण ज्ञान होना चाहिए कि उनके प्रतिनिधि किस प्रकार से शासन का संचालन करते हैं और किस प्रकार अपने वायदों को पूरा कर रहे हैं तथा किस सीमा तक जनहित के कार्यों को कर रहे हैं। यह कार्य शिक्षा का है, शिक्षा ही व्यक्ति को मतदान का महत्त्व बताती है, शासन व्यवस्था की जानकारी देती है ओर उनमें राजनीतिक जागरूकता पैदा करके उनमें इन कार्यों में भाग लेने की रुचि पैदा करती है। इस प्रकार हम कह सकते हैं कि प्रजातंत्रीय शासन व्यवस्था संचालन शिक्षित जनता पर ही निर्भर है।

(ङ) प्रजातांत्रिक आदर्शों में विश्वास उत्पन्न करने के लिए (To Make Belief in Democratic Ideals)—प्रजातंत्र के कुछ अपने आदर्श और मूल्य होते हैं। प्रजातंत्र की सफलता इस बात पर निर्भर करती है कि उसके नागरिक आदर्शों और मूल्यों में विश्वास करते हों और इनके अनुसार आचरण करते हों। इसके लिए शिक्षा की आवश्यकता होती है। शिक्षा ही इस महत्त्वपूर्ण कार्य को करती है। शिक्षा ही नागरिकों में इन आदर्शों और मूल्यों के प्रति विश्वास उत्पन्न करती है और उसके अनुसार आचरण करने की आदत विकसित करती है।

(च) मानवीय गुणों का विकास करने के लिए (To Develop the Human Qualities)—प्रजातंत्र के लिए ऐसे नागरिकों की आवश्यकता है जो मानवीय गुणों से युक्त हों। उनमें प्रेम, सहयोग, सहकारिता, सद्भावना, सहानुभूति, धैर्य, परोपकार और त्याग आदि गुण हों। ऐसे मानवीय गुणों से युक्त नागरिक ही प्रजातंत्र की आधारशिला हैं। ऐसे नागरिकों पर ही प्रजातंत्र की सफलता निर्भर है। शिक्षा द्वारा ही व्यक्तियों में इन मानवीय गुणों का विकास किया जाता है, अतः प्रजातंत्र के लिए शिक्षा महत्त्वपूर्ण है।

(छ) संस्कृति के संरक्षण और हस्तांतरण के लिए (For Transfer and Prevention of Culture) –प्रजातंत्र में यह आवश्यक है कि सभी नागरिकों को अपनी संस्कृति, सभ्यता, ज्ञान-विज्ञान आदि से परिचित होना चाहिए और उनके विकास में अपना योगदान देना चाहिए। यह कार्य शिक्षा के द्वारा ही संभव हो सकता है, क्योंकि शिक्षा ही एक ऐसा साधन है जिसके द्वारा हमारी संस्कृति और हमारी सामाजिक धरोहर (Social Heritage) का संरक्षण और एक पीढ़ी से दूसरी पीढ़ी में हस्तांतरण किया जा सकता है।

स्पष्ट है कि प्रजातंत्र की सफलता के लिए शिक्षा अति आवश्यक है। यदि हम प्रजातंत्रीय शासन प्रणाली को सफल बनाना चाहते हैं तो हमें नागरिकों को शिक्षित करना चाहिए। **हैदरिंगटन (Hetherington)** ने ठीक ही कहा है, "प्रजातंत्रीय सरकार की मांग शिक्षित जनता है।" ("Democratic government demands an educated people.")

◆◆◆

4.3 प्राचीन, मध्यकालीन तथा आधुनिक शिक्षा में असमानताएं (Inequalities in Ancient, Medieval and Modern Education)

प्राचीन काल में शिक्षा (Education in Ancient Times)

1. प्राचीन काल में भारत की राष्ट्रीय शिक्षा प्रणाली की मुख्य विशेषताओं का वर्णन कीजिये।

अथवा

प्राचीन भारत की शिक्षा-प्रणाली की प्रमुख विशेषताओं की व्याख्या कीजिए। समाज की शिक्षा में ये विशेषताएँ कहाँ तक पाई जाती हैं?

अथवा

प्राचीन भारत में शिक्षा के आदर्श क्या थे? वर्तमान शिक्षा का संगठन करते समय इनका मूल्यांकन कीजिए।

उत्तर–प्राचीन भारत में शिक्षा ज्ञान का स्रोत थी। उसे लोक और परलोक के सुधारने का माध्यम माना जाता था। वास्तव में प्राचीन शिक्षा धर्म से प्रेरित थी। इसका प्रमुख कारण प्राचीन भारतीय विचारधारा तथा जीवन-दर्शन का पूर्ण रूप से धर्म-प्रधान होना था। जीवन का प्रत्येक क्षेत्र–चाहे आर्थिक हो, चाहे राजनीतिक या सामाजिक, सब पर धर्म का प्रभाव था। आर्यों के जीवन का प्रमुख उद्देश्य था–मोक्ष की प्राप्ति। अतः जीवन की प्रत्येक क्रिया मोक्ष-प्राप्ति के लिए सम्पादित की जाती थी। इस विचार का शिक्षा पर भी प्रभाव पड़ा। उस काल में शिक्षा को केवल ज्ञान प्राप्त करने का माध्यम नहीं माना जाता था, अपितु शिक्षा मोक्ष प्राप्त करने का एक साधन मानी जाती थी।

प्राचीन शिक्षा प्रणाली के उद्देश्य
(Aims of Ancient Education System)

(1) व्यक्ति के चरित्र का विकास करना।
(2) बाह्य अनुशासन के साथ-साथ आन्तरिक अनुशासन को महत्त्व देना।
(3) शिक्षा द्वारा व्यक्तित्व का विकास करना।
(4) जीवन को पूर्ण रूप से पवित्र बनाये रखकर, अन्तिम उद्देश्य–मोक्ष की ओर ले जाना।
(5) भौतिक जगत् से चित्त को हटाकर आन्तरिक जगत् की ओर लगाना।
(6) वैदिक साहित्य, यज्ञ तथा कर्मकाण्डों और आध्यात्मिक रहस्यों को सांस्कृतिक निधि के रूप में संजोकर रखना।

उपर्युक्त शिक्षा के उद्देश्यों का तात्पर्य यह नहीं कि प्राचीन काल में शिक्षा का उद्देश्य केवल धर्म-दीक्षा देना या चरित्र का निर्माण करना था। इस विषय पर प्रकाश डालते हुए **बी० जी० गोखले** लिखते हैं– **"इस प्रणाली का आयोजन इस प्रकार का था कि जीवन के प्रति छात्र का दृष्टिकोण विस्तृत हो जाए। उसमें ज्ञान की ज्योति जगे, उसकी बुद्धि प्रखर हो और उसके व्यक्तित्व के विकास द्वारा उसके अन्दर चरित्र बल की स्थापना हो।.....यह सत्य है कि इस प्रणाली में धर्म-दीक्षा को अत्यधिक महत्त्व दिया जाता था, परंतु साथ ही ज्ञान तथा साहित्य की शाखाओं के महत्त्व को भी नहीं भुलाया जाता था।"** अल्टेयर के अनुसार, **"ईश्वर-भक्ति तथा धार्मिक भावना, चरित्र-निर्माण, व्यक्तित्व का विकास, नागरिक-सामाजिक कर्तव्य का पालन, सामाजिक कुशलता की उन्नति तथा राष्ट्रीय संस्कृति का संरक्षण और प्रसार–प्राचीन भारत में शिक्षा के उद्देश्य थे।"**

प्राचीन काल या वैदिक-कालीन शिक्षा की प्रमुखताएँ
(Priorities of Ancient or Vedic Education)

(1) **गुरुकुल प्रणाली**–प्राचीन भारत में गुरुकुल-प्रणाली प्रचलित थी। छात्र बाल-अवस्था में ही अपने माता-पिता को छोड़कर गुरु-गृह में प्रवेश करता था। अपने अध्ययन-काल तक उसे वहीं पर रहना पड़ता था। गुरु छात्र का संरक्षक होता था। शिक्षा प्रदान करने के साथ-साथ वह अपने शिष्यों के नैतिक आचरण की देखभाल करता था।

(2) **उपनयन–संस्कार**–इस युग में छात्र की शिक्षा का प्रारम्भ उपनयन संस्कार से किया जाता था। उपनयन-संस्कार का अर्थ–जीवन की एक अवस्था के समाप्त होने और दूसरी अवस्था के प्रारम्भ होने से है, जिसका शाब्दिक अर्थ है–छात्र को गुरु के निकट ले जाना। जो छात्र शिक्षा प्राप्त करना चाहता था, उसके लिए उपनयन संस्कार परम आवश्यक समझा जाता था। बिना किसी भेद-भाव के यह संस्कार सबके लिए प्रचलित था। परन्तु बाद में इस संस्कार का अधिकार केवल द्विजों को ही रह गया। शूद्रों को इस अधिकार से वंचित कर दिया गया।

उपनयन-संस्कार के लिए 8 से 12 वर्ष तक की आयु उचित मानी जाती थी। उपनयन-संस्कार वाले दिन छात्र अपनी मां के साथ थाली में भोजन करता था तथा उसके पश्चात् ही उसका मुण्डन कर दिया जाता था। फिर वह स्नान करके कोपीन धारण करता था। यज्ञोपवीत का धारण करना भी परम आवश्यक माना जाता था। गुरु अपने शिष्य को आशीर्वाद देकर गायत्री मन्त्र का जाप सिखाता था। वास्तव में उपनयन के पश्चात् छात्र का नया जीवन आरम्भ होता था, अतः इसी कारण उसे 'द्विज' कहकर भी पुकारते थे।

(3) **आचरण के आधार पर प्रवेश**–गुरु-गृह में सदाचार या उच्च चरित्र वाले छात्र ही प्रवेश ले सकते थे। निम्न आचरण वाले छात्रों को गुरुकुल में स्थान नहीं दिया जाता था।

(4) **ब्रह्मचर्य की प्रमुखता**–प्रत्येक छात्र को अपने अध्ययन-काल में ब्रह्मचर्य-जीवन का पालन करना पड़ता था। गुरु-आश्रम में केवल ब्रह्मचारी ही रह सकते थे। विवाहित छात्रों के लिए आश्रम में कोई स्थान नहीं था। ब्रह्मचारी छात्रों को सादा जीवन तथा इन्द्रिय-निग्रह का पालन करना पड़ता था।

(5) **गुरु-सेवा अनिवार्य**–इस युग में गुरु को अत्यधिक महत्त्व दिया जाता था। प्रत्येक छात्र अपने अध्ययन काल में गुरु की सेवा तन-मन-धन से करता था। आश्रम का समस्त कार्य छात्र ही करते थे। गुरु की आज्ञा का उल्लंघन करने वाले छात्रों को कठोर दण्ड दिया जाता था। गुरु को ईश्वर का रूप मानकर भक्ति और श्रद्धा से पूजा जाता था।

(6) **शिक्षा में भौतिकता**–यद्यपि वैदिक काल में शिक्षा का स्वरूप धर्म प्रधान था, परन्तु साहित्य तथा दर्शन के अतिरिक्त कुछ व्यावसायिक विषय; जैसे–चिकित्सा, शस्त्र-विद्या आदि की शिक्षा भी प्रदान की जाती थी। जनसाधारण को लौकिक शिक्षा प्रदान की जाती थी।

(7) **शिक्षा में व्यावहारिकता**–शिक्षा में व्यावहारिकता को भी पर्याप्त महत्त्व दिया जाता था। गुरु-आश्रम में सेवा करते समय छात्र जीवन-उपयोगी शिक्षा सहज रूप से प्राप्त कर लेते थे। उन्हें आश्रम का समस्त कार्य अपने हाथों से करना पड़ता था। गुरु की सहस्रों गायों को वनों में चराकर वे पशु-पालन की शिक्षा प्राप्त करते थे। आश्रम की भूमि को जोतकर वे कृषि-शिक्षा में निपुण हो जाते थे।

(8) भिक्षा-वृत्ति–छात्र अपना तथा गुरु का भरण-पोषण भिक्षा द्वारा करते थे। भिक्षा प्रत्येक छात्र माँगता था। इस कार्य को वैदिक काल में बुरा नहीं माना जाता था। गृहस्थ सहर्ष द्वार पर आये छात्रों को भिक्षा देते थे। द्वार-द्वार पर भिक्षा माँगने से छात्रों में विनय और सामाजिकता की भावना उत्पन्न होती थी।

(9) शिक्षा व्यक्ति के लिए–वैदिक काल में सामूहिक शिक्षा की अपेक्षा व्यक्तिगत शिक्षा को अत्यधिक महत्त्व प्रदान किया गया। गुरु प्रत्येक छात्र की उन्नति का प्रयत्न करता था। शिक्षा में प्रमुख रूप से उन सिद्धांतों पर बल दिया जाता था, जिनको अपनाकर व्यक्ति मानसिक और आध्यात्मिक विकास कर, जीवन के परम लक्ष्य–मोक्ष को प्राप्त कर सके। दूसरे शब्दों में, हम कह सकते हैं कि शिक्षा व्यक्ति के उन्नयन का माध्यम मानी जाती थी।

(10) अध्ययन की अवधि या समय–गुरुकुल में जो छात्र 24 वर्ष तक अध्ययन करते थे, उन्हें 'वसु' कहते थे तथा जो छात्र 36 वर्ष तक अध्ययन करते थे, उन्हें 'रुद्र' और 48 वर्ष तक अध्ययन करने वाले छात्र 'आदित्य' कहलाते थे। साधारणतया छात्र 24 वर्ष तक अध्ययन करते थे।

(11) बाह्य नियन्त्रण से मुक्त–यह बात ध्यान में रखने की है कि वैदिक काल में शिक्षा पर न तो राज्य का नियंत्रण था और न पूंजीवाद का। राज केवल शिक्षा-विकास में मार्ग-दर्शन का ही काम करता था तथा धन द्वारा सहायता करता था, परन्तु शिक्षा-संस्थाओं के आन्तरिक प्रशासन में वह किसी तरह का दखल नहीं देता था। इस विषय में एक विद्वान् लिखते हैं–"The education in ancient India was free from any external control like that of the state or the government or any party-politics. It was one the of king's duties to see that the learned pundits persuade their studies and their duty of imparting knowledge without interference from any source whatever. So also, education did not suffer from any communal interest or prejudices in India."

शिक्षा-प्रणाली
(Teaching System or Method)

(क) मौखिक शिक्षण–लेखन-कला का विकास न होने के कारण अध्यापन की प्रणाली प्रमुख रूप से मौखिक थी। गुरु अपने शिष्य के सम्मुख मौखिक रूप में अनेक ग्रंथों के भाष्य प्रस्तुत करता था। शिष्य उनको ध्यानपूर्वक कण्ठस्थ करता था तथा एकान्त में बैठकर एकाग्रचित हो उस पर चिन्तन करता था। अगला पाठ बताने से पूर्व गुरु पिछले पाठ की मौखिक परीक्षा लेता था।

(ख) मनन तथा चिंतन–मन्त्र तथा भाष्यों को कण्ठस्थ करने के बाद छात्र उन पर मनन या चिंतन करते थे। मनन द्वारा छात्र मन्त्रों के आंतरिक अर्थों को भली प्रकार से समझने का प्रयत्न करते थे। मनन तथा चिन्तन से उनके अन्दर आत्म-साक्षात्कार की भावना उत्पन्न होती थी। इसी कारण इस युग में स्वाध्याय तथा मनन पर अत्यधिक बल दिया गया था।

(ग) उच्चारण पर बल–शिक्षा में शब्दों के ठीक उच्चारण पर विशेष बल दिया जाता था। गुरु अपने शिष्य को प्रत्येक शब्द के शुद्ध उच्चारण का अभ्यास कराता था। सर्वप्रथम गुरु स्वयं उच्चारण करता था, उसके पश्चात् गुरु-मुख से सुनकर छात्र भी वैसा ही अनुकरण करने का प्रयत्न करता था।

(घ) वाद-विवाद की प्रमुखता–शिक्षा-प्रणाली में वाद-विवाद को भी विशेष स्थान दिया गया था। किसी विषय पर मत-भेद होने पर उसका निराकरण वाद-विवाद द्वारा होता था। छात्र भी आपस में वाद-विवाद करते थे। छात्रों को विषय के पक्ष तथा विपक्ष में बोलने की पूर्ण स्वतन्त्रता थी। जटिल समस्याओं का समाधान प्रश्न और उत्तर द्वारा किया जाता था। छात्र केवल निष्क्रिय श्रोता नहीं रहते थे, वे आवश्यकता पड़ने पर गुरु से अपनी शंकाओं का समाधान भी करते थे।

पाठ्य-विषय–वैदिक-काल में पाठ्य-विषय मुख्य रूप में, व्याकरण, कल्प, ज्योतिष, छन्द तथा निरुक्त थे। कुछ लोगों का भ्रम है कि प्राचीन काल में पाठ्य-क्रम प्रमुख रूप में धर्म-प्रधान था, परन्तु यह धारणा असत्य है। उपनिषद् काल में पाठ्य विषयों का अत्यधिक विस्तार हो गया था। पाठ्य-क्रम में पूरा (आध्यात्मिक)

विद्या तथा अपरा (सांसारिक) विद्या; दोनों सम्मिलित थीं। छान्दोग्य उपनिषद् इस कथन की पुष्टि करता है, जिसमें सनत्कुमार के कल्प-प्रश्न करने पर नारद उत्तर देते हैं कि वे वेदों के अतिरिक्त वैदिक व्याकरण, कल्प-राशि (गणित), दैव-विद्या, भूत-विद्या, नक्षत्र-विद्या आदि अनेक विद्याओं को जानते हैं। तर्कशास्त्र को भी पाठ्य-क्रम में स्थान दिया गया था। इसके अतिरिक्त राशि-विद्या (अङ्कक-शास्त्र), निधि-विद्या (भूगर्भ-विद्या), एकापन (आचार-शास्त्र) तथा शास्त्र-विद्या (सैन्य-विज्ञान) का भी अध्ययन होता था।

◆◆◆

2. प्राचीन भारत में शिक्षा के कौन-कौन से मुख्य उद्देश्य थे? विवेचना कीजिए।

अथवा

टिप्पणी अथवा नोट लिखें–प्राचीन भारत में शिक्षा के उद्देश्य।

उत्तर–1. प्राचीन भारत में शिक्षा के उद्देश्य (Objectives of Education in Ancient India)– प्राचीन भारत में शिक्षा का रूप आदर्शवादी तथा धार्मिक था, जिसमें ईश्वर की भक्ति, सच्चाई, आध्यात्मिकता, चरित्र-निर्माण, संस्कृति, देश व समाज के विकास में रुचि पैदा करना था। इस प्रकार के उद्देश्य व आदर्श किसी भी व्यक्ति को आध्यात्मिक विकास के मार्ग की ओर ले जाएँ। कुछ महत्त्वपूर्ण उद्देश्य निम्न प्रकार से हैं–

(i) **पवित्रता व जीवन की सद्भावना (Purity and Life's Good Will)**–प्राचीन भारत में प्रत्येक बच्चे के मन में पवित्रता व जीवन की सद्भावना का विकास मुख्य उद्देश्य था। शिक्षा को धार्मिक व आध्यात्मिक भावना का विकास करना चाहिए।

(ii) **चरित्र निर्माण (Development of Character)**–शिक्षा का उद्देश्य चरित्र निर्माण था ताकि बच्चों में नियंत्रण, नैतिकता और कर्तव्यनिष्ठा जैसे गुण विकसित हों।

(iii) **व्यक्तित्व का विकास (Development of Personality)**–सर्वांगीण व्यक्तित्व का विकास भी प्राचीन भारत में शिक्षा का महत्त्वपूर्ण उद्देश्य था। इस उद्देश्य की प्राप्ति के लिए प्रत्येक बच्चे में आत्मसम्मान, आत्मविश्वास, आत्मनिर्भरता, अनुशासन, आज्ञाकारिता, आपसी प्रेम, सहानुभूति तथा सहयोग, तार्किकतापूर्ण निर्णय व सूझ-बूझ, दूसरों की सहायता, कर्तव्य पालन, सामाजिक उत्तरदायित्वों का निर्वाह तथा आजीविका कमाना आदि गुणों व आदतों का विकास हो।

(iv) **नागरिक व सामाजिक कर्तव्यों का सृजन (Inculcation of Civic and Social Duties)**–प्राचीन शिक्षा का यह उद्देश्य भी था कि बच्चे में सामाजिक कुशलता तथा प्रसन्नता का विकास हो। इस उद्देश्य की प्राप्ति के लिए बच्चे को व्यावसायिक व तकनीकी शिक्षा प्रदान की जाए ताकि वे सामाजिक रूप से उपयोगी बन सकें। समाज की सामान्य प्रगति व प्रसन्नता में इस उद्देश्य का बड़ा योगदान रहा, क्योंकि उस समय बेरोजगारी की समस्या नहीं थी।

(v) **संस्कृति का हस्तातंरण व प्रसार (Transmission and Spread of Culture)**–प्राचीन भारत में शिक्षा का एक और महत्त्वपूर्ण उद्देश्य था–विचारों व क्रियाओं के अच्छे रीति-रिवाजों का हस्तातंरण तथा प्रसार अर्थात् सांस्कृतिक धरोहर का हस्तांतरण व प्रसार।

2. बौद्ध शिक्षा के उद्देश्य (Objectives of Buddhists Education)–बौद्ध काल में गौतम बुद्ध ने धार्मिक आदर्शों का एक नया मार्ग स्थापित किया, जो प्राचीन आदर्शों से भिन्न था। बुद्ध ने धर्म पर विशेष जोर दिया। इसके परिणामस्वरूप धार्मिक प्रशिक्षण प्रदान करना शिक्षा का मुख्य उद्देश्य था। बौद्ध शिक्षा प्राचीन शिक्षा से व्यावहारिक थी।

(i) **अष्टांग पथ (Eight-fold Path)**–अष्टांग पथ के निम्नलिखित कदम शिक्षा के आठ उद्देश्य बन गए–1. यथार्थ ज्ञान, 2. यथार्थ इच्छा, 3. यथार्थ भाषण, 4. यथार्थ आचरण व कर्म, 5. यथार्थ व्यवसाय, 6. यथार्थ अभ्यास, 7. यथार्थ स्मरणशक्ति, 8. यथार्थ सांद्रता।

(ii) नैतिक व आध्यात्मिक विकास (Moral and Spiritual Development)–बच्चे का नैतिक व आध्यात्मिक विकास शिक्षा का मुख्य उद्देश्य था। बच्चों को यह सिखाया जाता था कि वे अपने जीवन को अष्टांग पथ के आचरणों के अनुसार बिताएँ। सत्य व अहिंसा शिक्षा पद्धति के निर्देशक सिद्धान्त थे। शिक्षा बच्चों में आत्म-सम्मान, आत्मनिर्भरता, आत्मनियंत्रण, आत्मविश्वास, तार्किकता व सूझ-बूझ आदि गुणों का विकास करती थी।

(iii) संस्कृति का हस्तांतरण (Transmission of Culture)–बौद्ध दर्शन की विशेषताओं तथा अन्य भारतीय सांस्कृतिक धरोहर का संरक्षण तथा विस्तार बौद्ध शिक्षा का अन्य उद्देश्य था। भिक्षु बौद्ध दर्शन पढ़ते थे तथा अपने जीवन में उसका अभ्यास करते थे तथा अन्य जो व्यक्ति उनके संपर्क में आते थे उनको भी सिखाते थे। इस प्रकार उन्हें सांस्कृतिक धरोहर का संरक्षण प्राप्त होता था।

(iv) पूर्ण व्यक्तित्व का विकास (Development of Total Personality)–बौद्ध दर्शन में शिक्षा पूर्ण व्यक्तित्व का विकास–शारीरिक, आध्यात्मिक, नैतिक, धार्मिक और छात्रों के व्यक्तित्व अन्य भौतिक पक्षों का विकास करती है। बालक के सर्वांगीण विकास पर विशेष ध्यान दिया जाता था।

◆◆◆

3. प्राचीन शिक्षा तथा आधुनिक शिक्षा की असमानता का वर्णन कीजिए।

अथवा

प्राचीन भारत में गुरु और शिष्य के आपसी सम्बन्धों की आज के युग से तुलना कीजिये। इस परिवर्तन के कारणों पर भी प्रकाश डालिये।

अथवा

प्राचीन भारत में अध्यापक तथा छात्र के आपसी सम्बन्धों, शैक्षिक संस्थाओं तथा स्त्री-शिक्षा का उल्लेख कीजिये।

अथवा

गुरु और शिष्य के सम्बन्ध प्राचीन भारत में किस प्रकार के थे? आज के युग से उनकी तुलना कीजिए। इस परिवर्तन के क्या कारण हैं?

उत्तर–प्राचीन काल में गुरु और शिष्य के सम्बन्ध अत्यन्त मधुर थे। गुरु और शिष्य दोनों एक-दूसरे से स्नेह करते थे। गुरु की आज्ञा मानना शिष्य अपना पवित्र कर्तव्य समझते थे और गुरु भी अपने शिष्यों को पुत्र के समान प्रेम करते थे। संक्षेप में, गुरु और शिष्यों के बीच सम्बन्ध वही थे जो पिता और पुत्र के बीच में होने चाहिए।

गुरु के प्रति शिष्य के कर्तव्य (Duties of Students towards teachers)–तन-मन-धन से गुरु की सेवा करना शिष्य अपना प्रमुख कर्तव्य समझते थे। अध्ययन के अतिरिक्त उनका शेष समय गुरु-सेवा में ही व्यतीत होता था। गुरु के लिए भिक्षा माँगकर लाना, वन में जाकर लकड़ी काटकर लाना, पशु चराना, नदी या झरनों से पानी भर कर लाना विद्यार्थियों का नित्य-प्रति का कर्म था। गुरु-सेवा में तनिक-सी भूल होने पर शिष्य अपने मन में पश्चात्ताप का अनुभव करते थे, ताकि भविष्य में पुनः भूल न हो जाए, अतः वे गुरु का प्रत्येक कार्य अत्यन्त सावधानी और लगन के साथ करते थे। गुरु का दुःख उनका दुःख होता था तथा गुरु का सुख उनका सुख होता था।

गुरु-आज्ञा का पालन करना प्रत्येक छात्र अपना पावन कर्तव्य समझता था। ऐसा करने में उसे चाहे कितना भी बलिदान क्यों न करना पड़े। गुरु की आज्ञा का उल्लंघन करना एक भीषण अपराध माना जाता था। ऐसा करने वाले छात्रों को आश्रम से निष्कासित कर दिया जाता था और समाज उन्हें अत्यन्त हीन दृष्टि से देखता था।

गुरु-आश्रम में विभिन्न वर्णों तथा विभिन्न सामाजिक स्तर के विद्यार्थी अध्ययन करने आते थे। सभी शिष्य बिना किसी भेद-भाव के गुरु-सेवा करना अपना कर्तव्य समझते थे। राजपुत्रों तक को गुरु के लिए वन में लकड़ी काटने जाना पड़ता था।

गुरु-सेवा के अतिरिक्त छात्रों का अन्य मुख्य कार्य गुरु-गृह की अग्नि को सदा प्रज्वलित रखना था। आश्रम में नित्य यज्ञ होते थे, अतः यज्ञ की अग्नि सदा जलाये रखना प्रत्येक छात्र अपना धर्म मानता था। यह अग्नि ज्ञान का प्रतीक थी।

अध्ययन के समाप्त होने पर भी छात्र गुरु के दिये हुए आदेशों को भावी जीवन में पालन करने का प्रयत्न करते थे। उनके हृदय में गुरु के प्रति वही श्रद्धा, वही आदर का भाव जीवन के अन्त तक बना रहता था जो कि अध्ययन काल में था।

अध्यापक या गुरु के कर्तव्य (Duties or Functions of Teacher)–शिष्यों के कर्तव्यों के साथ-साथ गुरु के कर्तव्य का भी उल्लेख आया है। गुरु केवल मौखिक रूप में ही शिष्य के प्रति प्रेम-भाव नहीं रखते थे, वरन् व्यावहारिक रूप में भी अपने शिष्यों के प्रति उनका आचरण पिता-तुल्य होता था। छात्रों के लिए भोजन, वस्त्र, रहने के लिए स्थान आदि का प्रबंध गुरु ही करता था। छात्रों के रुग्ण होने पर वह उनकी सेवा शुश्रूषा अत्यन्त स्नेह के साथ करता था। छात्रों के दुःख को अपना दुःख मानकर उनकी प्रत्येक समस्या को हल करना वह अपना कर्तव्य समझता था। गुरु के स्नेहमय तथा वात्सल्यपूर्ण व्यवहार से प्रभावित होकर छात्र कभी-कभी अपना गृह-त्यागकर गुरु-गृह में ही सारा जीवन व्यतीत कर देते थे। ऐसे छात्रों को "अन्तेवासिन" कहा जाता था।

प्राचीन भारत में गुरु को अत्यन्त उच्च पद प्रदान किया गया है। उसे ईश्वर के समकक्ष माना जाता है। अन्धकार में पड़े हुए छात्रों को प्रकाश दिखाना गुरु का ही कार्य है। अतः गुरु से आशा की जाती थी कि वह मानसिक योग्यता के एक आदर्श तक ले जाये। गुरु का कर्तव्य था कि वह सदा अपने को ज्ञान की खोज में लीन रखे। शिष्य अपने गुरु का प्रतिबिम्ब होता है, इस कारण गुरु का आचरण तथा चरित्र अत्यन्त उच्च कोटि का होता था। वे सदा अपने कार्यों के प्रति सजग रहते थे जिससे कि उनके कार्यों का छात्रों पर बुरा प्रभाव नहीं पड़े। उस काल में जितनी भी विद्याएँ थीं, उन सबका ज्ञान होना एक आदर्श गुरु के लिए परम आवश्यक था।

अध्ययन और ज्ञान-वृद्धि के अतिरिक्त गुरु का प्रमुख कार्य ज्ञान-राशि के संचित कोष को छात्रों के समक्ष रखना था। प्रत्येक गुरु अपने शिष्यों की जिज्ञासा शान्त करने का प्रयत्न करता था। शिष्यों द्वारा पूछे गये प्रत्येक प्रश्न का उत्तर देना गुरु अपना कर्तव्य समझता था।

गुरु-शिष्य सम्बन्धों की वर्तमान दशा (Present situation or condition of pupil-teacher relations)–प्राचीन काल में शिक्षकों को जो सम्मान प्राप्त था, वह अब धीरे-धीरे समाप्त होता जा रहा है। वर्तमान समाज उन्हें उतने आदर के साथ नहीं देखता जितना कि प्राचीन समय में देखता था। आज छात्र भी उन्हें अवहेलना की दृष्टि से देखते हैं। परिणामस्वरूप अध्यापकों के मन में अपने कर्तव्यों के प्रति उत्साह नहीं है। छात्र समझते हैं कि हम स्कूलों को शुल्क देते हैं, अतः अध्यापकों के प्रति हमारा कुछ कर्तव्य नहीं है।

वास्तव में छात्रों में फैली अनुशासनहीनता देश के लिए घातक सिद्ध हो रही है। छात्रों पर ही देश का भविष्य निर्भर है। इसके लिए सबसे पहले उन कारणों को दूर करना होगा जिनके कारण देश में अनुशासनहीनता फैली हुई है।

अध्यापकों को समाज में ऊँचा स्तर प्रदान करना परम आवश्यक है। उनके वेतन में वृद्धि की जाए जिससे वे मन लगाकर छात्रों की समस्याओं को हल करने का प्रयत्न करें। इस दिशा में कुछ ठोस पग उठाये भी जा रहे हैं।

अध्यापकों को भी ज्ञान-वृद्धि की ओर ध्यान देना चाहिए। केवल धन के ऊपर अपने महान् उद्देश्यों को भुला देना ठीक नहीं है। प्रत्येक अध्यापक को अध्यापन-कार्य में रुचि लेनी चाहिए। यदि अध्यापक, अध्यापक-कार्य में रुचि प्रकट करेंगे तो शिक्षण का स्तर तो उठेगा ही, पर साथ ही छात्र उनका सम्मान भी

करने लगेंगे। अध्यापक को अध्यापन-कार्य प्राचीन गुरुओं के समान पवित्र तथा आदर्श भावनाओं से प्रेरित होकर करना चाहिए।

वर्तमान युग के छात्र के अन्दर चारित्रिक दोषों का बाहुल्य है, अतः अध्यापक को अपने चरित्र की दृढ़ता का पूर्ण ध्यान रखना है। चारित्रिक दृढ़ता के अभाव में अध्यापक का अध्यापन-कार्य कभी भी सफल नहीं हो सकता। सच्चरित्र अध्यापक का अभाव विद्यालय के समस्त छात्रों पर स्थायी रूप में पड़ता है। वास्तव में अध्यापक अनुकरणीय होता है। जैसा अध्यापक होगा वैसा ही छात्रों का चरित्र होगा। एक अध्यापक जो स्वयं सिगरेट पीता है तथा सिनेमा देखता है, वह किस मुख से अपने छात्रों को सिगरेट पीने तथा सिनेमा देखने से मना कर सकता है।

प्राचीन काल में शिक्षा-संस्थाएँ
(Educational Institutions in Ancient Time)

इस युग में अध्यापन का कार्य प्रमुख रूप से गुरु-गृह में होता था। नगर के कोलाहलपूर्ण वातावरण से दूर छात्र गुरु-आश्रम या गुरुकुल में शिक्षा (अध्ययन) हेतु जाते थे। परन्तु गुरुकुल तथा गुरु-आश्रम के अतिरिक्त शिक्षा प्रदान करने का कार्य अन्य संस्थाएँ भी करती थीं। नीचे हम उन संस्थाओं का उल्लेख करेंगे जो इस काल में प्रचलित थीं—

(1) **चरण**—चरण एक प्रकार के वैदिक विद्यापीठ थे, जहाँ छात्र अनेक ब्रह्मचारियों के साथ विद्याध्ययन करते थे। कुछ धर्म-सूत्रों का निर्माण इन चरणों में ही हुआ। गुरु और शिष्य मिलकर वेदों का मनन करते थे तथा अपने-अपने विचार प्रकट करते थे। वैदिक ज्ञान के प्रसार में इन चरणों ने बड़ा योगदान दिया।

(2) **परिषद्**—वृहदारण्यक उपनिषद् में हमें परिषदों का उल्लेख मिलता है। उपनिषदों के अनुसार, परिषदों में प्रौढ़ विद्वान् एकत्र होकर दार्शनिक समस्याओं पर विचार करते थे। इन परिषदों में मुख्य रूप से आध्यात्मिक प्रश्नों पर ही विचार होता था।

(3) **सम्मेलन**—सम्मेलनों का आयोजन राजा-महाराजाओं द्वारा होता था। इन सम्मेलनों में योग्य तथा प्रतिभावान् अध्यापकों को आमन्त्रित किया जाता था। वे प्रवचनों द्वारा अपने विचारों को छात्रों के सामने प्रकट करते थे। योग्य विद्वानों को पुरस्कार प्रदान किये जाते थे।

आधुनिक युग में शिक्षण संस्थाएँ प्राचीन काल की शिक्षण संस्थाओं से भिन्न है। अलग-अलग स्तर पर अलग-अलग प्रकार की शिक्षण संस्थाएँ स्थापित की गई हैं।

प्राचीन भारत में स्त्री-शिक्षा (Women education in Ancient India)—प्राचीन भारत में स्त्रियों को शिक्षा पर्याप्त रूप में प्रदान की जाती थी। पुरुषों के समान स्त्रियों को स्वतन्त्रता का पूर्ण अधिकार था। वे बिना रोक-टोक चाहे जहाँ घूम सकती थीं। वे अपने स्वामियों के साथ यज्ञों में भाग लेती थीं। ऋग्वेद में नारी को अत्यधिक सम्मान प्रदान किया गया था। छात्रों के समान छात्राएँ भी वेदाध्ययन करती थीं। विश्ववारा, घोषा, लोपामुद्रा, अपाला आदि विदुषी महिलाएँ थीं।

परन्तु उत्तर वैदिक-काल में, स्त्रियों का सम्मान वैदिक-काल की अपेक्षा बहुत कम हो गया था। उन्हें अब समाज उतने आदर के साथ नहीं देखता था, जितना कि वैदिक काल में। उन्हें अब आपत्ति को जोड़ने वाली कहा जाने लगा। अब वे सामाजिक उत्सवों में भाग नहीं ले सकती थीं। स्त्रियों पर इस प्रकार के बन्धन लगाने का सबसे बड़ा दोष यह हुआ कि उनका मानसिक विकास रुक गया। इस पर भी उपनिषद् काल में अनेक विदुषी तथा योग्य महिलाओं का उल्लेख मिलता है। महर्षि याज्ञवल्क्य तथा गार्गी का मिथिलाधिपति राजा जनक की सभा में किया गया शास्त्रार्थ हमारे देश के इतिहास में प्रसिद्ध है। कहीं-कहीं पर स्त्री-शिक्षकों का भी वर्णन मिलता है। शिक्षा प्रदान करने वाली स्त्रियाँ 'उपाध्याया' या 'आचार्य' के नाम से पुकारी जाती थीं।

छात्रों की भाँति छात्राएँ भी ब्रह्मचर्य जीवन का पालन करती थीं। उनका भी छात्रों के समान उपनयन संस्कार होता था। परंतु यह सत्य है कि वैदिक-काल के पश्चात् स्त्रियों पर बन्धन कसे जाने लगे और उन्हें पहले जैसी अध्ययन-अध्यापन की सुविधा नहीं रही।

आधुनिक युग में महिलाओं में पुरुषों के समान भागेदारी प्रदान की गई है। महिलाएँ प्रत्येक क्षेत्र में पुरुषों के समान शिक्षा प्राप्त कर रही हैं। महिलाओं के उत्थान के लिए अनेक प्रकार की सुविधाएँ सरकार द्वारा दी जा रही हैं।

◆◆◆

4. प्राचीन काल की राष्ट्रीय शिक्षा प्रणाली के गुण तथा अवगुणों की विवेचना कीजिये।

अथवा

प्राचीन काल में विद्यमान शिक्षा प्रणाली में कौन-कौन से गुण अथवा विशेषतायें तथा अवगुण या दोष थे? उल्लेख कीजिये।

अथवा

प्राचीन भारत की राष्ट्रीय शिक्षा प्रणाली में कौन-कौन से गुण अथवा विशेषतायें तथा कमियाँ या दोष थे? वर्णन करें।

उत्तर–प्राचीन शिक्षा प्रणाली के गुण, विशेषताएँ अथवा महत्त्व **(Characteristics or Importance of Ancient Education)**

(1) **शिक्षा का बहुमुखी होना (Multipurpose Education)**–प्राचीन शिक्षा का उद्देश्य एकांगी न होकर बहुमुखी था। शिक्षा इस लोक तथा परलोक दोनों से सम्बन्धित थी। भौतिक उन्नति के साथ-साथ आध्यात्मिक उन्नति को भी समान महत्त्व प्रदान किया जाता था। परिणामस्वरूप छात्रों को वास्तविक ज्ञान प्राप्त होता था, जिसका वर्तमान युग में अभाव है।

(2) **गुरु-शिष्य प्रेम (Pupil-teacher Relation)**–गुरु-गृह में छात्र को अपने आचरण के प्रति सावधान रहना पड़ता था। गुरु भी अपने छात्रों के आचरण के प्रति सजग रहता था और यथासम्भव वह उनके नैतिक बल को विकसित करने का प्रयत्न करता था, अतः छात्रों का चरित्र अत्यन्त उज्ज्वल तथा पावन होता था।

(3) **गुरुकुल व्यवस्था (Gurukul System)**–छात्र अध्ययन करने के लिए प्रमुखतया गुरु-गृह तथा गुरुकुलों में जाया करते थे। ये गुरु-गृह या गुरु आश्रम नगर के कोलाहलपूर्ण वातावरण से दूर वनों में हुआ करते थे। नगर के दूषित या विलासपूर्ण वातावरण से अलग होने के कारण छात्रों का मन अध्ययन में भली प्रकार लगता था। गुरुकुल तथा आश्रमों की सादगी छात्रों में विलास और भोग की भावना उत्पन्न न करके त्याग और संयम की भावना उत्पन्न करती थी।

(4) **सामाजिकता की भावना (Feeling of Sociability)**–गुरु-आश्रम या गुरुकुल का कार्य छात्र मिलकर करते थे, जिससे उनके अन्दर मिलकर काम करने की भावना तथा सामाजिकता की भावना उदय होती थी।

(5) **पारिवारिक वातावरण (Family Enviornment)**–छात्र गुरु-गृह में, गुरु-परिवार के सदस्य की भाँति रहता था, अतः छात्र अपना अध्ययन-कार्य पारिवारिक वातावरण में ही व्यतीत करता था। गुरु की देख-रेख में उसे किसी भी प्रकार के अभाव का अनुभव नहीं होता था।

(6) **ब्रह्मचर्य-प्रधान शिक्षा (Brahamcharya Oriented Education)**–अध्ययन-काल में छात्र को ब्रह्मचर्य का पालन करना पड़ता था, अतः उसके शरीर और मन का विकास साथ-साथ चलता था तथा वह अपनी समस्त शक्ति अध्ययन में लगाता था।

(7) **व्यक्तिगत कठिनाइयों का दूर होना (Removal of Personal Difficulties)**–गुरु-आश्रम और गुरुकुलों में छात्रों की संख्या अधिक न होने के कारण गुरु अपने शिष्यों के अधिक निकट आते थे। अपने शिष्यों की व्यक्तिगत कठिनाइयों को हल करने में उन्हें सरलता रहती थी। शिष्य भी गुरु के निकट सम्पर्क में रहने के कारण उनसे प्रेरणा लेकर अपने जीवन को गुरु के अनुकूल ढालने का प्रयत्न करते थे।

(8) **अनुशासनपूर्ण शिक्षा (Disciplined Education)**–प्राचीन शिक्षा में गुरु और शिष्यों के सम्बन्ध अत्यन्त मधुर होने के कारण अध्ययन-अध्यापन का प्रवाह बिना बाधा के चलता रहता था। शिष्य अपने गुरुओं का आदर करते थे। उनके प्रति प्रेम, श्रद्धा तथा पवित्र भावना रखने से वे गुरु द्वारा प्रदान किये गये उपदेशों का पालन भी सहर्ष करते थे। दूसरे शब्दों में, शिष्यों का आचरण अपने गुरुओं के प्रति अत्यन्त नम्रता और अनुशासन का था।

(9) **शारीरिक दण्ड का अभाव (Lack of Physical Punishment)**–प्राचीन शिक्षा में शारीरिक दण्ड का प्रायः अभाव था। मनु, गौतम आदि आचार्यों ने इसका पूर्ण विरोध किया है।

(10) **प्रकृति के निकट (Close to Nature)**–गुरु-आश्रम तथा गुरुकुलों के वनों में स्थित होने के कारण छात्र प्रकृति के निकट आते थे, जिससे उनके अन्दर सरलता एवं पवित्रता की भावनाएँ स्वयं स्थान ले लेती थीं।

(11) **निःशुल्क शिक्षा (Moneyless Eduaction)**–उच्च-से-उच्च शिक्षा भी इस काल में निःशुल्क थी। अतः विद्या का जिज्ञासु चाहे वह धनी हो या निर्धन, सहज रूप से अपनी ज्ञान-पिपासा को शान्त कर सकता था।

(12) **भेद-भाव का अभाव (Lack of Biasedness)**–गुरु की सेवा बिना किसी सामाजिक भेद-भाव के, धनी तथा निर्धन सभी छात्र करते थे। इस प्रकार शिक्षा छात्रों में एकता की भावना भरती थी।

(13) **विनय की भावना (Feeling of Submission)**–भिक्षा माँगने से छात्रों में विनय की भावना आती थी तथा वे समाज से सम्पर्क स्थापित करते थे।

प्राचीन शिक्षा प्रणाली के अवगुण, दोष या कमियाँ
(Limitations of Ancient Education System)

(1) **धर्म प्रधान अधिक होना**–यद्यपि अन्य विषयों की शिक्षा का प्रबन्ध प्राचीन काल में था, फिर भी शिक्षा का स्वरूप प्रमुख रूप में धर्म-प्रधान ही रहा। छात्र अपना अधिकांश समय धार्मिक कर्म-काण्डों में ही व्यतीत कर देते थे, अतः अध्ययन के लिए उनके पास बहुत कम समय बचता था।

(2) **भौतिक शास्त्रों की उपेक्षा**–प्राचीन शिक्षा में मोक्ष प्राप्त करने और परलोक सुधारने पर इतना अधिक बल दिया जाता था कि छात्रों में भौतिक शास्त्रों के प्रति किसी प्रकार की जिज्ञासा ही नहीं रहती थी। छात्र केवल दार्शनिक विषयों में ही रुचि लेते थे। इस प्रकार की शिक्षा का सबसे बुरा परिणाम यह निकला कि हमारे देश में विज्ञान की उन्नति पर्याप्त मात्रा में न हो सकी।

(3) **शूद्रों की उपेक्षा**–जाति भेद के परिणामस्वरूप शिक्षा केवल तीन वर्णों के लिए ही थी, शूद्र युगों तक शिक्षा से वंचित रहे।

(4) **संकीर्ण विचारधारा**–वेद, गुरु-वाक्य और धार्मिक ग्रन्थों की बातों को पूर्ण रूप से प्रामाणिक माना जाता था। परिणामस्वरूप तर्क और बौद्धिक विकास का मार्ग अवरुद्ध हो गया। विचार-स्वातंत्र्य के लिए इस प्रणाली में बहुत कम स्थान था।

(5) **स्त्री-शिक्षा का अभाव**–स्त्री-शिक्षा को अधिक प्रोत्साहित नहीं किया गया। उत्तर-वैदिक काल के पश्चात् तो स्त्रियों पर और भी कड़े बन्धन लगा दिये गये, जिससे स्त्री-शिक्षा का महत्त्व दिन-प्रति-दिन घटता ही गया।

(6) **हस्त-कला की उपेक्षा**–वर्ण-व्यवस्था के विकसित हो जाने के कारण हस्त-कला का कार्य करने वालों को हेय दृष्टि से देखा जाता था। उच्च वर्ण के लोगों ने हस्त-कलाओं को अपनाने का कभी भी प्रयत्न नहीं किया। परिणामस्वरूप हस्त-कलाओं को उपेक्षा की दृष्टि से देखा जाने लगा।

(7) **समन्वय का अभाव (Lack of Co-ordination)**–इस शिक्षा के अंदर विभिन्न विषयों में समन्वय (Correlation) स्थापित करने का प्रयत्न नहीं किया जाता था। किसी विषय का विशेषज्ञ बनने का ही प्रयत्न किया जाता था।

सारांश या निष्कर्ष (Conclusion)–प्राचीन शिक्षा के गुण-दोषों का विवेचन करने के पश्चात् हम इस निष्कर्ष पर पहुँचते हैं कि जिस युग में यह शिक्षा प्रचलित थी, वह युग वास्तव में इस शिक्षा के लिए ही उपयुक्त था। यद्यपि प्राचीन शिक्षा में अनेक दोष थे, फिर भी हमें यह स्वीकार करना होगा कि उस युग की शिक्षा जीवन के महानतम आदर्शों की ओर संकेत करती थी। छात्र विद्याध्ययन किसी स्वार्थ की भावना से न कर, अपने अज्ञान को दूर करने के लिए करते थे। आज के अनुशासनहीन समाज के लिए प्राचीन काल के गुरु-शिष्यों के सम्बन्ध अनुकरणीय हैं। जिस समय संसार की अन्य सभ्यताएँ अन्धकार में प्रकाश की किरण ों टटोलने का प्रयत्न कर रही थीं, उसी समय हमारे देश के गुरुकुल और गुरु-आश्रम ज्ञान की ज्योति जलाये विद्या प्रसार में तल्लीन थे। प्राचीन शिक्षा ने भारतीयों में ज्ञान के प्रति जो जिज्ञासा भरी थी, वह आज भी किसी सीमा तक बनी हुई है। **एफ० डब्ल्यू० थॉमस** के अनुसार, **"ऐसा कोई भी देश नहीं है जहाँ ज्ञान के प्रति अध्ययन इतने प्राचीन समय में प्रारम्भ हुआ हो या जिसने इतना स्थायी और शक्तिशाली प्रभाव उत्पन्न किया हो। वैदिक युग के साधारण कवियों से लेकर आधुनिक युग के बंगाली दार्शनिकों तक, शिक्षकों और विद्वानों का एक निर्विघ्न क्रम रहा है।"**

◆◆◆

ब्राह्मणीय शिक्षा
(Brahsamanic Education)

6. ब्राह्मणीय शिक्षा पर एक टिप्पणी लिखिए।
(Write a note on Brahamanic Education.)

उत्तर–ब्राह्मणीक शिक्षा व्यवस्था को वैदिक शिक्षा व्यवस्था का ही एक विकसित रूप माना जाता है। ब्राह्मणीक शिक्षा व्यवस्था काल में अनेकों शिक्षा संस्थाओं यथा–शाखा, परिषद्, कुल और गोत्र शिक्षा के विभिन्न स्तरों पर इनका प्रादुर्भाव हो चुका था। इसके अलावा उपनिषदों, आरण्यकों, ब्राह्मणों तथा दूसरे अन्य लौकिक साहित्यों का अभ्युदय भी इस काल में हो चुका था। प्रसिद्ध आश्रमों का आरम्भ तथा स्थापना वनों में हो चुकी थी। इसके साथ-साथ सूत्र साहित्यों का आरम्भ तथा उद्‌गम भी ब्राह्मणीक काल में ही हुआ। भारतीय षड्-दर्शन का विकास इसी काल में हुआ। ये षड्-दर्शन निम्नलिखित हैं–

1. सांख्य दर्शन
2. योग दर्शन
3. न्याय दर्शन
4. वैशिषिक दर्शन
5. कर्म पूर्व मीमांसा
6. वेदान्त/उत्तर मीमांसा

ब्राह्मणीक शिक्षा काल की एक अहम् विशेषता यह थी कि इस काल में शिक्षा व्यवस्था का वर्गीकरण जातियों तथा आश्रम-व्यवस्था के आधार पर हो चुका था। एक लम्बी समयावधि के पश्चात् इस काल में शूद्रों और स्त्री शिक्षा व्यवस्था पर भी प्रभाव दिखाई दिया। इस काल में इनकी शिक्षा व्यवस्था का ह्रास होना आरंभ हो गया था। ब्राह्मणीक शिक्षा काल में साहित्य विकास तथा साहित्यिक रचना का कार्य मुख्य तौर पर निरन्तर जारी रहा है।

शिक्षा का उद्देश्य
(Objectives of Education)

ब्राह्मणीक काल में शिक्षा का उद्देश्य वैदिक काल की तरह ही थे। इस काल में समय तथा समाज की जरूरतों के साथ-साथ शिक्षा के उद्देश्यों के आंशिक परिवर्तन अवश्य होते रहे हैं। फिर भी इस काल में शैक्षिक उद्देश्य वैदिक काल के शैक्षिक उद्देश्यों के ओत-प्रोत ही रहे। ब्राह्मणीक काल शिक्षा के प्रमुख उद्देश्य निम्नलिखित थे–

1. आत्म-नियंत्रण–ब्राह्मणीक काल में आत्म-नियंत्रण, आत्म-सम्मान, प्रेम, सहकारिता, विनम्रता इत्यादि का बच्चों के अन्तःमन में डालना शिक्षा का मुख्य उद्देश्य माना जाता है।

2. चारित्रिक विकास–ब्राह्मणीक शिक्षा काल में शिक्षा के उद्देश्यों में से व्यक्तित्व तथा चारित्रिक विकास भी एक प्रमुख उद्देश्य था। शिक्षा के इस उद्देश्य को प्राप्त करने हेतु उपयुक्त वातावरण उपलब्ध करवाना, अच्छे तथा बुरे अध्ययन व अध्यापन जीवन आधारित करना, महान विभूतियों का चरित्र व आदर्श छात्रों को सिखाकर उनके व्यक्तित्व तथा चरित्र का निर्माण किया जा सकता है।

3. व्यक्तित्व का सर्वांगीण विकास–वैदिक काल में शिक्षा का अहम् उद्देश्य आध्यात्मिक शांति, धार्मिक अनुष्ठान तथा पूजा-पाठ की तरफ अधिक रहा। इस काल में हवन, व्रत, यज्ञ आदि जीवन का प्रमुख भाग माने जाते थे तथा इन्हीं के माध्यम से मानव के अन्दर अध्यात्मबाद के बीच अंकुरित करने का प्रयत्न किया जाता था। लेकिन ब्राह्मणीक काल तक शिक्षा के उद्देश्यों में कुछ परिवर्तन हो चुका था। अब शिक्षा का अहम् उद्देश्य मानव-जीवन के पहलू का विकास करना मात्र न रहकर आध्यात्मिक व्यक्तित्व का सर्वांगीण विकास करना हो चुका था।

4. सांस्कृतिक तथा ज्ञान का हस्तांतरण–वैदिक काल की भांति ब्राह्मणीक काल में भी शिक्षा का मुख्य उद्देश्य संस्कृति व ज्ञान का हस्तान्तरण आगामी पीढ़ी तक करना था। संस्कृति तथा ज्ञान का भावी पीढ़ी को हस्तांतरण शिक्षा के द्वारा ही मुमकिन था। अतएव इसी दिशा में ये कार्य गुरुकूलों (स्कूलों) के द्वारा किए गए।

5. शुद्धता को बढ़ावा–ब्राह्मणीक काल में शिक्षा का एक अन्य मुख्य उद्देश्य शुद्धता को बढ़ावा देना था। इस काल में शिक्षा व्यवस्था में अच्छे आचरण पर भी विशेष रूप से ध्यान दिया गया।

ब्राह्मणीक काल में गुरु-शिष्य सम्बन्ध (Teacher-Taught relationship in Brahamanic Period)–ब्राह्मणीक काल में गुरु-शिष्य सम्बन्ध भी वैदिक काल की तरह ही रहे। ब्राह्मण काल में भी वैदिक काल की भांति गुरु तथा शिष्य के परस्पर एक-दूसरे के साथ सीधा-सादा सम्बन्ध था। शिष्य प्रायः एक से गुरुओं से ही शिक्षा-दीक्षा प्राप्त करते थे, जो उस समय के श्रेष्ठ विद्वान थे। इस काल में शिष्य अपने गुरु की निःस्वार्थ भाव से सेवा करते थे। क्योंकि उस समय शिष्य सम्पूर्ण भाव से अपने गुरुजनों की सेवा करना अपना परम् कर्तव्य मानते थे। साथ-ही-साथ गुरुजन भी अपनी प्रत्येक शिक्षा के समुचित विकास हेतु पूर्णतः कार्यरत होता था ताकि वह अपने प्रत्येक शिष्य के व्यक्तित्व का सम्पूर्ण विकास कर सके। गुरु का कार्य शिक्षण के साथ-साथ शिष्यों के लिए उचित आवास की व्यवस्था करना, उनके लिए स्वस्थ तथा समुचित उपचार की व्यवस्था करना तथा उनका अपने बच्चों की तरह देखभाल करना था। गुरु के साथ-साथ शिष्यों के भी अनेक कार्य होते थे। अपने गुरु के लिए भिक्षा एकत्रित करना, जलाने हेतु लकड़ी लाना, गुरुकुल के पशुओं की देखभाल करना, गुरु की आज्ञा का पालन करना आदि उनके कुछ प्रमुख कार्य थे। इस प्रकार गुरु-शिष्य सम्बन्ध अत्यन्त मधुर थे। गुरुजन अपने शिष्यों को पुत्र की तरह समझते थे तथा अपने शिष्यों को संपूर्ण ज्ञान प्रदान करने हेतु यथासंभव प्रयास करते थे। वहीं शिष्य भी अपने गुरुजनों के प्रति अत्यधिक आदर-भाव रखते थे। अतएव इस काल में गुरु-शिष्य परम्परा का वहन वैदिक काल की भाँति होता रहा।

ब्राह्मणीक काल में पाठ्यक्रम (Curriculum in Brahamanic Period)–ब्राह्मणीक काल के पाठ्यक्रम में मुख्यतः अर्थशास्त्र, व्याकरण, अंकगणित, ज्यामिति आदि विषयों को शामिल किया गया था। इसके साथ-साथ राजनैतिक शास्त्र, कृषि, सैन्य शिक्षा या विज्ञान, न्याय दर्शन आदि विषय को भी पाठ्यक्रम का अहम् भाग माना गया है।

इस काल में लेखन प्रक्रिया का भी पूर्ण विकास हो चुका था। जबकि वैदिक शिक्षा काल में मौखिक शिक्षा का वर्णन आता है। यही कारण है कि ब्राह्मणीक शिक्षा काल में दोनों तरह के लेखन तथा मौखिक अध्यायों का प्रचलन शिक्षा व्यवस्था में वर्णन देखने को मिलता है।

ब्राह्मणीक शिक्षा काल में शिक्षा पूर्णतः निःशुल्क तथा सार्वभौमिक थी। इस काल में स्वाध्याय पर भी विशेष बल दिया जाता था। शिक्षा का विस्तार तथा लागू करना वैदिक काल की तरह ही चलता रहा। लेकिन इस काल में छात्रों के लिए दण्ड देना वर्जित कर दिया गया था। इस काल में मनु, गौतम, विष्णु आदि ने शारीरिक दण्ड की निन्दा करते हुए इसे मानव विरोधी बताया था।

इस प्रकार हम कह सकते हैं कि ब्राह्मणीक शिक्षा काल में शिक्षा के विकास की प्रक्रिया वैदिक काल के समरूप रही, लेकिन समाज की आवश्यकताओं के अनुरूप इस विकास प्रक्रिया में यथोचित बदलाव आते रहे।

◆◆◆

मध्यकालीन शिक्षा
(Medieval Education)

5. मध्यकाल की प्रारम्भिक शिक्षा प्रणाली के मुख्य उद्देश्य तथा शिक्षा व्यवस्था पर प्रकाश डालिये।

अथवा

मध्यकालीन प्रारम्भिक शिक्षा प्रणाली के मुख्य उद्देश्यों तथा उस समय की शिक्षा व्यवस्था का उल्लेख कीजिये।

अथवा

स्पष्ट कीजिए कि मध्यकालीन भारतीय प्रारम्भिक शिक्षा के उद्देश्य किस प्रकार प्राचीन प्रारम्भिक शिक्षा से भिन्न थे? भिन्नता के कारण बताइए।

अथवा

मध्यकालीन प्रारम्भिक शिक्षा के प्रमुख उद्देश्यों का उल्लेख कीजिए तथा उस समय के शिक्षा के संगठन तथा प्रणालियों पर प्रकाश डालिए।

उत्तर–मुसलमानी शासन हमारे देश में सन् 1192 के सन् 1708 तक रहा। इस युग में मुसलमानी संस्कृति का प्रभाव हमारे देश की संस्कृति पर भी पड़ता रहा। मुस्लिम शासकों ने भारतीय शिक्षा के स्वरूप को बदल कर एक नवीन शिक्षा-प्रणाली को जन्म दिया तथा साथ ही हमारे देश की प्राचीन शिक्षा-प्रणाली को नष्ट करने का भी भरपूर प्रयास किया। मुहम्मद गौरी प्रथम मुस्लिम शासक था, जिसने पाठशालाओं को विध्वंस करके मकतबों तथा मदरसों का निर्माण करवाया। आगे चलकर कुतुबुद्दीन ने विक्रमशिला विश्वविद्यालय को धूल में मिला दिया था। अकबर के शासन-काल तक प्राचीन शिक्षा-प्रणाली अस्त-व्यस्त रही। भारतीय विद्यालयों तथा विश्वविद्यालयों के स्थान पर मकतबों तथा मदरसों को खोला गया। वेदों के स्थान पर कुरान का अध्ययन किया जाने लगा तथा संस्कृत का स्थान फारसी ने ले लिया।

मध्यकालीन शिक्षा के उद्देश्य
(Aims of Medieval Education)

(1) भारत में मुस्लिम शासन की नींव दृढ़ करने के लिए सैनिकों तथा पदाधिकारियों को शिक्षा प्रदान करना।

(2) इस्लाम धर्म के प्रवर्त्तक हजरत मुहम्मद के अनुसार **'ज्ञान'** को प्राप्त करना अमृत प्राप्त करने के समान है। उन्होंने ज्ञानार्जन को अपने बन्दों के लिए परम आवश्यक बताया; अतः मुस्लिम शिक्षा का दूसरा उद्देश्य–मुसलमानों में ज्ञान का प्रकाश फैलाना था।

(3) दूसरे धर्मावलम्बियों में इस्लाम धर्म का प्रसार करना। मुस्लिम शासक इस्लाम धर्म का प्रचार करना अपना प्रमुख कर्तव्य मानते थे। मुसलमानों का विश्वास था कि इस्लाम धर्म का प्रचार करने वाला गाजी होता है।

(4) मुसलमानों को इस्लाम धर्म का ज्ञान प्रदान करना तथा उन्हें इस्लाम के सिद्धान्तों, आचार-विचारों से परिचित कराना।

(5) इस्लामी शिक्षा का गम्भीर दोष, व्यक्ति को सांसारिकता की ओर उन्मुख करना है। जो छात्र विद्या में उत्साह दिखाते थे, उन्हें उच्च पदों से विभूषित किया जाता था। अतः इस युग में शिक्षा का उद्देश्य–उच्च पदों को प्राप्त करना भी था।

(6) भारतीय ज्ञान के क्षेत्र में मुसलमानों से कहीं आगे थे। इस कारण मुसलमानों को शिक्षा के द्वारा, यहाँ के निवासियों के मानसिक स्तर के समान धरातल पर लाना था।

मध्यकालीन शिक्षा-व्यवस्था
(Education System in Medieval Period)

इस युग में शिक्षा-संस्थाएँ प्रमुख रूप से दो प्रकार की थीं—मकतब और मदरसे। नीचे हम दोनों का उल्लेख करेंगे।

मकतब (Mactab's)—यहीं से शिक्षा का आरम्भ होता था। दूसरे शब्दों में, हम कह सकते हैं कि ये प्रारम्भिक पाठशालाओं का कार्य करते थे। प्रत्येक मस्जिद के साथ एक मकतब होता था। गाँव या मुहल्ले-भर के छात्र इन्हीं मकतबों में आकर इस्लामी शिक्षा प्राप्त करते थे। जब कभी भी मस्जिद का निर्माण करवाया जाता था, तो उसके साथ मकतब का निर्माण भी करवा दिया जाता था।

प्रवेश (Entry)—वैदिक-कालीन उपनयन की भाँति मुस्लिम युग में शिक्षा का आरम्भ 'बिस्मिलाह' संस्कार से किया जाता था। 'बिस्मिल्लाह' संस्कार का प्रारम्भ बालक के चार वर्ष, चार मास तथा चार दिन के होने पर किया जाता था। इस अवसर पर बालक को नवीन वस्त्र धारण कराये जाते थे और उसे किसी विद्वान् मौलवी के समक्ष उपस्थित किया जाता था। मौलवी उसे कुरान की भूमिका सुनाता था तथा बालक को पढ़ाने का अभ्यास कराया जाता था। यदि बालक पढ़ नहीं पाता था तो बालक से 'बिस्मिल्लाह' शब्द ही कहलवाया जाता था।

पाठ्य-विषय (Study-subjects)—प्रारम्भ में बालक को लिपि-ज्ञान कराया जाता था। जब बालक को लिपि का भली-भाँति ज्ञान हो जाता था, तो उसे कुरान का तीसवां भाग पढ़ाया जाता था। तत्पश्चात् बालक को लिखना सिखाया जाता था। इस युग में लिखने को अत्यधिक महत्त्व दिया जाता था। छात्र चार-पाँच घण्टे लेखन-कार्य करते थे।

छात्रों में नैतिक विकास करने के लिए गुलिस्तां और बोस्तां पढ़ाये जाते थे। अंकगणित, पत्र-कला, बातचीत के उचित ढंग आदि को भी पाठ्यक्रम में सम्मिलित किया गया था। काव्य-ग्रन्थों में सिकन्दरनामा, लैला-मजनूं तथा यूसुफ-जुलिखा का पाठ कराया जाता था।

शहजादों के लिए एक विशेष पाठ्यक्रम की व्यवस्था की गई थी। सैनिक शिक्षा तथा अरबी-फारसी का ज्ञान उनके लिए अनिवार्य था। उन्हें शासन करने की शिक्षा तथा कानून की शिक्षा प्रदान की जाती थी। धार्मिक शिक्षा को भी स्थान दिया गया था।

मदरसा (Madersa)—प्रारम्भिक शिक्षा समाप्त करने के पश्चात् छात्र उच्च शिक्षा के लिए मदरसों में प्रवेश करते थे। उच्च शिक्षा प्रदान करने के लिए ही मदरसों का निर्माण कराया गया था। इन मदरसों की समितियाँ होती थीं, जो इनका व्यय उठाती थीं तथा अन्य प्रबन्ध करती थीं। नगर के धनिक इन मदरसों के लिए उदारता से दान करते थे। राज्य की ओर से इन मदरसों को दान मिलता था, परन्तु इस प्रकार का दान राजा की रुचि पर निर्भर करता था। मुसलमान शासकों के बहुत से ऐसे शासक भी हुए हैं, जिन्होंने शिक्षा-प्रसार में अधिक रुचि नहीं दिखाई। इसी कारण राज्य की ओर से शिक्षा-संचालन की व्यवस्था ठीक प्रकार से नहीं की गई थी।

मदरसों में योग्य शिक्षकों की नियुक्ति की जाती थी। नियुक्तियाँ प्रायः राज्य की ओर से होती थीं, परन्तु कभी-कभी नगर के सम्मानित व्यक्ति भी शिक्षकों की नियुक्ति करते थे।

पाठ्य-विषय (Curriculum or study-subjects)—मदरसों का पाठ्यक्रम दो भागों में विभाजित था—(1) धार्मिक तथा (2) लौकिक या सांसारिक। धार्मिक पाठ्यक्रम के अन्तर्गत कुरान का सम्पूर्ण अध्ययन, उसका भाष्य तथा इस्लामी कानून का अध्ययन आदि सम्मिलित थे। लौकिक पाठ्यक्रम के अन्तर्गत अरबी, फारसी, व्याकरण, गणित, साहित्य, इतिहास, भूगोल, यूनानी चिकित्सा, कृषि, कर्मशास्त्र, ज्योतिष आदि का अध्ययन विस्तार से किया जाता था। कुछ विद्यालयों में वास्तु-कला तथा शिल्प-कला की भी शिक्षा प्रदान की जाती थी। अध्ययन-अध्यापन का माध्यम अरबी भाषा था। उच्च मदरसों के साथ विशाल पुस्तकालय जुड़े हुए थे। अकबर के शासन-काल में शिक्षा ने अपूर्व उन्नति की। उसका पुस्तकालय अत्यन्त विशाल था, जिसमें विविध विषयों के ग्रन्थ थे। अपने शासन-काल में उसने पाठ्यक्रम में शरीर विज्ञान, भौतिक विज्ञान, गृह-विज्ञान, संगीत तथा भाषा को सम्मिलित करके उसका विस्तार कर दिया था।

इस युग में मक्का की उपाधि को सबसे ऊँचा माना जाता था। अनेक छात्र भारत से मक्का अध्ययन करने के लिए जाया जाते थे।

पढ़ाने की विधि या अध्यापन-विधि (Teaching Method)—मदरसों तथा मकतबों में शिक्षण-विधि प्रमुखतया मौखिक थी। 'मदरसा' शब्द का अर्थ 'भाषण देना है'। अतः भाषण द्वारा छात्रों को विषयों का ज्ञान करवाया जाता था। विद्वान् शिक्षक अपने विषयों पर भाषण देते थे। छात्रों को प्रश्नों द्वारा अपनी जिज्ञासा शांत करने का अवसर प्रदान किया जाता था। धर्म, तर्कशास्त्र तथा दर्शन की शिक्षा प्रदान करते समय तर्क-प्रणाली का प्रयोग किया जाता था। पहले लेखन और पाठन अलग-अलग चलते थे, परन्तु अकबर ने इस विधि में समय की बरबादी होने के कारण लेखन और पाठन को एक साथ कर दिया।

मकतबों में छोटे बालक कलमा रटते थे। कलमा पूर्ण याद हो जाने के बाद वे कुरान की आयतें याद करते थे। इस युग में लेखन-कला को अत्यधिक महत्त्व दिया जाता था। छात्रों को सुंदर लेखन के लिए प्रोत्साहित किया जाता था।

दूर से आने वाले छात्रों के निवास के लिए छात्रावास की व्यवस्था थी। छात्रावास मदरसों से ही सम्बन्धित था। इस युग में छात्रावासों का जीवन वैदिक तथा ब्राह्मण काल के समान कठोरतापूर्ण नहीं था। छात्रों पर अधिक नियन्त्रण नहीं लगाये जाते थे।

गुरु-शिष्य सम्बन्ध (Pupil-teacher Relations)—मुस्लिम युग में भी प्राचीन काल की भाँति गुरु-शिष्य के मधुर सम्बन्ध बने रहे। छात्र अपने गुरुओं का आदर करते थे तथा श्रद्धापूर्वक उनकी आज्ञाओं का पालन करते थे। अध्यापक भी अपने शिष्यों की देखरेख करते थे तथा अवसर पड़ने पर उनकी हर प्रकार से मदद करते थे। परन्तु यह सत्य है कि वैदिक युग के समान इस युग में छात्रों के अन्दर अपने गुरुओं के प्रति आत्मीयता नहीं थी।

सजा देने या दण्ड की व्यवस्था (Punishment System)—मुसलमानी-शिक्षा में दण्ड को प्रमुख स्थान दिया जाता था। दण्ड-प्रणाली अत्यन्त कठोर थी। छात्रों द्वारा भूल करने या शरारत करते समय पकड़े जाने पर चांटे, घूसे तथा लातों द्वारा पीटा जाता था। बात-बात पर छात्रों को मुर्गा बनाया जाता था। गम्भीर अपराध करने पर छात्र को गठरी बनाकर खूटी पर टांग दिया जाता था, परन्तु योग्य छात्रों को सम्मान के साथ पारितोषिक प्रदान किये जाते थे।

स्त्री-शिक्षा (Women Education)—प्राचीन काल की भाँति इस युग में स्त्री-शिक्षा को अधिक महत्त्व नहीं दिया जाता था। इसका प्रमुख कारण पर्दा-प्रथा का होना था। स्त्रियों को घूमने-फिरने की स्वतन्त्रता नहीं थी। लड़कियों के लिए अलग मकतबों का भी प्रबन्ध नहीं था। जो उच्च घराने के व्यक्ति ज्ञान के प्रेमी होते थे, वे घर पर ही अपनी कन्याओं की शिक्षा का प्रबंध कर देते थे। मुगल अपनी स्त्रियों को शिक्षित करने के लिए अध्यापिकाओं की नियुक्ति करते थे। स्त्री-शिक्षा के प्रमुख विषय—धर्म-ग्रन्थों का मनन तथा गृह-शास्त्र थे। इस पर भी अनेक मुस्लिम स्त्रियों ने अपनी प्रतिभा से इतिहास में निपुणता प्राप्त कर ली थी। नूरजहाँ, बेगम गुलबदन, रोशनआरा आदि इसके उदाहरण हैं।

सैनिक शिक्षा (Military Education)—बौद्ध शिक्षा का सबसे बड़ा दोष—सैनिक शिक्षा का बहिष्कार था। परन्तु मुसलमान शासक युद्धप्रिय होने के कारण सैनिक शिक्षा को पर्याप्त महत्त्व देते थे। राजकुमारों और सैनिक पदाधिकारियों के पुत्रों के लिए सैनिक शिक्षा अनिवार्य थी। सैनिक शिक्षा में अश्वारोहण, तलवार चलाना, तीरकमान का प्रयोग आदि सिखाये जाते थे। किला घेरना, सैन्य संचालन तथा शत्रु को धोखा देने की शिक्षा दी जाती थी।

◆◆◆

6. मध्यकालीन प्रारम्भिक शिक्षा की मुख्य विशेषताओं अथवा गुणों तथा कमियों एवं दोषों का उल्लेख कीजिये।

अथवा

मध्यकालीन प्रारम्भिक शिक्षा के गुणों तथा अवगुणों की संक्षिप्त विवेचना कीजिये।

अथवा

मध्यकालीन प्रारम्भिक शिक्षा के गुणों या विशेषताओं तथा कमियों या दोषों को स्पष्ट कीजिये।

उत्तर–मध्यकालीन प्रारम्भिक शिक्षा के गुण या विशेषतायें **(Merits or Characteristics of Education in Medieval Period)–**

(1) इस युग में भी गुरु और शिष्य के सम्बन्ध अत्यन्त मधुर थे। दोनों अपने-अपने कर्तव्यों के प्रति सजग थे।

(2) शिक्षा के अन्दर धार्मिकता तथा भौतिकता का समावेश अत्यन्त सफलता के साथ किया गया था, जिसका वैदिक-कालीन शिक्षा में पूर्णतया अभाव था।

(3) शिक्षा में धर्म की प्रमुखता होने के कारण छात्रों के चरित्र-निर्माण पर अधिक बल दिया जाता था।

(4) मुस्लिम शिक्षा में यद्यपि धर्म को स्थान दिया गया था, परन्तु साथ ही छात्रों को भौतिक जगत् के प्रति उदासीन नहीं रखा जाता था। शिक्षा इस ढंग से दी जाती थी जिससे कि छात्र जीवन की व्यावहारिकता को समझकर संसार में सफलता प्राप्त कर सकें।

(5) मुस्लिम शिक्षा में पाठ्यक्रम अत्यन्त विस्तृत रखा गया था।

(6) वैदिक तथा ब्राह्मण युग में इतिहास लेखन की ओर विद्वानों का ध्यान बिल्कुल नहीं था। परिणामस्वरूप प्राचीन इतिहास में प्रामाणिक तथ्य अत्यन्त कठिनता से मिलते थे। परन्तु मुस्लिम काल में इतिहास-लेखन का शौक सम्राटों तक ही था, वे अपने दरबारों में प्रसिद्ध इतिहासकारों को आश्रय देते थे। वास्तव में इतिहास-लेखन इस युग की महान् देन है। कहानी और काव्य के क्षेत्र में भी इस युग में पर्याप्त विकास हुआ।

(7) मकतब तथा मदरसों–दोनों में शिक्षा निःशुल्क प्रदान की जाती थी।

(8) छात्रों को पुरस्कार प्रदान करके शिक्षा के प्रति प्रोत्साहित किया जाता था।

मध्यकालीन प्रारम्भिक शिक्षा की कमियाँ या दोष
(Limitations of Education in Medieval India)

(1) मुस्लिम शिक्षा का पाठ्यक्रम तथा संगठन इस प्रकार का था कि जिसे मुख्यतया मुसलमान ही अपना सकते थे। वास्तव में उसमें सार्वजनिकता का पूर्ण अभाव था। मुसलमान छात्र ही उससे अधिक लाभ उठा सकते थे।

(2) स्त्री-शिक्षा की इस काल में पूर्ण उपेक्षा की गई। पर्दा-प्रथा के कारण वे स्वतन्त्रतापूर्ण शिक्षा प्राप्त नहीं कर सकती थीं। केवल उच्च घराने की स्त्रियाँ ही घर पर शिक्षा का प्रबन्ध कर सकती थीं।

(3) इस युग की शिक्षा का सबसे बड़ा दोष यह था कि जन-भाषाओं की अवहेलना करके अरबी-फारसी को ही शिक्षा का माध्यम बनाया गया था। इससे सबसे बड़ी हानि यह हुई है कि प्रान्तीय भाषाओं का विकास समुचित ढंग से नहीं हो सका।

(4) शिक्षा-संस्थाओं में धार्मिक कट्टरता के कारण हिन्दू छात्रों को असुविधा होती थी।

(5) शिक्षा में आध्यात्मिकता का अभाव था, केवल सांसारिक पक्ष पर ही बल दिया जाता था।

(6) मुस्लिम शिक्षा के पाठ्यक्रम में भारतीय दर्शन तथा भारतीय विषयों की पूर्ण रूप से उपेक्षा की गई थी।

(7) दण्ड-प्रणाली कठोर होने के कारण विद्यालयों में आतंक छाया रहता था। कुछ छात्र तो भय के कारण पढ़ना तक छोड़ देते थे।

(8) शिक्षण-प्रणाली में केवल रटने पर बल दिया जाता था। छात्रों की तार्किक शक्ति को प्रोत्साहन नहीं दिया जाता था।

(9) इस शिक्षा-प्रणाली में लिखना, पढ़ना अलग-अलग सिखाये जाते थे। परिणामस्वरूप छात्रों का दोहरा समय नष्ट होता था।

(10) मुस्लिम-शिक्षा, छात्रों की विलास और आराम की प्रवृत्ति में किसी प्रकार की बाधा नहीं डालती थी। अतः छात्र विलासप्रिय हो गये थे।

(11) यह शिक्षा-प्रणाली अत्यधिक कठोर एवं अनुत्पादक थी। फलतः जीवन के विभिन्न क्षेत्रों में यह शिक्षा श्रेष्ठ व्यक्तियों के निर्माण में असफल रही।

निष्कर्ष (Couclusion)–मध्यकालीन शिक्षा के प्रमुख दोषों पर प्रकाश डालते हुए **डॉ० यूसुफ हुसैन** लिखते हैं–**"आलोचनात्मक रूप से कहा जाए तो मध्यकालीन भारत में प्रचलित शिक्षण-प्रणाली में मानसिक विस्तार की कमी थी और वह अत्यधिक कठोर एवं अनुत्पादक हो गयी थी। इस समय जो परिवर्तन एवं सुधार हुए थे, वे उस समय की चुनौती का सामना करने के लिए उतने पर्याप्त न थे, जिसका उसे सामना करना पड़ा था।........यह कहना ऐतिहासिक रूप से सत्य होगा कि मध्यकालीन शिक्षा-प्रणाली विशेषतया बाद के मुगलकाल में, नेतृत्व के गुणों के संचार करने में और इस प्रकार के जीवन के विभिन्न क्षेत्रों में श्रेष्ठ व्यक्तियों के निर्माण को सुनिश्चित करने में असफल रही।"**

◆◆◆

---

7. मध्यकालीन युग की शिक्षा या मुस्लिम शिक्षा के मुख्य उद्देश्य कौन-कौन से हैं? वर्णन कीजिए।

अथवा

मुस्लिम शिक्षा या मध्यकालीन शिक्षा के मुख्य उद्देश्यों पर प्रकाश डालिए।

उत्तर–मध्यकालीन युग में भारतीय शिक्षा के उद्देश्य (मुस्लिम शिक्षा) [Objectives of Education in Medieval India or Medieval] (Muslim Education)–भारत में मध्यकालीन शिक्षा का अर्थ इस्लाम अथवा मुस्लिम शिक्षा से है। मुस्लिम शिक्षा के उद्देश्य निम्नलिखित हैं–

(i) इस्लामिकता का प्रसार (Propagation of Islamuism)–इस्लामिक शिक्षा का पहला उद्देश्य इस्लाम धर्म का प्रसार करना था। जगह-जगह मस्जिद, मकतब और मदरसे खोले गए। प्रत्येक मस्जिद के साथ एक मदरसा खोला जाता था, जिसमें मुस्लिम बालकों को कुरान पढ़ाया जाता था। साथ ही मदरसों में इस्लाम का इतिहास, दर्शन तथा उच्च प्रकार की धर्म सम्बन्धी शिक्षा प्रदान की जाती थी।

(ii) मुस्लिमों में शिक्षा का प्रसार (Spread of Education Among Muslims)–मुस्लिम शिक्षाशास्त्रियों का मत था कि मुस्लिमों को शिक्षित करके ही धार्मिक तथा अधार्मिक बातों का अन्तर समझाया जा सकता है। अतः इस्लामी शिक्षा के प्रसार द्वारा मुस्लिमों को शिक्षित करना ही इस्लाम का दूसरा उद्देश्य था।

(iii) इस्लामी भाग का प्रसार (Extension of Islamic Territory)–इस्लामी शिक्षा का तीसरा उद्देश्य इस्लामी इलाकों को बढ़ाना था। इस उद्देश्य को प्राप्त करने के लिए मुसलमानों को लड़ने की कला सिखाई जाती थी जिससे वे इस्लामी क्षेत्रों में बढ़ोतरी कर सकें।

(iv) नैतिकता का विकास (Development of Morality)–इस्लामी शिक्षा का चौथा उद्देश्य नैतिकता का विकास करना था। इस उद्देश्य को प्राप्त करने के लिए मुस्लिम बालकों को नैतिक पुस्तकों का अध्ययन कराया जाता था जिससे उनकी नैतिकता में वृद्धि हो।

(v) भौतिक सुखों की प्राप्ति (Achievement of Material Wellbeing)–इस्लामी शिक्षा का पाँचवाँ उद्देश्य भौतिक सुखों को प्राप्त करना था। इसके लिए बालकों को उपाधियाँ तथा मौलवियों को ऊँचे-ऊँचे पद दिये जाते थे जिससे वे भौतिक सुखों का आनन्द ले सकें।

(vi) शरियत का प्रसार (Spread of Shariyat)–इस्लामी शिक्षा का छठा उद्देश्य शरियत के कानूनों को लागू करना था। अतः शिक्षा द्वारा इस्लामिक कानून, राजनीतिक सिद्धान्त तथा इस्लामिक परम्पराओं का प्रसार किया गया।

(vii) चरित्र निर्माण (Character Building)–मोहम्मद साहब का विश्वास था कि केवल चरित्रवान व्यक्ति ही उन्नति कर सकता है। अतः इस्लामी शिक्षा का सातवां उद्देश्य मुस्लिम बालकों के चरित्र का निर्माण कर उन्हें उन्नति के पथ पर अग्रसर करना था।

ब्रिटिश राज्य में शिक्षा के उद्देश्य (Objectives of Education during British Rule)–ब्रिटिश राज्य में शिक्षा के मुख्य उद्देश्य इस प्रकार हैं–

(i) ब्रिटिश साम्राज्य का एकीकरण (Consolidation of British Empire)–ब्रिटिश साम्राज्य का एकीकरण ब्रिटिश राज्य में शिक्षा का मुख्य उद्देश्य था। ब्रिटिश शासकों का यह सोचना था कि ब्रिटिश राज्य के समीकरण से भारत में उनके राज्य पर पकड़ मजबूत होंगी। ऐसा शिक्षा के प्रसार के बिना असंभव था।

(ii) अंग्रेजी संस्कृति का विस्तार (Spreading of English Culture)–ब्रिटिश राज्य में शिक्षा का दूसरा महत्त्वपूर्ण उद्देश्य अंग्रेजी, संस्कृति तथा उच्च श्रेणी के भारतीयों के मन में रहन-सहन के तरीकों का विस्तार था। इसके लिए भारतीय बच्चों के लिए राजकीय विद्यालय स्थापित किए गए और उनमें अंग्रेजी को अनिवार्य रूप से शिक्षा का माध्यम बनाया गया। **मैकाले** के अनुसार–**"हम ऐसे व्यक्तियों का वर्ग चाहते हैं जो रक्त व रंग से भारतीय हों परन्तु स्वाद, विचारों, नैतिक गुणों व आध्यात्मिक दृष्टि से अंग्रेज हों।"** (We want class of persons, Indian in blood and colour, but English in taste, opinion, in moral and in intellect.)

(iii) क्लर्कों की भर्ती (Recruitment of Clerks)–शिक्षा द्वारा ब्रिटिश शासकों ने यह प्रयत्न किया कि मूल भारतीयों को उनके कार्यालयों को चलाने के लिए क्लर्क बनाया जाए।

(iv) अंग्रेजी वस्तुओं के प्रति उन्मत्तता उन्नत करना (Promoting craze for English Articles) –अंग्रेजी सामान तथा अंग्रेजी वस्त्र, जो प्रतिदिन प्रयोग किए जाते थे, के बारे में उन्मत्तता उन्नत करना ब्रिटिश राज्य में शिक्षा का एक अन्य उद्देश्य था। अंग्रेजी अध्यापकों ने विद्यालय जाने वाले बच्चों को इसके लिए उकसाया।

(v) अति उत्तम साहित्यिक रचनाओं का अनुवाद (Translating Literary Master Pieces) –ब्रिटिश राज्य में शिक्षा का अन्य उद्देश्य था भारतीय धार्मिक पुस्तकों और साहित्य की अति उत्तम रचनाओं के महत्त्वपूर्ण अंशों का अंग्रेजी में अनुवाद कराना ताकि अंग्रेज लोग, जो इनके बारे में जानना चाहते हैं, जान सकें तथा विचारों के सौन्दर्य का आनन्द ले सकें।

(vi) भाषान्तर का वर्णन करने वाले तैयार करना (Preparing a Class of Interpreters) –ब्रिटिश राज्य में शिक्षा का एक उद्देश्य यह भी था कि भारतीयों का एक वर्ग ऐसा तैयार किया जाए जो भारत के न्यायालयों में अंग्रेजी कानूनों का भाषान्तर वर्णन कर सकें। अब तक भी हमारी न्यायपालिका तथा हमारे कानून अंग्रेजी परम्पराओं और जीवन के तौर-तरीकों पर आधारित हैं।

◆◆◆

8. मुस्लिम कालीन शिक्षा पर एक विस्तृत टिप्पणी लिखिए।
(Write a detailed note on education in Muslim Period.)

उत्तर–भारतवर्ष में इस्लाम का आगमन मध्य युग में हुआ था। मुहम्मद गौरी प्रथम मुस्लिम शासक था, जिसने 12वीं शताब्दी के अन्त में भारतवर्ष में मुस्लिम साम्राज्य की नींव रखी। सन् 1206 में गौरी की मृत्यु के समय से लेकर सन् 1757 के प्लासी के युद्ध तक भारत में मुस्लमानों का एकाधिपत्य कायम रहा। इस समयावधि को ही हम मुस्लिम अवधि के नाम से पुकारते हैं।

शिक्षा पर प्रभाव (Impact on Education)–मुस्लिम अवधि के समय भारतीय समाज, विचारधारा तथा संस्कृति को एक नवीन पहचान मिली, जिससे कि एक नये शैक्षिक युग का आरंभ हुआ। इसी कारण, इस्लाम धर्म के सिद्धान्तों के अनुकूल शिक्षा का संगठन किया गया और उसके अर्थ, उद्देश्य, विधि संस्था, विद्यार्थी पाठ्यक्रम, शिक्षक तथा अनेक सम्बन्धों के विषय में नवीन अवधारणाएँ भी बनीं।

शिक्षा का अर्थ (Meaning of Education)–बाकी धर्मों की भांति इस्लाम धर्म में भी ज्ञान की प्राप्ति पर विशेष बल दिया गया है। वास्तव में सभी धर्मों में ज्ञान की महत्ता को भुलाया नहीं जा सकता है। संसार के सभी मनुष्यों ने ज्ञान को जीवन का प्रकाश समझा तथा अन्तिम लक्ष्य तक पहुँचने का प्रयास कर मार्ग दर्शन प्राप्त किया। यही प्रयास और मार्गदर्शन, जिस ढंग से पूर्ण हुए, उसे ही शिक्षा की संज्ञा दी गई। शिक्षा की यही धारणा मुस्लिम कालीन शिक्षा-पद्धति में भी विद्यमान है।

शिक्षा एवम् सरकार (Education and Government)–वैदिक तथा बौद्धिक काल में शिक्षा व्यवस्था का राज्य से किसी प्रकार का कोई सम्बन्ध नहीं था, लेकिन इसके विपरीत मुस्लिमकालीन शिक्षा राज्य तथा सरकार से पूर्णतः प्रभवित थी। इस काल में तो शिक्षा को पूर्णतः शासकों से ही प्रेरणा प्राप्त हुई अथवा दूसरे शब्दों में यह कहा जा सकता है कि मुस्लिम कालीन शिक्षा व्यवस्था पूर्ण रूप से राज्याश्रित अथवा शासकाश्रित थी। जगह-जगह पर अनेकानेक मकतबों, मदरसों तथा पुस्तकालयों का निर्माण तत्कालीन शासकों द्वारा कराया गया। उस समय उल्मा तथा मौलवीय वर्गों का पालन-पोषण सरकारी खजाने के माध्यम से होता था। अतएव स्पष्ट है कि मुस्लिम समयावधि में शिक्षा पूर्णतः सरकार द्वारा प्रभावित थी तथा सरकार व शासकों का तत्कालीन शिक्षा व्यवस्था में पूर्ण हस्तक्षेप था।

शिक्षा के उद्देश्य
(Objectives of Education)

मुस्लिमकालीन शिक्षा के निम्नलिखित उद्देश्य थे–

1. ज्ञान प्राप्ति का उद्देश्य–मुस्लिमकालीन शिक्षा का प्रथम उद्देश्य ज्ञान प्राप्ति है। आरम्भ में इस्लाम शिक्षा का प्रमुख उद्देश्य धार्मिक ज्ञान था, किन्तु धीरे-धीरे धार्मिक ज्ञान के साथ-साथ सभी प्रकार के ज्ञानों को प्राप्त करना इसका आधार बन गया। कुरान के संकेतों से हमें ज्ञात होता है, "प्रत्येक मानव को चाहे वह मनुष्य हो या स्त्री, बच्चा हो या बूढ़ा उसे हर हालत में ज्ञान प्राप्त करना चाहिए। अगर इस हेतु उसे अपने देश से बाहर भी जाना पड़े तो जाना चाहिए।"

2. आध्यात्मिक एवम् नैतिक विकास–इस्लाम के अनुसार अगर मानव ने अपना नैतिक तथा आध्यात्मिक विकास करना है तो उसे सही ज्ञान प्राप्त करना पड़ेगा जो कि कुरान में निहित है। अगर मनुष्य का आचरण शुद्ध तथा नैतिक है, तो उस पर अल्ला का फजल होता है अर्थात् भगवान की दशा होती है। भगवान की दया सच्चे भक्तों व ईमान वालों की संगत से मिलती है।

3. सांस्कृतिक विकास–प्रत्येक संगठन तथा समाज अपने सदस्यों हेतु कुछ संस्कारों और नियमों का निर्धारण करता है। उन नियमों के अनुपालन से ही संस्कृति का निर्माण होता है। कुरान की आयतों में आराम-हलाल, नियम तथा आचरण, शादी-विवाह, सलूक के तौर-तरीके, कानून, जायदाद के निस्तम्बध कानून शासन प्रणाली इत्यादि का वर्णन किया गया है और उनकी अनुपालना पर विशेष बल दिया गया है। कयामत, स्वर्ण-नरक, ज्ञान-विज्ञान तथा कला-कौशल सभी का वर्णन किसी-न-किसी रूप में कुरान में किया गया है। यही मुस्लिम संस्कृति है तथा मुस्लिम शिक्षा का एक उद्देश्य है। इसे ही मुस्लिम संस्कृति का विकास कहा जा सकता है।

4. सामाजिक विकास–सामाजिक विकास मुस्लिम शिक्षा का एक महानतम उद्देश्य था। मुस्लिम धर्म ने एक अलग समाज का निर्माण किया तथा मुस्लिम शिक्षा उसी विशेष समाज के लिए गठित हुई। इस तरह परिवार इसकी इकाई था। इस्लाम में एक कहावत है, "एक व्यक्ति के बच्चे को शिक्षा देना दान में सोना देने से अधिक अच्छा है।" इस तरह यह स्पष्ट हो जाता है कि परिवार को शिक्षित करना सर्वोत्तम कर्तव्य है। इससे सामाजिक भावना का विकास होता है।

5. आर्थिक, भौतिक तथा व्यावसायिक विकास—इस्लाम धर्म भौतिक भोग में विश्वास रखता है तथा साथ ही यह भी हिदायत देता है कि यह भोग सब मिल बांटकर करेंगे। किसी एक व्यक्ति या वर्ग के लिए यह भोग नहीं होना चाहिए। इसके लिए पहले आवश्यक है भौतिक सुख-भोग की वस्तुओं का उत्पादन सभी की आवश्यकतानुसार किया जाये। शिक्षा द्वारा मनुष्यों को उन सब कला-कौशल, व्यवसाय आदि का प्रशिक्षण देना चाहिए, जिसके उत्पादन मनुष्यों को सुख प्रदान करते हैं। उन्हें अपने व्यवसायों की पूरी-पूरी जानकारी भी होनी चाहिए।

6. इस्लाम धर्म की शिक्षा—मुस्लिम धर्म में स्पष्ट तौर पर यह हिदायत दी गई है कि इस्लाम धर्म को मानने वालों को एक अल्लाह के अलावा अन्य किसी देवी-देवताओं को नहीं मानना चाहिए। हजरत मोहम्मद साहब को खुदा का अन्तिम पैगम्बर माना जाता है तथा कुरान-शरीफ को अंतिम धार्मिक पुस्तक माना जाता है। कुरान शरीफ का ज्ञान प्राप्त कर उसके द्वारा बताए गए मार्ग पर चलना है, आचरण करना है तथा यह सब तभी संभव माना जाता जब बच्चों को शुरू से ही कुरान-शरीफ का अध्ययन कराया जाए तथा कुरान शरीफ के बताए गए मार्ग के अनुसार आचरण करने का प्रशिक्षण दिया जाए। मुस्लिमकालीन शिक्षा का यह सर्वप्रमुख उद्देश्य माना गया है।

शिक्षा का पाठ्यक्रम
(Curriculum of Education)

मुस्लिमकालीन शिक्षा के पाठ्यक्रम में विभिन्न विषयों को रखा गया था। उस समय पाठ्यक्रम मुख्यतः दो भागों में विभक्त था—प्राथमिक शिक्षा का पाठ्यक्रम तथा उच्च शिक्षा का पाठ्यक्रम। प्राथमिक शिक्षा के पाठ्यक्रम में कुरान की आयतों, प्रार्थनाओं को स्मरण करना, साधारण गणित, इदीस कविताएँ (यत्र-तत्र) तथा नीति शास्त्र आदि विषयों को शामिल किया गया था। प्राथमिक स्तर पर शुद्ध-उच्चारण पर विशेष ध्यान दिया जाता था। तत्पश्चात् सादी का गुलिस्तान और बोस्ता समझाकर पढ़ाए जाते थे। साथ-ही-साथ लेखन कला का भी प्रतिदिन चार से पाँच घण्टे अभ्यास कराया जाता था।'

उच्च शिक्षा का पाठ्यक्रम दो तरह का था—धार्मिक और भौतिक। धार्मिक पाठ्यक्रम के तहत कुरान शरीफ एवम् आलोचनात्मक अध्ययन, इस्लामी इतिहास तथा कानून आदि विषयों को शामिल किया गया था। भौतिक पाठ्यक्रम के अन्तर्गत अरबी, फारसी, व्याकरण, साहित्य, गणित, इतिहास, भूगोल, यूनानी चिकित्सा, कृषि दर्शन, कानून, ज्योतिष आदि विषयों का अध्ययन किया जाता था। इसके अलावा उस समय के शैक्षिक पाठ्यक्रम में कुछ पाक वस्तुएँ, अच्छा सलूक, नमाज, रोजा, नेक कार, हज की क्रियाएँ आदि भी शामिल थे। ये सभी गतिविधियाँ इस्लाम धर्म व विश्वास के साथ जुड़ी हुई थीं, जिन्हें करना प्रत्येक ईमान वालों के लिए अनिवार्य था। इसके साथ-साथ पैगम्बर, नबी, दरबेश, रब्बानी, उल्लमों आदि की नसीहतों को भी पाठ्यक्रम में शामिल किया गया था।

बिस्मिल्लाह संस्कार

जिस प्रकार वैदिक शिक्षा काल में बच्चे का शिक्षा प्राप्ति से पूर्व उपनयन संस्कार तथा बौद्धिक शिक्षा काल में प्रब्बजा संस्कार किया जाता था, ठीक उसी तरह इस्लाम शिक्षा काल में शिक्षा-व्यवस्था के अन्तर्गत प्रवेश के समय बच्चे का बिस्मिल्लाह संस्कार किया जाता था। जब बच्चा ठीक 4 साल 4 महीने और चार दिन का हो जाता था, उस दिन बच्चे का यह संस्कार किया जाता था। संस्कार के दिन बच्चे को नये वस्त्र पहनाए जाते थे। इसके बाद बच्चे के सम्मुख कुरान की भूमिका तथा कुरान के 55 वें अध्याय की कुछ आयतों को रखा जाता था तथा बच्चे से इनका अध्ययन कराया जाता था।

शिक्षा की विधियाँ (Teaching Methods)—इस्लामी शिक्षा की कुछ महत्वपूर्ण शिक्षण विधियाँ निम्नलिखित हैं—

1. उपदेश विधि—कुरान एक तरह का उपदेश ही है। इसे लोगों को समझाने के लिए पैगम्बर तथा ज्ञानी पुरुष बताए गए हैं। कुरान का उपदेश ही शिक्षा की सामग्री है। इस प्रकार उस समय उपदेश देने तथा लेने की विधि इस्लामी शिक्षा की एक प्रमुख विधि मानी जाती थी।

2. पुस्तक अध्ययन विधि—मुस्लिम इस्लामी कालीन शिक्षा का आरम्भ पुस्तक अध्ययन विधि से प्रारम्भ होता था जबकि चन्द कलमा का पाठ रब्बानी उलेमा के द्वारा कराया जाता था। इसके पश्चात् अपने धर्म का पूर्ण ज्ञान प्राप्त करने हेतु व्यक्ति खुद ही कुरान एवम् अन्य ग्रंथों का अध्ययन करता था। यह विधि स्वाध्याय तथा खोज प्रणाली के द्वारा अध्ययन की एक विधि थी।

3. व्याख्यान विधि—इस्लामी शिक्षा मकतबों तथा मदरसों में दी जाती थी। मकतब वह स्थान होता है जहाँ किताब पढ़ाई जाती है और जहाँ दरस का व्याख्यान किया जाता है वह मदरसा होता है। मदरसे सांसारिक ज्ञान देने के लिए बनाए गए थे तथा इनमें उच्च शिक्षा की पूरी व्यवस्था की जाती थी। अतः मदरसों में भाषण एवम् प्रयोग पद्धति प्रचलित थी।

4. तर्क विधि—बौद्धिक युग की भांति मुस्लिम अवधि में भी मदरसों में तर्क विधि को अपनाया गया था। किसी भी विषय के बारे में क्यों, क्या और कैसे प्रश्न पूछकर अपनी शंकाओं को बार-बार उठाये तथा उन्हें दूर करने के लिए तर्क का सहारा लेने की विधि को ही तर्क-विधि कहा जाता है। इस्लामी शिक्षा में इस विधि का प्रयोग दर्शन जैसे गूढ़ विषयों के शिक्षण में किया जाता था।

5. सचेतन अनुकरण विधि—इस्लामी शिक्षा की एक प्रमुख विधि सचेतन अनुकरण विधि भी थी। यह अनुकरण आरम्भ से ही होता था। शुरू-शुरू में कुरान की आयतें रटाई जाती थीं तथा अल्लाह से प्रार्थना की जाती थी। नमाज अदा करने में भी इसी विधि का प्रयोग किया जाता है।

समाज में शिक्षक का स्थान (Reputation of Teacher in Society)—उस समय समाज में शिक्षकों का बहुत सम्मान होता था। मुख्यतः वे धार्मिक व्यक्ति हुआ करते थे। यद्यपि उस समय शिक्षक समुदाय इतना धनी नहीं था, फिर भी समाज में उसकी प्रतिष्ठा थी। शिक्षक अपने शिष्यों के लिए पिता तुल्य होता था। इसके अलावा शिक्षक के समाज में कुछ कर्तव्य भी होते थे, जिन्हें पूरा करना शिक्षक का उत्तरदायित्व होता था। ये निम्नलिखित हैं—

(i) विद्यार्थियों को इस्लाम के भौतिक सिद्धांतों, इस्लामी दर्शन, इतिहास एवम् साहित्य के विषय में पूरा ज्ञान देना।

(ii) शिष्यों को व्यावहारिक जीवन हेतु तैयार करना।

(iii) शिष्यों को भौतिक लाभों के विषय में विस्तार से समझाना।

(iv) मानव-मूल्यों की शिक्षा प्रदान कर उसके महत्त्व को समझाना।

(v) इस्लाम का प्रचार-प्रसार करना।

विद्यार्थी के कर्तव्य (Duties of Student)—मुस्लिम कालीन शिक्षा व्यवस्था के अन्तर्गत शिक्षक के साथ-साथ शिक्षार्थी के भी कुछ कर्तव्य होते थे। विद्यार्थी से यह उम्मीद की जाती थी कि वह परिश्रमी तथा संयम रखने वाला हो, अपने शिक्षकों की आज्ञा का पालन करे, वह अपने सहपाठियों के विचारों को समझे तथा उनसे विनम्रतापूर्वक व्यवहार करें। कोई भी विद्यार्थी कभी भी अपराध न करे। अगर भूलवश कोई अपराध हो भी जाए तो उसके लिए पश्चात्ताप करें।

गुरु-शिष्य सम्बन्ध (Relations of Teacher-Taught)—मुस्लिम काल में भी गुरु तथा शिष्य के आपसी सम्बन्ध अत्यन्त मधुर थे। गुरु का आदर तथा सेवा करना शिष्य का दायित्व था तथा गुरु भी अपने शिष्यों के प्रति विशेष स्नेह रखता था। दोनों के आपसी सम्बन्ध पिता-पुत्र के समान थे। जिस प्रकार पिता अपने पुत्र को लायक बनाने हेतु भगवान से प्रार्थना करता है, उसी प्रकार गुरु भी अपने शिष्य को उचित मार्ग पर चलने की नसीहत देता था। गुरु अपने शिष्य को सही ज्ञान प्रदान कर उसे सच्चे मार्ग पर चलने के लिए था। अतएव गुरु की कृपा तथा सहयोग से ज्ञान, सदाचार तथा धर्म की शिक्षा संभव थी।

विद्यालय प्रबंध (School Management)—मुस्लिम काल में प्रारम्भिक शिक्षा केन्द्रों को मकतब तथा उच्च शिक्षा केन्द्रों को मदरसा कहा जाता था।

1. मकतब—मुस्लिम काल में छोटे बच्चों को प्राथमिक शिक्षा घर के आस-पास के मकतबों (एक प्रकार के प्राथमिक स्कूल) में दी जाती थी। ये मकतब प्रायः मस्जिदों के आस-पास होते थे। बच्चों को इन मकतबों में प्रायः मौखिक रूप से अध्ययन कराया जाता था। बच्चे बिना समझे ही सिर हिला-हिलाकर प्रसिद्ध धार्मिक ग्रन्थ कुरान शरीफ की आयतें जबानी याद किया करते थे। मस्जिद का मुल्लाह इस कार्य को किया करता था। वह चाहे ज्यादा पढ़ा-लिखा न हो, क्योंकि बच्चों को सब कुछ मौखिक रूप से याद कराया जाता था। मकतब में बच्चे की शिक्षा का आरम्भ बिस्मिल्लाह संस्कार से होता था, यहां पर एक ही मुल्लाह सब बच्चों को पढ़ाता था। इस प्रकार एकल अध्यापक प्रणाली (Single Teacher System) का प्रचलन था। अपनी सहायता के लिए वह अपने कुछ योग्य छात्रों को कक्षा का लीडर (Monitor) नियुक्त करता था। इस प्रकार हम कह सकते हैं कि एकल अध्यापक प्रणाली के साथ-साथ मॉनीटर प्रणाली को भी अपनाया गया था। छात्रों में धर्म के प्रति आस्था शिक्षा का मुख्य उद्देश्य था। शिक्षा निःशुल्क दी जाती थी। मकतब निम्न प्रकार की शिक्षा देते थे—

(i) फारसी विद्यालय—इस प्रकार के विद्यालयों में इस्लामी संस्कृति का ज्ञान दिया जाता था। इन विद्यालयों में कुछ काव्य रचनाएँ पढ़ाई जाती थीं। यहाँ पर कुछ हिन्दू विद्यार्थी शिक्षा ग्रहण करते थे। लेखन कार्य का भी अभ्यास कराया जाता था।

(ii) कुरान विद्यालय—इस तरह के विद्यालय मुख्यतः मस्जिद से जुड़े हुए होते थे तथा इनकी मुख्य शिक्षा कुरान का पाठ सिखाना ही था, विद्यार्थियों के लिए याद की गई शिक्षा का वास्तविक अर्थ समझना आवश्यक नहीं था। इस प्रकार के विद्यालयों में गणित या लिखित कार्य नहीं कराया जाता था।

(iii) कुरान-फारसी विद्यालय—इस प्रकार के विद्यालयों में कुरान तथा फारसी दोनों तरह के विद्यालयों की विशेषताएँ होती थीं।

(iv) अरबी विद्यालय—इस तरह के विद्यालय केवल प्रौढ़ों के लिए होते थे। इनमें पवित्र कुरान का प्रयोग पूर्ण हाफिजों को बनाने के लिए किया होता था।

2. मदरसा—मकतब से निकलकर विद्यार्थी मदरसों में जाते थे। मदरसों का सम्बन्ध उच्च शिक्षा से होता था। मदरसों का प्रबन्ध या तो सरकार द्वारा होता था या फिर उनका प्रबन्ध प्रतिष्ठित व्यक्तियों व समितियों द्वारा होता था। अन्य मुस्लिम राष्ट्रों से भी अनेक छात्र यहाँ पर शिक्षा ग्रहण करने के लिए आते थे। ये मदरसे अन्तरर्राष्ट्रीय केन्द्रों के रूप में कार्य करते थे। इनमें शिक्षा का माध्यम अरबी व फारसी भाषाएँ थीं। देवबन्ध, लखनऊ तथा अलीगढ़ आदि अन्तरर्राष्ट्रीय शिक्षा केन्द्र आज भी मदरसा प्रणाली पर कार्य कर रहे हैं तथा आज भी विदेशों से यहाँ अनेक छात्र शिक्षा ग्रहण करने के लिए आते रहते हैं।

अनुशासन (Discipline)—इस्लामी शिक्षा में अनुशासन को अत्यधिक महत्व दिया गया था। अनुशासन भंग करने पर कठोर दण्ड दिया जाता था। ऐसी स्थिति में अध्यापक द्वारा बच्चों को कोड़ों, बैतों तथा थप्पड़-घूंसों से पीटा जाता था। लेकिन विशेष योग्यता प्रदर्शित करने वाले छात्रों को पुरस्कार भी दिये जाते थे।

स्त्री शिक्षा (Woman Education)—मुस्लिम काल में नारी शिक्षा अधिक प्रफुल्लित नहीं हो सकी। इसका एक प्रमुख कारण उस समय समाज में व्याप्त पर्दा-प्रथा माना जा सकता है। इस समय उच्च शिक्षा के लिए कोई समुचित प्रबन्ध नहीं थे। हालांकि मुगल काल में कुछ उच्च कोटि की विदुषी नारियों के उदाहरण देखने को मिलते हैं। लेकिन ये सभी नारियाँ उच्च घरानों से थीं। जन-साधारण की लड़कियों के लिए तो प्रारम्भिक शिक्षा का भी प्रबन्ध नहीं था। यहाँ तक कि राजघराने की लड़कियाँ भी उस समय प्रायः घर में ही शिक्षा प्राप्त करती थीं।

◆◆◆

आधुनिक शिक्षा
(Modern Education)

1. आधुनिकीकरण से क्या अभिप्राय है? आधुनिक शिक्षा पर विस्तृत टिप्पणी लिखिए।
(What do you mean by modernisation? Write a detailed note on modern education.)

उत्तर–आधुनिकीकरण का अर्थ (Meaning of Modernisation)–आधुनिक बनने की प्रक्रिया ही आधुनिकीकरण है। यह एक निरन्तर चलने वाली प्रक्रिया है।

एस. के. मूर्ति (S.K. Murthy) के अनुसार, "आधुनिकीकरण एक ऐसी प्रक्रिया है जिसके द्वारा किसी परम्परागत समाज या राष्ट्र को आर्थिक, तकनीकी, औद्योगिक और सामाजिक विकास के क्षेत्र में आधुनिक बनाया जाता है। यह एक ऐसा प्रयत्न है जो उनके आर्थिक आधार, तकनीकी व्यवस्था, औद्योगिक स्तर तथा सामाजिक संगठन में मूलभूत परिवर्तन लाने के लिए किया जाता है। यह एक विकसित राष्ट्र को अन्य विकसित राष्ट्रों के बराबर लाने वाली प्रक्रिया है।"

ब्लैक बहला (Black Bellah) के अनुसार "आधुनिक समाज का महत्त्व विज्ञान पर आधारित तकनीकी को अपनाना है। इसी के आधार पर समाजों ने अपने उत्पादन में बहुत वृद्धि की है। विज्ञान पर आधारित तकनीकी, सामाजिक तथा सांस्कृतिक जीवन के अन्य मुख्य उपयोग हैं और इसमें मूलभूत सामाजिक तथा सांस्कृतिक परिवर्तन आते हैं जिन्हें आधुनिकीकरण की संज्ञा दी जाती है।" (The most distinctive feature of modern society is its adoption of a science based technology. On this basis, societies are increasing their own productivity. Science based technology has other significant utilization of social and cultural life and it involves fundamental, social and cultural changes which are broadly described as Modernisation.")

आधुनिकीकरण की परिभाषाएँ
(Definitions of Modernisation)

1. दूबे (Dube) महोदय के शब्दों में, "आधुनिकीकरण आवश्यक रूप से एक प्रक्रिया है–एक परंपरागत समाज व्यवस्था से एक विशेष अभीष्ट प्रकार की तकनीकी से जुड़ी समाज व्यवस्था की ओर बढ़ना..."

(Modernisation is essentially a process–a movement from traditional order to certain desired type of technology associated form of social structure)

2. एस. के. मूर्ति (S.K. Murti) के अनुसार, "आधुनिकीकरण एक ऐसी प्रक्रिया है जिसके द्व ारा किसी परंपरागत समाज को आर्थिक, तकनीकी, औद्योगिक व सामाजिक विकास के क्षेत्रों में आधुनिक बनाया जाता है। यह एक ऐसा प्रयत्न है जो उसके आर्थिक आधार, तकनीकी व्यवस्था, औद्योगिक स्तर तथा सामाजिक संगठन में मूलभूत परिवर्तन लाने के लिए किया जाता है। यह एक अल्प विकसित राष्ट्र को अधिक विकसित राष्ट्रों के बराबर लाने की प्रक्रिया है।"

3. मूरे (More) के शब्दों में, "आधुनिकीकरण का अर्थ है एक क्रांतिकारी परिवर्तन, जो एक परंपरागत समाज को उन्नत, आर्थिक रूप से समृद्ध तथा राजनैतिक रूप से अपेक्षाकृत स्थिर समाज के रूप में परिवर्तित करने की ओर ले जाता है।"

("Modernisation means a revolutionary change leading to transformation of a traditional society into an advanced, economically prosperous and relatively politically stable society.")

आधुनिक शिक्षा
(Modern Education)

आधुनिक शिक्षा आधुनिकीकरण प्रक्रिया का सबसे अधिक महत्त्वपूर्ण साधन है। भारतीय शिक्षा आयोग ने अपनी रिपोर्ट में ठीक ही कहा है–"आधुनिकीकरण की प्रक्रिया का सबसे शक्तिशाली साधन विज्ञान व शिल्प विज्ञान पर आधारित शिक्षा है। आधुनिक शिक्षा लोगों को पुरानी रूढ़ियों को छोड़कर नवीन परिवर्तनों को ग्रहण करने के लिए प्रेरित करती है, उनके दृष्टिकोण को बदलती है, बदलते मूल्यों की जानकारी देती है तथा कार्य करने के नवीन वैज्ञानिक विधियों की जानकारी देती है।

इस संदर्भ में **एस. के. मूर्ति** का यह कथन उल्लेखनीय है–"**आधुनिक शिक्षा वह चाबी है जो राष्ट्रीय जीवन के विभिन्न क्षेत्रों जैसे आर्थिक, औद्योगिक, तकनीकी तथा सामाजिक आदि क्षेत्रों में आधुनिकीकरण का द्वार खोलती है।**"

इसलिए भारतीय शिक्षा आयोग ने कहा है कि–''आधुनिकीकरण की प्रक्रिया का सम्बन्ध प्रत्यक्ष रूप से शैक्षिक विकास की गति से है। तेजी से आधुनिक बनने का ढंग शिक्षा का प्रसार करना, शिक्षित एवं कुशल नागरिक उत्पन्न करना तथा एक उपयुक्त एवं प्रबुद्ध बौद्धिक वर्ग को प्रशिक्षित करना है।

स्वतन्त्रता के पश्चात् भारत में सामाजिक, आर्थिक एवं राजनैतिक क्षेत्र में अनेक ऐसे परिवर्तन हुए हैं जिन्होंने आधुनिकीकरण में महत्त्वपूर्ण भूमिका निभाई है। परन्तु आधुनिक शिक्षा इसका सबसे अधिक महत्त्वपूर्ण और शक्तिशाली साधन सिद्ध हुई है। यही कारण है कि भारतीय शिक्षा आयोग ने शिक्षा को राष्ट्रीय लक्ष्यों की प्राप्ति का साधन मानते हुए इसका एक उद्देश्य देश का आधुनिकीकरण करना भी बताया।

भारतीय समाज वर्षों तक विदेशी सत्ता का गुलाम रहा। यहाँ की जनता प्राचीन रूढ़ियों व अन्धविश्वासों से चिपकी रही। अनेक सामाजिक बुराइयाँ यहाँ के समाज को खोखला बनाती रहीं। वैज्ञानिक ज्ञान व तकनीकी के क्षेत्र में हम सदैव पिछड़े रहे। ऐसे में आधुनिक शिक्षा ही लोगों में राजनैतिक जागरूकता, सामाजिक चेतना, नवीन दृष्टिकोण एवं जीवन मूल्यों का विकास कर सकती है, जिससे कि हमारे समाज को आधुनिक बनाने में सहायता मिल सके। इसके अतिरिक्त, शिक्षा को उन बुराइयों को भी दूर करना होगा जो आधुनिकता के नाम पर हमारे समाज में जन्म ले रही हैं। उदाहरण के तौर पर आज युवकों में नशाखोरी की प्रवृत्ति बढ़ती जा रही है, मानवीय मूल्यों का पतन हो रहा है। आधुनिक शिक्षा को इन सब पर अंकुश लगाकर आधुनिकीकरण को सही रूप देना होगा।

आधुनिक शिक्षा के उद्देश्य
(Aims of Modern Education)

भारतीय शिक्षा आयोग ने अपनी रिपोर्ट में कहा था, "भारत के भाग्य का निर्माण उसके अध्ययन कक्षों में हो रहा है। विज्ञान और तकनीक पर आधारित इस युग में शिक्षा ही लोगों में समृद्धि, सुरक्षा तथा कल्याण के स्तर का निर्धारण करती है।" (The destiny of India is now being shaped in her classrooms. In a world based on science and technology, it is education that determines the level of prosperity welfare and security of the people.")

आयोग का यह कथन आधुनिक शिक्षा के संदर्भ में बिल्कुल उचित है कि भारतीय समाज एक परंपरावादी समाज है, जहाँ लोग अपनी पुरानी परंपराओं, रीति-रिवाजों, जीवन-शैली, विश्वासों तथा कार्य के पुराने तरीकों को छोड़ना नहीं चाहते। विज्ञान के इस आधुनिक युग में इन्हें छोड़े बिना कोई समाज आगे नहीं बढ़ सकता। भारत में बेरोजगारी, निरक्षरता व अज्ञानता की समस्यायें बढ़ती जा रही हैं, जबकि आधुनिकीकरण की आवश्यक शर्त है कि इसके लिए केवल निरक्षता का उन्मूलन ही आवश्यक नहीं है बल्कि ऐसी शिक्षा की भी आवश्यकता है जो लोगों की सोच को आधुनिक बनाए।

इस दृष्टि से 'आधुनिक शिक्षा का उद्देश्य बहुत महत्त्वपूर्ण है। समाज को आधुनिक बनाने की प्रक्रिया में आधुनिक शिक्षा की महत्त्वपूर्ण भूमिका को देखने में इस उद्देश्य की आवश्यकता व महत्त्व भी स्पष्ट हो जाता है। शिक्षा का योगदान आधुनिकीकरण में इस प्रकार है–

1. प्रशिक्षित तथा कुशल नागरिक तैयार करना (To prepare trained and skilled citizens) –आधुनिकीकरण के लिए यह आवश्यक है कि हमारे पास विभिन्न क्षेत्रों में कार्य-कुशल तथा दक्ष नागरिक हों। आधुनिक शिक्षा ही इस प्रकार के योग्य व कुशल नागरिकों को तैयार करने का कार्य करती है।

2. रूढ़ियों व अन्धविश्वासों को दूर करना (To eradicate obsolete traditions and superstitions)–शिक्षा व्यक्ति को पुरानी रूढ़ियों तथा अन्धविश्वासों के दायरे से निकालती है। उन्हें गली सड़ी पुरानी परम्पराओं को छोड़ कर नवीन विचारों को ग्रहण करने के लिए प्रेरित करती है, जिससे समाज में आधुनिकीकरण में सहायता मिलती है।

3. संस्कृति की सुरक्षा, विकास व शोधन (Safeguarding development and cleanliness of culture)–आधुनिकता का यह अर्थ नहीं है कि हम अपनी प्राचीन संस्कृति को पूरी तरह छोड़ दें। प्राचीन संस्कृति हमारे समाज की आत्मा है। उसकी सुरक्षा व विकास बहुत आवश्यक है। परन्तु आधुनिकीकरण के लिए यह भी आवश्यक है कि प्राचीन संस्कृति की अनुपयोगी बातों को छोड़कर उसमें कुछ नवीन जोड़कर उसका शोधन कर लें। आधुनिक शिक्षा ही यह कार्य कर सकती है।

4. तार्किक चिन्तन व वैज्ञानिक दृष्टिकोण का विकास (Development of rational thinking and Scientific attitude)–आधुनिकीकरण के लिए यह आवश्यक है कि व्यक्ति में तर्कपूर्ण ढंग से चिन्तन करने की योग्यता हो तथा उसका दृष्टिकोण वैज्ञानिक हो। आधुनिक शिक्षा ही व्यक्ति में इन योग्यताओं का विकास करती है, जिससे वह तर्क के आधार पर उचित व अनुचित में विवेक कर सके तथा प्राचीन तथा व्यर्थ मान्यताओं का खण्डन करके नवीन विचारों को अपना सके।

5. नवीनतम जानकारी प्रदान करना (To provide latest information)–आधुनिक शिक्षा व्यक्ति को ज्ञान-विज्ञान के क्षेत्र में जो भी नया हो रहा है उन सबकी जानकारी प्रदान करती है, जिससे समाज को आधुनिक बनाने में सहायता मिलती है।

6. प्रजातान्त्रिक एवं धर्म निरपेक्ष दृष्टिकोण का विकास (Development of Democratic and secular attitude)–शिक्षा व्यक्ति में प्रजातान्त्रिक मूल्यों व धर्म निरपेक्ष दृष्टिकोण का विकास करती है। उसमें धार्मिक सहिष्णुता उत्पन्न होती है।

7. अच्छे मूल्यों का विकास करना (to develop good values)–आधुनिक शिक्षा व्यक्ति को प्राचीन एवं नवीन दोनों प्रकार के मूल्यों की जानकारी प्रदान कर इन दोनों के बीच समन्वय बनाए रखने के लिए प्रेरित करती है। यह उसे बताती है कि अत्यधिक भौतिकता से मूल्यों में गिरावट आती है। अतः हमें तकनीकी ज्ञान व नैतिक मूल्यों के बीच समन्वय बनाए रखना होगा।

8. शिक्षा दृष्टिकोण को व्यापक बनाती है (Education Broadens the Outlook)–आधुनिक शिक्षा व्यक्ति के दृष्टिकोण को व्यापक बनाती है, जिससे वे प्राचीन रूढ़ियों, अंधविश्वासों तथा पूर्वाग्रहों को छोड़कर नवीन एवं उपयोगी विचारों व मूल्यों को सीख सकें।

9. शिक्षा आधुनिकीकरण में आने वाली बाधाओं को दूर करती है (Education Removes the Obstacles Coming in way of Modernisation)–भारतीय समाज में अनेक ऐसी बाधाएँ हैं जैसे जातीयता, प्रान्तीयता, साम्प्रदायिकता, निरक्षरता, रूढ़िवादिता, अंधविश्वास तथा गरीबी आदि। भारतीय लोग पुराने तरीकों को छोड़कर नये तरीकों को अपनाने में डरते हैं व संकुचित होने के कारण राष्ट्र हित की बात सोच नहीं पाते। आधुनिक शिक्षा के माध्यम से गरीबी व अज्ञानता को दूर किया जा सकता है।

10. परंपराओं के विकल्प प्रस्तुत करती है (Presents Alternatives of Tradition)–व्यक्ति अपनी प्राचीन परंपराओं को इसलिए भी नहीं छोड़ना चाहता, क्योंकि उनका कोई विकल्प उसके पास नहीं होता। आधुनिक शिक्षा उसके समक्ष परंपरा के नये विकल्प प्रस्तुत करती है तथा उसे इन विकल्पों को अपनाने के लाभों से भी अवगत कराती है, जिससे आधुनिकीकरण में मदद मिलती है।

11. आधुनिकीकरण के लिए आदर्श नेतृत्व तैयार करती है (It Prepares Ideal Leadership for Modernisation)–आधुनिकीकरण समाज में शिक्षित व्यक्ति सामान्य व्यक्तियों के समक्ष आदर्श प्रस्तुत

करते हैं, जिससे वे अपनी परंपरागत सोच को छोड़कर आधुनिक बन सकें। शिक्षा चिकित्सा, उद्योग, कृषि तथा अन्य क्षेत्रों में ऐसा प्रतिभाशाली नेतृत्व तैयार करती है जो आधुनिक युग में समाज का मार्गदर्शन कर सके।

12. विशेषज्ञों को तैयार करती है (It Prepares Specialists)–आधुनिकीकरण के व्यापक कार्यक्रम को चलाने हेतु विभिन्न स्तरों पर विशिष्ट योग्यता प्राप्त सम्पन्न विशेषज्ञों की आवश्यकता होती है। शिक्षा एक ऐसा साधन है जो वैज्ञानिकों, तकनीशियनों, योजनाओं व प्रबंधकों को तैयार करती है, जो अपनी कुशलता के अनुसार आधुनिक युग में प्रवेश करते हैं।

13. शिक्षा सक्रिय बनाती है (Education makes active)–निष्क्रियता आधुनिकीकरण के मार्ग में रुकावट है। आधुनिक शिक्षा मानव की सक्रियता को बढ़ाती है और गतिशील मस्तिष्क का निर्माण करती है।

14. प्राचीनतम व आधुनिकता में समन्वय स्थापित करती है (It Establishes Balance Between Tradition and Modernity)–जो पुराना है, सब बुरा है व जो नया है, सब अच्छा है, यह सोचना गलत है, बल्कि परंपरा व आधुनिकता दोनों में कुछ अच्छा है तो कुछ बुरा। आधुनिकीकरण के लिए आवश्यक माना जाता है कि दोनों में समन्वय हो।

15. नेतृत्व के गुणों का विकास करना (To Develop Qualities of Leadership)–आधुनिकीकरण की दृष्टि से शिक्षा का उद्देश्य व्यक्ति में नेतृत्व के गुणों का विकास करना होना चाहिए। प्रत्येक बच्चे में उसकी क्षमताओं के अनुसार बहुत कुछ करने की इच्छा होती है, लेकिन व्यक्ति इन क्षमताओं को नहीं पहचानता। लेकिन कुशल नेतृत्व मिलने पर उसे इसका बोध होता है। इसलिए नेतृत्व के गुणों का विकास अध्यापक द्वारा अपने बच्चों में पैदा करना चाहिए।

16. ज्ञान में वृद्धि करना (To Increase Knowledge)–आज विश्व में लोग ज्ञान के पीछे भाग रहे हैं। इसलिए आज शिक्षा का उद्देश्य व्यक्ति को ज्ञान-विज्ञान के विभिन्न क्षेत्रों में संबंध स्थापित करके नवीनतम जानकारी प्राप्त करनी चाहिए, जिसके आधार पर वह पुरानी सोच को छोड़कर नवीन दिशा में अग्रसर हो सके।

17. राष्ट्रीय एवं अंतर्राष्ट्रीय सद्भावना का विकास करना (To Develop National and International Understanding)–आधुनिकता में जातीयता, प्रांतीयता, साम्प्रदायिकता तथा संकुचित राष्ट्रीयता बाधक है। आपसी सहयोग, भाईचारा व सद्भावना से युक्त समाज में ही लोग अपनी क्षमताओं, कुशलताओं का उपयोग, नया सोचने व करने में कर सकते हैं। अतः शिक्षा का उद्देश्य राष्ट्रीय व अंतर्राष्ट्रीय सद्भावना का विकास होना चाहिए।

18. सामाजिक परिवर्तन को प्रोत्साहित करना (To Encourage Social Changes)–प्राचीन परंपराओं व रूढ़ियों से युक्त बंद समाज में आधुनिकीकरण की प्रक्रिया मन्द गति से चलती है, क्योंकि ऐसे समाज में लोग नये परिवर्तनों को सहजता से स्वीकार नहीं करते। पृथकता की भावना व नवीनता से भय उन्हें रूढ़ियों में बांधे रखता है। अतः शिक्षा का उद्देश्य लोगों के मन से भय को इस प्रकार निकालना तथा उन्हें परिवर्तनों की जानकारी देकर उसके लिए मानसिक रूप से तैयार करना होना चाहिए, ताकि वे आधुनिक समाज के निर्माण में सहायता कर सकें।

आधुनिकीकरण एवं पाठ्यक्रम
(Modernisation and Curriculum)

आधुनिक युग में आधुनिकता का बोलबाला है। इसलिए स्वाभाविक है कि शिक्षा आधुनिक लक्ष्यों की प्राप्ति हेतु पाठ्यक्रम भी आधुनिक होना चाहिए अन्यथा शिक्षा के उद्देश्यों की प्राप्ति नहीं हो सकती। समुचित आधुनिकता के लिए पाठ्यक्रम का समुचित आधुनिक होना अनिवार्य है, जिससे पाठ्यक्रम का आधार विज्ञान व तकनीकी हो, देश की उत्पादन क्षमता में वृद्धि करने वाला पाठ्यक्रम हो। यह व्यवसाय से जुड़ा हो तथा बालक के सर्वांगीण विकास के लिए इसमें विभिन्न पाठ्य सहगामी क्रियाओं का समोवश हो। पाठ्यक्रम को आधुनिक बनाने हेतु निम्न विषयों की शिक्षा प्रभावशाली हो सकती है।

1. विज्ञान (Science)–विज्ञान व तकनीकी विषय, तर्कपूर्ण चिंतन व वैज्ञानिक दृष्टिकोण पैदा करने हेतु कम से कम 10वीं कक्षा तक अनिवार्य विषय के रूप में पढ़ाया जाना चाहिए।

2. कम्प्यूटर शिक्षा (Computer Education)–आज का युग कम्प्यूटर का युग कहलाया जाने लगा है, क्योंकि आधुनिक युग ने प्रत्येक क्षेत्र में क्रांतिकारी परिवर्तन कर दिए हैं। कम्पयूटर के ज्ञान के बिना आज किसी भी क्षेत्र में आगे बढ़ना संभव नहीं। इसलिए कम्प्यूटर शिक्षा को आरंभ से ही प्राथमिक, माध्यमिक व उच्च माध्यमिक व उच्च शिक्षा के पाठ्यक्रम में अनिवार्य विषय के रूप में स्थान देना चाहिए।

3. अंग्रेजी भाषा (English Language)–अंग्रेजी अंतर्राष्ट्रीय स्तर की भाषा है व विश्व में एक देश दूसरे देश से वार्तालाप, तालमेल, आदान-प्रदान व संबंध स्थापित तभी कर सकता है यदि वह अंग्रेजी भाषा जानता है। हरियाणा सरकार ने पूरे राज्य में प्राथमिक स्तर से माध्यमिक, उच्च माध्यमिक व कॉलेज स्तर, स्नातकोत्तर स्तर तक अंग्रेजी भाषा का शिक्षण आवश्यक विषय के रूप में पाठ्यक्रम में दिये जाने की सिफारिश की है।

4. संस्कृत भाषा (Sanskrit Language)–संस्कृत प्राचीनतम भाषा होने के साथ-साथ ज्ञान-विज्ञान का भी भंडार है। विभिन्न विषयों से संबंधित जानकारी संस्कृत विषय से प्राप्त की जा सकती है। इसका गहन अध्ययन व्यक्ति की तर्कपूर्ण सोच व अन्य कार्यों को नया आयाम दे सकता है। उदाहरण–'चरक संहिता' में आचार्य चरक ने विभिन्न असाध्य रोगों का जिक्र किया है और उसका गहन अध्ययन चिकित्सा के क्षेत्र में नये आयाम पैदा कर सकता है। इसलिए संस्कृत भाषा को पाठ्यक्रम में स्थान दिया जाना चाहिए। इसी पर हमारी संस्कृति आधारित है।

5. नैतिक शिक्षा व मूल्य शिक्षा (Moral and Value Education)–आज तकनीकी व विज्ञान के आधुनिक युग में परमाणु शक्ति का प्रयोग निर्माण व विनाश दोनों उद्देश्य से संभव है, इसलिए यह जरूरी हो जाता है कि व्यक्ति में ऐसे चरित्र या मूल्यों का विकास हो कि वह आधुनिकता व विज्ञान के उपयोगों के नशे में मानवता हेतु कोई अहितकारी कार्य न कर बैठे। इसलिए पाठ्यक्रम में नैतिक शिक्षा व मूल्य शिक्षा को स्थान दिया जाना चाहिए।

6. व्यावसायिक शिक्षा (Vocational Education)–पाठ्यक्रम में नवीनतम व्यावसायिक विषयों के प्रशिक्षण को स्थान दिया जाना चाहिए। इसमें विद्यार्थियों को व्यावसायिक कोर्सेज के प्रशिक्षण की नवीनतम वैज्ञानिक जानकारी दी जानी चाहिए।

7. कार्य अनुभव (Work Experience)–इसे पाठ्यक्रम में अपनाकर उत्पादक कार्य (SUPW) (Social Useful Productive Work) के रूप में बच्चों को रचनात्मक कार्य स्वयं करके देखने का प्रशिक्षण दिया जाना चाहिए ताकि परिश्रमी व्यक्ति अपने कार्यों के परिणामों को अनुभव कर सकें व उसमें नई तकनीकों की मदद से सुधार कर सकें।

आधुनिकीकरण की दृष्टि से पढ़ाए जा रहे प्रत्येक विषय की विषय सामग्री का पुनर्गठन व पुनर्नियोजन अति आवश्यक है ताकि उसमें से घिसी-पिटी व पुरानी व प्रयोग में न आने वाली विषय सामग्री को हटाकर उसकी जगह नये पाठ्यक्रम जोड़कर विषय को रुचिकर व लाभदायी बनाया जा सके। नये विषयों में नारी सशक्तिकरण, पर्यावरण, रोजगार उन्मुख पाठ्यक्रम, जनसंख्या, शिक्षा तथा स्वास्थ्य संबंधी विभिन्न जानकारियाँ इसमें सम्मिलित करनी चाहिए।

आधुनिक शिक्षा एवं सहगामी गतिविधियाँ
(Modern Education and Co-curricular Activities)

विद्यार्थी के सामान्य विषयों के अध्ययन के साथ-साथ सहगामी पाठ्यक्रम को भी लेना चाहिए ताकि विद्यार्थी का सर्वांगीण विकास हो सके।

1. प्रातःकालीन सभा (Morning Assembly)–बच्चों के दृष्टिकोण को आधुनिक बनाने हेतु विद्यालयों में प्रातःकालीन सभा आयोजित करनी चाहिए, जिसमें बच्चों को ज्ञान-विज्ञान की नवीनतम जानकारी से अवगत कराना चाहिए, जिससे बच्चों में नई सोच व तर्क शक्ति का विकास हो।

2. विद्यालय सूचनापट्ट (School Notice Board)–विद्यालय में प्रतिदिन सूचनापट्ट पर नवीनतम ज्ञान-विज्ञान की उपलब्धियाँ अंकित कर देनी चाहिए, जिससे विद्यार्थियों को नये ज्ञान को सीखकर प्रोत्साहन मिले। इसके अतिरिक्त विज्ञान क्लब का गठन, प्रश्नोत्तरी प्रतियोगिताएँ, सेमिनार व कार्यशालाओं द्वारा आधुनिकीकरण करने में मदद मिल सकती है।

3. शिविर (Camps)–विद्यालय में N.S.S. (राष्ट्रीय सेवा योजना) के अंतर्गत समुदाय के पिछड़े क्षेत्रों में शिविर लगाने चाहिए। इसके माध्यम से व्यक्ति नई जानकारी प्राप्त कर उसे अपना सकता है। नुक्कड़, नाटकों आदि के माध्यम से भी विद्यार्थियों की व जनता की सोच को बदला जा सकता है।

4. नाटक (Drama)–हमारे देश की पारस्परिक व रूढ़िवादी गतिविधियों पर प्रहार करने वाले नाटक विद्यार्थियों द्वारा खेले जाने चाहिए, जिससे विद्यार्थी को परंपरा व आधुनिकता में समन्वय स्थापित करने के लिए प्रोत्साहित किया जा सके।

5. विस्तार भाषण (Extension Lectures)–विद्यालयों में समय-समय पर विशेषज्ञों द्वारा विभिन्न क्षेत्रों में भाषण व सलाह दिलानी चाहिए ताकि ये बच्चे अपने-अपने क्षेत्र की नई बातों को सीख सकें।

6. प्रतियोगिता (Competitions)–आधुनिक युग से जुड़े विभिन्न विषयों पर भाषण, वाद-विवाद तथा निबन्ध लेखन आदि प्रतियोगिताओं का आयोजन किया जाना चाहिए, जिससे बच्चों में प्रतियोगिताओं में भाग लेने का प्रोत्साहन बढ़े।

7. प्रदर्शनियाँ (Exhibitions)–विद्यालय में विभिन्न विभागों द्वारा समय-समय पर प्रदर्शनियाँ आयोजित करनी चाहिए, जिसमें विद्यार्थी स्वयं द्वारा तैयार की गई वस्तुओं का स्वयं प्रदर्शन करें व जिससे क्रियात्मक कार्यों को भविष्य में भी अपनाने का प्रोत्साहन उसे मिल सके।

8. महिला सशक्तीकरण कार्यक्रम (Women Empowerment Programmes)–आधुनिक युग की मांग है कि नारी को सशक्त किया जाए। अतः शिक्षा संस्थाओं में महिला सशक्तीकरण प्रकोष्ठ (Cell) स्थापित किए जाएँ। ये प्रकोष्ठ महिलाओं के दृष्टिकोण को बदलकर उनमें जागृति ला सके, जो भविष्य में आधुनिकता को संवार सके।

आधुनिक शिक्षा एवं शिक्षण विधियाँ (Modern Education and Teaching Methods)–आधुनिकीकरण हेतु विज्ञान तथा तकनीकी का अध्ययन बहुत आवश्यक है, इसलिए यह आवश्यक हो जाता है कि इस प्रकार की विधियों का प्रयोग किया जाए जिससे विद्यार्थियों का दृष्टिकोण वैज्ञानिक बन जाए। इसलिए आधुनिकता के इस युग में निम्न विधियों को अपनाना चाहिए–

1. अनुसंधान विधि (Heuristic Method)
2. आगमन-निगमन विधि (Inductive-Deductive Method)
3. प्रदर्शन विधि (Demonstration Method)

इन विधियों को प्रभावशाली बनाने हेतु विज्ञान पर आधारित टी.वी., रेडियो, कम्प्यूटर, वीडियो का प्रयोग करना चाहिए। इसके अतिरिक्त निरीक्षण एवं अवलोकन विधि तरीके का भी प्रयोग किया जा सकता है।

आधुनिक शिक्षा में अध्यापक की भूमिका (Role of Teacher in Modern Education)–अध्यापक को भी बदलती स्थितियों के साथ समायोजन करना होगा। उनका दृष्टिकोण वैज्ञानिक होना चाहिए। उसके स्वयं के विचार रूढ़िवादी न होकर आधुनिक होने चाहिए। वह परिवर्तन में विश्वास रखने वाला हो। उसके लिए यह आवश्यक कि वह गतिशीलता की ओर सक्रिय हो ताकि विद्यार्थी भी उसका अनुसरण करते हुए गतिशील हों। यह विज्ञान व नई तकनीकों का प्रयोग करने में सक्षम हो।

आधुनिक शिक्षा एवं विद्यालय (Modern Education and School)–आधुनिक समाज में शिक्षा तभी प्रभावशाली हो सकती है, जब क्षेत्र के स्कूलों व शिक्षण संस्थानों में निम्न बातें हों–

1. स्कूल का वातावरण प्रजातांत्रिक हो, इस प्रकार के वातावरण में बच्चों को अपनी क्षमता अनुसार अवसर प्राप्त हों।

2. विद्यालय में प्रयोगशाला, पुस्तकालय एवं अन्य सुविधाएँ होनी चाहिए, प्रयोगशाला में उपकरण होने चाहिए व अध्यापकों के मार्गदर्शन में प्रयोगों को करने की स्वतंत्रता होनी चाहिए। पुस्तकालय में काफी पुस्तकें होनी चाहिए, पुस्तकालय में विभिन्न मैगजीन, पत्रिकाएँ व नियमित रूप से समाचार पत्र मंगाए जाने चाहिए।
3. स्कूल में आधुनिक सुविधाएँ जैसे–टी.वी., प्रोजेक्टर, टेपरिकार्डर तथा कम्प्यूटर अवश्य होने चाहिए। इनका शिक्षण में समुचित प्रयोग किया जाना चाहिए।
4. स्कूल में सहगामी पाठ्य विषयों का प्रबन्ध होना चाहिए, जिससे विद्यार्थी इसमें भाग ले सकें।
5. प्रधानाचार्य एवं अध्यापकों को विद्यार्थियों को आधुनिक समाज के वातावरण से समायोजन करना सिखाना चाहिए।

आधुनिक शिक्षा की वर्तमान स्थिति

शिक्षा का सुदृढ़ ढाँचा और उसका नयापन ही आधुनिकीकरण को प्रभावशाली बना सकता है। शिक्षित लोग ही आधुनिकीकरण को विकसित करने में मदद कर सकते हैं। शिक्षा की आधुनिकता की गति को सकारात्मक व विकासात्मक दिशा की ओर प्रेरित करने हेतु सुदृढ़ साधन होने चाहिए।

आज की वर्तमान स्थिति आधुनिकीकरण की दृष्टि से पूर्णतया संतोषजनक नहीं है। हमारे पास आधुनिक सुविधाएँ तो क्या आधारभूत मूल सुविधाएँ भी नहीं हैं। कहीं विद्यालय की इमारत नहीं है तो कहीं अध्यापक नहीं है कहीं पुस्तकालय नहीं हैं। जन शिक्षा संस्थाओं में टी.वी., प्रोजैक्टर या कम्प्यूटर आदि हैं। लेकिन उन्हें शैक्षिक उद्देश्य से प्रयोग नहीं किया जाता। आज सरकार स्कूलों व महाविद्यालयों में कम्प्यूटर शिक्षा तो प्रदान करती है, लेकिन विद्यार्थियों की संख्या के अनुपात में वहाँ कम्प्यूटर उपलब्ध नहीं हैं और कम्प्यूटर प्रशिक्षण शिक्षा हेतु अनुकूल भौतिक वातावरण का भी अभाव है। इस प्रकार कम्प्यूटर शिक्षा इस आधुनिक युग में कितना प्रभावशाली सिद्ध होगा कहा नहीं जा सकता।

स्कूलों में पुस्तकालय भी समृद्ध नहीं है, यदि वहाँ पुस्तकें हैं भी तो विद्यार्थियों को उन्हें पढ़ने हेतु प्रेरित नहीं किया जाता। आज स्थिति यह है कि विद्यार्थी पाठ्य पुस्तकों की बजाए गाइड्स की मदद से परीक्षा में पास होना चाहते हैं। ऐसे में आधुनिकीकरण की अपेक्षा कैसे की जा सकती है। अपने परीक्षा परिणाम को बेहतर बनाए रखना ही आज के विद्यार्थियों का लक्ष्य होता है। बच्चों पर किसी प्रकार के अंकुश का अभाव है। विद्यार्थियों का स्कूल से भाग जाना व अपने अध्यापकों का आदर न करना आधुनिकीकरण का रास्ता नहीं है।

शिक्षा संस्थाओं में राजनैतिक हस्तक्षेप इतना बढ़ गया है कि पढ़ाई की बजाए स्कूल राजनीति का अड्डा बनते जा रहा है। अध्यापकों व विद्यार्थियों के संबंधों में कटुता आती जा रही है। शिक्षा संस्थाओं का कठोर अनुशासन तथा स्वच्छंदता विद्यार्थियों की प्रतिभा के हानिकारक परिणाम हैं। शिक्षा संस्थानों में प्रजातांत्रिक वातावरण कम होता जा रहा है। अनेक बार प्रधानाचार्य, अध्यापक व विद्यार्थियों में परस्पर संबंध मधुर नहीं होते।

आज शिक्षा का प्रचलन आर्थिक दृष्टि से महंगा होता जा रहा है, क्योंकि स्कूलों में अध्यापक विद्यार्थियों को पढ़ाते नहीं व ट्यूशन के माध्यम से पढ़ाते हैं। अध्यापक अपने स्वार्थ हेतु व ज्यादा धन कमाने हेतु समाज का शोषण कर रहे हैं जिससे आधुनिकीकरण कैसे आएगा।

आधुनिक शिक्षा प्रणाली की सबसे पड़ी कमी यह है कि देश के समा समान पाठ्यक्रम लागु नहीं है और न ही एक समान शिक्षा का अवसर मिलता है। बिडम्बना यह है कि सरकारी स्कूलों में पढ़ने वाले बच्चों को सीखने के वे अवसर नहीं मिलते हैं, जो मिशनरी, कानवेन्ट, पब्लिक, आवासिय, अन्तराष्ट्रीय स्कूलों के विद्यार्थियों को मिलता है। पब्लिक स्कूलों के सामने सरकारी स्कूल बेबस नजर आते हैं। मौजूदा शिक्षा प्रणाली ने देश के भीतर दो देश बना दिए हैं एक सम्पन्न लोगों का देश है तथा दूसरा गरीब लोगों का। मिशनरी तथा कान्वेंट स्कूलों में पएने वाले बच्चे लर्निंग बोर्ड की सहायता से स्मार्ट कक्षा कक्ष में पढ़ते हैं। दूसरी तरफ गाँवों व शहरों के सरकारी विद्यालयों में संसाधनों की कमी पाई जाती है। सरकारी स्कूलों तथा पब्लिक स्कूलों में न तो एक समान पाठ्यक्रम है और न ही एक समान सुविधाएँ। अतः आधुनिक शिक्षा प्रणाली को प्रभावशाली बनाने के लिए इसमें समानता होना अति आवश्यक है।

◆◆◆

10. आधुनिक शिक्षा और आधुनिकीकरण में क्या संबंध है? आधुनिकीकरण लाने में अध्यापक क्या योगदान दे सकता है?

(Discuss the relationship between Modern education and modernisation? What is the role of a teacher in the process of modernisation?)

उत्तर–आधुनिकीकरण और आधुनिक शिक्षा में घनिष्ठ संबंध हैं, क्योंकि शिक्षा के विकास के बिना आधुनिकीकरण की गति मंद रहेगी और यदि समाज में आधुनिकीकरण हो गया है, जिसके कारण आर्थिक प्रगति हो गई है तो शिक्षा के लिए अधिक धन जुटाया जा सकता है तथा शिक्षा को बढ़ावा मिलेगा।

1. आधुनिकीकरण शिक्षा पर निर्भर है–तकनीकी और आर्थिक उन्नति प्राप्त करने के लिए सही प्रकार की शिक्षा आवश्यक है। उदाहरण के तौर पर अधिक और बढ़िया प्रकार के खाद्यानों का उत्पादन करने के लिए, उच्चकोटि की मशीनों और कारखाने स्थापित करने के लिए, प्रसन्न और स्वस्थ जीवन बिताने हेतु वैज्ञानिक ज्ञान प्राप्त करने के लिए और अंतर्राष्ट्रीय व्यापार में जोर-शोर से भाग लेने के लिए सबसे पहली शर्त शिक्षा है।

2. शिक्षा लोगों के अंदर से संकीर्णता की भावना समाप्त करती है–जब लोग अनपढ़ होते हैं तो उनकी निष्ठा केवल अपने गाँव, जाति, धर्म या समुदाय तक ही सीमित होती है। परंतु शिक्षा के प्रसार से भिन्न-भिन्न क्षेत्रों के लोगों में संपर्क बढ़ जाता है और उनमें बन्धुत्व की भावना का विकास होता है।

3. शिक्षा, प्रशासन को चालने के लिए, सरकार की नीतियों को अमल में लाने के लिए कर्मचारियों (officers) को प्रशिक्षण देती है।

4. शिक्षा व्यक्तियों के अंदर काम, उत्पादन, सांस्कृतिक क्रियाओं के प्रति विशेष प्रकार का दृष्टिकोण और कौशल पैदा करती है।

5. आज विश्व में ज्ञान विस्फोट हो रहा है और यह विस्फोट जीवन के हर पहलू में देखने में आ रहा है। इस ज्ञान विस्फोट ने शिक्षा को एक चुनौती दी है कि शिक्षा इस ज्ञान को लोगों तक पहुँचाये।

6. सामाजिक परिवर्तन–हमारा समाज परिवर्तनशील है। इसमें परिवर्तन आते ही रहेंगे, चाहे ये परिवर्तन किसी के लिए उपयुक्त हो अथवा नहीं। ये परिवर्तन आते ही रहेंगे चाहें ये परिवर्तन दिखाई दे या नहीं, क्योंकि वहीं परिवर्तन दिखाई देते हैं जो अचानक आएँ। मंद गति से आने वाले परिवर्तन दिखाई नहीं देते। एक अनपढ़ व्यक्ति हर परिवर्तन का विरोध करता है। यह विरोध केवल अज्ञानता के कारण है। जब-जब किसी महापुरुष ने समाज में परिवर्तन लाने का यत्न किया है, उसे यातनाएँ पहुँचाई गई हैं। उदाहरण के तौर पर महात्मा गांधी समाज में परिवर्तन चाहते थे, उन्हें गोली मार दी गई। सुकरात (Socrates) अपने देश की रूढ़िवादी पद्धतियों को समाप्त करना चाहता था उसे विष का प्याला पीना पड़ा। शिक्षा सामाजिक परिवर्तन के प्रति उचित दृष्टिकोण पैदा करती है। जब भी कोई सामाजिक परिवर्तन आता है, शिक्षा की प्रयोगशाला में इसकी परख होती है। अगर यह परख अच्छाई के लिए है तो इसमें अड़चनें नहीं डाली जानी चाहिए।

इसी प्रकार समाज में जब-जब परिवर्तन आते हैं, इन परिवर्तनों को दो भागों में बांटा जा सकता है–

1. भौतिक परिवर्तन
2. अभौतिक परिवर्तन

भौतिक परिवर्तन अर्थात् आर्थिक, राजनैतिक और वैज्ञानिक क्षेत्र के परिवर्तन हैं। अभौतिक परिवर्तन विचारों, परंपराओं, दृष्टिकोणों में परिवर्तन हैं यह बात देखने में आई है कि भौतिक परिवर्तन, अभौतिक परिवर्तनों की तुलना में अधिक तेज गति से होते हैं। इसे 'सांस्कृतिक पिछड़ापन' (Cultural Lag) कहते हैं। शिक्षा का काम इस पिछड़ेपन को दूर करना है।

परंतु शिक्षा को अपने आपको भी आधुनिक बनाना होगा, तभी यह प्रभावशाली होगी। समाज परिवर्तनशील है, जिसके उद्देश्य समय-समय पर बदलते रहते हैं। शिक्षा को इन बदलते हुए उद्देश्यों के अनुसार ढालना होगा। एक पुराने फैशन की स्थिति शिक्षा तेजी से बदलते हुए समाज की मांगों को पूरा नहीं कर सकती। बेशक जब-जब आधुनिकीकरण होता है तो भूतकाल के मूल्यों को त्यागना पड़ता है परंतु इसका

अर्थ यह नहीं कि इसे पूरी तरह से त्यागना होगा। हर समाज के अंदर कुछ ऐसे मूल्य और विश्वास होते हैं जो इसे विरासत में मिलते हैं। यदि यह मूल्य आधुनिक समाज के संदर्भ में प्रासंगिक और महत्त्वपूर्ण है तो उन्हें संभालकर रखना होगा।

आधुनिकीकरण की प्रक्रिया में अध्यापक की भूमिका (Role of the teacher in the process of Modernization)–शैक्षिक ताने-बाने में अध्यापक की भूमिका वास्तव में सबसे महत्त्वपूर्ण है। हमारे शैक्षिक उद्देश्य कितने भी महान क्यों न हो। शिक्षण विधियाँ कितनी भी उत्तम क्यों न हों, पाठ्यक्रम कितनी भी सूझबूझ से क्यों न बनाया गया हो, परंतु यदि अध्यापक अपने कर्तव्य के प्रति जागरूक नहीं है तो बाकी की सारी बातें निरर्थक सिद्ध होगी। आधुनिकीकरण की प्रक्रिया में अध्यापक की भूमिका बहुत महत्त्वपूर्ण है। वह पुरानी रूढ़ियों, अंधविश्वासों से समाज को मुक्त कराता है। इन्हें छोड़ने के लिए और नवीन विचारों को ग्रहण करने के लिए लोगों में जागरूकता पैदा करता है। सच तो यह है कि यदि अध्यापक का दृष्टिकोण उचित है तो बच्चे का दृष्टिकोण उचित बन जायेगा।

अध्यापक बच्चों को मूल्य केंद्रित शिक्षा देता है। ये उसी के बस की बात है कि प्राचीन और नवीन मूल्यों में समन्वय कर सके। जब-जब आधुनिकीकरण की प्रक्रिया होती है, प्राचीन संस्कृति के स्थान पर नवीन संस्कृति को धारण किया जाता है। परंतु सारी की सारी प्राचीन संस्कृति को भुलाया नहीं जा सकता। पुरानी संस्कृति में जो बातें आज की स्थितियों में उपयुक्त है। उनका नवीन संस्कृति में समावेश करना अध्यापक का एक महत्त्वपूर्ण कार्य है।

अध्यापक विद्यार्थियों के समक्ष एक आदर्श रखता है। उसके विचारों, मान्यताओं एवं दृष्टिकोणों का छात्रों पर गहरा प्रभाव पड़ता है। यदि अध्यापक के अंदर तार्किक चिंतन और वैज्ञानिक दृष्टिकोण है तो वह इस दृष्टिकोण को विद्यार्थियों के अंदर ला सकता है। वह विद्यार्थियों को नवीनतम जानकारी प्रदान करता है।

अंत में हम यही कहेंगे कि आधुनिकीकरण में अध्यापक का बहुत बड़ा हाथ होता है।

◆◆◆

5. प्राचीन, मध्यकालीन तथा आधुनिक शिक्षा के उद्देश्यों में असमानताओं का वर्णन कीजिए।

उत्तर–भारत में विभिन्न समय में शिक्षा के उद्देश्य–समय-समय पर भारत में शिक्षा के उद्देश्य भिन्न-भिन्न रहे हैं। भारत के वर्तमान शिक्षा के उद्देश्यों की व्याख्या करने से पहले हमें भारत के प्राचीन तथा मध्य युगों की शिक्षा के उद्देश्यों पर एक दृष्टि डालनी चाहिए। इसके साथ-साथ दूसरे देशों में शिक्षा के उद्देश्यों पर भी एक नजर डालनी चाहिए।

प्राचीन भारत में शिक्षा के उद्देश्य–

(i) ईश्वर भक्ति तथा धार्मिकता का संचार।

(ii) चरित्र निर्माण।

(iii) व्यक्तित्व में विकास।

(iv) नागरिक तथा सामाजिक कर्तव्यों का अनुसरण।

(v) सामाजिक कुशलता तथा प्रसन्नता को उत्पन्न करना।

(vi) संस्कृति का संरक्षण तथा प्रसार।

बौद्ध धर्म (Buddhism) :–महात्मा बुद्ध ने हिन्दू धर्म की जटिलता के विरुद्ध संघर्ष किया। जाति प्रथा का विरोध किया। समाज में समानता लाने के प्रयास किए। इसलिए इस समय शिक्षा के उद्देश्य विद्यार्थियों के अन्दर नैतिक तथा आध्यात्मिक विकास थे, क्योंकि अभी तक कोई बढ़ती हुई जनसंख्या और बेरोजगारी की समस्या उत्पन्न नहीं हुई थी, इसलिए शिक्षा में आर्थिक तथा व्यावसायिक उद्देश्यों को कोई स्थान नहीं दिया गया था।

मध्य युग में भारतीय शिक्षा के उद्देश्य
(Aims of Education in Medieval India)

(i) इस्लाम का प्रचार।
(ii) मुसलमानों में शिक्षा का प्रचार।
(iii) इस्लामी राज्य का प्रसार।
(iv) नैतिकता का विकास।
(v) चरित्र निर्माण।
(vi) शरीयत का प्रचार।
(vii) भौतिक सम्पन्नता।

संसार के कुछ देशों में महत्त्वपूर्ण शिक्षा के उद्देश्य (समय की आवश्यकताओं के अनुरूप)–

1. स्पार्टन विचारधारा (Spartan View) :–प्राचीन काल में स्पार्टा एक यूनानी नगर राज्य (Greek City State) था, जो चारों ओर से शत्रुओं से घिरा हुआ था। कोई भी शत्रु किसी भी ओर से इस राज्य पर आक्रमण कर देता था, इसलिए स्पार्टा के लोगों ने अपने राज्य की अखंडता को बनाए रखने के लिए सबसे पहले अपने देश के लिए शिक्षा के उद्देश्य को बदला। उनके अनुसार, **"शिक्षा वह है जो किसी देश के लोगों को प्रकृति के प्रकोपों से बचाए। इस प्रकार शिक्षा का उद्देश्य अच्छे नागरिकों का निर्माण करना था।"**

2. जर्मनी का उदाहरण लीजिए। जर्मनी में एक समय हिटलर का राज्य था। वह देश का तानाशाह था, परिणामस्वरूप जर्मनी में शिक्षा का उद्देश्य राज्य कौशल (Statecraft) को सर्वोच्च स्थान देना था और निरंकुश सेना का निर्माण करना था।

3. फ्रांस में नेपोलियन के समय का उदाहरण ले लीजिए। उस समय शिक्षा का उद्देश्य विद्यार्थियों को ईसाई धर्म के नैतिक सिद्धांत सिखाने, राज्य के मुख्य शासक के प्रति निष्ठा और विश्वविद्यालयों के नियमों का पालन करना सिखाना था।

4. अमेरिका एक प्रजातांत्रिक देश है। इसलिए यहां शिक्षा के उद्देश्य, शरीर, मन तथा चरित्र का निर्माण करना, उनके अन्दर प्रजातांत्रिक नागरिकता का विकास करना और अवकाश के समय का सदुपयोग है।

5. समाजवादी रूस में शिक्षा का केवल एक ही उद्देश्य है–विद्यार्थियों के अन्दर मार्क्सवादी चेतना उत्पन्न करना। इसी प्रकार चीन भी एक साम्यवादी देश है और यहां पर शिक्षा का उद्देश्य बन्दूक की नली से स्वतंत्रता प्राप्त करना है और पूरी शक्ति के साथ समाजवादी मूल्यों को प्राप्त करना है। इस प्रकार हम देखते हैं कि भारत तथा अन्य देशों में भिन्न-भिन्न समय तथा भिन्न-भिन्न परिस्थितियों में शिक्षा के उद्देश्य भी बदलते रहे हैं।

अंग्रेजों के समय भारत में शिक्षा
(Education in the British Period)

लगभग 200 वर्ष अंग्रेजों ने भारत पर राज्य किया। उनका भारत में आने का केवल एक ही उद्देश्य था कि यहां की धन-दौलत लूटकर इंग्लैंड में भेज दी जाए। इसलिए शिक्षा द्वारा व्यक्ति का सर्वांगीण विकास करने की बजाय शासन प्रबन्ध को चलाने के लिए अंग्रेजी जानने वाले क्लर्कों (Clerks) का उत्पादन किया गया। आरम्भ में तो शासन प्रबन्ध चलाने के लिए अंग्रेजी का ज्ञान रखने वाले कर्मचारियों को इंग्लैंड से लाना पड़ता था, परन्तु यह क्रिया बहुत महंगी पड़ती थी। इसलिए लार्ड मैकाले ने भारत के लिए एक नई शिक्षा प्रणाली की घोषणा की, जिसमें यह कहा गया कि **"हमें भारत में एक ऐसे वर्ग को उत्पन्न करने का सर्वोत्तम प्रयत्न करना चाहिए जो हममें तथा भारतीय लोगों के बीच संपर्क स्थापित करने का कार्य करे। हमें लोगों का ऐसा वर्ग चाहिए जो रक्त और रंग से भारतीय हों, परन्तु नैतिक तथा बौद्धिक रुचियों में अंग्रेजों जैसे हों।"**

स्वतंत्र भारत में शिक्षा का उद्देश्य
(Aims of Education in Independent India)

15 अगस्त, 1947 को भारत स्वतंत्र हुआ। सरकार ने शिक्षा द्वारा देश की समस्याओं का समाधान करने के लिए दो आयोगों की समय-समय पर नियुक्ति की। इनमें से सबसे पहले माध्यमिक शिक्षा आयोग (Secondary Education Commission) की नियुक्ति 1953 ई. में हुई, जिसने शिक्षा के कुछ उद्देश्य निश्चित किए। इसके बाद 1964 ई. में भारत सरकार ने कोठारी आयोग (Kothari Commission) की स्थापना की, जिसने अप्नी रिपोर्ट 1966 ई. में प्रस्तुत की थी। इन दोनों आयोगों द्वारा किए उद्देश्यों का लेखा-जोखा करने से पहले हमें यह देखना होगा कि हमारे देश को वर्तमान युग में कौन-कौन सी समस्याओं का सामना करना पड़ रहा है और स्वतंत्र भारतवासियों की क्या-क्या आकांक्षाए हैं? जिन समस्याओं से हमारा देश जूझ रहा है, उनके नाम कुछ इस प्रकार है :

1. निर्धनता की समस्या।
2. विभिन्न प्रकार की बेरोजगारी की समस्या।
3. उत्पादन की विभिन्न विधियां।
4. नैतिक मूल्यों का पतन।
5. चुनावों में गड़बड़ी।
6. स्त्रियों की दुर्दशा तथा अपमान।
7. विद्यार्थियों में बढ़ती हुई अनुशासनहीनता।

देश में इन समस्याओं की विवेचना कुछ इस प्रकार की जा सकती है—

1. निर्धनता की समस्या :— बेशक हमारे देश को स्वतंत्रता प्राप्त किए पचास से अधिक वर्ष हो गए हैं, परंतु फिर भी आर्थिक दृष्टिकोण से हमारा देश स्वावलम्बी नहीं हुआ है। आज भी भारत का स्थान संसार के अर्धविकसित देशों में है। यहां के लोगों का जीवन स्तर बहुत निम्न है। यहां तक कि भारत में प्रति व्यक्ति आय पाकिस्तान से भी कम है। कुल जनसंख्या के 1/3 भाग से भी अधिक लोग निर्धन रेखा के नीचे रहते हैं। इस समय हमारे देश में चार करोड़ से भी अधिक लोग बेरोजगार हैं और छिपी हुई बेरोजगारी (Disguised unemployment) तो इससे भी कहीं अधिक लोगों में पाई जाती है।

2. नैतिक मूल्यों का पतन :—किसी भी देश का गौरव वहाँ के नैतिक मूल्यों पर निर्भर करता है, परंतु बड़े दुख की बात है कि स्वतंत्र भारत में दिन-प्रतिदिन नैतिक मूल्यों का पतन हो रहा है। किसी भी देश का गौरव वहां के नैतिक मूल्यों पर आधारित होता है, परंतु भारत में नैतिक मूल्यों का पतन बड़े जोरों पर हो रहा है। कोई भी नौकरी लेनी हो तो किसी मंत्री की सिफारिश होनी चाहिए या घूस दिए बगैर काम नहीं बन सकता। बाजार में कोई भी चीज़ बिना मिलावट के नहीं मिलती, चाहे दवाइयां हो या खाद्यान्न या अन्य सामग्री। व्यापारी लोग मंडी में कृत्रिम कमी पैदा करने के लिए माल छिपा देते हैं, ताकि लोगों में हाहाकार मचे और चीजों के दाम बढ़े। तस्करी (Smuggling) देश में जोरों से बढ़ रही है, जिसने देश की आर्थिक स्थिति को खोखला बना दिया है। बेईमानी केवल व्यक्तिगत स्तर पर ही नहीं सरकारी स्तर पर भी देखने को मिलती है। बोफार्स सौदे (Bofors deal) में घोटाला हुआ है या नहीं, इस पर एक बड़ा चिह्न लगा हुआ है। 'हवाला घोटाला', 'यूरिया घोटाला' तथा कई अन्य प्रकार के घोटाले अदालतों में जांच के लिए पेश किए जा चुके हैं। देश में ऐसे व्यक्तियों की कमी नहीं है जो अपने व्यक्तिगत लाभ के लिए देश के गुप्त दस्तावेज जिन पर देश की सुरक्षा निर्भर करती है, बेचने में कोई संकोच नहीं करते।

3. प्रजातंत्र प्रणाली जिस पर हमें कभी अभिमान था,आज वह भी डांवाडोल नजर आ रही है। चाहे बिहार हो या उत्तर प्रदेश या हरियाणा, जब भी चुनाव होता है तो लोगों के मत लेने के बजाय राजनैतिक पार्टियों के गुण्डे चुनाव केंद्रों को घेर लेते हैं और मत पेटियों पर कब्जा करके उन पर स्वयं निशान लगाना शुरू कर देते हैं। 'जिसकी लाठी उसकी भैंस' यह आज के युग की मुख्य विशेषता है।

4. संविधान में तो स्त्रियों को पुरुषों के बराबर स्थान दिया गया है और वैसे भी आज की नारी पुरुषों के साथ कन्धे से कन्धा मिलाकर हर क्षेत्र में काम कर रही है। फिर भी स्त्रियों के प्रति दुर्व्यव्यहार, छेड़छाड़ तथा बलात्कार की घटनाएं बढ़ रही हैं। दहेज के लिए वधू को जलाना एक रिवाज सा बन गया है।

5. वैसे देश में आधुनिकीकरण आ गया है, परन्तु अधिकतर यह आधुनिकीकरण केवल भौतिक क्षेत्र में ही दिखाई देता है। अभौतिक क्षेत्र में लोगों का दृष्टिकोण अभी भी रूढ़िवादी है।

6. सामान्य जनता में आमतौर पर तथा विद्यार्थियों में विशेष तौर पर अनुशासनहीनता बढ़ती जा रही है। हमारे अधिकांश विद्यार्थी पूरे वर्ष पुस्तकों की ओर देखते भी नहीं और परीक्षा में अनुचित साधन अपनाकर उत्तीर्ण होने का यत्न करते हैं। विश्वविद्यालय गुंडागर्दी, अपराध तथा बलात्कार के अड्डे बन गये हैं। राजनीतिक दल इन विद्यार्थियों को अपनी कठपुतली बनाए हुए हैं। इसी प्रकार कार्यालय में कर्मचारी अपने पदाधिकारियों से बिल्कुल नहीं डरते।

इनका प्रायः किसी न किसी राजनीतिज्ञ (Politician) से सम्बन्ध होता है। कार्यालय में प्रायः लालफीताशाही (Red Tapism) चलती है।

शिक्षा के उद्देश्य प्रस्तुत करते समय माध्यमिक शिक्षा आयोग तथा कोठारी आयोग के सामने ये दृश्य थे। इसलिए देश को उन्नति की ओर अग्रसर करने के लिए समय की आवश्यकताओं और लोगों की आकांक्षाओं को ध्यान में रखते हुए इन दोनों आयोगों ने शिक्षा के कुछ उद्देश्य प्रस्तुत किए।

माध्यमिक शिक्षा आयोग द्वारा प्रस्तुत शिक्षा के उद्देश्य (1953)–

I. प्रजातांत्रिक नागरिकता का विकास–प्रजातंत्र में नागरिकता एक ललकारने वाला दायित्वच है, जिसके लिए प्रत्येक नागरिक को ध्यानपूर्वक प्रशिक्षित करने की आवश्यकता है। इनमें बहुत से बौद्धिक, सामाजिक तथा नैतिक गुण आते हैं जिन्हें शिक्षा द्वारा विकसित किया जा सकता है। माध्यमिक शिक्षा का सुझाव है कि प्रजातांत्रिक नागरिकता का विकास करने के लिए निम्न गुणों को विकसित करना शिक्षा का उद्देश्य होना चाहिए :

1. स्पष्ट चिंतन (Clear Thinking) :–शिक्षा का उद्देश्य स्पष्ट चिंतन तथा नये विचारों को ग्रहण करने के गुणों का विकास होना चाहिए, ताकि व्यक्ति में बौद्धिक शक्ति का विकास हो, जिसकी सहायता से 'सत्य और असत्य' और 'वास्तविकता तथा प्रचार' में अन्तर कर सकें एवं धार्मिक हरण और पक्षपात की हानिकारक अपील को ठुकरा दे।

2. बोलने तथा लिखने में स्पष्टता (Clearness in Speech and Writing) :–स्पष्ट चिंतन के साथ-साथ स्वतंत्र वाद-विवाद, प्रेरणा तथा विचारों को शान्तिपूर्ण आदान-प्रदान के लिए बोलने तथा लिखने में स्पष्टता होनी चाहिए।

3. समुदाय के साथ रहने की कला (Art of living with the Community) :–शिक्षा के द्व ारा व्यक्ति को दूसरों के साथ रहने तथा मेलजोल रखते हुए क्रियात्मक अनुभव द्वारा सहयोग की कला की सराहना करनी सीखनी चाहिए। अनुरूपता, भव्यता तथा कुशलता के साथ रहने के गुणों का विकास करना चाहिए। ये गुण निम्नलिखित हो सकते हैं :–

(i) अनुशासन

(ii) सहयोग

(iii) सामाजिक सूक्ष्म ग्राहिकता तथा

(iv) सहनशीलता

अतः इन गुणों का शिक्षा द्वारा विकास होना चाहिए।

(iv) सच्ची देशभक्ति की भावना (Sence of true patrriotism):–शिक्षा का एक और उद्देश्य सच्ची देशभक्ति की भावना का विकास है। सच्ची देशभक्ति में तीन बातें आती हैं–

1. अपने देश की सामाजिक तथा सांस्कृतिक प्राप्तियों के प्रति सच्चे प्रेम की भावना।
2. देश की त्रुटियों को स्वीकार करना तथा उनको दूर करने का प्रयत्न करना।
3. राष्ट्रीय हितों के लिए अपने स्वार्थों को त्याग कर देश की सेवा का निश्चय करना।

(v) विश्व नागरिकता की भावना का विकास (Development of sense of World Citizenship):—वर्तमान समाज में 'मेरा देश-गलत या ठीक' (My Country-right or wrong) से अधिक खतरनाक विचार और कोई नहीं है। आज संसार में इतनी घनिष्ठता आ गई है कि कोई राष्ट्र अकेला रहने का साहस नहीं कर सकता। अतः विश्व नागरिकता उतनी ही महत्त्वपूर्ण हो गई है जितनी कि राष्ट्रीय नागरिकता। वास्तव में यह पर्याप्त नहीं, बल्कि हमें इस बात का अनुभव करना चाहिए कि हम एक संसार के सदस्य हैं।

II. व्यावसायिक कुशलता में सुधार—हमारी शिक्षा प्रणाली का दूसरा प्रमुख उद्देश्य विद्यार्थियों को उत्पादन अर्थात् तकनीकी और व्यावसायिक कुशलता को उन्नत करना होना चाहिए। इसमें निम्नलिखित बातें आती हैं :

(क) कार्य के लिए नया रुझान पैदा करना (Creation of new attitudes towards work) : हमें विद्यार्थियों में कार्य करने का नया रुझान पैदा करना चाहिए – ऐसा रुझान जो समस्त कार्य की सराहना करना सिखाए।

(ख) तकनीकी कुशलता तथा योग्यता में विकास (Promotion of technical skill and efficiency):—कार्य के लिए नए रुझान के विकास के साथ-साथ तकनीकी योग्यता और शिक्षा के सभी स्तरों पर कुशलता को उन्नत करने की आवश्यकता है, ताकि हमारी शिल्पीय तथा तकनीकी उन्नति की योजनाओं के लिए प्रशिक्षित व्यक्ति प्राप्त हो सकें।

◆◆◆

4.4 नए आर्थिक सुधार तथा शिक्षा पर इनका प्रभाव
(New Economic Reforms and their Impact on education)

---

1. नए आर्थिक सुधारों से आप क्या समझते हैं? नए आर्थिक सुधारों के शिक्षा पर प्रभावों का वर्णन कीजिए।

(What do you mean by New Economic reforms? Describe their impact on education.)

उत्तर—आज के आधुनिक युग में प्रत्येक क्षेत्र में विकास हो रहा है। आर्थिक क्षेत्र में भी प्रत्येक देश विकास के लिए अग्रसर है। सन् 1991 से भारत सरकार ने देश की गति तेज करने के लिए अनेक आर्थिक सुधार आरंभ किए। इन सुधारों को तीन नीतियों के रूप में देखा जा सकता है—

1. उद्योग और व्यापार के लिए लाइसेंसिंग (Licensing-L) के स्थान पर उदारीकरण (Liberation-L) नीति लागू करना।
2. उद्योगपतियों के लिए 'कोटा' (Quota-Q) प्रणाली के स्थान पर (Privatisation-P) की नीति लागू करना।
3. आयात-निर्यात के लिए 'परमिट' (Permit-P) के स्थान पर वैश्वीकरण (Globalization) की नीति लागू करना।

इन सुधारों को प्रायः नई आर्थिक नीति का नाम दिया जाता है।

नई आर्थिक नीति के तत्त्व
(Elements of New Economic Policy)

नई आर्थिक नीति के तीन मुख्य तत्त्व हैं–

नई आर्थिक नीति
(New Education Policy)

उदारीकरण (Liberalization) | निजीकरण (Privatisation) | वैश्वीकरण (Globalization)

वैश्वीकरण (Globalization)–वैश्वीकरण, उदारीकरण तथा निजीकरण की नीतियों का ही परिणाम है। वैश्वीकरण अंतर्राष्ट्रीय स्तर पर विश्व अर्थव्यवस्थाओं को आर्थिक और सामाजिक रूप से एक दूसरे के समीप लाना है, जिसके परिणामस्वरूप प्रत्येक देश विश्व विकास का एक तत्त्व बन सके। वैश्वीकरण का उद्देश्य देश की अर्थव्यवस्था को संसार के अन्य देशों की अर्थव्यवस्थाओं से मुक्त व्यापार, पूंजी तथा श्रम की मुक्त गतिशीलता आदि के द्वारा संबंधित करना है। वैश्वीकरण राष्ट्रों के बीच प्रतिक्रिया तथा प्रक्रिया के प्रति एक स्वस्थ दृष्टिकोण सिद्ध हो सकता है। वैश्वीकरण राष्ट्रों का आर्थिक विकास करता है। वैश्वीकरण के फलस्वरूप वस्तुओं, सेवाओं, तकनीकी तथा अनुभव का संसार के विभिन्न देशों के साथ बिना किसी हस्तक्षेप के विनिमय हो सकता है।

भारतीय अर्थव्यवस्था के वैश्वीकरण को प्रोत्साहित करने वाली नीति संबंधी रणनीतियां (Policy Strategies Promoting Globalization of the Indian Economy)–भारतीय अर्थव्यवस्था के वैश्वीकरण को प्रोत्साहन करने वाली महत्त्वपूर्ण नीति संबंधी रणनीतियां निम्नलिखित हैं–

1. विदेशी निवेश की साम्या सीमा में वृद्धि करना (To Increase in Equity Limit to Foreign Investment)–वैश्वीकरण के उद्देश्य को प्राप्त करने के लिए विदेशी पूंजी निवेश की साम्या सीमा को 40 प्रतिशत से बढ़ाकर 51-100 प्रतिशत करने दिया गया है। नई आर्थिक नीति के अनुसार उच्च प्राथमिकता वाले 47 उद्योगों में विदेशी प्रत्यक्ष निवेश को बिना किसी प्रतिबंध तथा लाल फीताशाही के 100 प्रतिशत तक की अनुमति दी गई है। निर्यात व्यापार ग्रहों को भी 100 प्रतिशत तक विदेशी पूंजी निवेश की अनुमति प्रदान की गई है। इस संबंध में विदेशी विनिमय प्रबंध अधिनियम (FEMA) लागू किया गया है। अतिरिक्त पूर्जों, कच्चे माल तथा तकनीकी ज्ञान के आयात के मामले में पूंजी निवेश वाली इकाइयों पर सामान्य नियम लागू किए गएहै।

2. दीर्घकालीन व्यापार नीति (Long Term Trade Policy)–वैश्वीकरण के उद्देश्य को प्राप्त करने हेतु विदेशी व्यापार नीति को दीर्घ अवधि के लिए लागू किया गया है। विदेशी व्यापार नीति एक उदार नीति है जिसके अन्तर्गत विदेशी व्यापार पर लगे सभी प्रकार के नियंत्रण तथा प्रतिबंध हटा दिए गए हैं। इसमें खुली प्रतियोगिता को प्रोत्साहन दिया गया है। इस उद्देश्य की प्राप्ति के लिए सभी प्रकार की सुविधाएं प्रदान की गई है। इसके अन्तर्गत कुछ विशिष्ट वस्तुओं के अलावा सभी अन्य वस्तुओं का आयात-निर्यात किया जा सकताहै।

3. आंशिक परिवर्तनीयता (Partial Convertibility)–आंशिक परिवर्तनीयता से अभिप्राय है डॉलर अथवा पौंड स्टर्लिंग जैसी विदेशी करेंसी को विदेशी सौदों के लिए बाजार कीमत पर खरीदना तथा बेचना। वैश्वीकरण के उद्देश्य को प्राप्त करने के लिए भारतीय रुपये की आंशिक परिवर्तनीयता की अनुमति दी गई है। यह रियायत आर्थिक सुधारों के अनुरूप है।

आर्थिक परिवर्तनीयता निम्नलिखित सौंदों के लिए वैध है–

1. वस्तुओं तथा सेवाओं का आयात व निर्यात करना।

2. निवेश पर ब्याज या लाभांश का भुगतान करना।
3. परिवार के खर्चे के लिए भेजी गई धन राशि।

इसमें पूंजी संबंधी सौदें शामिल नहीं किए जाते हैं। इसलिए इसे आंशिक परिवर्तनीयता कहा जाता है। समय बदल रहा है और बड़ी तेजी से बदल रहा है। आज का युग केवल मात्र विज्ञान और तकनीकी का युग नहीं रहा, बल्कि उदारीकरण (Liberalization), निजीकरण (Privatisation) और वैश्वीकरण (Globalisation) की ओर बड़ी तेजी से अग्रसर हो रहा है। शिक्षा और आर्थिक व्यवस्था में सुधार हो रहे हैं, जिनके परिणामस्वरूप तकनीकी, वैश्वीकरण और उदारीकरण के बीच सम्बन्ध स्थापित हो रहे हैं।

भारत में वैश्वीकरण और निजीकरण की यह प्रक्रिया 1991 ई. में आरम्भ हुई जब अन्तर्राष्ट्रीय केन्द्रित और उच्च केन्द्रित स्तर नीति के आधार पर भारतीय उद्योग में सुधार लेने हेतु भारतीय अर्थ व्यवस्था में सुधार लेने का प्रयास आरम्भ हुआ। सूचना और संचार तकनीक में तीव्र गति से आए परिवर्तनों ने विश्व व्यापार और अर्थ व्यवस्था से सम्बन्धित क्षेत्रों को बहुत प्रभावित किया है। आज के इस गत्यात्मक युग में घरेलू उत्पाद में वृद्धि हो रही है। वस्तुओं की कीमतें बढ़ रही हैं तथा निर्यात में वृद्धि हो रही है। इसलिए वैश्वीकरण समय की मांग है। आज का युग प्रतिस्पर्धा का युग है। इसलिए अन्तर्राष्ट्रीय बाज़ार में समन्वय स्थापित करने हेतु दीर्घकालीन तकनीकी विकास नीतियों का अधिक से अधिक विकास करना आज के समय की सबसे बड़ी मांग है जिसके आधारभूत पहलू हैं।

(1) वैश्वीकरण (Globalisation) (2) उदारीकरण (Liberalisation)
(3) निजीकरण (Privatisation) (4) अन्तर्राष्ट्रीयकरण (Internationalisation)

I. वैश्वीकरण (Globalisation)—वैश्वीकरण से अभिप्राय है भौगोलिक सीमाओं को पार करके सभी राष्ट्रों का एक दूसरे के निकट आना। यह वैश्वीकरण आर्थिक क्षेत्र में मानव व समाज और राष्ट्र की पहचान बनाने का नवीन ढंग है। यह राष्ट्रों के बीच प्रतिक्रिया और प्रक्रिया के प्रति एक स्वस्थ दृष्टिकोण सिद्ध हो सकता है। वैश्वीकरण राष्ट्रों के आर्थिक विकास के लिए एक-दूसरे राष्ट्र के प्रति राष्ट्रों में रुचि का विकास करता है।

II. उदारीकरण (Liberalisation)—उदारीकरण के महत्त्व को भी समझा जाने लगा है। ऐसा महसूस किया जाने लगा है कि राष्ट्रों को एक दूसरे के प्रति सहनशील होना चाहिए। इससे व्यक्ति, समाज और राष्ट्र को स्वतन्त्र उदारता और सहनशीलता के पथ पर चलने की प्रेरणा मिलती है। इससे राष्ट्रों के आपसी व्यवहार में लचक और परिवर्तन के आधार पर विभिन्नताओं के आधार पर समन्वय होता है।

III. निजीकरण (Privatisation)—निजीकरण एक ऐसी प्रक्रिया है जिसमें सरकार से बाहर होकर कार्य किया जाता है, चाहे यह कार्य व्यक्तिगत स्तर पर हो या समूह संगठन के स्तर पर। परन्तु सरकार से बाहर होने पर भी इससे इस बात का ध्यान रखना होगा कि जो भी कार्य किया जाए वह संविधानिक नियमों से बाहर न हो। निजीकरण उद्योग, व्यवसाय, शिक्षा तथा कम्पनियों के क्षेत्र में हो सकता है। शिक्षा के क्षेत्र में उच्च शिक्षा देने हेतु निजीकरण एक अच्छा विकल्प हो सकता है, क्योंकि जब सरकार का पूर्ण रूप से शिक्षा पर नियन्त्रण होता है तो कई प्रकार के प्रतिबन्ध लग जाते हैं और उनके चलते शिक्षा तथा अन्य कार्यों की गति धीमी पड़ जाती है।

वैश्वीकरण तथा उदारीकरण का शिक्षा पर प्रभाव

शिक्षा और वैश्वीकरण (Education and Globalisation)—आज के युग में उच्च शिक्षा प्रदान करना भी आवश्यक हो गया है। उच्च शिक्षा केवल एक एश्वर्य नहीं, अपितु एक आवश्यकता बन गई है। उच्च शिक्षा से व्यक्ति के व्यक्तित्व का विकास होता है। उससे राष्ट्रीय और विश्व स्तर पर जागरूकता उत्पन्न होती है। इस प्रकार की शिक्षा व्यवसायीकरण में अपना योगदान देती है। उच्च शिक्षा व्यक्ति में अन्तर्राष्ट्रीय सद्भावना की प्रवृत्ति विकसित करती है। विश्व को भली-भाँति जानने की उसमें जिज्ञासा उत्पन्न होती है। उच्च शिक्षा से राष्ट्र की प्रगति होती है चाहे यह सामाजिक दिशा में हो या आर्थिक दिशा में। विश्व नागरिकता

के प्रशिक्षण के लिए भी उच्च शिक्षा अत्यन्त आवश्यक है। उच्च शिक्षा मानव संसाधनों का विकास करती है ताकि राष्ट्र आर्थिक प्रगति करे।

उच्च शिक्षा के लक्ष्य और विश्वीकरण (Objectives of Higher Education and Globalisation)—आज के युग में समाज में कई प्रकार के प्रति आधुनिकीकरण और वैश्वीकरण से सम्बन्धित उच्च शिक्षा के लक्ष्य निम्नलिखित हैं—

(1) **ज्ञान विस्फोट की जानकारी प्रदान करना (Providing information of knowledge explosion)**—आज के आधुनिकीकरण के युग में तकनीकी, विज्ञान, कृषि, वाणिज्य, अन्तरिक्ष विज्ञान तथा अन्य क्षेत्रों में विशेषीकरण के नये क्षेत्र चुनौती दे रहे हैं। इसलिए ज्ञान के पूर्ण रूप से नवीन क्षेत्रों से विद्यार्थियों को पूरी तरह से परिचित कराया जाए।

(2) **नयी तकनीकों का प्रयोग (Use of New techniques)**—उच्च शिक्षा, निम्न स्तर की शिक्षा से गुणात्मक तौर पर भिन्न है। इसलिए इस प्रकार की शिक्षा के प्रदान करने के लिए निर्देशन में नयी तकनीकों का प्रयोग करना।

(3) **विश्व नागरिकता का विकास करना (To develop world citizenship)**—उच्च शिक्षा एक ऐसा सार्थक, सशक्त और प्रगतिशील साधन है जिसके माध्यम से सहज और स्वाभाविक ढंग से विश्व नागरिकता का विकास किया जा सकता है।

(4) **उच्च शिक्षा के माध्यम से अन्तर्राष्ट्रीय सद्‌भावना का विकास (Development of international understanding through the medium of higher education)**

(5) **अनुशासन का निर्माण (Formation of character)**—शिक्षा प्राप्त करने में अनुशासन बनाए रखना बहुत आवश्यक है। इसके लिए विद्यार्थियों में नए दृष्टिकोण उत्पन्न करना, उच्च शिक्षा का एक महत्त्वपूर्ण लक्ष्य है।

(6) **ज्ञान का आदान-प्रदान (Exchange of knowledge)**—सभी राष्ट्रों के विज्ञान, तकनीक और आर्थिक विकास के क्षेत्र से सम्बन्धित ज्ञान का विश्व स्तर पर आदान-प्रदान करना और एक दूसरे के अनुभवों से लाभान्वित होना।

(7) **मानव मूल्यों और संस्कृति का विकास करना (To Develop Human Values and Cultures)**

वैश्वीकरण और उच्च शिक्षा का पाठ्यक्रम (Globalisation and Curriculum of Higher Education)—आधुनिक युग में नये उभरते क्षेत्रों में ज्ञान का विस्फोट हो रहा है, जिसे पूर्व स्नातक तथा स्नातकोत्तर स्तर पर पाठ्यक्रम में सम्मिलित किया जाना चाहिए। इन कोर्सों की शिक्षा स्वतन्त्र रूप में भी प्रदान की जा सकती है। पाठ्यक्रम से सम्बन्धित सुझाव निम्नलिखित हैं—

(1) स्वास्थ्य एवं औषधि **(Health and Medicines)**

(2) जीव विज्ञान पर आधारित तकनीकें **(Techniques based on life sciences)**

(3) वातावरण से सम्बन्धित सुदृढ़ तकनीक **(Strong techniques from environment point of view)**

(4) विस्तार और संचार प्रणाली **(Extension and communication system)**

(5) प्रबन्ध प्रणाली **(Management System)**

(6) अन्तरिक्ष तकनीकें **(Space Techniques)**

(7) सामाजिक और सांस्कृतिक अध्ययन **(Social and Cultural Studies)**

(8) सूक्ष्म इलेक्ट्रॉनिक एवं ऑप्टो इलेक्ट्रॉनिक्स **(Micro electronics and opto electronics)**

(9) क्रियाशील तकनीकें और उपकरण **(Workable Techniques and Equipment)**

(10) नई सामग्री और विशेष भावनाओं से सम्बंधित तकनीकें **(New Content and Techniques concerned with peculiar feelings)**

इस प्रकार कहा जा सकता है कि उच्च शिक्षा का पाठ्यक्रम विस्तृत होना चाहिए जिसमें अधिकता और विविधता का समावेश हो। इस प्रकार के विस्तृत पाठ्यक्रम से विकासशील तथा विकसित देशों में सामाजिक, सांस्कृतिक तथा शैक्षणिक वातावरण में स्वस्थ तथा सकारात्मक विकास होता है। इसलिए अन्तर्राष्ट्रीय विद्यार्थियों की आवश्यकता के अनुकूल कोर्सों की संरचना करते हुए गहन अध्ययन, विस्तृत अनुभव, निपुणता तथा विशेषज्ञों की आवश्यकता होती है। इसलिए पाठ्यक्रम सम्बन्धित कोर्सों के निर्माण के लिए विश्वविद्यालयों के विशेषज्ञों की सेवाएँ प्राप्त करनी चाहिए।

शिक्षण-विधियाँ (Methods of Teaching)—उच्च शिक्षा और विश्वीकरण के जो उद्देश्य निर्धारित किए गए हैं चाहे वे काल्पनिक (utopian) ही हों, उनको प्राप्त करने के लिए सम्बन्धित शिक्षण-विधियों का होना आवश्यक है। इस संदर्भ में परम्परागत शिक्षण विधियाँ हमारी सहायता नहीं कर सकतीं। आज का युग विश्वीकरण का युग है। विश्व स्तर पर जिन कोर्सों को पढ़ाना है उनकी शिक्षण विधियाँ भी विश्व स्तर के प्रयासों से खोजी हुई नवीनतम विधियाँ हों। नवीन विधियाँ शोधकार्यों तथा नये अनुसन्धानों पर आधारित हों। अधिक से अधिक प्रयोगात्मक, अवलोकन और निरीक्षण शक्तियों का उसमें प्रयोग हो।

अनुशासन (Discipline)—उच्च शिक्षा को सफलतापूर्वक सम्पन्न करने के लिए अनुशासन का होना अत्यन्त आवश्यक हैं। परन्तु यहाँ पर अनुशासन से अभिप्राय शिक्षण प्रक्रिया में शिक्षक और विद्यार्थियों के बीच इस प्रकार का तालमेल हो, जिससे शिक्षक सहज रूप से विद्यार्थियों को जो नया ज्ञान देना चाहता है वह उसे देने में सफल हो और विद्यार्थी जो नया ज्ञान प्राप्त करने के इच्छुक हैं, वे नवीन ज्ञान प्राप्त कर सकें। शिक्षण प्रक्रिया में छात्रों की भागीदारी आवश्यक है। यही अनुशासन से अभिप्राय है।

निरीक्षण (Observation)—लक्ष्यों के आधार पर ही हम मूल्यांकन करते हैं। किसी भी संस्था की कार्य प्रणाली या किसी संगठन के कार्य करने की पद्धति का नियन्त्रण और उसका मूल्यांकन करने में निरीक्षण सहायक होता है। यदि लक्ष्यों की प्राप्ति हेतु कोई कमी दिखाई देती है तो उसमें सुधार करने का प्रयास करते हैं ताकि वांछनीय लक्ष्यों की प्राप्ति हो सके।

अध्यापक की भूमिका (Role of the Teacher)—आज के इस आधुनिकीकरण और विश्वीकरण के युग में अध्यापक का जागरूक तथा सचेत होना बड़ा आवश्यक है। एक अध्यापक में निम्नलिखित गुण होने चाहिए—

(1) वह सचेत और जागरूक हो,
(2) उसका स्वयं का ज्ञान बहुत विस्तृत होना चाहिए तथा गहरा होना चाहिए।
(3) वह सदा अध्ययनशील हो तथा शिक्षा के नवीन क्षेत्रों की निरन्तर जानकारी प्राप्त करता रहे।
(4) अध्यापन उसका धर्म हो न कि व्यवसाय। वह अपने कर्तव्यों के प्रति समर्पित हो।
(5) वह दकियानूसी न हो तथा परिवर्तन में विश्वास रखने वाला हो।
(6) उसका आधुनिकता में विश्वास हो।
(7) वह विभिन्न, संस्कृतियों के आदान-प्रदान में सहयोग देने वाला हो।
(8) विश्वीकरण तथा आधुनिकीकरण की सफलता के लिए एक अध्यापक के लिए यह आवश्यक है कि उसका दृष्टिकोण पूरी तरह से उदारवादी (Liberal) हो।
(9) वह शिक्षण की नई विधियों में रुचि रखता हो तथा घिसी-पिटी विधियों का दास न हो। विषय विशेष या कोर्स को पढ़ाने के लिए केवल सिद्धान्तों तक सीमित न करके प्रयोगात्मक, अवलोकन तथा निरीक्षण की नई विधियों को शिक्षण हेतु अपनाने में पूरी तरह से अभ्यस्त हो। वह इस योग्य हो कि विद्यार्थियों में विश्व नागरिकता का विकास कर सके।

◆◆◆

2. शिक्षा के निजीकरण से आपका क्या अभिप्राय है? शैक्षणिक निजीकरण को अमली जामा पहनाने के लिये कौन-कौन सी मुख्य बातों का ध्यान रखा जाना चाहिए? वर्णन करें।

उत्तर–शिक्षा के निजीकरण के सम्बन्ध में पहली बात जो ध्यान देने योग्य है वह यह है कि भारतीय संविधान की धारा 45 के अन्तर्गत 14 वर्ष तक बालकों को निःशुल्क और अनिवार्य शिक्षा प्रदान करना भारत सरकार का उत्तरदायित्व है। इसलिए शिक्षा के निजीकरण की बात प्राथमिक शिक्षा पर लागू नहीं हो सकती। परन्तु माध्यमिक और उच्च शिक्षा निजी क्षेत्र के अन्तर्गत आती है, जिसका अभिप्राय यह है कि माध्यमिक और उच्चस्तर शिक्षा का निजीकरण किया जा सकता है।

परन्तु इस बात का भी समर्थन नहीं किया जा सकता है कि माध्यमिक या वरिष्ठ माध्यमिक स्तर पर पूरी तरह से निजीकरण कर दिया जाए। हमारा देश प्रजातान्त्रिक समाजवादी देश है और देश में प्रजातान्त्रिक व्यवस्था बनाए रखने के लिए प्रजातान्त्रिक प्रक्रिया को सक्रिय करने के लिए और इसके आधार को मजबूत बनाने के लिए सरकार को ही माध्यमिक तथा उच्च माध्यमिक शिक्षा का उत्तरदायित्व अपने ऊपर ही लेना चाहिए, क्योंकि अभी समय ऐसा नहीं आया कि भारत आर्थिक तथा राजनैतिक दृष्टि से पूर्ण रूप से सुव्यवस्थित और सशक्त है। जब ऐसा हो जाएगा तो माध्यमिक तथा सीनियर माध्यमिक शिक्षा के निजीकरण की प्रक्रिया पर विचार किया जा सकता है।

परन्तु जहाँ तक उच्च शिक्षा का प्रश्न है, इसके बारे में स्पष्ट रूप से कहा जा सकता है कि इस स्तर की शिक्षा के निजीकरण के बारे में सोचा जा सकता है।

(1) निजीकरण की कुशलता का पता तब लगता है जब सरकार उत्पादकों से शिक्षा सम्बन्धी सेवाएँ खरीदती है या विद्यार्थियों की सेवाएँ खरीदने में उनकी सहायता करती है।

(2) जब निजी क्षेत्र आर्थिक दृष्टि से और प्रबन्धकीय कार्यों में इतने योग्य और सक्षम हैं कि उच्च शिक्षा का उत्तरदायित्व सुविधापूर्वक निभा सकते हैं।

(3) उच्च शिक्षा के निजीकरण का सबसे बड़ा लाभ यह होगा कि उद्योगों और व्यावसायिक संगठनों में निकटता आएगी। इसका कारण यह है कि उद्योगों को प्रशिक्षित मानव शक्ति प्राप्त होगी और उच्च शिक्षण संस्थाओं को उद्योगों से आर्थिक लाभ होगा।

निजीकरण प्रक्रिया और निजीकरण के अन्तर्गत निम्नलिखित मुख्य बातें आती हैं–

(1) **बाजार साधनों की खोज (Search for Market Resources)**

(2) नई संस्थाओं का निर्माण **(Building of New Institutions)**

(3) पढ़ाने की विधियों का निर्धारण **(Determining the methods and techniques of teaching)**

(4) शुल्क और अन्य आय के स्रोत **(Sources of income-From fee and other Sources)**

(5) पाठ्यक्रम **(Curriculum)**

(6) विद्यार्थियों की संख्या **(Number of Students)**

(7) वर्तमान संस्थाओं का विस्तार **(Expansion of existing institutions)**

निजी शिक्षा संस्थाओं और इन संस्थाओं के संचालकों के इन सब बातों की स्वीकृति निजी शिक्षाकरण के अन्तर्गत सरकार से लेनी पड़ती है।

उच्च शिक्षा में निजी संस्थाओं की भागीदारी की बात को लेकर भारत सरकार गहनता से विचार कर रही है। इस बात का पता हमें उस बिल से लगता है जो 1995 ई. में निजी विद्यालयों को बनाने हेतु भारतीय संसद में पेश किया गया और जिसे राज्य सभा ने भी पारित कर दिया।

विश्व बैंक (1992) ने निम्नलिखित तर्क निजीकरण से सम्बन्धित दिए हैं–

(1) आर्थिक समस्याओं का समाधन (Solution of Economic Problems)–निजीकरण से विश्वविद्यालयों की आर्थिक समस्याओं का समाधान होगा और साधन संख्या के अनुपात में सम्भव हो जाएँगे। विश्वविद्यालयों को आर्थिक संकट से छुटकारा मिल जाएगा और सरकारों पर भी वित्त सम्बन्धी बोझ घटेगा।

(2) **विद्यार्थी अच्छी पृष्ठभूमि के (Students belong to good background)**–निजी विद्यालयों में वही विद्यार्थी प्रवेश लेते हैं जो आर्थिक और सामाजिक पृष्ठभूमि के होते हैं। परिणामस्वरूप निजीकरण में विपरीत प्रभाव नहीं पड़ेंगे।

(3) **वास्तविक प्रति छात्र लागत कम (Real per student cost is less)**–निजी संस्थाओं में प्रति छात्र लागत कम होती है, क्योंकि बेकारी में रोक लगेगी।

(4) **रोज़गार मांग के संकेतों के बारे में जानकारी प्राप्त होना (To provide information relating to trends in the employment demand)**–निजीकरण की बाज़ार केन्द्रित व्यवस्था होने से Tuition Fee की आय से रोज़गार मांग के संकेत के बारे में जानकारी प्राप्त होगी।

(5) **विविधता और चयन को बढ़ावा (Encouragement to diversities and selection)**–शिक्षा के निजीकरण से शैक्षणिक आवश्यकताओं की पूर्ति होगी, क्योंकि इससे विविधता तथा चयन को बढ़ावा मिलेगा। छात्रों के पास चयन हेतु कई विकल्प होंगे।

(6) **साधनों के प्रयोग में कुशलता (Efficiency in the use of resources)**–शैक्षणिक निजीकरण से साधनों के प्रयोग में कुशलता को प्रोत्साहन मिलेगा और विद्यार्थियों को यह गुण आगे भविष्य में लाभप्रद होगा।

शैक्षणिक निजीकरण को अमली जामा पहनाते समय निम्नलिखित बातों को ध्यान में रखना चाहिए–

(1) **आर्थिक दृष्टि से पिछड़े छात्रों का प्रतिनिधित्व कम हो जाना (Decrease in the representation of the students who are economically backward)**–सर्वप्रथम इस बात को ध्यान में रखना होगा कि यदि उच्च शिक्षा में निजीकरण को मान्यता मिल जाती है तो बहुत से विद्यार्थियों का जो समाज के अच्छे समूहों से सम्बन्ध रखते हैं, परन्तु आर्थिक दृष्टि से पिछड़े हुए हैं, उनका प्रतिनिधित्व और भी कम हो जाएगा। शुल्क आदि न जुटाने के कारण अच्छे विद्यार्थियों को प्रवेश नहीं मिलेगा।

(2) **शिक्षकों को उचित वेतन न मिलना (The teachers would not get appropriate salaries)**–निजीकरण के क्षेत्र में न्यून निवेश पर विद्यार्थी लागत भी न्यून होने के कारण शिक्षकों को उचित वेतन प्राप्त नहीं होता। कम आय पर अपर्याप्त योग्यताओं वाले निम्न शैक्षणिक योग्यता रखने वाले शिक्षकों की भर्ती शिक्षा की लागत को भी कम करती है। यही कारण है कि इस बात पर बल दिया जाता है कि विश्वविद्यालयी प्रणाली को निजी क्षेत्र को सौंपते हुए लागत को मुख्य तत्त्व मानकर नहीं चलना चाहिए।

(3) **विद्यार्थियों पर अनुचित भार (Undue burden on the students)**–दान देने वाली संस्थाओं पर मुख्य रूप से निर्भरता होने के कारण विद्यार्थियों पर फीस का अनुचित भार पड़ सकता है। इसका प्रभाव यह होगा कि समाज के निम्न वर्ग से सम्बन्ध रखने वाले बहुत कम विद्यार्थी पढ़ने के लिए आएँगे। परिणामस्वरूप फिर सस्ती और निम्न स्तर की शिक्षा का प्रचलन बढ़ जाएगा।

(4) **उदार विषयों की उपेक्षा (Ignoring of liberal Subjects)**–शिक्षा में निजीकरण होने से संस्कृति सम्बन्धी विषय जैसे इतिहास, सभ्यता अध्ययन, संगीत और भाषा सम्बन्धित कोर्स उपेक्षित हो जाएँगे।

(5) **मौलिक अनुसन्धान को प्रोत्साहन मिलना (Encouragement to fundamental research)**–उच्च शिक्षा में मौलिक अनुसन्धान को बढ़ावा मिलना और इसे प्रोत्साहन प्रदान करना बहुत आवश्यक है। वित्त सम्बन्धी कठिनाई के कारण इसको रुकना नहीं चाहिए।

(6) निजीकरण पर आधारित व्यवसायों को बढ़ावा मिलेगा। इसलिए सामान्य विचार यही है कि राज्य को शिक्षा पर धन व्यय करने और उच्च शिक्षा का प्रबन्ध करने के उत्तरदायित्व से बचने का प्रयास नहीं करना चाहिए अन्यथा उपरोक्त उद्देश्यों की प्राप्ति नहीं हो सकेगी।

कुछ सुझाव **(Some suggestions)**–

(1) सभी विद्यार्थियों से एक जैसा व्यवहार हो इस बात को पूर्ण रूप से सुनिश्चित करना।

(2) छात्र-छात्राओं के गुणों और उनकी विशेष योग्यताओं से देश को अधिक से अधिक लाभान्वित करना।

(3) सरकार को जोखिम निवेशों में सांझीदारी करना आवश्यक है। यह अच्छा निवेश सिद्ध होगा।

(4) समाज को पूर्ण रूप से इस योग्य बनाना कि उच्च स्तर की शिक्षा प्राप्त लोग लाभान्वित हो सकें।

(5) विश्वविद्यालयों और महाविद्यालयों से सम्बन्धित राष्ट्रीय नीति के महत्त्व को बनाए रखना चाहिए, जिससे निजीकरण के क्षेत्र की संस्थाओं को अधिक महत्त्व न मिल सके।

◆◆◆

4.5 तकनीकी सशक्तिकरण के लिए शिक्षा
(Education for Technological Empowerment)

1. तकनीकी सशक्तीकरण में शिक्षा की भूमिका की विवेचना कीजिए।
(Discuss the role of education in technological development.)

अथवा

शिक्षा तकनीकी सशक्तीकरणं में कैसे मदद कर सकती है?
(How can education help in technological empowerment?)

उत्तर–आज विज्ञान का युग है। नित नए आविष्कार हो रहे हैं और उनका प्रयोग कर हम किए जाने वाले कार्यों को कम समय में कम शक्ति का प्रयोग करते हुए अधिक दक्षता के साथ कर पा रहे हैं। इस प्रकार समाज धीरे-धीरे तकनीकी दृष्टि से सशक्त होता जा रहा है। प्रश्न यह उठता है कि तकनीकी सशक्तीकरण में शिक्षा की क्या भूमिका हो सकती है।

इस प्रश्न का उत्तर जानने से पूर्व तकनीकी व शिक्षा शब्द का अर्थ जानना आवश्यक है।

तकनीकी का अर्थ (Meaning of Technology)–इसे दो रूपों में प्रस्तुत किया जा सकता है–

(i) तकनीकी शब्द तकनीक से बना है। इसका अर्थ है तरीका। काम करने के तरीके को तकनीकी कहा जा सकता है। अधिक व्यापक अर्थ में काम करने व सोचने का तरीका इसमें शामिल है। जब हम नई तकनीकी की बात करते हैं तो इसका अर्थ है काम करने व सोचने के नवीन तरीकों का प्रयोग करना।

(ii) दूसरे अर्थ में तकनीकी विज्ञान का वास्तविक या व्यावहारिक जीवन में प्रयोग करने से सम्बन्ध रखता है। इस दृष्टि से तकनीकी विज्ञान को जीवन में प्रयोग करने की कला है।

तकनीकी सशक्तीकरण का अर्थ (Meaning of Technological Empowerment)–इसका अभिप्राय है कि हम व्यक्तियों को इस बात के लिए प्रेरित करें कि विज्ञान का जीवन के प्रत्येक क्षेत्र में प्रभावशाली ढंग से प्रयोग करें, जिससे अपने प्रयासों के अधिकतम लाभ को प्राप्त कर वे स्वयं अपने समाज को प्रगति की ओर अग्रसर कर सकें।

यहीं नहीं; वे सोचने के नज़रिए को भी आधुनिक बनाएं, क्योंकि इसे बदले बिना विज्ञान का प्रयोग करना सम्भव ही नहीं हो पाता।

शिक्षा का अर्थ (Meaning of Education)–यूं तो शिक्षा की व्याख्या अनेक प्रकार से की गई हैं, पर संक्षेप में इसका अभिप्राय है–

- ऐसी प्रक्रिया जो मानव की क्षमताओं का विकास करती हैं।
- उसके व्यवहार में संशोधन करती है।
- सामाजिक दक्षता का विकास करती है।

तकनीकी सशक्तीकरण में शिक्षा की भूमिका
(Role of education in Technological development)

1. शिक्षा बौद्धिक शक्तियों का विकास करती है (Education develops intellectual capacities)–तकनीकी विकास विज्ञान पर आधारित है। अतः व्यक्ति में चिन्तन, तर्क एवं विश्लेषण करने की क्षमताओं का विकास होना आवश्यक है। शिक्षा उसमें इनका विकास करती है, जिससे वे विज्ञान के क्षेत्र में कुछ नया करने में व उसका जीवन में उपयोग करने में सक्षम हो पाते हैं।

2. सृजनात्मकता का विकास करती है (Develops creativity)–सृजनात्मक तकनीकी सशक्तीकरण की आवश्यक शर्त है। शिक्षा ही व्यक्ति में इन सृजनात्मक क्षमताओं का विकास करती है।

3. व्यक्ति की सोच में परिवर्तन करती है (Changes the thinking)–तकनीकी सशक्तीकरण तभी सम्भव है जब लोगों की सोच में बदलाव हो। वे कार्य करने व सोचने के नवीन तरीकों को अपनाएं। शिक्षा द्वारा ही उनकी सोच में परिवर्तन सम्भव होता है।

4. नवीनतम जानकारी प्रदान करती है (Provides latest information)–हम तकनीकी सशक्तीकरण की दिशा में तभी अग्रसर हो सकते हैं जब विभिन्न क्षेत्रों में नवीन तकनीकी का प्रयोग करें। इसके लिए यह आवश्यक है कि विभिन्न क्षेत्रों में प्राप्त नवीनतम उपलब्धियों की हमें जानकारी हों। शिक्षा ही हमें यह जानकारी उपलब्ध कराती है कि शिक्षा, चिकित्सा, उद्योग तथा संचार आदि क्षेत्रों में विज्ञान ने क्या-क्या नई सुविधाएं उपलब्ध करवाई हैं।

5. नवीन तकनीकी के प्रयोग के लिए प्रोत्साहित करती है (Encourages to make use of new technology)–शिक्षा व्यक्तियों को इस बात के लिए प्रोत्साहित करती है कि वे नएपन से डरें नहीं। विकास के लिए परिवर्तन आवश्यक है। अतः वे जिस भी कार्य से जुड़े हैं, उसे करने के लिए नवीनतम तकनीकी का प्रयोग करें।

6. शिक्षा शोध को बढ़ावा देती है (Education encourages research)–तकनीकी सशक्तीकरण तभी संभव हो पाता है जब शिक्षा, चिकित्सा, कृषि, उद्योग, तथा संचार आदि सभी क्षेत्रों में नवीन अनुसन्धान हों। शिक्षा शोध को बढ़ावा देकर तकनीकी सशक्तीकरण का मार्ग प्रशस्त करती है।

7. शिक्षा कुशल जनशक्ति का निर्माण करती है (Education prepares skilled manapower)–शिक्षा विभिन्न क्षेत्रों में ऐसी कुशल जनशक्ति का निर्माण करती है जो अपने क्षेत्र में आधुनिकतम तकनीकी का प्रयोग करने में सक्षम हो। इससे तकनीकी सशक्तीकरण में मदद मिलती है।

आज भारत विभिन्न क्षेत्रों में तेजी से आगे बढ़ रहा है। गृहणी से लेकर चिकित्सा, उद्योग, कृषि आदि सभी क्षेत्रों से जुड़े लोग नवीन तकनीकों का प्रयोग कर रहे हैं। इससे आर्थिक विकास हो रहा है। चिकित्सा क्षेत्र में असाध्य बीमारियों का इलाज सम्भव हो पाया है। उद्योगों में उत्पादन बढ़ा है। संचार व परिवहन सुविधाएं बेहतर हुई हैं। यह सब हमारे तकनीकी सशक्तीकरण का परिचायक है और इसमें शिक्षा की भूमिका सबसे अधिक प्रभावशाली रही है। आजादी के बाद इन्जीनियरिंग कृषि, उद्योग, चिकित्सा आदि क्षेत्रों में शिक्षा संस्थाओं की संख्या व गुणवत्ता में वृद्धि हुई है। उच्च वैज्ञानिक एवं तकनीकी संस्थाओं ने ऐसी सक्षम जनशक्ति प्रदान की है कि हम निरन्तर तकनीकी सशक्तीकरण की दिशा में आगे बढ़ रहे हैं।

तकनीकी सशक्तीकरण के लिए शिक्षा कैसी हो? (What type of education should be for technological empowerment)–इस विषय में स्वतन्त्रता के गठित विभिन्न आयोगों ने गम्भीरता से विचार किया और कुछ सुझाव दिए। उन्हें ध्यान में रखते हुए शिक्षा में निम्न बिन्दुओं पर बल देना होगा–

1. विभिन्न स्तरों पर विज्ञान की शिक्षा दी जानी चाहिए। प्राथमिक स्तर पर यह बच्चे के आस-पास के परिवश से जुड़ी होनी चाहिए।

   माध्यमिक स्तर पर यह सैद्धान्तिक न होकर 'Home Technology' पर आधारित हों। दूसरे शब्दों में यह विद्यार्थियों को इस योग्य बनाए कि वह छोटे घरेलू उपकरणों को स्वयं ठीक कर लें। किचन गार्डनिंग शुरू करें और जो भी विज्ञान के अन्तर्गत पढ़ रहे हैं उसे प्रयोग में भी लाएं।

उच्च स्तर पर विज्ञान के क्षेत्र में विशेषज्ञता पाने के इच्छुक विद्यार्थी ही इस विषय का चयन करते हैं। अतः उनके द्वारा चुने गए वैज्ञानिक विषयों की सैद्धान्तिक व व्यावहारिक दोनों प्रकार की जानकारी उन्हें दी जाए। उन्हें शोध के लिए प्रोत्साहित किया जाए।

2. तथ्यों की जानकारी देने की अपेक्षा शिक्षा द्वारा उनमें वैज्ञानिक ढंग से खोजबीन करने व आलोचनात्मक चिन्तन करने की क्षमता विकसित की जानी चाहिए।
3. विद्यार्थियों के लिए पाठ्य-पुस्तकें एवं अध्यापकों के लिए मार्गदर्शिकाएं विज्ञान के विशेषज्ञों के द्वारा तैयार की जानी चाहिए।
4. उच्च स्तर पर विज्ञान को कृषि, शिक्षा, चिकित्सा तथा उद्योग आदि विभिन्न क्षेत्रों के साथ जोड़कर पढ़ाया जाए।
5. विज्ञान विषय में ऐसे अध्यापक नियुक्त किए जाएँ जो विज्ञान व शिक्षण दोनों में रुचि रखते हों। जटिलतम प्रत्ययों को सहज व सरलतम तरीके से स्पष्ट करने में सक्षम हों और तकनीकी सशक्तीकरण में विज्ञान के महत्त्व से अवगत हों।
6. शिक्षा संस्थाओं में विज्ञान पढ़ाने के लिए सभी आवश्यक सुविधाएं उपलब्ध हों। अच्छी साधन-सम्पन्न प्रयोगशाला का होना बहुत आवश्यक हैं।
7. सबसे महत्त्वपूर्ण बात यह है कि 'तकनीकी सशक्तीकरण' को शिक्षा के उद्देश्यों में मुख्य स्थान दिया जाना चाहिए, तभी इसकी प्राप्ति के लिए अन्य आवश्यक शैक्षिक कदम उठाए जा सकते हैं।
8. विभिन्न विषयों के अध्यापक अपने विषयों को जीवन व तकनीकी के साथ जोड़कर पढ़ाएं। वे उनमें यह भावना विकसित करें कि क्षेत्र विशेष में हम जहाँ तक पहुँच पाए हैं उसका मुख्य कारण है विज्ञान की नवीनतम उपलब्धियों का जीवन में प्रयोग। इससे बच्चों को भी इसके लिए प्रेरणा मिलेगी।

निष्कर्ष (Conclusion)—अन्त में यह कहा जा सकता है कि तकनीकी सशक्तीकरण में शिक्षा महत्त्वपूर्ण भूमिका निभा सकती है बशर्ते इसके लिए कुछ सुविचारित प्रयास किए जाएं।

◆◆◆

4.6 सर्वव्यापी शिक्षा में शिक्षक की भूमिका
(Role of Teacher in the context of Universal Education)

1. एक आदर्श अध्यापक या शिक्षक के गुणों या योग्यताओं की विस्तारपूर्वक विवेचना कीजिये।

अथवा

सर्वव्यापी या वैश्विक शिक्षा में अध्यापक की क्या भूमिका है?

उत्तर–अध्यापक (Teacher)—यद्यपि विद्यालय का केन्द्र बिन्दु मुख्याध्यापक है। परन्तु उसकी सफलता इस बात पर निर्भर करती है कि उसके नीचे काम करने वाले अध्यापक उसकी किस स्तर तक सहायता करते हैं। यानी मुख्याध्यापक की सफलता उसके अध्यापकों पर काफी हद तक निर्भर करती है। चाहे मुख्याध्यापक कितना भी विद्वान व कुशल क्यों न हो, यदि उसे योग्य शिक्षकों का सहयोग नहीं मिलता है तो वह विद्यालय को सुचारु रूप से चलाने में समर्थ नहीं हो सकता।

मानवीय साधनों में मुख्याध्यापक एवं अध्यापक दो बड़ी शक्तियाँ हैं, जो किसी भी विद्यालय के लिए महत्त्वपूर्ण अंग हैं। संसाधनों का सफल प्रयोग केवल इसी आधार पर संभव हो सकता है यदि दोनों ही शक्तियाँ ईमानदारी तथा निष्ठापूर्वक अपने-अपने कार्य संभालें। यह अतिश्योक्ति नहीं होगी यदि हम कहें कि

मुख्याध्यापक के बाद अध्यापक विद्यालय की दूसरी बड़ी शक्ति होती है जो विद्यार्थियों के जीवन को एक सकारात्मक दिशा देकर योग्य नागरिक बनाती है। अध्यापक वास्तव में देश का महत्त्वपूर्ण व्यक्तित्व होता है जो इतिहास रचयिता भी होता है। इस विषय में **एच.जी. वैलज (H.G. Wells)** का कथन है, **''इतिहास का वास्तविक निर्माता अध्यापक होता है। मनु ने अध्यापक को ब्रह्मा का रूप माना है।''**

("The sole maker of the history is the teacher. Manu observes a teacher as the image of Brahma.")

शिक्षा विद्यालय को गति देती है। यह बात सत्य है कि विद्यालय भवन, पाठ्यक्रम, निर्देशन कार्यक्रम, पाठ्यक्रम सहगामी क्रियाएँ, पाठ्य-पुस्तकें आदि सभी वस्तुएँ शैक्षिक कार्यक्रम में बहुत महत्त्वपूर्ण स्थान रखती हैं, परन्तु यदि उसमें काम करने वाले अध्यापकों का स्तर तथा चरित्र उच्च नहीं होगा तो वह विद्यालय कभी भी उन्नति नहीं कर सकता है। निःसन्देह वह अध्यापक ही है जो वर्तमान पीढ़ी के साथ आने वाली पीढ़ियों पर भी प्रत्यक्ष या अप्रत्यक्ष रूप से प्रभाव डालता है। वह दुनिया को 'वसुधैव कुटुम्बकम्' के रूप में देखता है तो पूरे संसार को भाई चारे का पाठ पढ़ाता है। अतः हम निष्कर्षतः कह सकते हैं कि अध्यापक वह शक्ति है जो विद्यार्थियों के जीवन को ही नहीं अपितु देश के स्वरूप को बदल सकती है। अध्यापक की स्थिति तथा उसके कार्य को समझने के लिए भिन्न-भिन्न विद्वानों ने अलग-अलग परिभाषाएँ दी हैं, जिनमें से कुछ निम्नलिखित हैं—

1. हुमायूँ कबीर ने अध्यापक के विषय में कहा है **''अच्छे अध्यापकों के बिना शिक्षा की सर्वोत्तम पद्धति भी सफल नहीं हो सकती। अच्छे अध्यापकों से शिक्षा पद्धति के दोषों को भी दूर किया जा सकता है।''**

("Without good teacher, even the best of system is bound to fail. With good teachers, even the defects of a system can be largely overcome.")

अध्यापक का स्थान तो समाज में भगवान से भी बड़ा माना गया है। गुरु की प्रशंसा में रहीमदास, कबीरदास जैसे महान् कवियों ने अनेकों दोहे तथा छन्द लिखे हैं। कर्बीरदास जी ने तो गुरु की महिमा तथा पद को भगवान से भी बड़ा माना है। **कबीरदास** जी लिखते हैं—

''गुरु गोबिन्द दोऊ खड़े काके लागे पाय।
बलिहारी गुरु आपने गोबिन्द दियो बताय।।''
''सब धरती कागद करूँ, लेखनी सब बनराय।
सात समुद्र की मसि करू, गुरु गुण लिखा न जाय।''

हमें वर्तमान परिप्रेक्ष्य में ऐसे अध्यापकों की आवश्यकता है जिनमें श्रेष्ठ गुण हों। उनका काम मात्र सूचनाएँ एकत्रित करना, उन्हें बाँटना ही नहीं है, उसे तो एक समाज-सुधारक का काम करना है तथा नैतिकता का प्रचार भी करना है।

अध्यापक के महत्त्व पर प्रकाश डालते हुए मुदालियर शिक्षा आयोग (Mudaliar education Commission) ने कहा है कि, **''हम इस बात से पूर्णरूप से सहमत हैं कि शिक्षा महत्त्वपूर्ण तत्त्व अध्यापक है–उसके व्यक्तिगत गुण, उसकी शैक्षणिक योग्यताएँ, उसका व्यावसायिक जीवन, प्रशिक्षण तथा विद्यालय और समुदाय में उसका स्थान। विद्यालय की प्रसिद्धि तथा सामुदायिक जीवन पर उसका प्रभाव, उसमें कार्यरत अध्यापकों पर आधारित होता है।''**

("We are however, convinced that the most important factor in the complete educational reconstruction is the teacher – his personal qualities his educational qualities, his professional training and the place he occupies in the school as well as in the community. The reputation of a school and the influence on the life of community invariably depends upon the kind of teacher working in it.")

इसी संदर्भ में **कोठारी शिक्षा आयोग (1964-66) (Kothari Education Commission 1964-66)** ने अपने विचार प्रकट करते हुए कहा है कि, **''शिक्षा के गुणात्मक रूप से प्रभावित करने वाले सभी विभिन्न तत्त्वों में अध्यापक के गुण, कुशलता एवं चरित्र का महत्त्व निःसन्देह सर्वोपरि है।''**

("If all different factors which influence the quality of education and its contribution to material development, the quality, competence and character of teacher are undoubtedly the most significant.")

हुमायूँ कबीर ने अध्यापक के विषय में एक और परिभाषा देते हुए लिखा है, **"शाब्दिक अर्थ में शिक्षक राष्ट्रीय भाग्य का निर्णायक है।"**

("Teachers are literally the arbiters of a nation.")

भारत के महानतम ऋषिवर मनु ने अध्यापक के विषय में कहा है कि, **"अपनी माता के प्रति श्रद्धा द्वारा बालक विश्व को प्राप्त करता है, पिता की श्रद्धा से मध्य जगत् तथा शिक्षक के प्रति श्रद्धा से ब्रह्म जगत् को प्राप्त करता है।"**

(Manu, the greatest of Samiti says, "A child by devotion to his mother obtains this world, by devotion to his father the middle world, and by the devotion to his teacher, the Brahma world.")

इस प्रकार शिक्षा का महत्त्व समाज तथा शिक्षा पद्धति दोनों से ही स्पष्ट है। वस्तुतः शिक्षक उन भावी नागरिकों का निर्माण करता है जिनके ऊपर राष्ट्र के उत्थान एवं पतन का भार हैं। इसलिए जब भी कोई व्यक्ति इस अध्यापन कार्य को चुनता है तो यह किसी विवशता के कारण नहीं होना चाहिए। उसका यह चुनाव उसकी रुचियों, प्रवृत्तियों तथा इच्छा के अनुरूप होना चाहिए। केवल ऐसा होने पर ही वह इस व्यवसाय में कोई सार्थक कार्य कर सकता है। उसके अतिरिक्त शिक्षा विभाग को अध्यापकों के चयन के समय इस बात का अधिक ध्यान देना चाहिए कि केवल उन्हीं व्यक्तियों का इस व्यवसाय में चयन हो जो वास्तव में इसे इससे जुड़ना चाहते हैं।

आदर्श शिक्षक के गुण (Qualities of an Ideal Teacher)–आदर्श शिक्षक उसे माना जाता है जो विद्यार्थियों को तो राष्ट्रसेवा के लिए तैयार करता ही है, साथ ही साथ समाज तथा देश को गति भी देता है। हमारे इतिहास में ऐसे अनेकों उदाहरण हैं जो एक आदर्श शिक्षण के गुणों पर प्रकाश डालते हैं और जिन्होंने समाज व देश को नई दिशा दी। इस सूची में, गुरु द्रोणाचार्य, गुरु वशिष्ट, गुरु विश्वामित्र, गुरु अत्री, गुरु बृहस्पति, गुरु शुक्राचार्य तथा गुरु चाणक्य तथा अन्य कई गुरुओं के नाम आते हैं जिन्होंने लोक तथा परलोक दोनों को सुधारा।

आधुनिक परिप्रेक्ष्य में अध्यापकों के लिए जो मापदंड भूतकाल में निर्धारित किए गए थे वे अब बदल चुके हैं। यह सेवा का कार्य अब व्यवसाय बन चुका है। परन्तु इतना होने पर भी हम यह नहीं कह सकते हैं कि आदर्श अध्यापकों का अकाल पड़ गया है या वे गुण रहित हो गए हैं। आज भी एक लम्बी सूची ऐसे गुरुओं के नाम की है जो बच्चों के सर्वांगीण विकास में तो सहायक हैं ही साथ ही साथ देश को प्रगति के पथ पर निरन्तर आगे बढ़ा रहे हैं। ऐसे शिक्षकों में बालकों को समझने की शक्ति, उचित रूप से कार्य करने की क्षमता, शिक्षण योग्यता, कार्य करने की इच्छा तथा रुचि आदि अनेकों गुण होते हैं।

शिक्षण एक आध्यात्मिक प्रक्रिया है जिसमें मस्तिष्क का मस्तिष्क से सम्बन्ध स्थापित किया जाता है। यह सम्बन्ध मुख्य रूप से अध्यापक के व्यक्तित्व पर निर्भर करता है। इस विषय पर संसार भर में अनेकों अध्ययन किए गए हैं। संयुक्त राष्ट्र अमेरिका के **डॉ. एफ. एल. कलैप** ने 1913 में किए अपने अध्ययन के आधार पर अच्छे शिक्षक में कौन-कोन से गुण होने चाहिए उनकी एक सूची बनाई थी, जिसके अनुसार आदर्श अध्यापक में निम्नलिखित गुण होने चाहिए :-

(i) सम्बोधन (Addressing)

(ii) व्यक्तिक आकृति (Physical appearance)

(iii) आशावादिता (Optimism)

(iv) संयम (Patience)

(v) उत्साह (courage)

(vi) मानसिक निष्पक्षता (Mental impartiality)

(vii) शुभ चिन्तन (Good thinking)

(viii) सहानुभूति (Sympathy)

(ix) जीवन-शक्ति (Life force)

(x) विद्वता (Scholarship)

एफ.एल. कर्लेप के बाद इस क्षेत्र में **कीथ** तथा **बागेल,** अमेरिकन विद्वानों ने अध्ययन किए तथा कर्लेप के द्वारा निर्धारित किए गए 10 गुणों में 3 गुण और जोड़ दिए।

(i) चातुर्य (Wit)

(ii) नेतृत्व की क्षमता (Capability for leadership)

(iii) अच्छा स्तर (Good Level)

इन विद्वानों ने इन सूचियों को तैयार करते हुए विद्यालय के मुख्याध्यापकों, निरीक्षकों तथा अधीक्षकों की सहमति ली थी।

इनके पश्चात् **बौसिंग** (Bossing) ने अपने अध्ययन के दौरान बालकों की राय को भी महत्त्व दिया तथा शिक्षकों के गुणों को सूची में दो गुण और जोड़ दिए।

(i) छात्रों के प्रति मैत्रीपूर्ण दृष्टिकोण (Friendly attitude towards students)

(ii) विनोदप्रियता (Humour)

रेमण्ट (Raymont) तो यहाँ तक कहते हैं कि अच्छा अध्यापक केवल वही हो सकता है जो तुच्छ तथा घटिया बातों को अपने जीवन से पूर्ण रूप से हटा दे। परन्तु ज्यादातर अध्यापकों की जिन्दगी में यह देखने को मिलता है कि उनकी कथनी तथा करनी में बड़ा अन्तर है। वे दिखावा तो करते हैं उच्च स्तरीय चरित्र तथा व्यक्तित्व का परन्तु वास्तविक जीवन में वे तुच्छ फायदों तथा लालचों से ऊपर नहीं उठ पाते। अध्यापकों के इसी अवगुण से पीड़ित होकर महात्मा गाँधी ने कहा था कि शिक्षकों के आदर्श एवं व्यवहार में प्रायः सामंजस्य स्थापित नहीं हो पाता है। वे कहते कुछ हैं और करते कुछ और हैं।

भिन्न-भिन्न विद्वानों द्वारा निश्चित किए गुणों को आधार बनाकर हम कह सकते हैं कि सामान्य दृष्टि से एक अध्यापक में निम्नलिखित गुण विद्यमान होने चाहिए–

1. व्यक्तित्व संबंधी गुण (Qualities of personality)–व्यक्तित्व के अन्तर्गत निम्नलिखित गुण आते हैं–

(क) व्यक्तित्व का बाह्य गुण (External aspect of personality)–व्यक्ति के बाह्य गुण का प्रभाव दूसरों पर पहली दृष्टि में ज्यादा पड़ता है। इसलिए उसका बाह्य व्यक्तित्व आकर्षक तथा प्रभावशाली होना चाहिए। वे स्वास्थ्य की दृष्टि से इतने अच्छे होने चाहिए कि विद्यालय में होने वाली विभिन्न क्रियाओं में हिस्सा ले सकें। उसकी वाणी में मृदुलता तथा अधिकार का सही सम्मिश्रण होना चाहिए। उसका उच्चारण स्पष्ट होना चाहिए तथा अभिव्यक्ति में उसके सन्तुलित व्यक्तित्व की झलक मिलनी चाहिए। यदि कोई अध्यापक शारीरिक रूप से कुछ कमजोर है या उसमें शारीरिक न्यूनताएँ हैं, तो वह अपनी इन कमियों को अपने बातचीत के ढंग, शिष्टाचार तथा मधुरवाणी से दूर कर सकता है।

(ख) व्यक्तित्व का आन्तरिक पक्ष (Internal aspect of personality)–बाह्य पक्ष केवल प्रथम दृष्टि या औपचारिकताएँ निभाने वक्त काम करता है। यह व्यक्ति को पूर्णरूपेण नहीं करता। बाह्य पक्ष द्व ारा जो प्रभाव डाला जाता है उसे स्थिरता देने की भूमिका आन्तरिक पक्ष निभाता है। यह सत्य है कि जिन अध्यापकों का बाह्य पक्ष आकर्षक होता है वे नये विद्यार्थियों तथा उनके अभिभावकों पर तुरन्त प्रभाव डालते हैं, परन्तु यदि उनका आन्तरिक पक्ष कमजोर है तो वे अतिशीघ्र अपना आकर्षण खो देते हैं। इसके विपरीत बाहर से साधारण प्रतीत होने वाले अध्यापक अपने आन्तरिक गुणों से अपने प्रभाव को बहुत अधिक बढ़ा लेते हैं। इसलिए एक सफल अध्यापक में निम्नलिखित आंतरिक गुण होने चाहिए।

(i) मानसिक स्वास्थ्य (Mental Health)–एक सफल अध्यापक वही होता है जो मानसिक रूप से स्वस्थ होता है। इसके अतिरिक्त उसमें अनिवार्य भावात्मक स्थायित्व (Emotional Stability) संवेगों पर संयम तथा जीवन के प्रति स्वीकारात्मक (Positive) दृष्टिकोण होना चाहिए।

(ii) विनोद प्रियता तथा बुद्धि चातुर्य (Humour and Wit)–एक सफल अध्यापक वही कहलाता है जो अपने पाठन कार्य को नीरसता तथा शुष्कता आदि विशेषणों से ग्रसित नहीं होने देता। इसलिए अध्यापक को विनोदप्रिय तथा चतुर होना चाहिए। ये वे गुण हैं जो किसी को भी अपनी ओर आकर्षित करने की अद्‌भुत शक्ति रखते हैं। इन गुणों से सम्पन्न अध्यापक जटिल से जटिल तथा नीरस विषय को भी सुबोध तथा सरल बना सकता है तथा शिक्षण प्रक्रिया को रोचक बना सकता है।

(iii) लोकतंत्रात्मक दृष्टिकोण (Democratic outlook)–मुख्य शिक्षा के महत्त्वपूर्ण उद्देश्यों में से एक उद्देश्य है विद्यार्थियों में लोकतन्त्रात्मक प्रवृत्तियों का विकास करना और यदि अध्यापक का स्वयं का दृष्टिकोण लोकतंत्रात्मक है तो वह अपने विद्यार्थियों के दृष्टिकोण को अपने अनुरूप तथा अनुसार ढ़ालने में सफल हो सकता है। इस सफलता के लिए एक अध्यापक में अभिव्यक्ति की स्वतन्त्रता के प्रति विश्वास, सहिष्णुता आपसी सहयोग, न्यायप्रियता तथा समानता आदि गुण होने चाहिए क्योंकि ये गुण परस्पर सहयोग करते हुए प्रजातंत्र को सुदृढ़ तथा सफल बनाते हैं।

(iv) आत्म संयम (Self Control)–धैर्य तथा संयम वे गुण हैं जो किसी भी व्यक्ति को महान बना सकते हैं। उनसे सहानुभूतिपूर्ण तथा मैत्रीपूर्ण व्यवहार पनपता है। कठिन परिस्थिति तथा उत्तेजक अवस्था में भी यदि धैर्य एवं संयम को नहीं छोंड़ता, निश्चित रूप से वह विषम परिस्थिति से भी बाहर निकल सकता है। यदि कक्षा में विद्यार्थी अध्यापक द्वारा कोई प्रश्न समझाने पर भी नहीं समझ पा रहे हों या विद्यार्थियों का व्यवहार आशा के विपरीत हो तो भी अध्यापक को अपना नियन्त्रण तथा आत्म संयम नहीं खोना चाहिए अपितु, उस विषम परिस्थिति से निपटने के लिए हर संभव प्रयास करना चाहिए।

(v) ईमानदारी तथा गाम्भीर्य (Honesty and Seriousness)–अध्यापक को अपने व्यवहार तथा कार्य के प्रति ईमानदार तथा गम्भीर होना चाहिए। केवल एक ईमानदार अध्यापक ही अपने विद्यार्थियों को गम्भीरता तथा ईमानदारी का पाठ पढ़ा सकता है। अध्यापक का चरित्र उसके विद्यार्थियों के लिए एक आदर्श होता है। इसलिए अध्यापक में ईमानदारी तथा नैतिकता जैसे गुण विद्यमान होने चाहिए।

(vi) सहानुभूतिपूर्ण व्यवहार (Sympathetic Behaviour)–वही अध्यापक सफल कहलाता है जो विद्यार्थियों की पढ़ाई के साथ-साथ दूसरी मुश्किलों से बाहर निकलने का रास्ता भी प्रशस्त करता है। यदि विद्यार्थी कोई गलती करता है या गलत रास्ते पर चल पड़ता है तो यह अध्यापक का कर्तव्य है कि वह उसे दुत्कारने की बजाय अपने प्यार से उसे समझाने का प्रयास करे और यदि विद्यार्थी किसी क्षेत्र में असफल हो जाता है तब भी उसे डाटने फटकारने की बजाय सहानुभूतिपूर्वक समझाना चाहिए। अध्यापक के एक पथ-प्रदर्शक के रूप में अपनी भूमिका निभाने के लिए मैत्रीपूर्ण तथा सहानुभूतिपूर्ण भावना अवश्य होनी चाहिए।

2. व्यावसायिक गुण (Professional Qualities)–अध्यापन कार्य एक श्रेष्ठ व्यवसाय है। यदि कोई व्यक्ति अध्यापक बनना चाहता है तो उसमें कुछ विशेष गुणों का होना अत्यन्त आवश्यक है। केवल वही व्यक्ति कुशल तथा सफल अध्यापक बन सकता है जिसे अध्यापन की माँगों तथा आवश्यकताओं का पूर्णरूप से ज्ञान हो। **डॉ. राधाकृष्णन** के शब्दों में, **"समाज में अध्यापक का स्थान अत्यन्त महत्त्वपूर्ण है। वह एक-एक केन्द्र बिन्दु हैं जहाँ से बौद्धिक परम्पराएँ तथा तकनीकी कुशलताएँ एक पीढ़ी से दूसरी पीढ़ी को संचारित होती हैं। वह सभ्यता के दीप को प्रज्वलित रखने में योगदान प्रदान करता है। वह केवल व्यक्ति का ही मार्गदर्शन नहीं करता बल्कि सम्पूर्ण राष्ट्र के भाग्य का निर्माण करता है। अतः अध्यापकों को समाज के प्रति अपने विशिष्ट कर्तव्य को पहचानना चाहिए।"**

("The place of a teacher in society is of great importance. He serves as the central figure of the transmission in intellectual traditions and technical skill from generation to generation and helps to keep the lamp of civilization burning. He not only guides an individual but also makes the destiny of the nation. Therefore, teacher have to realise their special obligations to the society.")

अध्यापक में किसी भी विषय के शिक्षण के लिए व्यावसायिक दृष्टिकोण से निम्नलिखित गुण होने चाहिए–

(i) प्रशिक्षण (Training)–शिक्षण एक विज्ञान भी है और एक कला भी इस कार्य में निपुणता प्राप्त करने के लिए प्रशिक्षण अति आवश्यक है। इसके अतिरिक्त अध्यापन कार्य में सफलता के लिए अध्यापक का बाल मनोविज्ञान (Child Pshychology) का ज्ञान होना अति आवश्यक है। वह भिन्न-भिन्न शिक्षण साधनों से अपने अध्यापक कार्य को प्रभावशाली बना सकता है। विद्यार्थियों के उचित, मार्गदर्शन के लिए विभिन्न तकनीकों का प्रयोग करना होता है तथा साथ ही साथ उनकी उपलब्धियों तथा न्यूनताओं का रिकॉर्ड रखना होता है तथा उस रिकॉर्ड का मूल्यांकन भी करना होता है। ये सभी व्यावसायिक प्रशिक्षण के बिना पूरी नहीं हो सकती। इसीलिए अध्यापक का प्रशिक्षित होना अत्यन्त जरूरी है।

(ii) विषय वस्तु का ज्ञान (Vital Knowledge of the Subject)–किसी भी अध्यापक को सफलता तब तक प्राप्त नहीं हो सकती है जब तक कि उसे अपने विषय का पूरा ज्ञान न हो। इसलिए शिक्षण कार्य की सफलता हेतु अध्यापक को अपने विषय का ज्ञाता होना जरूरी है।

(iii) मौलिकता (Originality)–अध्यापक में मौलिकता का होना अत्यन्त जरूरी है, क्योंकि किसी भी विषय की गतिशीलता तथा शिक्षण को निरन्तर रखने वाली प्रक्रिया अध्यापक से मौलिकता की माँग करती है।

(iv) प्रबन्ध तथा मार्गदर्शन की योग्यता (Management and guidance Ability)–केवल विषय का ज्ञान होना किसी व्यक्ति को पूर्ण सफलता नहीं दिला सकता है। यह तो सफलता का एक अति महत्त्वपूर्ण घटक है। पाठन कार्य के साथ-साथ उसमें कार्य कुशलता तथा मार्गदर्शन जैसे गुणों का होना अति आवश्यक है। उसका काम केवल पाठ्य-पुस्तकों तक ही सीमित नहीं है, बल्कि उसे विद्यार्थियों का मार्गदर्शन भी करना होता है। इसीलिए अध्यापक को समाज का सबसे महत्त्वपूर्ण व्यक्ति समझा जाता है। उसे मार्गदर्शक, दार्शनिक, अभिभावक तथा मित्र (Guide, philosopher and friend) आदि सम्बोधनों से पुकारा जाता है।

वह अपने सभी अलंकारों को वास्तविक रूप केवल तब ही दे सकता है उसमें आवश्यक गुणों का भण्डार हो। उदाहरण के लिए मार्ग दर्शक की भूमिका वह तभी कुशलतापूर्वक निभा सकता है जब उसमें मार्गदर्शन की योग्यता हो। इसके लिए उसे एक ओर तो विद्यार्थियों की रुचियों, आवश्यकताओं तथा योग्यताओं को समझना चाहिए और दूसरी और मार्गदर्शन की विभिन्न तकनीकों के प्रयोग का ज्ञान होना चाहिए। उसमें निरीक्षण की योग्यता होनी चाहिए तथा विभिन्न प्रकार के परीक्षणों जैसे, बुद्धि परीक्षण, रुचि, अभिकाभिय परीक्षण तथा परीक्षण आदि का ज्ञान होना चाहिए। उन सबके साथ-साथ अध्यापक को शिक्षण के लिए कई प्रकार की क्रियाओं का चयन तथा आयोजन करना होता है और इस कार्य की सफलता इस बात पर निर्भर करती है कि अध्यापक के प्रबन्ध से सम्बन्धित योग्यता कितनी है।

(v) साधन सम्पन्नता (Resourcefulness)–यह जरूरी नहीं है कि अध्यापक को वो सभी चीजें जो अध्यापन कार्य में अनिवार्य रूप से काम आती हैं। सुव्यवस्थित ढंग से मिल जाएं। इन स्थितियों से निपटने के लिए अध्यापक की साधन सम्पन्नता काम आती है।

(vi) सतत अध्ययनशीलता (Continuous interest in reading)–शिक्षण प्रक्रिया वह प्रक्रिया है जो मानव के साथ ही शुरू हो जाती है तथा उसकी मृत्यु तक चलती रहती है। अर्थात् किसी भी मानव की शिक्षा प्रक्रिया जीवन भर निरन्तर चलती रहती है। अध्यापक को नवीनतम जानकारी प्राप्त करने के लिए अपने आप को पढ़ाई से जोड़े रखना होगा, क्योंकि वह शिक्षण व्यवस्था से न्याय तभी कर सकता है जब वह निरन्तर अपनी योग्यता को सुधारने में तल्लीनता से लगा रहे। प्रत्येक अध्यापक को चाहिए कि वह गुरु श्री रवीन्द्र नाथ टैगोर द्वारा कहे गए वचनों को सदैव याद रखे। उन्होंने कहा था, **"अध्यापक तब तक वास्तविक अर्थों में नहीं पढ़ा सकता जब तक वह स्वयं निरन्तर सीखता न रहे। एक दीपक तब तक दूसरे दीपक को प्रज्वलित नहीं कर सकता जब तक वह स्वयं न जलता रहे।"**

("A teacher can never truly teach unless he is still learning. A lamp can never light another lamp unless it continues to burn its own flame.")

(vii) अपने कार्य में विश्वास (Faith in ones own work)–अध्यापक को अपने कार्य के प्रति अगाध विश्वास तथा आस्था रखनी चाहिए। यदि उसकी अपने कार्य में आस्था नहीं है तो वह अपना कार्य सफलतापूर्वक कराने में कभी भी समर्थ नहीं हो सकता।

वैश्विक शिक्षा में शिक्षक की भूमिका–वैश्विक या सार्वभौमिक शिक्षा में शिक्षक की अहम् भूमिका होती है। वैश्विक शिक्षा के लिए शिक्षक की भूमिका निम्नलिखित है–

1. विश्व नागरिकता का विकास (Development of World Citizenship)—शिक्षा का उद्देश्य बच्चे में विश्व नागरिकता की भावना का विकास करना होना चाहिए ताकि वह स्वयं को विश्व परिवार का सदस्य माने और अपने निजी स्वार्थों को त्याग दे। उच्च शिक्षा एक ऐसा सार्थक, सशक्त व प्रगतिशील साधन है जिससे सहज व स्वाभाविक ढंग से विश्व नागरिकता का विकास किया जा सकता है। अध्यापक की इसमें अहम् भूमिका है।

2. ज्ञान विस्फोट की जानकारी प्रदान करना (Providing Information of Knowledge Explosion)—आज के आधुनिकीकरण के युग में तकनीकी, विज्ञान, कृषि, वाणिज्य, अन्तरिक्ष विज्ञान तथा अन्य क्षेत्रों में विशेषीकरण के नए क्षेत्र को चुनौती दे रहे हैं। अतः ज्ञान के नये क्षेत्रों से विद्यार्थियों को परिचित कराया जाए। अतः शिक्षा का उद्देश्य आधुनिकीकरण की प्रक्रिया को तेज करना होना। इसमें अध्यापक की अहम भूमिका होती है।

3. व्यक्तित्त्व का सर्वांगीण विकास करना (All round Development of the Personality)—आज शिक्षा को व्यापक अर्थों में ग्रहण किया जाता है। इसका उद्देश्य बच्चे को पढ़ना-लिखना सिखाकर उसका केवल मानसिक विकास करना ही नहीं है। इसका सम्बन्ध तो उसके व्यक्तित्त्व के विभिन्न पक्षों के समान विकास के साथ है। इसीलिए शिक्षा को चार H की शिक्षा भी कहा जाता है।

जिसका अर्थ है–

1. Head
2. Heart
3. Hand
4. Health

ये चार H व्यक्तित्त्व के निम्नलिखित चार पक्षों की ओर संकेत करते हैं–

Head – अर्थात् मानसिक विकास

Heart – अर्थात् भावात्मक विकास

Hand – अर्थात् व्यावसायिक कुशलता का विकास

Health – अर्थात् शारीरिक विकास।

अध्यापक निम्नलिखित पक्षों के विकास में महत्वपूर्ण भूमिका निभाता है–

(i) शारीरिक विकास–शारीरिक विकास व्यक्तित्त्व के अन्य पक्षों के विकास का आधार है। सब जानते हैं कि स्वस्थ शरीर में ही स्वस्थ मस्तिष्क निवास करता है (A sound mind in a sound body.)। स्वस्थ व्यक्ति ही दूसरे के सुख-दुख में उसका साथ दे सकता है। समाज के अन्य व्यक्तियों के साथ उसके सम्बन्ध को भी शारीरिक स्वास्थ्य प्रभावित करता है। अतः शिक्षा का एक उद्देश्य बच्चे का समुचित शारीरिक विकास करना है जिससे उसके व्यक्तित्त्व के अन्य पक्षों का विकास हो सके।

(ii) मानसिक विकास–जीवन में सफलता के लिए व्यक्ति की मानसिक शक्तियों का विकास बहुत जरूरी है। सोचना-समझना, तर्क करना, निर्णय लेना तथा समस्या समाधान आदि योग्यताओं की व्यक्ति को कदम-कदम पर आवश्यकता होती है। अतः शिक्षा का उद्देश्य व्यक्ति की इन बौद्धिक क्षमताओं का विकास करना है जिससे वह सोच-विचार कर उचित निर्णय ले सके तथा जीवन में आने वाली समस्याओं का ठीक से समाधान कर सके।

(iii) भावात्मक विकास–केवल शारीरिक व मानसिक विकास ही पर्याप्त नहीं है। मानव होने के नाते उसमें संवेदना या भावना का होना आवश्यक है। व्यक्ति कितना ही स्वस्थ व उच्च शिक्षा प्राप्त क्यों न हो, भावनाओं के अभाव में अशिक्षित ही कहा जाएगा। यदि किसी दुखी या संकटग्रस्त व्यकित को देखकर हमारे

दिल में दया का भाव पैदा नहीं होता तो हम शिक्षित तो क्या मनुष्य कहलाने के भी अधिकारी नहीं हैं। अतः शिक्षा का उद्देश्य व्यक्ति का भावात्मक विकास करना भी है।

(iv) सामाजिक विकास—सामाजिक प्राणी के होने के नाते व्यक्ति में कुछ सामाजिक गुणों का होना बहुत आवश्यक है। उसमें ऐसी योग्यताएँ होनी चाहिएं जिससे वह समाज में अपने आपको एक योग्य नागरिक के रूप में प्रस्तुत कर सके। इसके अतिरिक्त सफल होने के लिए उसमें समाज के साथ समायोजन करने की योग्यता भी आवश्यक है। अतः शिक्षा का उद्देश्य व्यक्ति का सामाजिक विकास करना भी है।

(v) नैतिक विकास—व्यक्ति के जीवन में चरित्र का महत्त्व स्वास्थ्य एवं धन से भी अधिक है। संस्कृत में कहा गया है कि धन के नष्ट होने पर व्यक्ति नष्ट नहीं होता पर चरित्र के नष्ट होने पर वह नष्ट हो जाता है। सच्चरित्र व्यक्ति ही समाज में सम्मान प्राप्त करते हैं। इसलिए शिक्षा का उद्देश्य व्यक्ति का नैतिक विकास करना है। इस संदर्भ में **हरबार्ट** का यह कथन उल्लेखनीय है—**"शिक्षा का एकमात्र उद्देश्य नैतिकता का विकास करना है।"** (One and whole aim of education may be summed up in the concept of morality.)

(vi) कलात्मक अभिरुचि का विकास—मानव होने के नाते मनुष्य में सौन्दर्यानुभूति की क्षमता का होना बहुत आवश्यक है। दूसरे शब्दों में उसमें ऐसी योग्यता हो कि वह सुन्दर वस्तु को देखकर उसकी सराहना कर सके। शिक्षा का उद्देश्य व्यक्ति में ऐसी क्षमता का विकास करना है।

(vii) व्यावसायिक कुशलता का विकास—महात्मा गाँधी ने कहा था कि **"शिक्षा बेरोजगारी के विरुद्ध एक प्रकार का बीमा होना चाहिए।"** (Education should be a kind of insurance against unemployment.)

अतः शिक्षा का उद्देश्य व्यक्ति में व्यावसायिक दक्षता का विकास करना होना चाहिए जिससे शिक्षा समाप्ति के बाद वह सीखे गए व्यवसाय के आधार पर अपनी आजीविका कमा सके।

4. वैश्वीकरण से सम्बन्धित पाठ्यक्रम पर बल (Emphasis on Globalisation Related Curriculum)—वैश्वीकरण के अन्तर्गत पाठ्यक्रम निर्माण हेतु निम्न सिद्धान्तों को अध्यापक द्वारा ध्यान में रखा जाना चाहिए—

(i) पाठ्यक्रम विद्यार्थियों में ज्ञान, बोध व कौशलों का विकास करे।
(ii) पाठ्यक्रम में विभिन्नता हो।
(iii) बच्चों में अपेक्षित मूल्यों का विकास करे।
(iv) बच्चों में विश्व नागरिकता का विकास करे।
(v) यह आधुनिकता व परम्परा के समन्वय स्थापित करे।
(vi) समाज की आवश्यकता के अनुकूल परिवर्तनशील हो।

उपर्युक्त सिद्धान्तों के मद्देनजर पाठ्यक्रम में हिन्दी, अंग्रेजी, इतिहास, भूगोल, नैतिक शिक्षा तथा विज्ञान व तकनीकी के विषयों तथा व्यावसायिक विषयों को शामिल किया जाए। इन विषयों की विषय-सामग्री भी वैश्वीकरण के अनुरूप हो।

5. विश्व-स्तर की शिक्षण विधियों के प्रयोग पर बल (Emphasis on Global Level Teaching Methods)—अध्यापक द्वारा वैश्वीकरण के सन्दर्भ में शिक्षा के उद्देश्य निर्धारित किए जाने चाहिएँ। उनकी प्राप्ति की शिक्षण विधियाँ भी विश्व स्तर की होनी चाहिएं। शिक्षण विधियों में क्रान्तिकारी परिवर्तन हुए हैं। आज छात्र ज्ञान को स्वयं खोज निकालता है। इंटरनैट व कम्पयूटर का प्रयोग बढ़ गया है। अपने अनुभवों व क्रियाओं द्वारा सीखने की प्रक्रिया को बल मिला है। अतः छात्रों के स्वयं के निरीक्षण, अध्ययन व प्रयोग पर आधारित विधियों का प्रयोग विश्वीकरण की प्रक्रिया के अनुरूप है।

6. मानव मूल्यों व संस्कृति का विकास (Development of Human Values and Culture)—शिक्षा का उद्देश्य मानव मूल्यों तथा संस्कृति का विकास भी होना चाहिए ताकि वैश्वीकरण के इस दौर में हम अपनी अलग राष्ट्रीय पहचान भी बनाए रख सकें।

7. व्यावसायिक कुशलता का विकास (Development of Vocational Efficiency)—शिक्षा का उद्देश्य छात्रों में व्यावसायिक कुशलता का विकास भी होना चाहिए क्योंकि आर्थिक सुधार व्यक्तियों की व्यावसायिक दक्षता पर निर्भर करते हैं। वैश्वीकरण आर्थिक सुधारों के साथ सम्बन्ध रखता है।

8. आधुनिकीकरण के लिए शिक्षा (Education for Modernization)—आधुनिकीकरण का अर्थ है व्यक्तियों के सोचने एवं कार्य करने के ढंग में बदलाव आना। आज कोई भी देश पुरानी सोच एवं काम करने के पुराने तरीके प्रयोग करके आगे नहीं बढ़ सकता। अतः शिक्षा का उद्देश्य लोगों के दृष्टिकोण को वैज्ञानिक बनाकर तथा उनको काम करने के नए तरीकों की जानकारी देकर उस समाज का आधुनिकीकरण करना होना चाहिए।

भारतीय समाज भी रूढ़ियों व अंधविश्वासों का शिकार रहा है। यहाँ के लोग पुरातन पंथी हैं। किसी भी नई बात को वे आसानी से स्वीकार नहीं करते। काम करने के नए तरीकों का अपनाने से वे डरते हैं उनमें वैज्ञानिक दृष्टिकोण का अभाव है। अतः हमारी शिक्षा का उद्देश्य समाज का आधुनिकीकरण करना होना चाहिएँ विज्ञान व तकनीकी की शिक्षा इस उद्देश्य की प्राप्ति में सहायक सिद्ध हो सकती है। इसमें अध्यापक की अहम भूमिका होती है।

9. बच्चों को उच्च-शिक्षा के अवसर प्रदान करना (Providing Opportunities to Children for Higher Education)—आज उच्च शिक्षा प्रदान करना आवश्यक हो गया है। उच्च शिक्षा से व्यक्तित्त्व का विकास होता है, यह व्यवसायीकरण में योगदान देती है, राष्ट्रीय तथा विश्व स्तर पर जागरूकता उत्पन्न होती है। विश्व को जानने की जिज्ञासा उत्पन्न होती है। उच्च शिक्षा से देश की प्रगति होती है। विश्व नागरिकता के प्रशिक्षण के लिए उच्च शिक्षा आवश्यक है यह मानव संसाधनों का विकास करती है ताकि देश आर्थिक दृष्टि से प्रगति करे। इसमें अध्यापक की अहम भूमिका होती है।

10. विश्व नागरिकता की भावना का विकास (Development of the Sense of World Citizenship)—वर्तमान संसार में मेरा देश गलत या ठीक (My country right or wrong) से अधिक खतरनाक विचार और कोई नहीं। आज संसार में इतनी घनिष्ठता आ गई है कि कोई राष्ट्र अकेले रहने का साहस नहीं कर सकता। अतः विश्वनागरिकता उतनी ही महत्त्वपूर्ण हो गई है जितनी कि राष्ट्रीय नागरिकता।

11. अन्तर्राष्ट्रीय सद्भावना—आज का युग अन्तर्राष्ट्रीयता का युग है। संकीर्ण राष्ट्रीयता युद्धों को जन्म देती है। आज कोई भी राष्ट्र अकेला रहकर प्रगति नहीं कर सकता। अतः आज बच्चों में विश्व परिवार की भावना का विकास करना आवश्यक है जिससे वे मानवता के हित के लिए अपने राष्ट्रीय हितों को बलिदान करने के लिए तैयार रहें। शिक्षा के माध्यम से उन्हें विश्व के विभिन्न राष्ट्रों, उनकी सभ्यता व संस्कृति की जानकारी दी जाए तथा यह बताया जाए कि किसी प्रकार सभी राष्ट्र अपनी आवश्यकताओं की पूर्ति के लिए किसी न किसी रूप में दूसरे राष्ट्रों पर निर्भर हैं। इसके लिए हमरी शिक्षा का उद्देश्य बच्चों में अन्तर्राष्ट्रीय सद्भावना का विकास करना होना चाहिए। अध्यापक की अन्तराष्ट्रीय सद्भावना में महत्वपूर्ण भूमिका होती है।

12. सामाजिक, नैतिक एवं आध्यात्मिक मूल्यों का विकास (Development of Social, Moral and Spiritual Values)—आज भारत ही नहीं विश्व भर में मानवीय मूल्यों में गिरावट आ रही है। मानव का नैतिक पतन हो रहा है। आपसी प्रेम एवं सहयोग जैसी भावनाएँ लुप्त होती जा रही हैं। आपसी घृणा एवं द्वेष बढ़ता जा रहा है। मानवता नष्ट होती जा रही है। सारा विश्व अशान्त है और इस अशान्ति से बचने के लिए व्यक्तियों में अच्छे मूल्यों का विकास किया जाना आवश्यक है। ऐसा तभी सम्भव है जब हम इसे अपनी शिक्षा का उद्देश्य बनाकर उसके माध्यम से बच्चों के जीवन में आरंभ से ही इन मूल्यों को उतारने का प्रयास करें। इस संदर्भ में भारतीय शिक्षा आयोग की ये पंक्तियाँ उल्लेखनीय हैं—"आज हम विनाश के उस कगार पर खड़े हैं जहाँ से कुछ भी बचने वाला नहीं है। विश्व में सांस्कृतिक व सामाजिक संघर्ष उत्पन्न हो गया है। प्रत्येक व्यक्ति अशान्त है और इस अशान्ति का मुख्य कारण है मानव मूल्यों का पतन। पतन की इस प्रक्रिया पर केवल एक प्रकार से विजय प्राप्त की जा सकती है। वह है शिक्षा प्रक्रिया में सामाजिक, नैतिक तथा आध्यात्मिक मूल्यों की शिक्षा को पर्याप्त स्थान दिया जाए।" अध्यापक की इन मूल्यों के विकास में मुख्य भूमिका होती है।

13. पर्यावरण संरक्षण (Conservation f Environment)—बढ़ता प्रदूषण आज एक विश्व समस्या का रूप धारण कर चुका है। यदि इसे नियंत्रित करने के लिए उचित कदम न उठाए गए तो मानवता के लिए खतरा उत्पन्न हो जाएगा। अतः आवश्यकता इस बात की है कि लोगों में अपने पर्यावरण के प्रति जागरूकता पैदा की जाए। उन्हें प्रदूषण के खतरों के प्रति सचेत किया जाए। इसके लिए पर्यावरण संरक्षण को शिक्षा का एक उद्देश्य बनाया जाना चाहिए। विद्यालय में पढ़ाए जा रहे विभिन्न विषयों तथा अन्य सहगामी गतिविधियों के माध्यम से अध्यापक द्वारा बच्चों को पर्यावरण सम्बन्धी जानकारी दी जानी चाहिए।

उपरोक्त उद्देश्यों के अतिरिक्त वैश्विक परिप्रेक्ष्य में शिक्षा के निम्नलिखित उद्देश्य होने चाहिए—

1. वैज्ञानिक दृष्टिकोण तथा लोकतांत्रिक, चारित्रिक व आध्यात्मिक मूल्यों का विकास करना।
2. विषम परिस्थितियों का सामना करने व उन्हें बदलने के लिए आत्म-विश्वास पैदा करना।
3. भौतिक, सामाजिक, तकनीकी, आर्थिक व सांस्कृतिक वातावरण के प्रति जागरूकता पैदा करना।
4. श्रम के प्रति स्वस्थ दृष्टिकोण का विकास करना।
5. देश की एकता, उसके सम्मान और विकास को बनाए रखने के लिए समर्पण की भावना का विकास करना।
6. अन्तर्राष्ट्रीय सद्भावना को बढ़ावा देना।

◆◆◆

4.7 समानतावादी नीति के रूप में आरक्षण
(Reservation as an Egalitarion policy)

1. समानतावादी नीति के रूप में आरक्षण का वर्णन कीजिए।

अथवा

शिक्षा के समानता का क्या अर्थ है? शिक्षा के समानता लाने में आरक्षण किस तरह मदद करता है?

उत्तर–शिक्षा में समानता लाने के लिए आरक्षण की व्यवस्था की गई है। संविधान में अनेक प्रावधान किए गए हैं। संविधान की धारा (अनुच्छेद 340) के अनुसार राष्ट्रपति द्वारा सामाजिक तथा शैक्षणिक रूप से पिछड़े वर्गों के लिए आयोग का गठन किया गया था, जो पिछड़े वर्गों की दशा की जांच-पड़ताल के पश्चात् उनकी कठिनाइयों को दूर करने के लिए सिफारिशें करता है। इस प्रकार के दो आयोगों का गठन किया गया है।

1. केलकर आयोग (1953-1955) : इस आयोग की रिपोर्ट पर कोई निर्णय नहीं लिया गया।
2. मण्डल आयोग (1979-1980) : इसका विवरण इस प्रकार है—

मण्डल आयोग की सिफारिशें तथा सरकार का निर्णय—मण्डल कमीशन के अध्यक्ष बी. पी. मण्डल थे। इस कारण यह मण्डल कमीशन के नाम से जाना जाता है। इस कमीशन का गठन 1979 में हुआ तथा इसने अपनी संस्तुतियाँ 1980 में दीं। इस कमीशन की महत्वपूर्ण सिफारिशें इस प्रकार हैं—

1. पिछड़े वर्गों (जातियों) को सरकारी नौकरियाँ 27% आरक्षण दिया जाए।
2. केन्द्र तथा राज्य सरकारों द्वारा संचालित सभी वैज्ञानिक तकनीकी और व्यावसायिक संस्थाओं में पिछड़ी जातियों के लिए 24 प्रतिशत सीटें आरक्षित की जाएँ।
3. पिछड़े वर्गों को वित्तीय सहायता प्राप्त करने के लिए सरकार द्वारा अलग से वित्तीय संस्थाओं की स्थापना की जाए।

मण्डल आयोग की सिफारिशों पर सरकार का निर्णय—मण्डल कमीशन की रिपोर्ट पर देश में कुछ समूहों में जो आरक्षण के विरुद्ध थे, उन्होंने देशव्यापी हड़तालें कीं तथा जुलूस निकाले। भारत सरकार ने 7 अगस्त, 1990 को सामाजिक तथा आर्थिक रूप से पिछड़े वर्गों के लिए नौकरियों में 27 प्रतिशत आरक्षण करने की घोषणा की। बाद में कुछ संशोधन किया गया, जिसके अनुसार 10 प्रतिशत पदों को ऐसे निर्धन लोगों के लिए रखा जाएगा जो आरक्षण की वर्तमान किसी भी योजना के अन्तर्गत नहीं आते।

धारा 29(2) के अनुसार, "राज्य द्वारा संचालित अथवा सहायता प्राप्त किसी भी शैक्षणिक संस्था में धर्म, प्रजाति, जाति, भाषा के आधारों पर अथवा इनमें से किसी आधार पर किसी नागरिक को प्रवेश देने से इन्कार नहीं किया जाएगा।"

धारा 30(1) के अनुसार, "सभी अल्पसंख्यकों को चाहे उनका आधार धर्म हो या भाषा, अपनी पसन्द की शिक्षा संस्था स्थापित करने एवं प्रशासन करने का अधिकार होगा।"

राज्य शिक्षा संस्थाओं को सहायता देते समय, इस आधार पर भेदभाव नहीं रखेगा कि वह किसी अल्पसंख्यक की संस्था है। चाहे उसका आधार धर्म हो अथवा भाषा हो।

उच्चतम न्यायालय के निर्देश—उच्चतम न्यायालय ने 16 नवम्बर, 1992 को निर्णय दिया। मुख्य रूप से इसमें निम्न बातें कही गई हैं—

1. जो अधिसूचना नौकरियों में 27 प्रतिशत आरक्षण देने के बारे में जारी की गई थी, वह सही है।
2. जो 10 प्रतिशत आरक्षण आर्थिक रूप से पिछड़े वर्गों के लिए किया गया था, वह ठीक नहीं है।
3. पिछड़े वर्गों में जो आर्थिक रूप से सम्पन्न (Creamy Layer) हैं, उन्हें आरक्षण की सूची से निकाल दिया जाए।

शिक्षा में समानता का अर्थ (Meaning of Equality in Education)—सामान्य व्यक्ति के लिये समानता का अर्थ बराबरी से है अर्थात् सभी नागरिको के साथ बराबरी का व्यवहार किया जाये। साधारण व्यक्तियों के अनुसार 'सभी समान हैं' परंतु ऐसा कहना उचित नहीं है। क्योंकि हम देखते हैं कि लोगों में शारीरिक संरचना एवं मानसिक योग्यताओं की दृष्टि से भिन्नता पायी जाती है। जब हम समानता को शिक्षा की दृष्टि से देखते हैं तो हमारा अभिप्राय शिक्षा में सभी नागरिकों को समान अवसर प्रदान करना है। वास्तव में समानता अन्यायपूर्ण असमानता के विरुद्ध उठती एक आवाज है। इसका तात्पर्य यह है कि सभी व्यक्तियों को तब तक समान समझा जाये जब तक वैसा न करने के उचित न्यायसंगत कारण न हों। समान अवसर प्रदान करने की बात इतनी आसान नहीं है जितनी कि दिखाई देती है। इसका तात्पर्य समाज के मूल्यों एवं उद्देश्यों की प्राप्ति के लिये सभी वर्गों के लिये समान अवसर प्रदान करना है। उदाहरण के लिये, भारतीय संविधान द्वारा सभी को समानता का अधिकार प्राप्त है किन्तु समाज के पिछड़े वर्ग एवं अनुसूचित जातियों तथा जनजातियों तथा स्त्रियों आदि के लिये कुछ विशेष प्रावधान किये गये हैं। ऐसा करना समानता के अधिकार का हनन नहीं है। क्योंकि ऐसा करने का न्यायोचित कारण है और वह है वर्षो से उपेक्षित इन वर्ग के लोगों को समाज के अन्य उच्च वर्गों के बराबर की स्थिति पर लाना। प्रजातंत्र इस बात पर बल देता है कि सभी मनुष्य समान हैं और हमें सभी को उन्नति के समान अवसर प्रदान करने चाहिये। **डॉ. सी. शेषाद्रि** के अनुसार, **"शिक्षा का सिद्धांत इस बात पर जोर देता है कि शिक्षा नामक वस्तु के वितरण में कोई भेदभाव नहीं होना चाहिए।"**

("The principle of equality asserts that no distinction shall be made in the distribution of the commodity of education." —**Dr. C. Seshadri**)

जवाहरलाल नेहरू ने समानता के बारे में कहा है, **"हमें ऐसे समाज का निर्माण करना है, जिसमें प्रत्येक व्यक्ति को अपने गुण और योग्यता के अनुसार उन्नति करने के अवसर मिले। मैं चाहता हूँ कि शिक्षा का इस उद्देश्य की प्राप्ति के लिए विकास किया जाये।"**

शिक्षा में समानता के प्रत्यय को अमेरिका में 18वीं शताब्दी के अंत में महत्त्व दिया जाने लगा। इसके लिये समाजशास्त्रियों ने भी ध्यान दिया। उनके अनुसार यदि सामाजिक वातावरण में सुधार नहीं होगा तो शिक्षा के पूर्व निर्माण के सभी प्रयत्न निष्फल हो जायेंगे, क्योंकि समानता के उद्देश्य को साकार बनाने के लिये सभी को शिक्षा का समान अवसर उपलब्ध कराना ही पर्याप्त नहीं होगा। ऐसी व्यवस्था होनी भी जरूरी है, जिससे सभी को शिक्षा में सफलता प्राप्त करने के समान अवसर मिलें। संक्षेप में शिक्षा में समानता को प्राप्त करने के लिये **निम्नलिखित तत्त्वों** का होना आवश्यक है—

1. किसी एक विशेष स्तर पर समान पाठ्यक्रम के अनुसार निःशुल्क, आवश्यक एवं सर्वमान्य शिक्षा प्रदान करना। ताकि सभी बच्चे शिक्षा संस्थाओं में प्रवेश ले सकें।

2. सभी वर्ग के लोगों को शिक्षा-संस्थाएँ खोलने का अधिकार।
3. सरकार एवं शिक्षा प्रबंधकों को इस बात की ओर ध्यान दें कि सभी शिक्षा संस्थाओं में बिना किसी भेंदभाव के सबको समान रूप से प्रवेश की सुविधा।
4. राज्य द्वारा शिक्षा के समान अवसर एक ही नगर या स्थान पर प्रदान किये जायें क्योंकि शिक्षा की गतिविधियों के लिये स्थानीय करों की सहायता से ही धन जुटाने का प्रयास किया जाता है।
5. बच्चों की सामाजिक, आर्थिक एवं पारिवारिक पृष्ठभूमि को मान्यता दिये बिना सारे देश में समान शिक्षा संरचना और सबके लिए समान पाठ्यक्रम आदि निर्धारित किया जायें।
6. राज्य द्वारा आर्थिक सहायता प्रदान करने में सभी शिक्षा-संस्थाओं के साथ समानता का व्यवहार किया जाना चाहिए।

15 अगस्त 1947 को स्वतंत्रता प्राप्ति के पश्चात् स्वतंत्र भारत की सरकार ने देश में लोकतंत्रात्मक समाजवादी समाज की स्थापना करने तथा राष्ट्रीय विकास का निश्चय किया है। स्वतंत्र भारत में शिक्षा में समान अवसर का बहुत महत्त्व है, क्योंकि 1950 में हमने देश को गणतंत्र राज्य घोषित किया था। जिसके अनुसार देश के प्रत्येक नागरिक को (विचारों, भाषण एवं लेखन) की स्वतंत्रता एवं समानता के प्रमुख मौलिक अधिकार प्राप्त है।

आज प्रजातंत्रात्मक राज्य में प्रत्येक नागरिक को जोकि बालिग है वोट देने का अधिकार प्राप्त है। किन्तु इसका सही उपयोग तभी हो सकता है जब देश का नागरिक शिक्षित हो। इसके साथ समान अवसरों का न्यायसंगत विभाजन भी आवश्यक एवं महत्त्वपूर्ण है, क्योंकि समाज में असमानता एवं पक्षपात का बोलबाला है। अतः शैक्षिक अवसरों की समानता और पक्षपातहीन प्रजातंत्र देश की अनिवार्य आवश्यकता है। **कोठारी आयोग** के नाम से प्रसिद्ध शिक्षा आयोग (1964-66) ने शिक्षा के प्रसार के लिए निम्न शब्दों में सुझाव दिया–,

"महत्त्वपूर्ण सामाजिक उद्देश्यों में एक उद्देश्य यह है कि शिक्षा के क्षेत्र में समान अवसर प्रदान किए जायें तथा पिछड़े एवं साधनहीन लोगों को इस योग्य बनाया जाये कि वे अपना स्तर सुधारने के लिए शिक्षा को माध्यम के रूप में प्रयोग कर सकें। प्रत्येक समाज जो सामाजिक न्याय को महत्त्व देता है एवं सर्वसाधारण के भाग्य को सुधारने में रुचि रखता है, उसे सुनिश्चित करना चाहिए कि समाज के प्रत्येक अंग को शिक्षा का समान अवसर मिले।"

("One of the most important social objective is to equalise educational opportunity enabling the backward and the under privileged to use education as a lever to improve their condition. Every society, it values social justice and is anxious to improve the lot of common man must ensure progressive equality of opportunity to all sectors of population." —**Kothari Commission (1964–66)**

शिक्षा में अवसरों की विषमता के कारण
(Causes of Inequality of Oppotunity in Education)

अनेक रचनात्मक प्रयासों एवं संविधान में किये गये अनेक प्रावधानों के बावजूद भी हम शिक्षा में समानता के लक्ष्य की प्राप्ति नहीं कर पाये हैं। कोठारी शिक्षा आयोग के अनुसार शिक्षा में अवसर की समानता न मिलने के **निम्नलिखित प्रमुख** कारण हैं–

1. शिक्षा-संस्थाओं की कमी (Lack of Educational Institutions)–यद्यपि स्वतंत्रता के बाद से शिक्षा संस्थाओं की संख्या में काफी वृद्धि हुई है, किन्तु कुछ क्षेत्रों में तो बहुत अधिक संस्थाएँ हैं जबकि अन्य क्षेत्रों में इनका अभाव है। देश के अनेक भागों में माध्यमिक और उच्च शिक्षा की संस्थाओं की बात ही दूर है, प्रारंभिक शिक्षा की संस्थाओं का भी अभाव है, जबकि बड़े-बड़े नगरों में ये शैक्षिक सुविधाएँ सरलता से प्राप्त हो जाती हैं। बहुत से पहाड़ी एवं वन्य इलाकों में मीलों तक कोई विद्यालय नहीं होता। यही कारण है कि भारत के विभिन्न राज्यों में शिक्षा का प्रसार असमान गति से हुआ है और अभी भी हो रहा है। देश के विभिन्न भागों में शिक्षा प्राप्त के अवसर भिन्न हैं जिनमें समानता लाना सरल कार्य नहीं है।

2. शिक्षा-संस्थाओं के स्तर में अंतर (Difference in the Standard of Educational Institution)–कुछ शिक्षण संस्थाएँ आर्थिक दृष्टि से उच्च स्तर की होती हैं एवं उनमें अध्यापक अधिक शिक्षित, योग्य एवं प्रतिभा सम्पन्न होते हैं। आर्थिक स्थिति अच्छी होने के कारण वे शिक्षा में अधिक रुचि एवं परिश्रम से कार्य करते हैं। ऐसी संस्थाओं में शिक्षा प्राप्त करने वाले छात्र भाग्यशाली होते हैं, उनको उच्चकोटि का वातावरण, दृश्य-द्रव्य साधन एवं पाठ्येतर कार्यकलापों के लिए अच्छे अवसर प्राप्त होते हैं। जबकि गाँव के अथवा शहर के ही सामान्य विद्यालयों के छात्र उनकी बराबरी नहीं कर सकते।

3. पारिवारिक वातावरण में भिन्नता (Difference in Home Environment)–बच्चों के घरेलू परिवेश में भी अपर्याप्त अंतर होता है। अशिक्षित माता-पिता बच्चों की शिक्षा के प्रति सचेत नहीं होते, जितने कि शिक्षित माता-पिता। गरीब घरों के बच्चों को घर पर पढ़ाई की सुविधा प्रायः बहुत कम होती है। अतः आर्थिक एवं सामाजिक स्तर में भी अंतर होने के कारण बच्चों को शैक्षिक असमानता का सामना करना पड़ता है।

4. निर्धनता (Poverty)–देश की अधिकतर जनसंख्या अभी भी गरीबी रेखा के नीचे जी रही है। 30 वर्षों की अवधि में भी हम इस गरीबी को मिटाने या कम करने में सफल नहीं हुए हैं। बहुत से बच्चों को तो होश संभालते ही अपनी जीविका अर्जन करने में लग जाना पड़ता है, क्योंकि निर्धन लोग बच्चों को स्कूल भेजने की बजाय उन्हें पैसा कमाने के लिए उन्हें किसी काम में लगाना अधिक पसंद करते हैं। अतः गरीब परिवारों के बच्चों को धनी परिवारों के बच्चों के समान शिक्षा का अवसर नहीं मिल पाता।

5. लैंगिक असमानता (Inequality of Sex)–प्रायः देखा गया है कि सामाजिक कारणों से बालक को परिवार में जो महत्त्व एवं वातावरण प्राप्त होता है वह बालिका को प्राप्त नहीं होता क्योंकि परिवार लड़के से भविष्य में आर्थिक लाभ होने की उम्मीद रखता है जबकि उनका सोचना है कि लड़कियाँ परिवार के ऊपर बोझ बनकर जन्म लेती है। इसलिए वे बालिकाओं की अपेक्षा बालक की शिक्षा पर अधिक व्यय करते हैं। जबकि लड़कियों अथवा बालिकाओं की शिक्षा उपेक्षित सी रहती है। संविधान द्वारा स्त्रियों को शिक्षा का समान अधिकार दिये जाने के बावजूद स्त्रियों की साक्षरता दर पुरुषों की तुलना में बहुत कम है, क्योंकि अभी भारतीय समाज महिलाओं की शिक्षा के प्रति सचेत नहीं है।

6. वर्गीय असामनता (Inequality of Class of People)–सम्पन्न वर्ग एवं साधारण वर्ग में पर्याप्त अंतर होता है। सम्पन्न घरों के बच्चों को अनेक सुविधाएँ जैसे पढ़ने के लिये अच्छे वातावरण, उपकरण, स्थान, पुस्तकें, अच्छे अध्यापक एवं पढ़े-लिखे सदस्यों का संपर्क आदि प्राप्त होती हैं। वे अच्छे पब्लिक अथवा सैनिक स्कूलों में प्रवेश पा जाते हैं और गरीब बच्चों की अपेक्षा अच्छे स्तर के विद्यालयों में उन्हें स्थान मिल जाता है जबकि गरीब परिवारों के बच्चों को अपेक्षाकृत पिछड़े स्कूलों में स्थान मिलता है और उन्हें घर पर भी कोई सुविधाएँ नहीं मिलती। हालांकि संविधान द्वारा अनुसूचित जाति एवं जनजाति के लोगों एवं अन्य पिछड़े वर्ग के बच्चों की शिक्षा के लिए विशेष सुविधाएँ प्रदान की गई हैं, फिर भी वे अभी तक उन सुविधाओं का सही लाभ उठाने के प्रति सचेत नहीं हुए हैं। इन वर्गों की महिलाओं की स्थिति पुरुषों की तुलना में अपेक्षाकृत अधिक खराब है। प्रायः यह भी देखा जाता है कि इन जातियों का प्राथमिक स्तर पर नामांकन का प्रतिशत पर्याप्त होने पर भी ये अपनी शिक्षा बीच में ही अधूरी छोड़ जाते हैं।

अतः विभिन्न कारणों से शिक्षा के लक्ष्य को पाने में हम असफल रहते हैं।

शिक्षा में समानता की आवश्यकता
(Need for Equality in Education)

यह सर्वविदित है कि भारतीय समाज अति विषम, वंशानुगत तथा असमातनाओं से घिरा हुआ है। इसलिए शिक्षा के क्षेत्र में समानता और निष्पक्षता प्राप्त करने के लिये जहाँ एक और शैक्षणिक सुविधाओं को बढ़ावा देना है, वहीं दूसरी ओर जाति एवं वंश भेद आदि की विषमताओं को मिटाने के लिए प्रभावी कदम उठाने की आवश्यकता है। शिक्षा के समानता की आवश्यकता **निम्न कारणों** से हैं–

1. प्रजातंत्र की सफलता के लिये (For the Success of Democracy)–प्रजातंत्र का महत्त्वपूर्ण मूल्य है–समानता। भारत जैसे प्रजातंत्र देश में नागरिकों को समान अधिकार प्राप्त है। प्रजातंत्र की आधारशिला शिक्षा है। अतः जहाँ किसी भी क्षेत्र में समानता नहीं है वहाँ प्रजातंत्र सफल हो ही नहीं सकता। अतः प्रजातांत्रिक भारत कभी भी उन्नति नहीं कर सकता यदि शिक्षा की व्यवस्था का लाभ सभी नागरिकों को समान रूप से प्राप्त नहीं होता। अतः प्रजातंत्र को सफल बनाने के लिए शिक्षा के क्षेत्र में समानता की आवश्यकता है।

2. शिक्षा एक मूलभूत मानव अधिकार होने के कारण (Education being a Fundamental Human Right)–संयुक्त राष्ट्र महासभा ने मानव अधिकारों की घोषणा करते हुए कहा था कि क्योंकि सभी व्यक्ति समान हैं इसलिए उनके अधिकार भी समान हैं और भारतीय संविधान में मौलिक अधिकारों के अंतर्गत शिक्षा को एक मूलभूत मानव अधिकार माना गया है। अतः शिक्षा मानव होने के नाते प्रत्येक व्यक्ति का अधिकार है जिनका उपयोग वह तभी कर सकता है जबकि समाज में सबको समान शिक्षा की सुविधाएँ प्रदान की जायें। संविधान के अनुसार किसी भी व्यक्ति को जाति, धर्म, लिंग तथा रंग आदि के आधार पर इससे वंचित नहीं रखा जा सकता।

3. सार्वलौकिक विद्यालय प्रणाली के लिए (Common School System)–सरकारी एवं पब्लिक स्कूल की दूरी समाप्त करने के लिए सार्वलौकिक विद्यालयों की आवश्यकता है। इन विद्यालयों का पाठ्यक्रम उन्नत एवं साथ ही निम्न मध्यम वर्ग की आवश्यकताओं के अनुरूप होना चाहिए। इसमें प्रत्येक छात्र को बिना किसी भेदभाव के प्रवेश लेने का अधिकार होना चाहिए।

4. आर्थिक विकास के लिए (For Economic Development)–किसी भी समाज के आर्थिक विकास के लिए शिक्षा के क्षेत्र में समानता एवं निष्पक्षता का होना अत्यन्त आवश्यक है। क्योंकि शिक्षा मानवीय पूंजी निर्माण का महत्त्वपूर्ण साधन है। इसके द्वारा ही देश का आर्थिक विकास संभव है। परंतु यह तभी संभव है, यदि शिक्षा के समान अवसर उपलब्ध हों।

5. शिक्षा में क्षेत्रीय असमानता को दूर करने के लिए–शिक्षा में क्षेत्रीय असमानता भी दिखायी देती है। यद्यपि यह क्षेत्रीय असमानता लगभग विश्व के सभी विकासशील देशों में देखने को मिलती है किन्तु भारत में यह सबसे अधिक है। इस प्रकार की असमानता प्रायः आर्थिक एवं सामाजिक पहलुओं में भी दिखायी देती है। यह हमें कई प्रकार से दिखाई देती है। उदाहरण के तौर पर विभिन्न राज्यों में, राज्यों के विभिन्न भागों में असमानता, एक जिले के विभिन्न बच्चों में असमानता आदि। स्वतंत्रता प्राप्ति के लगभग 60 वर्षों के पश्चात् भी हम इसे समाप्त करने में असफल रहे हैं। शिक्षण संस्थाओं की स्थापना करते समय राज्य सरकारों को देश में राज्य अथवा किसी भी जिले की उपेक्षा नहीं की जानी चाहिए।

6. सामाजिक स्तर में विकास के लिए–भारतीय सामाजिक स्तर में उन्नति के लिए शिक्षा में समानता एवं निष्पक्षता का होना अति आवश्यक है। समाज की बुराइयों को दूर करने तथा नागरिकों में जागृति लाने के लिए समाज के सभी वर्गों, विशेषकर पिछड़े एवं गरीब वर्ग के बालकों के लिए शिक्षा के समान अवसर उपलब्ध कराये जाने चाहिए ताकि उनके सामाजिक स्तर में सुधार हो सके।

7. कल्याणकारी राज्य की स्थापना के लिए (To Establish a Welfare Society)–भारतीय समाज को कल्याणकारी बनाने हेतु शिक्षा में अवसरों की समानता उपलब्ध होनी चाहिये। 1977, 1967 व 1966 में हुये अनुसंधानों के निष्कर्ष के अनुसार औपचारिक शिक्षा ही गरीबों में ऊर्ध्वगामी सामाजिक एवं आर्थिक गतिशीलता का कारण रही है। भारतीय शिक्षा आयोग के शब्दों में, "शिक्षा का एक महत्त्वपूर्ण उद्देश्य सबको समान अवसर प्रदान करता है, जिससे पिछड़े व सामाजिक सुविधाओं से वंचित वर्गों के बच्चे भी अपनी आर्थिक एवं सामाजिक दशा सुधारने के लिए शिक्षा को साधन के रूप में प्रयोग कर सके। कल्याणकारी राज्य की स्थापना के लिए यही एकमात्र उपाय है।"

8. ग्रामीण एवं नगरीय असमानता दूर करने के लिए–ग्रामीण तथा नगरीय असमानता भी शिक्षा के क्षेत्र में दिखायी देती है। इस प्रकार की असमानता का प्रमुख कारण यह है कि ग्रामीण क्षेत्रों में निर्धनता के

कारण ग्रामीण लोगों को शिक्षा की वह सभी सुविधाएँ नहीं मिल पातीं, जोकि नगरों में नागरिकों को प्राप्त होती हैं। वर्तमान समय में शिक्षा प्रणाली का निर्माण ग्रामीण एवं नगरों के विभिन्न दृष्टिकोणों को सामने रखकर रखा जाता है। इसलिए ग्रामीण एवं नगरीय साक्षरता की दर भिन्न रहती है। बड़े-बड़े महाविद्यालय, प्रशिक्षण केंद्र आदि केवल नगरों में ही स्थापित किये जाते हैं। इसलिये इस प्रकार की असमानता को दूर करके शिक्षा में समानता लाना अति आवश्यक है।

9. राष्ट्रीय प्रगति एवं जीवन स्तर सुधारने के लिए (For National Development and Improving the Standard of Life)–शिक्षा ही आर्थिक, सामाजिक आदि क्षेत्रों में नवीनता लाने में मदद करती है। आज विश्व के वही राष्ट्र विकसित हैं जो सर्वाधिक शिक्षित हैं। 1963 में हुई तेहरान कान्फ्रेंस में यह कहा गया कि शिक्षा स्वयं में साध्य न होकर एक ऐसा साधन है जो व्यक्ति को सामाजिक, आर्थिक, नागरिक भूमिकाओं के लिए तैयार करता है। शिक्षा द्वारा ही बेहतर जीवन स्तर हो सकता है। यह तभी संभव है जबकि समाज में सबको समान शैक्षिक सुविधाएँ प्रदान की जायें।

शिक्षा में न्याय एवं समानता प्राप्त करने के लिए हमें यह सुनिश्चित करना चाहिए कि समानता के लिए इस प्रकार सामाजिक न्याय प्रदान किया जा सके जिससे योग्यता की विभिन्नता को जीवित रखते हुए बिना किसी भेदभाव के समानता प्राप्त हो सके। सभी व्यक्तियों को संतुष्टिपूर्ण जीवन जीने के लिए सहयोग मिलना चाहिए। हमें संख्या के गुण की ओर अग्रसर होना चाहिए ताकि शिक्षा में समता व न्याय प्राप्त हो सके।

इसके अतिरिक्त भारतीय संविधान द्वारा यहाँ धर्मनिरपेक्ष एवं समाजवादी समाज की स्थापना का लक्ष्य रखा गया है। इस लक्ष्य की प्राप्ति तब तक संभव नहीं जब तक विभिन्न क्षेत्रों में समानता नहीं है। यही कारण है कि यहाँ शैक्षिक अवसरों की समानता की आवश्यकता आरंभ से ही अनुभव की जा रही है। यद्यपि भारतीय संविधान द्वारा सबके लिए निःशुल्क एवं अनिवार्य प्राथमिक शिक्षा का प्रावधान किया गया है पर 1986 की नई शिक्षा नीति में इस विषय पर विस्तार से चर्चा करते हुए इस बात पर पुनः बल दिया गया है कि सभी को बिना किसी भेदभाव के शिक्षा के समान अवसर उपलब्ध होने चाहिए तथा असमानताओं को दूर करने का हर संभव प्रयास किया जाना चाहिए। इस लक्ष्य की प्राप्ति कैसे हो इसके लिए 'शैक्षिक अवसरों की समानता' से हमारा क्या अभिप्राय है यह जानना आवश्यक है।

शिक्षा में समानता प्राप्त करने के लिए सुझाव (Suggestions to Achieve Equality in Education)–हम शिक्षा के क्षेत्र में समानता के लक्ष्य को प्राप्त कर सकें। इसके लिए विभिन्न शिक्षा शास्त्रियों ने अनेक सुझाव दिये हैं जो **निम्नलिखित** हैं–

1. रियायती शिक्षा (Compensatory Education)–शिक्षा के क्षेत्र में समानता एवं निष्पक्षता लाने के लिए रियायती शिक्षा प्रदान की जानी चाहिए। पिछड़े वर्गों के लोगों को सम्पन्न वर्ग के बराबर लाने के लिए तथा सामाजिक एवं आर्थिक रूप से पिछड़े वर्गों के लिए शिक्षा में विशेष सुविधाएँ एवं प्रोत्साहन देने का प्रावधान होना चाहिए। निर्धनता, कुपोषण, बालश्रम एवं कमजोर स्वास्थ्य के कुप्रभाव को दूर करने के लिए निःशुल्क पुस्तकें, वर्दी दोपहर का भोजन, छात्रवृत्तियां, आरक्षण, विशेष अनुदान, प्रवेश शर्तों में छूट तथा पूरक-शिक्षा आदि जैसे राहत के कदम उठाये जा सकते हैं।

2. सार्वभौमिक शिक्षा (Universal Education)–प्राथमिक शिक्षा को सार्वभौतिक बनाने के सार्थक प्रयास किए बिना शैक्षिक अवसरों की समानता के लक्ष्य को प्राप्त नहीं किया जा सकता। अपव्यय एवं अवरोधन के कारण बच्चों के शिक्षा अधूरी छोड़ देने के कारण एक बड़ा वर्ग शैक्षिक अवसरों की समानता के लाभ से वंचित रह जाता है। अतः इस समस्या का समाधान करके प्राथमिक शिक्षा को सार्वभौमिक बनाये जाने की दिशा में सार्थक प्रयास किये जाने की आवश्यकता है। दोपहर के भोजन जैसी योजनाओं को प्रभावी ढंग से लागू किया जाना चाहिए, जिससे बच्चों को विद्यालय में रोका जा सके।

3. संचार माध्यम (Media of Communication)–शैक्षिक अवसरों में समानता तब तक संभव नहीं है जब तक वंचित वर्गों के लोग स्वयं अपनी शिक्षा व उसके लिए सरकार द्वारा दी जा रही विशेष सुविधाओं के प्रति जागरूक नहीं होते। अतः यह आवश्यक है कि रेडियो तथा टी.वी. जैसे संचार माध्यमों

के माध्यम से लोगों को इस विषय में विस्तृत जानकारी दी जाए। उनमें अपने बच्चों की शिक्षा के प्रति जागरूकता लायी जाये। स्वयंसेवी संस्थायें व राष्ट्रीय सेवा योजना के अंतर्गत छात्र इस कार्य में अपना पूरा सहयोग दे सकते हैं। वे उन्हें बता सकते हैं कि सरकार द्वारा दी गयी विशेष सुविधाओं का वे कैसे अधिक से अधिक लाभ उठायें।

4. सामाजिक संरचना में परिवर्तन (Change in Social Structure)–शिक्षा को एक उपसामाजिक व्यवस्था कहा जाता है। यह अपने समाज की संरचना से बहुत अधिक प्रभावित होती है। भारतीय समाज में आरंभ से ही असमानतायें रही हैं। यहाँ आरंभ से ही जाति, वर्ग, धर्म एवं लिंग आदि के आधार पर असमानता देखने को मिलती है। कन्या के जन्म पर दुःखी होना लड़के के जन्म पर खुशी मनाना आम बात है। सामान्यतः लड़की की शिक्षा तथा अन्य आवश्यकताओं पर लड़कों जितना ध्यान नहीं दिया जाता। इसी प्रकार कुछ जातियों को सम्मान में अन्य जातियों की अपेक्षा अधिक सम्मानपूर्ण स्थान प्राप्त है। यदि हम शिक्षा के क्षेत्र में समानता लाना चाहते हैं तो हमें इन असमानताओं को दूर करके एक नवीन समाज व्यवस्था का निर्माण करना होगा। लोगों के मत से हर प्रकार के भेदभाव को मिटाना होगा। संविधान में कुछ व्यवस्थायें कर देने मात्र से कुछ नहीं होगा। आवश्यकता इस बात की है कि लोगों के दिल व दिमाग को बदला जाये और जब ऐसा करने में सफल होंगे तब हम आसानी से शैक्षिक अवसरों की समानता के लक्ष्य को भी आसानी से प्राप्त कर सकेंगे। कारणों में से एक है जिन्होंने उसकी उन्नति में योगदान किया है।

5. योग्यता के आधार पर चुनाव (Selection on Merit Base)–शिक्षा आयोग ने ठीक आग्रह किया है कि उच्च शिक्षा के लिए चुनाव करने की एकमात्र कसौटी योग्यता ही होनी चाहिए और इसमें जातिगत अथवा अन्य किसी आधार पर कोई भेदभाव नहीं करना चाहिए। प्रत्येक व्यक्ति को समानाधिकार हमारे संविधान का आधार है। कोठारी आयोग के अनुसार, "पिछड़े वर्ग के लोगों के लिए सामाजिक न्याय के आधार पर तथा प्रजातंत्र की सफलता के लिए यह आवश्यक है कि इन वर्गों में शैक्षिक सुविधाएँ समान रूप से पहुँचाने के लिए विशेष प्रयास किये जायें।"

6. शिक्षा में गुणात्मक सुधार (Qualitative Improvement in Education)–शिक्षा के क्षेत्र में समानता एवं निष्पक्षता का अर्थ यह नहीं है कि अधिक से अधिक लोगों के लिए विद्यालय स्थापित किये जाएँ। इसका अर्थ तो यह है कि शिक्षा इस प्रकार की प्रदान की जाये जो लोगों को प्रभावशाली अक्षर ज्ञान दे सकें और उनमें उचित कौशलों व भावनाओं का विकास कर सके, जिससे सहिष्णुता, समता, सहयोग व सहानुभूति से ओत-प्रोत सामाजिक प्रणाली का जन्म संभव हो सके।

7. पर्याप्त छात्रवृत्तियों का प्रबन्ध–जिन योग्य छात्रों ने प्राइमरी स्कूल में शिक्षा प्राप्त कर ली है, उन्हें आगे पढ़ने के लिए पर्याप्त छात्रवृत्तियाँ मिलनी चाहिए। सुयोग्य छात्रों का अच्छे स्कूल में प्रबन्ध होना चाहिए। विदेशों में शिक्षा प्राप्त करने के लिए योग्य छात्रो को प्राथमिकता मिलनी चाहिए तथा उनको छात्रवृत्तियाँ प्रदान की जायें।

8. नवोदय विद्यालयों में सुधार (Improvement in Navodaya Vidyalaya)–नवोदय विद्यालयों की स्थापना सरकार ने ग्रामीण क्षेत्र में प्रतिभाशाली छात्रों के लिए स्थापित किए थे। ये विद्यालय जहाँ अक्षर ज्ञान देते हैं वहीं छात्रों में उचित कौशलों एवं भावनाओं का विकास करते हैं। इन विद्यालयों में शिक्षा अच्छी होने के साथ-साथ सस्ती भी है। किन्तु इनका लाभ उन्हें नहीं मिलता जिनके लिए स्थापित किये गये थे। यह लाभ शहर के लोग उठा रहे हैं। इनमें प्रवेश के नियम इस प्रकार के होने चाहिएँ, जिससे उन्हीं लोगों को इसका लाभ मिले जिनके लिए इनकी स्थापना की गई थी।

9. सामाजिक और राष्ट्रीय सेवा–शिक्षा आयोग का विचार है कि वर्तमान शिक्षा प्रणाली ही शिक्षितों एवं अशिक्षितों तथा बुद्धिजीवी वर्ग एवं साधारण जनता के बीच निंदनीय खाई उत्पन्न करने के लिए उत्तरदायी है। बुद्धिजीवी वर्ग को वास्तव में साधारण जनता की उन्नति के लिए प्रयत्नशील सेवा-समुदाय बनाना चाहिए तथा अपने ही लिए जीने वाला और अपनी ही सुविधा प्राप्त स्थिति को बनाए रखने वाला परजीवी समुदाय बन जाने के प्रलोभन से बचना चाहिए।

इस कमी को दूर करने के लिए आयोग ने सिफारिश की है कि किसी-न-किसी प्रकार की सामाजिक और राष्ट्रीय सेवा सभी विद्यार्थियों के लिए अनिवार्य बना दी जाये तथा सभी स्तरों पर वह शिक्षा का अभिन्न अंग हो। यह सेवा चरित्र-निर्माण का साधन हो सकती है। अनुशासन में सुधार ला सकती है। इससे सामाजिक उत्तरदायित्व की भावना विकसित होती है।

10. शैक्षिक विकास के कार्यक्रमों में प्राथमिकता (Preference to Educational Development Programmes)—राममूर्ति शिक्षा समिति 1990 ने इस प्रकार विचार प्रकट किए, "समय की मांग यह है कि शैक्षिक विकास के कार्यक्रमों को इस तरह से बनाया और लागू किया जाये कि उसमें क्षेत्र, समुदाय तथा लिंग विशेष गतिविधियों के आधार पर अलग-अलग लक्ष्य रखे जायें।"

11. प्रौढ़ शिक्षा (Adult Education)—माता-पिता में बच्चों की शिक्षा के प्रति जागरूकता लाने के लिए उनका अपना शिक्षित होना बहुत जरूरी है। अतः प्रौढ़ शिक्षा की दिशा में विशेष प्रयत्न किये जाने चाहिए।

12. पब्लिक स्कूल तथा सरकारी स्कूल—शिक्षा आयोग 1964-66 ने कहा है कि दोहरी शिक्षा-प्रणाली बहुत बड़ी कमजोरियों में से है। अच्छी शिक्षा केवल उन मुट्ठी-भर लोगों को उपलब्ध है जिनका चुनाव प्रतिभा के आधार पर नहीं बल्कि फीस चुकाने की क्षमता के आधार पर किया जाता है। इससे योग्यता का समग्र राष्ट्रीय पूल बनाने और उसकी वृद्धि करने में रुकावट आती है।

अतः सरकारी एवं गैर सरकारी स्कूलों के अंतर को समाप्त किया जाये तथा सभी प्रकार के स्कूल विद्यार्थियों के लिए खोले जायें।

13. सरकारी स्कूलों की गुणवत्ता बढ़ाना—राममूर्ति शिक्षा समिति (1990) ने जोरदार सिफारिश की है कि सरकारी स्कूलों की गुणवत्ता शीघ्र से शीघ्र बेहतर की जाये। ऐसा करने के लिए स्कूलों को वास्तविक सामुदायिक स्कूलों के रूप में विकसित करना होगा।

14. संवैधानिक लक्ष्यों को प्राप्त करने के लिए रचनात्मक प्रयास (Creative Efforts to Achieve Constitutional Goals)—भारत में किसी भी क्षेत्र में असफलता का कारण उचित नीतियों का अभाव न होकर उनके क्रियान्वयन में सार्थक प्रयासों का अभाव होता है। ठीक है कि संविधान ने सबको समान संवैधानिक अधिकार दिये हैं, पिछड़े वर्गों के लिए विशेष सुविधाओं की व्यवस्था की गई है, किन्तु जब तक इससे संबंधित लोग इन सबके प्रति सचेत नहीं हो जाते हैं तब तक इन सुविधाओं का होना निरर्थक है। अतः सबसे पहली आवश्यकता है कि संबंधित लोगों में जागरूकता पैदा की जाये और जो नीतियाँ बनाई गई हैं, उनको सही क्रियान्वित किया जाना चाहिए।

शिक्षा में समानता एवं न्याय प्राप्ति के लिये हमें यह सुनिश्चित करना चाहिए कि समानता के लिए इस प्रकार सामाजिक न्याय प्रदान किया जा सके जिससे योग्यता की विभिन्नता को जीवित रखते हुए भेद मिटाकर समानता प्राप्त हो सके। प्रजातंत्र में प्रतिस्पर्धा एवं सहयोग दोनों का ही समावेश होता है। प्रतिस्पर्धा में विलक्षणता का विकास होता है तथा सहयोग से पक्षपात-हीनता प्राप्त होती है। इन दोनों ही तत्त्वों के मिश्रित रूप से समानता व न्याय को आधार प्रदान कर सकता है। सभी व्यक्तियों को संतुष्टिपूर्ण जीवन जीने में सहयोग मिलना चाहिए ताकि शिक्षा में समता व न्याय प्राप्त हो सके।

15. पूरक शिक्षा (Compensatory Education)—समाज के सामाजिक व आर्थिक दृष्टि से पिछड़े लोगों को शैक्षिक अवसरों की समानता का लाभ तभी पहुँचाया जा सकता है जब उन्हें वर्षों तक असमानता के कारण हुई क्षतिपूर्ति करके समाज के अन्य वर्गों के साथ समानता के स्तर पर लाया जाये। इसके लिए उन्हें कुछ विशेष सुविधायें देना आवश्यक है। भारतीय संविधान में की गई व्यवस्था के अनुसार इन वर्गों के बच्चों के लिए प्रवेश हेतु कुछ सीटों का आरक्षण, निःशुल्क शिक्षा, छात्रवृत्ति, मध्याह्न भोजन निःशुल्क विद्यालय यूनिफार्म तथा पाठ्य-पुस्तकों आदि की सुविधायें दी जा रही हैं। नई शिक्षा नीति में भी इन सबके लिए विशेष शैक्षिक सुविधाओं का प्रावधान किया गया है। इसकी चर्चा आगामी पृष्ठों में विस्तार से की जायेगी। इस संदर्भ में भारतीय शिक्षा आयोग का यह कथन भी उल्लेखनीय है—"सामाजिक न्याय के आधार पर तथा प्रजातंत्र की सफलता के लिए यह आवश्यक है कि इन वर्गों में शैक्षिक सुविधायें समान

रूप से पहुँचाने के लिए विशेष प्रयास किये जायें।" ("On grounds of social justice as well as furtherance of democracy it is essential to make special efforts to equalise educational opportunities between these groups.")

16. शैक्षिक सुविधाओं का विस्तार (Expansion of Educational Facilities)–जैसा कि पहले भी कहा जा चुका है कि शिक्षा के क्षेत्र में विषमताओं का एक मुख्य कारण यह भी है कि देश के कुछ भागों में तो विभिन्न स्तरों पर पर्याप्त शिक्षा संस्थायें हैं जबकि कुछ भागों में इनका अभाव है, जिससे अनेक बच्चे शिक्षा प्राप्त करने से वंचित रह जाते हैं। अतः यदि हम शैक्षिक अवसरों की समानता का लाभ सब तक पहुँचाना चाहते हैं तो सभी क्षेत्रों में सभी स्तरों पर शिक्षा संस्थायें खोली जानी चाहिए, जिससे प्रत्येक इच्छुक छात्र शिक्षा प्राप्त कर सकें।

17. शिक्षा में गुणात्मक सुधार (Qualitative Reforms in Education)–शैक्षिक अवसरों की समानता का अर्थ केवल यही नहीं है कि अधिक से अधिक लोगों को अधिक से अधिक शिक्षा दी जाये। इसका संबंध शिक्षा में गुणात्मक सुधार के साथ भी है। यह बात भी समान रूप से महत्त्व रखती है कि जो शिक्षा हम दे रहे हैं उसका गुणात्मक स्तर कैसा है। शिक्षा क्योंकि व्यक्ति एवं समाज दोनों के लिए महत्त्वपूर्ण है अतः उसकी गुणात्मकता भी बहुत महत्त्वपूर्ण है। अतः यदि हम सही अर्थ में शैक्षिक अवसरों की समानता के लक्ष्य को प्राप्त करना चाहते हैं तो हमें इस बात का प्रयास करना होगा कि दी जाने वाली शिक्षा व्यक्तियों की क्षमताओं का सही विकास करे जिससे वे जीवन में स्वयं प्रगति करने के साथ-साथ उस समाज में भी गुणात्मक सुधार ला सकें जिसके वे अंग हैं।

18. नई शिक्षा नीति में शैक्षिक अवसरों की समानता के लिए प्रावधान (Provision for Equalisation of Educational opportunities in New Education policy)–भारत के संविधान द्वारा यहाँ समानता पर आधारित समाज व्यवस्था की स्थापना की गई है और इसी आधार पर प्राथमिक शिक्षा को सार्वभौमिक बनाने का लक्ष्य रखा गया। आजादी के बाद से गठित विभिन्न शिक्षा आयोगों ने इस विषय में अनेक सुझाव दिए पर अब तक भी हम शैक्षिक समानता के उस लक्ष्य को प्राप्त नहीं कर पाये जो हमारे प्रजातांत्रिक व समाजवादी समाज की अनिवार्यता है। इसीलिए 1986 में तैयार की गयी नई शिक्षा नीति के दस्तावेज में स्पष्ट रूप से कहा गया कि नई शिक्षा नीति विषमताओं को दूर करने पर विशेष बल देगी और अब तक वंचित रहे लोगों की विशेष आवश्यकताओं को ध्यान में रखते हुए शिक्षा के समान अवसर मुहैया करेगी।"

(i) महिलाओं की समानता के लिए शिक्षा (Education for equality of women)–नीति में कहा गया है कि न केवल सामाजिक न्याय की दृष्टि से बल्कि सामाजिक न्याय की दृष्टि से बल्कि सामाजिक रूपातंरण की गति को तीव्र करने के लिए भी लड़कियों की शिक्षा पर बल दिया जाना चाहिए।

(ii) प्रादेशिक असंतुलन को दूर करना–नीति के अनुसार शिक्षा की सुविधाओं की समानता की दृष्टि से प्रादेशिक असंतुलन को दूर किया जाना चाहिए तथा ग्रामीण व अन्य पिछड़े क्षेत्रों में शिक्षा की अच्छी सुविधायें दी जानी चाहिए।

(iii) सामान्य व्यवस्था का विकास (Development of Common School System)–नीति में कोठारी आयोग के सामान्य विद्यालय व्यवस्था के सुझाव का समर्थन किया गया और इस बात पर बल दिया गया कि इन विद्यालयों में शिक्षा के स्तर में सुधार लाने के लिए प्रयत्न किए जाने चाहिए। यह भी कहा गया कि पब्लिक स्कूलों की तरह विशेष स्कूलों में छात्रों के प्रवेश का आधार योग्यता होनी चाहिए और सामाजिक वर्गों के पृथक्करण को बचाने के लिए फीस माफी का अनुपात निश्चित कर देना चाहिए।

(iv) पिछड़े वर्गों की शिक्षा (Education of Backward Classes)–नीति में पिछड़े वर्गों व विशेष रूप से आदिम जातियों में शिक्षा का विकास करने के लिए और अधिक तेजी से प्रयत्न करने की आवश्यकता पर बल दिया गया।

(v) विकलांगों की शिक्षा (Education of the handicapped)–नीति में कहा गया है कि विकलांगों व मानसिक रूप से अशक्त बच्चों के लिए शिक्षा की विशेष सुविधाओं की व्यवस्था की जानी चाहिए तथा ऐसे समन्वित कार्यक्रम का विकास किया जाना चाहिए जिनके द्वारा ये बच्चे नियमित विद्यालयों में शिक्षा प्राप्त कर सकें।

अंत में यह कहा जा सकता है कि नवीन शिक्षा नीति अच्छे उद्देश्यों को लेकर बनी है। आजादी के बाद से ही हमारा लक्ष्य समानता पर आधारित समाज व्यवस्था की स्थापना करना रहा है, पर शैक्षिक अवसरों की समानता के अभाव में इस लक्ष्य को प्राप्त किया ही नहीं जा सकता। यही कारण है कि आजादी के बाद से गठिन विभिन्न शिक्षा आयोगों ने सभी के समान शैक्षिक अवसर प्रदान करने की आवश्यकता पर बल दिया। इसके लिए अनेक सुझाव दिए गए। कई प्रकार की योजनाएँ बनाई गई, लेकिन इन सबका सही लाभ तभी प्राप्त हो सकता है जब उन सुझावों पर अमल किया जाए तथा योजनाओं को ठीक से क्रियान्वित किया जाये। भारत के संदर्भ में कहा भी जाता है कि यहाँ योजनाएँ तो सोच-विचारकर बनायी जाती हैं पर उनको क्रियान्वित करने में कमी रह जाती है। यही कारण है कि योजनाओं के अपेक्षित परिणाम नहीं मिल पाते। अतः यदि हम सबको समान शैक्षिक अवसर प्रदान करना चाहते हैं तो योजनाओं व सुझावों के क्रियान्वयन पक्ष पर अधिक ध्यान देना होगा और उन रुकावटों को दूर करना होगा जो इसके मार्ग में अवरोध पैदा करती हैं।

◆◆◆

---

2. अवसरों की समानता का क्या अर्थ है? भारत में शिक्षा के अवसरों की विषमताओं तथा भारतीय शिक्षा आयोग द्वारा शैक्षिक समानता के अवसरों को बढ़ाने हेतु दिये गये सुझावों का उल्लेख कीजिये।

अथवा

अवसरों में समानता से आप क्या समझते हो? शैक्षिक अवसरों में समानता तथा भारत में शिक्षा के अवसरों की विषमताओं की संक्षिप्त विवेचना कीजिए। शैक्षिक समानताओं के अवसर बढ़ाने के उपायों का वर्णन करें।

(What do you understand by equality of opportunities? Discuss in brief the Equality of Educational Opportunities and Disparities of Educational Opportunities in India. Also discuss the measures to promote Educational Opportunities.)

उत्तर–अवसरों की समानता (Equality of Opportunities)–यू. एन. डेक्लेरेशन ऑफ ह्यूमन राइट्स (U. N. Declaration of Human Rights) ने धारा 1 एवं धारा 2 के अन्तर्गत मानवीय अधिकारों तथा समानता के अवसरों को स्वीकार किया है जो कि निम्न प्रकार से हैं–

धारा 1–"सभी व्यक्ति जन्म से स्वतन्त्र हैं, अतः वे सम्मानजनक तथा समान अधिकारों के हकदार हैं। वे सभी तर्क एवं चेतना से अभिपूरित हैं तथा उन्हें परस्पर एक-दूसरे के प्रति भाईचारे की भावना के साथ कार्य करना चाहिए।"

धारा 2–"प्रत्येक व्यक्ति इस घोषणा में उद्धृत मूल अधिकारों तथा स्वतन्त्रता का हकदार है। अतः उन्हें जाति, भाषा, धर्म, रंग, लिंग, राजनीति, मतों द्वारा पृथक्-पृथक् नहीं किया जा सकता है।"

उपरोक्त विश्वव्यापी आन्दोलन से भारतीय संविधान भी प्रभावित है। संविधान के क्रियान्वयन के साथ ही 1950 में भारत में सभी के लिए अनिवार्य शिक्षा की घोषणा कर दी गयी थी। इन्हीं समानताओं को लक्ष्य मानकर शिक्षा को राष्ट्र की आर्थिक, सामाजिक, नैतिक, सांस्कृतिक, राजनीतिक प्रगति का मार्ग माना गया है। इसकी प्रगति के लिए सुव्यवस्थित, सुनिश्चित, समान अवसरों को जुटाया गया है।

शैक्षिक अवसरों की समानता (Equality of Educational Opportunity)–'समानता' शब्द से तात्पर्य उन समान परिस्थितियों से है, जिनमें सभी व्यक्तियों को विकास के समान अवसर प्राप्त हो सकें

और सामाजिक भेदभाव का अन्त हो सके तथा सामाजिक न्याय (Social Justice) के लक्ष्य की प्राप्ति भी सम्भव हो सके। अतः समानता का अर्थ यह है कि विशेष अधिकार वाला वर्ग न रहे और सबको उन्नति के समान अवसर मिले।

शैक्षिक अवसरों की समानता का तात्पर्य सभी के लिए एक समान शिक्षा नहीं है, बल्कि प्रत्येक बालक की शारीरिक, मानसिक, सांवेगिक, नैतिक परिस्थितियों के अनुरूप शिक्षा प्रदान करना है। इसका तात्पर्य राज्य द्वारा व्यक्तियों की शिक्षा के सन्दर्भ में जाति, रूप, रंग, प्रान्तीयता एवं भाषा, धर्म आदि के मध्य भेदभाव न करने से भी है।

शिक्षा (Education) के क्षेत्र में 'समानता' की अवधारणा को स्थापित करने के लिए निम्नलिखित प्रयास किये गये हैं–

(1) एक निश्चित अवधि तथा भेदभावरहित निःशुल्क एवं अनिवार्य शिक्षा की व्यवस्था।

(2) माध्यमिक स्तर पर विभिन्नीकृत पाठ्यक्रम व्यवस्था।

(3) उच्च स्तर पर सभी के लिए अपेक्षित शैक्षिक उन्नति की व्यवस्था ताकि वे उचित योगदान देने में सक्षम हो सकें।

भारत में शिक्षा के अवसरों की विषमताएँ
(Disparities of Educational Opportunities in India)

शिक्षा अवसरों की विषमताओं का निम्नलिखित रूप में उल्लेख किया गया है–

1. ग्रामीण और नगरीय विभिन्नता–"बौद्धिक, नैतिक, न्याय और घनिष्ठता की दृष्टि से शिक्षा की व्यवस्था में बहुत अधिक असमानता है। यद्यपि जनसंख्या का तीन-चौथाई भाग ग्रामीण क्षेत्रों में बसता है, फिर भी उन्हें शिक्षा के लिए बहुत कम संसाधन प्राप्त हो रहे हैं। समृद्ध लोग शहरों में निजी रूप से चलायी जाने वाली अच्छी शिक्षण संस्थाओं का लाभ लेते हैं तथा ये ही व्यावसायिक शिक्षण संस्थाओं में अनारक्षित स्थानों के बहुत बड़े हिस्से पर अधिकार कर लेते हैं, जबकि ग्रामीण स्कूलों की अपेक्षाकृत दयनीय दशा के कारण ग्रामीण क्षेत्रों के बच्चों को बहुत हानि उठानी पड़ती है।

2. लिंग और जाति पर आधारित विषमता–लड़कियों, अनुसूचित जातियों और अनुसूचित जनजातियों के बच्चों ने पिछले दशक के दौरान उल्लेखनीय प्रगति की है। इसके उपरान्त भी वे शैक्षिक उपलब्धि के अन्तिम सोपान पर हैं। बालिकाएँ तो घर-गृहस्थी के कार्यों में अपनी दत्तचिन्तता तथा सामाजिक कुरीतियों की शिकार होती हैं, जबकि अनुसूचित जाति एवं जनजाति के बच्चे ऐसी अयोग्यताओं, जो स्थानों के आरक्षण से नहीं दूर की जा सकती है, के कारण उन्नति नहीं कर सकते। इनमें से अधिकतर पहली पीढ़ी के शिक्षार्थी होने के कारण बाल्यकाल के कुपोषण, सामाजिक अकेलेपन की भावना, कार्य करने की खराब आदतें तथा अपनी बौद्धिक क्षमताओं के प्रति आत्मविश्वास के अभाव के कारण समुचित विकास नहीं कर पाते। वे अपने को सामान्य धारा के छात्रों से सामंजस्य स्थापित करने में कठिनाई अनुभव करते हैं। इन मनोवैज्ञानिक दबावों के कुप्रभाव को समाप्त करने के लिए तथा उनकी योग्यताओं में बढ़ोतरी करने हेतु एवं समाज की प्रमुख धारा में उन्हें समन्वित करने के लिए विशेष कार्यक्रम की आवश्यकता है।

3. शैक्षिक विशषमतताएँ–

(i) जिन बस्तियों में प्राथमिक, माध्यमिक या कॉलेज की शिक्षा देने वाली संस्थाएँ नहीं हैं, वहाँ के बच्चों को वैसे अवसर नहीं मिल पाते, जैसे कि उन बच्चों को मिल पाते हैं, जिनकी बस्तियों में ये संस्थाएँ उपलब्ध हैं।

(ii) इस देश के विभिन्न भागों में शैक्षिक विकासों में भारी असन्तुलन देखने को मिलता है–एक राज्य और दूसरे राज्य के शैक्षिक विकासों में बहुत बड़ा अन्तर है और एक जिले तथा दूसरे जिले के विकास में और भी बड़ा अन्तर देखने को मिलता है।

(iii) शिक्षा के अवसरों की विषमता का एक और कारण यह है कि जनसंख्या का बहुत बड़ा भाग गरीब है और बहुत थोड़ा भाग धनी। किसी शिक्षा-संस्थान के समीप होते हुए भी गरीब परिवारों के बच्चों को वह अवसर नहीं मिलता, जो धनी परिवारों के बच्चों को मिल जाता है।

(iv) शिक्षा के अवसरों की विषमता का एक और बड़ा दुःसाध्य रूप विद्यालयों तथा कॉलेजों के अपने-अपने भिन्न स्तरों के कारण पैदा होता है। जब किसी विश्वविद्यालय में प्रवेश उन अंकों के आधार पर दिया जाता है, जो माध्यमिक स्तर की समाप्ति पर दी गयी सार्वजनिक परीक्षा में प्राप्त हुए हों और प्रवेश साधारणतया इसी आधार पर होता है, तब ग्रामीण क्षेत्र के साधनहीन ग्रामीण विद्यालय म पढ़े छात्र के लिए यह कसौटी या मापदण्ड एक समान नहीं रहता।

(v) घरेलू पर्यावरणों के भिन्न-भिन्न होने के कारण भी भारी विषमताएँ उत्पन्न होती हैं। ग्रामीण परिवेश या शहरी गन्दी बस्तियों में रहने वाले और अनपढ़ माता-पिता की सन्तान को शिक्षा पाने का वह अवसर नहीं मिलता, जो उच्चतर शिक्षा पाये हुए माता-पिता के साथ रहने वाली उनकी सन्तान को मिलता है।

(vi) भारतीय परिस्थितियों ने निम्नलिखित दो प्रकार की शैक्षिक विषमताओं को प्रमुख रूप से जन्म दिया है–

(a) शिक्षा के सभी स्तरों पर तथा क्षेत्रों में लड़कों तथा लड़कियों की शिक्षा में भारी अन्तर।

(b) उन्नत वर्गों तथा पिछड़े वर्गों–अनुसूचित जातियों तथा अनुसूचित आदिम जातियों के बीच शैक्षिक विकास का अन्तर।

4. भारतीय शिक्षा नीति (1986)–इसमें शैक्षिक विषमताओं को निम्नलिखित क्रम में वर्गीकृत किया गया है–

(i) महिलाओं की समानता हेतु शिक्षा (Education for Women's Equality)।

(ii) अनुसूचित जातियों के लिए शिक्षा (Education for Scheduled Castes)।

(iii) अनुसूचित जनजातियों की शिक्षा (Education for Scheduled Tribes)।

(iv) शिक्षा की दृष्टि से पिछड़े हुए अन्य वर्ग और क्षेत्र (Other Educationally Backward Sections and Areas)–अल्पसंख्यक (Minorities), विकलांग (Handicapped), प्रौढ़ शिक्षा (Adult Education) आदि।

शैक्षिक समानता के अवसर बढ़ाने के उपाय
(Measures to Promote Equality of Educational Opportunities)

शिक्षा आयोग (According to Education Commission) के अनुसार–**"जीवन के अन्य सभी आदर्शों की भाँति शिक्षा के अवसरों में भी पूर्ण समता कायम करना सम्भवतः असाध्य ही है पर ऐसे आम मामलों में असली प्रश्न पूर्ण लक्ष्य की सिद्धि का नहीं होता, ज्वलन्त आस्था तथा हार्दिक प्रयासों का होता है। किसी भी अच्छी शिक्षा-प्रणाली में महत्त्वपूर्ण विषमताएँ पैदा करने वाले कारणों को पहचानने का और उन्हें या तो पूरी तरह दूर या कम से कम न्यूनतम कर देने के लिए उचित कदम उठाने का प्रयास निरन्तर होता रहना चाहिए।"**

इन विसंगतियों के निदान हेतु शिक्षा आयोग ने निम्नलिखित उपाय बताये हैं–

(1) प्राथमिक शिक्षा सभी विद्यालयों में निःशुल्क दी जाये।

(2) माध्यमिक शिक्षा को यथाशीघ्र निःशुल्क बनाने का प्रयास किया जाये। इसके लिए एक अवस्थाबद्ध कार्यक्रम बनाया जाये।

(3) आगामी दस वर्षों में उच्चतर माध्यमिक तथा विश्वविद्यालयी शिक्षा में फीसों के सम्बन्ध में प्रयास किया जाना चाहिए कि सभी जरूरतमंद और योग्य छात्रों को निःशुल्क शिक्षा दी जाये।

(4) प्राथमिक स्तर पर पाठ्य-पुस्तकें और लेखन-सामग्री निःशुल्क दी जाये। विद्यालयों में नये भर्ती होने वाले बच्चों का स्कूल के समारोह में स्वागत किया जाये। अन्य बच्चों को भी विद्यालय की वार्षिक परीक्षाओं का परिणाम घोषित होते ही अगले वर्ष की पुस्तकों का पूरा सेट दिया जाये जिससे वे अवकाश के दिनों में अगले वर्ग की पढ़ायी कर सकें।

(5) माध्यमिक विद्यालयों तथा उच्च शिक्षा की संस्थाओं में पुस्तक-बैंकों (Book-Banks) का कार्यक्रम विकसित किया जाये।

(6) प्रतिभाशाली छात्रों को पुस्तकें खरीदने के लिए अनुदान दिये जायें।

(7) शिक्षा के विभिन्न स्तरों पर छात्रवृत्तियों का निम्नांकित कार्यक्रम लागू किया जाये–

(i) प्राथमिक स्तर पर इस बात के लिए कदम उठाये जायें कि प्राथमिक स्तर की समाप्ति पर किसी भी योग्य बच्चे को आगे पढ़ाई जारी रखने से रुकना न पड़े और इस उद्देश्य से हर जरूरतमंद बच्चे को पर्याप्त राशि की छात्रवृत्ति दी जानी चाहिए।

(ii) राज्य स्तर पर विभिन्न जिलों में शिक्षा के विकास के समकरण की नीति अपनायी जाये।

(iii) राष्ट्रीय स्तर पर भारत सरकार की जिम्मेदारी समझी जाये कि वह विभिन्न राज्यों में शिक्षा के विकास का समकरण करे। इसके लिए आवश्यक कार्यक्रम जिनमें पिछड़े राज्यों को विशेष सहायता देना शामिल है, विकसित किए जाएँ।

(8) लड़कियों और स्त्रियों के बारे में निम्न बातों पर ध्यान दिया जाए–

(i) स्त्रियों की शिक्षा को अगले कुछ वर्षों के लिए शिक्षा का एक बड़ा कार्यक्रम माना जाए और उनमें आने वाली कठिनाइयों का सामना करने तथा पुरुषों एवं नारियों की शिक्षा के मौजूदा अन्तर को यथाशीघ्र कम करने के लिए साहसी व प्रभावी प्रयास किये जायें।

(ii) केन्द्र में स्त्रियों की शिक्षा पर नजर रखने के लिए एक विशेष तन्त्र हो जो कि स्त्रियों की शिक्षा के कार्यक्रमों के आयोजन तथा क्रियान्वयन में सरकारी तथा गैर-सरकारी प्रयासों को एक जगह लाए।

(iii) इसके अलावा सभी स्तरों पर और सभी क्षेत्रों में लड़कियों की शिक्षा की ओर पर्याप्त ध्यान दिया जाना चाहिए।

(9) अनुसूचित जातियों की शिक्षा का वर्तमान कार्यक्रम जारी रहना चाहिए और उसका विकास भी किया जाना चाहिए।

(10) अनुसूचित जातियों के बच्चों में निम्न कार्यक्रमों पर ध्यान दिया जाना चाहिए–

(i) विरल आबादी वाले क्षेत्रों में आश्रम-स्कूलों की स्थापना की जानी चाहिए।

(ii) अध्यापकों को आदिम जातीय भाषाओं का ज्ञान होना चाहिए।

(iii) माध्यमिक स्तर पर विद्यालयों, छात्रावासीय सुविधाओं तथा छात्रवृत्तियों का पर्याप्त विस्तार किया जाना चाहिए।

(iv) उच्चतर शिक्षा में छात्रवृत्तियों का काफी विस्तार किया जाना चाहिए।

(v) उच्चतर शिक्षा में छात्रवृत्तियों के कार्यक्रम का विकेन्द्रीकरण किया जाना चाहिए।

◆◆◆

3. शिक्षा नीति (1986) के संदर्भ में शिक्षा के अवसरों की समानता पर एक संक्षिप्त टिप्पणी अथवा नोट लिखें।

अथवा

शिक्षा नीति (1986) के अंतर्गत शिक्षा के अवसरों को समानता के लिये क्या विशिष्ट सुझाव दिये गये हैं? संक्षेप में लिखें।

उत्तर–भारत के संविधान द्वारा यहाँ समानता पर आधारित समाज व्यवस्था की स्थापना की गई है और इसी आधार पर प्राथमिक शिक्षा को सार्वभौमिक बनाने का लक्ष्य रखा गया। आजादी के बाद से गठित विभिन्न शिक्षा आयोगों ने इस विषय में अनेक सुझाव दिए पर अब तक भी हम शैक्षिक समानता के उस लक्ष्य को प्राप्त नहीं कर पाये जो हमारे प्रजातांत्रिक व समाजवादी समाज की अनिवार्यता है। इसीलिए 1986 में तैयार की गयी नई शिक्षा नीति के दस्तावेज में स्पष्ट रूप से कहा गया कि नई शिक्षा नीति विषमताओं को दूर करने पर विशेष बल देगी और अब तक वंचित रहे लोगों की विशेष आवश्यकताओं को ध्यान में रखते हुए शिक्षा के समान अवसर मुहैया करेगी।"

1. **महिलाओं की समानता के लिए शिक्षा (Education for equality of women)**–नीति में कहा गया है कि न केवल सामाजिक न्याय की दृष्टि से बल्कि सामाजिक न्याय की दृष्टि से बल्कि सामाजिक रूपांतरण की गति को तीव्र करने के लिए भी लड़कियों की शिक्षा पर बल दिया जाना चाहिए।
2. **प्रादेशिक असंतुलन को दूर करना**–नीति के अनुसार शिक्षा की सुविधाओं की समानता की दृष्टि से प्रादेशिक असंतुलन को दूर किया जाना चाहिए तथा ग्रामीण व अन्य पिछड़े क्षेत्रों में शिक्षा की अच्छी सुविधायें दी जानी चाहिए।
3. **सामान्य व्यवस्था का विकास (Development of Common School System)**–नीति में कोठारी आयोग के सामान्य विद्यालय व्यवस्था के सुझाव का समर्थन किया गया और इस बात पर बल दिया गया कि इन विद्यालयों में शिक्षा के स्तर में सुधार लाने के लिए प्रयत्न किए जाने चाहिए। यह भी कहा गया कि पब्लिक स्कूलों की तरह विशेष स्कूलों में छात्रों के प्रवेश का आधार योग्यता होनी चाहिए और सामाजिक वर्गों के पृथक्करण को बचाने के लिए फीस माफी का अनुपात निश्चित कर देना चाहिए।
4. **पिछड़े वर्गों की शिक्षा (Education of Backward Classes)**–नीति में पिछड़े वर्गों व विशेष रूप से आदिम जातियों में शिक्षा का विकास करने के लिए और अधिक तेजी से प्रयत्न करने की आवश्यकता पर बल दिया गया।
5. विकलांगों की शिक्षा (Education of the handicapped)–नीति में कहा गया है कि विकलांगों व मानसिक रूप से अशक्त बच्चों के लिए शिक्षा की विशेष सुविधाओं की व्यवस्था की जानी चाहिए तथा ऐसे समन्वित कार्यक्रम का विकास किया जाना चाहिए जिनके द्वारा ये बच्चे नियमित विद्यालयों में शिक्षा प्राप्त कर सकें।

अंत में यह कहा जा सकता है कि नवीन शिक्षा नीति अच्छे उद्देश्यों को लेकर बनी है। आजादी के बाद से ही हमारा लक्ष्य समानता पर आधारित समाज व्यवस्था की स्थापना करना रहा है पर शैक्षिक अवसरों की समानता के अभाव में इस लक्ष्य को प्राप्त किया ही नहीं जा सकता। यही कारण है कि आजादी के बाद से गठित विभिन्न शिक्षा आयोगों ने सभी के समान शैक्षिक अवसर प्रदान करने की आवश्यकता पर बल दिया। इसके लिए अनेक सुझाव दिए गए। कई प्रकार की योजनाएँ बनाई गई, लेकिन इन सबका सही लाभ तभी प्राप्त हो सकता है जब उन सुझावों पर अमल किया जाए तथा योजनाओं को ठीक से क्रियान्वित किया जाये। भारत के संदर्भ में कहा भी जाता है कि यहाँ योजनाएँ तो सोच-विचारकर बनायी जाती हैं, पर उनको क्रियान्वित करने में कमी रह जाती है। यही कारण है कि योजनाओं के अपेक्षित परिणाम नहीं मिल पाते। अतः यदि हम सबको समान शैक्षिक अवसर प्रदान करना चाहते हैं तो योजनाओं व सुझावों के क्रियान्वयन पक्ष पर अधिक ध्यान देना होगा और उन रुकावटों को दूर करना होगा जो इसके मार्ग में अवरोध पैदा करती हैं।

◆◆◆

लघु-उत्तरात्मक प्रश्न
(Short Answer Type Questions)

प्रश्न 1. संस्कृति का क्या अर्थ है?

उत्तर– संस्कृति शब्द व्यापक अर्थ में प्रयुक्त होता है। इसकी व्युत्पत्ति तो संस्कार से है। 'संस्कृति' में अनेक नए-नए तत्त्व आकार जुड़ते रहते हैं। यह सच है कि जिसमें अच्छे संस्कार हों, उसके व्यवहार और आचरण में ऐसी उत्कृष्ट बातें आ जाती हैं जिनके कारण उसे सभी पसंद करते हैं और ऐसा व्यक्ति 'सुसंस्कृत' माना जाता है। अतः संस्कृति व्यक्ति के ऊपर अच्छे संस्कार डालती है। इसका शाब्दिक अर्थ 'कल्चर' लैटिन भाषा के शब्द 'कल्ट्यूरा' (Culture) से निकला है। 'संस्कृति' शब्द को तीन अर्थों में स्पष्ट किया जा सकता है–(1) साहित्यिक अर्थ, (2) नैतिक अर्थ, (3) समाजशास्त्रीय अर्थ। सबसे पहले साहित्यिक अर्थ में 'संस्कृति' जीवन का प्रकाश और कोमलता है। इतिहासकारों ने देश या समाज के कलात्मक एवं बौद्धिक विकास को ही संस्कृति माना है। दूसरा, नैतिक अर्थ में 'संस्कृति' शब्द का अर्थ नैतिक, आध्यात्मिक तथा बौद्धिक विकास के रूप में करते हैं। तीसरा अर्थ समाजशास्त्रीय रूप में, 'संस्कृति' मानव द्वारा निर्मित वह संपूर्ण वातावरण माना जाता है, जिसमें कि वह रहता है, सोचता-विचारता है, कार्य करता है, अपनी समस्त प्रकार की आवश्यकताओं की पूर्ति करता है और गुणों, आदतों, प्रथाओं, परम्पराओं आदि को सीखता है, अर्थात् सम्पूर्ण सामाजिक विरासत ही संस्कृति है।

संस्कृति की परिभाषा (Definition of Culture)–संस्कृति' शब्द के अर्थ को स्पष्ट करते हुए कुछ विद्वानों ने इस प्रकार परिभाषित किया है–

1. एलवुड का विचार (Ellood's View)–"संस्कृति में एक ओर मनुष्य की सम्पूर्ण भौतिक सभ्यता, औजार, शस्त्र, औद्योगिक विधि सम्मिलित होती है और दूसरी ओर अभौतिक अथवा आध्यात्मिक सभ्यता जैसे भाषा, साहित्य, कला, धर्म, नैतिकता, नियम एवं सरकार शामिल होती है।" ("Culture includes on the one hand the whole of mans material civilisation, tools, weapons, system of industry and on the other all the non-material or spiritual civilisation such as language, literature, art, religion, morality, law and government.") यह संस्कृति की व्यापक परिभाषा है।
2. ई.बी. टायलर का विचार (E.B. Tylor's view)–श्री टायलर ने अपनी प्रसिद्ध पुस्तक 'प्रीमिटिव कल्चर' में लिखा है, "संस्कृति वह जटिल समग्रता है जिसमें ज्ञान, विश्वास, कला, नैतिक आदर्श, नियम, प्रथाएं और समाज के सदस्य के रूप में अर्जित कोई भी अन्य क्षमताओं और आदतों का समावेश रहता है।" ("Culture is that complex whole which includes knowledge, belief, art, morals, law's customs and any other capabilities and habits acquired by man as member of society.")

प्रश्न 2. संस्कृति शिक्षा के किन-किन पक्षों पर प्रभाव डालती है?

उत्तर– **संस्कृति शिक्षा के निम्नलिखित पक्षों पर प्रभाव डालती है–**

(1) **शिक्षा के उद्देश्य (Aims of Education)**–शिक्षा का अर्थ और उसके उद्देश्य किसी समाज या उनके विचारों, मूल्यों और प्रतिमानों पर निर्भर करते हैं। अनेक देशों में शिक्षा के उद्देश्य अपने-अपने तरीकों पर आधारित हैं, जैसे–रूस की शिक्षा व्यवस्था का बल 'नए मनुष्यों के निर्माण' पर है जो अपने खून और आत्मा से कम्युनिस्ट हों। अमरीका में शिक्षा का उद्देश्य समाजीकरण और प्रजातंत्रीकरण स्थापित करना है। इस प्रकार यह स्पष्ट है कि जैसी किसी देश के समाज की संस्कृति होगी, वैसे ही उसकी शिक्षा के उद्देश्य होंगे।

(2) **पाठ्यक्रम (Curriculum)**–शिक्षा के उद्देश्य पाठ्यक्रम द्वारा प्राप्त होते हैं। यह पाठ्यक्रम भी समाज की संस्कृति के अनुरूप ही निर्मित होता है। अर्थात् दूसरे शब्दों में, हम कह सकते हैं कि किसी समाज का शैक्षिक पाठ्यक्रम उसी समाज के सांस्कृतिक मूल्यों पर निर्भर करता है साथ ही मूल्यों की पहचान भी हो जाती है। शिक्षा व्यवस्था समाज की सांस्कृतिक आवश्यकताओं को उस पाठ्यक्रम में जोड़ती है और उसे पूरा करने का प्रयास करती है। आवश्यकता पड़ने पर पाठ्यक्रम में समय-समय पर बदलाव भी किया जाता है।

(3) **शिक्षण विधियाँ (Method's of Teaching)**–शिक्षण विधियों का संस्कृति पर बहुत प्रभाव पड़ता है। पुराने समय में शिक्षा-प्रसार एवं शिक्षा को केन्द्र अध्यापक ही होता था, जो बच्चों की रुचियों और आवश्यकताओं के अनुरूप नहीं होता था अर्थात् जबरदस्ती ठूँसना या रट्टा लगाना था। लेकिन समय के बदलाव के अनुसार, आज शिक्षा का केन्द्र विद्यार्थी है न कि अध्यापक। आज विद्यार्थियों के निर्धारित शैक्षिक अनुभवों, प्रोग्रामों, रुचियों, आवश्यकताओं, अभिरुचियों, समस्याओं का ध्यान रखा जाता है और उनका समाधान भी सहज ढंग से किया जाता है। अतः आज शिक्षा विद्यार्थियों को वर्तमान एवं भविष्य में प्रभावी रूप से रहने के लिए तैयार करने का माध्यम है।

(4) **अनुशासन (Discipline)**–संस्कृति अनुशासन की अवधारणा को भी प्रभावित करती है। आज के युग में जीवन के लोकतंत्रीय मूल्यों को स्वीकार किया जा रहा है। इन मूल्यों का विश्व में सम्मान हो रहा है। अतः आज विश्व की संस्कृति को बनाए रखने के लिए प्रभावशाली अनुशासन की आवश्यकता है। इस संस्कृति द्वारा मानव एवं समाज को सुसंस्कृत बनाया जा सकता है। यह तभी सम्भव है जब समाज अनुशासन में रहे।

(5) **पाठ्य-पुस्तकों पर प्रभाव (Influence on Text Books)**–सांस्कृतिक मूल्यों का पाठ्यक्रमों पर अत्यधिक प्रभाव होता है। शिक्षा के पाठ्यक्रमों का निर्माण भी इन सांस्कृतिक मूल्यों पर आधारित होना चाहिए। सांस्कृतिक मूल्यों, आदर्शों तथा नैतिकता को पाठ्यक्रमों में शामिल करके विद्यार्थियों के मन की प्रवृत्ति विरोधी नहीं बनती। संस्कृति ही विद्यार्थियों के भविष्य का मार्गदर्शन करती है।

(6) **स्कूलों के प्रतिमान (Models of School)**–संस्कृति का प्रभाव स्कूलों के प्रतिमानों पर पड़ता है। किसी स्कूल की सभी सामूहिक गतिविधियाँ और प्रोग्राम समाज के उन सांस्कृतिक आदर्शों और मूल्यों के अनुसार ही आयोजित होते हैं, जिनके अन्तर्गत स्कूल स्थापित किए जाते हैं। अतः स्कूल समाज के उन सांस्कृतिक प्रतिमानों को बढ़ाने, ढालने, सुधारने और विकास करने का केन्द्र है, जोकि उसने अपने कल्याण और श्रेय के लिए बनाए हैं।

(7) **संस्कृति का अध्यापक पर प्रभाव (Influence of Culture on Teacher)**–प्रत्येक अध्यापक का अपना निजी जीवन-दर्शन होता है। जिस समाज का वह अभिन्न अंग है उसके सांस्कृतिक मूल्य और आदर्श होते हैं। अध्यापक के अच्छे व बुरे आदर्शों को विद्यार्थी प्रत्यक्ष और अप्रत्यक्ष रूप से ग्रहण करता है। यह बिल्कुल सही है कि अध्यापक के आदर्श ही समाज और देश की संस्कृति को बनाए रखने में सहयोग देते हैं। अतः हम कह सकते हैं कि अध्यापक संस्कृति का संरक्षक, मध्यस्थ और निर्माता होता है।

प्रश्न 3. जनतंत्र के अर्थ को स्पष्ट करें।

अथवा

जनतंत्र या प्रजातंत्र का क्या अर्थ है? संक्षेप में बतायें।

उत्तर– प्रजातंत्र का अर्थ एवं परिभाषा (Meaning and Definition of Democracy)

जनतंत्र का अर्थ (Meaning of Democracy)–जनतंत्र तथा शिक्षा के संबंध पर प्रकाश डालने के पूर्व जनतंत्र के अर्थ को समझना परम आवश्यक है। जनतंत्र 'डेमोक्रेसी' (Democracy) शब्द

का रूपांतर है। 'डेमोक्रेसी' (Democracy) शब्द की व्युत्पत्ति ग्रीक भाषा के दो शब्दों 'डेमोस' (Demos) तथा 'क्रेटिया' (Kratia) से मिलकर हुई है। 'डेमोस' (Demos) का अर्थ है शक्ति तथा क्रेटिया (Kratia) का अर्थ है जनता। इस प्रकार शाब्दिक अर्थ के अनुसार 'डेमोक्रेसी' (Democracy) अथवा जनतंत्र का अर्थ है—जनता के हाथ में शक्ति (Power of the People as a Whole)। अमेरिका के भूतपूर्व राष्ट्रपति **अब्राहम लिंकन (Abraham Lincoln)** ने जनतंत्र को परिभाषित करते हुए कहा है—'जनतंत्र जनता का जनता द्वारा जनता के लिए शासन है।' (Democracy is a government of the people, by the people, for the people.) । ध्यान देने की बात है कि जनतंत्र की यह परम्परागत धारणा प्रायः जनता तथा राज्य के संबंधों अर्थात् जनता द्वारा चुनावों तथा विधान सभाओं, विधान परिषदों एवं संसदों के निर्माण तक ही सीमित रह जाती है, जो पर्याप्त नहीं है। जनतंत्र को सफल बनाने के लिए इसके सिद्धान्तों तथा मूल्यों का प्रयोग जीवन के आर्थिक, सामाजिक, धार्मिक तथा शैक्षिक सभी क्षेत्रों में किया जाना चाहिए।

प्रश्न 4. प्रजातंत्र या जनतंत्र से संबंधित मुख्य परिभाषाओं पर संक्षेप में प्रकाश डालिये।

उत्तर— जनतंत्र या प्रजातंत्र से संबंधित मुख्य परिभाषाएँ निम्न प्रकार से हैं—

1. **अरस्तू (Aristotle)**—"जनतंत्र जनता की सरकार है।" (Democracy is the government of the people.)
2. **लार्ड ब्राइस (Lord Bryce)**—जनतंत्र एक ऐसी सरकार है जिसमें शासन करने की शक्ति किसी व्यक्ति अथवा वर्ग के हाथों में न रहकर समस्त जनता के हाथों में सामूहिक रूप से होती है।" (Democracy is the form of government in which the ruling power of the State is legally vested, not in any particular individual or class but in the members of community as a whole.)
3. **सीले (Seelay)**—"जनतंत्र वह सरकार है जिसमें सब भाग लेते हैं।" (Democracy is a government in which everyone has to share.)
4. **बोडे**—"जनतंत्र जीवन-यापन की एक रीति है और जीवन-यापन की रीति का तात्पर्य है—जीवन के प्रत्येक प्रमुख क्षेत्र को प्रभावित करना।"
5. **राधाकृष्णन् विश्वविद्यालय शिक्षा आयोग**—"जनतंत्र जीवन-यापन का एक ढंग है, न कि केवल एक राजनीतिक व्यवस्था। वह उन अधिकारों तथा स्वतंत्रता के सिद्धांतों पर आधारित रहता है जो किसी अमुक जाति, धर्म, लिंग तथा आर्थिक स्थिति के भेदभावों से ऊपर उठकर सबके ऊपर समान रूप से लागू होते हों।" (Democracy is the way of life and not a more political arrangement. It is based on the principle of equal freedom and equal rights for all its members, regard of race, religion, sex, occupation or economic status.)
6. **मेजिन (Mazzine)**—सच्चे जनतंत्र का तात्पर्य है—"सबसे योग्य तथा सबसे अच्छे नेतृत्व में सबकी सबके द्वारा उन्नति।" (True democracy refers to the progress of all under the leadership of the wisest and the best.)

प्रश्न 5. प्रजातंत्र के मूल सिद्धांतों का संक्षेप में उल्लेख करें।

अथवा

संक्षिप्त टिप्पणी अथवा नोट लिखें—प्रजातंत्र के मूल सिद्धांत

उत्तर— प्रजातंत्र या जनतंत्र के मूल सिद्धांत निम्न प्रकार से हैं—

1. **स्वतंत्रता (Freedom)**—स्वतंत्रता जनतंत्र की आत्मा है। स्वतंत्रता के अभाव में व्यक्ति अपनी पूर्ण शक्तियों को विकसित नहीं कर सकता। अतः प्रत्येक व्यक्ति को जीवन संबंधी प्रत्येक समस्या के विषय में अपने निजी ढंग से सोचने, विचार करने, लिखने, भाषण देने, वाद-विवाद करने, अपनी सम्मति देने तथा आलोचना करने की पूर्ण स्वतंत्रता होनी चाहिए।

ध्यान देने की बात है कि स्वतंत्रता का अर्थ केवल अपनी इच्छाओं को दूसरों के हितों की उपेक्षा करके अपने निजी ढंग से संतुष्ट करना नहीं है। इस प्रकार की उच्छृंखल, निरंकुश तथा अनियंत्रित स्वतंत्रता से लाभ के स्थान पर हानि होने का भय है। चूँकि अधिकारों के साथ-साथ कर्तव्य भी हैं, इसलिए स्वतंत्रता का उचित अर्थ व्यक्ति का विकास समूह द्वारा तथा समूह के लिएहै।

2. **समानता (Equality)**—जनतंत्र की दृष्टि में सभी व्यक्ति समान होते हैं। ऐसे समाज में रंग-रूप, जन्म, जाति, धर्म, वर्ग तथा लिंग का कोई भेदभाव नहीं होता है। प्रत्येक व्यक्ति को अपने व्यक्तित्व के विकास हेतु स्वतंत्र एवं समान अवसर प्रदान किए जाते हैं। ध्यान देने की बात है कि समान अवसर प्रदान करने का यह अर्थ कदापि नहीं है कि सबको एक से अवसर मिलें। अतः जनतंत्र में समानता का अर्थ यह है कि प्रत्येक व्यक्ति को उसकी रुचियों, योग्यताओं तथा क्षमताओं के अनुसार विकास की पूरी-पूरी सुविधाएँ प्राप्त हों। इस दृष्टि से आवश्यक योग्यताएँ होने पर कोई भी व्यक्ति अपनी रुचि के अनुसार किसी भी व्यवसाय को चुन सकता है। समाज का कोई भी अन्य व्यक्ति उसके रास्ते में बाधक नहीं हो सकता।
3. **बन्धुत्व (Fraternity)**—सच्चे जनतंत्र की कुंजी है—बन्धुत्व की भावना। जनतंत्र में प्रत्येक व्यक्ति मेलजोल से रहता है। इससे प्रत्येक व्यक्ति का समाज में सम्मान होता है। उसे अधिकार है कि वह समाज की गति के लिए अपना यथाशक्ति योगदान दे। चूँकि जनतंत्र में प्रत्येक व्यक्ति कंधे से कंधा मिलाकर कार्य करता है, इसलिए यह कहना उचित ही होगा कि जनतंत्रीय समाज में बंधुता की भावना अथवा आपसी भाईचारे से रहना जनतंत्र का महान् सिद्धांत है।
4. **न्याय (Justice)**—फ्रांस की क्रांति ने हमारे सामने जनतंत्र के उपरोक्त तीन सिद्धांत रखे हैं, परन्तु भारत में न्याय के सिद्धांत को इसमें और जोड़ दिया गया है। इसका कारण यह है कि जनतंत्र की सफलता के लिए न्याय का होना परम आवश्यक है। कानून की दृष्टि में निर्धन तथा धनवान सभी एक समान हैं तथा अपने-अपने अधिकारों और कर्तव्यों का प्रयोग करने के लिए वह पूर्णतया स्वतंत्र हैं। रंग-रूप, जाति तथा धर्म एवं लिंग आदि के आधार पर किसी व्यक्ति को न्याय प्राप्त करने से नहीं रोका जा सकता।

प्रश्न 6. प्रजातंत्र या जनतंत्र में विश्वास रखने वाले व्यक्ति के जीवन-दर्शन में कौन-कौन से मूल्यों का समावेश होता है?

अथवा

प्रजातंत्र या जनतंत्र के मूल्यों को संक्षेप में बतायें।

उत्तर— प्रजातंत्र जनतंत्र में विश्वास रखने वाले व्यक्ति के जीवन-दर्शन में निम्नलिखित गुणों का समावेश होता है—

1. **व्यक्ति का आदर (Respect of the Individual)**—प्रत्येक व्यक्ति सृष्टि की एक पवित्र तथा अमूल्य निधि है। दूसरे शब्दों में, प्रत्येक व्यक्ति समाज का अंग है। अतः प्रत्येक व्यक्ति को एक-दूसरे का आदर करना चाहिए। इस दृष्टि से किसी व्यक्ति को दूसरे व्यक्ति के विकास में बाधा नहीं डालनी चाहिए, अपितु समस्त समाज को व्यक्ति के विकास में पूर्ण सहयोग प्रदान करना परम आवश्यक है।
2. **सहनशीलता (Tolerance)**—जनतंत्र में विश्वास करने वाले व्यक्ति का सहनशील होना परम आवश्यक है। उसे यह कदापि नहीं सोचना चाहिए कि मैं जो कुछ कर रहा हूँ बस वही ठीक है और सब गलत है अथवा जो व्यक्ति उसके मत का आदर नहीं करते, वे मूर्ख हैं। दूसरे शब्दों में, जनतंत्रीय व्यवस्था में प्रत्येक नागरिक को दूसरे नागरिकों के विचारों

को सहन करना परम आवश्यक होता है। यही नहीं, ऐसी अवस्था में प्रत्येक व्यक्ति को अपने विचारों को उस समय भी व्यक्त करने की स्वतंत्रता होती है, जबकि दूसरे व्यक्ति उसके विचारों से सहमत न हों। इस प्रकार 'जियो और जीने दो' (Live and Let Live) जनतंत्र का अमूल्य गुण है।

3. **परिवर्तन में विश्वास (Faith in Change)**—जनतंत्र का तीसरा गुण है—परिवर्तन। अतः जनतंत्र में विश्वास करने वाला व्यक्ति परिवर्तन में विश्वास करता है। वह किसी बात को आँख मींचकर स्वीकार नहीं करता अपितु नये-नये सत्य की खोज में निरंतर जुटा रहता है। जैसे-जैसे नवीन मूल्यों में परिवर्तन होता जाता है वैसे-वैसे वह भी इन परिवर्तनों के साथ अनुकूलन करता जाता है।

4. **विचार-विनिमय के द्वारा परिवर्तन (Change through Exchange of Thought)** —जनतंत्र में विश्वास रखने का यह अर्थ नहीं है कि परिवर्तन को दूसरे व्यक्तियों पर बलपूर्वक थोपा जाये। सच्चे जनतंत्र में प्रत्येक परिवर्तन को परस्पर विचार-विनिमय द्वारा अथवा लोगों को समझा-बुझा कर पूर्ण रूप से संतुष्ट करने के पश्चात् सर्वसम्मति से लाया जाता है।

5. **सेवा (Service)**—जनतंत्र का मूलमंत्र है—व्यक्ति समाज के लिए तथा समाज व्यक्ति के लिए। इस दृष्टि से जनतंत्र की जड़ को शक्तिशाली बनाने के लिए व्यक्ति में सेवा की भावना होना आवश्यक है। समाज के प्रत्येक व्यक्ति को अपनी इच्छा से अपने जीवन को जनता-जनार्दन की सेवा के लिए अर्पित कर देना चाहिए। इससे चारों ओर प्रतिस्पर्धा के स्थान पर सहयोग की भावना विकसित होगी जिसके परिणामस्वरूप समाज की उन्नति के साथ-साथ व्यक्ति भी उन्नति की ओर अग्रसर होता रहेगा। रायबर्न ने लिखा है—"जनतंत्र ऐसी व्यवस्था है जिसमें समाज के सारे व्यक्ति साथ-साथ रहते हैं। प्रत्येक व्यक्ति समाज की तथा समाज प्रत्येक व्यक्ति की अधिक से अधिक सेवा करता है।"

6. **व्यक्तिगत तथा सामाजिक उन्नति (Individual and Social Progress)**—जनतंत्र में विश्वास रखने वाला व्यक्ति व्यक्तिगत तथा सामाजिक उन्नति में विश्वास रखता है। अतः जनतंत्रीय समाज में व्यक्ति समाज की तथा समाज व्यक्ति की उन्नति के लिए प्रयत्नशील रहता है। सच्चा जनतंत्र वही माना जा सकता है, जिसमें व्यक्ति और समाज दोनों ही उन्नति के पथ पर अग्रसर रहें। दूसरे शब्दों में, समाज व्यक्ति की भलाई के लिए अवसर प्रदान करे तथा व्यक्ति समाज की तन, मन और धन से सेवा करे।

प्रश्न 7. लोकतंत्र या प्रजातंत्र के लिये शिक्षा की क्यों आवश्यकता है? विभिन्न विद्वानों द्वारा दिये गये विचारों के आधार पर स्पष्ट करें।

अथवा

लोकतंत्र या प्रजातंत्र के लिये शिक्षा की आवश्यकता का संक्षेप में उल्लेख करें।

उत्तर– लोकतंत्र अपने कुछ नैतिक सिद्धान्तों और दर्शन के द्वारा ही अपना एक कार्यक्रम बनाता है। यह लोगों में कुछ इस प्रकार के गुण, कुशलताएँ, योग्यताएँ व ज्ञान भरना चाहता है जो कि लोकतंत्र के कार्य को सुगमता से चलाने में सहयोग दे सकें।

हेनरी वेन डाइक के शब्दों में, **"लोकतंत्र में शिक्षा का उचित आदर्श एक रचनात्मक आदर्श है। यह नवीन प्रकार से ऐसे मनुष्यों का निर्माण करने का प्रयत्न करता है, जो लोकतंत्र व मानव जाति के लिए अधिक से अधिक उपयोगी रहे।"**

("The right ideal of education in a democracy is the creative ideal. It seeks to create new kinds of men, who shall be of ever increasing worth to the republic and to mankind." —**Henry Ven Dyke.**)

डॉ. एस. राधाकृष्णन् ने भी अपने विचार कुछ इस प्रकार से व्यक्त किए हैं, **"लोकतंत्र का समर्थन करना मानव व्यक्तित्व का समर्थन करना है, मनुष्य की स्वतंत्र आत्मा तथा उसकी स्वाभाविक प्रेरणा और प्रयत्न का समर्थन करना है।"**

("The cause of democracy is the cause of human individual of the free spirit of man with its spontaneous inspiration and endeavour." —**Dr. S. Radhakrishnan.**)

ड्यूवी ने लोकतंत्र के लिए शिक्षा की आवश्यकता को इस प्रकार दर्शाया है, **"लोकतंत्र में इस प्रकार की शिक्षा होनी चाहिए जिससे व्यक्तियों को सामाजिक संबंध और नियंत्रण में व्यक्तिगत रुचि उत्पन्न हो और उनमें ऐसी मानसिक आदतों का निर्माण हो जिनसे अव्यवस्था उत्पन्न हुए बिना सामाजिक परिवर्तनों का होना सम्भव हो।"**

("A democracy must have a type of education which gives individuals a personal interest in social relationship and control the habits of mind which secure social change without introducing disorder." —**John Dewey**)

लोकतंत्रात्मक शिक्षा के माध्यम में कुछ ऐसे शक्तिशाली व्यक्ति उत्पन्न किए जाएँ जो लोकतंत्रात्मक समाज के हित में कार्य करना चाहते हों और एक शक्तिशाली समाज बनाने के योग्य हों।

डॉ. करीरो ने भी कितने सुन्दर शब्दों में कहा है, **"प्रजातंत्र का अर्थ है जाति-पांति, रंग भेद तथा ऊँच-नीच से दूर एक ऐसा राज्य जिसकी आत्मा उद्देश्यों की प्राप्ति के लिए अपने आपको हर कार्य में लगाए रखती है।"**

भारत जैसे गणतंत्र राष्ट्र में जनता को कुछ मौलिक अधिकार भी प्राप्त हैं, जैसे—समानता, स्वतंत्रता, धार्मिक स्वतंत्रता, शोषण के विरुद्ध, सांस्कृतिक व शिक्षा संबंधी व सम्पत्ति, वोट देने का व संवैधानिक उपचार आदि अधिकार प्राप्त हैं। विश्वविद्यालय आयोग ने इस संबंध में कहा है, **"प्रजातंत्र जीवन का ढंग है और केवल मात्र राजनैतिक प्रबन्ध ही नहीं। यह धर्म, जाति, लिंग, व्यवसाय और आर्थिक स्तर को न मानते हुए सभी प्रकार की स्वतंत्रता प्रत्येक को प्रदान करती है।"**

("Democracy is the way of life and not a mere political arrangement. It is based on the principle of equal freedom, equal rights for all its members, regardless of race, religion, sex, occupation or economic status.")

प्रश्न 8. लोकतंत्रीय या प्रजातंत्रात्मक शिक्षा के सामान्य उद्देश्यों का संक्षेप में उल्लेख करें।

अथवा

लोकतंत्रीय या प्रजातंत्रात्मक शिक्षा के सामान्य उद्देश्यों को स्पष्ट कीजिये।

उत्तर— लोकतंत्रीय शिक्षा के उद्देश्यों को सामान्यतः **निम्नलिखित दो भागों** में बाँटा गया है—

(क) सामान्य उद्देश्य

(ख) अनिवार्य उद्देश्य।

(क) सामान्य उद्देश्य (General Aims)—

(i) लोकतंत्रात्मक शिक्षा में ऐसी शिक्षा व्यवस्था की जाए जिसके द्वारा मस्तिष्क व बुद्धि का विकास हो।

(ii) व्यावसायिक कुशलता (Professional Efficiency) और व्यावसायिक नैतिकता (Professional Ethics) को विशेष स्थान प्राप्त हो।

(iii) लोकतंत्रात्मक शिक्षा द्वारा चरित्र के निर्माण की ओर विशेष ध्यान दिया जाना चाहिए, जिसकी सहायता से उसमें अनुशासन भी आए।

(iv) अवकाश काल के सदुपयोग के लिए विभिन्न प्रकार के भ्रमणों, आदि का आयोजन किया जाए जिनके द्वारा वे अपना मनोरंजन तो करें ही, साथ ही भ्रातृत्व की भावना भी अपने में जागृत करें।

(v) लोकतंत्रात्मक शिक्षा के माध्यम से प्रेम, सहयोग के द्वारा परिवार व समाज में योग्य सदस्यों का विकास किया जाए।

(vi) शारीरिक व मानसिक विकास व स्वास्थ्य की ओर विशेष ध्यान दिया जाए, क्योंकि बिना स्वास्थ्य के योग्य नागरिक व प्रशासक बनाना असम्भव है।

(vii) शिशु को प्रत्येक क्षेत्र में आगे बढ़ने का प्रोत्साहन प्राप्त किया जाना चाहिए।

(viii) छात्र की प्रतिभा व बुद्धि का विशेष ध्यान रखकर शिक्षा पद्धति का नियोजन किया जाना चाहिए।

प्रश्न 9. प्रजातंत्र तथा पाठ्यक्रम का संक्षेप में उल्लेख करें।

अथवा

प्रजातंत्रीय शिक्षा में पाठ्यक्रम किस प्रकार का होना चाहिए? स्पष्ट करें।

उत्तर– प्रजातंत्रात्मक या लोकतंत्रीय शिक्षा के उद्देश्यों को देखते हुए हम यह कह सकते हैं कि लोकतंत्रात्मक शिक्षा का पाठ्यक्रम व्यक्ति के व्यक्तित्व को ध्यान में रखते हुए, उसकी योग्यताओं को देखते हुए, उसके बहुमुखी विकास की ओर ध्यान देकर बनाया जाना चाहिए। इसके लिए एक रंगीला, विविध और लचीला पाठ्यक्रम होना चाहिए, जो बच्चों की रुचियों, आवश्यकताओं और समाज की बदलती हुई धारणाओं को पूरा करता हो।

इनकी पूर्ति के लिए सैकेण्डरी पाठ्यक्रम को दो भागों में बाँटा जाना चाहिए–

1. केन्द्रीय पाठ्यक्रम (Core Curriculum)।
2. विविध पाठ्यक्रम (Diversified Curriculum)।

केन्द्रीय पाठ्यक्रम के द्वारा विद्यार्थी में आवश्यक ज्ञान देने की व्यवस्था होनी चाहिए और विविध पाठ्यक्रम में विद्यार्थियों की प्रवृत्तियों, रुचियों योग्यताओं आदि का ध्यान रखा जाना चाहिए। इसके अतिरिक्त पाठ्यक्रम को बालकों की विभिन्नताओं, प्रवृत्तियों, बुद्धि, योग्यताओं, शक्तियों तथा आवश्यकताओं को आधार बनाना चाहिए। पाठ्यक्रम में कृषि, व्यावसायिक शिक्षा, मातृभाषा, राष्ट्रभाषा, गणित, विज्ञान, शिल्प, भूगोल, इतिहास, नागरिक शास्त्र, अर्थशास्त्र, स्वास्थ्य विज्ञान, वाणिज्य इत्यादि विषयों को उचित स्थान दिया जाना चाहिए ताकि बालक में करके सीखने (Learning by Doing) की भावना का विकास हो सके।

प्रश्न 10. प्रजातंत्रात्मक व्यवस्था में स्कूल-व्यवस्था किस प्रकार की होनी चाहिए?

अथवा

प्रजातंत्र तथा स्कूल व्यवस्था पर संक्षेप में नोट अथवा टिप्पणी लिखें।

उत्तर– प्रजातंत्रात्मक व्यवस्था में अध्यापकों तथा संगठनों को इकट्ठे होकर स्कूल की व्यवस्था करने की स्वतंत्रता होती है। अध्यापक प्रबन्धक वर्ग के साथ मिलकर स्कूल की अच्छी प्रकार से व्यवस्था कर सकता है। इस व्यवस्था में छात्रों का सहयोग भी अपने अध्यापकों के साथ रहता है। प्रबन्धक और निरीक्षक ऐसी अवस्था में हस्तक्षेप नहीं करते। इस प्रकार से स्कूलों के लिए बनाई गई प्रबन्धक समितियाँ वास्तव में बच्चों में जनतांत्रिक भावना भरने के लिए सहायता प्रदान करती हैं। छात्र भी इस प्रकार की व्यवस्था से संतुष्ट होकर रचनात्मक कार्य करने का प्रशिक्षण प्राप्त करते हैं।

इस प्रकार अन्त में हम कह सकते हैं कि जनतंत्र और शिक्षा का पारस्परिक संबंध हमें जनतंत्र को व्यावहारिक बनाने में सहायता प्रदान करता है। शिक्षा की सहायता से नागरिकों को लोकतंत्र में उनके अधिकारों एवं कर्तव्यों से परिचित कराया जाता है। जनतंत्र को सफल बनाने के लिए यह आवश्यक है कि शिक्षा की योजना इस प्रकार से बनाई जाए जिससे कि आने वाली पीढ़ी में जनतंत्र के प्रति विश्वास बढ़े और वह अपने अधिकारों का सही उपयोग करना सीखे तथा शिक्षा व्यवस्था से प्राप्त कौशल, योग्यताओं और आदर्श की सहायता से जनतन्त्र को सुदृढ़ बनाए।

इस प्रकार हम देखते हैं कि लोकतंत्र नैतिक विश्वास के साथ-साथ क्रियात्मकता को भी बल देता है। शिक्षा वो महान् शक्ति है जो राष्ट्र को कुशल प्रबन्धक तो देती ही है साथ ही उसके मूल्यों, राजनैतिक स्वतंत्रता, आर्थिक न्याय, सामाजिक परिवर्तन, व्यक्ति के व्यक्तित्व का विकास और नियंत्रित जीवन की ओर भी ले जाती है। अगर हम लोकतंत्र को देश की स्थायी सरकारी बनाना है तो लोकतांत्रिक शिक्षा को हर हालत में आरम्भ करना ही होगा क्योंकि लोकतांत्रिक शासन प्रणाली तभी सफल हो सकती है जब शिक्षा का रूप भी लोकतांत्रिक होगा।

प्रश्न 11. प्रजातांत्रिक दृष्टि से शिक्षा का क्या अर्थ है? संक्षेप में बतायें।

अथवा

प्रजातंत्र में शिक्षा के अर्थ को संक्षेप में स्पष्ट करें।

उत्तर– प्रजातंत्र में शिक्षा का अर्थ है वह साधन जिसके द्वारा मनुष्य में समानता और सभ्यता की भावना उत्पन्न की जाती है। प्रजातांत्रिक शिक्षा शिक्षार्थियों को सभी उच्चतम आवश्यकताओं का ज्ञान कराने वाली, सत्य तथा असत्य के अन्तर को स्पष्ट करके किसी नतीजे तक पहुँचाने वाली, सामाजिक परिवर्तनों के अनुसार व्यक्ति में परिवर्तन करने वाली होती है।

यह शिक्षा मनुष्य में स्वतंत्र विचारधारा, समाज में कल्याण करने की भावना, दूसरों के दृष्टिकोणों को समझने की भावना, समस्याओं पर विचार करके तुरन्त ही निर्णय लेने की क्षमता, सहिष्णुता, सच्चरित्रता तथा अन्य मानवीय गुणों का विकास और प्रजातांत्रिक आदर्शों में विश्वास करने वाली होती है।

प्रश्न 12. प्रजातांत्रिक शिक्षा के महत्त्व के संबंध में विभिन्न विद्वानों या शिक्षाविदों के विचारों का संक्षेप में उल्लेख करें।

अथवा

प्रजातांत्रिक शिक्षा के महत्त्व के बारे में विभिन शिक्षाविदों के विचारों पर संक्षेप में प्रकाश डालें।

उत्तर– आज 'प्रजातंत्र के लिए शिक्षा और शिक्षा के लिए प्रजातंत्र' की आवाजें बड़े जोर-शोर के साथ सुनाई देती हैं। प्रजातंत्र में शिक्षा के संबंध में राय देने वाले शिक्षा-शास्त्रियों में अमेरिका के जॉन डीवी का नाम बड़े आदर के साथ लिया जाता है। डीवी का कहना है कि **"प्रजातंत्र शासन की एक पद्धति** (Method) **ही नहीं है, बल्कि यह सामाजिक जीवन और विचारों तथा अनुभवों के दिन प्रतिदिन की एक शैली है।"** जॉन डीवी के इन्हीं विचारों ने शिक्षा में प्रजातांत्रिक सिद्धान्तों को जन्म दिया है।

जॉन डीवी ने लिखा भी है, **"जनतांत्रिक समाज को अच्छे गुणों के साथ पाठशाला में प्रशिक्षित कर देना चाहिए जिससे बालक अपने आप को इस समाज का अंग समझे और उसके विकास में सक्रिय सहयोग दे।"** अब लोग इस बात को मानने लगे हैं कि शिक्षा जनतंत्र में ही पनप सकती है। यह भी सत्य है कि शिक्षा की सहायता के बिना प्रजातंत्र कदापि सफल नहीं हो सकता है।

प्रजातंत्र तभी सफल हो सकता है जबकि देश के सभी नागरिकों को अपने कर्तव्यों की पूरी जानकारी हासिल हो। यह कार्य शिक्षा ही पूरा कर सकती है। जनतंत्र के अन्तर्गत मतदान को अत्यधिक महत्त्व दिया जाता है। जनता सोच-विचार कर मतदान करेगी, तभी उसका कल्याण हो सकता है। **हेरिंगटन** का यह कथन एकदम सत्य है कि जनतंत्रात्मक सरकार की सबसे बड़ी माँग शिक्षित जनता है। शिक्षा ही नागरिकों में उन मानवीय गुणों का विकास कर सकती है, जिसकी कि प्रजातंत्र को परम आवश्यकता है। प्रजातंत्र वहीं पर सफल हो सकता है जहाँ पर कि सामाजिकता, सहृदयता, सहिष्णुता, धैर्य, जनहित आदि की भावना से भरे हुए नागरिक हों। शिक्षा ही एक ऐसा साधन है जो नागरिकों में प्रजातंत्र के प्रति विश्वास और सद्भावना पैदा कर सकता है।

अतएव प्रजातंत्र की दृष्टि से यह परम आवश्यक है कि हमारे भावी नागरिक अपनी संस्कृति, कला आदि के ज्ञान से परिचित हों। संस्कृति का संरक्षण शिक्षा ही करती है। अतएव यह जानकारी शिक्षा के द्वारा ही प्राप्त हो सकती है।

राधाकृष्णन कमीशन के अनुसार, **"प्रजातंत्र के हाथ में शिक्षा की वह युक्ति होती है जिसके द्वारा वह नागरिकों को सामाजिक बुराइयों से दूर रखता है तथा उनमें समानता की भावना पैदा करता है। प्रजातंत्र इस बात का प्रयास करता है कि न तो सरकार समाज का शोषण करे और न ही समाज हित की अवहेलना करे। इस कार्य में शिक्षा विशेष योग देती है।"**

हुमायूं कबीर के अनुसार, **"यदि प्रजातंत्र को वास्तव में प्रभावशाली बनाना है और प्रत्येक व्यक्ति का विकास करना है तो शिक्षा की सार्वभौमिक और निःशुल्क व्यवस्था करनी होगी।"**

("If democracy is to be really effective and guarantee to all individuals the right to develop to the fullest extent the education has to be universal and free.")

जॉन डीवी ने लिखा है, **"प्रजातंत्र में ऐसी शिक्षा की व्यवस्था करनी है जो व्यक्तियों की रुचि, सामाजिक कार्यों तथा संबंधों को पैदा कर सके, जो बिना किसी कठिनाई और अव्यवस्था तथा रुकावट के सामाजिक परिवर्तन कर सके।"**

("Democracy must have this type of education which gives individuals a personal interest in social relationship and control all habits of minds which secure social change without introducing disorder.")

प्रश्न 13. शिक्षा पर पड़ने वाले प्रजातांत्रिक विचारधारा के प्रभाव की संक्षिप्त विवेचना करें।

अथवा

संक्षेप में टिप्पणी अथवा नोट लिखें–शिक्षा पर प्रजातांत्रिक विचारधारा का प्रभाव।

उत्तर– शिक्षा पर प्रजातांत्रिक विचारधारा का प्रभाव–जनतांत्रिक विचारधारा का शिक्षा पर यह प्रभाव पड़ा है कि प्रत्येक व्यक्ति को शिक्षा प्राप्त करने का अधिकार दिया गया है। हमारे देश में जैसा कि बहुत पहले था कि शिक्षा प्राप्त करने का अधिकार निम्न जातियों को नहीं था। लेकिन अब ऐसा नहीं है। अब हर किसी को चाहे वह किसी भी जाति या वर्ग का हो, शिक्षा प्राप्त करने का अधिकार है। अपनी क्षमता के अनुसार वह हर किसी विद्यालय में शिक्षा पा सकता है। वहाँ किसी प्रकार का भेदभाव नहीं किया जा सकता।

अपनी शक्ति और क्षमता के अनुसार हर किसी को शिक्षा प्राप्त करने का अधिकार होता है जिसके पास आर्थिक सामर्थ्य नहीं है। जो शिक्षा प्राप्त करने में असमर्थ है, उसे शिक्षा पाने के लिये हर प्रकार की सहायता देना राज्य का काम है। असमर्थ या विकलांगों विशिष्ट बालकों को भी जनतंत्र में शिक्षा पाने का वही अधिकार है जो सब को है। हर प्रकार का विकास करने का अधिकार भी है जैसा कि सब को। अतएव इन विशिष्ट बालकों की शिक्षा का प्रबन्ध करना राज्य का काम होता है।

हमारे देश में जनतंत्र है। यहाँ जनतंत्र के आदर्शों के अनुसार ही शिक्षा प्राप्त करने का अधिकार हर किसी को है। विशिष्ट बालाकों की शिक्षा का भी प्रबन्ध किया गया है। लेकिन इसकी स्थिति अत्यन्त दयनीय चल रही है। असमर्थों की शिक्षा के लिए सरकारी सहायता अवश्य प्राप्त है। लेकिन इस दिशा में अनेक अव्यवस्थाएँ देखने को मिलती हैं। वास्तव में जिसे सहायता मिलनी चाहिए उसे नहीं मिल पाती।

जनतांत्रिक शिक्षा में हर बालक की रुचि और योग्यता के अनुसार शिक्षा प्राप्त करने का अधिकार होता है। आज लगभग सभी देश बालकों को उसकी रुचि की शिक्षा देने का प्रयास कर रहे हैं। इसलिए पाठ्यक्रम में भी विस्तार किया जा रहा है। हर किसी को अपनी शक्ति के अनुसार शारीरिक, नैतिक, मानसिक और आध्यात्मिक विकास करने का अवसर दिया जा रहा है।

यह जनतांत्रिक शिक्षा प्रणाली का ही परिणाम है कि शिक्षा कार्य में अधिक से अधिक स्वतंत्रता प्रदान की जा रही है। अध्यापकों को भी अपनी व्यावसायिक कुशलता बढ़ाने का अवसर दिया जाता है। अब कक्षा-शिक्षण में भी जनतांत्रिक सिद्धान्तों को अपनाया जा रहा है। छात्रों को अनुभव द्वारा सीखने तथा करके सीखने पर बल दिया जा रहा है।

अब विद्यालयों के वातावरण को भी जनतांत्रिक बनाने का प्रयास किया जा रहा है। प्रधान अध्यापक, अध्यापकों के साथ मित्रता का व्यवहार करते हैं, अध्यापक बालकों के साथ मित्रता और पथ-प्रदर्शक की तरह व्यवहार करते हैं, विद्यालयों की नीति-निर्धारण में सबका सहयोग लिया जाता है। जनतांत्रिक-प्रणाली के अनुसार ही विद्यालयों में छात्र संघ, छात्र परिषद् आदि का संगठन करने की प्रेरणा दी जाती है।

प्रजातंत्र में अनुशासन की नीति दमनात्मक नहीं होती। इसलिए अब दमनात्मक अनुशासन को स्थान न देकर स्वतंत्रता को स्थान दिया जाता है। छात्रों को किसी भी प्रकार दबाया नहीं जाता और स्वशासन पर बल दिया जाता है।

आजकल विद्यालय को समाज का लघु रूप समझा जाता है। बालक जहाँ नागरिकता की शिक्षा प्राप्त करता है वहीं पर उसको विश्व नागरिकता का भी पाठ पढ़ाकर विश्व बन्धुत्व का भाव विकसित किया जाता है।

उक्त वर्णन से स्पष्ट है कि आधुनिक युग में, शिक्षा के क्षेत्र में, जनतांत्रिक विचारधारा पूरे तरीके से घर कर गई है। संसार के अधिकांश देश विचारधारा से प्रभावित होकर शिक्षा के क्षेत्र में भी परिवर्तन कर रहे हैं। भारत भी इस दिशा में तेजी के साथ अपना कदम बढ़ा रहा है।

प्रश्न 14. प्रजातांत्रिक-प्रणाली के द्वारा भारतीय शिक्षा किस सीमा तक प्रभावित हुई है? संक्षेप में बतायें।

उत्तर– प्रजातांत्रिक प्रणाली से भारतीय शिक्षा **निम्न प्रकार** से प्रभावित हुई है–

1. जनतांत्रिक प्रणाली से हमारी भारतीय शिक्षा अधिक सीमा तक प्रभावित हुई है। इसका प्रभाव शिक्षा के पाठ्यक्रम, विद्यालय-व्यवस्था, शिक्षक के कार्य और स्थान, शिक्षा-विधि, शिक्षार्थी, शिक्षा के उद्देश्य आदि सभी बातों पर पड़ा है। यही कारण है कि हमारी शिक्षा को आज जनतांत्रिक शिक्षा कहा जाता है।
2. शिक्षा के पाठ्यक्रम को समाज की आवश्यकताओं तथा बाल-रुचियों पर केन्द्रित किया गया है। शिक्षा अब केवल सूचना मात्र ही नहीं है, बल्कि उसका व्यावहारिक पक्ष भी छात्रों के सामने रखा जाता है। उन्हें इसका प्रयोग करने की शिक्षा भी दी जाती है। शिक्षा के पाठ्यक्रम को अत्यधिक विस्तृत कर दिया गया है।
3. शिक्षा में बालक की रुचि को स्वतंत्रता दी जा रही है। बालक को महत्त्वपूर्ण स्थान दिया जाता है। उनमें आत्मिक अनुशासन पैदा करने का प्रयास किया जाता है।
4. पाठशालाओं के नियम-निर्धारण में सबका योग होता है। सबकी राय को महत्त्व दिया जाता है।
5. शिक्षा विधि भी पहले की अपेक्षा काफी परिवर्तित कर दी गई है। बालक को विषय का बोध हो जाए, ऐसी ही विधि को अपनाया जाता है।
6. अब अध्यापक का स्थान पथ-प्रदर्शक का है। वह छात्रों का मित्र होता है और उनके साथ अत्यन्त प्रेम और सहानुभूति का व्यवहार करता है।
7. शिक्षा के माध्यम से बच्चों को नागरिकता का पाठ पढ़ाया जाता है। उसमें विश्व नागरिकता के भाव पैदा किये जाते हैं। विश्व-बन्धुत्व के भावों का विकास किया जाता है।

प्रश्न 15. प्राचीन शिक्षा के उद्देश्यों का वर्णन कीजिए।

उत्तर– प्राचीन भारत में शिक्षा ज्ञान का स्रोत थी। उसे लोक और परलोक के सुधारने का माध्यम माना जाता था। वास्तव में प्राचीन शिक्षा धर्म से प्रेरित थी। इसका प्रमुख कारण प्राचीन भारतीय विचारधारा तथा जीवन-दर्शन का पूर्ण रूप से धर्म-प्रधान होना था। जीवन का प्रत्येक क्षेत्र–चाहे आर्थिक हो, चाहे राजनीतिक या सामाजिक, सब पर धर्म का प्रभाव था। आर्यों के जीवन का प्रमुख उद्देश्य था–मोक्ष की प्राप्ति। अतः जीवन की प्रत्येक क्रिया मोक्ष-प्राप्ति के लिए सम्पादित की जाती थी। इस विचार का शिक्षा पर भी प्रभाव पड़ा। उस काल में शिक्षा को केवल ज्ञान प्राप्त करने का माध्यम नहीं माना जाता था, अपितु शिक्षा मोक्ष प्राप्त करने का एक साधन मानी जाती थी।

प्राचीन शिक्षा प्रणाली के उद्देश्य (Aims of Ancient Education System)

(1) व्यक्ति के चरित्र का विकास करना।

(2) बाह्य अनुशासन के साथ-साथ आन्तरिक अनुशासन को महत्त्व देना।

(3) शिक्षा द्वारा व्यक्तित्व का विकास करना।

(4) जीवन को पूर्ण रूप से पवित्र बनाये रखकर, अन्तिम उद्देश्य—मोक्ष की ओर ले जाना।

(5) भौतिक जगत् से चित्त को हटाकर आन्तरिक जगत् की ओर लगाना।

(6) वैदिक साहित्य, यज्ञ तथा कर्मकाण्डों और आध्यात्मिक रहस्यों को सांस्कृतिक निधि के रूप में संजोकर रखना।

उपर्युक्त शिक्षा के उद्देश्यों का तात्पर्य यह नहीं कि प्राचीन काल में शिक्षा का उद्देश्य केवल धर्म-दीक्षा देना या चरित्र का निर्माण करना था। इस विषय पर प्रकाश डालते हुए **बी० जी० गोखले** लिखते हैं— **''इस प्रणाली का आयोजन इस प्रकार का था कि जीवन के प्रति छात्र का दृष्टिकोण विस्तृत हो जाए। उसमें ज्ञान की ज्योति जगे, उसकी बुद्धि प्रखर हो और उसके व्यक्तित्व के विकास द्वारा उसके अन्दर चरित्र बल की स्थापना हो।.....यह सत्य है कि इस प्रणाली में धर्म-दीक्षा को अत्यधिक महत्त्व दिया जाता था, परंतु साथ ही ज्ञान तथा साहित्य की शाखाओं के महत्त्व को भी नहीं भुलाया जाता था।''** अल्टेयर के अनुसार, **''ईश्वर-भक्ति तथा धार्मिक भावना, चरित्र-निर्माण, व्यक्तित्व का विकास, नागरिक-सामाजिक कर्तव्य का पालन, सामाजिक कुशलता की उन्नति तथा राष्ट्रीय संस्कृति का संरक्षण और प्रसार—प्राचीन भारत में शिक्षा के उद्देश्य थे।''**

प्रश्न 16. प्राचीन शिक्षा प्रणाली के गुण, विशेषताओं का वर्णन कीजिए।

उत्तर— प्राचीन शिक्षा प्रणाली के गुण, विशेषताएँ अथवा महत्त्व (Characteristics or Importance of Ancient Education)

(1) **शिक्षा का बहुमुखी होना (Multipurpose Education)**—प्राचीन शिक्षा का उद्देश्य एकांगी न होकर बहुमुखी था। शिक्षा इस लोक तथा परलोक दोनों से सम्बन्धित थी। भौतिक उन्नति के साथ-साथ आध्यात्मिक उन्नति को भी समान महत्त्व प्रदान किया जाता था। परिणामस्वरूप छात्रों को वास्तविक ज्ञान प्राप्त होता था, जिसका वर्तमान युग में अभाव है।

(2) **गुरु-शिष्य प्रेम (Pupil-teacher Relation)**—गुरु-गृह में छात्र को अपने आचरण के प्रति सावधान रहना पड़ता था। गुरु भी अपने छात्रों के आचरण के प्रति सजग रहता था और यथासम्भव वह उनके नैतिक बल को विकसित करने का प्रयत्न करता था, अतः छात्रों का चरित्र अत्यन्न उज्ज्वल तथा पावन होता था।

(3) **गुरुकुल व्यवस्था (Gurukul System)**—छात्र अध्ययन करने के लिए प्रमुखतया गुरु-गृह तथा गुरुकुलों में जाया करते थे। ये गुरु-गृह या गुरु आश्रम नगर के कोलाहलपूर्ण वातावरण से दूर वनों में हुआ करते थे। नगर के दूषित या विलासपूर्ण वातावरण से अलग होने के कारण छात्रों का मन अध्ययन में भली प्रकार लगता था। गुरुकुल तथा आश्रमों की सादगी छात्रों में विलास और भोग की भावना उत्पन्न न करके त्याग और संयम की भावना उत्पन्न करती थी।

(4) **सामाजिकता की भावना (Feeling of Sociability)**—गुरु-आश्रम या गुरुकुल का कार्य छात्र मिलकर करते थे, जिससे उनके अन्दर मिलकर काम करने की भावना तथा सामाजिकता की भावना उदय होती थी।

(5) **पारिवारिक वातावरण (Family Enviornment)**—छात्र गुरु-गृह में, गुरु-परिवार के सदस्य की भाँति रहता था, अतः छात्र अपना अध्ययन-कार्य पारिवारिक वातावरण में ही व्यतीत करता था। गुरु की देख-रेख में उसे किसी भी प्रकार के अभाव का अनुभव नहीं होता था।

(6) **ब्रह्मचर्य-प्रधान शिक्षा (Brahamcharya Oriented Education)**–अध्ययन-काल में छात्र को ब्रह्मचर्य का पालन करना पड़ता था, अतः उसके शरीर और मन का विकास साथ-साथ चलता था तथा वह अपनी समस्त शक्ति अध्ययन में लगाता था।

(7) **व्यक्तिगत कठिनाइयों का दूर होना (Removal of Personal Difficulties)**–गुरु-आश्रम और गुरुकुलों में छात्रों की संख्या अधिक न होने के कारण गुरु अपने शिष्यों के अधिक निकट आते थे। अपने शिष्यों की व्यक्तिगत कठिनाइयों को हल करने में उन्हें सरलता रहती थी। शिष्य भी गुरु के निकट सम्पर्क में रहने के कारण उनसे प्रेरणा लेकर अपने जीवन को गुरु के अनुकूल ढालने का प्रयत्न करते थे।

(8) **अनुशासनपूर्ण शिक्षा (Disciplined Education)**–प्राचीन शिक्षा में गुरु और शिष्यों के सम्बन्ध अत्यन्त मधुर होने के कारण अध्ययन-अध्यापन का प्रवाह बिना बाधा के चलता रहता था। शिष्य अपने गुरुओं का आदर करते थे। उनके प्रति प्रेम, श्रद्धा तथा पवित्र भावना रखने से वे गुरु द्वारा प्रदान किये गये उपदेशों का पालन भी सहर्ष करते थे। दूसरे शब्दों में, शिष्यों का आचरण अपने गुरुओं के प्रति अत्यन्त नम्रता और अनुशासन का था।

(9) **शारीरिक दण्ड का अभाव (Lack of Physical Punishment)**–प्राचीन शिक्षा में शारीरिक दण्ड का प्रायः अभाव था। मनु, गौतम आदि आचार्यों ने इसका पूर्ण विरोध किया है।

(10) **प्रकृति के निकट (Close to Nature)**–गुरु-आश्रम तथा गुरुकुलों के वनों में स्थित होने के कारण छात्र प्रकृति के निकट आते थे, जिससे उनके अन्दर सरलता एवं पवित्रता की भावनाएँ स्वयं स्थान ले लेती थीं।

(11) **निःशुल्क शिक्षा (Moneyless Eduaction)**–उच्च-से-उच्च शिक्षा भी इस काल में निःशुल्क थी। अतः विद्या का जिज्ञासु चाहे वह धनी हो या निर्धन, सहज रूप से अपनी ज्ञान-पिपासा को शान्त कर सकता था।

(12) **भेद-भाव का अभाव (Lack of Biasedness)**–गुरु की सेवा बिना किसी सामाजिक भेद-भाव के, धनी तथा निर्धन सभी छात्र करते थे। इस प्रकार शिक्षा छात्रों में एकता की भावना भरती थी।

(13) **विनय की भावना (Feeling of Submission)**–भिक्षा माँगने से छात्रों में विनय की भावना आती थी तथा वे समाज से सम्पर्क स्थापित करते थे।

प्रश्न 17. प्राचीन शिक्षा प्रणाली के अवगुण, दोषों का वर्णन कीजिए।

उत्तर– **प्राचीन शिक्षा प्रणाली के अवगुण, दोष या कमियाँ (Limitations of Ancient Education System)**

(1) **धर्म प्रधान अधिक होना**–यद्यपि अन्य विषयों की शिक्षा का प्रबन्ध प्राचीन काल में था, फिर भी शिक्षा का स्वरूप प्रमुख रूप में धर्म-प्रधान ही रहा। छात्र अपना अधिकांश समय धार्मिक कर्म-काण्डों में ही व्यतीत कर देते थे, अतः अध्ययन के लिए उनके पास बहुत कम समय बचता था।

(2) **भौतिक शास्त्रों की उपेक्षा**–प्राचीन शिक्षा में मोक्ष प्राप्त करने और परलोक सुधारने पर इतना अधिक बल दिया जाता था कि छात्रों में भौतिक शास्त्रों के प्रति किसी प्रकार की जिज्ञासा ही नहीं रहती थी। छात्र केवल दार्शनिक विषयों में ही रुचि लेते थे। इस प्रकार की शिक्षा का सबसे बुरा परिणाम यह निकला कि हमारे देश में विज्ञान की उन्नति पर्याप्त मात्रा में न हो सकी।

(3) **शूद्रों की उपेक्षा**–जाति भेद के परिणामस्वरूप शिक्षा केवल तीन वर्णों के लिए ही थी, शूद्र युगों तक शिक्षा से वंचित रहे।

(4) **संकीर्ण विचारधारा**–वेद, गुरु-वाक्य और धार्मिक ग्रन्थों की बातों को पूर्ण रूप से प्रामाणिक माना जाता था। परिणामस्वरूप तर्क और बौद्धिक विकास का मार्ग अवरुद्ध हो गया। विचार-स्वातंत्र्य के लिए इस प्रणाली में बहुत कम स्थान था।

(5) **स्त्री-शिक्षा का अभाव**–स्त्री-शिक्षा को अधिक प्रोत्साहित नहीं किया गया। उत्तर-वैदिक काल के पश्चात् तो स्त्रियों पर और भी कड़े बन्धन लगा दिये गये, जिससे स्त्री-शिक्षा का महत्त्व दिन-प्रति-दिन घटता ही गया।

(6) **हस्त-कला की उपेक्षा**–वर्ण-व्यवस्था के विकसित हो जाने के कारण हस्त-कला का कार्य करने वालों को हेय दृष्टि से देखा जाता था। उच्च वर्ण के लोगों ने हस्त-कलाओं को अपनाने का कभी भी प्रयत्न नहीं किया। परिणामस्वरूप हस्त-कलाओं को उपेक्षा की दृष्टि से देखा जाने लगा।

(7) **समन्वय का अभाव (Lack of Co-ordination)**–इस शिक्षा के अंदर विभिन्न विषयों में समन्वय (Correlation) स्थापित करने का प्रयत्न नहीं किया जाता था। किसी विषय का विशेषज्ञ बनने का ही प्रयत्न किया जाता था।

प्रश्न 18. मध्यकालीन शिक्षा के प्रमुख उद्देश्यों का वर्णन कीजिए।

उत्तर– मुसलमानी शासन हमारे देश में सन् 1192 के सन् 1708 तक रहा। इस युग में मुसलमानी संस्कृति का प्रभाव हमारे देश की संस्कृति पर भी पड़ता रहा। मुस्लिम शासकों ने भारतीय शिक्षा के स्वरूप को बदल कर एक नवीन शिक्षा-प्रणाली को जन्म दिया तथा साथ ही हमारे देश की प्राचीन शिक्षा-प्रणाली को नष्ट करने का भी भरपूर प्रयास किया। मुहम्मद गौरी प्रथम मुस्लिम शासक था, जिसने पाठशालाओं को विध्वंस करके मकतबों तथा मदरसों का निर्माण करवाया। आगे चलकर कुतुबुद्दीन ने विक्रमशिला विश्वविद्यालय को धूल में मिला दिया था। अकबर के शासन-काल तक प्राचीन शिक्षा-प्रणाली अस्त-व्यस्त रही। भारतीय विद्यालयों तथा विश्वविद्यालयों के स्थान पर मकतबों तथा मदरसों को खोला गया। वेदों के स्थान पर कुरान का अध्ययन किया जाने लगा तथा संस्कृत का स्थान फारसी ने ले लिया।

मध्यकालीन शिक्षा के उद्देश्य (Aims of Medieval Education) :–

(1) भारत में मुस्लिम शासन की नींव दृढ़ करने के लिए सैनिकों तथा पदाधिकारियों को शिक्षा प्रदान करना।

(2) इस्लाम धर्म के प्रवर्त्तक हजरत मुहम्मद के अनुसार **'ज्ञान'** को प्राप्त करना अमृत प्राप्त करने के समान है। उन्होंने ज्ञानार्जन को अपने बन्दों के लिए परम आवश्यक बताया; अतः मुस्लिम शिक्षा का दूसरा उद्देश्य—मुसलमानों में ज्ञान का प्रकाश फैलाना था।

(3) दूसरे धर्मावलम्बियों में इस्लाम धर्म का प्रसार करना। मुस्लिम शासक इस्लाम धर्म का प्रचार करना अपना प्रमुख कर्तव्य मानते थे। मुसलमानों का विश्वास था कि इस्लाम धर्म का प्रचार करने वाला गाजी होता है।

(4) मुसलमानों को इस्लाम धर्म का ज्ञान प्रदान करना तथा उन्हें इस्लाम के सिद्धान्तों, आचार-विचारों से परिचित कराना।

(5) इस्लामी शिक्षा का गम्भीर दोष, व्यक्ति को सांसारिकता की ओर उन्मुख करना है। जो छात्र विद्या में उत्साह दिखाते थे, उन्हें उच्च पदों से विभूषित किया जाता था। अतः इस युग में शिक्षा का उद्देश्य—उच्च पदों को प्राप्त करना भी था।

(6) भारतीय ज्ञान के क्षेत्र में मुसलमानों से कहीं आगे थे। इस कारण मुसलमानों को शिक्षा के द्वारा, यहाँ के निवासियों के मानसिक स्तर के समान धरातल पर लाना था।

प्रश्न 19. मध्यकालीन शिक्षा की मुख्य विशेषताओं का वर्णन कीजिए।

उत्तर– मध्यकालीन प्रारम्भिक शिक्षा के गुण या विशेषतायें (Merits or Characteristics of Education in Medieval Period)–

(1) इस युग में भी गुरु और शिष्य के सम्बन्ध अत्यन्त मधुर थे। दोनों अपने-अपने कर्तव्यों के प्रति सजग थे।

(2) शिक्षा के अन्दर धार्मिकता तथा भौतिकता का समावेश अत्यन्त सफलता के साथ किया गया था, जिसका वैदिक-कालीन शिक्षा में पूर्णतया अभाव था।

(3) शिक्षा में धर्म की प्रमुखता होने के कारण छात्रों के चरित्र-निर्माण पर अधिक बल दिया जाता था।

(4) मुस्लिम शिक्षा में यद्यपि धर्म को स्थान दिया गया था, परन्तु साथ ही छात्रों को भौतिक जगत् के प्रति उदासीन नहीं रखा जाता था। शिक्षा इस ढंग से दी जाती थी जिससे कि छात्र जीवन की व्यवहारिकता को समझकर संसार में सफलता प्राप्त कर सकें।

(5) मुस्लिम शिक्षा में पाठ्यक्रम अत्यन्त विस्तृत रखा गया था।

(6) वैदिक तथा ब्राह्मण युग में इतिहास लेखन की ओर विद्वानों का ध्यान बिल्कुल नहीं था। परिणामस्वरूप प्राचीन इतिहास में प्रामाणिक तथ्य अत्यन्त कठिनता से मिलते थे। परन्तु मुस्लिम काल में इतिहास-लेखन का शौक सम्राटों तक ही था, वे अपने दरबारों में प्रसिद्ध इतिहासकारों को आश्रय देते थे। वास्तव में इतिहास-लेखन इस युग की महान् देन है। कहानी और काव्य के क्षेत्र में भी इस युग में पर्याप्त विकास हुआ।

(7) मकतब तथा मदरसों–दोनों में शिक्षा निःशुल्क प्रदान की जाती थी।

(8) छात्रों को पुरस्कार प्रदान करके शिक्षा के प्रति प्रोत्साहित किया जाता था।

प्रश्न 20. मध्यकालीन शिक्षा की कमियों का वर्णन कीजिए।

उत्तर– मध्यकालीन प्रारम्भिक शिक्षा की कमियाँ या दोष
(Limitations of Education in Medieval India)

(1) मुस्लिम शिक्षा का पाठ्यक्रम तथा संगठन इस प्रकार का था कि जिसे मुख्यतया मुसलमान ही अपना सकते थे। वास्तव में उसमें सार्वजनिकता का पूर्ण अभाव था। मुसलमान छात्र ही उससे अधिक लाभ उठा सकते थे।

(2) स्त्री-शिक्षा की इस काल में पूर्ण उपेक्षा की गई। पर्दा-प्रथा के कारण वे स्वतन्त्रतापूर्ण शिक्षा प्राप्त नहीं कर सकती थीं। केवल उच्च घराने की स्त्रियाँ ही घर पर शिक्षा का प्रबन्ध कर सकती थीं।

(3) इस युग की शिक्षा का सबसे बड़ा दोष यह था कि जन-भाषाओं की अनहेलना करके अरबी-फारसी को ही शिक्षा का माध्यम बनाया गया था। इससे सबसे बड़ी हानि यह हुई है कि प्रान्तीय भाषाओं का विकास समुचित ढंग से नहीं हो सका।

(4) शिक्षा-संस्थाओं में धार्मिक कट्टरता के कारण हिन्दू छात्रों को असुविधा होती थी।

(5) शिक्षा में आध्यात्मिकता का अभाव था, केवल सांसारिक पक्ष पर ही बल दिया जाता था।

(6) मुस्लिम शिक्षा के पाठ्यक्रम में भारतीय दर्शन तथा भारतीय विषयों की पूर्ण रूप से उपेक्षा की गई थी।

(7) दण्ड-प्रणाली कठोर होने के कारण विद्यालयों में आतंक छाया रहता था। कुछ छात्र तो भय के कारण पढ़ना तक छोड़ देते थे।

(8) शिक्षण-प्रणाली में केवल रटने पर बल दिया जाता था। छात्रों की तार्किक शक्ति को प्रोत्साहन नहीं दिया जाता था।

(9) इस शिक्षा-प्रणाली में लिखना, पढ़ना अलग-अलग सिखाये जाते थे। परिणामस्वरूप छात्रों का दोहरा समय नष्ट होता था।

(10) मुस्लिम-शिक्षा, छात्रों की विलास और आराम की प्रवृत्ति में किसी प्रकार की बाधा नहीं डालती थी। अतः छात्र विलासप्रिय हो गये थे।

(11) यह शिक्षा-प्रणाली अत्यधिक कठोर एवं अनुत्पादक थी। फलतः जीवन के विभिन्न क्षेत्रों में यह शिक्षा श्रेष्ठ व्यक्तियों के निर्माण में असफल रही।

प्रश्न 21. आधुनिकीकरण की मुख्य विशेषताएँ कौन-कौन सी हैं? संक्षेप में बतायें।

अथवा

आधुनिकीकरण की मुख्य विशेषताओं को संक्षेप में लिखें।

उत्तर– आधुनिकीकरण की कुछ मुख्य विशेषताएँ हैं जो निम्नलिखित हैं–

1. आधुनिकीकरण के कारण हमारे सोचने व कार्य करने के ढंग में परिवर्तन हो सकता है। इसके अतिरिक्त इससे आधुनिक राष्ट्रों की नवनिर्मित विचारधाराओं को सूझ-बूझ के साथ अपनाना या उन पर अमल करना है।
2. आधुनिकीकरण अनुकरण की प्रक्रिया न होकर प्रगति की प्रक्रिया है।
3. आधुनिकीकरण गतिशील विधियों तथा व्यावहारिक प्रणाली पर निर्भर है।
4. इसका सम्बन्ध स्वाभाविक और इच्छित परिवर्तन के साथ है, दबाव डालकर नहीं।
5. इस प्रक्रिया के परिणामस्वरूप होने वाले परिवर्तन उद्देश्य केन्द्रित होने चाहिए।
6. इसके द्वारा समाज के बहुसंख्यक लोगों में सामूहिक परिवर्तन होना चाहिए।
7. समाज के सुधार हेतु इसका कायाकल्प होना चाहिए।
8. आधुनिकीकरण एक निरन्तर, परिवर्तनशील और विकासशील प्रक्रिया है, जो कभी समाप्त नहीं होती।
9. आधुनिकीकरण का प्रभाव अच्छा व बुरा दोनों प्रकार का हो सकता है।
10. आधुनिकीकरण तब तक सम्भव नहीं जब तक किसी समाज के लोगों में स्वयं को आधुनिक बनाने की इच्छा न हो।
11. आधुनिकीकरण की प्रक्रिया में विज्ञान और तकनीकी का सदुपयोग बहुत आवश्यक है।
12. आधुनिकीकरण की प्रक्रिया प्रजातान्त्रिक होती है।
13. आधुनिकीकरण प्रयोजनवाद में आस्था रखता है तथा परिवर्तन इसका मुख्य आधार है।
14. इससे व्यक्ति में संघर्ष करने की शक्ति का विकास होता है। यह भाग्यवाद पर विश्वास नहीं करता।
15. आधुनिकीकरण समानता के सिद्धान्त को अपनाती है और एक भावनात्मक शक्ति है।

प्रश्न 22. आधुनिक शिक्षा की प्रमुख विशेषताओं का वर्णन कीजिये।

उत्तर– 1. **शिक्षा के उद्देश्य (Aims of Education)**–शिक्षा के उद्देश्य स्थायी नहीं परिवर्तनशील हैं। किसी ने सच कहा है कि शिक्षा के उद्देश्य किसी भी स्थान पर तथा किसी निश्चित समय पर वहाँ के लोगों की आकांक्षाओं एवं विद्यमान परिस्थितियों पर निर्भर करते हैं (Aims and objectives of education at any place and at any time depend upon the aspirations of the people and conditions prevalent at that particular time) आज जब हमारा देश आधुनिकता की ओर बढ़ रहा है तो स्वाभाविक है कि शिक्षा के उद्देश्य ऐसे हों जो आधुनिकीकरण की प्रक्रिया को गति दे सकें।

2. **पाठ्यक्रम (Curriculum)**–आधुनिक युग में आधुनिकता का बोल-बाला है। इसलिए स्वाभाविक है कि शिक्षा आधुनिक लक्ष्यों की प्राप्ति हेतु पाठ्यक्रम भी आधुनिक होना चाहिए अन्यथा शिक्षा के उद्देश्यों की प्राप्ति नहीं हो सकेगी। समुचित आधुनिकता के लिए पाठयक्रम का समुचित होना अनिवार्य है जिसमें पाठ्यक्रम का आधार विज्ञान एवं तकनीकी हो, देश की उत्पादन क्षमता में वृद्धि करने वाला पाठ्यक्रम हो। यह व्यवसाय से जुड़ा हुआ हो तथा बालक के सर्वांगीण विकास के लिए इसमें विभिन्न पाठ्य सहगामी क्रियाओं का समावेश हो।

3. **शिक्षण विधियाँ (Methods of Teaching)**–आधुनिकीकरण के लिए विज्ञान तथा टेकनोलॉजी के अध्ययन का बहुत महत्त्व है। इसलिए यह आवश्यक बन जाता है कि इस प्रकार की विधियों का प्रयोग किया जाए जिससे विद्यार्थियों का दृष्टिकोण वैज्ञानिक बन जाए। इसलिए आधुनिकता के इस युग में अनुसन्धान विधि, आगमन विधि, प्रदर्शन विधि तथा हयूरिस्टिक विधि को अपनाना चाहिए। अधिक से अधिक आधुनिक श्रव्य-दृश्य साधनों का प्रयोग किया जाए।

4. **अध्यापक की भूमिका (Role of the Teacher)**–अध्यापक को भी बदलती स्थितियों के साथ समायोजन करना होगा। उसका दृष्टिकोण वैज्ञानिक होना चाहिए। उसके स्वयं के विचार रूढ़िवादी न होकर आधुनिक होने चाहिए। वह परिवर्तन में विश्वास रखने वाला हो। उसके लिए आवश्यक है कि वह गतिशीलता की ओर सक्रिय हो ताकि उसके विद्यार्थी भी उसका अनुसरण करते हुए गतिशील हो। वह विज्ञान का प्रयोग करने में सक्षम हो।

5. **अनुशासन (Discipline)**–आधुनिकीकरण कठोर दण्ड की तुलना में सीमित स्वतन्त्रता पर विश्वास करता है। परन्तु स्वतन्त्रता का अर्थ अराजकता नहीं है। आधुनिकता स्वानुशासन का समर्थन करती है। अध्यापक स्वयं का आदर्श रूप प्रस्तुत करके छात्रों को आत्म-संयम के लिए प्रेरित कर सकता है जो कि आज के प्रजातन्त्र और आधुनिकता की मांग है।

प्रश्न 23. नए आर्थिक सुधारों से आप क्या समझते हैं?

उत्तर– आज के आधुनिक युग में प्रत्येक क्षेत्र में विकास हो रहा है। आर्थिक क्षेत्र में भी प्रत्येक देश विकास के लिए अग्रसर है। सन् 1991 से भारत सरकार ने देश की गति तेज करने के लिए अनेक आर्थिक सुधार आरंभ किए। इन सुधारों को तीन नीतियों के रूप में देखा जा सकता है–

1. उद्योग और व्यापार के लिए लाइसेंसिंग (Licensing-L) के स्थान पर उदारीकरण (Liberation-L) नीति लागू करना।
2. उद्योगपतियों के लिए 'कोटा' (Quota-Q) प्रणाली के स्थान पर (Privatisation-P) की नीति लागू करना।
3. आयात-निर्यात के लिए 'परमिट' (Permit-P) के स्थान पर वैश्वीकरण (Globalization) की नीति लागू करना।

इन सुधारों को प्रायः नई आर्थिक नीति का नाम दिया जाता है।

नई आर्थिक नीति के तत्त्व (Elements of New Economic Policy)

नई आर्थिक नीति के तीन मुख्य तत्त्व हैं–

नई आर्थिक नीति
(New Education Policy)

↓

उदारीकरण (Liberalization)	निजीकरण (Privatisation)	वैश्वीकरण (Globalization)

I. **वैश्वीकरण (Globalisation)**–वैश्वीकरण से अभिप्राय है भौगोलिक सीमाओं को पार करके सभी राष्ट्रों का एक दूसरे के निकट आना। यह वैश्वीकरण आर्थिक क्षेत्र में मानव व समाज और राष्ट्र की पहचान बनाने का नवीन ढंग है। यह राष्ट्रों के बीच प्रतिक्रिया और प्रक्रिया के प्रति एक स्वस्थ दृष्टिकोण सिद्ध हो सकता है। वैश्वीकरण राष्ट्रों के आर्थिक विकास के लिए एक दूसरे राष्ट्र के प्रति राष्ट्रों में रुचि का विकास करता है।

II. उदारीकरण (Liberalisation)–उदारीकरण के महत्त्व को भी समझा जाने लगा है। ऐसा महसूस किया जाने लगा है कि राष्ट्रों को एक दूसरे के प्रति सहनशील होना चाहिए। इससे व्यक्ति, समाज और राष्ट्र को स्वतन्त्र उदारता और सहनशीलता के पथ पर चलने की प्रेरणा मिलती है। इससे राष्ट्रों के आपसी व्यवहार में लचक और परिवर्तन के आधार पर विभिन्नताओं के आधार पर समन्वय होता है।

III. निजीकरण (Privatisation)–निजीकरण एक ऐसी प्रक्रिया है जिसमें सरकार से बाहर होकर कार्य किया जाता है, चाहे यह कार्य व्यक्तिगत स्तर पर हो या समूह संगठन के स्तर पर। परन्तु सरकार से बाहर होने पर भी इससे इस बात का ध्यान रखना होगा कि जो भी कार्य किया जाए वह संविधानिक नियमों से बाहर न हो। निजीकरण उद्योग, व्यवसाय, शिक्षा तथा कम्पनियों के क्षेत्र में हो सकता है। शिक्षा के क्षेत्र में उच्च शिक्षा देने हेतु निजीकरण एक अच्छा विकल्प हो सकता है क्योंकि जब सरकार का पूर्ण रूप से शिक्षा पर नियन्त्रण होता है तो कई प्रकार के प्रतिबन्ध लग जाते हैं और उनके चलते शिक्षा तथा अन्य कार्यों की गति धीमी पड़ जाती है।

प्रश्न 24. तकनीकी सशक्तिकरण से आप क्या समझते हैं?

उत्तर– आज विज्ञान का युग है। नित नए आविष्कार हो रहे हैं और उनका प्रयोग कर हम किए जाने वाले कार्यों को कम समय में कम शक्ति का प्रयोग करते हुए अधिक दक्षता के साथ कर पा रहे हैं। इस प्रकार समाज धीरे-धीरे तकनीकी दृष्टि से सशक्त होता जा रहा है। प्रश्न यह उठता है कि तकनीकी सशक्तीकरण में शिक्षा की क्या भूमिका हो सकती है।

इस प्रश्न का उत्तर जानने से पूर्व तकनीकी व शिक्षा शब्द का अर्थ जानना आवश्यक है।

तकनीकी का अर्थ (Meaning of Technology)–इसे दो रूपों में प्रस्तुत किया जा सकता है–

(i) तकनीकी शब्द तकनीक से बना है। इसका अर्थ है तरीका। काम करने के तरीके को तकनीकी कहा जा सकता है। अधिक व्यापक अर्थ में काम करने व सोचने का तरीका इसमें शामिल हैं। जब हम नई तकनीकी की बात करते हैं तो इसका अर्थ है काम करने व सोचने के नवीन तरीकों का प्रयोग करना।

(ii) दूसरे अर्थ में तकनीकी विज्ञान का वास्तविक या व्यावहारिक जीवन में प्रयोग करने से सम्बन्ध रखता है। इस दृष्टि से तकनीकी विज्ञान को जीवन में प्रयोग करने की कला है।

तकनीकी सशक्तीकरण का अर्थ (Meaning of Technological Empowerment)–इसका अभिप्राय है कि हम व्यक्तियों को इस बात के लिए प्रेरित करें कि विज्ञान का जीवन के प्रत्येक क्षेत्र में प्रभावशाली ढंग से प्रयोग करें, जिससे अपने प्रयासों के अधिकतम लाभ को प्राप्त कर वे स्वयं अपने समाज को प्रगति की ओर अग्रसर कर सकें।

यहीं नहीं; वे सोचने के नज़रिए को भी आधुनिक बनाएं क्योंकि इसे बदले बिना विज्ञान का प्रयोग करना सम्भव ही नहीं हो पाता।

प्रश्न 25. शैक्षिक अवसरों की समानता का क्या अर्थ है? स्पष्ट करें। (M.D.U. 2009), (K.U.K. 2013)

अथवा

शैक्षिक अवसरों की समानता के अर्थ पर प्रकाश डालिये। (K.U.K. 2012)

उत्तर– **शैक्षिक अवसरों की समानता का अर्थ (Meaning of equalisation of educational opportunities)**–इसका अर्थ जानने के लिए समानता शब्द के अर्थ को व्यक्त करने के लिए प्रायः 'सभी व्यक्ति समान हैं' (All men are equal) जैसे कथनों का प्रयोग किया जाता है। पर यह कथन उचित नहीं है क्योंकि शारीरिक बनावट तथा मानसिक योग्यताओं की दृष्टि से व्यक्तियों में पर्याप्त भिन्नता पायी जाती है। वास्तव में समानता अन्यायपूर्ण असमानता के विरुद्ध उठती

हुई एक पुकार है जिसका अभिप्राय यह है कि सभी व्यक्तियों के प्रति समानता का व्यवहार किया जाना चाहिए जब तक वैसा न करने के समुचित व न्यायोचित कारण न हों। क्या न्यायोचित है और क्या नहीं, यह इस बात पर निर्भर करता है कि कौन-सी बात व्यक्ति व समाज का अधिकतम हित करती है। उदाहरण के लिए संविधान द्वारा सबको समानता का मूल अधिकार दिया गया है लेकिन पिछड़े वर्गों के लिए कुछ विशेष सुविधाओं की व्यवस्था भी की गयी है। ऐसा करना न्यायोचित है क्योंकि इसी में इन वर्ग के लोगों व समाज का हित है।

प्रश्न 26. शैक्षिक अवसरों की समानता की आवश्यकता किन कारणों से है? संक्षेप में बतायें।

अथवा

शैक्षिक अवसरों की समानता की आवश्यकता क्यों है? स्पष्ट करें?

उत्तर– शैक्षिक अवसरों की समानता की आवश्यकता निम्न कारणों से अनुभव की जा रही है–

1. **शिक्षा सार्वभौमिक मानव अधिकार है (Education is a universal human right)**–10 दिसम्बर 1948 को संयुक्त राष्ट्र महासभा ने मानव अधिकारों की घोषणा करते हुए कहा कि शिक्षा भी एक सार्वभौमिक मानव अधिकार है। मानव अधिकारों की सार्वभौमिक घोषणा की धारा 26 में यह व्यवस्था करते हुए कहा गया है कि सभी व्यक्ति समान हैं, इसलिए वे सब समान अधिकारों को पाने के अधिकारी हैं क्योंकि शिक्षा भी एक मूलभूत मानव अधिकार हैं अतः किसी भी व्यक्ति को जाति, रंग, धर्म या लिंग आदि के आधार पर इससे वंचित नहीं किया जा सकता।

2. **समानता प्रजातंत्र की मांग है (Equality is the demand of democracy)**–आज का युग प्रजातंत्र का युग है और प्रजातंत्र जिन मूल्यों में विश्वास करता है समानता उनमें मुख्य है। इस संदर्भ में विश्वविद्यालय शिक्षा आयोग (University Education Commission) का यह कथन उल्लेखनीय है–"प्रजातंत्र समान अधिकार तथा समान स्वतंत्रता के सिद्धांत पर आधारित है। ये सिद्धांत किसी जाति विशेष अथवा व्यक्ति विशेष के लिए नहीं वरन् सभी के लिए होते हैं।"

   आज जबकि विश्व के सभी देशों का प्रजातंत्र में विश्वास बढ़ता जा रहा है। शैक्षिक अवसरों की समानता की आवश्यकता भी अनुभव की जा रही है। प्रजातंत्र की सफलता अच्छे एवं जागरूक नागरिकों पर निर्भर करती है और नागरिकों के निर्माण के लिए कार्य शिक्षा ही कर सकती है, अतः सबको समान शैक्षिक अवसर उपलब्ध कराना और भी आवश्यक हो जाता है।

3. **शिक्षा समाज के आर्थिक विकास में सहायक है (Education is helpful in economic development of society)**–शैक्षिक अवसरों की समानता की आवश्यकता इसलिए भी है क्योंकि शिक्षा को आज समाज के आर्थिक विकास के साधन के रूप में स्वीकार किया जाता है। आर्थिक विकास की दृष्टि से शैक्षिक सुविधाओं में वृद्धि कर देना ही पर्याप्त नहीं है। उनका समविभाजन भी आवश्यक है। आज यह कहा जाता है शिक्षा ऐसी मानवीय पूँजी का निर्माण करती है जिससे भविष्य में समाज को लाभ पहुँचता है। यही कारण है कि शैक्षिक अवसरों की समानता की मांग भी बढ़ती जा रही है।

4. **शिक्षा सामाजिक स्तर को सुधारने में सहायक है (Education is helpful in improving social status)**–सामान्यतः यह देखा गया है कि शिक्षा व्यक्ति के सामाजिक स्तर को ऊँचा उठाती है। जितनी बेहतर शैक्षिक सुविधायें होंगी उतना ही अच्छा लोगों का जीवन स्तर होगा। अतः सर्वत्र सब लोगों में विशेषकर निर्धन व पिछड़े वर्ग के लोगों में शिक्षा के प्रति जागरूकता बढ़ती जा रही है, जिससे वे समाज में अपने स्तर को ऊँचा उठा सकें।